MEYERS GROSSES TASCHEN LEXIKON

Band 6

MEYERS GROSSES TASCHEN LEXIKON

in 24 Bänden

Herausgegeben und bearbeitet
von Meyers Lexikonredaktion
3., aktualisierte Auflage

Band 6:
Duo – Fd

B.I.-Taschenbuchverlag
Mannheim/Wien/Zürich

Chefredaktion:
Werner Digel und Gerhard Kwiatkowski

Redaktionelle Leitung der 3. Auflage:
Dr. Gerd Grill M.A.

Redaktion:
Eberhard Anger M.A., Dipl.-Geogr. Ellen Astor,
Dipl.-Math. Hermann Engesser, Reinhard Fresow, Ines Groh,
Bernd Hartmann, Jutta Hassemer-Jersch, Waltrud Heinemann,
Heinrich Kordecki M.A., Ellen Kromphardt, Wolf Kugler,
Klaus M. Lange, Dipl.-Biol. Franziska Liebisch, Mathias Münter,
Dr. Rudolf Ohlig, Heike Pfersdorff M.A., Ingo Platz,
Joachim Pöhls, Dr. Erika Retzlaff,
Hans-Peter Scherer, Ulrike Schollmeier, Elmar Schreck,
Kurt Dieter Solf, Klaus Thome, Jutta Wedemeyer, Dr. Hans Wißmann,
Dr. Hans-Werner Wittenberg

CIP-Titelaufnahme der Deutschen Bibliothek
Meyers Großes Taschenlexikon: in 24 Bänden/hrsg. u. bearb.
von Meyers Lexikonred. [Chefred.: Werner Digel
u. Gerhard Kwiatkowski].
Mannheim; Wien; Zürich: BI-Taschenbuch-Verl.
Früher im Bibliograph. Inst., Mannheim, Wien, Zürich.
ISBN 3-411-11003-1 kart. in Kassette
ISBN 3-411-02900-5 (2., neu bearb. Aufl.)
ISBN 3-411-02100-4 (Aktualisierte Neuausg.)
ISBN 3-411-01920-4 (Ausg. 1981)
NE: Digel, Werner [Red.]
Bd. 6. Duo – Fd. – 3., aktualisierte Aufl. – 1990
ISBN 3-411-11063-5

Als Warenzeichen geschützte Namen
sind durch das Zeichen Ⓦ kenntlich gemacht
Etwaiges Fehlen dieses Zeichens bietet keine Gewähr dafür,
daß es sich um einen nicht geschützten Namen handelt,
der von jedermann benutzt werden darf

Das Wort MEYER ist für
Bücher aller Art für den Verlag
Bibliographisches Institut & F.A. Brockhaus AG
als Warenzeichen geschützt

Lizenzausgabe mit Genehmigung
von Meyers Lexikonverlag, Mannheim

Alle Rechte vorbehalten
Nachdruck, auch auszugsweise, verboten
© Bibliographisches Institut & F.A. Brockhaus AG, Mannheim 1990
Druck: Pfälzische Verlagsanstalt GmbH, Landau/Pfalz
Einband: Wilhelm Röck GmbH, Weinsberg
Printed in Germany
Gesamtwerk: ISBN 3-411-11003-1
Band 6: ISBN 3-411-11063-5

Duo

Duo [italien.; zu lat. duo „zwei"], im Ggs. zu ↑Duett wird mit D. heute allg. ein Musikstück für 2 Instrumente bezeichnet; in der klass. Musik v. a. Ende 18., Anfang 19. Jh. beliebt.

Duodenalgeschwür [lat./dt.], svw. ↑Zwölffingerdarmgeschwür.

Duodenalsonde [lat./dt.], dünner Gummischlauch für die Untersuchung des Magen-Darm-Traktes. Die Sonde, die an ihrer Spitze eine Olive aus Metall trägt, wird vom Patienten geschluckt.

Duodenitis [lat.], Entzündung des Zwölffingerdarms.

Duodenum [lat.], Zwölffingerdarm (↑Darm).

Duodez [zu lat. duodecim „zwölf"], in Zusammensetzungen übertragen für: klein, lächerl.; z. B. **Duodezfürst,** Herr über ein kleines Gebiet (**Duodezstaat**), insbes. spött. Bez. für die dt. Kleinstaaten und deren Fürsten. ◆ ↑Buchformat.

Duodezimalsystem [lat./griech.] (Dodekadik), Zahlensystem (Stellenwertsystem) mit der Grundzahl 12 (statt 10 wie beim Dezimalsystem); zur Unterteilung von Maßen und Gewichten in Großbrit., in den USA und in Ländern des [histor.] brit. Einflußbereiches noch verwendet. Im Dt. beruhen die Zählmaße Dutzend und Gros auf dem D.

Duodezime [lat.], der zwölfte Ton der diaton. Tonleiter; Intervall von zwölf diaton. Tonstufen (Oktave und Quinte).

Duole [italien.], eine Folge von zwei Noten, die für drei Noten gleicher Gestalt bei gleicher Zeitdauer eintreten:

neuere Schreibung häufig:

Dupen, in der Filmtechnik Kurzbez. für die Herstellung von Duplikaten.

düpieren [frz.; zu dupe „Narr"], foppen, betrügen, täuschen.

Dupin, Aurore [frz. dy'pɛ̃], frz. Schriftstellerin, ↑Sand, George.

Dupleix, Joseph-François [frz. dy'plɛks], * Landrecies (Nord) 1. Jan. 1697, † Paris 13. Nov. 1763, frz. Kolonialpolitiker. - Ab 1731 Gouverneur der frz. Ostind. Kompanie; 1742-54 Generalgouverneur der frz. Besitzungen in Indien; konnte die frz. Position im Kampf gegen die brit. Ostind. Kompanie nur bis 1751 behaupten.

Duplessis-Mornay, Philippe [frz. dyplɛsimɔr'nɛ] ↑Mornay, Philippe de.

Duplex... [lat.], Bestimmungswort von Zusammensetzungen mit der Bed. „Doppel...".

Duplexbetrieb, Betriebsart bei der Nachrichten- und Datenübertragung: die Übertragung kann ohne gegenseitige Beeinträchtigung gleichzeitig in beiden Richtungen erfolgen (z. B. übl. Fernsprechverkehr, Sprechfunkverkehr auf zwei Frequenzen).

Duplexbremse ↑Bremse.

Duplik [frz., zu lat. duplicare „verdoppeln"], Zweitantwort, im Zivilprozeß die Einrede des Beklagten, mit der er sich gegenüber der ↑Replik des Klägers verteidigt.

Duplikat [zu lat. duplicare „verdoppeln"], Zweitausfertigung; Abschrift. ◆ in der *Photographie* das nach einer Vorlage angefertigte ident. Zweitstück.

Duplikation [lat.], in der Genetik Bez. für das zweimalige Vorhandensein eines Chromosomenabschnitts (einschließl. der Gene) im haploiden Chromosomensatz als Folge einer ↑Chromosomenaberration.

duplizieren [lat.], verdoppeln.

Duplizität [lat.], doppeltes Vorkommen, zeitl. Zusammentreffen zweier ähnl. Vorgänge (D. der Ereignisse).

Duplone, Goldmünze, ↑Dublone.

Dupont, Pierre Antoine [frz. dy'pɔ̃], * Lyon 23. April 1821, † ebd. 25. Juli 1870, frz. Liederdichter. - Schrieb (und komponierte) populäre Lieder, v. a. über das Landleben, 1848 den „Chant des ouvriers" (die sog. Arbeitermarseillaise).

du Pont de Nemours & Co., E. I. [engl. 'iː'aɪ'djuːpɒnt dənə'mʊə ənd 'kʌmpəni], führendes Unternehmen des größten Chemiekonzerns der Welt, Sitz Wilmington (Del.), gegr. 1802 von Éleuthère Irénée du Pont de Nemours (* 1771, † 1834). Bed. Erfindungen, z. B. Nylon (1938). Hauptprodukte: Chemiefasern, Lacke, Folien, photochem. Erzeugnisse.

Düppel

Düppel, Stanniolstreifen zur Störung von Radarpeilungen.

Düppeler Schanzen, befestigte Stellung der dän. Armee zum Schutz des Alsensundes bei dem Dorf Düppel in Nordschleswig in den Dt.-Dän. Kriegen; 1864 von preuß. Truppen erobert. - Abb. S. 8.

Duprat (Du Prat), Antoine [frz. dy'pra], * Issoire (Puy-de-Dôme) 17. Jan. 1463, † Nantouillet (Seine-et-Marne) 9. Juli 1535, frz. Kanzler und Kardinal (seit 1527). - 1515 zum Kanzler ernannt; schloß 1516 das Konkordat von Bologna ab; 1530 päpstl. Legat; führte zur Deckung der Staatskosten die Käuflichkeit der Richterstellen und hohen Ämter ein.

Dupré [frz. dy'pre], Jules, * Nantes 5. April 1811, † L'Isle-Adam bei Paris 6. Okt. 1889, frz. Maler. - Mgl. der Schule von Barbizon; Waldlandschaften und Seestücke; vom Vorimpressionismus beeinflußt.

D., Marcel, * Rouen 3. Mai 1886, † Meudon (Hauts-de-Seine) 30. Mai 1971, frz. Organist und Komponist. - Bed. Improvisator und Bach-Interpret; komponierte zahlr. Werke für Orgel und Klavier, Vokalmusik sowie Unterrichtswerke.

Dupuytren, Guillaume Baron [frz. dypųi'trɛ̃], * Pierre-Buffière 5. Okt. 1777, † Paris 8. Febr. 1835, frz. Mediziner. - Leibchirurg der Könige Ludwig XVIII. und Karl X. und Prof. in Paris; vorzügl. Diagnostiker; nach ihm benannt ist die **Dupuytren-Kontraktur,** eine durch Schrumpfung der Hohlhandsehne hervorgerufene Krallenstellung der Finger.

Duque [span. 'duke; zu lat. dux „Führer"], span. Adelsprädikat, dem Herzog vergleichbar; weibl. Form **Duquesa.**

Duquesnoy, François (Frans) [frz. dykɛ'nwa], gen. il Fiammingo, * Brüssel 12. Jan. 1597, † Livorno 12. Juli 1643, fläm. Bildhauer. - Schüler seines Vaters Hieronimus D. d. Ä. (* vor 1570, † 1641 oder 1642; Schöpfer des „Manneken-Pis", Brüssel); seit 1618 in Rom. Seine Marmorstatuen in einem klassizist. Barock (hl. Susanna, 1629–33, Santa Maria di Loreto, hl. Andreas, 1640, Peterskirche) wurden schulbildend für den fläm. Hochbarock. Auch Kleinplastik, bes. Bronzeputten.

Dur [zu lat. durus „hart"], Bez. des sog. „harten" oder „männl." Tongeschlechts im Bereich der tonalen Musik. Der Begriff D. ist aus der ma. Hexachordlehre (↑ Hexachord) abgeleitet, die den Tonraum als „hexachordum durum" benannte, da der dritte Ton des Hexachords ein „b durum" (= h) war. Eine D.tonart ist (ausgehend vom Grundton) durch die Intervalle große Terz, große Sexte und große Septime definiert; der auf dem Grundton einer D.tonart stehende Dreiklang (z. B. c-e-g in C-Dur) heißt **Durdreiklang.** - Ggs. ↑ Moll.

Dura, svw. ↑ Dura mater.

Dura-Europos, Ruinenstätte in O-Syrien, am rechten Ufer des Euphrat, 80 km sö. von Dair As Sur; bereits vorhellenist. Siedlung. Als Europos durch Seleukos I. um 290 v. Chr. neu angelegt., parth. Herrschaft seit der 2. Hälfte des 2. Jh. v. Chr., im 1. Jh. n. Chr. Verbindung zu Palmyra, endgültig seit 165 n. Chr. unter röm. Herrschaft. Verödung im 3. Jh. - Grabungen in dem „Pompeji des Ostens" 1922–36. Bed. Wandmalereien: im Tempel der palmyren. Götter (1. Jh. n. Chr.) Zeugnisse parth. Kunst, auch Fresken, in denen die Stilprinzipien der spätantiken Kunst vorgebildet sind; in der 245 n. Chr. geweihten Synagoge zeigt ein großer Zyklus eine andere Einstellung des Judentums zur Kunst, als aus talmud. Zeit bekannt ist; in einer christl. Hauskirche fanden sich u. a. Wandmalereien der 40er Jahre des 3. Jh. n. Chr. (heute in Yale, USA, und Damaskus). - Abb. S. 9.

dural [lat.], zur ↑ Dura mater gehörend.

Duralumin ⓦ [Kw. aus lat. durus „hart" und **Aluminium**] (Dural), Handelsbez. für harte Aluminiumlegierungen mit etwa 93 bis 95 % Aluminium und Zusätzen an Kupfer, Magnesium, Mangan oder Silicium; wegen geringer Dichte (2,75 bis 2,87 g/cm^3) häufig im Flugzeugbau verwendet.

Dura mater (Dura) [lat.] (harte Hirnhaut), Gehirn und Rückenmark umgebende derbe, bindegewebige Haut (↑ Gehirnhäute).

Durance [frz. dy'rã:s], linker Nebenfluß der Rhone, Frankr., entspringt in den Cott. Alpen, mündet 5 km sw. von Avignon, 304 km lang; nicht schiffbar; Kraftwerke.

Durango (offiziell Victoria de D.), Hauptstadt des mex. Staates D., am Río Tunal, 1925 m ü. d. M., 321 000 E. Sitz eines Erzbischofs; Univ. (gegr. 1933); Zentrum eines Bergbau- und Bewässerungsfeldbaugebietes mit Stahl-, Glas- und Nahrungsmittelind. - Unmittelbar nördl. von D. liegt der 195 m hohe **Cerro del Mercado,** der fast ganz aus Eisenerz besteht. - Im 16. Jh. gegr. - Zahlr. Bauten aus der Kolonialzeit; u. a. Kathedrale.

D., Staat in N-Mexiko, 119 648 km^2, 1,251 Mill. E (1984); Hauptstadt D. Der W liegt in der bis 3 150 m hohen Sierra Madre Occidental, der O im zentralen mex. Hochland. Bergbau auf Eisenerz, Gold, Silber u. a., Bewässerungsfeldbau.

Đuranović, Veselin [serbokroat. dzu,ra:nɔvitɛ], * Martinići (Montenegro) 17. Mai 1925, jugoslaw. Politiker. - Seit 1944 Mgl. der KPJ (seit 1952 Bund der Kommunisten Jugoslawiens, Abk. BdKJ); seit 1964 Mgl. des ZK des BdKJ; März 1977 bis Mai 1982 jugoslaw. Min.präsident.

Durant, Will [engl. dju'rænt], eigtl. William James D., * North Adams (Mass.) 5. Nov. 1885, † Los Angeles 7. Nov. 1981, amerikan. Kulturhistoriker und Philosoph. - Bed. sind seine „Geschichte der Philosophie" (1926) und die weitverbreitete „Kulturgeschichte der Menschheit" (10 Bde., 1935–67).

Durante (Ser D.), italien. Dichter des

13. Jh. - Als Schöpfer von „Il fiore", der auf 232 Sonette reduzierten italien. Bearbeitung des altfrz. „Rosenromans" überliefert.

Duras, Marguerite [frz. dy'ra:s], * Gia Đinh (Vietnam) 4. April 1914, frz. Schriftstellerin, Drehbuchautorin und Regisseurin. - Schreibt realist., psycholog. vertiefte Romane „Die Verzückung des Lol V. Stein" (1964), Erzählungen, Drehbücher und Dramen, die sie oft für den Film umarbeitet, z. B. „La musica" (Dr., 1965; verfilmt 1966). Selbst Regie führte sie in „Zerstören, sagt sie" (1969), „Die gelbe Sonne" (1971) und „Le camion" (1977). Bes. bekannt wurde sie durch ihr Drehbuch zu dem Film „Hiroshima mon amour" (1959). Schrieb auch „Krankheit Tod" (E., 1983), „Der Liebhaber" (R., 1984), „Der Schmerz" (1985), „Abrahn Sabana David" (1986).

durativ [lat.], Aktionsart eines Verbs, die die zeitl. nicht begrenzte Dauer eines Seins oder Geschehens ausdrückt.

Durazzo ↑ Durrës.

Durban [engl. 'dəːbən], Stadt am Ind. Ozean, Republik Südafrika, 506 000 E. Kath. Erzbischofssitz; Fakultäten der Univ. von Natal, Univ.-College für Inder (1960 gegr.), techn. Colleges, Kunstschule, Zuckerforschungsinst.; Theater, Museen, Kunstgalerie, Bibliotheken; Aquarium, botan. Garten, Zoo, Schlangenpark. U. a. Werften, Docks, Maschinenbau, Automobilwerk, Walverarbeitung, Erdölraffinerie. Der Hafen ist der bedeutendste des Landes; ⚓. - 1824 von brit. Kaufleuten angelegt.

Durch, literar. Verein des Naturalismus; gegr. 1886 in Berlin; Mgl. u. a. A. Holz, J. Schlaf, G. Hauptmann.

Durchblutungsstörungen, Mangeldurchblutung von Geweben oder Organen. D. können durch organisch bedingte Einengungen oder Verschlüsse von Arterien (entzündl. Gefäßwandveränderungen, Arteriosklerose, Thrombose, Embolie) oder funktionelle Arterienverschlüsse (Gefäßkrämpfe der Fingerarterien infolge Kälteeinwirkung oder psych. Erregung) entstehen. Plötzl. Verschlüsse der Herzkranzgefäße oder der Gehirnarterien erzeugen durch den Funktionsausfall des Herzens bzw. des Gehirns charakterist. Krankheitsbilder (Herzinfarkt, Schlaganfall).

durchbrochene Arbeit, Bez. für eine in der Wiener Klassik ausgebildete Kompositionstechnik, bei der die Motive einer Melodielinie nacheinander auf mehrere Stimmen (Instrumente) verteilt sind (in Sinfonien, Quartetten u. a.).

Durchbruch, in der *Halbleitertechnik* Bez. für das starke Anwachsen des Stromes, das im wesentl. nur noch durch äußere Schaltungselemente begrenzt wird. Bei Transistoren treten bei zu großen Werten der Kollektor-Emitter-Spannung D.erscheinungen auf, die wegen zu starker lokaler Konzentration des Stromes auf kleine Bereiche des Leitermaterials zur Schädigung des Bauelements führen.

♦ militär. *Angriff,* der in einem Abschnitt die gegner. Front aufreißt und in die Tiefe des feindl. Raumes eindringt.

Durchbrucharbeit, Nadelarbeit, bei der Fadengruppen in einer oder in beiden Richtungen aus dem Gewebe gezogen und die stehenbleibenden Fäden und ggf. Stoffelder (beim doppelten Durchbruch) gebündelt und umstickt werden. - ↑ auch Hohlsaum.

♦ Bez. für durchbrochene kunstgewerbl. Arbeiten in Metall, Elfenbein, Holz und Stein, figürl. oder ornamentaler Art; z. B. ma. kirchl. Gerät und Möbelzierrat.

Durchbruchblutung, Blutung aus der Gebärmutter bei relativem Östrogenmangel. Erfolgt z. B. im Verlauf des menstruellen Zyklus kein Eisprung, so bleibt die Hormonmenge konstant und es kommt schließl. zu einem relativen Östrogenmangel und damit zu einer Blutung mit Abstoßung der Gebärmutterschleimhaut. Eine kurzdauernde D. wird als **Schmierblutung** bezeichnet. - ↑ auch Abbruchblutung.

Durchbruchspannung ↑ Anfangsspannung.

Durchbruchstal, Tal, das in tiefem Einschnitt ein Gebirge quert; Engtalstrecken werden dabei als **Abtragungsdurchbrüche** bezeichnet.

Durchdringungskurve, Schnittkurve zweier gekrümmter Flächen im Raum.

Durchfall (Diarrhö), bei sehr verschiedenen Erkrankungen auftretende, häufige, u. U. schmerzhaft-krampfartige Entleerung von weichem bis dünnflüssigem Stuhl als Anzeichen einer reizhaft gesteigerten Darmtätigkeit oder einer vermehrten Ausscheidung von Wasser in den Darm. Häufigste Ursachen eines D. sind: 1. bakterielle oder Virusinfektion des Darms, wie z. B. Typhus, Ruhr, Cholera; 2. Nahrungsmittelallergien, außerdem auch Nahrungsunverträglichkeiten infolge Enzymmangels; 3. nervös bedingte Übererregbarkeit des Darmkanals; 4. akute und chron. Entzündungen des Dünn- und Dickdarms; 5. Tumoren des Magen-Darm-Kanals; 6. Resorptionsstörungen; 7. hormonelle Fehlsteuerungen und Stoffwechselerkrankungen; 8. Mißbrauch von verdauungsfördernden oder abführenden Medikamenten, ferner Unverträglichkeit oder Überdosierung von Digitalis, Zytostatika und Antibiotika. - *Behandlung:* Bei Darminfektionen mit Antibiotika und Sulfonamiden, bei Nahrungsunverträglichkeit eine entsprechende Diät. Bei jedem länger andauernden D. muß der Salz-Wasser-Haushalt des Organismus wegen drohender Salz- und Wasserverluste kontrolliert werden. Zur medikamentösen Behandlung von D. werden ↑ Antidiarrhoika gegeben.

Durchflugsrecht, im Völkerrecht das

Durchflußmessung

Düppeler Schanzen. Sturm durch die Preußen (1864).

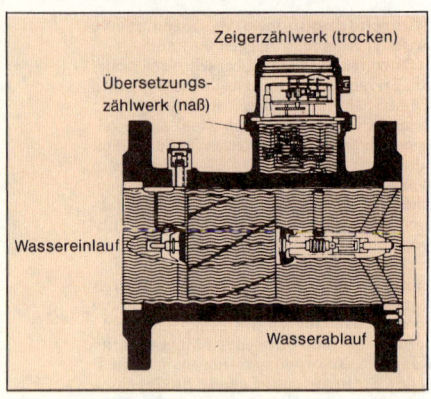

Recht, den Luftraum eines Staates zu durchfliegen; gilt seit dem Pariser Luftschiffahrtsabkommen von 1919 im Frieden für alle zivilen Luftfahrzeuge und enthält auch die Berechtigung zur Landung auf dem Territorium des überflogenen Staates.

Durchflußmessung, die Messung eines fließenden Stoffes (Gas, Flüssigkeit, Schüttgut), das in der Zeiteinheit einen Querschnitt passiert. Der Durchfluß als abgeleitete Größe kann durch Messung von Volumen oder Masse und Zeit bestimmt werden. Zur Volumenzählung von Gasen dienen vorwiegend der **nasse Gaszähler** und der **trockene Gaszähler,** den man häufig zur Messung des Gasverbrauchs in Haushaltungen (**Gasuhr**) findet. Vorwiegend für Flüssigkeiten verwendet man Volumenzähler mit Meßflügeln, wie den Woltman-Zähler und den **Flügelradzähler.** Hier versetzt die strömende Flüssigkeit einen Strömungskörper in Drehung. Die Zahl der Umdrehungen ist ein Maß für das Volumen.

Durchflußmessung. Oben: Woltman-Zähler; unten links: Trockener Gaszähler (A Ausgang, E Eingang, K Kolben, M_1, M_2 Meßkammer, V_1, V_2 Schieber); unten rechts: Flügelradzähler

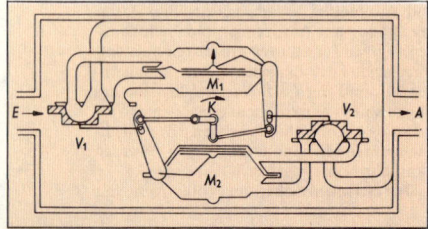
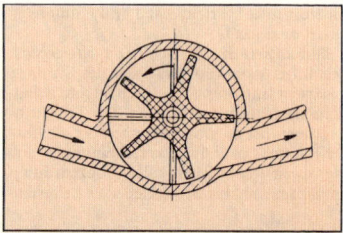

Durchleuchtung

Durchflutungsgesetz, svw. ↑Ampèresches Verkettungsgesetz.

Durchforstung, in der Forstwirtschaft der rechtzeitige Aushieb zu dicht stehender oder kranker Bäume.

Durchfracht, Beförderung von Gütern durch verschiedene Eisenbahngesellschaften mit zusammenhängendem Schienennetz zu einem einheitl. Frachtsatz (etwa zw. der Dt. Bundesbahn und privaten Eisenbahngesellschaften).

Durchfuhr, Beförderung von Sachen aus fremden Wirtschaftsgebieten, ohne daß die Sachen in den freien Verkehr des Wirtschaftsgebietes gelangen (↑auch Außenhandelsstatistik).

Durchführung, in der *Musik* allg. die motiv.-themat. Verarbeitung eines Themas; in der ↑Fuge der einmalige Durchgang des Themas (Dux) und seiner Beantwortung (Comes) durch alle (in der ↑Exposition) oder mehrere Stimmen; im ↑Sonatensatz die freie Verarbeitung von Motiven der in der Exposition aufgestellten Themen.
◆ Isolierkörper aus Porzellan, Hartpapier oder Araldit, die zum Hindurchführen elektr. Leitungen von einem Raum in einen anderen bzw. vom Innern eines Gerätes nach außen dienen.

Durchführungsverordnung, Abk. DVO, eine Rechtsverordnung, die der Durchführung einer Gesetzesbestimmung dient.

Durchgangsarzt, von den Berufsgenossenschaften bestellter Facharzt (Chirurg, Orthopäde) zur Beratung und Untersuchung von [Betriebs]unfallverletzten.

Durchgangslager, Lager zur vorläufigen Unterbringung von Vertriebenen, Flüchtlingen, Aussiedlern und heimkehrenden Kriegsgefangenen.

Durchgangswiderstand, elektr. Widerstand im Innern eines Isolierstoffes (ohne Oberflächenwiderstand).

durchgegoren, als d. werden Weine bezeichnet, deren Gärungsprozeß, ohne gestoppt zu werden, zum Abschluß gekommen ist. Erhalten bleibt die Restsüße, nicht zu verwechseln mit der „Süßreserve", die nachträgl. in Form von geschwefeltem Traubensaft zugegeben werden darf. Nicht aufgebesserte d. Weine sind, abgesehen von Spitzenweinen, ↑trocken.

Durchlässigkeit der Bildungswege, Schlagwort der Bildungsreform für die Erleichterung des Übergangs von einer Schulart zu einer anderen.

Durchlaßzellen, dünnwandige Zellen in der Wurzelrinde von Pflanzen, die den Durchtritt von Wasser und gelösten Nährsalzen ermöglichen.

Durchlaucht, Anredetitel fürstl. Personen, von spätmittelhochdt. durchlûht als Lehnübersetzung der lat. Ranganrede perillustris („sehr strahlend, sehr berühmt").

Dura-Europos. Fresko aus dem Tempel der palmyrenischen Götter (nach 75 n. Chr.). Damaskus, Nationalmuseum

durchlaufende Kredite (Treuhandkredite), Darlehen, bei denen die weiterleitende Bank kein Kreditrisiko (Haftung für Verzinsung und Rückzahlung des Kredits) trägt, sondern ledigl. die Darlehensanträge für den Treugeber (zumeist öffentl. Hand) bearbeitet und die Mittel verwaltet.

durchlaufende Posten, i. e. S. nicht umsatzsteuerpflichtige Beträge, die ein Unternehmen in fremden Namen und für fremde Rechnung vereinnahmt und verausgabt; i. w. S. Beträge, die im Betrieb eingehen, in gleicher Höhe jedoch an einen Dritten weitergegeben werden.

Durchlauferhitzer, mit Gas oder elektr. betriebene Erhitzungsvorrichtung für durchlaufendes Wasser; wird nur während der Wasserentnahme aufgeheizt, heißes Wasser steht also sofort zur Verfügung; elektr. Anschlußleistung meist bis 21 kW; Ausführung drucklos oder als Druckgeräte.

Durchleuchtung, einfachste Methode der Röntgenuntersuchung, bei der der zu untersuchende Körperteil vor eine Röntgenröhre gebracht und das entstehende Bild auf einem Leuchtschirm durch Fluoreszenzerregung sichtbar gemacht wird.

Durchlieferung

Durchlieferung ↑Auslieferung.
Durchliegen, svw. ↑Dekubitus.
Durchlüftungsgewebe (Aerenchym), pflanzl. Gewebe, das von einem System großer, miteinander verbundener, lufterfüllter Hohlräume (Interzellularräume) durchzogen ist und durch bes. Poren (z. B. Spaltöffnungen) im Abschlußgewebe mit der Außenluft in Verbindung steht. Bes. aerenchymreich sind z. B. die ↑Atemwurzeln und die Blätter und Sprosse vieler Wasserpflanzen.

Durchmesser (Diameter), jede durch den Mittelpunkt von Kreis oder Kugel verlaufende Verbindungsstrecke zweier Punkte der Kreisperipherie oder der Kugeloberfläche (**Kreis-** bzw. **Kugeldurchmesser**). Die Länge des D. ist doppelt so groß wie der Radius des Kreises bzw. der Kugel. Der D. eines Kegelschnitts (**Ellipsen-, Hyperbel-** bzw. **Parabeldurchmesser**) ist der geometr. Ort für die Mittelpunkte einer Schar paralleler Sehnen; alle D. einer Ellipse oder Hyperbel verlaufen durch ihren Mittelpunkt, die D. einer Parabel liegen parallel zu ihrer Achse. Verbindet man die Mittelpunkte aller zu einem Ellipsen- oder Hyperbeldurchmesser parallelen Sehnen, so erhält man einen zu ihm **konjugierten Durchmesser**. Unter dem D. einer beschränkten Punktmenge versteht man allg. die obere Grenze der Abstände irgend zweier Punkte der Menge.

Durchmusterung, Sternkatalog, dessen Angaben zu Ort, Helligkeit oder Spektraltyp auf Schätzungen beruhen. D. geben eine möglichst umfassende Bestandsaufnahme bis zu einer vorgegebenen Grenze (z. B. Bonner Durchmusterung).

durchscheinend (diaphan), lichtdurchlässig, jedoch so stark lichtzerstreuend, daß die Konturen eines hinter dem d. Medium befindlichen Körpers nicht mehr erkennbar sind (z. B. Milchglas).

durchschießen, in der Buchbinderei zw. bedruckte Blätter eines Buches ein unbedrucktes einfügen.

Durchschlafmittel ↑Schlafmittel.
Durchschlagsfestigkeit (elektrische Festigkeit), Kenngröße für die elektr. Festigkeit von Isolierstoffen; angegeben in kV/cm oder kV/mm. Die D. ist z. B. von der Elektrodenform, von Gasdruck und Feuchtigkeit (bei Luft als Isolator), vom Grad der Verunreinigung eines Isolierstoffes u. a. abhängig.

Durchschlagsfestigkeit in kV/cm	
Hartpapier	bis 100
Preßspan, lufttrocken	bis 120
Preßspan, ölgetränkt	bis 400
Porzellan	bis 300
Glas, Glimmer	bis 600
Epoxidharz	bis 1 000
Isolierfolien	bis 1 500

Durchschlagskraft, die Fähigkeit eines Geschosses, ein Ziel zu durchschlagen; nicht nur von der Auftreffgeschwindigkeit, sondern in starkem Maße auch von der Geschoßform und -härte abhängig.
♦ in der *Pflanzen-* und *Tierzucht* die Stärke, mit der sich ein bestimmtes vererbbares Merkmal bei Kreuzungen im Erscheinungsbild der Nachkommen manifestiert.

Durchschlagsröhre (Pipe, Tuffschlot), mit vulkan. Lockermassen und Brocken des Nebengesteins angefüllter kegelförmiger oder zylindr. vulkan. Schlot, entstanden durch Gasausbruch.

Durchschnitt, svw. arithmet. Mittel (↑Mittelwert).
♦ Begriff der *Mengenlehre:* Der D. $M_1 \cap M_2$ zweier Mengen M_1 und M_2 ist die Menge der Elemente, die sowohl zu M_1 als auch zu M_2 gehören.

Durchschnittsverdienst, gewogenes Mittel aus dem Bruttoverdienst eines Arbeitnehmers innerhalb eines bestimmten Zeitabschnitts und unter Berücksichtigung (d. h. Abzug) von Zuschlägen für Mehr-, Nacht-, Sonntags- und Feiertagsarbeit, wobei der D. aus gleichbleibender oder wechselnder sowie aus Arbeit mit verschiedenen Entlohnungsformen resultieren kann.

Durchschuß, Blindmaterial, durch das der Zeilenabstand über das durch die Kegelgröße der Drucktypen gegebene Maß hinaus vergrößert werden kann; auch der erzielte Zeilenzwischenraum selbst.
♦ Schuß, bei dem das Geschoß den Körper wieder verläßt; Ausschußwunde meist größer als Einschußwunde.

Durchstarten, unmittelbarer Übergang von der Landung zum erneuten Start bei Flugzeugen in Notfällen bzw. zu Versuchszwecken.

Durchstrahlungsmikroskop ↑Elektronenmikroskop, ↑Mikroskop.

Durchsuchungsrecht, 1. objektiv die Summe der Rechtssätze, die die Zulässigkeit der Durchsuchung von Räumen (**Hausdurchsuchung, Haussuchung**), Sachen und Personen regeln; 2. subjektiv die Befugnis einer Person, im konkreten Fall eine Durchsuchung durchzuführen. Gemäß Art. 13 Abs. 2 GG dürfen Durchsuchungen von Wohnungen nur durch den Richter, bei Gefahr im Verzuge auch durch die in den Gesetzen vorgesehenen anderen Organe angeordnet und nur in der gesetzl. vorgeschriebenen Form durchgeführt werden. Auch die Durchsuchung von Sachen und Personen ist nur auf Grund gesetzl. Ermächtigung zulässig, weil hierdurch in die Freiheit des Eigentums (Art. 14 GG) bzw. der Person (Art. 2 Abs. 2, Art. 104 Abs. 1 GG) eingegriffen wird. Das D. ist in §§ 102ff. StPO, in Landesgesetzen und in § 758 ZPO geregelt. In *Österreich* und in der *Schweiz* gelten ähnl. Voraussetzungen und Schranken.

Durchsuchung von Schiffen, im Völkerrecht die Prüfung, ob in Kriegszeiten ein Schiff Konterbande transportiert. Zur Ausübung sind nur Kriegsschiffe der kriegführenden Parteien berechtigt. Auf hoher See können feindl. und neutrale Handelsschiffe durchsucht werden; eine Durchsuchung in neutralen Gewässern ist unzulässig.

Durchzugsrecht, im Völkerrecht das vertragl. Recht eines Staates, mit seinen Streitkräften das Gebiet eines anderen Staates zu überqueren. Ein Rechtsanspruch auf Einräumung des D. besteht nach allg. Völkerrecht nur für Mgl. der UN, wenn Truppen und Hilfsmittel gegen einen Friedensbrecher eingesetzt werden.

Durdreiklang ↑ Dreiklang, ↑ Dur.

Düren, Krst. in NRW, an der Rur, 129 m ü. d. M., 85 300 E. Feinpapier-, Verpackungs-, Metall-, Maschinen- und Zuckerind. - 748 zuerst erwähnt; im frühen 13. Jh. Entwicklung zur Stadt; wurde in der Folgezeit wichtige Festungsstadt; 1790/1801–15 zu Frankr. - Reste der Stadtbefestigung (14.–16. Jh.).

D., Kreis in NRW.

Durendal ['du:rəndaːl, frz. dyrɑˈdal] (Durandal), Schwert Rolands, von übernatürl. Kraft.

Dürer, Albrecht, * Nürnberg 21. Mai 1471, † ebd. 6. April 1528, dt. Maler, Zeichner, Graphiker und Kunstschriftsteller. - 1485/86 erlernte D. das Goldschmiedehandwerk in der Werkstatt seines Vaters Albrecht D. d. Ä. (* 1427, † 1502), v. a. eine virtuose Grabsticheltechnik, die später seine Kupferstiche auszeichnet. 1486–89 in der Werkstatt M. Wolgemuts, dann ist u. a. ein Aufenthalt am Mittelrhein und in den Niederlanden, deren Kunst D. Werk wesentl. fundiert, zu vermuten. 1494 erste Reise nach Venedig über Innsbruck, von der er eine Anzahl bed. Landschaftsaquarelle mitbrachte. 1498 erschien sein erster Graphikzyklus, die von D. selbst verlegten 15 Holzschnitte zur Apokalypse. Ab 1500 beschäftigte sich D. mit Kunsttheorie, bes. der Proportionslehre (von den idealen Verhältnissen eines Körpers). So entstand der Kupferstich „Adam und Eva" (1504). Nach einem zweiten Aufenthalt in Italien 1505–07 entwickelte D. eine große Anzahl von Möglichkeiten menschl. Proportionierung. Seine Proportionslehre erschien postum 1528, sie bildet zus. mit seinen Schriften zur Unterweisung der Messung (1525) und zur Befestigungslehre (1527) einen Meilenstein der dt. Kunstliteratur. 1501–10 entstand der Holzschnittzyklus „Marienleben", 1496–98 und 1510 die „Große Passion", 1509–11 die „Kleine Passion", 1508–12 die „Kupferstichpassion". Seit 1512 war D. leitend an den Entwürfen und der Ausführung von Aufträgen für Kaiser Maximilian beteiligt, insbes. an den Holzschnitten der „Ehrenpforte" von 1515 und des „Großen Triumphwagens" von 1522 (Zeichnung 1518). Den Höhepunkt bilden Randillustrationen zum Gebetbuch des Kaisers (1515; München, Bayer. Staatsbibliothek), 50 Seiten mit phantasievollen farbigen Federzeichnungen. - Als Maler schuf er mehrere Altäre, u. a. den sog. Dresdner Altar (um 1496; Dresden, Gemäldegalerie), den Paumgartner-Altar (zw. 1498/1504; München, Alte Pinakothek), die „Anbetung der Könige" (1504; Uffizien) sowie Andachtsbilder, z.B. „Beweinung Christi" (um 1500; München, Alte Pinakothek), „Rosenkranzfest" (1506; Prag, Nationalgalerie), „Madonna mit der Birne" (1512; Wien, Kunsthistor. Museum), „Anna Selbdritt" (1519; New York, Metropolitan Museum of

Albrecht Dürer.
Selbstbildnis im Pelzrock (1500).
München, Bayerische
Staatsgemäldesammlungen

Durchschnitt (D) zweier Mengen (M_1 und M_2)

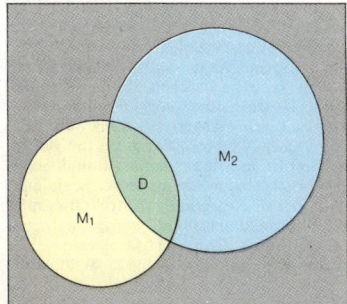

Art) und das Gemälde „Hl. Hieronymus" (1521; Lissabon, Museu de Arte Antigua). Von der ma. Tradition hebt sich D. durch die Auffassung der Themen im Sinne einer bürgerl. Frömmigkeit ab. Formgebend ist bei D. Gemälden letztlich die Zeichnung, der die Farbe zugeordnet ist. D. hat auch wesentl. Anteil an der Bildnismalerei, die durch das neue Persönlichkeitsbewußtsein der Renaissance erstarkt ist. Dieses neue Bewußtsein drückt sich nicht zuletzt in seinen Selbstbildnissen aus (1493, Louvre; 1498, Prado; 1500, München, Alte Pinakothek). Nach seiner zweiten venezian. Reise gelangte D. zu einer eindringl. Interpretation der Dargestellten, etwa „Junge Venezianerin" (1505; Wien, Kunsthistor. Museum), „Michael Wolgemut" (1516; Nürnberg, German. Nationalmuseum), mit den späten Bildnissen schuf D. Höhepunkte der altdt. Malerei: „Hieronymus Holzschuher", „Jakob Muffel" (beide 1526; Berlin-Dahlem). 1526 vermachte D. seiner Vaterstadt die sog. „Vier Apostel" (München, Alte Pinakothek). Die beiden Tafeln tragen gegen radikale Sektierer (Bilderstürmer und Schwarmgeister) gerichtete Beischriften.

D. popularisierte mit seinen Druckgraphik-Porträts auch Reformatoren und Humanisten wie „Kardinal Albrecht von Brandenburg" (1519 und 1523), „Willibald Pirckheimer" (1524), „Erasmus von Rotterdam" (1526). Neben der italien. Renaissance beeinflußte der dt. Humanismus, vermittelt durch seinen Freund Pirckheimer, D. Werk; humanist. Prägung christl. Stoffe ist im graph. Werk zu beobachten, bes. in seinen großen Kupferstichen „Ritter, Tod und Teufel" (1513), „Hl. Hieronymus" (1514) und „Melencolia 1" (1514), Werke, die zu seinen bedeutendsten Leistungen zählen. Aus seiner Spätzeit stammen ungemein freie Entwürfe, so zu einer Kreuzigung und eines Holzschnitts des Abendmahls (1523). - Versuche der Absicherung der Mitarbeit seines Bruders Hans (* 1490, † 1534/35 oder 1538) bleiben umstritten. - ↑auch Abb. Bd. 1, S. 235 und Bd. 5, S. 178.
📖 *Anzelewsky, F.: Dürer. Stg. 1980. - Panofsky, E.: Das Leben u. die Kunst A. Dürers. Mchn. 1979.*

Durg, Stadt im ind. Bundesstaat Madhya Pradesh, auf dem nö. Dekhan, 119 000 E. Im Distrikt D. liegt das mit sowjet. Hilfe erbaute Stahlwerk **Bhilai,** dessen Siedlung inzwischen 175 000 E hat.

Durga [Sanskrit „die schwer Zugängliche"], auch als **Kali, Parwati** oder auch **Dewi,** Göttin schlechthin, verehrte hinduist. Göttin, Gattin des Schiwa. Ihr Kult ist von z. T. sexuell geprägten Riten begleitet und durch Darbringung blutiger Tieropfer, früher auch Menschenopfer, gekennzeichnet.

Durgapur, Stadt im ind. Bundesstaat West Bengal, am Domodar, 306 000 E. Staatl. Großstahlwerk.

Durham, John George Lambton, Earl of (1833) [engl. ˈdʌrəm], * London 12. April 1792, † Cowes (auf Wight) 28. Juli 1840, brit. Politiker. - Ab 1813 Mgl. des Unterhauses und Führer des radikalen Flügels der Whigs; ab 1830 Lordsiegelbewahrer; mit dem Entwurf der Parlamentsreform (von 1832) betraut; 1838/39 Generalgouverneur von Brit.-Nordamerika; sein Konzept kolonialer Selbstverwaltung wurde später Grundlage der brit. Commonwealthpolitik.

Durham [engl. ˈdʌrəm], engl. Stadt am Wear, 26 000 E. Verwaltungssitz der Gft. D.; anglikan. Bischofssitz (seit 1561; Bischofssitz seit 995); Univ. (gegr. 1646; Neugründung 1832), Kugellagerfabrik, Herstellung von Orgeln und elektrotechn. Zubehör. - Stadtrecht seit 1836. - Die Kathedrale (im wesentl. 13. Jh.) ist ein bed. Bauwerk norman.-roman. Architektur mit got. Ergänzungen; Schloß (11. Jh.), zahlr. Häuser des 16.-18. Jh.

D., Gft. in NO-England.

D., Stadt im nördl. North Carolina, USA, 105 000 E. Univ. (gegr. 1838, erweitert 1924); Handels- und Verarbeitungszentrum für Tabak.

Durieux, Tilla [frz. dyˈrjø], eigtl. Ottilie Godefroy, * Wien 18. Aug. 1880, † Berlin 21. Febr. 1971, dt. Schauspielerin. - Kam 1903 zu M. Reinhardt nach Berlin, wo ihr mit Wildes „Salome" der Durchbruch gelang. Ihre erot.-sensible Wirkungskraft prädestinierte sie für Rollen von Wedekind (Lulu), Hebbel (Judith, Rhodope), Strindberg (Fräulein Julie). Glanzrollen nach ihrer Emigration in Jugoslawien (1933-51): „Die Irre von Chaillot" (Giraudoux, 1964), Semiramis in Ionescos „Stühle" (1957); schrieb Erinnerungen, u. a. „Meine ersten neunzig Jahre" (1971).

Durilignosa [lat.] (Hartlaubgehölze), Pflanzengesellschaften, in denen Holzpflanzen mit ledrigen, immergrünen Blättern oder mit assimilierender, grüner Rinde dominieren; kennzeichnend für Gebiete mit Mittelmeerklima.

Duris, griech. Vasenmaler des 5. Jh. - Tätig von etwa 500-465, ein Hauptvertreter des strengrotfigurigen Stils.

Durkheim, Émile [frz. dyrˈkɛm], * Épinal (Vosges) 15. April 1858, † Paris 15. Nov. 1917, frz. Soziologe. - Lehrte 1902-17 an der Sorbonne in Paris; seine Bemühungen galten der Begründung der Soziologie als eigenständiger Wiss.; verband mit der antispekulativen Forderung, soziale Tatsachen wie Dinge zu behandeln, seine methodolog. Grundthese: Die sozialen Erscheinungen stellen eine Wirklichkeit eigener Art dar, die von den Individuen getrennt ist und Zwang auf sie ausübt. Seine Thesen erfuhren in der modernen Soziologie eine gewisse Rezeption im Strukturalismus und im Funktionalismus.

Dürkheim, Bad ↑ Bad Dürkheim.

Dur-Kurigalsu, altbabylon. Stadt westl.

von Bagdad, Irak; heutige Ruinenstätte unter der Bez. **Durdsch Akarkuf**. Gegr. und benannt von Kurigalsu I. (um 1400 v. Chr.) aus der babylon. Kassitendyn. Residenz der Kassiten. Besiedelt bis in achämenid. und islam. Zeit. Freigelegt die noch 57 m hoch erhaltene Zikkurrat (fast quadrat. Grundriß), Teile von Hofsystemen eines Heiligtums und des Palastes mit Wandgemälden und überwölbten Vorratskammern.

Durlach, Stadtteil von ↑ Karlsruhe.

Durmitor, glazial überformtes Bergmassiv im nördl. Teil der jugoslaw. Republik Montenegro, bis 2522 m hoch, zweitgrößter Naturpark Jugoslawiens (320 km^2).

Dürnkrut, Marktgemeinde in Niederösterreich, 40 km nö. von Wien, 160 m ü. d. M., 2300 E. - Auf dem **Marchfeld** nahe D. siegte 1278 König Rudolf I. über König Ottokar II. von Böhmen, der auf der Flucht getötet wurde.

Dürnstein, Stadt in der Wachau, am linken Ufer der Donau, Niederösterreich, 209 m ü. d. M., 1000 E.; Fremdenverkehr. - Anlage von Burg und Stadt Mitte des 12. Jh. (Stadtrechtsbestätigung 1491). - Chorherrenstift der Augustiner (1410–1788, barocker Neubau von 1718), urspr. got., 1721–25 barock erneuerte Pfarrkirche Mariä Himmelfahrt, Bürgerhäuser (16. Jh.). Ruine der Burg, auf der 1193 der engl. König Richard Löwenherz gefangengehalten wurde; Schloß (1622).

strukteur. - Wirkte beim Bau des ersten Luftschiffes mit, übernahm 1904 den Bau des zweiten Luftschiffes LZ 2 und leitete den Bau aller weiteren Zeppelin-Luftschiffe.

Dürre, Trockenperiode, eine Zeit des Niederschlagsmangels bei gleichzeitig hoher Lufttemperatur und daher großer Verdunstung, die sich, von starkem, trockenem Wind verstärkt, schädigend auf die Vegetation auswirkt.

Durrell, Lawrence [engl. ˈdʌrəl], * Darjeeling (Indien) 27. Febr. 1912, anglor. Schriftsteller. - Eigenwilliger, ausdrucksstarker Stilist; in seinem Roman in 4 Bänden „Alexandria Quartett" (1957–60: „Justine", „Balthazar", „Mountolive", „Clea") stellt D. Ereignisse und Personen von immer wechselnder Warte aus dar, um durch vielfältige Aussagen der „Wahrheit" nahezukommen. Bed. Reiseberichte, auch Lyrik, Dramen. - *Weitere Werke:* Monsieur oder Fürst der Finsternis (1976), Livia oder lebendig begraben (1979), Sebastian (1986).

Dürrenmatt, Friedrich, * Konolfingen bei Bern 5. Jan. 1921, schweizer. Dramatiker und Erzähler. - D. bevorzugt die Komödie und Tragikomödie als „die einzig mögl. dramat. Form, heute das Tragische auszusagen"; er vergegenwärtigt mit beißendem Humor, Witz, Zynismus, bisweilen auch Sarkasmus, mit Ironie und Satire alle erstarrten Konventionen eines selbstgefälligen Spießbürger-

Tilla Durieux

Friedrich Dürrenmatt (1971)

Eleonora Duse (um 1890)

Durocortorum, antike Stadt, ↑ Reims.
Duroplaste [Kw.] ↑ Kunststoffe.
Dürr (Dirr), Johann Georg, * Weilheim i. OB. (in Oberbayern) 2. April 1723, † Mimmenhausen bei Überlingen 9. Okt. 1779, dt. Bildhauer und Stukkator. - Schüler, Mitarbeiter und Nachfolger J. A. Feuchtmayers (Birnau, Sankt Gallen und Salem); schuf große Teile der Alabasterausstattung in Salem (1766–79).

D., Ludwig, * Stuttgart 4. Juni 1878, † Friedrichshafen 1. Jan. 1956, dt. Luftschiffkon-

tums. D. Interesse gilt dem mutigen Menschen, den er in Gegensatz zur heroischen Heldengestalt sieht. Seine meist unscheinbaren Helden sind ohne Illusionen über die Veränderbarkeit der Welt oder erfahren dies im Handeln oder im Rückzug aus ihr und bestehen sie durch Nichtverzweifeln, Nichtresignieren, Erkennen. Die Nichtberechenbarkeit der Welt ist insbes. auch ein Thema seiner Erzählungen und „Kriminalromane". Auch bed. Hörspielautor; das „Unternehmen der Wega" (1955) wurde Vorläufer des Dramas

Durrës

„Porträt eines Planeten" (1971) über den Untergang der Erde.
Weitere Werke: Es steht geschrieben (Dr., 1947, Neufassung 1967 u. d. T. Die Wiedertäufer), Romulus der Große (Kom., Uraufführung 1948, Neufassung 1958), Die Ehe des Herrn Mississippi (Kom., 1952, Neufassung 1957), Der Richter und sein Henker (R., 1952), Der Verdacht (R., 1953), Ein Engel kommt nach Babylon (Kom., 1954, Neufassung 1957), Herkules und der Stall des Augias (Kom., 1954, Neufassung 1963), Grieche sucht Griechin (Prosa-Kom., 1955), Der Besuch der alten Dame (Kom., 1956), Die Panne (E., 1956), Das Versprechen (R., 1958), Frank der Fünfte (Kom., 1960), Die Physiker (Kom., 1962), Der Meteor (Kom., 1966), Theater-Schriften und Reden (2 Bde., 1966–1972), Der Sturz (E., 1971), Der Mitmacher (Kom., 1973), Zusammenhänge. Essays über Israel (1976), Die Frist (Kom. 1977), Justiz (R. 1985).
📖 *Knopf, J.: F. D. Mchn.* ³1980.

Durrës (italien. Durazzo), Stadt in Albanien, an der N-Küste der Bucht von D. (Adria), 61 000 E. Hauptstadt des Verw.-Geb. D.; Museum; bedeutendster Hafen Albaniens; Werft, metall- und holzverarbeitende-, Textil- und Nahrungsmittelind.; Seebad. - D. geht auf die um 625 v. Chr. von Kerkyra und Korinth auf illyr. Gebiet gegr. Kolonie **Epidamnos** zurück. Die seit der Antike **Dyrrhachium** genannte Stadt kam 395 zum Byzantin. Reich; 1501–1912 unter osman. Herrschaft.

Düsseldorf. Altes Rathaus mit dem von Gabriel de Grupello 1703–11 geschaffenen Reiterbild Kurfürst Johann Wilhelms II. („Jan Wellem")

Dürrfleckenkrankheit, durch den Deuteromyzeten **Alternaria solani** hervorgerufene Krankheit der Kartoffeln und Tomaten; meist schwärzlichbraune, scharf begrenzte, konzentrisch gezonte Blattflecken, die schließl. das ganze Blatt erfassen, so daß dieses vertrocknet; Übergreifen auf Knollen bzw. Früchte.

Durrha [arab.] ↑Mohrenhirse.
Dürrheim, Bad ↑Bad Dürrheim.
Dürrnberg, eine der bedeutendsten frühkelt. (6.–4. Jh.) Fundstätten M-Europas, bei Hallein (Salzburg), mit bes. reich ausgestattetem Gräberfeld; vermutl. kelt. Fürstensitz.
Dur-Scharrukin ↑Chorsabad.

Durst, eine Empfindung, die mit dem Verlangen verbunden ist, Flüssigkeit in den Körper aufzunehmen. D. tritt normalerweise dann auf, wenn durch Wasserverluste (z. B. Schwitzen, Durchfall) oder durch Erhöhung des osmot. Drucks des Blutes (z. B. reichl. Kochsalzaufnahme) die Sekretion der Speichel- und Mundschleimhautdrüsen nachläßt und der Mund- und Rachenraum trocken wird. Das übergeordnete, den Wasserbedarf des Körpers kontrollierende Zentrum ist das **Durstzentrum** im Hypothalamus, dessen ↑Osmorezeptoren auf Änderungen des osmot. Drucks des Blutes ansprechen. Der tägl. Wasserbedarf des Menschen beträgt etwa 2 l, den er in Form von Flüssigkeit oder mit der aufgenommenen Nahrung decken kann. **Schwerer Durst** (mit Wasserverlusten zw. 5–12 % des Körpergewichtes) erzeugt bei gestörtem Allgemeinbefinden und quälendem Trinkbedürfnis u. a. Schleimhautrötungen und Hitzegefühl im Bereich von Augen, Nase, Mund und Rachen, Durstfieber und schließl. Versagen

Düsseldorf

der Schweiß- und Harnsekretion. Der Tod durch **Verdursten**, beim Menschen nach einem Wasserverlust von 15–20 % des urspr. Körpergewichtes, tritt im Fieberzustand bei tiefer Bewußtlosigkeit ein.
Durstfieber, durch ungenügende Flüssigkeitszufuhr hervorgerufene Temperaturerhöhung, v. a. bei Säuglingen.
Durtonart ↑Dur.
Du Ry [frz. dy'ri], frz. Baumeisterfamilie, deren Mgl. **Jean Paul** (*1640, †1714) und **Simon Louis** (*1726, †1799) als hess. Hofbaumeister den Ausbau von Kassel durchführten; neben der Stadtplanung bed. klassizist. Bauten (Museum Fridericianum, 1769–1776).
Dušan [serbokroat. ˌduʃan], serb. Zar, ↑Stephan Dušan.
Duschanbe, Hauptstadt der Tadschik. SSR, im Gissartal, 539 000 E. Univ. (gegr. 1948), Akad. der Wiss. der Tadschik. SSR, mehrere Hochschulen, Museen und Theater, Philharmonie, Planetarium; botan. Garten; Textil- und Nahrungsmittelind.; Bahn- und Straßenknotenpunkt, ✈. - Seit 1924 Hauptstadt der Tadschik. ASSR bzw. SSR.
Dusche [italien.-frz.], zu Reinigungs- und Massagezwecken sowie zur Behandlung verschiedener Erkrankungen (u. a. funktionelle Durchblutungsstörungen) dienende Wasseranwendung, bei der neben dem Temperaturreiz (kalte, warme, wechselwarme D.) auch der mechan. Reiz wesentl. ist.
Duse, Eleonora, *Vigevano (bei Pavia) 3. Okt. 1858, †Pittsburgh (Pa.) 21. April 1924, italien. Schauspielerin. - Bed. Tragödin, verkörperte den feinnervigen, sensiblen Frauentyp der Jh.wende. Neben Stücken von Sardou, Dumas d. J. („Kameliendame") und Ibsen („Nora", „Hedda Gabler") wandte sie sich v. a. den Dramen Maeterlincks und ihres Freundes D'Annunzio zu. - Abb. S. 13.
Düse [zu tschech. duše „Inneres eines Rohres", eigtl. „Seele"], Strömungskanal mit sich stetig änderndem Querschnitt, in dem das frei ausströmende Medium (Gas, Dampf, Flüssigkeit) möglichst verlustfrei beschleunigt wird (in *Laval-D.* auf Überschallgeschwindigkeit). Verwendung z. B. in Dampf- und Wasserturbinen, Vergasern (zum Zerstäuben des Kraftstoffs), in Einspritzmotoren und Strahltriebwerken. Der Querschnitt der D.bohrung kann durch eine konische *D.nadel* verändert werden.
Düsenflugzeug, Bez. für ein Flugzeug mit Antrieb durch Luftstrahltriebwerk[e].
Düsentriebwerk, svw. ↑Luftstrahltriebwerk.
Düsenwebmaschine ↑Weben.
Dussek, Johann Ladislaus (Dusík, Jan Ladislav), *Čáslav (Mittelböhm. Gebiet) 12. Febr. 1760, †Saint-Germain-en-Laye 20. März 1812, tschech. Pianist und Komponist. - Komponierte v. a. Werke für oder mit Klavier (u. a. 13 Klavierkonzerte, 62 Klaviersonaten, 80 Violinsonaten).
Düsseldorf, Hauptstadt von NRW, am W-Rand des Berg. Landes und am Niederrhein, 36–100 m ü. d. M., 561 000 E. Verwaltungssitz des Reg.-Bez. D. mit zahlr. Behörden; Handels- und Kongreßstadt mit Fachmessen; Max-Planck-Inst. für Eisenforschung, Univ. (gegr. 1965), Staatl. Kunstakad., Akad. für öffentl. Gesundheitswesen, Verwaltungs- und Wirtschaftsakad., Dt. Akad. für Städtebau und Landesplanung. Dt. Krankenhausinst., Werkkunstschule, Schauspielschule, Konservatorium, Ev. Landeskirchenmusikschule; Oper, Schauspielhaus; zahlr. Museen, u. a. Goethe-Museum, Naturkundl. Museum, Bibliotheken, Hauptstaatsarchiv, Heinrich-Heine-Archiv; Rhein.-Westfäl. Börse, Sitz nat. und internat. Firmen, zahlr. Wirtschaftsverbände und -organisationen sowie des Dt. Gewerkschaftsbundes. Bed. Ind.-standort der eisen- und stahlschaffenden sowie eisen- und stahlverarbeitenden Ind. mit Spezialisierung auf Röhren und Rohrleitungen; chem. Großind., graph. Ind. u. a.; hervorragende Verkehrslage, Hafen, ✈.
Geschichte: Zw. 1135 und 1159 zuerst erwähnt; kam spätestens 1189 an die Grafen von Berg; 1288 mit Stadtrecht, Markt- und Zollfreiheit ausgestattet; Erhebung zur ständigen berg. Residenz Ende 15. Jh., später zur Residenz der 1521 vereinigten Länder Jülich, Berg, Kleve, Mark und Ravensberg; Haupt- und Residenzstadt 1614–1716; Kurfürst Johann Wilhelm II. gründete eine südl. Neustadt (1699, „Neue Extension"), die jedoch erst unter Karl Theodor als Carlstadt (geplant ab 1772) angelegt wurde. 1801–06 bayr. regiert, danach frz. beherrscht, kam 1815 zu Preußen; wurde Hauptstadt eines Reg.bez. und 1824 Sitz des rhein. Provinziallandtags. - **Benrath** (1929 in D. eingemeindet) entstand bei der Burg der seit 1222 nachweisbaren Herren von Benrode, die wohl schon im 13. Jh. an die Grafen (später Herzöge) von Berg fiel, erhielt aber erst durch den Schloßbau Bed. - **Gerresheim** (1909 eingemeindet) entstand im Anschluß an das vor 870 gegr. spätere Kanonissenstift St. Hippolyt; vor 1390 zur Stadt erhoben. - Das 1929 eingemeindete **Kaiserswerth**, 877 zuerst erwähnt, entstand bei einem um 700 gegr. Benediktinerkloster, dem späteren Chorherrenstift; ein im 9. Jh. bezeugter Königshof wurde später zur Kaiserpfalz ausgebaut; Stadtrecht in der 2. Hälfte des 12. Jh.; wichtig als Zollstätte.
Bauten: D. wuchs erst im 19. Jh. über die ma. Stadtmauer hinaus mit großzügigen Park- und Stadtanlagen des Klassizismus. Die Altstadt (v. a. 17.–19. Jh.) wurde im 2. Weltkrieg stark zerstört, aber z. T. wieder aufgebaut: got. Stiftskirche Sankt Lambertus (1288–1394), Sankt-Andreas-Pfarrkirche (17. Jh.), spätgot. Altes Rathaus (1570–73). Im

Düsseldorf

Hofgarten steht Schloß Jägerhof (1752–63). Die moderne Architektur begann mit dem Bau des Kaufhauses Tietz (heute Kaufhof, 1907–09), dem Mannesmann-Haus (1911–12), dem Stumm-Haus (1922) u. a. Nach 1945 entstanden u. a. die Verwaltungsgebäude der Mannesmann-Röhrenwerke (1952–55), der Commerzbank (1960–65) und der Arag (1963–67) sowie die Rochuskirche (1954–56), das Thyssen-Haus (1956–60), das Schauspielhaus (1960–69). - Spätbarockes Schloß in *D.-Benrath* (1755–73), Innenausstattung im Stil Louis-seize. In der ehem. Stiftskirche in *D.-Gerresheim* (1210–36) ein otton. überlebensgroßes Kruzifix aus dem 10. Jh.; ehem. Stiftskirche in *D.-Kaiserswerth* (12. Jh.) mit dem Suitbertusschrein (vor 1300); ebd. Reste der Burg Kaiser Friedrichs I. Barbarossa (1174–1184).
Weidenhaupt, H.: Kleine Geschichte der Stadt D. Düss. ⁹1983.

D., Reg.-Bez. in NRW.

Düsseldorfer Abkommen, Abkommen zur Vereinheitlichung auf dem Gebiet des Schulwesens in der BR Deutschland, verabschiedet 1955 durch die Min.präs. der Länder in Düsseldorf; in Kraft seit 1. 4. 1957, abgelöst durch das ↑ Hamburger Abkommen.

Düsseldorfer Malerschule, an der Düsseldorfer Akad. unter dem seit 1826 amtierenden Direktor W. von Schadow gebildete Gruppe von Malern (*ältere D. M.*, u. a. K. F. Lessing, E. Bendemann, J. W. Schirmer, J. P. Hasenclever, J. Hübner), die die nazaren.-romant. Einflüsse durch realist. Ansätze umformte (v. a. Historienbilder, auch Genrebilder, Landschaften). Etwa 20 Jahre später *jüngere D. M.* (u. a. K. F. Lessing, A. Achenbach, C. W. Hübner) mit realist. Landschaften, Genrebildern sowie Porträts.

Düsterbienen (Stelis), Gatt. der Bienen mit etwa 80 Arten, v. a. in den gemäßigten Regionen (in M-Europa 9 Arten); meist dunkel geförbt mit gelbl. Flecken.

Düsterkäfer (Serropalpidae, Melandryidae), Fam. der Käfer mit rd. 500 Arten; leben meist an und in Baumschwämmen; schlank, bräunl. bis schwarz, 3–18 mm groß.

Dutchman [engl. 'dʌtʃmɛn], Niederländer; auch Bez. für Deutsche, urspr. bes. für dt. Seeleute; kann auch verächtl. Beiklang haben.

Dutilleux, Henri [frz. dyti'jø], *Angers 22. Jan. 1916, frz. Komponist. – Ohne einer bestimmten Gruppe oder Kompositionsrichtung anzugehören, hat sich D. als einer der bedeutendsten Komponisten seiner Generation v. a. mit Instrumentalmusik durchgesetzt.

Dutschke, Rudolf (Rudi), *Schönefeld bei Luckenwalde 7. März 1940, †Århus 24. Dez. 1979, dt. Studentenführer. – Mgl. des Sozialist. Dt. Studentenbundes; seit 1966 an der Organisierung student. Protestaktionen führend beteiligt; 1968 durch Attentat schwer verletzt; verfaßte „Versuch, Lenin auf die Füße zu stellen" (1974).

Duttenkragen, svw. ↑ Kröse.

Duttweiler, Gottlieb, *Zürich 15. Aug. 1888, †ebd. 8. Juni 1962, schweizer. Unternehmer und Sozialpolitiker. - Seit 1925 Aufbau des „Migros"-Lebensmittelkonzerns aus sozialen Motiven (↑ Migros-Genossenschafts-Bund); gründete 1935 die Partei „Landesring der Unabhängigen" und deren Zeitung „Die Tat"; zw. 1936/49 zweimal Nationalrat.

Duty-free-Shop [engl. 'dju:tɪ'fri:ʃɔp], ladenähnl. Einrichtung im zollfreien Bereich eines Flughafens, wo Passagiere, die ins Zollausland reisen, Waren zollfrei kaufen können.

Dutzend [altfrz.; zu lat. duodecim „zwölf"], Abk. Dtzd., altes Zahlmaß (Stückmaß): 1 Dtzd. = 12 Stück.

Duval de Dampierre, Henri Graf [frz. dyvaldədã'piɛ:r], *bei Metz 1580, ✕ bei Preßburg 8. Okt. 1620, kaiserl. Feldmarschall. Zeichnete sich aus im Kampf gegen die Osmanen, 1615–17 im Krieg der Uskoken gegen Venedig, ab 1619 gegen die „böhm. Rebellen".

Duvalier, [frz. dyva'lje], François, *Port-au-Prince 14. April 1907, †ebd. 21. April 1971, haitian. Politiker. - 1947–49 Gesundheits- und Arbeitsmin.; 1957 mit Hilfe der USA zum Präs. gewählt; erklärte sich 1964 zum Präs. auf Lebenszeit mit diktator. Vollmachten.

D., Jean-Claude, gen. Baby Doc, *Port-au-Prince 3. Juli 1951, haitian. Politiker. - Sohn von François D.; Ende 1970 nach Verfassungsänderung zum Nachfolger seines Vaters ernannt, dessen Amt als Staatspräs. auf Lebenszeit er im April 1971 antrat. Nach anhaltenden, teils blutigen Unruhen und Streiks gegen sein Regime mußte D. im Febr. 1986 das Land verlassen.

Duve, Christian de [frz. dy:v], *Thames-Ditton (Gft. Surrey) 2. Okt. 1917, belg. Biochemiker. - Prof. in Löwen und am New Yorker Rockefeller-Institut; entdeckte die Lysosomen und die Peroxysomen. 1974 (zus. mit A. Claude und G. E. Palade) den Nobelpreis für Physiologie oder Medizin.

Duvet, Jean [frz. dy'vɛ], eigtl. J. Drouet, genannt Meister mit dem Einhorn, *Langres (Haute-Marne) um 1485, †ebd. nach 1561, frz. Kupferstecher und Goldschmied. - Stach u. a. Blätter mit der Einhornlegende (Lyon 1561), zur Apokalypse (1546–55) sowie nach Leonardo, Dürer u. a. - Abb. S. 67.

Duvetine [dyf'ti:n; frz.] (Ledersamt), Baumwoll- oder Zellwollgewebe in verstärkter Schußatlasbindung; samtartig.

Duvivier, Julien [frz. dyvi'vje], *Lille 8. Okt. 1896, †Paris 29. Okt. 1967, frz. Filmregisseur. - Neben Filmen im Stil des „poet. Realismus" („Pépé le Moko", 1936) zeichn. kommerzielle Filme unterschiedl. Qualität („Unter dem Himmel von Paris", 1951; „Don Camillo und Peppone", 1952).

Dux (Mrz. Duces) [lat. „Führer"], im *Röm. Reich* Bez. für jeden militär. Führer, seit Diokletian Rangtitel der Besatzungskommandanten der Prov.; im *Byzantin. Reich* Bez. für den Themengouverneur; im *MA* lat. Bez. für Herzog.

◆ in der *Fuge* die Grundgestalt des Themas, dem der ↑Comes [beantwortend] folgt.

Dvořák, Antonín [Leopold] [tschech. 'dvɔrʒaːk], * Nelahozeves bei Prag 8. Sept. 1841, † Prag 1. Mai 1904, tschech. Komponist. - Zunächst Bratschist und Organist; Förderung durch J. Brahms; 1892–95 Leiter des National Conservatory in New York, seit 1901 des Prager Konservatoriums. In seinen melod. und klangl. außerordentl. reichen Kompositionen verband D. Einflüsse der Klassiker und Romantiker mit folklorist. Elementen (slaw. Volkstanz) und gelangte zu einem unmittelbaren, temperamentvollen und volkstüml. Stil.

Werke: 10 Opern, u. a. „Rusalka" (1900); weltl. und kirchl. Chorwerke mit Orchester, u. a. Stabat mater (1877), Requiem (1890) und Tedeum (1892); Orchesterwerke, u. a. 9 Sinfonien (die 9. „Aus der Neuen Welt" e-Moll, 1893), 5 sinfon. Dichtungen op. 107–111 (1896/97, nach Balladen von K. J. Erben); Klavierkonzert g-Moll (1876), Violinkonzert a-Moll (1879/80), Cellokonzert h-Moll (1894/95); Kammermusik, u. a.: ein Streichsextett, 3 Streich- und 2 Klavierquintette, 14 Streich- und 2 Klavierquartette, ein Streichtrio, 4 Klaviertrios; zahlr. Klavierstücke, u. a. „Slawische Tänze" (1878 und 1886, auch in Orchesterbearbeitung) und Lieder.

DVP, Abk. für: ↑Deutsche Volkspartei (1918–33).

Dwarka, Wallfahrtsort der Hindus auf der der Halbinsel Kathiawar im ind. Bundesstaat Gujarat; eine der sieben heiligen Stätten Indiens.

dwars [niederdt.], rechtwinklig zur Mittschiffsebene, zur Längsrichtung eines Bootes.

Dwight, Timothy [engl. dwaɪt], * Northampton (Mass.) 14. Mai 1752, † New Haven (Conn.) 11. Jan. 1817, amerikan. Schriftsteller. - 1795–1815 Präs. der Yale University; Verf. des ersten amerikan. Epos, „The conquest of Canaan" (1785) sowie der Reiseberichte „Travels in New England and New York" (4 Bde., 1821–22).

Dwina, Nördliche ↑Nördliche Dwina.

Dwinger, Edwin Erich, * Kiel 23. April 1898, † Gmund am Tegernsee 17. Dez. 1981, dt. Schriftsteller. - Bekannt v. a. durch die R.trilogie „Die dt. Passion" (1929–32), in der er eigene Erlebnisse im 1. Weltkrieg und in russ. Gefangenschaft in z. T. krasser Sprache schildert. Im 2. Weltkrieg Kriegsberichterstatter. Verherrlichung des Krieges und Antikommunismus nat.-soz. Prägung kennzeichnen seine Werke.

Dworjane [zu russ. dvor „Hof"], in Rußland seit dem 12./13. Jh. die Dienstleute, die in der fürstl. bzw. bojar. Gefolgschaft den niederen Dienstadel bildeten und z. T. unfreier Herkunft waren; trugen wesentl. zur Entmachtung des alten Adels bei.

Dy, chem. Symbol für ↑Dysprosium.

Dyade [griech.], Zusammenfassung zweier Einheiten.

Dyas [griech.], veraltet für ↑Perm.

Dyba, Johannes, * Berlin 15. Sept. 1929, dt. kath. Theologe. - Seit 1962 im päpstl. diplomat. Dienst; 1979–83 Apostol. Pronuntius in Liberia und Gambia und Apostol. Delegat in Guinea und Sierra Leone; seit 1983 Bischof von Fulda (mit dem persönl. Titel Erzbischof).

Dybowskihirsch [nach dem poln. Zoologen B. T. Dybowski, * 1833, † 1930], Unterart des ↑Sikahirschs.

Dyck, Sir (seit 1632) Anthonis van [niederl. dɛjk], * Antwerpen 22. März 1599, † London 9. Dez. 1641, fläm. Maler. - 1617–20 in der Werkstatt Rubens, 1620 in London, 1621–27 Italienaufenthalt; dann in Antwerpen und seit 1632 vorwiegend in London als Hofmaler Karls I. In den frühen Altarwerken - „Hl. Sebastian" (München, Alte Pinakothek), „Gefangennahme Christi" (Madrid, Prado) - und in seinen mytholog. Darstellungen folgt van D. Rubens. Nach der Italienreise neue fläm. und venezian. und bei Tizian erworbene Ausdrucksmittel. - „Rosenkranzaltar" (Palermo, Oratorio del Rosario di San Domenico), „Kardinal Bentivoglio" (Florenz, Galleria Pitti). Beide Phasen vereinigen sich in der warmtonigen und repräsentativen, distanzierten und lebendigen Bildnismalerei van D. am engl. Hof, die einen Höhepunkt

Anthonis van Dyck, König Karl I. (1633). Paris, Louvre

in der europ. Porträtkunst darstellt: „Gruppenbildnis der engl. Königsfamilie" (Schloß Windsor), „Karl I." (Paris, Louvre), „Kinder Karls I." (Turin, Galleria Sabauda). Schuf auch Zeichnungen, einige Radierungen („Ikonographie", 100 fläm. Porträts nach van D. Vorlage, davon 11 eigenhändig) sowie Landschaftsaquarelle (engl. Motive). - ↑ auch Abb. Bd. 3, S. 57.

Dyckerhoff Zementwerke AG, dt. Unternehmen der Zementind. mit einem Marktanteil von 20 %, Sitz Wiesbaden, 1931 durch Fusion entstanden.

Dye-Transfer-Prozeß ↑ Photographie.

Dyfed [engl. 'dɪfɛd], Gft. in Wales.

Dylan, Bob [engl. 'dɪlən], eigtl. Robert Zimmerman, * Duluth (Minn.) 24. Mai 1941, amerikan. Sänger und Komponist. - Vom Blues und vom Country 'n' Western beeinflußte Lieder, z. T. mit sozialkrit. Tendenz; begründete 1964 den sog. Folk-Rock.

Dyn [Kw. aus griech. dýnamis „Kraft"], Einheitenzeichen dyn; ältere Einheit der Kraft; 1 dyn = 1 g · cm/s^2 = 0,00001 Newton.

Dynamik [zu griech. dýnamis „Kraft"], Teilgebiet der *Mechanik*, in dem der Zusammenhang zw. Kräften und den durch sie verursachten Bewegungszuständen untersucht wird. Grundlage der D. ist das 2. ↑ *Newtonsche Axiom* (dynam. Grundgesetz): $F = ma$ (Kraft ist gleich Masse mal Beschleunigung) bzw. $F = d(mv)/dt$ (Kraft ist gleich der zeitl. Änderung der Bewegungsgröße bzw. des Impulses).
◆ in der *Akustik* versteht man unter der D. eines Schallvorgangs (Sprache, Musik) das Verhältnis zw. der größten und der kleinsten vorkommenden Schallstärke. Für Sprache beträgt die D. etwa $10^5 : 1$, für ein großes Orchester bis zu $10^7 : 1$. Das menschl. Ohr vermag eine D. von bis zu $10^{13} : 1$ aufzunehmen. In der *Elektroakustik* bezeichnet man als D. das Verhältnis von maximaler unverzerrter Nutzspannung zur Störspannung (Rauschen) eines Gerätes.
◆ in der *Musik* die Differenzierung von Tonstärkegraden. Während in der Barockmusik weitgehend eine flächige „Terrassen-D." herrscht (z. B. Gegenüberstellung von Solo oder Concertino und Orchester), fand seit der Mitte des 18. Jh. (Jommelli, Gluck, Mannheimer Schule) die mit kontinuierl. Veränderungen arbeitende Effekt-D. allg. Verwendung.

Dynamis [griech.], in der Philosophie des Aristoteles das Vermögen, eine Veränderung eines anderen Gegenstandes oder seiner selbst zu bewirken.

dynamisch, die Dynamik betreffend, voller Kraft, triebkräftig, bewegt. - Ggs. statisch.

dynamische Geologie, ↑ Geologie.

dynamische Psychologie, Bez. für psycholog. Theorien (u. a. von S. Freud, A. Adler), die den Prozeßcharakter des Seelischen betonen. Bes. Beachtung schenkt die d. P. den auslösenden Kräften, Antrieben und Motivationen, die das seel. Geschehen bestimmen, sowie der Analyse des Verlaufs seel. Prozesse.

dynamischer Akzent, in der Sprachwiss. eine Form des ↑ Akzents.

dynamische Rente, in der Sozialversicherung Bez. für die Rente, deren Höhe nicht auf Lebenszeit festgesetzt, sondern period. der Entwicklung des Sozialprodukts angepaßt wird (lohnbezogene Rente); in der BR Deutschland 1957 eingeführt.

dynamische Zähigkeit, svw. dynam. ↑ Viskosität.

Dynamismus [griech.], in der Religionswiss. und Völkerkunde Bez. für die weltweit verbreitete Vorstellung einer unpersönl. Lebens- und Zauberkraft (↑ auch Mana), die überall in der Natur vorhanden ist, jedoch in bestimmten Gegenständen oder Menschen bes. in Erscheinung tritt.

Dynamit [zu griech. dýnamis „Kraft"] ↑ Sprengstoffe.

Dynamit Nobel AG, dt. Chemieunternehmen, Sitz Troisdorf, 1865 von dem schwed. Ingenieur Alfred ↑ Nobel gegr.; gehört zum Flick-Konzern. Produktionsprogramm: chem. Erzeugnisse, Kunststoffe, Spreng- und Zündmittel.

Dynamo [engl.; zu griech. dýnamis „Kraft"], svw. ↑ Generator.

Dynamoblech, mit Silicium legierte Stahlbleche von etwa 0,35 bis 1,0 mm Dicke, aus denen das Blechpaket elektr. Maschinen zusammengesetzt wird. Um Wirbelstrombildung zu vermeiden, werden die Bleche z. B. mit Folien aus sehr dünnem Papier isoliert.

dynamoelektrisches Prinzip, Bez. für das von W. von Siemens 1866 aufgestellte Arbeitsprinzip eines elektr. Generators, nach dem der im Eisenkern des zur Induktion benutzten Elektromagneten vorhandene remanente Magnetismus einen zunächst schwachen Induktionsstrom erzeugt, der zum weiteren Aufbau des Magnetfeldes benutzt wird, so daß sich der Generator selbst zu voller Leistung „aufschaukelt".

Dynamograph, ein registrierendes ↑ Dynamometer.

Dynamometamorphose ↑ Metamorphose.

Dynamometer, Gerät, dessen elast. Verformung zur Kraftmessung herangezogen werden kann. Im einfachsten Fall ist ein D. eine Zug- oder Druckfeder, deren Längenänderung der einwirkenden Kraft proportional ist.
◆ Meßgerät zur Ermittlung des mittleren, von einer Maschine abgegebenen [oder aufgenommenen] Drehmoments.

Dynamometrie [griech.], in *Medizin* und *Psychologie* mit einem Dynamometer durchgeführte Kraftmessung, z. B. Messung von Muskelkraft und Leistungsverhalten.

Dysplasie

Dynast [griech.], im antiken Griechenland Mgl. einer aristokrat., an die Macht gekommenen Gruppe; in der histor. Terminologie dem Fürstenstand ebenbürtige Adlige.

Dynastie [griech.], Herrscherhaus, fürstl. hochadliges Geschlecht.

Dynode [griech.] (Prallelektrode), in Photomultipliern (Sekundärelektronenvervielfachern) verwendete Elektrode, an der beim Aufprall von Elektronen, die von der Photokathode oder einer vorangehenden D. stammen, pro Elektron 5 bis 10 Sekundärelektronen ausgelöst werden.

Dyopol [griech.] (Duopol), Begriff aus der Marktformenlehre; einfachste Form des ↑ Oligopols, bei der auf einem Markt nur zwei Anbieter (D.) oder zwei Nachfrager (**Dyopson**) vorhanden sind. Den Spezialfall, zwei Anbieter und zwei Nachfrager auf einem Markt, nennt man **bilaterales Dyopol.**

Dyrhólaey [isländ. ˈdɪːrhɔy̯laɛi̯], südlichster Punkt von Island mit Leuchtturm.

Dyrrhachium, antike Stadt, ↑ Durrës.

dys..., Dys... [griech.], Vorsilbe von Zusammensetzungen mit der Bedeutung „abweichend [von der Norm], übel, schlecht, miß..., krankhaft", z. B. Dysfunktion, Dysmelie.

Dysarthrie [griech.], Sprachstörung; tritt u. a. bei Gehirngefäßverschlüssen, zerebraler Kinderlähmung und multipler Sklerose auf.

Dysästhesie [griech.], in der *Medizin* allg. die verfälschte Wahrnehmung von Schmerz-, Temperatur- und Druckempfindungen; in der *Psychiatrie* das betont unangenehme Erleben aller äußeren Reize, v. a. bei endogenen Depressionen.

Dysbakterie (Dysbiose) [griech.], Bez. für eine abnorm veränderte Bakterienflora im Darmkanal; kann durch die Einnahme von Breitbandantibiotika verursacht werden. - Ggs.: ↑ Eubakterie.

Dysbasie [griech.], Gehstörung, erschwertes Gehen.

Dyschromatopsie [...s-x...; griech.], nicht vollkommen ausgeprägte Farbenblindheit.

Dysenterie [...s-ɛ...; griech.], svw. ↑ Ruhr.

Dysergie [...s-ɛ...; griech.], abnorme Reaktionsbereitschaft, meist im Sinne einer verminderten Abwehrbereitschaft des Organismus gegenüber Infekten.

Dysfunktion, erblich bedingte oder als Krankheit erworbene Funktionsstörung von Organen (↑ Überfunktion, ↑ Unterfunktion).
◆ soziolog. Begriff, ↑ Funktionalismus, ↑ strukturell-funktionale Theorie.

Dyshidrose (Dyshidrosis), allg. Bez. für Störungen der Schweißdrüsenfunktion; i. e. S. Bez. einer Störung der Schweißabsonderung mit dem Auftreten kleiner, juckender Bläschen an Händen und Füßen (Ursachen: u. a. Hautpilzerkrankungen, Arzneimittelüberempfindlichkeit, Stoffwechselerkrankungen).

Dyskinesie (Dyskinese) [griech.], schmerzhafte Störung des Ablaufs und der Gleichmäßigkeit von Bewegungen, bes. im Bereich von Hohlorganen wie der Gallenwege.

Dyskrasie [griech.] (Heterokrasie), fehlerhafte Mischung der Körpersäfte, wodurch - nach Auffassung des Hippokrates - die Krankheiten entstehen sollten. - ↑ auch Humoralpathologie.

Dyskrasit [griech.], svw. ↑ Antimonsilber.

Dysmelie [griech.], Sammelbez. für Gliedmaßenmißbildungen, die durch Störungen der Extremitätenbildung während der Embryonalperiode entstehen.

Dysmenorrhö, schmerzhafte Menstruationsblutung infolge Verkrampfung der Gebärmutter und des Gebärmutterhalskanals während der Regelblutung.

Dysostose (Dysostosis) [griech.], Störung des Knochenwachstums; mangelhafte Verknöcherung bzw. Knochenbildung.

Dyspareunie [griech.], jede Art des körperl. oder seel. Nichtzusammenpassens von Geschlechtspartnern, i. e. S. auch Störung des sexuellen Verhaltens der Frau mit fehlender sexueller Erregung und Ausbleiben des Orgasmus. - Ggs. Eupareunie.

Dyspepsie [griech.], akute Verdauungsstörung, die mit Appetitlosigkeit, Erbrechen u. Durchfall einhergeht, weil infolge mangelhafter Verdauung nicht resorbierte Nahrung in den Dickdarm gelangt, wo sie bakteriell zersetzt wird. In der *Kinderheilkunde* bezeichnet man als D. eine akute, durch Virus- bzw. Bakterieninfekte hervorgerufene, meist leicht verlaufende Ernährungsstörung bei Säuglingen. Symptome sind vermehrte wäßrigschleimige, grüne Stuhle, häufiges Erbrechen, leichtes Fieber, Unruhe, Blässe.

Dysphagie [griech.], schmerzhafte Schluckstörung bei Erkrankung des Schlundes, der Speiseröhre und ihrer Umgebung. Ursachen sind u. a. Entzündungen, Verätzungen, Fremdkörperverletzungen, Geschwüre, Aussackungen und Tumoren.

Dysphasie [griech.], durch herdförmige Hirnerkrankungen bedingte leichte Sprachstörung.

Dysphonie [griech.], Stimmstörung mit unnatürlich tiefer, rauher und unreiner Stimmlage. Ursachen: infektiöse Prozesse im Bereich des Kehlkopfs, allerg. Entzündungen, Erkrankungen der den Kehlkopf versorgenden Nerven oder Nervenzentren, Tumoren der Stimmbänder, Verletzungen, Stoffwechselstörungen, Tumor- oder Schwellungsdruck von außen (z. B. durch eine Vergrößerung der Schilddrüse).

Dysphorie [griech.], ängstl., ruhelose, gereizte und gedrückte Stimmungslage. - Ggs.: Euphorie.

Dysplasie [griech.], Fehlbildung, -ent-

19

wicklung, Unterentwicklung (z. B. von Knochen); **dysplastisch,** fehlerhaft entwickelt, unterentwickelt.

Dyspnoe [griech.], svw. ↑Atemnot.

Dysprosium [griech.], chem. Symbol Dy, metall. Element aus der Reihe der Lanthanoide; Ordnungszahl 66, mittlere Atommasse 162,50, Dichte 8,55 g/cm^3; Schmelzpunkt 1 409 °C, Siedepunkt etwa 2 335 °C. Das silberglänzende Metall tritt gemeinsam mit anderen Lanthanoiden v. a. im Monazitsand auf. Gewonnen wird D. aus seinem Fluorid durch Reduktion mit Alkalimetallen oder Calcium. D. ist in seinen Verbindungen drei- und vierwertig; die entsprechenden Verbindungen sind schwach gelb bis gelbgrünl. bzw. tief orangegelb gefärbt. D. wird u. a. in magnet. Legierungen beim Reaktorbau verwendet.

Dysproteinämie [...te-i...; griech.], krankhafte Verschiebung in der Zusammensetzung der Bluteiweißkörper (meist Vermehrung der Globuline bei gleichzeitiger Verminderung der Albumine) bei den verschiedensten Erkrankungen. Angeborene D. äußern sich v. a. in einer Verminderung einzelner Proteinfraktionen (Bluterkrankheit, Agammaglobulinämie, Afibrinogenämie).

Dysteleologie, im Ggs. zur ↑Teleologie die von E. Haeckel aufgestellte Lehre von der Unzweckmäßigkeit bzw. Ziellosigkeit stammesgeschichtl. Entwicklungsvorgänge, die nur dem Einfluß der Selektion unterworfen sind; stützt sich auf das Vorkommen rückgebildeter, funktionsloser Organe.

Dystonie [griech.], Störung des normalen Spannungszustandes von Muskeln und Gefäßen. Als **vegetative Dystonie** bezeichnet man eine Regulationsstörung des vom Vagus und Sympathikus gebildeten vegetativen Nervensystems mit Funktionsstörungen an verschiedenen Organen (und insbes. am Kreislauf) ohne faßbare organ. Erkrankung. Die geregelte Funktion des vegetativen Nervensystems ergibt sich u. a. als Wechselwirkung seel. Vorgänge und körperl. Funktionen. Daher kann vegetative D. z. B. auch durch seel. Konflikte, Schlafmangel oder hekt. Lebensweise verursacht werden.

dystroph, in der *Medizin:* ernährungsgestört; fehlernährt.

◆ durch Humusstoffe und Torfschlamm braungefärbt; in der Limnologie Bez. für Braunwasserseen (**dystrophe Seen**) mit relativ niedrigem pH-Wert, Sauerstoffarmut in der Tiefe, wenig pflanzl., oft reichl. tier. Plankton (in kühlen, niederschlagsreichen Gebieten).

Dystrophia adiposogenitalis [griech./lat.], svw. ↑Fröhlich-Krankheit.

Dystrophie [griech.], nach längerer Unterernährung (Hunger-D.) oder infolge einseitiger Ernährung, wie etwa bei Eiweiß- oder Vitaminmangel, auftretende Ernährungsstörung.

Dysurie [griech.], erschwertes oder schmerzhaftes Wasserlassen auf Grund verschiedener Erkrankungen im Bereich der ableitenden Harnwege.

Dyula, Volk in der Republik Elfenbeinküste und in Burkina Faso; Savannenpflanzer, Handwerker und v. a. Händler; als letztere so berühmt, daß der Begriff „D." im französischsprachigen W-Afrika oft für „Händler" benutzt wird. Die D. sprechen eine Mandesprache.

dz, Einheitenzeichen für ↑Doppelzentner.

Dzibilchaltún [span. tsiβiltʃalˈtun], bed. Ruinenstätte der Maya im N der Halbinsel Yucatán, Mexiko, 10 km nördl. von Mérida. 1942 entdeckt, 1956–65 ausgegraben; seit 1000 v. Chr. besiedelt, Ort mit längster Besiedlungsdauer im Mayabereich; um 500 v. Chr. Höhepunkt einer selbständigen Kultur.

D-Zug, Kurzform für: **D**urchgangs**z**ug; bei Benutzung bis zu 50 km Entfernung zuschlagpflichtiger Schnellzug.

E

E, der fünfte Buchstabe des Alphabets, im Griech. ε (↑Epsilon; archaisch Ɛ, ℟), im Nordwestsemit. (Phönik.) ✗ (Hē; diese Bez. für den Buchstaben ist jedoch erst aus dem Hebr. überliefert). Die Bed. des Buchstabennamens (Gitterfenster [?] oder bloße Lautbez. [?]) ist nicht sicher zu ermitteln. Im Semit. und Griech. hat der Buchstabe den Zahlenwert 5.
◆ (e) in der *Musik* die Bez. für die 3. Stufe der Grundtonleiter C-Dur, durch ♭-(b)-Vorzeichnung erniedrigt zu *es*, durch ♯ (Kreuz) erhöht zu *eis*.
◆ (Münzbuchstabe) ↑ Münzstätte.
E, Abk. und Symbol für ↑ Europastraße.
E, in der *Meteorologie* Abk. für engl.: East, Bez. für die Windrichtung Ost.
E, Vorsatzzeichen für ↑ Exa (10^{18}).
e, physikal. Symbol für:
◆ die elektr. ↑ Elementarladung.
◆ das ↑ Elektron (e⁻) und das ↑ Positron (e⁺).
e, mathemat. Symbol für die transzendente Zahl, die als Grenzwert der Folge $(1+\frac{1}{n})^n$ für $n \to \infty$ oder der Reihe $\sum_{n=0}^{\infty} \frac{1}{n!}$ dargestellt werden kann; e = 2,718281828.... Die Zahl e ist die Basis der natürl. Logarithmen und der Exponentialfunktion.

E 605 Ⓦ, Diäthylnitrophenylthiophosphat, hochwirksames Insektenvertilgungmittel, gut pflanzenverträglich; wirkt als Berührungs-, Fraß- und Atemgift; auch für den Menschen äußerst starkes Nervengift.

Eagle [engl. i:gl „Adler"], Hauptgoldmünze der USA seit 1792, benannt nach dem Münzbild; 1 E. = 10 Dollar; im Geldverkehr seit langem durch Papiergeld ersetzt.

Eakins, Thomas [engl. ˈeɪkɪnz], * Philadelphia 25. Juli 1844, † ebd. 25. Juni 1916, amerikan. Maler. - Studienaufenthalt in Paris und Madrid. Lebte in Philadelphia; bed. realist. Porträts in feiner psycholog. Durchdringung. Wegbereiter der amerikan. Freilichtmalerei.

EAM, Abk. für: ↑ Ethnikon Apeleftherotikon Metopon.

Eames, Charles [engl. i:mz, ɛɪmz], * Saint Louis (Mo.) 17. Juni 1907, † ebd. 21. Aug. 1978, amerikan. Designer und Architekt. - Bekannt durch Stuhlentwürfe (v. a. Lounge Chair), die Fertigfabrikation aus Standardelementen für den Hausbau, Spielzeuge.

Eanes, António dos Santos Ramalho ↑ Ramalho Eanes, António dos Santos.

EAN-System [EAN: Abk. für Europäische Artikel-Numerierung] ↑ Strichcode.

Earl [engl. ə:l] (angelsächs. eorl, dän. jarl), urspr. höchstes engl. Adelsprädikat, entspricht dem dt. ↑ Graf; sank im 14. Jh. auf die 3. Stelle nach Duke und Marquess.

Early Bird [engl. ˈə:lɪ ˈbə:d „Frühaufsteher"], Name des ersten aktiven Fernmeldesatelliten der USA.

Early English [engl. ˈə:lɪ ˈɪŋglɪʃ „frühes englisch"] ↑ englische Kunst.

East [engl. i:st], Abk. E, Osten.

East Anglia [engl. ˈi:st ˈæŋglɪə] (Ostanglien), engl. Landschaft zw. Themse und Wash, frühestes Siedlungsgebiet der Angeln; z. Z. der Angelsachsen bestand ein Klein-Kgr., das im 7. Jh. die Suprematie in Südengland erlangte.

Eastbourne [engl. ˈi:stbɔ:n], engl. Stadt an der Kanalküste, Gft. East Sussex, 78 000 E. Eines der größten Seebäder Englands.

East-Coast-Jazz [engl. ˈi:stkoʊstdʒæz], seit etwa 1953 an der Ostküste der USA mit Zentrum New York bes. von farbigen Musikern geprägter Jazz-Stil.

East Kilbride [engl. ˈi:st ˈkɪlbraɪd], Stadt (New Town) in der schott. Region Strathclyde, 70 000 E. - Gegr. 1947 als Pendlerwohnstadt für Glasgow.

East London [engl. ˈi:st ˈlʌndən], Stadt am Ind. Ozean, Republik Südafrika, 161 000 E. Kunstgalerie, Museum, Aquarium; Kraftfahrzeugmontagewerk, Textil- und Nahrungsmittelind.; Hafen, Eisenbahnendpunkt, ⚓. - 1847 gegründet.

Eastman, George [engl. ˈi:stmən], * Waterville (N. Y.) 12. Juli 1854, † Rochester (N. Y.) 14. März 1932 (Selbstmord), amerikan. Erfinder und Industrieller. - Entwickelte 1880 ein Verfahren zur Herstellung photograph. Trockenplatten und gründete 1884 die „Eastman Dry Plate and Film Company" zur Herstellung von Photoplatten und Rollfilmen. 1888 brachte er die Kodak-Rollfilmkamera auf den Markt.

Eastman Kodak Co. [engl. ˈi:stmən ˈkoʊdæk ˈkʌmpənɪ], amerikan. Unternehmen zur Herstellung von Kameras, Projektoren, Filmen u. a., Sitz Rochester (N. Y.), gegr. 1901.

East River [engl. ˈi:st ˈrɪvə], Wasserstraße im Stadtgebiet von New York zw. Long Island Sound und dem Mündungsgebiet des Hudson River, 180 bis etwa 1 200 m breit, 26 km lang, von 7 Brücken über- und mehre-

ren Tunnels unterquert; Hafenanlagen.
East Sussex [engl. 'iːst 'sʌsɪks], Gft. in S-England.
Easy-rider [engl. 'iːziraidə, eigtl. „Leichtfahrender"] (Chopper), Motorrad mit hohem, geteiltem Lenker und einem Sattel mit Rükkenlehne.
Eau [frz. o; zu lat. aqua „Wasser"], Wasser.
Eau de Cologne ['oː də koˈlɔnjə; frz. „Wasser aus Köln"] (Kölnisch Wasser), Toilettenwasser aus mindestens 70 % Alkohol, 2-4 % äther. Ölen (Zitrone, Bergamotte, Lavendel, Rosmarin, Petitgrain und/oder Neroli) und destilliertem Wasser; urspr. nur eine in Köln mit dem sog. Messinenser Essenzen hergestellte Mischung. Heute gibt es zahlr. Varianten.
Eau de Javel ['oːdə ʒaˈvɛl; frz. „Wasser aus Javel" (bei Paris, dem 1. Herstellungsort, 1792)], wäßrige Lösung von Kaliumhypochlorit (KOCl); verwendet als techn. Oxidations- und Desinfektionsmittel.
Eau-de-vie [frz. od'vi „Lebenswasser"], frz. Bez. für frz. Weinbrand oder Weindestillat.
Eban, Abba Solomon ['eːban, hebr. ɛˈvɛn] (urspr. Abba Solomon), * Kapstadt 2. Febr. 1915, israel. Politiker (Mapai). - 1949-59 Vertreter Israels bei den UN, 1950-59 zugleich Botschafter in Washington; 1960-63 Unterrichtsmin., 1963-66 stellv. Min.präs.; 1966-1974 Außenminister.
Ebbe (Ebbegebirge), langgestreckter, einige 100 m breiter Höhenzug im sw. Sauerland, NRW, zw. Volme und Lenne, bis 663 m hoch (Nordhelle); Naturpark seit 1964; Wintersport.
Ebbe [niederdt.] ↑ Gezeiten.
Ebbinghaus, Hermann, * Barmen (= Wuppertal) 24. Jan. 1850, † Halle/Saale 26. Febr. 1909, dt. Psychologe. - Prof. in Breslau und Halle/Saale. E., der v. a. durch lerntheoret. Untersuchungen bekannt wurde, experimentierte erstmals mit sinnlosen Silben, einem Material, das sich zum Studium des menschl. Lernens bes. eignet, da es von vorangegangenen Erfahrungen und Erlebnisse unabhängig ist. Mit der sog. **Ebbinghaus-Kurve** beschrieb er den Prozeß des Vergessens: Das Gelernte wird zunächst rasch und dann zunehmend langsamer vergessen. Er stellte ferner fest, daß die notwendige Lernzeit im Verhältnis zum Umfang des Lernmaterials überproportional anwächst (**Ebbinghaus-Gesetz**).
E., Julius, * Berlin 9. Nov. 1885, † Marburg 16. Juni 1981, dt. Philosoph. - Sohn von Hermann E.; war seit 1930 Prof. in Rostock, 1940 in Marburg. Versuchte zunächst eine systemat. Weiterentwicklung der Denkansätze Hegels; später entschiedener Anhänger der Philosophie Kants. - *Werke:* Relativer und absoluter Idealismus (1910), Kants Lehre vom ewigen Frieden und die Kriegsschuldfrage (1929), Gesammelte Aufsätze, Vorträge und Reden (1968).

Ebenbürtigkeit, in geburtsständ. gegliederten Gesellschaften Bez. der gleichwertigen Abkunft zweier oder mehrerer Personen und damit deren Standes- und Rechtsgleichheit; Standesunterschiede (**Unebenbürtigkeit**) spielten v. a. im Eherecht eine große Rolle, daneben im Familien-, Vormundschafts- und Prozeßrecht; behielt bis zur Abschaffung adliger Standesvorrechte (1919) im Privatfürstenrecht rechtl. Bedeutung.
Ebene, Grundgebilde der *Geometrie;* eine durch drei nicht auf einer Geraden liegenden Punkte eindeutig bestimmte Fläche, deren Krümmung gleich Null ist.
♦ ausgedehnte Landoberfläche mit sehr geringen Höhenunterschieden.
ebene Bewegung ↑ Bewegung.
Ebene der Tonkrüge ↑ Tranninhplateau.
Eben-Ezer [hebr. „Stein der Hilfe"], im A. T. (1. Sam. 4, 1; 5,1; 7,12) gen. Name eines Ortes, an dem Samuel einen Stein zum Andenken seines Sieges über die Philister setzte.
Ebenholz [ägypt.-griech./dt.] (Ebony), Holz von Arten der Dattelpflaume (Fam. Ebenholzgewächse) aus den Tropen und Subtropen. E. wird im AT und in zahlr. Schriften der griech. und röm. Antike erwähnt; es war wertvolles Handelsobjekt und wurde in der antiken Medizin auch als Arzneimittel (u. a. gegen Rheumatismus, Gicht) verwendet.
Ebenholzgewächse (Ebenaceae), Fam. der zweikeimblättrigen Pflanzen mit 4 Gatt. und etwa 450 Arten in den Tropen und Subtropen; Bäume oder Sträucher mit ganzrandigen Blättern und Beerenfrüchten; sehr hartes und schweres Kernholz.
Ebenist [ägypt.-griech.-frz.], Kunsttischler, der Möbel mit Einlegearbeiten aus Ebenholz u. a. Intarsien versah (18. Jh.).
Eber, erwachsenes männl. Schwein, beim Schwarzwild auch **Basse** genannt.
Eberbach, Stadt in Bad.-Württ., am Neckar, 134 m ü. d. M., 15 300 E. Herstellung von Gelatine, Schmuckfedern; Elektroind.; Sportbootbau; Heilquellen-Kurbetrieb. - Um 1231 Gründung der Stadt. Kam 1330 an die Pfalzgrafen, 1802/03 an die Fürsten von Leiningen, 1806 an das Großherzogtum Baden.
E., ehem. Zisterzienserkloster in der Gemeinde Hattenheim, Hessen. Das als Nachfolger eines um 1116 gegr. und 1135 als Tochterkloster von Clairvaux neu entstandene Kloster E. gründete mehrere Tochterklöster und besaß beträchtl. wirtschaftl. Bedeutung. 1803 säkularisiert. - Eine roman. Ringmauer umgibt die gut erhaltenen Baugruppen, zu denen die bed. roman. Kirche (1140/50-60; 1170-1186) gehört.
Eberdingen, Gemeinde 6 km südl. von Vaihingen an der Enz, Bad.-Württ., 5 400 E. -

Eberraute

Bei E., im Ortsteil **Hochdorf,** wurde 1978 ein vollständig erhaltenes kelt. Fürstengrab (um 500 v. Chr.) mit reichen Gold- und Bronzebeigaben entdeckt.

Eberesche [zu gall. eburos „Eibe"] (Vogelbeerbaum, Sorbus aucuparia), im nördl. Europa und in W-Asien verbreitetes Rosengewächs; strauchartiger oder bis 16 m hoher Baum mit glattem, hell bis dunkelgrau berindetem Stamm; Fiederblätter etwa 30 cm lang, Blättchen scharf gesägt; Blüten klein, weiß, in Doldenrispen; Früchte (Vogelbeeren) glänzend scharlachrot, kugelig, ungenießbar.

Eberfische (Caproidae), Fam. der Knochenfische, Körper fast scheibenförmig, Schnauze rüsselartig vorstülpbar. Am bekanntesten die Gatt. *Capros* (E. i. e. S.) mit dem im Mittelmeer und Atlantik lebenden **Eberfisch (Ziegenfisch,** Capros aper): etwa 15 cm lang, braunrot mit heller Unterseite; Seewasseraquarienfisch.

Eberhard (Eberhart), alter dt. männl. Vorname, eigtl. etwa „hart, kräftig, ausdauernd wie ein Eber".

Eberhard, Name von Herrschern:
Franken:
E., ✕ Andernach 2. Okt. 939, Graf (Herzog?; seit 918). - Bruder König Konrads I.; erbte die konradin. Güter und Lehen, war damit „der mächtigste Graf in Franken"; Teilnahme an den Aufständen des späteren Herzogs Heinrich I. von Bayern und Herzog Giselberts von Lothringen gegen König Otto I.
Salzburg:
E. II., * um 1170, † Friesach (Kärnten) 1. Dez. 1246, Erzbischof (seit 1200). - Ergriff stets die Partei der Staufer gegen das Papsttum; legte in der Landespolitik durch planmäßige Ausschaltung kleinerer Herrschaften die Fundamente zur erzbischöfl. Landesherrschaft.
Württemberg:
E. I., der Erlauchte, * 13. März 1265, † 5. Juni 1325, Graf. - Sohn Ulrichs I.; widersetzte sich erfolgreich der Einziehung des ehem. stauf. Besitzes und des im Interregnum usurpierten Reichsgutes sowie der Wiederherstellung des Hzgt. Schwaben. Erweiterte in mehreren Fehden seinen Besitz; schuf die Grundlage für ein einheitl. Territorium.
E. II., der Greiner, * 1315, † 15. März 1392, Graf (regierte seit 1344). - Enkel von E. I, dem Erlauchten; setzte sich gegen Teilungspläne seines Bruders Ulrich durch; Hauptgegner des Schwäb. Städtebundes, den er in der Schlacht bei Döffingen 1388 besiegte.
E. I., im Bart (als Graf E. V.; regierte seit 1459), * Urach 11. Dez. 1445, † Tübingen 24. Febr. 1496, Herzog (seit 1495). - Erreichte 1482 die Wiedervereinigung der seit 1442 getrennten Landesteile Urach und Stuttgart; führend an der Gründung des Schwäb. Bundes (1488) und an der Reichsreform beteiligt; 1495 wurde er zum Herzog erhoben, Württemberg zum unteilbaren Reichsherzogtum

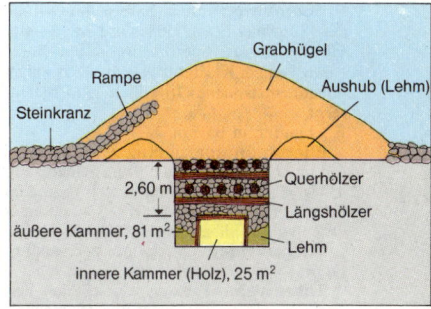

Eberdingen. Schema des keltischen Fürstengrabes von Hochdorf

erklärt; gründete 1477 die Univ. Tübingen, trat für die Reform der Klöster ein.
E. Ludwig, * Stuttgart 18. Sept. 1676, † Ludwigsburg 31. Okt. 1733, Herzog (seit 1677). - Regierte seit 1693; befehligte im Span. Erbfolgekrieg das Reichsheer am Oberrhein gegen Frankr.; seine Schwäche für Militärwesen und Prachtbauten (Haltung eines stehenden Heeres; Anlage von Schloß und Stadt Ludwigsburg) und Reformen erschöpften die Mittel seines Landes.

Eberle, Josef, Pseud. Sebastian Blau, * Rottenburg am Neckar 8. Sept. 1901, † Pontresina 20. Sept. 1986, dt. Schriftsteller. - 1945-71 Hg. der „Stuttgarter Zeitung". E. schrieb schwäb. Mundartgedichte, u.a. „Die schwäb. Gedichte des Sebastian Blau" (1946), Epigramme und lat. Gedichte.

Ebernburg ↑Bad Münster am Stein-Ebernburg.

Eberraute [volksetymolog. umgebildet aus lat. abrotanum] (Zitronenkraut, Artemisia abrotanum), Beifußart aus dem Mittelmeergebiet; bis 1 m hohe, nach Zitronen duftende Staude mit kleinen, gelbl. Blütenköpfchen in schmaler Rispe; alte, nur noch selten angebaute Gewürz- und Heilpflanze.

Eberwurz. Silberdistel

Ebersberg

Ebersberg, Krst. in Bayern, am O-Rand der Münchner Ebene, 558 m ü. d. M., 8 600 E. Goethe-Institut; Sperrholzwerk, opt. Ind. - Der bei einem Kloster (934 gegr., 1808 aufgehoben) entstandene Ort erhielt 1343 Marktrecht.
E., Landkr. in Bayern.
Ebersmünster (amtl. frz. Ebersmunster), Ort im Unterelsaß, 8 km nö. von Schlettstadt, 434 E. Ehem. Benediktinerabtei (gegr. im 7. Jh.) mit Barockkirche (1719–27) und einer Orgel von A. Silbermann (1730–32).
Eberswalde, Landkr. im Bez. Frankfurt, DDR.
Eberswalde-Finow, Krst. im Bez. Frankfurt, DDR, im Thorn-Eberswalder Urstromtal, 15–50 m ü. d. M., 53 800 E. Bischofssitz; Eisenind., Kranbau, Reichsbahnausbesserungswerk, elektrotechn. Ind. - Die vor 1276 gegr., stets brandenburg. Marktsiedlung Eberswalde erhielt wohl kurz vor 1300 Stadtrecht. - Frühgot. Backsteinkirche Sankt Maria Magdalena (um 1300), Spitalkapelle Sankt Georg (15. Jh.). - Im Ortsteil Messingwerk am Finowkanal wurde 1913 ein Goldschatz aus der jüngeren Bronzezeit (11./10. Jh.), einer der größten Goldfunde Deutschlands (1945 in Berlin verschwunden), aufgefunden.
Ebert, Carl, * Berlin 20. Febr. 1887, † Santa Monica (Calif.) 14. Mai 1980, dt. Schauspieler, Opernregisseur und Intendant. - Spielte 1915–22 in Frankfurt am Main, 1922–27 bei Jessner am Berliner Staatstheater; 1927–31 Intendant in Darmstadt, 1931–33 der Städt. Oper Berlin. In der Emigration 1934–39 künstler. Leiter der Mozartfestspiele in Glyndebourne, die er 1947–59 erneut leitete; 1950–61 in Los Angeles, zugleich 1954–61 Intendant der Städt. Oper (später Dt. Oper) in Berlin.

Friedrich Ebert (1924)

E., Friedrich, * Heidelberg 4. Febr. 1871, † Berlin 28. Febr. 1925, dt. Politiker. - Sattler; seit 1889 Sozialdemokrat; 1893 Redakteur in Bremen, 1900 Vors. der SPD-Fraktion in der Bremer Bürgerschaft, 1905 Sekretär des SPD-Parteivorstandes. Seit 1912 MdR, 1913 neben H. Haase Parteivors. Im 1. Weltkrieg trat E. für Burgfrieden und Landesverteidigung, aber auch für innere Reformen und Verständigungsfrieden ein. 1916 Vors. der SPD-Fraktion und 1918 des Hauptausschusses im Reichstag. Beim Ausbruch der Novemberrevolution, die E. zu verhindern suchte, übergab ihm Prinz Max von Baden am 9. Nov. 1918 das Amt des Reichskanzlers. Am 10. Nov. 1918 übernahm E. neben H. Haase den Vorsitz im Rat der Volksbeauftragten. Sein Pakt mit General Groener wurde Basis der antirevolutionären Ordnungspolitik. Als Reichspräs. (1919–25) trug E. zur relativen Stabilisierung der krisenerschütterten Republik bei, aber auch zum Verzicht auf weitgehende Republikanisierung von Heer und Verwaltung. Seine letzten Amtsjahre waren überschattet von maßloser Hetze polit. Rechtskreise.
📖 *F. E. 1871–1925.* Hg. v. d. Friedrich-Ebert-Stiftung. Bonn ²1980.
E., Friedrich, * Bremen 12. Sept. 1894, † Berlin (Ost) 4. Dez. 1979, dt. Politiker. - Sohn des Reichspräs. Friedrich E.; 1928–33 MdR und Mgl. des preuß. Staatsrats (SPD); 1946 Mitbegr. der SED; 1948–67 Oberbürgermeister von Berlin (Ost); Mgl. des Politbüros des ZK der SED seit 1949; ab 1960 Mgl. des Staatsrates der DDR.
Eberth, Karl [Joseph], * Würzburg 21. Sept. 1835, † Berlin 2. Dez. 1926, dt. Pathologe und Bakteriologe. - Prof. in Zürich und Halle; Entdecker des Typhusbazillus (1880).
Eberwurz (Carlina), Gattung der Korbblütler mit etwa 20 Arten in Europa, Vorderasien und im Mittelmeergebiet; distelartige Pflanzen mit Milchsaft; Blätter dornig gezähnt; innere Hüllblätter verlängert, trockenhäutig, weiß bis gelb. In M-Europa kommen vor: **Gemeine Eberwurz** (Carlina vulgaris), bis 80 cm hoch, mit goldgelben inneren Hüllblättern; **Silberdistel** (Wetterdistel, Stengellose E., Carlina acaulis) mit silberweißen pergamentartigen Hüllblättern, die sich nachts und bei Regen schließen. - Abb. S. 23.
Ebingen, Ortsteil von ↑Albstadt.
Ebioniten [zu hebr. ebjon „arm"] (Nazoräer), judenchristl. (d. h. die Bedeutung des alttestamentl. Gesetzes betonende) nichtgnostische Sekte des 2.–4. Jh. im Ostjordanland. Verbanden strikte Gesetzesbefolgung mit dem Glauben an die Messianität Jesu. Sie verwarfen die Autorität des Apostels Paulus.
Ebisu, eine der sieben jap. Glücksgottheiten.
EBM-Industrie, Kurzbez. für: Eisen, Blech und Metall verarbeitende Industrie.
Ebner, Ferdinand, * Wiener Neustadt 31. Jan. 1882, † Gablitz bei Wien 17. Okt. 1931, östr. Philosoph. - Vertrat eine kath. Existenzphilosophie. - *Werke:* Das Wort und die geistigen Realitäten (1921), Wort und Liebe (1935).

Ebner-Eschenbach, Marie Freifrau von, geb. Gräfin Dubsky, * Schloß Zdislavice bei Kroměříž 13. Sept. 1830, † Wien 12. März 1916, östr. Erzählerin. - Schrieb mit von tiefer menschl. Anteilnahme geprägtem Realismus, mit sozialem Engagement und psycholog. Durchdringung Erzählwerke über die ständische Gesellschaft ihrer Zeit. - *Werke:* Bozena (E., 1876), Dorf- und Schloßgeschichten (1883; darin: Krambambuli), Neue Dorf- und Schloßgeschichten (1886; darin: Er läßt die Hand küssen), Das Gemeindekind (E., 1887), Aus Spätherbsttagen (En., 1901), Meine Kinderjahre (1906).

Ebo (Ebbo) von Reims, * um 775, † Hildesheim 851, Erzbischof von Reims (816–841). - 833 am Sturz Ludwigs beteiligt, 835 deshalb abgesetzt, nach Wiedereinsetzung (840) endgültig 841 vertrieben; seit 845 Bischof von Hildesheim; machte sich um die Missionierung Dänemarks und Schwedens verdient.

Éboli, Ana Mendoza y La Cerda, Fürstin von ['e:boli; span. 'eβoli], * Cifuentes (Prov. Guadalajara) 29. Juni 1540, † Pastrana (Prov. Guadalajara) 2. Febr. 1592, span. Hofdame. - Seit 1552 ∞ mit Ruy Gómez de Silva, Fürst von É.; ehrgeizig, nach polit. Einfluß strebend, geriet durch Indiskretionen und Intrigen in Situationen, die zu Gerüchten Anlaß boten, u. a. Geliebte des Königs zu sein; 1578 in eine Mordaffäre verwickelt; lebte nach 2 Jahren Gefängnis zurückgezogen auf ihrem Landgut; von Schiller in „Don Carlos" dichter. frei dargestellt.

Ebonit ⓦ [ägypt.-griech.-engl.], Säure- und basenbeständiges Hartgummi, das durch Vulkanisation mit hohem Schwefelanteil (32 %) aus Kautschuk hergestellt wird; Verwendung für elektrotechn. Artikel, Auskleidung von Chemikalienbehältern.

Eboracum (Eburacum) ↑York.

Ebrach, Marktgemeinde in Bayern, im mittleren Steigerwald, 329 m ü. d. M., 2 000 E. - Das 1127 gegr. Zisterzienserkloster wurde 1803 aufgelöst; seit 1851 ist es Strafanstalt. - Spätroman.-frühgot. Klosterkirche (1285 geweiht) mit barocker Einrichtung.

Ebro, Fluß in NO-Spanien, entspringt im Kantabr. Gebirge (Karstsee), durchfließt die z. T. steppenartige Schicht- und Tafelberglandschaft des **Ebrobeckens** (Vortiefe der Pyrenäen) in sö. Richtung, durchschneidet das Katalon. Bergland und mündet mit einem Delta in das Mittelmeer; 910 km lang, Einzugsgebiet 85 000 km².

Ebroin ['e:bro-i:n], † 680/681 (ermordet), Hausmeier der Fränk. Reiches in Neustrien und Burgund. - Trug zum Verfall des merowing. Königtums und zum Aufstieg der karoling. Hausmeier bei.

Ebstorfer Weltkarte, die größte u. bedeutendste Erddarstellung des MA (Rundkarte), zw. 1230 und 1250 entstanden, um 1830 im Kloster Ebstorf (Niedersachsen) entdeckt, 1943 in Hannover verbrannt (Nachbildungen im Kloster Ebstorf und in Lüneburg); 30 Pergamentblätter mit Jerusalem als Mittelpunkt der Erdscheibe (= Leib Christi).

EBU, Abk. für engl.: European Broadcasting Union (↑Union der Europäischen Rundfunkorganisationen).

Ebullioskopie [lat./griech.] ↑Molekülmassenbestimmung.

Eburonen (lat. Eburones), kelt., zu den Belgen gehörendes Volk an Rhein und Maas; Hauptort: Aduatuca (= Tongern); wurden 51 v. Chr. durch Cäsar vernichtet.

ECA [engl. 'i:si:'ɛɪ], Abk.:
◆ für: ↑Economic Cooperation Administration.
◆ für: ↑Economic Commission for Africa.

Eça de Queirós, José Maria [portugies. 'ɛsɐ ðɐ kɐjˈrɔʃ], * Póvoa de Varzim 25. Nov. 1845, † Paris 16. Aug. 1900, portugies. Erzähler. - Meister des portugies. realist. Romans; prägte das moderne Portugiesisch mit. - *Werke:* Das Verbrechen des Paters Amaro (R., 1875), Der Vetter Basilio (R., 1878), Der Mandarin (E., 1880), Os Maias (R., 1881), Die Reliquie (E., 1887).

ECAFE [engl. 'i:kɛɪfɪ], Abk. für: ↑Economic Commission for Asia and the Far East.

Ecaille [frz. e'ka:j], Schale v. a. von Schildkröten als Material für Einlegearbeiten an Bijouteriewaren.

Ecarté [ekar'te:] ↑Ekarté.

Ecbasis captivi [...„Flucht eines Gefangenen"], eigtl. E. cuiusdam c. per tropologiam, allegor., verschlüsseltes Tierepos eines lothring. Autors wohl des 11. Jahrhunderts.

Eccard, Johannes, * Mühlhausen (Thüringen) 1553, † Berlin im Herbst 1611, dt. Komponist. - Schüler von Orlando di Lasso in München, seit 1608 kurfürstl. brandenburg. Kapellmeister in Berlin; komponierte v. a. geistl. und weltl. mehrstimmige Gesänge und zählt zu den wichtigsten Vertretern des prot. Kirchenlieds.

Ecce-Homo ['ɛktsɛ'homo; lat. „Sehet, welch ein Mensch!"], in der bildenden Kunst Szene, in der Pilatus den gegeißelten Jesus vorführt (Joh. 19,5). Christus wird im Purpurmantel mit Dornenkrone auf dem Haupt und später einem Stock in den gefesselten Händen dargestellt. Bed. Darstellungen von M. Schongauer, Dürer, Lukas van Leyden, Tizian und Rembrandt.

Eccles, Sir John Carew [engl. ɛklz], * Melbourne 27. Jan. 1903, austral. Physiologe. - Prof. in Canberra, Chicago und Buffalo; entdeckte die Bed. der Ionenströme bei der Impulsübertragung an den Synapsen des Zentralnervensystems; 1963 Nobelpreis für Physiologie und Medizin zus. mit A. L. Hodgkin und A. F. Huxley.

Ecclesia [griech.-lat.], Bez. für Kirche.

Ecclesiastes (Ekklesiastes) [griech.-lat.], das Buch Prediger im A. T.

Ecclesiasticus

Ecclesiasticus (Ekklesiastikus) [griech.-lat.], das Buch Jesus Sirach im A. T.

Ecclesia und Synagoge (Kirche und Synagoge), als Paar dargestellte weibl. Gestalten, die das N. T. und A. T., den Neuen Bund und das Alte Gottesvolk versinnbildlichen. Darstellungen aus dem 9. Jh. (Elfenbein, Buchmalerei), dann auch in der Glasmalerei, Goldschmiedekunst, Portalplastik (u. a. am Straßburger Münster, nach 1230; Originale im Museum).

ECE [engl. 'iːsiː'iː], Abk. für: ↑Economic Commission for Europe.

Ecevit, Bülent [türk. ɛdʒe'vit], *Konstantinopel 28. Mai 1925, türk. Politiker. - Schloß sich 1953 der Republikan. Volkspartei (RVP) - sozialdemokrat. Flügel - an, deren Abg. im Parlament 1957-60 und seit 1961 und deren Generalsekretär 1966-71, Vors. 1972-80, 1961 Mgl. der verfassunggebenden Versammlung; 1961-65 Arbeitsmin.; 1974, 1977 und 1978/79 Min.präsident.

echauffiert [eʃo'fiːrt; frz.], erhitzt, aufgeregt.

Echegaray y Eizaguirre, José [span. etʃeɣa'rai i εiθa'yirrɛ], *Madrid 19. April 1832, † ebd. 14. oder 16. Sept. 1916, span. Dramatiker. - Beeinflußt u. a. von Ibsen und H. Sudermann, erfolgreiche neuromant.-melodramat. Bühnenwerke, u. a. „Wahnsinn oder Heiligkeit" (Dr., 1877), „Der große Kuppler" (Dr., 1881); Nobelpreis 1904 (mit F. Mistral).

Echeverie (Echeveria) [ɛtʃe...; nach dem mex. Pflanzenzeichner A. Echeverría, 19. Jh.], Gatt. der Dickblattgewächse mit über 150 Arten im trop. Amerika; sukkulente, stammlose Stauden oder kurzstämmige Sträucher mit spiralig angeordneten Blättern in Rosetten; Blüten in Blütenständen.

Echeverría, Esteban [span. etʃeβe'rria], *Buenos Aires 2. Sept. 1805, † Montevideo 19. Jan. 1851, argentin. Dichter. - Begann als Lyriker und stand im Mittelpunkt der Bemühungen um eine nat. (romant.) Literatur; seit 1840 im Exil. Bed. die Erzählung „El matadero" (1840) aus dem Bürgerkrieg.

Echeverría Álvarez, Luis [span. etʃeβe'rria 'alβarez], *Mexiko 17. Jan. 1922, mex. Politiker. - 1964-70 Innenmin., 1970-76 Staatspräs.; Sonderbotschafter 1977/78, seit 1979 Botschafter in Australien.

Echinit [griech.], versteinerter Seeigel.

Echinodermata [griech.], svw. ↑Stachelhäuter.

Echinokaktus [griech.], svw. ↑Igelkaktus.

Echinokokkus [griech.], allg. Bez. für den ↑Blasenwurm.

Echinokokkenkrankheit [griech./dt.] (Blasenwurmkrankheit, Echinokokkose), Erkrankung innerer Organe des Menschen nach Befall mit den Finnen des ↑Blasenwurms.

Echinus [griech.], Gatt. der Seeigel (Durchmesser bis über 15 cm) mit kugelig hochgewölbter Schale.

Echinus [griech.] ↑Kapitell.

Echiurida [griech.], svw. ↑Igelwürmer.

Echnaton [ägypt. „Es (er?) gefällt dem Aton"], † um 1348 v. Chr., ägypt. König (seit etwa 1364) der 18. Dynastie. - Sohn Amenophis' III. und der Teje, Gemahl der Nofretete, kam als Amenophis IV. auf den Thron; erhob den Sonnengott Aton zum alleinigen Gott; änderte seinen Namen in E. um.

Echo, Bergnymphe der griech. Mythologie. Durch ihr Geschwätz lenkt sie Hera ab, während Zeus seinen Liebesabenteuern nachgeht, und wird von ihr so bestraft, daß sie weder von selbst reden, noch, wenn ein anderer redet, schweigen kann.

Echo [griech., zu ēchē „Schall"], eine durch Reflexion zum Ursprungsort zurückkehrende Welle; speziell Bez. für eine Schallreflexion, bei der der reflektierte Schall getrennt vom Originalschall wahrnehmbar ist.

Echoenzephalographie, diagnost. Verfahren zur Feststellung von Tumoren und Blutungsherden im Gehirn nach dem Prinzip des Echolots. Die abgestrahlten Ultraschallimpulse werden von der gegenüberliegenden Schädeldecke *(Endecho)* und außerdem (auf halbem Weg) von der Scheidewand zw. beiden Großhirnhemisphären reflektiert *(Mittelecho).* Die Schalldruckschwankungen des Echos werden in ein Diagramm registriert (**Echoenzephalogramm**).

Echographie, elektroakust. Prüfung und Aufzeichnung der Dichte eines Gewebes mittels Ultraschallwellen (**Echogramm**). Die aus dem Gewebe zurückkommenden Schallwellen geben Aufschluß über abnorme Dichteverhältnisse und somit auch über krankhafte Prozesse im Inneren des Organismus.

Echokinese, svw. ↑Echopraxie.

Echolalie [griech.] (Echophrasie), sinnlos-mechan. Nachsprechen gehörter Wörter und Sätze; entweder krankhaft bei Schizophrenie oder physiolog. als Abschnitt der Sprachentwicklung vom 9.-12. Lebensmonat.

Echolot (Behm-Lot), elektroakust. Vorrichtung zur Messung der Wassertiefe; mißt die Zeitdifferenz zw. der Aussendung eines Schall- oder Ultraschallimpulses und dessen Wiedereintreffen nach Reflexion am Meeresgrunde und ermittelt so die Tiefe, die vom **Echographen** aufgezeichnet wird; auch zur Ortung von Fischschwärmen verwendet (**Fischlupe**).

Echophrasie [griech.], svw. ↑Echolalie.

Echopraxie [griech.] (Echokinese), mechan.-zwanghafte Nachahmung wahrgenommener Bewegungen.

Echos [griech.], in der byzantin. Musik svw. Tonart.

ECHO-Viren [Kurzbez. für engl. enteric cytopathogenic human orphan (viruses)

Eckermann

„keiner bestimmten Krankheit zuzuordnende zytopathogene Darmviren"], Sammelbez. für eine Gruppe von Viren, die zahlr. fieberhafte Erkrankungen hervorrufen.

Echsen [durch falsche Worttrennung rückgebildet aus „Eidechse"], (Sauria) weltweit, bes. in den wärmeren Zonen verbreitete Unterordnung der Schuppenkriechtiere mit rund 3 000 etwa 3 cm (kleine Geckoarten) bis 3 m (Komodowaran) langen Arten; meist mit 4 Gliedmaßen, die teilweise oder ganz rückgebildet sein können, wobei jedoch (im Ggs. zu fast allen Schlangen) fast stets Reste des Schulter- und Beckengürtels erhalten bleiben; Augenlider sind meist frei bewegl., das Trommelfell ist fast stets äußerl. sichtbar; Unterkieferhälften (im Ggs. zu den Schlangen) sind fest verwachsen.

◆ volkstüml. Bez. für alle gliedmaßentragenden Reptilien, bes. auch für die Saurier.

Echte Barsche, Gattungsgruppe der Barsche mit den bekannten einheim. Arten Flußbarsch, Kaulbarsch, Streber und Schrätzer.

Echte Brunnenkresse ↑ Brunnenkresse.

Echte Dattelpalme ↑ Dattelpalme.

Echte Edelraute (Artemisia mutellina), geschützte Beifußart in den Alpen; 10–25 cm hohe Staude mit geteilten Blättern und gelben Blütenköpfchen in kurzer Ähre.

Echter von Mespelbrunn, Julius ↑ Julius, Fürstbischof von Würzburg.

echter Bruch ↑ Bruch.

Echter Dill ↑ Dill.

Echterdingen ↑ Leinfelden-Echterdingen.

Echter Diskus ↑ Diskusfische.

Echternach, luxemburg. Stadt an der unteren Sauer, 3 800 E. Museum; Marktort, Fremdenverkehr. - 698 vom hl. Willibrord gestiftete Benediktinerabtei mit frühroman. Basilika (11. Jh.) mit karoling. Krypta (8. Jh.). Die **Echternacher Springprozession** zieht alljährl. am Pfingstdienstag zum Grab des hl. Willibrord in der Abteikirche. Die Teilnehmer bewegen sich unter Musikbegleitung in Viererreihen jeweils in drei großen Sprüngen vorwärts und zwei Sprüngen rückwärts.

Echter Wermut (Artemisia absinthium), Beifußart an trockenen Standorten der gemäßigten Breiten in Europa und Asien; bis 1 m hoher aromat. duftender, filzig behaarter Halbstrauch mit gefiederten Blättern und gelben Blütenköpfchen in Rispen. E. W. enthält äther. Öle, u. a. das giftige Thujon, und wurde u. a. zur (heute in der BR Deutschland verbotenen) Herstellung von Absinth verwendet.

Echtheit, Begriff für die Übereinstimmung von Schein und Sein sowie auch von Anspruch und Sein sowie Erwartung und Sein; im einzelnen z. B. Tatsächlichkeit, Wahrhaftigkeit, Ursprünglichkeit eines Gefühls, Originalität eines Kunstwerks, [relative] Reinheit eines Stoffes usw. - In der *Psychologie* nach P. Lersch ein Attribut der Antriebe und des Ausdrucksverhaltens des Individuums. Echte Gefühle, Handlungsabsichten und Gedanken ergeben sich aus der seel.-geistigen Situation der Person.

Echtlosigkeit, im ma. Recht Fehlen der Ehre im Sinne der einem bestimmten Stand zukommenden bes. Rechte, z. B. als Folge eines Urteils (Acht).

Echtmäuse (Altweltmäuse, Murinae), Unterfam. der Langschwanzmäuse mit rund 75 Gatt. und über 300, kleinen bis mittelgroßen Arten in Europa, Afrika, Asien und Australien. Einheim. Arten sind Zwergmaus, Brandmaus, Hausmaus, Hausratte, Wanderratte, Maulwurfsratte.

Eck, Johannes, eigtl. May[e]r oder Mai[e]r aus Eck (Egg), * Egg a. d. Günz 13. Nov. 1486, † Ingolstadt 10. Febr. 1543, kath. Kontroverstheologe. - 1508 Priester, 1510 Prof. der Theologie in Ingolstadt. 1519 Disputation mit Luther und Karstadt in Leipzig; wirkte mit am Prozeß gegen Luther. Zum Augsburger Reichstag 1530 legte er eine Sammlung von „Irrtümern" Luthers vor. Nahm an den Religionsgesprächen zu Hagenau (1540), Worms (1541) und Regensburg (1541) teil.

Eckart, männl. Vorname, ↑ Eckehard.

Eckart (Ekkehart, Eckewart), dt. Sagengestalt, gen. „der getreue E.", Behüter, Berater und Warner (u. a. vor dem Venusberg der Tannhäusersage).

Eckart, Meister ↑ Eckhart.

Eckball, gegen die Mannschaft, die den Ball ins eigene Toraus gespielt hat, gegebener Freistoß, Freiwurf oder Freischlag aus der Spielfeldecke der verteidigenden Mannschaft, u. a. beim Fußball-, Handball- und Hockeyspiel (hier neben der langen Ecke auch die kurze Ecke oder Strafecke).

Eckbert (Eckbrecht, Egbert, Egbrecht), alter dt. männl. Vorname, eigtl. etwa „der mit dem glänzenden Schwert".

Eckbrecht ↑ Eckbert.

Ecke, Punkt, in dem zwei Seiten eines Vielecks oder mehrere Kanten bzw. Flächen eines Vielflachs zusammenstoßen.

Eckehard (Eckehart, Eckhard, Eckhart, Eckart), alter dt. männl. Vorname, eigtl. etwa „der mit dem harten Schwert".

Eckehart, Meister ↑ Eckhart.

Eckener, Hugo, * Flensburg 10. Aug. 1868, † Friedrichshafen 14. Aug. 1954, dt. Luftfahrtpionier. Seit 1905 Mitarbeiter des Grafen Zeppelin; 1924 erste Atlantiküberquerung mit dem Luftschiff ZR III (LZ 126), 1931 Nordpolfahrt.

Eckenlied (Ecken Ausfahrt), mittelhochdt. Heldenepos über den siegreichen Kampf Dietrichs von Bern mit den [Wetter-]riesen Ecke und Fasolt (wohl um 1250, Fassungen des 14. und 15. Jh. überliefert).

Eckermann, Johann Peter, * Winsen (Luhe) 21. Sept. 1792, † Weimar 3. Dez. 1854,

Eckernförde

dt. Schriftsteller. - Seit 1823 Vertrauter und literar. Gehilfe Goethes, an der Ausgabe letzter Hand von Goethes Werken beteiligt. In den „Gesprächen mit Goethe in den letzten Jahren seines Lebens" (1836–48) hat E. zahlr. und wichtige Gedanken Goethes notiert.

Eckernförde, Hafenstadt und Seebad in Schl.-H. auf einer Nehrung zw. dem W-Ende der **Eckernförder Bucht,** einer Förde der westl. Ostsee, und dem **Windebyer Noor,** einem Strandsee, 23 400 E. Jagd- und Sportwaffenind.; Fischverarbeitung, Bootswerft, Marinestützpunkt. - Spätgot. Nicolaikirche (15. Jh.) aus Backstein; Dorfkirche in E.-Borby (um 1200).

Eckersberg, Christoffer Wilhelm [dän. 'εgərsbεr'], * Blåkrog bei Apenrade 2. Jan. 1783, † Kopenhagen 22. Juli 1853, dän. Maler. - 1813–16 in Rom; bed. Porträts sowie klassizist. Landschaften; Marinebilder. - Abb. Bd. 5, S. 75.

Eckert-Greifendorff, Max, * Chemnitz 10. April 1868, † Aachen 26. Dez. 1938, dt. Geograph und Kartograph. - Prof. in Aachen; Pionier der wiss. fundierten Kartographie; entwickelte eigene Kartennetzentwürfe (Ekkertsche Projektionen).

Eckewart ↑Eckart.

Eckflügler (Eckenfalter), Gruppe der Edelfalter mit 5 bunten Arten, deren Flügel charakterist. Ecken aufweisen; in Deutschland Trauermantel, Tagpfauenauge, Kleiner und Großer Fuchs.

Eckhart (Eckart, Eckehart), gen. Meister E., * Hochheim bei Gotha um 1260, † Avignon (?) vor dem 30. April 1328, dt. Dominikaner. - E. wirkte in verschiedenen Klöstern des Ordens als Oberer und Lehrer; 1302 in Paris Magister der Theologie; seit 1323 in Köln tätig. Wegen Häresieverdachtes angezeigt und seit 1326 in Prozesse verwickelt; zuerst in Köln, dann an der päpstl. Kurie (Avignon). Nach seinem Tode verurteilte 1328 Papst Johannes XXII. aus den Schriften 26 Sätze; über 200 Handschriften seiner Predigten bezeugen aber den starken Einfluß auf das geistl. Leben des Spät-MA. - E. verarbeitete unterschiedl. Denkstile (scholast., neuplaton., aristotel.), um das myst. Erlebnis der „Einung" mit Gott beschreibbar zu machen. Dabei gerät er in die Gefahr des Phantasierens, wird aber andererseits zum Verkünder der myst. inneren Schau und dadurch in seinen dt. Predigten zu einem der gewaltigsten dt. Sprachschöpfer.

Ecklohn, der im Tarifvertrag für eine bestimmte Lohngruppe festgesetzte Normalstundenlohn, nach dem sich die Grundlöhne anderer Lohngruppen mit Hilfe eines tarifl. festgelegten Schlüssels errechnen.

Eckmann, Otto, * Hamburg 19. Nov. 1865, † Badenweiler 11. Juni 1902, dt. Maler und Kunstgewerbler. - Bed. Vertreter des Jugendstils (Mitarbeiter an den Zeitschriften „Pan" und „Jugend"); Schöpfer der sog. „E.schrift", der meistgebrauchten Schrifttype des Jugendstils.

Eckzähne ↑Zähne.

Eckzins, der Zinssatz, mit dem Einlagen auf Sparkonten mit gesetzl. Kündigung zu verzinsen sind.

ECLA [engl. 'i:si:εl'εɪ, 'εklə], Abk. für: ↑Economic Commission for Latin America.

Eco, Umberto [italien. 'ε:ko], * Alexandria 5. Jan. 1932, italien. Kunstphilosoph und Schriftsteller. - Prof. in Florenz, Mailand, seit 1971 für Semiotik in Bologna. Beeinflußte mit seinen Studien zur mittelalterl. Ästhetik und Geistesgeschichte, zur allg. literar. und musikal. Semiotik sowie zur Massenkommunikation die Theorie der internat. künstler. und wiss. Avantgarden seit Mitte der 60er Jahre. Bekannt wurde v. a. sein mit den Strukturen der Detektivgeschichte spielender Roman „Der Name der Rose" (1980), der die Welt des 14. Jh. mit ihren theolog. Auseinandersetzungen, individuellen Konflikten und polit.-moral. Horizonten als Gleichnis aktueller Verwirrung entwirft. - *Weitere Werke:* Das offene Kunstwerk (1962), Einführung in die Semiotik (1968), Nachschrift zum „Namen der Rose" (1980), Über Gott und die Welt (dt. 1985).

École [frz. e'kɔl; zu lat. schola „Schule"], frz. für: Schule; z. B. **École maternelle** (Vorschule), **École primaire** (Grundschule), **École technique** (Berufsschule), **École normale** (pädagog. Hochschule), **École normale supérieure** (exklusive geistes- oder naturwiss. Hochschule), **École Nationale Supérieure des Beaux-Arts** (Hochschule für bildende Künste), **École Nationale d'Administration** (ENA) (höhere Verwaltungsakademie), **École polytechnique** (polytechn. Hochschule).

École de Paris [frz. ekɔldəpa'ri], nach dem 2. Weltkrieg bis etwa 1960 bestehende Gruppe lose miteinander verbundener Pariser Maler, die eine nuancierte abstrakte Malerei pflegten; in der unmittelbaren Nachfolge des Lehrer wichtigen R. Bissière standen u. a.: J. Bazaine, A. Manessier, J. Le Moal und G. Singier; eigenständig waren v. a. N. de Stael, S. Poliakoff und M. E. Vieira da Silva; auch H. Hartung, R. R. Ubac und P. Soulages u. a. sind zur É. de P. zu rechnen, ebenso Künstler, die als Tachisten bekannt wurden (Wols, G. Mathieu).

Economic and Social Council [engl. i:kə'nɔmɪk ənd 'souʃəl 'kaʊnsl], Abk. ECOSOC, Wirtschafts- und Sozialrat, Organ der UN. Aufgaben: Förderung der Wirtschaft, Gesundheit, Erziehung und Kultur. Wahl der Mgl. durch die Vollversammlung für drei Jahre. Regionale Unterorganisationen sind die ECA, ECAFE, ECE, ECLA.

Economic Commission for Africa [engl. i:kə'nɔmɪk kə'mɪʃən fə 'æfrɪkə], Abk. ECA, 1958 gegr. Regionalorgan des ECOSOC in Afrika, Sitz Addis Abeba.

Ecuador

Economic Commission for Asia and the Far East [engl. iːkəˈnɔmɪk kəˈmɪʃən fə ˈeɪʃə ənd ðə ˈfɑː ˈiːst], Abk. ECAFE, 1947 gegr. Regionalorganisation der ECOSOC im Fernen Osten, Sitz Bangkok.

Economic Commission for Europe [engl. iːkəˈnɔmɪk kəˈmɪʃən fə ˈjʊərəp], Abk. ECE, 1947 gegr. Regionalabteilung der ECOSOC für Europa mit Sitz in Genf.

Economic Commission for Latin America [engl. iːkəˈnɔmɪk kəˈmɪʃən fə ˈlætɪn əˈmɛrɪkə], Abk. ECLA, 1948 gegr. Wirtschaftskommission des ECOSOC für Lateinamerika, Sitz Santiago de Chile.

Economic Cooperation Administration [engl. iːkəˈnɔmɪk koʊɒpəˈreɪʃən ədmɪnɪsˈtreɪʃən], Abk. ECA, 1948 entstandene Verwaltungsbehörde, die die Durchführung der Marshallplanhilfe zu überwachen und Hilfsaktionen zu planen hatte; 1952 abgelöst von der Mutual Security Agency.

Economics [engl. iːkəˈnɔmɪks], an amerikan. Hochschulen gelehrte, der dt. Volkswirtschaftslehre vergleichbare Disziplin.

Economist, The [engl. ðɪ ɪˈkɔnəmɪst „der Wirtschaftsfachmann"], 1843 gegr.; gilt als eine der einflußreichsten Wirtschaftszeitschriften; erscheint wöchentl. in London.

Economy-Klasse [engl. ɪˈkɔnəmɪ „Sparsamkeit"], internat. Flugtarifklasse.

Econ Verlag GmbH ↑ Verlage (Übersicht).

ECOSOC [engl. ˈiːkɒsɔk], Abk. für: ↑ Economic and Social Council.

Ecossaise (Ekossaise) [ekɔˈsɛːzə; frz., eigtl. „(die) Schottische"], urspr. schott. Reigentanz im gemessenen Dreiertakt, nach 1700 in Frankr. Gesellschaftstanz in geradem Takt; in der klass.-romant. Klaviermusik bes. bei Beethoven, Weber, Chopin vertreten.

Écouen [frz. eˈkwã], frz. Ort im Dep. Val-d'Oise, 4300 E. Bed. Renaissanceschloß (um 1535 bis um 1578), erbaut für den Herzog Anne de Montmorency (heute Museum).

écrasez l'infâme! [ekrazeˈlɛ̃ˈfaːm; frz. „rottet den niederträchtigen Aberglauben aus!"], programmat. Formel Voltaires für den Kampf gegen die kath. Kirche.

ECU, Abk. für European Currency Unit (↑ Europäisches Währungssystem).

Écu [frz. eˈky; zu lat. scutum „Schild"], nach dem Münzbild ben. frz. Münzen, die man durch eine Zusatzbez. unterscheidet: vom **Écu d'or** („Goldschild") gab es mehrere verschiedenwertige Gepräge 1266–1653, u. a. die älteste frz. Goldmünze; der **Écu blanc** („Weißschild"), auch **Écu d'argent** („Silberschild") oder **Louis blanc** („weißer Ludwig") war die erste frz. Talermünze (seit 1641); unter den Nachfolgeformen wurde der **Écu neuf** („neuer Schild") 1726–90, auch **Écu aux lauriers** („Lorbeerschild"), als Laubtaler oder Franzgeld eine beherrschende Münze auch des innerdt. Geldverkehrs.

Ecuador

(amtl. Vollform: República del Ecuador), Republik im NW Südamerikas, zw. 1° 27′ n. Br. und 5° s. Br. sowie 75° 12′ und 81° w. L. **Staatsgebiet:** Erstreckt sich vom Pazifik bis ins Amazonastiefland, es grenzt im N an Kolumbien, im O und S an Peru. Zu E. gehören außerdem die Galapagosinseln. **Fläche:** 283 561 km² (nach anderen Angaben 263 777 km² oder 270 670 km²). **Bevölkerung:** 8,4 Mill. E (1984), 29,7 E/km². **Hauptstadt:** Quito. **Verwaltungsgliederung:** 20 Prov. **Amtssprache:** Spanisch. **Nationalfeiertag:** 10. Aug. (Unabhängigkeitstag). **Währung:** Sucre (s/.) = 100 Centavos. **Internat. Mitgliedschaften:** UN, OAS, ALALC, Andengruppe, SELA, OPEC. **Zeitzone:** Eastern Standard Time, d. i. MEZ −6 Std.

Landesnatur: E. hat Anteil an drei Großräumen: Küstentiefland (Costa), Andenhochland (Sierra) und östl. Tiefland (Oriente). Die Costa ist bis 160 km breit und wird von der durchschnittl. 300–600 m hohen Küstenkordillere

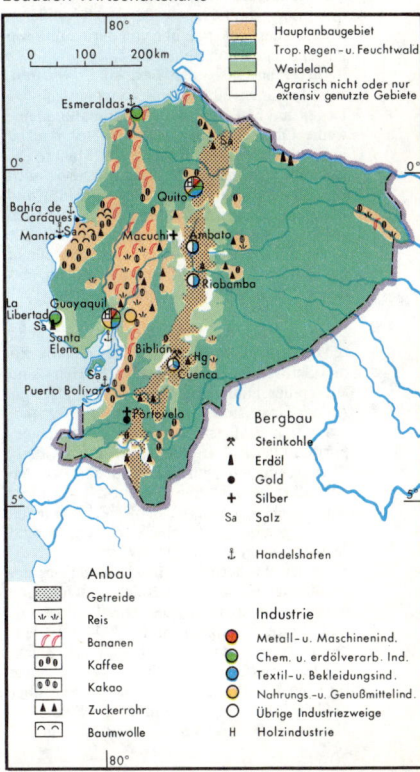

Ecuador. Wirtschaftskarte

Ecuador

durchzogen. Die Sierra besteht aus der West- (im Chimborasso 6 267 m hoch) und der Ostkordillere (im Cotopaxi 5 897 m hoch) und einer von beiden eingeschlossenen Beckenzone, die durchschnittl. 2 300–3 000 m hoch liegt und 25–40 km breit ist. Vulkanismus und Erdbeben haben hier oft große Schäden verursacht. Der Oriente gehört zum Einzugsbereich des Amazonas. E. beansprucht seit 1961 wieder ein 174 565 km^2 großes Gebiet im Amazonastiefland, das 1942 zu Peru kam. Die fast 1 000 km vor der Küste liegenden Galápagosinseln sind vulkan. Ursprungs.

Klima: E. liegt in den inneren Tropen. Die Temperaturen zeigen geringe Jahresschwankungen, nehmen aber mit der Höhe beträchtl. ab. Der S der Costa liegt im Einflußbereich des Humboldtstroms und des Passats mit deutl. Wechsel zw. Regen- und Trockenzeit. Die Hochlandbecken haben eine fast $^3/_4$jährige Trockenzeit. Bes. niederschlagsreich ist die O-Abdachung der Anden.

Vegetation: Den Niederschlägen entsprechend geht die Halbwüste der südl. Costa über Savannenformationen rasch in den halb- und immergrünen Regenwald des Tieflandes über; letzterer bedeckt auch den Oriente. Der trop. Berg- und Nebelwald der Kordilleren wird in über 3 500 m Höhe von der baumlosen Páramovegetation abgelöst.

Bevölkerung: 40% der Bev. sind Mestizen, 40% Indianer, 10% Weiße (Kreolen), je 5% Neger und Mulatten. Die zahlenmäßig kleine weiße Oberschicht ist seit der Kolonialzeit im Besitz der polit. und wirtsch. Macht. Die Indianer sprechen meist Quechua, z. T. auch Chibcha. Infolge von Erdölprospektion und -förderung sowie Ansiedlung von Kolonisten ist ihre Existenz im Oriente bedroht. Die Mehrzahl der Bev. ist kath. Die Schulpflicht (6–14 Jahre) kann nicht überall wirksam werden. Die Analphabetenquote betrug 1977 noch 23%.

Wirtschaft: In der Sierra werden Mais, Weizen, Gerste, Kartoffeln u. a. ausschließl. für die Selbstversorgung angebaut. Hier sind 80 % aller landw. Betriebe kleiner als 5 ha. An der Costa herrschen Exportkulturen vor: v. a. Bananen (E. ist das führende Bananenexportland der Erde), außerdem Kaffee, Kakao, Zuckerrohr, für den Inlandsbedarf werden auch Baumwolle, Reis, Maniok u. a. angebaut. Neben Rindern, Schweinen, Schafen und Ziegen werden in der Sierra Lamas und Alpakas gehalten. Die forstwirtschaftl. Nutzung der Wälder ist noch relativ gering; am wichtigsten ist Balsaholz. Reiche Fischgründe bestehen im Bereich des Humboldtstroms und um die Galapagosinseln (200-Seemeilen-Grenze). E. ist das zweitwichtigste Erdölexportland Südamerikas. Eine 504 km lange Pipeline, die Höhenunterschiede von über 4 000 m überwindet, verbindet die Felder im N des Oriente mit Esmeraldas (Raffinerie und Hafen). Die Ansiedlung von Ind. wird von der Regierung gefördert. Es überwiegen Nahrungs-, Genußmittel- und Textilind. (oft Kleinbetriebe), daneben bestehen Erdölraffinerien, chem.-pharmazeut. Ind. u. a. Der inländ. Absatzmarkt ist als Folge des minimalen Geldeinkommens schwach.

Außenhandel: Ausgeführt werden Erdöl und -derivate, Bananen, Kakao, Kaffee, Zucker, Fischprodukte, Balsaholz u. a. Die wichtigsten Handelspartner sind USA, Japan, die BR Deutschland, Chile und Peru.

Verkehr: Das Eisenbahnnetz hat eine Länge von 1 121 km, das Straßennetz von 32 185 km, davon entfallen 1 392 km auf die von N nach S durch die Hochbecken verlaufende Carretera Panamericana, die einer alten Inkastraße folgt. Importhafen ist v. a. Guayaquil, Bananenexporthafen Puerto Bolívar, Erdölhafen Esmeraldas. E. verfügt über internat. ✈ in Quito und Guayaquil, die von zehn ausländ. Fluggesellschaften angeflogen werden. Die nat. Empresa Ecuatoriana de Aviación fliegt nach Peru, Kolumbien, Venezuela, Panama, Mexiko und USA. Im Inlandsdienst sind auch private Gesellschaften tätig.

Geschichte: Am östl. Andenabfall sind keram. Kulturen ab etwa 50 v. Chr. nachweisbar. Aus dem Hochland stammen die bisher ältesten Funde: Die in El Inga entdeckten, präkeram. Kulturen sind ab 8000 v. Chr. zu datieren. In der pazif. Küstenebene gehören die Keramiken der Valdiviaphase (3200–1800) zu den ältesten in Amerika. Die auf die formative Periode (3200–500) folgende Periode der Regionalentwicklung (500 v. bis 500 n. Chr.) stellt den künstler. Höhepunkt in der voreurop. Entwicklung E. dar (z. B. Bahíakultur, Tolitaphase in Esmeraldas). Zw. 1463/71 gliederte Topa Inca Yupanqui die südl. Hochbecken von Loja und Cuenca dem Reiche ein. Huaina Cápac eroberte 1493 das ganze Innere des heutigen E. sowie Teile der Küste. Sein Sohn Atahualpa eroberte von E. aus den Inkathron. Mit der Eroberung des Inkareiches (1531–33) durch die Spanier wurde E. der span. Herrschaft unterworfen: seit 1563 Audiencia unter der Vize-Kgr. Peru mit Quito als Hauptstadt, gehörte 1717–24, endgültig seit 1739 zum Vize-Kgr. Neugranada. Der Unabhängigkeitskampf E. begann mit der Revolution 1809; beendet war er erst mit General Sucres Sieg über die Spanier am Pichincha (1822). Zunächst verblieb das spätere E. bei Groß-Kolumbien. Nach seiner Loslösung 1830 begann eine nicht endende Reihe von Revolutionen und Putschen, die aus dem Ggs. zw. Liberalen und Konservativen herrührt und bis in die Gegenwart anhält. Jahrzehntelange Grenzstreitigkeiten mit den Nachbarrepubliken lösten sich 1941 zum bewaffneten Konflikt mit Peru aus, dem E. im Protokoll von Rio de Janeiro (29. Jan. 1942) fast zwei Fünftel seines Staatsgebiets abtreten mußte.

Edda

Zw. den beiden Staaten kam es Anfang 1981 erneut zu bewaffneten Grenzauseinandersetzungen.
Das heute noch weitgehend agrar. bestimmte Land krankt v. a. an dem krassen Ggs. zw. arm und reich. Die Versuche J. M. Velasco Ibarras (Präs. seit 1934), die Sozialstruktur von E. durch Reformen zu verbessern, stießen jedoch auf heftige Opposition, v. a. konservativer Kreise und des Militärs, und führten 1935, 1947, 1956, 1961 und 1972 zu seinem Sturz. Die nach dem Staatsstreich von 1972, den die Militärs mit wirtsch. Motiven begründeten, amtierende Militärreg. unter General G. Rodriguez Lava wurde im Jan. 1976 durch eine Junta der Oberkommandierenden der 3 Teilstreitkräfte ersetzt. Die von der Militärjunta versprochene Rückkehr zur Verfassungsmäßigkeit fand ihre Entsprechung in der Ausarbeitung einer neuen Verfassung, die im Jan. 1978 durch Referendum angenommen wurde und nach den Parlaments- und Präsidentschaftswahlen von 1979 in Kraft trat. Im Okt. 1982 mußte wegen der Unruhe unter der Bev. der Ausnahmezustand verhängt werden (bis Nov.). Im März 1986 konnte die Reg. eine Militärrevolte niederschlagen. Die Wahlen 1988 gewann die ID.
Politisches System: Nach der Verfassung von 1979 ist E. eine Republik mit Präsidialsystem. *Staatsoberhaupt* und oberster Inhaber der *Exekutive* ist der vom Volk auf 5 Jahre gewählte Präs. (seit Aug. 1988 R. Borja Cevallos), der die anderen Mgl. seines Kabinetts ernennt. Die *Legislative* liegt beim Einkammerparlament, dem Repräsentantenhaus (71 für 4 Jahre vom Volk gewählte Abg.). Von den 14 im Parlament vertretenen *Parteien* hat die 1946 gegr. populistische Sammelbewegung der Volkskräfte (CFP) 6 Sitze, die 1970 gegr. Linksdemokrat. Partei (ID) 27 Sitze, die 1885 gegr. Konservative Partei (CD) 1 Sitz und die Christl. Soziale Partei 6 Sitze. In den *Gewerkschaften* sind rd. 10% der Erwerbstätigen organisiert. *Verwaltungsmäßig* ist E. in 20 Prov. (einschl. der Galápagosinseln) gegliedert, an deren Spitze jeweils ein vom Präs. ernannter Gouverneur steht. Das *Rechts*wesen ist an frz. und span. Vorbild orientiert. Die *Streitkräfte* sind 40 000 Mann stark.

Venezuela - Kolumbien - E. Hg. v. H. A. Steger u. Jürgen Schneider. Mchn. 1980.

ecuadorianische Literatur, nach einem frühen, mit Bischof Gaspar de Villarroel (* 1587?, † 1665) verbundenen Höhepunkt der e. L. während der Kolonialzeit feierte J. J. Olmedos (* 1780, † 1847) mit neoklass. Oden die erkämpfte Freiheit. Aus der Romantik (vertreten z. B. von J. L. Mera) ging im 19. Jh. als Vorläufer des Modernismo der Essayist J. Montalvo hervor. Auf die modernist. Lyriker und Romanschriftsteller (z. B. G. Zaldumbide) der Jh.wende folgten im 20. Jh. bald sozialkrit. Schriftsteller (z. B. D. Aguilera Malta, E. Gil Gilbert, J. de la Cuadra, A. Pareja Diezcanseco, A. Ortiz, J. Icaza). Auch die Lyrik gewann nach der Wirklichkeitsflucht der Modernisten ein ausgeprägtes Realitätsbewußtsein (J. Carrera Andrade), die folgenden Generationen fanden ihre Repräsentanten in C. Dávila Andrade, L. Rumazo, I. Carvalho Castillo, U. Estrella und J. Egüez.

Barrera, I. J.: Historia de la literatura ecuatoriana. Quito 1979.

Ed, Kurzform des männl. Vornamens Eduard.

ed., Abk. für lat.: edidit [„herausgegeben hat es ..."].

Ed., Abk. für: ↑Edition.

Edam, niederl. Stadt 20 km nö. von Amsterdam, 24 km², 24 000 E. Zu E. gehört das Fischer- und Trachtendorf **Volendam;** Museum; Textil-, keram. und Molkereiind.; Fischverarbeitung; Fremdenverkehr. - Entstand im frühen 13. Jh.; 1375 (1357?) Stadtrecht.

Edamer Käse [nach der Stadt Edam], feinporiger weicher Schnittkäse in roter Paraffinrinde.

edaphisch [griech.], bodenbedingt, auf den Boden bezogen.

Edaphon [griech.], Bez. für die Gesamtheit der im Boden lebenden Organismen.

edd., Abk. für lat.: ediderunt [„herausgegeben haben es ..."].

Edda, weibl. Vorname, Kurzform von mit Ed- gebildeten Vornamen (z. B. ↑Edith).

Edda [altnord.], eigtl. Name des mytholog.-metr. Lehrbuchs, das der Überlieferung nach um 1230 von Snorri Sturluson verfaßt wurde und als Handbuch der Skaldenkunst gedacht war (sog. **Snorra-Edda,** jüngere E., Prosa-E., in Handschriften des 13. und 14. Jh. überliefert). In der Renaissance von isländ. Gelehrten auch auf eine von Bischof Brynjólfr Sveinsson in einer Handschrift des 13. Jh. entdeckte Liedersammlung, die wegen fälschl. Zuweisung an Saemund den Weisen sog. **Saemundar-Edda** (auch ältere E., poet. E., Lieder-E.), übertragen. In ihr sind etwa 30 Lieder[bruchstücke] in altnord. Sprache enthalten, die zus. mit Ergänzungen aus anderen Handschriften die *eddische Dichtung* ausmachen. Die ältere E. enthält zw. dem 9. und 12. Jh. entstandene, in Island im 13. Jh. aufgezeichnete Götter- und Heldensagen, darunter die ältesten Fassungen der sonst nur durch die mittelhochdt. Dichtung belegten gemeingerman. Sagen, u. a. die Lieder von Sigurd, Brynhild und Gudrun sowie das Lied von Atli (Etzel). Die ältere E. wird eingeleitet mit der „Völuspá" (Weissagung der Seherin; ihre Vision vom Geschick der Götter, von Schöpfung und Untergang der Erde). - ↑ auch altnordische Literatur.

E. Dt. Übers. v. F. Genzmer. Köln ⁵1985. - Vries, J. de: Altnord. Lit.gesch. Bln. ²1964-67. 2 Bde.

Eddington, Sir Arthur Stanley [engl. 'ɛdɪŋtən], * Kendal (Westmorland) 28. Dez. 1882, † Cambridge 22. Nov. 1944, brit. Astronom und Astrophysiker. - Statist. Untersuchungen der Sternbewegungen und Forschungen über interplanetare Materie, Emissionsgasnebel, Kugel- u. a. Sternhaufen, Aufstellung der Masse-Leuchtkraft-Beziehung und neue Erkenntnisse über Entwicklung und Alter verschiedener Sterntypen.

Eddy (Eddie), Kurz- und Koseform des engl. männl. Vornamens Edward (↑ Eduard).

Eddy, Mary, geb. Baker (Baker-Eddy), * Bow (N. H.) 16. Juli 1821, † Boston 3. Dez. 1910, amerikan. Gründerin der ↑ Christian Science. - Bibelstudien und Erfahrungen im „geistigen Heilen" führten 1875 zur Herausgabe ihres Hauptwerks „Science and health with key to the scriptures" (Wissenschaft und Gesundheit mit Schlüssel zur Hl. Schrift), 1879 gründete sie die *Church of Christ, Scientist* (Kirche Christi, Wissenschafter) in Boston, Mass. und stellte sie als *The First Church of Christ, Scientist* (die erste Kirche ...) 1892 auf eine neue organisator. Basis.

Edéa, Dep.hauptstadt am Rande des Küstentieflands von Kamerun, am Sanaga, 23 000 E. Aluminiumhütte, die aus Guinea importiertes Bauxit verhüttet.

Edelkastanie. Blätter und Früchte

Edelkoralle. Aus dem mattroten Zönosark ragen Einzelpolypen mit zierlichen weißen Fangarmen hervor

EDEKA, aus der Abk. EdK (für: Einkaufsgenossenschaften dt. Kolonialwaren- und Lebensmittel-Einzelhändler) entstandene Bez. für die größte dt. genossenschaftl. Handelsgruppe, Sitz Hamburg, 1907 durch den Zusammenschluß von 13 örtl. Einkaufsgenossenschaften gegründet.

Edelbert, neuere Form des männl. Vornamens Adalbert.

Edelbranntwein, Destillate aus Wein oder aus vergorenen Maischen zucker- oder stärkehaltiger Rohstoffe, ohne Zusatz von Zucker, Alkohol und aromat. Substanzen. Zu ihnen gehören: Cognac, Armagnac, Weinbrand, Rum, Whisky, Gin, Arrak, Calvados und Edelobstbranntwein. Die Mehrzahl hat einen Mindestalkoholgehalt von 38 Vol.-%.

Edelfalter (Fleckenfalter, Nymphalidae), Fam. der Tagfalter mit mehreren Tausend weltweit verbreiteten Arten; mit meist bunt gefärbten Flügeln. In Europa bes. bekannt sind ↑ Admiral, ↑ Kaisermantel, ↑ Perlmutterfalter, ↑ Scheckenfalter, ↑ Schillerfalter sowie die ↑ Eckflügler.

Edelfasan ↑ Fasanen.

Edelfäule, Bez. für die durch Schimmelbildung (↑ Grauschimmel) bewirkte Beschaffenheit vollreifer Weintrauben bei warmem, feuchtem Herbstwetter. Die Außenhaut der Weinbeeren wird porös, Wasser verdunstet, die Beeren trocknen rosinenartig ein (Trockenbeere); Fruchtzucker und (teils neugebildete) Geschmacksstoffe werden konzentriert. E. ist in Deutschland und Österreich Voraussetzung zur Herstellung von Ausleseweinen.

Edelfreie (Edelinge), in der dt. Rechtsgeschichte gebräuchl. Bez. für die in höherem Ansehen stehende und durch vornehme Abkunft ausgezeichnete Oberschicht der Freien; heben sich seit dem 11./12. Jh. v. a. vom unfreien Dienstadel ab.

Edelgard, neuere Form des in altdt. Zeit übl. weibl. Vornamens Adalgard. 1. Bestandteil: althochdt. adal „edel, vornehm, Adel"; Herkunft und Bed. des 2. Bestandteils sind unklar.

Edelgase, Bez. für die Elemente der VIII. Hauptgruppe des Periodensystems der chem. Elemente: Helium, Neon, Argon, Krypton, Xenon, Radon. Die E. sind einatomige farb- und geruchlose Gase; nach der Valenzelektronentheorie sind sie „nullwertig" (↑ Atom, ↑ Valenztheorie) und entsprechend chem. äußerst reaktionsträge (inert). Erst seit 1962 kennt man einige **Edelgasverbindungen**.

Edelgasschale, die äußerste ↑ abgeschlossene Schale eines Edelgasatoms. Die E. ist energet. bes. begünstigt; die Atome anderer chem. Elemente haben beim Eingehen einer chem. Bindung das Bestreben, entweder durch Abgabe von äußeren Elektronen oder durch Einbau zusätzl., von den Verbindungspartnern stammender Elektronen eine E. als äußerste Elektronenschale auszubilden, also

eine sog. **Edelgaskonfiguration** zu erreichen.
Edelgaszelle, eine mit Edelgas gefüllte Photozelle, in der Stoßionisation im Gasraum eine Verstärkung des Elektronenstroms bewirkt.
Edelhagen, Kurt, * Herne 5. Juni 1920, † Köln 8. Febr. 1982, dt. Orchesterleiter. - Seit 1957 beim WDR Köln; sein Orchester gehört zu den bekanntesten Big Bands Europas.
Edelhirsch, svw. ↑ Rothirsch.
Edelkastanie (Echte Kastanie, Castanea sativa), Buchengewächs in W-Asien, kultiviert und eingebürgert in S-Europa und N-Afrika, seit der Römerzeit auch in wärmeren Gebieten Deutschlands; sommergrüner, bis über 1 000 Jahre alt und über 20 m hoch werdender Baum mit großen, derben, längl.-lanzettförmigen, stachelig gezähnten Blättern und weißen Blüten, die gebüschelt in aufrechten, langen Ähren stehen; die Nußfrüchte (**Eßkastanien** oder **Maroni**) mit stacheliger Fruchthülle; erste Fruchterträge nach 20 Jahren.
Edelkoralle (Rote Edelkoralle, Corallium rubrum), Art der Rindenkorallen an den Küsten des Mittelmeers, v. a. in Tiefen zw. 30 und 200 m; bildet meist 20–40 cm hohe, wenig verzweigte Kolonien. Die weißen, 2–4 cm großen Polypen sind durch eine meist mattrote weiche Gewebesubstanz (Zönosark) verbunden, das die meist leuchtend rote, seltener weiße, braune, gefleckte oder auch schwarze Skelettachse umgibt.
Edelkrebs (Flußkrebs, Astacus astacus), etwa 12 (♀)–16 (♂) cm langer Flußkrebs in M-Europa, S-Skandinavien und im mittleren Donaugebiet; bräunl.- bis olivgrün, mit kräftig entwickelten Scheren.
Edelman, Gerald Maurice [engl. 'ɛɪdlmæn], * New York 1. Juli 1929, amerikan. Biochemiker. - E. arbeitete v. a. an der Aufklärung der biochem. Grundlagen der ↑ Antigen-Antikörper-Reaktion; erhielt 1972 (zus. mit R. R. Porter) den Nobelpreis für Physiologie oder Medizin.
Edelmann (Mrz. Edelleute), urspr. Angehöriger des altfreien Adels (↑ Edelfreie), später auch des niederen Adels, schließl. insbes. des letzteren.
Edelmarder (Baummarder, Martes martes), Marderart in Europa und N-Asien; Körperlänge etwa 48–53 cm, Schwanz 22–28 cm lang, buschig; wurde früher seines wertvollen Pelzes wegen stark bejagt; selten.
Edelmetalle, chem. bes. beständige Metalle (speziell gegen Einwirkung von Sauerstoff); dazu gehören Gold, Silber und die sog. Platinmetalle: Platin, Ruthenium, Rhodium, Palladium, Osmium, Iridium, Quecksilber.
Edelpapagei (Lorius roratus), bis 40 cm (einschließl. Schwanz) großer Papagei, v. a. in den Regenwäldern N-Australiens und Neuguineas; ♂ fast grasgrün (mit gelbem, an der Basis rotem Schnabel), ♀ feuerrot; Käfigvogel.

Edelpilzkäse, halbfetter Schnittkäse aus Kuhmilch mit Zusatz von eßbaren Schimmelpilzen. - ↑ auch Roquefort.
Edelreis ↑ Veredelung.
Edelreizker ↑ Milchlinge.
Edelsittiche (Psittacula), Gatt. der Papageien mit 12 Arten von W-Afrika bis Borneo; 30–54 cm lange Vögel mit grünem Gefieder und langem, stufigem Schwanz.
Edelstahl, durch Zugabe von Stahlveredelungsmetallen, z. B. Chrom, Mangan (zur Erzielung bestimmter Eigenschaften) legierter, rostfreier Sonderstahl mit geringem Phosphor- und Schwefelgehalt.
Edelsteine, Minerale, deren bes. Wertschätzung auf ihrer Durchsichtigkeit, Klarheit, Farblosigkeit oder Farbigkeit, auf der Schönheit ihrer Lichtwirkung (Feuer, Glanz und Farbenspiel) sowie auf ihrer Härte und der Seltenheit ihres Vorkommens beruht. Sie werden v. a. für Schmuckzwecke verwendet. Durch Schleifen und Facettieren wird eine Formveredlung erzielt, die ihren Wert beträchtl. erhöht.
Edeltanne, svw. Weißtanne (↑ Tanne).
Edeltraud (Edeltrud), neuere Form des weibl. Vornamens Adeltraud (althochdt. adal „edel" und althochdt. -trud „Kraft").
Edelweiß (Leontopodium), Gatt. der Korbblütler mit etwa 50 Arten in Gebirgen Asiens und Europas; niedrige, dicht behaarte, weißl. bis grüne Stauden mit kleinen Blütenköpfchen in Trugdolden, die von strahlig abstehenden Hochblättern umstellt sind. - In M-Europa kommt nur die geschützte Art Leontopodium alpinum in den Alpen auf Felsspalten und auf steinigen Wiesen ab 1 700 m Höhe vor. - Abb. Bd. 1, S. 251.
Edelwild ↑ Rothirsche.
Edelzwicker ↑ elsässische Weine.
Eden [hebr.], im A. T. (1. Mos. 2, 8 ff.) die Landschaft, in der der Paradiesgarten lag. Das Wort E. (wahrscheinl. von akkad. edinu „Steppe, Wüste") weckte bei hebr. Sprechenden die Assoziation zu dem gleichlautende Wort für „Wonne".
Eden, Sir (seit 1954) Robert Anthony [engl. iːdn], Earl of Avon (seit 1961), * Windlestone Hall (Durham) 12. Juni 1897, † bei Salisbury (Wiltshire) 14. Jan. 1977, brit. Politiker. - 1923–57 konservativer Unterhausabg., 1934/35 Lordsiegelbewahrer, 1935 Min. für Völkerbundsangelegenheiten, 1935–38 Außenmin., 1940 kurz Kriegsmin., 1940–45 Außenmin., 1945–51 stellv. Oppositionsführer. 1951–55 erneut Außenmin., verfolgte eine engere, auch militär., Zusammenarbeit der westeurop. Staaten (↑ Edenpläne). 1954 war er maßgebl. beteiligt an der Formulierung des Genfer Indochina-Abkommens und der Gründung der SEATO. Auf den Konferenzen von Berlin (1954) und Genf (1955) legte er Pläne zur dt. Wiedervereinigung und zur europ. Entspannung vor. 1955–57 Premiermin.,

Edenkoben

konnte er Inflation und wirtsch. Krisenanfälligkeit nicht überwinden und erlitt mit der brit.-frz. Intervention in der Sueskrise 1956 eine außenpolit. Niederlage.

Edenkoben, Stadt in Rhld.-Pf., Luftkurort am Abfall der Haardt zur Oberrheinebene, 160 m ü. d. M., 5 400 E. Weinbau. - 769 erstmals gen.; seit 1797 zu Frankr., stand seit 1814 unter bayr.-östr. Verwaltung, kam 1816 an Bayern und wurde 1818 Stadt. - Pfarrkirche (1739/40), Schloß Ludwigshöhe (1845–51; ehem. Sommerresidenz König Ludwigs I., z. T. Slevogt-Museum).

Edenpläne [engl. i:dn; nach Sir R. A. Eden], 1. brit. Konzept für den Zusammenschluß des Westens 1952: Unter der übergeordneten Atlant. Gemeinschaft sollten drei Staatengruppierungen - USA und Kanada, Großbrit. und Commonwealth, die Staaten des Europarats - in engere Zusammenarbeit treten, weitere Zusammenschlüsse mit Preisgabe von Souveränitätsrechten sollten nur im Rahmen des Europarats mögl. sein; 1952 vom Europarat angenommen. - 2. 1954 unterbreiteter Vorschlag zur Wiedervereinigung Deutschlands auf der Grundlage freier Wahlen, der Ausarbeitung einer Verfassung durch eine Nat.versammlung, der Bildung einer gesamtdt. Regierung zum Abschluß eines Friedensvertrags; blieb bis 1959 Modell westl. Wiedervereinigungspläne.

Edentata [lat.], svw. ↑Zahnarme (Säugetierordnung).

Eder, linker Nebenfluß der Fulda, entspringt im Rothaargebirge, mündet südl. von Kassel; 175 km lang.

Edersee ↑Stauseen (Übersicht).

Edessa, Hauptstadt der griech. Verw.-Geb. Pella in W-Makedonien, 75 km westl. von Saloniki, 320 m ü. d. M., 16 600 E. Orthodoxer Bischofssitz; Museum; Marktort. - E. war der Name einer Vorstadt von **Aigai,** der alten Hauptstadt Makedoniens, der später auf die ganze Stadt überging.

E., antike syr. Stadt, nach der Eroberung durch Alexander d. Gr. so ben. nach der makedon. Hauptstadt (heute ↑Urfa). Für die Anfänge des Christentums in E. ist das Wirken des christl. Philosophen Bardesanes (* 154, † 222) bedeutsam gewesen. Unsicher ist, ob die Königsfamilie von E. um 200 christl. und das Christentum Staatsreligion geworden ist. E. entwickelte sich früh zu einem Zentrum theolog. Gelehrsamkeit (entscheidend dafür die Tätigkeit ↑Ephräms des Syrers).

Edfelt, Johannes, * Kyrkefalla (Skaraborgs län) 21. Dez. 1904, schwed. Lyriker. - Surrealist. beeinflußte Gedichte von hoher (traditionsbestimmter) Formkunst, voller Bitterkeit und Angstgefühlen; Kritiker und Übersetzer bes. dt. Lyrik, auch Essays.

Edgar, aus dem Engl. übernommener männl. Vorname (altengl. ead „Besitz, Glück" und altengl. gar „Ger, Speer").

Edgeinsel [engl. ɛdʒ] ↑Spitzbergen.

Edgeworth, Francis Ysidro [engl. 'ɛdʒwəːθ], * Edgeworthstown (Irland) 8. Febr. 1845, † Oxford 13. Febr. 1926, brit. Nationalökonom u. Statistiker. - Seinen bedeutendsten Beitrag zur Wirtschaftstheorie lieferte E. mit der Entwicklung der Indifferenzkurvenanalyse (↑Indifferenzkurven) und der damit herleitbaren mathemat. Analyse des Kontrakts. Geometr. Darstellung der Kontraktkurve in der sog. „E.-Box".

E., Maria, * Black Bourton (Oxfordshire) 1. Jan. 1767, † Edgeworthstown (Irland) 22. Mai 1849, ir. Schriftstellerin. - Wollte mit ihren realitätsnahen, humorvollen und lehrhaften Erzählwerken zum Verständnis der ir. Volkscharakters beitragen („Castle Rackrent", R., 1800, „The absentee", E., 1812).

edieren [lat.], herausgeben, bes. von Büchern.

Edikt [lat.], in der *röm. Antike* öffentl. Erklärung der Beamten zu Grundsätzen und Maßnahmen ihrer Amtsausübung (bes. der Rechtspflege); in der Spätantike auch Bez. für Kaisergesetz, im frühen MA auch für Königsgesetz; in der Neuzeit v. a. von den frz. Königen für das einen einzelnen Gegenstand regelnde Gesetz (Ggs.: ↑Ordonnanz) verwendet.

♦ nach *östr. Recht* eine amtl. Aufforderung, die durch Anschlag an einer Amtstafel oder in einer amtl. Zeitung bekannt gemacht wird.

Edikt von Nantes ↑Nantes, Edikt von.

Edinburgh ['ɛːdɪnbʊrk, engl. 'ɛdɪnbərə], Hauptstadt Schottlands und Verwaltungssitz der Lothian Region, am S-Ufer des Firth of Forth, 419 000 E. Zentrum des Landes, mit zahlr. zentralen Institutionen, Sitz der schott. presbyterian. Kirche, kath. Erzbischofssitz; Univ. (gegr. 1583), TU (gegr. 1821, Univ.rang 1966), mehrere Akademien, Observatorium, ozeanograph. Inst.; mehrere Forschungsinst.; Museen, u. a. Nationalgalerie; schott. Nationalbibliothek; Theater; internat. Musikfestspiele; botan. Garten (gegr. um 1660), Zoo; Autorennstrecke Ingleston. - Bed. Bank-, Versicherungs- und Geschäftszentrum; traditionelle Gewerbe sind Druckerei- und Verlagswesen sowie das Braugewerbe, Whiskybrennereien, Leinenherstellung, Nahrungsmittelind. Der Hafen **Leith** ist der wichtigste der schott. O-Küste.

Geschichte: E. entstand unterhalb der auf dem Castle Rock mindestens seit dem 6. Jh. nachgewiesenen Burg, die am Ende des 11. Jh. die Residenz der schott. Könige wurde. Unter Jakob II. wurde E. die ständige Hauptstadt von Schottland.

Bauten: In der Altstadt: Kathedrale Saint Giles (12. Jh.; 1387–1500 wieder hergestellt), Ruinen des Klosters Holyrood (1500), ehem. Parlamentsgebäude (1633–40; jetzt Oberster Gerichtshof des Landes). Über der Neustadt (im 18. und 19. Jh. im Schachbrettmuster ange-

Editor

legt) auf einem hohen Felsen die ma. Burg mit der Kapelle Saint Margaret (11. Jh.) im normann. Stil.

Edinger, Ludwig, * Worms 13. April 1855, † Frankfurt am Main 26. Jan. 1918, dt. Neurologe. - Prof. in Frankfurt; Arbeiten auf dem Gebiet der Hirnanatomie.

Edirne (früher Adrianopel), Stadt in der europ. Türkei, 40 m ü. d. M., 72 000 E. Hauptstadt des Verw.geb. E., zentraler Ort eines Weizenanbaugebiets mit Leder- und Textilind., Herstellung von Teppichen und Rosenöl. - Thrak. Gründung, von Hadrian (117–138) als **Hadrianopolis** neu gegr.; bed. u. a. wegen seiner strateg. wichtigen Lage an der Heerstraße von Serdica nach Konstantinopel; nach Zugehörigkeit zum Byzantin. Reich fiel die Stadt 1246 an das Kaiserreich von Nizäa, wurde 1361 von den Osmanen erobert und 1365 osman. Hauptstadt. - E. hat ein typ. oriental. Stadtbild mit Basaren, Karawansereien und Moscheen; berühmt ist die Selimiye-Moschee (1567–75).

Edison, Thomas Alva [engl. 'ɛdɪsn], * Milan (Ohio) 11. Febr. 1847, † West Orange (N. J.) 18. Okt. 1931, amerikan. Erfinder. - Erfindungen auf dem Gebiet der Telegrafie; 1877/78 Entwicklung des Kohlekörnermikrofons, wodurch das 1876 patentierte Telefon von A. G. Bell für große Entfernungen brauchbar wurde. Erfindung des Phonographen, eines Vorläufers des Grammophons; E. entwickelte ferner Kohlefadenglühlampe (erste brauchbare Glühlampe), Verbundmaschine (Dampfmaschine mit elektr. Generator), Kinematograph (ein mit perforiertem Film arbeitendes Filmaufnahmegerät) sowie Betongießverfahren (zur Herstellung von Zementhäusern im Fertigbau). Seine Entdeckung des glühelektr. Effekts (Edison-Effekt) war Voraussetzung für die Entwicklung der Elektronenröhre.

Edison-Effekt [engl. 'ɛdɪsn; nach T. A. Edison], svw. ↑ glühelektrischer Effekt.

Edison-Schrift [engl. 'ɛdɪsn; nach T. A. Edison], Tonaufzeichnungsverfahren für Schallplatten mit vertikaler Auslenkung der Graviernadel, im Ggs. zur ↑ Berliner-Schrift.

Edith, aus dem Engl. übernommener weibl. Vorname (altengl. Eadgy; altengl. ead „Besitz; Glück" und altengl. gud „Kampf").

Edition [lat.], insbes. wiss. Herausgabe bzw. krit. Ausgabe eines Werkes; auch Bestandteil von Verlagsnamen oder Buchreihen.

Editor [lat.], Herausgeber (seltener: Ver-

Thomas Alva Edison, Phonograph mit Handantrieb und Stanniolwalze (1878)

Edirne. Selimiye-Moschee

Edler

leger) von Büchern, Buchreihen, Zeitschriften, Musikalien.

Edler (E. von, Edelherr, E. Herr), Adelsprädikat unter der Klasse der Freiherren bzw. Ritter; bes. in Österreich und Bayern bis 1918 gebräuchlich.

Edmond [frz. ɛd'mõ], frz. Form des männl. Vornamens †Edmund.

Edmonton [engl. 'ɛdməntən], Hauptstadt der kanad. Prov. Alberta, in den Great Plains, 560 000 E., Metropolitan Area 657 000 E. Sitz eines kath. Erzbischofs, eines anglikan. Bischofs und eines ukrain.-unierten Erzbischofs; Univ. (gegr. 1906). Zentrum eines bed. Agrar- und Erdölgebiets; Erdölraffinerien, Holzverarbeitung, Schlachthöfe, Fleischverarbeitung, Pelzhandel; ♃. - Aus einem Fort 1794 entstanden, 1892 Town.

Edmund, aus dem Engl. übernommener männl. Vorname (altengl. Eadmund; altengl. ead „Besitz, Glück" und mund „Schutz"). Frz. Form: Edmond.

Edna, weibl. Name hebr. Ursprungs. Die Bed. des Namens ist unklar.

Edo, †Tokio.

Edom, bibl. Gestalt, †Esau.

Edom [hebr.], in alttestamentl. Zeit das Land zw. Totem und Rotem Meer. Die **Edomiter** werden als Verwandte Israels betrachtet. Um 1200 v. Chr. nahmen sie ihr Land ein.

Édouard [frz. e'dwa:r], frz. Form des männl. Vornamens †Eduard.

Edremit, türk. Stadt in NW-Anatolien, am inneren Ende des **Golfs von Edremit** (32 km breit, 43 km lang), einer Bucht des Ägäischen Meeres, 10 m ü. d. M., 24 000 E. Landw. Handelszentrum.

Edschmid, Kasimir, bis 1947 Eduard Schmid, * Darmstadt 5. Okt. 1890, † Vulpera (Schweiz) 31. Aug. 1966, dt. Schriftsteller. - Programmatiker und Theoretiker des Expressionismus („Über den Expressionismus in der Literatur und die neue Dichtung", 1919); expressionist. Novellen (u. a. „Das rasende Leben", 1916), Romane; später farbige Reisebücher und gehobene Unterhaltungsliteratur.
Weitere Werke: Der Engel mit dem Spleen (R., 1923), Glanz und Elend Süd-Amerikas (R., 1931), Italien (5 Bde., 1935–48), Wenn es Rosen sind, werden sie blühen (R., 1950, 1966 u. d. T. Georg Büchner).

Eduard, aus dem Frz. übernommener männl. Vorname engl. Ursprungs, eigentl. etwa „Hüter des Besitzes". Frz. Form: Édouard, engl. Form: Edward, schwed. und norweg. Form: Edvard.

Eduard, Name von Herrschern:
angelsächs. Könige:
E. der Bekenner, hl., * Islip um 1003, † Westminster (= London) 4. oder 5. Jan. 1066, letzter König (seit 1042) aus dem Hause Wessex. - Förderte vorsichtig normann. Einfluß; Gründer von Westminster.

England/Großbritannien:
E. I., gen. Longshanks, * Westminster (= London) 17. oder 18. Juni 1239, † Burghby-Sands 7. Juli 1307, König (seit 1272). - Sohn Heinrichs III.; unterstützte seinen Vater gegen die aufständ. Barone und schlug sie 1265 endgültig; eroberte Wales und Schottland; schloß nach offensivem Vorgehen gegen Frankr. 1303 Frieden.
E. II., * Caernarvon (Wales) 25. April 1284, † Berkeley Castle bei Bristol 21. Sept. 1327, König (seit 1307). - Sohn Eduards I.; seine Günstlingswirtschaft und außenpolit. Mißerfolge bewirkten eine Schwächung des Königtums durch Adelsopposition, seine Absetzung und Ermordung.
E. III., * Windsor 13. Nov. 1312, † Sheen (Richmond) 21. Juni 1377, König (seit 1327). - Sohn Eduards II.; bis 1330 unter Vormundschaft; richtete sich außenpolit. v. a. gegen die Allianz Schottland-Frankr.; nahm 1340 den Titel eines Königs von Frankr. an, was den †Hundertjährigen Krieg auslöste.
E. IV., * Rouen 28. April 1442, † Westminster (= London) 9. April 1483, König (seit 1461). - Vertrieb 1461 Heinrich VI. aus der Linie Lancaster nach Schottland (den er 1471 vernichtend schlug und dann ermorden ließ) und wurde von den Londonern zum König ausgerufen († Rosenkriege); schwächte die Macht des Parlaments.
E. V., * Westminster (= London) 2. oder 3. Nov. 1470, † London nach dem 25. Juni 1483, König von England (1483). - Sohn Eduards IV.; von seinem Onkel Richard, Herzog von Gloucester († Richard III.), verdrängt und mit seinem Bruder im Tower ermordet.
E. VI., * Hampton Court (Middlesex) 12. Okt. 1537, † Greenwich (= London) 6. Juli 1553, König (seit 1547). - Sohn Heinrichs VIII. und der Johanna Seymour; für ihn regierte sein Onkel Edward Seymour, der spätere Herzog von †Somerset; unter ihm Beginn der Protestantisierung der engl. Kirche.
E. VII., * London 9. Nov. 1841, † ebd. 6. Mai 1910, König von Großbrit. und Irland, Kaiser von Indien (seit 1901). - Sohn der Königin Viktoria; begünstigte die Entstehung der Entente cordiale von 1904.
E. VIII., * White Lodge (= London) 23. Juni 1894, † Neuilly-sur-Seine 28. Mai 1972, König von Großbrit. und Nordirland (1936). - Dankte ab, weil seine bevorstehende Heirat mit der geschiedenen Amerikanerin W. W. Simpson vom Parlament und von der anglikan. Kirche nicht gebilligt wurde; lebte als **Herzog von Windsor** bis zu seinem Tod im Ausland.
Eduard, * Woodstock (Oxford) 15. Juni 1330, † Westminster (= London) 8. Juni 1376, Prinz von Wales (seit 1343). - Sohn Eduards III.; seiner schwarzen Rüstung wegen „Der schwarze Prinz" gen.; bewährter Heerführer im Hundertjährigen Krieg, erhielt 1362 als

Effektivklausel

Herzog von Aquitanien die engl. Besitzungen in SW-Frankr.; kehrte 1371 nach England zurück.

Eduardsee (engl. Lake Edward, frz. Lac Edouard), See im Zentralafrikan. Graben, größtenteils in Zaïre (Kiwu-Nationalpark), NO-Teil in Uganda, 913 m ü. d. M., 2200 km², bis 117 m tief, entwässert über den Semliki zum Albertsee.

EDV, Abk. für: elektronische Datenverarbeitung.

Edvard [schwed. 'eːdvard, norweg. 'ɛdvart], schwed. und norweg. Form des männl. Vornamens ↑Eduard.

Edward [engl. 'ɛdwəd], engl. Form des männl. Vornamens ↑Eduard.

Edwards, Jonathan [engl. 'ɛdwədz], * East Windsor (Conn.) 5. Okt. 1703, † Princeton (N. J.) 22. März 1758, amerikan. Theologe und Indianermissionar. - Mit seiner berühmten Predigt „Sinners in the hands of an angry god" (Sünder in der Hand eines zornigen Gottes, 1741), in der er die sittl. Verantwortung des Menschen betonte, hatte er bed. Einfluß auf die amerikan. Erweckungsbewegung.

Edwards-Syndrom [engl. 'ɛdwədz; nach dem amerikan. Arzt J. Edwards (20. Jh.)] (E₁-Trisomie), Bez. für verschiedene Mißbildungen, die auf Störungen der Struktur oder auf Abweichungen der Zahl von Chromosomen der E-Gruppe beruhen; u. a. mit Skelettveränderungen, Lippen-Kiefer-Gaumen-Spalte, angeborenem Herzfehler.

Edwin, aus dem Engl. übernommener männl. Vorname (engl. Edwin, altengl. Eadwine zu altengl. ead „Besitz; Glück" und wine „Freund").

EEC [engl. 'iːiːˈsiː], Abk. für: European Economic Community, ↑Europäische Wirtschaftsgemeinschaft.

Eeden, Frederik Willem van [niederl. 'eːdə], * Haarlem 3. April 1860, † Bussum 16. Juni 1932, niederl. Schriftsteller. - Gründete 1885 mit A. Verwey u. a. die Zeitschrift „De Nieuwe Gids", in der 1886 sein Roman „Der kleine Johannes" erschien; 1898 gründete er die Siedlungsgemeinschaft „Walden", die keinen Bestand hatte.

EEG, Abk. für: ↑Elektroenzephalogramm.

EEPROM ↑EPROM.

Eesti [estn. 'ɛːsti] ↑Estnische SSR.

Efate [engl. ɛˈfaːti] (frz. Île Vaté), Insel der Neuen Hebriden; 42 km lang, bis 23 km breit; auf E. liegt Vila, der Verwaltungssitz von Vanuatu.

Efendi (Effendi) [türk. „Herr"], in der osman. Türkei ein Ehrentitel für die gebildeten Stände.

Eferding, Bezirkshauptstadt in Oberösterreich, 25 km westl. von Linz, 270 m ü. d. M., 3100 E. Wirtsch. Mittelpunkt des fruchtbaren Eferdinger Beckens. - 1075 erstmals gen.; im 13. Jh. Stadtrecht. - Pfarrkirche (1451–1505) mit frühbarocker Innenausstattung; Schloß (13.–16. Jh., mit klassizist. Anbau von 1784).

Efeu (Hedera), Gatt. der Araliengewächse mit etwa 7 Arten in Europa, N-Afrika und Asien; immergrüne Sträucher mit lederartigen, gezähnten oder gelappten Blättern und grünlichgelben Blüten in Doldentrauben. - Der **Gemeine Efeu** (Hedera helix) ist in Europa bis zum Kaukasus verbreitet. Er wächst an Mauern und Bäumen, bis zu 30 m hoch kletternd, oder auf dem Erdboden. - Der **Kaukasus-Efeu** (Hedera colchica) aus Kleinasien und dem Kaukasus besitzt meist ganzrandige Blätter und ist in allen Teilen größer als der Gemeine Efeu, als Zierpflanze kultiviert.

Efeuaralie, durch Kreuzung von Zimmeraralie und Efeu entstandenes Araliengewächs.

Efeugewächse, svw. ↑Araliengewächse.

Effekt [lat.; zu efficere „hervorbringen, bewirken"], allg. svw. Wirkung, Erfolg; in der *Physik* ursprüngl. svw. ↑Leistung; heute Bez. für spezielle physikal. Erscheinungen und Wirkungen, z. B. ↑Compton-Effekt, ↑Photoeffekt, ↑thermoelektrische Effekte.

Effekten [lat.-frz.], zur Kapitalanlage bestimmte ↑Wertpapiere (Aktien, Obligationen, Kuxe, Investmentzertifikate), die leicht übertragbar und daher für den Handel an der Börse (**Effektenbörse**) bes. geeignet sind. Die E.urkunde besteht im allg. aus Mantel und Bogen. Der **Mantel** verbrieft das Forderungs- oder Anteilsrecht, während der **Bogen** die Zins- bzw. Gewinnanteilscheine enthält. Nach wirtsch. Gesichtspunkten wird unterschieden zw. festverzinsl. E. (Staats- und Kommunalanleihen, Pfandbriefe, Kommunal-, Industrie- und Bankobligationen) und E. mit variablem Ertrag (Aktien, Kuxe).

Effektenbörse ↑Effekten.

Effektendiskont, Abzug eines Diskonts beim Ankauf von festverzinsl. Wertpapieren kurz vor ihrer Einlösung durch Kreditinstitute.

Effektengeschäft, Geschäftstätigkeit eines Kreditinstituts, die die Ausgabe von fremden Effekten, den An- und Verkauf (Effektenhandel) und die Verwahrung und Verwaltung von Effekten zum Gegenstand hat.

effektiv [lat.], tatsächl., wirkl.; wirksam; greifbar.

effektive Leistung, bei Kraftmaschinen die von der Antriebswelle abgegebene Leistung.

effektive Verzinsung ↑Verzinsung.

Effektivgeschäft, Abschlüsse an Warenbörsen, bei denen der Wille der Parteien zur Erfüllung besteht und der Verkäufer über die Ware tatsächl. verfügt; Ggs. ↑Differenzgeschäft.

Effektivklausel, 1. im *Zivilrecht* die Vereinbarung, daß eine im Inland zu erfüllende Fremdwährungsschuld auch in ausländ. Währung gezahlt werden soll; 2. im *Arbeits-*

recht die Regelung in einem Tarifvertrag, nach der dem Arbeitnehmer der bisherige übertarifl. Lohnbestandteil weiterzuzahlen ist. E. sind nichtig.

Effektivwert, im Ggs. zum nominellen oder ↑Nennwert der tatsächl. Wert eines Wertpapiers zu einem bestimmten Zeitpunkt; bemißt sich nach dem Börsenkurs (abzügl. Spesen und Steuern).

◆ die Quadratwurzel aus dem quadrat. Mittelwert einer zeitl. veränderl. period. Größe. Für den E. $\bar{G}$ der Größe: $G(t) = G_0 \cdot \sin(\omega t + \zeta)$ gilt: $\bar{G} = G_0/\sqrt{2} = 0{,}707\, G_0$.

Effektoren [lat.], in der *Physiologie* Bez. für Nerven, die einen Reiz vom Zentralnervensystem zu den Organen (Muskeln, Drüsen) weiterleiten bzw. für die den Reiz beantwortenden Organe selbst.

◆ in der *Biologie* und *Medizin* ein Stoff, der eine Enzymreaktion fördert oder hemmt, ohne an ihrer Auslösung mitzuwirken.

Effelsberg ↑Bad Münstereifel.

Effemination [lat.], das Annehmen von weibl. Verhaltensweisen durch männl. Personen.

Effendi ↑Efendi.

efferent [lat.], herausführend (hauptsächl. von Nervenbahnen oder Erregungen, gesagt, die vom Zentralnervensystem zum Erfolgsorgan führen); Ggs. ↑afferent.

Effet [ɛˈfeː; frz. (zu ↑Effekt], der z. B. einem Ball durch einen seitl. Anstoß verliehene Drall.

effetuoso [italien.], musikal. Vortragsbez.: effektvoll, mit Wirkung.

Effi, weibl. Vorname, Kurz- und Koseform von ↑Elfriede.

Effizienz [lat.], Wirksamkeit, Leistungsfähigkeit (im Verhältnis zu den aufgewandten Mitteln); [besondere] Wirtschaftlichkeit.

effiziertes Objekt [lat.], Objekt, das durch die im Verb ausgedrückte Handlung hervorgerufen oder bewirkt wird, z. B. *ein Buch* schreiben. - Ggs. ↑affiziertes Objekt.

Effloreszenz [lat.], einfache Ausblühungen; Überzug aus Salzen an der Oberfläche von Gesteinen, Mauerwerk und Böden, bedingt durch das kapillare Aufsteigen von Lösungen, die beim Verdunsten Krusten bilden.

◆ (Hautblüte) Sammelbez. für durch krankhafte Vorgänge hervorgerufene Veränderungen der Haut und Schleimhäute. **Primäreffloreszenzen** sind z. B. Flecken, Quaddeln, Knötchen, Bläschen, Pusteln; aus ihnen entwickelt sich **Sekundäreffloreszenzen** wie Schuppen, Krusten, Abschürfungen, Schrunden, Narben.

Effner, Joseph, ≈ Dachau 4. Febr. 1687, † München 23. Febr. 1745, dt. Baumeister, Innendekorateur und Gartengestalter. - Schüler von G. Boffrand, 1718 Italienreise; 1715–30 kurfürstl. Hofbaumeister in München; Umbauten und Umgestaltungen (Gärten, Innenausstattungen): Schloß Dachau (1715–17), die Schlösser Nymphenburg (1716 ff., mit der Badenburg und der Pagodenburg) und Schleißheim (1719 ff.) sowie das Preysing-Palais in München (1723–28).

Effort-Syndrom [engl. ˈɛfət „Anstrengung"] (Da-Costa-Syndrom), meist psych. bedingte abnorme Reaktion des Organismus; charakterist. sind u. a. Atemnot, Druck- und Beklemmungsgefühl in der Herzgegend, Herzstiche, oft auch Erhöhung der Pulsfrequenz und Blutdruckschwankungen.

Effusion [lat.], Ausfließen von vulkan. Lava.

◆ Bez. für das Austreten von Gasen durch kleine Öffnungen (Poren).

Eforie, rumän. Stadt an der Schwarzmeerküste, Sand-, Schlamm- und Seebadekuren; besteht aus den beiden Kurorten **Eforie Nord** und **Eforie Sud,** zus. 9500 E. - War bereits in griech., röm. und byzantin. Zeit besiedelt.

EFTA, Abk. für: European Free Trade Association, ↑Europäische Freihandelsassoziation.

e-Funktion ↑Exponentialfunktion.

EG, Abk. für: ↑Europäische Gemeinschaften.

Egadi, Isole ↑Ägadische Inseln.

egal [lat.-frz.], gleich; umgangssprachl. gleichgültig, einerlei; **egalisieren,** gleichmachen, ausgleichen.

Egalisiermittel [lat.-frz./dt.] ↑Färben.

Égalité [frz. egaliˈte „Gleichheit", zu lat. aequalitas mit gleicher Bed.], eine der Losungen der Frz. Revolution (Liberté, É., Fraternité).

Egas, Enrique, * Toledo (?) um 1455, † um 1535, span. Baumeister fläm. Abkunft. - Mitbegründer des plateresken Stils; errichtete u. a. das Hospital von Santa Cruz in Toledo (1504–15) und 1506–17 die Capilla Real in Granada als Grabkapelle der Kath. Könige.

Egbert ↑Eckbert.

Egbert, † 839, König von Wessex (seit 802). - Lebte im Exil 789–792 am Hof Karls d. Gr.; vergrößerte Wessex nach 825 um die übrigen südengl. Teilreiche und Mercia, 838 um Cornwall.

Egbert von Trier, * um 950, † Trier 8. oder 9. Dez. 993, Erzbischof (seit 977). - Sohn des Grafen Theoderich II. von Holland, Kanzler Kaiser Ottos II.; förderte nachhaltig die lothring. Klosterreform; bed. v. a. als Kunstmäzen.

Egbertkodex (Codex Egberti), von Egbert von Trier der Abtei Sankt Paulin in Trier geschenktes Evangelistar (heute in der Trierer Stadtbibliothek). Eines der wertvollsten Zeugnisse der Reichenauer Malerei der otton. Zeit.

Egel, svw. ↑Blutegel.

Egelfäule (Egelseuche, Leberfäule, Fasciolosis), durch den Großen Leberegel verursachte Erkrankung bei Haustieren; Entzündung der Leber, Wucherung des Gallenepi-

Eggenburg

thels und Verkalkung der Gallengänge.

Egell, Paul, * Mannheim (?) 9. April 1691, † Mannheim 10. Jan. 1752, dt. Bildhauer und Zeichner. - Geselle bei B. Permoser, seit 1721 Hofbildhauer in Mannheim. Bed., sehr verfeinerte Werke im Übergangsstil zum Rokoko; u. a. Stukkaturen im Schloß Mannheim (zerstört), Ausstattung der Jesuitenkirche Mannheim (1749–52), Altäre (u. a. für den Hildesheimer Dom, 1729–31).

Egelschnecken (Schnegel, Limacidae), Fam. z. T. großer Nacktschnecken mit meist vom Mantel vollkommen eingeschlossenem Schalenrest; Schädlinge sind z. B. die ↑Ackerschnecken und die an Kartoffeln, Wurzelgemüse, Blumenzwiebeln fressende **Große Egelschnecke** (Limax maximus): bis 15 cm lang, hellgrau bis weißlich.

Eger (tschech. Cheb), Bezirkshauptstadt in der ČSSR, am Oberlauf der Eger, 448 m ü. d. M., 31 000 E. Maschinen- und Fahrradbau, Textil- und Nahrungsmittelind. - 1061 zum ersten Mal erwähnt; 1125 Errichtung einer Burg; unter den Staufern Königsstadt sowie Hauptstadt des Egerlandes, 1242 Nürnberger Stadtrecht; 1277 erstmals als Reichsstadt bezeichnet; seit 1322 böhm. Pfandbesitz. Der **Reichstag in Eger** 1389 brachte mit der Auflösung der Städtebünde und der Verkündung eines Reichslandfriedens erstmals den Versuch einer Befriedung des Reiches durch die Einrichtung regionaler Friedensgerichte. - Got. Sankt-Nikolaus-Kirche (1230–70), Kirche Sankt Bartholomäus (1414), ehem. Franziskanerklosterkirche (1285 vollendet); ma. Häuserkomplex, gen. das Stöckl (13. Jh.), Reste der alten Kaiserburg (12. Jh.; 1742 zerstört), barockes ehem. Rathaus (1722–28).

Eger (dt. Erlau), Hauptstadt des Bez. Heves, Ungarn, am S-Fuß des Bükkgebirges, 180 m ü. d. M., 63 000 E. Kath. Erzbischofssitz; PH; Mittelpunkt eines bed. Weinbaugebietes (**Erlauer Stierblut**). Heilbad mit zahlr. radonhaltigen Quellen. - König Stephan I. gründete, wohl um 1009, das Bistum E.; 1596–1687 stand E. unter osman. Herrschaft. 1804 wurde das Erzbistum gegr. - Barockbauten, u. a. ehem. Minoritenkirche (1758–73), Jesuitenkirche (um 1700) und zahlr. Hotelgebäude; 40 m hohes Minarett.

Eger (tschech. Ohře), linker Nebenfluß der Elbe, in der BR Deutschland und ČSSR, entspringt im Fichtelgebirge, mündet bei Litoměřice, 256 km lang.

Egeria, Quellnymphe der röm. Mythologie (urspr. wohl etrusk.).

Egerland, histor. Landschaft in NW-Böhmen, ČSSR, umfaßt das Egertal bis Karlsbad, den Kaiserwald und das Tepler Hochland. Mittelpunkt: die Stadt Eger; etwa im frühen 12. Jh. von der bayr. Kolonisation erfaßt; fiel 1167 an Kaiser Friedrich I. Barbarossa; 1322 an die böhm. Krone verpfändet; 1806 staatsrechtl. Böhmen eingegliedert; bis 1945 (weitgehende Ausweisung der Deutschen) fast rein dt. besiedelt.

Egerling, svw. ↑Champignon.

Egestion [lat.], Entleerung von Stoffen und Flüssigkeiten aus dem Körper durch E.öffnungen (z. B. die Ausströmungsöffnungen der Schwämme); Ggs. ↑Ingestion.

EGG (egg), Abk. für: Elektrogastrogramm (↑Elektrogastrographie).

Egge (Eggegebirge), Teil des westl. Weserberglandes, als südl. Fortsetzung des Teutoburger Waldes, im Velmerstot 468 m hoch.

Egge, Gerät zur Bodenbearbeitung (v. a. Zerkrümelung); heute meist **Federzinkenegge,** oft mit **Rollegge** kombiniert; die **Scheibenegge** schneidet den Boden in schmale Streifen.

Eggebrecht, Axel, * Leipzig 10. Jan. 1899, dt. Journalist und Schriftsteller. - Verf. von Erzählungen, Essays, Drehbüchern (u. a. „Bel ami", 1939), Hör- und Fernsehspielen sowie Reportagen.

E., Hans Heinrich, * Dresden 5. Jan. 1919, dt. Musikforscher. - Seit 1961 Prof. in Freiburg im Breisgau; zahlr. Veröffentlichungen (u. a. „Die Musik Gustav Mahlers", 1982); Hg. u. a. von „Riemann Musiklexikon - Sachteil" (1967), Mithg. von „Brockhaus-Riemann-Musiklexikon" (1978/79).

Eggenburg, Stadt in Niederösterreich, 30 km nö. von Krems an der Donau, 325 m ü. d. M., 3 700 E. Elektro- und Metallwarenind. - 1125 erstmals gen.; 1277 Stadtrecht. -

Egge. Scheibenegge (links) und Federzinkenegge mit einer Rollegge kombiniert

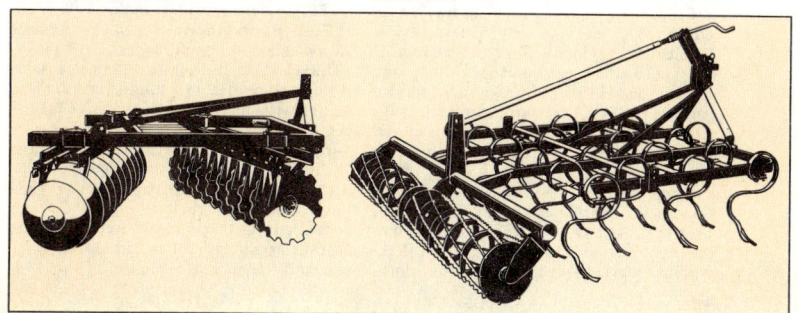

Got. Pfarrkirche (1482–1537) mit roman. Osttürmen (12. Jh.); Reste der ma. Stadtbefestigung.

Eggenschwiler, Franz, * Solothurn 9. Dez. 1930, schweizer. Objektkünstler. - Stellt alltägl. Gegenstände in einer neuen Bedeutungs- und Realitätsumgebung dar.

Eggert, John [Emil Max], * Berlin 1. Aug. 1891, † Basel 29. Sept. 1973, dt. Physikochemiker. - Prof. für physikal. Chemie in Berlin und Zürich; trug mit Arbeiten über die chem. Kinetik und die Quantenausbeute bei photograph. Prozessen zur Entwicklung der Photochemie bei.

Eggheads [engl. 'ɛghɛdz; engl.-amerikan. „Eierköpfe"], in den USA spött. Bez. für Intellektuelle.

Eggjum-Stein [norweg. ˌɛijʉm], bei Eggja am Sogndalsfjord (nördl. Nebenarm des Sognefjords), Norwegen, 1917 gefundene Steinplatte, wohl Abdeckung eines Grabes, mit 192 Runen z. T. unentschlüsselten Inhalts, die längste bekannte altnord. Inschrift (um 700).

Eggmühl, Teil der Gemeinde Schierling in Bayern, 20 km ssö. von Regensburg. - Hier besiegte am 22. April 1809 Napoleon I. die Österreicher unter Erzherzog Karl.

Egill Skallagrímsson, * um 910, † um 990, Skalde. - Die „Egils saga" (13. Jh.) stellt sein Leben dar und schreibt ihm zahlr. eingestreute skald. Dichungen zu, u. a. das „Höfuðlausn" (Die Hauptlösung), ein Preislied, das ihm als Gefangenen das Leben gerettet haben soll, und das erschütternde „Sonatorrek" (Verlust der Söhne).

Eginhard ↑ Einhart.

Einhard, fränk. Geschichtsschreiber und Gelehrter, ↑ Einhard.

Eginhard und Emma, fiktives ma. Liebespaar; der histor. Kern der Sage von E. u. E. ist wohl die Liebe zw. Karls d. Gr. Tochter Bertha (eine Tochter Emma ist histor. nicht nachgewiesen) und dem Freund Einhards, Abt ↑ Angilbert (nicht Einhard). In der Sage erhalten E. u. E. schließl. die Zustimmung zur Eheschließung.

Eginhart (Eginhard), alter männl. Vorname: Egin- „Schwert", -hart zu althochdt. härti, herti „hart".

Egisheim (amtl. Éguisheim), frz. Ort im Oberelsaß, 5 km sw. von Colmar, 1 400 E. Weinbau. - Die um die Burg, den Stammsitz der Grafen von E., entstandene Siedlung kam 1251 an das Hochstift Straßburg. - Inmitten der Burganlage die neuroman. Leokapelle (1886–94); klassizist. Kirche mit Resten der 1807 abgebrochenen, roman. Pfeilerbasilika (12. Jh.); Stadtmauer (13. Jh.).

Egk, Werner, ursprüngl. W. Mayer, * Auchsesheim bei Donauwörth 17. Mai 1901, † Inning a. Ammersee 10. Juli 1983, dt. Komponist. - 1936–40 Kapellmeister an der Berliner Staatsoper, 1950–53 Direktor der dortigen Hochschule für Musik. Seine Musik ist von R. Strauss und I. Strawinski beeinflußt, in den 1930er Jahren auch bes. von der bayr. Folklore. Außer durch Orchesterwerke und Klaviermusik v. a. bekannt durch seine Opern, u. a. „Columbus" (1933), „Die Zaubergeige" (1935), „Peer Gynt" (1938, nach Ibsen), „Die Verlobung in San Domingo" (1963, nach Kleist), „17 Tage und 4 Min." (1966) und das Ballett „Abraxas" (1948).

Egli, Alphons, * Luzern 8. Okt. 1924, schweizer. Politiker (CVP). - Rechtsanwalt; seit 1975 Mitglied des Ständerats; Jan. 1983 bis Dez. 1986 Bundesrat (Innendepartement), 1986 Bundespräsident.

eglomisieren [frz., nach dem Pariser Kunsthändler J.-B. Glomi (18. Jh.)], nach Aufträgen von Lack ausgesparte oder freigekratzte Inschriften und Ornamente mit Metallfolie hinterlegen.

eGmbH, Abk. für: eingetragene Genossenschaft mit beschränkter Haftpflicht.

Egmond (Egmont), Lamoraal Graf von [niederl. 'ɛxmɔnt], Fürst von Gavere, * La Hamaide (Hennegau) 18. Nov. 1522, † Brüssel 5. Juni 1568, niederl. Adliger. - Gehörte als Statthalter der Prov. Flandern und Artois (seit 1559) und Mgl. des niederl. Staatsrates neben Wilhelm von Oranien und Graf Horne zur Spitze der hochadligen Opposition, die die Maßnahmen der Verwaltung der span. Niederlande ablehnte; an dem bewaffneten Aufstand nicht beteiligt; dennoch von Herzog von Alba 1567 verhaftet und 1568 hingerichtet. - Goethe hielt sich in seiner Tragödie „Egmont" (1788) nicht an das histor. Geschehen.

Egmont, Mount [engl. 'maʊnt 'ɛgmɔnt], isolierter Vulkankegel (erloschen) im SW der Nordinsel von Neuseeland, 2 518 m hoch; das Gebiet im Umkreis von 10 km um den schneebedeckten Gipfel bildet den **Egmont National Park.**

Egnatische Straße ↑ Römerstraßen.

Ego [lat. „ich"], in der psychoanalyt. Theorie S. Freuds neben dem ↑ Es und dem ↑ Über-Ich dasjenige Teilsystem in der Persönlichkeitsstruktur des Menschen, das die Realitätsanpassung ermöglicht. Es koordiniert die primitiven Impulse und Triebe des Es mit den moral. Ansprüchen des Über-Ich und dient ihrer Verwirklichung in der Außenwelt.

Ego-Involvement [engl. ɪn'vɒlvmənt „Verwicklung"], Begriff aus der amerikan. Sozialpsychologie für Konflikte, die sich aus der Konfrontation der im Laufe der Persönlichkeitsentwicklung erworbenen Einstellungen gegenüber dem eigenen Ich ergeben.

Egoismus [zu lat. ego „ich"], seit dem 18. Jh. über die frz. Bez. „égoïsme" und „égoïste" gebräuchl. Kennzeichnung einer Haltung, in der die Verfolgung eigener Zwecke vor anderen (gemeinsamen) Zwecken als das zentrale handlungsbestimmende Motiv gesehen wird. - Ggs. ↑ Altruismus.

Ehe

Egolzwiler Kultur, nach der prähistor. Siedlung Egolzwil III am ehem. Wauwiler See (Kanton Luzern) ben. älteste neolith. Kulturgruppe der Z-Schweiz (Anfang des 3. Jt. v. Chr.); auf Pfahlroste gestellte Holzhäuser.

Egon, männl. Vorname, seit dem MA gebräuchl. Form von Egino, eine Kurzform von Vornamen, die mit Egin- gebildet sind, wie z. B. ↑Eginhart.

Egozentrismus [lat.], Ichbezogenheit; eine Haltung (bes. beim Kleinkind), die die eigene Person als Zentrum allen Geschehens betrachtet und alle Ereignisse nur in ihrer Bed. für und in ihrem Bezug auf die eigene Person wertet.

Egrenieren [lat.-frz.], Trennung der Samenhaare von den Samenkörnern der Baumwollpflanze mit **Egreniermaschinen.**

egressiv [lat.], Aktionsart eines Verbs, die das Ende eines Vorgangs oder Zustands ausdrückt, z. B. platzen, verblühen.

Éguisheim [frz. egi'sɛm] ↑Egisheim.

Egyptienne [frz. eʒip'sjɛn, eigtl. „die ägyptische (Schrift)"], Druckschrift, die zu Anfang des 19. Jh. (z. Z. der Ägyptenbegeisterung) in Großbrit. aufkam; charakterist. sind gleich starke Linienführung und Serifen.

e. h., Abk. für lat.: ex honore („Ehren halber"), Zusatz beim Titel des Ehrendoktors.

E. h., Abk. für: Ehren halber, Zusatz beim Titel des Ehrendoktors.

Ehard, Hans, * Bamberg 10. Nov. 1887, † München 18. Okt. 1980, dt. Politiker (CSU). - 1946-54 bayr. Min.präs.; 1949-54 Vors. der CSU; 1954-60 Landtagspräs.; 1960-62 erneut Min.präs.; 1962-66 Justizminister.

eh bien [frz. e'bjɛ̃], wohlan!, nun gut!, nun?

Ehe, die rechtl. anerkannte Verbindung von Mann und Frau zu einer dauernden Lebensgemeinschaft. Sie kommt durch eine vertragl. Einigung (↑Eheschließung) zustande und stellt ein personenrechtl. Dauerrechtsverhältnis dar. Die E. ist das engste Gemeinschaftsverhältnis; ihr Zweck ist die ↑eheliche Lebensgemeinschaft. Abreden der Partner über Getrenntleben, Erlaubnis intimer Beziehungen zu anderen Personen und dergleichen bei der Eheschließung sind unwirksam. Die E. kann aus bes. Gründen durch gerichtl. Urteil schon zu Lebzeiten eines Partners aufgelöst werden: wenn es sich erweist, daß sie nicht geschlossen werden durfte (↑Ehenichtigkeit, ↑Eheaufhebung), oder wenn sie wegen Zerrüttung gescheitert ist (↑Ehescheidung). Von diesen Fällen abgesehen, wird die E. nur durch den Tod eines Partners aufgelöst. Nach *östr. Recht* ist E. die von Rechts wegen bestehende Lebensgemeinschaft zweier Personen verschiedenen Geschlechts mit dem Zweck, Kinder zu zeugen, sie zu erziehen und sich gegenseitig Beistand zu leisten (§ 44 ABGB). Im *schweizer. Recht* besteht eine dem dt. Recht entsprechende Auffassung.

Geschichte: Die *Antike* ist gekennzeichnet durch die von den Griechen als Unterschied zu den Barbaren hervorgehobene Monogamie. Neben der älteren Kauf-E. entwickelte sich die auf Übereinstimmung der Partner beruhende E.; in Rom war die E. an keinen Rechtsakt gebunden und daher jederzeit auflösbar.

German. Zeit: Nach den spärl. Quellen war die german. E. exogam. Polygamie des Mannes kam vor, spielte aber wohl nur beim Adel aus polit. Gründen eine Rolle. Im Einverständnis aller Beteiligten war jede E. lösbar.

MA: Nach der Christianisierung der Germanen setzte die Kirche den Grundsatz der Ein-E. durch. Seit dem Hoch-MA wurde die gültig geschlossene und durch Beilager vollzogene E. unter Christen als Sakrament betrachtet. Daraus ergaben sich 3 Folgerungen: 1. Die E.leute, insbes. die Frau, müssen die E. freiwillig eingehen (Konsensprinzip des röm. Rechts). 2. Die sakramentale E. ist grundsätzl. unscheidbar, seit dem 9.Jh. läßt die Kirche nur Trennung von Tisch und Bett zu. 3. Seit dem 10./11. Jh. sind für E.sachen ausschließl. die geistl. Gerichte zuständig.

Reformation: Die Kirchen der Reformation lehnen den Sakramentscharakter der E. ab. Das E.hindernis der Verwandtschaft wird beschränkt, die Trauung als weltl. Handlung betrachtet, die der Geistliche vor der Gemeinde vornimmt. Unter Bezugnahme auf das N. T. wird die E.scheidung zugelassen.

Aufklärung und 19. Jh.: Es tritt die völlige Säkularisierung der E. ein, die als reiner Vertrag aufgefaßt wird. Die moderne Zivil-E. entsteht schon vor der Aufklärung in den konfessionell gemischten Niederlanden als fakultative E.schließungsform für Misch-E. (seit 1580). Zivil-E. erstmals in England 1653 obligator., durch die Frz. Revolution in Frankr. übernommen (Gesetz vom 20. 9. 1792), in der Napoleon. Zeit auch in den Rheinbundstaaten, durch das ReichspersonenstandsG vom 6. 2. 1875 in ganz Deutschland verwirklicht, das auch erstmals die E.scheidung allg. zuläßt.

Soziologie: Die E., in den meisten Gesellschaften und in den verschiedenen Kulturepochen eine soziale Institution, zeigt in den letzten 50 Jahren eine gewisse Individualisierung ebenso wie die Partnerwahl, was v. a. mit der Lockerung des Verwandtschaftszusammenhangs und der ehem. starken Bindung an die Haushalte der Großfamilie zusammenhängt. Doch sind selbst scheinbar so persönl. Vorstellungen wie Schönheitsideale und sexuelle Intimwünsche in gewissem Maße gesellschaftl. vermittelt und unterliegen wechselnden Moden; v.a. aber wirkt die Gruppenzugehörigkeit der einzelnen sich bei der Partnerwahl noch nachdrückl. aus. Daneben schwindet allmähl. die patriarchal. Gattenbeziehung.

Völkerkunde: Die *Einehe* (Monogamie) ist an

Eheaufhebung

keinen bestimmten Kulturtypus gebunden. Bei der *Vielehe* (Polygamie) kommt v. a. *Vielweiberei* (Polygynie) vor, bei der ein Mann gleichzeitig mit mehreren Frauen verheiratet ist; sie ist v. a. bei Stämmen mit Feldbaukultur verbreitet. Vielfach hat die erste Frau (Hauptfrau) mehr Rechte als die Nebenfrauen. Seltener ist die *Vielmännerei* (Polyandrie), bei der eine Frau gleichzeitig mit mehreren Männern, meist Brüdern, verheiratet ist.
📖 *Schmälzle, U. F.: E. u. Familie im Blickpunkt der Kirche.* Freib. 1979. - *Held, T.: Soziologie der ehel. Machtverhältnisse.* Neuwied 1978. - *Beer, U./Hardenberg, C. v.: E. Konsens - Konflikt - Konkurs. Leben mit dem neuen Recht.* Mchn. 1978. - *Schelsky, H.: Soziologie der Sexualität. Über die Beziehungen zw. Geschlecht, Moral u. Gesellschaft.* Rbk. ^{21}1977.

Eheaufhebung, die Auflösung der Ehe wegen Mängel, die vor der Eheschließung liegen. Aufhebungsgründe sind 1. fehlende Einwilligung des gesetzl. Vertreters eines Ehegatten zur Eheschließung, 2. Irrtum über die Eheschließung, über die Person des anderen Ehegatten oder dessen persönl. Eigenschaften (z. B. mangelnde Zeugungsfähigkeit), 3. arglistige Täuschung in bezug auf die Eheschließung (z. B. Partner verschweigt auf Befragen schwere Vorstrafen), 4. nicht zutreffende Todeserklärung eines früheren Ehegatten. Die Aufhebung erfolgt durch Urteil.
Nach *östr. Recht* ist E. die Trennung des Ehebandes durch gerichtl. Urteil. In der *Schweiz* entspricht der E. die gerichtl. **Eheungültigerklärung** wegen eines Anfechtungsgrundes. Die E.gründe sind i. östr. und im schweizer. Recht im wesentl. die gleichen wie im dt. Recht.

Eheberatung, Bez. für Institutionen, die ehel. und auch vorehel. Schwierigkeiten biolog., hygien., eth. und sozialer Art durch Beratung zu beheben versuchen. Effektive E. kann nur durch Zusammenwirken von Sozialarbeitern, Ärzten, Psychologen, Pädagogen, Juristen und Seelsorgern gegeben werden. Die weltanschau. neutralen E.stellen sind seit 1948 zusammengeschlossen in der „Dt. Arbeitsgemeinschaft für Jugend- und Eheberatung" (Detmold), die ev. seit 1959 in der „Ev. Konferenz für Familien- und Lebensberatung e. V." (Berlin [West]), die kath. seit 1952 im „Kath. Zentralinstitut für Ehe- und Familienfragen e. V." (Köln); E. ist auch eine der Aufgaben der Gesellschaft † Pro familia.

Ehebruch, der Beischlaf eines in gültiger Ehe lebenden Ehegatten mit einem Dritten; in der BR Deutschland seit dem 1. StrafrechtsreformG (1969) nicht mehr strafbar. - In *Österreich* und in der *Schweiz* wird der E. auf Verlangen des verletzten Partners bestraft, in der Schweiz jedoch nur dann, wenn die Ehe wegen des E. getrennt wurde.
Geschichte: E. gilt in patriarchal. Gesellschaften, in denen die Frau Eigentum des Mannes ist, als Vergehen der Frau und wird nur an ihr bestraft (u. a. Todesstrafe [1. Mos. 38, 24]; Abschneiden der Haare und Ausstoßung bei den Germanen; Verstümmelung bei manchen Naturvölkern). Das A. T. verbietet den E. im Dekalog (2. Mos. 20, 14; 5. Mos. 5, 18), das N. T. verschärft das Verbot, indem es bereits den begehrl. Blick als E. qualifiziert (Matth. 5, 28). Christl. Ethik, die die grundsätzl. Gleichberechtigung der Geschlechter vertritt, sieht im E. [schwere] Sünde.

Ehefähigkeit † Eheschließung.

Ehehindernis, 1. im weiteren Sinn: mangelnde Ehefähigkeit oder Eingreifen eines Eheverbots; 2. im engeren Sinn: Bestehen eines Eheverbots († auch Eheschließung).
Nach *röm.-kath. Kirchenrecht* sind E. die rechtl. festgelegten Umstände, durch die das Recht auf Ehe eingeschränkt ist. Trennende E. können göttl. oder kirchl. Rechts sein; die göttl. Rechts sind indispensabel (Impotenz, bestehende Ehe, Blutsverwandtschaft in bestimmten Fällen). Die E. kirchl. Rechts sind dispensabel († Dispens): Schwägerschaft und Blutsverwandtschaft in bestimmten Fällen, Mangel des erforderl. Alters, Entführung, Gattenmord u. a. Die Ehe zw. kath. und nichtkath. getauften Christen wird nicht als E. behandelt, ist aber im Verständnis der kath. Kirche von genehmigungspflichtig.

eheliche Kinder, Kinder, die von miteinander verheirateten Eltern abstammen (auch wenn die Ehe für nichtig erklärt oder aufgehoben wird) oder die Rechtsstellung durch Legitimation oder Ehelicherklärung erlangt haben; gleichgestellt sind die angenommenen Kinder († Annahme als Kind). Die e. K. erwerben die *dt. Staatsangehörigkeit,* wenn ein Elternteil die Staatsangehörigkeit besitzt, und erhalten den *Familiennamen* der Eltern. Sie teilen den *Wohnsitz* der Eltern. Eltern und Kinder sind einander *unterhaltspflichtig* († Unterhaltspflicht). Solange die Kinder dem elterl. Hausstand angehören und von den Eltern erzogen oder unterhalten werden (auch volljährige Kinder), sind sie verpflichtet, in einer ihren Kräften und ihrer Lebensstellung entsprechenden Weise den Eltern im Hauswesen oder Geschäft (unentgeltlich) Dienste zu leisten. Minderjährige Kinder stehen unter der *elterl. Sorge;* leben die Eltern getrennt oder ist die Ehe geschieden, so hat der nicht sorgeberechtigte Elternteil das Recht zum Umgang mit den Kindern. Nach dem Tode der Eltern sind die Kinder *erbberechtigt,* gegebenenfalls *pflichtteilsberechtigt.*
Ein Kind ist ehel., wenn es von einer verheirateten Frau oder innerhalb von 302 Tagen nach Auflösung ihrer Ehe geboren ist. Die Ehelichkeit kann vom Ehemann der Mutter, nach dessen Tod von dessen Eltern, gegebenenfalls dem überlebenden Elternteil, durch Klage beim Amtsgericht (Prozeßgericht), nach dem Tode des Kindes durch Antrag

Eherecht

beim Amtsgericht (Vormundschaftsgericht), nach dem Tode des Mannes auch vom Kinde, ebenfalls beim Vormundschaftsgericht, angefochten werden, mit dem Begehren, die Nichtehelichkeit festzustellen. Diesem Begehren ist stattzugeben, wenn es den Umständen nach offenbar unmögl. ist, daß die Frau das Kind von ihrem Ehemann empfangen hat. Das Gesetz geht hierbei von der (widerlegbaren) Vermutung aus, daß der Mann innerhalb der gesetzl. Empfängniszeit, d. i. vom 181. bis zum 302. Tage vor der Geburt, der Frau beigewohnt hat. Den Umständen nach offenbar unmögl. ist die Ehelichkeit des Kindes anzunehmen, wenn der Mann z. B. durch ein serolog. Gutachten als Vater ausgeschlossen worden ist. Das Kind ist erst dann als nichtehel. zu behandeln, wenn die die Nichtehelichkeit feststellende Entscheidung rechtskräftig ist. Im *östr.* und *schweizer. Recht* besteht ein dem dt. Recht entsprechender Begriff des e. K., das (in der Schweiz seit der Reform des Kinderrechts vom 1. 1. 1978) auch eine ähnl. Rechtsstellung besitzt.

eheliche Lebensgemeinschaft, die gemeinsame Lebensführung der Ehegatten, ihr Zusammenleben als Mann und Frau mit den sich daraus ergebenden **ehelichen Pflichten** und **ehelichen Rechten** (personenrechtl. Gemeinschaftsverhältnis). 1. Die Ehe verpflichtet beide Ehegatten zur Herstellung der e. L.; entsprechend dem sozialen Leitbild der Ehe bedeutet e. L. geistige, körperl., häusl. und geschlechtl. Gemeinschaft der Ehegatten. Diese schulden einander Treue, Achtung, Rücksichtnahme, Mitwirkung in gemeinschaftl. Angelegenheiten, Beistand (auch für die gemeinschaftl. Kinder), Unterhalt († Unterhaltspflicht). Diese Rechte und Pflichten sind grundsätzl. der abändernden Vereinbarung entzogen. Frei bestimmen können die Ehegatten hingegen über sonstige gemeinsame Angelegenheiten wie Wahl des Ehetyps (Hausfrauen-, Doppelverdiener- oder Zuverdienstehe), Wohnsitz, Haushaltsführung. Im eigenen Bereich ist jeder Ehegatte grundsätzl. autonom: Religion, Weltanschauung, polit. Betätigung, berufl. Tätigkeit, Kleidung, Frisur u. ä. sind Dinge, über die er allein, jedoch unter Rücksichtnahme auf den Ehepartner, entscheidet. 2. Die Pflicht zur e. L. entfällt, wenn das Verlangen mißbräuchl. ist oder wenn die Ehe gescheitert ist. 3. Kommt ein Ehegatte seinen ehel. Verpflichtungen nicht nach, so kann der andere klagen: a) bei Nichterfüllung vermögensrechtl. Pflichten (z. B. Unterhalt) auf Erfüllung, b) bei Nichterfüllung nicht vermögensrechtl. Pflichten auf Herstellung der e. L. (keine Vollstreckung), c) sofern die Ehe gescheitert ist, auf Scheidung der Ehe.
Im *östr.* und *schweizer. Recht* gilt im wesentl. das zum dt. Recht Gesagte.

ehelicher Güterstand † Güterstände.

Ehelicherklärung (Ehelichkeitserklärung) † nichteheliche Kinder.
eheliches Güterrecht † Güterstände.
Ehemakler (Ehevermittler), der Zivilmakler, der Gelegenheiten zur Eingehung von Ehen nachweist oder Eheschließungen vermittelt. Der mit ihm abgeschlossene Vertrag ist Maklervertrag mit folgenden Besonderheiten: 1. Ein klagbarer Anspruch auf Maklerlohn wird nicht begründet; 2. Lohnzahlungen an den E. können nicht zurückgefordert werden, ebensowenig i. d. R. Vorschüsse (sog. Einschreibe-, Anmeldegebühren). Der Vorschuß ist jedoch rückforderbar, wenn der E. sich um das Zustandekommen einer Ehe (die **Ehevermittlung**) nicht bemühte. - In *Österreich* und in der *Schweiz* gilt Entsprechendes.

Ehenamen † Familiennamen.

Ehenichtigkeit, die Möglichkeit, eine Ehe wegen schwerer Fehler bei ihrem Zustandekommen († Eheschließung) für ungültig zu erklären. Gründe für eine nichtige Ehe: 1. Die Ehe wurde nicht persönlich oder bei gleichzeitiger Anwesenheit beider Partner vor dem Standesbeamten geschlossen oder unter einer Bedingung oder Befristung eingegangen (entfällt aber nach fünfjähriger Ehedauer); 2. ein Geschäftsunfähiger ging eine Ehe ein; 3. eine Doppelehe; 4. die Ehe wurde trotz eines Eheverbots († Eheschließung) geschlossen. Auf die Nichtigkeit der Ehe kann man sich erst dann berufen, wenn dies durch gerichtl. Urteil festgestellt ist.

Eherecht, i. w. S. alle Rechtsvorschriften, die Rechtsfolgen an die Ehe knüpfen. I. e. S. wird unter E. der Teil des Familienrechts verstanden, der von der Ehe handelt. Hauptquellen sind das 4. Buch des BGB und das Ehegesetz, das das Recht der Eheschließung, Eheaufhebung und Ehenichtigkeit regelt. Die Ehe wird verfassungsrechtl. durch Art. 6 GG geschützt; er verbürgt die Ehe als Rechtsinstitut (Institutsgarantie) und stellt eine wertentscheidende Grundsatznorm dar, die bei der Auslegung und Anwendung der Gesetze sowie bei der Ausübung von Verwaltungsermessen zu beachten ist. Darüber hinaus gewährleistet Art. 6 GG das Recht der Eheschließung mit einem frei gewählten Partner sowie den Schutz vor störenden Eingriffen des Staates in die Ehe (Verbot einer Schädigung, z. B. durch stärkere Besteuerung der Ehegatten gegenüber alleinstehenden Personen); Art. 6 enthält außerdem ein Gebot zur Förderung der Ehe.
In *Österreich* war das E. bis 31. 7. 1938 fast ausschließl. im ABGB geregelt. Am 1. 8. 1938 wurde das dt. Ehegesetz eingeführt, dessen Bestimmungen weitgehend noch gelten; ergänzt bzw. revidiert wurde es durch das Gesetz über die Neuordnung der persönl. Rechtswirkungen der Ehe vom 1. 7. 1975.
In der *Schweiz* ist das E. i. e. S. im ZGB (Art. 90–251) geregelt.

Das E. der *röm.-kath. Kirche* ist im Codex Iuris Canonici cc. 1012–1143, 1960–92 zusammengefaßt. Es hat seit dem 2. Vatikan. Konzil Modifizierungen erfahren. - Zur gültigen Eheschließung ist gefordert, daß der Ehekonsens bei beiden Partnern nicht nur tatsächl. vorhanden ist, sondern auch in der rechtl. vorgeschriebenen Form kundgetan wird und daß die Partner rechtl. ehefähig sind. Fehlt eines dieser Elemente oder ist es fehlerhaft, ist die Eheschließung ungültig. Die *Ehefähigkeit* wird durch die ↑ Ehehindernisse näher bestimmt. Dadurch kann das Recht auf Ehe aus schwerwiegenden Gründen eingeschränkt sein. Die kanon. *Eheschließungsform* hat sich aus der liturg. Trauung entwickelt. Sie besteht (abgesehen von bestimmten Notfällen) in der Erklärung des Ehekonsenses vor einem bevollmächtigten kirchl. Amtsträger und zwei Zeugen. Zur Einhaltung der Eheschließungsform sind alle Katholiken verpflichtet, auch wenn sie einen Nichtkatholiken heiraten; doch kann in diesem Fall Dispens gewährt werden. Gefordert aber bleibt, daß der Ehekonsens in einer öffentl. Form erklärt wird, z. B. in standesamtl. oder religiöser Form (↑ auch Mischehe). Die Ehe mit einem nichtkath. Ostchristen kann auch in ostchristl. Form geschlossen werden. Absolut unauflösl. ist nur die gültige und vollzogene Ehe zw. Getauften, sie gilt als Sakrament. Ehen zw. Ungetauften oder zw. einem Getauften und einem Nichtgetauften können in bestimmten Fällen getrennt werden (↑ Privilegium Paulinum).

In den *ev. Kirchen* ist die bibl. Eheverkündigung Grundlage des E.verständnisses. Die Ehe kommt durch die Eheschließung nach weltl. Rechtsordnung zustande, zu ihr gehören der Konsens der Eheschließenden sowie die Öffentlichkeit der Eheschließung. Die kirchl. Trauung hat die Aufgabe, diese Öffentlichkeit auch vor der christl. Gemeinde zu bezeugen. Gegenüber der Annahme, daß in der Eheschließung begründete Eheband sei unlösbar, wird die Auffassung vertreten, die menschl. „Herzenshärtigkeit" sei imstande, eine Ehegemeinschaft zu zerstören. Dann aber sei es ungerecht, dem nichtschuldigen Partner einer zerstörten Ehe die Wiederverheiratung zu verwehren. Deswegen ermöglichte die richterl. Praxis die Scheidung aus absoluten Gründen (Ehebruch, Verschollenheit, heiml. Verlassen) als Hilfe für den unschuldigen Teil.

📖 *Belchaus, G.:* Familien- u. E. Hdbg. ³1984. - *Zapp, H.:* Kanon. E. Freib. 1983. - *Dieterich, H.: Das prot. E. in Deutschland bis zur Mitte des 17.Jh.* Mchn. 1970.

Eherechtsreform, durch das Erste Gesetz zur Reform des Ehe- und Familienrechts vom 14. 6. 1976 (1. EheRG), das im wesentl. am 1.7. 1977 in Kraft getreten ist, wurde neben Teiländerungen des Eheschließungsrechts, der Neuordnung der allg. Ehewirkungen, Änderungen des Unterhaltsrechts der Verwandten (↑ Unterhaltspflicht) v. a. das Recht der Ehescheidung und der Folgen der Ehescheidung grundlegend neu geregelt. Kernstück des neuen Scheidungsrechts ist der Übergang vom Verschuldens- zum Zerrüttungsprinzip.

ehern [zu althochdt. ēr „Erz"], eisern, aus Erz hergestellt; übertragen für: hart, ewig während, unbeugsam.

Eherne Schlange, nach der Erzählung 4. Mos. 21, 4–9 angebl. von Moses gefertigtes Schlangenabbild aus Metall. Nach 2. Kön. 18, 4 hing ein derartiges, wohl von den Kanaanäern übernommenes, urspr. kult. Gebilde im Tempel von Jerusalem. Zu seiner Erklärung bildete man die Erzählung 4. Mos. 21, in der nach mag. Denken Schlangengift unschädl. wird, sobald der Gebissene die E. S. betrachtet.

ehernes Lohngesetz, durch F. Lassalle 1863 eingeführte Bez. für seine vereinfachte und popularisierte Version der Lohntheorie von D. Ricardo. Nach dem e. L. kann der langfristige Durchschnittslohn nicht über das konventionelle Existenzminimum steigen. Bei einem höheren Lohnsatz würde sich die Bev. vermehren und damit auch das Arbeitsangebot, wodurch der Lohnsatz wieder auf den Existenzminimumlohn fallen müßte; entsprechend würde die Bev. bei einem Lohnsatz unter dem natürl. Lohn abnehmen und das entsprechend geringere Arbeitsangebot würde den Lohnsatz wieder auf den Existenzminimumlohn anheben.

Ehernes Meer, Name eines nicht erhaltenen erzenen Reinigungsbeckens, auf 12 erzenen Rindern (= 12 Stämme Israels) ruhend, im Vorhof des Salomon. Tempels (1. Kön. 7, 23–26; 2. Chron. 4, 1–5).

Ehesachen, als Teil der Familiensachen bes. sich aus der Ehe ergebenden Streitigkeiten zw. den Ehegatten. Dazu gehören: Antrag auf Ehescheidung, Klage auf Eheaufhebung, Klage auf Ehenichtigkeit, Klage auf Feststellung, daß eine Ehe besteht oder nicht besteht (z. B. im Falle der ↑ Nichtehe), Klage auf Herstellung der ehel. Lebensgemeinschaft. Für E. - sie werden im Zivilprozeß durchgeführt - gelten folgende Besonderheiten: Zuständig ist das ↑ Familiengericht (Amtsgericht), in dessen Bezirk die Ehegatten ihren gemeinsamen gewöhnl. Aufenthalt haben oder gehabt haben, sofern noch ein Ehegatte in diesem Bezirk wohnt. Der beschränkt geschäftsfähige Ehegatte ist prozeßfähig (außer bei Aufhebungsklage wegen beschränkter Geschäftsfähigkeit). Es gibt grundsätzl. kein Anerkenntnis- oder Versäumnisurteil. Das Gericht hat von Amts wegen zu ermitteln (Untersuchungsgrundsatz), im Verfahren auf Scheidung, Ehaufhebung oder Herstellung der ehel. Lebensgemeinschaft jedoch nur insoweit, als dies der Aufrechterhaltung der Ehe dient. Das Ge-

Ehescheidung

Ehrenpreis. Gamanderehrenpreis

Eibe. Gemeine Eibe

richt kann auf Antrag im Wege der einstweiligen Anordnung regeln z. B. die elterl. Gewalt über ein gemeinschaftl. Kind und den persönl. Verkehr mit ihm, Unterhaltspflichten, Getrenntleben der Ehegatten, Benutzung der Ehewohnung und des Hausrats, Verpflichtung zur Leistung eines Prozeßkostenvorschusses. Will das Gericht die Ehe scheiden, so darf es den Ausspruch der Scheidung (Scheidungsurteil) grundsätzl. nur zus. mit der Entscheidung über Folgesachen erlassen. Bei einverständl. Scheidung muß die Antragsschrift [neben dem Scheidungsbegehren] auch enthalten: Mitteilung, daß der Partner der Scheidung zustimmt; gemeinsamer Vorschlag über Regelung der elterl. Gewalt und des Verkehrsrechts für die gemeinschaftl. minderjährigen Kinder; Einigung über Unterhalt und Rechtsverhältnisse an Ehewohnung und Hausrat. Die Kosten der Ehescheidung tragen die Ehegatten je zur Hälfte.

Ehescheidung, die Auflösung der gescheiterten Ehe durch gerichtl. Urteil auf Antrag eines oder beider Ehegatten. Im Unterschied zur Ehenichtigkeit und Eheaufhebung beruht sie auf einer Fehlentwicklung der Ehe. Als Ausnahme vom Grundsatz der Unauflöslichkeit der Ehe ist die Scheidung aus individuellen und sozialen Gründen (Wertlosigkeit der gescheiterten Ehe für Familie und Gesellschaft) gerechtfertigt.

Voraussetzung: Seit der Eherechtsreform gibt es keine Scheidung mehr aus Verschulden, sondern nur noch einen einzigen Scheidungsgrund: die unheilbare Zerrüttung der Ehe (gescheiterte Ehe). Gescheitert ist die Ehe, wenn die ehel. Lebensgemeinschaft der Ehe-

Eheschließungen und Ehescheidungen in der Bundesrepublik Deutschland

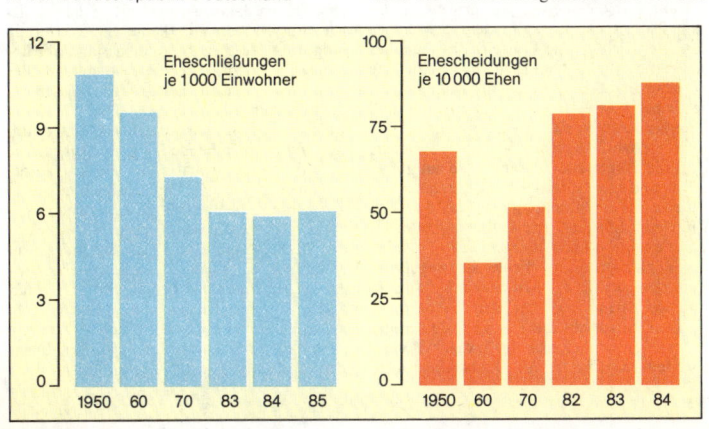

Eheschein

gatten nicht mehr besteht und nicht zu erwarten ist, daß die Ehegatten sie wiederherstellen; unerhebl. ist, ob ein Ehegatte das Scheitern der Ehe „verschuldet" hat (z. B. durch Ehebruch). Das Scheitern der Ehe wird unwiderlegbar vermutet, wenn die Ehegatten ein Jahr getrennt leben und beide Ehegatten die Scheidung beantragen (oder der Gegner zustimmt) oder wenn die Ehegatten seit drei Jahren getrennt leben. Leben die Ehegatten dagegen noch kein Jahr getrennt, so kann die Ehe nur in Ausnahmefällen geschieden werden. Getrennt leben die Ehegatten, wenn die häusl. Gemeinschaft aufgehoben ist und ein Ehegatte sie ablehnt, weil er die ehel. Lebensgemeinschaft nicht herstellen will; für das räuml. Getrenntleben reicht es aus, wenn die Ehegatten innerhalb der Ehewohnung eine vollkommene tatsächl. Trennung herbeigeführt haben. Die Scheidung wird auf Antrag durch das Familiengericht im Eheverfahren ausgesprochen.
Wirkung: Mit Rechtskraft und Eintritt der Wirksamkeit des Scheidungsurteils ist die Ehe [für die Zukunft] aufgelöst. Sämtl. persönl. Rechte und Pflichten aus der Ehe entfallen. Über die ↑Unterhaltspflicht, den ↑Versorgungsausgleich, den Hausrat und die Ehewohnung sowie über Ansprüche aus dem Güterrecht wird durch Urteil des Familiengerichts entschieden, soweit sich die Ehegatten nicht einigen (↑auch Ehesachen). Erb- und Pflichtteilsrechte erlöschen. Jeder Ehegatte kann nach der Scheidung eine neue Ehe eingehen.
Im *östr. Recht* ist eine sog. „einvernehml. E." nicht zulässig. Die Gründe für eine E. sind Ehebruch, die Weigerung eines Ehepartners, Nachkommenschaft zu erzeugen oder zu empfangen, Zerrüttung der Ehe durch Eheverfehlungen (z. B. Alkoholismus, Mißhandlung), durch Geisteskrankheit, Auflösung der häusl. Gemeinschaft seit mindestens 3 Jahren. Die Wirkungen sind ähnl. wie im dt. Recht. Eine Neuregelung des Scheidungsrechts ist geplant. Für die *Schweiz* gilt im wesentl. das zum östr. Recht Gesagte; dem Schuldigen kann der Richter eine Wartefrist bis zu einer Neuverheiratung auferlegen. Die geschiedene Frau behält den Bürgerrecht des Mannes, verliert aber dessen Familiennamen und muß ihren früheren Namen wieder annehmen. Bei einer gerichtl. ausgesprochenen **Trennung** wird die Pflicht zum Zusammenleben aufgehoben und eine Gütertrennung durchgeführt; dauerte die Trennung mindestens 3 Jahre, kann jeder Ehegatte ihre Aufhebung oder die E. verlangen. - ↑auch Eherecht.
Soziologie: Die E. hat heute eine regulative Funktion, da sie ein Mittel der Konfliktlösung bei Spannungen zw. den Ehepartnern ist. Dem entspricht die Tatsache, daß die E. in der Öffentlichkeit nicht mehr geächtet wird, und dem trägt in der BR Deutschland auch das seit 1977 geltende neue Eherecht Rechnung, das an die Stelle des Verschuldensprinzips das Zerrüttungsprinzip gesetzt hat. Strikt abgelehnt wird die E. nur noch von der kath. Kirche. Die Scheidungsrate wächst stetig. Als Ursachen für die ansteigende Zahl der E. nimmt man u. a. einen durch den allg. sozialen Wandel bedingten Stabilitätsschwund der Familie an sowie einen Wandel im Rollenselbstverständnis der Frau (wachsende Selbständigkeit und ökonom. Unabhängigkeit).
📖 *Scheidungsratgeber von Frauen für Frauen Rbk. 1981. - Münch, E. M. v.: Die Scheidung nach neuem Recht. Mchn. o. J.*

Eheschein, in der Schweiz der vom Zivilstandsbeamten sofort nach der Trauung ausgestellte Ausweis über die vollzogene Eheschließung.

Eheschließung, die Begründung der Ehe durch Abschluß eines familienrechtl. Vertrags. 1. Eine Ehe kann nur schließen, wer geschäftsfähig und ehemündig ist (**Ehefähigkeit**). Ehemündig ist, wer volljährig (18 Jahre alt) ist; wer 16 Jahre alt ist und eine volljährige Person heiraten will, dem kann das Vormundschaftsgericht Befreiung erteilen. 2. Der E. darf kein **Eheverbot** entgegenstehen: Nicht zulässig ist die Ehe zw. Verwandten in gerader Linie (z. B. Vater-Tochter/Enkelin), zw. vollbürtigen und halbbürtigen Geschwistern sowie zw. Verschwägerten in gerader Linie (hier Befreiung mögl.); außerdem darf niemand eine Ehe vor Auflösung oder Nichtigerklärung seiner früheren Ehe eingehen (Verbot der Doppelehe). Die Wartezeit (10 Monate nach Auflösung einer früheren Ehe) muß von geschiedenen oder verwitweten Frauen eingehalten werden. Seit 1875 gilt in Deutschland der Grundsatz der *obligator. Zivilehe*: Rechtsverbindl. ist nur die Ehe, die vor dem Standesbeamten geschlossen ist; eine E. ohne dessen Mitwirkung führt zur ↑Nichtehe, es sei denn, ein Nichtstandesbeamter hat das Amt des Standesbeamten öffentl. ausgeübt und die Ehe in das Familienbuch (↑Personenstandsbuch) eingetragen. 3. **Formerfordernisse:** Beide Partner müssen persönl. (keine Stellvertretung mögl.) und gleichzeitig vor dem Standesbeamten erklären, daß sie die Ehe miteinander eingehen wollen. Die Erklärungen müssen unbedingt und unbefristet sein. Der E. soll ein *Aufgebot* [öffentl. 1 Woche ausgehängter Hinweis auf bevorstehende E.] vorausgehen. Die E. soll in Gegenwart zweier Zeugen vorgenommen und in das Familienbuch eingetragen werden. Die Ehe soll vor dem zuständigen Standesbeamten geschlossen werden (dies ist der Standesbeamte am Wohnsitz oder Aufenthaltsort eines jeden der Eheschließenden). Ausländer sollen ein Zeugnis ihres Heimatstaates vorlegen, daß nach ihrem Heimatrecht kein Ehehindernis besteht (**Ehefähigkeitszeugnis**, Befreiung durch den Präs. des Oberlandesgerichts mögl.).

Im *östr.* und *schweizer. Recht* sind die Voraussetzungen für eine E. ähnl. geregelt wie im dt. Recht. Die Ehemündigkeit ist in Österreich an die Volljährigkeit gebunden, in der Schweiz muß der Bräutigam 20, die Braut 18 Jahre alt sein. Eheverbote und Formerfordernisse entsprechen dem zum dt. Recht Gesagten. - Abb. S. 45.

Eheverbot ↑ Eheschließung.

Ehevertrag, der Vertrag, durch den Ehegatten [oder künftige Ehegatten] ihre güterrechtl. Verhältnisse regeln. Der E. ist erforderl. v. a. zur Ersetzung des gesetzl. Güterstandes der Zugewinngemeinschaft oder eines vereinbarten Güterstandes durch einen anderen Güterstand im ganzen. Der E. muß bei gleichzeitiger Anwesenheit beider Teile notariell geschlossen werden.

Ehewirkungen, die allg. privatrechtl. Folgen der Eheschließung in persönl. und vermögensrechtl. Hinsicht; sie gelten unabhängig vom Güterstand, also für alle Ehen, und sind weitgehend zwingendes Recht. Die E. umfassen: 1. Pflicht zur *ehel. Lebensgemeinschaft,* 2. Führung eines gemeinsamen *Familiennamens (Ehenamen).* Ehename ist der Geburtsname des Mannes; doch können die Ehegatten bei der Eheschließung bestimmen, daß der Geburtsname der Frau Ehename (und damit für beide Familienname) wird. Der Ehegatte, dessen Geburtsname nicht Ehename wird, darf seinen Geburtsnamen oder den zur Zeit der Eheschließung geführten Namen dem Ehenamen voranstellen. 3. *Haushaltsführung* und Erwerbstätigkeit: Die Ehegatten müssen die Haushaltsführung gemeinsam regeln, z. B. durch Übertragung auf einen Ehegatten (Haushaltsführungsehe), gegenständl. oder zeitl. Aufteilung (z. B. bei Doppelverdiener- oder Zuverdienstehe); bei Übertragung auf einen Ehegatten allein leitet dieser den Haushalt in eigener Verantwortung. Zu einer Erwerbstätigkeit sind beide Ehegatten berechtigt, doch hat jeder von ihnen auf die Belange des anderen Ehegatten und der Familie Rücksicht zu nehmen. 4. *Schlüsselgewalt:* Jeder Ehegatte darf die zur angemessenen Deckung des Lebensbedarfs der Familie notwendigen Geschäfte (z. B. Einkauf von Lebensmitteln, Heizmaterial, Hausrat) mit Wirkung auch gegenüber dem anderen Ehegatten besorgen. Solche Geschäfte gelten als von beiden Ehegatten abgeschlossen, so daß z. B. für den Kaufpreis als Gesamtschuldner haften. Die Schlüsselgewalt dient der Erleichterung der Haushaltsführung und dem Schutz des Gläubigers. Sie kann aus wichtigem Grund ausgeschlossen werden und besteht nicht bei Getrenntleben (Nichtbestehen einer häusl. Gemeinschaft). 6. *Eigentumsvermutung:* Zugunsten des Gläubigers eines Ehegatten wird bei Bestehen einer häusl. Gemeinschaft davon ausgegangen, daß die im Besitz eines Ehegatten oder beider Ehegatten befindl. bewegl. Sachen (Möbel, Fernsehapparat, sonstiger Hausrat) dem Schuldner gehören.

Ehingen (Donau), Stadt in Bad.-Württ., im oberen Donautal, am S-Rand der Schwäb. Alb, 515 m ü. d. M., 21 700 E. U. a. Baumwollspinnerei, Kranbau. - Gegr. um 1230 durch die Grafen von Berg; seit 1343 bei Habsburg; 1806 an Württemberg. - In der oberen Stadt Pfarrkirche Sankt Blasius (15. Jh.), in der unteren Stadt spätgot. Liebfrauenkirche (1454), Ritterhaus (17. Jh.), Landhaus der voröstr. Stände (um 1750).

Ehlers, Hermann, * Schöneberg (= Berlin) 1. Okt. 1904, † Oldenburg (Oldenburg) 29. Okt. 1954, dt. Jurist und Politiker. - Setzte sich seit Beginn des Kirchenkampfes als Rechtsberater aktiv für die Bekennende Kirche ein; 1939 aus dem Staatsdienst entlassen; nach 1945 jurist. Oberkirchenrat in Oldenburg; 1949–54 MdB (CDU), 1950–54 Bundestagspräsident.

Ehmke, Horst, * Danzig 4. Febr. 1927, dt. Jurist und Politiker (SPD). - 1961 Prof. für öffentl. Recht in Freiburg im Breisgau; 1967 Staatssekretär beim Bundesmin. der Justiz, 1969 Bundesjustizmin.; MdB seit 1969; 1969–72 Min. für bes. Aufgaben (Chef des Bundeskanzleramtes); 1972–74 Bundesmin. für Forschung und Technologie und für das Post- und Fernmeldewesen.

Ehre, 1. in einem allg. grundsätzl. Sinn die dem Menschen auf Grund seines Menschseins und der damit verbundenen Würde von Natur aus zukommende, im Rahmen der Menschenrechte und Grundrechte zustehende und garantierte Achtung *(innere E.);* 2. in einem gesellschaftsbezogenen Rahmen das spezif. individuelle Ansehen einer Person, das ihr u. a. auf Grund ihrer Leistung, ihres Arbeitsbereichs und ihrer sozialen Stellung von der Umwelt, der Gesellschaft, dem Staat zugebilligt wird *(äußere E.).*

Die E. als unveräußerl. Recht darf keine Einschränkung durch Diskriminierung auf Grund von Rasse, Klasse, Geschlecht erfahren. Als Standes-E., Berufs-E., Familien-E. u. a. grenzt sie in Hinsicht auf Gesellschafts und Situationen Verhaltensformen mit spezif. Akzentuierung von Normen und Forderungen *(E. kodex)* ab.

Im *german. Altertum* wurde die E., die für den Freien als lebensnotwendig galt, grundsätzl. vorausgesetzt. Ihre Verletzung erforderte die Wiederherstellung. Demgegenüber wurde die E. in der *griech. Antike* grundsätzl. durch die Arete in einem auf die Polis bezogenen Handeln erworben.

Strafrechtlich wird die E., obwohl im Gesetz nicht ausdrückl. erwähnt, durch die Straftatbestände des 14. Abschnittes des StGB (Beleidigung, üble Nachrede, Verleumdung, Verunglimpfung des Andenkens Verstorbener) geschützt.

Ehrenamt

Zivilrechtlich stellt die **Ehrverletzung** als Eingriff in das allg. Persönlichkeitsrecht eine unerlaubte Handlung dar und begründet eine Schadenersatzpflicht sowie unter gewissen Voraussetzungen auch die Verpflichtung, ein „seel. Schmerzensgeld" zu leisten. - Im *östr.* und *schweizer. Recht* gilt Entsprechendes.

Ehrenamt, öffentl., unentgeltl. ausgeübtes Amt in Verbänden oder in Selbstverwaltungskörperschaften; eine Aufwandsentschädigung ist üblich. Zu ehrenamtl. Tätigkeit kann der Bürger gesetzl. verpflichtet sein (z. B. als ehrenamtl. Richter).

ehrenamtliche Richter, in allen Gerichtszweigen neben den Berufsrichtern gleichberechtigt an der Rechtsprechung ehrenamtl. mitwirkende Personen. Sie stehen in keinem Dienstverhältnis zum Staat und erhalten keine Dienstbezüge, sondern eine Entschädigung für Zeitversäumnis, Fahrtkosten und Aufwand. Sie bedürfen keiner jurist. Vorbildung (daher die volkstüml. Bez. **Laienrichter**). Seit 1972 führen die e. R. in der Strafgerichtsbarkeit die Bez. Schöffen, in der Zivil-, Verwaltungs-, Finanz-, Arbeits- und Sozialgerichtsbarkeit die Bez. e. Richter.
Ähnl. Einrichtungen sind auch dem *östr. Recht* bekannt: **fachmänn. Laienrichter** (in Handelssachen und in Bergsachen), **Beisitzer** (Schiedsgerichte der Sozialversicherung und der Arbeitsgerichte), **Schöffen** und **Geschworene** (Strafsachen).
In der *Schweiz* ist die Bez. e. R. nicht gebräuchl. Jedoch überwiegt im allg. das nichtvollamtl. Laienelement.

Ehrenbeamte, Beamte in staatsrechtl. Sinne, die neben ihrem Beruf ehrenamtlich hoheitliche Aufgaben wahrnehmen (z. B. Wahlkonsuln).

Ehrenberg, Herbert, * Collnischken bei Goldap 21. Dez. 1926, dt. Politiker (SPD). - Polizeibeamter; Studium der Wirtschaftswiss.; 1971/72 Staatssekretär im B.ministerium für Arbeit und Sozialordnung; MdB seit 1972; Wirtschaftsexperte der SPD-Fraktion; 1976-82 Bundesmin. für Arbeit und Sozialordnung.

Ehrenbreitstein ↑ Koblenz.

Ehrenburg, Ilja (Erenburg, Ilja Grigorjewitsch), * Kiew 27. Jan. 1891, † Nowo-Jerusalem bei Moskau 31. Aug. 1967, russ.-sowjet. Schriftsteller. - Überzeugter Kommunist, scheute jedoch auch nicht vor offener Kritik am sowjet. System zurück. Der Titel seines Kurzromans „Tauwetter" (2 Teile, 1954-56) gab der polit. veränderten Periode nach Stalins Tod den Namen.
Weitere Werke: Die ungewöhnl. Abenteuer des Julio Jurenito... (R., 1922), Der Fall von Paris (R., 1942), Sturm (R., 1947), Menschen, Jahre, Leben (autobiograph. R., 1961-63 entstanden; dt. Übers. 1962-65, russ. 1965-66 erschienen).

Ehrenbürgerschaft (Ehrenbürgerrecht), Auszeichnung, die von einer *Gemeinde* Personen verliehen werden kann, die sich bes. um sie verdient gemacht haben. Rechte und Pflichten werden durch die Verleihung nicht begründet. Die Gemeinde kann dem **Ehrenbürger** die E. wegen unwürdigen Verhaltens entziehen. Zuständig für Verleihung und Entzug der E. ist die Gemeindevertretung. *Hochschulen* können im Rahmen ihrer Selbstverwaltung Personen, die sich bes. um sie verdient gemacht haben, zu Ehrenbürgern oder *Ehrensenatoren* ernennen. - In *Österreich* und in der *Schweiz* gilt Entsprechendes.

Ehrendoktorwürde ↑ Doktor.

Ehreneintritt (Intervention), die Annahme oder die Zahlung eines Wechsels zur Vermeidung des drohenden Rückgriffs wegen Nichtannahme, Nichtzahlung oder Unsicherheit des Wechsels. Zu Ehren eintreten kann jeder außer dem Wechselannehmer, dem Aussteller des eigenen Wechsel oder deren Bürgen.

Ehrenfest, Paul, * Wien 18. Jan. 1880, † Amsterdam 25. Sept. 1933, östr. Physiker. - Seit 1912 Prof. in Leiden; fundamentale Arbeiten über statist. Mechanik und Quantentheorie.

Ehrenfried, männl. Vorname, der um 1600 aufgekommen ist; vielleicht Neubildung mit „Ehre" und Umdeutung des alten dt. Vornamens Erinfrid (althochdt. arn, arin „Adler").

Ehrengerichtsbarkeit, im heutigen dt. Recht svw. Berufsgerichtsbarkeit.

Ehrenhof (frz. Cour d'honneur), urspr. Empfangshof einer barocken (Dreiflügel-)Schloßanlage, der umgeben vom Corps de logis (Hauptgebäude) sowie den flankierenden Nebengebäuden; nach außen mit Gittern abgegrenzt.

Ehrenlegion (frz. Légion d'honneur), höchster frz. ↑ Orden.

Ehrenpreis (Veronica), Gatt. der Rachenblütler mit etwa 300 Arten, v. a. auf der Nordhalbkugel; meist Kräuter mit gegenständigen Blättern und häufig blauen (seltener weißen, gelben oder rosafarbenen) Blüten in Trauben; in M-Europa fast 40 Arten, u. a. ↑ Bachehrenpreis. - Abb. S. 45.

Ehrenrechte (bürgerl. E.), früher Bez. für die demokrat. Mitbestimmungsrechte: die Fähigkeit, öffentl. Ämter zu bekleiden, zu wählen oder gewählt zu werden. Bei Verurteilung wegen eines Verbrechens (bzw. mindestens 1 Jahr Freiheitsstrafe) wurden die E. als Nebenstrafe (bis 31. 3. 1970) aberkannt. Nach geltendem Recht tritt kraft Gesetzes die **Aberkennung der Ehrenrechte** (Aberkennung [Verlust] von Rechten und Fähigkeiten) bei Verurteilung zu mindestens 1 Jahr Freiheitsstrafe wegen eines Verbrechens ein. Verlust des passiven Wahlrechts sowie Amtsunfähigkeit für 5 Jahre.

Ehrenschutz ↑ Persönlichkeitsrecht.

Ehrensenator ↑ Ehrenbürgerschaft.
Ehrenstein, Albert, * Wien 23. Dez. 1886, † New York 8. April 1950, östr. Schriftsteller. - Schrieb expressionist. hymn. Lyrik und viele phantast. skurrile Geschichten, u. a. „Tubutsch" (E., 1911) und „Der Selbstmord eines Katers" (E., 1912, 1919 u. d. T. „Bericht aus einem Tollhaus"); auch bed. Essayist („Menschen und Affen", 1926).
Ehrenstein, bei Ulm gelegene Fundstelle eines Dorfes der neolith. Schussenrieder Gruppe (3. Jt. v. Chr.); Ausgrabungen ergaben auf einer Fläche von 85 × 120 m ein Dorf mit vier Bauperioden.
Ehrenwirth Verlag ↑ Verlage (Übersicht).
Ehrenwort, Versprechen mit dem Einsatz der persönl. Ehre und entsprechender moral. Bindung, ohne rechtl. Verpflichtungswirkung.
Ehrenzeichen, alle tragbaren Auszeichnungen, die nicht ausdrückl. ↑ Orden genannt werden. In der Ordenskunde bezeichnet man mit E. die Zwischenstufe zw. Orden im urspr. Sinn und Medaillen.
Ehrenzeichen für Verdienste um die Republik Österreich, vom östr. Nationalrat 1952 gestiftete Auszeichnung, die für bes. Verdienste um die Republik Österreich verliehen werden kann; hat 5 mehrfach unterteilte Stufen.
Ehrenzeichen für Wissenschaft und Kunst, 1955 vom östr. Nationalrat gestiftete Auszeichnung, für bes. Verdienste auf kulturellem und wiss. Gebiet verliehen (maximal an 72 Personen).
Ehrfurcht, ein bes. seit Goethe für die religiöse Haltung schlechthin gebräuchl. Begriff, der die menschl. Gemütsregung angesichts des Heiligen und Erhabenen (↑ heilig) zum Ausdruck bringt.
Ehrgeiz, Bestreben, andere durch Eigenleistungen zu übertreffen. Normaler E. ist meist mit dem Bedürfnis nach Anerkennung dieser Leistungen verbunden und wird pädagog. überwiegend positiv bewertet im Ggs. zum übertriebenen E., bei dem neben dem Hervorheben eigener Leistungen versucht wird, solche anderer unterzubewerten.
Ehrhard, männl. Vorname, ↑ Erhard.
Ehrhardt, Hermann, * Diersburg (Ortenaukreis) 29. Nov. 1881, † Brunn am Walde bei Krems (Niederösterreich) 27. Sept. 1971, dt. Marineoffizier. - Beteiligte sich als Führer des Freikorps „Brigade E." 1919 an der Niederwerfung kommunist. Aufstände und 1920 am Kapp-Putsch.
Ehringsdorf, südl. Ortsteil von Weimar, bed. Fundort von mittelpaläolith. Steinwerkzeugen, von Resten pleistozäner Tiere und von Vorneandertalern.
Ehrismann, Albert, * Zürich 20. Sept. 1908, schweizer. Schriftsteller. - Schlichte Lyrik und Erzählungen über den Menschen in der Großstadt, u. a. „Lächeln auf dem Asphalt" (Ged., 1930), „Der wunderbare Brotbaum" (Ged. und En., 1958), „Schmelzwasser" (Ged., 1978).
Ehrlich, Eugen, * Czernowitz (= Tschernowzy) 14. Sept. 1862, † Wien 2. Mai 1922, östr. Jurist. - Begründer der Rechtssoziologie im dt. Rechtsgebiet.
E., Paul, * Strehlen (Schlesien) 14. März 1854, † Bad Homburg v. d. H. 20. Aug. 1915, dt. Mediziner. - Prof. in Berlin, Göttingen und Frankfurt am Main; Mitarbeiter von R. Koch. E. leitete seit 1899 das Institut für experimentelle Therapie in Frankfurt am Main. Entdeckte als Schöpfer der Chemotherapie zus. mit S. Hata das Salvarsan zur Behandlung der Syphilis; bahnbrechende Arbeiten über Hämatologie, Serologie, Immunologie und die Aufstellung der berühmten E.-Seitenkettentheorie (↑ Seitenkettentheorie). E. erhielt 1908 zusammen mit I. Metschnikow den Nobelpreis für Physiologie oder Medizin.

Paul Ehrlich

ehrlicher Makler, von Bismarck 1878 geprägte Bez. für die Stellung des Dt. Reichs beim bevorstehenden Berliner Kongreß.
Ehrlosigkeit ↑ Echtlosigkeit.
Ehrverletzung ↑ Ehre.
Ehrwürden (lat. venerandus), Anrede für kath. Ordensleute und Träger der niederen Weihen; heute kaum noch verwendet.
Ehud (Echud; in der Vulgata Aod), einer der großen Richter in Israel (Richter 3, 11–30).
Ei, (Eizelle, Ovum) unbewegl. weibl. Geschlechtszelle von Mensch, Tier und Pflanze; meist wesentl. größer als die männl. Geschlechtszelle (↑ Samenzelle), z. B. beim Menschen 0,12–0,2 mm, beim Haushuhn etwa 3 cm, beim Strauß über 10 cm, bei Saugwürmern etwa 0,012–0,017 mm im Durchmesser. - Die Bildung des E. erfolgt meist in bes. differenzierten Geschlechtsorganen, bei mehrzelligen Pflanzen u. a. in Samenanlagen, bei mehrzelligen Tieren (einschließl. des Menschen) in Eierstöcken.
Der Aufbau tier. Eier ist sehr einheitl. Unter

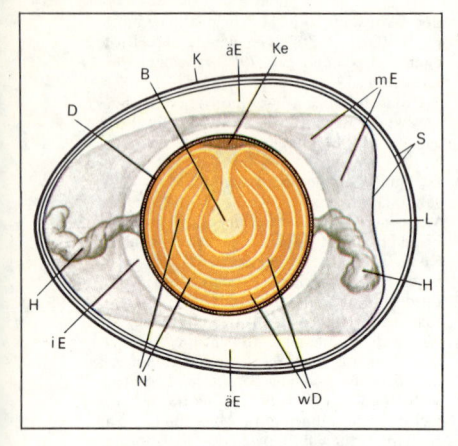

Ei

Ei. Schematischer Längsschnitt durch ein Hühnerei: äE äußeres dünnflüssiges Eiklar, B Bildungsdotter (weißer Dotter; Dotterbildungszentrum mit Dotterbett für die Keimscheibe), D Dotterhaut (Grenze der eigentlichen Eizelle), H Hagelschnur (Chalaza), iE inneres dünnflüssiges Eiklar, K Kalkschale, Ke Keimscheibe (enthält den Zellkern und ist der animale Pol der Eizelle), L Luftkammer, mE mittleres dickflüssiges Eiklar, N Nährdotter (gelber Dotter), S Schalenhäutchen, wD weißer Dotter

der von der Eizelle selbst gebildeten Eihaut (↑ Dotterhaut) befindet sich das **Eiplasma** (Ooplasma) mit dem relativ großen Eikern („Keimbläschen"). Die im Eiplasma gespeicherten Reservestoffe (u. a. Eiweiße, Lipoproteide, Fette, Glykogen) werden in ihrer Gesamtheit als ↑ Dotter bezeichnet. Nach der *Menge des Dotters* im Eiplasma unterscheidet man Eier mit relativ geringer (**oligolezithale Eier** bei vielen Wirbeltieren und Säugern) und weniger dotterarme (**mesolezithale Eier;** bei Lurchen, Lungenfischen) Eier. E. mit großer Dottermenge werden als **polylezithale Eier** bezeichnet. Bei gleichmäßiger *Verteilung des Dotters* spricht man von **isolezithalen Eiern** (z. B. die sehr dotterarmen, deshalb **alezithalen Eier** der Säugetiere einschließl. Mensch). Nach der *Menge und Verteilung des Dotters* unterscheidet man Eier mit relativ großer Dottermenge (**meroblastische Eier**), bei denen diese am vegetativen Pol (**telolezithale Eier;** bei Kopffüßern, Knochenfischen), oder zentral (**zentrolezithale Eier;** bei Krebstieren, Spinnentieren, Insekten) gelegen ist und Eier mit relativ wenig, gleichmäßig oder ungleichmäßig verteiltem Dotter (**holoblastische Eier**). Zu letzteren zählen die oligo- und mesolezithalen Eier.

Die nach der Befruchtung durch eine männl. Geschlechtszelle oder durch Wirksamwerden anderer Entwicklungsreize (z. B. bei der Jungfernzeugung) beginnende Eifurchung wird anfangs äußerst stark durch Menge und Verteilung des im E. befindl. Dotters beeinflußt. Im E. ist die gesamte, für die Ausbildung des Organismus notwendige Information gespeichert. Einzelne Eibezirke sind für die Bildung bestimmter Körperabschnitte des späteren Organismus mehr oder weniger ausgeprägt determiniert (↑ Mosaikeier, ↑ Regulationseier). Das E. wird oft von mehreren **Eihüllen** umgeben, die Hafteinrichtungen (bei Insekten) besitzen oder hornartig (bei Haien und Rochen), gallertig (Wasserschnecken, Lurche) oder äußerst fest (↑ Dauereier) sind. Auch das Eiklar (Eiweiß) der Vogeleier mit den Hagelschnüren und die Kalkschale sind Eihüllen. Bei Plattwürmern sind die Eizellen dotterlos; dafür sind sie innerhalb der Schale von zahlr. Dotterzellen umgeben (**zusammengesetzte Eier, ektolezithale Eier**).

◆ gemeinsprachl. Bez. für die Eizelle einschließl. aller Eihüllen. Die E. vieler Vögel, bes. der Haushühner (↑ Hühnerei), Enten, Gänse, Möwen, Kiebitze, sind teils wichtige Nahrungsmittel, teils kulinar. Leckerbissen. Auch die Eier von Stören, Karpfen, Hechten, Lachsen, Dorschen und Makrelen werden als Nahrungsmittel genutzt (↑ Rogen, ↑ Kaviar).

Eiche. Wirtschaftlich genutzte Korkeichen

Eichelwürmer

Geschichte: Die Kenntnis von der Entwicklung des tier. Lebens aus dem E. führte dazu, daß Eier im Fruchtbarkeits- und Heilzauber der meisten Völker eine beachtl. Rolle spielen. Aus der Vorstellung des E. als Lebenssymbol ist die oriental. Lehre vom Sonnen- und Weltei entstanden. Eng verbunden mit Eiopfern sind die bes. zur Weihnachts- und Osterzeit geübten Eierorakel.

Eibe, (Taxus) Gatt. immergrüner, zweihäusiger Nadelhölzer der E.gewächse mit etwa 8 Arten auf der Nordhalbkugel. - In Europa wächst die geschützte, giftige Art **Gemeine Eibe** (Taxus baccata), ein bis über 1000 Jahre alt werdender, bis 15 m hoher Baum mit bis 3 cm langen und 2 mm breiten, beiderseits dunkelgrünen Nadeln, die in 2 Zeilen geordnet sind, und erbsengroßen, roten oder gelben Samen (Samenmantel ungiftig). - Abb. S. 45.
◆ Bez. für das Holz der Gemeinen Eibe († Hölzer, Übersicht).

Eibengewächse (Taxaceae), Fam. der Nacktsamer mit 5 Gatt. (einzige Gatt. in M-Europa † Eibe).

Eibisch [zu lat. (h)ibiscum mit gleicher Bed.] (Hibiscus), Gatt. der Malvengewächse mit über 200, meist trop. Arten.

Eibl-Eibesfeldt, Irenäus, * Wien 15. Juni 1928, östr. Verhaltensforscher. - Prof. für Zoologie in München; zahlr. Forschungsreisen nach Afrika, Japan, Neuguinea, Polynesien, Indonesien, S-Amerika und auf die Galápagosinseln. E.-E. untersuchte die verschiedenen Formen inner- und zwischenartl. Kommunikation bei Mensch und Tier. - *Werke:* Grundriß der vergleichenden Verhaltensforschung (1967), Liebe und Haß (1970).

Eibsee, Bergsee am NW-Fuß der Zugspitze, 8 km sö. von Garmisch-Partenkirchen, Bayern, 1,8 km², 971 m ü. d. M.

Eich, Günter, * Lebus 1. Febr. 1907, † Salzburg 20. Dez. 1972, dt. Lyriker und Hörspielautor. - Seit 1953 ∞ mit I. Aichinger. Seine Gedichte („Abgelegene Gehöfte", 1948) und die Kurzgeschichte „Züge im Nebel" (1947) sind bed. Beispiele früher Nachkriegsliteratur, sein Hörspiel „Träume" (1953) gilt als gattungsweisend für das literar. Hörspiel der 1950er Jahre. Seine Hörspiele (u. a. „Die Mädchen aus Viterbo", 1953; „Die Brandung vor Setúbal", 1957) und Gedichte („Botschaften des Regens", 1955), seine radikale „Entscheidung, die Welt als Sprache zu sehen", wurden oft mißdeutet, v. a. wegen der Vielschichtigkeit der Sprache und Form, die die Satire nicht ausschließt und auch die Nähe zur Nonsense-Dichtung nicht scheut (Kurzprosa, u. a. „Maulwürfe", 1968; „Ein Tibeter in meinem Büro", 1970).

Eichamt † Eichwesen.
Eichäpfel, svw. † Galläpfel.
Eichbehörden † Eichwesen.
Eiche, (Quercus) Gatt. der Buchengewächse mit etwa 500 Arten auf der Nordhalbkugel; sommer- oder immergrüne, einhäusige, bis 700 Jahre alt werdende Bäume mit gesägten bis gelappten Blättern. Die männl. Blüten stehen in gelbgrünen, hängenden Kätzchen, die weibl. Blüten einzeln oder zu mehreren in Ähren. Die im ersten oder zweiten Jahr reifende Nußfrucht wird Eichel genannt. In Europa heim. ist die **Traubeneiche** (Stein-E., Winter-E., Quercus petraea); bis 40 m hoch, Blätter breit-eiförmig, regelmäßig gebuchtet, Eicheln zu zwei bis sechs. Die **Stieleiche** (Sommer-E., Quercus robur) kommt im gemäßigten Europa und in S-Europa bis zum Kaukasus vor; 30–35 m hoch, mit bis über 2 m dikkem, oft knorrigem Stamm; Blätter in Büscheln am Ende der Triebe, unregelmäßig gebuchtet; Eicheln walzenförmig, in napfartigen Fruchtbechern steckend, meist zu mehreren an langen Stielen sitzend; Blüten und Früchte erscheinen erst zw. dem 50. und 80. Lebensjahr. Die Früchte wurden früher zur Schweinemast verwendet (heute zur Wildfütterung). Kurz gezähnte Blätter hat die im Mittelmeergebiet wachsende **Korkeiche** (Quercus suber). Die innere Borke, der sog. Kork, wird alle 8–10 Jahre in Platten vom Stamm geschält und z. B. für Flaschenkorken, Linoleum und Isoliermaterial verwendet. *Religions-* und *kulturgeschichtlich* ist die E. von hervorragender Bed. Sie galt v. a. bei indogerman. Völkern, aber auch bei den Japanern als heilig. Am bekanntesten ist die E. als hl. Baum des german. Gottes Donar. Außerhalb der religiösen Sphäre gilt die E. als Sinnbild der Stärke, heldenhafter Standhaftigkeit sowie als Sinnbild des Sieges.
◆ Bez. für das Holz einiger Eichenarten († Hölzer, Übersicht).

Eichel, Bez. für die runde bis eiförmige, grüne, dunkel- oder rotbraune, stärke- und gerbsäurereiche Frucht der Eichen, die an ihrer Basis von einem napf- oder becherförmigen, beschuppten oder filzig behaarten Fruchtbecher umschlossen wird, aus der sie bei der Reife herausfällt.
◆ (Glans) vorderes, etwas verdicktes Ende (**Glans penis**) des Penis der Säugetiere (einschließ. Mensch); eine homologe, wesentl. kleinere Bildung weist der Kitzler auf (**Glans clitoridis**).
◆ Farbe der dt. Spielkarte.

Eichelentzündung, svw. † Balanitis.
Eichelhäher (Garrulus glandarius), etwa 35 cm großer, rötlich-brauner Rabenvogel in Europa, NW-Afrika und Vorderasien; mit weißem Bürzel, schwarzem Schwanz, weißem Flügelfleck, blauschwarz gebänderten Flügeldecken; Standvogel. - Abb. S. 52.
Eicheltripper, inkorrekte Bez. für die Eichelentzündung († Balanitis).
Eichelwürmer (Enteropneusta), Klasse der Kragentiere mit rd. 70 meist 10–50 cm langen, im Flachwasser der Gezeitenzone lebenden Arten von wurmförmig langgestreck-

eichen

Eichelhäher

ter Gestalt mit einem als **Eichel** bezeichneten Bohrorgan, welches das Vorderende des in 3 Abschnitte gegliederten Körpers bildet.

eichen [zu spätlat. (ex)aequare (misuras) „die Maße" ausgleichen"], allg.: durch Vergleich mit bereits bekannten Werten die Abhängigkeit des Ausschlages eines Meßgerätes von der zu messenden Größe bestimmen (**Eichung**); speziell: Maße und Meßgeräte, die im öffentl. Bereich verwendet werden, mit den Normalen der Eichbehörden abstimmen († Eichwesen).

Eichenbock, svw. † Heldbock.

Eichendorff, Joseph Freiherr von, * Schloß Lubowitz bei Ratibor 10. März 1788, † Neisse 26. Nov. 1857, dt. Lyriker und Erzähler. - Teilnehmer an den Befreiungskriegen. V. a. seine Liedkunst ließ ihn, der von der Doppelnatur von Religion und Poesie ausging, zum Vollender der dt. romant. Dichtung werden. Schlichtheit und Naturnähe, Heimweh und Sehnsucht, aber auch weltoffene Lebensfreude kennzeichnen sein Werk. Der Roman „Ahnung und Gegenwart" (1815) gilt als romant. Buch schlechthin, die Novelle „Aus dem Leben eines Taugenichts" (1826) als Höhepunkt lyr.-musikal. Stimmungskunst. Bed. auch die Novellen „Das Marmorbild" (1819), „Dichter und ihre Gesellen" (1834) und „Schloß Dürande" (1837); als Dramatiker weniger erfolgreich. Bed. auch als Übersetzer einiger Autos sacramentales von Calderón.

Eichenfarn (Gymnocarpium), Gatt. der Tüpfelfarne; bekannt ist der **Echte Eichenfarn** (Gymnocarpium dryopteris), ein 15–30 cm hoher, in Laub- und Mischwäldern der nördl. gemäßigten Zonen wachsender Farn mit dreieckigen, dreifach gefiederten Blättern an goldgelben Blattstielen.

Eichengallen, svw. † Galläpfel.

Eichengallwespen † Gallwespen.

Eichenmischwaldzeit † Holozän (Übersicht).

Eichenseidenspinner (Chin. Seidenspinner, Antheraea pernyi), bis 15 cm spannender Augenspinner in N-China und in der Mandschurei; Körper behaart, Flügel gelblichbraun, oberseits auf jedem Flügel eine weißbraune Querbinde und ein großer Fensterfleck. Aus dem Kokon der Raupen wird Tussahseide gewonnen.

Eichenspinner (Lasiocampa quercus), etwa 7 cm spannender, gelber (♀) oder dunkelbrauner (♂) Schmetterling der Fam. Glucken, v. a. in Eichenwäldern, an Mischwaldrändern und auf Mooren Eurasiens; Vorder- und Hinterflügel mit je einer gelben Querbinde; Raupen fressen v. a. an Eichenblättern, aber auch an Weiden, Heidekraut u. a.

Eichenwickler (Tortrix viridana), Kleinschmetterling (Fam. Wickler) mit hellgrünen Vorder- und grauen Hinterflügeln; Spannweite 18–23 mm. Die Raupen fressen zuerst an den Knospen von Eichen, dann befallen sie die Laubblätter.

Eichenwidderbock (Plagionotus arcuatus), gelb und schwarz gezeichneter, 6–20 mm großer Bockkäfer; lebt auf abgestorbenen Ästen und Stämmen von Eiche, Buche und Hainbuche.

Eichgesetz † Eichwesen.

Eichhase (Polyporus umbellatus), graubrauner, bis 30 cm hoher Pilz (Fam. Porlinge) an Eichen- und Buchenbaumstümpfen. Die zahlr. Seitenäste tragen an ihrem Ende kleine (1–5 cm im Durchmesser), dünnfleischige, in der Mitte oft vertiefte Hütchen. Jung ist der E. ein angenehm duftender, nach Nüssen schmeckender Speisepilz.

Joseph Freiherr von Eichendorff

Eichhorn, Karl Friedrich, * Jena 20. Nov. 1781, † Köln 4. Juli 1854, dt. Jurist. - Prof. in Frankfurt/Oder, Göttingen, Berlin. Als Rechtsgermanist mit Savigny Begründer der histor. Schule der dt. Rechtswissenschaft.

Eichhörnchen (Sciurus), Gatt. der Baumhörnchen mit zahlr. Arten in den Wäldern Europas, Asiens sowie N- und S-Amerikas; Körper etwa 20–32 cm lang, mit meist ebenso langem Schwanz; Färbung unterschiedlich, Fell dicht, Schwanz mehr oder we-

Eichstätt

niger stark buschig behaart. Bekannteste Art ist **Sciurus vulgaris**, unser einheim. Eichhörnchen, das in ganz Europa und weiten Teilen Asiens vorkommt; Körperlänge etwa 20–25 cm, Schwanz etwas kürzer, sehr buschig und zeitweilig behaart; Ohren (bes. im Winter) mit deutl. Haarpinsel (fehlt bei den Jungtieren); die Färbung variiert je nach geograph. Vorkommen; in M-Europa Fell mit Ausnahme des scharf abgesetzten weißen Bauchs meist hell rotbraun, im Winter dunkel rostbraun mit mehr oder weniger deutl. grauem Anflug; nach Osten nimmt die Graufärbung des Winterfells zu; so sind die ostsibir. Tiere oberseits rein grau und liefern das als Feh bekannte Pelzwerk. Lebt in selbstgebauten, meist hochgelegenen Nestern (**Kobel**) aus Zweigen, Gras, Moos.

Eichkater, volkstüml. Bez. für das Eichhörnchen.

Eichkurve, in der *Meßtechnik* die graph. Darstellung der Abweichung der Meßwerte eines Meßgeräts von den (durch Eichen erhaltenen) Sollwerten.

◆ in der *analyt. Chemie* die graph. Darstellung des Zusammenhangs zw. einer physikal. Eigenschaft (Dichte, Refraktion, Absorptionsvermögen u. a.) eines zu bestimmenden Stoffes und seiner Konzentration.

Eichmann, Adolf, * Solingen 19. März 1906, † Ramla (Israel) 31. Mai 1962, dt. SS-Obersturmbannführer. - Handelsvertreter, ab 1934 in Heydrichs Sicherheitsdienst-Hauptamt, seit 1939 Leiter des Judenreferats im Reichssicherheitshauptamt; führte die 1941 beschlossene sog. Endlösung der Judenfrage durch mit dem Transport der Mehrzahl der im dt. Machtbereich lebenden Juden in die Massenvernichtungslager der besetzten Ostgebiete; nach Kriegsende Flucht über Italien nach Argentinien; 1960 vom israel. Geheimdienst nach Israel gebracht, dort angeklagt, 1961 zum Tode verurteilt und hingerichtet.

Eichrodt, Ludwig, Pseud. Rudolf Rodt, * Durlach (= Karlsruhe) 2. Febr. 1827, † Lahr 2. Febr. 1892, dt. Dichter. - Mit Scheffel befreundet; veröffentlichte 1855–57 mit A. Kußmaul in den „Fliegenden Blättern" die „Gedichte des schwäb. Schullehrers Gottlieb Biedermaier und seines Freundes Horatius Treuherz", denen der Zeitstil des Biedermeiers seinen Namen verdankt.

Eichsfeld, Hochfläche am NW-Rand des Thüringer Beckens, im Bez. Erfurt, DDR, und in Nds., BR Deutschland, durch die Täler von Leine und Wipper in Oberes (im S) und Unteres E. (im N) gegliedert. Das **Obere Eichsfeld** ist durchschnittl. 450 m hoch, mit einem Steilabfall zum Werratal; wenig ertragreiche Böden. In einer Stufe, dem **Dün**, fällt das Obere E. zum Unteren E. ab. Das **Untere Eichsfeld** ist durchschnittl. 300–500 m hoch, überragt von u. a. Ohmgebirge (bis 535 m), Bleichröder Berge (464 m), Hasenburg (481 m). Fruchtbare Löß- und Lehmböden (**Goldene Mark** um Duderstadt), reich bewaldet. - Das Obere E. kam im 13. Jh. unter kurmainz. Landeshoheit, 1334/42 das Untere E. (durch Verpfändung bzw. Kauf); kam 1803 an Preußen, das 1815 das Untere E. an Hannover abtrat; 1945 fiel das Obere E. der DDR, das Untere E. der BR Deutschland zu.

Eichstätt, Krst. in Bayern, im Tal der Altmühl, 388 m ü. d. M., 13 700 E. Kath. Bischofssitz; Kirchl. Gesamthochschule, PH; Museen, u. a. Naturwiss. Juramuseum; kulturelles Zentrum der sö. Fränk. Alb. - E. war schon in spätröm. Zeit besiedelt. Das um 740 von Willibald gegr. Kloster E. wird 762 erstmals erwähnt; 741 oder 745 Bischofssitz. Im 11. Jh. entstand die Siedlung um den Marktplatz; volle bischöfl. Stadtherrschaft ab 1305. Im 15. Jh. unter Johann von Eich ein Zentrum des Humanismus. Fiel 1805/06 an Bayern. - Got. Dom (Kirchenschiff 1380–96 mit roman. Türmen, spätgot. sind Kreuzgang, Mortuarium und Kapitelsakristei), Klosterkirche der Abtei Sankt Walburg (1626–31); ehem. fürstbischöfl. Residenz (17. Jh.; heute Amtsge-

Bergeidechse (oben), Smaragdeidechse (unten)

Eichstätt

richt) mit Treppenhaus von 1767; ehem. Sommerresidenz (1735). Auf hoher Spornlage liegt die Willibaldsburg (14. und 15. Jh.).

E., Landkr. in Bayern.

E., ehem. dt. Hochstift; Territorium des 741 oder 745 von Bonifatius gegr. und der Kirchenprov. Mainz unterstellten Bistums; durch die Gründung des Bistums Bamberg räuml. eingeschränkt; 1802 säkularisiert und von Bayern annektiert; 1803–06 dem Groß-Hzgt. Toskana zugeteilt, kam dann wieder an das Kgr. Bayern, das hieraus das Hzgt. Leuchtenberg als Standesherrschaft errichtete.

E., Bistum ↑ katholische Kirche (Übersicht).

Eichung ↑ eichen.

Eichwesen, Sicherstellung und Kontrolle redl. Verwendung der Maße. Das E. ist im Gesetz über das Meß- und Eichwesen (**Eichgesetz**) vom 11. 7. 1969 geregelt (mehrfach geändert). Nach der Eichordnung vom 1. 2. 1975 sind Meßgeräte, die im geschäftl. oder amtl. Verkehr, im Verkehrswesen, im Bereich der Heilkunde und bei der Herstellung und Prüfung von Arzneimitteln verwendet werden, mit den Normalgeräten der Eichbehörden abzustimmen (zu eichen). Ein Meßgerät ist eichfähig, wenn seine Bauart richtige Meßergebnisse und eine ausreichende Meßbeständigkeit erwarten läßt (**Meßsicherheit**). Meßwerte müssen in gesetzl. Einheiten angezeigt werden. Geeichte Meßgeräte sind mit bestimmten Zeichen zu stempeln. Zuständig für das E. sind die Physikal.-Techn. Bundesanstalt in Braunschweig sowie die Eichaufsichtsbehörden und **Eichämter** der Länder. In *Österreich* ergibt sich die Eichpflicht auf Grund des Maß- und Eichgesetzes von 1950. In der *Schweiz* ist das E. im BG über Maß und Gewicht vom 24. 6. 1909 sowie in der Vollzugs-VO betreffend die im Handel und Verkehr gebrauchten Längen und Hohlmaße, Gewichte und Waagen geregelt. Oberste Behörde ist das Eidgenöss. Amt für Maß und Gewicht in Bern.

Eid, feierl. Bekräftigung einer Aussage mit oder ohne Verbalanrufung Gottes (sog. **religiöse Beteuerung**). Der E. wird entweder als **Voreid** (**promissor.** Eid) vor der Übernahme bestimmter Pflichten (z. B. beim Amtseid, Diensteid) oder als **Nacheid** (**assertor.** Eid) im Anschluß an eine Aussage (Zeugen- und Sachverständigeneid vor Gericht) geleistet. Während im Strafprozeß die Zeugen grundsätzl. und die Sachverständigen auf Antrag eines Prozeßbeteiligten zu vereidigen sind, erfolgt im Zivilprozeß ihre Beeidigung ebenso wie die einer Partei des Rechtsstreits nur dann, wenn dies wegen der Bedeutung der Bekundung, zur Herbeiführung einer wahrheitsgemäßen Bekundung oder zur richterl. Überzeugungsbildung geboten ist. Der E. wird von den Schwurpflichtigen selbst i. d. R. vor dem Prozeßgericht und nach **Eidesbeleh-**

rung (über die Bed. des E., strafrechtl. Folgen einer falschen Aussage) geleistet.

Für das *östr. Recht* gilt: Die Form des E. richtet sich nach dem jeweiligen Religionsbekenntnis des Schwörenden. Von den *schweizer. Prozeßrechten* kennen den E. in sehr unterschiedl. Ausgestaltung die Bundesstrafprozeßordnung sowie zahlr. kantonale Zivil- und Strafprozeßordnungen. Das Handgelübde ist wahlweise vorgesehen, weil nach Art. 49 Abs. 2 BV niemand gezwungen werden darf, einen E. abzulegen.

Der E. gehört vorchristl. Rechtsmagie an und findet sich bei allen Völkern und Kulturen. Er ist dem Fluch insofern verwandt, als er urspr. eine bedingte Selbstverfluchung darstellte. Die Wahrheit des E. kann durch ein Gottesurteil (Ordal) überprüft werden. Die religiöse Bekräftigung des E. erfolgt durch symbol. Handlungen oder durch religiöse E.formeln. Zu den symbol. Handlungen zählen der Schwurgestus des Erhebens der Hand oder einzelner Finger, das Hindurchschreiten durch zwei Hälften eines Opfertieres, v. a. die Berührung machtpartiger Objekte; so schworen die Germanen unter Berührung eines E.ringes. In Buchreligionen wird oft unter Berührung der hl. Schrift geschworen. Eine Bekräftigung durch das Wort stellt zum einen der promissor. E. dar, der in einem Pfandsetzen für die Zukunft besteht: Ein wertvoller Gegenstand oder ein geliebter Mensch werden als Pfand für die Wahrheit der Aussage genannt. Ebenfalls bekräftigt das Wort eine Aussage, wenn für deren Wahrheit eine Gottheit als Zeuge, Helfer oder Richter angerufen wird. Polytheist. Religionen kennen häufig bestimmte Schwurgötter, denen visuelle Allwissenheit zugeschrieben wird.

📖 *Friesenhahn, E.: Der polit. E. Darmst. 1979. - Dade, P.: Fahnen-E. u. feierl. Gelöbnis. Bonn 1977.*

Eidam, veraltete Bez. für Schwiegersohn.

Eidechse ↑ Sternbilder (Übersicht).

Eidechsen (Lacertidae), Fam. der Skinkartigen (Echsen) in Eurasien und Afrika; Körper langgestreckt, ohne Rückenkämme, Kehlsäcke oder ähnl. Hautbildungen, mit langem, schlankem, fast immer über körperlangem Schwanz und stets wohlentwickelten Extremitäten; Hautverknöcherungen kommen nur auf der Kopfoberseite vor; die Augenlider sind beweglich (Ausnahme z. B. Gatt. Schlangenaugen-E.); der Schwanz kann an vorgebildeten Bruchstellen abgeworfen und mehr oder minder vollständig regeneriert werden (das abgeworfene Schwanzende lenkt durch lebhafte Bewegungen den Verfolger von seinem Beutetier ab). E. sind meist eierlegend, seltener lebendgebärend (z. B. die Bergeidechse). Die Gatt. **Fransenfingereidechsen** (Acanthodactylus) mit 12 Arten kommt in SW-Europa, N-Afrika und W-Asien vor; Zehen seitl. mit fransenartigen Schuppenkämmen, die das

eidesstattliche Versicherung

Laufen auf lockerem Sand erleichtern. Die einzige auch in Europa vorkommende Art ist **Acanthodactylus erythrurus**, bis knapp 25 cm lang, dunkelbraun mit hellbrauner, weißer und gelber Flecken- und Streifenzeichnung. In Europa, W-Asien und Afrika leben die über 50 Arten der Gatt. **Halsbandeidechsen** (Lacerta), die eine Reihe Hornschildchen (Halsband) an der Kehle haben. Hierzu gehören alle einheim. E.arten, u. a.: **Bergeidechse** (Wald-E., Lacerta vivipara), bis 16 cm lang, Oberseite braun mit dunklerem Mittelstreif, Unterseite beim ♂ orangegelb mit schwarzen Tupfen, beim ♀ blaßgelb bis grau; **Mauereidechse** (Lacerta muralis), bis 19 cm lang, oberseits meist graubraun, dunkel gefleckt oder gestreift, unterseits weißl. bis rötl.; **Smaragdeidechse** (Lacerta viridis), bis 45 cm lang, oberseits leuchtend grün, ♀ mit 2–4 weißl. Längsstreifen, ♂ zur Paarungszeit mit blauem Kehlfleck; **Zauneidechse** (Lacerta agilis), bis 20 cm lang, Färbung sehr unterschiedl., bes. an sonnigen, trockenen Stellen zu finden. In S-Europa und in Afrika leben die 12–23 cm langen Arten der Gatt. **Kielechsen** (Kiel-E., Algyroides); bekannt ist die **Blaukehlige Kielechse** (Algyroides nigropunctatus), oberseits braun bis olivgrün oder schwärzl. mit schwarzen Punkten. In den Mittelmeerländern leben die Arten der Gatt. **Sandläufer** (Sandläufer-E., Psammodromus). Der **Span. Sandläufer** (Psammodromus hispanicus) ist bis knapp 15 cm lang und sandfarben, der **Alger. Sandläufer** (Psammodromus algirus) ist bis 30 cm lang und hellbraun mit roter Kehle und roten Kopfseiten.

Eidechsennatter (Malpolon monspessulanus), bis über 2 m lange Trugnatter im Mittelmeergebiet, SO-Europa und Kleinasien; Körperoberseite gelb- oder graubraun bis olivfarben und schwarz, Unterseite blaßgelb; die Kopfoberseite ist (v. a. bei alten Tieren) eingesenkt und bildet seitl. eine auffallende, die Augenregion überdachende Leiste aus.

Eider, Fluß in Schl.-H., entsteht 20 km südl. von Kiel, mündet bei Tönning in die Nordsee, 188 km lang, z. T. Teil des Nord-Ostsee-Kanals; 108 km schiffbar.

Eiderdänen, Bez. für die 1848–69 herrschenden Nationalliberalen in Dänemark, da diese die Einverleibung Schleswigs (bis zur Eider) in den dän. Staat und die Auflösung der schleswig-holstein. Realunion betrieben.

Eiderente (Somateria mollissima), Meerente an den Küsten der nördl. Nordsee bis zur Arktis (in Deutschland geschützt); ♂ (etwa 60 cm lang) im Prachtkleid mit schwarzem Bauch und Scheitel, weißem Rücken und moosgrünem Nacken, ♀ (etwa 55 cm lang) braun und dicht schwarz gebändert.

Eiderstedt, Halbinsel an der W-Küste von Schl.-H., springt zw. der Insel Nordstrand und dem Mündungstrichter der Eider in die Dt. Bucht (Nordsee) vor, etwa 340 km². - Das etwa seit der Zeitenwende stärker besiedelte E., auch **Eiderfriesland** und **Frisia minor** genannt, das mit Everschop und Utholm die sog. Dreilande oder Uthlande bildete, bewahrte vom Hoch-MA bis 1866 durch seine räuml. Abgeschlossenheit und seinen auf der Fruchtbarkeit der Marschen beruhenden Wohlstand eine Selbstregierung unter einem vom Herzog von Schleswig bzw. König von Dänemark bestätigten Staller (Statthalter).

Eidesbelehrung ↑ Eid.

Eidesdelikte, nach dem 9. Abschnitt StGB (§§ 153–163): falsche uneidl. Aussage, Meineid, falsche Versicherung an Eides Statt, fahrlässiger Falscheid, fahrlässige falsche Versicherung an Eides Statt.

Eidese [griech.] ↑ Eidetik.

Eidesfähigkeit ↑ Eidesmündigkeit.

Eidesformel, im geltenden Recht die vom Schwörenden bei der Beeidigung bzw. Vereidigung gesprochenen Worte: „Ich schwöre es, so wahr mir Gott helfe", nachdem ihm der Richter die je nach dem Gegenstand der Eidesleistung im Gesetz wörtlich vorgeschriebene **Eidesnorm** mit der Eingangsformel: „Sie schwören bei Gott dem Allmächtigen und Allwissenden, daß ..." vorgesprochen hat. Der Gesamtakt wird **Eidesleistung** genannt. Die *religiöse Beteuerung* kann auf Wunsch weggelassen werden.

Im *östr. Recht* ist es unzulässig, die Anrufung Gottes fortzulassen. In der *Schweiz* gilt - mit geringfügigen Unterschieden in den Kt. - grundsätzl. die gleiche E. wie in der BR Deutschland.

Eideshelfer (lat. coniurator), im ma. dt. Recht Bez. für eine Person, welche vor Gericht die Glaubwürdigkeit des von einer Partei geleisteten Eides beschwor.

Ei des Kolumbus, sprichwörtl. für die verblüffend einfache Lösung eines scheinbar schwierigen Problems. Nach Benzoni („Geschichten der Neuen Welt", 1565) soll Kolumbus das Problem, ein Ei aufrecht hinzustellen, durch Eindrücken der Eispitze gelöst haben.

Eidesmündigkeit, die altersbedingte Fähigkeit zur Eidesleistung vor Gericht. Die **Eidesfähigkeit** tritt in der BR Deutschland mit der Vollendung des 16. Lebensjahrs, in *Österreich* mit der Vollendung des 14. Lebensjahres, in der *Schweiz* mit der Vollendung des 16. bzw. 18. Lebensjahrs (Bundesstrafprozeß) ein.

Eidesnorm ↑ Eidesformel.

Eidesnotstand ↑ Meineid.

eidesstattliche Versicherung (Versicherung an Eides Statt; früher: Offenbarungseid), die den Eid ersetzende, weniger feierl. Beteuerung, daß eine Tatsachenbehauptung wahr sei. *Arten:* 1. e. V. des *materiellen Rechts.* Sie schuldet der Rechenschafts- oder Auskunftspflichtige, wenn Grund zu der Annahme besteht, daß er die Rechenschaft oder die Auskunft nicht mit der erforderl. Sorgfalt er-

Eidesverweigerung

teilt hat. Bei Weigerung kann geklagt und die e. V. (auf Grund des Urteils) mit Geldstrafe oder Haft erzwungen werden. Zuständig zur Abnahme ist das Amtsgericht. 2. Die e. V. des *Prozeß-* und des *Verwaltungsverfahrensrechts;* Beweismittel, sondern nur Mittel zur Glaubhaftmachung, zur Führung des Freibeweises und zur Bekräftigung einer schriftl. Zeugenaussage. Sie kann stets von Zeugen, vielfach auch von der Partei oder einem Beteiligten abgegeben werden. Zuständig zur Abnahme: das Gericht, eine zur Abnahme gesetzl. ermächtigte Verwaltungsbehörde (z. B. Standesbeamter, Finanzamt), der Notar. 3. Die e. V. des *Vollstreckungsrechts,* die der Vollstreckungsschuldner auf Antrag des Gläubigers - bei fruchtloser Pfändung - über die Richtigkeit eines von ihm aufzustellenden Vermögensverzeichnisses und - bei fruchtloser Herausgabevollstreckung - über den Verbleib der herauszugebenden Sache abgeben muß. Zuständig zur Abnahme: das Vollstreckungsgericht bzw. die vollstreckende Verwaltungsbehörde. Die vorsätzl. oder fahrlässige, vor einer zuständigen Behörde abgegebene falsche e. V. ist mit Freiheitsstrafe bis zu 3 Jahren oder mit Geldstrafe strafbar (§ 156, § 163 StGB). - Im *östr.* und *schweizer. Recht* ist die e. V. unbekannt.

Eidesverweigerung, das Nichtleisten des gerichtl. angeordneten Eides. Zu seiner Verweigerung sind nur berechtigt: 1. Zeugen, die ein Zeugnisverweigerungsrecht haben oder den Eid aus Glaubens- oder Gewissensgründen ablehnen; andernfalls ist der Eid erzwingbar. 2. die zu Beweiszwecken vernommene Partei, ohne daß sie Gründe für die E. anzugeben braucht. Aus der E. kann das Gericht Schlüsse ziehen.

Eidetik [griech. (zu ↑Eidos)], von E. R. Jaensch stammende Bez. für das Vorkommen sog. subjektiver Anschauungsbilder, ein (noch ungeklärtes) Phänomen, das bes. bei Kindern und Jugendlichen auftritt. **Eidetiker** sind in der Lage, sich Objekte oder Situationen derart anschaulich vorzustellen (**Eidese**), als ob sie realen Wahrnehmungscharakter hätten.

Eidgenossenschaft (Coniuratio), seit dem 11./12. Jh. Bündnisse der Bürger, die sich durch Eidesleistung zur Erreichung polit. Ziele gegen den Stadtherrn zusammenschlossen, eine der Wurzeln der ma. Stadt als Körperschaft.

Eidgenossenschaft, Schweizerische ↑Schweiz.

Eidgenössische Bankenkommission, in der Schweiz die aus fünf vom Bundesrat gewählten Mgl. bestehende Kommission, die die Aufsicht über Banken und Anlagefonds nach den einschlägigen gesetzl. Bestimmungen ausübt.

Eidgenössische Technische Hochschule Zürich, Abk. ETHZ, techn. Hochschule in Zürich, gegr. 1854; techn. Promotionsrecht seit 1909 (techn. Wissenschaften, Naturwissenschaften, Mathematik).

Eidolon [griech.], im griech. Jenseitsglauben Schatten des Menschen in der Unterwelt (Homer); Scheinbild, Schatten; in der Septuaginta und im N. T. das Götzenbild.

Eidophor [griech., eigtl. „Bildträger"], Fernsehgroßbild-Projektionsanlage, bei der in dem Strahlengang zw. einer Bogenlampe und der Projektionsfläche eine Lichtsteuereinrichtung angeordnet ist, die aus einer zähen Flüssigkeit auf einer Metallplatte besteht. Durch einen entsprechend dem Bildsignal modulierten Elektronenstrahl wird die Flüssigkeitsoberfläche örtl. deformiert, so daß das durchfallende Licht entsprechend der von der Ladung abhängigen Verbiegung mehr oder weniger abgelenkt wird.

Eidos [griech.], das Aussehen, die sichtbare Erscheinung, die Gestalt, die Wesenheit; bei Platon die Idee, in der Phänomenologie das reine Wesen eines Gegenstandes.

Eidotter, svw. ↑Dotter.

Eidsvoll [norweg. 'ɛjdsvɔl], norweg. Großgemeinde am S-Ende des Mjøsensees, 448 km², 14 500 E. V. a. Gerste- und Kartoffelanbau, Holzverarbeitung und Elektroind. - Im 6 km vom Ort E. entfernten Gut E. wurde am 16. Febr. 1814 die Unabhängigkeit Norwegens von Dänemark ausgerufen und von der Nationalversammlung die norweg. Verfassung ausgearbeitet und beschlossen.

Eidophor. Schematische Darstellung der Eidophorprojektion

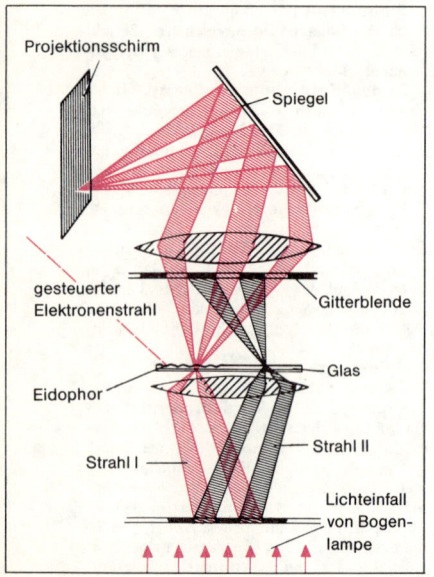

Eierbofist (Kugelbofist, Schwärzender Bofist, Bovista nigrescens), walnuß- bis hühnereigroßer Pilz der Gatt. Bofist auf Wiesen; mit weißer, glatter Außenhaut, die sich bei der Reife ablöst, so daß die braune, papierdünne Innenhaut sichtbar wird; jung eßbar.
Eierfrucht, svw. ↑Aubergine.
Eierköpfe ↑Eggheads.
Eierlikör, Likör aus Monopolsprit (mindestens 20 Vol.-%), Eidotter (mindestens 240 g/l) und Zucker.
Eiermann, Egon, * Neuendorf b. Berlin 29. Sept. 1904, † Baden-Baden 19. Juli 1970, dt. Architekt. - Prof. in Karlsruhe. Eierhäuser, Industrie- und Verwaltungsbauten sowie Sakralarchitektur (Berlin, Neubau der Kaiser-Wilhelm-Gedächtniskirche, 1962). Internat. bekannt wurde E. durch den dt. Pavillon auf der Brüsseler Weltausstellung 1958 (mit S. Ruf).
Eierschlangen (Dasypeltinae), Unterfam. bis knapp über 1 m langer Nattern in Afrika und im südl. Asien; Körper schlank mit kleinem, kurzem, kaum abgesetztem Kopf, Zähne weitgehend rückgebildet; Bänder des Unterkiefers außergewöhnlich dehnbar. - Die E. ernähren sich von Vogeleiern, wobei die Schale beim Schlingen durch harte, scharfkantige Fortsätze der Halswirbel (die nach unten in die Speiseröhre ragen) angeritzt und zerbrochen wird. Bekannt ist die **Afrikan. Eierschlange** (Dasypeltis scabra), etwa 60–90 cm lang, graubräunl. mit schwarzbraunen, mehr oder minder rechteckigen Flecken.
Eierschwamm, svw. ↑Pfifferling.
Eierstab, in der antiken Architektur eine Profilleiste, deren skulptiertes Oberflächenornament aus abwechselnd eiförmigen Gebilden und schmalen Formen (Hüllen?) besteht.
Eierstock (Ovar[ium]), Teil der weibl. Geschlechtsorgane bei den mehrzelligen Tieren (mit Ausnahme der Schwämme) beim Menschen, in welchem die weibl. Keimzellen (Eizellen) entstehen. Daneben kann der E. (bes. bei der Wirbeltieren) eine bed. Rolle bei der Bildung von Geschlechtshormonen spielen (Östrogen im Follikel, Progesteron im Gelbkörper). Meist gelangen die im E. gebildeten Eier über einen eigenen Kanal (↑Eileiter) nach außen oder in die Gebärmutter. Die paarig angelegten Eierstöcke der erwachsenen Frau sind bis zu 3 cm groß und mandel- bis linsenförmig. Jeder E. enthält über 200 000 Follikel in verschiedenen Entwicklungsstadien, von denen jedoch nur etwa 400 Follikel aus beiden Eierstöcken zur Reife kommen.
Eierstockerkrankungen, durch die verschiedensten Erreger hervorgerufen wird die **Eierstockentzündung** (Oophoritis). Sie entsteht meist durch Übergreifen einer ↑Eileiterentzündung. In leichteren Fällen sind im wesentl. nur die Eierstockdurchblutung und die Eierstockfunktion gestört (vermehrte Reifung von Eifollikeln, die aber nicht aufspringen).

Bei den **Eierstockgeschwülsten** (Ovarialtumoren) lassen sich **Eierstockzysten** und **echte Eierstockgeschwülste** unterscheiden. Erstere entstehen durch Sekretion bestimmter Zellen in bereits vorhandene Hohlräume des Eierstocks. Letztere werden je nach ihrem feingewebl. Aufbau benannt. Deckgewebsgeschwülste machen etwa 70 % aller gut- und bösartigen Eierstockgeschwülste aus. Bei rd. 35 % handelt es sich um einen Eierstockkrebs. Die Bindegewebsgeschwülste sind relativ selten und fast immer gutartig bis auf das Eierstocksarkom (etwa 3 % der Fälle). Die embryonalen Mischgeschwülste entstehen aus nicht entwickelten, versprengten Keimanlagen; sie sind gut- oder bösartig und können Haare, Zähne, Schilddrüsen-, Knorpel- und Hirngewebe enthalten. Die Behandlung der Eierstockgeschwülste besteht in der operativen Entfernung. Der **Eierstockkrebs** (Ovarialkarzinom) ist eine bösartige Geschwulst, die sich aus Eierstockdeckzellen entwickelt oder durch bösartige Umwandlung einer gutartigen Eierstockgeschwulst entsteht oder auch (in 25–30 % der Fälle) eine Absiedlung organfremder Karzinome darstellt. Die Beschwerden zu Beginn sind Druck- und Völlegefühl im Unterleib. Die Behandlung besteht in der operativen Entfernung der Eierstöcke, meist auch in Nachbestrahlungen.
 Funktion u. Pathologie des Ovariums. Hg. v. P. A. König u. V. Probst. Stg. 1971.
Eierstockhormone (Ovarialhormone), die vom Eierstock gebildeten und an das Blut abgegebenen Hormone (↑Östrogene, ↑Gestagene).
Eierstockschwangerschaft (Ovarialgravidität), seltene Form der ↑Extrauterinschwangerschaft, bei der sich das befruchtete Ei in oder auf dem Eierstock einnistet und dort zunächst auch weiterentwickelt.
Eiertanz, urspr. Geschicklichkeitsspiel; übertragen für sehr vorsichtiges, gewundenes Verhalten, Taktieren in einer heiklen Situation.
Eifel, nw. Teil des Rhein. Schiefergebirges,

Eierschlangen. Dasypeltis inornatus

Eifersucht

zw. Mosel und Mittelrhein im S und O und Niederrhein. Bucht im N; im W Übergang in die Ardennen, höchste Erhebung Hohe Acht (747 m). Westl. einer Senkungszone, der **Kalkeifel**, liegt die Westeifel mit Anstieg zur Westl. Hocheifel, die von der **Schneifel** (Schwarzer Mann, 698 m) überragt wird. Die Kalkeifel zeichnet sich durch ein wechselvolles Relief in meist 500–550 m Höhe aus. Die östl. anschließende Osteifel ist in ihrem zentralen Teil, der Östl. Hocheifel (**Hohe Eifel**), von Vulkanen durchbrochen. Die von den Moselzuflüssen zertalte S-Abdachung (**Vordereifel**) ist im W ebenso wie die südl. Kalkeifel von vulkan. Erscheinungen (Basaltkuppen, Tuffe und Maare) geprägt (**Vulkaneifel**). Die vorherrschende natürl. Vegetation stellt der Eichen-Hainbuchen-Wald, oberhalb 500 m ü. d. M. der Rotbuchenwald dar. Teile der E. gehören zum Dt.-Belg. und Dt.-Luxemburg. Naturpark. - Die Besiedlung setzte relativ spät ein. Die Römer erschlossen die E. durch Anlegung von Straßen, Siedlungen und Nutzung der Bodenschätze. Um 400 n. Chr. drangen die Franken ein. Die die Christianisierung (6.–8. Jh.) durchführenden Klöster erweiterten durch Rodung die Siedlungsfläche. Seit 925 gehörte die E. zum Ostfränk.-dt. Reich. Seit 1795/1801 frz., kam die E. 1815 an Preußen. Die rückständige Wirtschaft führte im 19. Jh. zur Verarmung der Bev. und zu starker Abwanderung. Die natürl. Ungunst von Klima und Boden begrenzt die landwirt. Erträge, nur die Kalkeifel (v. a. Weizenanbau) sowie die Randgebiete (Obstbau; im Ahrtal Weinbau) haben fruchtbare Böden. Im NW entwikkelte sich eine fast reine Milchwirtschaft. Bed. Fremdenverkehr.

 Meyer, W.: Geologie der E. Stg. 1986. - Haffner, A.: Die westl. Hunsrück-E.-Kultur. Bln. 1976. 2 Bde.

Eifersucht, qualvoll erlebtes Gefühl vermeintl. oder tatsächl. Liebesentzugs. Der Eifersüchtige reagiert auf das wahrgenommene Nachlassen der Zuwendung von Liebe mit Versuchen, das Liebesobjekt an sich zu binden; wenn dies aussichtslos erscheint, neigt er zu Racheakten.

Eiffel, [Alexandre] Gustave [frz. ɛ'fɛl], *Dijon 15. Dez. 1832, † Paris 28. Dez. 1923, frz. Ingenieur. - Baute in wegweisender Eisenkonstruktion Brücken und u. a. für die Pariser Weltausstellung von 1889 den 300,5 m hohen, heute mit Antenne 320,8 m hohen **Eiffelturm.**

Eifollikel (Follikel), aus Follikelzellen bestehende Hülle der heranreifenden Eizelle im Eierstock, die v. a. der Ernährung des Eies während der Eireifung dient, daneben aber auch für die Bildung der Östrogene von Bed. ist. Bei Wirbeltieren sind die E. zunächst einschichtig (**Primärfollikel**), dann mehrschichtig (**Sekundärfollikel**). In vielen Fällen bilden sie später eine flüssigkeitserfüllte Höhlung aus (beim Menschen bis zu 2 cm Durchmesser), in die ein das reife Ei enthaltender Follikelpfropf (Eihügel) hineinragt (**Tertiärfollikel, Graaf-Follikel**).

Eifurchung, svw. ↑ Furchungsteilung.

Eigelb (Dotterkugel), volkstüml. Bez. für die den gelben ↑ Dotter einschließende Eizelle des Vogel- und Reptilieneies im Ggs. zum außenliegenden Eiweiß (↑ Albumen) des Eies.

Eigen, Manfred, *Bochum 9. Mai 1927, dt. Physikochemiker. - Direktor am Max-Planck-Institut für biophysikal. Chemie in Göttingen; wichtige Arbeiten über den Ablauf extrem schneller chem. und biochem. (v. a. enzymat.) Reaktionen; 1967 Nobelpreis für Chemie (zus. mit R. G. W. Norrish und G. Porter). Arbeitet an einem rein physikal.-chem. Modell der Entstehung des Lebens.

Eigenbesitzer, derjenige, der eine Sache als ihm gehörend besitzt (§ 872 BGB).

Eigenbestäubung ↑ Selbstbestäubung.

Eigenbetriebe, wirtsch. Unternehmen einer Gemeinde, die keine eigene Rechtspersönlichkeit besitzen, insbes. Versorgungs- und Verkehrsbetriebe; zu unterscheiden von jurist. Personen des Privatrechts, an denen Gemeinden beteiligt sind, und Einrichtungen der Gemeinde, die keine wirtsch. Unternehmen sind (z. B. Schwimmbäder, Krankenhäuser, Kanalisation, Schulen). Im Gemeindehaushalt erscheint nur Gewinn oder Verlust der Eigenbetriebe.

Eigenbewegung, Abk. EB, scheinbare Bewegung der Fixsterne gegeneinander an der Sphäre, hervorgerufen durch die räuml. Bewegung der Sterne (**pekuliare Eigenbewegung**) und durch die Bewegung des Sonnensystems unter den Sternen (**parallakt. Eigenbewegung**); nur über größere Zeiträume feststellbar.

Eigenblutbehandlung (Autohämotherapie), unspezif. Reizkörpertherapie, bei der anfangs kleinere, später steigende Mengen frisch aus der Vene entnommenen Eigenblutes in einen Muskel injiziert werden; dient der Steigerung der körperl. Abwehrkräfte.

Eigenbrennerei ↑ Brennerei.

Eigendrehimpuls, svw. ↑ Spin.

Eigenfinanzierung, Zuführung von Eigenkapital in ein Unternehmen, im Ggs. zur **Fremdfinanzierung,** bei der Fremd- oder Gläubigerkapital zugeführt wird.

Eigenfrequenz ↑ Eigenschwingung.

Eigengewässer ↑ Binnengewässer.

Eigengruppe ↑ Gruppenarbeitsverhältnis.

eigenhändig, Vermerk auf Postsendungen und Postanweisungen, die dem Empfänger in Person zugestellt werden sollen.

eigenhändiges Delikt, mit Strafe bedrohte Handlung, in ihren Tatbestandsmerkmalen nur vom Täter selbst verwirklicht, nicht aber dadurch begangen werden kann, daß der Täter einen anderen für sich handeln läßt (z. B. Straßenverkehrsgefährdung durch Trunkenheit am Steuer).

Eigentum

Eigenheim, auf mittelständ. Lebensstandard abgestelltes, vom Eigentümer bewohntes Einfamilienhaus. In der BR Deutschland wurde der Bau von E. mit der Begründung in Gang gesetzt, daß das E. der Mietwohnung gegenüber als „familiengerechter" einzuschätzen sei. Negative Auswirkungen dieser Wohnform liegen v. a. in der Einschränkung der sozialen Mobilität und der Gefahr der Zersiedelung der Landschaft.

Eigeninduktion, svw. ↑ Selbstinduktion.

Eigenkapital, der Teil des Kapitals eines Unternehmens, der durch den bzw. die Eigentümer dem Unternehmen zugeführt wurde. Das E. ist die Erwerbsgrundlage eines Unternehmens, trägt die Risiken, übernimmt Haftung und Garantie und bildet die Grundlage der Kreditwürdigkeit. Es soll ausreichen, das Anlagevermögen und die betriebsnotwendigen Teile des Umlaufvermögens zu decken.

Eigenkirche, die auf privatem Grund und Boden stehende Kirche (Gotteshaus, Kloster, später auch Stifte, Bistümer), über die der Grundherr *(E.herr)* bestimmte Rechte hatte und beanspruchte, v. a. das Recht, den Geistlichen ein- und abzusetzen; heute abgeschafft.

eigenmächtige Abwesenheit ↑ militärische Straftaten.

Eigennutz, das Streben nach eigenem Vorteil, das in der klass. Nationalökonomie als treibende Kraft des Wirtschaftslebens angesehen wurde.

Eigenreflexe, Bez. für Reflexe, bei denen, im Ggs. zu den Fremdreflexen, die den Reiz aufnehmenden und den Reflexerfolg ausführenden Strukturen (Rezeptoren, Effektoren) im selben Organ liegen; z. B. Patellarsehnenreflex.

Eigenschaft, (lat. attributum, proprietas, qualitas) die einem Gegenstand wesentlich (substantiell; z. B.: Menschen sind sterbl.) oder zufällig (akzidentell; z. B.: Menschen sind groß) zukommende Bestimmung, durch die seine Einordnung in eine Klasse von Gegenständen erfolgt.

◆ in der *Psychologie* Bez. für Verhaltensdispositionen, die die Grundlage der Persönlichkeitsstruktur darstellen und die individuelle Ausprägung und Konstanz des Verhaltens über verschiedene Situationen und Zeitpunkte hinweg gewährleisten. Die Ausprägung der E. erfolgt im Verlaufe der Entwicklung und ist ein Produkt der Wechselwirkung zw. Vererbungs- und Umweltkomponenten.

Eigenschaftswort, svw. ↑ Adjektiv.

Eigenschwingung, die Schwingung, die ein schwingungsfähiges Gebilde ausführt, wenn man es nach einem einmaligen Anstoß sich selbst überläßt. Die Frequenz der E. wird als **Eigenfrequenz** bezeichnet. Die E. ist stets eine gedämpfte Schwingung. Ein System kann verschiedene E. haben, näml. eine Grundschwingung und deren **Oberschwingungen.**

Eigenspannungen, innere Spannungen, die in jedem bleibend verformten Körper vorhanden sind. In metall. Werkstücken werden E. v. a. durch Kaltformung, ungleichmäßige Erwärmung oder Abkühlung und ungleichmäßige Erstarrung von Schmelzen hervorgerufen; E. haben negativen (Rißbildung) oder positiven (Festigkeitserhöhung) Einfluß auf die Werkstoffeigenschaften; Beseitigung von E. durch Spannungsfreiglühen. Nachweis z. B. durch röntgenograph. Methoden.

Eigentum, das absolute dingl. Recht, über eine Sache innerhalb der von der Rechtsordnung gezogenen Grenzen frei zu bestimmen. Es gewährt eine umfassende Herrschaftsmacht, berechtigt den Eigentümer zum Besitz und zu tatsächl. Einwirkungen auf die Sache sowie zur [rechtsgeschäftl.] Verfügung über sein Recht. Bei Verletzung von Sache oder Recht durch einen einzelnen oder die öffentl. Gewalt sind dem Eigentümer Abwehr- und Ausgleichsrechte gegeben (↑ Eigentumsschutz). Vom ↑ Besitz unterscheidet es sich dadurch, daß es eine rechtl. (nicht bloß eine tatsächl.) Sachherrschaft ermöglicht.

Geschichte: Bei Jäger- und Sammlervölkern bestanden nebeneinander das **Kollektiveigentum** insbes. am Territorium und **Privateigentum** an Kleidern, Waffen und Schmuck. Auch nach dem Übergang zu Viehzucht und landw. Produktion blieb das Kollektiv-E. noch vorherrschend, wobei jedoch die Größe der jeweils als Kollektiv zu bezeichnenden sozialen Gruppen nach und nach zurückging vom Stamm über Sippe und Gens zur Großfamilie. Als bes. Form des E. entwickelte sich das E. an Menschen (Sklaverei). Die Entwicklung der handwerkl. Produktion bis zur schließl. Industrialisierung war mit dem privaten E. an den Produktionsmitteln verbunden. Dies führte v. a. im 19. Jh. zu zunehmender Un-

Gustave Eiffel, Eiffelturm

Eigentümermineralien

gleichheit in der Verteilung des E. und damit in den Lebensbedingungen. Daraus resultierten die sozialkrit. Forderungen nach Abschaffung des [Privat-]E., die im Marxismus aufgegriffen wurden mit der Zielsetzung, die Wirtschaft auf dem „Volks-E." an Produktionsmitteln aufzubauen, wobei unterschieden wird zw. dem Privateigentum an Produktionsmitteln und dem **persönl. Eigentum** an Konsumgütern. Mit dem 20. Jh. vollzog sich eine Abkehr von dem liberal-individualist. E.begriff hin zu stärkerer Berücksichtigung der sozialen Folgen der E.verteilung durch eine **Sozialbindung des Eigentums**. Dementsprechend enthält das GG eine ↑Eigentumsgarantie, erklärt das E. aber zugleich als dem Wohl der Allgemeinheit verpflichtet. Diese Sozialbindung bedeutet eine E.beschränkung, die Eingriffe in das Privat-E. im öffentl. Interesse bis hin zur Enteignung ermöglicht.
Im *bibl. Verständnis* ist die „ganze Erde" Gottes E., das zum rechten Gebrauch verpflichtet. Bibl. Einzelaussagen wurden im Christentum wirksam. Für Thomas von Aquin und die sich auf ihn beziehenden Sozialenzykliken der kath. Kirche zielt das mit der Natur des Menschen gegebene Recht an Privat-E. auf seinen gemeinsamen Gebrauch. Bei stärkerer Betonung des E. als rechenschaftspflichtigem Lehen Gottes anerkennen die reformator. Bekenntnisschriften ein natürl. Recht des Menschen, E. zu besitzen. Bei Calvin, v. a. aber im kalvinist. Arbeitsethos, konnten E. und Besitz als himml. Segen und Bestätigung der Erwählung verstanden werden. Industrialisierung, Arbeitsverfassung und wirtschaftl. Konzentrationsbewegungen im 19. und 20. Jh. haben in der kath. und ev. Theologie dazu geführt, die Forderung nach Sozialbindung des E. als ihre legitime Aufgabe zu betrachten.
📖 *Dietze, G.: Zur Verteidigung des E.* Tüb. *1978. - Däubler, W., u. a.: E. u. Recht.* Neuwied *1976. - Ev. Sozialex.* Hg. v. *F. Karrenberg.* Stg. ⁶*1970.*

Eigentümermineralien ↑Bergfreiheit.

Eigentumsdelikte, strafbare Handlungen, die sich allein oder überwiegend gegen das Eigentum als geschütztes Rechtsgut richten, wie z. B. Diebstahl, Energieentziehung, Unterschlagung, Raub, Sachbeschädigung.

Eigentumsgarantie, verfassungsrechtl. Gewährleistung des einer Privatperson konkret gehörenden Eigentums und des Eigentums als Institut der Rechtsordnung. So bekennt sich das GG in Art. 14 zum *Privateigentum*. Diese E. gewährleistet als Freiheitsrecht das konkrete Eigentum des einzelnen und auch das Rechtsinstitut Eigentum. Allerdings kann der Gesetzgeber Inhalt und Schranken des Eigentums bestimmen und Sachen der Privatrechtsordnung entziehen und einer öffentl.-rechtl. Sachherrschaft unterstellen. Jedoch darf das Privateigentum nicht durch eine Einrichtung ersetzt werden, die die Bez.

Eigentum nicht mehr verdient (↑auch Sozialisierung). Die E. ist für die Wirtschaftsverfassung von bes. Bedeutung. Es darf kein Wirtschaftssystem eingeführt werden, das das Privateigentum negiert.
In *Österreich* und der *Schweiz* ist das Recht auf Eigentum ebenfalls in der Verfassung verankert.

Eigentumsherausgabeanspruch (Eigentumsklage), der dingl. Anspruch des Eigentümers gegen den unrechtmäßigen Besitzer auf Herausgabe der Sache (§ 985 BGB).

Eigentumspolitik ↑Vermögensverteilung.

Eigentumsschutz, Abwehr und Ausgleich von Eigentumsbeeinträchtigungen. Das bürgerl. Recht gewährt dem Eigentümer z. B. bei unberechtigter Entziehung oder Vorenthaltung des Besitzes einen Eigentumsherausgabeanspruch, bei anderen Eigentumsstörungen einen Anspruch auf Beseitigung und Unterlassung der Störung, bei schuldhafter Verletzung des Eigentums einen Schadenersatzanspruch, u. U. auch ohne Verschulden einen Anspruch wegen ungerechtfertigter Bereicherung.

Eigentumsübertragung (Übereignung), der dingl. Vertrag, auf Grund dessen Eigentum vom Veräußerer auf den Erwerber übergeht. An *bewegl. Sachen* kann Eigentum übertragen werden (§§ 929–931 BGB) i.d.R. 1. durch Einigung und Übergabe, 2. durch bloße Einigung, wenn der Erwerber die Sache schon besitzt oder in der Lage ist, die Sachgewalt auszuüben. Die E. an *Grundstücken* erfordert eine formgebundene Einigung (Auflassung) und die Eintragung des Erwerbers ins Grundbuch (§§ 925, 926 BGB). Die *Auflassung* muß bei gleichzeitiger Anwesenheit beider Teile erklärt werden. Sie darf nicht bedingt oder befristet sein und soll nur entgegengenommen werden, wenn die Urkunde über das Grundgeschäft (z. B. Kaufvertrag) vorgelegt oder gleichzeitig errichtet wird. Da sie bereits mit der Beurkundung bindend (unwiderruflich) wird, erwirbt der Auflassungsempfänger ein Anwartschaftsrecht. Die Eintragung ins Grundbuch soll nur erfolgen nach Vorlage der Auflassungsurkunde und einer Unbedenklichkeitsbescheinigung der Grunderwerbsteuerstelle.
Das *östr. Recht* weicht vom dt. Recht insoweit ab, als es allg. vom Begriff des **Eigentumserwerbs** ausgeht. Eigentum kann durch Zueignung, durch Zuwachs und durch Übergabe erworben werden. Grundsätzl. gilt, daß ohne Titel und ohne rechtl. Erwerbsart kein Eigentum erlangt werden kann. Dem *schweizer. Recht* ist der dingl. Vertrag unbekannt. Die rechtsgeschäftl. E. setzt voraus: 1. ein gültiges Grundgeschäft; 2. die Verfügung des Veräußerers. Diese erfolgt bei bewegl. Sachen durch Übergabe des Besitzes und bei Grundstücken durch Eintragung ins Grundbuch.

Eigentumsvorbehalt, die bei der Übereignung einer verkauften Sache vereinbarte aufschiebende Bedingung, daß das Eigentum erst mit vollständiger Zahlung des Kaufpreises auf den Käufer übergehen soll. Auf Grund des E. behält der auf Kredit Verkaufende als Sicherheit für seine Kaufpreisforderung auflösend bedingtes Eigentum (**Vorbehaltseigentum**), das ihm Dritten gegenüber alle Rechte eines Eigentümers gewährt.

Eigentumswohnung ↑Wohnungseigentum.

Eigenverbrauch, Entnahmen des Unternehmers aus seinem Unternehmen für Zwecke, die außerhalb des Unternehmens liegen.

Eigenwechsel ↑Solawechsel.

Eigenzustand, quantenmechan. Zustand eines mikrophysikal. Systems, der durch eine Eigenfunktion (Psifunktion) der ↑Schrödinger-Gleichung des Systems beschrieben wird.

Eiger, vergletscherter Bergstock in der Finsteraarhorngruppe, sw. von Grindelwald, Schweiz, 3 970 m hoch. Die fast 1 800 m hohe Eigernordwand ist die berühmteste Kletterwand der Alpen (Erstdurchsteigung 1938). - Abb. S. 62.

Eignungsuntersuchung, Feststellung und Beurteilung der Eignung einer Person zur Ausübung bestimmter Tätigkeiten oder Berufe zum Zwecke der Berufsberatung oder berufl. Auslese. Die bei der E. herangezogenen Testverfahren basieren auf einer zuvor durchgeführten Arbeits- oder Berufsanalyse. Neben der Prüfung einzelner spezif. Fertigkeiten oder Funktionen berücksichtigen diese auch allgemeinere intellektuelle und persönlichkeitsspezif. Eigenschaften wie Anpassungs- oder Umstellungsfähigkeit, Leistungsmotivation, soziale Kontaktbereitschaft usw.

Eigtved, Nicolai, * Egtved (Westseeland) 22. Juni 1701, † Kopenhagen 7. Juni 1754, dän. Baumeister. - Seit 1735 in Kopenhagen, wo er den frz.-sächs. Barockstil einführte. Erbaute Teile des Residenzschlosses Christiansborg (1733–45), das Prinzenpalais (heute Nationalmuseum, 1743/44) und schuf den oktogonalen Platz „Amalienborg" in Kopenhagen (1754–60), umgeben von vier Stadtpalästen (später in königl. Besitz).

Eihaut, svw. ↑Dotterhaut.
◆ beim *Vogelei* Bez. für: 1. ↑Dotterhaut; 2. ↑Schalenhaut.
◆ Bez. für die ↑Embryonalhüllen.

Eihautfressen (Plazentophagie), das Auffressen der Nachgeburt; v. a. von Haustieren und wilden Huftieren bekannt.

Eijkman, Christiaan [niederl. 'ɛikmɑn], * Nijkerk (Geldern) 11. Aug. 1858, † Utrecht 5. Nov. 1930, niederl. Hygieniker. - Schüler von R. Koch; Prof. in Utrecht; arbeitete über die moderne Ernährungslehre; 1929 (mit F. G. Hopkins) Nobelpreis für Medizin.

Eike, weibl. und männl. Vorname (↑Eiko).

Eike von Repgow [...go] (Repgau, Repegouw), * um 1180, † nach 1233, edelfreier Sachse aus Reppichau (Anhalt). - Nachweisbar zw. 1209 und 1233; schrieb um 1224–31 den Sachsenspiegel; seine Verfasserschaft der Sächs. Weltchronik ist umstritten.

Eiklar, svw. ↑Albumen.

Eiko (Eike), männl. Vorname; niederdt. Kurzform von Namen, die mit „Ecke-" oder „Eg-" gebildet sind, z. B. Eckehard; auch weibl. Vorname.

Eilat, Stadt in Israel, ↑Elat.

Eileiter (Ovidukt), bei den meisten mehrzelligen Tieren und dem Menschen ausgebildeter röhrenartiger, meist paariger Ausführungsgang, durch den die Eier aus dem Eierstock nach außen bzw. in die Gebärmutter gelangen. Bei fast allen Wirbeltieren (einschließl. des Menschen) geht der E. aus dem vorderen Abschnitt des ↑Müller-Gangs hervor, beginnt mit einer trichterförmigen, mit Fransen (Fimbrien) versehenen Öffnung, und mündet als Tuba uterina in die Gebärmutter (bei allen Säugetieren einschließl. des Menschen). Beim Menschen ist der E. etwa 8–10 cm lang, paarig ausgebildet und nahezu bleistiftstark.

Eileiterentzündung (Salpingitis), Entzündung eines oder (meist) beider Eileiter, oft mit Übergreifen auf die benachbarten Eierstöcke. Die E. wird am häufigsten durch Staphylokokken und Streptokokken hervorgerufen. Die *akute* E. setzt plötzlich, mit hohem Fieber und heftigen Schmerzen im gespannten Unterleib, ein. Die *chron.* E. kann u. a. zur Verklebung der entzündl. veränderten Schleimhautfalten im Eileiter und dadurch zur Sterilität führen; Behandlung mit Antibiotika.

Eileiterschwangerschaft (Tubargraviditát, Graviditas tubarica), Schwangerschaft, bei der sich das befruchtete Ei im Eileiter einnistet und dort zunächst weiterentwickelt. Meist stirbt die Frucht nach 6 bis 8 Wochen ab und wird dann unter inneren Blutungen in die Bauchhöhle ausgestoßen (**Tubarabort**). Im anderen Fall kann sie die Eileiterwand durchbrechen und zu einer plötzl., lebensgefährl. Blutung in die Bauchhöhle führen.

Eilenburg, Krst. im Bez. Leipzig, DDR, an der Mulde, 21 900 E. Zelluloid- u. a. Kunststoffherstellung. - Erhielt wohl zu Beginn des 13. Jh. Stadtrecht; 1402 an Meißen, 1815 an Preußen. - Stadtkirche (1444 begonnen) mit spätgot. Flügelaltar, spätgot. Bergkirche Sankt Marien (1516–22), Rathaus (1544/45).

Eilgut, Frachtgut, das gegen erhöhte Fracht bes. schnell befördert wird.

Eilhart von Oberg[e], mittelhochdt. Dichter der 2. Hälfte des 12. Jh. (?). - Mutmaßl. Verf. des ältesten dt. Tristan-Epos „Tristrant und Isalde".

Eilsen, Bad

Eilsen, Bad ↑ Bad Eilsen.

Eilüberweisung, Überweisungsverfahren, bei dem die Gutschriftaufgabe direkt an die kontoführende Stelle des Begünstigten geht.

Eilzug (E-Zug), Reisezuggattung, in der BR Deutschland nicht zuschlagpflichtig; durchfährt längere Strecken ohne Halt, hält jedoch häufiger als der Schnellzug (D-Zug).

Eilzustellung, die gebührenpflichtige beschleunigte Zustellung von Briefen, Postkarten und Postanweisungen sowie Päckchen.

Eimerkettenbagger ↑ Bagger.

Eimert, Herbert, * Bad Kreuznach 8. April 1897, † Düsseldorf 15. Dez. 1972, dt. Komponist und Musikkritiker. - Gründete das Elektron. Studio des WDR in Köln; als Komponist betätigte sich E. überwiegend auf dem Gebiet der elektron. Musik. Schrieb u. a. „Lehrbuch der Zwölftontechnik" (1950) und gab die Schriftenfolge „Die Reihe" (1955–62) heraus; zus. mit H.-U. Humpert bearbeitete er „Das Lexikon der elektron. Musik" (1973).

Einankerumformer, elektr. Maschine zur Umformung von Wechselstrom in Gleichstrom und umgekehrt.

Einar, aus dem Nord. übernommener männl. Vorname altisländ. Ursprungs; bedeutet etwa „der allein kämpft".

Einaudi, Luigi [italien. ej'naːudi], * Carrù (Prov. Cuneo) 24. März 1874, † Rom 30. Okt. 1961, italien. Finanzwissenschaftler und liberaler Politiker. - 1902–48 Prof. in Turin; ab 1925 Gegner des Faschismus; Gouverneur der Banca d'Italia 1945–48, stabilisierte als stellv. Min.präs. und Haushaltsmin. 1947/48 die italien. Währung und die Staatsfinanzen; Präs. der Republik 1948–55.

Einbahnstraße, bes. gekennzeichnete Straße, die nur in einer Richtung befahren werden darf. Es muß rechts gefahren und links überholt werden, Schienenfahrzeuge dürfen jedoch rechts oder links überholt werden.

Einbalsamieren, ein schon im 3. Jt. v. Chr. geübtes Verfahren, Leichname zum Schutz gegen Verwesung (↑ Mumie) mit Konservierungsstoffen (Natron, Asphalt, Harze) zu behandeln. Vor dem E. werden Gehirn und Eingeweide entfernt und in bes. Behältern (Kanopen) beigesetzt, während der mumifizierte Körper des Toten mit einer Maske bedeckt wird. Seit Ende des 18. Jh. werden Öle und Chemikalien injiziert.

einbasige Säure (einbasische Säure), eine Säure, die nur über ein „saures" (von den Molekülen einer Base neutralisierbares) H-Atom verfügt.

Einbaum, langes schmales Wasserfahrzeug, durch Aushöhlen oder Ausbrennen eines Baumstamms gefertigt.

Einbeck, Stadt in Nds., nw. von Northeim, 114 m ü. d. M., 28 000 E. städt. Museum; Maschinenbau, Fahrradproduktion, Teppichherstellung, Tapetenfabrik und Brauerei. - 1274 fiel E. an Braunschweig-Grubenhagen und erhielt 1279 ein verbessertes Stadtrecht.

Eiger. Nordwand (oben)

Einbaum. Herstellung durch Ausbrennen

Eindecker

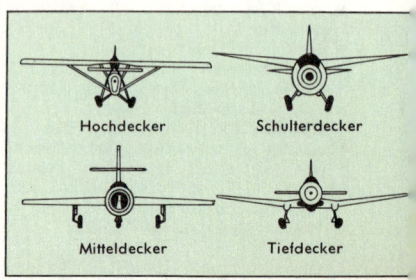

Eindhoven

Ab 1368 Mgl. der Hanse, die Wirtschaft beruhte auf der Ausfuhr von Pelzwerk, Leinwand, Wolle und dem 1351 belegten berühmten Starkbier („Bockbier"). 1617 kam E. an Braunschweig-Lüneburg. - Spätgot. ehem. Stiftskirche, spätgot. Marktkirche (beide 13. Jh.), Fachwerkhäuser (16.–18. Jh.), Rathaus (1550), Stadtwaage (1565), klassizist. Landjägerschule (1826).

Einbeere (Paris), Gatt. der Liliengewächse mit etwa 20 Arten in Europa und im gemäßigten Asien. In Laubwäldern M-Europas weitverbreitet ist die Art **Paris quadrifolia**, eine bis etwa 40 cm hohe Pflanze mit vier in einem Quirl zusammenstehenden Blättern, endständiger, bleichgrüner Blüte und schwarzer, giftiger Beere.

Einbettung, in der *mikroskop. Technik* das Durchtränken eines Präparates mit einer Flüssigkeit (**Einbettungsmittel**, z. B. Paraffin, Methacrylat), die anschließend erstarrt.
♦ svw. ↑Nidation.

Einbildungskraft, svw. ↑Phantasie.

Einbiß, stärkere Abnutzung der Unterkieferschneidezähne gegenüber denen des Oberkiefers bei Pferden im 8.–9. Lebensjahr; Kennzeichen zur Altersbestimmung.

Einblattdrucke, einseitig bedruckte Einzelblätter, hergestellt in Holzschnitttechnik oder im Buchdruckverfahren (v. a. im 15. und 16. Jh.). Gegen Ende des 14. Jh. verdrängte der E. das serienmäßig gemalte Heiligenbild. Ablaßbriefe, amtl. Bekanntmachungen, Kalenderblätter u. a. sind ebenfalls als E. überliefert. Bed. Künstler (Altdorfer, Baldung, L. Cranach d. Ä., Dürer) und Schriftsteller (H. Sachs, S. Brant) arbeiteten für Einblattdrucke.

Einblendung, Aufnahmetechnik bei Film und Funk, bei der in Tonbänder, Filmstreifen untermalende oder sonstige Geräusche, Bilder u. a. eingespielt werden.

Einbrennlacke, Lacke, die durch Hitzeeinwirkung ihre gewünschte Eigenschaft erhalten (u. a. Härte und Beständigkeit).

Einbruch (frz. bâton) ↑Wappenkunde.

Einbruchdiebstahl (Einbruch) ↑Diebstahl.

Einbruchdiebstahlversicherung, Zweig der Sachversicherung, der Versicherungsschutz gegen Schäden durch Einbruchdiebstahl gewährt; Voraussetzung: der Täter muß einen gewissen Widerstand überwinden, um in das Gebäude oder den Raum zu gelangen.

Einbruchsicherung, Sammelbez. für Schutzvorrichtungen gegen Einbruch. Zu den mechan. Sicherungen zählen neben den baul. Gegebenheiten zusätzl. Einrichtungen wie Gitter, bes. Wertbehälter (Geldschränke, Wandsafes u. a.) sowie die Schlösser und Verriegelungen. Als Ergänzung dienen elektr. betriebene Alarmanlagen (Raumsicherungen), die mit akust. oder opt. Alarmgeber (Hupen, Sirenen, Blinklicht) oder auch durch Aufschaltung auf ein Notruftableau der Polizei einen Einbruch melden.

Einbürgerung (Naturalisation), Hoheitsakt, mit dem ein Staat einem Ausländer oder Staatenlosen auf Antrag die inländ. Staatsangehörigkeit verleiht und ihn damit rechtl. Inländern völlig gleichstellt. Die E. ist in den §§ 8–16 des Reichs- und StaatsangehörigkeitsG vom 22. 7. 1913 geregelt. Alle ausländ. Ehepartner dt. Staatsangehöriger können die dt. Staatsangehörigkeit durch E. erwerben, wenn sie die bisherige Staatsangehörigkeit verlieren oder aufgeben. Die allg. Voraussetzungen für eine E. sind: unbeschränkte Geschäftsfähigkeit; unbescholtener Lebenswandel; eigene Wohnung oder Unterkommen am Orte der Niederlassung; Fähigkeit, sich und seine Angehörigen an diesem Orte zu ernähren. Bei der E. handelt es sich um eine Ermessensentscheidung der höheren Verwaltungsbehörde.

Im *östr. Recht* gelten die Bestimmungen der §§ 9, 10, 12, 14 und 25 des StaatsbürgerschaftsG von 1965. Danach erfolgt die E. durch Erklärung der Ehefrau eines östr. Staatsbürgers; durch Antritt des Amtes eines Prof. an einer östr. Universität oder Hochschule; durch Verleihung der Staatsbürgerschaft bei langjährigem Wohnsitz des Antragstellers in Österreich. In der *Schweiz* kann der Ausländer das Schweizer Bürgerrecht nur durch den Erwerb eines Gemeinde- und Kantonsbürgerrechts erlangen, wozu er einer Bewilligung der Eidgenöss. Polizei- und Justizdepartemente bedarf.

einchecken [...tʃ...; dt./engl.], in der Flugtouristik svw. abfertigen; über Bildschirm, dem ein Computer angeschlossen ist, oder Listen werden Name der Passagiere und Zahl und Gewicht ihrer Gepäckstücke registriert.

Eindampfen (Abdampfen), Entfernen der flüchtigen Bestandteile (Wasser, Lösungsmittel) einer Lösung; der nichtflüchtige Anteil bleibt als [Eindampf]rückstand übrig.

Eindecker, Flugzeug, das nur einen Tragflügel besitzt. Nach Lage dieses Flügels zum Rumpf bezeichnet man den E. als Tief-, Mittel-, Schulter- bzw. Hochdecker.

Eindeutigkeit, Eigenschaft einer Zuordnung zw. einer Menge M_1 und einer Menge M_2, die stets dann vorliegt, wenn jedem Element $a \in M_1$ genau ein Element $b \in M_2$ (**Rechtseindeutigkeit**) oder jedem Element $b \in M_2$ genau ein Element $a \in M_1$ (**Linkseindeutigkeit**) zugeordnet wird. Eine sowohl rechts- als auch linkseindeutige Zuordnung wird als **umkehrbar eindeutig** oder **eineindeutig** bezeichnet.

Eindhoven [niederl. 'ɛjntho:və], niederl. Industriestadt 30 km sö. von Herzogenbusch, 195 000 E. TH (gegr. 1956); Akad. für indu-

Eindicken

strielle Formgebung; Bibliotheken; zwei Theater; Museen; Tierpark. Elektro-, Automobilind., u.a.; ⚒. - Erhielt 1232 Stadtrechte.

Eindicken ↑Konservierung.

eindocken, ein Schiff zur Reparatur oder Reinigung in ein Dock bringen.

Einehe ↑Ehe (Völkerkunde).

eineindeutig ↑Eindeutigkeit.

Einem, Gottfried von, * Bern 24. Jan. 1918, östr. Komponist. - Schüler von B. Blacher; Vertreter einer gemäßigten Moderne, bedient sich der erweiterten Tonalität und bemüht sich um formale Klarheit und möglichst eingängige Rhythmik; komponierte neben Instrumental- und Ballettmusik v. a. Opern, u. a. „Dantons Tod" (1947, nach G. Büchner), „Der Prozeß" (1953, nach F. Kafka), „Der Besuch der alten Dame" (1971, nach F. Dürrenmatt), „Kabale und Liebe" (1976, nach Schiller), „Jesu Hochzeit" (1980).

Einer (Skiff), Sportruderboot, das von einem Ruderer mittels Skull bedient wird.

einfache Beschwerde ↑Beschwerde.

einfache Brandstiftung ↑Brandstiftung.

einfache Buchführung ↑Buchführung.

einfache Maschinen, die Grundbausteine aller physikal. Maschinen, mit deren Hilfe Arbeit unter möglichst geringem Kraftaufwand (auf Kosten des Weges) verrichtet werden kann. Zu den e. M. gehören Hebel, schiefe Ebene und Rolle.

einfacher Bankrott ↑Bankrott.

einfacher Diebstahl ↑Diebstahl.

einfahren, bergmänn. für: sich unter Tage begeben, in die Grube fahren (im Förderkorb).

◆ eine neue Maschine, insbes. den Motor eines Kfz. während einer bestimmten Zeit mit stets wechselnder mittlerer Belastung und Drehzahl betreiben bzw. fahren.

Einfallen, Neigung von Gesteinsschichten zur Horizontalen.

Einfallswinkel, in der *Optik* der Winkel, den ein auf eine reflektierende oder brechende Fläche (z. B. auf einen Spiegel oder auf eine Linse) fallender Lichtstrahl mit der Senkrechten zu dieser Fläche in seinem Auftreffpunkt (**Einfallslot**) bildet.

Einfalt, menschl. Grundhaltung, die in der christl. Tugendlehre der Aufrichtigkeit, Wahrhaftigkeit, Arglosigkeit und Uneigennützigkeit verwandt ist.

Einfangprozeß (Absorptionsprozeß, Einfang), eine Kernreaktion, bei der ein Teilchen von einem Atomkern absorbiert und gegebenenfalls ein anderes Teilchen bzw. ein Gammaquant emittiert wird. Der wichtigste E. ist der Neutroneneinfang, die (n, γ)-Reaktion). Ein solcher Prozeß ist z. B. die Kernreaktion ^{238}U(n, γ) ^{239}U, bei der Uran 238 durch Neutroneneinfang in Uran 239 übergeht. Ein weiterer E. ist der Elektroneneinfang.

Einflugschneise, hindernisfreier Geländestreifen mit Anflugbefeuerung vor der Landebahn eines Flughafens, über dem der letzte Teil des Sinkflugs bis zum Aufsetzpunkt ausgeführt wird.

Einflußzone (Einflußsphäre), im Völkerrecht svw. ↑Interessensphäre.

Einfühlung, 1. Nachvollziehen von Erleben und Gefühlszuständen anderer Personen auf Grund von Ausdrucksbeobachtungen oder verbalen Schilderungen; 2. intuitives Erfassen einer Dichtung, eines Kunstwerkes überhaupt, im Unterschied zum rationalen Verstehen, dem es vorausgehen, aber auch entgegengesetzt sein kann; 3. nach W. Worringer eine der beiden möglichen, dem schöpfer. Prozeß zugrundeliegenden Welthaltungen: beseelte Darstellung der Natur und abstrahierte Reduktion der Natur.

Einfuhr ↑Import.

Einfuhrbeschränkung ↑Importbeschränkung.

Einfuhrerklärung, Erklärung, die vom Importeur, Handelsvertreter oder Beförderer vor der genehmigungsfreien Einfuhr in zweifacher Ausfertigung bei der Dt. Bundesbank abgegeben wird, wenn ein Einfuhrvertrag vorliegt.

Einfuhr- und Vorratsstellen, Abk. EVSt, Körperschaften des öffentl. Rechts, die v. a. der Stabilisierung der inländ. Preise von landw. Erzeugnissen und der Versorgung der Bev. durch Anlage von Vorräten mit Grundnahrungsmitteln dienen. Die EVSt der BR Deutschland für Milch und Fette, für Schlachtvieh und Fleischerzeugnisse, für Getreide und Futtermittel und die Einfuhrstelle für Zuckererzeugnisse (seit 1976: Bundesanstalt für landwirtschaftl. Marktordnung, Frankfurt am Main) kontrollieren die Einfuhr und haben das Recht, Einfuhren in die BR Deutschland ganz zu verhindern bzw. den Importeuren Auflagen über den Zeitpunkt des Verkaufs der eingeführten Waren und die Art der Verwendung zu machen.

Einführungsgesetze, Gesetze, die ergänzende Bestimmungen zur Rechtsüberleitung bei umfassender Neuregelung großer Rechtsgebiete treffen und daher im Gegensatz zum eigentl. Gesetzeswerk i. d. R. nur befristete Wirkung entfalten.

Einfuhrzölle ↑Zölle.

Eingabe ↑Petition.

Eingabegerät, an eine Rechenanlage angeschlossenes Gerät, das Daten, Befehle eines Programms oder sonstige Information von einem Datenträger (Lochstreifen, Lochkarte, Magnetband, Magnetkarte) abliest und in die Rechenanlage überträgt.

Eingang vorbehalten, Abk. E. v., Klausel im Bankgeschäft, wenn Wechsel oder Schecks an Zahlungs Statt angenommen wurden. Die [endgültige] Gutschrift ist vom Eingang des Inkassobetrages abhängig.

Eingebung ↑ Inspiration.

Eingemeindung, Eingliederung einer Gemeinde in eine andere auf Grund einer Einigung der beteiligten Gemeinden (**freiwillige Eingemeindung**) oder gegen den Willen der einzugliedernden Gemeinde (**Zwangseingemeindung**). Die freiwillige E. erfolgt zumeist durch Verwaltungsakt der oberen Aufsichtsbehörde nach Abschluß eines E.vertrages. Die Zwangs-E. ist nur zulässig, wenn sich die beteiligten Gemeinden nicht einigen. Zwangs-E. sind mit der Garantie der kommunalen Selbstverwaltung (Art. 28 Abs. 2 GG) vereinbar, da diese nicht den Bestand der einzelnen individuellen Gemeinde gewährleistet. Voraussetzung einer verfassungsmäßigen E. ist ferner, daß die beteiligten Gemeinden zuvor in ausreichendem Maße gehört worden sind. Zwangs-E. können in den meisten Ländern der BR Deutschland nur durch förml. Landesgesetz vorgenommen werden. E. mittels Verwaltungsaktes oder RVO können die betroffenen Gemeinden durch Klage zum Verwaltungsgericht, E. durch förml. Gesetz durch Verfassungsbeschwerde zum Landes- und/oder Bundesverfassungsgericht anfechten. Nach *östr. Recht* erfordert eine E. ein entsprechendes Landesgesetz; die zwangsweise Zusammenlegung von Gemeinden ist verfassungsrechtlich zulässig. In der *Schweiz* garantieren etwa die Hälfte der Kantonsverfassungen den Bestand der einzelnen Gemeinden. In den übrigen Kt. kann die Bildung und Auflösung, insbes. die Vereinigung von Gemeinden durch Gesetzgebung oder im Verordnungswege erfolgen.

eingepfropft ↑ Wappenkunde.

eingestrichen, Bez. für den Tonraum c'–h' (eingestrichene Oktave; ↑ Tonsystem).

eingetragene Genossenschaft mit beschränkter Haftpflicht, Abk. eGmbH, ↑ Genossenschaften.

eingetragener Verein, Abk. e. V., ↑ Verein.

Eingeweide [zu althochdt. weida „Futter, Speise" (die E. des Wildes wurden den Hunden vorgeworfen)] (Splanchna, Viscera), zusammenfassende Bez. für die inneren Organe des Rumpfes, v. a. der Wirbeltiere (einschließl. des Menschen). Man unterscheidet: **Brusteingeweide** (v. a. Herz mit Aorta, Lungen, Thymus, Luft- und Speiseröhre) und **Baucheingeweide** (E. i. e. S.; v. a. Magen und Darm, Leber und Gallenblase, Bauchspeicheldrüse, Milz, Nieren, Nebennieren, Harnleiter sowie die inneren Geschlechtsorgane). I. w. S. kann auch das Gehirn zu den E. gerechnet werden. In der Volksmedizin gelten tier. E. als wichtiges Heilmittel. Seit der Antike sind Votivgaben in Form von E. bekannt.

Eingeweidebruch ↑ Bruch.

Eingeweidefische, svw. ↑ Nadelfische.

Eingeweidegeflecht (Sonnengeflecht, Bauchhöhlengeflecht, Solarplexus, Plexus coeliacus), der Bauchaorta in Zwerchfellnähe aufliegendes, großes Geflecht sympath. Nervenfasern mit zahlr. vegetativen Ganglien, von denen aus die oberen Baucheingeweide mit Nervenfasern versorgt werden.

Eingeweidenervensystem, svw. vegetatives Nervensystem (↑ Nervensystem).

Eingeweidesack, Teil des Körpers der Schnecken, der meist von der Schale umhüllt ist und den größten Teil des Darmtrakts und des Blutgefäßsystems sowie die Geschlechts- und Exkretionsorgane enthält.

Eingeweideschnecken (Entoconchidae), Fam. endoparasit. in Seewalzen (v. a. im Darmtrakt und in den Blutgefäßen) lebender, bis etwa 10 cm langer, schlauchförmiger Schnecken ohne Schale, bei denen innere Organe weitgehend rückgebildet sind.

Eingeweidewürmer (Helminthen), zusammenfassende Bez. für im Verdauungskanal (einschließl. der Gallengänge) von Mensch und Tier lebende Würmer (hauptsächl. Band-, Spul-, Maden-, Hakenwürmer, Leberegel, Kratzer).

Eingliederung, nur in einer AG mögl. engste Verbindung rechtl. selbständiger Unternehmen, die der Verschmelzung nahekommt; eingegliederte Gesellschaften gehören zu den verbundenen Unternehmen im Sinne des § 15 Aktiengesetz.

Eingliederungsdarlehen, Darlehen, die Vertriebenen, Kriegssachgeschädigten u. bes. Fällen auch Flüchtlingen aus der DDR nach dem LastenausgleichsG zur Eingliederung in die BR Deutschland gewährt werden.

Eingliederungshilfe für Behinderte, Teil der Sozialhilfe, die im BundessozialhilfeG geregelt ist. Aufgabe der E. f. B. ist es, eine drohende Behinderung zu verhüten oder eine vorhandene oder deren Folgen zu beseitigen oder zu mildern und dabei dem Behinderten die Teilnahme am Leben in der Gesellschaft zu ermöglichen.

Eingriff in ein laufendes Verfahren, zum Schutz der richterl. Unabhängigkeit (Art. 97 Abs. 1 GG) besteht der Grundsatz, daß eine Beeinflussung laufender Gerichtsverfahren durch Massenmedien, Stellungnahmen in der Öffentlichkeit usw. zu unterbleiben hat; im PresseG der Länder geregelt.

Eingriffsverwaltung, eine der Grundformen des Handelns der öffentl. Verwaltung, bei der mit Mitteln der hoheitl. Zwangs zur Sicherung der Rechtsordnung Eingriffe in Freiheit und Eigentum der Rechtsunterworfenen möglich sind. Polizei-, Gewerbe-, Steuerverwaltung sind die klass. Bereiche der E., die entsprechende Handlungsform ist der Verwaltungsakt. Neben die E. ist im modernen Staat die Leistungsverwaltung getreten.

Eingruppierung, 1. im öffentl. Dienst die Einreihung von Angestellten in eine Vergütungsgruppe, deren Tätigkeitsmerkmalen

Einhandsegler

die gesamte (und nicht nur vorübergehend) von ihnen auszuübende Tätigkeit entspricht; 2. allg. die Einordnung von Arbeitnehmern in bestimmte Tarifgruppen.

Einhandsegler, Bez. für einen Segler, der sein Boot allein über eine Rennstrecke oder über größere Meeresstrecken führt. Auch Bez. für ein Segelboot, das zur Bedienung durch nur einen Mann eingerichtet ist.

Einhard, männl. Vorname; Nebenform von Eginhart.

Einhard (Eginhard), * in Mainfranken um 770, † Seligenstadt 14. März 840, fränk. Geschichtsschreiber und Gelehrter. - Vertrauter und Berater Karls d. Gr.; gründete 828 Kloster Seligenstadt; Abt mehrerer Klöster; schrieb die erste Herrscherbiographie des MA, „Vita Caroli magni" (um 820), eine Biographie Karls d. Großen.

Einhäusigkeit, svw. ↑ Monözie.

Einheit, der Messung einer Größe dienende Vergleichsgröße derselben Größenart von festem, reproduzierbarem Betrag. Der Betrag der E. ist prinzipiell (einmal) frei wählbar, doch werden aus Zweckmäßigkeitsgründen nur die E. für die Grundgrößenarten, die **Grundeinheiten (Basiseinheiten),** frei gewählt; E. für die übrigen Größen lassen sich dann aus diesen Grundeinheiten ableiten. Die Gesamtheit aller E. für die Größenarten eines Gebietes der Physik bezeichnet man als **Einheitensystem.**
Die BR Deutschland hat durch das Gesetz über Einheiten im Meßwesen vom 2. 7. 1969 **(Einheitengesetz)** die im ↑ Internationalen Einheitensystem (SI) festgelegten Basiseinheiten (Meter, Kilogramm, Sekunde, Ampere, Kelvin, Candela), bestimmte atomphysikal. E. (Mol, atomare Masseneinheit, Elektronenvolt) sowie daraus abgeleitete E. und deren dezimale Vielfache und Teile als **gesetzl. Einheiten** im geschäftl. und amtl. Verkehr für verbindl. erklärt. († Physikalische Größen und ihre Einheiten).

♦ unterste militär. Gliederungsform, Kompanie bzw. Batterie.

♦ polit.-soziale Leitidee; erlangte in Verbindung mit der Idee der Nation (E.staat) und der Klasse (E.gewerkschaft, E.front) im 19. und 20. Jh. außerordentl. Bed.

♦ *philosoph.* zus. mit dem Begriff des Einen häufig als Eigenschaft des Seienden auftretender oder mit dem Begriff des Seienden als austauschbar gedachter Begriff, wobei die synthet. E. einer unterschiedenen Mannigfaltigkeit in einem gegebenen Ganzen eine wichtige Rolle spielt. Unter *E. der Wissenschaften* ist das Ziel des im ↑ Wiener Kreis vertretenen Programms zu verstehen, das durch die Konstruktion einer wiss. *Einheitssprache* (Universalsprache) realisiert werden soll.

Einheiten, drei ↑ Drama.

Einheitensystem ↑ Einheit.

Einheitserde (Fruhstorfer Erde), aus gleichen Teilen Lehm, Ton oder Schlick und Hochmoortorf mit Nährstoffzusatz hergestellte Erde für den Gartenbau.

Einheitsgewerkschaft, Form gewerkschaftl. Organisation von Arbeitnehmern, die das Prinzip einer einheitl. Gewerkschaftsbewegung anstelle von Richtungsgewerkschaften sowie das Industrieverbandsprinzip anstelle des Berufsverbandsprinzips zu verwirklichen versucht.

Einheitsklassen, Segelbootsklassen, bei denen Form und techn. Einzelheiten genau festgelegt und verbindl. vorgeschrieben sind.

Einheitskreis, Kreis, dessen Radius eine Einheit (z. B. 1 cm) ist.

Einheitskurs, der börsentägl. für die am amtl. Verkehr teilnehmenden Wertpapiere nur einmal festgestellte Börsenkurs; alle Börsenaufträge werden zu diesem Kurs abgerechnet.

Einheitskurzschrift ↑ Stenographie.

Einheitsliste, die bei allg. Wahlen in den sozialist. Staaten übl. Kandidatenliste, auf der alle Blockorganisationen (↑ Block) nach einem zuvor festgelegten Schlüssel vertreten sind; sichert die zahlenmäßige Überlegenheit der herrschenden Partei im Parlament.

Einheitsmietvertrag, das Muster (Formular) eines Mietvertrages über Wohnraum, 1934 zw. dem Zentralverband dt. Haus- und Grundbesitzervereine und dem Bund dt. Mietervereine ausgehandelt, auf Empfehlung dieser Verbände seitdem häufig verwendet.

Einheitspunkt, ein Punkt, dessen sämtl. Koordinaten den Wert 1 haben.

Einheitsschule, ein Schulsystem, das für alle Kinder einen einzigen, in sich differenzierten Schultyp vorsieht. Die erste christl. Theorie der Schule bei J. A. Comenius ist eine E. für das 6.–12. Lebensjahr hin angelegt. Dieser Entwurf wird seit der frz. und dt. Aufklärung erneut erörtert. Die ↑ Produktionsschule (auch Einheitsarbeitsschule genannt) nach der russ. Revolution blieb ein Experiment. Seit 1919 ist in Deutschland die Grundschule als E. eingeführt. Seit den 1960er Jahren wird die E. in Form der ↑ Gesamtschule diskutiert. In der DDR gibt es seit 1959 die 10klassige allgemeinbildende polytechn. Oberschule.

Einheitsstaat, Staat mit – im Ggs. zum Bundesstaat und zu anderen Staatenverbindungen – nur einer Staatsgewalt, einer Rechtsordnung und einem Regierungssystem. Es werden zentralisiert verwaltete von dezentralisierten E. unterschieden: Im zentralisierten E. ist die öffentl. Gewalt bei zentralen Behörden zusammengefaßt. Beim dezentralisierten E. ist dagegen die Verwaltung bestimmter Bereiche der Staatstätigkeit eigenständige nur der Rechtsaufsicht der Zentralbehörden unterstellten Selbstverwaltungskörperschaften übertragen. Dezentralisierte E. in Europa

Einkeimblättrige

sind z. B. Belgien, die DDR, Frankr., Großbrit., Italien, die Niederlande, die skandinav. Staaten, Spanien. Das Dt. Reich war 1934–45 ein dezentralisierter E., der sich zunehmend zentralisierte.

Einheitsstrafe ↑Strafe.

Einheitswert, einheitl. Steuerwert zur Feststellung der Besteuerungsgrundlagen für die Vermögen-, Erbschaft-, Grund- und Gewerbekapitalsteuer nach einheitl. Bewertungsgrundsätzen. Der E. wird festgestellt für Betriebe der Land- und Forstwirtschaft, Grundvermögen, Betriebsgrundstücke und Gewerbebetriebe. Das Verfahren ist in der Abgabenordnung geregelt.

Einherier [altnord. „Einzelkämpfer"], in der german. Mythologie die auf dem Schlachtfeld gefallenen Krieger, die in Walhall leben, wo sie sich für den Kampf am Tage der Götterdämmerung (Ragnarök) bereithalten.

Einhöckeriges Kamel, svw. ↑Dromedar.

Einhorn ↑Sternbilder (Übersicht).

Einhorn, ein aus dem Orient stammendes Fabeltier, ziegen- oder pferdeähnl., mit einem langen Horn in der Mitte der Stirn. Es kann nur im Schoß einer Jungfrau Schlaf finden und gilt daher als Symbol der Keuschheit und wurde zum Attribut der Jungfrau Maria. Allg. verkörpert das E. unüberwindl. Kraft, Reinheit, Jungfräulichkeit und auch Liebe. Das sagenumwobene E. hat zu bed. Kunstwerken angeregt, u. a. zur frz. Bildteppichfolge „Die Dame mit dem E." (16. Jh.; Paris, Musée Cluny), zum E.altar im Dom zu Erfurt (um 1420), zur Kupferstichfolge (1561) von J. Duvet, dem „Meister mit dem Einhorn".

Einhornwal, svw. Narwal (↑Gründelwale).

Einhufer, die ↑Unpaarhufer, bei denen alle Zehen mit Ausnahme des mittleren, auf dem sie laufen, zurückgebildet sind; der vergrößerte Mittelzeh trägt einen (einheitl.) Huf. Zu den E. zählen Pferde, Zebras, Esel und Halbesel.

Einhüllende ↑Enveloppe.

Einigung, auf eine dingl. Rechtsänderung gerichteter Vertrag, bei der Übertragung von Grundstückseigentum **Auflassung** genannt. Er enthält das zur Übertragung, Belastung oder inhaltl. Abänderung eines dingl. Rechts erforderl. Willenselement, das zus. mit der ↑Übergabe (bei bewegl. Sachen) oder der Eintragung ins Grundbuch (bei Grundstücken) als Vollziehungselement die dingl. Rechtsänderung bewirkt.

Einigungsstelle, 1. auf Grund des Gesetzes gegen den unlauteren Wettbewerb (UWG) bei den Industrie- und Handelskammern eingerichtete Stellen zur Beilegung von Wettbewerbsstreitigkeiten in der gewerbl. Wirtschaft; 2. im *Arbeitsrecht* nach BetriebsverfassungsG zur Beilegung von Meinungsverschiedenheiten zw. Arbeitgeber und Betriebsrat bei Bedarf einzurichtende Stelle. Sie besteht aus einem unparteiischen Vorsitzenden und den Beisitzern, die je zur Hälfte von Arbeitgeber und Betriebsrat bestellt werden. Die mit Stimmenmehrheit zu fassenden Beschlüsse der E. ersetzen bei Vorliegen der erforderl. Voraussetzungen die Einigung zw. Arbeitgeber und Betriebsrat.

einjährig ↑annuell.

Einkammersystem ↑Zweikammersystem.

Einkaufsgenossenschaften, Vereinigung kleinerer und mittlerer Einzelhandels-, Handwerks- und Landwirtschaftsbetriebe zu Genossenschaften, die durch gemeinsame Warenbeschaffung die Einkaufskosten verringern wollen. Die E. entstanden meist in der Zeit nach dem 1. Weltkrieg.

Einkaufszentrum, Konzentration von Einzelhandelsbetrieben, Gaststätten, Dienstleistungsunternehmen und oft auch kulturellen Einrichtungen auf engem Raum.

Einkeimblättrige (Einkeimblättrige Pflanzen, Monokotyledonen, Monocotyledoneae), Klasse der Blütenpflanzen, deren Keimling nur ein Keimblatt ausbildet, das als Laubblatt oder (im Samen) als Saugorgan auftreten kann; Laubblätter meist mit unverzweigten, parallel verlaufenden Hauptnerven; Blüten vorwiegend aus dreizähligen Blütenorgankreisen aufgebaut. Die Primärwurzel ist meist kurzlebig und wird durch sproßbürtige Wurzeln ersetzt. Die Leitbündel sind geschlossen und meist zerstreut über den Sproßquerschnitt angeordnet. Sekundäres Dickenwachstum kommt nur selten vor. E. sind Kräuter oder ausdauernde Pflanzen, die oft Zwiebeln, Rhizome oder Knollen ausbilden.

Einhorn. Jean Duvet, Das Einhorn reinigt das Wasser eines Flusses (Ausschnitt; 1561). Kupferstich

Einkleidung

Fossil sind sie seit der unteren Kreide (etwa gleichzeitig mit den ersten Zweikeimblättrigen) nachweisbar.

Einkleidung, feierl. Übergabe des Ordenskleides an neue Mitglieder.

einkochen ↑ Konservierung.

Einkommen, die einer Person, Gesellschaft oder anderen Körperschaft in einer Zeitperiode zufließenden Geldbeträge, Güter oder Nutzungen. Dabei wird unterschieden in *E. aus unselbständiger Tätigkeit* für die Abgabe von Arbeitsleistungen (Lohn, Gehalt), *Gewinn-E.* für die Ausübung eines freien Berufes oder einer Tätigkeit als Unternehmer, *Besitz-E.* (E. aus Vermögen) aus dem Besitz von Spargutaben, Aktien, Obligationen u. a. Beteiligungen. Weitere Unterscheidungen sind: *kontraktbestimmte E.,* die nach Höhe und Fälligkeit im voraus festliegen, und *residualbestimmte* oder *Überraschungs-E.,* die sich als Reste aus Erfolgsbilanzen ergeben (Gewinne); *fundierte E.,* die den Vermögensbesitzern zufließen, und *unfundierte E.,* die den Arbeitnehmern zufließen; E., die aus direkten oder indirekten Beteiligungen am Wirtschaftsprozeß entstehen, sind *originäre E.; abgeleitete E.* fließen ohne ökonom. Gegenleistung zu, daher spricht man auch von *Übertragungs-* oder *Transfer-E.* (Sozialrenten, Pensionen, Unterstützungszahlungen). *Brutto-E.* ist die Gesamtsumme der einer Wirtschaftseinheit zufließenden E., das *Netto-E.* erhält man nach Abzug der direkt aus dem E. zu zahlenden Steuern und Sozialabgaben; das *Nominal-E.* ist der in Geld angegebene Wert des E. zu laufenden Preisen; wird das Nominal-E. um die Änderungen des Preisniveaus korrigiert, so erhält man das *Real-E.* (zu konstanten Preisen).

Der *fiskal. E.begriff* ist umfassender als der ökonom., da alle Einkünfte erfaßt werden sollen, die die Leistungsfähigkeit einer Wirtschaftseinheit erhöhen, also auch Vermögenszunahmen. Daher umfaßt das E. im Sinne des Steuerrechts auch den Vermögenszugang. Die urspr. vorherrschende **Quellentheorie** des E., nach der nur solche Einkünfte zum E. zählen, die aus regelmäßigen Quellen fließen, ist der **Reinvermögenszugangstheorie** (G. v. Schanz) gewichen, nach der das E. einer Wirtschaftseinheit sich aus dem Zugang ihres Reinvermögens in einer Periode ergibt; danach sind alle Vermögenszunahmen E., also auch solche, die auf Schenkungen, Erbschaften, Aussteuern, Lotteriegewinne und ähnl. zurückgehen.

Einkommenspolitik, Gesamtheit aller Maßnahmen öffentl. Planungsträger und Interessenverbände mit dem Ziel, die Entwicklung der verschiedenen Einkommensarten zu beeinflussen. Im wirtsch. Bereich besteht die Aufgabe der E. darin, den Einkommenszuwachs und Produktivitätsfortschritt innerhalb einer Volkswirtschaft in Einklang zu bringen. Auf sozialem Gebiet ist die E. auf eine Verbesserung der ↑Einkommensverteilung sowie auf die Förderung der Vermögensbildung in breiten Bevölkerungsschichten ausgerichtet.

Einkommensteuer, Steuer, bei der das Einkommen Grundlage und Gegenstand der Besteuerung ist. Als *Personensteuer,* der natürl. und jurist. Personen unterliegen, wird bei ihrer Ermittlung die persönl. Leistungsfähigkeit der Steuerpflichtigen, v. a. durch Freibeträge, berücksichtigt. Als *direkte Steuer* wird sie direkt bei denen als Steuerpflichtigen erhoben, die auch die Steuerlast tragen sollen (↑auch Steuern).

Bei der Ermittlung des steuerpflichtigen Einkommens bes. zu berücksichtigen sind Werbungskosten und Sonderausgaben. **Werbungskosten** sind Aufwendungen zur Erwerbung, Sicherung und Erhaltung der Einnahmen, z. B. Beiträge zu Berufsverbänden, Aufwendungen für Fahrten zw. Wohnung und Arbeitsstätte, notwendige Mehraufwendungen für doppelte Haushaltsführung, wenn der

EINKOMMEN
Die Entwicklung der Bruttoeinkommen aus unselbständiger Arbeit bzw. aus Unternehmertätigkeit und Vermögen

Jahr	aus unselbständiger Arbeit		aus Unternehmertätigkeit und Vermögen	
	in Mrd. DM	1970 = 100	in Mrd. DM	1970 = 100
1970	361,3	100,0	158,9	100,0
1972	448,8	124,2	178,4	112,3
1974	560,7	155,2	194,4	122,3
1976	626,3	173,4	235,1	148,0
1977	669,7	185,4	258,5	162,7
1978	714,7	197,8	270,7	170,4
1979	769,4	213,0	294,2	185,2
1980	833,0	230,6	307,8	193,7
1981	882,9	244,4	284,6	179,1
1982	902,5	249,8	304,4	191,6
1983	920,7	254,8	333,3	209,8

Einkommensverteilung

Arbeitnehmer von der Familie getrennt am Beschäftigungsort wohnen muß, Aufwendungen für Arbeitsmittel wie Fachliteratur und Berufskleidung. **Sonderausgaben** sind bestimmte Aufwendungen der privaten Lebenshaltung, wie z. B. Beiträge zu Kranken-, Unfall- und Haftpflichtversicherungen, den gesetzl. Rentenversicherungen und der Arbeitslosenversicherung, Bausparkassenbeiträge, Kirchen- und Vermögensteuer, Steuerberatungskosten und Ausgaben zur Förderung mildtätiger, kirchl., religiöser, wiss. und staatspolit. Zwecke bis zu einem bestimmten Höchstbetrag. In weitem Sinne umfaßt die Einkommensteuer:

1. die **Lohnsteuer:** sie wird bei Einkünften aus nichtselbständiger Arbeit durch Abzug vom Arbeitslohn erhoben. Der Arbeitgeber haftet für ihre Einbehaltung und Abführung. Die Höhe der zu entrichtenden Lohnsteuer ergibt sich aus der Lohnsteuertabelle nach Maßgabe der Eintragungen auf der Lohnsteuerkarte. Diese Eintragungen umfassen die Steuerklasse, den Familienstand, die Anzahl der bei der Lohnsteuer zu berücksichtigenden Kinder und Angaben zum Kirchensteuerabzug. Die Steuerklasse I gilt für Ledige, Geschiedene, dauernd getrennt Lebende sowie Verwitwete, die nicht in Steuerklasse II fallen; II für die der I genannten, wenn sie das 50. Lebensjahr vollendet haben oder ihnen ein Kinderfreibetrag zusteht; III für Verheiratete, wenn der Ehegatte keinen Arbeitslohn bezieht oder in Steuerklasse V ist, sowie für Verwitwete, wenn der Ehegatte im selben oder im vorangegangenen Jahr verstorben ist oder wenn ihnen ein Kinderfreibetrag zusteht; IV für Arbeitnehmer, die verheiratet sind, wenn beide Arbeitslohn beziehen, sofern nicht die Kombination der Steuerklassen III und V gewählt wird; V auf Antrag für verheiratete Arbeitnehmer, wobei der Ehepartner dann in die (günstigere) Steuerklasse III fällt; VI für den Arbeitslohn aus einem zweiten Dienstverhältnis. Die die in den Lohnsteuertabellen eingearbeiteten Pauschbeträge übersteigenden Ausgaben für Werbungskosten und Sonderausgaben können vom Finanzamt als Freibeträge auf der Lohnsteuerkarte vermerkt oder über den Lohnsteuerjahresausgleich erstattet werden. Im Lohnsteuerjahresausgleich werden auch die über den sich aus der Jahreseinkommensteuertabelle ergebenden Betrag wegen unregelmäßiger Arbeit oder Änderung der persönl. Verhältnisse zuviel einbehaltenen Beträge zurückerstattet.

2. die **veranlagte Einkommensteuer:** ihr unterliegen alle Steuerpflichtigen, deren Jahreseinkommen mehr als 24 000,– DM beträgt oder die neben Einkünften aus nichtselbständiger Arbeit, die durch der Lohnsteuer erfaßt werden, aus anderen Quellen mehr als 800,– DM im Jahr beziehen. Die Feststellung der Steuerpflicht und Festsetzung der Steuerschuld durch das Finanzamt *(Veranlagung)* erfolgt nach Ablauf des Kalenderjahres entsprechend dem Einkommen, das der Steuerpflichtige in diesem Zeitraum bezogen hat. Ehegatten können zw. Getrennter und Zusammenveranlagung wählen.

3. die **Kapitalertragsteuer:** ihr unterliegen Kapitalerträge wie z. B. Gewinnanteile aus Aktien, Zinsen aus Industrieobligationen, Schatzanweisungen und anderen festverzinsl. Wertpapieren.

4. die **Körperschaftsteuer:** ihr unterliegen die jurist. Personen (z. B. Kapitalgesellschaften). Die E. ist eine Gemeinschaftsteuer von Bund und Ländern, wobei die Verteilung der Einnahmen auf Bund, Länder und Gemeinden häufig neu festgelegt wird. Da der E. ein progressiver Steuertarif zugrunde liegt, führen die wegen der Preissteigerungen z. T. nur nominalen Erhöhungen der Einkommen zu prozentual steigenden Abzügen, so daß immer wieder Reformen der E., insbes. Veränderungen der Jahreslohnsteuertabelle erforderl. werden. – ↑auch Steuerreform, ↑Steuertarif.
📖 *Hdwb. des Steuerrechts. Hg. v. C. Flämig u. a. Mchn.* ²*1979. 2 Bde.*

Einkommensverteilung, die Aufteilung des Volkseinkommens 1. auf die Produktionsfaktoren Arbeit, Kapital und Boden, das entsprechend als Einkommen aus unselbständiger Arbeit (Lohn, Gehalt) oder aus Unternehmertätigkeit (Profit) bzw. Vermögen (Zins, Rente) bezogen wird, die sog. *funktionelle E.;*
2. auf die Personen, die Eigentümer der Produktionsfaktoren sind ohne Rücksicht auf die Quelle des Einkommens *(personelle E.).* Diese in der Theorie der E. z. T. umstrittene Unterscheidung entspricht unterschiedl. Untersuchungsgegenständen: Während die Theorie der funktionellen E. auf die Erklärung der Faktorpreise im Rahmen der Preistheorie gerichtet ist, ist Gegenstand der Theorie der personellen E. Höhe und Streuung der Einkommen, bzw., z. T. gesondert als Verteilung auf sozioökonom. Gruppen bezeichnet, die

EINKOMMENSTEUER Einnahmen in Mrd. DM				
	Lohn- steuer	Ver- anlagte E.	Kapital- ertrag steuer	Körper- schaft- steuer
1976	80,6	30,9	2,3	11,8
1977	90,8	35,5	3,3	16,8
1978	92,0	37,4	3,3	19,8
1979	92,0	37,5	3,8	22,9
1980	111,5	36,8	4,2	21,3
1981	116,5	32,9	4,6	20,1
1982	123,4	30,6	4,7	21,5
1983	128,9	28,3	4,7	23,7
1984	136,4	26,4	5,6	26,3
1985	147,6	28,6	6,2	31,8

Einkorn

Verteilung prozentualer Anteile am Sozialprodukt auf die verschiedenen gesellschaftl. Gruppen.
Die verschiedenen mögl. Kriterien zur Beurteilung der „Gerechtigkeit" einer E. (Leistungsgerechtigkeit, Bedürfnisgerechtigkeit, Chancengleichheit) sind kaum quantifizierbar. Eine graph. Darstellungsmöglichkeit der Ungleichheit einer E. bietet die **Lorenz-Kurve:** auf der Ordinate werden die relativen kumulierten Häufigkeiten der Einkommen in %, auf der Abszisse der Einkommensbezieher in % abgetragen. In dem so gebildeten Diagramm entspricht die Diagonale einer völligen Gleichverteilung. Je größer die Fläche zw. der ermittelten Kurve und der Kurve der Gleichverteilung, desto größer die Ungleichheit der Einkommensverteilung.
Die empir. Untersuchung der E. steht v.a. vor dem Problem, daß zum einen Einkommen nicht eindeutig zuzuordnen sind, weil eine Person aus mehr als einem Produktionsfaktor Einkommen bezieht (**Querverteilung**), zum andern die aus der Einkommensteuerstatistik zu entnehmenden Angaben über Einkommen aus Unternehmertätigkeit und Vermögen wegen Manipulationen der Gewinnhöhe, Variationen der Abschreibungen etc. nur bedingt zuverlässig sind.
Die (als ungerecht empfundene) sich unmittelbar aus dem Produktionsprozeß ergebende E. (**Primärverteilung**) wird durch die staatl. Sozialpolitik, v.a. durch Transferzahlungen und die Steuerpolitik, zur **Sekundärverteilung** korrigiert. Die Gesamtheit der auf die Beeinflussung der E. gerichteten Maßnahmen wird auch als Einkommenspolitik bezeichnet.
📖 *Tinbergen, J.: E.* Wsb. 1978. - *Schmitt-Rink, G.: Verteilungstheorie.* Düss. 1978.

Einkommensverteilung. Lorenz-Kurve (grün); rote Linie = vollständige Ungleichheit, blaue Linie = vollständige Gleichheit; das gelbe Feld stellt ein Maß für die Ungleichheit der Einkommensverteilung dar

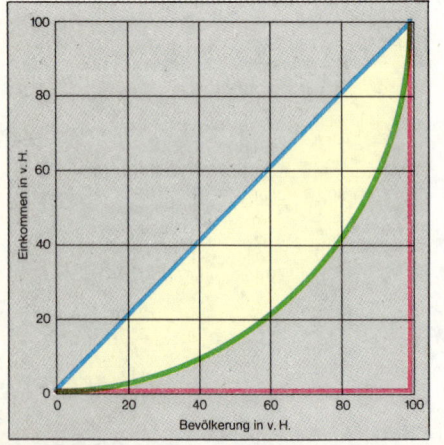

Einkorn (Triticum monococcum), heute kaum mehr angebaute Weizenart mit kurzen, dichten, flachgedrückten Ähren; Ährchen lang begrannt, meist zweiblütig, oft wird jedoch nur eine Frucht ausgebildet; seit der jüngeren Steinzeit bekannt.

Einkreisbremsanlage ↑ Bremse.

Einkreis-Empfänger ↑ Audion.

Einkreisung, auf die Reichstagsrede des Fürsten Bülow vom 14. Nov. 1906 zurückgehendes Schlagwort für das Gefühl außenpolit. Isolierung des Dt. Reiches seit der Bildung des frz.-russ. Zweiverbandes (1892/94), insbes. der Entente cordiale (1904) und der Tripelentente (seit dem Petersburger Vertrag 1907).

Einkristall, Bez. für einen Kristall, dessen atomare Bausteine ein einziges homogenes Kristallgitter ohne Gitterbaufehler bilden.

Einkünfte, im Einkommensteuerrecht die Einnahmen bzw. Bruttoerträge abzügl. der wirtsch. mit ihnen zusammenhängenden Ausgaben bzw. Aufwendungen (Betriebsausgaben, Werbungskosten); negative E. sind Verluste. Das Einkommensteuergesetz unterscheidet als Einkunftsarten: 1. E. aus Land- und Forstwirtschaft; 2. E. aus Gewerbebetrieb; 3. E. aus selbständiger Arbeit, insbes. freiberufl. Tätigkeit; 4. E. aus nichtselbständiger Arbeit; 5. E. aus Kapitalvermögen; 6. E. aus Vermietung und Verpachtung; 7. sonstige E. (aus Renten bestimmter Art, Spekulationsgeschäften und sonstigen Leistungen). Die Summe aller positiven und negativen E. bildet den Gesamtbetrag der Einkünfte, und nach Abzug der Sonderausgaben ergibt sich das zu versteuernde Einkommen. - ↑ auch Einkommensteuer.

Einladung, im *Fechtsport* Bez. für die Klingenhaltung, durch die eigene Blößen dem gegner. Angriff geöffnet werden.

Einlagen, im *Bankwesen* die Geldbeträge, die die Wirtschaftssubjekte den Banken zur Verfügung stellen (**Depositen**). *Kurzfristige E.* (**Sichteinlagen**) dienen dem Zahlungsverkehr und werden als Buch- oder Giralgeld bezeichnet; *mittel-* und *langfristige E.* (befristete E.) sind vorübergehende Geldanlagen, die nicht dem Zahlungsverkehr dienen (**Termineinlagen**); *Spareinlagen* sind nicht befristete Geldanlagen, die nicht dem Zahlungsverkehr dienen. Das E.geschäft der Banken bezeichnet man als *Passivgeschäft* (Ggs. Kreditgeschäft = Aktivgeschäft).

♦ im *Handelsrecht* alle Geld- und/oder Sachleistungen, die ein Wirtschaftssubjekt in ein Unternehmen einbringt mit dem Ziel der Beteiligung.

♦ den Fußsohlen angepaßte Stützkörper zur Korrektur bzw. Unterstützung deformierter Füße. - ↑ auch Fußdeformitäten.

♦ bei Kleidungsstücken zw. Oberstoff und

Futter eingebrachte Zwischenlagen zur Formgebung (aus Leinen, Roßhaar oder Vliesstoffen).
♦ Darbietungen, die in ein Programm eingeschoben werden.
♦ festere Zutaten zu Suppen, z. B. Teigwaren, Reis, Gemüse, Eierstich, Fleisch[klößchen], Pilze.

Einlassung, im Zivilprozeß das Verhandeln des Beklagten zur Hauptsache, das auf die Klageabweisung aus sachl. Gründen abzielt.

Einlassungsfrist, die Überlegungsfrist, die im Zivilprozeß zw. der Klagezustellung bzw. der Terminbekanntgabe und dem ersten Termin liegen muß.

Einlauf, das Passieren der Ziellinie bei Lauf-, Renn-, Fahr- u. a. Wettbewerben; auch die Reihenfolge der Beteiligten im Ziel.
♦ (Darmeinlauf, Klistier, Klysma) Einführung körperwarmer Flüssigkeiten durch den After in den Mastdarm zur Darmspülung und Anregung der Darmentleerung bei Verstopfung (auch zur parenteralen Ernährung).

Einlaufwette, bei Pferderennen Wette auf den Einlauf der ersten beiden Pferde.

Einlegearbeiten ↑Intarsien.

Einlieferung, im Postwesen die Übergabe einer Sendung an die Post.

Einlieger (Hausgenosse, Hintersasse), die sog. unterbäuerl. Schicht, ohne eigenes Haus und ohne Grundbesitz; wohnten bei einem Vollbauern zur Miete, sind Dorfhandwerker und persönl. freie Landarbeiter, jedoch z. T. bis ins 18. Jh. ohne polit. Rechte.

Einlösungsgarantie, die Verpflichtung der Bank zur Einlösung (Zahlung) eines auf sie gezogenen Schecks, z. B. bei Verwendung einer ↑Scheckkarte.

Einlösungspflicht ↑Noteneinlösungspflicht.

einmachen ↑Konservierung.

Einmanngesellschaft, Kapitalgesellschaft, deren Geschäftsanteile alle in einer Hand vereinigt sind; nur bei einer GmbH oder AG möglich.

Einmieter (Inquilinen), Bez. für Tiere, die in Behausungen oder Körperhohlräumen anderer Lebewesen leben, ohne ihre Wirte zu schädigen oder von diesen verfolgt zu werden (z. B. Insekten in den Wohnhöhlen von Säugetieren).

Einnahmen, 1. im *Steuerrecht* alle Güter, die dem Steuerpflichtigen im Rahmen der Überschußeinkünfte aus nichtselbständiger Arbeit, Kapitalvermögen, Vermietung, Verpachtung und sonstigen Einkünften zufließen; 2. im Bereich der *gewerbl. Wirtschaft* der Zahlungseingang eines Unternehmens. - Zu den *öffentl. E.* ↑Haushalt.

Einödflur ↑Flurformen.

Einödriegel, mit 1 126 m höchster Berg des Vorderen Bayer. Waldes.

Einparteiensystem, im Ggs. zum Mehrparteiensystem ein polit. System, in dem der polit. Willensbildungs- und Entscheidungsprozeß in einem Staat (**Einparteienstaat**) unter Aus- oder Gleichschaltung anderer Parteien von einer einzigen Partei monopolisiert ist.

Einpeitscher (engl. whip), im brit. Parlament der Abg., der für die Anwesenheit der Abg. seiner Partei bei Abstimmungen und anderen wichtigen Gelegenheiten sorgt.

Einpflanzung, svw. ↑Implantation.

Einphasensteuer, Umsatzsteuer, die auf nur einer Produktions- oder Handelsstufe erhoben wird. - ↑auch Allphasensteuer.

Einquartierung, die Unterbringung von Truppen in Privatunterkünften und -räumen auf Grund gesetzl. Bestimmungen (in der BR Deutschland §§ 1, 71 Bundesleistungsgesetz).

Einrede, im *materiellrechtl.* Sinn das Verteidigungs- oder Gegenrecht, das dazu befugt, die Durchsetzung eines anderen Rechts zu hindern oder abzuschwächen; meist gegen einen Anspruch gerichtet (deshalb auch *Leistungsverweigerungsrecht* genannt). Da die E. - anders als die rechtsvernichtende ↑Einwendung - den Bestand des anderen Rechts unberührt läßt, kann der ihr unterliegende Anspruch auch nach Erhebung der E. [freiwillig] erfüllt oder (z. B. durch Verzicht auf die E.) wieder in einen [uneingeschränkt] durchsetzbaren Anspruch umgewandelt werden. Arten: 1. **dauernde** (peremptor. **Einreden**), z. B. Verjährung, Mängel-E. (§ 478 BGB). Ihre Ausübung schließt die Durchsetzung des Rechts für dauernd aus. 2. **aufschiebende** (dilator. **Einreden**). Sie schließen die Durchsetzung des Anspruchs zeitweilig aus (z. B. Stundung) oder führen nur zu einer eingeschränkten Verurteilung (Zug um Zug oder unter Vorbehalt). Im *prozessualen* Sinn alle der Verteidigung dienenden Tatsachenbehauptungen des Beklagten, ausgenommen das Klageleugnen. Sie stellen entweder (wie das prozeßhindernde E.) eine bloß prozessuale oder [gegen den Klageanspruch gerichtete] sachl. Verteidigung dar.
Für das *östr.* und *schweizer. Recht* gilt im allg. das dem dt. Recht Gesagte.

Einreibung (Inunktion), Einmassieren von Arzneimitteln in flüssiger oder Salbenform in die Haut.

Einreiher, Herrenanzug, dessen Jackett nur eine Knopfreihe hat.

Einrenkung, Wiederherstellung der richtigen Lage und Stellung ausgerenkter Gelenke.

Einrichten, das Umwandeln einer gemischten Zahl in einen unechten Bruch, z. B. $5\,{}^{2}/_{3} = {}^{17}/_{3}$.

einsalzen ↑Konservierung.

Einsamkeit, Zustand des Alleinseins, in dem sich ein Individuum befindet, wenn die Bedingungen zum Kontakt mit Lebewesen seiner eigenen Art fehlen bzw. verlorengehen.

Einsatzgruppen

Beim Menschen entweder Ergebnis sozialer Ausgliederungsprozesse (z. B. im Alter) oder selbst gewählt, kann E. als Vereinsamung erlitten oder als Möglichkeit zur Selbstfindung und zur Befreiung von herrschenden gesellschaftl. Lebensnormen empfunden werden. Während die moderne Ind.gesellschaft durch bestimmte Entwicklungen Bedingungen von E. schafft (z. B. durch soziale Mobilität, vom Arbeitsort unterschiedl. Wohnort, Generationentrennung u. a.), beseitigt sie andere (z. B. die ländl. Siedlungsform). Doch auch bei Bestehen weitgehender „äußerer" (oberflächl.) gesellschaftl. Integration können innere Absonderung und Isolation zum Erleiden von E. führen.

Einsatzgruppen, Sondereinheiten zur Verfolgung von Juden und Gegnern des Nationalsozialismus in den meisten der von dt. Truppen im 2. Weltkrieg besetzten Gebiete, insbes. in Polen und in der UdSSR; die Zahl der von den E. Ermordeten wird auf 2 Mill. geschätzt.

Einsatzhärten (Aufkohlen), Verfahren zur Oberflächenhärtung sonst nicht härtbarer, kohlenstoffarmer Stähle, bei dem das Werkstück in einem kohlenstoffabgebenden Mittel geglüht und anschließend abgeschreckt wird.

Einsatzstrafe, die nach Art und Höhe schwerste von mehreren *Einzelstrafen*, aus denen eine Gesamtstrafe gebildet wird.

Einsäuerung (Silieren), das Haltbarmachen von saftigen Futterstoffen, die in bes. Gärfutterbehältern der Milchsäuregärung unterworfen werden.

einschalen, die zum Betonieren erforderl. Schalungen bzw. Bauteilformen einschließl. der Absteifungen und Schalungsgerüste errichten.

Einschießen, das Ermitteln von Schußwerten für eine Waffe beim Schießen auf einen Punkt; mehrere Schüsse werden i. d. R. einzeln abgefeuert, beobachtet oder eingemessen.

Einschießöfen ↑ Backofen.

Einschlag, svw. ↑ Holzeinschlag.

Einschließung, bes. Strafart des früheren Rechts, die als Strafe ohne entehrenden Charakter die Festungshaft abgelöst hatte und nur noch bei wenigen Straftaten (z. B. Zweikampf, militär. Straftaten) angedroht war. Sie wurde mit der Einführung der Einheitsstrafe abgeschafft.

Einschluß, in ein Mineral, ein Gestein oder einen Werkstoff eingeschlossener fremder Bestandteil (Gasblasen, Flüssigkeit und feste Substanzen).

Einschlußkörperchen, außerhalb oder innerhalb des Zellkerns von Zellen des menschl. Körpers (z. B. der Lunge) gelegene Gebilde; entstehen bei Viruserkrankungen aus der Anhäufung von Viren und Zellreaktionsprodukten.

Einschlußverbindungen, Gruppe kristallisierter Verbindungen, die aus zwei, v. a. durch Van-der-Waals-Kräfte miteinander verbundenen Komponenten bestehen und bei denen die eine Komponente (das Wirtsmolekül) die Fähigkeit hat, die andere Komponente (das Gastmolekül) in die Hohlräume ihres Kristallgitters einzuschließen. Je nach Struktur des Wirtsgitters können die Hohlräume die Form von Schichtenzwischenräumen, Kanälen oder Käfigen haben. Ein Kristallgitter mit kanalförmigen Hohlräumen, in denen sich unverzweigte Kohlenwasserstoffe einlagern können, bildet z. B. der Harnstoff. E. mit käfigartigen Hohlräumen (sog. **Clathrate**) werden z. B. von Hydrochinon mit Schwefeldioxid, Sauerstoff und Edelgasen gebildet.

Einschmelzrohr, svw. ↑ Bombenrohr.

Einschnitt, durch Abtragen von Erd- oder Gesteinsmaterial entstehende Trasse, bei der Straßen- oder Gleiskörper in voller Breite unter der natürl. Geländeoberfläche liegt.

Einschnürung, Querschnittsverminderung eines Werkstücks oder einer Werkstoffprobe durch Zugbelastung, wobei spröde Werkstoffe keine oder eine nur minimale, zähe eine starke Einschnürung zeigen.

Einschreiben, Postsendungen (Briefe, Postkarten, Päckchen, Blindensendungen, außerdem im Auslandsverkehr Drucksachen, Warenproben und Phonopostsendungen), die gegen bes. Gebühr bei der Einlieferung von der Post quittiert und dem Empfänger persönl. oder seinem Vertreter gegen Empfangsbescheinigung zugestellt werden.

Einschuß, in der *Raumfahrttechnik* Bez. für den Übergang eines Flugkörpers aus einer Primärbahn in eine Sekundärflugbahn.
◆ zu leistende Bareinzahlung eines Kunden bei Wertpapierkäufen auf Kredit.
◆ entzündl., durch Wundinfektion hervorgerufene Schwellung, meist an der Hinterhand des Pferdes.

Einschwingvorgang, Bez. für den Verlauf einer erzwungenen ↑ Schwingung vom Beginn der Erregung bis zur Herausbildung eines stationären Schwingungszustandes. Die Dauer des E. wird als **Einschwingzeit** bezeichnet.

Einseitendiskriminator ↑ Diskriminator.

einseitiges Rechtsgeschäft, das Rechtsgeschäft, das die Willenserklärung nur einer Partei enthält (Ggs.: ↑ mehrseitiges Rechtsgeschäft). Bedingungen oder Befristungen, die in einen fremden Rechtsbereich eingreifen, sind beim e. R. in der Regel verboten.

Einsenken, Kaltformverfahren zur Herstellung von Gesenken und Matrizen für Metall- und Kunststoffverarbeitung.

Einsicht, das unmittelbare, spontane Erfassen von Sachverhalten oder Zusammenhängen auf Grund einer durch Vorstellung bewirkten Umstrukturierung der Aufgabensi-

Einsiedeln, Wallfahrtsort im schweizer. Kt. Schwyz, 882–905 m ü. d. M., 9 500 E. – Um die Zelle des hl. Meinrad († 861) bildete sich zu Beginn des 10. Jh. eine Klausnergemeinde, die 934 die Benediktregel annahm; 947 wurde das Kloster von König Otto I. mit Immunität und freier Abtwahl ausgestattet; schloß sich der Reformbewegung von Gorze an; seit 1283 hatten die Habsburger die Vogtei inne, seit 1386/1424 Schwyz; exemt seit 1452/1518; 1798–1803 aufgehoben. Seit 1907 (1947 bestätigt) ist E. Sitz einer Abbatia nullius. – Die Klosterkirche (von K. Moosbrugger 1719–35) besteht aus drei Zentralräumen mit Stukkaturen und Malereien (v. a. der Brüder Asam). – Abb. S. 74.

Einsiedler (Anachoret, Eremit), Asket oder Mönch, der aus religiösen Gründen in der Einsamkeit für sich allein lebt.

Einsiedlerkrebse (Meeres-E., Paguridae), Fam. der †Mittelkrebse mit rd. 600, fast ausschließl. im Meer verbreiteten Arten mit weichhäutigem Hinterleib, den sie durch Eindringen in ein leeres Schneckenhaus schützen; leben oft mit auf dem Gehäuse sitzenden Seerosen in Symbiose.

Einsiedlerspiele, svw. † Geduldspiele.

Einspänner, Wagen oder Kutsche; von nur einem Pferd gezogen.

Einsprengling, größerer Einzelkristall in dichter oder feinkörniger Grundmasse eines magmat. Gesteins.

Einspritzmotor, Verbrennungsmotor, bei dem das zündfähige Kraftstoff-Luft-Gemisch nicht im Vergaser, sondern durch Zerstäuben über **Einspritzdüsen** erzeugt wird. Beim *Dieselmotor* erfolgt die **Direkteinspritzung** unter hohem Druck (bis 300 bar) in den Verbrennungsraum, beim *Ottomotor* erfolgt die **Benzineinspritzung** in das Ansaugrohr vor den einzelnen Einlaßventilen (Druck 2 bis 30 bar). Bei der **elektron. Benzineinspritzung** wird meist die angesaugte Luftmenge L mit einem Meßfühler erfaßt, in ein analoges elektr. Signal umgewandelt und in einen kleinen Computer eingegeben (*L-Jetronic*). Dieser steuert unter Berücksichtigung von Motordrehzahl, Motor-, Kühlwasser- und Lufttemperatur u. a. die Einspritzventile. Vorteile: geringerer Kraftstoffverbrauch, weniger schädl. Abgasstoffe.

Einspritzpumpe, Einrichtung zur Förderung des von einer Kraftstoffpumpe gelieferten Kraftstoffs eines Einspritzmotors zur Einspritzdüse. Die E. besteht aus einem Kolben, einem Saug- und einem Druckventil und besitzt darüber hinaus eine Einrichtung zur Regelung der Fördermenge.

Einspritzventil, svw. Einspritzdüse († Einspritzmotor).

Einspruch, Rechtsbehelf, der grundsätzl. nicht zur Nachprüfung der Entscheidung oder Maßnahme durch eine übergeordnete Instanz führt. Der E. ist v. a. gegeben: 1. im *Verfassungsrecht* († Einspruchsgesetze); 2. im *Zivilprozeß* gegen Versäumnisurteile und Vollstreckungsbefehle; bewirkt, daß das Verfahren in den Stand zurückversetzt wird, in dem es sich vor dem Versäumnis befand; 3. im *Strafprozeß* gegen Strafbefehle; 4. im *Bußgeldverfahren* gegen den Bußgeldbescheid; auf Grund des E. entscheidet das Amtsgericht über den im Bußgeldbescheid enthaltenen Vorwurf; 5. im *Arbeitsrecht* für den Arbeitnehmer gegen eine sozial ungerechtfertigte Kündigung, einzulegen beim Betriebsrat.

Einspruchsgesetze, Bundesgesetze, die im Ggs. zu den sog. † Zustimmungsgesetzen nicht der Zustimmung des Bundesrates bedürfen. Das Gesetzgebungsverfahren bei E. ist in Art. 77 GG wie folgt geregelt: Binnen 3 Wochen nach Eingang des Gesetzesbeschlusses des Bundestages kann der Bundesrat die Einberufung des Vermittlungsausschusses beantragen. Trägt dieser den Einwendungen des Bundesrates nicht Rechnung, so kann der Bundesrat binnen 2 Wochen Einspruch einlegen. Dieser kann jedoch durch den Bundestag zurückgewiesen werden; hat der Bundesrat den Einspruch mit $2/3$-Mehrheit beschlossen, so bedarf es der Zurückweisung des Einspruchs durch den Bundestag einer solchen qualifizierten Mehrheit. Nach östr. *Verfassungsrecht* steht dem Bundesrat gemäß Art. 42 BV nur ein aufschiebendes Einspruchsrecht zu. In der *Schweiz* ist für Bundesgesetze stets die Zustimmung von National- und Ständerat erforderlich.

Einstand, Bez. aus der Zählweise des Tennis, wenn beide Spieler oder Parteien je drei Punkte gewonnen haben oder wenn nach „Vorteil" die zurückliegende Partei den nächsten Punkt gewonnen hat.

Einstandspreis, im Warenhandel der Einkaufspreis zuzügl. Beschaffungskosten abzügl. Skonti, Boni, Rabatte bzw. sonstiger Vergünstigungen.

Einsteigediebstahl † Diebstahl.

Einstein, Albert, * Ulm 14. März 1879, † Princeton (N. J.) 18. April 1955, dt. Physiker (seit 1940 amerikan. Staatsbürger). – Nach Tätigkeit am Patentamt in Bern (1902–09) Prof. für theoret. Physik in Zürich und Prag; 1914 in Berlin Direktor des Kaiser Wilhelm-Instituts für Physik; emigrierte 1933 in die USA und wirkte bis zu seinem Tode am Institute for Advanced Study in Princeton (N. J.). – E. wurde durch seine Arbeiten, von denen einige die Grundlagen der Physik revolutionierten, zum bedeutendsten Physiker des 20. Jh. Ausgehend von einer fundamentalen Kritik der Raum- und Zeitmessung, entwickelte er 1905 die spezielle Relativitätstheorie. Aus ihr folgerte er das Gesetz von der Trägheit der Energie, das er 1907 zum Gesetz der allg.

Einstein

Albert Einstein (um 1950)

Äquivalenz von Masse und Energie erweiterte. 1914-16 formulierte E. die allg. Relativitätstheorie. Sie enthielt das empir. Prinzip der Gleichheit von träger und schwerer Masse, lieferte neue Feldgleichungen der Gravitation und änderte die Anschauungen über die Struktur des physikal. Raumes grundlegend. Der Nachweis der von der allg. Relativitätstheorie vorhergesagten Lichtablenkung im Gravitationsfeld brachte E. weltweiten Ruhm. In log. Fortführung der Arbeiten zur Relativitätstheorie versuchte er seit 1920 jahrzehntelang, eine einheitl. Feldtheorie aufzustellen, die außer der Gravitation auch die Elektrodynamik umfassen sollte. - Mit seiner Lichtquantenhypothese kam E. zu dem Schluß, daß auch elektromagnet. Strahlung aus Korpuskeln (Lichtquanten bzw. Photonen) bestehen muß, womit die Grundlage einer Quantentheorie der Strahlung gelegt war. Mit diesem Energiequantenkonzept gelangte er 1907 zu einer Theorie der spezif. Wärme, deren Erfolg das Interesse vieler Physiker an der Quantentheorie weckte. - Seit 1920 waren E. und die Relativitätstheorie heftigen, meist auf Antisemitismus beruhenden Angriffen ausgesetzt. Zunehmend bezog E. von einem pazifist. Standpunkt aus auch zu polit. Fragen Stellung. Nobelpreis für Physik 1921.

📖 *A. E. als Philosoph u. Naturforscher.* Hg. v. P. A. Schilpp. Wsb. 1979. - *Wickert, J.: A. E.* Rbk. 1972.

E., Alfred, * München 30. Dez. 1880, † El Cerrito (Calif.) 13. Febr. 1952, dt.-amerikan. Musikforscher und -kritiker. - Vetter von Albert E.; emigrierte 1933, seit 1939 in den USA; schrieb u. a. „Geschichte der Musik" (1917/18, erweitert 1953), „Mozart" (1945, dt. Neuausgabe 1968), „The Italian Madrigal" (1949), auch Hg., u. a. Neubearbeitung des Köchelverzeichnisses sowie 9. bis 11. Auflage von H. Riemans Musiklexikon.

E., Carl, * Neuwied 26. April 1885, † bei Pau 5. Juli 1940 (Selbstmord), dt. Kunsthistoriker und Schriftsteller. - Sein grotesker Roman „Bebuquin oder Die Dilettanten des Wunders" (1912) wirkte auf den Dadaismus. Einflußreiche kunsthistor. Arbeiten: „Negerplastik" (1915) und „Die Kunst des 20. Jh." (1926).

Einstein-Bose-Statistik, svw. ↑Bose-Einstein-Statistik.

Einstein-de-Haas-Effekt, von Albert Einstein und W. J. de Haas 1915 nachgewiesene Drehung eines frei aufgehängten Ei-

Einsiedeln. Kloster mit Klosterkirche

Eintagsfliegen

senstabes als Folge plötzl. Magnetisierung; Umkehrung des ↑Barnett-Effekts.

Einstein-Gleichung [nach Albert Einstein], Bez. für die Beziehung $E=mc^2$, bringt die Äquivalenz von Energie E und Masse m zum Ausdruck (c Lichtgeschwindigkeit).
♦ Bez. für die zw. der Frequenz v einer Wellenstrahlung (speziell einer elektromagnet. Strahlung) und der Energie E ihrer Quanten (Photonen) bestehende Beziehung $E = h \cdot v$ (h Plancksches Wirkungsquantum).

Einsteinium [nach Albert Einstein], chem. Symbol Es; künstl. dargestelltes radioaktives Metall aus der Gruppe der Transurane (Actinoide); Ordnungszahl 99; Atommasse des stabilsten Isotops 252, Halbwertszeit 401 Tage. Chem. verhält sich E. wie das ↑Holmium; in seinen Verbindungen ist es meist dreiwertig. E. wurde 1952 nach thermonuklearen Explosionen als Reaktionsprodukt des Urans entdeckt.

Einstellung, in der *Filmtechnik* Szene, die ohne Unterbrechung gefilmt wird.
♦ in der *Photographie* Werte für Belichtungszeit, Blende und Entfernung.
♦ in der *Sozialpsychologie* Bez. für relativ überdauernde Verhaltensbereitschaften gegenüber bestimmten Objekten, Personen oder Ideen. E. beeinflussen bewußt oder unbewußt die Auswahl und Wertung von Wahrnehmungsinhalten sowie die Art der Reaktion auf bestimmte Wahrnehmungsinhalte.

Einstellung des Strafverfahrens, erfolgt durch die Staatsanwaltschaft oder das Gericht (oder durch Zusammenwirken beider), wenn eine Verurteilung nicht zu erwarten, nicht mögl. oder aus Zweckmäßigkeits- und Billigkeitsgründen nicht geboten ist. Begründen die Ermittlungen nach ihrem Abschluß keinen hinreichenden Tatverdacht oder ergibt sich, daß ein dauerndes Verfahrenshindernis vorliegt, so stellt die Staatsanwaltschaft oder, falls eine Voruntersuchung stattgefunden hat, das Gericht das Verfahren ein.
In *Österreich* und der *Schweiz* führen im wesentl. die gleichen Gründe zur E. d. S. wie in der BR Deutschland.

Einstimmigkeitsprinzip, Grundsatz des klass. Völkerrechts, wonach völkerrechtlich verbindl. Beschlüsse der Staatengemeinschaft nur einstimmig getroffen werden können. Die Satzung der UN geht vom E. ab; das Vetorecht der Großmächte im Sicherheitsrat ist jedoch ein Ausdruck dieses Prinzips, da es für bestimmte Beschlüsse die Zustimmung aller Großmächte erforderl. macht.

Einstrahlung, die der Erde von der Sonne zugeführte Strahlung (↑Atmosphäre).

Einstülpung, svw. ↑Invagination.

einstweilige Anordnung, gerichtl. Maßnahme (Entscheidung) im Verlauf eines Rechtsstreites, die, der endgültigen Entscheidung vorausgehen oder nachfolgen kann. Sie wird v. a. angewendet in Ehesachen (Sorgerecht, Unterhaltspflicht), im Konkursrecht (zur Sicherung der Konkursmasse), in der freiwilligen Gerichtsbarkeit und im Verwaltungsprozeß; sie kann auch durch das Bundesverfassungsgericht ausgesprochen werden.

einstweilige Unterbringung, vorläufige Präventivmaßnahme des Strafgerichts zur Verhinderung weiterer Straftaten. Liegen dringende Gründe für die Annahme vor, daß ein Erwachsener eine mit Strafe bedrohte Handlung im Zustand der Zurechnungsunfähigkeit oder der verminderten Zurechnungsfähigkeit begangen hat und daß in dem Strafverfahren seine Unterbringung in einer Heilund Pflegeanstalt angeordnet werden wird, so kann das Gericht die e. U. in einer Heilund Pflegeanstalt bzw. einer ähnl. Anstalt anordnen, wenn die öffentl. Sicherheit dies erfordert. Im Jugendgerichtsverfahren kann, falls eine Verurteilung zu einer Jugendstrafe zu erwarten ist, bereits vor der rechtskräftigen Verurteilung die e. U. des Jugendlichen in einem Erziehungsheim angeordnet werden.
Dem *östr. Strafprozeßrecht* ist die Anordnung einer Präventivhaft fremd.
In der *Schweiz* fehlt eine einheitl. Regelung der e. U. im Sinne des dt. Rechts.

einstweilige Verfügung, die in einem abgekürzten (summar.) Zivilprozeß oder Arbeitsgerichtsverfahren ergehende vorläufige gerichtl. Anordnung 1. als **Sicherungsverfügung** zur Sicherung eines nicht auf Geld gerichteten Anspruchs, wenn die Gefahr besteht, daß sonst die Verwirklichung eines Rechts vereitelt oder wesentl. erschwert werden könnte; 2. als **Abwehrverfügung** zur Abwehr drohender Rechtsverletzungen, mit der meist die Unterlassung bestimmter Handlungen angeordnet wird; 3. als **Leistungsverfügung** zur sofortigen Erwirkung von Leistungen, wenn der Gläubiger nur so vor schweren Nachteilen geschützt werden kann. - Abgesehen von einigen Besonderheiten gelten für das Verfahren die Vorschriften über den ↑Arrest.
Das *östr.* Recht geht von einem einheitl. Begriff der e. V. aus, der dem deutschrechtl. Arrest und der deutschrechtl. e. V. umfaßt. Die e. V. kann daher zur Sicherung von Geldforderungen und zur Sicherung anderer Ansprüche erlassen werden.
Die Regelung des *schweizer. Rechts* entspricht weitgehend der deutschrechtl., doch wird meist die Bez. *vorsorgl. Maßnahme* gebraucht.

Eintagsfieber (Ephemera), 1–3 Tage anhaltendes, wahrscheinl. durch Viren ausgelöstes Fieber, das häufig von Bläschenausschlag an den Lippen (Herpes labialis) begleitet ist.

Eintagsfliegen (Ephemeroptera), mit etwa 1400 Arten weltweit verbreitete Ordnung 0,3–6 cm körperlanger Insekten mit meist 2 häutigen, reich geäderten Flügelpaaren und 3 (seltener 2) langen, borstenförmigen Schwanzfäden; Mundwerkzeuge verkümmert oder fehlend, daher keine Nahrungsaufnahme

Eintänzer

des entwickelten Insekts, das nur wenige Stunden bis einige Tage lebt; Larven leben in stehenden und fließenden Gewässern; in Deutschland leben etwa 70 Arten von 3–38 mm Körperlänge, z. B. Uferaas, Rheinmücke, Theißblüte.

Eintänzer ↑Gigolo.

Einthoven, Willem [niederl. ˈɛintho:və], * Semarang (Java) 21. Mai 1860, † Leiden 29. Sept. 1927, niederl. Mediziner. - Prof. in Leiden; schuf die Grundlagen für die Elektrokardiographie, u. a. durch die Vervollkommnung des Saitengalvanometers; erhielt dafür 1924 den Nobelpreis für Physiologie oder Medizin.

Eintopf, Gericht aus Gemüse, auch mehreren Gemüsen und/oder Kartoffeln, Reis, Teigwaren, die zus. mit Fleisch oder Wurst in einem Topf gegart werden.

Eintragung, die in einem öffentl. Register vorgenommene Beurkundung eines Rechtsverhältnisses oder einer rechtserhebl. Tatsache.

Einträufelung, svw. ↑Instillation.

Eintrittsnachfolge, die gesetzl. Sondernachfolge in ein Wohnraummietverhältnis beim Tod des Mieters. Hat der verstorbene Mieter mit seinem Ehegatten in dem Wohnraum einen gemeinsamen Hausstand geführt, so erwirbt der überlebende Ehegatte - unabhängig von der Erbfolge - die Rechte und Pflichten aus dem Mietvertrag. Er kann jedoch binnen einem Monat die Fortsetzung des Mietverhältnisses ablehnen.

Eintrittsrecht, 1. das Recht der vorgesetzten Behörde, Angelegenheiten, für welche die nachgeordnete Behörde gesetzl. zuständig ist, an sich zu ziehen und anstelle der nachgeordneten Behörde zu entscheiden. Das E. besteht nur dann, wenn es im Gesetz ausdrückl. vorgesehen ist. 2. Die nach § 145 Abs. 1 Gerichtsverfassungsgesetz den ersten Beamten der Staatsanwaltschaft bei den Oberlandesgerichten und den Landgerichten eingeräumte Befugnis, bei allen Gerichten ihres Bezirks die Amtsverrichtungen der Staatsanwaltschaft selbst zu übernehmen oder mit ihrer Wahrnehmung einen anderen als den zunächst zuständigen Beamten zu beauftragen.

Einung, in der ma. Rechtssprache 1. die durch beschworene Übereinkunft von Standesgenossen begr. Gemeinschaft (z. B. Zunft); 2. beschworene Verträge und Bündnisse, bes. Landfrieden und städt. Rechtssatzungen.

Einwanderung, der Zuzug aus einem Staatsgebiet in ein anderes zum Zweck der ständigen Niederlassung; gewöhnl. mit der Absicht der Einbürgerung. E. spielen in Europa seit dem 18. Jh. eine vorwiegend wirtschaftspolit. Rolle. Insbes. die absolutist. Staaten begünstigten Einwanderer durch Zunftzwangbefreiungen, Schutz vor religiöser Verfolgung und steuerl. Entlastung. Gleichzeitig mit dieser innereurop. Bev.mobilität setzte seit der Mitte des 18. Jh.s von Europa aus auch die Auswanderungswelle nach Übersee ein, zuerst v. a. nach Nordamerika. Die wichtigsten E.länder seit der Mitte des 19. Jh. sind die USA, Kanada, Argentinien, Brasilien, Australien, Neuseeland, Südafrika und (seit 1919) Palästina/Israel. - Die E.länder versuchen, mögl. polit., wirtsch. und soziale Gefahren infolge übermäßig starker E. durch Maßnahmen im Rahmen einer E.gesetzgebung zu begegnen; v. a. durch allg. Beschränkung der E. und durch Kontingentierung der E. bestimmter sozialer bzw. ethn. Gruppen. Die zunehmende Wirtschaftsverflechtung und die Internationalisierung des Arbeitsmarktes in den hochindustrialisierten Ländern haben seit Beginn der 1950er Jahre in den Staaten W-Europas zu einer bed. Fluktuation von Arbeitskräften über die Staatsgrenzen hinweg geführt, die zuerst zu zeitl. begrenzten Aufenthalten führen, u. U. im Ergebnis jedoch auch E. bedeuten können.

einwecken ↑Konservierung.

Einwendung, 1. im *materiellrechtl.* Sinn Tatsachen, die gegenüber dem rechtsbegründenden eine Gegenwirkung auslösen. Bei **rechtshindernden Einwendungen** ist ein Recht nicht wirksam entstanden, **rechtsvernichtende Einwendungen** bewirken das Erlöschen eines Rechts, **rechtshemmende Einwendungen** begründen eine Einrede; 2. im *prozeßrechtl.* Sinn das gesamte Verteidigungsvorbringen des Beklagten.

Einwilligung, die im voraus erteilte Zustimmung zum Zustandekommen eines Rechtsgeschäfts (Ggs.: [nachträgl.] Genehmigung); erlischt im Zweifel mit dem ihr zugrunde liegenden Rechtsgeschäft.

Einwohner, die in einem Gebiet (Gemeinde, Kreis, Land) wohnenden, d. h. im wesentl. ständig anwesenden Bürger. Der E.begriff hat insbes. Bedeutung für statist. Zwecke (z. B. Volkszählung).

Einwohnermeldeamt, Bez. für die Meldebehörde, die für die An- und Abmeldung meldepflichtiger Personen zuständig ist.

Einwohnerwert, je Tag und Einwohner im Abwasser enthaltene Normschmutzmenge. Zu ihrem Abbau wird ein biochem. Sauerstoffbedarf (BSB) von 54 g/Tag benötigt. Die Menge und Verschmutzung gewerbl. und industrieller Abwässer gibt man mit dem **Einwohnergleichwert** an, die auf den E. umgerechnete Abwasser- und Schmutzmenge.

Einwurf, Wurf, durch den der ins Seitenaus gegangene Ball wieder ins Spiel gebracht wird (z. B. Fußball).

Einzahl, svw. ↑Singular.

Einzel, Spiel, bei dem nur ein einzelner Spieler gegen einen anderen spielt. - Ggs. ↑Doppel.

Einzelakkord ↑Akkordarbeit.

Einzelarbeitsvertrag ↑Dienstvertrag.

Einzelbewertung, Bilanzierungsgrundsatz, dem zufolge die einzelnen Wirtschaftsgüter grundsätzl. getrennt zu bewerten sind. Beim Umlaufvermögen können annähernd gleichartige Vermögensgegenstände zu Gruppen zusammengefaßt werden.

Einzelfallhilfe ↑ Sozialarbeit.

Einzelfrüchte ↑ Fruchtformen.

Einzelgrabkultur, nach der herrschenden Bestattungssitte (Einzelgrabanlagen unter Hügeln) bezeichnete nordeurop., bes. in Jütland verbreitete endneolith. Kulturgruppe (um 2000 v. Chr.).

Einzelhandel, Absatz von Gütern v. a. an private Haushalte durch spezielle Handelsbetriebe, die ihre Waren vom ↑Großhandel oder den Produzenten beziehen und diese ohne wesentl. Bearbeitung an die Verbraucher weitergeben. Bei den Betriebsformen ging der Anteil der „klass." E.geschäfte mit kleinen selbständigen Läden, durch die Konkurrenz der preisgünstigeren Verbrauchermärkte stark zurück. Um ihrerseits in größeren Mengen und damit günstiger einkaufen zu können, schlossen sich die meisten Betriebe des E. in Einkaufsgenossenschaften und freiwilligen Ketten zusammen. Neben den Gemischtwarengeschäften haben sich die Fach- und Spezialgeschäfte gehalten, bei denen jedoch ebenfalls die Entwicklung zu größeren, den Verbrauchermärkten vergleichbaren Betriebsformen führte (z. B. bei Möbelgeschäften).

Einzelhof, landw. Betrieb, der mit seinen Wohn- und Wirtschaftsgebäuden auf Grund seiner isolierten Lage eine Siedlungseinheit darstellt. Er kann mit arrondiertem Besitz (Einödhof) oder mit Gemengelage des Besitzes verbunden sein. Die flächenhafte Verbreitung von Einzelhöfen wird als Streusiedlung bezeichnet.

Einzelkaufmann (Einzelunternehmung, Einzelfirma), ein als Alleininhaber einer Firma fungierender Kaufmann, der ein Handelsgewerbe betreibt, die am weitesten verbreitete Rechtsform von Unternehmen.

Einzelkind, einziges Kind in einer Familie und oft deren ängstl. umsorgter Mittelpunkt und Gegenstand übertriebener pädagog. Maßnahmen. Die natürl. Entwicklung des Kindes kann dabei durch aufgezwungene Lebensformen der Erwachsenen eingeengt werden. Bes. Schwierigkeiten können für das E. in der Anpassung an die weitere Umwelt entstehen. Einer mögl. Altklugheit steht häufig eine Aktivierung der Leistungsmotivation gegenüber.

Einzelkosten, ↑Kosten, die sich direkt einem Kostenträger zurechnen lassen. - Ggs.: Gemeinkosten.

Einzeller (Protisten), Bez. für Lebewesen, deren Körper nur aus einer Zelle besteht. Die Aufgaben der Organe der Vielzeller übernehmen bei ihnen ↑Organellen; pflanzl. E. ↑Protophyten, tier. E. ↑Protozoen.

Einzelradaufhängung, getrennte Befestigung, Abfederung und Führung der einzel-

nen Räder eines Fahrzeugs; Vorteil: keine gegenseitige Beeinflussung beim Ein- oder Ausfedern.

Einzelrichter, Richter, der im Unterschied zum *Kollegialgericht* allein tätig wird. Beim ↑Amtsgericht entscheidet der Amtsrichter i. d. R. als E. Bei den Land- und Oberlandesgerichten wird nur in Zivilsachen zunächst ein Mgl. des Prozeßgerichts als E. tätig, um eine gütl. Einigung zu versuchen, eine umfassende Erörterung des Sach- und Streitverhältnisses vorzunehmen und den Rechtsstreit so weit zu fördern, daß er möglichst in einer Verhandlung vor dem Prozeßgericht entschieden werden kann.

Im *östr. Recht* gilt: Bei den Bezirksgerichten wird die gesamte Gerichtsbarkeit ausschließl. durch E. ausgeübt. Bei den Gerichtshöfen erster Instanz entscheidet ein E.: 1. in Zivilsachen, wenn der Streitwert 100 000 S nicht übersteigt oder wenn es sich um einen Rechtsstreit wegen Aufhebung, Nichtigerklärung oder Scheidung einer Ehe handelt; 2. in Strafsachen, wenn das vereinfachte Verfahren zulässig ist oder noch eine Voruntersuchung anhängig ist.

In der *Schweiz* bestehen an einzelnen größeren Bezirks- oder Amtsgerichten bes. E.ämter, während in kleineren Bezirken i. d. R. der Präsident oder Vizepräsident des Gesamtgerichtes als E. amtet.

Einziehung, im Strafverfahren können Gegenstände, die durch ein Verbrechen oder Vergehen hervorgebracht wurden (producta sceleris, z. B. gefälschte Banknoten) oder zur Begehung bzw. Vorbereitung einer solchen Tat gebraucht worden oder bestimmt gewesen sind (instrumenta sceleris, z. B. Einbruchswerkzeuge) mit der Maßgabe eingezogen (konfisziert) werden, daß das Eigentum an ihnen auf den Staat übergeht. Die E. ist als Strafe oder als Sicherungsmaßnahme zulässig. Im *östr. Recht* entspricht der E. der Verfall. In der *Schweiz* ist die E. eine Maßnahme ohne Strafcharakter.

Einziehungsgebühr, Gebühr, die vom

Eisbär

Einziehungsgeschäft

Empfänger einer Postsendung zusätzl. zu den fehlenden normalen Gebühren zu entrichten ist, wenn der Absender die Sendung nicht oder nur teilweise freigemacht hat.

Einziehungsgeschäft, svw. ↑ Inkassogeschäft.

Einziehungsverfahren, im Kreditwesen ein spezielles ↑ Einzugsverfahren.

einzuckern ↑ Konservierung.

Einzug, der freie Raum am Anfang der ersten Zeile eines Absatzes (graph. Technik).

◆ ↑ Inkasso.

Einzugsgebiet ↑ Fluß.

◆ (Einzugbereich) Bereich, (weiterer) Umkreis, aus dem der Zustrom zu einem wirtsch., kulturellen o. ä. Zentrum erfolgt.

Einzugsverfahren, bes. Verfahren zur Begleichung von Verbindlichkeiten über den bargeldlosen Zahlungsverkehr. Die wichtigsten E.: 1. **rückläufige Überweisung (Einziehungsverfahren):** Der Kontoinhaber ermächtigt die Bank, vom Zahlungsempfänger oder dessen Bank vorgelegte Rechnungen durch Belastung seines Kontos einzulösen (bei regelmäßigen, aber der Höhe nach differierenden Zahlungen); 2. **Rechnungseinzugsverfahren:** Der Kontoinhaber ermächtigt seine Bank, an ihn gerichtete Rechnungen eines bestimmten Zahlungsempfängers bei Abforderung zu begleichen. - ↑ auch Dauerauftrag.

Einzweckrasse (Einnutzungsrasse), Bez. für landw. Nutztierrassen, die nur für einen Nutzungszweck (z. B. hohe Milchleistung oder hohe Fleischqualität) gezüchtet werden.

Eiplasma ↑ Ei.

Eipulver ↑ Trockenei.

Éire [engl. ɛərə], ir. Name für ↑ Irland.

Eireifung, svw. ↑ Oogenese.

Eirene, bei den Griechen die Personifikation und Göttin des Friedens.

Eis, Wasser in festem Aggregatzustand, kristallin in Form hexagonaler E.kristalle erstarrt (gefroren), Dichte bei Normalbedingungen 0,91674 g/cm³; E. schwimmt daher auf Wasser (wichtig für die Erhaltung des Lebens auf dem Grund von Gewässern). Der Schmelzpunkt von E. dient zur Definition des Nullpunkts der Celsius-Temperaturskala. Die Bildung und das Wachsen von **Eiskristallen** in der Atmosphäre stellt einen wichtigen Faktor bei der Entstehung von Niederschlag dar (Schnee, Eiskörner, Reifgraupeln, Frostgraupeln, Hagel). - Sie entstehen entweder durch Gefrieren von Wolkentropfen unter Mitwirkung von Gefrierkernen (Kristallisationskernen) oder durch Sublimation von Wasserdampf an Sublimationskernen (Kondensationskernen). Ihre Gestalt hängt von der Temperatur und dem Sättigungsgrad der Luft an Wasserdampf ab. An der *Erdoberfläche* entsteht E. durch Gefrieren des Wassers von Flüssen, Seen und Meeren (Eisgang, Treibeis, Packeis), durch Gefrieren von Bodenfeuchtigkeit (Bodenfrost, Eisregen, Glatteis) und durch Anhäufung von Schnee (↑ auch Gletscher). Künstl. E. wird in Kältemaschinen erzeugt zur Kühlung von Lebensmitteln, Getränken u. a. - ↑ auch Speiseeis.

Eisack (italien. Isarco), linker Nebenfluß der Etsch im Trentino-Tiroler Etschland, Italien, entspringt westl. des Brenner, mündet südl. von Bozen, 95 km lang.

Eisbahn, Eisfläche (Natur- oder Kunsteis) zur Ausübung von winterl. Wintersportdisziplinen, v. a. auf Schlittschuhen.

Eisbär (Ursus maritimus), rings um die Arktis verbreitete Bärenart; Körperbau kräftig, Kopf relativ klein und schmal, Ohren auffallend kurz und abgerundet; Körperlänge etwa 1,8 (♀)–2,5 m (♂), Schulterhöhe bis etwa 1,6 m; Gewicht durchschnittl. 320–410 kg; Fell dicht, weiß bis (v. a. im Sommer) gelblichweiß; vorwiegend Fleischfresser. - Abb. S. 77.

Eisbein [eigtl. „für die Herstellung von Schlittschuhen geeigneter Röhrenknochen"], gepökeltes Schweinebein; oberer fleischiger Teil (ohne Zehen) wird **Schweinshaxe** genannt.

Eisberge, im Meer schwimmende, oft riesige Eismassen, die durch Abbrechen („Kalben") von einem bis an das Meer vorgeschobenen Gletschers entstehen. Nur $^1/_9$ der E. befindet sich über Wasser. Sie treiben mit den Meeresströmungen im Nordatlantik bis 40° n. Br., im Südatlantik bis 38° s. Br. und bilden eine Gefahr für die Schiffahrt.

Eisbeutel (Eisblase), mit Eisstückchen gefüllter, verschlossener Gummi- oder Kunststoffbeutel, der äußerl. zur Kühlung bei Blutungen und Entzündungen verwendet wird.

Eisblumen, Eisbildung in vielfältigen Kristallisationsformen, meist durch Abkühlung des Wasserdampfes von Raumluft (z. B. an Fensterscheiben).

Eisbrecher, Schiff zum Freihalten von Schiffahrtswegen von Eis; v. a. mit verstärkter Außenhaut, mit starker Antriebsleistung (oft mit zusätzl. Bugpropeller) und mit Löffelbug, neuerdings auch mit pontonförmigem „Hammerkopfbug". Die Sowjetunion besitzt 4 E. mit Kernenergieantrieb („Atomeisbrecher").

Eisbrecher „Lenin" mit Kernenergieantrieb

Eisen

Eischwiele (Caruncula), dem Durchstoßen der Eischale dienende, nach dem Schlüpfen abfallende, schwielenartige, verhornte Epithelverdickung am Oberkiefer schlüpfreifer Embryonen der Brückenechsen, Krokodile und Schildkröten; bei Vögeln im allg. am Oberschnabel; bei Ameisenigel und Schnabeltier auf einem bes., kleinen *E.knochen* sitzend, der zusammen mit der E. abfällt.

Eiscreme ↑Speiseeis.

Eiselen, Ernst Wilhelm Bernhard, * Berlin 27. Sept. 1792, † Misdroy auf Wollin 22. Aug. 1846, dt. Turnpädagoge. - Gründete 1832 die erste Turnanstalt für Mädchen.

Eisen, Charles [frz. ɛˈzɛn], * Valenciennes 17. Aug. 1720, † Brüssel 4. Jan. 1778, frz. Zeichner, Kupferstecher und Maler. - Bed. Buchkünstler des Rokoko; seine 1753 in Buchform hg. Dekorationsstiche sind ein bed. Dokument der Rocailleornamentik.

Eisen, chem. Symbol Fe; Schwermetall aus der VIII. Nebengruppe des Periodensystems der chem. Elemente; Ordnungszahl 26; mittlere Atommasse 55,847, Dichte 7,874 g/cm^3; Schmelzpunkt 1 535 °C; Siedepunkt 3 000 °C. Mit 4,7 Gewichts-% steht E. an vierter Stelle in der Häufigkeit der chem. Elemente in der Erdkruste; Vorkommen kaum gediegen, sondern in Form zahlr., v. a. sulfid. (Pyrit, FeS$_2$) und oxid. (Magnetit, Rot- und Brauneisenstein) Minerale; die wichtigsten E.erze sind Magnetit mit 40–70 % Fe, Eisenglanz mit 40–65 % Fe, Brauneisenstein mit 30–40 % Fe und Eisenspat mit 25–45 % Fe. Verwendung findet E. als Metall fast ausschließl. in Form von Legierungen, bes. E.-Kohlenstoff-Legierungen (Roheisen, Gußeisen und v. a. Stahl); durch Zulegierung von Metallen (z. B. Vanadium, Wolfram, Molybdän, Mangan), Nichtmetallen (z. B. Silicium, Phosphor, Schwefel) und durch geeignete Wärmebehandlung können die mechan.-therm. Eigenschaften des Metalls in großem Umfange variiert werden und vergrößern die Anwendungsmöglichkeiten. E. ist ein halbedles Metall, in seinen Verbindungen tritt es zwei- und dreiwertig, manchmal auch sechswertig auf. Bes. unreines E. neigt zum Rosten (Oxidbildung infolge Korrosion durch den Sauerstoff der Luft); von verdünnten Mineralsäuren wird E. unter Bildung der entsprechenden Salze leicht gelöst, mit konzentrierten, oxidierenden Säuren bildet E. eine passivierende Oxidschicht.

E. ist Bestandteil lebensnotwendiger Enzyme bei allen Lebewesen, insbes. bei der Atmung (Atmungsfermente, Atmungspigmente) und der Photosynthese; im Blut der Wirbeltiere ist E. in den Blutfarbstoffen (↑Hämoglobin) enthalten. Der gesamte E.gehalt des menschl. Körpers beträgt 3–5 g. Der Tagesbedarf eines erwachsenen Mannes beträgt 1 mg, die Zufuhr muß jedoch 10 mg betragen, da nicht mehr als 10 % resorbiert werden. Frauen haben einen höheren E.bedarf (etwa 3 mg), da durch den Blutverlust bei jeder Menstruation zw. 15 und 45 mg E. ausgeschieden werden. Der gewöhnl. Bedarf wird bei normaler Mischkost voll gedeckt.

Roheisenerzeugung im Hochofen: Im Hochofen wird aus dem Möller (Erze, Sinter, Pellets, Zuschläge) und Koks **Roheisen,** das Ausgangsprodukt für die Gewinnung von ↑Stahl, erschmolzen. Möller und Koks werden lagenweise aufgegeben. Von Axialgebläsemaschinen angesaugte Kaltluft wird mit einem Druck von maximal 4 bar welchselweise in drei bis vier Winderhitzern (Cowper) bis auf 1 350 °C vorgewärmt. Am oberen Rand des zylindr. Gestells des Hochofens wird der Heißwind gemeinsam mit Hilfsbrennstoffen (Erdgas, Koksgas, Öl, Feinkohle, Teer) durch Blasformen in den Hochofen eingeblasen. Das vor den Blasformen entstehende Gas durchströmt die nach unten wandernde Beschickung, wird dabei chem. Veränderungen unterworfen und am oberen Ende, der Gicht, des Hochofens als Gichtgas (Temperatur 100–250 °C) abgezogen. Der Koks liefert das erforderl. Reduktionsgas, stützt die Möllersäule und lockert sie auf. In zunehmendem Maße wird heute die durch seine Verbrennung gelieferte Heizwärme durch über die Blasformen eingeblasenes Öl oder Erdgas sowie erhöhte Heißwindtemperaturen ersetzt. Mit reinem Sauerstoff angereicherter Heißwind trifft vor den Blasformen auf glühenden Koks, an dem das primär gebildete CO_2 zu Kohlenmonoxid regeneriert wird ($CO_2 + C \rightarrow 2 CO$). Der beim Durchgang durch den Hochofen chem. unverändert bleibende Stickstoff des eingeblasenen Windes gibt einen Teil seiner im Gestell aufgenommenen Wärme an die niedergehende Beschickung ab und ist daher als Wärmeüberträger noch unentbehrl. Erze, Zuschläge (v. a. Kalkstein) und Koks werden auf ihrem Weg durch den Hochofen erhitzt, wobei zunächst die anhaftende Feuchtigkeit verdampft; bei etwa 300 °C wird das Hydratwasser abgespalten ($Fe_2O_3 \cdot H_2O \rightarrow Fe_2O_3 + H_2O$). Weiter unten dann im Hochofen im Temperaturbereich von 600 °C bis 1 000 °C findet die Carbonatzersetzung statt ($FeCO_3 \rightarrow FeO + CO_2$; $CaCO_3 \rightarrow CaO + CO_2$) und läuft v. a. die wichtige **indirekte Reduktion** ab. Dabei reduziert das Kohlenmonoxid durch seinen Aufstieg durch die Beschickungssäule die oxid. Eisenminerale zu niederen Oxiden und schließl. teilweise auch zu metall. Eisen, wobei sich Kohlendioxid bildet ($3 Fe_2O_3 + CO \rightarrow 2 Fe_3O_4 + CO_2$; $FeO + CO \rightarrow Fe + CO_2$). Die indirekte Reduktion ist jedoch nicht vollständig, weil die Fähigkeit des CO, den Erzsauerstoff abzubauen, mit steigendem CO_2-Gehalt und fallender Temperatur abnimmt. Der nicht durch die indirekte Reduktion entfernte Sauerstoff wird im unteren Teil des Hochofens im Bereich höherer Temperaturen

Eisen

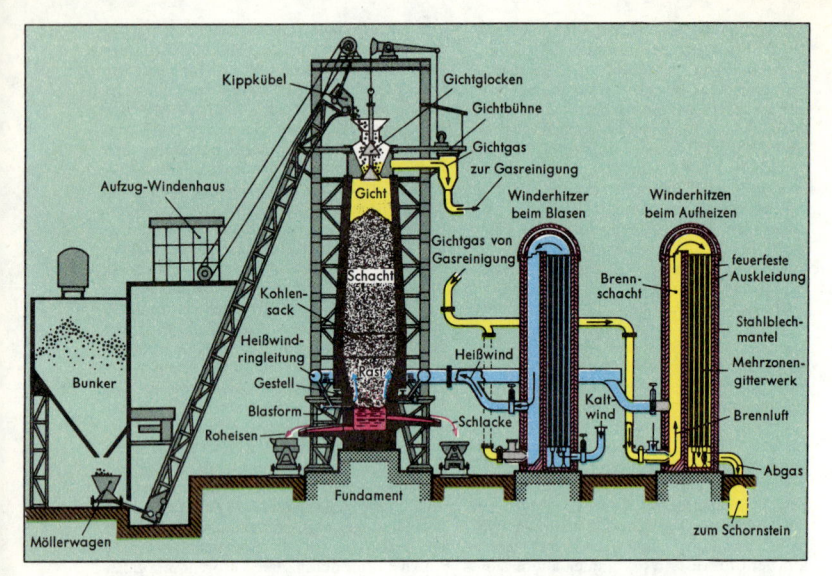

Eisen. Roheisenerzeugung im Hochofen

durch direkte Reduktion abgebaut. Sie geschieht mit festem Kohlenstoff unter Bildung von CO_2, das sofort mit dem Kokskohlenstoff zu CO reagiert. Sobald metall. Eisen entstanden ist, wird es aufgekohlt, d. h., Kohlenstoff löst sich im Eisen. Der Schmelzpunkt reinen Eisens wird dadurch erniedrigt. Im heißesten Teil des Hochofens vollzieht sich das **Schmelzen** des aufgeschmolzenen Eisens und die Bildung der Schlacke aus der Gangart der Erze, des Sinters, der Pellets, der Zuschläge und des Kokses. Nach der Art des zu erzeugenden Roh-E. richtet sich das Verhältnis von bas. (CaO, MgO) zu sauren Bestandteilen (SiO_2, Al_2O_3) im Möller und damit auch in der Schlacke. Zusammensetzung und Temperatur der Schlacke bestimmen die Reduktion des Mangans, Siliciums, Phosphors und anderer Elemente aus deren Oxiden und damit deren prozentualen Gehalt im Roheisen. Insbes. soll der v. a. vom Koks eingebrachte Schwefel von der Schlacke in Form von CaS aufgenommen werden, was einen erhöhten Anteil von CaO erforderl. macht (bas. Schlacke). Die Schlackenmenge schwankt zw. 200 und 1 000 kg/t Roheisen. Zur Herstellung von 1 t Roh-E. sind je nach Beschaffenheit des Erzes und Art des erzeugten Roh-E. 500–1 000 kg Koks erforderl. Zur Gewinnung von 1 000 t Roh-E. werden bei einem E.gehalt von 50 % etwa 2 000 t Erz, Sinter oder Pellets und Kalk und rd. 700 t Koks durchgesetzt. - Das Roh-E. (Temperatur 1 390–1 500 °C) wird in fahrbare Pfannen abgestochen und flüssig zu den Stahlwerken transportiert. Die Spezialroheisensorten, manganreiches Stahleisen, Spiegeleisen, Hämatitroheisen und Gießereiroheisen, vergießt man meist über eine Gießmaschine zu Masseln. Die Hochofenschlacke läuft ebenfalls in fahrbare Pfannen. Man läßt sie meistens in Schlackenbetten erstarren und verarbeitet sie zu Straßenbelag, Eisenbahnschotter, Mauersteinen, Pflastersteinen, Schlackenwolle, Hochofenzement u. a. Ein Teil (20–25 %) des vorgereinigten Hochofengases (Gichtgases) dient zur Beheizung der Winderhitzer, ein weiterer Teil (10–15 %) als Energie für die Winderzeugung, während der restl. Teil eine wichtige Energiequelle für das E.hüttenwerk ist.

Zur E.gewinnung durch **Direktreduktion,** d. h. ohne Hochofen, wurden mehrere Verfahren entwickelt. Diese Verfahren (z. B. Hyl-Verfahren, Krupp-Eisenschwammverfahren, H-Iron-Verfahren, Fior-Verfahren) arbeiten mit minderwertigen Brennstoffen, Erdöl oder -gas, elektr. Energie sowie mit der Wärme des Reaktorkühlmittels von Kernreaktoren. Sie werden v. a. in kohlearmen Ländern angewandt.

Die Weltproduktion an Roh-E. und Ferrolegierungen betrug 1983 462 Mill. t. Haupterzeugerländer waren: Sowjetunion (108 Mill. t), Japan (73 Mill. t), USA (44 Mill. t), China (37 Mill. t), BR Deutschland (27 Mill. t), Frankr. (14 Mill. t), Brasilien (13 Mill. t).

Geschichte: E. ist etwa seit der Mitte des 2. Jt. v. Chr. bekannt. Von den E.erzen wurden in der Antike u. a. der Magneteisenstein be-

Eisenbahn

nutzt, aber auch Pyrit war bekannt. Die Römer beuteten im 1. Jh. v. Chr. E.lager auf Elba und in Noricum (röm. Provinz in den Ostalpen) aus. Sie verarbeiteten relativ reine Erze nach dem **Rennfeuerverfahren**. Die Rennfeueröfen bestanden meist aus Gruben oder einfachen Schachtöfen, die aus Lehm oder Steinen errichtet wurden. Die Erze wurden mit glühender Holzkohle und natürl. Luftzug bzw. Luft aus dem Blasebalg reduziert. Das reduzierte E. (**Renneisen**) sammelte sich am Boden des Ofens in Luppen an, die noch stark mit Schlacke versetzt waren und durch Ausschmieden von ihr und der restl. Holzkohle befreit werden mußte. Um 700 n. Chr. entstand eine E.ind. in der Steiermark, im 9. Jh. auch in Böhmen, Sachsen, Thüringen, im Harz, im Elsaß und am Niederrhein. Im 12. Jh. wurden E.hüttenbetriebe in Holland, im 15. Jh. in England und Schweden errichtet. Sie lieferten ungeschmolzenes stahlartiges Schmiede-E. Flüssiges Roh-E. und damit Guß-E. erhielt man erst, nachdem die Wolfsöfen zu Blau- oder Blaseöfen und später zu Hochöfen erhöht wurden.

📖 *Erzeugung v. Roheisen, Stahl u. Ferrolegierungen. Hg. v. W. Leonhardt. Lpz. 1977. - Wiegand, H.: E.werkstoffe. Weinheim 1977. - Gemeinfaßl. Darst. des Eisenhüttenwesens. Hg. v. Verein Deutscher Eisenhüttenleute. Düss. [17]1971.*

Eisenach, Krst. im Bez. Erfurt, DDR, am NW-Rand des Thüringer Waldes, 222 m ü. d. M., 51 000 E. Sitz des Landesbischofs der Ev.-Luth. Kirche in Thüringen; Kirchenmusikschule; Landestheater, Museen; Fremdenverkehr, bed. Ind.standort, u. a. Automobilwerk. - Wohl bald nach 1150 von den thüring. Landgrafen gegr.; 1283 Stadtrechtsbestätigung; 1572-1638, 1640-44 und 1672-1741 Residenz eines Herzogtums der ernestin. Wettiner, danach zu Sachsen-Weimar. 1920 an Thüringen. - Am Markt liegen das Stadtschloß (1742-51), die Pfarrkirche Sankt Georg (Hauptteil nach 1515), das Residenzhaus (wohl 1507), das Rathaus (1508 ff.) und die Predigerkirche (13. Jh.). Die Nikolaikirche (12. Jh.) ist mit dem Nikolaitor verbunden. E. wird von der Wartburg überragt.

E., Landkr. im Bez. Erfurt, DDR.

Eisenalaune, Doppelsalze des Eisen(III)-sulfats mit den Sulfaten einwertiger Metalle (bes. Kalium) und des Ammoniums; z. B. $KFe(SO_4)_2 \cdot 12 H_2O$; Verwendung: Färberei (als Beizmittel) und Photographie.

Eisenbahn, schienengebundenes Verkehrsmittel zum Transport von Personen und Gütern mit einzelnen oder zu Zügen zusammengekuppelten Wagen, die entweder von Lokomotiven gezogen werden oder aber eigene Antriebsaggregate haben und die auf einem Gleisstreckennetz verkehren.

Gleisanlagen: Geländeverhältnisse und zu erwartendes Verkehrsaufkommen bestimmen die Streckenführung. Die zulässige Geschwindigkeit hängt vom Bogenhalbmesser und der Überhöhung der äußeren Schiene ab. Die Längsneigung soll bei Hauptbahnen höchstens 12,5 ‰ und bei Nebenbahnen höchstens 40 ‰ sein. *Unterbau:* Teil des Bahnkörpers, der Gleis und Bettung aufnimmt, besteht aus Erdkörper und sog. Kunstbauten. Da Gleisanlagen nur bedingt den Geländeunebenheiten folgen können, müssen diese durch Dämme, Einschnitte sowie Brücken und Tunnels ausgeglichen werden. Die Unterbaukrone (*Planum*) ist zum Ableiten des Regenwassers dachförmig geneigt. Der Oberbau besteht aus Gleisbettung, Gleisanlage und evtl. Schutzschicht. Die Spurweite für *Normal*- bzw. *Regelspur* mißt 1 435 mm und ist in Mitteleuropa üblich. 62 % des Welteisenbahnnetzes sind damit ausgerüstet. Abweichende Spurweiten werden als *Breit*- oder *Schmalspur* bezeichnet. Übergang bei verschiedenen Spurweiten durch Tausch von Radsätzen bzw. Drehgestellen oder Auffahren auf Rollwagen.

Bez. gebräuchl. Schienenformen bei der Dt. Bundesbahn (DB) sind: S 49, S 54 bzw. UIC 60 für geringe, mittlere bzw. starke Beanspruchung. Neuere Erkenntnisse führten zum durchgehend geschweißten Gleis; dadurch Wegfall der Schienenstöße, geringerer Verschleiß und angenehmeres Fahrgefühl. Schienen werden auf Holz- bzw. Betonschwellen aufgesetzt; Stahlschwellen werden neu nicht mehr beschafft. Die Schwellen übertragen die Belastung auf die Bettung. Scharfkantig gebrochener *Schotter* ($\varnothing$ 25-65 mm) aus hartem Gestein wie Basalt, Gneis oder Syenit bilden die Bettung und verteilen die Radlasten gleichmäßig auf eine größere Fläche, damit der zulässige Bodendruck nicht überschritten wird. Für den Gleiswechsel werden Weichen benötigt, unterschieden nach einfachen Weichen, einfachen und doppelten Kreuzungsweichen sowie Kreuzungen, die nur die Kreuzung eines anderen Gleises zulassen. Der Weichenantrieb erfolgt elektromotorisch.

Gleisbau: Neu- oder Umbau sowie Unterhaltung von Gleisen und Weichen wurde aus Rationalisierungsgründen weitgehend mechanisiert. Zweiteilige Schnellumbauzüge (UP) arbeiten im Fließbandverfahren. Teil 1 baut altes Gleis zurück und nimmt es auf, zw. den Teilen 1 und 2 richtet die Planierfräse die Bettung für das neue Gleis her u. Teil 2 baut neues Gleis auf. Der Standardumbauzug (US) ist das neueste Umbaugerät der DB. Hiermit werden 30 m lange Gleisjoche ausgebaut, verladen, mittels der Planierfräse Bettung eingeebnet, die neuen Schwellen ausgelegt, Schienen aufgesetzt und mit Kleineisen befestigt. Sodann wird vorhandener Schotter mit Bettungsreinigungsmaschine (BRM) vom Schmutz gereinigt. Jetzt folgt Gleisstopf- und Richtmaschine, um das Gleis nach Festpunk-

Eisenbahn

ten anzuheben bzw. auszurichten. Mehrere Stopfgänge mit der Stopfmaschine folgen; anschließend werden die Gleise verschweißt.

Gleismessungen: Die Genauigkeit der Spurweite, Richtung, Überhöhung und Verwindung der Schienen werden mit *Meßtriebzügen* überprüft, die Meßwerte auf Band mit Kilometerangabe aufgezeichnet. Auswertung durch Rechner erleichtert Entscheidung über zu treffende Maßnahmen.

Bahnhofsanlagen ↑ Bahnhof.

Integriertes Transportsteuersystem (ITS): Umfassendes Informations- und Steuersystem des gesamten Transportablaufes bei der DB mit Hilfe der Datenverarbeitung. Aufbau in mehreren Baustufen. Hierarchisch gegliedertes überregionales Rechnerverbundsystem für Datenzugriff und -speicherung, zur Disposition des Betriebsablaufes, der Verkehrsabrechnung und Statistik. (1. Aufbaustufe seit Frühjahr 1978 in Betrieb).

Signaltechnik (früher Sicherungswesen): Signale regeln den Zug- und Rangierbetrieb im Bahnhof und auf der freien Strecke; unterschieden nach Haupt-, Vor- und Nebensignalen. Das *Hauptsignal (Blocksignal)* zeigt an, ob der folgende Abschnitt (Blockstrecke mit Meldestelle bzw. *Blockstelle*) befahren werden darf oder nicht. Im Bremswegabstand (1 000 m bzw. 700 m auf Haupt- bzw. Nebenstrecken) kündigt das *Vorsignal* die Stellung des Hauptsignales an. *Vorsignalbaken* weisen auf den Standort des Vorsignals hin. Früher nur *Formsignale* mit Flügeln bzw. Scheibe, nachts entsprechende farbige Lichter; neuerdings durch *Lichttagessignale* ersetzt.

Stellwerke (Stw): Mechan., elektromechan. und rein elektr. Stellwerke sichern Fahrstraßen der Züge in Bahnhöfen und die Zugfolge auf freier Strecke. Bevor ein Signal auf Fahrt gestellt werden kann, muß die Fahrstraße eingestellt, verschlossen und elektr. festgelegt sein, sowie durch Augenschein bzw. entsprechende Gleisfreimeldeanlagen (Gleiskreise oder Achszähler) das Gleis auf Freisein überprüft werden. Auflösung selbsttätig durch den Zug. Die Stellarbeit wird elektromechan. Stw wird von Elektromotoren (136 V Gleichspannung) übernommen. Die Überwachungsspannung beträgt 34 bzw. 60 V. Mechan. und elektr. Sperren verhindern ein Umlegen der Hebel, wenn Vorbedingungen nicht erfüllt sind. *Drucktastenstellwerke* arbeiten rein elektr. mit Relais. Ein Stelltisch mit Ausleuchtungs- und Tastenfelder in der Anordnung der Gleisanlage ermöglicht guten Überblick über die Betriebslage. Durch grundsätzl. Zweitastenbedienung korrespondierender Tasten ist verhindert, daß versehentl. Tastenbedienung wirksam wird. Große Stellentfernungen erlauben Zusammenfassung vieler Betriebsstellen zu einem Zentralstellwerk. Die Gleisanlage wird durch sogenannte Panorama-Tafeln *(Gleisbildstellwerk)* dargestellt und mit Zehnertastatur vom Fahrdienstleiter gesteuert. Zugnummern in den Gleisfeldern, *Zugnummern-* und *Belegtblattdrucker* erleichtern die Übersicht. Wird die Stellentfernung (Signale 6,5 km, Weichen 5 km) bedingt durch Kabelkapazität bzw. -widerstand überschritten, ist Fernsteuerung anzuwenden. Über Fernmeldekabel werden die Überwachungs- und Steuersignale übermittelt.

Gleisschaltmittel ermöglichen die Frei- oder Besetztmeldung der Gleise, die Ortung von Zügen, die Achszählung sowie Kontaktgabe durch Züge zur Steuerung von Betriebsabläufen. Der Schienenkontakt nutzt die Durchbiegung der Schiene durch das rollende Fahrzeug. Gleisstromkreise werden durch Isolierstöße begrenzt, in deren Nähe geringe Gleisspannungen ein- bzw. ausgespeist werden (1,5–15 V). Ein Achskurzschluß läßt das Gleisrelais abfallen (Besetztmeldung). Achszählkreise in endlos geschweißten Gleisen benötigen keine Isolierstöße. Hier werden Magnet- bzw. elektron. Schienenkontakte eingesetzt. Der Vergleich zw. ein- und ausfahrenden Achsen ergibt Gleis frei oder besetzt. Für bis zu 50 m Gleislänge werden neuerdings auch 10 kHz-Gleiskreise eingesetzt.

Indusi (Kw. aus **indu**ktive **Zugsi**cherung; induktive Zugbeeinflussung): Sicherheitseinrichtung, die das unbeabsichtigte Vorbeifahren an Signalen oder auch Geschwindigkeitsüberschreitungen an Gefahrenpunkten verhindert; bei der DB seit 1970 auf allen Hauptstrecken eingesetzt. - Neben den Schienen sind bei Vor- und Hauptsignalen und vor Langsamfahrstellen Gleismagnete montiert, die aus Spule mit Eisenkern und Kondensator bestehen. Dieser (passive) Schwingkreis ist bei der DB an Vorsignalen und vor Langsamfahrstellen auf 1 000 Hz abgestimmt, an Hauptsignalen auf 2 000 Hz, davor in bes. Fällen auch auf 500 Hz (zur Geschwindigkeitsüberwachung). Durch einen mit dem Signal gekoppelten Kurzschlußkontakt läßt sich der Schwingkreis verstimmen und so für einen am Triebfahrzeug montierten Magneten bzw. Schwingkreis unwirksam machen (das gilt auf „Frei" stehendem Signal). Dieser Triebfahrzeugschwingkreis strahlt ständig drei Felder der Frequenzen 500 Hz, 1 000 Hz und 2 000 Hz aus, die mit Hilfe eines Hochfrequenzgenerators erzeugt werden. Bei „Halt" zeigendem Signal beeinflußt der Gleismagnet („Saugmagnet") beim Überfahren die Fahrzeugmagneten derart, daß über verschiedene Relais die Bremsanlage betätigt wird. Am Vorsignal löst der Gleismagnet in Warnstellung beim Überfahren Schnellbremsung aus, wenn der Fahrzeugführer nicht innerhalb von 4 Sekunden eine *Wachsamkeitstaste* bedient oder in festgelegter Zeit die Fahrgeschwindigkeit erheblich vermindert. Der Magnet am „Halt" zeigenden Hauptsignal löst beim Überfahren sofort eine Zwangsbremsung aus, ebenso der 500-Hz-

Eisenbahn

Magnet, wenn er mit zu hoher Geschwindigkeit überfahren wird.
Lokomotive (Lok): Fahrzeug der Eisenbahn mit eigener Antriebsanlage zum Zug und Schub antriebsloser Schienenfahrzeuge. Je nach Einsatzzweck (Zugkraft, Höchstgeschwindigkeit) unterscheidet man Schnellzug-, Personenzug-, Güterzug- und Rangierlokomotiven. Zur Kennzeichnung der konstruktiven Merkmale benutzt die DB seit 1968 ein 7stelliges Ziffernsystem. Die erste Ziffer bezeichnet die Fahrzeugart: 0 Dampflok (früher 0 oder eine andere Zahl), 1 elektr. Lok (früher E), 2 Diesellok (früher V), 4 elektr. Triebwagen (früher ET), 6 Dieseltriebwagen (früher VT). Die 2. und 3. Ziffer gibt die Baureihe an.
Dampflokomotive: Die Antriebsmaschine der Dampflok nutzt die Expansionskraft des Wasserdampfes aus (Dampfmaschine). Die Kolbendampfmaschine der Dampflok ist doppeltwirkend. Der Antrieb erfolgt über mindestens zwei auf dieselbe Achse (Treibachse) wirkende Arbeitszylinder. Zur Erreichung einer möglichst hohen Zugkraft werden mehrere Achsen angetrieben, wobei die Räder über Kuppelstangen mit der Treibachse verbunden sind. Steuerung der Dampfzufuhr zu den Arbeitszylindern erfolgt über einen Kolbenschieber, der von der Treibachse über eine Schwinge zur Umstellung der Drehrichtung und über einen Kreuzkopf mit Hebel angetrieben wird *(Heusinger-Steuerung)*. Regelung der Fahrgeschwindigkeit geschieht durch Veränderung der Zylinderfüllung. Der Heizmittel- und Speisewasservorrat wird in einem *Schlepptender* oder in an der Lok angebrachten Kästen (Tenderlok) mitgeführt.
Diesellokomotive: Die mit einem oder mehreren Dieselmotoren ausgerüstete Diesellok hat auf den nichtelektrifizierten Strecken wegen ihrer besseren Wirtschaftlichkeit, der prompten Betriebsbereitschaft und der größeren Zugkraft die Dampflok weitgehend verdrängt. Die leichten, schnellaufenden, aufgeladenen Dieselmotoren entwickeln eine Motorleistung bis 4 000 PS (rund 3 000 kW). Dieselmotoren können nicht wie Dampfmaschinen oder Elektromotoren unter Last anlaufen. Bei der *dieselhydraul. Lok* ist daher zw. Motor und Achsantrieb ein Flüssigkeitsgetriebe (Drehmoment- bzw. Drehzahlwand-

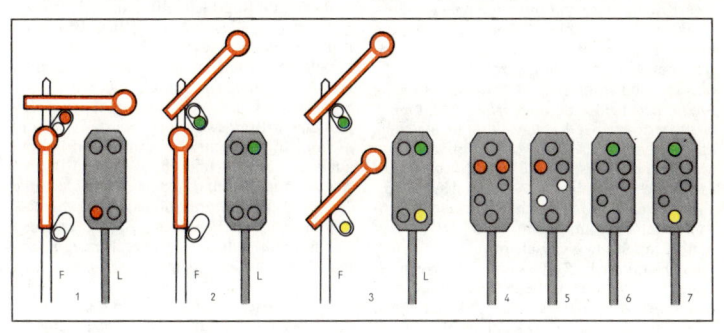

Eisenbahn. Hauptsignale (F Formsignal, L entsprechendes Lichtsignal):
1 Zughalt, 2 Fahrt, 3 Langsamfahrt, 4 Zughalt und Rangierverbot,
5 Rangierverbot aufgehoben, 6 Fahrt, 7 Langsamfahrt

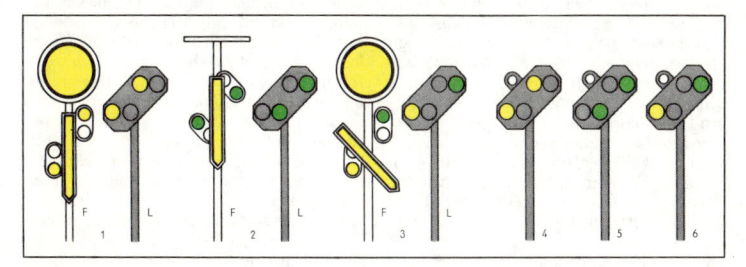

Vorsignale (F Formsignal, L entsprechendes Lichtsignal): 1 Zughalt erwarten,
2 Fahrt erwarten, 3 Langsamfahrt erwarten, 4, 5 und 6 Vorsignalwiederholer
(ist der Abstand zum zugehörigen Signal kürzer als der Bremsweg der Strecke,
ist dies durch ein weißes Zusatzlicht am Signalschirm kenntlich)

Eisenbahn

ler) angeordnet; es erhöht beim Anfahren oder in niedrigem Geschwindigkeitsbereich das Drehmoment des Motors durch Föttinger-Wandler. Die *dieselelektr. Lok* besitzt elektr. Kraftübertragung. Jeder Dieselmotor ist direkt mit einem Dreh- oder Gleichstromgenerator verbunden. Antrieb entweder mit Tatzlagermotoren einzeln für jede Treibachse oder mit einem einzigen Gestellmotor je Drehgestell.

Elektrolokomotive (E-Lok): Diese Antriebsmaschinen beziehen (mit Ausnahme der Akkumulator-Lok) die elektr. Energie aus einem Versorgungssystem: im allg. (Ausnahme: U-Bahn, die mit einer Stromschiene arbeitet) ist dies eine *Oberleitung (Fahrleitung,* in etwa 5,5 m Höhe). Energieversorgung (abschnittsweise abschaltbar) durch entsprechende Kraft- und Umformwerke. *Mechan. Teil:* Mit Ausnahme der langsamfahrenden Rangierloks, bei denen die Treibachsen im Fahrzeugrahmen befestigt sind und deren Antrieb vom Motor aus über Kuppelstangen erfolgt, sind moderne E-Loks als Drehgestellmaschinen mit Einzelachsenantrieb ausgeführt. Meist bilden Brückenrahmen und Kastenaufbau eine selbsttragende, zusammenhängende Konstruktion. Der Brückenrahmen verbindet die beiden Drehgestelle, in denen die Fahrmotoren über die Achsen angeordnet sind. Kraftübertragung vom Fahrmotor zum Radsatz über einen beidseitig angeordneten Gummiringfederantrieb, Kardan-Gummiringfederantrieb oder bei älteren Lokomotiven Tatzlagerantrieb. *Elektr. Teil:* In Europa gibt es im wesentlichen vier verschiedene *Bahnstromsysteme:* Österreich, Schweiz, Bundesrepublik Deutschland und DDR einheitl. Einphasen-Wechselstrom (15 kV, 16²/₃ Hz), Frankreich z.T. Einphasen-Wechselstrom (25 kV, 50 Hz), Niederlande und Großbritannien z.T. Gleichstrom (1,5 kV), Belgien und Italien Gleichstrom (3 kV). Bei Triebfahrzeugen, die im Einphasen-Wechselstrombetrieb eingesetzt sind, wird als Fahrmotor der Reihenschlußmotor verwendet. Diese Fahrmotoren entsprechen im allg. den hohen Anforderungen des Eisenbahnbetriebs. Geschwindigkeit und Zugkraft werden über die Motorspannung geregelt (je nach Bedarf zw. 0 und 500 V). Die hohe Fahrdrahtspannung wird auf der Lok heruntertransformiert und den Fahrmotoren zugeführt.

Eine neue Generation von E-Loks (bei der DB unter der Baureihenbez. 120 eingeführt) arbeitet unter Verwendung moderner Leistungselektronik mit frequenzgesteuerten Drehstrom-Asynchronmotoren. Die Einphasen-Wechselspannung des Fahrleitungsnetzes wird auf 1 500 V heruntertransformiert und mit Hilfe eines Umrichters in Gleichspannung von 2 800 V umgewandelt. Elektron. gesteuerte Wechselrichter erzeugen aus der konstanten Zwischenkreisgleichspannung die variable Spannung (0–2 200 V) und Frequenz (0–200 Hz) für die Fahrmotoren. Wegen der vielseitigen betriebl. Einsatzmöglichkeiten (u. a. auch in den Triebköpfen der ICE-Züge) werden diese Drehstromlokomotiven auch als *Universallokomotiven* bezeichnet.

Triebwagen: Schienenfahrzeug zur Beförderung von Personen und/oder Gütern. Nach Antriebsart unterscheidet man *elektr.* und *Dieseltriebwagen,* nach dem Einsatzgebiet *Nahverkehrstriebwagen* mit großem Fassungsvermögen für schnellen Fahrgastwechsel und *Schnelltriebwagen* mit hohem Reisekomfort und großer Geschwindigkeit für weite Strecken. Eine Sonderform ist der *Schienenbus* mit omnibusähnl. Aufbau.

Sicherheits- und Bremsanlagen: Triebfahrzeuge mit Einmannbetrieb sind zur Überwachung der Dienstfähigkeit des Triebfahrzeugführers mit einer Sicherheitsfahrschaltung *(Sifa)* ausgerüstet. Hierzu muß ein Bedienungsknopf oder Pedal heruntergedrückt werden, das nach spätestens 30 s wieder losgelassen werden muß. Werden diese Bedingungen nicht erfüllt, ertönt nach bestimmter Zeit oder bestimmtem Weg ein Warnsignal; anschließend erfolgt Schnellbremsung.

Linienzugbeeinflussung (LZB): Zugsicherungssystem, das zwei Zielen dient: 1. es schafft Voraussetzung für Geschwindigkeiten von über 160 km/h, für die das herkömml. Signalsystem mit Vor- und Hauptsignalen und einem Bremsweg von höchstens 1000 m nicht mehr ausreicht; 2. es ermöglicht Fahren auf *elektr. Sicht,* wobei Fahrzeuge im Bremswegabstand folgen können. Grundgedanke der LZB ist, Informationen über Signalstellungen, Weichenlagen, Bahnübergänge, Langsamfahrstellen und Streckenneigungen in einer Streckenzentrale zu sammeln, dort aus diesen Daten und dem Fahrort des Zuges den freien Bremsweg zu ermitteln und diesen über Linienleiter auf das Triebfahrzeug zu übertragen. Die Streckenzentrale ermittelt den jeweiligen Fahrort aus Meldungen, die von den Zügen in regelmäßigen Abständen über den Linienleiter an die Zentrale gegeben werden. Anhebung der Höchstgeschwindigkeit durch Voraussmeldung der Signalstellungen über mehrere Blockabstände hinweg. Der induktiven Informationsübertragung zw. beiden dient der *Linienleiter,* ein zw. den Schienen verlegtes, alle 100 m gekreuztes einadriges Kupferkabel, das eine höchstens 12,7 km lange Linienleiterschleife bildet. Der Fahrort eines Zuges wird der Zentrale durch Meldung des von der Zugspitze besetzten 100-m-Abschnittes (Grobort) übermittelt. Außerdem wird innerhalb eines 100-m-Abschnittes alle 12,5 m eine Feinortung durch Zählung der Radumdrehungen durchgeführt und der Zentrale gemeldet. Eine Streckenzentrale betreut bis zu 16 Linienleiterschleifen. Mittels *Bedienungsfernschreiber* der Streckenzentrale

Eisenbahn

können vorübergehende Langsamfahrstellen (Baustellen, Schienenbrüche u. a.) in das laufende System eingegeben bzw. gelöscht werden. Die Informationen werden auf der jeweiligen Führerstandsanzeige angezeigt (z. B. Soll-, Ist- und Zielgeschwindigkeit und die Zielentfernung). Die Istgeschwindigkeit des Fahrzeuges wird durch die LZB kontinuierl. überwacht; übersteigt sie einen zulässigen Wert, wird selbsttätig eine Schnellbremsung ausgelöst.

Bahnübergangssicherung: Auf Hauptbahnen ist die techn. Bahnübergangssicherung vorgeschrieben. Dazu dienen mechan. oder elektr. betätigte Schranken oder lokführer- bzw. fernüberwachte Blinklicht- bzw. Halbschrankenanlagen. Betriebsfernsehanlagen ermöglichen Beobachtung des Sperrraumes. Weiterentwicklung zur vollautomatisierten Bahnübergangstechnik (Überwachung des Sperrraumes mit Laser) in der Systemerprobung.

Reisezugwagen: Sammelbez. für die zur Personen- und Gepäckbeförderung dienenden Eisenbahnwagen des Reisezugverkehrs, wobei man zw. *Nahverkehrswagen, D-Zug-Wagen* und *TEE-(IC-)Wagen* unterscheidet. Nach der Sitzanordnung werden Reisezugwagen in *Abteil-* oder *Großraumwagen* unterschieden, wobei in den letzten Jahren bei den meisten europ. Bahnen auch im Fernverkehr Großraumwagen mit einer Sitzanordnung beiderseits eines Mittelganges eingesetzt werden. *Schlafwagen* mit Einzelabteilen (1, 2, oder 3 Bettplätze pro Abteil) können als Mittel- oder Seitengangwagen ausgeführt sein. *Liegewagen* sind Schlafwagen mit geringem Komfortangebot (6 Liegeplätze pro Abteil). *Speisewagen* weisen Küche, Anrichte, Office und Speiseraum mit Mittelgang auf. Bei der DB werden neuerdings in D-Zügen vermehrt *Selbstbedienungs-Speisewagen (Quick-Pick)* eingesetzt. *Gesellschaftswagen* sind Reisezugwagen mit Sondereinrichungen für Gesellschaftsfahrten (z. B. Tanzwagen mit Bar).

Zug- und Stoßeinrichtung sind Schraubenkupplung und Puffer an den Stirnseiten von Eisenbahnfahrzeugen zur federnden Verbindung und Minderung von Zug- und Stoßbeanspruchungen beim Rangieren und bei Fahrt im Zugverband durch Beschleunigung und Verzögerung. Der Puffer besteht im wesentl. aus Pufferteller, Hülsenführung und Federelement (Hub 75 bis 105 mm). Die *automat. Kupplung* vereinigt Zug- und Stoßeinrichtung; mit ihr ist die selbsttätige Verbindung der Bremsluftleitung und der elektr. Anschlüsse möglich. Aus Konstruktionselementen verschiedener Bauarten wurde die *UIC-Synthese-Kupplung* entwickelt, die die Vorteile der einzelnen Konstruktionen in sich vereinigt. Ein Einführungstermin bei der DB wurde aus Kostengründen noch nicht verbindl. festgelegt.

Güterwagen: Fahrzeuge zur Beförderung von Gütern aller Art entsprechend den sehr unterschiedl. Transportaufgaben in einer Vielzahl von Bauarten. Unterschieden werden nach ihrer Bauart: mit Dach versehene *gedeckte Güterwagen, offene Güterwagen* (z. B. *Rungenwagen, Schemelwagen* u. a.) sonstige Güterwagen z. B. *Behälterwagen* mit Behälter für Feinschütt- oder flüssiges Gut, Kesselwagen sowie *Containertragwagen*. Güterwagen sind mit zwei Achsen oder zwei- oder mehrachsigen Drehgestellen ausgerüstet. Lagerung der Achsen in Rollenlagern; Höchstgeschwindigkeit bei der DB z. Z. 120 km/h. Die Bremsanlage besitzt wegen des Gewichtsunterschiedes zw. beladenem und leerem Güterwagen von maximal 4,4 zu 1 eine Umstellvorrichtung zur Anpassung der Bremskraft an die veränderl. Achslast. Diese arbeitet bei neueren Güter- und Reisezugwagen automatisch.

Bremsanlage: Die *Druckluftbremse* stellt die Hauptbremse von Eisenbahnfahrzeugen dar. Der von der Druckluft beaufschlagte Kolben des Bremszylinders wirkt über ein Bremsgestänge auf die *Bremsklötze*, die auf die Lauffläche der Räder gepreßt werden; daneben finden auch *Scheibenbremsen* Verwendung. Im Triebfahrzeug wird durch einen Kompressor Druckluft von 8 bis 10 bar erzeugt, die in *Hauptluftbehältern* gespeichert wird. Bei Vollbahnen wird die indirekte Druckluftbremse verwendet, bei der zw. Hauptluftleitung und Bremszylinder an jedem Fahrzeug ein *Steuerventil* und ein *Hilfsluftbehälter* vorhanden ist. Im Lösezustand der Bremse stehen der Hauptluftleitung, Steuerventil und Hilfsluftbehälter eines jeden Fahrzeuges in Verbindung. Das Führerbremsventil ermöglicht vom Führerstand des Triebfahrzeugs aus die zentrale Steuerung der Bremsanlage des Zuges. Beim Bremsen wird zunächst der Druck in der Hauptluftleitung abgesenkt. Das Steuerventil eines jeden Fahrzeuges schaltet um und stellt die Verbindung zw. Hilfsluftbehälter und Bremszylinder her. *Vollbremsung* tritt ein, wenn der bei Lösezustand herrschende Druck von 5 bar um 1,5 bar verringert wird. Das Lösen der Bremse erfolgt bei Druckanstieg in der Hauptluftleitung. Bei Schlauchriß, Undichtheit in der Hauptluftleitung leitet der damit verbundene Druckabfall selbsttätig die Bremsung ein. Durch Ziehen an der *Notbremse* in Reisezugwagen wird eine entsprechend große Entleerungsöffnung in der Hauptluftleitung frei, so daß trotz Luftnachspeisung aus dem Führerbremsventil der für die Bremsung erforderliche Druckabfall eintritt. Bei der DB wird heute fast ausschließlich die *Knorr-Bremse* mit Einheitswirkung (KE-Bremse) verwendet. Die *Hochleistungsbremse* schnellfahrender Reisezugwagen mit gußeisernen Bremsklötzen ist mit einem geschwindigkeitsabhängigen Bremsdruckregler ausgerüstet. Der Haftwert zw. Schiene und Rad wird bei starker Abbremsung fast völlig aus-

Eisenbahn-Bau- und Betriebsordnung

Eisenbahn (von oben):
Dampflokomotive der Reihe 003,
Elektrolokomotive der Reihe 151
ICE-Zug der Deutschen Bundesbahn

ten Einfluß auf die techn., wirtsch. und polit. Entwicklung der industrialisierten Staaten aus. Vorläufer der E. sind die im Bergbau verwendeten Pferdebahnen. Erste Pferdebahn des Kontinents auf der Strecke Linz–Budweis. Stadtpferdebahnen folgten 1860 in London und 1865 in Berlin. R. Trevithick baute 1803/04 die erste Dampflokomotive. 1825 nahm in England eine Dampf-E. („Locomotion Nr. 1" von G. Stephenson; 15 km/h) zw. Darlington und Stockton den Betrieb auf. Die erste Dampfbahn auf dem Kontinent wurde 1835 zw. Brüssel und Mecheln eingeweiht. Am 7. Dez. 1835 wurde mit der 6,1 km langen Ludwigsbahn (Lokomotive „Adler") von Nürnberg nach Fürth die erste dt. Strecke eröffnet, vier Jahre später folgte die 115 km lange Strecke Leipzig–Dresden. 1850 besaß Deutschland 5 470 km E.strecke. Zunächst häufig von Privatgesellschaften betrieben, wurden die meisten Bahnen zw. 1880 und 1900 in den Besitz der Länder überführt. Aus den Länderbahnen entstand 1920 die spätere Deutsche Reichsbahn. Die in verbesserter Form noch heute verwendeten Breitfußschienen wurden erstmals 1832 in England eingesetzt. Neben die Dampflokomotive, die kontinuierl. weiterentwickelt wurde und bis 1945 in Deutschland das wichtigste Zugmittel der E. blieb (Dampftraktion), traten zu Beginn dieses Jh. auch elektr. angetriebene Fahrzeuge. Erstmals 1879 hatte W. von Siemens eine E-Lok von 3 PS gebaut. Die erste elektr. betriebene Strecke war die Militär-E. zw. Marienfelde und Zossen (1903). Ein zweiachsiger Dieseltriebwagen verkehrte im Jahre 1900 bei der württemberg. Staatsbahn. Weiterentwicklung von Diesel- und E-Loks, die die Dampflok weltweit verdrängen. 1977 Außerdienststellung der letzten Dampflok bei der DB. Die gegenwärtige Entwicklung zielt auf den Ausbau von Hochgeschwindigkeits-E.netzen und den Bau entsprechender Hochgeschwindigkeitszüge, z. B. des ICE.

⌑ *Hartung, K.: Daten u. Fakten aus 150 Jahren E.-Gesch. 1835–1985. Düss. 1985. - Walz, W.: Deutschlands E. 1835–1985. Stg. 1985. - Baezold, D./Fiebig, G.: Elektr. Lokomotiven dt. Eisenbahnen. Düss. 1984. - Friedrich, H. P./Schefold, U.: Die E. von A–Z. Mchn. 1983. - Obermayer, H./Deppmeyer, J.: Tb. Dt. Reisezugwagen. Dt. Bundesbahn. Stg. ^{2}1980.*

genutzt. Spezielle (neuerdings auch elektron.) *Gleitschutzregler* verhindern das Festbremsen bzw. Blockieren der Räder. Die *Magnetschienenbremse* wirkt als Zusatzbremse unmittelbar auf die Schiene. Die Fahrmotoren elektr. Triebfahrzeuge werden in der Stellung „elektrisch bremsen" als Generatoren geschaltet, wobei die erzeugte elektr. Energie in Widerständen verbraucht oder bei der *Nutzbremsung* in die Fahrleitung zurückgespeist wird. **Geschichte:** Die E. war das erste schnelle Massenverkehrsmittel der Neuzeit und übte größ-

Eisenbahn-Bau- und Betriebsordnung, Abk. EBO, RVO des Bundes vom 8. 5. 1967 (mit Änderungen), die den Bau und den Betrieb von regelspurigen Eisenbahnen des öffentl. Verkehrs regelt. Sie enthält techn. Vorschriften über die Bahnanlagen, über Bahnbetrieb, über das Personal sowie über die Sicherheit und Ordnung auf dem Gebiet der Bahnanlagen.

Eisenbahnkrankheit ↑ Bewegungskrankheit.

Eisenbahnmonopol, in der Schweiz ein

Eisenerz

unmittelbar rechtl. Monopol des Bundes, das ihm erlaubt, den Bau und Betrieb von Eisenbahnen der Handels- und Gewerbefreiheit zu entziehen und dem Konzessionssystem zu unterstellen.

Eisenbahnrecht, Gesamtheit der Rechtsnormen, die Bau, Unterhaltung, Betrieb, Haftung und Unternehmensverfassung der Eisenbahnen regeln. Der Begriff Eisenbahn umfaßt die Schienenbahnen, d. h. alle Beförderungsmittel, die an feste Spurwege gebunden sind, außer Straßenbahnen und die ihnen nach Bau- oder Betriebsweise ähnl. Bahnen, Bergbahnen und sonstige Bahnen bes. Bauart. Die Eisenbahnen werden unterteilt in solche des öffentl. und solche des nichtöffentl. Verkehrs. Dem *öffentl. Verkehr* dient eine Bahn, wenn sie nach ihrer Zweckbestimmung von jedermann zur Personen- oder Güterbeförderung benutzt werden kann. Bei den Bahnen des öffentl. Verkehrs wird unterschieden zw. *Bundeseisenbahnen* (Dt. Bundesbahn) und nichtbundeseigenen Bahnen. Das E. ist stark zersplittert. Der Bund hat die ausschließl. Gesetzgebungskompetenz über die Bundeseisenbahnen, während die Schienenbahnen, die nicht Bundeseisenbahnen sind, der konkurrierenden Gesetzgebungsgewalt von Bund und Ländern unterliegen. Die meisten Länder haben Landeseisenbahngesetze erlassen. Das E. ist v. a. durch das *Allgemeine Eisenbahngesetz* vom 29. 3. 1951 geregelt. Weitere wichtige BG sind das ↑ Reichshaftpflichtgesetz, das Eisenbahnkreuzungsgesetz, das Gesetz über die vermögensrechtl. Verhältnisse der Dt. Bundesbahn vom 2. 3. 1951 und das Bundesbahngesetz. Im Verkehr zw. den meisten europ. Staaten gelten die am 25. 2. 1961 in Bern abgeschlossenen Internat. Übereinkommen über den Eisenbahnfrachtverkehr und über den Eisenbahn-Personen- und Gepäckverkehr, die am 1. 1. 1965 in Kraft getreten sind.

Eisenbahntarif, behördl. festgesetzte Beförderungsbedingungen für Güter, Tiere und Personen bei den Eisenbahnen; E. enthalten alle für die Beförderung maßgebenden Bestimmungen und alle zur Berechnung der Beförderungsentgelte und der Gebühren für die Nebenleistungen notwendigen Angaben. Die Beförderungsentgelte sind entweder Festpreise, oder es werden Mindest- und Höchstpreise festgelegt. Die E. bedürfen zu ihrer Gültigkeit der Veröffentlichung. Die Aufstellung, Änderung und Aufhebung von E. bedürfen der Genehmigung der dafür nach Bundes- und Landesrecht zuständigen Verkehrsbehörden. Bei der Dt. Bundesbahn bestehen drei verschiedene Tarifsysteme: 1. Dt. Eisenbahn-Personentarif (DEPT). Dabei gibt es eine Reihe von Ermäßigungen, die teils aus kostenwirtschaftl., teils aus wirtschaftspolit. Gründen erfolgen. 2. Dt. Eisenbahn-Gütertarif (DEGT). Der größte Teil des Güterverkehrs wird allerdings nach Ausnahmetarifen geregelt. 3. Dt. Eisenbahn-Tiertarif (DETT).

Eisenbahn-Verkehrsordnung, Abk. EVO, RVO des Dt. Reiches vom 8. 9. 1938, die mit zahlr. Änderungen als Bundesrecht fortgilt. Sie findet Anwendung auf alle dem öffentl. Verkehr dienenden Eisenbahnen. Sie begründet u. a. eine Pflicht zur Beförderung, zur Ablieferung von Fundsachen und zur Aufstellung von Tarifen und enthält Bestimmungen über die Beförderung von Personen, Reisegepäck, von Gütern usw.

Eisenbakterien, i. e. S. Bakterien, die in sauren, eisenhaltigen Wässern (z. B. Minenwässern) leben und CO_2 in organ. Verbindungen überführen, indem sie die dazu notwendige Energie aus der Oxidation von Fe^{++} in Fe^{+++} gewinnen.

◆ (Eisenorganismen) allg. Bez. für Bakterien (z. B. Brunnenfaden), in deren Kapseln oder Scheiden sich Eisenhydroxidniederschläge bilden können, die aus einer spontanen Oxidation von Eisen (in neutralen und alkal. Wässern) herrühren.

Eisenbarren ↑ Eisengeld.

Eisenbarth (Eysenbarth), Johann Andreas, * Oberviechtach 27. März 1663, † Hann. Münden (= Münden) 11. Nov. 1727, dt. Wundarzt. - Seine Operationsmethoden (bei Hodenbruch, Wasserbruch, Kropf und Star) wurden sogar von der Schulmedizin übernommen. Durch seine marktschreier. Methoden jedoch erschien er als Quacksalber und fahrender Kurpfuscher. - Volkslied „Ich bin der Doktor E."; Oper von H. Zilcher „Doktor E." (1922).

Eisenberg, Krst. im Bez. Gera, DDR, zw. Gera und Jena, 300 m ü. d. M., 13 600 E. Porzellan-, Möbel- und Nahrungsmittelind. - Nach Zerstörung im 1189 neugegründet; erhielt bis 1219 Stadtrecht. - Barockschloß Christianenburg (1677ff.), Pfarrkirche Sankt Peter (um 1494), Rathaus (1579–95).

E., Landkr. im Bez. Gera, DDR.

Eisenberg (Pfalz), Stadt am N-Rand des Pfälzer Waldes, Rhld.-Pf., 248 m ü. d. M., 7 800 E. Schamottewerke, Ziegelei, Metallverarbeitung. - Stadt seit 1963.

Eisenbeton ↑ Stahlbeton.

Eisencarbid (Zementit), Fe_3C, sehr harte Eisen-Kohlenstoff-Verbindung, u. a. wichtig für die Härte des Stahls bestimmend.

Eisenchrom, svw. ↑ Ferrochrom.

Eisenerz, Stadt in der Steiermark, am Fuße des Erzbergs, 745 m ü. d. M., 10 000 E. Museen. Wichtigster Wirtschaftszweig ist der Eisenerzbergbau, der über und unter Tage erfolgt. - Der Erzberg wurde schon zur Römerzeit abgebaut; Slawen und Deutsche setzten den Abbau fort; 1453 Marktrecht, seit 1948 Stadt. - Kirchenburg (seit Ende des 15. Jh.); zahlr. Häuser des 16. Jh., u. a. das Alte Rathaus (1548); Schlösser Geyeregg und Leopoldstein (17. Jh.).

Eisenerze, mindestens 20% Fe enthaltende, verhüttbare Gesteine oder Mineralien (↑Eisen).

Eisenerzer Alpen, Gebirgsgruppe der östr. Ostalpen, zw. Niederen Tauern und Hochschwab, im Gößeck 2215 m hoch.

Eisengeld, aus Eisen gefertigte Beile, Speerspitzen, Spieße, Sicheln, Hacken usw. (Gerätegeld) sowie Barren (**Eisenbarren**), die seit dem Aufkommen dieses Metalls geldähnl. in verschiedenen Kulturen dem Handel dienten, bis die Münzprägung einsetzte; berühmt das spartan. E. (bis 280 v. Chr.).

Eisengießerei ↑Gießverfahren.

Eisenglanz ↑Hämatit.

Eisenguß (Eisenkunstguß) ↑Gußeisen.

Eisenholz, ungenaue Bez. für sehr harte, dichte und schwere Hölzer verschiedener außereurop. Bäume.

Dwight D. Eisenhower

Eisenhower, Dwight D[avid] [engl. 'aɪzənhauə], * Denison (Texas) 14. Okt. 1890, † Washington 28. März 1969, amerikan. General und 34. Präs. der USA (1953–61). - E. wurde 1942 Oberbefehlshaber der US-Truppen in Europa. Er koordinierte die Invasionen in N-Afrika und Europa (ab. Dez. 1943 Oberbefehlshaber der alliierten Invasionstruppen). Juli–Nov. 1945 US-Oberbefehlshaber in Deutschland, danach bis 1948 Generalstabschef, 1950–52 NATO-Oberbefehlshaber. Als gemäßigter Republikaner wurde E. 1952 und 1956 zum Präs. der USA gewählt. Seine liberale Politik wurde durch innerparteil. Auseinandersetzungen und demokrat. Kongreßmehrheiten erschwert. Innenpolit. v. a. wegen des Ausbleibens von Sozialreformen und Bürgerrechtsgesetzen sowie von Erfolgen in der amerikan. Weltraumfahrt kritisiert, profilierte sich E. außenpolit. durch Beendigung des Koreakrieges (1953), Unterstützung der UN gegen Großbrit. und Frankr. in der Suezkrise (1956) und die ↑Eisenhower-Doktrin (1957). Sein Versuch einer Entspannung mit der UdSSR (Gespräch mit Chruschtschow 1959) hatte nur kurzfristigen Erfolg.

Eisenhower-Doktrin [engl. 'aɪzənhauə], 1957 nach der Suezkrise vom amerikan. Kongreß dem US-Präs. erteilte Ermächtigung, im Nahen Osten zur Wahrung lebenswichtiger amerikan. Interessen auf das Hilfeersuchen eines Staates hin militär. zu intervenieren, auch wenn weder ein unmittelbarer Angriff auf die USA bevorsteht noch eine Kriegserklärung durch den US-Kongreß vorliegt.

Eisenhut, mit 2441 m höchster Gipfel der Gurktaler Alpen.

Eisenhut (Sturmhut, Aconitum), Gatt. der Hahnenfußgewächse mit etwa 300 Arten, v. a. auf der Nordhalbkugel; alle Arten sind reich an Alkaloiden (u. a. Aconitin) und z. T. sehr giftig; bekannt sind Blauer Eisenhut und Gelber Eisenhut.

Eisenhutfeh ↑Wappenkunde.

Eisenhüttenstadt, Stadtkreis im Bez. Frankfurt, DDR, Verwaltungssitz des Landkr. E., 1961 aus der Vereinigung von Fürstenberg/Oder und Stalinstadt entstanden, am W-Ufer der Oder, bis 43 m ü. d. M., 48 200 E. Wirtsch. Grundlage ist das Eisenhüttenkombinat; außerdem Fleischkombinat und Großbäckerei; Schiffswerft; bed. Binnenhafen. - Die Siedlung Fürstenberg/Oder kam 1370 an Böhmen, 1635 an Kursachsen und 1815 an Preußen.

E., Landkr. im Bez. Frankfurt, DDR.

Eisenhydroxide, Hydroxidverbindungen des Eisens. Das *Eisen(II)-hydroxid*, $Fe(OH)_2$, oxidiert rasch zum rotbraunen, amorphen *Eisen(III)-hydroxid*, $Fe(OH)_3$ oder $Fe_2O_3 \cdot 3H_2O$, das mit unterschiedl. Wassergehalt und sehr unterschiedl. Ausprägungsform und Farbe Minerale bildet (z. B. Brauneisenstein, Raseneisenerz und Brauneisenoolithe).

Eisenkern, Bez. für einen den Hohlraum einer Spule ausfüllenden magnetisierbaren Eisenkörper, der zur Erhöhung der magnet. Induktion dient.

Eisenkies, svw. ↑Pyrit.

Eisenkraut (Verbena), Gatt. der Eisenkrautgewächse mit etwa 230 Arten; in Deutschland kommt nur das **Echte Eisenkraut** (Verbena officinalis) vor: eine bis 1 m hohe Staude mit kleinen blaßlilafarbenen Blüten in Ähren.

Eisenkrautgewächse (Verbenaceae), Pflanzenfam. mit etwa 100 Gatt. und über 2600 Arten, hauptsächl. in den Tropen und Subtropen sowie in den südl. gemäßigten Gebieten; Bäume, Sträucher, Lianen, Kräuter mit trichterförmigen, oft zweilippigen Blüten; bekannte Gatt. sind u. a. Eisenkraut, Teakbaum.

Eisenlegierungen, Legierungen mit Eisen als Basismetall; das wichtigste enthaltene oder zugesetzte Legierungselement ist C, ferner N, Cr, Si, Mn, Ti, Wo, Mo und Co; erhöhen v. a. die Festigkeit.

Eisen- und Stahlindustrie

Eisenmangelanämie ↑Anämie.

Eisenoxide, Verbindungen des Eisens mit Sauerstoff. *Eisen(II)-oxid (Eisenmonoxid)*, FeO, ist ein schwarzes, pyrophores Pulver; *Eisen(III)-oxid*, Fe_2O_3, matt- bis leuchtendrot, dient in sehr reiner Form zur Herstellung von Pigmentfarbstoffen, in geglühtem Zustand als Poliermittel; kommt in der Natur als ↑Hämatit vor.

Eisenpigmente, Sammelbez. für eine Gruppe von sehr wetterbeständigen, natürl. (Rötel, Ocker, Terra di Siena) oder künstl. anorgan. Pigmenten (Eisenoxidgelb, FeO(OH); Eisenoxidrot, Fe_2O_3), die Eisen chem. gebunden enthalten.

Eisenplastik, Skulptur aus geschweißtem bzw. geschmiedetem Eisen; in Europa im 20. Jh. aufgekommen; Vertreter: P. Gargallo, J. González, E. Chillida, Robert Müller, B. Luginbühl, J. Tinguely. - Im Sudan seit dem 3. Jh. v. Chr. bis heute verbreitet.

Eisenpräparate, zwei- oder dreiwertiges Eisen enthaltende Arzneimittel zur Behandlung der Eisenmangelanämie (↑Anämie).

Eisenquelle, Mineralquelle mit mindestens 10 mg gelösten Eisensalzen je Liter Wasser. - ↑auch Heilquellen.

Eisenreich, Herbert, * Linz 7. Febr. 1925, † Wien 6. Juni 1986, östr. Schriftsteller. - Lyriker, Essayist, Erzähler und Hörspielautor mit gegenwartsbezogenen Themen; u. a. „Böse schöne Welt" (En., 1957), „Die Freunde meiner Frau" (En., 1968).

Eisenschmuck, abgesehen von vorgeschichtl. Erzeugnissen findet sich in der Neuzeit in bes. Feingußverfahren hergestellter, oft sehr zerbrechl. E. (Broschen, Ketten, Anhänger), zuerst in Frankr. der Frz. Revolution, auch in der Biedermeierzeit.

Eisenspat (Siderit), hell gelbbraunes Mineral der chem. Zusammensetzung $FeCO_3$; Dichte 3,89 g/cm³; Mohshärte 4 bis 4,5; wichtiges Eisenerz in sedimentären Lagerstätten.

Eisenstadt, Hauptstadt des östr. Bundeslandes Burgenland, am S-Rand des Leithagebirges, 182 m ü. d. M., 10 100 E. Kath. Bischofssitz, Pädagog. Akad., Handelsakad.; Landesarchiv, -bibliothek und -museum, Haydn-Museum; bed. Weinbau, Weinkellereien. - Schon zur Römerzeit besiedelt, erstmals 1264 genannt; 1445 unter habsburg. Herrschaft, 1648 königl. ungar. Freistadt; nach der Angliederung des Burgenlandes an Österreich (1921) 1925 Landeshauptstadt. - Spätgot. Domkirche (1610–29); zahlr. Bürgerhäuser mit spätgot. und barocken Bauelementen, u. a. Haydn-Haus, das der Komponist 1766–78 bewohnte; klassizist. veränderes Schloß Esterházy (1797–1805).

E., Bistum ↑katholische Kirche (Übersicht).

Eisenstein, Sergej [Michailowitsch], russ. Sergei Michailowitsch Eisenschtein, * Riga 23. Jan. 1898, † Moskau 11. Febr. 1948, sowjet. Filmregisseur. - Bed. Regisseur, der durch inhaltl. (u. a. Konflikt Masse/Kollektiv – Individuum) und formale Konsequenz (variable, meist dynam. Schnittechnik, spannungsreiche Szenengestaltung, Entwicklung einer „Filmsprache") mit dazu beigetragen hat, den Film als anerkannte Kunstform zu etablieren. E. erlangte Weltruhm durch den Revolutionsfilm „Panzerkreuzer Potemkin" (1925).

Weitere Filme: Streik (1924), Oktober (1927; dt. auch u. d. T. Zehn Tage, die die Welt erschütterten), Das Alte und das Neue (1929; dt. auch u. d. T. Die Generallinie), Que viva Mexico (1931, unvollendet), Alexander Newski (1938), Iwan der Schreckliche (I. Teil, 1944; II. Teil, 1946; in der UdSSR 1958 uraufgeführt).

Eisensulfate, Eisensalze der Schwefelsäure; Eisen(II)-sulfat (**Eisenvitriol**, $FeSO_4 \cdot 7H_2O$) ist das techn. wichtigste Eisensalz zur Darstellung anderer Eisenverbindungen; im Pflanzenschutz, in der Gerberei, zur Desinfektion und Holzkonservierung verwendet.

Eisen und Blut, Ausspruch Bismarcks 1862: „Nicht durch Reden und Majoritätsbeschlüsse werden die großen Fragen der Zeit entschieden,... sondern durch E. u. B."; von vielen als Bekenntnis zur Gewaltpolitik gedeutet.

Eisen- und Stahlindustrie, Zweig der Grundstoff- und Produktionsgüterindustrien; hierher gehören Hochofen-, Stahl- und Warmwalzwerke, die Sparte Stahlverformung (Röhren-, Preß-, Schmiede- und Hammerwerke), Drahtziehereien und Kaltwalzwerke sowie Eisen-, Stahl- und Tempergießereien. Hochofen-, Stahl- und Warmwalzwerke und die Betriebe der Stahlverformung faßt man auch unter dem Begriff **eisenschaffende Industrie** zusammen; die übrigen Sparten der E.- u. S. zählen zur **eisenverarbeitenden Industrie.**

Produktionsstruktur: Die eisenschaffende Ind. benötigt im wesentl. drei Rohstoffe: Erz, Kohle oder Koks und Schrott. Die bedeutendsten Ansammlungen eisenschaffender Betriebe finden sich in der Nähe großer Lagerstätten verkokbarer Kohle bei gleichzeitiger Konzentration weiterverarbeitender Industrien in diesem Gebiet (z. B. Oberschlesien, Pittsburgh in den USA, Süd-Wales, Rhein-Ruhr-Gebiet). Häufig werden auch Standorte in der Nähe von Eisenerzlagern gewählt, meist aber nur dann, wenn die Absatzgebiete für die Fertigprodukte genügend nah sind (z. B. Peine und Salzgitter, Grängesberg in Schweden). Eine dritte Möglichkeit, die zunehmend an Bedeutung gewinnt, ist die Wahl von Standorten an der Meeresküste, also unabhängig von Rohstofflagern. Die Rohstoffe werden mehr und mehr in integrierten Werken zu Walzstahlfertigerzeugnissen verarbeitet.

Marktstruktur: Die eisenschaffende Ind. ist infolge der Konzentrationsbewegungen zu großen Unternehmenseinheiten zusammen-

Eisenverluste

gefaßt; der Markt ist deshalb von der Angebotsseite her oligopolistisch strukturiert, d. h., der Markt wird von einigen wenigen Großunternehmen beherrscht. Die Stahlind. ist gegenüber Konjunkturschwankungen äußerst empfindl., da sich die Veränderungen der Endnachfrage bes. stark auf die Stahlnachfrage niederschlagen.

Eisenverluste, Energieverluste, die in einem Eisenkörper entstehen, wenn sich ein ihn durchsetzendes Magnetfeld ändert; man unterscheidet Wirbelstromverluste und Ummagnetisierungsverluste.

Eisenvitriol ↑ Eisensulfate.

Eisen-Wasserstoff-Widerstand, in einen mit Wasserstoff gefüllten Glaskolben eingeschmolzener Eisendraht; innerhalb eines bestimmten Spannungsbereichs ist der durchfließende Strom von der angelegten Spannung unabhängig; E.-W.-W. werden zum Konstanthalten der Stromstärke benutzt.

Eisenzeit, nach dem Dreiperiodensystem die Kulturperiode, in der Eisen das vorwiegende Rohmaterial für Werkzeuge und Waffen war; daneben heute auch Begriff der Archäologie mit örtl. sehr verschiedenem Bed.inhalt. Vor 1200 v. Chr. lagen die Zentren der Eisengewinnung im Hethiterreich (wahrscheinl. O-Anatolien). Dann erreichte die Kenntnis der Eisenverarbeitung den östl. Mittelmeerraum, etwa bis zum 6. Jh. v. Chr. Indien und N-China. Aus dem ägäischen Raum verbreitete sie sich nach 1000 v. Chr. über Italien und die Balkanhalbinsel nach M- und W-Europa. In Afrika südl. der Sahara und weiten Teilen Asiens (z. B. S-Indien, Japan) folgte eine E. unmittelbar auf die Steinzeit. In Amerika spielte Eisen als Werkstoff in vorkolumb. Zeit keine Rolle.
Zeitl. und räuml. ist der sog. eisenzeitl. Bereich wesentl. ausgedehnter und vielgestaltiger als der sog. bronzezeitl. Einige Unterschiede sind durch die verschiedene Gewinnung und Nutzung der Metalle bedingt: Leicht zu gewinnende Eisenerze waren häufiger als entsprechende Kupfer- und Zinnvorkommen und bedurften keiner Legierung, mußten aber geschmiedet werden (Gußeisenherstellung nur in China etwa seit dem 6. Jh. v. Chr., in Europa erst im MA). Eisen diente selten als Schmuckmetall, aber in weit größerem Umfang als Bronze zur Herstellung von Werkzeugen und Geräten (Entwicklung der Grundformen der heute noch gebräuchl. Handwerkzeuge und landw. Geräte, Einfluß auf die Maschinentechnik bis ins 16./17. Jh.). Als Metall für Waffen erwies sich Eisen erst seit der Spezialisierung der Schmiedekunst als überlegen (v. a. neue Schutzwaffen).

Eiserne Front, als Gegengründung zur Harzburger Front 1931 v. a. gegen den Faschismus proklamierter Zusammenschluß von SPD, freien Gewerkschaften, Reichsbanner Schwarz-Rot-Gold und Arbeitersportverbänden; zerbrach 1933.

Eiserne Garde (rumän. Garda de fier), 1930–33 Name der aus der 1927 von C. Z. Codreanu gegr. Legion Erzengel Michael hervorgegangenen Partei; verstand sich als nat. Erneuerungsbewegung; hatte eine faschist. Ideologie mit myst., nationalist. und antisemit. Zügen; betrieb seit 1938 aus dem Untergrund den Umsturz; trat 1940 in die Regierung Antonescu ein; 1941 nach einem Umsturzversuch aufgelöst.

eiserne Hochzeit, der 70. oder 75. Hochzeitstag.

Eiserne Krone, Kronreif im Kirchenschatz des Doms in Monza; Name vom eisernen Innenreif (nach der Legende aus einem Nagel des Kreuzes Christi geschmiedet); ihre Geschichte ist ungeklärt; galt als langobard.-italien. Königskrone des MA; mit ihr wurden gekrönt: Konrad III., Karl V., Napoleon I., Ferdinand I. von Österreich.

eiserne Lunge ↑ künstliche Beatmung.

eiserne Ration, beim Militär die bes. zusammengesetzte und verpackte Verpflegung für Notlagen; heutige Bez. Überlebensration.

eiserner Hut, Verwitterungszone von Erzlagerstätten mit Anreicherung von oxid. oder oxidhydrat. Eisenerzen.

eiserner Vorhang ↑ Bühne.

Eiserner Vorhang, polit. Schlagwort; geprägt von W. Churchill 1946 zur Kennzeichnung der Maßnahmen und Methoden, mit denen die UdSSR ihren Herrschafts- und Einflußbereich im Zeichen des beginnenden kalten Krieges gegenüber der westl. Welt hermet. abzuriegeln versuchte.

Eisernes Kreuz, Abk. E. K., dt. Kriegsauszeichnung für alle Dienstgrade, gestiftet 1813 von König Friedrich Wilhelm III. von Preußen während der Befreiungskriege; 1870 durch König Wilhelm I. für die Dauer des Dt.-Frz. Krieges erneuert, 1914 von Kaiser Wilhelm II. für den 1. Weltkrieg und 1939 von Hitler für den 2. Weltkrieg; 1813, 1870 und 1914 eingeteilt in zwei Klassen und in Großkreuz, 1939 in vier Grade (E. K. II; E. K. I; Ritterkreuz des E. K., zuletzt in 5 Stufen; Großkreuz des E. K.). Laut Gesetz vom 26. 7. 1957 ist in der BR Deutschland nur das Tragen des E. K. ohne Hakenkreuz erlaubt.

Eisernes Tor (serbokroat. Đerdap; rumän. Porțile de Fier), Durchbruchstal der Donau durch die Südkarpaten, zw. Golubac und Drobeta-Turnu Severin; 130 km lang, zugleich Grenze zw. Jugoslawien und Rumänien. Das Flußbett ist reich an Stromschnellen, Felsbänken und Kolken, gestaut zw. den Orten Gura Vǎii und Sip mit Kraftwerken an beiden Ufern; über den Staudamm führen Straße und Eisenbahn.

Eisessig ↑ Essigsäure.

Eisfuchs, svw. Polarfuchs (↑ Füchse).
Eisgang, Abschwimmen der winterl. Eisdecke als Treibeis auf fließenden Gewässern.
Eishai, svw. Grönlandhai (↑ Dornhaie).
Eishaken, 18–20 cm langer, mit Widerhaken versehener Metallstift, der beim Bergsteigen zur Absicherung (Seilaufhängung, Griff oder Tritt) in das Eis geschlagen wird.
Eisheilige, volkstüml. Bez. für bestimmte Tage im Mai, an denen Kaltlufteinbrüche in manchen Gegenden Frostschäden verursachen. In Norddeutschland werden die E. vom 11. bis 13. Mai (mit den Tagesheiligen Mamertus, Pankratius, Servatius) erwartet, in Süddeutschland vom 12. bis 15. Mai (Pankratius, Servatius, Bonifatius, „Kalte Sophie").
Eishockey [...hoke:], dem Hockey ähnl., nur von Männern durchgeführtes Mannschaftsspiel, bei dem die Spieler (20, von denen je Partei 6 auf dem Eis sind) auf Schlittschuhen laufen. Gespielt wird mit einem vierkantigen Stock aus Holz, der unten in einem stumpfen Winkel in einer schmalen, 7,5 cm hohen Schaufel endet. Der **Puck,** eine Hartgummischeibe (Gewicht 156–170 g, Durchmesser 7,62 cm, Höhe 2,54 cm), muß auf der von einer Holzbande umschlossenen Eisfläche (Länge 56–61 m, Breite 26–30 m) geschlagen werden. Das Spielfeld wird durch zwei Linien in drei gleich große Felder (Drittel) geteilt. Das Spiel wird von einem Hauptschiedsrichter und zwei Linienrichtern geleitet. Die Spielzeit beträgt 3 × 20 Minuten (ohne Unterbrechungen). - Abb. S. 92.
Eishöhle ↑ Höhle.
Eisjacht (Eisyacht, Segelschlitten), auf drei Kufen *(Läufern)* gleitendes segelbootartiges Eisfahrzeug, das durch Windkraft vorwärts bewegt wird.
Eiskappe ↑ Gletscher.
Eiskrautgewächse (Mittagsblumengewächse, Aizoaceae), Pflanzenfam. mit etwa 2 500 Arten in über 130 Gatt., hauptsächl. in Afrika und Australien; Kräuter, Halbsträucher oder Sträucher mit fleischigen, paarweise miteinander verwachsenen Blättern; bekannte Gatt. sind u. a. Mittagsblume, Fenestraria, Lebende Steine.
Eiskrem ↑ Speiseeis.
Eiskunstlauf, künstler. Form des Eislaufs, im Wettkampf als Einzel- (für Damen und Herren) und als Paarlauf ausgetragen. Der Einzellauf besteht aus Pflicht (bei der Wertung mit 30% vom erreichten Platz berechnet), Kurzprogramm (20%) und Kür (50%); Paarlauf: Kurzprogramm mit 25%, Kür mit 75%. Die **Pflichtfiguren** sind in drei Gruppen zu je drei Figuren eingeteilt. *Erste Gruppe:* Wende einwärts, Schlangenbogenschlinge rückwärts, Doppeldreierparagraph vorwärts. *Zweite Gruppe:* Wende vorwärts, Schlangenbogenschlinge, Gegendreierparagraph rückwärts. *Dritte Gruppe:* Gegenwende auswärts, Schlingenparagraph rückwärts, Gegendreierparagraph vorwärts. Jede Figur muß dreimal hintereinander ohne jede Pause abgelaufen werden. Dabei darf der Schwung nur mit einem einzigen Abstoß vom Stand mit der Kante des Schlittschuhs ohne Vorschritt und ohne unnötige oder übertriebene Körperdrehung geholt werden. Das *Kurzprogramm* besteht aus Pirouetten, Schrittfolgen und Sprüngen (z. B. Axel-Paulsen, Lutz, Rittberger, Salchow, Thorén, Toe-Loop, Flip, Butterfly u. a.), die vorgeschrieben sind. Die *Kür* der Damen dauert vier, die der Herren viereinhalb Minuten. Der Läufer ist in der Kür bei der Zusammenstellung der Sprünge und Schritte frei. Kür und Kurzprogramm werden vom Kampfgericht zweimal bewertet. In der A-Note wird der techn. (sportl.) Wert, in der B-Note der künstler. Gesamteindruck bewertet.
📖 *Stein, F.: E.en. Mchn.* ⁶*1975.*
Eislauf ↑ Eisschnellauf, ↑ Eiskunstlauf, ↑ Eistanz.
Eisleben, Krst. im Bez. Halle, DDR, im östl. Harzvorland, 118–185 m ü. d. M., 27 100 E. Berg- und Hütteningenieurschule, Rohhütte der Kupfermetallurgie, Produktion von Schweißgeräten, Anlagen- und Stahlbau; Samenzucht und -handel, Bekleidungs- und Holzind. - Um 800 belegt, vor 1180 Stadtrecht. - U. a. Rathaus (1519–30), ehem. Bergamt (1500), Marktkirche Sankt Andreas (nach 1498), Pfarrkirche Sankt Nikolai (15. Jh.), ferner Luthers Geburtshaus (Museum) und Sterbehaus.
E., Landkr. im Bez. Halle, DDR.
Eisler, Edmund ↑ Eysler, Edmund.
E., Gerhart, * Leipzig 20. Febr. 1897, † in der Armen. SSR 21. März 1968, dt. Journalist und Politiker (SED). - Sohn von Rudolf E., Bruder von Hanns E., 1933 in der Emigration, zuletzt in den USA; seit 1949 in der DDR; seit 1962 Vors. des Staatl. Rundfunkkomitees; Mgl. des ZK der SED seit 1967.

Hanns Eisler

E., Hanns, * Leipzig 6. Juli 1898, † Berlin 6. Sept. 1962, dt. Komponist. - Sohn von Rudolf E., Bruder von Gerhart E.; 1919–23 Studium bei A. Schönberg. Nach anfängl. Erfolgen mit Zwölftonkompositionen stellte E. seine Musik in den Dienst der revolutionären Arbeiterbewegung. In Zusammenarbeit mit B. Brecht vertonte er zahlreiche von dessen Texten (u. a. „Die Maßnahme", 1930). 1933 Emigration, seit 1938 in den USA, 1948 Rückkehr nach Europa, seit 1950 in der DDR. Neben Vokalwerken (u. a. „Ernste Gesänge", 1962) komponierte er etwa 40 Bühnen- sowie Filmmusiken, daneben Orchester-, Kammer- und Klavierwerke. Vertonte die Nationalhymne der DDR.

E., Rudolf, * Wien 7. Jan. 1873, † ebd. 14. Dez. 1926, östr. Philosoph. - Vater von Gerhart und Hanns E.; Schüler W. Wundts; Hg. bed. philosoph. Lexika, so v. a. „Wörterbuch der philosoph. Begriffe" (1899; völlig neu bearbeitete Ausgabe u. d. T. „Histor. Wörterbuch der Philosophie", 1971 ff. [auf 8 Bde. berechnet]), Kantlexikon (1930).

Eismeere, die Pack- und Treibeis führenden Meere der Polargebiete der Erde.

Eisner, Kurt * Berlin 14. Mai 1867, † München 21. Febr. 1919, dt. Publizist und Politiker. - Als Journalist tätig; entwickelte sich vom Anhänger F. Naumanns zum Sozialdemokraten; schloß sich als Pazifist im 1. Weltkrieg der USPD an; proklamierte am 7./8. Nov. 1918 in München den republikan. „Freistaat Bayern", wurde Vors. eines Arbeiter-, Bauern- und Soldatenrates sowie Min.präs. der Reg. von SPD und USPD; 1919 von **A. Graf von Arco auf Valley** (* 1897, † 1945) ermordet.

Eispickel, Ausrüstungsgegenstand des Hochalpinisten in der Gletscherregion; v. a. zum Stufenschlagen in Eis und festem Schnee.

Eispressung, durch den Druck von Eisschollen an Küsten und Ufern hervorgerufene Pressung und Stauchung der Bodenschichten.

Eisprung, svw. ↑Ovulation.

Eispunkt, Gefrierpunkt des Wassers unter Normalbedingungen (760 Torr bzw. 101 325 Pa; 0°C bzw. 273,15 K). Der E. ist Nullpunkt der Celsius-Temperaturskala.

Eisregen, Niederschlag aus Eiskörnern, der entsteht, wenn Regentropfen aus einer warmen Luftschicht in eine kältere fallen und dabei gefrieren; auch Bez. für unterkühlten Regen, der beim Auftreffen auf Gegenstände sofort zu Eis gefriert.

Eisrevue [rə'vy:], von Berufsläufern auf Schlittschuhen dargebotene Vorführungen, bei denen neben der sportl. Leistung Ausstattung und Choreographie eine bed. Rolle spielen.

Eisriesenwelt, größtes z. Z. bekanntes eisführendes Höhlensystem der Welt, 3 km nördl. von Werfen, Österreich, 42 km lang, Eis z. T. 20 m dick.

Eisschießen, Eisspiel, bei dem ein Eisstock (ein mit einem Eisenring umfaßter runder Holzkörper, der einen schwach gekrümmten Holzgriff hat) auf einer 42 m langen und 4 m breiten Bahn möglichst nahe an das Ziel (**Daube,** ein Holzwürfel) geschoben wird, wobei ein evtl. näher liegender gegner. Eisstock weggestoßen werden kann. Eine Mannschaft

Eishockey. Spielszene vor dem Tor (oben) und Spielfeld

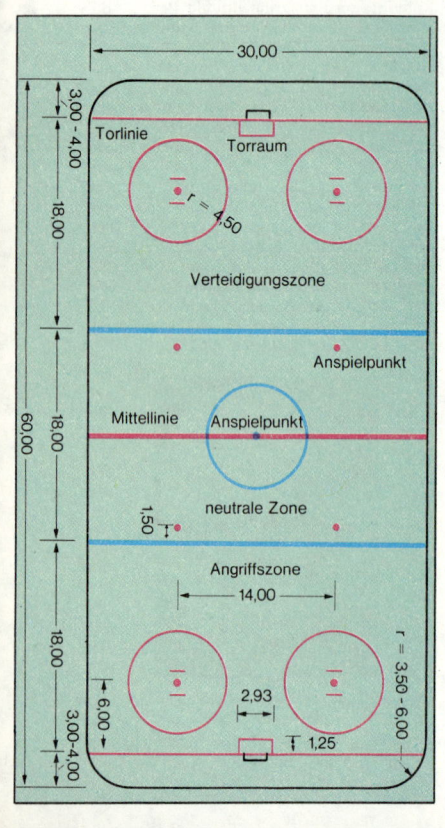

Eiszeit

(**Moarschaft**) wird von 4 Spielern (Mannschaftskapitän ist der **Moar**) gebildet, die in jedem der 4 Gänge eines Spiels je einen Wurf haben.

Eisschnellauf, auf einer 400 m langen Doppelbahn (2 Bahnen von mindestens 4 m Breite, auf der Gegengeraden 70 m lange Kreuzungslinie, in deren Bereich die Läufer in jeder Runde die Bahnen wechseln müssen) von Männern über 500 m, 1 000 m, 1 500 m, 3 000 m, 5 000 m und 10 000 m und von Frauen über 500 m, 1 000 m, 1 500 m, 3 000 m (früher 5 000 m) ausgetragene Wettläufe.

Eissegeln, Segeln mit einer ↑ Eisjacht oder auf Schlittschuhen mit einem Handsegel; infolge der geringen Reibung können bei gutem Eis Geschwindigkeiten über 100 km/h (sogar bis 180 km/h) erreicht werden.

Eisspeedway [...spiːdwɛɪ] ↑ Speedway.

Eissport, zusammenfassende Bez. für alle Sportarten, die auf Eisbahnen ausgetragen werden, u. a. Curling, Eishockey, Eiskunstlauf, Eisschnellauf, Eisschießen, Eistanzen, Schlittschuhlaufen.

Eissproß ↑ Geweih.

Eist, Dietmar von ↑ Dietmar von Aist.

Eistage, in der Meteorologie Bez. für die Tage, an denen die Lufttemperatur ständig unter 0 °C liegt. - ↑ auch Frosttage.

Eistanz, seit 1950 selbständige (seit 1976 olymp.) Diszipin des Eislaufs, bei der eine Dame und ein Herr ein Paar bilden. Der Wettbewerb besteht aus 3 Pflichttänzen (bei der Gesamtwertung mit 30 % vom erreichten Platz berücksichtigt), dem Spurenbildtanz (20 %) und der Kür (50 %).

Eistaucher, Bez. für zwei etwa gänsegroße Seetaucher: 1. **Gavia immer,** v. a. auf tiefen, fischreichen Binnenseen des nördl. und mittleren N-Amerikas, S-Grönlands und Islands; 2. **Gelbschnäbliger Eistaucher** (Gavia adamsii), auf Seen der nördlichsten Tundren Eurasiens und N-Amerikas.

Eisteddfod [engl. aisˈtɛðvɔd; walis.], Bez. für die Versammlungen und öffentl. Wettbewerbe walis. Barden; erneuert 1860 (Dichterlesungen, Konzerte, Ausstellungen).

Eistorte ↑ Speiseeis.

Eisvögel, (Alcedinidae) Fam. der Rackenvögel mit über 80 Arten, v. a. in den Tropen und Subtropen der Alten und Neuen Welt; meist sehr farbenprächtige Vögel mit kräftigem Körper, großem Kopf, langem, kräftigem Schnabel und kurzen Beinen. Bekannt ist der v. a. an Gewässern Eurasiens und N-Afrikas lebende, in Erdhöhlen nistende, von Fischen lebende **Eisvogel** (Alcedo atthis), etwa 17 cm lang, oberseits leuchtend blaugrün, unterseits rotbraun, mit langem, dolchförmigem Schnabel (in M-Europa fast ausgestorben).

◆ Bez. für zwei Edelfalterarten im gemäßigtem Eurasien: 1. **Großer Eisvogel** (Limenitis populi), etwa 7 cm spannend, Flügel oberseits dunkelbraun mit weißen Flecken; 2. **Kleiner Eisvogel** (Limenitis camilla), etwa 5 cm spannend, Flügel oberseits schwärzl. mit weißer, mittlerer Fleckenbinde.

Eiswein, ein sehr zucker- und säurereicher Wein aus bei mindestens −6 °C gefrorenen und gelesenen Trauben.

Eiswolken, Wolken aus Eiskristallen, die meist erst bei Temperaturen unter −35 °C, also in Höhen oberhalb 6 000 bis 7 000 m entstehen.

Eiszeit, Zeitraum der Erdgeschichte mit großer Ausdehnung der Vergletscherung, verursacht durch Klimaverschlechterung, die durch das Zusammentreffen mehrerer Faktoren wie period. Schwankungen der Erdachsenneigung, kleine Veränderungen der Umlaufbahn der Erde, Verringerung des sog. Treibhauseffekts der Atmosphäre u. a. zustande kommt, wobei auch das Relief der Erdoberfläche sowie die Verteilung von Land und Meer entscheidend sind. Zu Beginn und Ende des Paläozoikums sind große Vereisungen nachgewiesen, i. e. S. wird mit E. jedoch die pleistozäne Vereisung bezeichnet. Vom Eis bedeckt waren Antarktis und Patagonien, Arktis und Teile von Sibirien, Nordamerika sowie Nordeuropa und die Alpen. Für den alpinen Bereich lassen sich vier große E. unterscheiden, benannt nach Nebenflüssen der Donau und Isar: Günz-, Mindel-, Riß- und Würmeiszeit; in Norddeutschland entsprechen ihnen Elbe-, Elster-, Saale- und Weichseleiszeit. Zw. je einer E. lag eine Warmzeit (**Zwischeneiszeit**). Die großen inneralpinen Täler waren von 500–1 200 m dicken Gletschern erfüllt, die sich im Alpenvorland verbreiterten, Zungenbecken ausschürften, die heute von Seen erfüllt sind, Grundmoränen ablagerten. Endmoränen markieren Eisrandlagen. Die Flüsse, die das Schmelzwasser der Gletscher wegführten, lagerten ausgedehnte Kiesmassen ab, die sich heute als Schotterterrassen verfolgen lassen. Durch Auswehung aus Moränen, Sander- und Schotterflächen entstand der Löß, der die ehem. vergletscherten Räume gürtelartig umgibt. Die Vereisung Nordeuropas ging vom skandinav. Hochgebirge aus und reichte bis 50° n. Br. Aus der Zusammensetzung des Moränenmaterials mit z. T. sehr großen Findlingen kann man Rückschlüsse ziehen auf Herkunft und Transportrichtung des Eises. Schwarzwald, Vogesen, Harz, Riesengebirge und Böhmerwald trugen ebenfalls Eiskappen und sandten Gletscher aus. Die Klimazonen waren zum Äquator hin verlagert, mit erhöhten Niederschlägen in den heutigen subtrop. Trockengebieten, mit Einengung der Wüstengürtel. In nicht ständig vereisten Randgebieten finden sich die Spuren periglazialer Bildungen. Hier breitete sich Tundra aus, die mit dem Mammut, Moschusochse, Wollnashorn, Ren u. a. Tiere lebten. Die Tundra ging in Steppe über, in der

Eiteilung

auch Birken, Wacholder und Zwergkiefern wuchsen, mit Antilopen, Wildpferd, Bison, Elch und Höhlenbär. An die Steppe schloß Nadel- und Laubwald an. Im Raum zw. den Vereisungsgebieten lebte der Mensch der Altsteinzeit, Jäger und Sammler, nachgewiesen durch Funde und Felsenmalereien.
 Kahlke, H. D.: Das Eiszeitalter. Köln 1981. - Hantke, R.: E.alter. Thun 1978–83. 3 Bde.
Eiteilung, svw. ↑ Furchungsteilung.
Eitel, männl. Vorname, der aus der Verbindung „eitel" mit einem anderen Vornamen verselbständigt worden ist; „eitel" bedeutete urspr. „nur" (z. B. „eitel Wonne": „nur Wonne") und wurde früher vor Namen gesetzt, wenn man nur einen Vornamen hatte, z. B. Eitel Friedrich.
Eiter (Pus), bei eitriger Entzündung abgesonderte zähflüssige Masse aus Serumflüssigkeit, weißen Blutkörperchen und zerfallendem Gewebe. Die E.bildung ist eine Abwehrreaktion des Körpers gegen Krankheitserreger, die von weißen Blutkörperchen vernichtet werden sollen.
Eiterbeule, durch Vorwölbung kenntl. Ansammlung von Eiter im Gewebe; ↑ Abszeß, ↑ Furunkel.
Eitoku, Kano [jap. 'e:tokụ], * Jamaschiro 1543, † Tenscho 1590, jap. Maler. - Leitete die dekorative Periode der Kanoschule ein; Zuschreibungen: die Schiebetüren „Pflaumenbäume am Wasser" des Klosters Dschukoin (Kioto, Daitokudschitempel) und der Stellschirm „Berge, Wolken und Bäume" (Tokio, Nationalmuseum).
Eiweiße, svw. ↑ Proteine.
Eiweißfasern, svw. ↑ Proteinfasern.
Eiweißharnen, svw. ↑ Proteinurie.
Eiweißminimum, Mindesteiweißmenge, die dem Körper zugeführt werden muß, um die durch Eiweißabbau und Eiweißausscheidungen entstehenden Verluste auszugleichen (↑ Ernährung).
Eiweißspaltung ↑ Proteine.
Eiweißstoffe, svw. ↑ Proteine.
Eiweißstoffwechsel ↑ Stoffwechsel.
Eiweißuhr ↑ Altersbestimmung.
Eizahn, im Ggs. zur ↑ Eischwiele echter, am Zwischenkiefer sitzender Zahn bei schlüpfreifen Embryonen von Eidechsen und Schlangen.
Eizelle ↑ Ei.
Ejakulat [lat.], bei der Ejakulation ausgespritzte Samenflüssigkeit.
Ejakulation [lat.] (Samenerguß, Erguß, Ejaculatio, Effluvium seminis), Ausspritzung von Samenflüssigkeit (↑ Sperma) aus dem erigierten Penis durch rhythm. Kontraktion der Muskulatur des Samenleiters, der Samenblase, der Schwellkörper und des Beckenbodens. - Kommt es bereits vor oder unmittelbar nach Einführung des Penis in die Vagina zum Samenerguß, spricht man von **Ejaculatio praecox** (meist psych. bedingt).

ek..., Ek... [griech.], Vorsilbe von Zusammensetzungen mit der Bed. „aus", „aus ... heraus", z. B. Ekstase.
Eka-Elemente [zu Sanskrit eka „eins"], urspr. Bez. für die 1871 von D. I. Mendelejew auf Grund von Lücken in seinem Periodensystem vorausgesagten chem. Elemente.
Ekarté (Ecarté) [ekar'te:; frz.], frz. Karten[glücks]spiel unter zwei Teilnehmern mit 32 Karten. Jeder Spieler erhält 5 Karten, die 11. aufgedeckte Karte bestimmt die Trumpffarbe. E. wird meist an Spielbanken gespielt.
Ekbatana (altpers. Hagmatana; lat. Ecbatana), Hauptstadt des alten Mederreiches und altpers. Residenzstadt, heute ↑ Hamadan.
Ekchymose (Ecchymosis) [griech.], unregelmäßiger Bluterguß in der Haut oder in Schleimhäuten.
EKD, Abk. für: ↑ Evangelische Kirche in Deutschland.
Ekdysis [griech.], svw. ↑ Häutung.
Ekel, Gefühl der Abneigung und des Widerwillens. E. kann sich sowohl auf Gegenstände (z. B. Nahrungsmittel, Ausscheidungen) als auch auf Menschen bzw. bestimmte menschl. Verhaltensweisen richten. E. geht einher mit körperl. Begleiterscheinungen und Körpergefühlen, die denen des Erbrechens ähnl. sind.
Ekelöf, Bengt Gunnar, * Stockholm 15. Sept. 1907, † Sigtuna 16. März 1968, schwed. Lyriker. - Schrieb anfangs assoziative, vom frz. Surrealismus und der Musik [Strawinskis] geprägte, dann klare, schließl. volksliedhafte Lyrik; auch Kunst- und Literaturkritiker.
Ekelund, Vilhelm, * Stehag (Schonen) 14. Okt. 1880, † Saltsjöbaden bei Stockholm 3. Sept. 1949, schwed. Schriftsteller. - Anfangs vom Symbolismus beeinflußte melanchol. Stimmungs- und Naturlyrik, dann zunehmend ekstat., schließl. einfache, harmon. Sprache; auch als Essayist und Verfasser von Aphorismen Bahnbrecher der Moderne in der schwed. Literatur.
Ekert-Rotholz, Alice Maria, * Hamburg 5. Sept. 1900, dt. Schriftstellerin. - Verfaßte Romane über die südostasiat. Mentalität auf Grund eigener Erlebnisse, u. a. „Reis aus Silberschalen" (R., 1954), „Fünf Uhr Nachmittag" (R., 1971).
EKG, (Ekg), Abk. für: ↑ Elektrokardiogramm.
Ekhof, Conrad, * Hamburg 12. Aug. 1720, † Gotha 16. Juni 1778, dt. Schauspieler. - Begann 1740 in Schönemanns Truppe, spielte bei H. G. Koch und Ackermann, seit 1767 am Hamburger Nationaltheater (Zusammenarbeit mit Lessing); seit 1771 in Weimar, seit 1774 in Gotha (als Mitdirektor). E. überwand den frz. pathet. Spielstil durch gemäßigten Realismus.
EKiD, Abk. für: ↑ Evangelische Kirche in Deutschland.

Ekkehard, männl. Vorname, Variante von ↑ Eckehard.

Ekkehart (Ekkehard), Name mehrerer Mönche von Sankt Gallen:

E. I., * bei Sankt Gallen um 910, † Sankt Gallen 14. Jan. 973, Stiftsdekan, mittellat. Dichter. - Verf. geistl. Hymnen, Sequenzen und Antiphonen, als Autor des Epos „Waltharius [manu fortis]" umstritten.

E. II., gen. Palatinus, * um 920, † Mainz 23. April 990, Neffe von E. (* um 910, † 973), Leiter der Klosterschule. - Dompropst von Mainz; Lehrer der Herzogin Hadwig von Schwaben; bekannt durch J. V. von Scheffels Roman „Ekkehard".

E. IV., * im Elsaß (?) um 980, † Sankt Gallen 21. Okt. um 1060, mittellat. Dichter. - 1022–32 Leiter der Schule in Mainz, danach wieder in Sankt Gallen. E. setzte die Chronik des Klosters Sankt Gallen von 860 bis 972 und die von Ratpert begonnene „Casus Sancti Galli" fort; verfaßte auch Gedichte und Segenslieder.

Ekklesia [griech.], im urspr., profanen Sprachgebrauch die ↑ Ekklesie; in der griech. Übersetzung des A. T. Bez. für die israelit. Kultgemeinde. - Im N. T. (v. a. im Paulin. Schrifttum) bezeichnet es vorwiegend die Lokalgemeinde, aber auch schon die Gesamtkirche.

Ekklesiastes, griech.-lat. Bez. des Buches Prediger im A. T.

Ekklesie [griech.] (lat. ecclesia), in der griech. Antike Bez. für die allg. mit gesetzgebender Gewalt ausgestattete Volksversammlung der griech. Stadtstaaten.

Ekklesiologie [griech.], die theolog. Lehre von der ↑ Kirche.

Eklampsie [griech.], unmittelbar vor oder während der Geburt plötzl. auftretende, mit Bewußtlosigkeit einhergehende, lebensbedrohende Krampfanfälle der Schwangeren bei nervös-hormoneller Fehlsteuerung und Fehlanpassung des weibl. Organismus an die Schwangerschaft. Infolge Drosselung der Blut- und Sauerstoffzufuhr zum Mutterkuchen ist auch das Kind gefährdet.

Eklat [eˈklaː; zu frz. éclater „bersten, krachen"], Aufsehen; ärgniserregender Auftritt; **eklatant,** aufsehenerregend, auffallend.

Eklektiker [griech.], Vertreter eines ↑ Eklektizismus.

Eklektizismus [griech.], eine *Philosophie*, in der die eigene Position durch die Übernahme fremder Lehrstücke bestimmt ist (z. B. die Ciceros).

◆ eine *künstler.* Ausdrucksweise, die sich bereits entwickelter und abgeschlossener Kunstleistungen bedient.

Eklipse [griech.], (Eklipsis) das Auslassen oder Unterdrücken von Wörtern oder Lauten.

◆ in der *Astronomie* Sonnen- oder Mondfinsternis.

Ekliptik [griech.], der größte Kreis, in dem die Ebene der Erdbahn um die Sonne die als unendl. groß gedachte Himmelskugel schneidet. Die Erdbahnebene, die **ekliptikale Ebene,** ist definiert durch die Verbindungslinie Mittelpunkt der Sonne–Schwerpunkt des Erde-Mond-Systems und die Bewegungsrichtung dieses Systemschwerpunktes um die Sonne. Durch den jährl. Umlauf der Erde um die Sonne entstehe der Eindruck, als bewege sich die Sonne unter den Sternen der E. Die E. schneidet im Frühlings- und Herbstpunkt den Himmelsäquator unter einem Winkel von etwa 23° 27′, der als **Schiefe der Ekliptik** bezeichnet wird.

Ekliptik

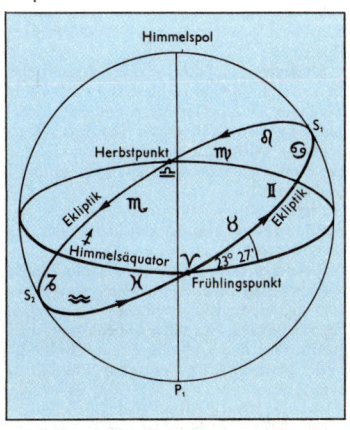

Ekliptikalsystem [griech.] ↑ astronomische Koordinatensysteme.

Ekloge [griech. „Auswahl"], in der röm. Literatur urspr. Bez. für ein kleineres „auserlesenes" Gedicht beliebigen Inhalts, später Hirtengedicht.

Eklogit [griech.], metamorphes, massiges Gestein; Hauptbestandteile sind roter Granat und grüner Augit.

Ekofisk ↑ Nordsee.

Ekossaise [ekɔˈsɛːzə; frz.] ↑ Ecossaise.

Ekphorie [griech.], durch einen Reiz ausgelöstes Wiederauftauchen von Gedächtnisinhalten.

Ekron, einer der fünf philistäischen Stadtstaaten; genaue Lage nicht ermittelt; 701 v. Chr. von Sanherib erobert; wurde erst zur Makkabäerzeit israelit. (1. Makk. 10, 89).

Ekseption [engl. ɪgˈzɛpʃən], niederl. Rockmusikgruppe; ging 1965 aus der 1958 gegr. Gruppe „The Jokers" hervor; mit ihrem z. T. um jazzmäßige Improvisationen erweiterten Classic-Rock (v. a. Rockmusik-Versionen klass. Musik) eine der erfolgreichsten Rockmusikgruppen des europ. Festlands.

Ekstase

Ekstase [griech.], nach urspr. griech. Sprachgebrauch das „Außersichsein" als religiöses Erlebnis individueller Entpersönlichung, der das Gefühl entspricht, von einer Gottheit erfüllt zu sein. Zu unterscheiden ist eine spontan den Menschen überkommende E. von einer künstl. durch Askese, Musik, Tanz oder Drogen herbeigeführten. In dem rauschartigen Zustand treten oft opt. oder akust. Halluzinationen auf; die Ansprechbarkeit für Sinneseindrücke ist reduziert. E. wird vielfach im Gefolge starker nervl. Erregung (nach Affekterlebnissen, z. B. Wut oder Sexualakte) beobachtet. Eine gesteigerte Neigung zu E. findet sich bei Psychosen.

Ektasie [griech.], krankhafte Erweiterung eines Hohlorgans; z. B. des Magens.

Ektenie [zu griech. ektenés „angespannt, inbrünstig"], Wechselgebet im byzantin. Gottesdienst.

Ekthym (Ecthyma) [griech.], umschriebene, krustenbildende Hauteiterung mit nachfolgender Geschwürbildung, aus verschiedenen Ursachen (z. B. durch Streptokokken).

ekto..., Ekto... [griech.], Vorsilbe von Zusammensetzungen mit der Bed.: „außen", „außerhalb".

Ektobiologie, svw. ↑Exobiologie.

Ektoderm [griech.], das äußere der drei ↑Keimblätter.

Ektodesmen [griech.] ↑Plasmodesmen.

Ektohormone (Pheromone), von Tieren in kleinsten Mengen produzierte hochwirksame Substanzen, die, nach außen abgegeben, Stoffwechsel und Verhalten anderer Individuen der gleichen Art beeinflussen (z. B. ↑Bombykol).

ektolezithale Eier [griech./dt.] ↑Ei.

Ektomie [griech.], operatives Heraussschneiden eines ganzen Organs im Ggs. zur ↑Resektion.

Ektoparasit (Außenparasit, Außenschmarotzer), Schmarotzer, der sich auf der Körperoberfläche seines Wirtes aufhält. - Ggs. ↑Endoparasit.

Ektopie (Ekstrophie) [griech.], angeborene oder erworbene Verlagerung eines Organs; z. B. Wanderniere.

Ektoplasma (Außenplasma, Ektosark), äußere Zytoplasmaschicht vieler Einzeller.

Ektoskelett (Exoskelett, Außenskelett), im Ggs. zum ↑Endoskelett den Körper umhüllendes Skelett bei Wirbellosen (z. B. Gliederfüßer, viele Weichtiere, Stachelhäuter) und Wirbeltieren (z. B. manche Fische und Reptilien).

Ektosporen, svw. ↑Exosporen.

Ektotoxine, svw. ↑Exotoxone.

Ektozoen [griech.], in der *Medizin* Bez. für die menschl. ↑Dermatozoen.

◆ in der *Zoologie* svw. ↑Epizoen.

Ektromelie [griech.], svw. ↑Mäusepocken.

Ektropium (Ektropion) [griech.], das Auswärtsgekehrtsein eines (meist des unteren) Augenlids. Das E. kann als Alterserscheinung auftreten, durch Erschlaffung der Lidmuskulatur bei Fazialislähmung oder durch Narbenzug verursacht sein.

EKU, Abk. für: ↑Evangelische Kirche der Union.

Ekuador ↑Ecuador.

Ekuele, Währungseinheit in Äquatorialguinea; 1 E. = 100 Céntimos.

Ekzem [griech.], schubweise auftretende, stark juckende, entzündl. Hauterkrankung als Überempfindlichkeitsreaktion auf verschiedenartige Reize. Ein **akutes Ekzem** äußert sich zunächst in einer flächenhaften Rötung und Schwellung der Haut, dann entstehen Knötchen und schließl. Bläschen. Nach deren Platzen bilden sich nässende Hautstellen. Durch Eintrocknen der abgesonderten Flüssigkeit kommt es zur Krustenbildung, im Abheilungsstadium schließl. zur Schuppung. - Beim **chron. Ekzem** stehen anstelle der Bläschenbildung Verhornungsprozesse im Vordergrund.

Das allerg. **Kontaktekzem** wird durch bestimmte Substanzen (z. B. Chrom, verschiedene Lösungsmittel) verursacht, die in direkten Kontakt mit der Haut gelangen. Beim **Abnutzungsekzem** geht der Reizung eine Schädigung der Haut voraus, wodurch das Eindringen von schädigenden Stoffen erleichtert wird. - Eine Sonderform stellt das **parasitäre Ekzem** dar, bei dem Überempfindlichkeit der Haut gegenüber bestimmten Mikroben besteht. - Das **endogene Ekzem** (Neurodermitis constitutionalis) beruht auf einer angeborenen Überempfindlichkeit der Haut. - Bei der Therapie des E. steht die Ausschaltung der auslösenden Gifte im Vordergrund. Der Juckreiz kann durch Antihistaminika beseitigt oder gemildert werden.

El, semit. Gottesbezeichnung. Die in Palästina einwandernden Nomaden identifizieren ihre Vätergötter mit El und mit Jahwe.

Elaborat [lat.], schriftl. ausgearbeitetes Werk; heute meist in verächtl. Sinn: Machwerk, Pfuscherei.

Elagabal (Marcus Aurelius Antoninus Heliogabalus), eigtl. Varius Avitus Bassianus, * Emesa (= Homs) 204, † Rom 11. März 222, röm. Kaiser (seit 218). - Ab 217 Priester des Lokalgottes E., den er - nach Ermordung Caracallas als dessen vermeintl. Sohn von Truppen zum Kaiser ausgerufen - 219 in Rom als Sol Invictus Heliogabalus zur Reichsgottheit erhob; kam beim Umsturz ums Leben.

Elaidinsäure [...la-i...; griech./dt.], die trans-Form der ↑Ölsäure.

Elaiosom [griech.] (Ölkörper), fett- und eiweißreiches Gewebeanhängsel an pflanzl. Samen (z. B. beim Schöllkraut, Lerchensporn) oder an Nußfrüchten (z. B. beim Buschwindröschen, Leberblümchen).

El Al Israel Airlines Ltd. [engl. ...

Elastizität

'ɛəlaınz 'lımıtıd], israel. Luftverkehrsunternehmen, ↑ Luftverkehrsgesellschaften (Übersicht).

Elam, altoriental. Reich in SW-Iran. E. wurde als eine Art Bundesstaat von einem Oberkönig in Susa regiert, dem jeweils sein jüngerer Bruder nachfolgte. Schon die früheste histor. Nachricht zeigt E. im Kampf mit den Sumerern (nach 2700 v. Chr.). Um 2300 erlag E. dem Angriff Akkads. Seither drang sumer. und akkad. Sprache und Kultur nach E. ein. Unter den Epartiden (seit 1785) konnte sich E. fast unabhängig halten. Obwohl um 1325 der babylon. König Susa eingenommen hatte, erlebte E. im 13. Jh. eine Zeit höchster kultureller Blüte. Die im 12. Jh. im Kampf gegen Assyrien und Babylonien errungene Macht brach unter dem Angriff Nebukadnezars I. von Babylon um 1110 zusammen. Erst im 8. Jh. bildete sich ein neuelam. Reich, das mit der assyr. Eroberung von Susa 646 erlosch (später Teil des Achämenidenreichs).
Religion: An der Spitze des Pantheons stand urspr. die Göttermutter Pinenkir. Im Verlauf des 2. Jt. gewann der Gott Humban als Gottheit der königl. Herrschaft eine vorrangige Stellung. Neben ihm besaßen der Sonnengott Nachchunte („Tagschaffer") und der Mondgott Napir („der Glänzende") eine bes. Bedeutung. Der Glaube an ein Fortleben nach dem Tode war mit der Vorstellung eines Totengerichts verbunden, als dessen göttl. Herr Inschuschinak galt.
Kunst: Sie stand seit neolith. Zeit in Austausch mit Mesopotamien. Herald. Komposition und eine Vorliebe für dämon. Wesen (u. a. Greifen) kennzeichneten die Rollsiegel. Die frühe Gefäßmalerei (seit etwa 3500) bildete einen Höhepunkt altoriental. Malkunst, bes. meisterhaft in der Tierdarstellung. Die mittelelam. Kunst, v. a. des 13. Jh., brachte bed. Relief- und Rundplastik hervor, die unabhängig vom Material (Stein, Fritte, Ton, Metallguß) durch naturnahe, vereinfachte Grundformen mit eingeritzter Detailzeichnung charakterisiert ist. Auch die Architektur hat bei meist übernommenen Bauschemata eigene Züge, bes. auffällig in Tschogha Sanbil.
Sprache: Um 3000 v. Chr. entstand in E., parallel zur wenig älteren Schrifterfindung der Sumerer, eine eigene Wortzeichenschrift, die sich im 3. Jt. zur sog. protoelam. Strichschrift weiterentwickelte. Um 2250 wurde mit anderen Kulturelementen aus Babylonien auch die sumer.-babylon. Keilschrift übernommen, die die einheim. Schrift völlig verdrängte. Für die folgende Zeit des Alt-Elam. sind jedoch nicht-akkad. Texte sehr selten, und erst das Mittel-E. seit dem 13. Jh. ist durch Königsinschriften, seit dem 7. Jh. v. Chr. auch durch Wirtschaftsurkunden (bes. aus Susa und Persepolis), besser belegt. Am besten erschlossen wurde das Spät-Elam. der Königsinschriften der Achämeniden. Bisher konnte keine Beziehung zu einer anderen Sprache oder Sprachgruppe nachgewiesen werden.
📖 *Hinz, W.: Das Reich E. Stg. 1964.*

Elan [frz., zu s'élancer „sich aufschwingen"], Schwung, Begeisterung.

Élan vital [frz. elãvi'tal], Begriff für „Lebenskraft" in der Lebensphilosophie H. Bergsons.

El Argar-Kultur [span. elar'ɣar] (Argar-Kultur), nach einer Nekropole in der Prov. Almería benannte südostspan. bronzezeitl. Kulturgruppe (etwa 18.–15. Jh.).

Elasmobranchii [...çi-i; griech.] (Quermäuler), Unterklasse überwiegend meeresbewohnender Knorpelfische mit 2 Ordnungen: ↑Haifische, ↑Rochen.

Elasmotherium [griech.], ausgestorbene Gatt. nashorngroßer und nashornähnl. Tiere in den diluvialen Steppen Europas.

El-Asnam, nordalger. Dep.-Hauptstadt am Chéliff, 170 km wsw. von Algier, 125 m ü. d. M., 106 000 E. Landw. Handelszentrum; Leder- und Schuhind.; Straßenknotenpunkt an der Bahnlinie Algier-Oran. - 1843 gegr. Beim Erdbeben im Okt. 1980 stark zerstört (rd. 2 600 Tote in El-A. und Umgebung).

Elastik [griech.], Baumwollgewebe mit eingewebten Gummifäden (z. B. für Badeanzüge, Mieder).

Elastin [griech.], Gerüsteiweiß (Skleroprotein) der elast. Fasern in Bindegeweben, Gefäßwandungen und manchen Sehnen.

elastisch [griech.], federnd, spannkräftig; dehn- und zusammendrückbar, biegsam; in übertragenen Sinn: bewegl., geschmeidig, widerstandsfähig. - In der *Physik* und *Technik* versteht man unter **elastischen Körpern** solche Körper, die durch äußere Kräfte keine bleibende Verformung erfahren, sondern nach Beendigung der Kraftwirkung ihre ursprüngl. Form wieder annehmen. **Elastische Kräfte** sind Rückstellkräfte, die proportional der Auslenkung aus einer Gleichgewichtslage sind.

elastische Fasern, überwiegend aus ↑Elastin bestehende, stark dehnbare Fasern in elast. Bindegeweben (z. B. in der Lunge, in der Lederhaut) bei Tier und Mensch.

elastische Schwingungen, in festen Körpern bei Einwirkung äußerer Kräfte auftretende Schwingungen, die auf dem Zusammenwirken von Trägheitskraft und elast. Rückstellkräften beruhen. Derartige e. S. breiten sich im allg. als **elastische Wellen** im Körper aus. Beispiele von e. S. bzw. Wellen sind die Schallschwingungen bzw. -wellen (↑Schall) und die Erdbebenwellen.

Elastizität [griech.], Fähigkeit eines Körpers, durch äußere Kräfte verursachte Form- und Volumenänderungen nach Beendigung der Kraftwirkungen rückgängig zu machen. - In der *Technik* werden Werkstoffe fast immer nur bis zur **Elastizitätsgrenze** beansprucht. Dies ist diejenige elast. Span-

Elastizitätsgrenze

Elbing. Sankt-Nikolaus-Kirche

nung, bis zu der der Werkstoff beansprucht werden kann, ohne daß er nach Entlastung [meßbare] bleibende Formänderungen aufweist. E. bei Flüssigkeiten und Gasen ↑Kompressibilität.
◆ (Motorelastizität) Bez. für die Drehzahlspanne, innerhalb deren ein Verbrennungsmotor betrieben werden kann; sie bestimmt für ein Kfz. die Auslegung seines Schaltgetriebes und die Anzahl der erforderl. Schaltgänge (bei großer E. sind weniger Gänge erforderlich).
◆ in der *Wirtschaftstheorie* eine Meßzahl für die Relationen zw. den Veränderungsraten zweier Größen (Variablen). Die wichtigsten

Elateren. Aufgesprungene Sporenkapsel des Lebermooses Pellia fabbroniana mit sporenausschleuderndem Elaterenbüschel (links) sowie eine aus zwei Spiralfasern bestehende Elatere des Lebermooses Lophocolea heterophylla, daneben eine Spore

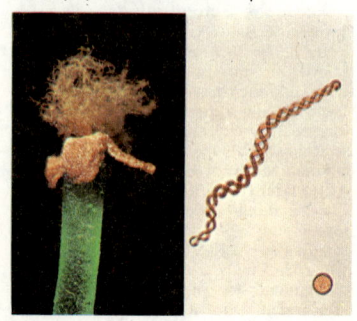

E. sind 1. *Preis-E. des Angebots* (Änderung der Angebotsmenge eines Gutes im Verhältnis zur vorangegangenen Preisänderung dieses Gutes); 2. *Preis-E. der Nachfrage* (Veränderung der nachgefragten Menge eines Gutes bei Preisänderungen); 3. *Einkommens-E. der Nachfrage* (durch Einkommensänderungen ausgelöste Veränderung der Nachfrage nach einem Gut); 4. *Kreuzpreis-E.* (Änderung der Nachfragemenge nach einem Gut A bei einer vorausgegangenen Änderung des Preises eines Gutes B).

Elastizitätsgrenze ↑Elastizität.
Elastizitätstheorie ↑Elastomechanik.
Elastomechanik [griech.], Teilgebiet der Mechanik, das sich mit der Theorie der ↑Elastizität befaßt. Während man sich in der **Elastostatik** dabei auf stat. äußere Kräfte (Belastungen) beschränkt, werden in der E. auch Trägheitskräfte berücksichtigt und zeitabhängige Probleme behandelt, bei denen es z. B. zu elastischen Schwingungen kommt. Die E. ist Teil einer allgemeineren **Elastizitätstheorie**, in der auch die Einwirkung z. B. von Kräften elektromagnet. Natur sowie Fragen der Spannungsoptik, Kristalloptik u. a. behandelt werden.

Elastomere (Elaste) [griech.], Stoffe gummiartiger Elastizität, z. B. Naturkautschuk, Chlorkautschuk, Polybutadien, Polyurethane, Silikonkautschuk. Unter Zug strecken sich E. auf mindestens das Doppelte der anfängl. Länge unter geringer Wärmeentwicklung; bei großer Dehnung besitzen E. hohe Zugfestigkeit und hohe Steifheit, sie verfügen über gute Rückprallelastizität und nehmen nach Beanspruchung ihre urspr. Form wieder an.

Elastostatik [griech.] ↑Elastomechanik.
Elat (Elath, Eilat), Hafenstadt im äußersten S von Israel, am Ende des Golfs von Akaba, 18 200 E. Malachitschleifereien, Fischkonservenfabrik; Fremdenverkehr. Der Hafen dient v. a. dem Güterverkehr, u. a. Import von Erdöl, Pipeline nach Ashqelon und Haifa; ✈. - 1948 als Israels Hafen zum Roten Meer gegr.; die Blockierung der Zufahrt durch den Golf von Akaba am 22. Mai 1967 durch Ägypten war der Anlaß des Sechstagekrieges vom Juni 1967. - Das bibl. **Elath** (Eloth), bed. Hafen- und Handelsstadt der Edomiter, wahrscheinl. im 8. Jh. v. Chr. durch König Usija von Juda gegr., wurde noch im selben Jh. edomitisch; es hieß in röm. Zeit **Aila** oder **Aelana** und lag in der Nähe des heutigen Akaba.

Elateren [griech.], langgestreckte Schleuderzellen in den Sporenkapseln von Lebermoosen; liegen zw. den Sporen und streuen diese nach dem Öffnen der Kapsel aus.

Elath ↑Elat.
Elativ [lat.], absoluter, d. h. ohne Vergleich stehender Superlativ, z. B. *modernste* Maschinen (d. h. sehr moderne Maschinen).

Elâzığ [türk. εlaːˈziː], Hauptstadt des Verw.-Geb. E. in der zentralen O-Türkei, 1 020 m ü. d. M., 143 000 E. Weinkellerei, Textilind., Zementfabrik; Verkehrsknotenpunkt.

Elba, italien. Insel im Tyrrhen. Meer, bis 18 km breit und 27 km lang, im Monte Capanne 1 019 m hoch, mit buchtenreicher Küste, Hauptort Portoferraio. Seit etrusk. Zeit werden hochwertige Eisenerze abgebaut; Fremdenverkehr. - Auf E. (griech **Aithalia**, lat. **Ilva**) gründeten die Römer mehrere Kolonien; im 11. Jh. an Pisa; seit dem 16. Jh. zw. Spaniern und Franzosen umstritten. Im Frieden von Amiens (1802) fiel E. an Frankreich. Vom 3. Mai 1814 bis zum 26. Febr. 1815 unterstand es Napoleon I., dem die Insel als Aufenthaltsort zugewiesen worden war; 1815 an das Großherzogtum Toskana, mit ihm 1860 an das Kgr. Italien.

Elbasan, alban. Stadt 35 km sö. von Tirana, 51 000 E. Hauptstadt des Verw.-Geb. E.; Holzverarbeitung, Erdölraffinerie. - 1466 vom osman. Sultan Mahmud II. als Militärbasis gegen die Albaner und Venezianer gegr.

Elbe (tschech. Labe), mitteleurop. Fluß (ČSSR, DDR, BR Deutschland), entspringt im südl. Riesengebirge (zahlr. Quellbäche), durchbricht das Böhm. Mittelgebirge und das Elbsandsteingebirge, folgt im Norddt. Tiefland z. T. dem Lauf von Urstromtälern, mündet bei Cuxhaven, 15 km breit, in die Nordsee. Der Mündungstrichter ist 110 km lang. Einzugsgebiet 144 000 km², Länge 1 165 km, 940 km schiffbar bis der Nordsee bis ins Böhm. Becken. Kanalverbindungen zur Oder, Weser/Rhein und Ostsee. Die größten Häfen an der E. sind Hamburg und Magdeburg.
Völkerrecht: Die Elbschiffahrtsakte von 1821 bestimmte, daß die Schiffahrt auf der E. bis zur hohen See frei sein sollte und Stapelgebühren und Zölle nicht mehr zu erheben seien. Die Art. 340–345 des Versailler Vertrages unterstellten die E. neuerl. einer internat. Kommission; die Elbschiffahrtsakte vom 22. 2. 1922 regelte die Benutzung der E. und das Verfahren bei Streitigkeiten. Durch die Erklärung des Dt. Reiches vom 14. Nov. 1936 wurde das internat. Regime der Elbschiffahrt einseitig aufgehoben. Derzeit (1979) fehlt es an vertragl. Regelungen.

Elbeeiszeit, Phase der † Eiszeit in Norddeutschland.

Elbegast † Elegast.

Elbe-Havel-Kanal, 56 km langer Kanal von Niegripp an der Elbe bis zum Plauer See bei Brandenburg/Havel, direkte Verbindung vom Mittellandkanal nach Berlin.

Elbe-Lübeck-Kanal, Kanal von Lauenburg/Elbe bis Lübeck, etwa 62 km lang.

Elben † Elfen.

Elbeseitenkanal, 1976 eröffneter, 115 km langer Nord-Süd-Kanal mit dem größten europ. Schiffshebewerk in Scharnebeck bei Lüneburg, der Hamburg und Lübeck mit Hannover und Braunschweig, dem Rhein.-Westfäl. Ind.gebiet sowie dem Wasserstraßennetz der DDR verbindet. Nach Dammbruch Wiedereröffnung Ende Juli 1977.

Elbgermanen, neuere Bez. für eine von der unteren Elbe bis nach Böhmen und an die mittlere Donau verbreitete archäolog. Fundgruppe (Ende des 1. Jh. v. Chr. bis erste Jahrhunderte n. Chr.); zu den E. sind Markomannen, Quaden, Hermunduren, Semnonen und Langobarden zu rechnen.

Elbherzogtümer, 1848–66 gebrauchte Bez. für die Hzgt. Schleswig und Holstein.

Elbing (poln. Elbląg), Hauptstadt des Verw.-Geb. E., Polen′, 7 km oberhalb der Mündung des Elbing in das Frische Haff, 116 000 E. Werften, Nahrungsmittel- und Holzind., Hafen v. a. für Binnenschiffahrt. - 1237 Anlage einer Burg des Dt. Ordens und einer Siedlung (1246/1343 lüb. Stadtrecht), die 1478 mit der um 1337 gegr. Neustadt (1347 lüb. Stadtrecht) vereinigt wurde. Das 1242 gegr. Hl.-Geist-Spital wurde im 14. Jh. Hauptspital des Dt. Ordens; E. war bis 1309 Sitz des Landmeisters und Basis im Kampf gegen die Pruzzen. Seit Ende des 13. Jh. führende Stellung in der Hanse. 1440 Beitritt zum Preuß. Bund, 1454 Abfall vom Ordensstaat, 1466 an Polen. Im 15./16. Jh. wahrte E. seine Selbständigkeit gegenüber beiden. 1772 preuß.; war im 19. Jh. das größte Industriezentrum Ostpreußens. - Die dem 2. Weltkrieg zum Opfer gefallenen Baudenkmäler sind z. T. wiederhergestellt, u. a. Sankt-Nikolaus-Kirche (13.–15. Jh.). Erhalten ist das Markttor (14. Jh.) und die spätgot. Sankt-Georgs-Kapelle (15. Jh.); Reste der Ordensburg.

Elbingerode/Harz, Stadt im Bez. Magdeburg, DDR, 450–500 m ü. d. M., 5 000 E. Abbau von Schwefelkies, Kalkindustrie. - Bei einer Burg der Herren von Elbingerode entstand im 13. Jh. eine dt. Siedlung, die 1422 an die Welfen fiel.

Elblag [poln. ˈεlblɔŋk] † Elbing.

Elbling, heute nur noch an der Obermosel angebaute weiße Rebsorte.

Elbmarschen, Sammelbez. für die Flußmarschen beiderseits der Elbe von Geesthacht bis zu ihrer Mündung.

Elbogen, Ismar, * Schildberg (= Ostrzeszów, Woiwodschaft Posen) 1. Sept. 1874, † New York 1. Aug. 1943, jüd. Gelehrter. - Wirkte an der Hochschule für die Wissenschaft des Judentums in Berlin (1902–38) und u. a. am Jewish Theological Seminary in New York (1938–43); zahlr. Werke über die jüd. Geschichte, Kultur und Literatur, u. a. „Der jüd. Gottesdienst in seiner geschichtl. Entwicklung" (1913, Nachdr. 1962); Mithg. der „Encyclopedia Judaica" (10 Bde., 1928–34, unvollendet).

Elbrus, höchster Berg des Großen Kaukasus, erloschener Vulkan mit zwei Gipfeln:

Elbsandsteingebirge

der westl. 5642 m, der östl. 5621 m hoch, stark vergletschert; Höhenforschungslabor.

Elbsandsteingebirge (tschech. Děčínské stěny), aus gelbgrünen Kreidesandsteinen aufgebautes Bergland zw. Erzgebirge und Lausitzer Bergland, DDR und ČSSR, in Hohen Schneeberg 721 m hoch. Basaltkuppen mit Laubwald und Sandsteintafelberge mit Kiefern-Heide-Wald erheben sich über Verebnungsflächen, die in rund 350 m Höhe liegen. Das dt. Gebiet beiderseits des Elbdurchbruchs wird **Sächsische Schweiz** genannt und steht seit 1956 unter Landschaftsschutz; Fremdenverkehr, auch Klettersport.

Elbslawen, Bez. für die westslaw. Volksstämme im Gebiet zw. Elbe-Saale und Oder-Neiße; führende Stämme: ↑ Obotriten, ↑ Liutizen und ↑ Sorben; im 12. Jh. durch dt. und einheim. Fürsten dem Reich angeschlossen.

Elbtunnel, 1. 1911 im Hamburger Hafen erbauter Tunnel, über Personen- bzw. Wagenaufzüge erreichbar; Länge 448,5 m, Sohle 21 m unter Wasserspiegel; 2. 1974 eröffneter Straßentunnel; 6 Fahrspuren in 3 Röhren, Länge 3325 m, Sohle 29 m unter Wasserspiegel; Steuerung des Verkehrs durch Prozeßrechner.

Elbursgebirge (pers. Albors), Gebirge in N-Iran, mehrere parallel verlaufende Ketten, als S-Umrahmung des Kasp. Meers, im vergletscherten Demawend 5601 m hoch.

Elcano, Juan Sebastián, * Guetaria (Prov. Guipúzcoa) 1476 oder 1487, † im Pazifik 4. Aug. 1526, span. Seefahrer. - Nahm seit 1519 an der Weltumseglung des F. de ↑ Magalhães teil, übernahm nach dessen Tod das Kommando über die „Victoria"; führte 1521/22 die Erdumseglung erfolgreich zu Ende.

Elch

Elch (Elen, Alces alces), 2,4–3,1 m körperlanger und 1,8–2,4 m schulterhoher ↑ Trughirsch mit mehreren, verschieden großen Unterarten im nördl. N-Amerika, N- und O-Europa sowie in N-Asien; größte und schwerste Hirschart, mit massigem Körper, kurzem Hals, buckelartig erhöhtem Widerrist, sehr kurzem Schwanz und auffallend hohen Beinen; Nasenspiegel (Muffel) lang, mit stark überhängender Oberlippe; ♂♂ mit oft mächtig entwickeltem (bis 20 kg schwerem), meist schaufelförmigem Geweih; Fell relativ lang, rötl. graubraun bis fast schwarz; Zehen groß, weit spreizbar, ermöglichen Gehen auf sumpfigem Untergrund.

Elche [span. 'eltʃe], südspan. Stadt 20 km sw. von Alicante, 86 m ü. d. M., 148000 E. Bewässerungsoase mit Dattelpalmen, Apfelsinen-, Feigen-, Ölbaum- und Mandelbaumhainen, Rebkulturen und Getreidebau; Nahrungsmittelind., Herstellung von Alfagras- und Kautschukwaren u. a. - Das römerzeitl. **Ilici Augusta Colonia Inmune** war in westgot. Zeit Bischofssitz. - Oriental. Stadtbild. - Die sog. **„Dame von Elche",** die bemalte Kalksteinbüste einer Ibererin in reicher Festtracht, wurde im 4. oder 1. Jh. v. Chr. geschaffen (heute im Prado, Madrid).

Elchhund, Bez. für zwei Hunderassen; 1. **Großer Elchhund** (Jämthund), kräftiger, bis 63 cm hoher, spitzartiger Hund aus Jämtland mit anliegendem, dunkel- bis hellgrauem Haar. 2. **Kleiner Elchhund** (Grahund), mittelgroßer, kompakter, graufarbiger, dichthaariger skand. ↑ Nordlandhund mit breitem Schädel, dunklem Gesicht, spitzen Stehohren und kurz über den Rücken eingerollter Rute.

Elde, rechter Nebenfluß der unteren Elbe, entspringt sö. des Plauer Sees, mündet bei Dömitz, Unterlauf kanalisiert und schiffbar; 220 km lang.

Eldjárn, Kristján [isländ. 'ɛldjaṷdn], *Tjörn (Svarfadadal, Island) 6. Dez. 1916, † Cleveland (Ohio) 14. Sept. 1982, isländ. Politiker. - Historiker; 1968–80 Präs. der Republik Island; zahlr. Veröffentlichungen.

El-Djem [ɛl'dʒɛm], tunes. Ort 60 km südl. von Sousse, 110 m ü. d. M., 3000 E. Kamelmarkt; Bahnstation. - El-D. liegt an der Stelle der röm. Stadt **Thysdrus** (15000–20000 E), deren bed. Amphitheater (Reste erhalten) etwa 35000 Besucher faßte.

ELDO ↑ ESA.

Eldorado [span. el dorado (país) „das vergoldete (Land)"] (Dorado), sagenhaftes Goldland im nördl. Südamerika. Die Vorstellung von E. soll auf einen Brauch bei den Muisca zurückgehen: Der Kazike von Guatavita fuhr, mit Goldstaub bedeckt, auf den See hinaus und wusch sich dort das Gold ab. Die Kunde von dieser Sage drang nach Europa, woraufhin zahlr. abenteuerl. Züge von Spaniern, Engländern und Deutschen in die Urwälder des Amazonasgebietes stattfanden. - In übertragenem Sinne: Traumland, Paradies.

Eldridge, Roy [engl. ˈɛldrɪdʒ], eigtl. Daniel E., *Pittsburgh (Pa.) 30. Jan. 1911, amerikan. Jazzmusiker (Trompeter). - Seine Spielweise stellt das wesentlichste Bindeglied zw. traditionellem Jazz und Bebop dar. - †26. Febr. 1989.

Elea (lat. Velia), phokäische Siedlung in Großgriechenland (= Unteritalien) nördl. des Kap Palinuro (seit Mitte 6. Jh. v. Chr.); Reste beim heutigen Castellammare di Velia (Prov. Salerno) in Kampanien freigelegt; berühmt als Sitz der eleat. Philosophenschule.

Eleanor [engl. ˈɛlɪnə], weibl. Vorname, engl. Form von ↑Eleonore.

Eleasar, dritter Sohn und Nachfolger Aarons (4. Mos. 20, 26), verteilt mit Josua zusammen das Land (34, 16) und wird in Gibea begraben (Jos. 24, 33). Histor. faßbar ist nur das Priestergeschlecht, das sich von ihm herleitet (1. Chron. 5 und 6).

Eleasar Ben Jehuda Ben Kalonymos (gen. Rokesch), *Mainz um 1165, †Worms zw. 1223 und 1232, Rabbiner und Verfasser liturg. Hymnen. - Rabbiner von Worms, der letzte bed. und literar. fruchtbarste Vertreter der dt. ↑Chassidim.

Eleaten [griech.], Vertreter der ↑eleatischen Philosophie.

eleatische Philosophie, Philosophie der antiken griech. Philosophenschule Elea (Unteritalien), die im 6./5. Jh. von Xenophanes gegr. und von Parmenides, Zenon von Elea und Melissos fortgeführt wurde.

Electuarium [lat.], svw. ↑Latwerge.

Elefanten [zu griech. eléphas mit gleicher Bed.] (Elephantidae), einzige rezente, seit dem Eozän bekannte Fam. der ↑Rüsseltiere; mit 5,5–7,5 m Körperlänge, 4 m Schulterhöhe und 6 t Gewicht größte und schwerste lebende Landsäugetiere; Nase zu langem, muskulösem Rüssel verlängert (gutes Greiforgan), Augen klein, Ohren groß; Schwanz etwa 1–1,5 m lang, nackt, mit Endquaste aus steifen, sehr dicken Haaren; übriger Körper mit Ausnahme der Augenwimpern bei erwachsenen Tieren nahezu unbehaart; Haut etwa 2–4 cm dick, jedoch sehr tastempfindlich; obere Schneidezähne können bis zu etwa 3 m langen und 100 kg schweren schmelzlosen, ständig nachwachsenden Stoßzähnen ausgebildet sein, die das ↑Elfenbein liefern; Pflanzenfresser. Die mit 8–12 Jahren geschlechtsreifen E. sind mit etwa 25 Jahren ausgewachsen und werden rund 60–70 Jahre alt. ♀♀ mit zwei brustständigen Zitzen; Tragzeit 20–22 Monate, meist ein Junges.

Zwei Gatt. mit jeweils 1 Art: **Afrikan. Elefant** (Loxodonta africana) in Afrika südl. der Sahara; Stoßzähne meist bei ♂♂ und ♀♀ gut ausgebildet; Rüsselspitze mit 2 gegenständigen Greiffingern. Dem *Großohrigen Steppen-E.* (Loxodonta africana oxyotis) steht als zweite Unterart der deutl. kleinere *Rundohrige Wald-E.* (Loxodonta africana cyclotis) gegenüber. Als dritte Unterart wird der *Südafrikan. Kap-E.* (Loxodonta africana africana) angesehen. - **Asiat. Elefant** (Elephas maximus) in S-Asien; Körperhöhe 2,5–3 m, Körperlänge etwa 5,5–6,4 m, Gewicht bis etwa 5 t; Stoßzähne bei ♀♀, manchmal auch bei ♂♂, fehlend oder wenig entwickelt; Stirn mit deutl. paarigen Wülsten über den Augen; Ohren viel kleiner als beim Afrikan. E., Rüsselspitze mit nur einem Greiffinger. Vier lebende Unterarten: *Ceylon-E.* (Elephas maximus maximus), *Sumatra-E.* (Elephas maximus sumatranus), *Malaya-E.* (Elephas maximus hirsutus) und *Ind. E.* (Elephas maximus bengalensis). Der Asiat. E. wird vielfach gezähmt und als Arbeitstier abgerichtet.

Elefantenfarn (Todea barbara), Königs-

Elefanten. Afrikanischer Elefant (links) und Asiatischer Elefant

Elefantenfuß

farngewächs in Neuseeland, Tasmanien, Australien und S-Afrika; Stamm bis 1 m lang und dick, Blätter doppelt gefiedert, lederig, bis 1,5 m lang.

Elefantenfuß (Schildkrötenpflanze, Dioscorea elephantopus), Jamswurzelgewächs in S-Afrika; knolliger Stamm; bis 6 m lange, dünne, kletternde, krautige und jährl. absterbende Zweige; Knollen eßbar (**Hottentottenbrot**), stärkereich, bis 100 kg schwer.

Elefantengras (Pennisetum purpureum), bis 7 m hohes, bestandbildendes Federborstengras; wird in den afrikan. Savannen als Futterpflanze sowie für Umzäunungen und Hüttenwände verwendet.

Elefantenorden, höchster dän. ↑ Orden.

Elefantenrobben, svw. ↑ See-Elefanten.

Elefantenschildkröten, svw. ↑ Riesenschildkröten.

Elefantenspitzmäuse (Elephantulus), Gatt. der ↑ Rüsselspringer mit 7 Arten in Afrika.

Elefantiasis (Elephantiasis) [griech.], unförmige Verdickung von Körperteilen (meist der Haut und des Unterhautgewebes im Bereich der Beine) als Folge einer Verlegung von Lymphgefäßen und chron. Lymphstauung.

elegant [frz.; zu lat. elegans „wählerisch"], geschmackvoll, fein, formvollendet, gewandt, geschmeidig; **Elegant,** Modegeck, Stutzer; **Eleganz,** Feinheit, unaufdringl. Schick, Gewähltheit, Gepflegtheit (z. B. der Sprache), Anmut.

Elegast (Elbegast), mittelalterl. Schelmenfigur, u. a. in dem Sammelroman „Karlmeinet" (um Kaiser Karl d. Gr.).

Elegie [griech., zu élegos „Klagelied"], lyr. Gattung; nach der rein formalen Bestimmung ein Gedicht beliebigen Inhalts in eleg. Distichen, nach der inhaltl. Bestimmung ein Gedicht im Ton verhaltener Klage und wehmütiger Resignation. In der griech. Antike ist die Thematik vielseitig (u. a. bei Tyrtaios, Solon, Theognis); in der röm. Dichtung zunehmend Einengung auf das Klagelied (zunächst als Ausdruck der Liebessehnsucht). Als subjektive, schwermütige, oft einer idealisierten Vergangenheit gewidmete Dichtung in Deutschland aufgekommen seit Opitz. Aber erst mit Nachbildung des griech.-lat. eleg. Distichons in dt. Sprache bei Klopstock ist die formale Voraussetzung für die klass. dt. E. geschaffen. An ihrem Anfang stehen Goethes „Röm. Elegien" (1795), es folgen von Schiller „Die Ideale", „Das Ideal und das Leben", „Der Spaziergang", von Goethe „Alexis und Dora", „Euphrosyne", „Marienbader E." (1828). Den Höhepunkt der klass. dt. E. bilden die E. Hölderlins („Menons Klage um Diotima", „Der Wanderer", „Der Gang aufs Land", „Stuttgart", „Brot und Wein"). E. schrieben u. a. auch Mörike („Bilder aus Bebenhausen"), Rilke („Duineser Elegien") sowie Brecht („Buckower Elegien") in einem neuen epigrammatisch-pointierten Ton.

elegisch, klagend, wehmütig.

Elektion [lat.], Auswahl; **elektiv,** [aus]wählend.

Elektra, Gestalt der griech. Mythologie. Tochter der Klytämnestra, Schwester von Orestes, Iphigenie und Chrysothemis, Gemahlin des Pylades. Nach der Ermordung ihres Vaters durch Ägisthus und Klytämnestra treibt sie ihren Bruder Orestes dazu, den Ermordeten zu rächen. - Dramen von Aischylos, Sophokles und Euripides; in neuer Zeit von H. von Hofmannsthal (Vertonung von R. Strauss), E. O'Neill, J. Giraudoux und G. Hauptmann.

Elektrakomplex, nach C. G. Jung der analog dem ↑ Ödipuskomplex verdrängte Wunsch der Tochter, mit dem Vater inzestuöse Beziehungen einzugehen.

elektrisch [griech. (↑ Elektrizität)], auf dem Vorhandensein von ↑ Ladung tragenden [Elementar]teilchen oder Körpern beruhend bzw. durch die zw. ihnen herrschenden Wechselwirkungen verursacht; die ↑ Elektrizität betreffend.

elektrische Energieerzeugung ↑ Kraftwerke.

elektrische Energieübertragung ↑ Freileitungen, ↑ Kabel, ↑ Stromversorgung.

elektrische Fische, Bez. für verschiedenartige Knorpel- und Knochenfische mit ↑ elektrischen Organen und ↑ Elektrorezeptoren. Bei manchen e. F. (z. B. Nilhechte, Messerfische, Himmelsgucker) dienen die Impulse in erster Linie der Orientierung, bei anderen (z. B. Zitterrochen, Zitterwels, Zitteraal) werden durch die Stromstöße auch Feinde abgewehrt und Beutetiere betäubt oder getötet. Die elektr. Schläge sind auch für Menschen sehr unangenehm.

elektrische Gitarre ↑ Elektrogitarre.

elektrische Ladung ↑ Ladung.

elektrische Maschinen, Sammelbez. für sämtl. Arten von Energiewandlern, die mechan. Energie in elektr. Energie (Generatoren), elektr. Energie in mechan. Energie (Motoren), elektr. Energie niedriger Spannung in eine solche hoher Spannung oder umgekehrt (Transformatoren) oder elektr. Energie in eine solche anderer Frequenz, Stromart oder Phasenzahl (Umformer) umwandeln.

elektrische Meßgeräte, der Messung elektr. Größen wie Spannung, Strom, Frequenz, Leistung, Widerstand, Leistungsfaktor, Kapazität, Verlustfaktor sowie magnet. Größen dienende Geräte. Präzisionsinstrumente mit Leichtmetallzeiger erhalten oft längs der Anzeigeskala einen Spiegelbogen: Beim Ablesen muß der Zeiger mit seinem Spiegelbild zur Deckung gebracht werden, um Ablesefehler infolge der Parallaxe zu vermeiden. - Fehler bei elektr. Messungen können vom Meßgerät, von der Meßschaltung

Elektrizität

oder beim Ablesen verursacht werden. Für jedes Meßgerät wird der Anzeigefehler in Prozent vom Skalenendwert angegeben. Entsprechend diesem Fehler werden Meßgeräte in Kraftwirkung zw. einer stromdurchflossenen, drehbaren Spule und einem Dauermagneten; für Gleichstrom- und -spannungsmessungen.
Elektrostat. Meßwerk: Anziehungskraft von unter Spannung stehenden Platten bewirkt Anzeige bei Gleich- und Wechselspannungen; sehr kleiner Eigenverbrauch des Meßwerkes.
Vielfachmeßinstrument: Für Laboratoriumszwecke zur Messung von Spannungen, Strömen, Widerständen, Kapazitäten, u. a.; mit mehreren umschaltbaren Meßbereichen. verschiedene Güteklassen eingeteilt. U. a. **Drehspulmeßwerk** bzw. **Drehspulinstrument:**

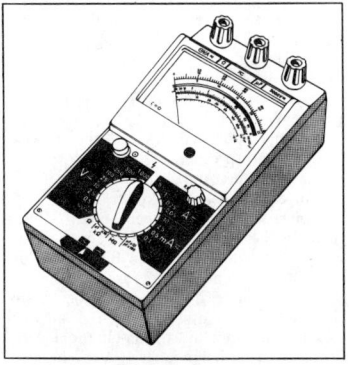

Elektrische Meßgeräte.
Vielfachmeßinstrument

Zangenstromwandler: Aufklappbarer Eisenkern umfaßt stromdurchflossene Leiter, Arbeitsweise entspricht der eines Transformators; für Wechselstrommessungen.

elektrische Musikinstrumente, ältere Bez. für jene ↑elektronischen Musikinstrumente, deren Schwingungen mechan. erzeugt und mittels Tonabnehmer, Mikrophon oder Photozelle in elektron. Stromschwankungen umgesetzt werden, die dann mit Hilfe elektroakust. Wandler in Klänge umgewandelt werden; u. a. Neo-Bechstein-Flügel und Elektrochord (schwingende Saiten), Wurlitzerorgel und Cembalet (schwingende Zungen), Hammondorgel (rotierendes Zahnrad) und andere Instrumente, die Kontaktmikrophone verwenden.

elektrische Organe, aus umgewandelter Muskulatur bestehende Organe, die zur Erzeugung schwacher bis sehr starker elektr. Felder bei ↑elektrischen Fischen dienen. Die e. O. bestehen aus zahlr. nebeneinanderliegenden Säulen flacher, scheibenartig übereinander geschichteter, funktionsunfähiger Muskelzellen. Die einzelnen Säulen sind durch gallertige Bindegewebe gegeneinander isoliert. Ihre Innervation erfolgt stets nur von einer Seite, so daß es zu einer Serienschaltung elektr. Elemente kommt. Die einzelne Muskelfaser liefert bei Aktivierung eine Potentialdifferenz von 0,06 bis 0,15 V. Durch gleichzeitige Erregung aller Platten können Spannungen von 600 bis 800 V bei bis etwa 0,7 A (z. B. beim Zitteraal) erzeugt werden.

elektrischer Stuhl, in einigen Staaten der USA Vorrichtung zur Vollstreckung der Todesstrafe: durch den Körper des Delinquenten wird über Elektroden an Kopf und Handgelenken ein hoher Gleichstrom geschickt.

elektrischer Widerstand ↑Widerstand.

elektrisches Feld ↑Feld.

elektrisches Klavier, elektr. angetriebenes, mechan. Musikinstrument, das wie ein Klavier aussieht und teilweise - neben der Spielautomatik - auch manuell wie ein Klavier gespielt werden kann. Das e. K. wird durch Walze oder Lochstreifen gesteuert; heute nicht mehr gebräuchlich.

elektrische Wellen, Bez. für diejenigen elektromagnet. Wellen, die mit Hilfe elektr. Anordnungen (z. B. Schwingkreise) erzeugt werden.

elektrische Zeitmessung ↑Zeitmessung.

Elektrisiermaschine [griech.-frz./dt.], Demonstrationszwecken dienende Vorrichtung zur Erzeugung hoher elektr. Spannungen mit geringer Leistung. Bei der **Reibungselektrisiermaschine** reibt sich eine rotierende Glasscheibe an einem Reibzeug (Leder mit Amalgambelag), wodurch eine positive Aufladung der Scheibe hervorgerufen wird. Bei der **Influenzelektrisiermaschine** rotieren zwei mit Metallstreifen belegte Hartgummischeiben in geringem Abstand auf einer Achse in entgegengesetzter Richtung. Dabei werden zwei sich jeweils gegenüberstehende Metallstreifen durch Influenz entgegengesetzt aufgeladen.

Elektrizität [frz.; zu griech. élektron „Bernstein" (da dieser sich durch Reiben elektr. auflädt)], Sammelbez. für alle Erscheinungen im Zusammenhang mit ruhenden oder bewegten elektr. Ladungen und den damit verbundenen elektr. und magnet. Feldern; insbes. wird die Bez. E. auf das Auftreten von Ladungen sowie auf die Erscheinungsform der ↑Ladung selbst angewendet (E.menge also gleich Ladung[smenge]). Die in diesem Sinne verstandene E. ist in ihren beiden Erscheinungsformen (positive und negative E. bzw. Ladung) an Materie gebunden. Die negative E. ist v. a. mit den ↑Elektronen verknüpft. Infolge des Aufbaus der Materie und ihrer Atome haben makroskop. Körper bei negativer Aufladung einen Elektronenüberschuß, bei positiver Aufladung einen Elektronenmangel. Zw. elektr. geladenen Körpern

Elektrizitätserzeugung

treten elektr. Felder und Kräfte bzw. elektr. Spannungen auf. Diese bedingen, daß gleichartig geladene Körper sich abstoßen, ungleichartig geladene sich anziehen (↑Coulombsches Gesetz). Der Ausgleich unterschiedl. Aufladungen erfolgt z. B. bei Verbindung über einen elektr. Leiter durch Elektronenfluß vom negativ geladenen zum positiv geladenen Körper. Dieser Ladungstransport wird als elektr. Strom bezeichnet.
📖 *Fraunberger, F.: Illustrierte Gesch. der E.* Rheda-Wiedenbrück 1985. - *Hille, W./Schneider, O.: Fachkunde f. Elektroberufe.* Stg. ⁷1983.

Elektrizitätserzeugung ↑Kraftwerke, ↑Energiewirtschaft.

Elektrizitätsmenge, svw. elektrische ↑Ladung.

Elektrizitätsversorgung ↑Stromversorgung.

Elektrochemische Elemente.
Trockenelement (oben)
und Aufbau eines
Bleiakkumulators

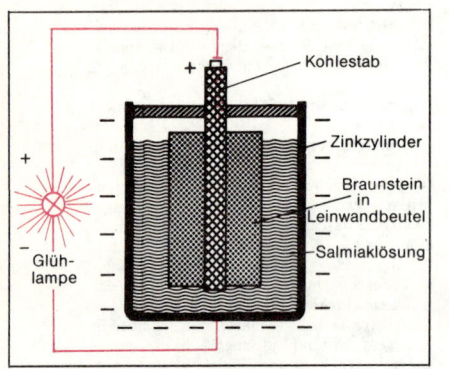

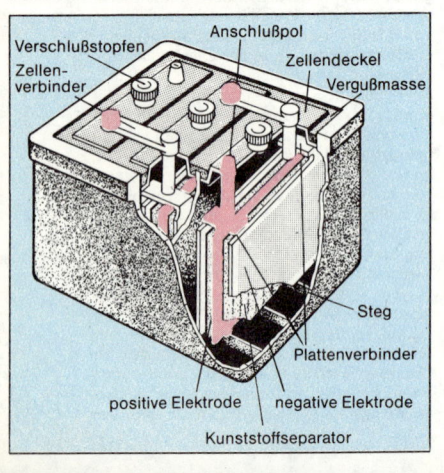

Elektrizitätswerk ↑Kraftwerke.

Elektrizitätszähler, Gerät zum Messen des Verbrauches oder der Lieferung von elektr. Energie. Bei Gleichstrom werden Amperestundenzähler verwendet, bei Wechselstrom Wattstundenzähler, bes. Induktionszähler.

elektro..., Elektro... [griech.], Bestimmungswort von Zusammensetzungen mit der Bed. „elektr., die Elektrizität betreffend, durch Elektrizität bewirkt".

Elektroaffinität, die mehr oder weniger starke Neigung der Elemente zur Bildung negativer Ionen.

Elektroakustik, Teilgebiet der Akustik, das sich mit der Umwandlung akust. Ereignisse (Signale) in elektr., mit ihrer Übertragung, Speicherung und Rückverwandlung befaßt.

elektroakustischer Wandler, Gerät zur Umwandlung von elektromagnet. Energie in Schallenergie und umgekehrt. Man unterscheidet: elektrodynam. Wandler (dynam. Lautsprecher, Bändchenmikrophon), piezoelektr. Wandler (Ultraschall-Quarzsender, Kristallmikrophon), dielektr. Wandler (elektrostat. Lautsprecher, Kondensatormikrophon) und elektromagnet. Wandler (Freischwinger, magnet. Mikrophon).

Elektroauto, von einem Elektromotor angetriebenes Kfz.; Speicherung der Antriebsenergie in wiederaufladbaren Batterien. Vorteile: umweltfreundl., da geräuscharm und abgasfrei. Nachteile: hohes Gewicht bei relativ kleinem Aktionsradius. E. sind z. Z. im Entwicklungsstadium und stellen ein mögl. Auto der Zukunft für den innerstädt. Verkehr dar. - ↑auch Elektrofahrzeug.

Elektroblech, Dynamo- und Transformatorenbleche, bei denen mit steigenden Siliciumgehalten (0,7 bis 4,3 %) eine Erniedrigung der Ummagnetisierungsverluste erzielt wird.

Elektrochemie, Teilgebiet der physikal. Chemie; sie beschäftigt sich mit den Zusammenhängen zw. elektr. Vorgängen und chem. Reaktionen und umfaßt damit alle Vorgänge der Elektronenwanderung und Bildung von elektr. Potentialen, z. B. Elektrolyse, Brennstoffzelle.

elektrochemische Elemente, Stromquellen, in denen chem. Energie in elektr. umgewandelt wird.
Primärelemente *(galvanische Elemente)*, die nur für eine einmalige Entladung verwendbar sind, erzeugen eine elektrolyt. Spannung, indem ein fester Leiter (Metallstab, Kohlestab) in eine den Strom leitende [wässrige] Lösung eines Elektrolyten taucht; das Trockenelement *(Leclanché-Element)* aus einer Kohle- und einer Zinkelektrode in einem Gefäß mit Salmiaklösung (NH_4Cl) liefert 1,5 Volt; Verwendung in Taschenlampen und Radiogeräten. Wichtigstes der **Sekundärelemente,** die entladen und dann erneut geladen werden kön-

nen, ist der Bleiakkumulator (Bleisammler); als Elektrolyt dient verdünnte Schwefelsäure. In geladenem Zustand besteht die negative Elektrode aus reinem Blei, die positive Elektrode aus Bleidioxid (PbO_2). Beim Entladen entsteht an beiden Elektroden Bleisulfat ($PbSO_4$), es wird Schwefelsäure (H_2SO_4) verbraucht und Wasser erzeugt; beim Laden umgekehrt. Der Umwandlungsprozeß beim Laden bzw. Entladen folgt der chem. Gleichung:

$$\underset{\text{Kathode}}{Pb} + 2H_2SO_4 + \underset{\text{Anode}}{PbO_2}$$
$$\underset{\text{Laden}}{\overset{\text{Entladen}}{\rightleftarrows}} \underset{\text{Kathode}}{PbSO_4} + 2H_2O + \underset{\text{Anode}}{PbSO_4}$$

Eine Zelle liefert eine Spannung von etwa 2 V. Schaltet man mehrere Zellen in Reihe, so erhält man eine Batterie (6 V, 24 V usw.), z. B. für Kfz., Elektrokarren usw.
📖 *Kiehne, H. A., u. a.: Batterien. Stg.* ²*1983 (2. Nachdr. 1985).*

elektrochemisches Äquivalent, diejenige Strommenge, durch die ein Grammäquivalent eines Elements oder einer Verbindung an einer Elektrode abgeschieden bzw. umgesetzt wird; entspricht einer Faraday-Ladung.

Elektrochirurgie, mit niedergespannten, hochfrequenten Wechselströmen arbeitende Chirurgie; beim Stromdurchtritt durch den Körper im Bereich einer kleinflächigen, „aktiven" Elektrode, die z. B. als Kugel oder Lanzette geformt ist, entsteht hes. viel Joulesche Wärme, die zur Koagulation, zur Austrocknung oder Durchtrennung des Gewebes verwendet werden kann. Eine großflächige, „passive" Elektrode wird am Rücken oder Oberschenkel angelegt, in deren Bereich nur eine geringe Wärmeentwicklung stattfindet. Bei eingeschaltetem Gerät wird der Stromkreis, der durch den Kranken geht, einfach dadurch geschlossen, daß die „aktive" Operationselektrode an der zu durchtrennenden oder zu koagulierenden Stelle aufgesetzt wird. Die Vorzüge der E. bestehen bei der Gewebsdurchtrennung hauptsächl. in einer geringen Blutungsneigung infolge gleichzeitiger Blutstillung durch die Hitzeeinwirkung, ferner in einer Verminderung der Aufnahme giftiger Eiweißabbaustoffe aus dem Wundgebiet.

Elektrodegen, an einen Elektromelder (als [1934 eingeführtes] elektr. Anzeigegerät für Treffer beim Degen- und Florettfechten) angeschlossener Degen mit isolierten elektr. Hin- und Rückleitungen in der Klinge; bei einem Treffer schließt ein Kontakt an der Degenspitze bei einem bestimmten Druck den Stromkreis, und der Elektromelder zeigt an. Beim **Elektroflorett** wird bei einem Treffer auf der elektr. leitenden Brokatweste des Gegners der Stromkreis geschlossen.

Elektroden [griech.], elektr. leitende, meist metall. Teile, die den Übergang elektr. Ladungsträger zw. zwei Medien vermitteln oder dem Aufbau eines elektr. Feldes dienen. Die mit dem positiven Pol einer Spannungsquelle verbundene Elektrode bezeichnet man als **Anode,** die mit dem negativen Pol verbundene Elektrode als **Kathode.**

Elektrodiagnostik, die Anwendung der Elektrizität zu diagnost. Zwecken (u. a. ↑ Elektrokardiogramm, ↑ Elektroenzephalogramm, ↑ Elektroretinogramm).

Elektrodynamik, im allgemeinsten Sinne die Theorie der Elektrizität bzw. sämtl. elektromagnet. Erscheinungen; i. e. S. die Lehre von den zeitl. veränderl. elektromagnet. Feldern und ihren Wechselwirkungen mit ruhenden und bewegten elektr. Ladungen.

Elektroenzephalogramm [griech.], Abk. EEG, Eeg, Kurvenbild (Hirnstrombild) des zeitl. Verlaufs der die Gehirntätigkeit begleitenden langsamen elektr. Erscheinungen. Das Aufzeichnungsverfahren (**Elektroenzephalographie**) basiert auf der Ableitung der örtl. Potentialschwankungen. Die Größe und Frequenz der Potentialschwankungen lassen Rückschlüsse auf den Aktivitätszustand (z. B. Wachen, Schlafen) oder auf Erkrankungen des Gehirns zu.

Elektroerosion (Funkenerosion), Bearbeitungsverfahren für Hartmetalle und harte metall. Werkstoffe, bei dem durch Erzeugung örtl. sehr hoher Temperaturen durch elektr. Lichtbogen oder period. Funkenüberschläge kleine Teilchen vom Werkstoff abgetragen werden.

Elektrofahrzeug, mit Hilfe eines Elektromotors angetriebenes, nicht schienengebundenes Fahrzeug. Die elektr. Energie kann in einem mitgeführten, durch einen Verbrennungsmotor angetriebenen Generator erzeugt werden, einer Oberleitung entnommen werden (Oberleitungsomnibusse) oder aus mitgeführten Batterien. Verwendung z. B. als **Elektrokarren** oder **Elektrozugmaschinen** in Werkhallen und auf Bahnhöfen, als Hub- und Stapelfahrzeuge (**Elektrostapler**). Vorteil: keine Abgase, geräuscharm.

Elektroflorett ↑ Elektrodegen.

Elektrogastrographie [griech.], Verfahren zur Ableitung und kurvenbildmäßigen Aufzeichnung (**Elektrogastrogramm;** Abk. EGG, Egg) der elektr. Potentialschwankungen bei Kontraktionen der Magenwand zu diagnost. Zwecken.

Elektrogitarre (E-Gitarre), Gitarre mit fest am Korpus angebrachten Kontaktmikrophonen und elektromagnet. Tonabnehmer; die Schwingungen der [Stahl]saite werden vom Tonabnehmer „abgegriffen". Entsprechende elektr. Schwingungen gelangen dann über einen Verstärker zum Lautsprecher. Im Unterschied zur „akustischen" Gitarre strahlt nicht das Instrumentenkorpus (aus „solidem" Holz [solid body]) sondern der Lautsprecher

Elektrohandwerk

ab. Im Gitarrenkorpus können zur Klangfarbenänderung Vorverstärker, Vibrato- und Hallgerät eingebaut sein. Mit einem Vibratohebel läßt sich die Spannung der Saiten manuell verändern. In Pop- und Rockmusikgruppen wird neben der E-Gitarre (Lead-Gitarre, Melodie-Gitarre) mit der Saitenstimmung E A d g h e^1 noch die Baß-Gitarre (E-Baß) mit der Saitenstimmung $_1$E $_1$A D G verwendet.

Elektrohandwerk, Sammelbez. für sechs handwerkl. Elektroberufe: Elektroinstallateur, Elektromechaniker, Elektromaschinenbauer, Fernmeldeanlagenelektroniker, Radio- und Fernsehtechniker, Büroinformationselektroniker.

Elektrokardiogramm, Abk.: EKG, Ekg, Kurvenbild (Herzstromkurve) des zeitl. Verlaufs der mit der Herztätigkeit verbundenen elektr. Vorgänge. Die Aufzeichnung (**Elektrokardiographie**) basiert im Prinzip auf der indirekten Ableitung der Aktionsströme der Herzmuskelfasern. Die im Herzmuskel entstehenden elektr. Spannungen wirken, wenn auch mit stark verminderter Amplitude, bis zur Körperoberfläche. Dort werden sie mittels Elektroden abgenommen. Der Kurvenverlauf des EKG erlaubt Rückschlüsse auf die Erregungsbildung, die Erregungsleitung und den Erregungsrückgang im Herzen.

Elektroklavier (E-Piano), Sammelbez. für elektron. Musikinstrumente mit mechan. Schwingungserzeugung und für spezielle kleinere Elektronenorgeln. Letztere haben die Größe eines Klaviers, besitzen nur ganz wenige Register, keine Pedale und werden meist über einen fremden Verstärker oder eine Gesangsanlage wiedergegeben. Sie werden heute überwiegend als Tongenerator im Rahmen einer komplexeren Musikanlage, oft in Verbindung mit Synthesizern, eingesetzt.

Elektrokoagulation [griech./lat.] (Kaltkaustik), chirurg. Verkochung bzw. Zerstörung von Gewebe mittels hochfrequenter Wechselströme; bes. zur Blutstillung und Verschorfung oder bei Tumoren angewandt.

Elektrokrampftherapie (Elektroschocktherapie), in der Psychiatrie nur noch selten angewandtes Heilverfahren, bei dem durch die Reizung des Gehirns mit Wechselstrom von etwa 300 mA und 80–100 V Krämpfe der Körpermuskulatur erzeugt werden. Der Wechselstrom bleibt nur so lange (einige Sekunden) eingeschaltet, bis der Krampf (**Elektroschock**) einsetzt.

Elektrolumineszenz, das Auftreten und die Anregung von Leuchterscheinungen in dielektr. Substanzen bei Einwirken elektr. [Wechsel]felder; beginnt sich als Quelle diffuser Raumbeleuchtung durchzusetzen (↑Lumineszenz).

Elektrolyse [griech.], die Gesamtheit der beim Hindurchfließen eines elektr. [Gleich]-stromes durch einen Elektrolyten sich abspielenden physikal.-chem. Vorgänge und stoffl. Umsetzungen. Beim Anlegen einer elektr. Spannung an die ↑Elektroden fließen die positiv geladenen Ionen (Kationen) zur Kathode (Minuspol), die negativ geladenen Ionen (Anionen) zur Anode (Pluspol); dort werden sie nach Ladungsabgabe abgeschieden oder gehen mit dem Elektrodenmaterial Sekundärreaktionen ein. Die Beziehung zw. der Masse der umgesetzten Stoffe und der verbrauchten Strommenge beschreibt das ↑Faradaysche Gesetz. Anwendung der E. bei der Herstellung sehr reiner Metalle, beim Galvanisieren und bei der Gewinnung von Fluor, Chlor sowie von Wasserstoff und Sauerstoff bei der Zerlegung von Wasser.

Elektrolyt [griech.], jeder Stoff, der der elektrolyt. Dissoziation (teilweise, eventuell auch vollständige Aufspaltung der Moleküle eines lösbaren Stoffes in einem Lösungsmittel) unterliegt und demzufolge in der Schmelze oder in Lösungen elektr. Strom leiten kann, z. B. Salze, Säuren, Basen (↑Elektrolyse).

Elektrolythaushalt, das für die Erhaltung der Lebensfunktionen notwendige, mit dem ↑Wasserhaushalt eng verbundene Gleichgewicht an Elektrolyten (v. a. gelöste Salze mit folgenden Ionen: Na^+, K^+, Ca^{2+}, Mg^{2+}, Cl^-, HPO_4^{2-}) im menschl. Körper.

Elektrolytlösungen, Salzlösungen, die alle Elektrolyte des Blutes in der betreffenden Konzentration enthalten, und zwar v. a. Chloride, Bicarbonate, Phosphate von Kalium, Natrium, Calcium und Magnesium; verwendet bei Elektrolytverlusten, wie sie z. B. durch Blutungen, Verbrennungen, Durchfälle und anhaltendes Erbrechen entstehen.

Elektromagnet, stromdurchflossene Spule, deren magnet. Wirkung darauf beruht, daß ein elektr. Strom in seiner Umgebung ein Magnetfeld erzeugt. Im Innern der Spule ist das Magnetfeld weitgehend homogen; außerhalb entspricht es dem eines stabförmigen Magneten. Der Südpol eines E. liegt auf der Seite, von der aus gesehen der Strom in den Wicklungen im Uhrzeigersinn fließt. Die magnet. Wirkung einer Spule wird durch einen Eisenkern erhebl. verstärkt. Techn. Anwendungen: Relais, elektr. Klingel, Ablenkmagnete in Teilchenbeschleunigern u. a.

elektromagnetischer Puls (nuklearer e. P.), Abk. EMP. NEMP, Bez. für kurzzeitig auftretende äußerst starke elektr. Felder bei Kernwaffenexplosionen in oder über der Atmosphäre. Der e. P. beruht auf einer Ladungstrennung bei den Molekülen der Atmosphäre durch die freigesetzte Gammastrahlung in Elektronen und Ionen. Die von der Detonationshöhe sowie der Art und Sprengkraft der Kernwaffe abhängigen elektr. und magnet. Feldstärken können an der Erdoberfläche unter dem Detonationspunkt Höchstwerte von 50 kV/m bzw. 130 A/m erreichen. Dadurch sind v. a. elektron. Geräte und Anla-

106

gen (z. B. Computer, Radaranlagen u. a.) sowie der Funkverkehr gefährdet. Der e. P. wurde 1945 von E. Fermi auf Grund theoret. Überlegungen vorhergesagt.

elektromagnetische Wellen ↑ Wellen.

Elektromagnetismus, Sammelbez. für die Gesamtheit der elektr. und magnet. Erscheinungen mit ihren wechselseitigen Verknüpfungen (↑ Elektrodynamik); i. e. S. alle Erscheinungen, in denen elektr. Ströme und magnet. Felder miteinander verknüpft sind.

Elektromedizin, Teilbereich der Medizin, in dem elektr. Ströme zu therapeut. oder diagnost. Zwecken verwendet werden (z. B. beim Kauter oder Enzephalogramm).

Elektromelder ↑ Elektrodegen.

Elektrometer, elektrostat. Meßgeräte zur Spannungs- und Ladungsmessung, deren Wirkungsweise auf den abstoßenden bzw. anziehenden Kräften zw. elektr. geladenen Körpern beruht. Bes. einfach gebaut ist das **Braunsche Elektrometer.** Es besteht aus einem Metallgehäuse, in das senkrecht hinein ein Metallhalter ragt. An diesem ist ein leicht drehbarer Metallzeiger befestigt, der in seiner Ruhelage senkrecht nach unten hängt. Legt man eine Spannung zw. den Metallhalter und das davon isolierte Gehäuse, dann laden sich Halter und Zeiger gleichnamig auf und stoßen sich ab. Der dadurch bewirkte Ausschlag des Zeigers ist umso größer, je höher die anliegende Spannung ist.

Elektromotor, elektr. Maschine zur Umwandlung elektr. Energie in mechan. Arbeit; ausgenutzt werden die Kraftwirkungen, die ein Magnetfeld auf stromdurchflossene Leiter ausübt, und die dadurch bewirkten Drehmomente. E. bestehen aus einem feststehenden Teil (Ständer oder Stator) und einem drehbaren Teil (Läufer oder Rotor) mit Antriebswelle; meist sind beide Teile mit von Strom durchflossenen Kupferwicklungen versehen. Die sog. Feld- oder Erregerwicklung erzeugt ein Magnetfeld - das sog. *Hauptfeld* -, das auf die stromführende andere Wicklung (sog. Ankerwicklung) Kräfte ausübt; durch die am Läufer wirksam werdenden Drehmomente wird dieser in Drehung versetzt. - Man unterscheidet je nach Betriebsstrom: **Gleichstrommotoren** und **Wechselstrommotoren** sowie **Allstrommotoren** oder **Universalmotoren.** Für die Wirkungsweise der E. ist es im Prinzip gleichgültig, ob die Erregerwicklung oder die Ankerwicklung auf dem rotierenden Teil angebracht ist. Beim Gleichstrommotor können Anker- und Erregerwicklung, entweder in Reihe (Reihenschlußmotor) oder parallel (Nebenschlußmotor) geschaltet, von der gleichen Stromquelle gespeist werden. Bei Drehstrommotoren ist eine Unterscheidung zw. Erreger- und Ankerwicklung nicht möglich; hier wird das Hauptfeld zu etwa gleichen Teilen aus magnet. Primär- und Sekundärdurchflutung gebildet. Bei kleineren E. wird das Hauptfeld

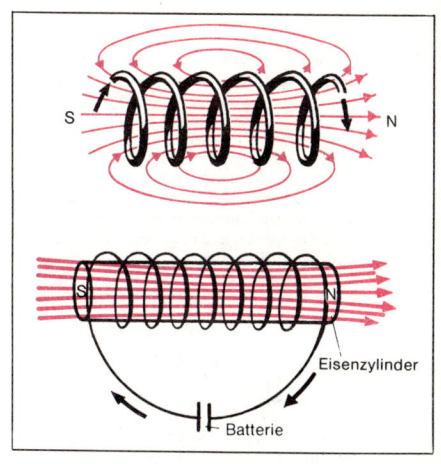

Elektromagnet. Magnetische Feldlinien (Kraftlinien) in einer vom Strom durchflossenen Spule (oben) und Elektromagnet mit Eisenkern

oft durch Dauermagnete erzeugt. - Der E. ist in seiner Wirkungsweise die Umkehrung des elektr. Generators; alle E. können auch als Generatoren betrieben werden. Große E. erreichen Wirkungsgrade bis 95 %.

Elektromyographie, Verfahren, die Aktionsströme von Muskeln zu diagnost. Zwecken (Erkennung von Muskelerkrankungen) graph. darzustellen. Die Aktionsströme werden dabei von der Haut oder mittels Nadelelektroden unmittelbar vom Muskel abgeleitet und nach Verstärkung in einem Kurvenbild (**Elektromyogramm;** Abk. EMG) aufgezeichnet.

Elektron [ˈeːlɛktrɔn, eˈlɛktrɔn; griech.], physikal. Symbol e, e⁻ oder ⊖; ein leichtes, negativ geladenes, stabiles (d. h. nicht zerfallendes) Elementarteilchen; wichtigster Vertreter der ↑ Leptonen, neben dem Proton und dem Neutron einer der Bausteine der Atome und damit der Materie. Das E. hat die Ruhemasse $m_e = 0{,}91095 \cdot 10^{-27}$ g (das ist etwa 1/1836,5 der Masse des Wasserstoffatoms) u. die elektr. Ladung $e = -1{,}60219 \cdot 10^{-19}$ C; seine spezif. Ladung ist daher $e/m_e = 1{,}7588 \cdot 10^8$ C/g. Das E. besitzt einen Spin vom Betrage $1/2\ \hbar = 1/2\ (h/2\pi)$ (h Plancksches Wirkungsquantum). Das E. ist Träger der kleinstmögl. negativen Ladung (Elementarladung). Unter Annahme einer kugelförmigen, räuml. Ausdehnung wird der **klassische Elektronenradius** $r_e = 2{,}8179 \cdot 10^{-15}$ m. In makroskop. Bereichen, für die das Teilchenbild zutreffend ist, z. B. in Elektronenröhren und Betatrons, kann das E. meist in genügender Näherung unter Vernach-

Elektronenaffinität

lässigung seines Spins und seines magnet. Moments als geladener Massenpunkt angesehen werden, der sich in elektromagnet. Feldern nach den Gesetzen der klass. Physik bewegt. In atomaren Bereichen verhält sich das E. wie eine Welle: Den sich mit einer Geschwindigkeit v bewegenden E. eines Elektronenstrahls ist eine ↑ Materiewelle zuzuordnen, deren Wellenlänge $\lambda = h/(m_e v)$ ist. Beim Durchgang eines solchen Elektronenstrahls durch Kristallgitter bzw. bei seiner Streuung durch Objekte, deren Abmessungen von der Größenordnung der Wellenlänge dieser Materiewelle sind, treten die für Wellen charakterist. Interferenz- und Beugungserscheinungen auf.

📖 *Ruth, W.: Freie Elektronen u. Ionen. Aarau u. Ffm. 1975. - Klemperer, O.: Electron physics. London* ²*1972.*

Elektronenaffinität, die Eigenschaft von Atomen mit nicht abgesättigten Elektronenschalen, Elektronen zusätzl. aufzunehmen und sich dadurch zu ionisieren.

Elektronenblitzgerät, photograph. Blitzlichtquelle, deren Licht von einer Gasentladungsröhre geliefert wird und die von einem wiederaufladbaren Nickel-Cadmium-Akku (Amateurgeräte auch von Trockenbatterien) gespeist wird. Eine Zündspule liefert die zur Zündung erforderl. Spannung, die das in der Blitzröhre enthaltene Edelgas (Xenon) ionisiert, so daß die im Blitzkondensator gespeicherte Spannung sich entladen kann. E. werden über den Synchronkontakt (X-Kontakt) des Kameraverschlusses gezündet. Die Blitzhelligkeit wird wie bei Blitzlampen nach der ↑ Leitzahl berechnet; E. mit Lichtregelschaltung *(Blitzautomatik, Computerblitz)* messen über eine Photodiode („Sensor") das vom Aufnahmeobjekt reflektierte Licht und stimmen die Leuchtzeit (die im Nahbereich auf 1/50 000 s verkürzt werden kann) auf die eingestellte Blende ab, wobei die gesamte im Blitzkondensator gespeicherte Energie verbraucht wird oder aber rückgespeichert werden kann (Verkürzung der Blitzfolgezeit, Erhöhung der Blitzkapazität).

Elektronenemission, der Austritt von Elektronen aus Metallgrenzflächen. Der zur E. benötigte Energiebetrag *(Austrittsarbeit)* kann durch entsprechende Temperaturerhöhung des Metalls *(therm. Emission, Glühemission)*, durch ein angelegtes ausreichend starkes elektr. Feld *(Feldemission)*, durch Absorption energiereicher Photonen *(Photoeffekt)* oder durch Elektronen- bzw. Ionenstoß *(Stoßionisation)* auf die Metallelektronen übertragen werden.

Elektronenformel ↑ chemische Formeln.

Elektronengas, das von Elektronen gebildete Fermi-Gas, insbes. das E. der Leitungselektronen eines Metalls. Die Vorstellung, daß diese Leitungselektronen wie ein in das Metall eingeschlossenes Gas behandelt werden können, bildet die Grundlage der ↑ Elektronentheorie der Metalle.

Elektronengehirn, umgangssprachl. Bez. für elektron. Datenverarbeitungsanlage (↑ Datenverarbeitung).

Elektronengeräte, Sammelbez. für Geräte, in denen [freie] Elektronen als Träger eines elektr. Stromes oder die nahezu trägheitslos erfolgende Beeinflussung eines Elektronenstrahls durch elektr. und magnet. Felder techn. ausgenutzt werden. Unterschieden wird zw. Intensitäts-, Strahl- und Abbildungsgeräten. Zu den **Intensitätsgeräten,** in denen die Stromstärke eines Elektronenstroms beeinflußt wird, gehören Elektronenröhre, Photozelle u. Photomultiplier. Zu den [**Elektronen**]**strahlgeräten,** in denen ein Elektronenstrahl erzeugt wird, zählen Elektronenstrahlröhre, Elektronenstrahlwandlerröhren, Elektronenmikroskop, die verschiedenen Formen von Elektronenbeschleunigern (Betatron, Linearbeschleuniger) und die Röntgenröhre. Die Elektronenmikroskope u. verschiedene Elektronenstrahlwandlerröhren sind gleichzeitig elektronenopt. **Abbildungsgeräte.**

Elektronenhülle, die Gesamtheit der Elektronen, die einen Atomkern umgeben und mit ihm das elektr. neutrale Atom bilden.

Elektronenkanone, Vorrichtung zur Erzeugung scharf gebündelter Elektronenstrahlen, die aus einer Glühkathode austreten und elektronenopt. gebündelt werden; Anwendung u. a. im Elektronenmikroskop.

Elektronenlinsen, Bez. für die in ↑ Elektronenmikroskopen u. a. elektronenopt. Abbildungsgeräten verwendeten elektrostat. und magnet. Linsen (↑ Elektronenoptik).

Elektronenmikroskop, Mikroskop, das an Stelle von Licht Elektronen im Hochvakuum zur Abbildung benutzt. Als Linsen werden rotationssymmetr. elektr. und magnet. Felder verwendet. Das E. enthält in Eisen gekapselte Spulen bzw. auf einer Achse angeordnete Zylinder, die geeignete Spannungsunterschiede besitzen. Sie entsprechen in ihrer Funktion Kondensor, Objektiv und Okular des Lichtmikroskops. Die als Kondensor wirkende elektr. bzw. magnet. Linse konzentriert den von der Glühkathode kommenden Elektronenstrahl auf das Objekt. Dieses wird beim **Durchstrahlungsmikroskop** je nach seiner Struktur von den Elektronen verschieden stark durchstrahlt, so daß eine entsprechende Intensitätsverteilung im Elektronenbild die Struktur wiedergibt. Das Elektronenbild wird auf photograph. Platte oder Leuchtschirm aufgefangen. Vergrößerung bis 200 000 fach. Oft benutztes E. ist das **Feldelektronenmikroskop.** Es besteht aus einer spitzenförmigen Kathode und einer als Leuchtschirm ausgebildeten Anode. Aus der Spitze treten beim Anlegen einer hinreichend großen Spannung unter dem Einfluß des star-

Elektronensonde

ken elektr. Feldes Elektronen aus (*Feldelektronenemission*). Sie bewegen sich längs der elektr. Feldlinien zur Anode und erzeugen dort ein Projektionsbild der Spitze. Die wenig Elektronen emittierenden Teile der Spitze erscheinen im Bild dunkel, die anderen hell. Man erhält so Aufschluß über die Kristallstruktur der Spitze (z. B. Wolframspitze). Beim **Raster-E.** wird ein Elektronenstrahl (ø rd. 10 nm) rasterförmig über das Objekt bewegt. Das Signal der rückgestreuten oder in der Oberfläche der Probe ausgelösten Sekundärelektronen wird mittels eines Szintillators und Photomultipliers verstärkt und der Helligkeitssteuerung einer Bildröhre zugeführt. - Abb. S. 110.

Geschichte: Die eigtl. Entwicklung des E. bzw. der Elektronenoptik beginnt mit der Entdeckung von H. Busch (1926), daß rotationssymmetr. elektr. und magnet. Felder für geladene Teilchen quasiopt. Abbildungseigenschaften besitzen. Das erste E. mit magnet. Linsen wurde 1931 von E. Ruska und M. Knoll konstruiert, das erste E. mit elektr. Linsen im gleichen Jahr von E. Brüche und H. Johannson.

📖 *Grasenick, F.: Elektronenmikroskopie. Sindelfingen 1985.* - *Reimer, L./Pfefferkorn, G.: Raster-E.ie. Bln. u. a. ²1977.*

Elektronenoptik, Teilgebiet der Physik, das sich mit dem Verhalten von Elektronenstrahlen in ablenkenden magnet. und elektr. Feldern, insbes. mit ihren mit der Lichtoptik analogen abbildenden Eigenschaften beschäftigt. Die Gesetze der E. sind mit geringen Abwandlungen auch auf Ionenstrahlen mit positiver Ladung übertragbar, deren Verhalten von der *Ionenoptik* behandelt wird. Das wichtigste elektronenopt. Gerät ist die **Elektronenlinse,** deren Wirkung auf Elektronenstrahlen der Wirkung von opt. Linsen auf Lichtstrahlen entspricht. Als Elektronenlinsen werden rotationssymmetr. elektr. Felder (elektr. Linse) oder magnet. Felder (magnet. Linse) verwendet, durch die die von einem Objektpunkt ausgehenden Elektronen in einem Bildpunkt gesammelt oder aber gestreut werden.

Elektronenorgel, das gebräuchlichste der ↑elektronischen Musikinstrumente mit rein elektron. Schwingungserzeugung. Das Instrument sieht wie der Spieltisch einer Pfeifenorgel aus und wird auch entsprechend gespielt (mehrere Manuale, Register, Pedale), unterscheidet sich im Klang jedoch erhebl. von der Pfeifenorgel. Mit Hilfe vieler Effektregister und der Rhythmus-Schlagzeug-Automatik lassen sich bei relativ geringem Aufwand relativ große Klangwirkungen erzielen.

Elektronenpaar, Bez. für zwei Valenzelektronen, die von zwei Atomen (*gemeinsames E.*) stammen und durch ihren fortwährenden quantenmechan. ↑Austausch die E.bindung (Atombindung) dieser Atome bewirken. Ein *freies* oder *einsames E.* ist an einem Atom (z. B. im NH_3-Molekül am Stickstoffatom) gebunden und nicht an der chem. Bindung der Atome beteiligt.

Elektronenpaarbindung ↑chemische Bindung.

Elektronenradius ↑Elektron.

Elektronenrechenmaschine (Elektronenrechner), Anlage zur elektron. Datenverarbeitung.

Elektronenröhre, ein luftdicht abgeschlossenes, auf etwa 10^{-5} bis 10^{-7} mbar evakuiertes Glas- oder Metall-Keramik-Gefäß, das mindestens eine Elektronen aussendende Glühkathode und eine als Elektronenfänger dienende Anode enthält. Die einfachste Ausführung einer E. ist die *Diode,* bei der sich eine Kathode und eine Anode gegenüberstehen. Die Kathode wird entweder direkt oder indirekt durch einen elektr. Strom (*Heizstrom*) erhitzt. Dabei treten aus ihr Elektronen aus (*Edison-Effekt*). Verbindet man die geheizte Kathode mit dem negativen Pol und die Anode mit dem positiven Pol einer Gleichspannungsquelle, so werden die aus der Kathode austretenden Elektronen in dem so erzeugten elektr. Feld zur Anode hin beschleunigt. Es entsteht ein Strom, der als *Anodenstrom* bezeichnet wird. Seine Stärke ist u. a. von der zw. Anode und Kathode bestehenden Spannung (*Anodenspannung*) abhängig. Verbindet man jedoch die Kathode mit dem positiven Pol und die Anode mit dem negativen Pol einer Gleichspannungsquelle, so fließt kein Anodenstrom, weil die Elektronen gegen das elektr. Feld nicht anlaufen können. Die Diode kann deshalb als *Gleichrichter* verwendet werden. Verbindet man Kathode und Anode mit den Polen einer Wechselspannungsquelle, so fließt nur während das positiven Teils der Wechselspannungsperiode ein Anodenstrom, ein sog. pulsierender Gleichstrom. Von der Diode unterscheidet sich die *Triode* dadurch, daß zw. Kathode und Anode eine netzförmige dritte Elektrode eingeschaltet ist, das sog. Gitter zur Steuerung des Anodenstromes; Verwendung vorwiegend als Verstärkerröhre. Der Einbau weiterer Elektroden in die E. dient zur Verhinderung von Störeffekten bzw. zur Anpassung an spezielle Verwendungszwecke. - E. wurden in den letzten Jahren weitgehend durch Halbleiterbauelemente verdrängt. - Abb. S. 111.

📖 *Eichmeier, J.: Moderne Vakuumelektronik. Bln. u. a. 1981.* - *Hdb. f. Hochfrequenz- u. Elektrotechniker. Hg. v. C. Rint. Bd. 4. Hdbg. ¹⁰1980.*

Elektronensonde, feiner, dünner Elektronenstrahl; in Bildspeicherröhren zur Bildabtastung verwendet.

◆ (Mikroelektronensonde) Gerät zur Spektralanalyse mikroskop. kleiner Oberflächenbereiche: Anregung der Oberflächenatome durch Elektronenstrahlen zu einer Emission von Röntgenstrahlen mit für die Atome charakterist. Wellenlängen.

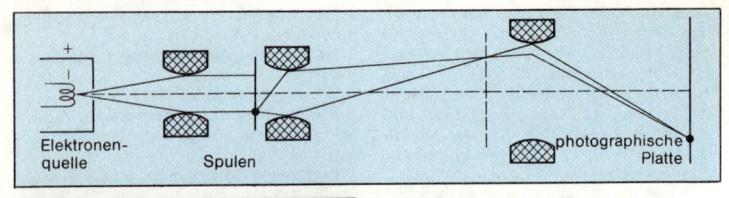

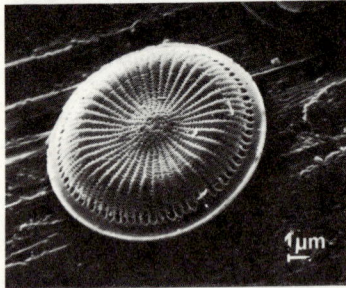

Elektronenstrahlabtragung

Elektronenmikroskop. Oben: Strahlengang durch ein magnetisches Elektronenmikroskop; links: rasterelektronenmikroskopische Aufnahme einer Diatomeenschale

Elektronenstrahlabtragung, Metallbearbeitungsverfahren, bei dem der Werkstoff mit einem steuerbaren Elektronenstrahl örtl. aufgeschmolzen wird und verdampft; auch zur Herstellung feinster Bohrungen und Schlitze angewandt.

Elektronenstrahlen, freie Elektronen, die sich strahlenförmig ausbreiten wie z. B. Kathodenstrahlen oder Betastrahlen.

Elektronenstrahlröhre, spezielle Elektronenröhre, bei der die von der Glühkathode emittierten Elektronen durch elektrostat. oder magnet. Felder gebündelt werden und durch Steuersignale die Richtung des so entstandenen Elektronenstrahls geändert werden kann. Die techn. bedeutendste E. ist

Elektronenstrahlröhre. Braunsche Röhre mit elektrostatischer Bündelung und Ablenkung des Kathodenstrahls

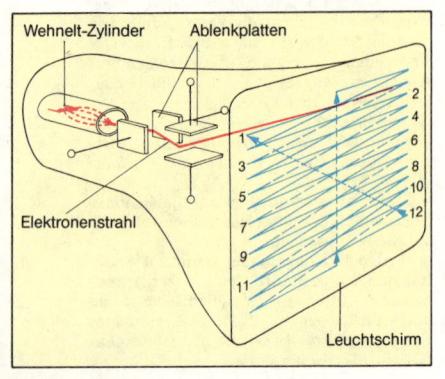

die sog. **Braunsche Röhre,** das Kernstück der Bildschirm- und Fernsehgeräte. Bei ihr trifft der Elektronenstrahl auf einen Leuchtschirm, nachdem er zwei rechtwinklig zueinander stehende Plattenpaare oder zwei Spulenpaare durchquert hat und durch das zw. den jeweiligen Platten- bzw. Spulenpaaren herrschende Feld aus seiner urspr. Richtung abgelenkt worden ist. Weitere Verwendung findet die E. u. a. als Abstimmanzeigeröhre.

Elektronenstrahlwandlerröhre, Sammelbez. für Elektronenröhren, in denen mit Hilfe eines elektronenopt. gesteuerten Elektronenstrahls Umwandlungen von lichtopt. Bildern in elektr. Signale oder umgekehrt erfolgen. Die opt. Bilder werden zunächst an Photokathoden in ein sog. Emissionsbild von Photoelektronen oder an Photohalbleiterschichten in ein sog. Ladungsbild umgewandelt. Die vom Emissionsbild ausgehenden bzw. am Ladungsbild beeinflußten abbildenden Elektronen fallen dann entweder auf einen Leuchtschirm oder erzeugen elektr. Signale, die weiterverarbeitet werden. Zu den E. zählen die Bildwandlerröhren, die Bildspeicherröhren und andere Bildaufnahme- und -wiedergaberöhren (z. B. in der Fernsehtechnik).

Elektronensynchrotron ↑Synchrotron.

Elektronentheorie, Bez. für jede Theorie, mit der die physikal. Eigenschaften und Erscheinungen auf die Wirkung von Elektronen oder anderer Ladungsträger zurückgeführt wird. Als **klassische** oder **Lorentzsche Elektronentheorie** bezeichnet man die konsequente Zurückführung aller makroskop. elektr. und opt. Erscheinungen in der Materie auf die Wirkung der in ihr enthaltenen Ladungsträger, insbes. also der Elektronen. Sie gibt eine strenge Begründung der Maxwellschen Gleichungen in der Materie. In der **Elektronentheorie der Metalle** werden die Eigenschaften der Metalle mit Hilfe der Vorstellung freier Elektronen (↑Elektronengas) erklärt und unter Heranziehung gaskinet. bzw. statist. Methoden berechnet.

Elektronenvervielfacher ↑Photomultiplier.

elektronische Musik

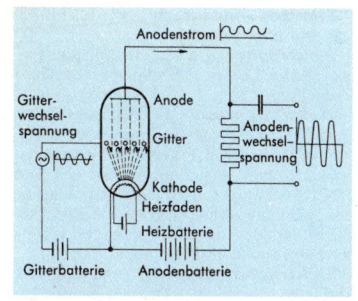

Elektronenröhre. Triode als Verstärkerröhre

Elektronenvolt (Elektronvolt), atomphysikal. SI-Einheit (Einheitenzeichen eV) der Energie. *Festlegung:* 1 E. ist die Energie, die ein Elektron beim freien Durchlaufen eines Spannungsgefälles von 1 Volt gewinnt. Folgende Vielfache dieser Energieeinheit sind in der Atomphysik gebräuchl.:

1 keV (1 Kilo-E.) = 10^3 eV
1 MeV (1 Mega-E.) = 10^6 eV
1 GeV (1 Giga-E.) = 10^9 eV.

Zw. den Energieeinheiten Elektronenvolt (eV) und ↑Joule (J) besteht die Beziehung: 1 eV = $1,60219 \cdot 10^{-19}$ J. V. a. auch die ↑Ruheenergien von Elementarteilchen werden in Elektronenvolt angegeben. So besitzt z. B. das Proton eine Ruheenergie von 938,256 MeV.

Elektronik [griech.], Teilgebiet der Elektrotechnik, das sich mit der durch elektr. oder magnet. Felder, elektr. Ströme, Licht u. a. gesteuerten Bewegung von Elektronen (Elektrizitätsleitung) befaßt; als Teilgebiet der Nachrichtentechnik die *Informations-* oder *Signal-E.,* zu der u. a. die *Unterhaltungs-E.* zählt (Fernseh-, Hörfunk-, Tonbandgeräte u. a.), als Teilgebiet der Starkstromtechnik die *Leistungs-E.* (Phasenanschnittsteuerung, Hochspannungs-Gleichstrom-Übertragung, Thyristoren). Die *Opto-E.* dient der Umwandlung opt. in elektr. Signale und umgekehrt (z. B. Leuchtdiode, Flüssigkristallanzeige, optoelektron. Anzeigeeinheiten). Bes. Bed. für die *Halbleiter-E.* haben bipolare (z. B. npn- und pnp-Transistoren) und unipolare (z. B. MOS-, FET-Transistoren) Bauelemente.
Die große Bed. elektron. Bauteile beruht u. a. auf dem Fehlen mechan. bewegter Teile (Kontakte), auf langer Lebensdauer, großer Schnelligkeit (z. B. in der Datenverarbeitung) und geringem Platzbedarf als Folge weit vorangeschrittener Miniaturisierung. Die E. ergreift ständig weitere Gebiete des tägl. Lebens (z. B. elektron. Kraftstoffeinspritzung im Kfz., Waschmaschinensteuerung). *Integrierte Schaltungen* (IC) für bestimmte Aufgaben werden in zunehmendem Maße durch anpassungsfähige, d. h. programmierbare *Mikroprozessoren* verdrängt.

📖 *Dugge, K. W./Haferkamp, D.: Grundll. der E.* Würzburg. 1985. - *Einf. in die E.* Hg. v. *J. Pütz.* Ffm. ¹⁴1985. - *Lexikon der E.* Hg. v. *O. Neufang.* Wsb. 1983. - *Nührmann, D. Das große Werkbuch E.* Mch. ⁴1983.

elektronische Datenverarbeitung ↑Datenverarbeitung.

elektronische Kampfführung, Abk. Eloka, Bez. für alle Maßnahmen, mit denen die elektron. Hilfsmittel des Gegners gestört oder ausgeschaltet (elektron. Gegenmaßnahmen, engl.: electronic countermeasures, Abk. ECM) und die eigenen geschützt werden, im weiteren Sinne auch die Überwachung der von gegner. Geräten abgestrahlten Signale (Funkverkehr, Funknavigationssysteme, Radarsysteme, elektron. Freund-Feind-Kennung, Lenkwaffenführungssysteme u. a.), die Aufschluß über die Absichten des Gegners sowie Hinweise auf mögl. [elektron.] Gegenmaßnahmen geben können.

elektronische Musik, um 1950 zunächst Bez. für Musik, deren Klangmaterial nicht von herkömml. Musikinstrumenten, der menschl. Stimme oder Umweltgeräuschen herstammt, sondern ausschließl. synthet. von elektron. Generatoren erzeugt und auf elektron. (elektroakust.) Wege weiter verarbeitet wird. Die klangl. Grundelemente der synthet. im Studio hergestellten e. M. sind Sinuston, weißes Rauschen, Knack und Impuls. Durch Filterung, Überlagerung, Verdichtung und Verkürzung können diese Grundelemente ineinander übergeführt, durch Verzerrung, Verhallung, Rückkopplung, Frequenzumsetzung, Spektralmodulation usw. elektron. weiterverarbeitet werden. Ab 1955 werden auch dann Kompositionen zur e. M. gezählt, wenn sie elektron. verarbeitete Sprachlaute oder Instrumentalklänge als Ausgangsmaterial enthalten; in den 60er Jahren schließl. wird nicht mehr zwischen e. M. und ↑konkreter Musik unterschieden. Das entscheidende Kriterium e. M. ist nun nicht mehr das „reine" Material, sondern die elektron. Verarbeitungsweise des Materials. Nachdem die ↑Tonbandmusik hinter der ↑Live-Elektronik zurücktreten mußte, wurden die Grenzen zw. e. M. und Musik, die auf elektron. Instrumenten gespielt oder auf herkömml. „E-Instrumenten" (E-Gitarre, E-Piano) gespielt wurde, zunehmend unschärfer. Heutzutage ist der Begriff e. M. eine Sammelbez., der ein größeres Spektrum von Kompositions- und Spielweisen umfaßt: 1. alle Arten von Tonbandmusik, sofern es sich nicht nur um reine ↑Collagen handelt, sondern das Klangmaterial elektron. verarbeitet worden ist; 2. vom Synthesizer produzierte oder verarbeitete Musik, sofern der Synthesizer nicht bloß wie ein E-Piano gespielt wird; 3. elektron. verarbeitete, auf herkömml.- auch elektron.- Musikinstru-

elektronische Musikinstrumente

menten produzierte Musik, sofern die elektron. Verarbeitung als wichtiger kompositor. Bestandteil gelten kann und nicht eine relativ äußerl. Klangverfremdung oder -verzerrung ist.

📖 *Gehrer, E.: Hobby-Musikelektronik* Mchn. 1984. - *Pfitzmann, M.: E. M.* Stg. 1975.

elektronische Musikinstrumente (Elektrophone), 1. Instrumente mit elektron. Schwingungserzeugung, die außer dem Tasten- und Schaltermechanismus keinerlei mechan.-schwingenden Teile enthalten, mit Ausnahme der Lautsprechermembran, die den Schall abstrahlt. 2. Instrumente mit mechan. Schwingungserzeugung (Zungen, Saiten, Platten usw.) und elektron. Schwingungsverarbeitung. Die wesentl. Bausteine sind:

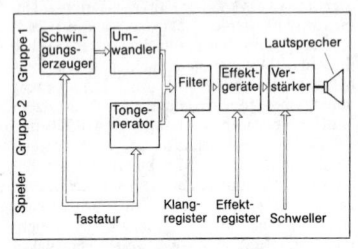

Bei Gruppe 1 geschieht die Schwingungserzeugung in ↑Tongeneratoren, die Verarbeitung erfolgt überwiegend in ↑Filtern und Verzerrern; bei Gruppe 2 wird die primäre, mechan. Schwingung von einem Tonabnehmer, Mikrophon oder einer Photozelle in eine elektr. Schwingung umgewandelt. Seit den 1930er Jahren wurden zahlr. e. M. entwickelt, u. a. Neo-Bechstein-Flügel, Elektrochord, Wurlitzerorgel, Pianet, Cembalet, Guitaret, Superpianino, Welte-Lichtton-Orgel, ↑Hammondorgel, Ondes Martenot, Hellertion, Trautonium, Mixturtrautonium usw. Obgleich heute noch einige dieser Instrumente auf dem Markt sind (Clavinet, Cembalet und Neo-Bechstein-Flügel der Firma Yamaha), haben doch die Elektronenorgeln und Synthesizer fast alle anderen Instrumente verdrängt. Man unterscheidet heute: ↑Elektronenorgel, ↑Elektroklavier, ↑Stringensemble und ↑Synthesizer (mit Tasten). Grenzfälle e. M. sind u. a. der Studiosynthesizer, der Gitarrensynthesizer, elektron. Akkordeon und elektron. Klarinette.

Elektronvolt, svw. ↑Elektronenvolt.

Elektroofen ↑Schmelzöfen.

Elektrooptik, Lehre von den Wechselbeziehungen zw. opt. und elektr. Erscheinungen, z. B. von der Beeinflussung der opt. Eigenschaften eines Stoffes durch elektr. Felder und Ströme oder der elektr. Eigenschaften durch Lichteinwirkung.

elektrophile Reaktion ↑Reaktionsmechanismen.

Elektrophone [griech.], svw. ↑elektronische Musikinstrumente.

Elektrophor [griech.], zur Aufladung eines elektr. Leiters (Metallplatte) dienende Vorrichtung.

Elektrophorese [griech.], allg. Bewegung elektr. geladener Teilchen in widerstrebenden Medien (z. B. Filterpapier) beim Anlegen einer elektr. Spannung. Angewendet wird die E. in der präparativen und analyt. Chemie (zur Trennung geringer Substanzmengen) sowie in der Medizin (z. B. zur Untersuchung der Eiweißstoffe im Blutplasma u. a.).

Elektrophotographie, photograph. Verfahren, die photoelektr. und elektrostat. Effekte zur Bilderzeugung benutzen (↑auch Xerographie). Als Aufnahmematerial dienen Photohalbleiterschichten (Zinkoxid, Selen) mit hohem Dunkelwiderstand (bis zu 10^{14} Ω). Sensibilisierung der Schicht durch Aufsprühen positiver Ionen (durch Koronaentladung von dicht über der Oberfläche befindl. dünnen Drähten hoher elektr. Spannung), wobei sich eine Schicht negativer Ladung auf der Rückseite ausbildet. Bei der Belichtung tritt an den belichteten Stellen infolge der Widerstandserniedrigung ein Ladungsausgleich ein; es entsteht ein latentes elektrostat. Bild. „Entwicklung" durch Aufsprühen eines feinkörnigen elektr. geladenen Pulvers *(Toner)*. Durch Erwärmen wird das Pulver zum Schmelzen gebracht und das Bild somit auf der Schicht „fixiert". Das Ladungsbild läßt sich beliebig oft auf andere isolierende Flächen, z. B. Papier, übertragen und dort entwickeln.

Elektrophysiologie, Teilgebiet der Physiologie, das sich mit der Erforschung elektr. Erscheinungen im menschl. oder tier. Organismus befaßt. Die allg. E. befaßt sich mit den Ionenverschiebungen, die sich an den Zellmembranen erregbarer Gebilde abspielen und zu einer Erregung, d. h. zum Auf- und Abbau eines elektr. Potentials, führen. Die angewandte oder spezielle E. befaßt sich mit der Ableitung dieser Potentiale und ordnet sie bestimmten Funktionszuständen des Organismus zu. Die E. bildet u. a. die Grundlage der ↑Elektromedizin.

Elektropolieren (elektrolyt. Polieren, anod. Polieren), Glätten metall. Oberflächen durch galvan. Abtragung der Oberflächenrauhigkeiten in einem Elektrolyten; als Vorbereitung für die Aufbringung galvan. Überzüge.

Elektroretinogramm [griech./lat./griech.], Abk. ERG, Registrierung der durch Lichtreizung am Auge entstehenden elektr. Aktionspotentiale; dient u. a. zur Erkennung patholog. Veränderungen im Auge.

Elektrorezeptoren, Sinnesorgane, die zur Wahrnehmung von Veränderungen eines (den betreffenden Organismus umgebenden) elektr. Feldes dienen. E. finden sich v. a. bei

Elektrotherapie

↑elektrischen Fischen, die sich mit ihrer Hilfe in dem von ihnen erzeugten elektr. Feld (↑elektrische Organe) orientieren.

Elektroschock ↑Elektrokrampftherapie.

Elektroskop [griech.], Nachweisgerät für elektr. Ladungen; ein ungeeichtes ↑Elektrometer.

Elektrostahl, hochwertiger Qualitätsstahl, der im Lichtbogenofen oder Induktionsofen erschmolzen wird.

Elektrostal, sowjet. Stadt im Gebiet Moskau, RSFSR, 147 000 E. Stahlerzeugung, Schwermaschinenbau. - Seit 1938 Stadt.

Elektrostatik, die Lehre von den ruhenden elektr. Ladungen und deren Wirkung auf ihre Umgebung. Das Vorhandensein elektr. Ladung äußert sich in Kraftwirkungen zw. den geladenen Körpern. Das Kraftgesetz zw. ruhenden elektr. Ladungen wurde experimentell von C. A. de Coulomb gefunden und im sog. ↑Coulombschen Gesetz (in Analogie zum Gravitationsgesetz) vom Standpunkt der Fernwirkungstheorie der Elektrizität formuliert. Diesen Fernkräften stellte M. Faraday seine Vorstellung von einem elektr. Feld gegenüber, d. h. eine Art Spannungszustand in der Umgebung einer elektr. Ladung, das die Kraftwirkung vermittelt (Nahewirkungstheorie). Gemäß dieser Feldvorstellung wird jedem Punkt in der Umgebung einer (felderzeugenden) Ladung eine vektorielle Größe E *(elektr. Feldstärke)* zugeordnet, mit deren Hilfe sich die an dieser Stelle auf eine Ladung Q wirkende Kraft F gemäß der Formel $F = Q \cdot E$ berechnen läßt. - ↑auch Elektrizität.

Elektrostriktion [griech./lat.], die bei Anlegen einer elektr. Spannung auftretende elast. Verformung eines ↑Dielektrikums. Auf Grund der angelegten Spannung liegen sich die positiven und negativen Pole der Elementardipole (Moleküle) gegenüber und nähern sich infolge der elektrostat. Anziehung bei Erhöhung der Spannung.

Elektrotechnik, Zweig der Technik, der sich mit der techn. Anwendung der physikal. Grundlagen und Erkenntnissen der Elektrizitätslehre befaßt. Je nach der techn. Aufgabe unterscheidet man: 1. die **elektr. Energietechnik (Starkstromtechnik):** Sie beschäftigt sich mit der Energieerzeugung in Kraftwerken, mit ihrer Fortleitung und Verteilung über Freileitungen und Kabel und ihrer Nutzung; 2. die **Nachrichtentechnik:** Ihre Aufgabe liegt in der Erzeugung, Übertragung, Speicherung und Verarbeitung von Nachrichten in Form elektr. Signale; 3. die **Meßtechnik,** deren Aufgabe im Messen elektr. und nichtelektr. Größen (z. B. Temperatur, Drehzahl) mit Mitteln der E. besteht; 4. die **Regelungs- und Steuerungstechnik:** Sie beeinflußt z. B. den Gang eines elektromotor. Antriebs mit Mitteln der Nachrichtentechnik und verknüpft somit Energietechnik und Nachrichtentechnik.

📖 *Eichmeier, J.:* E. *für Studienanfänger. Bln.* ²*1985.* - *Ameling, W.:* Grundll. der E. Bd. 1 Wsb. ³*1984.* - *Grafe, H., u. a.:* Grundll. der E. Hdbg. ⁹⁻¹¹*1984. 2 Bde.* - *Weiss, A. v./Krause, M.:* Allg. E. Wsb. ⁹*1984.*

elektrotechnische Industrie, Industriezweig, der für die Herstellung von Gütern und Leistungen, die der Erzeugung, Umwandlung, Verteilung und Anwendung elektr. Energie dienen, umfaßt; in der BR Deutschland die nach dem Maschinenbau zweitgrößte Industriegruppe. Die wichtigsten Produktgruppen innerhalb der e. I. sind die Elektrizitätserzeugung, -umwandlung und -verteilung (Generatoren, Transformatoren, Kabel usw.), die Gruppe der Nachrichten-, Meß- und Regeltechnik (Geräte und Einrichtungen der Draht- und Funknachrichtentechnik) und Datenverarbeitung, die Elektrohausgerätetechnik, die Rundfunk- und Phonotechnik sowie die Beleuchtungstechnik.

Elektrotherapie, in der Medizin die Verwendung von elektr. Energie zu Heilzwecken. Mit Niederfrequenzstrom arbeiten Galvanisation, Faradisation und die Reizstromtherapie. Die **Galvanisation** ist eine Behandlung mit Gleichstrom und wird u. a. bei Durchblutungsstörungen, Muskelschmerzen und Neuralgien angewendet. Über angefeuchtete Elektroden oder in einem hydroelektr. Bad werden Körperteile für eine bestimmte Zeit konstanten Stromstärken ausgesetzt. Bei der **Faradisation** wird unsymmetr., durch Unterbrecherschaltung erzeugter Wechselstrom zur Reizung von Nerven und Skelettmuskeln benutzt. Überschwellige (d. h. die Reizschwelle gerade überschreitende) Niederfrequenzströme werden bei der **Reizstromtherapie** verwendet, um eine Reizung neuromuskulärer Strukturen bei Lähmungen hervorzurufen und dadurch Kontraktionen der betreffenden Muskeln auszulösen. Mit hochfrequenten Wechselströmen wird keine Reizwirkung mehr auf Nerven- und Muskelmembranen ausgeübt; es kommt zur Wärmeentwicklung im Gewebe. Hierzu gehören die **Kurzwellentherapie** (Frequenz 10–300 MHz), bei der hochfrequente Wechselströme im Innern eines Körperteils durch ein entsprechend hochfrequentes elektr. Feld zw. zwei angelegten Elektroden erzeugt werden und eine Hochfrequenzerwärmung verursachen. Die **Mikrowellentherapie** (Frequenz 2 450 MHz) wird hauptsächl. zur Behandlung von entzündl. und rheumat. Muskelerkrankungen benutzt. Die in das Fett- und Muskelgewebe eindringenden Mikrowellen werden vom Gewebe absorbiert und erzeugen in ihm eine bes. wirkungsvolle Hochfrequenzerwärmung. Da das Fettgewebe relativ wenig Energie absorbiert, kommt es zur therapeut. erwünschten Erwärmung v. a. im Muskelgewebe.

📖 *Edd, H.:* Fibel der Elektrodiagnostik und E. *Mchn.* ⁵*1983.*

113

Elektrotomie

Elektrotomie [griech.], Gewebedurchtrennung (Schmelzschnitt) mit Hilfe eines als aktive Elektrode wirkenden, lanzett- oder schlingenförmigen Instruments durch Hochfrequenzströme.

Elektrotrauma, Schädigung oder Verletzung des Organismus durch Elektrizität (z. B. Strom, Blitzschlag). Die Gefährlichkeit des Stroms hängt von der Spannung und bes. von der Stromstärke ab; die Stärke des den Körper durchfließenden Stroms hängt u. a. von der Leitfähigkeit des Untergrundes, von der Kleidung und von der Hautfeuchtigkeit ab. Äußerl. sichtbare Schädigungen sind Verbrennungen an den Stellen, die mit nichtisolierten, ungesicherten Stromquellen hoher Stromstärke in Berührung gekommen sind. Innere Schädigungen treten beim Stromdurchgang auf. Schon 40 V und 0,1 A können tödl. Herzrhythmusstörungen verursachen.

Elektrozaun (Elektroweidezaun), ein Isolatoren aufgespannter Glattdraht, durch den etwa alle zwei Sekunden ein schwacher Stromimpuls geschickt wird (Spannung mehrere 1 000 Volt); erteilt Weidetieren leichte elektr. Schläge, so daß sie den Zaun meiden.

Element [lat.], Grundbestandteil, Grundstoff; Bauteil, eins von mehreren Einzelteilen; bei den antiken Naturphilosophen (**Elementenlehre**) die Urstoffe aller Dinge, z. B. Empedokles: Aufbau der Welt aus den 4 E. Erde, Wasser, Luft und Feuer, aus deren Mischung sämtl. Stoffe bestehen sollten. Aristoteles zählte auch den Äther dazu. Der moderne Begriff des chem. E. entwickelte sich erst im 17./18. Jh. († chemische Elemente).
♦ ↑ Mengenlehre.

elementar [lat.], grundlegend, ursprünglich.

Elementarbereich, svw. ↑ Elementarstufe.

Elementargeister, in der ma. und nachmittelalterl. Dämonologie und im Volksglauben in den Elementen hausende Dämonen und unbeseelte Geister.

Elementarladung (Elementarquantum), Formelzeichen e, die kleinste bisher nachgewiesene positive oder negative elektr. Ladung, $e = 1,60219 \cdot 10^{-19}$ Coulomb. Träger einer einzelnen E. sind die ↑ Elementarteilchen; alle in der Natur nachweisbaren elektr. Ladungen sind ganzzahlige Vielfache dieser E. In der Theorie der Elementarteilchen werden jedoch auch Teilchen mit der Ladung $1/3\,e$ und $2/3\,e$ postuliert († Quarks).

Elementarlänge, die kleinste, in der Theorie der Elementarteilchen noch sinnvolle Länge. Sie hat die Größenordnung 10^{-13} cm.

Elementarmagnete, ursprüngl. hypothet. kleine Magnete mit konstantem magnet. Moment als Bausteine magnet. Stoffe. Eine Erklärung der Magnetisierung eines solchen Stoffes lag in der Annahme, daß die E. in einem äußeren Feld teilweise ausgerichtet werden. Die Richtigkeit dieser Annahme bestätigte sich mit der Entdeckung der magnet. Momente von Atomen und Molekülen († Magnetismus).

Elementarmembran ↑ Zellmembran.

Elementarpsychologie, theoret. Richtung innerhalb der Psychologie, die im Ggs. zur Ganzheits- und Gestaltpsychologie nach dem Vorbild der Naturwissenschaften psych. Geschehen durch ihre Zurückführung auf elementare Bausteine (Empfindungen, unbedingte Reflexe und ihre Assoziationen) zu erklären versucht. Hauptvertreter: W. Wundt, E. Mach, G. E. Müller.

Elementarstufe (Elementarbereich), Bez. (des Dt. Bildungsrats) für vorschul. Erziehung in Vorschulen, auch Kindergärten.

Elementarteilchen, Bez. für die kleinsten nicht weiter zerlegbaren materiellen Teilchen. Sie sind im allg. instabil und entstehen in Wechselwirkungsprozessen mit hoher, d. h. beträchtl. über der bei Kernreaktionen übl. Energie- und Impulsübertragung bzw. in Zerfallsprozessen der schwachen Wechselwirkung. Sie wandeln sich ineinander um oder gehen auseinander hervor, besitzen also keine unzerstörbare Individualität. Sie sind Urheber und Träger aller atomaren und subatomaren Erscheinungen. - Nach ihrer Masse und der Art ihrer Wechselwirkung unterscheidet man zunächst Teilchen mit halbzahligem ↑ Spin (Fermionen) und ganzzahligen Spin (Bosonen). Die Teilchensorten unterscheiden sich in ihrem Verhalten dadurch erhebl., daß für Fermionen das ↑ Pauliprinzip gilt, d. h. es sich können keine zwei gleichartigen Fermionen am gleichen Ort befinden. Für Bosonen gilt dieses Verbot nicht. Im einzelnen gibt es: 1. **Photonen** mit verschwindender Ruhmasse und dem Spin 1; sind mit ihren ↑ Antiteilchen identisch. 2. **Leptonen,** Fermionen (Spin $1/2$), die nicht der starken Wechselwirkung unterliegen. Zu ihnen gehören das Elektron, das Myon und die zugehörigen Neutrinos v_e und v_μ sowie die entsprechenden vier Antiteilchen. 3. **Mesonen,** Bosonen (Spin 0) mit mittlerer Ruhmasse. Zu ihnen gehören u. a. die ↑ Pionen, nicht jedoch das fälschl. oft μ-Meson genannte Myon. 4. **Baryonen,** schwere Fermionen, die der starken Wechselwirkung unterliegen. Zu ihnen gehören neben den ↑ Nukleonen (Neutron, Proton und ihren Antiteilchen) auch sogenannte Hyperonen, deren Masse höher als die Protonenmasse ist. Die Baryonen und Mesonen werden manchmal auch mit dem Sammelbegriff **Hadronen** bezeichnet. Unter den E. sind nur die Elektronen, Protonen, Neutronen (wenn sie in Atomkernen gebunden sind), Neutrinos und Photonen wirkl. stabil. Dabei sind die Elektronen, Protonen und Neutronen die Bausteine der Atome und damit der gesamten Materie. Alle anderen E. sowie das Neutron in freiem Zustand sind unbeständig, d. h. sie zerfallen, wo-

Elevation

bei ihre Zerfallsprodukte aber ebenfalls wieder E. sind. Neben diesen langlebigen E. (langlebig im Vergleich mit der Elementarzeit von etwa 10^{-23} s) gibt es eine große Zahl extrem kurzlebiger E. (Lebensdauer kleiner als 10^{-20} s), die sog. Resonanzen, die sich in Elementarteilchenreaktionen als Zwischenzustände bemerkbar machen u. zu den E. gezählt werden müssen. Neben den experimentell nachgewiesenen E. gibt es eine Anzahl hypothet. Teilchen, deren Existenz noch nicht gesichert ist. Zu ihnen gehören die Quarks und die Tachyonen.
📖 *Höfling, O./Waloschek, P.: Die Welt der kleinsten Teilchen. Reinbek 1984. - Lohrmann, E.: Einf. in die E.physik. Stg. 1983. - Hilscher, H.: E. Köln 1980.*

Elementarunterricht, Anfangsunterricht in der Grundschule.

Elementarwellen, die gemäß dem ↑Huygensschen Prinzip von jedem Punkt einer Welle ausgehenden Kreis- bzw. Kugelwellen. Die Hüllkurve aller E. ist dabei ident. mit der sich ausbreitenden Wellenfront.

Elementary School [engl. ɛlɪˈmentərɪ ˈskuːl], in den USA die 6jährige Grundschule für Kinder vom 6.–12. Lebensjahr; daran schließt die ↑High School an.

Elementarzeit, die Zeitdauer, die das Licht im Vakuum zum Durchlaufen einer Elementarlänge (10^{-13} cm) benötigt. Die E. beträgt ungefähr 10^{-23} s.

Elementenlehre ↑Element.

Elementumwandlung, Bez. für die Umwandlung eines chem. Elements in ein anderes durch künstl. Kernumwandlungen, die die Ladung (Protonenzahl) der Atomkerne ändern.

Elemi [arab.], Sammelbez. für Harze trop. Bäume aus der Fam. Balsambaumgewächse. E. wird in der Medizin (als Resina Elemi) für spezielle Hautsalben und Pflaster, in der Technik zur Herstellung von Öllacken, zum Appretieren von Filzgeweben und als Zusatz zu lithograph. und Aquarellfarben verwendet.

Elen [litauisch], svw. ↑Elch.

Elena, weibl. Vorname, italien. Form von Helene.

Elenantilope ↑Drehhornantilopen.

Elenchus [griech. Widerlegung, Gegenbeweis; **Elenktik,** Kunst der Widerlegung. typ. Moment der sokrat. Argumentationsmethode, nach Aristoteles eines der indirekten Beweisverfahren.

elend, urspr.: in fremdem Land, ausgewiesen; dann: unglücklich, jammervoll; **Elend** (aus dem Adjektiv entstanden), urspr.: fremdes Land, Verbannung, dann: Not, Trübsal.

Elendsquartiere ↑Slums.

Eleonore (Eleonora), weibl. Vorname arab. Ursprungs; etwa „Gott ist mein Licht"; dt. Form Leonore, Lenore.

Eleonore von Aquitanien (E. von Guyenne, E. von Poitou), * um 1122, † Fontevrault-l'Abbaye 1. April 1204, Erbtochter Herzog Wilhelms X. von Aquitanien. - 1137 als Nachfolgerin ihres Vaters ∞ mit König Ludwig VII. von Frankr., seit 1152 (nach Annullierung dieser Ehe) ∞ mit Heinrich Plantagenet, Graf von Anjou (seit 1154 König Heinrich II. von England); ihr Hof in Poitiers wurde ein Zentrum höf. Kultur.

Elephanta (Gharapuri), 10 km von Bombay (Fort) entfernt liegende Insel. Wichtiger Wallfahrtsort der Hindus mit sechs Höhlentempeln. Die Haupthöhle ist eine in den Fels gehauene dreischiffige Säulenhalle mit großen Reliefs der Schiwalegende, die aus dem Fels gehauene Kolossalbüste des dreiköpfigen Schiwa ist 3,30 m hoch (wohl 7./8. Jh.).

Elephantiasis ↑Elefantiasis.

Elephantidae [griech.], svw. ↑Elefanten.

Elephantine (altägypt. Jeb „Elephantenstadt", „Umschlagplatz für Elfenbein"), griech. Name einer Nilinsel gegenüber von Assuan, unterhalb des 1. Katarakts, und der antiken Siedlung auf ihrem S-Ende; schon im 4. Jt. v. Chr. besiedelt, im 3. Jt. befestigt; Sitz eines reichen Gaufürstengeschlechts; spielte seit 600 v. Chr. bis in röm. Zeit erneut eine Rolle; bed. Reste. - Die ab 1893 gefundenen **Elephantine-Urkunden** sind in aram. Sprache verfaßte Papyrustexte (494–400 v. Chr.); Privaturkunden (Ehe-, Kauf- und Mietverträge), literar. Texte, Bittschriften (mit Antworten) einer jüd. Gemeinde.

Eleusa [griech. „die Barmherzige"] (Glykophilusa), byzantin. Typ der Muttergottes mit dem sie liebkosenden Kind, häufig in der [russ.] Ikonenmalerei.

Eleusinische Mysterien, nur Eingeweihten (Mysten) zugängl. Mysterienfeiern (**Eleusinien**) in Eleusis. Sie gehen auf einen Fruchtbarkeitskult zurück und werden mit Demeter und Kore-Persephone in Verbindung gebracht.

Eleusis, griech. Stadt, 20 km wnw. von Athen, 20 300 E. Museum; Zementfabriken, Sprengstoffabrik, Erdölraffinerie. - Die ältesten Siedlungsspuren gehen auf das 3. Jt. zurück; das befestigte E. (zunächst nur die Akropolis) war Zentrum einer selbständigen Herrschaft, bis es, wahrscheinl. im 7. Jh. v. Chr., mit Athen vereinigt wurde und fortan dessen Geschick teilte. 395 von den Goten Alarichs verwüstet. - Die fast ganz verwundene antike Stadt bedeckt den O-Teil eines Felsrückens, gekrönt von der Akropolis.

Eleutherozoa [griech.] (Echinozoa), seit dem Kambrium bekannter Unterstamm der ↑Stachelhäuter mit weit über 5 000 ungestielten, freibewegl. Arten.

Elevation [lat.], in den christl. Liturgien das Emporheben von Brot und Kelch vor dem Abendmahl (Eucharistie).
◆ der Winkel, der die Höhe eines Gestirns über dem Horizont angibt.
◆ Ziel- oder Schußhöhenwinkel gegenüber der Horizontebene oder der Abschußbasis.

Eleve

Eleve [lat.-frz. „Schüler"], Schauspiel- und Ballettschüler; auch Bez. für land- und forstwirtschaftl. Lehrlinge.

Elf, eine Primzahl (althochdt. einlif „eins darüber", d. h. über zehn); gilt vielfach, wie die ↑ Dreizehn, als Unglückszahl. - ↑ auch Zahlensymbolik.

◆ Mannschaft aus 11 Spielern (v. a. Fußballmannschaft).

El Fatah ↑ Fatah, Al.

Elfen (Elben, Alben, Alfar) [engl.], in der german. Mythologie im Wesen sehr unterschiedl. Zaubergeister hilfreicher, jedoch auch unheilvoller Art, die in verschiedenster Gestalt und Funktion erscheinen. Neben die weibl. Form Elfe tritt die männl. Wortbildung Elf und die Vorstellung vom E.könig Alberich.

Elfenbein [althochdt. helfantbein „Elefantenknochen"], i. e. S. das Zahnbein der Stoßzähne des Afrikan. und Ind. Elefanten sowie der ausgestorbenen Mammute, i. w. S. auch das Zahnbein der großen Eck- bzw. Schneidezähne von Walroß, Narwal und Flußpferd. E. ist wegen seiner geringen Härte sehr gut zu bearbeiten; es wird für Schmuckgegenstände (↑ Elfenbeinschnitzerei), Klaviertastenbelag und Billardkugeln verwendet.

Elfenbeinküste

(amtl. Vollform: République de la Côte d'Ivoire), Republik in Westafrika zw. 5° und 11° n. Br. sowie 3° und 8° w. L. **Staatsgebiet:** E. grenzt im S an den Atlantik, im W an Liberia u. Guinea, im N an Mali u. Burkina Faso, im O an Ghana. **Fläche:** 322 463 km². **Bevölkerung:** 8,5 Mill. E (1984), 26,7 E/km². **Hauptstadt:** Abidjan. **Verwaltungsgliederung:** 49 Dep. **Amtssprache:** Französisch; Umgangssprachen an der Küste: Kwasprachen, im Innern: Sudansprachen. **Nationalfeiertag:** 7. Aug. (Unabhängigkeitstag). **Währung:** CFA-Franc = 100 Centimes (c). **Internat. Mitgliedschaften:** UN, OAU, OCAM, ECOWAS, Conseil de l'Entente, CEAO, UMOA; der EWG assoziiert. **Zeitzone:** Westeurop. Zeit, d. i. MEZ −1 Std.

Landesnatur: Das Staatsgebiet ist weitgehend ein von Inselbergen überragtes Hochland in 200–500 m Höhe, das sich an die schmale Küstenebene am Atlantik anschließt und 700 km ins Landesinnere reicht. Die Küste ist im W felsig, im O reich an Lagunen. Im W, in den Ausläufern der Guineahochländer, liegen die kahlen Kuppen und Hochländer 1 000–1 500 m ü. d. M.; die höchste Erhebung, 1 752 m, liegt im Grenzgebirge Nimba. Außerdem wird das Land durch vier große, vom N nach dem S zum Golf von Guinea fließende Flüsse gegliedert: Cavally, Sassandra, Bandama und Komoé.

Klima: Der S gehört zum äquatorialen Klimabereich mit ganzjährigen Niederschlägen und geringen jahreszeitl. Temperaturunterschieden (durchschnittl. 25–29 °C). Nach N nehmen die Temperaturunterschiede zu, die Niederschläge ab. Sie fallen hier in einer ausgeprägten Regenzeit (Juni-Okt.). Das Hochland im W hat geringere Temperaturen und Jahresniederschläge von über 2 000 mm.

Vegetation: An der Küste Kokospalmen, in der Lagunenzone Mangrove; der S ist weitgehend mit trop. Regenwald bestanden, der nach N in trop. Feuchtwald übergeht, anschließend beginnt die Feuchtsavanne. Trockensavanne kommt nur im äußersten N vor.

Bevölkerung: Sie setzt sich aus zahlr. ethn. Gruppen der Sudaniden zus., deren wichtigsten Stämme die Akan, Kru, Mande, Senufo und Lagunenbewohner sind. Rd. 60 % sind Anhänger traditioneller Religionen, 23 % Muslime, 13 % Christen (zu 75 % kath.), 2 % Harristen. 1970 besuchten 72 % der 6–11jährigen und 10 % der 12–17jährigen die Schule. In Abidjan besteht eine Univ. (gegr. 1964).

Wirtschaft: Etwa 70 % der Bev. arbeiten in der Landw., überwiegend in Klein- und Familienbetrieben. Angebaut werden Kakao, Kaffee, Bananen, Ölpalmen, Baumwolle, Ananas, Zuckerrohr u. a. Trop. Hölzer sind wichtige Exportwaren (Monopol am Weltmarkt beim Rotholz Sipo). Ausgebeutet werden Diamantenvorkommen südl. von Korhogo. Dominierender Ind.zweig ist die Nahrungsmittelind., gefolgt von chem. und Textilind. Daneben traditionelle Handwerke, u. a. Schnitzerei. Ein wichtiger Faktor ist der Fremdenverkehr.

Außenhandel: Kaffee und Holz sind die wichtigsten Ausfuhrgüter, gefolgt von Kakaobohnen, Obstkonserven und Bananen. Eingeführt werden Maschinen, Kfz., Erdöl, Baumwollgewebe, Eisen und Stahl sowie Molkereiprodukte, Zucker, medizin. und pharmazeut. Produkte u. a. Von den EG-Ländern ist Frankr. der wichtigste Handelspartner, gefolgt von der BR Deutschland.

Verkehr: In der Republik E. verlaufen 665 km der Eisenbahnstrecke Abidjan-Ouagadougou (Obervolta). Das Straßennetz ist 45 200 km lang, davon 30 % ganzjährig befahrbar. Die Lagunen sind durch Kanäle miteinander verbunden, dieses Wasserstraßennetz ist rd. 300 km lang. Wichtigster Hafen ist Abidjan, durch einen 2,7 km langen Kanal mit dem offenen Meer verbunden. E. ist Mgl. der Air Afrique; die Air Ivoire bedient seine Städte im Inlandsdienst. Internat. ⚓ ist Port-Bouët bei Abidjan.

Geschichte: Vor der Errichtung der frz. Kolonie E. gehörte das Savannengebiet im N zum Einflußbereich des Reiches Mali, nach dessen Zerfall eigene Herrschaftsgebiete entstanden waren. Im 17.Jh. etablierte sich im NO das Dagombareich Bouna, weiter im W das Handelsreich Kong. Im NW wanderten Malinke ein. Die Stämme des Regenwald- und Lagu-

Elfenbeinküste

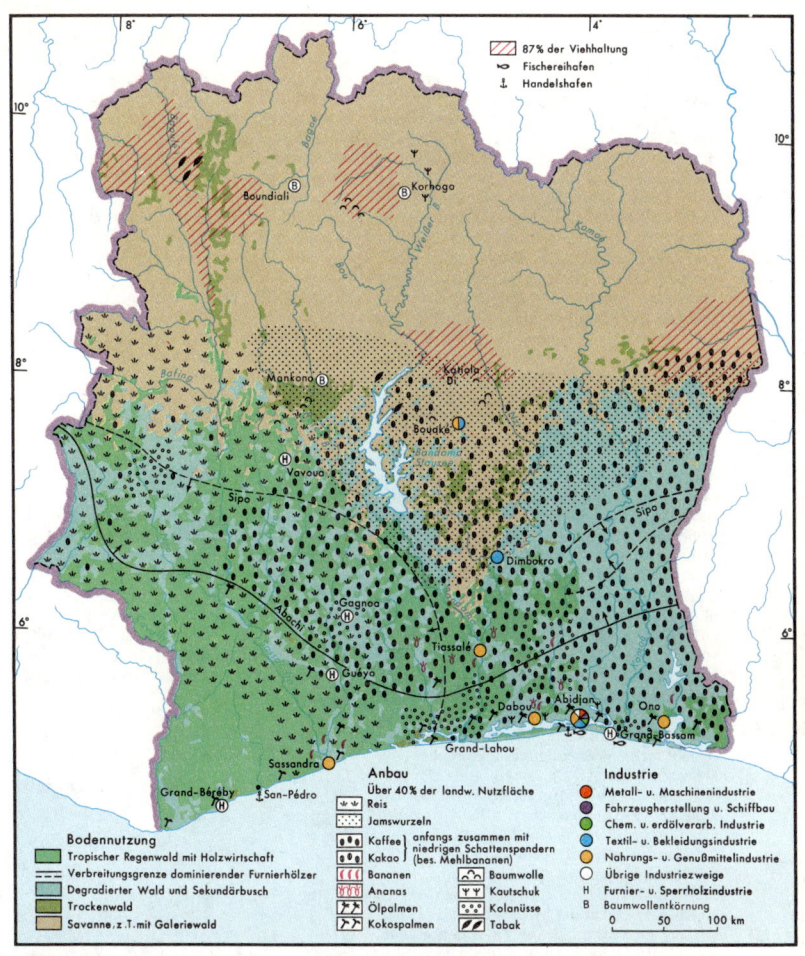

Elfenbeinküste. Wirtschaftskarte

nengebietes hatten keine größeren Herrschaftsbereiche gebildet. Der O-Teil des Gebietes gehörte im 18. Jh. zum Einflußbereich der Aschantikonföderation. Als erste Europäer befuhren wahrscheinl. frz. Kauffahrer im letzten Drittel des 14. Jh. die Küste. Erst Anfang des 19. Jh. errichteten die Franzosen (nach Bemühungen 1688–1707) bleibende Handelsniederlassungen und Militärstützpunkte. Zw. 1887/89 schloß Frankr. Protektoratsverträge ab und errichtete 1893 die Kolonie E. Bis 1913 hatten sich die Franzosen im ganzen Gebiet durchgesetzt (v. a. nach härtesten Kämpfen gegen Samory Touré bis 1898) und eine Verwaltung errichtet. Den Unabhängigkeitskampf der E. nach dem 2. Weltkrieg führten F. Houphouët-Boigny und das von ihm gegr. „Rassemblement Démocratique Africain" (RDA). 1956 gestand Frankr. seinen Kolonien innere Autonomie zu. 1958 stimmte die E. dem Beitritt zur „Communauté Française" zu, die den Kolonien die Selbständigkeit gab. Am 7. Aug. 1960 erhielt die E. die völlige Unabhängigkeit, blieb aber in enger wirtsch., kultureller und militär. Verbindung mit Frankr. Staatspräs. Houphouët-Boigny (seit Nov. 1960) gelang es, in seinem Lande sichere polit. und wirtsch. Grundlagen zu schaffen. Zu außenpolit. Spannungen kam es zw. der E. und Guinea Mitte der 1960er

Elfenbeinnuß

Jahre, im Mai 1968 zum Abbruch der diplomat. Beziehungen durch Nigeria auf Grund der Anerkennung Biafras durch die E. Aufsehen erregte die Erklärung Houphouët-Boignys 1971, daß er (trotz grundsätzl. Verurteilung der Apartheid) einen direkten Dialog mit der Regierung Südafrikas für mögl. halte, da deren Haltung nicht mit Gewalt geändert werden könne. Die letzten Wahlen fanden im Nov. 1985 statt.

Politisches System: Nach der Verfassung von 1960 (mit Änderungen 1971 und 1975) ist die E. eine zentralist. Republik mit den Merkmalen einer präsidialen Demokratie. *Staatsoberhaupt*, Inhaber der obersten *Exekutive* und Oberbefehlshaber der Streitkräfte ist der Staatspräs. Er wird vom Volk auf 5 Jahre gewählt. Das Kabinett ist nur ihm verantwortl. Die *Legislative* liegt beim Parlament, der Nationalversammlung (120 Abg.), die vom Volk auf 5 Jahre mit dem Staatspräs. gewählt wird. Einzige zugelassene *Partei* (seit 1961 ist die E. Einparteienstaat) ist die aus dem „Rassemblement Démocratique Africain" (RDA) hervorgegangene „Parti Démocratique de la Côte-d'Ivoire" (PDCI) unter Führung des Staatspräs. Dem *Gewerkschafts*verband gehören rund 100 000 Mgl. in 190 Einzelgewerkschaften an. *Verwaltungs*mäßig ist die E. in 49 Departements eingeteilt, mit Präfekten an der Spitze, die vom Staatspräs. ernannt werden. Ihnen stehen gewählte Räte zur Seite. Die *Recht*sprechung ist nach frz. Vorbild (unter beschränkter Berücksichtigung traditioneller Rechte) organisiert. Die *Streitkräfte* der E. umfassen 7720 Mann, (Heer 6100, Luftwaffe 930, Marine 690). Es besteht ein Verteidigungsabkommen mit Frankreich.

📖 *Ziemer, K.: Demokratisierung in Westafrika? Paderborn 1984. - Borchert, G.: Die Wirtschaftsräume der E. Pfaffenhofen 1972.*

Elfenbeinnuß ↑ Elfenbeinpalme.

Elfenbeinpalme (Steinnußpalme, *Phytelephas*), Gatt. der Palmen mit etwa 15 Arten im trop. Amerika; der bis zu 4 cm (im Durchmesser) große, runde Samen (**Elfenbeinnuß**, Steinnuß) ist steinhart und wird als „vegetabil. Elfenbein" zur Herstellung von Knöpfen und Schnitzerei verwendet.

Elfenbeinschnitzerei, bereits aus dem Jungpaläolithikum kennt man aus Elfenbein geschnitzte Geräte und Figuren (u. a. aus der Vogelherdhöhle). In *Vorderasien* gibt es Funde (Einlegearbeiten, Figuren) aus der 1. Hälfte des 3. Jt. (Ur, Mari). Seit 1500 v. Chr. wurde die E. im ganzen Orient beliebt für Zier- und Toilettegegenstände, im 1. Jt. v. Chr. bes. als Schmuck wertvoller Möbel. Zentren der E. befanden sich in Assyrien (v. a. Ritzzeichnungen) sowie Phönikien und Syrien. - Die E. wurde von der *minoisch-myken. Kultur* des 2. Jt. v. Chr. aus dem Orient übernommen und alsbald für Schmuckstücke, als Beschlag und für Kleinplastik (Stierspringer von Knossos, 16. Jh. v. Chr.; Iraklion, Archäolog. Museum) angewendet. Im 6. und 5. Jh. findet sich die Goldelfenbeintechnik an Kultbildern (↑ chryselephantin), im Hellenismus auch an Herrscherbildern.

Mitteleuropa: Bed. Zeugnis der *frühchristl. Kunst* ist ihre E., bes. Reliquienkästchen; berühmt ist u. a. die Kathedra des Erzbischofs Maximian in Ravenna (um 550; Ravenna, Erzbischöfl. Museum). In der *Karolingerzeit* und der Zeit der *sächs. Kaiser* begann, angeregt von Byzanz, eine Blüte der europ. E. (u. a. Buchdeckel des Codex aureus aus Echternach; Nürnberg, German. Nationalmuseum), die bis ins 14. Jh. reichte. In der *Gotik* ging die Führung an Paris über (neben Marienfiguren und Altärchen auch Minnekästchen und Spiegelkapseln). Im *Manierismus* erfuhr die E. eine Wiederbelebung im Kunsthandwerk (Möbelintarsien). Im 17. und 18. Jh. trat Deutschland hervor, Hauptwerke der *barocken E.* hinterließen u. a. L. Kern, Bildhauer wie G. Petel und B. Permoser, in Wien M. Rauchmiller, in Düsseldorf I. Elhafen. Im *Rokoko* wurde die Elfenbeindrechslerei Mode (Contrefaitbüchsen der Nürnberger Familie Zick).

Im Bereich der *islam. E.* sind Kästen und Büchsen, Blashörner und Schachfiguren neben geometr. Intarsien in Holzwerk die häufigsten Arbeiten, insbes. unter den Kalifen in Córdoba entstanden Omaijadenkästchen. Die sog. Olifantenhörner mit Jagd- und Kampfszenen in fatimid. Stil wurden wahr-

Elfenbeinschnitzerei. Relief aus Nimrud (8. Jh. v. Chr.). London, British Museum

scheinl. von sarazen. Handwerkern im normann. Sizilien (11. Jh.) geschaffen. In *China* gelangte nur die Kleinplastik der Ming- und frühen Ch'ingzeit mit buddhist. und taoist. Figuren von starker Ausdruckskraft zu künstler. Rang. In *Afrika* wurden viele kunstgewerbl. Gegenstände aus Elfenbein gefertigt, bes. im Kongoraum war die E. als Kleinkunst verbreitet; bes. Amulettfigürchen (bei den Vili, Rega, Luba) und Anhängermasken (Pende). In Benin wurden mit Reliefschnitzereien (Ahnendarstellungen) verzierte Elefantenzähne in die Porträtköpfe verstorbener Fürsten gesteckt. Die Salzfässer, Prunkgefäße, Löffel und Blashörner in einem afroportugies. Mischstil der Renaissance wurden bisher Künstlern Benins zugeschrieben, der Großteil dieser Objekte dürfte aber an der alten Sklavenküste im Gebiet der Yoruba entstanden sein. Unter den Naturvölkern sind außerdem noch bes. die *Eskimo* mit ihrer E. zu nennen.

📖 *Philippovich, E. v.: Elfenbeinschnitzerei. Mchn.* ²*1982.*

Elfenbeinturm, in der Redewendung „in einem E. leben" Symbol für die Haltung eines Menschen, der in einer eigenen Welt lebt. Urspr. nur in religiöser Bed. belegt: Wurzel ist „turris eburnea" im Hohenlied 7,5; durch die allegorisierende heilgeschichtl. und mariolog. Deutung (u. a. Turm für Zufluchtsort, Elfenbein Sinnbild für Reinheit, Keuschheit, Schönheit) findet sich das Bild des E. bes. seit dem 12. Jh. in der religiösen, v. a. der Marienliteratur und -ikonographie.

Elfenblauvögel (Irenen, Ireninae), Unterfam. amselgroßer Blattvögel mit 2 Arten in den Wäldern S- und SO-Asiens; am bekanntesten der **Ind. Elfenblauvogel** (Irene, Irena puella) in S-Asien: schwarz mit leuchtend blauer Oberseite und roter Iris, ♂ grünlichblau mit dunkelbraunen Federsäumen an den Flügeln; beliebter Käfigvogel.

Elfern (in Österreich Elfmandeln), dem Sechsundsechzig ähnl., meist von 2 Teilnehmern mit 32 Karten gespielten Kartenspiel.

Elferrat, Karnevalausschuß (die 11 höchsten Narren), plant und leitet die Karnevalsveranstaltungen.

Elferssches Tonätzverfahren ↑A-B-C-Verfahren.

Elfmeter, übl. Bez. für ↑ Strafstoß im Fußballspiel.

Elfriede, weibl. Vorname, vermutl. entstanden aus althochdt. alb oder alp „Nachtmahr, gespenst. Wesen" und fridu „Schutz vor Waffengewalt, Friede".

Elf Scharfrichter, Kabarett in München zu Anfang des 20. Jh., Mgl. u. a. F. Wedekind und O. Falckenberg.

Elgar, Sir (seit 1904) Edward [engl. 'ɛlɡə], * Broadheath bei Worcester 2. Juni 1857, † Worcester 23. Febr. 1934, engl. Komponist. - Von der dt. Spätromantik beeinflußt; komponierte u. a. Oratorien, 2 Sinfonien, Kantaten, Lieder, Kammermusik und Klaviermusik sowie Bühnenwerke.

Elgin Marbles [engl. 'ɛlɡɪn 'mɑːblz], von T. Bruce, Earl of Elgin und Kincardine, brit. Gesandter an der Hohen Pforte, zw. 1803/12 nach Großbrit. gebrachte Marmorskulpturen, vornehml. des Parthenons. 1816 vom brit. Staat angekauft und im Brit. Museum ausgestellt.

El Greco ↑Greco, El.

Elia (Elija, Elijja, Elias) [hebr. „mein Gott ist Jahwe"], Prophet im Nordreich Israel z. Z. der Könige Achab und Achasja (9. Jh. v. Chr.). In der E.überlieferung (1. Kön. 17 bis 2. Kön. 1) erscheint er als Verfechter eines unbedingten Jahweglaubens und „neuer Moses". Im späteren Judentum und im N.T. schenkte man den alttestamentl. Vorstellungen von seiner wunderbaren Entrückung und seiner einstmaligen Wiederkehr bes. Interesse.

Eliade, Micea, * Bukarest 9. März 1907, † Chicago 23. April 1986, rumän. Religionswissenschaftler und Schriftsteller. - Seit 1956 Prof. für Religionswiss. in Chicago. E. schrieb religionswiss. und kulturphilosoph. Abhandlungen sowie phantast. Romane und Novellen. - *Werke:* Das Mädchen Maitreyi (R., 1933), Das Mysterium der Wiedergeburt (1958), Auf der Mântuleasa-Straße (E., 1976).

Elia Levita (hebr. Elijahu Bachur, Ben Ascher Ha-Levi Aschkenasi), * Neustadt a. d. Aisch 1469, † Venedig 1549, jüd. Gelehrter und Grammatiker. - Verfasser einer hebr. Grammatik, eines Wörterbuchs zum Targum und eines Werkes zur Textüberlieferung des A.T. - E. L. bearbeitete auch den italien. Roman „Historia di Buovo d'Antona" und übertrug ihn ins Jiddische.

Elias, aus der Bibel übernommener männl. Vorname hebr. Ursprungs (↑ Elia).

Elías Calles, Plutarco [span. e'lias 'kajes], * Guaymas (Sonora) 25. Sept. 1877, † Mexiko 19. Okt. 1945, mex. Politiker. - War indian. Herkunft; Lehrer, 1913–16 Gouverneur von Sonora; trieb als Staatspräs. 1924–28

Indischer
Elfenblauvogel

Eli, Eli ...

eine sozialrevolutionäre Politik; 1927 Diktator, 1929 Kriegsmin., beherrschte durch die Gründung der Nationalrevolutionären Partei 1929–34 Regierungsapparat und Staatspräs.; 1936 zur Emigration gezwungen (bis 1941 in den USA).

Eli, Eli, lama sabachthani [hebr. „mein Gott, mein Gott, warum hast du mich verlassen"], eines der Worte Jesu am Kreuz (Matth. 27, 46; Mark. 15, 34; nach Psalm 22, 2).

Eligius (frz. Éloi) von Noyon, hl., * Chaptelat bei Limoges um 588, † Noyon 1. Dez. 660, fränk. Bischof. - Am Hof der Merowingerkönige Chlothar II. und Dagobert I., Goldschmied und Münzmeister; verließ 639 den Hof, wurde Priester und 641 Bischof von Noyon; Patron der Schmiede, Goldarbeiter, der Bauern (bes. bei Pferdekrankheiten).

Elija (Elijja) ↑ Elia.

Elimination (Eliminierung) [lat.], allg.: Ausscheidung, Entfremdung, Beseitigung.
◆ in der *Genetik* allmähl. Verschwinden bestimmter Erbmerkmale im Laufe der stammesgeschichtl. Entwicklung durch zufallsbedingten Verlust von Genen.
◆ in der *Mathematik* die durch geeignete Rechenoperationen bewirkte sukzessive Entfernung einer oder mehrerer unbekannter Größen aus Gleichungen.

Eliminierungsreaktion (Eliminierung), eine chem. Reaktion, bei der jeweils zwei Atome oder Atomgruppen aus einem Molekül austreten und nicht durch andere ersetzt werden.

Eliot [engl. 'ɛljət], George, eigtl. Mary Ann Evans, * Arbury Farm (Warwickshire) 22. Nov. 1819, † London 22. Dez. 1880, engl. Schriftstellerin. - Als Vertreterin des psycholog. Romans mit gesellschaftl. Bezug Vorläuferin von H. James; schrieb v. a. über die Öde provinziellen Lebens; ihr Stil ist lebendig und anschaulich. - *Werke:* Adam Bede (R., 1859), Die Mühle am Floss (R., 1859), Silas Marner (R., 1861), Felix Holt (R., 1867), Middlemarch (R., 1871).

E., T[homas] S[tearns], * Saint Louis (Mo.) 26. Sept. 1888, † London 4. Jan. 1965, amerikan.-engl. Dichter. - Bed. für die Entwicklung der modernen angloamer. Literatur, v. a. der Lyrik; wurde berühmt durch die Dichtung „Das wüste Land" (1922). Konnte, ausgehend von literar. Klassikern (u. a. Vergil, Dante, Shakespeare), v. a. in freirhythm., abstrakter Lyrik durch musikal. und kompositor. Elemente sowie neuen Wortgebrauch der engl. Sprache neue Impulse geben. Sein christl. Humanismus bestimmt die Dichtung „Vier Quartette" (1936–42) und die Tragödie „Mord im Dom" (1935). Er schrieb auch erfolgreiche Gesellschaftsstücke wie „Die Cocktailparty" (1949); Nobelpreis 1948.
Weitere Werke: Aschermittwoch (Ged., 1930), Der Familientag (Dr., 1939), Beiträge zum Begriff der Kultur (Essays, 1948), Der Privatsekretär (Dr., 1953), Ein verdienter Staatsmann (Dr., 1959).

T. S. Eliot

Elis, Küstenlandschaft auf der westl. Peloponnes, Hügelland mit weiten Schwemmlandebenen; eines der fruchtbarsten Gebiete Griechenlands (v. a. Wein, Erdnüsse und Baumwolle; Großviehhaltung). - Zur Zeit der dor. Wanderung drangen Stammesgruppen aus Epirus und Ätolien in E. ein, die sich immer weiter nach S und O ausdehnten (570 Herrschaft über Olympia). E. mußte sich 400 dem Peloponnes. Bund anschließen und gehörte im 3. Jh. dem Ätol. Bund an; der erzwungene Beitritt zum Achäischen Bund (191 v. Chr.) beendete die polit. Selbständigkeit.

Elisa, weibl. Vorname, Kurzform von Elisabeth.

Elisa (Elischa, Elisäus), Prophet im Nordreich Israel (2. Hälfte des 9. Jh. v. Chr.); Schüler des Elia. E. ist Gegner des im Jahweglauben schwankenden Hauses des Königs Achab.

Elisabeth, aus der Bibel übernommener weibl. Vorname hebr. Ursprungs, eigtl. „mein Gott ist Vollkommenheit". Italien. Form: Elisabetta, engl. Form: Elizabeth, russ. Form: Jelisaweta.

Elisabeth, bibl. Gestalt, Frau des Priesters Zacharias und Mutter Johannes' des Täufers (Luk. 1, 5).

Elisabeth, Name von Herrscherinnen:
Belgien:
E. Gabriele Valeri Marie, * Possenhofen (= Pöcking) 25. Juli 1876, † Brüssel 23. Nov. 1965, Königin der Belgier. - Tochter des Herzogs Karl Theodor in Bayern; seit 1900 ∞ mit dem damaligen belg. Thronfolger Albert (I.) (1909 König).
England/Großbritannien:
E. I., * Greenwich (= London) 7. Sept. 1533, † Richmond 24. März 1603, Königin (seit 1558). - Nach der Hinrichtung ihrer Mutter Anna Boleyn (1536) von ihrem Vater Heinrich VIII. für illegitim erklärt, wurde E. 1544 durch

Elisabeth

Parlamentsbeschluß zur Thronfolge zugelassen. 1559 versuchte sie, mit einer Art nat. prot. Sammlungspolitik in Gestalt der Änderung der Supremats- und der Uniformitätsakte die Konsolidierung des religiös und innenpolit. gespaltenen Landes herbeizuführen. Dadurch trat sie dem span. Universalanspruch auf ein kath. Europa entgegen, was neben dem außenpolit. Ggs. zum Spanien Philipps II. innenpolit. Krisen zur Folge hatte. Zentrum einer sich seit 1580 bildenden kath. Opposition war Maria Stuart, die das Parlament 1587 mit widerwilliger Zustimmung E.s hinrichten ließ. Den offenen Konflikt mit Spanien konnte E. trotz ihrer Unterstützung der aufständ. Niederlande und des engl. Freibeuterkrieges (F. Drake) bis 1588 hinauszögern. Die glückl. Abwehr der span. Armada vor der engl. Küste bestätigte endgültig die Stellung Englands als prot. Großmacht, was sich in den gleichzeitigen Anfängen der frühindustriellen Revolution und dem beginnenden Aufbau eines Empire durch den expansiven Außenhandel monopolisierter Handelsgesellschaften unter Abschaffung ausländ. Privilegien in England manifestierte. Dennoch hinterließ E. einen durch Kriege (u. a. die kostspielige Niederwerfung der ir. Rebellion 1595–1603), Mißernten und Arbeitslosigkeit erschöpften Staat. Die außerordentl. kulturelle Blüte (Literatur, Musik, bildende Kunst) während ihrer Reg.zeit findet ihren Ausdruck in der Bez. **Elisabethan. Zeitalter.**
E. II., * London 21. April 1926, Königin von Großbrit. und Nordirland und Haupt des Commonwealth (seit 1952). - Älteste Tochter des späteren Königs Georg VI.; seit 1947 ∞ mit Philip Mountbatten († Philip, Herzog von Edinburgh); vier Kinder: Thronfolger Prinz Charles (* 1948), Prinzessin Anne (* 1950), Prinz Andrew (* 1960), Prinz Edward (* 1964). - Abb. S. 122.
Herford:
E., * Heidelberg 26. Dez. 1618, † Herford 8. Febr. 1680, Pfalzgräfin bei Rhein, Fürstäbtissin von Herford (seit 1667). - Tochter Kurfürst Friedrichs V. von der Pfalz; eine der gelehrtesten Frauen ihrer Zeit (Verbindung mit R. Barclay, A. Gryphius, G. W. von Leibniz, N. de Malebranche und W. Penn).
Nassau-Saarbrücken:
E., * Vézelise bei Nancy (?) um 1394, † Saarbrücken 17. Jan. 1456, Gräfin. - Tochter Herzog Friedrichs V. von Lothringen; führte 1429–38 die Regentschaft für ihren minderjährigen Sohn. Trug mit ihren Übers. und Bearbeitungen frz. Ritterromane zur Entwicklung des dt. Prosaromans bei; vielgelesenes Volksbuch wurde „Huge Scheppel" (1437, gedruckt 1500).
Orléans:
E. Charlotte von der Pfalz, gen. Liselotte von der Pfalz, * Heidelberg 27. Mai 1652, † Saint-Cloud bei Paris 8. Dez. 1722, Gattin Herzog Philipps I. von Orléans (seit 1671). - Tochter des Kurfürsten Karl Ludwig von der Pfalz; bekannt v. a. durch ihre urwüchsigen, oft derben Briefe über das Leben am frz. Hof.
Österreich-Ungarn:
E., * München 24. Dez. 1837, † Genf 10. Sept. 1898, Kaiserin von Österreich und Königin von Ungarn. - Tochter des Herzogs Maximilian in Bayern, seit 1854 ∞ mit Kaiser Franz Joseph I. von Österreich; obwohl sie polit. Entscheidungen fern stand, nutzte Graf G. Andrássy d. Ä. ihre magyar. Sympathien für die amtl. Politik; Opfer des Attentats eines italien. Anarchisten.
Pfalz:
E., * Falkland Castle 19. Aug. 1596, † London 13. Febr. 1662, Kurfürstin, Königin von Böhmen. - Tochter Jakobs I. von England, 1613 ∞ mit Friedrich V. von der Pfalz; mußte mit ihm nach seiner Niederlage am Weißen Berg (1620) ins niederl. Exil fliehen; übersiedelte nach 1661 nach England.
E. Charlotte † Elisabeth Charlotte, Herzogin von Orléans.
Rußland:
E. Petrowna (russ. Jelisaweta Petrowna), * Kolomenskoje bei Moskau 29. Dez. 1709, † Petersburg 5. Jan. 1762, Zarin und Kaiserin (seit 1741). - Tochter Zar Peters d. Gr. und Katharinas I.; setzte ihren Thronanspruch erst mit dem Staatsstreich von 1741 durch; großer Einfluß von Günstlingen und wirtschaftspolit. Engpässe kennzeichnen ihre Innenpolitik; beendete 1743 den Krieg mit Schweden, im Östr. Erbfolgekrieg und im Siebenjährigen Krieg mit Österreich gegen Preußen verbündet; gründete 1755 die erste russ. Univ. in Moskau.
Spanien:
E. (E. von Valois), * Fontainebleau 22. Nov. 1545 (?), † Aranjuez 3. Okt. 1568, Königin. - Tochter Heinrichs II. von Frankr. und Katharinas von Medici. 1559 ∞ mit Philipp II.; Legende bezieht ein Liebesverhältnis zu Don Carlos.
E. (E. Farnese), * Parma 25. Okt. 1692, † Madrid 11. Juli 1766, Königin. - Prinzessin von Parma; 2. Gemahlin König Philipps V. seit 1714; begünstigte den Aufstieg von J. Alberoni, mit dem sie eine auf Italien gerichtete Politik begann; Begr. der bourbon. Linien in Neapel-Sizilien und Parma-Piacenza († Bourbon).
Thüringen:
E., * Sárospatak (Nordungarn) (Preßburg?, Etzelburg?) 1207, † Marburg (Lahn) 17. Nov. 1231, Landgräfin. - Tochter des ungar. Königs Andreas II. Schon 1208 mit dem späteren Landgrafen Ludwig IV. von Thüringen verlobt, lebte sie seit 1211 am thüring. Hofe, 1221 ∞ mit Ludwig (drei Kinder). 1227 nach dem Tod Ludwigs verließ sie unter dem Druck ihres Schwagers (oder ein in freiwilliger Armut zu leben?)

die Wartburg und kam nach Marburg. Ihr Beichtvater Konrad von Marburg hielt sie zu strenger Askese an; in dem von ihr gegründeten Franziskushospital in Marburg opferte sie sich im Dienst der Armen- und Krankenpflege auf. Schon 1235 wurde sie von Gregor IX. heiliggesprochen. Zu ihrem Grab in der E.kirche in Marburg entstand eine stark frequentierte Wallfahrt, die durch die Entfernung der Reliquien aus dem E.schrein von 1249/50 durch Landgraf Philipp I. von Hessen 1539 ihr Ende fand. - Fest: 19. Nov. - Schon sehr früh bildeten sich um E. - z.T. widersprüchl. - Legenden, die erstmals (vor 1240) von Cäsarius von Heisterbach zusammengefaßt wurden und starken Einfluß auf die Darstellungen der hl. E. in der Kunst hatten (E.schrein in Marburg, 1249). Das v.a. seit der Romantik beliebte Motiv des „Rosenwunders" (als E., von ihrem Mann [?] mit einem Korb voller Speisen für die Armen überrascht wird, verwandeln sich diese in Rosen) hat jedoch nur eine späte und spärl. Tradition; 1481 Aufführung des E.spiels in Marburg.

elisabethanischer Stil (Queen Elizabeth Style), Bau- und Dekorationsstil, der um 1530 einsetzte und bis zum Ende der Regierungszeit Königin Elisabeths I. von England (1603) dauerte; eine manierist. Mischung von Formen der engl. Spätgotik und der kontinentalen Renaissance; u.a. Longleat House (Wiltshire; 1567–79), Wollaton Hall (Nottinghamshire; 1580–88).

Elisabeth II. (1971)

Elisäus ↑ Elisa.
Elischa ↑ Elisa.
Elise, weibl. Vorname, Kurzform von Elisabeth.
Elision [lat.] (Ekthlipsis), Ausstoßung eines auslautenden unbetonten Vokals vor einem vokal. anlautenden Wort, z. B. „da steh ich". Ausstoßung eines Vokals vor konsonant, anlautenden Wort oder im Wortinnern, gekennzeichnet durch Apostroph (z. B. „ich geh' gleich").

Elista, Hauptstadt der Kalmück. ASSR innerhalb der RSFSR, auf der Jergenihöhe, 80 000 E. Univ. (gegr. 1970); Heimatmuseum; Theater; Baustoff-, Nahrungsmittel- u.a. Ind.; ⌘. - Seit 1930 Stadt.

Elite [frz.], die gesellschaftl. Minderheit, die polit. oder sozial führend bzw. herrschend ist und bes. Einfluß auf die Gesellschaft und deren Entwicklung ausübt, wobei *Geburts-E.* (Zugehörigkeit auf Grund der Herkunft), *Wert-E.* (Zugehörigkeit auf Grund allg. anerkannter persönl. Qualitäten) und *Macht-E.* (Inhaber bes. polit., wirtsch. oder militär. Herrschaft) unterschieden werden. *Elitetheorien* hatten meist die Funktion, soziale Ungleichheiten zu begründen bzw. zu rechtfertigen (z. B. Carlyle, Nietzsche, Ortega y Gasset); neuere Theorien verbinden jedoch mit dem E.begriff keinen Qualitäts- oder Wertbegriff mehr, sondern sehen E. als Inhaber von (auf Grund der in der Industriegesellschaft notwendigen Arbeitsteilung entstandenen) bes. wichtigen gesellschaftl. Positionen an; solche *Funktions-E.* widersprechen nur dann nicht demokrat. Prinzipien, wenn diese Positionen Vertretern aller Gesellschaftsschichten offenstehen und diese E. demokrat. legitimiert und kontrolliert werden.

Elitis, Odisseas (Elytis, O.), eigtl. O. Alepudelis, * Iraklion auf Kreta 2. Nov. 1911, neugriech. Lyriker. Hauptvertreter der modernen griech. Lyrik, steht in der Tradition des Surrealismus; bekannt wurde v.a. die von Verbundenheit mit Natur und Landschaft zeugende Gedichtsammlung „Körper des Sommers" (dt. 1960); als Hauptwerk gilt die z.T. von M. Theodorakis vertonte Dichtung „To axion esti - Gepriesen sei" (1959); erhielt 1979 den Nobelpreis für Literatur.

Elixier [arab. „trockene Substanz mit mag. Eigenschaften", zu griech. xḗrion („Trockenes"], heute nur noch sehr selten gebrauchte Bez. für einen alkohol. Pflanzenauszug mit Zusätzen (vom 13.–18. Jh. Arzneimittel für verschiedenste Zwecke, berühmt bis heute „Lebenselixier" von Paracelsus). Die Bez. wird heute weitgehend durch Tinktur und Mixtur ersetzt. Das Dt. Arzneibuch führte bis einschließlich 1926 noch ein Brust-E. und ein Pomeranzenelixier. - In der Alchimie wird der Begriff E. auf einen durch chem. Prozesse zu gewinnenden „Urstoff" bezogen, von dem die Verwandlung (Transmutation) der Metalle in Gold ausgehen sollte.

Elizabeth [engl. ɪˈlɪzəbəθ], engl. Form des Namens Elisabeth.

Elizabeth [engl. ɪˈlɪzəbəθ], Stadt in N.J., USA, im westl. Vorortbereich von New York, 20 m ü. d. M., 106 000 E. Hafen, Werften, Herstellung von Autoteilen, Nähmaschinen u.a.; 1664 entstanden.

El-Jadida [frz. ɛlʒadiˈda], Prov.hauptstadt in Marokko, am Atlantik, 90 km wsw. von Casablanca, 81 000 E. Fischverarbeitende

Ind., Seebad; Fischereihafen, 15 km südl. neuer Phosphatverladehafen **El-Jorf-Lasfar.** - 1506 Gründung der Stadt durch die Portugiesen. - Unterird. Zisterne (16. Jh.), Stadtmauer (16. Jh.).

Elke, weibl. Vorname, fries. Kurzform von Adelheid.

Elkesaiten [...za-i...], nach ihrem um die Wende des 1. zum 2. nachchristl. Jh. wirkenden Stifter **Elkesai** (Elchasai) ben. judenchristl. Sekte im Ostjordanland. Die E. verbanden jüd. Bräuche der Sabbatheiligung und der Beschneidung mit dem Glauben an die Messianität Jesu sowie mit gnost. Gedanken und synkretist. Elementen.

Elko, Abk. für: **El**ektrolyt**ko**ndensator (↑ Kondensator).

Ella, weibl. Vorname, Kurzform von Elisabeth, Elfriede oder Eleonore.

Ellbogen (Ellenbogen), Bez. für den gesamten Bereich des Ellbogengelenks, i. e. S. auch nur für das über die Gelenkgrube für den Oberarmknochen hinausreichende Olecranon (↑ Arm).

Elle, (Ulna) Röhrenknochen auf der Kleinfingerseite des Unterarms vierfüßiger Wirbeltiere (einschließl. Mensch).
◆ alte Längeneinheit, v. a. für Tuche; entsprach urspr. etwa der Länge des Unterarms. Unterschiedl. Festlegung: *Preuß. E.* = 66,69 cm; *Brabanter E.* = 69,5 cm, *Frankfurter E.* = 54,73 cm.

Ellen, im 19. Jh. aus dem Engl. übernommener weibl. Vorname, im Engl. die Kurzform sowohl von Helene als auch von Ellinor.

Ellenbogen, svw. ↑ Ellbogen.

Eller, svw. ↑ Erle.

Ellerbekkultur ↑ Ertebøllekultur.

Ellesmere Island [engl. 'ɛlzmɪə 'aɪlənd], die nördlichste Insel des Kanad.-Arkt. Archipels, im Nordpolarmeer, etwa 800 km lang, bis über 500 km breit, zahlr. Fjorde. Im N bis 2 900 m hoch, im O vergletschert, Moschusochsenherden in der Tundra; Wetterstation. - Erstmals 1616 von W. Baffin gesichtet.

Elliceinseln [engl. 'ɛlɪs] ↑ Tuvalu.

Ellingen, Stadt in Bayern, an der Schwäb. Rezat, 398 m ü. d. M., 3 100 E. Maschinenfabrik. - E. wurde 1216 von Kaiser Friedrich II. dem Dt. Orden geschenkt (Sitz der Ballei Franken). Stadtrechte seit 1378. - Schloß (1718 ff.), Reste der Stadtbefestigung (16. Jh., u. a. Pleinfelder Tor; Rokokorathaus (1744).

Ellington, Edward Kennedy („Duke") [engl. 'ɛlɪŋtən], * Washington 29. April 1899, † New York 24. Mai 1974, amerikan. Jazzmusiker (Orchesterleiter, Komponist, Pianist). - Seit 1918 als Bandleader tätig, erzielte seine ersten großen Erfolge mit dem sog. „jungle style". In den folgenden Jahrzehnten wurde seine Big Band zum führenden Orchester des Jazz. Zu den wesentlichsten stilist. Merkmalen seiner Musik gehören ein sehr differenzierter Umgang mit den klangl. Mitteln der Big Band bei starker Betonung der individuellen Eigenarten seiner Musiker und eine Bevorzugung von suitenartigen Formverläufen anstelle der übl. 3-Minuten-Stücke.

Edward Kennedy („Duke") Ellington

Ellinor [engl. 'ɛlɪnə], weibl. Vorname, engl. Form von Eleonore.

Elliot Lake [engl. 'ɛljət 'lɛɪk], kanad. Stadt 130 km westl. von Sudbury, 9 000 E. Zentrum eines Uranerzbergbaugebietes.

Elliott, Ebenezer [engl. 'ɛljət], * Masborough (Yorkshire) 17. März 1781, † Great Houghton bei Barnsley 1. Dez. 1849, engl. Dichter. - Berühmt durch die Gedichte gegen die Korngesetze der Regierung („Corn law rhymes", 1831), die die Not der unteren Klassen darstellen.

Ellipse [zu griech. élleipsis „Mangel" (da die vollkommene Kreisform „fehlt")], rhetor. Figur: Aussparung von Redeteilen (z. B. [ich] danke schön).
◆ in der *Geometrie* eine zu den Kegelschnitten gehörende geschlossene Kurve, und zwar der

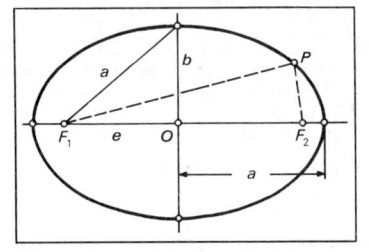

Ellipse mit den Halbachsenlängen *a* und *b*

geometr. Ort aller Punkte der Ebene, für die die Summe der Abstände zu zwei gegebenen Punkten F_1 und F_2 (den *Brennpunkten*) konstant ($= 2a$) ist. Der Mittelpunkt O der Strecke zw. F_1 und F_2 (Länge $2e$) ist zugleich

Ellipsenzirkel

Mittelpunkt der E., d. h., O halbiert jede durch diesen Punkt verlaufenden Sehne; e ist die *lineare Exzentrizität*. Die Gerade durch F_1 und F_2 trifft die E. in den beiden *Hauptscheiteln*, die von O den Abstand a haben; die dazu senkrechte Gerade durch O trifft die E. im Abstand $b = \sqrt{a^2 - e^2}$ in den beiden *Nebenscheiteln*. Die Verbindungslinien entsprechender Scheitel heißen *Haupt-* bzw. *Nebenachse*; a bzw. b ist die große bzw. kleine Halbachsenlänge. Der Flächeninhalt F der E. ist $F = \pi a b$, die Krümmungsradien in Haupt- bzw. Nebenscheitel sind b^2/a bzw. a^2/b. Für $a = b$ ergibt sich als Sonderfall der Kreis. – Die E. ist eine algebraische Kurve zweiter Ordnung; liegt der Mittelpunkt im Koordinatenursprung eines kartes. Koordinatensystems, so lautet ihre Gleichung

$$\frac{x^2}{a^2} + \frac{y^2}{b^2} = 1.$$

Ellipsenzirkel, Gerät zur Konstruktion einer Ellipse; gleiten die auf einem Stab gelegenen Punkte K_1 und K_2 auf zwei zueinander senkrechten Geraden (Schienen), so beschreibt der Punkt P eine Ellipse.

Ellipsenzirkel

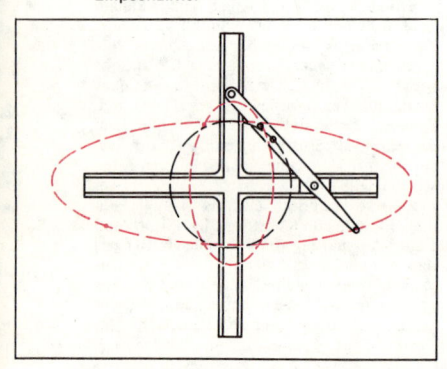

Ellipsoid [griech.], geschlossene Fläche 2. Ordnung (bzw. der von ihr umschlossene Körper), deren ebene Schnitte Ellipsen, in bestimmten Fällen Kreise sind. Gleichung des E. im rechtwinkl. Koordinatensystem (wenn a, b, c die Achsenabschnitte sind):

$$\frac{x^2}{a^2} + \frac{y^2}{b^2} + \frac{z^2}{c^2} = 1.$$

Bei Gleichheit zweier Achsenabschnitte bezeichnet man das E. als Rotationsellipsoid, da es durch Rotation einer Ellipse um eine ihrer Achsen entsteht. – Abb. Bd. 1, S. 204.

Elliptozytose [griech.], dominant erbl., nicht rassengebundene Anomalie der roten Blutkörperchen (Vermehrung der ovalen Formen, der Elliptozyten).

Ellis, Don, eigtl. Donald Johnson E., * Los Angeles 4. Aug. 1934, † ebd. 17. Dez. 1978, amerikan. Jazzmusiker (Trompeter, Komponist). - Vertreter einer geglätteten „weißen" Variante des „schwarzen" † Free Jazz.

Ellison, Ralph Waldo [engl. 'ɛlɪsn], * Oklahoma City 1. März 1914, amerikan. Schriftsteller. - Bed. sein Roman „Unsichtbar" (1952), in dem er unter Verwendung autobiograph. Züge die Rassenfrage vom Standpunkt des Farbigen aus darstellt.

Ellora (Elura), ind. Ort im Bundesstaat Maharashtra, auf dem Hochland von Dekhan; 34 aus dem Fels gehauene Tempel und Klöster des Buddhismus, Hinduismus und Dschainismus (5.–8./9. Jh.); der hinduist. Schiwatempel, der Kailasanath (8. Jh.), ist eine riesige freistehende Tempelanlage.

Ellsworth, Lincoln [engl. 'ɛlzwəːθ], * Chicago 12. Mai 1880, † New York 26. Mai 1951, amerikan. Polarforscher und Flieger. - Erreichte 1925 mit R. Amundsen in zwei Amphibienflugzeugen 87° 44' n. Br.; nahm in den folgenden Jahren an Luftschifflügen über die Arktis teil; überflog 1935 in der dritten von vier Expeditionen als erster die Antarktis.

Ellwangen (Jagst), Stadt in Bad.-Württ., im Jagsttal, 440 m ü. d. M., 21 100 E. Zentrum für ein bäuerl. Umland; Elektro-, Textil- u. a. Ind., Fremdenverkehr, Garnison. - Die Stadt, die 1201 erstmals als solche erwähnt wird, entstand aus einer Siedlung um das 764 gegr. Benediktinerkloster Ellwangen, dessen Äbte seit 1215 Reichsfürsten waren und das 1460 in ein exemtes weltl. Chorherrenstift mit einem Fürstpropst an der Spitze umgewandelt wurde und schließl. 1802/03 an Württemberg überging. - Roman. ehem. Stiftskirche (1182–1233), Wallfahrtskirche Schönenberg (1682–86), Schloß (16.–18. Jh.).

Ellwanger Berge, Teil der Schwäb.-Fränk. Waldberge bei Ellwangen (Jagst), im Hohenberg 570 m hoch.

Ellweiler † Birkenfeld.

Ellwein, Thomas, * Hof 16. Juli 1927, dt. Politik- und Erziehungswissenschaftler. - 1961–70 Prof. in Frankfurt am Main; 1970–74 Direktor des wiss. Instituts für Erziehung und Bildung in den Streitkräften (München); 1974–76 Präs. der Hochschule der Bundeswehr in Hamburg; seit 1976 Prof. in Konstanz.

Ellwood, Charles Abraham [engl. 'ɛlwʊd], * nahe Ogdensburg (N. Y.) 20. Jan. 1873, † Durham (N. C.) 25. Sept. 1946, amerikan. Soziologe. - 1900–30 Prof. an der University of Missouri, 1930–44 in Durham; vertrat eine mit sozialreformer. Absichten verbundene fortschrittsgläubige, individualist., psycholog. Entwicklungsphilosophie.

Elm, Höhenzug 15 km sö. von Braunschweig, 15 km lang, bis 7 km breit, im Kuxberg 327 m hoch.

Elmira, aus dem Span. übernommener weibl. Vorname arab. Ursprungs, eigtl. „die Fürstin".

Elmsfeuer [wohl nach dem hl. Erasmus (italien. Santo Elmo)] (Eliasfeuer), büschelförmige elektr. Gasentladung an aufragenden, spitzen Gegenständen (Blitzableitern, Masten, Dachfirsten, Bäumen usw.) bei hohen elektr. Feldstärken, insbes. bei Gewittern.

Elmshorn, Stadt in Schl.-H., am S-Rand der Geest, 5 m ü. d. M., 41 400 E. Nahrungsmittelind., Metallverarbeitung; Flußhafen, Werft. - 1141 erstmals erwähnt; 1649 an die Grafen von Rantzau und 1726 an das dän. Holstein; seit 1867 preuß.; seit 1870 Stadt. - Sankt Nikolai-Kirche (14. Jh.).

Eloge [eˈloːʒə; griech.-frz.], Lobrede in der frz. Literatur des 17. und 18. Jh.; heute oft iron. gebraucht (im Sinne von Lobhudelei).

Elogium [griech.-lat.], in der röm. Antike 1. Bez. für eine kurze Grab- bzw. Sarkophaginschrift; 2. kurze Beschriftung gleicher Art unter Ahnenbildnissen („imagines").

Elohim, hebr. Bez. für „Gott" und „Götter"; im A. T. begegnet E. als Bez. für die Götter der Umwelt, meist aber als Bez. des Gottes Israels, Jahwe.

Elohist [hebr.], eine der Quellenschriften des Pentateuchs im A. T.; entstand im Nordreich Israel um 750 v. Chr. und gebraucht im Ggs. zum Jahwisten als Gottesnamen vorwiegend **Elohim**.

E-Lok, Kurzbez. für: elektr. **Lok**omotive († Eisenbahn).

Elongation [lat.], (Ausweichung) die Winkeldistanz eines Planeten von der Sonne. ♦ der Betrag, um den ein Körper aus einer stabilen Gleichgewichtslage entfernt wird (z. B. bei Schwingungen um diese Lage).

Eloquenz [lat.], Beredsamkeit; **eloquent,** beredt.

Eloxalverfahren ⓦ [Kw. aus: **el**ektrolyt. **Ox**idation des **Al**uminiums] (Eloxieren), Verfahren zur Erzeugung einer Schutzschicht von Aluminiumoxid auf Aluminium, bei dem die Aluminiumteile in einem Elektrobad (meist Schwefelsäure, Oxalsäure) einer † anodischen Oxidation unterworfen werden. Die Oxidschichten sind porös und werden durch eine spezielle Nachbehandlung verdichtet. Durch Eintauchen in wäßrige Lösung lassen sie sich mit organ. Farbstoffen oder anorgan. Salzen färben.

El Paso [engl. ɛl ˈpɑːsoʊ], Stadt in Texas, USA, am Rio Grande, Grenzübergang nach Mexiko, 1 150 m ü. d. M., 425 000 E, Kath. Bischofssitz, Teil der University of Texas (seit 1967). Bekleidungs-, Nahrungsmittelind., Erdöl- und Kupferraffinerien u. a.; Verkehrsknotenpunkt, internat. ⌧. - Der seit 1827 auf dem N-Ufer des Rio Grande entstandene nördl. Stadtteil der damaligen El Paso (heute Ciudad Juárez) kam 1848 durch den Vertrag von Guadalupe Hidalgo an Texas.

Elpis [griech. „Hoffnung, Erwartung" (von Gutem und Bösem)], in der griech. Mythologie Verkörperung der Hoffnung.

Elritze (Phoxinus phoxinus), bis knapp 15 cm langer, schlanker, nahezu drehrunder Karpfenfisch in klaren Gewässern Europas und Asiens.

Elsa, Kurzform von Elisabeth.

El Salvador ↑ Salvador, El.

El-Salvador-Colón, Zeichen ₡ oder ¢; Währungseinheit in El Salvador; 1 ¢ = 100 Centavos.

Elsaß (frz. Alsace), Landschaft in O-Frankr. zw. Vogesenkamm im W, Oberrhein im O, Jura im S und Pfälzer Wald im N; die Region E. umfaßt die Dep. Haut-Rhin und Bas-Rhin; Regionshauptstadt Straßburg. Vom Rheinufer bis zu den Hängen der Vogesen erstreckt sich mit über 20 km Breite das Oberrhein. Tiefland, ein klimat. bes. begünstigter Raum, intensiv landw. genutzt, u. a. Anbau von Tabak und Hopfen. Im Übergang zu den Vogesen erstreckt sich eine Vorhügelzone, Erzeugergebiet von Obst und der elsäss. Weine. In den Tälern der Vogesen findet sich Milchwirtschaft (Münsterkäse). Auf wirtsch. Sektor hat sich das E. nach dem 2. Weltkrieg zu einem europ. Zentralgebiet entwickelt, konzentriert auf die größeren Städte und das unmittelbare Rheingebiet, v. a. nach Inbetriebnahme des Rhein-Rhone-Kanals und des Rheinseitenkanals. Die wichtigsten Bodenschätze sind die Kalivorkommen bei Mülhausen, auf denen eine eigene chem. Ind. aufbaut. Neben der Textilind. finden sich Fahrzeug- und Maschinenbau, Erdölraffinerien, Papier-, Druckerei- sowie Nahrungsmittelind., Brauereien und Brennereien. Ganzjähriger Fremdenverkehr (Sommerfrischen, Wintersport, Heilbäder).

Geschichte: Das 58 v. Chr. von Cäsar eroberte kelt. Gebiet wurde zw. 82 und 90 der röm. Prov. Germania superior eingegliedert, nach 260 zunächst zeitweise, dann dauernd von Alemannen okkupiert, 496 Teil des Frankenreichs (seit 870 ostfränk. bzw. dt.). V. a. in stauf. Zeit ein Kerngebiet der kaiserl. Macht. Im Spät-MA waren die Grafen von Habsburg, die seit 1135 die Landgrafschaft im oberen E. (Sundgau) besaßen, die wichtigsten weltl. Herren im territorial stark zersplitterten E.; an erster Stelle der geistl. Herren stand der Bischof von Straßburg, seit 1362 Inhaber der Landgrafschaft im unteren Elsaß. 1648 wurden der Sundgau und die Vogtei über die 10 Reichsstädte († Dekapolis) Frankr. zugesprochen, das sich bis 1697 den größten Teil des restl. E. einverleibte (1681 Straßburg). 1871 wurde das E. mit Ausnahme des Territorire de Belfort Bestandteil des dt. Reichslandes † Elsaß-Lothringen, 1918/19 wieder frz.; die frz. Assimilationsbestrebungen (Sprachenkampf) förderten eine autonomist. Bewegung. Während der dt. Besetzung (1940-44) nominell bei Frankr., aber unter dt. Zivilverwaltung.

⚏ *Ebert, K.: Das E.* Köln 1979. - *Histoire*

Elsässer Belchen

d'Alsace. Hg. P. Dollinger. Toulouse; Paris 1970.

Elsässer Belchen (frz. Ballon d'Alsace), Gipfel in den südl. Vogesen, 1 247 m hoch.

Elsässer Zehnstädtebund ↑ Dekapolis.

Elsässisch, oberdt. Mundart († deutsche Mundarten).

elsässische Tracht ↑ Volkstrachten (Abb.).

elsässische Weine, AAC-Qualitätsweine (Appellation Alsace Controlée, d. h. Weine aus dem Elsaß mit kontrollierter Ursprungsbezeichnung) gibt es aus 6 weißen Rebsorten: Silvaner, Weiß-Clevner (Pinot blanc, Weißburgunder), Elsässer Muskateller, Riesling, Elsässer Tokayer (Pinot gris, Grau-Clevner, Ruländer [Burgunderreben]), Gewürztraminer sowie als einzigen Rotwein Blauer Spätburgunder. Spezialitäten sind der **Zwicker** (Verschnitt, meist aus Gutedel und Silvaner) und der **Edelzwicker** (Verschnitt verschiedener Rebsorten).

Elsaß-Lothringen (amtl. Reichsland E.-L.), Bez. der Gebiete, die Frankr. 1871 an das Dt. Reich abtreten mußte. Die aus vorwiegend nat. und militär. Gründen erstrebte Annexion erfolgte gegen den Willen der großen Mehrheit der Bev. Der Gewinn von E.-L. sicherte dem Reich eine strateg. günstigere Grenze, machte es zum eisenerzreichsten Staat des Kontinents und verschaffte ihm das Kalimonopol, bedeutete aber eine schwere polit. Belastung (Protesthaltung der Bev., frz. Revisionspolitik). Staatsrechtl. hatte E.-L. einen Sonderstatus: Zunächst nach dem Muster einer preuß. Prov. verwaltet, 1879 erstes Verfassungsgesetz (Statthalter, Ministerium, Landesausschuß), 1902 Aufhebung der bes. verhaßten Diktaturparagraphen, Teilautonomie durch das Verfassungsgesetz von 1911 (frei gewählte Volksvertretung, eigene Gesetzgebung bei Vorrechten des Kaisers, Sitz im Bundesrat mit 3 Stimmen). Im 1. Weltkrieg ging die vollzeihende Gewalt an das Militär über; volle Autonomie erst seit Okt. 1918, kurz darauf Rückkehr zu Frankreich.

Elsbeere (Sorbus torminalis), laubkliebendes Rosengewächs aus der Gatt. ↑ Sorbus, in M- und S-Europa in Gebüsch und lichten, warmen Wäldern; Strauch oder bis 15 m hoher Baum mit eiförmigen, drei- bis vierlappigen Blättern, weißen Blüten in Trugdolden und längl., erst roten, zuletzt lederbraunen, hell punktierten Apfelfrüchten.

Elsbeth, Kurzform des weibl. Vornamens Elisabeth.

Else, Kurzform des weibl. Vornamens Elisabeth.

Elsense ↑ Ixelles.

Elsevier [niederl. 'ɛlsəvi:r] (Elsevir; Elzevier), niederl. Buchhändler-, Drucker- und Verlegerfamilie, die im 17.Jh. die Führung im westeurop. Buchgewerbe übernahm. Gründer des Hauses (1593) war *Louis (Lodewijk) E.* (*1542, †1617), der als Kalvinist 1580 von Amsterdam nach Leiden flüchtete. Sein Sohn *Bonaventura E.* (*1583, †1652) und sein Enkel *Abraham E.* (*1592, †1652) gelten als eigtl. Begründer des Verlags, den Bonaventuras Sohn *Jan E.* (*1622, †1661) und Nachfolger bis 1713 weiterführten, während Abrahams Sohn *Daniel E.* 1555 nach Amsterdam ging, wo *Lodewijk E.* (*1604, 1670) einen bed. Zweigbetrieb gegr. hatte, der nach dem Tode Daniels (1581) sein Ende fand.

Elsevier, N. V. Uitgeversmaatschappij [niederl. ɛn've: 'œytxe:vərsma:tsxɑpɛi 'ɛlsəvi:r] ↑ Verlage (Übersicht).

Elsgau, Gebiet in der Schweiz, ↑ Ajoie.

Elsheimer, Adam, * Frankfurt am Main 18. März 1578, ⬜ Rom 11. Dez. 1610, dt. Maler. - Schüler des Frankfurter Malers P. Uffenbach, Anregungen durch niederl. Kunst (u. a. Coninxloo), in Venedig durch J. Rottenhammer. Seit 1600 in Rom, setzte er sich mit der Renaissance auseinander, v. a. mit der Helldunkelmalerei Caravaggios und der Landschaftsmalerei A. Carraccis. Seine Bilder sind meist kleinformatig, v. a. nächtl. oder dämmrige Landschaften mit bibl. und mytholog. Szenen, in denen verschiedenartige Leuchtquellen (Feuerschein, Fackeln, Mondlicht) neue maler. Qualitäten erschließen (meist auf Kupfer), u. a. „Heilige Familie mit Engeln" (wohl zw. 1598/1600; Berlin-Dahlem), „Der Brand von Troja" (wohl nach 1600; München, Alte Pinakothek), „Die Verherrlichung des Kreuzes" (Mittelteil eines Hausaltares, wohl um 1605; Frankfurt am Main, Städel), „Flucht nach Ägypten" (1609, München, Alte Pinakothek).

Eslande, Renaat van, * Boekhoute (Prov. Ostflandern) 21. Jan. 1916, belg. Politiker. - Seit 1949 Abg. für die Christlichsozialen (PSC/CVP), gehört zum fläm. Flügel; u. a. 1966–68 Min. für Europa und niederl. Kultur, 1972/73 Innenmin., 1973–77 Außenmin.; 1977–80 Justizmin.; 1978–80 zugleich stellv. Min.präsident.

Elsner, Gisela, * Nürnberg 2. Mai 1937, dt. Schriftstellerin. - Karikiert in der Folge von Erzählungen „Die Riesenzwerge" (1964) das Kleinbürgertum. - *Weitere Werke:* Das Berührungsverbot (R., 1970), Die Zerreißprobe (R., 1980), Die Zähmung (R., 1984).

Elsschot, Willem [niederl. 'ɛlsxɔt], eigtl. Alfons de Ridder, * Antwerpen 7. Mai 1882, † ebd. 31. Mai 1960, fläm. Schriftsteller. - Sarkast., dabei mitfühlende Großstadtromane aus dem kleinbürgerl. Milieu; u. a. „Kaas" (R., 1933), „Tschip" (R., 1934).

Elßler, Fanny, eigtl. Franziska E., * Gumpendorf bei Wien 23. Juni 1810, † Wien 27. Nov. 1884, östr. Ballettänzerin. - Die Neuartigkeit ihres Tanzstils, der den Charaktertanz der Romantik neue Ausdrucksmöglichkeiten eröffnete, und ihre Schönheit machten

elterliche Sorge

sie zur gefeiertsten Tänzerin des 19. Jh.

Elster (Pica pica), etwa 20 cm langer, mit dem sehr langen, gestuften Schwanz etwa 45 cm messender Rabenvogel in Eurasien, NW-Afrika und im westl. N-Amerika; Gefieder meist an Schultern, Flanken und Bauch weiß, sonst metallisch schwarzblau mit grünl. Schimmer; Standvogel.

Elster, Bad ↑ Bad Elster.

Elstereiszeit [nach der Weißen Elster, einem Nebenfluß der Saale], Phase der Eiszeit in Norddeutschland.

Elstergebirge, Bergland zw. dem Erzgebirge und dem Fichtelgebirge, BR Deutschland, DDR und ČSSR, im Kapellenberg 758 m hoch.

Elsterwerda, Stadt im Bez. Cottbus, DDR, an der Schwarzen Elster, 10 600 E. Steingutind.; Baumschulen. - Seit dem 14. Jh. belegt. - Barockschloß (1720–37); Pfarrkirche Sankt Katharinen (1708) mit spätgot. Chor.

El Tajín ↑ Tajín, El.

elterliche Sorge (früher: elterliche Gewalt), das Recht und die Pflicht der Eltern und der nichtehel. Mutter zur Sorge für das Kind; sie beruht auf der biolog. u. sittl. Ordnung der Familie, steht aber auch Adoptiveltern zu. Sie ist verfassungsrechtl. geschützt († Elternrecht) und umfaßt die Personensorge und die Vermögenssorge, jeweils mit der gesetzl. Vertretung (§§ 1 626 ff. BGB). Sie ist unvererbl. und unübertragbar, doch kann die Ausübung Dritten überlassen werden. Sie ist von der ↑ Vormundschaft zu unterscheiden, deren Eintritt der Anordnung von bes. Voraussetzungen abhängig ist und die der fortlaufenden Überwachung durch das Vormundschaftsgericht unterliegt.

Bei der Ausübung der e. S. über ein ehel. Kind während bestehender Ehe sind beide Elternteile gleichberechtigt. Regelmäßig wird zw. den Eltern eine natürl. oder vereinbarte Aufgabenteilung bestehen. Bei Meinungsverschiedenheiten müssen sie sich um eine Einigung bemühen. Soweit ein Kind schon zur Beurteilung seiner Angelegenheiten in der Lage ist, haben sie darauf Rücksicht zu nehmen. Kommt in einer Angelegenheit von erhebl. Bedeutung eine Einigung der Eltern nicht zustande, so kann das Vormundschaftsgericht auf Antrag die Entscheidung einem Elternteil allein übertragen.

Die **Personensorge** umfaßt insbes. die Pflicht und das Recht, das Kind zu pflegen, zu erziehen, zu beaufsichtigen und seinen Aufenthalt zu bestimmen, sowie, wenn das Kind von einem Dritten vorenthalten wird, die Herausgabe zu verlangen. Zu einer mit Freiheitsentziehung verbundenen Unterbringung des Kindes in einem psychiatr. Krankenhaus oder einem Heim bedürfen die Eltern jedoch der vormundschaftsgerichtl. Genehmigung. Zur Eheschließung bedarf das Kind der Zustimmung der Eltern. Dagegen bedarf ein Kind zur Zeugnisverweigerung vor Gericht nicht der Zustimmung des gesetzl. Vertreters.

Die **Vermögenssorge,** die Verwaltung des Vermögens des Kindes und die Wahrnehmung vermögensrechtl. Interessen des Kindes, erstreckt sich nicht auf Vermögen, welches das Kind von Todes wegen erwirbt oder das ihm von Lebenden unentgeltl. zugewendet wird, wenn der Erblasser durch letztwillige Verfügung, der Zuwendende bei der Zuwendung bestimmt hat, daß die Eltern das Vermögen nicht verwalten sollen. Die Eltern haben das ihrer Verwaltung unterliegende Geld des Kindes nach den Grundsätzen einer wirtschaftl. Vermögensverwaltung anzulegen, sofern es nicht zur Bestreitung von Ausgaben bereitzuhalten ist. Einkünfte des Kindesvermögens, die zur ordnungsmäßigen Verwaltung nicht benötigt werden, können für den Unterhalt des Kindes verwendet werden. Die Eltern können solche Einkünfte auch für ihren eigenen Unterhalt und für den Unterhalt der minderjährigen unverheirateten Geschwister des Kindes verwenden, soweit dies der Billigkeit entspricht. Schließt das minderjährige Kind einen Ehevertrag, so bedarf es der Zustimmung der Eltern (§ 1411 BGB).

Ein Elternteil ist während bestehender Ehe an der gesetzl. Vertretung des Kindes gegenüber dem anderen Elternteil oder seinen Eltern (Großeltern des Kindes) verhindert, weil die e. S. grundsätzl. gemeinschaftl. auszuüben ist. Bei Interessenkollision kann das Vormundschaftsgericht einem Elternteil die gesetzl. Vertretung entziehen, wobei ein Pfleger zu bestellen ist. Doch kann ein getrenntlebender Elternteil Unterhaltsansprüche des Kindes gegen den anderen Elternteil geltend machen. Die e. S. *ruht,* wenn ein Elternteil geschäftsunfähig oder beschränkt geschäftsfähig ist oder das Vormundschaftsgericht feststellt, daß ein Elternteil die e. S. auf längere Zeit tatsächl. nicht ausüben kann. Ist der Elternteil beschränkt geschäftsfähig, so kann er die tatsächl. Personensorge ausüben. Ruht die e. S. eines Elternteils, so geht sie auf den anderen Elternteil über.

Leben die Eltern *nicht nur vorübergehend getrennt,* so kann das Familiengericht auf Antrag die Ausübung der e. S. regeln, ohne Antrag, wenn andernfalls das Wohl des Kindes gefährdet wäre. Ist die *Ehe der Eltern geschieden, aufgehoben* oder für *nichtig erklärt,* so bestimmt das Familiengericht, welchem Elternteil die e. S. zustehen soll; maßgebend ist das Wohl des Kindes. Die Eltern können einen gemeinsamen Vorschlag hierüber machen; von diesem soll das Familiengericht nur abweichen, wenn es dem Wohle des Kindes dient.

Die e. S. *endet* mit der Volljährigkeit oder der Adoption des Kindes. Verheiratet sich das Kind, so beschränkt sich die e. S. auf die gesetzl. Vertretung in persönl. Angelegen-

Eltern

heiten und auf die Vermögenssorge. Stirbt ein sorgeberechtigter Elternteil, so wird die e. S. durch das Vormundschaftsgericht i. d. R. auf den anderen Elternteil des ehel. Kindes übertragen.

Wird das persönl. Wohl eines Kindes gefährdet und sind die Eltern nicht gewillt oder nicht in der Lage, die Gefährdung zu beseitigen, so hat das Vormundschaftsgericht die erforderl. Maßnahmen zu treffen, gegebenenfalls einen Pfleger für die Personensorge zu bestellen, z. B. zur Heimunterbringung des Kindes. Ebenso hat das Vormundschaftsgericht die erforderl. Maßnahmen anzuordnen, wenn die mit der Vermögenssorge verbundenen Pflichten verletzt werden und das Vermögen des Kindes dadurch gefährdet ist. Wird einem Elternteil (bei bestehender Ehe) die Personensorge oder die Vermögenssorge entzogen, so übt der andere Elternteil die Sorge allein aus; das Gericht trifft aber eine abweichende Entscheidung, wenn das Wohl des Kindes dies erfordert.

Der Elternteil, dem die Personensorge nicht zusteht, ist zum persönl. Umgang mit dem Kinde befugt; gegebenenfalls hat das Familiengericht hierüber zu entscheiden; es kann den Umgang, soweit es zum Wohle des Kindes erforderl. ist, einschränken oder ausschließen.

Jans, K. W/Hoppe, G.: Gesetz zur Neuregelung der e. S. Stg. 1980.

Eltern [eigtl. „die Älteren"], 1. im *bürgerl. Recht* folgende erste Verwandte ersten Grades: die leibl. Eltern eines ehel. Kindes (Vater und Mutter); die Mutter eines als ehel. geltenden Kindes und deren Ehemann (Scheinvater), wenn die Ehelichkeit des in Wirklichkeit von einem anderen Mann abstammenden Kindes nicht oder nicht wirksam angefochten worden ist; die nichtehel. Mutter; die Adoptiveltern. 2. im *Verfassungsrecht* alle, denen Art. 6 Abs. 2 GG das Recht zur Pflege und Erziehung eines Kindes garantiert. E. in diesem Sinne sind unstreitig die leibl. E. eines ehel. Kindes, nach herrschender Ansicht auch die übrigen E. im Sinne des bürgerl. Rechts. Der nichtehel. Vater, Pflegeeltern, Vormund und Pfleger werden z. T. auch hierzu gerechnet.

Elternausschüsse ↑ Elternvertretungen.
Elternbeiräte ↑ Elternvertretungen.
Elterngeneration ↑ Filialgeneration.

Elternrecht, das durch Art. 6 Abs. 2 GG garantierte Recht der ehel. Eltern und der nichtehel. Mutter auf Pflege und Erziehung ihrer Kinder, einschl. der weltanschaul.-religiösen Erziehung, der Bestimmung der Art der Schule und der freien Wahl zw. verschiedenen Bildungswegen. Es ist ein Grundrecht und garantiert die Selbstverantwortung der Eltern. Doch ist es pflichtgebunden: Die Eltern haben stets das Wohl des Kindes zu achten. Der Staat hat über die Pflege und Erziehung der Kinder durch die Eltern zu wachen, er hat die Pflege und Erziehung der Kinder sicherzustellen, die selbst als Grundrechtsträger Anspruch auf den Schutz des Staates haben, und einzugreifen, wenn das Wohl eines Kindes gefährdet ist. Versagen die Erziehungsberechtigten oder droht ein Kind aus anderen Gründen zu verwahrlosen, so darf es von der Familie getrennt werden. Die von den Eltern bestimmte Grundrichtung der Erziehung ist bei der öffentl. Erziehung zu beachten.

Elternrente, Leistung der Unfallversicherung an Eltern und andere Verwandte der aufsteigenden Linie, Stief- oder Pflegeeltern eines durch einen Arbeitsunfall oder an einer Berufskrankheit Verstorbenen, wenn dieser sie aus seinem Arbeitsverdienst wesentl. unterhalten hatte oder zu ihrem Unterhalt verpflichtet war; E. wird auch im Rahmen der Kriegsopferversorgung gewährt.

Elternvertretungen (Elternbeiräte, Elternausschüsse), beschränken sich an den Schulen in den meisten Ländern der BR Deutschland auf eine beratende Funktion, in Hessen haben sie Mitbestimmungsrecht. In einigen Ländern bestehen Elterngremien, in die auch Lehrer (Elternräte in Hamburg, Schulpflegschaften in Nordrhein-Westfalen) oder Vertreter der Gemeinden und Kirchen (Schulpflegschaften in Bayern und Schleswig-Holstein) einbezogen sind. Die Vors. der E. treffen sich auf Stadt-, Kreis- oder Landesebene. Die Länder-E. haben sich im „Bundeselternrat" zusammengeschlossen.

Eltonsee, Salzsee im nördl. Teil der Kasp. Senke, 150 km nö. von Wolgograd, 152–200 km^2, etwa 15 m u. d. M.; am O-Ufer liegt der Kurort Elton.

Eltville am Rhein [εlt'vɪlə, '---], hess. Stadt am rechten Rheinufer, 95 m ü. d. M., 15 600 E. Weinbauschule, Weinbauamt; Weinbau, Sektkellerei. - Aus einer alemann. Siedlung der Völkerwanderungszeit entstanden; Stadt seit 1332. - Got. Pfarrkirche (1353–1434), Burg (14. Jh.; 1636 zerstört, Ostflügel wiederaufgebaut), Teile der Stadtbefestigung blieben erhalten.

Eltz, Ganerbenburg am unteren Elzbach (linker Zufluß der unteren Mosel), onö. vom Cochem, Rhld.-Pf.; die vier Burghäuser (z. T. in Fachwerk), in engem Verband auf steilem Felsen, wurden vom 12. bis 16. Jh. erbaut (nach dem Brand von 1920 wiederhergestellt).

Éluard, Paul [frz. e'lɥa:r], eigtl. Eugène Grindel, * Saint-Denis bei Paris 14. Dez. 1895, † Charenton-le-Pont bei Paris 18. Nov. 1952, frz. Dichter. - In den 1920er Jahren neben A. Breton unbestrittenes Haupt des Surrealismus, v. a. während der Résistance polit. aktiv (Mgl. der KPF). Schrieb fast ausschließl. Lyrik in klarer, klass. Sprache. - *Werke:* Hauptstadt der Schmerzen (Ged., 1926), Die öffentl. Rose (Ged., 1934), Poésie et verité (Ged., 1942), Doubles d'ombre (Ged., 1945), Polit.

Email

Gedichte (1948), Le phénix (Ged., 1951).

Elul [hebr.], jüd. Monatsname für den 12. und letzten Monat des jüd. Kalenders mit 29 Tagen, der in die Zeit Mitte Aug. bis Mitte Sept. fällt.

Elvas [portugies. 'ɛlvɐʃ], portugies. Stadt im Alentejo, 300 m ü. d. M., 13 000 E. Eine der größten und wichtigsten ehem. Grenzbefestigungen Portugals gegen Spanien. - Seit 1513 Stadt. - Spätgot. Kathedrale (1537 geweiht); auf röm. Grundmauern erbauter Aquädukt (1498–1622).

Elvira, aus dem Span. übernommener weibl. Vorname, dessen Bed. unklar ist.

Elwert'sche Universitäts- und Verlagsbuchhandlung, N. G., ↑Verlage (Übersicht).

Ely [engl. 'iːlɪ], engl. Stadt, Gft. Cambridgeshire, 10 300 E. Anglikan. Bischofssitz; Internat (gegr. im 11. Jh.). Marktzentrum der südl. Fens. - Das Doppelkloster E. wurde 673, das Bistum E. 1109 gegr. - Kathedrale Holy Trinity (1083 ff.), ein bed. Bau der angelsächs.-normann. Schule, Pfarrkirche Saint Mary (13. Jh.), Bischofspalast (16. und 18. Jh.).

Elyot, Sir Thomas [engl. 'ɛljət], * in Wiltshire um 1490, † Carleton (Cambridgeshire) 20. März 1546, engl. Humanist. - Freund von Sir T. More, Verf. eines Heinrich VIII. gewidmeten Fürstenspiegels, „Das Buch vom Herrscher" (1531), in dem er die Erziehung zur eth. Grundhaltung des Gentleman darlegte.

Élysée-Palast [frz. eli'zeː], Amtssitz der Präs. der Frz. Republik seit 1873. Erbaut 1718 von C. Mollet.

Élysées [frz. eli'zeː] ↑Champs-Élysées.

Elysium [griech.], in der griech. Mythologie das Gefilde der Seligen, am Westrand der Erde, diesseits des Okeanos, später als Ort in der Unterwelt gedacht.

Elzach, Stadt in Bad.-Württ., im Schwarzwald, 361 m ü. d. M., 6 400 E. Holzwirtschaft, Textilind. Traditionelle Fastnachtsbräuche (**Elzacher Schuddig**). - 1178 erstmals erwähnt.

Elzevier [niederl. 'ɛlzəviːr] ↑Elsevier.

Em, Zeichen für ↑**Em**anation.

em., Abk. für: ↑emeritus.

em..., Em... ↑en..., En...

Email [eˈmai; frz.; zu mittellat. smeltum „Schmelzglas"] (Emaille), glasharter, gut haftender, korrosions- und temperaturwechselbeständiger, oft farbiger Überzug, der durch Schmelzen oder Fritten auf metall. Oberflächen aufgeschmolzen wird. Bestandteile: feuerfeste Stoffe (Quarzsand, Feldspat), Flußmittel (Borax, Soda, Flußspat u. a.), Deckmittel (Oxide von Ti, Sb, Zr und Zn) und Pigmente (Oxide von Co, Cu, Fe, Cr u. a.). Die Emaillierungsgrundmassen werden naß durch Eintauchen in breiige oder flüssige Aufschwemmungen oder durch Spritzen aufgetragen oder nach Aufpudern eingebrannt. Emailliert werden vorwiegend Gußeisen- und Stahlwaren für Haushaltsgeräte und industrielle Apparate, aber auch Schmuckwaren und kunsthandwerkl. Gegenstände.

Die **Emailkunst** kennt verschiedenartige Techniken, die in bestimmten Kunstepochen vorherrschend angewendet wurden. Im kelt. Bereich entstand seit dem 3. Jh. v. Chr. der *Gruben- oder Furchenschmelz* (bei dem das E. meist in [in Kupferplatten gegrabene] Fur-

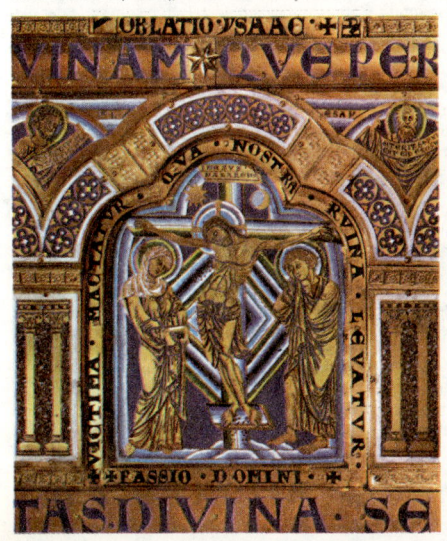

Email. Altar des Nikolaus von Verdun (Ausschnitt; 1181); vergoldetes Kupfer und Email. Klosterneuburg, Chorherrenstift (links); Humpen mit Emailmalerei (1595). Böhmische Arbeit

Emailglas

chen eingelassen wird). Schon im ägäischen Kulturbereich und Ägypten war *Zellenschmelz* bekannt (auch Cloisonné; bei dem aufgelötete Metallstege die Umrisse der Zeichnung ergeben, in deren Zwischenräume die E.flüsse eingelassen werden). Er gewann seit dem 6. Jh. von Byzanz ausgehend für das Abendland an Bed. Seit roman. Zeit wurden Gruben- wie Zellenschmelz angewandt. Im frz.-burgund. Bereich wurden kostbare Anhänger aus *Goldemailplastik* (getriebene oder gegossene Metallgegenstände mit E.überzug) hergestellt. In Limoges, wo seit dem 12. Jh. viele kirchl. Geräte in Grubenschmelztechnik erzeugt wurden, entstanden seit dem 15. Jh. kleine Bildtafeln und liturg. Gegenstände mit *Maler-E.* (bei denen auf eine Metallplatte mit einem E.überzug mehrere Schichten nacheinander gemalt und geschmolzen werden). Im 15. Jh. war in Italien eine Blüte einer Sonderform des Zellenschmelzes, des ↑Drahtemails. In der **Emailmalerei** werden Metalloxidfarben auf weißem E.grund aufgetragen (Miniaturbildnisse, Uhrenverzierungen, v. a. im 18. Jh.).

📖 *Dietzel, A. H.: Emaillierung. Wiss. Grundlagen und Grundzüge der Technologie. Bln. u. Hdbg. 1981.*

Emailglas [e'mai], Hohlglas mit eingebrannten Emailfarben (durch Metalloxide gefärbte Glasflüsse) in verschiedenen Gebrauchsformen. Beliebt in der röm. Kaiserzeit, in Byzanz, im MA (venezian. Hütten) und im 16.–18. Jh. und 19. Jh. in Deutschland (dt. Hütten).

Emanation [lat.], Zeichen Em; Bez. für drei gasförmige, radioaktive Isotope des Edelgases Radon: ^{219}Rn (↑Actinon), ^{220}Rn (↑Thoron), ^{222}Rn (↑Radon).

Emanation [lat.], in der theolog.-philosoph. Diskussion um die Weltentstehung Bez. für die Art und Weise des Hervorgehens der Gegenstände aus göttl. Ursprung.

Emanationstherapie, Bade-, Trink- oder Inhalationsbehandlung (v. a. bei Rheuma, Gicht und Ischias) mit radioaktiven Gasen (meist mit Radon), die aus einer in Quellen oder Heilschlamm enthaltenen Muttersubstanz austreten.

Emants, Marcellus, * Voorburg bei Den Haag 12. Aug. 1848, † Baden (Kt. Aargau) 14. Okt. 1923, niederl. Schriftsteller. - Wegbereiter der niederl. naturalist. Dichtung; u. a. „Lilith" (Epos, 1879), „Wahn" (R., 1905).

Emanuel, griech.-lat. Form des männl. Vornamens Immanuel.

Emanuel, Name von Herrschern:
Portugal:
E. I. (Manuel I.), genannt der Glückliche, auch d. Gr., * Alcochete 31. Mai 1469, † Lissabon 13. Dez. 1521, König (seit 1495). - Unter ihm Entdeckungsfahrten sowie überseeische Ausdehnung Portugals nach Brasilien, Südafrika und bes. Indien, innenpolit. Stärkung der Krongewalt, religiös motivierte Intoleranz gegenüber Juden (1496 vertrieben) und Mauren.

Savoyen:
E. Philibert, * Chambéry 8. Juli 1528, † Turin 30. Aug. 1580, Herzog (seit 1553). - Erhielt 1559 von Frankr. Savoyen und Piemont zurück; begr. mit der Reorganisation von Verwaltung und Gerichtswesen, dem Aufbau einer eigenen Kriegsmarine und wirtschaftspolit. Maßnahmen ein absolutist. Regierungssystem und den Aufstieg Savoyens.

Emanuela, weibl. Form des männl. Vornamens Emanuel (↑Immanuel).

Emanuelstil, nach König Emanuel I. (⌒ 1495–1521) ben. portugies. Baustil, der Elemente der Gotik und Renaissance vereint, daneben v. a. Motive aus den neuentdeckten Gebieten in Amerika aufnimmt.

Emanze [zu ↑Emanzipation], umgangssprachlich abwertende Bez. für Anhängerinnen der Frauenbewegung.

Emanzipation [lat., eigtl. „Freilassung"], die Befreiung von Individuen oder sozialen Gruppen aus rechtl., polit.-sozialer, geistiger oder psych. Abhängigkeit bei ihrer gleichzeitigen Erlangung von Mündigkeit und Selbstbestimmung; wichtigstes polit. Ziel der Demokratie. - Im röm. Recht galt als E. die Entlassung des Sohnes aus väterl. Herrschaft (bei dessen Tod oder durch dessen formelle Erklärung vor einer Behörde), im ma. dt. Recht die Entlassung der Kinder aus der väterl. Gewalt durch dessen Tod, durch Heirat der Töchter bzw. Erlangung von wirtsch. Selbständigkeit der Söhne (*emancipatio Germanica* oder *Saxonica*). In der Neuzeit erlangte der Begriff v. a. durch die Entstehung eines gegen Ständeordnung und Absolutismus aufbegehrenden Bürgertums und der diese Bewegung ideolog. absichernden ↑Aufklärung eine erweiterte, polit.-soziale Bed., die mit dem Übergang zur industriellen Klassengesellschaft seit dem 19. Jh. ausgedehnt wurde auf die polit.-soziale Gleichstellung und Aufhebung der wirtsch. Abhängigkeit der Arbeiterklasse sowie der Frau (↑Frauenbewegung). - Heute umfaßt der Begriff der E. 1. den individuellen Prozeß des Heranwachsens von Kindern und Jugendlichen in Elternhaus, Schule, berufl. Bildungseinrichtung und Betrieb unter gleichzeitiger Herausbildung einer eigenen Persönlichkeit, 2. das diesem Prozeß verwandte Mündig- und Bewußtwerden von (benachteiligten) Gruppen (z. B. Juden-E. [↑Judentum]), Schichten oder Klassen sowie 3. die Gesamtheit und (möglichst polit. koordinierten) Fortentwicklung dieser Prozesse mit dem Ziel, Macht und Herrschaft in einer Gesellschaft weitmöglichst zu beschränken, um die Selbstverwirklichung aller Individuen zu ermöglichen.

📖 *Mitchell, J.: Frauenbewegung - Frauenbefreiung. Dt. Übers. Münster 1978. - Rürup, R.:*

E. u. Antisemitismus. Gött. 1975. - Feuerstein, T.: *E. u. Rationalität einer krit. Erziehungswiss.* Mchn. 1973.

Emba-Erdölgebiet, Erdölfördergebiet in der Kasp. Senke nö. des Kasp. Meeres.

Emballage [ãbaˈlaːʒə; frz.], Sammelbez. für Verpackungen (Kisten, Säcke, Fässer), die Käufern i. d. R. in Rechnung gestellt werden.

Embargo [span., zu embargar „in Beschlag nehmen, behindern"], im Völkerrecht Maßnahmen eines Völkerrechtssubjektes oder der Staatengemeinschaft zu dem Zweck, ein anderes Völkerrechtssubjekt zu einem bestimmten Tun oder Unterlassen zu veranlassen (z. B. Waffen-E.). Das E. ist eine Repressalie, wenn es als Reaktion auf ein völkerrechtl. Delikt ausgesprochen wird. Auch zur Erzwingung von Empfehlungen oder Beschlüssen der UN kann ein E. als Sanktionsmaßnahme verfügt werden (z. B. China-E., Rhodesien-E.). Das E. umfaßt die Zurückhaltung fremder Staatsbürger und fremden Eigentums (v. a. Handelsschiffe), das Verbot, in den fremden Staat Waren zu liefern oder von dort zu beziehen u. a. (*Handelsembargo*).

Embien [griech.] (Tarsenspinner, Spinnfüßer, Fersenspinner, Embioptera), Insektenordnung mit etwa 150 Arten; schlank, 1,5–20 mm lang, hell bis dunkelbraun gefärbt; hauptsächl. tropisch, nur wenige Arten im Mittelmeergebiet und S-Rußland; Spinndrüsen liegen in einem verdickten Glied der Vorderfüße. ♀♀ stets flügellos, ♂♂ der meisten Arten mit schmalen, wenig aderigen Flügeln.

Embla [altnord.], in der altnord. Mythologie der als Gemahlin der Esche gedachte Baum; aus beiden erschaffen Odin, Hönir und Ladur das erste Menschenpaar.

Emblem [ɛmˈbleːm, ãˈbleːm; frz.; zu griech. émblēma „Eingesetztes"], Kennzeichen, Hoheitszeichen, speziell das im Barockzeitalter bzw. im 16.–18. Jh. gepflegte Sinnbild, das zum allg. Bildungsgut gehörte. Es besteht aus einem meist allegor. gemeinten Bild (Ikon; auch als Pictura, Imago oder Symbolon bezeichnet) und Text: dem Lemma (Titel, Überschrift; auch Motto oder Inscriptio gen.), das über dem oder auch im Bild angebracht ist, und der unter dem Bild stehenden Subscriptio (Unterschrift), die den Sinn erläutert.

Embolie [zu griech. embolē „Hineinwerfen"], plötzl. Blutgefäßverschluß durch einen ↑Embolus, meist durch verschleppte Blutgerinnsel. Entstehen diese im venösen Anteil des Blutkreislaufs, so gelangen sie über das rechte Herz in die Gefäßaufzweigungen der Lunge und verursachen die **Lungenembolie.** Eine **paradoxe Embolie** wird durch Emboli verursacht, die aus dem Venensystem durch eine Öffnung in der Vorhofscheidewand unter Umgehung des Lungenkreislaufs in das arterielle Gefäßsystem des großen Kreislaufs ge-

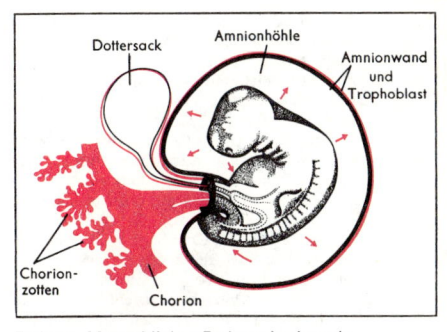

Embryo. Menschlicher Embryo in der mit Fruchtwasser gefüllten Amnionhöhle. Er erhält aus dem Dottersack und von der zweiten bis dritten Woche an durch die mit dem Blutkreislauf der Mutter in Verbindung stehenden Chorionzotten die notwendigen Nährstoffe

langen. Die v. a. im linken Herzen und in der Aorta gebildeten Emboli verstopfen hauptsächl. große Arterien von Gehirn, Herz, Nieren, Darm und Extremitäten. - *Folgen* einer E. bei Verstopfung einer großen Lungenarterie sind Atemnot, Erstickungsangst, Krämpfe, u. U. plötzl. Tod (**Lungenschlag**); bei E. der Herzkranzarterien Herzinfarkt, der bei Verstopfung größerer Gefäße zum Tode führt (**Herzschlag**); bei Gehirn-E. Schwindelgefühl, vorübergehende Ohnmacht, u. U.

Embolie. Entstehung von Lungen- und paradoxer Embolie durch Emboli

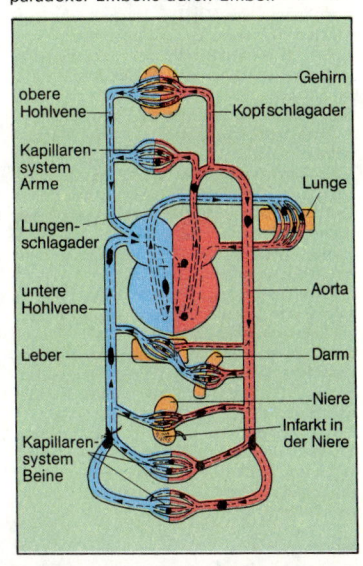

Embolus

plötzl. Tod (**Hirnschlag**). Die *Behandlung* der E. besteht im wesentl. in einer genauen Ortung (Angiographie) und operativen Entfernung (**Embolektomie**) des Embolus.
📖 *Thrombose und E. Hg. v. F. Koller u. F. Dukkert. Stg. 1983.*

Embolus [griech.], Gefäßpfropf; mit dem Blutstrom verschleppter, körpereigener oder körperfremder Stoff (Fremdkörper), z. B. Blutgerinnsel, Gasblasen, Fetttröpfchen.

Embryo [griech., zu en „darin" und brýein „sprossen"] (Keim, Keimling), in der *Zoologie* und *Anthropologie* der in der Keimesentwicklung befindl., noch von den Embryonalhüllen oder dem mütterl. Körper eingeschlossene Organismus (beim Menschen bis zum Ende des vierten Schwangerschaftsmonats). - Abb. S. 131.

♦ in der *Botanik* die aus der befruchteten Eizelle hervorgegangene, aus teilungsfähigen, zartwandigen Zellen bestehende junge Anlage des Sporophyten der Moose, Farn- und Samenpflanzen.

Embryogenese, svw. ↑ Embryonalentwicklung.

Embryologie, Lehre von der ↑ Embryonalentwicklung eines Lebewesens.

embryonal [griech.], (embryonisch) in der *Biologie* und *Medizin:* zum Keimling (Embryo) gehörend, im Keimlingszustand befindl., unentwickelt, unreif; auch svw. ungeboren.

♦ in der *Botanik:* undifferenziert und teilungsfähig, von Zellen des Bildungsgewebes (Embryonalgewebe) gesagt, bevor dieses in Dauergewebe übergeht.

Embryonalentwicklung (Keimesentwicklung, Embryogenese, Embryogenie), erstes Stadium im Verlauf der Individualentwicklung (Ontogenie) eines Lebewesens; umfaßt beim Menschen die Zeit nach Befruchtung der Eizelle bis zur Entwicklung der Organanlagen, nach anderer Auffassung auch die Fetalzeit bis zur Geburt (↑ Fetus).

Embryonalgewebe, svw. ↑ Bildungsgewebe.

Embryonalhüllen (Eihüllen, Keimeshüllen, Fruchthüllen), dem Schutz des Keims und dem Stoffaustausch dienende, vom Keim selbst gebildete Körperhüllen v. a. bei Skorpionen, Insekten, Reptilien, Vögeln und Säugetieren (einschließl. Mensch).

Embryonalorgane, nur beim Embryo auftretende Organe, die meist vor oder während des Schlüpfens bzw. der Geburt, seltener erst kurze Zeit danach rückgebildet oder abgeworfen werden, z. B. Embryonalhüllen, Allantois, Dottersack, Nabelschnur, Eizahn, Eischwiele.

Embryopathie [griech.], Schädigung und pränatale Erkrankung der Leibesfrucht durch tox., infektiöse, hormonelle oder physikal. Schadstoffe zw. dem 18. und 85. Schwangerschaftstag.

Embryosack ↑ Samenanlage.

Emden, Stadt in Nds., am Ausgang des Dollarts in die Außenems, 4 m ü. d. M., 50 800 E. Die moderne wirtsch. Entwicklung setzte mit der Fertigstellung des Dortmund-Ems-Kanals (1899) ein. E. wurde Seehafen für das Rhein.-Westfäl. Ind.gebiet und Umschlagsplatz, v. a. für Massengüter; Automobilind. und -verschiffung; Erdölraffinerie, Werften, Reedereien, fischverarbeitende Ind. - Um 800 als Handelsniederlassung gegr.; Entwicklung zur Stadt im 15. Jh. Die wirtsch. Blütezeit begann mit der Verleihung des Stapelrechts 1494. Nach 1536 wurde der Hafen ausgebaut; wurde nach 1570 zeitweise zu einer führenden Seehandels- u. Reedereistadt. Wirtsch. Rückgang seit dem 17. Jh. Wurde 1683 Sitz der kurbrandenburg. Admiralität und der afrikan. Handelskompanie. - Im 2. Weltkrieg wurden die alten Bauten zerstört, wiederaufgebaut u. a. die Neue Kirche (1643–48) und das Renaissancerathaus (1574–76).

Emendation [lat.], in der Textkritik Bez. für bessernde Eingriffe in einen nicht authent. überlieferten Text an verderbt oder unvollständig erscheinenden Stellen.

Emene ↑ Enugu.

emer., Abk. für: ↑ emeritus.

Emerentia (Emerenz), weibl. Vorname lat. Ursprungs, eigtl. „die Würdige, die Verdienstvolle".

Emergenzen [zu lat. emergere „auftauchen"], Bez. für pflanzl. Oberflächenauswüchse (z. B. Stacheln, Rippen).

emergieren [lat.], auftauchen, emporsteigen.

emerit., Abk. für: ↑ emeritus.

Emeritierung [lat.], bei Universitätsprofessoren die Entpflichtung von der Lehrtätigkeit und von der Teilnahme an der akadem. Selbstverwaltung; entspricht der Versetzung in den Ruhestand bei anderen Beamten. Auch nach der E. behält der Emeritus u. a. das Recht, an der Hochschule Vorlesungen und Übungen abzuhalten und Doktorprüfungen abzunehmen.

emeritus [lat. „ausgedient"], Abk. em., emer., emerit., entpflichtet, wird dem Titel emeritierter Hochschullehrer angefügt. **Emeritus**, entpflichteter Hochschullehrer.

emers [lat.], über der Wasseroberfläche lebend; z. B. von Organen der Wasserpflanzen (Blätter und Blüten der Seerose) gesagt, die über den Wasserspiegel hinausragen. - Ggs. ↑ submers.

Emersion [lat.], Heraustreten eines Mondes aus dem Schatten seines Planeten.

Emerson, Ralph Waldo [engl. 'εmǝsn], *Boston 25. Mai 1803, † Concord (Mass.) 27. April 1882, amerikan. Philosoph und Dichter. - Einer der Begründer der klass. amerikan. Literatur; legte sein geistl. Amt aus Gewissensgründen nieder; Quintessenz seines Werkes ist der Glaube an die Wirkungskraft des

Geistes. E. war Führer der amerikan. Transzendentalphilosophen. - *Werke:* Essays (1841) und 1844), Repräsentanten der Menschheit (1850), Engl. Charakterzüge (1856).

Emerson, Lake & Palmer [engl. ˈɛməsn ˈlɛɪk ənd ˈpɑːmə], 1970 gegr. brit. Rockmusikgruppe, bestehend aus dem Keyboardmusiker K. Emerson (* 1944), dem Gitarristen und Sänger G. Lake (* 1947) und dem Schlagzeuger C. Palmer (* 1950); schuf mit ihrer elektron. Ausrüstung zeitgenöss. Popinterpretationen klass. Musik (u. a. Mussorgskis „Bilder einer Ausstellung") und bemerkenswerte eigene Kompositionen (u. a. „Tarkus"; zerfiel 1978. 1986 mit dem Schlagzeuger Cozy Powell unter der Bez. **Emerson, Lake & Powell** neu formiert.

Emesa (Emissa), antike Stadt, ↑ Homs.

Emesis [griech.], svw. ↑ Erbrechen.

Emetika [griech.], svw. ↑ Brechmittel.

Emetin [griech.], giftiges Alkaloid aus den Wurzeln der ↑ Brechwurzel.

EMG, Abk. für: Elektromyogramm (↑ Elektromyographie).

Emigranten [lat.], Bez. für Personen, die aus polit., sozialen, ökonom., religiösen oder rass. Gründen ihren Heimatstaat legal oder illegal verlassen.

Emigrantenliteratur ↑ Exilliteratur.

Emigration [zu lat. emigratio „das Wegziehen"], freiwilliges oder erzwungenes Verlassen des Heimatlandes aus religiösen, polit. oder rass. Gründen. - Im Ggs. zu den Griechen kannten die Römer keine E., sondern (als Strafe vor Gericht) Verbannung (exilium) oder Ausweisung (relegatio). Zur E. kam es erst wieder im Zusammenhang mit dem Kreuzzug gegen Albigenser und Waldenser seit 1209. Eine neue Welle der E. löste die Reformation aus (z. B. in Italien, Spanien, den span. Niederlanden). Im Hl. Röm. Reich entsprach dem im Augsburger Religionsfrieden von 1555 den Reichsständen zuerkannten Jus reformandi das Jus emigrandi der Untertanen, die die landesstaatl. Konfession nicht annehmen wollten. 100 Jahre später wurden auf Grund des Jus reformandi Protestanten aus den habsburg. Ländern und dem Erzstift Salzburg (Salzburger Exulanten) ausgewiesen. Aus England wanderten die Puritaner und die Quäker nach Nordamerika aus. Die E. der frz. Hugenotten, v. a. nach Deutschland, erfolgte in 2 großen Schüben: seit den Hugenottenkriegen (bes. 1560/72), dann seit dem Revokationsedikt von Fontainebleau (1685; Aufnahme der Réfugiés insbes. in Brandenburg). Seit der Frz. Revolution stand E. aus polit. Gründen im Vordergrund (Deutschland 1819/48, Polen 1831/63, Rußland 1917–21, Spanien 1936–39). Im nat.-soz. Deutschland stand neben die polit. E. (fast 35 000 Angehörige aller Kreise des Widerstands) die E. aus rass. Gründen (bis Okt. 1941 über 500 000 Menschen jüd. Abstammung). Für das Verhalten eines Teils der in Deutschland verbliebenen Gegner des NS, die sich scheinbar der vom Staat geforderten Gesinnung anpaßten, kam der von F. Thieß geprägte, jedoch umstrittene Ausdruck der „inneren E." auf. Die polit. und territorialen Veränderungen im Gefolge des 2. Weltkriegs führten zur E. v. a. aus den ostmitteleurop. Staaten und der Ukraine (↑ auch Vertreibung).

EMI-Konzern, brit. Unternehmen der Unterhaltungs-, insbes. der Schallplattenind. Hauptgesellschaft ist die 1931 durch Fusion der Columbia Graphophone Company Limited u. der Gramophone Company Limited entstandene **EMI Limited,** Sitz London. Zum EMI-K. gehören außerhalb Großbrit. über 30 Gesellschaften, in der BR Deutschland die **EMI Electrola GmbH,** Sitz Köln.

Emil, aus dem Frz. übernommener männl. Vorname, der auf lat. Aemilius, eigtl. „der aus dem Geschlecht der Ämilier" (röm. Geschlechtername; zu lat. aemulus „eifrig, wetteifernd") zurückgeht. Frz. Form Émile, italien. Form Emilio.

Emil, eigtl. Emil Steinberger, * Luzern 6. Jan. 1933, schweizer. Komiker und Kabarettist. - Leiter eines kleinen Theaters in Luzern. Erfolgreich mit Schallplatten, Fernsehshows. Filme: „Die Schweizermacher" (1979), „Video-Liebe" (1982).

Emilia-Romagna [italien. eˈmiːljaroˈmaɲɲa], italien. Region, begrenzt durch den Unterlauf des Po im N, den Hauptkamm des nördl. Apennin im S und SW sowie das Adriat. Meer im O, 22 123 km², 3,95 Mill. E (1985); Hauptstadt Bologna. In siedlungsarmen Bergland v. a. Weidewirtschaft, intensive Landw. in der weiten Poebene. Die wichtigsten Städte liegen fast alle an der röm. Via Aemilia, der auch heute noch wichtigsten Verkehrslinie am Apenninfuß. Textil-, Nahrungsmittel-, metallverarbeitende und chem. Ind., Erdöl und -gas; Fremdenverkehr. - In vorröm. Zeit von Etruskern und (im 4. Jh. v. Chr.) von Bojern besiedelt (seit 1. Jh. n. Chr. **Aemilia**); stand im MA bis auf den O (byzantin. bis Mitte 8. Jh.; Exarchat) unter langobard. Herrschaft; Bologna kam endgültig 1201 an den Kirchenstaat; später bildeten sich v. a. zwei großen, im 15. bzw. 16. Jh. zu Hzgt. erhobene Signorien heraus: Modena und Reggio [nell'Emilia] sowie Parma und Piacenza (beide 1860 zum Kgr. Italien).

Emilie (Emilia), weibl. Form des männl. Voramens Emil.

Emilio, italien. Form des männl. Vornamens Emil.

Emin [türk., zu arab. amin „zuverlässig"], Amtsbez. in der osman. Türkei für Reg.kommissare.

eminent [lat.], hervorragend, außerordentlich, vorzüglich.

Eminenz [zu lat. eminentia „das Hervorragen"], Ehrentitel und Anrede für Kardinäle und den Großmeister des Malteserordens.

Eminescu, Mihai (Mihail), eigtl. Mihail Eminovici, *Ipotești bei Botoșani 15. Jan. 1850, † Bukarest 15. Juni 1889, rumän. Dichter. - Schöpfer der rumän. Literatursprache, von dt. Kultur (u. a. von der dt. Romantik und der Philosophie Schopenhauers) geprägte Werke, die sich durch musikal. Wohlklang, Empfindungs-, Gedanken- und Bilderreichtum auszeichnen; auch Erzähler und Essayist.

Emin Pascha, Mehmed, eigtl. Eduard Schnitzer, *Oppeln 28. März 1840, † Kanena (im Gebiet des heutigen Zaïre) 23. Okt. 1892 (ermordet), dt. Afrikareisender. - Trat 1865 als Quarantänearzt in osman. Dienste; nach 1875 Militärarzt bei den Briten; seit 1878 Gouverneur der ägypt. Äquatorialprov. des Sudans (Expeditionen zur geograph. Erforschung); trat 1890 in dt. Staatsdienste; errichtete Handelsstationen in Ostafrika.

Emir [arab. amir „Befehlshaber"], arab. Fürstentitel, urspr. Titel für Heerführer; in neuerer Zeit auch für die Fürsten von Afghanistan, die Drusenfürsten und (1921–46) die Herrscher von Transjordanien.

Emir el-Muminin [arab. amir al muminin „Beherrscher der Gläubigen"], Titel und Anrede des Kalifen.

Emissär [lat.-frz.], Abgesandter mit geheimem Auftrag.

Emission [lat.], Aussendung einer Wellen- oder Teilchenstrahlung. *Spontane E.* elektromagnet. Strahlung erfolgt ohne weitere äußere Einwirkung, *induzierte E.* wird durch Einwirkung einer Strahlung (z. B. Licht beim Laser, Mikrowellen beim Maser) ausgelöst. Eine E. von Teilchen erfolgt u. a. bei radioaktiven Zerfällen.

◆ Ausströmen luftverunreinigender Stoffe in die Außenluft.

◆ Ausgabe von Wertpapieren durch private Unternehmer, öffentl. Körperschaften und Banken. Die E. besteht in der Unterbringung der Wertpapiere im Publikum und ihrer Einführung an der Börse. Sie bedarf staatl. Genehmigung, die bei Überbeanspruchung des Kapitalmarkts verweigert werden kann *(E.sperre)*. Sofern die E. nicht von einer Bank oder auch von einer öffentl. Körperschaft selbst als Emittent vorgenommen wird *(Selbst-E.)*, wird sie als *Fremd-E.* von einer Bank bzw. einer Bankengruppe *(E.konsortium)* für den Emittenten besorgt *(E.geschäft)*. Werden die Wertpapiere von der Bank zu einem festen Kurs übernommen und auf eigene Rechnung (zu einem höheren Kurs) verkauft, handelt es sich um eine *Übernahme-E.*, werden die Wertpapiere nur kommissionsweise für Rechnung des Emittenten gegen Provision verkauft, um eine *Begebungsemission*.

Emissionsgasnebel (Emissionsnebel), wolkige Verdichtungen der interstellaren Materie in der Nähe extrem heißer Sterne, deren UV-Strahlung das Gas zu eigenem Leuchten anregt.

Emissionskurs, Ausgabekurs von Wertpapieren; bei festverzinsl. Werten mit einem Abschlag (Disagio), dadurch Erhöhung der Effektivverzinsung; bei Aktien mindestens zum Nennwert (pari) (Unterpari-Emissionen sind verboten), oft mit einem Aufschlag (Agio).

Emissionsspektrum, ein Spektrum, dessen Entstehung (im Ggs. zum †Absorptionsspektrum) unmittelbar auf der Emission der Strahlung durch die Atome eines meist gasförmigen Stoffes beruht. Ein E. kann aus einzelnen Spektrallinien (**Emissionslinien**) bestehen, aus einer Vielzahl eng benachbarter Linien (**Emissionsbande**) oder als kontinuierl. Spektrum (z. B. das Sonnenspektrum) auftreten.

Emissionsvermögen (Emissionsgrad), die gesamte Energie, die von der Flächeneinheit der Oberfläche eines Körpers pro Zeiteinheit abgestrahlt wird.

Emittent [lat.], Herausgeber von Wertpapieren.

Emitter [lat.-engl.], der Teil des †Transistors, der die Elektronen liefert; entspricht der Kathode bei Elektronenröhren.

Emma, alter dt. weibl. Vorname, Kurzform mit Erm- (Irm-) gebildeter Namen wie Ermgard (Irmgard); entwickelt aus Erma.

Emma, nach der Sage Tochter Karls d. Gr. - †auch Eginhard und Emma.

Emma von Gurk †Hemma von Gurk.

Emmanuel †Immanuel.

Emmanuel, Pierre [frz. εma'nɥεl], eigtl. Noël Mathieu, *Gan bei Pau 3. Mai 1916, † Paris 22. Sept. 1984, frz. Lyriker. - Von Baudelaire und Mallarmé beeinflußte, christl. inspirierte, bilderreiche Lyrik, u. a. „Tombeau d'Orphée" (1941).

Emmaus ['εma-ʊs], bibl. Ort, heute arab. Amwas, rd. 25 km von Jerusalem entfernt.

Emme, rechter Nebenfluß der Aare, Schweiz, entspringt am Brienzer Rothorn, mündet nö. von Solothurn; 80 km lang.

Emmen, Stadt im schweizer. Kt. Luzern, im nördl. Vorortbereich von Luzern, 427 m ü. d. M., 22 900 E. Kunststoff-, elektrotechn. Ind., Flugzeugwerke.

Emmendingen, Krst. in Bad.-Württ., am NO-Rand der Freiburger Bucht, 201 m ü. d. M., 24 700 E. Psychiatr. Landeskrankenhaus; Spinnerei, Kessel- und Kupferschmiede u. a. Ind. - Seit 1590 Stadt. - Landvogtei (um 1500), Rathaus (1727), Neues Schloß (1789); in der Nähe Ruine des Klosters Tennenbach (12. Jh.).

E., Landkr. in Bad.-Württ.

Emmental, Talschaft der Emme und Ilfis im Napfbergland, Kt. Bern, mit bed. Milchwirtschaft (Käseproduktion); in den Tälern Äcker und Wiesen, die Hänge sind meist mit Nadelwald bedeckt, oberhalb 800 m Bergwei-

Empfängnisverhütung

den. - 1653 war das E. eines der Zentren des Bauernaufstandes.

Emmentaler Käse, vollfetter Schweizer Käse, urspr. aus dem Emmental; kommt als Hartkäselaib (40–130 kg) auf den Markt; charakterist. die kirschgroßen Löcher; Lagerzeit 3–10 Monate; mild aromatisch.

Emmer (Flachweizen, Gerstenspelz, Zweikorn, Stärkeweizen, Triticum dicoccum), Kulturweizenart mit abgeflachter Ähre, lang begrannten, 2–3blütigen Ährchen; heute nur noch auf dem Balkan angebaut.

Emmeram (Emmeran, Haimrham, Heimeran), hl., lebte um 700 als Missionsbischof in Regensburg. Gesichert ist sein Martyrium in Kleinhelfendorf bei Bad Aibling. Bei seinem Grab in Regensburg wurde im frühen 8. Jh. eine Benediktinerabtei gegr., *Sankt Emmeram*. Fest: 22. Sept.; Attribut: Leiter.

Emmerich (Emerich), alter dt. männl. Vorname, umgestaltete Form von Heinrich oder Nebenform von Almarich. Ungar. Form Imre.

Emmerich (Imre), * um 1174, † 30. Nov. 1204, König von Ungarn (seit 1196). - Ältester Sohn König Bélas III.; 1182 zum König gekrönt; schwere Kämpfe mit seinem jüngeren Bruder, Andreas II., 1197–1200; dehnte 1201/02 sein Reich auf Serbien aus, besiegte 1202 die Bulgaren.

Emmerich, Stadt in NRW, am Niederrhein, 18 m ü. d. M., 29 200 E. Rheinmuseum; Nahrungsmittel-, Metall-, Textil- u. a. Ind. Bed. Verkehrs- und Grenzlage (dt.-niederl. Grenze); Ind.hafen, Containerumschlag. - 697 erstmals erwähnt; seit 1233 Stadt. Das Wappen von E., das älteste dt. Stadtwappen, ist bereits 1237 belegt. - Im 2. Weltkrieg stark zerstört, wiederaufgebaut u. a. die Pfarrkirche Sankt Aldegundis (15. Jh.); moderne Heilig-Geist-Kirche (1966).

Emmetropie [griech.], svw. ↑Normalsichtigkeit.

Emmi (Emmy), Verkleinerungs- oder Koseform des weibl. Vornamens Emma.

Emmrich, Curt, dt. Schriftsteller, ↑Bamm, Peter.

EMNID GmbH & Co. (EMNID-Institut, Kurzbez. für: Ermittlungs-, Meinungs-, Nachrichten-, Informationsdienst), Unternehmen für Markt- und Meinungsforschung; gegr. 1945, Sitz Bielefeld.

Emodine [türk.], Derivate des Trihydroxyanthrachinons, die in abführenden Drogen (z. B. aus Faulbaum, Aloe, Rhabarber) vorkommen.

E-Modul, Kurzbez. für ↑Elastizitätsmodul.

Emotion [lat., zu emovere „erschüttern"], Gemütsbewegung, seel. Erregung, Gefühlsbewegung; *emotional, gefühlsmäßig.*

EMP ↑elektromagnetischer Puls.

Empedokles, * Akragas (= Agrigent, Sizilien) 483 oder 482, † zw. 430 und 420, griech. Philosoph. - War aktiv am Sturz der oligarch. Regierung beteiligt; sammelte als Arzt und Wanderprediger eine große Jüngerschar um sich; soll sich nach einer Legende in den Krater des Ätna gestürzt haben. Reste seiner ep. Lehrgedichte sind erhalten. E. sah in den vier Elementen den Urgrund aller Dinge und erklärte Werden und Vergehen als durch Anziehung und Abstoßung, Liebe und Haß bewirkte Mischung und Trennung dieser Elemente.

Empereur [frz. ã'prœ:r; zu ↑Imperator], Kaiser, frz. Herrschertitel, bes. zur Bez. Napoleons I.

Empfänger, in der *Nachrichtentechnik* Bez. für ein Gerät, das Informationen in Form elektr. Impulse oder elektromagnet. Wellen aufnimmt und in akustische oder optische Signale zurückverwandelt. Die gebräuchlichsten E. sind *Funkempfänger,* die die von der Antenne empfangenen modulierten elektromagnet. Wellen in hörbare Signale (z. B. in Sprache oder Musik beim ↑Hörfunk), sichtbare Signale (z. B. in vertonte Bewegtbilder beim ↑Fernsehen) oder lesbare Zeichen (z. B. beim Funkfernschreiber) umwandeln. Wichtige Funktionen eines Funk-E. sind entsprechend der Frequenz des zu empfangenden Senders, Demodulation, d. h. Abtrennung der (niederfrequenten) Information von der hochfrequenten Trägerfrequenz, Verstärkung und Umwandlung der Modulationssignale in eine gewünschte Form.

Empfängnis (Konzeption), Eintritt der Befruchtung bei der Frau.

Empfängnis, Unbefleckte ↑Unbefleckte Empfängnis.

Empfängnishügel ↑Befruchtung.

Empfängnisverhütung (Schwangerschaftsverhütung, Kontrazeption), Maßnahmen zur Verhütung der Befruchtung einer Eizelle oder zur Verhinderung der Einnistung einer befruchteten Eizelle in der Gebärmutterschleimhaut beim Geschlechtsverkehr. Zur E. werden mechan., chem. und hormonale sowie natürl. Maßnahmen (ohne Hilfsmittel) angewandt. Die älteste und am weitesten verbreitete *natürl. Methode* ist der *Coitus interruptus.* Dabei wird der Geschlechtsakt vor dem Samenerguß unterbrochen, und der Samen wird außerhalb der Scheide entleert. Ebenfalls zu den natürl. Maßnahmen zählt die *period. Enthaltsamkeit.* Hierzu müssen die fruchtbaren Tage, d. h. die Zeitspanne einer mögl. Befruchtung nach dem Eisprung berechnet werden. Dies geschieht v. a. nach der **Knaus-Ogino-Methode.** Sie errechnet den Eisprung zw. dem 12. und 16. Zyklustag. Bei einer mögl. Verschiebung kommt man auf eine „fruchtbare Zeitspanne" vom 8. bis 19. Zyklustag. Zuverlässige Daten für den wahrscheinl. Zeitpunkt des Eisprungs bietet die **Temperaturmethode.** Die ↑Basaltemperatur steigt zw. den Monatsblutungen innerhalb von 1–2 Tagen um ungefähr 0,5 °C an. Bis

Empfängniszeit

zum Beginn der nächsten Regelblutung bleibt sie auf dieser Höhe. Der Eisprung erfolgt im Durchschnitt 1–2 Tage vor dem Temperaturanstieg. Zw. dem 2. Tag nach dem Temperaturanstieg und der folgenden Regelblutung ist mit einer Empfängnis nicht zu rechnen. Unter den *mechan. Methoden* ist in erster Linie das **Kondom** (ein über das Glied gestreifter Gummischutz) zu nennen. - Die **Muttermund-** oder **Portiokappe**, aus gewebefreundl. Kunststoff, wird nach der Regelblutung vom Arzt über den äußeren Muttermund gestülpt und einige Tage nach dem Eisprung oder erst kurz vor Beginn der nächsten Regelblutung entfernt. - Das **Scheidenpessar** (Scheidendiaphragma), eine gummiüberzogene Drahtspirale mit einer elast. Gummimembran, wird vor dem Geschlechtsverkehr in die Scheide eingeführt und danach wieder entfernt. Kombiniert man ein gutsitzendes Scheidenpessar mit einem chem. Mittel, so halbiert sich die Zahl der ungewollten Schwangerschaften. - **Intrauterinpessare** sind aus gewebefreundl. Kunststoff gefertigte Ringe oder Spiralen, die vom Arzt in die Gebärmutter eingeführt werden. Nachteile sind Blutungen, Schmerzen und Entzündungen, die bei ca. 15 % der Frauen auftreten. - *Chem. Mittel* zur E. sind Salben, Tabletten, Sprays oder Zäpfchen, die vor dem Geschlechtsverkehr in die Scheide eingeführt werden. Ihre Wirkung beruht darauf, daß sie die Samenzellen abtöten oder bewegungsunfähig machen, so daß diese nicht mehr in die Gebärmutter aufsteigen können. Die chem. Mittel werden meist zus. mit mechan. Methoden angewandt, wodurch die Sicherheit der E. steigt. - Die *hormonale* E. verhindert den Eisprung durch abgewandelte Eierstockhormone (Östrogene, Gestagene). Diese allg. unter dem Namen „**Antibabypille**" bekannt gewordenen Präparate beeinflussen die Hirnanhangsdrüse dahingehend, daß sie die zum Eisprung notwendigen Hormone nicht bildet. Die Östrogene und Gestagene werden entweder gemeinsam in einer Tablette (**Kombinationsmethode**) oder in einem bestimmten Turnus nacheinander eingenommen (**Zweiphasenmethode**). - Die sicherste Methode der E. ist die ↑ Sterilisation.
Die Stellung des *Christentums* zur E. war bis ins 20. Jh. hinein negativ (Sexualität wurde in erster Linie als Mittel zu Zeugung und Empfängnis gesehen). Heute gilt in der kath. Kirche (nicht unumstritten) nur die Methode der period. Enthaltsamkeit als erlaubt, während in der ev. Theologie die Frage nach den Mitteln der E. als sittl. belanglos angesehen wird. - Zu den sozialen Aspekten der E. ↑ Geburtenregelung.

📖 *Drake, K./Drake, J.: Prakt. Hdb. für eine natürl. E. Oldenburg 1985. - Döring, G. K.: E. Ein Leitf. für Ärzte u. Studierende. Stg. ⁹1983.*

Empfängniszeit (gesetzl. Empfängniszeit), im Recht die Zeit vom 181. bis 302.

Empfängnisverhütung	
Methode	Anzahl der ungewollten Schwangerschaften pro 100 Anwendungsjahre
Coitus interruptus	15–38
Knaus-Ogino	14
Temperaturmethode	1
Kondom	7
Portiokappe	7
Scheidenpessar	8
Scheidenpessar und chem. Mittel	4
Intrauterinpessar	3,7
chem. Mittel	7–42
Kombinationsmethode	0,5–1
Zweiphasenmethode	1,3

Tag (jeweils einschließl.) vor dem (nicht mitgerechneten) Tag der Geburt des Kindes, bei nachgewiesener längerer Tragezeit auch eine über den 302. Tag hinausgehende Zeit. Eine kürzere Schwangerschaftsdauer (als 181 Tage) wird dagegen nicht anerkannt (streitig).

Empfindlichkeit, Kenngröße einer photograph. Emulsion (Film), die über die erforderl. Belichtung Auskunft gibt; nach verschiedenen Normstandards (DIN, ISO) sensitometr. definiert (nach DIN 4512) als das Zehnfache derjenigen Graukeildichte, mit der bei einer Standardbelichtung die Dichte 0,1 über dem Schleier erzielt wird; die früheren DIN-Werte und ASA-Nummern (E.kenngrößen der American Standards Association) werden heute zur ISO-Norm (E.kenngrößen der International Organization for Standardization) zusammengefaßt.

Empfindsamkeit, nach der J. J. Bode von Lessing vorgeschlagenen Übers. „empfindsam" für das engl. Wort „sentimental" im Titel von Sternes „Sentimental journey..." (1768) geprägte und eingeführte Bez. für die gefühlsbetonten Strömungen zw. 1730 und 1800. Sie ist der Aufklärung verhaftet durch ihr Moral- und Tugendsystem, neu ist die gefühlsbestimmte, enthusiast. Weltsicht, zunächst im religiösen Bereich des Pietismus, dann säkularisiert, v. a. bezogen auf die sittl. Ideale und die Natur. Zeittyp. sind Freundschaftszirkel. Das Naturgefühl mit idyll.-heiteren wie eleg.-düsteren Stimmungen und Reflexionen ist nicht naiv, sondern bewußt und reflektiert (sentimentalisch). Vorbild ist v. a. England mit den ↑ moralischen Wochenschriften, den Naturdichtungen von J. Thomson bis zu E. Youngs „Klagen und Nachtgedanken..." und Macphersons „Ossian", v. a. mit den moralisierenden Tugendromanen S. Richardsons, später dem humorist.-idyll. Romanen von O. Goldsmith, L. Sterne u. a. Auch Frankr. gibt mit Romanen (Abbé Prévost und

v. a. J. J. Rousseau, „Julie oder die neue Heloise") sowie mit der ↑Comédie larmoyante Anregungen. In der dt. Literatur vertreten die E. im Drama C. F. Gellert, A. W. Iffland und A. von Kotzebue mit ↑Rührstücken, im Roman Gellert, der die Flut der [Familien-] romane in der Nachfolge Richardsons eröffnet, dann v. a. J. I. Hermes, der auch den empfindsamen Reiseroman einführt, und S. La Roche, in der Lyrik I. J. Pyra, S. G. Lange und Klopstock sowie einige Anakreontiker (z. B. Uz, Gleim). Höhepunkt und zugleich Überwindung der empfindsamen Dichtung ist Goethes Roman „Die Leiden des jungen Werthers" (1774).

Empfindung, der als Folge einer Reizeinwirkung durch neurale Erregungsleitung vermittelte und vermutl. im Großhirn eintretende einfache Sinneseindruck. Entsprechend den verschiedenen Sinnesfunktionen unterscheidet man: Gesichts-, Gehörs-, Geruchs-, Geschmacks-, Tast-, Temperatur-, Schmerz-, Bewegungs-, Gleichgewichts- und Organempfindungen. E. werden sowohl durch Reize außerhalb wie auch durch Reize innerhalb des Körpers ausgelöst. - Die ältere Psychologie betrachtete E. als die grundlegenden Bausteine des Seelenlebens, eine Auffassung, die von der Ganzheits- und Gestaltpsychologie widerlegt wurde. Die Psychophysik untersucht die gesetzmäßigen Beziehungen zw. der Intensität des Reizes und der Stärke der durch ihn bedingten E. und im Zusammenhang damit die verschiedenen Reizschwellen.

Empfindungsnerven, svw. ↑Sinnesnerven.

Emphase [zu griech. émphasis, eigtl. „Verdeutlichung"], Nachdruck, der auf eine sprachl. Äußerung durch phonet. oder syntakt. Hervorhebung gelegt wird, z. B. „sei ein Mann!".

Emphysem [griech.], krankhafte Aufblähung von Geweben oder Organen durch Luft oder (seltener) durch Fäulnisgase. Letztere werden von gasbildenden Bakterien gebildet, die durch eine Infektion in den Körper gelangen. - Ein **Hautemphysem** entsteht durch eine offene Verbindung mit lufthaltigen Körperhöhlen, wodurch Luft in das lockere Unterhautbindegewebe eindringt; es tritt u. a. im Brustraum v. a. nach Platzen von Lungenbläschen oder nach Verletzung der oberen Luftwege auf. Es zeigt sich in einer schmerzlosen, unscharf begrenzten Hautschwellung, die unter knisterndem Geräusch leicht weggedrückt werden kann. - Das **Lungenemphysem** ist eine Überdehnung der inneren Lungengewebes. Dadurch kommt es an vielen Stellen zur Verdünnung und schließl. zum Verschwinden der Lungenbläschenwand. Die Folge ist eine Verkleinerung der Lungenoberfläche. Durch den Untergang von Blutkapillaren wird auch die Lungendurchblutung gestört. Der lebenswichtige Gasaustausch in der Lunge wird eingeschränkt. Symptome: Atemnot bei körperl. Anstrengung, chron., trockener Husten mit Schwindelgefühl. Die Behandlung besteht (da die Veränderungen an den Lungenbläschen nicht rückgängig gemacht werden können) in Atemgymnastik und Inhalationen.

Empire [engl. 'ɛmpaɪə] ↑Britisches Reich und Commonwealth.

Empire [frz. ã'piːr; zu lat. imperium „Herrschaft"], Bez. für das Kaisertum Napoleons I. 1804-15 *(Premier E.)* und Napoleons III. 1852-70 *(Second E.)*.

◆ Stilepoche u. Stilbez. der Zeit Napoleons I. und der folgenden Jahre (etwa 1800 bis 1830). Das E. folgt auf das Directoire und wendet sich ins Repräsentative, Wuchtige, stellt Würde und Reichtum zur Schau. Die Innenräume des E. (z. B. das Schlafzimmer Napoleons I. in Fontainebleau) sind nicht nüchtern, sondern feierlich. Die beiden führenden Architekten C. Percier und P. F. L. Fontaine vertraten die Ansicht, daß ornamentale Teile (schwere Beschläge, antike und ägypt. Ornamente) bei Möbeln nicht gleichzeitig Funktionsträger sein dürften. In der *Mode* wurde die hochgegürtete Taille beibehalten, es wurden schwere, teure Stoffe bevorzugt.

Empirekonferenzen [engl. 'ɛmpaɪə] (Imperial Conferences), Bez. für die Konferenzen der Min.präs. Großbrit. und der Dominions seit 1907 (seit 1917 Teilnahme Indiens, seit 1931 auch Südrhodesiens); entstanden aus den früheren **Kolonialkonferenzen** (Colonial Conferences, seit 1887); seit 1944 fortge-

Empire. Speiseraum in Napoleons I. Lustschlößchen Malmaison, das seit 1802 von Pierre François Fontaine im Empirestil umgestaltet wurde

setzt durch die period. Treffen der Min.präs. des modernen, polit., kulturell und wirtsch. heterogenen Commonwealth.

Empire State Building [engl. 'ɛmpaɪə 'steɪt 'bɪldɪŋ], bis 1970 das höchste Gebäude der Erde, Bürohochhaus (rd. 25 000 Beschäftigte) in New York (Manhattan), 381 m (mit Fernsehturm fast 449 m) hoch; 1931 von W. F. Lamp erbaut.

Empirie [griech.] ↑ Erfahrung.

Empiriokritizismus [griech.], durch R. Avenarius begr. Variante des Positivismus, die sich unter Ablehnung der Metaphysik allein auf die krit. Erfahrung beruft; von Lenin stark kritisiert.

empirisch [zu griech. émpeiros „erfahren, kundig"], erfahrungsgemäß, aus Beobachtung und Experiment gewonnen.

empirische Sozialforschung, die erfahrungswiss. Untersuchung gesellschaftl. Sachverhalte; da „reine Empirie" unvorstellbar ist, bedarf e. S. immer eines begriffl. Rahmens und letztl. einer erklärenden Theorie, die Hypothesen über die Zusammenhänge von untersuchten Sachverhalten liefert; als wichtigste Techniken gelten teilnehmende und nichtteilnehmende Beobachtung, Laboratoriums- und Feldexperiment, schriftl. und mündl. Befragung (Interview, Fragebogen) und Inhaltsanalyse schriftl. Quellen.

Empirismus [griech.], in der *Philosophie* die method. an den Naturwissenschaften orientierte erkenntnistheoret. Position, die im Ggs. zum Rationalismus behauptet, daß jedes Wissen von der (begriffsfreien) Erfahrung abhänge und ihrer Kontrolle unterliege. Kant bezeichnet so als „Empiristen" Philosophen, die die „reinen Vernunfterkenntnisse" als „aus der Erfahrung abgeleitet" verstehen (z. B. Aristoteles, Locke). Locke, Berkeley und Hume gelten als Hauptvertreter eines sog. *klass. E.,* der sich gegen die rationalist. Annahme „angeborener Ideen" (Descartes) wandte. Wo Erfahrung als allein durch die Sinne vermittelte Erfahrung verstanden wird, spricht man von ↑ Sensualismus. - Von bes. wissenschaftstheoret. Bedeutung ist v. a. der *logische Empirismus* des Wiener Kreises geworden.

⌑ *Benedikt, M.: Der philosoph. E. Wien 1977. - Krüger, L.: Der Begriff des E. Bln. 1973.*

♦ in der *Psychologie* (ungeprüfte) Übernahme der empirist. Prämisse von der ausschließl. Gebundenheit des Wissens an die Erfahrung, bes. in der Assoziationspsychologie. Die Seele wird dabei gleichsam als eine „Tabula rasa" angesehen, die nur durch Sinneseindrücke mit Inhalt gefüllt werden kann; damit wird das Vorhandensein entwicklungsgeschichtl. angesammelter und im Erbgut gespeicherter Informationen geleugnet. Diesem empirist. Standpunkt widersprechen v. a. die Ergebnisse der biolog. orientierten Verhaltensforschung.

Empoli, italien. Stadt in der Toskana, am Arno, 27 m ü. d. M., 45 200 E. Glas- und Textilind., Töpfereien, Strohflechtereien. - Roman. Dom Sant'Andrea (6. und 11. Jh.).

Empore [gekürzt aus „Emporkirche, Porkirche" (zu althochdt. bor „oberer Raum")], in der kirchl. Baukunst über den Seitenschiffen des Erdgeschosses gelegenes, zum Kirchenraum geöffnetes galerieartiges Obergeschoß, auch tribünenartiger Einbau in Holz oder Stein in einem Raum (Freiempore). Die E. waren bestimmten Personen oder Zwecken vorbehalten (Frauen, Nonnen, Sängern, Hofstaat).

Emporion (lat. Emporiae) ↑ Ampurias.

Empyem [griech.], Eiteransammlung in einer natürl. Körperhöhle (z. B. Herzbeutel-, Nasennebenhöhlenempyem).

Empyreum [griech.], im Weltbild der antiken und scholast. Philosophie der oberste Himmel, der sich über der Erde wölbt; Bereich des Feuers oder des Lichtes; Wohnung der Seligen.

empyreumatisch [griech.], brenzlig, durch Verkohlung entstanden; e. Produkte (**Empyreumata**) sind z. B. infolge unzureichender Verbrennung im Abrauch enthaltene teerartige Stoffe (auch im Rauch von Tabakwaren).

Emrich, Wilhelm, * Nieder-Jeutz bei Thionville 29. Nov. 1909, dt. Germanist. - 1953-56 Prof. in Köln, seit 1959 an der Freien Univ. Berlin. Untersuchungen zur Symbolik von Faust II (1943) und über Franz Kafka (1958); Hg. der Werke von Arno Holz, Carl Sternheim und Ricarda Huch.

Ems, Rudolf ↑ Rudolf von Ems.

Ems, Fluß in NW-Deutschland, entspringt in der Senne, mündet in den Dollart, 371 km lang, über 238 km schiffbar, mit Anschluß an das niederl. Kanalnetz und Verbindung zw. Dollart und Jadebusen über den 72 km langen **Ems-Jade-Kanal.**

E., Bad ↑ Bad Ems.

Emscher, rechter Nebenfluß des Niederrheins; entspringt östl. von Dortmund, mündet nördl. von Duisburg, 81 km lang.

Emscherbrunnen ↑ Kläranlage.

Emsdetten, Stadt in NRW, an der Ems, 40 m ü. d. M., 31 000 E. Juteverarbeitungs-, Eisen-, Kunststoff-, Maschinenind. - 1178 erstmals erwähnt; seit 1938 Stadt.

Emser Depesche, von Bismarck durch Kürzungen und Umformulierungen verschärfte Fassung des von H. Abeken verfaßten Telegramms vom 13. Juli 1870 aus Bad Ems, mit dem der Kanzler über die Unterredungen König Wilhelms I. mit V. Graf Benedetti und über die die span. Thronkandidatur betreffenden frz. Forderungen unterrichtet wurde. Die Publikation der E. D. wurde gegen die Absicht des preuß. Königs zum auslösenden Moment für den Dt.-Frz. Krieg 1870/71.

Emser Punktation, Ergebnis der Verhandlungen von Deputierten der dt. Metropoliten (Köln, Mainz, Trier, Salzburg) 1786 in Bad Ems (**Emser Kongreß**); beschäftigt mit dem Streit um die Rechte der päpstl. Nuntien in Deutschland und um die Errichtung einer Nuntiatur in München; strebte auf seiten der Bischöfe größere Selbständigkeit für die kath. Kirche in Deutschland, daneben nat.kirchl. Ziele an; die Frz. Revolution verhinderte die Verwirklichung dieser Bestrebungen.

Emser Salz, urspr. aus den Quellen von Bad Ems gewonnenes, heute auch in entsprechender Zusammensetzung künstl. hergestelltes Salzgemisch; enthält hauptsächl. Natriumverbindungen; wird bei Erkrankungen des Magen-Darm-Kanals und der Harnwege sowie v. a. bei Katarrhen der Atemwege getrunken bzw. inhaliert.

Ems-Jade-Kanal ↑ Ems.

Emsland, Gebiet beiderseitig der mittleren Ems, Nds., überwiegend Heide und [kultiviertes] Moor, auf 125 km Länge Grenzlandschaft gegen die Niederlande. Auf der Grundlage des 1951 begonnenen Emslandplanes erfolgt eine verstärkte Erschließung auf agrar., verkehrstechn. und gewerbl. Sektor. Das E. ist eines der wichtigsten Erdölfördergebiete der BR Deutschland mit Raffinerien in Holthausen u. Salzbergen; 22 km lange Versuchsstrecke für elektromagnet. Schnellbahn (ab 1980).

E., Landkr. in Nds.

Emu [engl., zu portugies. ema di gei „Kranich der Erde" (wegen der Flugunfähigkeit)] (Dromaius novaehollandiae), bis 1,5 m hoher, flugunfähiger, straußenähnl. Laufvogel der austral. Buschsteppe; Gefieder dicht herabhängend, bräunl., auf dem Kopf dunkler; Schwanzfedern fehlen.

Emulgatoren [lat.], Stoffe, die in Emulsionen das Zusammentreten der dispergierten Tröpfchen durch Herabsetzen der Grenzflächenspannung verhindern, z. B. die Öl-in-Wasser-Emusionen: Fettalkoholsulfate, Saponine, u. a.

Emulsion [zu lat. emulgere „aus-, abmelken"], feinste (kolloidale) Verteilung einer Flüssigkeit (disperse Phase) Tröpfchendurchmesser zw. 1 und 50 μm) in einer nicht mit ihr mischbaren Flüssigkeit (Dispersionsmittel), z. B. Öl in Wasser (etwa Rahm). E. dienen zum Imprägnieren und Konservieren (Gebäudeanstriche usw.); beim Waschvorgang werden Schmutzteile in der Waschlauge emulgiert.

◆ in der *Photographie* unexakte Bez. für die lichtempfindl. Schicht, v. a. bei Aufnahmematerialien.

Emulsoid [lat./griech.], eine Flüssigkeit, in der eine andere, unlösl. Flüssigkeit in Form kleinster Tröpfchen schwebt.

E-Musik, Abk. für „ernste Musik", im Sprachgebrauch von Rundfunk, Tonträgerindustrie und musikal. Verwertungsgesellschaften als Gegensatz zu U-Musik (Abk. für ↑ Unterhaltungsmusik) verwendete Bezeichnung.

en..., En... (vor Lippenlauten em..., Em...) [griech.], Vorsilbe mit der Bed. „ein..., hinein, innerhalb"; z. B. endemisch, empirisch.

-en, Suffix aus der chem. Nomenklatur, das in Verbindungsnamen das Vorhandensein einer $-C=C-$ Doppelbindung kennzeichnet (z. B. Alkene); bei mehreren Doppelbindungen: -dien, -trien, -polyen.

Enanthem [griech.], Ausschlag der Schleimhaut.

Enantiotropie [...tio...; griech.], Form der ↑ Allotropie, bei der die Modifikationen unmittelbar ineinander überführt werden.

Enargit [zu griech. enargés „sichtbar" (wegen der deutl. erkennbaren Spaltbarkeit)], metall. glänzendes, schwarzes Mineral, rhomb. Kristallstruktur; Cu_3AsS_4; wichtiges Kupfererz. Dichte 5,7 bis 5,9 g/cm^3; Mohshärte 3,0.

en avant [frz. ãna'vã], vorwärts.

en bloc [frz. ã'blɔk], im ganzen, mit allem Zubehör, so wie es steht und/oder liegt, in Bausch und Bogen. Die Klausel in b. ist gebräuchl. beim Kauf von Waren, die ohne Angaben von Maß, Zahl und Gewicht gegen Gesamtpreis abgegeben werden.

Encarnación [span. eŋkarna'sjon], Hauptstadt des Dep. Itapúa, Paraguay, Hafen am Paraná, gegenüber von Posadas (Argentinien), 28 000 E. Zweigfakultäten der kath. Univ. Asunción; Handels- und Verkehrszentrum. - 1615 unter dem Namen **Itapúa** gegr.

Enceladus [griech., nach Enkelados, einem Giganten der griech. Sage], ein Mond des Planeten Saturn; mittlere Entfernung vom Planeten 238 100 km, Umlaufzeit 1,370 Tage, Durchmesser 500 km.

Encephalitis, svw. ↑ Gehirnentzündung.

Encephalon [griech.], svw. ↑ Gehirn.

Enchiridion [griech., eigtl. „in der Hand (Gehaltenes)"], Handbuch, Lehrbuch, Leitfaden, Quellensammlung.

enchondral [griech.], innerhalb eines Knorpels liegend oder vorkommend.

Enchyträen (Enchytraeidae) [griech.], Fam. 1–4 cm großer, langgestreckter, überwiegend im Erdboden lebender, meist weißl. oder gelbl. Borstenwürmer.

Encina, Juan del [span. en'θina], * Salamanca 12. Juli 1468, † León (nach Ende August?) 1529, span. Dichter und Komponist. - „Vater des span. Dramas"; er schrieb geistl. und weltl. Dramen, deren Gestalten dem Volksleben entnommen sind. Mehr als 60 seiner Kompositionen finden sich im „Cancionero musical de Palacio" (um 1500).

Encke, Johann Franz, * Hamburg 23. Sept. 1791, † Spandau (= Berlin) 28. Aug. 1865, dt. Astronom. - Prof. in Berlin; berechnete die Bahn des ↑ Enckeschen Kometen und zahlr. Bahnen von Planetoiden und Kometen; erste genaue Bestimmung der Sonnenparallaxe.

Enckell, Carl, * Petersburg 7. Juni 1876,

Enckescher Komet

† Helsinki 27. März 1959, finn. Industrieller und Politiker. - Mgl. der schwed. Volkspartei, 1918/19, 1922, 1924 und 1944–50 Außenmin.
Enckescher Komet, 1818 von J. L. Pons entdeckter Komet, dessen Bahn von J. F. Encke berechnet wurde; Umlaufzeit etwa 3 Jahre 115 Tage.

Encomienda [span. eŋko'mjenda „Auftrag"], urspr. kirchl. Benefizium in breitem Sinn, dann im Rahmen der span. Ritterorden eine Komturei, mit der ein Caballero belehnt wurde; im span. Amerika Zwangszuteilung freier Indianer zur Arbeitsleistung an die Siedler und ihre seelsorger. Betreuung; 1720 endgültig aufgegeben.

Encounter-Gruppen [ɛn'kaʊntə; engl. „Begegnung"], in der Psychologie Bez. für eine Form von [therapeut.] Gruppen; unter der Leitung eines Therapeuten versuchen die Gruppenmgl., spontan und ungehemmt Aggressionen, Sympathien und Antipathien auszudrücken (u. a. mit Hilfe des sog. Psychodramas) und so zu einem neuen Verhältnis zu sich und anderen zu kommen. Dabei kann in dem Abbau der für das seel. Gleichgewicht notwendigen Abwehrmechanismen eine Gefahr gesehen werden.

Encyclopaedia Cinematographica [...pɛ..., si...], Abk. EC, 1952 gegr. internat. Archiv wiss. Filme, die bestimmte Grundbewegungsvorgänge darstellen; z. Z. 3 Sektionen: Biologie, Ethnologie, techn. Wissenschaften; in der BR Deutschland beim *Institut für den wiss. Film* in Göttingen.

Encyclopédie [frz. ãsiklɔpe'di] ↑ Enzyklopädie.

Endangiitis (Endangitis) [griech.], Entzündung der Innenwand eines Blutgefäßes.
Endangiitis obliterans, meist an den unteren Extremitäten beginnende entzündl.-sklerot. Erkrankung der arteriellen Gefäßwände; Folge: Gewebsverödungen und schwere Durchblutungsstörungen.

Endaortitis [griech.], Sammelbez. für alle entzündl.-degenerativen Prozesse an der inneren Gefäßwandschicht der Aorta.

Endarteriitis (Endarteritis) [griech.], Entzündung der Gefäßinnenwand einer Schlagader.

Enddarm ↑ Darmtrakt.

Ende, Edgar, * Altona (= Hamburg) 23. Febr. 1901, † Baiern bei Rosenheim 27. Dez. 1965, dt. Maler. - Aus seiner Beschäftigung mit myst. und mytholog. Schrifttum erwachsene surrealist. Bilder.
E., Michael, * Garmisch-Partenkirchen 12. Nov. 1929, dt. Schriftsteller. - Sohn von Edgar E.; schreibt abenteuerlich-phantast. Erzählungen für Kinder (und Erwachsene), u. a. „Jim Knopf und Lukas, der Lokomotivführer" (1960), „Momo" (1973), „Die unendl. Geschichte" (1979), „Das Gauklermärchen" (1982), „Der Goggolori" (Stück 1984).

Ende, seemänn. Bez. für jedes Stück Tau; das E. (im übl. Sinn) eines Taues heißt **Tampen.**

♦ ↑ Geweih.

Endell, August, * Berlin 12. April 1871, † ebd. 13. April 1925, dt. Architekt und Designer. - Schuf Jugendstilhäuser und Entwürfe für Möbel, Textilien und Schmuck. Sein Hauptwerk war das Photoatelier Elvira in München (1895–98), dessen Fassade ein riesiges Stuckornament prägte.

endemisch, in der *Biologie:* in einem bestimmten Gebiet verbreitet.

♦ in der *Medizin:* örtlich begrenzt auftretend (von Krankheiten).

Ender, Otto, * Altach (Vorarlberg) 24. Dez. 1875, † Bregenz 25. Juni 1960, östr. Jurist und Politiker. - Landeshauptmann von Vorarlberg (1918–34; mit Unterbrechung), Bundeskanzler 1930/31 (christl.-sozial); als Mgl. der Regierung Dollfuß (1933/34) Mitverfasser der ständ. Bundesverfassung von 1934.

Enders, John Franklin [engl. 'ɛndəz], * West Hartford (Conn.) 10. Febr. 1897, † Waterford (Conn.) 8. Sept. 1985, amerikan. Virusforscher. - Prof. an der Harvard University; bed. Virusforschungen, bes. über das Poliomyelitis- und das Mumpsvirus; erhielt 1954 zus. mit F. C. Robbins und T. Weller den Nobelpreis für Physiologie oder Medizin.

en détail [frz. ãde'taj], im kleinen, einzeln, im Einzelverkauf.

Endhirn ↑ Gehirn.

Endingen, Stadt in Bad.-Württ., am N-Abhang des Kaiserstuhls, 178 m ü. d. M., 6900 E. Weinbauzentrum. - 763 erstmals erwähnt.

Endivie [ägypt.-griech.-roman., eigtl. „im Januar wachsende Pflanze"] (Binde-E., Winter-E., Cichorium endivia), einjährige Kulturpflanze aus der Gatt. Wegwarte; entwickelt in der Jugend eine Rosette aus breiten (**Eskariol**) oder schmalen, krausen, zerschlitzten Blättern (**Krause E.**), die oft oben zusammengebunden wird, damit die als Salat verwendeten Blätter bleich und zart bleiben.

Endlagerung ↑ radioaktiver Abfall.

Endlauf, in verschiedenen sportl. Disziplinen (u. a. Leichtathletik) der über den Gesamtsieg entscheidende Wettbewerb.

Endlichkeit, Begrenztheit, v. a. im Quantitativen (Raum, Zeit); metaphys. als Wesenszug jedes Seienden, das selbst nicht Seinsfülle und Seinsvollkommenheit ist.

Endlösung der Judenfrage, nat.-soz. Bez. für den Plan, die europ. Juden zwangsweise in bestimmten Territorien zu konzentrieren (Madagaskar, Polen, Sibirien) bzw. (wohl seit Frühjahr 1941) durch millionenfache Morde, bes. in den Vernichtungslagern, auszurotten.

Endmaß, sehr genaues, feinst bearbeitetes Längenmaß aus gehärtetem Stahl (stellt nur ein Maß dar). Durch Aneinanderreihen mehrerer E. mit parallelen Meßflächen (Parallel-E.) sind beliebige Längen auf 0,001 mm genau

Endoskope

zu Meßzwecken zusammenstellbar.

Endmoräne ↑Gletscher.

endo..., **Endo...** [griech.], Vorsilbe mit der Bed. „innen...; innerhalb...", z. B. endogen.

Endobiose [griech.], Sonderform der ↑Symbiose; der **Endobiont** lebt im Inneren eines anderen Lebewesens (z. B. Bakterien im Darm der Tiere); oft wird die E. zum ↑Parasitismus.

Endodermis [griech.], innerste, meist einzellige Schicht der Rinde der Wurzeln; bildet die Grenze zw. Rinde und Zentralzylinder (↑Wurzel). In älteren Wurzeln sind die E.zellen verkorkt, wodurch eine physiolog. Steuerung des Durchtritts von Wasser und gelösten Stoffen erreicht wird, da diese nur noch durch ↑Durchlaßzellen hindurchkönnen.

Endogamie [griech.] (Binnenheirat), Heiratsordnung, der zufolge die Ehepartner (im Ggs. zur Exogamie) nur innerhalb der eigenen engeren sozialen Gruppe bzw. sozialen Kategorie gewählt werden darf.

endogen, allgemein svw. im Innern eines Körpers entstehend, von innen, aus dem Inneren kommend. - Ggs. ↑exogen.

◆ innenbürtige Kräfte betreffend, ↑Geologie.

◆ in der *Biologie* und *Medizin*: Vorgänge und Krankheiten betreffend, die ihren Ursprung im Körperinnern haben bzw. durch die Erbanlagen bedingt sind.

◆ in der *Psychologie*: anlagebedingt, nicht durch äußere Einflüsse bestimmt, z. B. endogene ↑Depression.

Endokannibalismus ↑Kannibalismus.

Endokard (Endocardium) [griech.], die Hohlräume des Herzens auskleidende glatte Innenwand.

Endokarditis (Endocarditis), Entzündung der Herzinnenhaut; häufigste Form ist die Herzklappenentzündung.

Endokarp [griech.] ↑Fruchtwand.

endokrin [griech.], mit innerer Sekretion.

endokrine Drüsen ↑Drüsen.

Endokrinologie [griech.], Lehre von der Funktion der endokrinen Drüsen.

Endolymphe, Flüssigkeit im Innenohr (↑Labyrinth) der Wirbeltiere.

Endometriose [griech.], patholog. Vorkommen von funktionstüchtigem Gebärmutterschleimhautgewebe außerhalb der Gebärmutter.

Endometritis, Entzündung der Gebärmutterschleimhaut; meist mit leichten Blutungen verbunden.

Endometrium [griech.], svw. Gebärmutterschleimhaut (↑Gebärmutter).

Endomitose, während der Differenzierung von Gewebszellen innerhalb des Zellkerns (bei intakter Kernmembran und ohne Ausbildung einer Kernteilungsspindel) ablaufende Chromosomenvermehrung durch mehrmalige Verdopplung der Chromatiden; führt zur ↑Polyploidie.

Endomyokarditis, gleichzeitige Entzündung der Herzinnenhaut und des Herzmuskels.

Endomysium [griech.], Bindegewebe zw. den einzelnen Muskelfasern.

Endoneurium [griech.] ↑Nervenfaser.

Endoparasit (Innenschmarotzer, Entoparasit), im Innern (in Geweben oder Körperhöhlen) eines Wirtsorganismus lebender Schmarotzer; z. B. Eingeweidewürmer, Blutparasiten. - Ggs. ↑Ektoparasit.

Endophyten (Entophyten) [griech.], meist niedere (Bakterien, Pilze, Algen), sehr selten höhere Pflanzen (Rafflesiengewächse), die im Innern anderer Organismen als ↑Endoparasiten leben.

endophytisch [griech.], in der Medizin nach innen wachsend (auf Tumore bezogen).

Endoplasma (Entoplasma, Innenplasma), bei vielen Einzellern deutl. differenzierter innerer Anteil des Zellplasmas.

endoplasmatisches Retikulum, in fast allen tier. und pflanzl. Zellen ausgebildetes System feinster Kanälchen (Zisternen) aus etwa 5 nm dünnen [Elementar]membranen; Funktionen: Proteinsynthese, Stofftransport, Erregungsleitung.

Endopodit [griech.] ↑Spaltfuß.

Endor [hebr.], alte kanaanäische Stadt im N-Teil Israels, südl. des Tabor, nahe dem heutigen En Dor. Nach 1. Sam. 28, 7–25 Wohnort einer kanaanäischen Totenbeschwörerin (sog. **Hexe von Endor**).

Endoradialsonde (Endoradiosonde), svw. ↑Heidelberger Kapsel.

Endorphine [Kw. aus *endogen* und M*orphin*], Gruppe von Eiweißstoffen, die in menschl. und tier. Gehirn (wahrscheinl. in der Hypophyse) gebildet werden und ähnlich wie die Enkephaline an bestimmten Rezeptoren des Gehirns gebunden werden und dabei eine schmerzstillende oder auch beruhigende, z. T. bis zu einem (bei Schizophrenie auftretenden) Starrezustand führende Wirkung entfalten. Die ersten E. wurden 1976 durch R. Guillemin aus Schafshirn isoliert. Bisher wurden drei als α-, β- und γ-Endorphin bezeichnete Substanzen identifiziert. Sie erwiesen sich als längerkettige Peptide, die die Aminosäuresequenz der Enkephaline enthalten und selbst Bestandteile des aus 90 Aminosäuren aufgebauten Hyphophysenhormons Lipotropin sind. Durch Untersuchungen über die Wirkung der E. erhofft man sich Erkenntnisse über das Phänomen des Schmerzes sowie über die Entstehung von Geisteskrankheiten.

Endoskelett, knorpeliges oder knöchernes Innenskelett der Wirbeltiere.

Endoskope [zu griech. *éndon* „innen" und *skopeîn* „betrachten"], mit elektr. Lichtquellen (Niedervoltlampe oder Glasfasern [Kaltlichtbeleuchtung]) und Spiegelvorrichtung versehene Instrumente zur direkten Untersuchung von Hohlorganen oder Körperhöhlen. Die Bildübertragung erfolgt mit Lin-

Endoskopie

sen oder über Glasfiberleitkabel (Fibroskope). - Zur Betrachtung des Magen-Darm-Kanals werden *Enteroskope* benutzt. Das biegsame **Gastroskop** zur Untersuchung des Magens (auch das starre **Ösophagoskop** zur Untersuchung der Speiseröhre) wird durch den Mund eingeführt. Das starre und gerade **Bronchoskop** dient zur Betrachtung des Kehlkopfes, der Luftröhre und des Bronchialraums; es wird in örtl. Betäubung oder Narkose durch den Mund eingeführt. Das **Thorakoskop** wird operativ eingeführt und ermöglicht die Untersuchung der Brusthöhle. Zur Untersuchung der Bauchhöhle, bes. von Gallenblase, Leber und Milz wird das **Laparoskop** verwendet; es wird in örtl. Betäubung durch die Bauchdecken eingeführt. Das **Choledochoskop** dient zur Untersuchung der Gallenwege während einer Operation. Mit dem **Kuldoskop** werden die weibl. Geschlechtsorgane nach Durchstoßung des hinteren Scheidengewölbes untersucht. Zur Mastdarmspiegelung wird ein **Rektoskop** benutzt. **Urethroskop** (zur Spiegelung der Harnröhre) und **Zystoskop** (zur Spiegelung der Blase) werden über die vordere Harnröhrenmündung eingeführt.

Endoskopie [griech.], Untersuchung von Körperhöhlen und Hohlorganen mit einem Endoskop.

Endosperm [griech.], den pflanzl. Embryo umgebendes Nährgewebe der Samenanlage und Samen.

Endospermkern ↑ doppelte Befruchtung.

Endosporen, Sporen, die sich im Innern einer Zelle oder eines Organs (z. B. im Sporangium) bilden.

Endothel [griech.], Bez. für die vom Plattenepithel gebildete innere Auskleidung der Blutgefäße.

Endotheliom [griech.], Sammelbez. für alle vom Endothel ausgehenden Geschwülste.

endotherm [griech.], wärmebindend; bei *e. Prozessen* nimmt das reagierende System Wärme aus der Umgebung auf. - Ggs. ↑ exotherm.

Endotoxine (Entotoxine), Bakteriengifte, die (im Ggs. zu den Ektotoxinen) fest an Membranstrukturen haften und daher erst nach dem Untergang der Erreger frei werden.

Endozoen [griech.] (Entozoen), in anderen Tieren lebende Tiere, z. B. manche Parasiten und Symbionten.

Endplatte (Nerven-E., motor. E., neuromuskuläre E.), plattenförmiges Gebilde der quergestreiften Muskeln, auf dessen Oberfläche die motor. Nervenfasern enden; an den E. erfolgt die Übertragung der Nervenimpulse auf die Muskulatur; Übertragerstoff (sog. Transmitter) ist Acetylcholin.

Endprodukthemmung, Hemmung eines oder mehrerer ↑ Enzyme einer Enzymkette durch das entstehende Stoffwechselendprodukt.

Endre, ungar. Form des männl. Vornamens Andreas.

Endrumpffläche, Endstadium der Abtragung eines Gebirges.

Endsee, abflußloser See, meist in Trokkengebieten, unterliegt starker Verdunstung und damit der Versalzung.

Endspiel, beim *Schach* diejenige Phase einer Partie, die sich aus dem Mittelspiel erhebl. Reduzierung der Figuren (Abtausch) und Bauern entwickelt.
♦ bei *Kampfspielen* das letzte entscheidende Spiel der durch Ausscheidungsspiele (Vor-, Zwischenrundenspiele) ermittelten besten Spieler bzw. Mannschaften.

Endspurt, bei sportl. Wettkämpfen die letzte Anstrengung vor Ende der Distanz.

Endter, Buchdrucker- und Buchhändlerfamilie in Nürnberg. Georg E. gründete Anfang des 17. Jh. eine Buchdruckerei. Wolfgang E. d. Ä. (* 1593, † 1659) leitete ab 1612 den väterl. Betrieb, druckte u. a. 1641 die reich illustrierte prot. „Kurfürstenbibel" (auch „Ernestin. Bibel" gen.), 1654 den „Orbis sensualium pictus" des J. A. Comenius. Das Unternehmen kam 1717 an J. H. Ernesti und erlosch 1855.

Endtermin, der Zeitpunkt, bis zu dem ein Rechtsgeschäft nach seinem Inhalt Wirkungen entfaltet.

Endurteil, das Urteil, in dem über den Streitgegenstand (nicht bloß über einzelne Streitpunkte) eine für die jeweilige Instanz endgültige Entscheidung getroffen wird.

Endwirt ↑ Wirtswechsel.

Endymion, Gestalt der griech. Mythologie, Sohn des Zeus und der Kalyke. Schöner Jäger aus Karien, dem Zeus ewigen Schlaf und ewige Jugend schenkt. Des Nachts besucht ihn die Mondgöttin Selene (bzw. Artemis). Das Thema wurde in Literatur (u. a. von J. Lyly, J. Keats, Wieland) und Malerei (u. a. Rubens) behandelt.

Endzeit ↑ Eschatologie.

Energetik [griech.], Lehre von der Energie; speziell die von W. ↑ Ostwald begründete, auch **energet. Monismus** oder **Energetismus** gen. Auffassung, nach der die Energie das Wirkliche in der Welt und Grundlage allen Geschehens ist.

energico [italien. e'nɛrdʒiko], musikal. Vortragsbez.: energ., kraftvoll.

Energide [griech.], die Funktionseinheit eines einzelnen Zellkerns mit dem ihn umgebenden, von ihm beeinflußten Zellplasma.

Energie [zu griech. enérgeia „wirkende Kraft" (zu érgon „Werk")], Formelzeichen E, die in einem physikal. System gespeicherte ↑ Arbeit oder Fähigkeit eines physikal. Systems, Arbeit zu verrichten. Beispielsweise hat eine gespannte Feder die Fähigkeit, beim Entspannen Arbeit zu verrichten: sie besitzt also Energie. E. besitzt auch ein fahrendes Auto. Seine Fähigkeit, Arbeit zu verrichten,

Energiepolitik

kommt bei einem Zusammenstoß in den auftretenden Deformationen *(Verformungsarbeit)* zum Ausdruck. Die verschiedenen in der Natur vorkommenden E.formen (z. B. mechan., therm., elektr., magnet., chem. und Kern-E.) können ineinander umgerechnet und weitgehend auch umgewandelt werden. So wird z. B. in einem Wärmekraftwerk chem. E. bei der Verbrennung in Wärme-E., diese in der Dampfturbine in mechan. E. und schließl. im Generator in elektr. E. umgewandelt. E. kann weder erzeugt noch vernichtet, sondern ledigl. von einer Form in eine andere gebracht werden. Die Summe aller E. eines abgeschlossenen Systems bleibt konstant (Energiesatz, Hauptsätze der Wärmelehre). Die Äquivalenz von E. und Masse beschreibt die Einsteinsche Gleichung $E = m \cdot c^2$ (m Masse, c Lichtgeschwindigkeit). Gemäß dieser Beziehung sind E. und Masse ineinander umwandelbar. Die SI-Einheit der E. ist dieselbe wie die der Arbeit: 1 Joule (J). Für elektr. E. wird häufig die Einheit Kilowattstunde (kWh) verwendet. Es gilt: 1 kWh = 3 600 000 J. Atomphysikal. Einheit der E. ist das Elektronenvolt (eV). - ↑ auch Kernenergie, ↑ kinetische Energie, ↑ potentielle Energie.

♦ in der *Chemie* der zur Bildung einer chem. Bindung benötigte bzw. bei deren Spaltung freiwerdende Energiebetrag (**Bindungsenergie**).

♦ übertragen svw. Tatkraft.

Energiebändermodell (Bändermodell), quantenmechan. Modellvorstellung, die das Energiespektrum (**Bänderspektrum**) der Elektronen in einem Festkörper mit nicht zu starker Abweichung von einer idealen Kristallstruktur liefert und eine quantitative Erklärung seiner physikal. Eigenschaften ermöglicht; insbes. kann das E. erklären, warum zahlr. Stoffe Metalle sind und eine sehr gute elektr. Leitfähigkeit besitzen, andere mit gleicher Kristallstruktur dagegen Halbleiter oder Isolatoren sind.

Energiedirektumwandlung, Sammelbez. für moderne (sog. unkonventionelle) Methoden zur Erzeugung elektr. Energie aus einer anderen Energieform. Eine Umwandlung von Wärmeenergie *(Energiekonversion)* erfolgt bei der *thermoelektr. E.* in Thermoelementen, bei der *magnetohydrodynam. E.* in MHD-Generatoren. Eine Umwandlung von chem. Energie erfolgt in der galvan. Brennstoffzellen; in Isotopenbatterien erfolgt eine Umwandlung von radioaktiver, in Solarzellen (Sonnenzellen) von elektromagnet. Strahlungsenergie (Licht).

Energieeinsparungsgesetze, Bündel von Gesetzen und Verordnungen, die den Energieverbrauch einschränken sollen; dazu gehören das Gesetz zur Verringerung des Energieverbrauchs in Gebäuden, eine Heizungsanlagen-Verordnung und eine Heizungsbetriebs-Verordnung sowie das Modernisierungs- und Energieeinsparungsgesetz. Nach letzterem können baul. Maßnahmen, die Einsparungen von Heizenergie bewirken unter gewissen Bedingungen gefördert werden.

Energieentziehung (Stromentwendung), die rechtswidrig und in Zueignungsabsicht mittels eines nicht ordnungsgemäßen stromabnehmenden Leiters einseitig bewirkte Entnahme von fremder elektr. Energie; mit Freiheitsstrafe bis zu fünf Jahren oder Geldstrafe (§ 248 c StGB) bedroht.

Energieerhaltungssatz ↑ Energiesatz.

Energieniveau [...nivo:], svw. Energieterm (↑ Term).

Energiepolitik, Gesamtheit der Maßnahmen, mit denen ein Staat Einfluß sowohl auf den Umfang des inländ. Energiebedarfs als auch auf die Form der Energieversorgung durch die in- und ausländ. Energiewirtschaft nimmt, um angesichts der natürl. Begrenztheit des Angebots an Energieträgern (v. a. Kohle, Erdöl, Erdgas, Wasser) den infolge zunehmender Mechanisierung und Automatisierung ständig steigenden Energiebedarf zu sichern. E. ist Teil der allg. Wirtschaftspolitik, v. a. seit der Energiekrise 1973 auch stark mit der Außenpolitik verzahnt; gleichzeitig bestehen engere Beziehungen insbes. zur Umwelt-, Forschungs- und Sozialpolitik. Wegen der Besonderheit der Produktion (hohe Kapitalintensität, Langfristigkeit in der Erstellung der Produktionsanlagen), der Verteilung (Großverteilung durch Fernleitungen) sowie der bes. Bed. der Energiewirtschaft für einen reibungslosen Wirtschaftsablauf ist eine unbeschränkte Konkurrenzwirtschaft in diesem Bereich nicht mögl.; der Staat muß deshalb auch in marktwirtschaftlich orientierten Ländern in den Energiemarkt eingreifen. Widerstreitende Ziele können v. a. Wirtschaftlichkeit, saubere Umwelt einerseits und ein möglichst hoher inländische Selbstversorgungsgrad andererseits sein. Die E. der BR Deutschland legte seit Ende der 1950er Jahre zu Lasten der inländ. Selbstversorgung mit Steinkohle den Schwerpunkt auf (v. a. ausländ.) Erdöl und förderte den Schließung unwirtsch. gewordener Zechen. Der Versuch arab. Ölförderländer 1973, mit Embargos und preispolit. Maßnahmen Einfluß auf den israel.-arab. Krieg zu nehmen, schwächte über in den betroffenen Ländern entstandene Energiekrisen deren Konjunktur irrehebl. und stürzte diese Länder in Wirtschaftskrisen. 1973–82 erhöhte die ↑ OPEC kontinuierlich die Ölpreise; die betroffenen Abnehmerländer versuchen seither, sich mit alternativen Energieträgern (v. a. Kernenergie und Sonnenenergie durch Solarzellentechnik) aus ihrer Abhängigkeit vom Öl zu lösen. Zur generellen Energieeinsparung wurden eine Vielzahl spezieller ordnungspolit. Regelungen und interventions-

Energiesatz

polit. Eingriffe vorgenommen (u. a. durch die ↑Energieeinsparungsgesetze in der BR Deutschland). Auf internat. Ebene koordinierten verschiedene OECD-Länder ihre E. und gründeten die Internat. Energie-Agentur. Daneben wurden auf internat. Konferenzen die Möglichkeiten beschleunigter Energieerschließung, neuer Energiequellen und der Zusammenarbeit bei Energieforschung und -entwicklungsprogrammen erörtert.

Energiesatz (Energieprinzip, Satz von der Erhaltung der Energie), ein allgemeingültiges, grundlegendes Naturgesetz, nach dem bei einem physikal. Vorgang ↑Energie weder erzeugt noch vernichtet, sondern ledigl. von einer Energieform in eine andere umgewandelt werden kann. In einem abgeschlossenen System (d. h. in einem System, das keinerlei Wechselwirkung mit seinem Außenraum besitzt, insbes. auch keinen Energieaustausch) ist die Summe aller vorhandenen Energien konstant. Verringert sich in einem solchen System beispielsweise der Anteil der vorhandenen mechan. Energie um den Betrag ΔW, so nehmen die übrigen Energieformen zusammen um eben diesen Energiebetrag ΔW zu. Als Folgerung des E. ergibt sich die Unmöglichkeit, ein ↑Perpetuum mobile 1. Art zu konstruieren, eine Maschine also, die ohne Energiezufuhr von außen ständig Arbeit verrichtet.

Energieschema, svw. Termschema (↑Term).

Energiespektrum, die Verteilung einzelner Energiewerte (bzw. ihrer Häufigkeit) innerhalb eines bestimmten Bereiches, z. B. der kinet. Energie von Neutronen in einem Atomreaktor.

Energiestoffwechsel, svw. Betriebsstoffwechsel (↑Stoffwechsel).

Energiestufe, svw. ↑Term.

Energietechnik, Teilgebiet der Elektrotechnik, das sich mit Übertragung, Verteilung und Anwendung elektr. Energie in Haushalt und Ind. beschäftigt.

Energieversorgung, Sammelbegriff für die verschiedenen Einrichtungen und Vorgänge, die der Erzeugung und Verteilung von Energie, v. a. elektr. Energie (Stromversorgung), dienen. Die verschiedenen Energieträger (Kohle, Erdöl, Kernenergie, Gas, Elektrizität) sind in großem Maße austauschbar. Das EnergiewirtschaftsG vom 13. 12. 1935 unterstellt die E.unternehmen unabhängig von ihrer Rechtsform staatl. Aufsicht. Jede Kapazitätsveränderung ist anzeigepflichtig (Investitionskontrolle). Für die E.unternehmen, die ein bestimmtes Gebiet versorgen, besteht Anschluß- und Versorgungspflicht, jedoch besteht für die Abnehmer kein Anschluß- und Benutzungszwang. Die E.unternehmen, die oft eine Monopolstellung innehaben, sind von den Vorschriften des KartellG ausdrückl. ausgenommen, unterliegen jedoch einer Mißbrauchsaufsicht durch das Bundeskartellamt.

📖 *Grathwohl, M.: E. Bln.* ²*1983. - E. Expertenmeinungen zu einer Schicksalsfrage. Hg. v. B. B. Gemper. Mchn. 1981.- Euler, K., u. a.: Wege zur E. Mchn. 1977.*

Energiewirtschaft, Wirtschaftszweig, der i. w. S. alle Bereiche, die der Deckung des Energiebedarfs dienen, i. e. S. die Produktion, Verarbeitung und Verteilung von Energie umfaßt. Die E. gehört neben dem Bergbau sowie der Eisen- u. Stahlind. zur Grundstoffind. Der Energiebedarf zeigt steigende Tendenz: Der Gesamtverbrauch an Primärenergie stieg in der BR Deutschland von 134,8 Mill. t Steinkohleeinheiten im Jahr 1950 auf 408,1 Mill. t im Jahr 1979. Daraus ergibt sich das Problem der Deckung des Energiebedarfs zu erträgl. Preisen und das Problem des Übergangs von relativ teuren bzw. knapp werdenden Energieträgern zu billigeren (↑Energiepolitik). Die Dringlichkeit der Energieversorgung für das öffentl. und private Leben, die der E. eine bes. Stellung gibt, sowie die Standortgebundenheit der Energieproduktion, die den Anbietern ein natürl. Monopol verleihen könnte, haben in allen Ländern einen starken Einfluß des Staates auf die E. zur Folge. In einzelnen Ländern (Großbrit., Frankr.) hat das zur vollen Verstaatlichung der Energieversorgung (Kohle-, Gas- und Elektrizitätswirtschaft) geführt. In der BR Deutschland besteht die E. aus privaten, gemischtwirtsch. und öffentl. Energieversorgungsunternehmen, die zur Sicherung von Wegen für Leitungen, von Konzessionen und Gebietsabgrenzungen mit den Gemeinden Verträge schließen, in denen die Bedingungen für Lieferung und Verteilung von Energie geregelt sind.

Die Strukturwandlungen in der E. infolge veränderter techn. Möglichkeiten der Produktion und der Verwendung machen mittel- und langfristige Energiebedarfsprognosen unzuverlässig. Aus Schätzungen geht hervor, daß das Vorkommen an Energieträgern in Westeuropa für die volle Deckung des Energiebedarfs nicht ausreichen, wohl aber für eine begrenzte Eigenversorgung in naher Zukunft (mindestens bis zum Jahre 2000) im gegenwärtigen Umfang. Die wichtigsten Energiequellen sind Kohle, Mineralöle, Gas und Wasser. Gestiegen ist die Bed. der Kernenergie. Der Ausbau dieses Zweigs der E. ist jedoch wegen der mit der Kernenergie verbundenen Umweltrisiken stark umstritten und z. T. auch auf Grund heftiger Proteste (v. a. von Bürgerinitiativen) in Frage gestellt. - Abb. S. 146.

📖 *Emmerich, V./ Lukes, R.: Perspektiven der E. Köln 1976. - Förster, K.: Allg. E. Bln.* ²*1973.*

Enervierung (Enervation) [lat.], Überbeanspruchung der Nerven, Belastung der seel. Kräfte; Ausschalten der Verbindung zw. Nerv und dazugehörendem Organ.

Enescu, George (frz. Georges Enesco [frz. enɛsˈko]), * Liveni (= George Enescu, bei Botoșani) 19. Aug. 1881, † Paris 4. Mai 1955, rumän. Komponist und Violinist. - Bed. Bachinterpret; wurde v. a. bekannt durch seine von folklorist. Elementen angeregten „Rumän. Rhapsodien" für Orchester (1901/02).

en face [frz. ãˈfas], von vorn gesehen.

en famille [frz. ãfaˈmij „in der Familie"], in engem Kreise.

Enfant terrible [ãfãtɛˈribl; frz. „schreckl. Kind"], jemand, der seine Umgebung ständig in Verlegenheit bringt und schockiert.

Enfilade [frz. ãfiˈlaːdə], Zimmerflucht, geradlinige Raumabfolge, charakterist. für die frz. Schloßbaukunst im 17. und 18. Jahrhundert.

Enfle [frz. ãːfl], frz. Kartenspiel für 6 Teilnehmer mit 52 Whistkarten.

Engadin [ɛngaˈdiːn, ˈɛngadiːn], Talschaft im schweizer. Kt. Graubünden, der oberste, etwa 95 km lange Abschnitt der Längstalfurche des Inns vom Malojapaß (1 815 m ü. d. M.) bis zur Schlucht bei Martina (1 035 m ü. d. M.); strahlungsreiches, mildes und sonniges Höhenklima. Die Waldgrenze liegt bei 2 300 m ü. d. M., darüber erstrecken sich Hochweiden. Durch die Talenge unterhalb von Zernez (1 472 m ü. d. M.) gliedert sich das E. in Ober- und Unterengadin; Fremdenverkehr. Im Unter-E. liegt der Schweizer Nationalpark (169 km²). - Das *Ober-E.* kam 1139 durch Kauf an den Bischof von Chur; das *Unter-E.* war schon seit dem 10. Jh. in dessen grundherrl. Gewalt.

Engagement [ãgaʒəˈmãː; frz.], persönl. Einsatz aus [weltanschaul.] Verbundenheit; Gefühl des Verpflichtetsein zu etwas; Bindung, Verpflichtung.

◆ berufl. Verpflichtung, Anstellung eines Künstlers, Artisten usw.

◆ an der *Börse:* Verpflichtung, zur festgesetzten Zeit gekaufte Papiere abzunehmen, zu bezahlen oder die für diesen Tag verkauften zu liefern.

En Gedi, Oase in Israel, am W-Ufer des Toten Meeres, 300 m u. d. M.; Kibbuz mit Landw.schule; Gemüseanbau; Süßwasserquelle mit dreifach terrassiertem Wasserfall; die Umgebung von En G. ist Nationalpark; Fremdenverkehr. - Nach En G. floh David vor Saul (1. Sam. 24); in der israelit. Königszeit Festung, durch den Babylonier und Edomiter zerstört; reiche archäolog. Funde.

Engel, Erich, * Hamburg 14. Febr. 1891, † Berlin 10. Mai 1966, dt. Regisseur. - An den Hamburger Kammerspielen 1918–21 bed. Inszenierungen expressionist. Dramatiker, seit 1924 am Dt. Theater in Berlin; leitete das Theater am Schiffbauerdamm, wo er v. a. Shakespeare und Brecht (1928 die „Dreigroschenoper") inszenierte; Filmregisseur, u. a. „Der Maulkorb" (1938), „Affäre Blum" (1948).

E., Ernst, * Dresden 26. März 1821, † Radebeul bei Dresden 8. Dez. 1896, dt. Statistiker. - 1860–82 Direktor des Königl. Preuß. Statist. Büros; kam auf Grund seiner Untersuchungen auf dem Gebiet der Konsumstatistik zu dem Ergebnis, daß mit steigendem Wohlstand ein fallender Prozentsatz der Einkommens für die Ernährung ausgegeben wird (sog. **Engelsches Gesetz**).

E., Johann Carl Ludwig, * Berlin 3. Juli 1778, † Helsinki 14. Mai 1840, dt. Baumeister. - Seit 1816 in Helsinki, dessen Stadtbild er durch zahlr. streng klassizist. Gebäude prägte (u. a. Univ., 1828–32; Univ.bibliothek, 1836–45; Nikolaikirche, 1830–52).

Engel [zu griech. ángelos „Bote"], Bote und Diener Gottes, Mittler zw. der Gottheit und den Menschen. Die E. sind der Gottheit, der sie dienen und in deren Nähe sie weilen, untergeordnet, stellen aber die höchste Stufe der Schöpfung in personaler Gestalt dar. Sie gelten nicht als völlig körperlos, sondern als Gestalten mit einem Körper aus Licht oder Äther (Astralleib) oder einem Feuerleib (daher die rote Gewandung auf griech. Ikonen). Unter sich können die E. eine hierarch. Ordnung bilden, an deren Spitze oft Erzengel stehen. Als gefallene E. (z. B. ↑ Luzifer) gelten häufig die widergöttl. Mächte der Dämonen. Religionsgeschichtl. findet sich die E.vorstellung v. a. in monotheist. Religionen. Der Parsismus kennt neben seinem nahezu monotheist. verehrten Gott eine uranfängl. Macht des Bösen und ordnet in diesen antagonist. Dualismus die E. einerseits und die Dämonen andererseits ein. Im A. T. treten E. als Boten (z. B. 1. Mos. 19, 1; Ps. 103, 20) und als Söhne Gottes (Hiob 1, 6) auf. Als bes. E.namen finden sich Michael (Daniel 10, 13), Gabriel (Daniel 8, 16) und Raphael (Tob. 3, 17). Im N. T. findet sich zusätzl. zu Vorstellungen des A. T. die Gestalt des Schutzengels (Matth. 18, 10); die E. erscheinen ferner als Begleiter des Messias beim Endgericht (Matth. 16, 27). Die christl. Kirchen haben eigene Engellehren (**Angelologien**) ausgebildet. Der Islam übernahm die E.vorstellung vom Judentum und Christentum.

Kunst: In frühchristl. Zeit wurden E. zunächst wohl nach dem Vorbild der Genien gestaltet; seit dem späten 4. Jh. erscheinen sie als geflügelte Wesen in weißem Gewand. In der byzantin. und in der abendländ. Kunst tragen sie auch Hoftracht (Purpurmantel über hellblauem Untergewand). Cherubim werden etwa seit dem 6. Jh. mit sechs Flügeln dargestellt, zwei und mehr Flügel (oft mit Augen besetzt) haben die Seraphim, die auch nur als Kopf mit Flügeln dargestellt werden. Die ma. Malerei und Plastik schuf eine Fülle großartiger jugendl. E.figuren, jetzt meist in der Tracht von Diakonen; sie sind Assistenzfiguren für jegl. bibl. Geschehen, für liturg. Funk-

Engelamt

tionen, am Thron Gottes stehend, als Wächter am Kirchengebäude usw. Seit der Spätgotik und Frührenaissance treten allmählich liebl. E.typen in den Vordergrund, sehr oft musizierend, sowie Putten.

📖 *Grether, E.: Geistige Hierarchien.* Freib. ³1980.

Engelamt, in der kath. Liturgie Hochamt zu Ehren der Engel sowie das Votivamt zu Ehren der Muttergottes im Advent (Rorate), die Mitternachtsmesse in der Hl. Nacht und das Begräbnisamt für unmündige Kinder.

Engelberg, Gemeinde im schweizer. Kt. Obwalden, 30 km ssö. von Luzern, 1 020 m ü. d. M., 3 200 E. Benediktinerkloster mit Gymnasium und Bibliothek; Luftkurort und Wintersportplatz. - Das Benediktinerkloster E. wurde 1120 von Konrad von Selenbüren gegr.; es erlebte früh eine große Blüte seiner Schreib- und Malschule. E. kam 1798 zum Kt. Waldstätten, 1803 zu Nidwalden und gehört seit 1815 zu Obwalden.

Engelbert (Engelbrecht), alter dt. männl. Vorname (1. Bestandteil Name der †Angeln, 2. Bestandteil althochdt. beraht „glänzend"). Zur Verbreitung des Namens trug v. a. die Verehrung des Erzbischofs Engelbert I. von Köln bei.

Engelbert I., * um 1185, † bei Gevelsberg 7. Nov. 1225 (ermordet), Graf von Berg, Erzbischof von Köln (seit 1216). - Seit 1220 Reichsverweser und Vormund Heinrichs (VII.); seine Territorialpolitik, die Kölns Vorrangstellung am Niederrhein festigte, führte zum Mordanschlag durch Friedrich von Isenburg; als Heiliger verehrt.

Engelbrekt Engelbrektsson (Engelbrecht Engelbrechtsson), * um 1390, † Hjälmarsee 4. Mai 1436 (ermordet), schwed. Volksführer und Reichshauptmann. - 1435 vom schwed. Reichsrat zum Reichshauptmann ernannt; entfachte im Herbst 1435 (nach erfolgreichen Aktionen seit 1432) neuen Aufruhr gegen Erich XIII., scheiterte jedoch bei dem Versuch, Stockholm zu erobern.

Engelhaie (Engelfische, Meerengel, Squa-

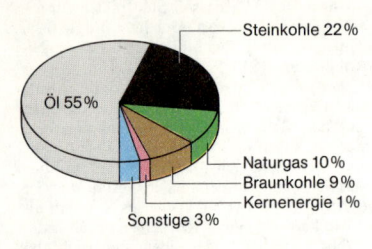

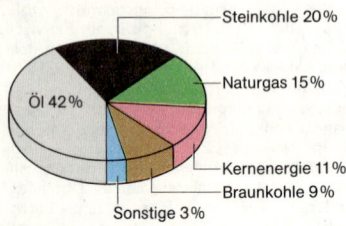

Energiewirtschaft. Struktur der Energieversorgung in der Bundesrepublik Deutschland 1973 und 1985

1973
- Steinkohle 22%
- Öl 55%
- Naturgas 10%
- Braunkohle 9%
- Kernenergie 1%
- Sonstige 3%

1985
- Steinkohle 20%
- Öl 42%
- Naturgas 15%
- Kernenergie 11%
- Braunkohle 9%
- Sonstige 3%

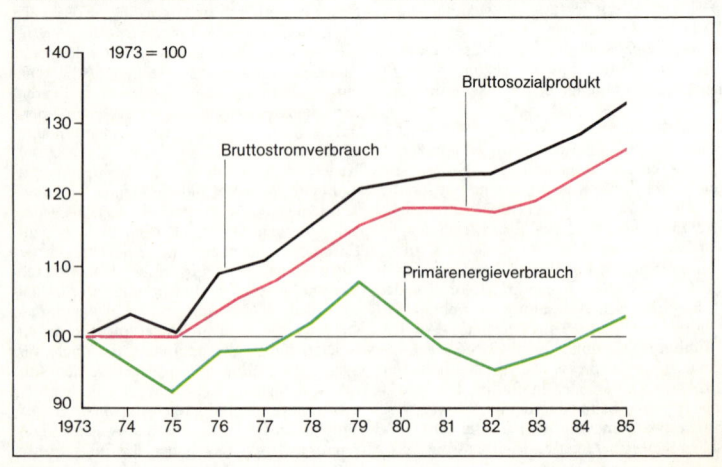

Entwicklung des Primärenergieverbrauchs, des Bruttosozialprodukts und des Bruttostromverbrauchs in der Bundesrepublik Deutschland

tinoidei), Unterordnung 1–2,5 m langer Haie mit 12 Arten vorwiegend im flachen küstennahen Meereswasser der gemäßigten Breiten; Vorderkörper auffallend abgeplattet, Brustflossen flügelartig verbreitert; Kopf breit, mit endständiger Mundöffnung; Spritzlöcher groß; Hinterkörper schlank, Schwanzflosse schwach entwickelt; am bekanntesten ist der 2,5 m lange, meist grüngraue, dunkelgefleckte **Meerengel** (NO-Atlantik und Mittelmeer).

Engelhard, Hans A., * München 16. Sept. 1934, dt. Politiker (FDP). - Rechtsanwalt; seit 1972 MdB, seit Okt. 1982 Bundesminister der Justiz.

Engelhardt, Klaus, * Schillingstedt (heute zu Ahorn, Main-Tauber-Kreis) 11. Mai 1932, dt. ev. Theologe; seit 1982 Landesbischof der Ev. Landeskirche in Baden.

Engelke, Gerrit, eigtl. Gerriet E., * Hannover 21. Okt. 1890, † in Frankr. 13. Okt. 1918, dt. Dichter. - Arbeiterdichter des Nylandkreises; seine expressionist. Lyrik, stark geprägt von W. Whitman und R. Dehmel, gibt dem Glauben an einen „neuen Menschen" Ausdruck; u. a. „Schulter an Schulter" (Ged., 1916, mit anderen), „Rhythmus des neuen Europa" (Ged., hg. 1921).

Engelmacherin, volkstüml. Bez. für Pflegemutter, die vorwiegend unehel. Kinder umkommen läßt; auch Bez. für Abtreiberin.

Engelmann, Bernt, * Berlin 20. Jan. 1921, dt. Schriftsteller. - Begann als Journalist mit Features und Reportagen, schrieb zahlr. engagierte Bestseller, in denen er an den führenden Schichten in der BR Deutschland und in der dt. Geschichte beißend Kritik übt; 1977 Präs. des Schriftstellerverbands (VS). - *Werke:* Meine Freunde, die Millionäre (1963), Wir da oben - wir da unten (1973), Trotz alledem: Dt. Radikale 1777–1977 (1977), ‚Preußen - Land der unbegrenzten Möglichkeiten' (1979), Wir hab'n ja den Kopf noch fest auf dem Hals (1985).

Engels, Friedrich, * Barmen (= Wuppertal) 28. Nov. 1820, † London 5. Aug. 1895, dt. Philosoph und Politiker. - Mußte als Sohn eines pietist. Textilfabrikanten 1838–41 in Bremen eine kaufmänn. Lehre absolvieren, hatte dort Kontakte zur literar. Bewegung „Junges Deutschland"; besuchte während seines Militärdienstes in Berlin (1841/42) Philosophievorlesungen und beteiligte sich dort an den Auseinandersetzungen der Junghegelianer; veröffentlichte 1839–42 religions-, literatur- und philosophiekrit. Schriften unter dem Pseud. Oswald. 1842–44 Beendigung der Ausbildung in Manchester, wo er mit der engl. Arbeiterfrage konfrontiert wurde, mit Anhängern des Frühsozialisten R. Owen in Verbindung trat und zum Sozialrevolutionär wurde. Sein auf Studien dieser Zeit beruhendes Werk „Die Lage der arbeitenden Klasse in England" (1845) gehört zu den frühen Grundlagen der polit. Ökonomie des Marxismus. E. wurde durch eine enge Verbindung zu K. ↑Marx geprägt, mit dem ihn seit 1844 eine lebenslange Freundschaft verband. Beide verfaßten gemeinsam neben anderen Schriften (u. a. „Dt. Ideologie", 1845/46, veröffentlicht 1932) 1848 für den Bund der Kommunisten das ↑Kommunistische Manifest. E. war während der Revolution 1848 Redakteur der „Neuen Rhein. Zeitung" in Köln, nahm 1849 am Pfälzer Aufstand teil und emigrierte nach Großbrit., wo er 1850–69 im väterl. Zweigwerk in Manchester tätig war, um Marx finanziell unterstützen zu können. Ab 1870 widmete er sich ausschließl. der Theorie und Praxis des Sozialismus. Mit zahlr. Schriften hatte E. großen Anteil an der Begründung des Marxismus und v. a. in Verbindung mit seiner auch prakt.-polit. Tätigkeit (u. a. im Generalrat der 1. Internationale) an dessen Ausbreitung und Entwicklung zur Massenbewegung. *Weitere Werke:* Herrn Eugen Dührings Umwälzung der Wiss. (1878), Der Ursprung der Familie, des Privateigentums und des Staats (1884), Ludwig Feuerbach und der Ausgang der klass. dt. Philosophie (1888).

📖 *Fleischer, H.:* Marx u. E. Freib. ²1974. - *Marx, K./E. F.: Werke.* Bln. ²⁻¹²1972–80. *39 Bde. in 41 Büchern u. 1 Erg.-Bd. in 2 Tlen. - Hirsch, H.: F. E. Rbk. 1968.*

Engels, sowjet. Stadt im Gebiet Saratow, RSFSR, 175 000 E. Vier Technika, Heimatmuseum; u. a. Autobus- und Kunstfaser-

Der Engel mit dem Mühlstein. Miniatur aus der Bamberger Apokalypse (vor 1020). Bamberg, Staatliche Bibliothek.

Engelsburg

werk. - 1747 gegr.; 1924–41 Hauptstadt der Wolgadeutschen Republik.

Engelsburg (Castel Sant'Angelo), 135–139 als Mausoleum für Kaiser Hadrian am rechten Tiberufer in Rom erbauter Rundbau; seit dem 3. Jh. als Festung benutzt. Die Bez. „E." wurde nach der legendären Erscheinung des Erzengels Michael bei einer Pestprozession Papst Gregors d. Gr. 590 gebräuchl. Um die Jt.wende war sie Kastell der Crescentier, dann in päpstl. Besitz. 1277 ließ Papst Nikolaus III. einen Verbindungsgang zum Vatikan. Palast errichten (Fluchtburg). Die Renaissancepäpste Alexander VI. und Julius II. ließen die E. im Innern luxuriös ausstatten; seit 1870 in staatl. Besitz (heute Museum).

Engelsches Gesetz ↑Engel, Ernst.

Engelstrompete (Datura suaveolens), Stechapfelart in Brasilien; bis 5 m hoher, baumartiger Strauch mit eiförmigen, bis 30 cm langen Blättern und wohlriechenden, weißen, trichterförmigen, 20–30 cm langen, hängenden Blüten.

Engelwurz (Brustwurz, Angelica), Gatt. der Doldenblütler mit etwa 50 Arten auf der Nordhalbkugel und Neuseeland; zwei- bis mehrjährige, meist stattl. Kräuter mit doppelt fiederteiligen Blättern und großen Doppeldolden. - In M-Europa in Wäldern und auf feuchten Wiesen häufig die bis 1,5 m hohe **Waldengelwurz** (Angelica silvestris) mit weißen oder rötl. Blüten; ferner an Ufern und auf feuchten Wiesen die bis 2,5 m hohe aromat. duftende **Echte Engelwurz** (Garten-E., Angelica archangelica) mit grünl. Blüten (Gewürz und Heilpflanze).

Engen, Kieth, * Frazee (Minn.) 5. April 1925, amerikan. Sänger. - Seit 1955 1. Baß der Bayer. Staatsoper München.

Engen, Stadt im Hegau, Bad.-Württ., 520 m ü. d. M., 8 600 E. Zement-, Textil-, Tabakind., Elfenbeinschnitzerei. - Erstmals 1050 erwähnt; zw. 1240 und 1280 Stadterhebung. - Spätroman. Pfarrkirche (1746 barokkisiert), spätgot. Rathaus mit Staffelgiebel von 1556, Krenkinger Schloß (16. Jh.).

Enger, Stadt im Ravensberger Land, NRW, 85–100 m ü. d. M., 16 500 E. Textil-, Möbel-, Holz-, Zigarrenind. - 948 erstmals gen., wahrscheinl. Sitz des Sachsenführers Widukind in der 2. Hälfte des 8. Jh.; erhielt 1719/21 Stadtrecht; 1815 preußisch. - Pfarrkirche (12./13. Jh.) mit dem Grabmal von Hzg. Widukind.

Engerling [zu althochdt. engiring „Made"], Bez. für die Larve der Blatthornkäfer. E. sind weichhäutig, bauchwärts gekrümmt, meist weiß und haben gut entwickelte Thorakalbeine, ihr Hinterleibsende ist stark verdickt. Die E. einiger pflanzenfressender Arten (z. B. des Maikäfers) sind schädl. durch Fraß an Wurzelfasern.

Engern, westgerman. Völkerschaft, ↑Angrivarier.

Engers, Stadtteil von ↑Neuwied.

Enghaus, Christine, eigtl. C. Engehausen, * Braunschweig 9. Febr. 1817, † Wien 30. Juni 1910, dt. Schauspielerin. - Mgl. des Wiener Burgtheaters (1840–75); seit 1845 mit F. Hebbel verheiratet; spielte v. a. die großen Frauengestalten in dessen Dramen.

Enghien, Louis Antoine Henri de Condé, Herzog von [frz. ã'gɛ̃], * Chantilly 2. Aug. 1772, † Vincennes 21. März 1804, frz. Adliger. - Kämpfte im Emigrantenheer seines Großvaters, Louis Joseph de Bourbon, Prince de Condé; lebte nach dessen Auflösung 1792 in Ettenheim (Baden); Napoléon Bonaparte ließ ihn nach Frankr. verschleppen und nach Scheinprozeß erschießen.

Engholm, Björn, * Lübeck 9. Nov. 1939, dt. Politiker (SPD). - Schriftsetzer, dann Dozent in der Jugend- und Erwachsenenbildung. 1969–82 MdB, 1977–81 parlamentar. Staatssekretär im Bundesministerium für Bildung und Wiss., Jan. 1981–Okt. 1982 Bundesmin. für Bildung und Wiss. 1983 MdL und Fraktionsvors. der SPD in Schleswig-Holstein; seit 1988 dort Ministerpräsident.

Engholz, svw. ↑Spätholz.

Engl, Jo Benedict ['ɛŋəl], * München 6. Aug. 1893, † New York 8. April 1942, dt. Physiker. - Erfand mit J. Massolle und H. Vogt 1918–22 ein Verfahren zur Aufnahme und Wiedergabe von Tonfilmen (Triergon-Lichttonverfahren).

England, Teil von ↑Großbritannien und Nordirland.

Engländer, Schraubenschlüssel mit verstellbarer Maulweite.

Engler, Adolf, * Sagan 25. März 1844, † Berlin 10. Okt. 1930, dt. Botaniker. - Prof. in Kiel und Breslau, dann Direktor des Botan. Gartens in Berlin; bed. Pflanzensystematiker; sein Standardwerk, „Natürl. Pflanzenfamilien" (19 Bde., 1887–1909), basiert auf der Deszendenztheorie.

E., Carl [Oswald Viktor], * Weisweil (Landkreis Emmendingen) 5. Jan. 1842, † in Karlsruhe 7. Febr. 1925, dt. Chemiker. - Prof. in Karlsruhe; stellte 1870 erstmals künstl. Indigo dar und trug wesentl. zur Entwicklung der Chromatographie bei. E. entwickelte Verfahren zur Messung der ↑Viskosität.

Engler-Grad [nach C. Engler], Abk. °E, konventionelle, in Deutschland nicht gesetzl. Maßeinheit für die kinemat. ↑Viskosität einer Flüssigkeit.

Englisch, Lucie, * Baden bei Wien 8. Febr. 1902, † Erlangen 12. Okt. 1965, dt. Schauspielerin. - Spielte neben vielen Bühnenrollen zahlr., meist heitere Filmrollen.

Englische Fräulein (offiziell lat. Institutum Beatae Mariae Virginis; Abk. IBMV), nach Art des Jesuitenordens aufgebaute weibl. Kongregation, 1609 von der Engländerin *Mary Ward* (* 1585, † 1645) in Saint-Omer in Nordfrankr. gestiftet. Die E. F. widmen sich

englische Kunst

vornehml. der Erziehung und dem Unterricht junger Mädchen. Das Generalat der Kongregation befindet sich in Rom. Ihr gehören (1977) rund 3 100 Schwestern an.

englische Geschichte ↑Großbritannien und Nordirland (Geschichte), ↑Britisches Reich und Commonwealth.

englische Gewerkschaften ↑Gewerkschaften (Übersicht).

englische Komödianten, Bez. für engl. Berufsschauspieler, die, in Wandertruppen organisiert, in der 1. Hälfte des 17.Jh. in Deutschland auftraten. Sie spielten v. a. freie Prosabearbeitungen elisabethan. Dramen, namentl. Shakespeares und Marlowes; ihr Aufführungsstil war der des Aktionstheaters mit fest integrierten Fechtszenen, Tanzeinlagen, artist. Kunststücken sowie der Gestalt des Pickelherings (Hanswurst), der die Handlung ständig unterbrach.

englische Krankheit, svw. ↑Rachitis.

englische Kunst, die Kunst der brit. Inseln von der anglonormann. Zeit bis heute. Die spezielle geograph. Lage hat eine Kunst von bes. Eigenart gefördert, die ihrerseits immer wieder Anregungen vom Festland übernommen, aber auch zahlr. Einflüsse an das westl. Europa vermittelt hat (Buchmalerei, Landschafts- und Porträtkunst, Möbelentwurf, Kunstgewerbe, satir. Illustrationsgraphik, engl. Garten).

Anglonormannische Kunst: Sie umfaßt die angelsächs. Frühzeit mit ihrer Synthese von kelt. und röm. Überlieferung und die Kunst nach der Epoche der Eroberung (1066) durch die Normannen, die Elemente der nordfrz. Romanik auf die brit. Inseln importierten, die bis ins 12. Jh. nachweisbar sind. In der Baukunst übernahm der Kirchenbau der angelsächs. Epoche das Vorbild der röm. Basilika und führte diese nach kelt. Tradition auch in Holzbauweise aus (Greensted, Essex; um 1013). Nach der Christianisierung Ende des 6. Jh. setzte sich die Steinbaukirche durch. In der normann. Zeit begann der Bau der großen Kathedralen, die roman. u. anglisierte Formen miteinander verbanden; Basiliken mit zweitürmigen Westfassaden, Vierungsturm über einem weit vorspringenden Querhaus, Chöre von großer Ausdehnung. In der Profanbaukunst erhielt in der normann. Zeit die Errichtung von Burgen und Stadtbefestigungen vorrangige Bed. (Blütezeit in der 2. Hälfte des 12. Jh.). Die Plastik der angelsächs. Zeit setzte gegen Ende des 7. Jh. mit monumentalen Hochkreuzen einen bes. eigenständigen Akzent, wobei in der Ornamentik der Wandel von byzantin. Vorbildern zu angelsächs. Ausprägungen auffällig war. In der normann. Epoche wurde die Plastik fast ausnahmslos der Architektur eingegliedert. Auch sie entwickelte eine reichhaltige eigene ornamentale Bildersprache. Wichtig wurde außerdem die Entfaltung der Elfenbeinkunst,

Engelsburg

deren Basis byzantin. und nordfrz. Vorbilder waren. Die eigenständigste Kunstleistung der brit. Inseln in der angelsächs. Zeit war in der Malerei die Entwicklung der Buchmalerei. Sie griff im 7. Jh. von Irland aus durch Vermittlung ir. Mönche auf die brit. Hauptinsel über. Es bildeten sich Schreib- und Malschulen in den Klöstern, v. a. Canterbury (Codex Aureus, Mitte des 8. Jh.), Winchester (Benedictionale des Bischofs Aethelwold, zw. 971/984). In der normann. Zeit gewannen nordfrz. und italien. Schulen Einfluß auf die engl. Buchmalerei. Die Wandmalereien der Romanik sind bis auf wenige Reste verlorengegangen.

Gotik: Die Gotik wurde zum bedeutendsten engl. Nationalstil, der mit seinen immer neu abgewandelten Formen bis ins 19. Jh. hineinreichte. Zunächst herrschte die Übernahme der frz. Kathedralgotik in der Baukunst vor. In drei Phasen erfolgte die Umformung der festländ. Anregungen. Im *„Early English"* (1175 bis um 1250) war die Gotik bereits durch starke Betonung der Horizontalen gekennzeichnet. Die Fassaden erhielten die deutl. Breitenausdehnung. Die Chöre wuchsen weiter, bes. Verlängerung durch die „Lady Chapel" (Marienkapelle). Die Türme der engl. Kathedralen blieben niedriger und gedrungener als etwa in Frankr. und Deutschland. Hauptwerke u. a. Neubau des Chores von Canterbury (1175 ff.), Wells (um 1180 ff.), Lincoln (1192 ff.), Rochester (1201 ff.), Worcester (1218 ff.), Salisbury (1220 ff.), York (südl. Querhaus; 1230 ff.). Im *„Decorated style"* (bis um 1350) wuchs die Tendenz zu dekorativen Schmuckformen, die sich v. a. bei den Portalen, Fenstern und Gewölben bemerkbar machen (Netzornamentik). Im *„Perpendicular*

149

englische Kunst

style" (bis um 1520) entwickelten sich die dekorativen Elemente weiter und wurden systematisiert. Bevorzugt wurde senkrechtes Stabwerk als Gliederungsordnung für hohe und breite Fenster. Fächergewölbe und in lodernde Flammenform aufgelöstes Maßwerk kennzeichneten weiter den „Perpendicular style", der als spätma. barocke Stilphase in England angesehen wird. Neben wichtigen Kathedralen (Winchester, Gloucester, Canterbury), Kapellen und Abteien wurden auch Profanbauten (Colleges in Oxford und Cambridge) in diesem Stil errichtet. Die got. Plastik bot bis zur Mitte des 13. Jh. einige Figurenzyklen im Rahmen der Kathedralskulptur (Wells). Umfangreich ist der seit dem 13. Jh. geschaffene Bestand von überwiegend liegenden Grabfiguren. In der Malerei dominierte bis zum Ende des 15. Jh. die Buchmalerei, die nun von frz. Vorbildern beeinflußt wurde. Die Ikonographie erweiterte sich; strukturbildend wurden Motive aus der Apokalypse. Bedeutsam wurde gegen Ende des 14. Jh. die Glasmalerei (wichtige Meister: Thomas von Oxford und John Thornton von Coventry), während Wand- und Tafelmalerei sich nur vereinzelt nachweisen lassen.

Renaissance: Die Aufnahme von Elementen der festländ. Renaissance setzte bereits im „Perpendicular style" ein. Der nachfolgende „*Tudor style*" (1520–58) nahm noch bewußter Formen der europ. Renaissance in der Baukunst auf, doch erst im „*Queen Elizabeth style*" des 16. Jh. wurden die Neuerungen der Renaissance mit der eigenen Tradition zu einer typ. engl. Ausdrucksart verschmolzen, v. a. in den zahlr. neuen Schlössern und Landsitzen des Hofadels. Hier setzten sich bes. frz. Vorbilder durch. Frz. und italien. Einflüsse wurden auch für die Entwicklung der nachma. Plastik in England entscheidend. Heinrich VIII. suchte durch die Verpflichtung auswärtiger Künstler v. a. die Malerei zu beleben. Neben italien. Meistern war es v. a. der 1536 zum Hofmaler ernannte Hans Holbein d. J., der die Malerei in England nachhaltig beeinflußte, obwohl er nicht i. e. S. schulbildend wirkte. Seine Porträtkunst hinterließ noch ein Jh. lang ihre Spuren in der engl. Bildnismalerei, die andererseits engl. Stilmittel wie flächiges Malen und neutrale Hintergründe zeigt.

Klassizismus und Neugotik: Die engl. Baukunst des 17. und 18. Jh. wurde von von I. Jones auf der Insel eingeführten palladian. Klassizismus beherrscht, seit etwa 1750 breitete sich daneben die Neugotik aus. I. Jones schuf mit dem „Queens House" in Greenwich (1616–35) den ersten streng palladian. Schloßbau in England. Sein Hauptwerk, Schloß Whitehall (1619–22), dokumentiert die Stilmerkmale des engl. Klassizismus: strenge Gliederung, Einfachheit der Dekoration. Jones' Schüler C. Wren und J. Webb entwickelten die Architektur Palladios in England weiter. Wrens Hauptwerk, die Saint Paul's Cathedral in London (1675–1711), bot nach dem Vorbild des Petersdomes in Rom eine Synthese zw. traditionellem Langhaus, Zentralbauweise und palladian. Klassizismus. Was an barocken Erscheinungen in England auftrat, wurde durch jeweils klassizist. Grundhaltung gebändigt („Queen Anne style"). Eine bis heute weiterwirkende Entwicklung nahm der engl. Garten bzw. Park seit den 30er Jahren des 18. Jh. Kam die engl. Plastik des 17. und 18. Jh. über konventionelle Grab- und Denkmälersskulpturen nicht hinaus, so zeitigte die Malerei des 18. Jh. unter dem Einfluß festländ. Künstler eine Leistung, die dann wieder auf Europa zurückstrahlte. Als Hofmaler Karls I. wurde der Flame A. van Dyck zum prägenden Porträtmaler des 17. Jh., bis sein Stil im 18. Jh. von der Porträtkunst J. Reynolds und T. Gainsboroughs abgelöst wurde. Gainsboroughs Bildnisse mit meist ausgeprägtem Landschaftshintergrund wurden zum Auftakt für eine neue engl. Landschaftsmalerei, die sich zunächst an niederl. Vorbildern orientierte. Der Maler und Kupferstecher W. Hogarth leitete mit seinen zykl. Bildergraphiken die Ära der polit.-satir. Illustration ein. Das niederl. Handwerk des 17. Jh. wurde zum Ausgangspunkt für eine eigene engl. Möbelkultur, die im 18. Jh. eine Blüte erlebte (T. Chippendales Mahagonimöbel). Bed. Keramik schuf J. Wedgwood.

19. und 20. Jahrhundert: In der viktorian. Epoche (1837–1901) dominierte in der Baukunst die Neugotik („Gothic revival") neben anderen gemischten Stilarten v. a. in der Kirchenarchitektur. Der Bau des Brit. Museums (1823 ff.) zeigte die Verbindung zur griech. Antike, das Parlamentsgebäude (1840 ff.) entstand in neugot. Stil. Den neuen Eisenskelettbau zeigte der Kristallpalast für London (1851) ohne unnötige Ornamente. In den 30er Jahren des 20. Jh. griff der ↑ internationale Stil auch auf die engl. Baukunst über. Die Malerei wirkte mit der neuen Freilichtkunst des frühen 19. Jh. (W. Turner, J. Constable) auf die Entwicklung festländ. Kunstströmungen (Schule von Barbizon, Impressionismus) ein. Innerhalb Englands gewann als Parallelerscheinung zur Neugotik in der Architektur die symbolist. präraffaelit. Malerei (D. G. Rossetti) Bed., die Erneuerung des Kunsthandwerks (W. Morris, J. Ruskin, Arts and Crafts Exhibition Society) strahlte wieder auf die europ. Entwicklung aus (Jugendstil). Im 20. Jh. brachte die engl. Plastik in H. Moore einen ihrer bedeutendsten Vertreter hervor. Neben Bildhauern wie Moore, L. Chadwick, E. Paolozzi oder B. Hepworth haben Maler wie B. Nicholson, G. Sutherland F. Bacon oder die Op-art-Malerin B. Riley im 20. Jh. der e. K. wieder internat. Geltung verschafft. R. Hamilton, D. Hockney, P. Blake und A. Jones boten in der engl. Pop-art einen

englische Literatur

eigenständigen Beitrag zu diesem Globalstil der westl. Welt. - ↑ auch Abb. S. 152.

▢ *Hibbard, H.:* Meisterwerke der Skulptur. Europ. u. amerikan. Plastik vom MA bis zur Gegenwart. Dt. Übers. Braunschweig 1978. - *Kultermann, U.:* Die Architektur im 20. Jh. Köln 1977. - The Oxford history of English art. Hg. v. T. S. R. Boase. Oxford u. London 1949ff. Bis 1986 sind 11 Bde. erschienen.

englische Literatur, die englischsprachige Literatur der brit. Inseln; neuerdings wird die Eigenständigkeit der (anglo-)ir. und schott. Literatur betont. Der Sprachentwicklung entspricht die histor. Gliederung in die altengl. (7.–11. Jh.), die mittelengl. (12.–15. Jh.) und die neuengl. Periode (seit dem 16. Jahrhundert).

Altengl. Periode: Die frühesten altengl. Zeugnisse nach der Germanisierung im 5. Jh. sind Gesetzestexte, Merkverse, Rätselsprüche. Versdichtung in Stabreim und umschreibendem, formelreichem Stil wie der Schöpfungshymnus Caedmons und später westsächs. aufgezeichnete heroisierte Bibelparaphrasen war in Nordengland im 7. Jh. christlich inspiriert. Nach 800 folgten Bibel- und Legendenepen Cynewulfs und seiner Schule. Im weltl. Epos „Beowulf" ist german. Sagengut wohl schon an der Vergil-Tradition geformt. Erhalten sind auch Fragmente weiterer Heldenepen (z. B. „Finnsburglied"), eleg. Gedichte (z. B. „Seafarer") sowie Lieder über die Schlachten von Brunanburgh (937) und von Maldon (991). Prosaliteratur größeren Umfangs wurde zuerst im 9. Jh. von König Alfred gefördert, der die „Angelsachsenchronik" redigieren und lat. Werke wie Bedas Kirchengeschichte und Orosius' Weltgeschichte übersetzen ließ. Im Gefolge der Benediktinerreform bildete sich in den Predigten Ælfrics und Wulfstans eine Kunstprosa aus.

Mittelengl. Periode: Mit der normann. Eroberung (1066) verdrängte die frz. Sprache der nun herrschenden Schicht (und das Latein. der Kirche) das Engl. als Literatursprache. Nur vereinzelt finden sich ab etwa 1200 engl. Texte für ein Laienpublikum: Verschroniken wie Layamons „Brut", Heiligenlegenden („Katharinengruppe"), Erbauungsprosa (Anchoritenregel). Erst im 14. Jh., als sich das Engl., nun mit roman. Elementen vermischt, offiziell durchgesetzt hatte, gelangte die e. L. des MA zu einer Fülle der Gattungen, Stil- und Versformen. Religiöses Schrifttum ging sowohl aus der Bewegung der Mystik hervor (R. Rolle of Hampole, W. Hilton u. a.) als auch aus der Aktivität der Lollarden um J. Wyclif. Weltl. Unterhaltungsbedürfnis stillten Verserzählungen („Romanzen"); dazu zählen breton. „Lais", Rittergeschichten sowie Alexander-, Troja- und Artusromane, vieles davon nach frz. Vorbildern. In Mittelengland wurde die Stabreimdichtung wiedererweckt („Sir Gawain and the green knight"; W. Langlands „Piers the Plowman", eine Vision vom Erlöser als Ackermann). In polit. Kampflyrik (u. a. von L. Minot) spiegelte sich soziale Unruhe. Aus liturg. Anfängen ging das ma. geistl. Drama hervor (Mysterien- und Mirakelspiele). G. Chaucer verschaffte der Sprache Londons und des Hofes literar. Rang und entfaltete bes. in „The Canterbury tales" Wirklichkeitssinn und Humor. J. Gower bezeugt mit seinem engl., lat. und frz. geschriebenen Werk die verbliebene Bed. aller drei Spra-

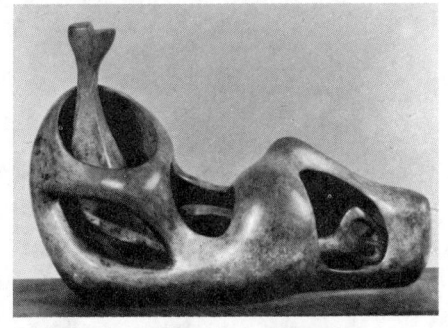

Englische Kunst. Henry Moore, Liegende Figur (1951). Mannheim, Kunsthalle; unten: Aubrey Vincent Beardsley, Illustration zu Oscar Wildes Tragödie „Salome" (1907)

englische Kunst

Kathedrale von Salisbury (ab 1220)

Links oben: Paulus mit der Schlange (nach 1150). Canterbury, Kathedrale

Sir Christopher Wren, Saint Paul's Cathedral in London (1675–1711; oben)

Sir John Vanbrugh, Castle Howard (ab 1701). Yorkshire

William Turner, Der Park von Petworth (1831 Ausschnitt). London, Tate Gallery (unten)

englische Literatur

chen. Namentl. an Chaucers Dichtkunst orientierten sich im 15. Jh. führende Autoren in oft lehrhaften Werken (C. J. Lydgate, T. Occleve, S. Hawes; in Schottland W. Dunbar, R. Henryson). Auch wurden die Stoffe früherer Versromanzen nun in Prosa verarbeitet, so in T. Malorys „Le morte Darthur" (1485; „Der Tod Arthurs"). 1477 wurde durch W. Caxton der Buchdruck eingeführt. Ebenfalls aus dem 15. Jh. dürften zahlr. Volksballaden (z. B. über Robin Hood) stammen.

Die neuengl. Periode: Renaissance (1500–1630). Im 16. Jh. brach die Renaissance zögernd in die ma. Traditionen ein. Für den Humanismus wirkten u. a. J. Colet in Oxford und der mit Erasmus von Rotterdam befreundete T. Morus, der in der „Utopia" (1516) das Konzept eines Idealstaates schuf. T. Elyot und R. Ascham plädierten für humanist. Erziehung. T. Wilson machte die klass. Rhetorik zum Prinzip literar. Stils. J. Knox in Schottland und R. Hooker in England rechtfertigten Reformation und Protestantismus. In der Dichtung entwickelte sich, bedingt durch den Lautwandel des 15. Jh., eine neue Verskunst. Die Narrenschiff-Satire A. Barclays und die Knittelverstiraden J. Skeltons sind charakterist. Übergangserscheinungen. T. Wyatt und H. Howard, Earl of Surrey, führten nach italien. Vorbild (Petrarca) das Sonett ein. Eine reiche Lieddichtung orientierte sich an der aufblühenden Musikkultur. Den kulturellen Höhepunkt bildete die Zeit Elisabeths I. (1558–1603). Sonettzyklen wurden die Mode (Sir P. Sidney, E. Spenser, M. Drayton, Shakespeare u. a.). Aus Mythen der Ovid-Tradition wurden sinnl. Kleinepen (z. B. C. Marlowe, „Hero and Leander"). Spenser bezog auch die Schäferdichtung in die e. L. ein („The shepheardes calender"). Sein allegor. Epos „The faerie queene" harmonisierte vielerlei Traditionen des Denkens und Dichtens zum poet. Weltbild. Sidney legte seinen Schäferroman „Arcadia" als Prosaepos an. Hier und noch einflußreicher in J. Lylys „Euphues" (1578) wurde die Erzählprosa manierist. überhöht. Kernigere Prosa findet sich in Schelmenromanen (T. Nashe) und Kleinbürgererzählungen (T. Deloney). F. Bacon führte den Essay ein (1597). In der Dramatik traten neben die Wandertruppenaufführungen von Zwischenspielen, die im frühen 16. Jh. das allegor. Drama des 15. Jh. (Moralitäten) weiterführten, Mitte des 16. Jh. in adelskreisen die klass. Formen der Komödie (zuerst „Ralph Roister Doister" von N. Udall) und der Tragödie (zuerst „Gorboduc" von T. Sackville und T. Norton). Seit 1576 ermöglichten die Errichtung öffentl. Theaterbauten und das Aufstreben professioneller Schauspielertruppen in London den lebhaften Spielbetrieb (Elisabethan. Drama), den J. Lyly mit höf. Komödien, R. Greene, G. Peele, A. Munday u. a. mit romanesken Lustspielen, T. Kyd, C. Marlowe u. a. mit leidenschaftl. Tragödien belieferten. Shakespeare blieb dank seiner Vielseitigkeit, Sprachgewalt und Charakterkunst von dauerhaftester Wirkung. Ben Jonson begründete die realist. Typenkomödie („Comedy of humours"). T. Heywood, T. Dekker (u. a. bürgerl. Tragödien), J. Webster, J. Marston (u. a. Blut- und Rachetragödien), F. Beaumont und J. Fletcher (bes. Tragikomödien) schrieben für die Theater, bis diese 1642 auf Betreiben der Puritaner geschlossen wurden.

Puritanismus und Restauration: In der Lyrik kündigte sich schon um die Wende zum 17. Jh. ein Stilwandel an. Daraus ging einerseits die barocke Bildhaftigkeit der Metaphysical poets (J. Donne, G. Herbert, H. Vaughan u. a.), andererseits die wendige sprachl. Eleganz der Cavalier poets (Ben Jonson, R. Herrick u. a.) hervor; A. Cowley belebte zudem klass. Gedichtformen. Das Epos, das als die höchste Dichtungsgattung galt, gelangte auf religiöser Grundlage durch J. Milton („Paradise lost", 1667); zur bedeutendsten Leistung. Aus der puritan. Erbauungsliteratur ragt J. Bunyan („The Pilgrim's progress", 1678, Teil 2 1684) heraus, der die allegor. Belehrung durch realist. Erfahrungsbeschreibung verlebendigte. - In der Restaurationszeit (nach der Rückkehr der Stuarts aus dem Exil, 1660) prägte den Einfluß frz. Kultur ein elitäres Literaturverständnis, das in J. Dryden seinen Wortführer hatte. Neben Dryden war u. a. S. Butler in bed. Satiriker (mit „Hudibras", einer Parodie auf den Puritanismus). Eine neue Theaterkultur brachten die heroischen Tragödien von Dryden, N. Lee, T. Otway u. a. sowie geistreich-frivole Sittenstücke (Dryden, G. Etheredge, W. Congreve) hervor.

Das Zeitalter der Aufklärung: Im frühen 18. Jh. bestimmten Klassizismus und Aufklärung die Dichtung, in der A. Pope glänzte und für deren rationalist. Ziele sich noch S. Johnson einsetzte. Während die Poesie auch in rokokohafte Verspieltheit ausuferte, wurde die Dramatik von R. Steele, R. B. Sheridan, G. Lillo u. a. verfeinert und sentimentalisiert oder (so in J. Gays „The beggar's opera") ins Burleske gewendet. Gleichzeitig steigerte sich das Niveau der Prosaliteratur von den essayist. Plaudereien der moral. Wochenschriften (J. Addison, R. Steele) über die journalist. Erzähl- und Beschreibungstechnik D. Defoes (z. B. „Robinson Crusoe") und die satir. Prosa J. Swifts (z. B. „Gullivers Reisen") bis zum Einsetzen des bürgerl. Romans um die Mitte des 18. Jh. mit S. Richardsons sentimentalen Briefromanen und dem fiktiven Realismus von H. Fielding, T. Smollett u. O. Goldsmith, den alsbald L. Sterne mit Formexperimenten („Tristram Shandy", 1760–67) wieder durchbrach. Eine Gegenströmung kam im späteren 18. Jh. mit der Welle „got."

englische Literatur

Schauerromane († Gothic novel) auf. Sie wurde freilich schon um 1800 in J. Austens gesellschaftsanalyt. Romanen parodiert. In der Lyrik bahnte sich unterdes eine Hinwendung zu emotionalem Naturerleben und zu ma. Inspirationsquellen an, so in J. Thomsons Jahreszeitengedichten oder in der Nacht- und Friedhofslyrik von E. Young und T. Gray. J. Macpherson veröffentlichte die Ossian. Gesänge; T. Percy sammelte alte engl.-schott. Balladen; der Schotte R. Burns schrieb volksnahe Naturlyrik und W. Blake visionär-symbol. Dichtungen.

Dies bereitete die Romantik vor, deren ältere Vertreter, bes. W. Wordsworth, S. T. Coleridge und R. Southey, zunächst die (u. a. auch W. Godwin vermittelten) Ideen der Frz. Revolution aufgriffen. Die „Lyrical ballads" von Wordsworth und Coleridge und die Vorrede dazu (1800) sind das Manifest für eine imaginativ-schöpfer. Gefühlsdichtung. Zur jüngeren Romantikergeneration gehören der revolutionäre P. B. Shelley, der sensible J. Keats und Lord Byron. Die histor. Romane Sir W. Scotts wurden zum Vorbild für eine ganze Gattung. C. Lamb, T. de Quincey u. a. pflegten den Essay.

In der Viktorian. Ära (um 1830–1900), der Zeit der Industrialisierung, der sozialen Krisen und Reformen und des mittelstand. Philistertums, kennzeichnet den geistesgeschichtl. Hintergrund ein Gegensatz zw. wiss. Fortschrittsdogmen, vertreten etwa durch J. S. Mill, C. Darwin, H. Spencer, und idealist. Strömungen, etwa in der Kulturkritik von T. Carlyle, in der Kunstkritik und den volkswirtsch. Konzepten von J. Ruskin, in der Literaturkritik des Dichters M. Arnold und im religiösen Oxford Movement des Kardinals Newman. In der Versdichtung knüpfte Lord Tennysons Wortkunst an die Romantik an; R. Browning schuf meisterhafte dramat. Monologe. Die Gruppe der Präraffaeliten um D. G. Rossetti, sowie der Kunsthandwerker W. Morris und der Lyriker A. C. Swinburne bezogen mit sinnl. Dichtung eine Gegenposition zur bürgerl. Kultur. Die umfassendste Leistung der Literatur dieser Zeit aber lag auf dem Gebiet des realist. Romans. C. Dikkens zeichnete humorvolle und sozialkrit. Bilder von Londoner Leben; W. M. Thackeray entwarf iron. reflektierte Gesellschaftspanoramen; die Schwestern C., E. J. und A. Brontë eröffneten die Reihe der Frauenromane; E. Bulwer-Lytton u. a. führten den histor. Roman weiter; A. Trollope zeichnete Bilder aus Kleinstadt und Politik; G. Eliot spürte intellektuell und psycholog. der Verflechtungen menschl. Schicksale auf; B. Disraeli verarbeitete polit. Erfahrungen und G. Meredith brachte komödienhafte Weltdeutungen. - In der Unruhe der Jh.wende (Fin-de-siècle) kündigte sich der Aufbruch zur Moderne an: in den Schicksalsromanen von T. Hardy, in den impressionist. Erzählungen von R. L. Stevenson, in den Abenteuerromanen von R. Kipling, die den Imperialismus feiern, in der ausdrucksstarken Lyrik von G. M. Hopkins, im von W. Pater vorbereiteten Ästhetizismus der Erzählungen und Dramen von O. Wilde. Die Dramatik gewann unter dem Einfluß Ibsens bei H. A. Jones und A. W. Pinero und v. a. durch die dialekt. Stücke von G. B. Shaw wieder literar. Gewicht. Aus der von W. B. Yeats, Lady A. Gregory, J. M. Synge u. a. getragenen ir. Theaterbewegung ging eine Erneuerung poet. Dramatik hervor.

Im 20. Jahrhundert mit seinen konkurrierenden und rascher wechselnden Stilrichtungen wurde in der Lyrik zunächst Yeats' myth.-symbol. Dichten bedeutsam. Neuorientierungen brachten dann die traditionsbewußte † Georgian poetry, der auf Präzision bedachte † Imagismus (T. E. Hulme, E. Muir, E. Pound), ferner der esoter. Kreis um E. Sitwell. Am nachhaltigsten wirkte der Emotion und Intellekt verschmelzende Dichter und Kritiker T. S. Eliot. In den dreißiger Jahren bekannten sich W. H. Auden, C. D. Lewis und S. Spender zu einer polit. engagierten Dichtung. Aus jüngerer Zeit kommen der Wortrausch des Walisers D. Thomas, die nüchtern analysierende Lyrik der „New Lines"-Dichter (R. Conquest, T. Gunn, P. Larkin u. a.), die Vitalität von T. Hughes, die strenge Formwille von J. Enright, C. Tomlinson u. a. - Der *Roman* blieb die produktivste Literaturgattung und tendierte zunächst vom Realismus zum Naturalismus, zur Milieuschilderung (G. Moore, A. Bennett, J. Galsworthy, W. S. Maugham, H. G. Wells). Stärkere Wirkung auf die Weiterentwicklung des modernen Romans hatten J. Conrad mit symbolhaften Seefahrtsromanen, D. H. Lawrence, der die Kräfte des Trieblebens bloßlegte, und der Ire J. Joyce, der eine Romanform entwickelte („Ulysses", 1922), in der alle, auch die flüchtigsten Bewußtseinsinhalte protokolliert sind („Bewußtseinsstromroman"), woran u. a. V. Woolf eigenständig anknüpfte. Beachtung fanden auch E. M. Forsters Schilderungen verunsicherter zwischenmenschl. Beziehungen, G. Greenes und B. Marshalls Auslotungen religiöser Erfahrung, satir. Romane von A. Huxley, E. Waugh, G. Orwell u. a., ironisierende Schilderungen von I. Compton-Burnett, M. Spark u. a. sowie die Intellektuellenromane von C. P. Snow. Nach dem 2. Weltkrieg setzte sich ein z. T. traditionelleres Erzählen mit der Gegenwartserfahrung auseinander (A. Wilson, W. Golding, L. Durrell u. a.), das die jüngere Generation auch mit neopikaresken (auf die Schelmenromane zurückgehenden) Elementen und Formexperimenten verbindet (K. Amis, A. Sillitoe, J. Wain, D. Lessing, M. Drabble u. a.), während I. Murdoch skurril eine Dialektik um Zufall und Zwangsläufigkeit präsentiert. Aus Irland kommt zudem,

englische Philosophie

auch in Kurzgeschichten, eine nationalbewußte Fabulierkunst (S. O'Faoláin, F. O'Connor, L. O'Flaherty, W. Macken u. a.). Von den populären Erzählgattungen haben bes. der ↑ Detektivroman sowie die ↑ Sciencefiction weite Verbreitung gefunden. - In der *Dramatik* gingen seit Anfang des 20. Jh. mit dem sozialkrit. Realismus (H. Granville-Barker, J. Galsworthy, W. S. Maugham, J. B. Priestley), der beim Iren S. O'Casey revolutionäre Züge annahm, auch Ansätze zur poet. Dramatik einher (T. S. Eliot, C. Fry u. a.). Für eine vitale Theatererneuerung sorgten um 1960 die ↑ Angry young men, die Mißbehagen am gesellschaftl. Konformismus ausdrückten, teils in realist. und polit. engagierten Stücken (J. Osborne, A. Wesker, J. Arden), teils, in Aufnahme des absurden Dramas bes. des Iren S. Beckett, in surrealist. Manier (H. Pinter, N. F. Simpson). Aus neuester Zeit sind die Dramen von E. Bond, die gesellschaftl. Machtstrukturen verdeutlichen, sowie u. a. Stücke von T. Stoppard, J. Orton, D. Storey, P. Terson, C. Wood, S. Gray zu nennen.

📖 *Booth, M.: British poetry 1964–1984.* London 1985. - *Standop, E./Mertner, E.: E. L.gesch.* Hdbg. ⁴1983.

englische Manier, svw. ↑ Schabkunst.

englische Musik, Mittelalter: die e. M. vor dem 12. Jh. ist weitgehend nur durch literar. und bildl. Zeugnisse belegt (aus dem 11. Jh. sind Beispiele früher Mehrstimmigkeit [zweistimmig] in linienlosen Neumen überliefert). Im 13. Jh. war die Mehrstimmigkeit über die brit. Inseln verbreitet, im frühen 14. Jh. arbeitete eine Gruppe von Komponisten unter dem Einfluß frz. Vorbilder. Bedeutendster Komponist in der 1. Hälfte des 15. Jh. war J. Dunstable.

In der **Tudor-Zeit** (1485–1603) entstanden v. a. weltl. Gesänge für zwei oder drei Singstimmen und Instrumentalstücke. Daneben wurde die kath. und anglikan. Kirchenmusik bes. gepflegt. Beide Arten wurden von W. Byrd beherrscht. Das höf. Lied entwickelte sich zu dem von Instrumenten begleiteten „Consort Song", andererseits zu Madrigal und Balletto, die durch T. Watson und T. Morley aus Italien eingeführt wurden. Die Virginalmusik wurde hauptsächl. durch T. Tallis, W. Byrd, J. Bull und O. Gibbons vertreten.

Barock: Nach 1600 übernahm das stroph. Lautenlied die Rolle des Madrigals. Hauptvertreter war J. Dowland. Auf dem Gebiet der Instrumentalmusik behauptete sich das Violenconsort. Violen wirkten auch in einer neuen kirchenmusikal. Form mit, dem „Verse Anthem" (zu unterscheiden vom „Full Anthem" für A-cappella-Chor), das nach Einführung von Violinen anstelle der Violen seinen Höhepunkt erreichte, hauptsächl. unter J. Blow und H. Purcell, der auch Oden, Theater- und Kammermusik komponierte. Von G. F. Händel, der nach seiner Übersiedlung nach London weiterhin italien. Opern komponierte, überdauerten v. a. seine engl. Oratorien. **1760–1900:** Erfolgreiche Bühnenkomponisten waren T. Arne, T. Linley, C. Dibdin und J. Hook. J. Field komponierte kleinere (Nocturnes) und größere Klavierwerke (Konzerte). Nat. Tendenzen zeigten die Chor- und Orchesterwerke von W. S. Bennett, H. Parry und E. Elgar.

20. Jahrhundert: F. Delius fand zunächst in Deutschland bessere Aufnahme als in seiner Heimat. R. Vaughan Williams gelang eine Synthese von engl. Volksmusik, Tudor-Musik und Kirchengesang. J. Ireland war am erfolgreichsten mit Klaviermusik und sinfon. Dichtungen, während A. Bax vorwiegend Sinfonien komponierte. A. Bliss, der Musik für Orchester, Chor, Ballett und Film komponierte, hat W. Walton und B. Britten maßgebl. beeinflußt. Beide fanden mit Opern weltweite Anerkennung. In der neuesten Musik verbindet sich engl. Tradition mit modernsten Kompositionsmitteln, doch werden auch weiter sinfon. Formen einbezogen, wie in den Werken von E. Lutyens, H. Searle, P. R. Fricker, M. Arnold und R. R. Bennett. Wichtige Beiträge zur Oper lieferten A. Goehr, P. M. Davies und H. Birtwistle. Die Kirchenmusik spielt im Schaffen von A. Milner in der bed. Rolle. Neueste Tendenzen, einschließl. der elektron. Musik sind bei R. Smalley, J. Tavener, T. Souster, C. Cardew und B. Ferneyhough vertreten.

📖 *Walker, E.: A history of music in England.* Neuaufl. New York 1978.

englische Philologie ↑ Anglisitk.

englische Philosophie (brit. Philosophie), **Mittelalter:** nach Ansätzen bei Beda, Johannes Scotus Eriugena und Richard von Sankt Viktor begann die erste große Epoche der e. P. mit R. Grosseteste, wie R. Bacon der typ. Vertreter einer pragmat.-empirist. orientierten Philosophie. Die engl. Vertreter der ↑ Franziskanerschule waren zunächst Anhänger des platon.-neuplaton. ↑ Augustinismus, näherten sich jedoch später dem Aristotelismus und versuchten schließl. Augustinismus und Aristotelismus zu verbinden. Die Franziskaner Duns Scotus und der von diesem beeinflußte Wilhelm von Ockham, der Begründer des späteren ↑ Nominalismus, betonten die Wirklichkeit der Einzeldinge und waren so typ. für die e. Philosophie. J. Wyclif vertrat im Universalienstreit einen extremen Realismus. Der Beitrag der e. P. des MA zur Entwicklung der Wissenschaften liegt in der Betonung des Individuellen, der Erfahrung und (ansatzweise) des Experiments.

Neuzeit: Seit der Renaissance verlagerte sich das Gewicht der Philosophie zunehmend aus dem Bereich der Universitäten in den außeruniversitären Bereich. Die überragenden Persönlichkeiten dieses Zeitabschnitts, obleich keine Philosophen im eigtl. Sinn, waren T. Morus, der in seiner Sozialutopie Toleranz, Gleichheit der Ansprüche der Bürger, Aufhebung des Eigentums und Verbesserung der Lebensbedingungen der Gesellschaft fordert, sowie R. Hooker († 1600), Theoretiker der Elisabethan. Kirche und Vertreter eines eth. Rationalismus. - F. Bacon, der erste engl. Philosoph der Moderne, vollzog eine scharfe Trennung zw. Erkenntnis, die durch Erfahrung zu erlangen ist und der göttl. geoffenbarten Erkenntnis und schlug für den Erfahrungsbereich die Methode der Induktion vor, empirist. ergänzt und erweitert durch method. Beobachtung und Experiment. T. Hobbes versuchte eine Synthese vom empirist. Nominalismus und Rationalismus. Sozialphilosoph. entwickelte er (als Vorläufer des Utilitarismus), eine Theorie des vernünftigen Egoismus auf der Basis der „Selbsterhaltung" und ordnete ihr seine Staatsvertragstheorie zu. - Gegen F. Bacon und Hobbes opponierte im 17. Jh. zunächst die Schule von Cambridge mit dem Versuch der Erneuerung eines christl. Platonismus. - Die engl. Aufklärung vermittelte einerseits v. a. durch ihren konsequent fortentwickelten Empirismus, andererseits durch den Deismus der europ. ↑Aufklärung entscheidende Impulse. J. Locke rückte die Erkenntnistheorie in das Zentrum des philosoph. Interesses. Er begründete gegen Descartes' Lehre von den angeborenen Ideen den modernen engl. Empirismus. Seine Lehre vom Staat, v. a. von der Volkssouveränität, wird Grundlage der engl. Demokratie und erlangte über Voltaire und Montesquieu Einfluß auf die europ. Staatstheorien (auch auf die amerikan. Unabhängigkeitserklärung). Der ↑Deismus, entwickelt und vertreten u. a. von J. Toland, M. Tindal, A. A. C. Shaftesbury, spielt in der engl. Aufklärung eine bed. Rolle. Ihm stellten sich u. a. R. Bentley (* 1662, † 1742) und S. Clarke entgegen. - G. Berkeley vertiefte die Rationalismuskritik und radikalisierte den sensualist. Ansatz Lockes, indem er „Sein" und Wahrnehmung identifizierte. D. Hume, bed. Vertreter der psycholog. Erkenntnistheorie, baute den empirist. Position in Richtung eines ↑Positivismus aus. - Vornehml. mit eth. Fragestellungen befaßten sich u. a. B. Mandeville und A. Smith. W. Godwin vertrat einen ↑Anarchismus. - Im 19. Jh. entwickelte die ↑Schottische Schule die „realist." Philosophie des ↑Common sense. Einflußreich war der Utilitarismus von J. Bentham, J. Mill und J. S. Mill. G. Boole entwickelte richtungsweisend die Theorie der ↑Algebra der Logik. Im weiteren Verlauf des 19. Jh. wurde - im Zusammenhang mit der Evolutionstheorie Darwins - der Evolutionismus durch H. Spencer und T. H. Huxley vorherrschend. Herausragender Gegner der Zeitströmungen war J. H. Newman. Mit H. Bradley, B. Bosanquet u. a. erreichte der Idealismus im Anschluß an Kant und Hegel seine volle Entfaltung.

Der am Ende des 19. Jh. dominierende Idealismus wurde zu Beginn des 20. Jh. abgelöst durch den insbes. gegen den Neuhegelianismus gerichteten „Realismus" (realism) mit den Hauptvertretern G. E. Moore und B. Russell, die in der analytischen Philosophie die Vernunftkritik Kants durch Sprachkritik ersetzten. Die Entwicklung der analyt. Philosophie wird wesentl. von engl. Philosophen mitbestimmt; dies sind v. a. A. N. Whitehead, G. Ryle, J. L. Austin, P. Strawson, S. Hampshire.
📖 *Klein, J.:* Radikales Denken in England: Neuzeit. Ffm. 1984. - *Passmore, J. A.: A hundred years of philosophy.* Harmondsworth (Middlesex) ²1968.

englischer Garten ↑ Gartenkunst.

Englischer Gruß, im allg. svw. ↑Ave-Maria; seltener auch Bez. für den ↑Angelus Domini. Für die bildende Kunst ↑ Verkündigung Mariä.

Englischer Setter ↑ Setter.

Englischer Spinat, svw. ↑ Gartenampfer.

Englischer Vorstehhund, svw. ↑ Pointer.

englische Sprache, zur westgerman. Gruppe der indogerman. Sprachen gehörende, auf allen fünf Kontinenten gesprochene Sprache mit (1977) etwa 300 Mill. Sprechern (davon rd. 50 Mill. Sprecher mit Engl. als zweiter Sprache). Die e. S. hat einen sehr umfangreichen und heterogenen **Wortschatz** (600 000–800 000 Wörter), der sich aus der Geschichte, der Verbreitung und dem Kontakt mit anderen Sprachen und Kulturen erklärt. Daneben kennt sie eine große Anzahl von z. T. sehr produktiven Wortbildungsprozessen, wie Komposition, Neubildungen durch Präfixe und Suffixe sowie durch Kürzungen und Wortmischungen (z. B. „motel" aus „motor" und „hotel"). Die spontane Bildung neuer Wörter zeigt sich im Gebrauch eines Wortes in einer anderen Wortklasse („to father"), in Rückbildungen („to babysit") und in Akronymen (UNESCO; VIP: „very important person"). Charakterist. ist auch die häufige Verwendung komplexer idiomat. Strukturen, wie z. B. Verb plus Partikel („to blow up"). In der Orthographie zeigten sich nach Einführung des Buchdrucks durch W. Caxton (1477) erste Tendenzen zur Vereinheitlichung. Mit S. Johnsons „Dictionary of the English Language" (1755) war die engl. Rechtschreibung bereits weitgehend festgelegt. Die engl. Orthographie spiegelt den Lautstand der späten Mittelengl., d. h. der Zeit um 1500 wider. Nachfolgende Lautentwicklungen, die v. a. im Bereich der Vokale zu beträchtl. Veränderungen führten („Great Vowel Shift"), sind darin nicht mehr berücksichtigt. Lautung und Schreibweise weichen sehr stark ab (für einen Laut mehrere Schreibweisen, eine Schreibweise mit mehreren Aussprachemöglichkeiten). In der **Entwicklung** der e. S. unterscheidet

Engramm

man drei Perioden: Altenglisch (etwa 450–1100), Mittelenglisch (1100– etwa 1500) und Neuenglisch. Der weitaus größte Teil der erhaltenen *altengl.* Sprachdenkmäler ist im westsächs. Dialekt abgefaßt. Nur das westsächs. Reich konnte gegen die Wikingereinfälle seine Unabhängigkeit bewahren, so daß seit etwa 900 Westsächs. zur literar. Standardsprache des ganzen Landes aufstieg. Mit der Christianisierung durch die ir. Mönchskirche übernahmen die Angelsachsen das leicht abgewandelte lat. Alphabet. Das Altengl. ist (im Ggs. zum modernen Engl.) eine Sprache mit stark strukturiertem Flexionsbestand und gleicht in dieser Hinsicht dem Neuhochdeutschen. Beim Nomen unterscheidet es drei grammat. Geschlechter, Singular und Plural sowie fünf Kasus. Für das Adjektiv gelten ähnl. Bedingungen. Ein nicht geringer Anteil des altengl. Wortguts ist lat. Ursprungs. Kelt. Sprachgut läßt sich außer in geograph. Eigennamen kaum nachweisen, und skand. Formen treten erst verstärkt in mittelengl. Quellen auf.
Die Eroberung durch die Normannen beeinflußte die Entwicklung der e.S. nachhaltig. Von nun an war Frz. die Sprache des Hofes, des Rechts, der Kirche und der Universitäten, während die breite Bevölkerung weiterhin die Sprache der Vorfahren sprach. Als Sprache des niederen Volkes wurde sie nur gelegentl. schriftl. festgehalten. Eine einzige allgemeinverbindl. Form des *Mittelengl.* hat es nie gegeben, wohl aber eine große Zahl von Dialekten. Nachdem sich London im 14.Jh. zum polit. und kulturellen Zentrum des Landes entwickelt hatte, erlangte der Dialekt dieses Sprachraums überregionale Bedeutung. Aus der Sprache der Londoner Kanzleien ging die *neuengl. Sprache* hervor. Ein hoher Prozentsatz des heutigen Vokabulars ist frz. Ursprungs. Zahlr. sind auch die Entlehnungen aus dem Lat., Griech., Niederl., Span. und Deutschen. In der Schrift der frz. Schreiber zeigte sich das Ausmaß der Lautentwicklung; die ihnen unbekannten Laute wie [x], [θ] gaben sie durch Digraphe (= Verbindung von zwei Buchstaben zu einem Laut: th, gh, sh, wh) wieder. In der Aussprache kam es in der Entwicklung vom Altengl. zu starken qualitativen und quantitativen Veränderungen, die z. T. spontan, d. h. ohne Einfluß der Lautgebung, erklärt wurden. Durch den „Great Vowel Shift" kam es dann zu einer tiefgreifenden Veränderung aller langen Monophthonge. Mittelengl. [iː], [eː], [ɛː], [aː], [ɔː], [oː] und [uː] entwickelten sich zum neuengl. [aɪ], [iː], [iː], [ɛɪ], [oʊ], [uː] und [aʊ]; mit Ausnahme von [u], das zu [ʌ] wurde, blieben die kurzen Vokale jedoch unverändert. Viele weitere lautl. Veränderungen sind nachweisbar, sie fanden aber keine Berücksichtigung in der Orthographie. Das grammat. Geschlecht war bereits aufgegeben.

Nahezu jedes Substantiv bildete den Genitiv mit -s. Wichtige Änderungen im Formenbestand zeigten sich im Verdrängen von „thou", „thy", „thee" durch „you", „your". Beim Verb verdrängte das -s („he finds") endgültig das -eth (von „he findeth"). Die strikte Wortstellung von „Subjekt-Verb-Objekt" erfuhr durch einige normative Grammatiken des 18. Jh. ihre endgültige Fixierung.

📖 *Koziol, H.: Grundzüge der e.S. Darmst.* ³*1984. - Görlach, M.: Einf. in die engl. Sprachgeschichte. Hdbg. 1982. - Gutch, D.: Einf. in die anglist. Sprachwissenschaft. Düss. u. Mchn. 1975.*

englisches Recht ↑angelsächsisches Recht, ↑Common Law.

Englisches Vollblut, edle Pferderasse; Widerristhöhe 155–170 cm; Kopf klein, leicht, mit großen Augen und weiten Nüstern.

Englischhorn (italien. corno inglese; frz. cor anglais), Bez. für die Altoboe in F (Umfang es-b‴; klingt eine Quinte tiefer als notiert) mit ↑Liebesfuß.

Englischleder ↑Moleskin.

englisch-niederländische Seekriege, drei Kriege des 17.Jh. zw. England und den Niederlanden um die maritime Vorherrschaft. In dem über die niederl. Weigerung, die Navigationsakte anzuerkennen, ausgebrochenen **1. Krieg** (1652–54) wurden die Niederlande zur Respektierung der Akte gezwungen (Friede von Westminster). Im **2. Krieg** (1664/65–67) gegen König Karl II. erreichten die mit Frankr. verbündeten Niederlande einen kolonialpolit. Kompromiß und eine Modifikation der Navigationsakte (Friede von Breda). Der **3. Krieg** (1672–74) führte zur Ausrufung Wilhelms III. von Oranien zum Statthalter der Niederlande.

Englischrot, svw. ↑Caput mortuum.

englisch-spanische Seekriege, Bez. für die über mehrere Jahre sich hinziehenden krieger. Auseinandersetzungen zw. England und Spanien im 16. Jh. (offener Krieg 1585–1603); 1655–58 führte O. Cromwell einen See- und Kolonialkrieg gegen Spanien.

Englischunterricht ↑neusprachlicher Unterricht.

English-Waltz [engl. 'ɪŋglɪʃ 'wɔːls], ein vom nordamerikan. Boston abgeleiteter langsamer Walzer; kam zw. 1920 und 1930 in Europa in Mode und zählt seither zu den Standardtänzen.

Engpaß, im wirtsch. Sinne Tatbestand der mangelnden Abstimmung betriebl. Teilkapazitäten, so daß sich an einer Stelle (Arbeitsplatz, Maschine, Werkstatt) eine im Verhältnis zu den anderen Stellen zu geringe Kapazität (Unterkapazität) ergibt, die eine sonst mögl. höhere Produktion verhindert bzw. den reibungslosen Ablauf der Produktionsprozesse stört und dadurch Stauungen (Lagerbildungen) verursacht.

Engramm [griech.], nach R. Semon

(*1859, †1918) Gedächtnisspur, die durch Reize in jede organ. Substanz als bleibende Veränderung „eingeschrieben" (vermutl. durch bioelektrische Vorgänge) wird und auf spätere ähnl. Reize eine gleiche Wirkung wie auf den Originalreiz veranlaßt.

en gros [frz. ã'gro], im großen, in großen Mengen. - Ggs.: ↑en détail.

Engürü ↑Ankara.

Enharmonik [griech.], in der griech. Antike ein Tongeschlecht, in dem Intervalle, die kleiner als Halbtöne sind, vorkommen. Seit dem MA Bez. für das Verhältnis zweier Töne, die durch Erhöhung bzw. Erniedrigung zweier im Abstand einer großen Sekunde stehenden Töne gebildet werden, z.B. gis-as (gis als Erhöhung von g und as als Erniedrigung von a). **Enharmonische Verwechslung** nennt man das bloße schreibtechn. Auswechseln von ♯ und ♭, während der Begriff **enharmonische Umdeutung** sich auf die Möglichkeit einer modulator. Veränderung enharmon. gleicher Töne oder Akkorde bezieht.

ENI, Abk. für: ↑Ente Nazionale Idrocarburi.

Eniwetok ↑Marshallinseln.

Enjambement [ãjãbə'mã:; frz.] (Zeilensprung), Übergreifen des Satzgefüges über das Versende hinaus in den nächsten Vers.

Enkaustik [griech.], Maltechnik, bei der die Pigmentstoffe durch reines Wachs gebunden sind. Die Wachsfarben werden hart oder flüssig aufgetragen und mit heißem Eisenspachtel o.ä. überarbeitet. Bei Griechen und Ägyptern schon früh verwendet.

Enkel, Kindeskind; im Althochdt. (enikel) Verkleinerung zu ano (Ahn, Großvater), da der E. als der wiedergeborene Großvater galt.

Enkephaline [griech.], Gruppe von Eiweißstoffen, die in menschl. und tier. Gehirn gebildet werden und sich durch eine stark schmerzhemmende Wirkung auszeichnen. Die E. werden an bestimmte Schmerzrezeptoren gebunden und führen dadurch zu einer Blockierung der Schmerzempfindung. Als erste E. wurden 1975 durch J. Hughes und H. Kosterlitz zwei Substanzen aus Schweinehirn isoliert. Ihre Aminosäuresequenz ist Bestandteil der Endorphine.

Enkhuizen [niederl. ɛŋk'hœyzə], von Grachten durchzogene niederl. Hafenstadt am IJsselmeer, 15600 E. Zuiderseemuseum; Fischerei, Blumenzwiebelzucht; Fremdenverkehr. - Erhielt 1355 Stadtrechte; bed. Handelsplatz, um 1400 die bedeutendste Stadt an der Zuidersee neben Hoorn. - Got. Westerkerk (15.Jh.), Rathaus (1686-88); Stadtwaage von 1559; Reste der Verteidigungsanlagen.

Enki [sumer. „Herr des Unten"], sumer. Gott des unterird. Süßwasserozeans und der Fruchtbarkeit spendenden Quellen, Herr der Weisheit und der Beschwörung.

Enklaven [frz., eigtl. „festgenagelte Gebiete" (zu lat. clavus „Nagel")], Gebietsteile eines fremden Staates, die völlig vom Staatsgebiet des eigenen Staates umgeben sind oder infolge natürl. Schranken (z. B. Gebirge) nur über das Gebiet des eigenen Staates erreicht werden können. Vom Standpunkt des fremden Staates aus betrachtet handelt es sich um **Exklaven.** Die Rechtsverhältnisse der E. (Teilstaatsgebiet) zum Gesamtstaatsgebiet beruhen ausschließl. auf innerstaatl. Recht.

Enklise [griech.], Verschmelzung eines unbetonten Wortes mit einem vorausgehenden betonten (z.B. „zum", aus „zu dem"). Das unbetonte Wort, das sich an das vorhergehende betonte anlehnt, heißt **Enklitikon.**

Enkolpion [griech. „auf der Brust"], 1. auf der Brust getragene Reliquienkapsel; 2. von kirchl. Würdenträgern der orth. Kirche auf der Brust getragenes Kreuz.

Enkomion [griech.], Lobrede, Schrift, in der jemand gelobt wird.

Enköping [schwed. 'e:ntçø:piŋ], schwed. Stadt, 60 km nw. von Stockholm, 19000 E. Elektro-, Bekleidungsindustrie; Garnisonstadt. - Erhielt 1300 Stadtrecht.

Enkulturation [lat.], das Hineinwachsen des einzelnen in die Kultur der ihn umgebenden Gesellschaft.

Enlil [sumer. „Herr Wind"], sumer. Gott des Luftraums und vernichtender Stürme.

en masse [frz. ã'mas], in Massen, gehäuft.

en miniature [frz. ãminija'ty:r], im kleinen, in kleinem Maßstab.

Enna, italien. Stadt in M-Sizilien, 948 m ü.d.M., 28800 E. Hauptstadt der Prov. E.; archäolog. Museum; Marktort, Fremdenverkehr. - E., im Altertum auch **Henna,** geht zurück auf eine alte Sikulersiedlung mit weithin bekanntem Demeterkult. Seit dem 7.Jh. v.Chr. unter griech. Einfluß, im 1. Pun. Krieg von Rom erobert; 1087 normann., unter den Staufern (Friedrich II.) und den Aragonesen (Friedrich II. und III.) Residenz. - Dom (1307 begonnen; im 16. Jh. umgebaut); Torre di Federico II (14.Jh.), normann.-stauf. Castello di Lombardia (12.-14.Jh.).

Ennedi, Tafelbergland in der Sahara, im NO der Republik Tschad, durchschnittl. über 1000 m hoch; zahlr. prähistor. Felszeichnungen.

Ennepe-Ruhr-Kreis, Kreis in NRW.

Ennepetal, Stadt im Sauerland, NRW, 180-360 m ü.d.M., 34000 E. Kleineisen-, Maschinen-, Kunststoffind. Die **Kluterhöhle** im Stadtgebiet dient als Heilstätte (u.a. bei Asthma). - Das Amt Milspe-Voerde, bestehend aus den Orten **Milspe** und **Voerde,** wurde 1949 unter dem Namen E. zur Stadt erhoben.

Ennepetalsperre ↑Stauseen (Übersicht).

Ennius, Quintus, *Rudiae (Kalabrien) 239, †Rom 169, röm. Dichter. - Vermittelte griech. Literatur durch freie Übertragungen und gilt als der eigtl. Begründer der lat. Literatursprache. Fragmentar. erhalten ist sein histor. Epos „Annales" in 18 Büchern, eine Geschichte Roms von den Anfängen bis zum Beginn des 1. Pun. Krieges, mit dem er den Hexameter in die röm. Lit. einführte; auch Verf. von Tragödien und Satiren.

Enns, Stadt in Oberösterreich, etwa 5 km oberhalb der Mündung der Enns in die Donau, 9 700 E. Mittelpunkt eines Agrargebiets mit Nahrungsmittelind. und Gablonzer Glas- und Bijouteriefabrikation. - Die Ungarneinfälle Ende des 9. Jh. führten zur Anlage der Ennsburg. Die Ende des 12. Jh. angelegte heutige Stadt E. erhielt 1212 als vielleicht erste östr. Stadt das Stadtrecht. - Ehem. Rathaus (16. Jh.; heute Stadtmuseum); am Marktplatz der Stadtturm (1564–68) und Häuser mit Laubengängen; Schloß Ennsegg (16. Jh.).
E., rechter Nebenfluß der Donau, entspringt in den Radstädter Tauern, durchbricht in einer Schlucht die Ennstaler Alpen (**Gesäuse**), mündet bei Mauthausen; 254 km lang.

Ennstaler Alpen, stark zertalter Abschnitt der Nördl. Kalkalpen, Österreich, im Hochtor 2 372 m hoch.

Enoch ↑ Henoch.

Enole [Kw.], organ. Verbindungen, in denen die Atomgruppierung −C(OH)=CH− vorliegt (Doppelbindung „....en", Hydroxylgruppe „....ol").

Enophtalmus [griech.], abnorme Tieflage des Augapfels in der Augenhöhle.

enorm [lat.-frz.], ungeheuer, außerordentl., erstaunlich.

Enosis [neugriech. „Vereinigung" (mit Griechenland)], Volksbewegung der Griechen auf Zypern unter Leitung der orth. Kirche seit dem 19. Jh.; Ziel war die Befreiung der Insel von fremder Herrschaft (1960 Unabhängigkeit erreicht), bzw. heute die Vereinigung mit Griechenland; führend waren Erzbischof Makarios III. (v. a. 1950–60) und J. Griwas.

Enostose [griech.], vom Knocheninnern ausgehende, gutartige Knochengeschwulst.

en passant [frz. ɑ̃pa'sɑ̃], nebenbei, im Vorübergehen.

Enquete [ɑ̃'kɛ:t(ə); frz.; zu lat. inquirere „untersuchen"] (engl. inquiry), eine (oft statist.) Untersuchung v. a. sozial- oder wirtschaftspolit. Verhältnisse durch mündl. oder schriftl. Befragung einer möglichst großen Zahl Beteiligter oder Sachverständiger.

Enrico, italien. Form von Heinrich.

Ens [lat.], philosoph. Bez. für das Seiende, im weitesten Sinne alles, dem in irgendeiner Weise Sein zukommt; **Ens reale,** das wirkl. Seiende, real Existierende; **Ens rationis,** ein Seiendes, das nur in Gedanken, nicht aber in der Wirklichkeit besteht; **Ens realissimum,** Gott als die Wirklichkeit.

Enschede [niederl. 'ɛnsxədeː], Stadt in SO-Twente, 145 000 E. TH (gegr. 1961), Textilschule, Akad. der Sozialwiss., Kunstakad., Theater, Reichsmuseum Twente, Textilmuseum. Woll- und Baumwollind. - E. erhielt 1325 Stadtrechte.

Ensdorf, Gemeinde in Bayern, ssö. von Amberg, 1 900 E. Ehem. Benediktinerkloster (1121–1525) mit barocker Kirche (1695–1717; Fresken von C. D. Asam [1712 und 1716] und Stukkaturen der Wessobrunner Schule).

Ensemble [ɑ̃'sɑ̃:bəl; frz.; zu lat. insimul „zusammen, zugleich"], in der *Musik* das solist. Zusammenspiel einer instrumentalen oder vokalen Gruppe. In der Kammer-, Unterhaltungs- und Jazzmusik die kleine Besetzung zur Unterscheidung von Orchester bzw. Chor.
♦ Gesamtheit der an einem Theater, einer Opernbühne oder bei einer Truppe engagierten Schauspieler bzw. Sänger.

Ensenada, Zenón de Somodevilla y Bengoechea, Marqués de la E. (seit 1736), *Alesanco (Prov. Logroño) 2. Juni 1702, † Medina del Campo 2. Dez. 1781, span. Minister. - Als Kriegsmin. (seit 1737), zugleich seit 1743 auch Marine-, Kolonial- und Finanzmin. bedeutendster span. Staatsmann im 18. Jahrhundert.

Ensenada, mex. Hafenstadt am Pazifik, 175 000 E. Zentrum eines Agrargebiets; Fischfang und -verarbeitung; Fremdenverkehr. - Im 16. Jh. durch Franziskaner gegründet.

Ensilage [ɑ̃si'la:ʒə; frz.], Gärfutter; Bereitung von Gärfutter.

Ensinger, Ulrich (U. von Ensingen), *Einsingen bei Ulm oder Oberensingen bei Nürtingen um 1350 oder 1360, † Straßburg 10. Febr. 1419, dt. Baumeister. - Seit 1392 Münsterbaumeister in Ulm, seit 1399 gleichzeitig Baumeister am Straßburger Münster (1419 das Oktogongeschoß des Nordturms); in Esslingen am Neckar Westabschluß der Frauenkirche mit Turm; Ulmer Turmriß im Ulmer Museum. Sohn Matthäus (*1395?, † 1463) und Enkel Moritz (* um 1430, † 1483) schufen den Berner Münsterbau (1420 ff.) und waren Dombaumeister in Ulm.

Ensisheim, frz. Ort im Oberelsaß, Dep. Haut-Rhin, 5 800 E. - Seit dem frühen 16. Jh. (bis 1648) Sitz der Verwaltung für die vorderöstr. Besitzungen im Breisgau und im Elsaß. - Rathaus (16. Jh.).

Ensor, James, * Ostende 13. April 1860, † ebd. 19. Nov. 1949, belg. Maler, Zeichner und Radierer. - Nahm seinen künstler. Ausgang vom Impressionismus; wird als Hauptvertreter des belg. Symbolismus als Vorläufer des Surrealismus, des dt. Expressionismus wie des phantast. Realismus in Anspruch genommen; malte grellfarbige, gespenst. anmutende Masken und Karnevalszenen, in denen er den monströsen Gauklerzug einer aus den Fugen geratenen Gesellschaft demaskiert, u. a. „Der Einzug Christi in Brüssel im Jahre 1888" (1888; Antwerpen, Koninklijk Museum voor Schone Kunsten).

ent..., Ent... ↑ento..., Ento...

Entamoeba [...'mɔːba; griech.], Gatt. der Amöben, parasit. oder kommensal. (von der gleichen Nahrung lebend) in Wirbeltieren lebend; beim Menschen kommt u. a. die **Ruhramöbe** (E. histolytica) vor, Erreger der ↑Amöbenruhr; tritt in 2 Modifikationen auf, der nicht pathogenen, bakterienfressenden, bis etwa 20 μm großen Minutaform im Hohlraum des Darms, und der pathogenen, von Erythrozyten lebenden, bis 30 μm großen Magnaform, die in das Gewebe eindringt und dieses auflöst.

entartete Kunst, während der nat.-soz. Herrschaft offizielle, auf der Rassentheorie beruhende Bez. für nahezu das gesamte moderne Kunstschaffen. Viele Werke wurden als „artfremd", „ungesund", „entartet" zerstört oder beschlagnahmt. Eine Auswahl der beschlagnahmten Kunstwerke wurde 1937 im Münchner Haus der Kunst gezeigt. 1938 fand eine öffentl. Auktion der beschlagnahmten Werke in der Galerie Fischer in Luzern statt. In Berlin wurden 1939 über 1 000 Werke öffentl. verbrannt. Die betroffenen Künstler erhielten Ausstellungs- und Schaffensverbot.

Entartung, von bestimmten Gesetzmäßigkeiten oder Normen abweichende Verhaltensweise physikal. Systeme; in der Quantenmechanik charakterisiert durch das Auftreten mehrerer zu einem Energieeigenwert der Schrödinger-Gleichung gehörender Eigenfunktionen.
◆ in der Biologie svw. ↑Degeneration.

Entartungsreaktion, Abk. EaR, abnorme, schwache oder fehlende Reaktion von degenerativ veränderten Nerven und Muskeln an elektr. Reize.

Entasis [griech.], in der griech. Baukunst die kaum merkl. Schwellung des bogenförmig verjüngten Säulenschafts.

Entbindung, die ↑Geburt eines Kindes.

Entdeckungsgeschichte ↑Forschungs- und Entdeckungsreisen.

Ente, umgangssprachl. für: Gerücht, Falschmeldung (in Funk und Presse [„Zeitungsente" (Lehnübersetzung von frz. canard]).

Ente ↑Enten.

Entebbe, Stadt in Uganda, auf einer Halbinsel am N-Ufer des Victoriasees, 21 000 E. Sitz des Staatspräs. und von Ministerien, Ostafrikan. Virusforschungsinst., veterinärmedizin. Forschungsinst., botan. Garten, Zoo, geolog. Museum, Sammlung der Holzarten Ugandas, Jagd- und Fischereimuseum; Hafen; internat. ✈. - 1893 als Militärposten gegr., bis 1962 Regierungssitz.

Enteignung, unmittelbarer Eingriff der öffentl. Gewalt in vermögenswerte Rechte einzelner zum Wohle der Allgemeinheit, z. B. ein Eingriff in ein Grundeigentum, um den Bau einer Straße zu ermöglichen. Als in der Verfassung vorgesehene Durchbrechung der Eigentumsgarantie ist E. nur zulässig, wenn im jeweiligen E.gesetz selbst zugleich Art und Umfang der Entschädigung geregelt ist. Die Entschädigung erfolgt zwar i. d. R. in Geld, ist aber auch durch Naturalrestitution (z. B. durch Ersatzland) möglich. Für Streitigkeiten über die Höhe der Entschädigung sind die Zivilgerichte zuständig; Streitigkeiten über die Zulässigkeit der E. selbst werden dagegen von den Verwaltungsgerichten entschieden. Wird die Rechtswidrigkeit eines solchen Ein-

Enten. Links: Reiherente, Schnatterenten; rechts: Tafelente, Krickente

griffs der öffentl. Gewalt festgestellt, so handelt es sich um einen ↑enteignungsgleichen Eingriff.
Zu unterscheiden ist zw. dem totalen Entzug eines vermögenswerten Rechts *(Voll-E.)* und einer Belastung oder Beschränkung des Eigentums *(Teil-E.).* Der Bundesgerichtshof stellte nach der sog. Sonderopfertheorie fest, daß charakterist. für eine E. der Verstoß gegen den Gleichheitsgrundsatz durch das Abverlangen eines ungleichen Sonderopfers sei, wogegen das Bundesverwaltungsgericht allein auf Schwere und Tragweite des Eingriffs der öffentl. Gewalt abstellt, eine E. demnach dann vorliegt, wenn der Wesensgehalt des Eigentums angetastet wird.
Von den zahlr. bundes- und landesrechtl. E.gesetzen sind in der Praxis das Bundesbaugesetz und das Landbeschaffungsgesetz am wichtigsten.

enteignungsgleicher Eingriff, rechtswidriger, schuldloser oder schuldhafter, zu Entschädigung verpflichtender Eingriff der öffentl. Gewalt in Vermögensrechte des einzelnen, der im Falle seiner Rechtmäßigkeit die Merkmale der Enteignung erfüllen würde.

enteisenen, vom Eisengehalt befreien (z. B. Wasser).

Enteisungsanlage, Vorrichtung zur Entfernung von Eisansatz an äußeren Teilen (z. B. Flügelvorderkante) eines Flugzeugs. Diese Teile werden elektr. oder mit Warmluft aus den Triebwerken beheizt oder mit einer aufblasbaren, deformierbaren Umhüllung überzogen, die beim Aufblasen den Eisansatz absprengt.

Entelechie [griech.], Begriff der Aristotel. Philosophie zur Unterscheidung von Wirklichkeit und Möglichkeit. E. ist die in einer bestimmten Wirklichkeit angelegte Möglichkeit. Die Seele wird als die „erste E. eines organ. Körpers" bezeichnet.

Enten (Anatinae), mit etwa 110 Arten weltweit verbreitete Unterfam. der Entenvögel; Hals kürzer als bei den Gänsen; Beine setzen oft weit hinter der Körpermitte an; ♂♂ (Erpel) meist wesentl. bunter gefärbt als die oft unscheinbaren ♀♀. Zu den E. gehören: **Schwimmenten** (Gründel-E., Anatini), die im allg. nicht tauchen, sondern die Nahrung durch Gründeln aufnehmen. Bekannte, auch auf Süß- und Brackgewässern, in Sümpfen und an Küsten Eurasiens lebende Arten sind: **Stockente** (Anas platyrhynchos), etwa 60 cm groß, ♂ mit dunkelgrünem Kopf, weißem Halsring, rotbrauner Brust, graubraunem Rücken u. hellgrauer Unterseite; Stammform der ↑Hausente. **Knäkente** (Anas querquedula), etwa 38 cm groß, ♂ mit rotbraunem Kopf und breitem, hellem Überaugenstreif, Hals und Rücken heller braun, Flanken weißlichgrau. **Krickente** (Anas crecca), etwa 36 cm groß, ♂ grau mit rotbraunem Kopf und gelbl., braun getupftem Hals. **Löffelente** (Anas clypeata), etwa 50 cm groß, mit löffelartigem Schnabel. Eurasiat. **Pfeifente** (Anas penelope), etwa 60 cm groß, pfeift häufig während des Fluges. **Schnatterente** (Anas strepera), etwa 50 cm groß, ♂ grau mit dunkelbraunen Flügeldecken, schwarz geflecktem Hals und Kopf, weißem Spiegel und schwarzem Schwanz. **Spießente** (Anas acuta), etwa so groß wie die Stockente, mit spießartig verlängerten mittleren Schwanzfedern. - Die **Tauchenten** (Aythyini) tauchen bei der Nahrungssuche sowie bei der Flucht. Zu ihnen gehören folgende, auch in Eurasien vorkommende Arten: **Reiherente** (Aythya fuligula), etwa 45 cm groß, mit einem Federschopf am Hinterkopf. **Moorente** (Aythya nyroca), etwa 40 cm groß, Unterseite weiß, Oberseite rotbraun (♂) bzw. braun (♀). **Tafelente** (Aythya ferina), etwa 45 cm groß, ♂ grauweiß mit schwarzer Brust und rotbraunem Kopf und Hals, ♀ unscheinbar graubraun. Von den **Ruderenten** (Oxyurini) kommt in Eurasien nur die **Weißkopfruderente** (Oxyura leucocephala) vor; fast 50 cm groß, ♂ braun, mit blauem Schnabel und weißem Kopf. - Zu den E. gehören außerdem noch die ↑Halbgänse.

Ente Nazionale Idrocarburi, Abk. ENI, staatl. italien. Mischkonzern, gegr. 1953, Sitz Rom. Die ENI-Gruppe orientiert sich in ihrer Unternehmenspolitik weitgehend an den wirtschaftspolit. Zielen der Regierung. Die wichtigsten Unternehmen der ENI-Gruppe (in Klammern jeweils die Höhe der Beteiligung der ENI und die Tätigkeitsgebiete): **AGIP** (84 %; Erdöl- und Erdgasgewinnung, Raffination, Benzin- und Mineralölhandel); **SNAM** (100 %; Handel mit Erdgas, Betrieb von Fernleitungen, z. B. die Pipeline Genua–Ingolstadt; wichtige dt. Tochtergesellschaft: Südpetrol AG, München); **ANIC S.p.A.** (etwa 69 %; Raffinerien, chem. Produkte); **AGIP Nucleare** (100 %; Reaktorbrennstoffe).

Entenbühl, mit 901 m höchster Berg des Oberpfälzer Waldes.

Entenmuscheln (Lepadidae), Fam. meeresbewohnender Krebse; bekannteste, auch in der Nordsee vorkommende Gatt. ist **Lepas** mit der meist bis 30 cm langen (davon Stiel 25 cm) **Gemeinen Entenmuschel** (Lepas anatifera).

Entente [ã'tã:t(ə); lat.-frz.], Bez. für das Verhältnis engen Einverständisses und weitgehender Interessenidentität in polit. Fragen zw. zwei oder mehreren Staaten, den Ausdruck in einem formellen Bündnis finden.
◆ im 1. Weltkrieg Bez. für die Kriegsgegner der ↑Mittelmächte.

Entente cordiale [frz. ãtãtkɔr'djal „herzl. Einverständnis"], das einem Bündnis nahekommende brit.-frz. Verhältnis, das seit 1904 entstand; später militär. Absprachen für den Fall eines Krieges gegen das Dt. Reich; 1907 zur ↑Tripelentente erweitert.

Entenvögel

Entenvögel (Anatidae), weltweit verbreitete Vogelfam. mit etwa 150 z.T. eng ans Wasser gebundenen Arten; Schnabel innen mit Hornlamellen oder -zähnen, dient vielen Arten als Seihapparat; zw. den Vorderzehen Schwimmhäute; Hals und Kopf werden im Flug nach vorn gestreckt; man unterteilt die E. in ↑Gänse, ↑Enten, ↑Spaltfußgans.

Entenwale (Hyperoodon), Gatt. etwa 7,5 (♀) bis 9 m (♂) langer, oberseits meist dunkelgrauer, unterseits weißl. Schnabelwale mit nur zwei Arten, v. a. im N-Atlantik (**Dögling**; Nördl. E., Hyperoodon ampullaris, bis über 9 m lang) und in Meeresteilen, die Australien und die Südspitze S-Amerikas umgeben (**Südlicher Entenwal**; Südmeerdögling, Hyperoodon planifrons).

enteral [griech.], auf den Darm bezogen.

Enteralgie [griech.], Leibschmerzen.

Enterbung, der Ausschluß eines gesetzl. Erben von der Erbfolge durch Verfügung von Todes wegen (§ 1938 BGB). Auf Grund der Testierfreiheit kann der Erblasser seine gesetzl. Erben, den Fiskus ausgenommen, ohne weiteres von der Erbfolge ausschließen (jedoch Sonderregelungen für den ↑Pflichtteil). Enterbt der Erblasser einen gesetzl. Erben, so tritt der Nächstberufene für ihn ein (z. B. bei Enterbung des Sohnes der Enkel); statt des Nächstberufenen (gesetzl. Erben) kann der Erbe eine andere Person einsetzen (↑Erbeinsetzung).

Nach *östr. Recht* ist E. der Ausschluß des Noterben vom Pflichtteil durch den Erblasser. Nach *schweizer. Recht* bedeutet E. den Entzug des Pflichtteils.

Enterich, svw. ↑Erpel.

Enteritis [griech.], svw. Darmentzündung.

Entern [span.-niederl., zu lat. intrare „hineingehen"], das Erklettern der Takelung eines Schiffes.

◆ Angriffsart in der Seeschlacht; durch die von den Römern eingeführte **Entertaktik** (Rammen des feindl. Schiffes und Erstürmen durch eingeschiffte Soldaten) in der Seekriegführung bis ins 16. Jahrhundert.

entero..., Entero... [griech.], Vorsilbe mit der Bed. „im Darm".

Enterobakterien, Fam. der Bakterien; gramnegative, fakultativ anaerobe Stäbchen, die Zucker zu Säuren und Alkoholen vergären. Die meisten Arten leben im Boden und in Gewässern, einige gehören zur Darmflora, mehrere sind gefährl. Krankheitserreger (Typhus, Paratyphus, Darmentzündung Bakterienruhr, Lungenentzündung, Pest).

Enterobius [griech.], Gatt. der Fadenwürmer mit der menschl. Dickdarm parasitierenden ↑Madenwurm.

enterogen, im Darm entstanden, vom Darm ausgehend.

Enterokinase [griech.], svw. ↑Enteropeptidase.

Enteroklyse [griech.] (Enteroklysma, Darmspülung), Einführung von Nährlösungen oder Arzneimitteln über eine Sonde in den Dünndarm.

Enterokokken, Bez. für grampositive, kugelige bis ovale (Durchmesser 0,8–1,2 µm), meist zu Ketten angeordnete Milchsäurebakterien mit nur 2 Arten (**Streptococcus faecalis** und **Streptococcus durans**) im Darmtrakt des Menschen und von warmblütigen Tieren, wo sie normalerweise nicht pathogen sind. Sie können pathogen werden, wenn sie durch Verletzungen in Gewebe oder Blutbahnen eindringen (z. B. Endokarditis, Gehirnhautentzündung, Infektion der Harnwege).

Enterokolitis (Enterocolitis) ↑Darmentzündung.

Enterolithen [griech.], svw. ↑Kotsteine.

Enteron [griech.], svw. ↑Darm.

Enteropeptidase (Enterokinase), in der Dünndarmwand gebildete Proteinase, die die Umwandlung des Trypsinogens in das aktive Verdauungsenzym ↑Trypsin katalysiert.

Enteropneusta [griech.], svw. ↑Eichelwürmer.

Enteroskope [griech.] ↑Endoskope.

Enterostenose, svw. ↑Darmverengung.

Enterostomie [griech.], operative Anlegung einer ↑Darmfistel.

Enterotomie [griech.], operative Eröffnung des Darms.

Enteroviren (enterale Viren, Darmviren), Gruppe kleiner (knapp 30 nm messender), RNS-haltiger Viren mit mindestens 60 verschiedenen Typen (u. a. Polio-, Coxsackie-, ECHO-, Reo- und Hepatitisviren). Viele E. verursachen beim Menschen Erkrankungen, wobei das gleiche Virus v. U. verschiedenartige Erkrankungen, verschiedene Viren die gleichen Symptome hervorrufen können. Die Einteilung der E. erfolgt daher auf Grund ihrer antigenen Eigenschaften durch einfache Numerierung je nach dem serolog. Typus. Erkrankungen des Menschen durch E. sind u. a. Kinderlähmung, nicht durch Bakterien hervorgerufene Gehirnhautentzündung u. Schnupfen.

Enterozele [griech.] (Darmbruch), häufigste Form des Eingeweidebruchs, bei der der Inhalt des Bruchsacks aus Darmschlingen besteht.

Entertainer [...teːnər; lat.-engl.], [Allein]unterhalter.

Entfernungsmesser, Meßanordnungen bzw. Geräte zur Messung der Entfernung eines terrestr., naut. oder Luftziels vom eigenen Standort aus (im Ggs. zur ↑Längenmessung). Meßprinzipien sind neben der bei der opt. Entfernungsmessung angewandten Triangulation die Laufzeitmessung, bei der die Laufzeit eines elektromagnet. Impulses zum Ziel und (nach Reflexion) zurück als Maß für die Entfernung dient, und die Phasendifferenzmessung, bei der die Differenz der Phasenlage zwischen ausgesandten und reflektier-

Entfernungsmesser

ten elektromagnet. Wellen zur Entfernungsmessung herangezogen wird. Die Grundlagen der Laufzeitmessung wurden in der Radartechnik entwickelt, die v. a. in der Luft- und Seefahrt zur Entfernungsmessung angewendet wird (↑Radar). **Elektroopt. E.** nutzen diese Prinzipien unter Verwendung von Lichtimpulsen bzw. modulierten Lichtstrahlen. Sie wurden als **Laser-E.** zunächst für militär. Zwecke entwickelt, finden heute jedoch u. a. auch in der Geodäsie Anwendung. **Opt. E.** nutzen die trigonometr. Beziehungen, die in einem vom (sichtbaren) Zielpunkt und zwei verschiedenen Beobachterstandpunkten gebildeten Meßdreieck gelten. Es wird z. B. eine Basis bekannter Länge festgelegt, an den Endpunkten A und B werden die Winkel gemessen, unter denen der Zielpunkt Z zur Basis erscheint (**Standwinkel-E.**). Einer der Winkel ist dabei zweckmäßig ein rechter. Die Basis des Meßdreiecks kann sich aber auch am Zielort befinden (Meßlatte). Dann wird im Fernrohr mit Doppelfadenkreuz oder mit dem Theodoliten der parallakt. Winkel ε gemessen, unter dem die Endpunkte der Basis am Beobachterstandpunkt erscheinen (**Zielwinkel-E.**). Diese Meßanordnung wird hpts. in der Geodäsie verwendet.

E. an photograph. Sucherkameras arbeiten ebenfalls nach dem Prinzip der Meßdreiecks (Triangulation): im rechtwinkligen Dreieck ist bei bekannter Ankathete („Meßbasis") die Größe des Hypotenusenwinkels ein direktes Maß für die Länge der Gegenkathete (zu messende Gegenstandsweite). Dabei wird ein Motivdetail über je einen Einblick an den Enden der Meßbasis anvisiert, und die beiden Teilbilder werden über einen halbdurchlässigen Spiegel zur Koinzidenz (**Koinzidenz-E.**, **Mischbild-E.**) gebracht, bzw. es werden ein oberes und ein unteres Teilbild zum Vollbild vereinigt (**Schnittbild-E.**), und zwar durch Verdrehung des den Meßwinkel verändernden Umkehrspiegels (**Drehspiegel-E.**) oder (exakter) durch Verdrehung eines in dessen Strahlengang angeordneten Schwenkkeilpaars (**Schwenkkeil-E.**). Diese Verdrehungen werden durch die Einstellbewegung des Objektivs bewirkt. Der E. ist zumeist mit der Sucheroptik zum Meßsucher kombiniert. - Bei Spiegelreflexkameras erfolgt die Scharfeinstellung nach Mattscheibenbeobachtung. Diese wird durch wie E. wirkende sog. Einstellhilfen erleichtert, die jedoch nicht nach dem Meßwinkelprinzip arbeiten, sondern die Lage der Bildebene bestimmen. Beim **Schnittbildindikator** („Meßkeile") sind zwei kleine Klarglaskeile unter bestimmtem Winkel zueinander in die Einstellscheibe eingekittet, so daß ihr Kreuzungspunkt genau in der Einstellebene liegt. Ist das Bild scharf eingestellt, sind sie ohne Wirkung, liegt die Bildebene jedoch vor oder hinter der Einstellebene, werden gegenüberliegende Randstrahlenbündel (Messung nur bei voller Blendenöffnung mögl.) durch die Meßkeile so abgelenkt, daß wie beim Schnittbild-E. zwei gegeneinander verschobene Halbbilder sichtbar werden. Das **Mikrospaltbildfeld** (Mikroprismenraster) ist eine Einstellfläche mit mehreren tausend pyramidenförmig eingeschliffenen Prismen (Kantenlänge 0,08 mm), die jedes nicht scharf eingestellte Bild stark streuen und in Flimmern auflösen, bei exakter Scharfeinstellung jedoch das Bild „in die Schärfe springen" lassen.

Für die *automat.* Scharfeinstellung wurden verschiedene Systeme („Autofocus") entwickelt: Nach dem **Koinzidenzprinzip** wird wie beim Koinzidenz-E. die Koinzidenz der Teilbilder durch Kontrastmessung bestimmt (passive Triangulation), wobei die Kamera einen vom Objekt reflektierten Infrarotstrahl aussenden kann (aktive Triangulation). Nach dem **Sonarprinzip** sendet die Kamera ein Ultraschallsignal aus, das vom Objekt reflektiert und von einem Schallempfänger wieder aufgenommen wird; die Zeitdifferenz zw. Aussendung und Aufnahme ergibt die Stellgröße. Bei einäugigen Spiegelreflexkameras wird der Ort des höchsten Bildkontrasts durch CCD-Sensoren ermittelt. - Prinzip der **Pupillenteilung**: Strahlenbündel aus der oberen und der

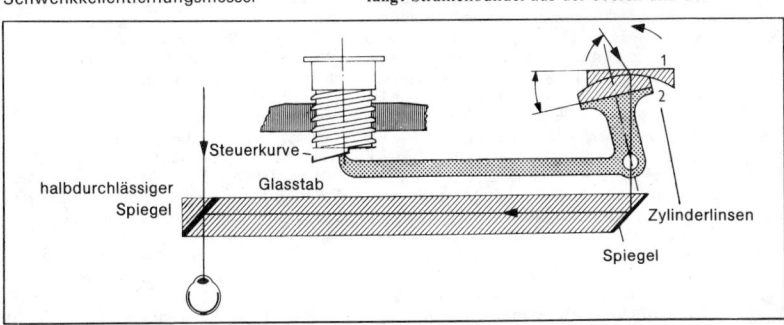

Photographischer
Schwenkkeilentfernungsmesser

Entfettung

unteren Pupillenhälfte werden von Photozellen über eine bewegte Rasterscheibe analysiert; nur bei scharfer Einstellung sind die Bildsignale identisch, die Spannungsdifferenz der Photoempfänger ergibt die Stellgröße. **Geschichte:** Die Triangulationsmethode mit dem Zweistand-E. war bereits der klass. Antike (Thales von Milet zugesprochen) bekannt.

📖 *Laseranwendung im Bau- u. Vermessungswesen. Bearb. v. A. Blum. Stg. 1985. - Kahmen, H.: Elektron. Meßverfahren in der Geodäsie. Hg. v. H. Draheim. Karlsruhe ²1978. - Karolus, A.: Die physikal. Grundll. der elektroopt. Entfernungsmessung. Mchn. 1958.*

Entfettung ↑ Oberflächenbehandlung.

Entfettungsmittel, verschiedene fettlösl. Kohlenwasserstoffverbindungen oder anorgan. Chemikalien, die Fette verseifen.

Entflechtung, Spaltung von Großunternehmen mit marktbeherrschender Stellung in mehrere rechtl. und wirtsch. selbständige Teilunternehmungen. E.maßnahmen wurden nach dem Zweiten Weltkrieg in Deutschland von den Alliierten entsprechend den Vereinbarungen des Potsdamer Abkommens durchgeführt. Von der E. betroffen waren v. a. Montanind., chem. Ind. und Großbanken. Mit dem Ende der Besatzungszeit wurden diese E.maßnahmen zunehmend revidiert.

Entfleischen (Scheren), bei der Lederherstellung das Entfernen des Unterhautbindegewebes.

Entfremdung, Begriff zur Kennzeichnung eines gesellschaftl. Zustands, in dem eine als urspr. organ. gedachte Beziehung zw. Menschen untereinander, zw. Menschen und ihrer Arbeit, zw. Menschen und dem Produkt ihrer Arbeit sowie von Menschen zu sich selbst für aufgehoben, verkehrt oder zerstört angesehen wird. Zunächst in den Theorien vom Gesellschaftsvertrag zur Darstellung der Fremdheit zw. Individuum und der ihm entgegenstehenden Macht verwendet, wurde „E." durch Hegel (in seiner „Phänomenologie des Geistes", 1807) in die Philosophie eingeführt: Einerseits beschreibt E. den Zustand der „Entäußerung" des Geistes in der konkreten Geschichte, die ihm als fremd gegenübersteht, wobei der Geist im Verlauf des dialekt. Geschichtsprozesses die E. überwindend zur Identität mit sich selbst gelangt; andererseits deutet auch Hegel, wie später Marx und Engels, E. als Vergegenständlichung und Entäußerung menschl. Eigenschaften und Möglichkeiten zur Selbstentfaltung und -verwirklichung im Arbeitsprozeß. Durch Marx (v. a. in den „Ökonom.-philosoph. Manuskripten", 1844, und den „Grundrissen der Kritik der polit. Ökonomie", 1857/58) wurde E. als die Vergegenständlichung, die dem Menschen als Produzenten dem Produkt seiner Arbeit entfremdet, in den histor. Zusammenhang kapitalist. Produktionsverhältnisse gestellt. Durch das Privateigentum an Produktionsmitteln im Kapitalismus wird der Arbeiter in dem Maße als Mensch „entwirklicht", als er Werte schafft, die auf Grund fremder Aneignung zu ihm „fremden" Gegenständen werden. Durch die Fremdbestimmtheit seiner Arbeit wird der Mensch gleichzeitig den anderen Menschen entfremdet, da die Gleichzeitigkeit ihrer Arbeit ebenfalls fremdbestimmt und damit, vom einzelnen ungewollt, diesem als zufällig erscheint. Im Unterschied zu dieser an der Analyse der „entfremdenden" Produktionsverhältnisse orientierten Interpretation wurde der Begriff E. häufig sozialpsycholog. verwendet als Grundkategorie des gestörten Verhältnisses von Mensch zu Mitmensch sowie des (v. a. durch die Arbeitsteilung) gestörten Verhältnisses des Menschen zu seiner Arbeit.

📖 *Kirsch, G.: E. - Der Preis der Freiheit? Tüb. 1984. - Teichner, W.: Mensch u. Gott in der E. oder die Krise der Subjektivität. Freib. 1984. - Treptow, E.: Die E.theorie bei K. Marx. Mchn. 1978.*

Entfroster, svw. ↑ Defroster.

Entführung, 1. rechtswidriges Verbringen einer Frau an einen anderen Ort; unter Strafe gestellt, wenn dies gegen ihren Willen durch List, Drohung oder Gewalt geschieht und eine dadurch entstandene hilflose Lage zu außerehel. sexuellen Handlungen ausgenutzt wird (§ 237 StGB) oder wenn aus den gleichen Gründen eine minderjährige unverheiratete Frau zwar mit ihrem Willen, aber ohne Einwilligung des Personensorgeberechtigten dessen Einfluß entzogen wird (§ 236 StGB). In beiden Fällen ist Geld- oder Freiheitsstrafe bis zu fünf Jahren angedroht; Strafverfolgung tritt jedoch nur auf Antrag ein. - ↑ auch Menschenraub, ↑ Freiheitsberaubung, ↑ Luftpiraterie.

Nach *östr. Recht* wird die E. einer geisteskranken oder widerstandsunfähigen weibl. Person zum Zwecke der Unzucht mit Freiheitsstrafe bis zu 5 Jahren bestraft; gleiches gilt für die E. einer unmündigen Person (§§ 100–101 StGB). Entsprechende Bestimmungen, jedoch höhere Strafandrohungen, enthält *das schweizer. StGB.*

Entgasung ↑ Kohleveredlung.

♦ Abgabe des in Metall oder Schlacke gelösten Gases durch Änderung der Gaslöslichkeit, indem die äußere über der Schmelze befindl. Gesamtdruck vermindert wird.

Entgelt, Bezahlung, Vergütung für eine Leistung; oft verkürzt für Arbeitsentgelt.

Entgiftung (Detoxikation), in der Medizin Sammelbez. für alle Behandlungsverfahren, die dazu dienen, im Körper vorhandene Giftstoffe zu entfernen oder unschädl. zu machen. Je nach Gift, Art der Giftaufnahme und Vergiftungsdauer kommen u. a. in Betracht: Magen-Darmspülungen, Verabreichung von Brechmitteln, Abführmittel, harntreibende

Substanzen, Blutaustausch, Dialyse, künstl. Beatmung. - ↑auch Dekontamination.

♦ (Gasentgiftung) Entfernung des Kohlenmonoxidanteils (bis zu 20 Vol.-%) aus Stadtgas; wird meist durch Konvertieren des Kohlenmonoxids zu Kohlendioxid ($CO + H_2O \to CO_2 + H_2$) und Auswaschen des Kohlendioxids mit Wasser durchgeführt.

Entgrater (Senker), spanabhebende Werkzeuge zum Nacharbeiten des Bohrlochrandes, ausgeführt für Senkwinkel von 60°, 90° (für Senkkopfschrauben) und 120°.

Enthaarung (Depilation), künstl. Entfernung von Körperhaaren mit chem. (↑Enthaarungsmittel) oder physikal. (Röntgenbestrahlung) Mitteln.

Enthaarungsmittel (Haarentfernungsmittel, Depilatorium), Mittel zur vorübergehenden künstl. Entfernung von Haaren. Zu den E. gehören Oxidationsmittel (wie Wasserstoffsuperoxid) oder Sulfide (z. B. Natriumsulfid und Calciumsulfid) bzw. die entsprechenden Sulfhydrate in Salbenform. Durch diese Mittel wird die Hornsubstanz der Haare erweicht, worauf die Haare mechan. entfernt werden können. Die Haarwurzel wird nicht angegriffen.

Enthalpie [griech.] (Gibbssche Wärmefunktion), von J. W. Gibbs eingeführte, energieartige thermodynam. Zustandsgröße H, definiert als Summe von innerer Energie E und Verdrängungsenergie pV eines Systems vom Volumen V unter dem Außendruck p: $H = E + pV$. Sie ist gleichbedeutend mit dem Wärmeinhalt bei konstantem Druck.

Enthärtung ↑Wasserversorgung.

Enthusiasmus [zu griech. éntheos „gottbegeistert" (eigtl. „worin ein Gott ist")], Zustand seel. Ergriffenheit voller Leidenschaft und Begeisterung, im religiösen Sinne die Empfindung, von der Gottheit erfüllt zu sein, bei der gleichzeitig das Bewußtsein der eigenen Identität schwindet. Manche Formen der Religiosität sind dem E. nahe, v. a. solche, die ekstat. Techniken und Zustände kennen.

Entideologisierung ↑Ideologie.

Entität [mittellat.], scholast. Begriff, die „Seiendheit" (*daß* etwas ist) eines Dings.

Entkalkung, (biogene E.) durch Kohlendioxidassimilation der Wasserpflanzen hervorgerufene Ausfällung von Calciumcarbonat. Kalkhaltiges Wasser enthält gelöstes Calciumhydrogencarbonat, das im Gleichgewicht mit Calciumcarbonat und Kohlensäure steht und bei Photosynthese der Pflanzen ständig CO_2 nachliefert:

$$Ca(HCO_3)_2 \rightleftarrows CaCO_3 + H_2O + CO_2.$$

♦ ↑Kesselstein.

Entkeimen, in der *Lebensmitteltechnik* Abtöten oder Entfernen von Mikroorganismen, Enzymen, Krankheitserregern, anorgan. Katalysatoren aus Lebensmitteln, die beim Genuß für den Menschen schädl. sind oder innerhalb eines bestimmten Zeitraums den Verderb der Lebensmittel bewirken.

Entkolonisation (Dekolonisation), Aufhebung von Kolonialherrschaft und Rückgängigmachung der Folgen des ↑Kolonialismus. Heute wird der Begriff v. a. auf den nach 1945 einsetzenden Verfall der Herrschaft europ. Kolonisten in Afrika und Asien angewendet.

E. kann 1. durch die Integration ehem. Kolonien in den Staatsverband des Kolonisten (z. B. Hawaii als Bundesstaat der USA), 2. durch freiwillige Entlassung der Kolonie in die Unabhängigkeit oder 3. durch gewaltsame Aktion (i. d. R. durch antikoloniale Befreiungsbewegungen) erfolgen. Ergebnisse der E. können die Wiedererlangung der Freiheit und Selbständigkeit der vorkolonialen Bev. oder der Nachkommen der ehem. Kolonisatoren sein, die entweder die Bev.mehrheit stellen (v. a. in Südamerika) oder (z. B. in Südafrika) als Minderheit die vorkolonialen Einwohner weiter beherrschen. - Ursachen der E. nach 1945 waren u. a. die Schwächung und der Prestigeverlust vieler Kolonialmächte während des 2. Weltkriegs (Belgien, Frankr., die Niederlande waren besetzt gewesen; Japan und Italien zählten zu den Verlierern des Kriegs), Steigerung des Selbstbewußtseins und Emanzipationswillens der Bev. der Kolonien, die zunehmende Ablehnung der Kolonisation durch die öff. Meinung in den europ. Staaten sowie der zunehmende Druck der USA und der UdSSR auf die Kolonialmächte. Obwohl die meisten ehem. Kolonien die Unabhängigkeit erlangt haben, ist für diese der Vorgang der E. oft noch nicht abgeschlossen, da die von den Kolonialregimen geschaffenen innenpolit., sozialen und wirtsch. Strukturen meist nur langfristig aufgelöst werden können, zumal meist die während der Kolonialzeit privilegierten Gruppen oder Schichten ihren Einfluß behalten haben. - Übersicht S. 166f.

📖 *Kolonisierung u. Entkolonisierung in Afrika.* Hg. v. F. Ansprenger. Stg. ³1979. - Roon, G. van: *Europa u. die Dritte Welt.* Mchn. 1978.

Entladung, elektr. Ladungsausgleich zw. entgegengesetzt aufgeladenen Körpern; eine E. ist stets mit dem Fließen eines elektr. Stromes, in Gasen meist auch mit Leuchterscheinungen verbunden.

Entlassung aus der Staatsangehörigkeit, der auf Antrag des Betroffenen durch Verwaltungsakt erfolgende Verlust der Staatsangehörigkeit. Sie darf nicht erteilt werden bei Beamten, Richtern, Soldaten der Bundeswehr und bei Wehrpflichtigen.

Entlassung des Arbeitnehmers, Beendigung des Arbeitsverhältnisses durch ↑Kündigung des Arbeitgebers (↑auch Kündigungsschutz).

Entlassung des Beamten, Beendigung des Beamtenverhältnisses durch Gesetz

165

Entkolonisation

ENTKOLONISATION

Kolonie	Jahr der Unabhängigkeit bzw. der Entkolonisation	heutiger Name	Kolonie	Jahr der Unabhängigkeit bzw. der Entkolonisation	heutiger Name
Nordamerika	1776	USA	Belg. Kongo	1960	Zaïre
Hispaniola (Westteil)	1804	Haiti	Kamerun	1960	
Neugranada	1810	Kolumbien	Madagaskar	1960	
Paraguay	1811		Mauretanien	1960	
Generalkapitanat Caracas	1811	Venezuela	Niger	1960	
Rio de La Plata	1816	Argentinien	Nigeria	1960	
Chile	1818		Obervolta	1960	
El Salvador	1821		Senegal	1960	
Nicaragua	1821		Italien. und Brit. Somaliland	1960	Somalia
Generalkapitanat Guatemala	1821	geteilt in Guatemala und Costa Rica	Soudan	1960	Mali
Peru	1821		Daman, Diu, Goa	1961	zu Indien
Brasilien	1822		Tanganjika	1961	Tansania
Neuspanien	1823/24	Mexiko	Sierra Leone	1961	
Bolivien	1825		Zypern	1961	
Hispaniola (Ostteil)	1865	Dominikanische Republik	Westsamoa	1962	
			Uganda	1962	
Australien	1901*	Austral. Bund	Ruanda-Burundi	1962	geteilt in: Burundi und Rwanda
Kuba	1902		Trinidad und Tobago	1962	
Panama	1903		Algerien	1962	
Neuseeland	1907*		Jamaika	1962	
Südafrika	1910*		Kenia	1963	
Island	1918		(Sabah und Sarawak)	1963	zu Malaysia)
(Bismarckarchipel	1920	zum Austral. Bund)	Sansibar	1963	heute zu Tansania
(Dt.-Südwestafrika	1920	zu Südafrika)	Malta	1964	
(Kiautschou	1922	zu China)	Njassaland	1964	Malawi
Ägypten	1922		Nordrhodesien	1964	Sambia
Irland	1922*		Aden	1965	VR Jemen
Kanada	1931*		Gambia	1965	
Irak	1932		Malediven	1965	
Neufundland	1934	1948 zu Kanada	Singapur	1965	
Indonesien	1945		Betschuanaland	1966	Botswana
(Molukken	1950	zu Indonesien)	Guyana	1966	

166

Entkolonisation

Land	Jahr	Anmerkung
Südmolukken	1950/51	heute zu Indonesien
Malakka	1946	Malaysia
Libanon	1944/46	
Transjordanien	1946	Jordanien
Syrien	1946	
Philippinen	1946	
Brit. Indien	1947	geteilt in: Indien und Pakistan sowie seit 1971 in Bangladesch
Birma	1948	
Ceylon	1948	Sri Lanka
Korea	1948	geteilt in: Republik Korea und Demokrat. VR
Palästina	1948	Israel; Ostpalästina: zu Jordanien; Gasa: zu Ägypten
Libyen	1951	
Indochina	1954	geteilt in: Kambodscha, Laos, Nord-Vietnam und Süd-Vietnam (heute Republik Vietnam)
Tunesien	1956	
Marokko	1956	
Sudan	1956	
Goldküste	1957	Ghana
Westtogo	1956	
Guinea	1958	
Togo (Ostteil)	1960	
Tschad	1960	
Dahomey	1960	Benin
Elfenbeinküste	1960	
Gabun	1960	
Oubangui-Chari	1960	Zentralafrikan. Republik
Frz. Kongo	1960	VR Kongo
Basutoland	1966	Lesotho
Fernando Póo / Rio Muni	1968	Äquatorialguinea
Mauritius	1968	
Nauru	1968	
Swasiland	1968	
(West-Neuguinea [Westirian])	1969	zu Indonesien
Tonga	1970	
Bahrain	1970	
Fidschiinseln	1970	Fidschi
Oman	1970	
Befriedetes Oman	1971	Vereinigte Arab. Emirate
Katar	1971	
Guinea-Bissau	1974	
Grenada	1974	
Moçambique	1975	
Kapverdische Inseln	1975	Kap Verde
Komoren	1975	
São Tomé und Príncipe	1975	
Nordostguinea	1975	Papua-Neuguinea
Angola	1975	
Surinam	1975	
(Spanische Sahara)	1976	heute zu Marokko
(Portugies.-Timor)	1976	zu Indonesien
Seychellen	1976	
Frz. Afar-und-Issa-Küste	1977	Dschibuti
Dominica	1978	
Elliceinseln	1978	Tuvalu
Saint Lucia	1979	
Gilbertinseln	1979	Kiribati
Saint Vincent	1979	
Rhodesien	1980	Simbabwe
Neue Hebriden	1980	Vanuatu
Britisch-Honduras	1981	Belize
Antigua	1981	Antigua und Barbuda
Saint Christopher and Nevis	1983	Saint Kitts-Nevis
Brunei	1984	

* Ein eindeutiges Datum der Unabhängigkeit läßt sich für diese Länder nicht feststellen, die Jahreszahlen beruhen auf Angaben der Botschaften bzw. nennen das Statut von Westminster 1931 als Jahr der Unabhängigkeit.

Entlastung

oder Verwaltungsakt. Der Beamte ist kraft Gesetzes entlassen, wenn er die Eigenschaft als Deutscher im Sinne des Art. 116 GG verliert, wenn er ohne Zustimmung der obersten Dienstbehörde seinen Wohnsitz oder dauernden Aufenthalt im Ausland nimmt oder bei strafgerichtl. Verurteilung wegen einer vorsätzl. Tat zu mindestens 1 Jahr Freiheitsstrafe. Durch Verwaltungsakt ist der Beamte zu entlassen, wenn er sich weigert, den gesetzl. vorgeschriebenen Diensteid zu leisten, bei Dienstunfähigkeit vor Eintritt in den Ruhestand und wenn er seine Entlassung schriftl. verlangt.

Entlastung, die Billigung der Rechnung, die ein zur Rechnungslegung Verpflichteter erteilt hat (vgl. § 120 AktienG). Sie enthält eine Quittung über die erfolgte Rechnungslegung, außerdem i. d. R. (Ausnahme: E. von Vorstand und Aufsichtsrat einer Aktiengesellschaft) einen Verzicht auf etwaige Schadenersatzansprüche gegenüber dem Rechnungslegungspflichtigen. Auf die E. hat der Rechnungslegungspflichtige, wenn es sich bei seiner Tätigkeit um eine dauernde Verwaltung handelt, regelmäßig (Ausnahme: z. B. Vorstand und Aufsichtsrat einer Aktiengesellschaft) einen klagbaren Anspruch. - Im *östr.* und *schweizer. Recht* gilt Entsprechendes.

♦ im *Bauwesen* das Abfangen von Belastungen.

Entlastungsbogen, gemauerte Bogen zur Entlastung des Sturzes über Maueröffnungen.

Entlehnung ↑ Lehnwort.

Entlüftungsventil, meist an der höchsten Stelle von Behältern, hydraul. Systemen, Rohrleitungen, Zentralheizungen o. ä. eingebautes Ventil *(Entlüftungsschraube, Entlüftungshahn)* zum Entweichenlassen störender Lufteinschlüsse. Luft im Heizkörper einer Warmwasserheizung z. B. verringert die Wärmeabgabe infolge verkleinerter Kontaktfläche Wasser-Heizkörper.

Entmagnetisierung, Zurückführung einer ferromagnet. Substanz in einen völlig unmagnet. Zustand. Dies kann durch zykl. Durchlaufen der ↑ Hysteresisschleife mit abnehmender Maximalfeldstärke erfolgen oder durch Erhitzen der Substanz über die ↑ Curie-Temperatur (↑ Magnetisierung).

Entmannung (Emaskulation), in der Medizin: 1. Entfernung der männl. Keimdrüsen (↑ Kastration); 2. operative Entfernung des Penis und der Hoden (bei Peniskrebs).

Entmilitarisierung (Demilitarisierung), im Völkerrecht die vertragl. Verpflichtung, in einem Gebiet oder einem Teil desselben keine militär. Kräfte, Anlagen und Ausrüstungen zu unterhalten.

Entmischung ↑ Seigerung.

Entmündigung, der Entzug oder die Beschränkung der ↑ Geschäftsfähigkeit durch Gerichtsbeschluß, der in einem bes. Verfahren ergeht. Materiell-rechtl. *Voraussetzung* ist das Vorliegen eines Entmündigungsgrundes (§ 6 BGB), näml.: 1. Geisteskrankheit oder Geistesschwäche, wenn der Betroffene ihretwegen seine Angelegenheiten (Rechtshandlungen und andere Obliegenheiten) vollständig oder zu einem wesentl. Teil nicht zu besorgen vermag; 2. Verschwendung, durch die der Betroffene sich oder seine Familie der Gefahr des Notstandes aussetzt; 3. Trunksucht, wenn der Süchtige entweder seine Angelegenheiten nicht zu besorgen vermag oder sich oder seine Familie der Gefahr des Notstandes aussetzt oder die Sicherheit anderer gefährdet. Der Trunksucht steht die Rauschmittelsucht gleich (streitig). *Folgen:* Geschäftsunfähigkeit bzw. beschränkte Geschäftsfähigkeit, Bestellung eines Vormundes.

Nach *östr. Recht* ist E. bei gleichen Voraussetzungen wie im dt. Recht die Entziehung oder Einschränkung der einer phys. Person zustehenden Rechte durch eine gerichtl. Entscheidung. Anders als nach dt. Recht berührt die E. nicht nur die privaten, sondern auch die öffentl. Rechte des Betroffenen (z. B. Verlust des Wahlrechts).

Das *schweizer. Recht* entspricht im wesentl. dem dt. Recht. Weitere E.gründe sind z. B. Freiheitsstrafe von mindestens einem Jahr; eigenes Begehren, wenn der Antragsteller infolge Altersschwäche, anderer Gebrechen oder Unerfahrenheit seine Angelegenheiten nicht gehörig besorgen kann.

Entmündigungssachen, das in den §§ 645–687 ZPO geregelte gerichtl. Verfahren, in dem über die Entmündigung oder ihre Wiederaufhebung entschieden wird. 1. Das *Anordnungsverfahren* erfordert einen Antrag, den der Ehegatte, der personensorgeberechtigte gesetzl. Vertreter des zu Entmündigenden, ein Verwandter, bei Entmündigung wegen Geistesstörung auch der Staatsanwalt, bei Entmündigung wegen Verschwendung oder Trunksucht nach Landesrecht auch die Gemeinde oder ein Fürsorgeträger stellen können. Zuständig: Amtsgericht; Entscheidung nach Ermittlung von Amts wegen durch Beschluß. 2. Die *Wiederaufhebung* der Entmündigung erfolgt auf Antrag des Entmündigten, seines personensorgeberechtigten gesetzl. Vertreters, bei Entmündigung wegen Geistesschwäche auch des Staatsanwalts durch Beschluß des für den Entmündigten allgemein zuständigen Amtsgerichts.

Im *östr.* und *schweizer. Recht* gilt Entsprechendes.

Entmythologisierung, von R. ↑ Bultmann 1941 geprägter Begriff für den programmat. Versuch, mytholog. Vorstellungen und ein von Mythologie geprägtes Weltbild wie das der Bibel in der Weise zu verstehen, daß die zeitbedingten mytholog. Rede- und Denkweisen in moderne Rede- und Denkweisen übersetzt werden können. Der E. zugeordnet ist die **existentiale Interpretation,** der Versuch, das in der Bibel „zum Ausdruck kommende Verständnis der menschl. Existenz" herauszuarbeiten.

Entnahmen, alle Wirtschaftsgüter (Bargeld, Sachgüter, Nutzungen und Leistungen), die der Steuerpflichtige im Laufe des Wirtschaftsjahres für private und andere betriebsfremde Zwecke aus dem Unternehmen entnommen hat.

Entnazifizierung, Maßnahmen der alliierten Siegermächte in Deutschland nach 1945 zur möglichst raschen Zerstörung aller nat.-soz. Organisationen und zur Ausschaltung von Nationalsozialisten aus staatl., wirtsch. und kulturellen Schlüsselstellungen; zu unterscheiden von den Prozessen gegen Kriegsverbrecher. 1945 auf den Konferenzen von Jalta und Potsdam beschlossen, wurde in den einzelnen Besatzungszonen in unterschiedl. Intensität (am stärksten in der US-Zone) und mit unterschiedl. großer Beteiligung dt. Spruchkammern betrieben. Die in der US-Zone 1945 entwickelte Einstufung Beschuldigter wurde im Okt. 1946 auch in den übrigen Zonen verbindl.: 1. Hauptschuldige, 2. Belastete (Aktivisten), 3. Minderbelastete, 4. Mitläufer, 5. Entlastete. Sanktionen waren u. a. Freiheitsentzug, Vermögenseinziehung, Berufsverbot, Amts- oder Pensionsverlust, Geldbuße, Verlust des Wahlrechts. Unmut in der Bev. erregte u. a. die Praxis der Spruchkammern, die zunächst eine große Zahl von Bagatellfällen zum (meist entlastenden) Abschluß brachten, während die wichtigeren Beschuldigten von der Verzögerung ihrer Verfahren bis in die Zeit des kalten Krieges nach 1948 profitierten. Insgesamt waren in den westl. Besatzungszonen rd. 6,08 Mill. Menschen von der E. betroffen, die nach 1949 rasch an polit. Bed. verlor.
In *Österreich* begann die E. mit dem Verbotsgesetz vom 8. 5. 1945, das die NSDAP und ihre Gliederungen verbot und für deren Mgl. Registrierung und Sühnefolgen anordnete. Das Kriegsverbrechergesetz vom 26. 6. 1945 berief zur strafrechtl. Verfolgung von NS-Verbrechen besondere Volksgerichte. Das Nationalsozialistengesetz vom 6. 2. 1947 nahm eine Abstufung zw. Belasteten und Minderbelasteten vor. Die sog. NS-Amnestie vom 14. 3. 1957 beendete Registrierungspflicht und alle Sühnefolgen.

Niethammer, L.: Die Mitläuferfabrik. Die E. am Beispiel Bayerns. Bonn ²1982.

ento..., Ento... [griech.] (vor Vokalen ent..., Ent...), Vorsilbe mit der Bed. „innerhalb", z. B. Entoderm.

Entoderm (Entoblast) [griech.], das innere der drei ↑Keimblätter.

Entomologie [griech.] (Insektenkunde), Wissenschaft und Lehre von den Insekten.

Entoparasit, svw. ↑Endoparasit.

Entophyten, svw. ↑Endophyten.

Entoplasma, svw. ↑Endoplasma.

entoptische Erscheinungen (entopt. Wahrnehmungen), durch normale (z. B. Blutkörperchen, Netzhautgefäße) bzw. krankhafte Strukturen (z. B. Glaskörpertrübungen) des Augeninneren verursachte opt. Wahrnehmungen (sog. fliegende Mücken).

entotische Geräusche [griech./dt.], subjektiv wahrgenommene Geräusche, die im Innern des Ohres z. B. durch die Blutzirkulation entstehen.

Entozoen, svw. ↑Endozoen.

Entpflichtung ↑Emeritierung.

Entpolitisierung, Bez. für die Tendenz der Ausklammerung oder Verschleierung des Polit. in bestimmten staatl. und sozialen Bereichen, i. e. S. die Ausschaltung polit. Instanzen von der inhaltl. oder personellen Steuerung bestimmter Institutionen (z. B. Justiz, Rundfunkanstalten usw.).

Entrada, svw. ↑Intrada.

entrappen, Weinbeeren von den Traubenstielen (Rappen) vor der Kelterung abtrennen.

Entreakt [ãtrə'akt; frz. entracte „Zwischenakt"], Musik- oder Tanzeinlage zw. den Aufzügen theatral. Darbietungen (Oper, Schauspiel).

Entrechat [frz. ãtrə'ʃa; zu italien. (capriola) intrecciata (mit gleicher Bed.)], in die Höhe geführter Ballettsprung, bei dem die Füße (Hacken) in der Luft schnell gekreuzt (übereinandergeschlagen; battiert) werden.

Entrecôte [ãtrə'ko:t; frz.], Zwischenrippenstück vom Rind, das in Scheiben gegrillt oder gebraten wird. Im Ganzen zubereitetes E. nennt man Roastbeef.

Entree [ã'tre:; lat.-frz.], Eintritt, Eingang; Vorzimmer; auch Eintrittsgeld.
♦ im Ballett de cour der einzelne Szenenauftritt der Tänzer innerhalb einer Handlung, im übertragenen Sinne die Szene selbst, ferner die dazugehörige Musik; im späteren Opéra ballet svw. Akt.
♦ Vorspeise oder Zwischengericht.

Entremés [span.], span. Bez. für Zwischenspiel; meist schwankhaft-realist. oder satir. Einakter, der zw. den Akten eines Dramas oder zw. Vorspiel und Auto sacramental eingeschoben wurde, ohne direkten Bezug zur Handlung.

entre nous [frz. ãtrə'nu], unter uns, ungezwungen.

Entre Ríos [span. 'entre 'rrios], Prov. in NO-Argentinien, 78 781 km², 908 000 E (1980). Hauptstadt Paraná. Südl. Teil des Zwischenstromlandes mit Rinder- und Schafzucht, Anbau von Flachs, Mais, Hafer, Erdnüssen, Sonnenblumen, Zitrusfrüchten; Nahrungsmittelindustrie.

Entresol [frz. ãtrə'sɔl], Zwischengeschoß, v. a. zw. Erdgeschoß und erstem Stock; im 17. Jh. in der frz. Baukunst aufgekommen.

entrez! [frz. ã'tre], herein!

Entropie

Entropie [griech.], Zustandsgröße thermodynam. Systeme und Maß für die Irreversibilität der in ihnen ablaufenden Prozesse. In einem abgeschlossenen System (ohne Energiezufuhr oder -abfuhr) kann die Gesamt-E. nie abnehmen, bei reversiblen Vorgängen (Idealfall) bleibt sie konstant. In der unbelebten Welt herrscht die natürl. Tendenz, sich auf einen Zustand immer größerer Unordnung (z. B. gleichmäßige Durchmischung zweier Gase) hinzubewegen. Diese im 2. Hauptsatz der Wärmelehre (sog. **Entropiesatz**) formulierte Gesetzmäßigkeit besagt, daß in einem abgeschlossenen System die Wahrscheinlichkeit für einen Zustand um so größer ist, je größer seine Unordnung ist. Die E. ist ein Maß für diese Unordnung.

Entropium [griech.], krankhafte Einstülpung der freien Lidrandfläche zum Augapfel hin, meist infolge Altersschlaffheit der Lidhaut.

Entrückung, übernatürl. und ohne Tod bewirkter Weggang eines Menschen aus seiner ird. Lebenswelt in ein Paradies oder an einen verborgenen Ort, meist im Innern von Bergen. Das weltweit verbreitete Sagenmotiv findet sich in der griech. Vorstellung entrückter Helden, die auf den Inseln der Seligen fortleben. Häufig tritt der Glaube an eine spätere Rückkehr hinzu. Im europ. Bereich knüpft er sich zunächst an die kelt. Artussage und verbindet sich später als sog. „Kyffhäusermotv" mit der dt. Kaisersage.

Entsatz, Befreiung belagerter Festungen oder eingeschlossener Truppenteile durch neu herangeführte Truppen (E.truppen).

entsäuern, unerwünschte Säure im Wein durch Kalkzusatz verringern; der sich bildende Niederschlag von weinsaurem Kalk wird entfernt.

Entschädigung ↑Haftentschädigung, ↑Enteignung.

Entscheidung, allg. das Ergebnis der Reaktion auf eine Alternative; Akt menschl. Verhaltens, sich auf eine von verschiedenen Möglichkeiten festzulegen; Abschluß bzw. Beendigung einer (u. a. militär., polit., sportl.) Auseinandersetzung um gegensätzl. Positionen. - E.situationen bzw. -prozesse lassen sich modellhaft (**Entscheidungsmodell**) und graph. als Weggabelungen (**Entscheidungsbaum** oder **-labyrinth**) darstellen, bei dem jeder Pfad einer Alternative entspricht; gesucht sind solche Alternativen (Lösungswege), die zu einem gewünschten Zustand, dem Ziel des E.problems, führen. Als Lehre von E.inhalten und -prozessen wird die v. a. in Statistik, Politologie und Wirtschaftswiss. angewandte, aus **Entscheidungslogik** und **beschreibender** E. bestehende **Entscheidungstheorie** bezeichnet; erstere entwickelt mathemat. Modelle und Rechenverfahren zur Vorbereitung rationaler E., während letztere empir. Prozesse der E.-bildung, -ziele und -inhalte der Realität untersucht. - Die Auffassung von E.findung durch Reflexion wurde in der griech. philosoph. Tradition bis zum dt. Idealismus vertreten, seit Kierkegaard jedoch negiert, der die E. als Grundsituation menschl. Seins unmittelbar der Reflexion entgegensetzte; in vielfältigen Varianten auch in der Existenzphilosophie und der modernen prot. Theologie. Die Frage, ob Menschen objektiv eine Möglichkeit zur Auswahl und damit zur E. gegeben ist, führt in eine philosoph. Kontroverse über Willensfreiheit und Determinismus.

◆ im *gerichtl. Verfahren* die Handlung eines Gerichtsorgans, die eine Maßnahme der Prozeßleitung oder eine E. i. e. S. darstellt. Unter einer E. im eigtl. Sinn ist der förml. Ausspruch dessen zu verstehen, was im Einzelfall Rechtens ist. E. sind: Urteil, Beschluß, Verfügung.

Entscheidungshöhe ↑Allwetterlandung.

Entscheidungsverfahren, jedes System von Regeln, mit dessen Hilfe die Entscheidung eines bestimmten Problems (in Form einer endgültigen Antwort auf eine gestellte Frage) in endl. vielen, nach Regeln des Systems vorgenommenen Schritten gefällt werden kann. E. werden häufig mit Hilfe von ↑Wahrheitstafeln durchgeführt.

entschiedene Schulreformer ↑Bund entschiedener Schulreformer.

Entschlackung, in der Medizin Bez. für: 1. durch bes. therapeut. Maßnahmen angeregte Ausscheidung von Stoffwechselprodukten zur Entgiftung und Reinigung des Körpers; u. a. durch Rohkost- und Schwitzkuren, Abführmittel, Blutreinigungsmittel. 2. die Entfernung von Giften oder Stoffwechselendprodukten mit einer künstl. Niere.

Entschließung, Beschluß einer Behörde, einer parlamentar. Körperschaft oder eines Verbandes ohne unmittelbare rechtl. Außenwirkung.

Entschließungsantrag ↑Antrag.

Entschwefelung, Entfernung des Katalysatorgiftes Schwefelwasserstoff (H_2S) aus

Entscheidungsbaum. Einfaches Modell mit je zwei Alternativen

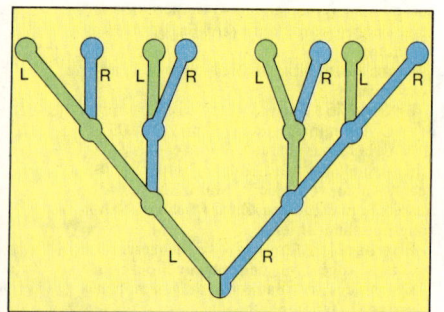

Entstaubung

techn. Gasen, bzw. Entfernung von Schwefel aus dem schmelzflüssigen Eisen, Stahl und Gußeisen wegen seiner überwiegend schädl. Einflüsse auf die technolog. Eigenschaften.

♦ (Rauchgas-E.) Entfernung von Schwefeldioxid (SO_2) aus den bei der Verbrennung von Kohle, Heizöl und Erdgas entstehenden Abgasen; erfolgt durch Naßwaschverfahren, bei denen das SO_2 durch wäßrige Lösungen in Form von Ammoniumsulfat, Gips, Schwefel oder Schwefelsäure gebunden und aus dem Rauchgas abgeschieden wird, oder durch Adsorption an imprägnierter Aktivkohle oder anderen Absorptionsmitteln, aus denen es anschließend ausgetrieben und zu Schwefel oder Schwefelsäure verarbeitet wird.

Entseuchung, svw. ↑Dekontamination.

entsichern, Handfeuerwaffen durch Lösen einer Sperrvorrichtung (Sicherung) schußfertig machen.

Entsorgung, der Abtransport und die Beseitigung (Aufbereitung und/oder Deponierung, gegebenenfalls Verbrennung oder auch Recycling) von Abfallstoffen aller Art (↑Müll, ↑radioaktiver Abfall, ↑Abwasser, ↑Kanalisation).

entspanntes Wasser, Wasser, bei dem durch geeignete, in ihm aufgelöste ↑Netzmittel die Oberflächenspannung verringert ist.

Entspannung, Zustand des Gelöstseins; Aufhebung von phys. und psych. Anspannung. Die bes. Bed. der E. liegt in ihrer therapeut. Wirkung.

♦ (thermodynam. E.) Übergang eines Gases von einem Zustand höheren Drucks in einen mit niedrigerem Druck.

Entspannungspolitik, polit. Bemühungen um einen Abbau von polit. und militär. Spannungen zw. Machtblöcken, insbes. seit Ende der 1950er Jahre das Streben um Spannungsminderung zw. den USA und der UdSSR durch bestimmte Vereinbarungen zur Sicherung des Friedens: Vereinbarungen zur Rüstungskontrolle, Intensivierung der polit., wirtsch. und kulturellen Beziehungen. - ↑auch Koexistenz.

Entspannungstherapie, in der Medizin: 1. Behandlungsmethode zur Lösung muskulärer Spannungen und Verkrampfungen, v. a. durch bes. Formen der Massage; 2. Heilmethode zur Beseitigung psych. bzw. psychogener körperl. Spannungszustände, die mit Organstörungen einhergehen: psychotherapeut. Maßnahmen und autogenes Training.

Entspiegelung ↑Vergütung.

Entstalinisierung, im Westen geprägtes, weit verbreitetes Schlagwort, das den nach 1953 in der Sowjetunion und ihrem Machtbereich eingeleiteten Prozeß bezeichnet, durch teilweise Abkehr von Richtlinien und Methoden der persönl. Diktatur Stalins (↑Stalinismus) u. a. das Herrschaftsmonopol der Partei im leninist. Ursprungssinn zu restaurieren bzw. erneut zu legitimieren; i. e. S. gehören zur E. u. a. Verurteilung des Personenkults, Rehabilitierung prominenter Opfer des stalinist. Terrors, Achtung führender Stalinisten als Parteifeinde, Beseitigung der persönl. Verfügungsgewalt eines einzelnen über den Sicherheitsapparat; seit der 2. Hälfte der 1960er Jahre stärker von der partiell gegenläufigen Politik des ↑Neostalinismus überlagert.

Entstaubung, Entfernung von Stäuben, d. h. von kleinen Feststoffpartikeln, aus Gasströmen. Stäube werden oft wegen ihres wirtsch. Wertes zurückgewonnen, meist jedoch zur Reinhaltung der Luft. Als *Staub* bezeichnet man alle Festteilchen mit einer Größe von 1 bis 200 µm. Zu ihrer Abscheidung wendet man 3 Verfahren an: Trocken-, Naß- und Elektroentstaubung.

Die **Trockenentstaubung** beruht auf der Einwirkung von Schwerkraft auf die Staubteilchen. Beim einfachsten Verfahren wird der Gasstrom in einen großen Raum, die *Staubkammer,* geleitet; dabei verlangsamt sich die Strömungsgeschwindigkeit so stark, daß der Staub auf Grund der Schwerkraft auf den Boden der Kammer absinken kann. Bei der *Filterentstaubung* gelangt der staubhaltige Gasstrom in *Sack-* oder *Schlauchfilter* aus gewebten oder vliesartigen Filterstoffen; Abscheidung auf Grund von Massenträgheit. Gasströme mit Staubteilchen, die eine wirtsch. trockenmechan. Abscheidung nicht mehr zulassen, werden der **Naßentstaubung** zugeführt. Dabei wird eine Waschflüssigkeit, meist Wasser, im Gasstrom fein zerstäubt. Die mit hoher Geschwindigkeit ausgeschleuderten Wassertropfen werden vom Gas umströmt, wobei die Staubteilchen infolge ihrer Massenträgheit auf die Tropfen aufprallen und gebunden werden. Die Staub-Wasser-Partikel müssen dann von dem Gasstrom getrennt werden. Die **Elektroentstaubung** oder **Elektrogasreinigung** umfaßt alle Verfahren zur E. von Gasen durch elektrostat. Aufladung der Staubteilchen. Ein *Elektrofilter* besteht prinzipiell aus einer geerdeten, röhrenförmigen Niederschlagselektrode (Anode). In der Achse befindet sich ein Sprühdraht (Kathode), an dem eine hohe, negative Gleichspannung liegt (etwa -50 kV). Elektronen treten aus dem Sprühdraht aus und wandern in elektr. Feld zur Anode. Unterwegs treffen sie auf Gasatome, aus denen jeweils ein Elektron herausschlagen, wobei sich die Gasatome positiv aufladen. Gelangt ein staubhaltiger Gasstrom durch dieses elektr. Feld, so lagern sich negative Elektronen und positive Gasionen an die einzelnen Staubteilchen an und laden sie elektrostat. auf. Negative Teilchen wandern zur Niederschlagselektrode, positive zur Sprühelektrode. An beiden Elektroden lagert sich Staub an, der von dort entfernt werden muß. Elektrofiltern ist immer eine Trocken- oder Naßentstaubung vorgeschaltet.

Entstickung

Entstickung, die Entfernung von Stickstoffoxiden, die v. a. bei der Verbrennung bei hohen Temperaturen entstehen, aus Abgasen von Kraftwerken und Kfz-Motoren; erfolgt in Kraftwerken z. B. unter Zugabe von Ammoniakgas durch katalyt. Umsetzung zu Stickstoff und Wasserdampf oder durch Auswaschen mit Ammoniakwasser (unter Zugabe von Ozon), wobei Ammoniumnitrat entsteht. Die E. von Kfz-Abgasen erfolgt im Abgaskatalysator durch katalyt. Umsetzung mit im Abgas enthaltenem Kohlenmonoxid zu Stickstoff und Kohlendioxid.

Entstörung ↑ Funkentstörung.

Entsühnung, Befreiung von Sünde, die je nach Sündenverständnis mit verschiedenen Mitteln herbeigeführt wird. Wenn die Sünde materiell gedacht wird, gibt es E.riten, die u. a. in Waschungen, Räucherungen und dem Durchschreiten von Feuer bestehen können. Bekannt ist die Übertragung der Sünde auf einen Sündenbock, die vornehml. bei kollektiver Verschuldung übl. war. Das Verständnis von Sünde als dämon. Besessenheit erfordert Riten zur Austreibung der Dämonen. In Religionen, die Sünde als Vergehen gegen eine Gottheit verstehen, sind Gebet, Opfer, Beichte, Bußübungen sowie Askese Mittel der Entsühnung.

Entwarnung ↑ Alarm.

Entwässerung, in der Medizin die Entfernung von krankhaften Wasseransammlungen im Gewebe durch therapeut. Maßnahmen.
◆ ↑ Dränung.

Entweichgeschwindigkeit (Fluchtgeschwindigkeit, parabol. Geschwindigkeit), die Anfangsgeschwindigkeit, die einem Raumflugkörper erteilt werden muß, damit er ohne weiteren Antrieb den Anziehungsbereich eines Planeten oder Mondes, insbes. den der Erde, verlassen kann. - Die E. beträgt für die Erde 11,2 km/s, für den Mond 2,38 km/s.

Entweihung, in den Religionen eine Handlung, die einen Menschen oder eine Sache aus der Sphäre des Heiligen entfernt. E. setzt den Ggs. von heilig und profan voraus und kann bereits dadurch geschehen, daß man mit dem Heiligen wie mit Profanem umgeht.

Entweiselung, Wegnahme der Königin aus dem Bienenstock.

Entwesung, Vernichtung (Vergasung) von Hausungeziefer, Vorratsschädlingen und Ratten in Lager- und Wohnräumen, Silos und in Transportmitteln.

Entwickler, (Developer) Chemikalien in wäßriger Lösung, die das latente Bild einer belichteten photograph. Schicht sichtbar machen, d. h. das belichtete Silberhalogenid zu metall. Silber reduzieren.
Gebräuchl. E.substanzen sind: Hydrochinon p-Aminophenol, p-Methylaminophenol u. a.
E. enthalten noch zusätzl.: *Beschleuniger* (Alkalien zur Beschleunigung des Entwicklungsvorgangs), *Sauerstoffkonservierungsmittel* (zum Schutz vor Luftsauerstoff), *Kalkschutzmittel* und v. a. *Antischleiermittel* (Nitrobenzimidazol, Benztriazol) zur Verhinderung des **Entwicklungsschleiers,** der durch Reduktion nicht belichteter Halogenidkristalle entsteht. Als **Negativentwickler** kommen folgende E.-typen in Betracht: *Feinkornausgleichs-E.* (schwach alkal., langsam reduzierend und kontrastausgleichend) und sog. „echte" *Feinkorn-E.* (*Feinstkorn-E;* halbphysikal. arbeitend, d. h., die relativ grobkörnigen Silberhalogenidkristalle werden teilweise gelöst, reduziert und als äußerst feinkörniges Silber wieder abgeschieden). Daneben gibt es zahlr. *Spezial-E.* z. B. für Positive, Dokumentenfilme oder für die gleichzeitige Fixage (*Fixier-E., Einbad-E.*). - ↑ auch Photographie.

◆ (Gasentwickler) ↑ Kippscher Apparat.

Entwicklung, naturwiss. und älterer [kultur-]philosoph. Grundbegriff sowie Begriff der Geschichtsphilosophie und -schreibung, Soziologie und Sozialgeschichte zur Kennzeichnung des (gesetzmäßigen) Prozesses der Veränderung von Dingen und Erscheinungen als Aufeinanderfolge von verschiedenen Formen oder Zuständen. In den älteren Leitbegriffen von E. wie ↑ Fortschritt und ↑ Verfall wurde im 18. Jh. säkularisiertes Heilsgeschichtsdenken auf die geschichtl. E. übertragen. Herder leitete seine organ.-genet. Auffassung der E. aus der Naturentwicklung ab; Kant setzte seine Konzeption von der Andersartigkeit geschichtl. E. der menschl. Gattung dagegen und erhob das Postulat des Fortschritts. Diese Ansätze wurden durch Hegels Auffassung von der dialekt. E. des Geistes (↑ Dialektik) und Darwins Evolutionstheorie (↑ Darwinismus) zur grundlegenden histor.-sozialwiss. Verstehenskategorie. V. a. durch die histor. ausgerichtete Soziologie, ihre Typen-, Stufen- und Zyklenlehren, fand der E.gedanke Eingang in alle histor. Wissenschaften.

📖 Preisinger, W.: *Die Evolutionstheorie in der Sicht der Naturwiss., der Religion u. der Philosophie.* Westerstede 1976.

◆ (*E. des Menschen*): die gerichtete, zeitl. geordnete und in sich zusammenhängende Abfolge von Veränderungen im Verhalten von Menschen; sie können in funktioneller (z. B. in Form des Auftretens oder des Verschwindens bereits ausgebildeter Verhaltensfunktionen), in organisator. (z. B. in Form der Koordination oder der Verselbständigung einzelner Verhaltensfunktionen) oder in struktureller Hinsicht (z. B. durch den Auf- bzw. Abbau übergeordneter verhaltensregulierender Systeme) erfolgen. In ihrer Gesamtheit stellen sie zu einem bestimmten Zeitpunkt den **Entwicklungsstand** dar und können - gemessen am E.stand zu einem früheren

Entwicklungshilfe

Zeitpunkt - einen E.fortschritt oder E.rückschritt bedeuten. Aussagen über die steuernden und regulierenden Faktoren des E.prozesses versucht die **Entwicklungstheorie** zu machen. Dabei sind zwei gegensätzl. entwicklungstheoret. Auffassungen zu unterscheiden: der ↑Nativismus und die ↑Milieutheorie. In ihrer extremen Ausprägung sind beide Auffassungen jedoch widerlegt: Man weiß vielmehr, daß die E. immer das Ergebnis einer Wechselwirkung von Anlage- und Umweltfaktoren, von Reifungs- und Lernprozessen darstellt, wie es in der Konvergenztheorie (↑Konvergenz) von W. Stern formuliert ist.

Unter einer **Entwicklungsstufe** versteht man einen zeitl. begrenzten Abschnitt des Lebensablaufs, der durch einen charakterist., von anderen E.stufen abweichenden E.stand gekennzeichnet ist.

◆ in der *Biologie* der Werdegang der Lebewesen von der Eizelle bis zum Tod. Mit der E. des einzelnen Individuums beschäftigt sich die **Individualentwicklung** (Ontogenie, Ontogenese). Beim Menschen und bei mehrzelligen Tieren gliedert sie sich in 4 Abschnitte: 1. **Embryonalentwicklung**; umfaßt beim Menschen die Zeit nach der Befruchtung der Eizelle bis zur E. der Organanlagen (nach anderer Auffassung auch die Fetal-E. bis zur Geburt). 2. **Jugendentwicklung** (postembryonale E., Juvenilstadium); dauert von der Geburt bzw. vom Schlüpfen aus dem Ei bzw. den Embryonalhüllen bis zum Erreichen der Geschlechtsreife. 3. **Reifeperiode** (adulte Periode); gekennzeichnet durch das geschlechtsreife Lebewesen, wobei zu Beginn dieser Phase die Körper-E. noch nicht endgültig abgeschlossen zu sein braucht. 4. **Periode des Alterns**; in ihr vollziehen sich im Körper Abbauprozesse, bis der natürl. Tod den Abschluß bringt. - Dieser Individual-E. steht die **Stammesentwicklung** (Phylogenie) gegenüber, d. h. die E. der Lebewesen von wenigen einfachen Formen bis zur heute bestehenden Mannigfaltigkeit mit dem Menschen als höchstentwickeltem Lebewesen. - Mit der kausalanalyt. Untersuchung der E. eines Individuums aus dem Ei, d. h. die Entfaltung der genet. fixierten Anlagen, unter dem Einfluß von inneren und äußeren Umweltfaktoren beschäftigt sich die **Entwicklungsphysiologie** (Kausalmorphologie).

◆ (soziale E.) in der *Soziologie* Bez. für den Veränderungsprozeß von Sozialstrukturen. - ↑auch sozialer Wandel.

◆ in der *Industrie* als Zweckforschung die E. neuer Produkte und Technologien.

Entwicklungshelfer, Berater und freiwillige Helfer in der techn. Entwicklungshilfe in Entwicklungsländern; Rechtsgrundlage ist das E.gesetz vom 18. 6. 1969. Getragen u. a. von der Dt. Förderungs-Gesellschaft für Entwicklungsländer (GAWI) und dem Dt. Entwicklungsdienst (DED).

Entwicklungshilfe, Unterstützung der Entwicklungsländer durch private und öffentl. nat. und internat. Organisationen in Form von *techn. Hilfe* (Bildungshilfe, Beratungshilfe), *Kapitalhilfe* (Kredite, Bürgschaften), *Güterhilfe* (Nahrungsmittel, Medikamente, Investitionsgüter) und *handelspolit. Maßnahmen* (Abbau von Zöllen, Kontingenten, internat. Stabilisierungsabkommen).

Die Formen und Ziele der E. sind je nach Träger verschieden. Bei Leistungen privater Organisationen (z. B. Kirchen, Gewerkschaften) überwiegen Güterhilfen zur Überbrückung bestimmter Notlagen, insbes. nach Naturkatastrophen. Bei privaten Transaktionen durch Unternehmen handelt es sich v. a. um

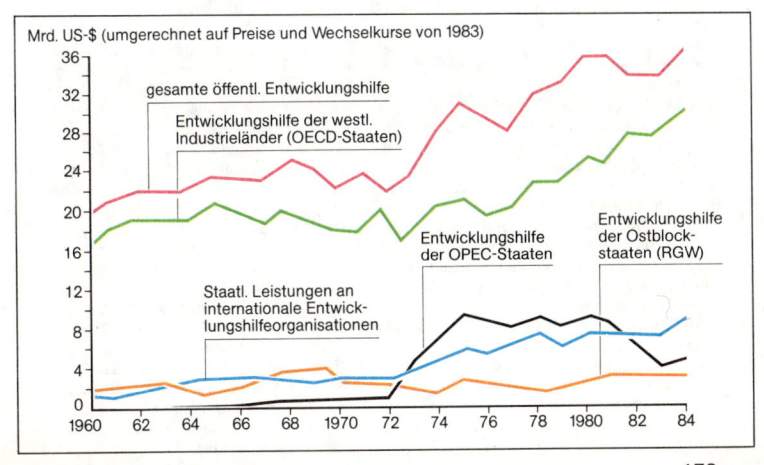

Entwicklungshilfe. Leistungen der verschiedenen Geberländer (nach OECD)

Entwicklungsländer

Exportkredite in unmittelbarem Zusammenhang mit Warenlieferungen. Wieweit solche Kredite und private Kapitalanlagen in Entwicklungsländern als E. anzusehen sind, ist sehr umstritten. Unter E. im engeren Sinne werden die staatl. Transaktionen verstanden, wobei techn. Hilfe und die Gewährung von Krediten, häufig für genau bestimmte Maßnahmen zur Verbesserung der Infrastruktur, überwiegen. Die von den UN empfohlene Höhe für die E. der Ind.länder von 0,7 % des Bruttosozialprodukts wird nur von wenigen Ländern tatsächl. erreicht. Die Leistungen erfolgen zum größten Teil bilateral, nur zu einem geringen Teil (seitens der BR Deutschland 1976 zu etwa 25 %) über internat. Fonds und Entwicklungsbanken. Die Auswahl der Empfänger erfolgt meist nach polit., strateg., kommerziellen und traditionellen Bindungen. Häufig noch mit polit. Auflagen verknüpft ist schließl. jedoch Ziel staatl. E., die Empfänger in die Lage zu versetzen, im Rahmen eines selbst bestimmten Wirtschaftssystems ohne E. auszukommen.

Entwicklungsländer, seit der ersten Welthandelskonferenz 1964 übl. Bez. für Länder mit vergleichsweise niedrigem ökonom. Entwicklungsstand, der sich meist in niedrigem Pro-Kopf-Einkommen ausdrückt. E. sind die Länder Afrikas (außer Südafrika), Asiens (außer Japan und den sozialist. Ländern), Mittel- und Südamerikas sowie Ozeaniens (außer Neuseeland) und die europ. Länder Griechenland, Jugoslawien, Malta, Portugal, Spanien und die Türkei. Unter den E. sind zu unterscheiden die ärmsten Länder, zu denen nach den Kriterien der UN (Bruttoinlandsprodukt pro Kopf bis zu 100 $, Anteil der industriellen Produktion bis zu 10 %, Alphabetisierungsrate bei über 15jährigen bis zu 20 %) 25 Länder zählen, und die Erdöl exportierenden Staaten, die ihre Industrialisierung zumindest zu großen Teilen mit den Erlösen aus dem Erdölexport selbst finanzieren können und z. T. ihrerseits Entwicklungshilfe leisten.

Ausgehend von dem allg. Problem mangelnder Industrialisierung sind Hauptprobleme der E.: das Überwiegen einer (rückständigen) landw. Produktion, die z. T. auch noch monokulturell auf einige wenige für den Export geeignete Produkte beschränkt ist, und die damit verbundene Abhängigkeit von Importen, die zu chron. Handelsbilanzdefiziten führen; das hohe Bev.wachstum mit Unterernährung großer Teile der Bev., hoher Arbeitslosigkeit und einem aufgeblähten tertiären Sektor; die auf Grund der schlechten Infrastruktur fehlenden Voraussetzungen für eine Industrialisierung. Bes. dramat. ist die Verschuldung der E., die bis zur Zahlungsunfähigkeit reicht und eine zunehmende Zahl von Staaten zu Umschuldungsverhandlungen zwingt.

Um den wegen der Konzentration von E. in der südl., von Industrieländern in der nördl. Hemisphäre so gen. **Nord-Süd-Konflikt** zu mildern, fanden zahlr. Konferenzen statt, die teilweise zu Abkommen in Richtung auf eine von den E. geforderte Änderung der Weltwirtschaftsordnung hinsichtl. der Stabilisierung und Steigerung ihrer Exporterlöse führten.
📖 *Opitz, J.: Die Dritte Welt in der Krise. Mchn.* ²*1985. - Fikentscher, W.: Blöcke u. Monopole in der Weltpolitik. Mchn. 1979. - Nord-Süd-Konflikt heute: Probleme u. Perspektiven der Entwicklungspolitik. Stg. 1978. - Wander, H.: Bevölkerungswachstum u. Konsumstruktur in E. Tüb. 1977.*

Entwicklungspolitik, alle Maßnahmen, die zu sozialem Fortschritt und zu einer anhaltenden Erhöhung des Pro-Kopf-Einkommens in Entwicklungsländern führen. E. befaßt sich mit den Fragen der Finanzierung der wirtsch. Entwicklung und des Einsatzes der finanziellen Mittel. Die Finanzierungsmittel können aufgebracht werden: 1. aus inländ. Quellen, d. h. aus freiwilliger privater Ersparnis, aus Steuern, durch Zwangssparen; 2. aus Exporterlösen; 3. aus ausländ. Quellen, d. h. aus Kapitalimporten und ↑Entwicklungshilfe. Die Probleme dieser Art der Finanzierung liegen in der starken Verschuldungszunahme der Entwicklungsländer. Für den optimalen Einsatz der investierbaren Fonds in Entwicklungsländern werden verschiedene Strategien empfohlen: 1. Die Strategie des „balanced growth" befürwortet eine Ausgewogenheit zw. dem Angebot und der Nachfrage im Konsumgüterbereich, einschließl. des Agrarsektors; 2. die Strategie des „unbalanced growth" betont den Vorteil eines ungleichgewichtigen Vorgehens, um durch Knappheiten, Engpässe oder Kapazitätsüberschüsse die Entwicklung voranzutreiben; das Streben, die Ungleichgewichte zu beseitigen, fördert nach Auffassung der Vertreter dieser These das wirtsch. Wachstum; 3. die Strategie der Importsubstitution, bei der solche Investitionen Vorrang erhalten, durch die Devisen gespart werden können; es werden im Inland die Güter produziert, für die im Inland bereits ein Markt vorhanden ist, den bisher Ausländer bedient haben; 4. die Strategie der Exportintensivierung fördert die Produktion für den Export und befürwortet alle Maßnahmen zur Exportförderung; diese Strategie erlaubt die Verwendung arbeitsintensiver Produktionsverfahren, und durch die Produktion für den Inlands- und den Auslandsmarkt wird es auch kleineren Ländern möglich, die Vorteile der Massenproduktion zu nutzen.
📖 *E. Hg. v. D. Oberndörfer u. a. Stg. 1986.*

Entwicklungspsychologie, Teilgebiet der Psychologie, dessen Gegenstandsbereich die Beschreibung und Erforschung vorwiegend der ontogenet. Entwicklung des Verhaltens von Individuen und Gruppen ist. Die

E. entstand Ende des 19. Jh. durch den Einfluß der darwinschen Evolutionstheorie als selbständige Teildisziplin der Psychologie. Sie versucht, an großen Gruppen gleichaltriger Individuen Durchschnittsnormen des Entwicklungsstandes in den verschiedenen Bereichen der Verhaltensentwicklung festzustellen oder den Entwicklungsverlauf in bestimmten Funktionsbereichen durch langfristige Beobachtung kleiner Gruppen gleichaltriger Individuen zu untersuchen.

Entwicklungsroman, Romantypus, in dem eine geistige Entwicklung der Hauptgestalt (meist eines jungen Menschen) dargestellt wird; oft mit Bildungsroman und Erziehungsroman synonym gebraucht.

Entwicklungsschleier ↑ Entwickler.

Entwicklungsstand ↑ Entwicklung.

Entwicklungsstörungen, Bez. für im Verlaufe der Entwicklung eintretende Ereignisse, die ein Stehenbleiben der Entwicklung oder ein Zurückfallen auf das Organisationsniveau einer früheren Entwicklungsstufe zur Folge haben. - ↑ auch Akzeleration, ↑ Retardation.

Entwicklungsstufe ↑ Entwicklung.

Entwicklungszentrum, in der Tier- und Pflanzengeographie Bez. für ein Gebiet, das (im Unterschied zum übrigen Areal) durch das Vorkommen zahlr., nahe miteinander verwandter Arten gekennzeichnet ist und als Ursprungsgebiet der betreffenden systemat. Kategorie angesehen werden kann.

Entwidmung ↑ Widmung.

Entwöhnen, svw. ↑ Abstillen.

Entwöhnungskur, svw. ↑ Entziehungskur.

entwürdigende Behandlung, militärstrafrechtl. Tatbestand, der die Würde des Untergebenen gegen seel. Mißhandlung durch einen Vorgesetzten schützt (§ 31 WehrstrafG [WStG]) und damit den Tatbestand der körperl. Mißhandlung (§ 30 WStG) ergänzt. Die Tat wird mit Strafarrest oder mit Freiheitsstrafe bis zu 5 Jahren bestraft.

Entzerrer-Vorverstärker, zusätzl. Verstärker zw. Plattenspieler mit dynam. oder magnet. Abtastsystem (hohe Empfindlichkeit, aber geringe Ausgangs[signal]spannung) und Verstärker. Tiefe Töne werden auf der Schallplatte „leiser", hohe Töne „lauter" aufgezeichnet. Im E.-V. wird diese Verzerrung (bedingt durch die Schneidkennlinie) wieder rückgängig gemacht. Kennlinie des E.-V. und Schneidkennlinie sind spiegelbildl. zueinander.

Entzerrung, in der *Photographie* die Beseitigung stürzender Linien, d. h. konvergierender Senkrechten, und ähnl. perspektiv. Verzeichnungen, die entstehen, wenn die Aufnahmerichtung nicht exakt senkrecht zur Objektebene läuft (bei Erdaufnahmen nicht genau waagerecht, bei Luftbildaufnahmen nicht genau lotrecht).

Entziehungskur

Entziehung, im Recht der zur Aufhebung, Übertragung oder Wegnahme führende Zugriff auf ein Recht oder einen anderen Gegenstand (z. B. E. des Pflichtteils, E. der Fahrerlaubnis, E. der elterl. Sorge).

Entziehung der Staatsangehörigkeit ↑ Ausbürgerung.

Entziehungsanstalt ↑ Entziehungskur.

Entziehungserscheinungen (Abstinenzerscheinungen), durch körperl. Abhängigkeit von Rauschgiften, Schlafmitteln und Alkohol erzeugte Reaktion des Körpers, wenn diese Drogen dem Körper vorenthalten werden; äußern sich u. a. in Erregungszuständen, Angst, Niedergeschlagenheit, Erbrechen, Durchfall, Halluzinationen und Kreislaufstörungen.

Entziehungskur (Entwöhnungskur), klin. Behandlung zur Entwöhnung von suchterzeugenden Mitteln (z. B. Morphin, Kokain, Alkohol [Alkoholentziehungskur]) bei Süchtigen, um sie von der psych. bzw. körperl. Abhängigkeit vom Suchtmittel zu befreien. Die E. erfolgt unter ärztl. Aufsicht in geschlossenen Heilanstalten (**Entziehungsanstalten**); freiwilliger Entschluß zur E., psychotherapeut. Behandlung und Nachbehandlung verkürzen bzw. erleichtern die Kur und verbessern die Erfolgsaussicht (vermindern die Rückfallgefahr) bei Süchtigen. - Eine E. kann nach § 64 StGB vom Gericht angeordnet werden, wenn bei einem Straftäter zu befürchten ist, daß er erhebl. rechtswidrige Taten infolge seines Hanges zu übermäßigem Genuß alko-

Entzerrung durch Projektion auf eine geneigte Ebene

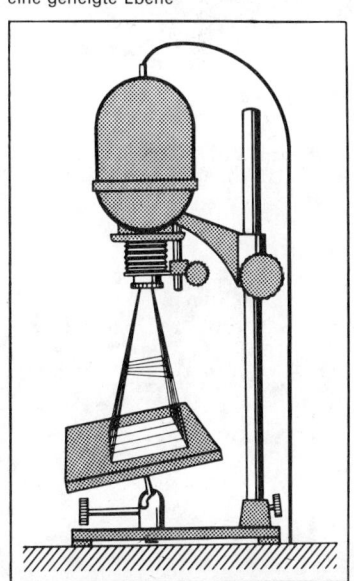

entziffern

hol. Getränke oder anderer berauschender Mittel begehen wird.

entziffern ↑ dechiffrieren.

Entzündung, (Inflammatio) typ. Abwehrreaktion des Organismus auf schädl. Einflüsse (z. B. Krankheitserreger). Ziel der E. ist es, die weitere Ausbreitung der Schädlichkeit zu hemmen, sie zu entschärfen, das Gewebe zu reinigen und schließ.. Voraussetzungen für die Beseitigung der entstandenen Schadens zu schaffen. - Ursache von E. sind meist pathogene (krankheitserregende) Bakterien; aber auch eingedrungene Fremdkörper, Hitze, Kälte, Gewebsgifte oder abgestoßene, zu Fremdkörpern gewordene Gewebestücke können zu E. führen. Eine E. heißt *abakteriell* oder *asept.*, wenn an ihrer Entstehung keine pathogenen Mikroorganismen beteiligt sind. Je nach Dauer unterscheidet man kurz aufflackernde, akute oder längerandauernde, chron. E. Die **akute Entzündung** weist immer vier Symptome auf: Rötung, Schwellung, Wärme und Schmerzen. Unmittelbare Ursache der Rötung und Erwärmung um den E.herd ist die entzündl. Mehrdurchblutung (Hyperämie) der Kapillaren. Bes. zu Beginn ist auch die örtl. Schwellung eine Folge der Mehrdurchblutung. Sie entsteht dadurch, daß der erhöhte Kapillareninnendruck größere Mengen Plasmaflüssigkeit ins Gewebe abpreßt. Die aus den Kapillaren austretende eiweißhaltige Flüssigkeit, die sich im Verlauf der E. im Gewebe ansammelt und später auch zellulare Elemente aufnimmt, heißt *Exsudat*. Die einzelnen Formen der akuten E. werden nach der Beschaffenheit des entzündl. Exsudats benannt. Treten später vermehrt Zellen in das Exsudat ein, spricht man von einem *Infiltrat*. Enthält das Exsudat Eiweiße und entspricht es in seiner Zusammensetzung etwa dem des Blutplasmas bzw. Blutserums, so spricht man von einer **serösen Entzündung.** Das für die **eitrige Entzündung** characterist. Exsudat enthält v. a. aus dem Blut ausgewanderte weiße Blutkörperchen, die durch Verfettung gelbl. werden und zugrunde gehen *(Eiterbildung)*. Eiter kann bei Schleimhaut-E. direkt abfließen, wie in bestimmten Stadien des eitrigen Schnupfens. Sammelt sich Eiter in Gewebsspalten, die durch Gewebszerfall entstehen oder vergrößert werden, spricht man von einem **Abszeß.** Greift die Eiterung durch infiltrierendes Eindringen in zugrundegehendes Gewebe um sich, spricht man von einer *Phlegmone*. Sammelt sich Eiter in einer natürl. Körperhöhle (Bauchhöhle, Herzbeutel, Nasennebenhöhlen) oder (bei Abflußbehinderung) in Hohlorganen, spricht man von einem **Empyem.**

Chronische Entzündungen können als solche entstehen oder sich aus abklingenden akuten E. entwickeln. Im Ggs. zum Flüssigkeitsaustritt ins Gewebe (Exsudation) bei akuter E.,

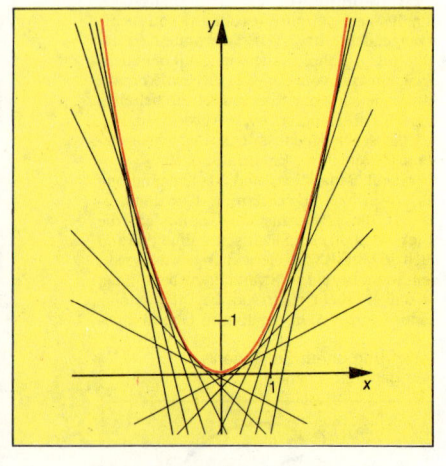

Enveloppe. Parabel als Enveloppe einer Tangentenschar

Environment. Duane Hanson, Bowery derelicts (1967). Aachen, Neue Galerie

kommt bei chron. E. verstärkt Gewebsneubildung bzw. -wucherung vor. - Die *Behandlung* der E. ist unterschiedl. Neben Ruhigstellung und chirurg. Maßnahmen (bes. bei eitriger E.) kommen bei bakteriellen E. hauptsächl. Antibiotika und Chemotherapeutika, bei oberflächl. E. auch unspezif. entzündungshemmende Mittel in Betracht.
📖 *Die E. Pathogenese u. Therapie. Hg. v. der Ärztekammer Kärnten u. der Medizin.-wiss. Gesellschaft f. Kärnten u. Osttirol. Baden-Baden 1972.*
◆ das Einsetzen der Verbrennung eines Stoffes beim Überschreiten einer bestimmten Temperatur *(E.temperatur)*.

entzündungshemmende Mittel (Antiphlogistika), Arzneimittel, die örtl. begrenzten Entzündungen entgegenwirken; werden bes. bei entzündl. Hauterkrankungen, bei rheumat. Fieber und chron. Gelenkrheumatismus angewandt.

Enugu, Hauptstadt des nigerian. Bundesstaates Anambra, 80 km nö. von Onitsha, 187 000 E. Kath. Bischofssitz; Zentrum des nigerian. Steinkohlenbergbaus. Nahebei in **Emene** Walzstahlwerk, in **Nkalagu** größtes Zementwerk Nigerias. - 1909 nach Entdeckung der Kohlevorkommen gegr.; während der Separation Biafras dessen Zentrum.

Enukleation (Enucleatio) [lat.], in der Medizin die Ausschälung eines Tumors, Organs oder Fremdkörpers ohne Beeinträchtigung der Umgebung.

Enuma elisch [akkad. „als droben"], das auf die Taten des Gottes Marduk ausgerichtete babylon. Weltschöpfungsepos, nach seinen Anfangswörtern benannt.

Enumerationsprinzip [lat.], gesetzgebungstechn. Verfahren, eine Reihe von Einzeltatbeständen aufzuzählen, anstatt sie mit einer globaleren Bez. (Generalklausel) zu umfassen.

E-Nummern, nach der Lebensmittelkennzeichnungs-VO vom 26. Dez. 1983 Bez. für ↑Zusatzstoffe.

Enuresis nocturna [griech./lat.], svw. ↑Bettnässen.

Envalira, Port d', mit 2 407 m ü. d. M. höchster Paß der Pyrenäen, in Andorra.

Enveloppe [ãvə'lɔp(ə); frz.], Hülle, Dekke, [Brief]umschlag.
◆ (Hüllkurve, Einhüllende) in der *Mathematik* eine Kurve, die alle Kurven einer gegebenen Schar berührt und umgekehrt in jedem ihrer Punkte von einer Kurve der Schar berührt wird.

Enver ↑Enwer Pascha.

Environment [engl. ɪn'vaɪərənmənt, zu frz. environ „um herum"], die Gestaltung einer bühnenartigen Szene, die auch einen ganzen Raum einnehmen kann; von der Pop-art entwickelt als eine Ausweitung der Plastik in den Umraum; steht entstehungsgeschichtl. auch in Zusammenhang mit ↑Happenings und kann Teil oder Zeugnis von Aktionen sein. Bed. Vertreter: A. Kaprow, R. Rauschenberg, Claes Oldenburg, G. Segal, E. Kienholz und J. Beuys.

Environtologie [frz.-engl./griech.], svw. ↑Umweltforschung.

en vogue [frz. ã'vɔg], modern, beliebt, in Mode.

Enweri, andere Namensform des pers. Dichters und Gelehrten ↑Anwari.

Enwer Pascha (türk. Enver, arab. Anwar), * Konstantinopel 22. Nov. 1881, † Baldschuan (Tadschik. SSR) 4. Aug. 1922, türk. General und Politiker. - An der Revolution 1908/09 maßgebl. beteiligt; erneut führend beim Putsch 1913, der die Jungtürken endgültig an die Macht brachte; 1914 Kriegsmin.; modernisierte die Armee, setzte den dt.-türk. Bündnisvertrag 1914 durch; im 1. Weltkrieg stellv. Oberbefehlshaber; kurz vor Kriegsende entlassen; versuchte die Turkvölker Z-Asiens zum Aufstand gegen die sowjet. Herrschaft zu bewegen; kam bei diesen Kämpfen um.

Enz, linker Nebenfluß des Neckars, entspringt (Quellflüsse Große und Kleine E.) im nördl. Schwarzwald, mündet bei Besigheim; 103 km lang.

Enzensberger, Hans Magnus, * Kaufbeuren 11. Nov. 1929, dt. Schriftsteller. - Arbeitet in vielen Medien, sieht die Kommunikationsmittel im Dienst der gesellschaftl. Progressivität; schmucklose, klare Gegenwartssprache in Lyrik (u. a. „verteidigung der wölfe", 1957; „landessprache", 1960; „blindenschrift", 1964; „Mausoleum. Siebenunddreißig Balladen aus der Geschichte des Fortschritts", 1975; „Der Untergang der Titanic. Eine Komödie", 1978; „Der Menschenfreund" (Kom. 1984) und z. T. dokumentar. Prosa („Das Verhör von Habana", 1970; „Der kurze Sommer der Anarchie. Buenaventuras Durrutis Leben und Tod"; 1972). Auch bed. Essayist („Baukasten zur Theorie der Medien", 1971), Übersetzer und Hörspielautor.

Enzephalitis (Encephalitis) [griech.], svw. ↑Gehirnentzündung.

Enzephalographie [griech.], svw. Elektroenzephalographie (↑Elektroenzephalogramm).
◆ die Darstellung der Raumverhältnisse im Schädelinneren, z. B. der Hirnkammern durch den Negativkontrast einer Gasfüllung im Röntgenbild, durch Ultraschall oder mit Hilfe eines Szintillationszählers nach intravenöser Einspritzung eines radioaktiven Strahlers.

Enzephalomalazie [griech.], svw. ↑Gehirnerweichung.

Enzephalomyelitis [griech.] ↑Gehirnentzündung.

Enzephalon [griech.], svw. ↑Gehirn.

Enzephalopathie (Encephalopathia) [griech.], allg. Bez. für organ. Erkrankungen des Gehirns.

Enzephalorrhagie

Enzephalorrhagie [griech.], svw. ↑Gehirnblutung.

Enzian [zu lat. gentiana (mit gleicher Bed.)] (Gentiana), Gatt. der Enziangewächse mit über 200 Arten, v. a. in den Gebirgen der Nordhalbkugel und in den Anden; einjährige oder ausdauernde Kräuter mit ganzrandigen, kahlen Blättern und trichter- oder glockenförmigen Blüten. In M-Europa kommen etwa 17, unter Naturschutz stehende Arten vor. Zu den blaublühenden Arten gehören u. a.: **Stengelloser Enzian** (Großblütiger E., Gentiana clusii), Stengel kurz, mit einer 5–6 cm langen Blüte; **Frühlingsenzian** (Gentiana verna), lockere Rasen bildend, mit grundständiger Blattrosette u. kurzgestielten, tief azurblauen Einzelblüten; **Lungenenzian** (Gentiana pneumonanthe), mit schmalen Blättern und mehreren großen, blauen, innen grün längsgestreiften Blüten; **Schnee-Enzian** (Gentiana nivalis), mit kleinen sternförmigen, azurblauen, einzelnen Blüten; **Schwalbenwurzenzian** (Gentiana asclepiadea), bis 80 cm hoch, mit mehreren Stengeln und dunkelazurblauen Blüten in den oberen Blattachseln. Eine dunkelpurpurfarben blühende Art ist der **Braune Enzian** (Ungar. E., Gentiana pannonica) mit trübpurpurfarbenen, schwarzrot punktierten Blüten in den oberen Blattachseln. Gelbblühende Arten sind: **Punktierter Enzian** (Gentiana punctata) mit blaßgelben, dunkelviolett punktierten Blüten; **Gelber Enzian** (Gentiana lutea), bis 2 m hoch, mit großen, breiteiförmigen Blättern und gelben Blüten in Scheinquirlen.

Enzian (Enzianbranntwein), klarer Trinkbranntwein, aus den Wurzelstöcken des Gelben Enzians hergestellt.

Enziangewächse (Gentianaceae), Fam. zweikeimblättriger Samenpflanzen mit etwa 70 Gatt.; über die ganze Erde verbreitet; bekannteste Gatt.: ↑Enzian, ↑Tausendgüldenkraut.

Enzianwurzel (Bitterwurzel), Bez. für die bitterstoffhaltigen Wurzeln und Wurzelstöcke des Gelben Enzians; medizin. als appetitanregendes Mittel, ferner zur Herstellung von Enzianbranntwein und Kräuterlikören verwendet.

Enzo, italien. Kurzform von Enrico.

Enzio (Enzo), * vor 1220, † Bologna 14. März 1272, König von Sardinien (seit 1238). - Unehel. Sohn Kaiser Friedrichs II.; von ihm 1239 zum Generalvikar der Romagna und Generallegaten für ganz Italien eingesetzt; gewann die Mark Ancona und das Hzgt. Spoleto dem Kaiser zurück; 1249 von den Bolognesen gefangengenommen und bis zum Tod in Haft gehalten; Dichter italien. Kanzonen und Sonette.

Enzkreis, Landkr. in Bad.-Württ.

Enzootie [...tso-o...; griech.] ↑Tierseuchen.

Enzyklika [griech., zu kýklos „Kreis"], kirchl. Rundschreiben, seit dem 18. Jh. Bez. für Lehrschreiben des Papstes an die gesamte kath. Kirche. Eine E. ist keine absolut bindende Aussage; sie verlangt jedoch die Zustimmung der Gläubigen und entzieht ein Thema der freien Diskussion. Enzykliken sind meist in lat. Sprache abgefaßt und werden nach ihren Anfangsworten zitiert.

Enzyklopädie [zu griech. kýklos „Kreis" und paideía „Bildung"], 1. nach Hippias von Elis, einem Sophisten des 5. Jh. v. Chr., Begriff für die universale Bildung, später allg. die Alltagsbildung, die nach Isokrates (* 436, † 338) auf die wahre Bildung vorbereitet; seit Marcus Terentius Varro (* 116, † 27) organisiert im System der Artes liberales als Propädeutik der Philosophie, im MA zudem auch der Theologie, in der Neuzeit seit dem 17./18. Jh. zunächst unter Einfluß der ↑Enzyklopädisten Begriff für die Gesamtheit des menschl. Wissens. - 2. die Darstellung der Bildungsinhalte und Wissensgebiete bzw. -bereiche sowie einzelner -gegenstände. Zu unterscheiden sind die systemat. E. und die alphabet. E., oft unter dem Namen *Allg. E., Universal-E.* und *Real-E.* oder *Reallexikon, Sachwörterbuch* und, bes. im 19. Jh., *Konversationslexikon.*

Geschichte: Die Anfänge der **systematischen Enzyklopädie** gehen wohl auf Speusippos (* um 408, † 339) zurück. Varro verfaßte eine Art enzyklopäd. Handbuch der Staatswiss. mit Informationen über den Menschen, Geographie des röm. Reiches, Reg., Staat, Recht und Religion. In dieser Tradition steht die „Naturgeschichte" des älteren Plinius (* 23, † 79) mit den Themenkreisen: allg. Geographie, Astronomie, Meteorologie, Länderkunde, Ethnographie, Anthropologie, Zoologie, Botanik, Medizin, Arzneimittelkunde, Magie, Mineralogie und bildende Kunst. Martianus Capella (5. Jh.) lieferte die für das MA grundlegende Darstellung der Artes liberales, Cassiodor (* um 490, † 583) verband mit ihr bibl. und kirchl.-histor. Wissen. Die „Origines" oder auch „Etymologiae" bezeichneten Kompilationen des Isidor von Sevilla (* um 570, † 636), der das gesamte Wissen seiner Zeit und der heidn. Spätantike zusammenfaßte, beeinflußten die spätere enzyklopäd. Literatur des MA. Im Hoch-MA erschien eine Fülle von E., mit dem „Hortus deliciarum" der Herrad von Landsberg (* 1125?, † 1195) auch die erste E. einer Frau. Höhepunkt ma. enzyklopäd. Literatur ist das „Speculum maius" des Vinzenz von Beauvais († 1264), die umfassendste, aus etwa 2000 Quellen zusammengestellte Wissenssammlung mit den Themenbereichen Gott, Schöpfung (hier u. a. Physik, Geographie, Landw., Alchimie, Botanik, Astronomie), Mensch und Gott, Sprache, Grammatik, Logik, Rhetorik, Ethik, Familie, Ökonomie, Politik, Recht, Handwerk, Architektur, Krieg, Sport, Seefahrt, Medizin, Mathematik, Metaphysik, Theologie, Geschichte, Kulturgeschichte. Ihr Einfluß auf das Spät-MA und die Renaissance ist kaum abzuschätzen. Das „Compendium philosophiae ..." (entstanden vor 1320) gilt als die erste moderne E., da es die im 13. Jh. erfolgte Verschmelzung des Aristotelismus mit der Kirchenlehre gattungsgemäß widerspiegelt, Objektivität in der Wissensvermittlung anstrebt und über die neuesten naturwiss. Entdeckungen informiert. - Die Anzahl nat.sprachl. E. des MA bleibt erhebl. hinter der in lat. Sprache zurück; in den meisten Fällen sind es für ein Laienpublikum vulgarisierte Bearbeitungen lat. Vorlagen. Die dt. E. „Buch der Natur" (1350) des Konrad von Megenberg und die E. ohne Titel (1472) von P. Königsschlacher basieren auf Thomas von Cantimprés „Liber de naturis rerum". Bes. im MA stand die arab. und chin. enzyklopäd. Literatur in hoher Blüte. Die E. „Quellen der Geschichte" Ibn Kutaibas (*828, †889) in 10 Büchern mit je einem Themenkreis: Souveränität, Krieg, Adel, Charakter, Gelehrsamkeit und Rhetorik, Askese, Freundschaft, Gebet, Nahrung, Frauen wird für viele spätere arab. Werke richtungweisend. Die E. „T'ung-tien" des Tu Yu (8. Jh.) informiert über Wiss., Bildungswesen, Reg., Sitten und Bräuche, Musik, Armee, Rechtsprechung, polit. Geographie, Verteidigung.

Eine der wenigen bed. systemat. E. der Neuzeit ist J. H. Alsteds „Encyclopaedia ..." (1630). Die in systemat. Ordnung gebrachte, erweiterte „Encyclopédie" Diderots und d'Alemberts wird als „Encyclopédie méthodique par ordre des matières" (166 Bde., 1782–1832) von Panckoucke und Agasse herausgegeben. Die „Encyclopédie française" (1935 ff., unvoll-

---

GROSSE ENZYKLOPÄDIEN DES 20. JH. (AUSWAHL)

BR Deutschland
Das Bertelsmann Lexikon   (15 Bde., 1984–85)
Brockhaus Enzyklopädie   (20 Bde., [17]1966–74; 24 Bde., [18]1986 ff.)
Meyers Enzyklopädisches Lexikon   (25 Bde., [9]1971–79)
Meyers Großes Universallexikon   (15 Bde., 1981–86)

Deutsche Demokratische Republik
Meyers Neues Lexikon   (15 Bde., [2]1972–77)

Frankreich
Grand Dictionnaire Encyclopédique Larousse   (10 Bde., 1982–85)
La Grande Encyclopédie Larousse   (20 Bde., Neuaufl. 1973)

Großbritannien und USA
Chambers's Encyclopædia   (15 Bde., Neuaufl. 1973)
Collier's Encyclopedia   (23 Bde., 1976)
The Encyclopedia Americana   (30 Bde., 1983)
The New Encyclopædia Britannica   (32 Bde., 1985)
Encyclopedia International Grolier   (20 Bde., 1980)

Italien
Enciclopedia Italiana di Science, Lettere ed Arti   (35 Bde., 1929–37)
Grande Dizionario Enciclopedico Utet   (19 Bde., [3]1967–73)
Enciclopedia Universale Rizzoli-Larousse   (15 Bde., 1966–71)
Enciclopedia Universale Unedi   (auf 14 Bde. berechnet, 1974 ff.)
Enciclopedia Europea   (11 Bde., 1976–81)

Niederlande
Grote Winkler Prins   (25 Bde., [8]1979–84)

Norwegen
Gyldendals Tibinds Leksikon   (10 Bde., 1977–78)

Schweden
Svensk Uppslagsbok   (32 Bde., [2]1947–55)

Sowjetunion
Bolschaja Sowetskaja Enziklopedija   (51 Bde., [2]1950–58)
Bolschaja Sowetskaja Enziklopedija   (30 Bde., [3]1970–78)

Spanien
Diccionario enciclopédico Salvat universal   (20 Bde., 1970–74)

Enzyklopädisten

endet) ist nach umfassenden Sachgruppen geordnet. „Rowohlts dt. E." (seit 1955 erscheinend) stellt monograph. Abhandlungen über Einzelprobleme aus allen Wiss.bereichen durch beigegebene „enzyklopäd. Stichwörter" und Register in einen enzyklopäd. Zusammenhang. Zu den systemat. E. gehören auch die *philosoph. E.*, die nach dem Zusammenhang der Wiss. fragen, so F. Bacons „Magna instauratio..." (1620–23), D. G. Morhofs „Polyhistor literarius, philosophicus et practicus..." (postum 1708), G. Sulzers „Kurzer Begriff aller Wiss." (1745) und mit Abstand am bedeutendsten Hegels „Enzyklopädie der philosoph. Wiss. im Grundrisse" (1817), eine Zusammenfassung aller Teile seines Systems.

Die in der Neuzeit eindeutig dominierende **alphabetische Enzyklopädie** hat im Altertum nur wenige Vorläufer, so das wohl älteste um die Zeitwende entstandene Werk „De significatu verborum" des Verrius Flaccus. Im 17. Jh. ragen drei alphabet. E. heraus: L. Moréris „Grand dictionnaire historique ..." (1674), A. Furetières „Dictionnaire universel des arts et sciences" (1690) als erste moderne E. und P. Bayles „Dictionnaire historique et critique" (1696/97), in dem eine neue Konzeption entwickelt wird: Klare, knappe, aufklärer.-krit. Artikel ersetzen die unkrit. Zitatenschätze früherer E.; zahlr. Übers., u. a. die dt. Fassung von J. C. Gottsched u. d. T. „Histor. und Crit. Wörterbuch" (1741–44) zeigen die Ausstrahlung dieser E. Im 18. Jh. erscheint das unter dem Namen des Verlegers bekannte Zedler'sche „Große vollständige Universal-Lexikon aller Wiss. und Künste" (64 Bde., 1732–54) als erste dt. E. von Bed., in England die v. a. Technik und Naturwiss. berücksichtigende „Cyclopædia ..." (2 Bde., 1728) von E. Chambers. Diderots und d'Alemberts „Encyclopédie ou Dictionnaire raisonné des sciences, des arts et des métiers" (35 Bde., 1751–80) wird durch die Mitarbeit führender Philosophen und Wissenschaftler zum Standardwerk der frz. Aufklärung. Bleibende internat. Bed. errang auch die „Encyclopædia Britannica" (3 Bde., 1768–1771; sie wurde 1976 gegliedert in die sog. „Macropædia" [19 Bde.] mit den Großartikeln und die sog. „Micropædia" [10 Bde.] mit den kleineren Artikeln). Das bisher umfangreichste europ. Lexikon, J. S. Erschs und J. G. Grubers „Allg. Encyclopädie der Wiss. und Künste" (167 Bde., 1818–89), blieb unvollendet. An die Stelle der großen wiss. E. trat im 19. Jh. das *Konversationslexikon*. Das „Conversationslexikon ..." des Verlegers K. G. Löbel wurde 1808 von F. A. Brockhaus erworben, der es 1809 neu herausbrachte und 1810/11 ergänzen ließ. Die 5. Auflage (1819/20) wurde unter Zugrundelegung einer wiss. Systematik von einer großen Anzahl Fachgelehrter bearbeitet. Das „Große Conversations-Lexicon für die gebildeten Stände" (46 Bde., 1840–55) hat-

te - nach der Intention seines Verlegers J. Meyer - das polit. Ziel der intellektuellen Emanzipation breiter Volksschichten. Die lexikograph. Großverlage in der BR Deutschland: Bertelsmann LEXIKOTHEK Verlag GmbH und Bibliograph. Institut & F. A. Brockhaus AG entwickeln alte enzyklopäd. Traditionen zeitentsprechend fort. Daneben bestehen zahlr. *Spezial-E.* zu den verschiedensten Wissensgebieten.

Collison, R.: Encyclopaedias: their history throughout the ages. New York u. London ²1966.

Enzyklopädisten [griech.], i. w. S. die nahezu zweihundert Mitarbeiter an der von Diderot und d'Alembert 1751–80 hg. „Encyclopédie..." († Enzyklopädie). I. e. S. die frz. Philosophen, die die „Encyclopédie" zum Sprachrohr der Aufklärung machten. Neben Diderot und d'Alembert: Rousseau, Holbach, Montesquieu, Quesnay, Turgot, Condorcet.

Enzymäscher, in der Gerberei Bez. für einen † Äscher, bei dem eiweißabbauende Enzyme (z. B. von Mikroorganismen) als wirksame Substanz dienen.

enzymatisch [griech.], von † Enzymen bewirkt.

Enzymdiagnostik, Diagnostik, die auf der Messung von Enzymaktivitäten in Blut, Urin und anderen Körperflüssigkeiten beruht; durch Gewebszerfall, wie z. B. bei Leberentzündung, Herzinfarkt treten Enzyme aus den Zellen in das Blut über, die normalerweise nur in Spuren nachweisbar sind (**Enzymaktivitätstest**).

Enzyme [zu griech. en „darin" und zýmē „Sauerteig"] (Fermente), hochmolekulare Eiweißverbindungen (Proteine und Proteide), die biochem. Vorgänge (als Biokatalysatoren) beschleunigen oder erst ermöglichen und im allg. nur von lebenden Zellen gebildet werden. Sämtl. in Lebewesen ablaufenden Stoffwechselvorgänge sind allein durch das Wirken von E. mögl. Jedes E. beeinflußt nur einen ganz bestimmten Vorgang *(Wirkungsspezifität)* eines speziellen Stoffes *(Substratspezifität).* So benötigt der Abbau von Glucose zum Zwischenprodukt Brenztraubensäure († Glykolyse) 10 verschiedene E. E. sind in der Zelle in bestimmten Reaktionsräumen (Kompartimenten) und an Membranen fixiert, wo sie häufig zu Enzymkomplexen (Multienzymsystemen) zusammengefaßt sind, die nur als ganzes wirken und eine Kette von Reaktionen steuern (z. B. † Atmungskette in den Mitochondrien). E. sind entweder reine Proteine, oder sie bestehen aus einem Proteinanteil und einer spezif. Wirkgruppe (**prosthetische Gruppe**). Diese nicht eiweißartige Gruppe (z. B. ein Nukleotid oder ein Hämin) wird auch **Koenzym** (Coenzym) gen. Das Protein allein wird als **Apoenzym,** seine Verbindung mit dem Koenzym als **Holoenzym** bezeichnet. Koenzyme haben selbst keine biokatalyt. Wirkung, denn sie setzen sich mit den

Substraten stöchiometr. um und werden bei der Reaktion verändert. Die wichtigsten Koenzyme sind die gruppenübertragenden, v. a. die wasserstoffübertragenden Koenzyme der Oxidoreduktasen. Sehr wichtig ist das **Koenzym A**, das im Zellstoffwechsel als Transportmetabolit für Acylreste fungiert. Seine wichtigste Verbindung mit einem Acylrest ist das **Acetyl-Koenzym A** (Acetyl-CoA), die sog. *aktivierte Essigsäure*, die u. a. beim oxidativen Abbau von Kohlenhydraten und bei der β-Oxidation der Fettsäuren anfällt sowie Acetylreste in den Zitronensäurezyklus einschleust; sie wird auch zu Synthesen (u. a. Aminosäuren, Steroide) gebraucht. Die energiereiche Bindung eines Acylrestes an CoA erfolgt stets an die freie SH-Gruppe des Cysteamins. Für die Wirkungsweise der E. ist ihre charakterist. räuml. Struktur (Konformation; bedingt durch die Tertiärstruktur des Proteins) entscheidend. Das Substrat lagert sich an einer bestimmten Stelle *(Schlüssel-Schloß-Prinzip)* des Enzyms, dem aktiven Zentrum, an unter Bildung eines *Enzym-Substrat-Komplexes*. Dadurch wird die Aktivierungsenergie der Reaktion (↑ Katalyse) herabgesetzt. Das Substrat reagiert mit der prosthetischen Gruppe (bzw. dem Koenzym), die in einer weiteren gekoppelten Reaktion wieder regeneriert wird. Die Enzymwirkung wird auch von Außenfaktoren beeinflußt. Meist ist sie beschränkt auf einen bestimmten pH-Bereich (Pepsin 1,5–2,5; Trypsin 8–11). Das Temperaturoptimum liegt beim Menschen bei 37°C. Bei höheren Temperaturen (über 40°C) werden die E. wie alle Eiweißstoffe durch Zerstörung ihrer räuml. Struktur denaturiert. Die *Regulation* der Enzymwirkung und damit der Reaktionsgeschwindigkeit einer enzymgesteuerten Reaktion wird durch verschiedene Hemmstoffe reguliert. Wird der aktive Bereich eines E.moleküls durch ein Molekül mit substratähnl. Konformation im zeitl. Mittel teilweise oder ganz blockiert, spricht man von **kompetitiver Hemmung**. Gelegentl. zeigen auch gewisse Moleküle eine positive oder negative Beeinflussung der E.aktivität, obwohl sie keine dem Substrat ähnl. Konformation aufweisen **(allosterischer Effekt)**. Sie reagieren offenbar mit einer anderen Stelle des E.moleküls, beeinflussen seine Konformität und kontrollieren so die E.aktivität. Man bezeichnet derartige Stoffe als **Effektoren** und je nach ihrer Wirkung als **Aktivatoren** bzw. **Inhibitoren**.

E. werden ben., indem man an den Substratnamen den Typ der katalysierten Reaktion reiht und die Endung -ase anhängt. Entsprechend ihrer Wirkung unterscheidet man 6 Enzymgruppen: 1. **Oxidoreduktasen** übertragen Elektronen oder Wasserstoff, z. B. Glucoseoxidase, Alkoholdehydrogenase. 2. **Transferasen** übertragen Molekülgruppen, z. B. Alanin-Transaminase. 3. **Hydrolasen** katalysieren Bindungsspaltungen unter Anlagerung von Wasser (Ester-, Peptid-, Glycosidbindungen). 4. **Lyasen** katalysieren Gruppenübertragung unter Ausbildung von C=C-Doppelbindungen oder Addition an Doppelbindungen, z. B. Brenztraubensäure-Decarboxylase. 5. **Isomerasen** katalysieren intramolekulare Umlagerungen. 6. **Ligasen** katalysieren die Verknüpfung von zwei Substratmolekülen unter gleichzeitiger Spaltung von Adenosintriphosphat.

E. werden auch in *techn. Prozessen* verwendet: in der Brauerei und Bäckerei (Gärungs-E.), in der Lederind. (eiweiß- und fettabbauende E.), bei der ↑ Fermentierung sowie in Waschmitteln und in der Medizin (↑ Enzympräparate).

Geschichte: Einige Enzymwirkungen (Gärung, Verdauung, Atmung) waren schon vor dem 19. Jh. bekannt, ohne daß ihre Ursachen geklärt waren. Der Begriff „Enzym" gleichbedeutend mit „Ferment", wurde 1878 von W. Kühne eingeführt. Als erstes E. wurde 1833 von A. Payen und J.-F. Persoz die stärkespaltende Diastase aus Malzextrakt gewonnen, 1836 wurde von T. Schwann aus Magenflüssigkeit das Pepsin gewonnen. 1926 isolierte J. B. Sumner eine Urease als erstes reines und kristallines E. 1969 gelang R. G. Denkewalter und H. Hirschmann sowie B. Gutte und R. B. Merrifield die erste Synthese eines E., einer Ribonuklease. - Abb. S. 182.
📖 Zech, R./Domagk, G. F.: E. Weinheim 1986. - Wynn, C. H.: Struktur u. Funktion v. E. Dt. Übers. Stg. 1978.

Enzymgifte (Enzymblocker, Enzyminhibitoren), chem. Substanzen, auch Zwischenprodukte des Stoffwechsels, die Enzymreaktionen teilweise oder vollständig blockieren.

Enzymopathie [griech.], Bez. für erbl. Krankheiten, die durch das Fehlen, den Mangel oder die Funktionsuntüchtigkeit eines Enzyms bedingt sind.

Enzympräparate, Arzneimittel, die wichtige Verdauungsenzyme (v. a. des Eiweiß- und Kohlenhydratstoffwechsels) enthalten und bei unzureichender oder völlig fehlender körpereigener Enzymproduktion zur Unterstützung der Verdauung gegeben werden.

enzystieren [griech.], um sich herum eine ↑ Zyste bilden; bei vielen Einzellern und Wirbellosen, die bes. zum Überstehen von ungünstigen Lebensbedingungen eine feste Kapsel abscheiden.

Eohippus [zu griech. éos „Morgenröte" (= Anfang der Entwicklungsgeschichte) und híppos „Pferd"] (Hyracotherium), älteste fossile Gatt. der Pferde im unteren Eozän N-Amerikas und Europas; primitive, nur hasenbis fuchsgroße Urpferde, aus denen sich die heutigen Pferde entwickelt haben; mit vierzehigen Vorderbeinen und dreizehigen Hinterbeinen; Waldtiere, die sich von Laubblättern ernährten.

eo ipso [lat.], von selbst, selbstverständlich.

EOKA, Abk. für: ↑Ethniki Organosis Kiprion Agoniston.

Eolienne [eoli'ɛn; frz.], feingeripptes, taftbindiges Gewebe.

Eolithen [zu griech. éōs „Morgenröte" (= Anfang der Menschheitsgeschichte) und líthos „Stein"], Bez. für die vermeintl. ältesten Steinwerkzeuge; heute fast ausschließl. für Stücke natürl. Formgebung gebraucht, für die nicht nachgewiesen werden kann, daß sie bearbeitet worden sind.

Eolithikum [griech.], auf Grund der Funde von ↑Eolithen angenommene früheste Periode der Kulturgeschichte. Der Begriff wird in der neueren Forschung nur noch zur Kennzeichnung eines forschungsgeschichtl. überholten Stadiums verwendet.

Eos, griech. Göttin der Morgenröte, Schwester des Helios und der Selene; erhebt sich an jedem Morgen auf leuchtendem Wagen zum Himmel; raubt den geliebten Tithonos und erbittet ihm von Zeus Unsterblichkeit, vergißt aber die Bitte um ewige Jugend und verwandelt deswegen den gealterten Geliebten in eine Zikade.

EOS [engl. 'iou'ɛs], Abk. für: Earth Observatory Satellite, amerikan. Satelliten zur Erderforschung.

EOS, Abk. für: Erweiterte Oberschule, ↑polytechnische Bildung.

Eosander, Johann Friedrich Nilsson, seit 1713 Freiherr Göthe, ≈ Stralsund 23. Aug. 1669, † Dresden 22. Mai 1728, schwed. Baumeister. - Seit 1699 Hofbaumeister in Berlin; u. a. 1704-13 Leitung der Umbauten am Schloß Lützenburg (seit 1705 Charlottenburg gen.), 1706-08 von Schloß Monbijou in Berlin (Mittelbau; zerstört), 1706-09 von Schloß Oranienburg bei Berlin; 1713 trat er in schwed., 1722 in kursächs. Dienste.

Eosin [griech.], roter, kristalliner, in Wasser und Alkohol lösl. Farbstoff, der u. a. bei der Herstellung von roten Tinten, Lippenstiften, Lacken, Likören sowie in der mikroskop. Technik verwendet wird.

eosinophil [griech.], mit Eosin oder anderen sauren Anilinfarbstoffen anfärbbar, gesagt von Zellbestandteilen und Geweben.

Eosinophilie [griech.], Vermehrung der eosinophilen Leukozyten im Blut über den Normalwert von 4% hinaus; Zeichen einer allerg. Reaktion im Blut oder Gewebe. E. tritt auch gelegentl. in der Heilphase als biolog. Reaktion auf (daher auch als „Morgenröte der Genesung" bezeichnet).

Eötvös [ungar. 'øtvøʃ], József, Freiherr von Vásárosnamény, * Ofen (= Budapest) 13. Sept. 1813, † Pest (= Budapest) 2. Febr. 1871, ungar. Schriftsteller und Politiker. - Seit 1840 der liberale geistige Führer der ungar. Reformbewegung, 1848 Unterrichtsmin., dann bis 1851 in Deutschland; kämpfte seit 1861 für den östr.-ungar. ↑Ausgleich; 1867-71 erneut Unterrichtsmin.; schrieb gefühlvolle Vaterlandsgedichte, polit. Abhandlungen und Romane, realist. sein gesellschaftskrit. Roman „Der Dorfnotar" (1845).

E., Loránd Baron (meist Roland Baron von), * Pest (= Budapest) 27. Juli 1848, † Budapest 8. April 1919, ungar. Physiker. - Seit 1872 Prof. in Budapest; führte mit der nach ihm ben. Drehwaage Untersuchungen zur Gravitation durch und erbrachte den Beweis, daß alle Körper gleiche Gravitationsbeschleunigung erfahren. Die damit gewonnene strenge Gleichheit von träger und schwerer Masse wurde fundamental für die allg. Relativitätstheorie.

Eozän [griech.], zweitälteste Abteilung des Tertiärs.

Eozoikum [griech.], Erdfrühzeit.

Eozoon [griech.], fälschl. für Fossilien gehaltene Kalkeinschlüsse in alten Gesteinen.

ep..., **Ep...** ↑epi..., Epi...

Epagoge [griech., eigtl. „Heranführung"], aristotel. Begriff für ein log. Schlußverfahren vom Einzelnen zum Allgemeinen.

Epagomenen [griech.], Bez. für die über 12 Monate zu 30 Tagen hinausgehenden 5 Tage des Jahres im altägypt. Kalender.

Epaminondas, * um 420, ✗ Mantineia (Arkadien) 362, theban. Staatsmann und Feldherr. - Schlug 371 bei Leuktra durch erstmalige Anwendung der sog. schiefen Schlachtordnung Sparta vernichtend, wodurch Theben zur führenden Macht in Griechenland aufstieg; unterstützte auf insgesamt 4 Feldzügen in die Peloponnes Arkadier und Messenier (Gründung eines von Sparta unabhängigen messen. Staates); sein Tod in siegreicher Schlacht gegen die Spartaner bei Mantineia bedeutete das Ende der theban. Vormacht.

Enzyme. Bildung des Enzym-Substrat-Komplexes (ES), aus dem nach der Reaktion das regenerierte Enzym und die Endprodukte hervorgehen (oben) sowie eine kompetitive Hemmung durch einen Inhibitor

E + S → ES → E + Endprodukte

E + Hemmstoff (Inhibitor) → E-J-komplex (nicht aktiviert, daher keine weitere Reaktion)

Epanalepse [griech.], rhetor. Figur: Wiederholung eines Wortes oder einer Wortgruppe: „Mein Vater, mein Vater, jetzt faßt er mich an" (Goethe, „Erlkönig").

Epanodos [griech., eigtl. „Rückkehr"], rhetor. Figur: die Wiederholung eines Satzes in umgekehrter Wortfolge: „Ihr seid müßig, müßig seid ihr" (2. Mos. 5, 17).

Eparch [zu griech. éparchos „Befehlshaber"], Amtstitel der röm. Kaiserzeit (Übersetzung von lat. Praefectus); im Byzantin. Reich Titel des Stadtpräfekten von Konstantinopel.

Eparchie [griech.] (Episkope, Metropolie), zunächst ein Verwaltungsgebiet im Byzantin. Reich; im kirchl. Sinn der Aufsichtsbezirk, der einem orth. Bischof untersteht.

Epaulette (Epaulett) [epo...; lat.-frz., zu épaule „Schulter"], Schulterstück bei Uniformen und uniformähnl. Kleidungsstücken.

epd ↑Nachrichtenagenturen (Übersicht).

Épée, Charles Michel de l' [frz. dale'pe], * Versailles 25. Nov. 1712, † Paris 23. Dez. 1789, frz. Taubstummenlehrer. - Geistlicher; als Jansenist suspendiert; gründete 1770 die erste Taubstummenschule in Paris. Seine Gebärdensprache („frz. Methode") herrschte lange vor.

Epeios, Gestalt der griech. Mythologie; einer der Griechen von Troja; Erbauer des „Trojanischen Pferdes".

Ependym [griech.], feinhäutige Auskleidung der Hirnhöhlen und des Rückenmarkkanals.

Ependymom [griech.] (Glio-E., Ependymogliom), aus Ependymzellen bestehende meist gutartige Geschwulst; kommt als Sonderform eines Gehirntumors bes. bei Kindern und Jugendlichen vor.

Eperies [' ɛpɛrjɛs] ↑Prešov.

Épernay [frz. epɛr'nɛ], frz. Stadt an der Marne, Dep. Marne, 28 000 E. Neben Reims Zentrum der Weinind. der Champagne (Champagnerherstellung). Wein- und prähistor. Museum. - Stadtrecht seit 1231.

Epheben [griech.], Bez. für die im 4. Jh. v. Chr. organisierten athen. Wehrpflichtigen im Alter zw. 18 und 20 Jahren; die Institution (**Ephebie**), inschriftl. erstmals 334 v. Chr. nachweisbar, hielt sich bis ins 3. Jh. n. Chr.

Ephedragewächse [griech./dt.] (Ephedraceae), Pflanzenfam. der Nacktsamer mit etwa 40 Arten, v. a. im Mittelmeerraum und in den Trockengebieten Asiens und Amerikas; einzige Gattung **Ephedra**: bis 2 m hohe Rutensträucher mit kleinen Blüten in Zapfen; z. T. Heilpflanzen wie das ↑Meerträubel mit dem Alkaloid ↑Ephedrin.

Ephedrin [griech.], dem Hormon Adrenalin sehr ähnl. Alkaloid einiger Ephedragewächse; Heilmittel bei Asthma, Bronchitis, Husten und Kreislaufschwäche.

ephemer (ephemerisch) [griech.], eintägig, vorübergehend, kurzfristig, von kurzlebigen Organismen (z. B. Eintagsfliegen).

Ephemerida [griech.], svw. ↑Eintagsfliegen.

Ephemeriden [griech.], astronom. Tafeln mit für einen längeren Zeitraum und für zeitl. konstante Abstände vorausberechneten geozentr. Gestirnsörtern an der Himmelskugel; dienen zum raschen Auffinden der Gestirne (Planeten), aber auch zur genauen Positions-, Orts- und Zeitbestimmung. Die E. werden in *Jahrbüchern* veröffentlicht, die ebenfalls E. genannt werden. Die **Ephemeridenzeit** ist definitionsgemäß bezügl. der Gesetze der Himmelsmechanik streng gleichförmig ablaufende Zeit. Man erhält sie aus einem Ver-

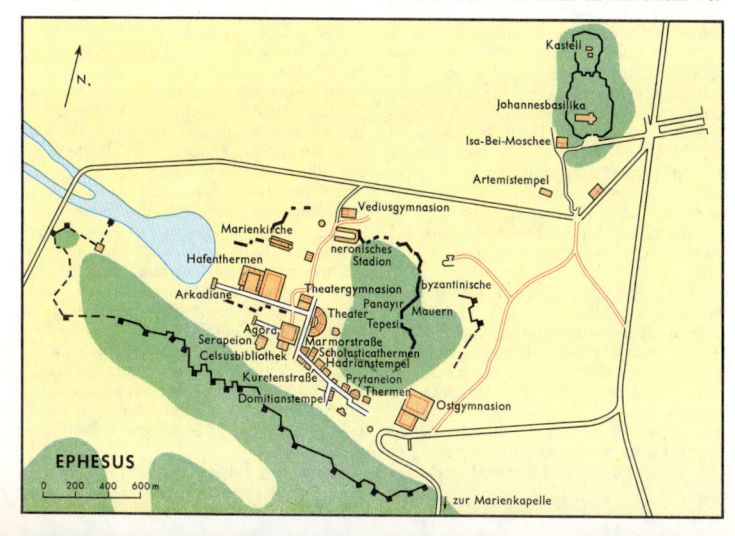

EPHESUS
0 200 400 600 m

Epheserbrief

gleich der beobachteten scheinbaren Örter der Sonne und des Mondes mit den auf Grund der Bewegungsgleichungen der Himmelsmechanik berechneten Örtern, also den E. von Sonne und Mond.
◆ veraltete Bez. für Tagebücher, Zeitschriften, period. erscheinende Organe.

Epheserbrief (Abk. Eph.), neutestamentl. Brief, dessen Autor und Adressat umstritten sind; wahrscheinl. ist er ein Sendschreiben des Apostels Paulus aus der Gefangenschaft an die Gemeinde in Ephesus.

Ephesus (Ephesos, türk. Efes), antike griech. Stadt in W-Anatolien, urspr. an der Kaystrosmündung (Verlandung in nachchristl. Zeit). E. wurde zum Mittelpunkt ion. Griechentums und dank seiner Lage sowie durch seinen Artemiskult zum wichtigsten Handelsplatz W-Kleinasiens. Seit dem 6. Jh. unter lyd., dann pers. Herrschaft (nicht am Ion. Aufstand beteiligt). Obwohl Mgl. des Att.-Del. Seebunds, seit 412 Teilnahme am Peloponnes. Krieg auf seiten Spartas. 386 wieder in pers. Hand. Um 290 Verlegung von E. (**Arsinoeia**), das in der Folgezeit seleukid., 190-133 pergamen., dann röm. war (Hauptstadt der Prov. Asia). Verfall seit dem 3./4. Jh.; vom 4. Jh. bis 1403 Metropolitansitz; gehörte 1307-91 und 1402-25 zum seldschuk. Ft. Aydin; durch Mongolen und Osmanen zerstört. Auf den Trümmern entstand das Dorf Aya Suluğ (= Selçuk).
Östr. Ausgrabungen seit 1895. Im N ist u. a. das neron. Stadion freigelegt, südl. davon die Marienkirche (431 Tagungsort des 3. ökumen. Konzils). Im Zentrum eine 530 m lange marmorne Prachtstraße in O-W-Richtung, am W-Hang des Panayır Tepesi die gewaltige Ruine des griech.-röm. Theaters, südl. die Agora (Celsusbibliothek an der S-Seite [135 n. Chr.]). Hinter dem W-Tor ein 160 m langer Straßenplatz mit dem Serapeion (2. Jh.) an der S-Seite. Südl. der Agora die Kuretenstraße nach SO (u. a. Hadrianstempel an der N-Seite). Eine Abzweigung nach S führt zur Domitiansterrasse, die Fortsetzung nach O zum Verwaltungskomplex. Der Artemistempel, das berühmte ↑Artemision, lag nö. des Panayır Tepesi. Außerhalb der Stadt liegen im N das byzantin. Kastell (mit Kuppelbasilika des hl. Johannes Theologos [6. Jh.]), sw. davon die große Isa-Bei-Moschee (seldschuk., 1375), weiter südl. die Marienkapelle. - Abb. S. 183.

📖 *Elliger, W.: Ephesos. Gesch. einer antiken Weltstadt. Stg. 1985.*

E., Konzil von, drittes allg. Konzil, Pfingsten (7. Juni) 431 durch Kaiser Theodosius II. berufen. Auf dem Konzil standen sich zwei Lager gegenüber: 1. die Orientalen unter Patriarch Johannes von Antiochia, 2. die Anhänger Cyrills von Alexandria, die schließl. die Absetzung des Nestorius durchsetzten. - Von Christus wird Göttl. und Menschl. ausgesagt:

Wegen der Identität des Menschgewordenen mit dem Gottessohn kann Maria, die Mutter Jesu, „Gottesmutter" (Theotokos) genannt werden. - Das Konzil konnte die Gegensätze nicht überbrücken und die Einheit der Kirche nicht wiederherstellen. Die Differenzen traten auf der **Räubersynode von Ephesus** (449) wieder neu zutage.

Ephod [ˈeːfoːt, eˈfoːt; hebr.], priesterl. Gewand im A. T., das beim Erteilen von Orakeln angelegt wurde (1. Sam. 2, 18 und 28).

Ephorat [griech.], die Institution der ↑Ephoren.

Ephoren [zu griech. éphoros, eigtl. „Aufseher"], die jährl. gewählten fünf höchsten Beamten in Sparta, die das **Ephorat** bildeten, die wichtigste polit. Institution in Sparta, deren Anordnungen sich auch die Könige beugen mußten; 226 vorübergehend abgeschafft, erlangte das Ephorat seine Bed. nicht wieder.

Ephoros von Kyme, * Kyme (Kleinasien), griech. Geschichtsschreiber des 4. Jh. v. Chr. - Verfaßte die erste Universalgeschichte der Griechen, „Historíai", in 30 Büchern (von der dor. Wanderung bis 355).

Ephraim [...a-ı...; hebr.], Sohn Josephs, Bruder der Manasse; Name des israelit. Stammes E., dessen Siedlungsgebiet das gleichnamige Gebirge zw. Bethel und dem Jesreel-Ebene war.

Ephräm der Syrer [eˈfrɛːm, ˈeːfrɛm] (Afrem), hl., * Nisibis (= Nusaybin) um 306, † Edessa (= Urfa) (nach der Chronik von Edessa) 9. Juni 378, Diakon, theolog. Lehrer. - Wirkte zuerst in Nisibis, seit 363 in Edessa. Durch seine Bibelkommentare, Reden und Hymnen wurde er zum fruchtbarsten Schriftsteller der syr. Kirchen. - 1920 zum Kirchenlehrer erklärt; Fest: 9. Juni.

Epi [engl. ˈɛɪpɪ, frz. eˈpi], Insel der Neuen Hebriden, 365 km^2.

epi..., Epi... [griech.] (vor Vokalen ep..., Ep...), Vorsilbe mit der Bed. „darauf, daneben, bei, darüber", z. B. Epigramm.

Epicharmos (Epicharm), * zw. 540/530, † Syrakus um 440, griech. Komödiendichter. - In wenigen Fragmenten erhaltene Dramen und Komödien; neben realist. Darstellung des Alltags Mythentravestie.

Epidamnos ↑Durrës.

Epidauros (neugriech. Epidavros [neugriech. ɛˈpiðavrɔs], griech. Ort auf der Peloponnes, am Saron. Golf. - Bis Anfang 6. Jh. v. Chr. eine bed. Hafen- und Handelsstadt; berühmt im ganzen Altertum wegen seines 10 km sw. gelegenen **Asklepieions** (Heiligtum des Gottes Asklepios), dessen Hauptbauten aus dem 4. Jh. v. Chr. stammen, als sich das Asklepieion zum therapeut. Zentrum entwickelte. Im SO liegt im Hang das besterhaltene griech. Theater (3. Jh.; 55 Sitzreihen). In E. tagte 1821/22 und 1826 die griech. Nationalversammlung.

Epidemie [zu griech. epidēmía (nósos)

„im ganzen Volk verbreitete (Krankheit)"] (Seuche), vorübergehende, stärkere Ausbreitung einer Infektionskrankheit in einem größeren umgrenzten Gebiet. Sind nur kleinere, örtl. Bezirke betroffen, spricht man von **Endemie**. Erstreckt sich die Seuche hingegen auf ein ganzes Land oder einen Großraum von mehreren Ländern, spricht man von **Pandemie**. Aus oft nicht sicher bekannten Ursachen (bes. äußere Umstände, saisonbedingte Abwehrschwäche der Angesteckten, gesteigerte Virulenz der Erreger) neigen manche Infektionskrankeiten zu jahreszeitl. epidemieartiger Häufung (**Saisonkrankheiten**; z. B. Kinderlähmung, Grippe, Masern).

Epidemiologie [griech.] (Seuchenlehre), Wiss. von der Entstehung und Verbreitung übertragbarer epidem. Krankheiten.

Epidendrum [griech.], Gatt. der Orchideen mit etwa 800 Arten in den Tropen und Subtropen Amerikas.

epidermal, zur ↑Epidermis gehörend, von der Epidermis ausgehend, abstammend.

Epidermis [griech.] (Oberhaut), bei *Tier und Mensch:* vom äußeren der drei ↑Keimblätter gebildete Zellschicht der Haut; bei *Wirbellosen* meist einschichtig, bei allen *Wirbeltieren* mehrschichtig (Säugetiere haben meist 4 Schichten).
◆ in der *Botanik:* primäres, meist einschichtiges Abschlußgewebe der höheren Pflanzen; umhüllt Sproßachse, Blätter und Wurzeln.

Epidermophytie (Epidermophytose) [griech.] ↑Hautpilzerkrankungen.

Epidiaskop [griech.] ↑Projektionsapparate.

Epididymis [griech.], svw. ↑Nebenhoden.

Epididymitis [griech.], svw. ↑Nebenhodenentzündung.

Epidot [griech.] (Pistazit), meist dunkelgrünes, auch braunes oder gelbes Mineral, $Ca_2(Al, Fe)_3 [OH(SiO_4)_3]$; monokline Kristallstruktur; Schmuckstein. Dichte 3,3 bis 3,5 g/cm^3; Mohshärte 6 bis 7.

Epiduralraum (Extraduralraum, Cavum epidurale), von Fett und lockerem Bindegewebe, Venen und Lymphgefäßen ausgefüllter Raum zw. der äußeren Rückenmarkshaut und der Knochenhaut des Wirbelkanals, in dem das Rückenmark verläuft.

epigäisch [griech.], oberirdisch (↑Keimung).

Epigastralgie [griech.], Schmerzen in der Oberbauchgegend (**Epigastrium**).

Epigenese (Epigenesis, Postformationstheorie), von C. F. Wolff 1759 der ↑Präformationstheorie entgegengestellte, heute allg. anerkannte Lehre, nach der sich der Organismus sich von der befruchteten Eizelle zum Lebewesen über eine Kette vielgestaltiger Zelldifferenzierungsvorgänge entwickeln muß.

epigenetisch, jünger als die Umgebung (z. B. bei Lagerstätten, Tälern u. a.).

Epiglottis, svw. Kehldeckel (↑Kehlkopf).

epigonal [zu griech. epígonos „Nachkomme"], unschöpfer., nachahmend (bes. von Kunst und Literatur gesagt); **Epigone**, schwächerer Nachkomme, Nachahmer ohne eigene Schöpferkraft; **Epigonentum**, der Nachahmung von Vorbildern verhaftete Art ohne eigene Ideen.

Epigonen, in der griech. Mythologie die „Nachkommen" der ↑Sieben gegen Theben, die 10 Jahre nach dem fehlgeschlagenen Versuch ihrer Väter Theben erobern.

Epigramm [zu griech. epígramma „Aufschrift"], Gattung der Gedankenlyrik, in der eine zugespitzt formulierte oder überraschende Sinndeutung des aufgegriffenen Gegenstandes gegeben wird. Meistgebrauchte Form ist das Distichon. In der griech. Antike waren E. urspr. knappe Aufschriften auf Weihegeschenken, Grabmälern u. a.; als Begrün-

Epidauros. Griechisches Theater

Epigrammatik

der der poet. Form im 5. Jh. gilt Simonides von Keos. Im antiken Rom gab bes. Martial dem E. den straffen, satir. Charakter, der in Humanismus und Barock vorbildhaft wurde. Wegbereiter in Frankr. war C. Marot, in England J. Owen. In die dt. Literatur führte M. Opitz das E. ein (1625); Logau, Rist, Fleming, Moscherosch, Gryphius, Hofmann von Hofmannswaldau u. a. legten nachfolgend E.sammlungen meist zeitsatir. Inhalts vor, wobei sie den Alexandriner bevorzugten. Myst.-paradoxer Gedankenformulierung diente das E. D. Czepko und Angelus Silesius. Satir. war das E. der Aufklärung (A. G. Kästner, Lessing). Klopstock und Herder führten für ihre mehr philosoph. E. wieder Distichen ein, die auch Goethe und Schiller in ihren literaturkrit. „Xenien" (1796) verwendeten. Als Literatursatire nutzten Kleist, Platen und Grillparzer das E. im 19. Jh., als polit. Waffe die Autoren des Jungen Deutschland. Mörike näherte das E. seinem Ursprung als „Aufschrift" an, bevor seit etwa 1850 die Gattung in den Hintergrund trat.

◫ *Das E. Zur Gesch. einer inschriftl. u. literar. Gattung.* Hg. v. G. Pfohl. Darmst. 1968.

Epigrammatik [griech.], Kunst des Epigramms.

Epigraph, [antike] Inschrift.

Epigraphik [zu griech. epigráphein „daraufschreiben, einritzen"], Inschriftenkunde; die wiss. Disziplin zur Sammlung, Erforschung und Edition von Inschriften, d. h. von Schriftdenkmälern, die (im Ggs. zu den in einem Kulturkreis übl. Schriftträgern) meist auf Stein, Metall, Knochen, Holz, Ton und an Mauerwänden durch Bemalung mit Farbe (Dipinto), Einritzen (Sgraffito), Einhauen, Ziselieren, Gießen oder erhabene Herausarbeitung angebracht wurden. Zur Beschriftung dienten bes. Tafeln, Denkmäler, Weg- und Grabsteine, Gebäude, Gefäße, Waffen, Schmuckgegenstände sowie Haus- und Handwerksgerät.

Geschichte: Die ältesten epigraph. Sammlungen sind für die griech.-röm. Antike nachweisbar. In der Renaissance nahm das Interesse an antiken Inschriften zu. Die eigtl. Geschichte der E. begann mit den von der Preuß. Akad. der Wiss. hg. großen Inschriftensammlungen: „Corpus Inscriptionum Graecarum" (CIG; 4 Bde., 1825–59; Indizes 1877, seit 1873 ersetzt durch die auf 15 Bde. geplanten „Inscriptiones Graecae" [IG]) und „Corpus Inscriptionum Latinarum" (CIL; auf 17 Bde. geplant, 1863 ff.). Seither zahlr. Spezialveröffentlichungen.

Bedeutung der Inschriften: Sie geben Kunde vom staatl., wirtsch., religiösen und privaten Leben. In manchen Fällen sind sie die einzigen histor. Quellen für bestimmte Sachverhalte und sogar für einige Sprachen. Die Inschriften aus dem öffentl.-staatl. Bereich enthalten z. B. Berichte über Taten der Herrscher, Staatsverträge, Gesetze, Senats- und Volksbeschlüsse, Verleihung von Ehrungen und Privilegien, Abgabenverzeichnisse, Beamtenlisten. Die Inschriften aus dem religiösen Leben bieten meist Weihungen an Gottheiten, rituelle Bestimmungen und Gebetstexte (die frühchristl. Inschriften auch über christl. Anschauungen und die Ordnung der christl. Gemeinden). In den Inschriften wirtsch. Inhalts wird u. a. das Domanialwesen der röm. Kaiser geregelt. Die Privatinschriften zeugen von Handels- und Geschäftsverkehr, von Baumaßnahmen, Hypothekenaufnahmen, Pachtabschlüssen, Testamenten sie vom Lebenslauf des Stifters einer Inschrift oder dem eines durch die Inschrift Geehrten.

Epik [zu ↑Epos], eine der 3 literar. Grundgattungen, von der neueren Poetik im Anschluß an Goethe oft eingestuft als die mittlere der drei „Naturformen der Poesie", und zwar die „klar erzählende", d. h. weniger subjektiv als die „enthusiast. aufgeregte" Lyrik, aber auch nicht so objektiv wie die „persönl. handelnde" Dramatik. Die E. vergegenwärtigt äußere und innere Geschehnisse, die als vergangen gedacht sind.

Der **Erzähler,** der nur in den wenigsten Fällen ident. mit dem Autor ist, fungiert als Vermittler zw. den dargebotenen Vorgängen und den Zuhörern oder Lesern und begründet so von seinem Erzählerstandpunkt her die jeweilige *Erzählhaltung:* Die Art, wie er Vorgänge und Gestalten sieht, wie er über ihr Äußeres (Außensicht) oder aber auch über ihr Inneres (Innensicht) Auskunft gibt, wie er über sie urteilt, bestimmt die (opt., psycholog., geistige) *Erzählperspektive.* Ein Rollenerzähler ist wie jeder Ich-Erzähler an den dargestellten Vorgängen als erlebendes Ich intensiver, als erzählendes Ich weniger intensiv beteiligt; zahlr. sind freil. Er-Erzähler und Formen der ep. Einkleidung (Rahmenerzählung, Tagebuch, Brief o. a.). So ergibt sich jeweils eine bestimmte *Erzählsituation;* sie ist *auktorial,* wenn der Erzähler allwissend ist und gestaltend in das Geschehen eingreift, *personal,* wenn das Geschehen durch das Medium einer oder mehrerer Figuren erschlossen wird, *neutral,* wenn weder ein Erzähler noch ein personales Medium erkennbar sind. Neutrale und personale Erzählsituationen traten erst in einem relativ fortgeschrittenen Stadium der E. auf und entwickelten entsprechende Darbietungsformen wie ↑erlebte Rede, ↑inneren Monolog, komplizierte Einkleidungen, Veränderungen der Chronologie u. ä.

Die Art der Darbietung in der E. führt zu den **epischen Grundformen** (Erzählweisen; Grundformen des Erzählens), die meist nicht einzeln, sondern vermischt auftreten und sich nur nach dem Vorwiegen der einen oder anderen bestimmen lassen. Sie umfassen die sog. einfachen Formen, wie z. B. Legende, Sage, Märchen sowie Kunstformen in einzelnen differenzierten **Gattungen,** die als histor. Erscheinungsweisen der E. ihre jeweils eigenen Gesetze ausgebildet und überliefert haben. Nach äußeren Kriterien gliedern die Gattungen sich in *Vers-E.* und *Erzählprosa,* nach inneren Kriterien in *Lang-* oder *Großformen:* Epos (in Versen), Saga (in Prosa), beide früh, und als späteste Form Roman (in Versen, aber vorwiegend in Prosa) sowie in *Klein-* oder *Kurz-E.:* Novelle, Kurzgeschichte, Anekdote, Fabel, Parabel, daneben auch Idylle (überwiegend in Versen), Romanze, Ballade und allg. die Verserzählung; die Bez. Erzählung, insbes. für Prosawerke, ist bewußt unspezif., doch neigt sie eher zu den Kurzformen. Die Großformen ergeben sich meist aus der Auffächerung der erzählten Vorgänge in Vordergrundhandlung und Hintergrundgeschehen, oft auch in mehrere Handlungsstränge und selbständige Episoden; dazu kommen Figurenreichtum (selbst bei Konzentration auf eine Hauptgestalt), eine Fülle von Ereignissen, gelegentl. auch reine gedankl. Einlagen und große Ausführlichkeit im einzelnen, die sog. ep. Breite. Das alles gilt als bes. charakterist. für die E., während die Kurzformen oft auch mit anderen Grundgattungen in Verbindung gebracht werden, so Romanze, Ballade und Idylle mit der Lyrik und die Novelle mit dem Drama.

Ansätze zu einer **Theorie** der E. finden sich schon bei Platon und insbes. Aristoteles, doch bleibt sie bis ins 18. Jh. auf normative oder beschreibende Angaben zum ↑ Epos i. e. S. beschränkt. Seitdem wurde sie entweder als Abgrenzung der E. von anderen Grundgattungen, insbes. von der Dramatik, versucht, so etwa von Goethe und Schiller („Über ep. und dramat. Dichtung", 1827, und im Briefwechsel) oder im Blick auf einzelne Erscheinungsformen und Gattungen aufgebaut. Die Entwicklung einer allg. und umfassenden Erzähltheorie steht noch in ihren Anfängen.

📖 *Lukács, G.: Die Theorie des Romans. Ein geschichtsphilosoph. Versuch über die Formen der großen E. Neuwied* ⁹*1984.*

Epikanthus [griech.], angeborene, durch embryonale Entwicklungsstörungen bedingte, sichelförmige Hautfalte im inneren Augenwinkel.

Epikard (Epicardium) [griech.], dem Herzmuskel (Myokard) außen aufliegendes, Blatt des Herzbeutels.

Epiklese (Enteuxis, Ekklesis) [griech.], in der liturg. Sprache der Ostkirchen zunächst jedes Gebet, bes. jedoch das Gebet in der Eucharistiefeier, mit dem der Priester die Verwandlung von Brot und Wein erfleht.

epikontinental, in der Geologie flache Meere bezeichnend, die vorübergehend Festlandsgebiete überfluteten.

Epikotyl [griech.], erster Sproßabschnitt oberhalb der Keimblätter der Samenpflanzen.

Epikrise [griech.], abschließende wiss. Beurteilung einer Krankheit im Hinblick auf Entstehung, Verlauf und Ausgang.

Epiktet, att. Vasenmaler des 6. Jh. (tätig um 530–500). - Vertreter des spätschwarzfigurigen und neben Oltos Wegbereiter des frührotfigurigen Stils; arbeitete für die Töpfer Andokides, Hischylos und Nikosthenes; Meister von Rundbildern auf Schalen und Tellern.

Epiktet, Aulet und Tänzerin mit Klappern (Innenbild einer Schale; um 520 v. Chr.). London, British Museum

E., * Hierapolis (Phrygien) um 50, † Nikopolis (Epirus) um 138, griech. Philosoph. - Sklave, von Nero freigelassen; im Mittelpunkt seines Lebens steht die Forderung nach Genügsamkeit und nach Unabhängigkeit des Geistes. Die u. d. T. „Enchiridion" bekannte Schrift und die „Diatriben" (4 Bücher) sind durch seinen Schüler Arrian überliefert (nur fragmentar. erhalten).

Epikur, * auf Samos 341, † Athen 270, griech. Philosoph. - Lehrte in Mytilene, Lampsakos und Athen; gründete hier 306 eine eigene Schule. Seine Hauptschriften (etwa 300) sind verloren; erhalten sind nur 3 Lehrbriefe und eine Sammlung von 40 Lehrsätzen. Die Lehre E. ist bestimmt von dem Ziel des Glücks durch ein Leben der Freude und der Lust sowie der Freiheit von Schmerz und Unruhe. Jede Erkenntnis beruht nach E. auf Wahrnehmungen, die durch „Ausfluß" (Emanation) aus den Gegenständen hervorgerufen werden. Götter sind unvergängl. Atomgebilde, die weder zu fürchten, noch zu verehren sind.

Epikureer, die Anhänger der Lehre Epikurs, Vertreter des Epikureismus.

Epikureismus, Bez. für eine an der Philosophie Epikurs ausgerichtete Lebenshaltung, die nur das persönl. Glück des einzelnen als Ideal anerkennt. Die bedeutendsten Anhänger sind in der Antike: Metrodoros von Lampsakos (* um 330, † 277), Hermarchos von Mytilene (* 325, † um 250), Philodemus, Lukrez, Horaz und Diogenes von Oinoanda (2. Jh. n. Chr.); in der Neuzeit P. Gassendi, Diderot und Nietzsche.

Epikutantest [griech./lat./engl.] (Epikutanprobe, Epikutanreaktion, Läppchenprobe), Test zur Feststellung von ↑Allergenen, bei dem die Testsubstanz mit Hilfe eines Leinenläppchens auf die Haut aufgebracht wird. Schwach positive Reaktionen äußern sich in örtl. Hautrötung, positive in Rötung, Schwellung und Knötchenbildung; stark positive außerdem auch in Bläschenbildung und oberflächl. Hautschädigung.

Epilepsie [zu griech. epílēpsis „das Ergreifen; Anfall"], Anfallskrankheit, die meist mit Bewußtseinsstörungen einhergeht und von abnormen Bewegungsabläufen begleitet ist. Die Anfälle entstehen durch ungehemmte Ausbreitung und Verzweigung einer Nervenerregung, die normalerweise in wenigen, isolierten Bahnen läuft. Als äußere Ursachen der **symptomatischen Epilepsie** kommen Verletzungen mit nachfolgender Narbenbildung, Entzündungen des Gehirns und der Hirnhäute, Vergiftungen und Tumoren im Schädelinneren in Betracht. Bei der familiär gehäuft auftretenden **genuinen Epilepsie** läßt sich keine Grundkrankheit bzw. eigtl. Ursache nachweisen.

Formen des epilept. Anfalls: Der große Krampfanfall **(Grand mal)** setzt meist mit einer plötzl. Bewußtlosigkeit ein. Dann folgt ein schwerer Krampfzustand der gesamten Körpermuskulatur. Durch die verkrampften Brustkorbmuskeln wird die Luft ausgepreßt und durch die gleichfalls krampfenden Stimmbänder getrieben, wodurch es zum „epilept. Schrei" kommt. Die Krampfphase wird von Zuckungen abgelöst, wobei es zum Auftreten von Schaum vor dem Mund, zum Zungenbiß und zum Abgang von Urin und Stuhl kommen kann. Nach 2–3 Minuten werden die Krampfstöße seltener und der Kranke fällt in einen · kurzen Schlaf mit völliger Entspannung aller Gliedmaßen. Nach einiger Zeit kehrt das Bewußtsein zurück. Der kleine Anfall **(Petit mal)** ist uneinheitl. Bei Kleinkindern sind die Blitz-Nick-Salaam-Krämpfe typ., bei denen der Kopf aus der Ruhelage nach vorn gerissen oder langsam vorgebeugt wird. Gleichzeitig werden die Beine angezogen und die Arme abgespreizt (Salaamkrämpfe). Bei Blitzkrämpfen laufen sekundenlange Zuckungen durch den ganzen Körper. Die **Absencen** (Bewußtseinspausen von 5–30 Sekunden, bei denen nur die Geistesabwesenheit bei starrem Gesichtsausdruck und verschwommenem Blick auffällt) treten v. a. im Schulkindalter auf. Die *Herdanfälle* (Jackson-Anfälle) beginnen meist mit dem Zucken einer Gesichts- und Körperhälfte und entwickeln sich unter Bewußtseinsverlust manchmal zu allg. Anfällen.

Behandlung: Bei der symptomat. E. läßt sich die Anfallsursache manchmal durch Behandlung des Grundleidens beseitigen. Sonst kann die Behandlung meist nur darauf gerichtet sein, die Anfälle und damit den geistigen Verfall zu verhindern. - In frühen Hochkulturen wie auch in der Antike galt E. als „heilige Krankheit", als Ergriffen- bzw. Besessensein von einer göttl. oder dämon. Macht. Die griech. Ärzte Aretaios und Galen beschrieben die epilept. Aura und gaben genaue vorbeugende und therapeut. Anweisungen.

📖 *Matthes, A.: E. Stg.* ⁴1984. - *Schmidt, Dieter: Behandlung der E. Stg.* ²1984.

Epileptiker [griech.], an Epilepsie Erkrankter.

epileptisch [griech.], durch Epilepsie hervorgerufen, verursacht; auch svw. an Epilepsie erkrankt.

Epilog [griech.], Schlußteil einer Rede; in Theaterstücken Schlußwort nach Beendigung der Handlung, meist mit Bitte um Beifall und Nachsicht, auch mit moralisierender Nutzanwendung; Nachwort in literar. Werken; Ggs. ↑Prolog.

Epimenides, legendärer griech. Priester und Seher. - Soll in einen 57 Jahre dauernden Schlaf gefallen sein (Goethes Festspiel: „Des E. Erwachen", 1814) und später ein Bündnis zw. Athen und Knossos gestiftet haben.

Epimetheus ↑Pandora.

Épinal, frz. Stadt an der Mosel, 60 km ssö. von Nancy, 340 m ü. d. M., 38 000 E. Verwaltungssitz des Dep. Vosges; Museen, u. a. Internat. Bilderbogenmuseum. Handelsstadt mit Fachmessen; eines der Zentren der Textilind. S-Lothringens. - Die nahe einem um 980 gegr. Kloster (1790 aufgehoben) entstandene Stadt wurde mit Lothringen 1766 frz. und 1790 Hauptstadt des Dep. Vosges. - Ehem. Stiftskirche Saint-Maurice (v. a. 11., 13. und 14. Jh.), Rathaus (18. Jh.).

Epinephrektomie, svw. ↑Adrenalektomie.

Epinephrin [griech.], svw. ↑Adrenalin.

Épinglé [epɛ̃'gle; frz.], Möbelbezugstoff, in Kettsamttechnik gewoben, mit nicht aufgeschnittenen Schlingen.

Epinikion [griech., zu níkē „Sieg"], griech. Siegeslied, Chorlied, das zum Empfang olymp. Sieger in der Heimatstadt gesungen wurde.

Epipactis [griech.] ↑Sumpfwurz.

epipaläolithische Kulturen (Epipaläolithikum), Bez. für steinzeitl. Fundgruppen, die z.eitl. jünger sind als das Ende des Paläolithikums (in Europa nach etwa 8000 v. Chr.), aber in allen wesentl. Kulturzügen dessen Traditionen weiterführen; meist mit gleichzeitigen, mehr oder weniger stark protoneolith. beeinflußten Gruppen zum Mesolithikum zusammengefaßt.

Epiphanes [griech. „sichtbar"], antiker Beiname für einzelne Götter, im Hellenismus Bestandteil der Herrschertitulatur.

Epiphanias [griech.] ↑ Epiphanie.

Epiphanie [zu griech. epipháneia „Erscheinung"], in der Antike Bez. für das plötzl. Sichtbarwerden einer Gottheit. Im Herrscherkult ist E. das Erscheinen des als Gott verehrten Herrschers. Für den christl. Glauben ist E. das Erscheinen Gottes in der Welt in Christus. - Das christl. Fest der E. (Fest der Erscheinung des Herrn, in den ev. Kirchen **Epiphanias**; 6. Jan.) wurde volkstüml. zum Fest der Hl. Drei Könige (**Dreikönigsfest**).

Epiphora [griech.], *rhetor. Figur:* Wiederholung eines oder mehrerer Wörter am Ende aufeinanderfolgender Sätze oder Satzteile. - Ggs. ↑ Anapher.

◆ in der *Medizin* svw. Tränenfluß.

Epiphyllum [griech.], svw. ↑ Blattkaktus.

Epiphyse [griech.], die zunächst vollknorpeligen Gelenkenden eines Röhrenknochens; zw. E. und Mittelstück des Röhrenknochens (Diaphyse) liegt (als Wachstumszone des Knochens) die knorpelige **Epiphysenfuge**; nach Verknöcherung des Innern der E. als auch der E.fugen ist die Wachstumsphase abgeschlossen.

◆ svw. ↑ Zirbeldrüse.

Epiphyten [griech.] (Aerophyten, Aufsitzer, Scheinschmarotzer), Pflanzen, die auf anderen Pflanzen (meist Bäumen) wachsen und keine Verbindung mit dem Erdboden haben. Die Unterpflanzen werden aber nicht parasitisch ausgenutzt, sondern dienen nur der besseren Ausnutzung des Lichts. E. sind z. B. Flechten, Moose und Orchideen.

Epipolai, Stadtteil des antiken ↑ Syrakus.

Epirogenese [griech.], Bewegungsvorgang der Erdkruste, bei dem über längere geolog. Zeiträume hinweg ausgedehnte Krustenteile aufsteigen oder absinken. Sie äußert sich in der Gegenwart durch Niveauänderungen in der Größenordnung von mm bis cm pro Jahr, in der Vergangenheit durch Vordringen und Zurückweichen der Meere sowie durch Einsenkung und sedimentäre Auffüllung weitgespannter Becken oder langfristige Heraushebung und Abtragung von Teilen der Erdkruste.

Epirus, Gebirgslandschaft in NW-Griechenland, im N an Albanien grenzend, im O durch den Hauptkamm des Pindos, im S durch den Ambrak. Golf, im W durch das Ion. Meer begrenzt, im Smolikas 2 637 m hoch. Am Unterlauf der Flüsse wird Baumwolle, Tabak und Reis angebaut, im Inneren Getreideanbau und Weidewirtschaft.

Geschichte: Die mit Illyrern vermischte Bev. des antiken E. (griech. ếpeiros „Festland") wurde bes. unter makedon. Oberhoheit (seit etwa 350 v. Chr.) hellenisiert. Das von Pyrrhus I. (✝ 306–272) gebildete Kgr. E. brach um 233 zusammen; seit 148 v. Chr. stand E. unter röm. Provinzialverwaltung. Seit dem 7. Jh. n. Chr. drangen die Slawen vor. Im 13. Jh. erlebte E. unter den ↑ Angeloi (bis 1318) den Höhepunkt seiner ma. Geschichte. 1348 fiel es an Serbien, unter dessen Herrschaft sich Albaner im W und N ansiedelten. Im 15. Jh. bildete das restl. E., bevor es von den Osmanen erobert wurde, eine unabhängige Gft., der W blieb unter alban. Herrschaft. Zu Beginn des 19. Jh. war E. Herrschaftsgebiet des Pascha von Janina (= Ioannina). 1834/84 kam der SO von E. an Griechenland, der größte Teil jedoch erst 1912. Der Konflikt um N-E. wurde bis 1923 zugunsten Albaniens entschieden (nat. Minderheiten in beiden Staaten).

episches Theater, Begriff B. Brechts für seine Form des modernen Theaters, bei dem der Zuschauer sich nicht mit Gestalten und Geschehen identifizieren soll, sondern in Distanz davon zum Nachdenken über gesellschaftl. Verhältnisse, ihre Veränderbarkeit und die Notwendigkeit ihrer Veränderung geführt werden soll. Mittel ist die Verfremdung der dramat. Handlung durch argumentierende Kommentierung der szen. Aktion durch einen Erzähler, durch Heraustreten des Schauspielers aus seiner Rolle, durch eingeschobene Lieder und Songs, durch Spruchbänder bzw. auf den Bühnenvorhang projizierte Texte usw.

Episcopus [griech.-lat.], lat. Bez. für Bischof.

Episiten [griech.], Bez. für räuber. lebende Tiere, z. B. Raubfische, Greifvögel, Raubtiere.

Episkleritis [griech.], schmerzhafte Entzündung der äußeren Lederhautschicht (**Episklera**) des Auges, u. a. bei Rheuma, Gicht, Tuberkulose.

Episkop [griech.] ↑ Projektionsapparate.

episkopal [griech.], bischöflich.

Episkopalismus [griech.], Bez. für eine Bewegung, die die Kirchengewalt vom Papst stärker auf die Bischöfe verlagern will. Als Ideal schwebt ihren Vertretern die Kirchenverfassung des ersten Jahrtausends vor.

Episkopalisten [griech.], aus der engl. Reformation hervorgegangene Kirchen mit bischöfl. Verfassung im Gegensatz zu Presbyterianern und Kongregationalisten.

Episkopalsystem, Anfang des 17. Jh. entwickeltes System und kirchenjurist. Rechtfertigung des landesherrlichen Kirchenregiments. Nach der Aufhebung der Jurisdiktionsgewalt der kath. Bischöfe in prot. Territorien gehe die Bischofsgewalt treuhänderisch auf die Landesherren über (**Summepiskopat**).

Episkopat [griech.], das Amt des Bischofs; auch die Gesamtheit der Bischöfe oder eine Gruppe von ihnen.

Episode

Episode [zu griech. epeisódion „Einschiebsel"], allg.: unbed. Begebenheit; Ereignis oder Erlebnis von kurzer Dauer.
♦ in dramat. oder ep. Werken Einschub oder Nebenhandlung, die Haupthandlung und -personen ergänzend von anderer Seite zeigen oder ein Gegenbild entwerfen.

Episomen [griech.], aus DNS bestehende genet. Elemente bei Bakterien, die entweder außerhalb der Chromosomen vorkommen (autonome E.) oder in das Chromosom eingebaut werden (integrierte E., d. h. Plasmide).

Epistase [griech.], in der Biologie das Zurückbleiben in der Entwicklung bestimmter Merkmale bei einer Art oder einer Stammeslinie gegenüber nahe verwandten Formen.

Epistel [griech.-lat.], Brief, speziell Apostelbrief (Sendschreiben).
♦ in der kath. Liturgie früher Bez. für die erste Lesung der Messe.
♦ als *antike literar. Form* in der Regel in Versen, bes. von Horaz gepflegt („Epistola ad Pisones"), auch von Ovid („Heroides"); wieder aufgegriffen bei den Humanisten, näherte sie sich dem Traktat.

Epistemologie [griech.], Wissenslehre; weitgehend synonym mit Erkenntnistheorie.

Epistolae obscurorum virorum [lat. „Dunkelmännerbriefe"; in Anlehnung an die „Clarorum virorum epistolae" (Briefe berühmter Männer; Briefwechsel des Humanisten Reuchlin, 1. Teil 1514) gen.], fingierte Briefsammlung (1515, 1517) ungenannter Autoren (U. von Hutten u. a.), die zur Verteidigung Reuchlins diesen scheinbar angreifen und ihn in dessen Streit mit den Kölner Theologen unterstützen und die ma. Gelehrsamkeit verspotten.

Epistropheus [eˈpɪstrɔfʊs, epiˈstrɔ:fe-ʊs; griech. „Umdreher"] (Axis), zweiter Halswirbel der Reptilien, Vögel und Säugetiere (einschließl. Mensch), um dessen Fortsatz der ringförmige erste Halswirbel (Atlas) drehbar ist.

Epistyl [griech.] ↑ Architrav.

Epitaph [griech.], Grabinschrift (v. a. in der Antike).
♦ Gedenktafel mit Inschrift für einen Verstorbenen, an Kirchenwänden innen oder außen angebracht, seit dem 14. Jh., v. a. in der Renaissance und im Barock reich ausgebildet, oft mit der Porträtfigur des Verstorbenen.

Epitaxie [griech.], die gesetzmäßige, orientierte Verwachsung von Kristallen, die chem. und strukturmäßig gleich (**Homoepitaxie**) oder verschieden sein können (**Heteroepitaxie**).

Epithalamion (Epithalamium) [griech. „das zum Brautgemach Gehörige"], in der Antike ein Hochzeitslied.

Epithel [griech.] (Epithelgewebe, Deckgewebe), ein- oder (v. a. bei Wirbeltieren) mehrschichtiges, flächenhaftes Gewebe, das alle Körperober- und -innenflächen der meisten tier. Vielzeller bedeckt. Nach ihrer Form unterscheidet man: 1. **Plattenepithel** aus flachen, plattenförmigen Zellen; kleidet u. a. Blut- und Lymphgefäße aus; 2. **Pflasterepithel** aus würfelförmigen Zellen; kleidet die Nierenkanälchen aus; 3. **Zylinderepithel** aus langen, quaderförmigen Zellen; kleidet u. a. das Innere des Magen-Darm-Kanals aus. Nach der jeweiligen hauptsächl. Funktion unterscheidet man: **Deckepithel** (Schutz-E.) mit Schutzfunktion; **Drüsenepithel** mit starker Sekretausscheidung; **Sinnesepithel** (Neuro-E.), aus einzelnen Sinneszellen bestehend (z. B. Riech-E.); **Flimmerepithel**, dessen Zellen Geißeln tragen, die entweder einen Flüssigkeitsstrom erzeugen (z. B. E. der Bronchien) oder, außen am Körper liegend, der Fortbewegung dienen.

Epitheliom [griech.], Sammelbez. für alle von den Zellen der Oberhaut ausgehenden Geschwülste.

Epithelkörperchen, svw. ↑ Nebenschilddrüse.

Epitheton [griech., eigtl. „das Hinzugefügte"], attributiv gebrauchtes Adjektiv oder Partizip. **Epitheton ornans**, formelhaftes, immer wiederkehrendes E., z. B. grüne Wiese.

Epitokie [griech.] (Epigamie), bei vielen Arten der Vielborster vorkommende, zur Paarungszeit einsetzende Umbildung des Körpers vom noch nicht geschlechtsreifen Stadium (**atoke Form**) zum geschlechtsaktiven Stadium (**epitoke Form**).

Epitome [griech.], Auszug aus einem umfangreichen Schriftwerk, wiss. oder geschichtl. Abriß.

Epitrichium [griech.], Hülle aus abgestorbenen verhornten Epidermiszellen, die den Embryo einiger Säugetiere umgibt.

Epizentrum [griech.], senkrecht über einem Erdbebenherd liegendes Gebiet der Erdoberfläche.

Epizoen [griech.], auf der Oberfläche anderer Tiere lebende Tiere (z. B. Läuse).

Epizone ↑ Metamorphose.

Epizootie [...tso-o...; griech.] ↑ Tierseuchen.

Epizykloide (Aufradlinie), Kurve, die von einem Punkt P auf einem Kreis k mit dem Radius r beschrieben wird, wenn k auf der Außenseite eines Kreises K mit dem Radius R, dem **Deferenten**, gleitfrei abrollt *(gemeine Epizykloide)*.

Epoche [zu griech. epoché, eigtl. „das Anhalten", (übertragen:) „Haltepunkt in der Zeitrechnung"], Bez. für einen bed. Abschnitt des histor. Entwicklungsablaufes. Zur Problematik ↑ Periodisierung.
♦ Zeitpunkt, auf den astronom. Beobachtungen oder Größen bezogen werden.

Epoche [zu griech. epoché „das Anhalten"], in der Philosophie 1. zentraler Begriff der griech. Skepsis, bedeutet das method.

Epos

Sichenthalten von Urteilen wegen mögl. Fehlaussagen, dann auch für den prinzipiellen Verzicht auf jegl. Wahrheitsanspruch philosoph. Sätze; 2. bei E. Husserl der Verzicht auf eine naiv realist. Einstellung, die eine Unabhängigkeit des „Seins" vom „Bewußtsein" unmittelbar annimmt.

Epode [griech. „Nachgesang"], 1. Bez. für die dritte Strophe im griech. Chorlied; 2. Bez. für ein Distichon, bei dem ein kurz gebauter Vers auf einen längeren folgt.

Epona, kelt. Göttin, Patronin der Pferde, Esel und Maultiere.

Eponym [griech.], Gattungsbez., die von einem Personennamen abgeleitet ist, z. B. Zeppelin für Luftschiff.

Epos [griech. „Wort, Rede, Erzählung, Lied, Gedicht"], früh ausgebildete Großform der Epik in gleichartig gebauten Versen oder Strophen (**Versepos**), meist mehrere Teile (Gesänge, Bücher, Aventiuren) umfassend. Ziel dieser erzählenden Dichtung ist die Konstituierung eines Weltganzen, in dem sich eine individuelle Handlung vollzieht. Der hohe Anspruch auf Allgemeingültigkeit gründet auf der Einheit von Individualität und kollektiven Anschauungen. Ihm entspricht die Tonlage des Pathos, das sich durch gehobene Sprache, typisierende Gestaltungsmittel (ep. Breite, Wiederholungen, Epitheta, feststehende Formeln) und fortwährend erzeugtes Gleichmaß in Rhythmik und Metrik entfaltet.

Das E. hat seinen **Ursprung** in jenem Stadium früher Epochen, in dem neben dem myth. Weltbild ein spezif. Geschichtsbewußtsein von der herrschenden, kulturtragenden Gruppe eines Volkes ausgebildet wurde. Seine Voraussetzung und zugleich sein Publikum war eine einheitl. (z. B. feudalist.) strukturierte Gesellschaft, deren Anfangsgeschichte realhistor. Grundlage der frühen Epen ist. Als literar. Vorstufe gelten kult. Einzelgesänge (Götter-, Helden-, Preislieder), die von (meist anonymen) Dichtern zu den sog. Volksepen ausgestaltet wurden. Durch den Verzicht auf öffentl. Vortrag erhielten die späteren Buchepen einen individuelleren und privateren Charakter; es entwickelten sich Einzelgattungen wie Nationalepen, Lehr-, Tier- und Scherzepen. Spätere Differenzierungen haben zu Überschneidungen mit Nachbargattungen wie Versnovelle, Romanze und Ballade geführt. Die **Geschichte** der E.überlieferung beginnt im Orient mit dem babylon. „Gilgamesch-Epos" (2. Jt. v. Chr.). „Mahabharata" (5. Jh. v. Chr.) und „Ramajana" (4. Jh. v. Chr. – 2. Jh. n. Chr.) entstanden in Indien. Höhepunkt des neupers. E. ist die Sammlung des Ferdausi, „Schahnamah" (Königsbuch). Die Hexameterdichtungen „Ilias" und „Odyssee" des Homer sind die frühesten Zeugnisse (8. Jh. v. Chr.) des westl. E. Weiterer Höhepunkt des antiken E. ist Vergils „Äneis" (Ende des 1. Jh. v. Chr.), die zum Vorbild für die vielen lat. Epen der Kaiserzeit wurde. Die Hexameterdichtungen Hesiods (um 700 v. Chr.) markieren den Beginn des antiken Lehr-E., das nur bedingt unter dem Begriff des E. zu fassen ist. Fortsetzung finden lat. und griech. E. im MA in den byzantin. Geschichts- und Preisepen (7.–12. Jh.), im mittellat. geistl. E. (Bibel-E., [Heiligen]legenden) sowie in mittellat. Herrschervitien, Chroniken oder Bearbeitungen auch german. Stoffe („Waltharius", 9. oder 10. Jh.) und schließl. im neulat. E. seit Petrarcas „Africa" (1338–42). Daneben sind aber auch parallele Formen in der jeweiligen Volkssprache überliefert, z. B. die frühmittelhochdt. „Kaiserchronik" (um 1145). – Neue Leistung der Zeit ist das volkssprachl. Heldenepos. Stoffe aus der Zeit der Völkerwanderung verarbeitet das german. Helden-E. (der altengl. „Beowulf", wahrscheinl. 10. Jh.; das mittelhochdt. „Nibelungenlied", um 1200);

Epizykloide

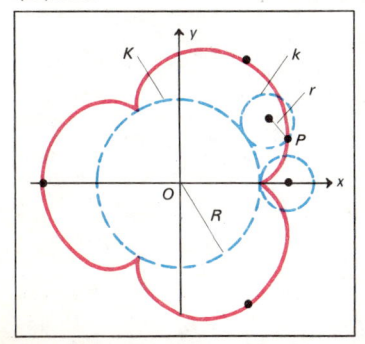

Epithel. Von oben: einschichtiges Plattenepithel, Pflasterepithel, einschichtiges Zylinderepithel mit Bürstensaum, mehrreihiges Zylinderepithel mit Zilien

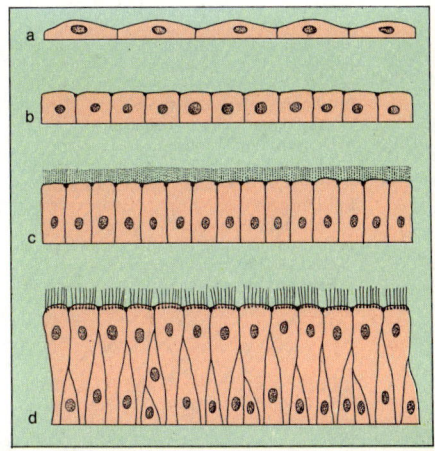

die karoling. Grenz- und Glaubenskämpfe und der Kreuzzugsgeist des hohen MA finden Niederschlag im roman. Helden-E. (das altfrz. „Rolandslied", um 1100, u. a. Chansons de geste; der altspan. „Poema del Cid", um 1140). Die meisten slaw. Volksepen wurden erst seit dem 19. Jh. schriftl. fixiert.
Das Abenteuer-E. der Spielmannsdichtung steht zw. Helden-E. und dem höf. E. des hohen MA (Chrétien de Troyes, Wolfram von Eschenbach, Gottfried von Straßburg, Hartmann von Aue, Heinrich von Veldeke). Dantes „Göttliche Komödie" (1307–21), die das Weltbild des MA noch einmal zusammenfaßt, wird als Schwelle zur Renaissance gesehen, in der die Gattung mit dem National-E. als bewußter Kunstschöpfung einen neuen Höhepunkt erlebt, u. a. „Der rasende Roland" (1516) von Ariosto, Tassos „Das befreite Jerusalem" (1581) in Italien, den „Lusiaden" (1572) von A. de Camões in Portugal, der „Auracana" (1569–89) von A. de Ercilla y Zúñiga in Spanien, E. Spensers „The faerie queene" (1590–96) in England, die kroat. „Judita" (1501) von M. Marulić in Osteuropa.
Zunehmende Subjektivierung und Verbürgerlichung der Weltansicht stehen der weiteren Entfaltung des E. entgegen, das aber von einigen Dichtern noch als oppositionelle Form gegen Verflachung von Leben und Poesie genutzt wird (Milton, Klopstock). Die Wiederbelebungsversuche im 19. und bis zur Mitte des 20. Jh. sind zahlr., meist nachgeholte Nationalepen oder Weltanschauungsepen, die sich mit ihrer Neigung zur lyr.-ep. Versdichtung (Shelley, Keats und Byron in England; Whitman und Pound in Amerika; Saint-John Perse in Frankr.; Brentano, Dehmel in Deutschland) von der rein ep. Gattung abheben. Die ep. Großform E. scheint zum großen Teil von der ep. Großform Roman abgelöst. ⌑ *Das dt. Vers.-E.* Hg. v. *W. J. Schröder.* Darmst. 1969. - Dumézil, G.: *Mythe et épopée.* Paris 1968–78. 3 Bde.

Epoxide (Epoxyde), die Epoxidgruppe enthaltende sehr reaktionsfähige organ. Verbindungen, die aus Chlorhydrinen durch Abspalten von Chlorwasserstoff oder aus Alkenen durch Anlagerung von Sauerstoff an die Doppelbindung (**Epoxidation**, u. a. mit Peroxiden) erhalten werden.

Epoxidharze, härtbare flüssige oder feste Kunstharze, die durch Kondensation von Epichlorhydrin mit aromat. Hydroxyverbindungen entstehen und zwei oder mehr Epoxidgruppen enthalten; Verwendung als Gießharze, Lackrohstoffe, Klebstoffe.

Epoxidgruppe (Epoxygruppe), Bez. der chem. Nomenklatur für die Gruppe

$$-CH-CH-$$
$$\diagdown O \diagup$$

Epp, Franz Ritter von (seit 1917), * München 16. Okt. 1868, † ebd. 31. Dez. 1946, dt. General und Politiker. - Mit dem Freikorps E. an der Eroberung Münchens und dem Sturz der bayr. Räterepublik beteiligt; 1928–45 MdR (NSDAP), 1933–45 Reichsstatthalter in Bayern.

Eppan (italien. Appiano), italien. Gemeinde in Südtirol, 10 km sw. von Bozen, 411 m ü. d. M., 10 200 E. Fremdenverkehr; in der Kapelle der Burg Hoch-E. Freskenzyklus (um 1300). - Die Grafen von E., 1116 erstmals erwähnt, besaßen bis nach 1250 den nördl. Teil der Grafschaft Trient bis gegen Meran.

Eppelsheimer, Hanns Wilhelm, * Wörrstadt bei Mainz 17. Okt. 1890, † Frankfurt am Main 24. Aug. 1972, dt. Bibliothekar und Literaturwissenschaftler. - 1947–59 Direktor der Dt. Bibliothek in Frankfurt am Main; 1963–66 Präs. der Dt. Akademie für Sprache und Dichtung; veröffentlichte u. a. „Handbuch der Weltliteratur" (1937), „Geschichte der europ. Weltliteratur" (Bd. 1, 1970).

Eppingen, Stadt im Kraichgau, Bad.-Württ., 203 m ü. d. M., 15 200 E. Museum; Maschinen- und Apparatebau, Zigarrenind., Brauerei. - 985 erstmals erwähnt, Ende des 13. Jh. Reichsstadt; seit 1803 zu Baden. - Spätgot. Pfarrkirche, Fachwerkhäuser (14.–17. Jh.), u. a. „Alte Universität" (15. Jh.).

Eppler, Erhard, * Ulm 9. Dez. 1926, dt. Politiker. - Zunächst in der GVP (1952–55), seit 1956 Mgl. der SPD, 1961–76 MdB; 1968–74 Bundesmin. für wirtsch. Zusammenarbeit; 1973–80 Landesvors. der SPD in Bad.-Württ.; 1973–82 Mgl. des SPD-Bundespräsidiums; einer der Wortführer der Friedensbewegung und der Ökologiebewegung in der BR Deutschland.

EPROM [Abk. für engl.: erasable programmable read-only memory], in der Datenverarbeitung Bez. für einen Festspeicher, dessen Inhalt durch UV-Bestrahlung gelöscht werden kann; anschließend kann er neu programmiert werden. Ein Festspeicher, dessen Inhalt mit Hilfe elektr. Impulse gelöscht werden kann, wird als *EEROM* oder *EEPROM* (electrically erasable [programmable] read-only memory) bezeichnet.

Epsilon, fünfter Buchstabe des griech. Alphabets: E, ε.

Epsom and Ewell [engl. 'ɛpsəm and 'juːəl], engl. Stadt in der Gft. Surrey, 69 000 E. Wohnstadt und Erholungsgebiet für London; Pferderennen (seit 1780, u. a. Epsom-Derby).

Epstein, Sir (seit 1954) Jacob [engl. 'ɛpstaɪn], * New York 10. Nov. 1880, † London 19. Aug. 1959, brit. Bildhauer russ.-poln. Abstammung. - Von nervöser Spannung erfüllte [Bronze]plastik (Figurengruppen mit religiöser Thematik, Porträts).

E., Jean [frz. ɛp'stɛn], * Warschau 26. März 1897, † Paris 2. April 1953, frz. Filmtheoretiker und -regisseur. - Zahlr. bed. filmtheoret. Veröffentlichungen (u. a. „Cinéma", 1921; „Esprit du cinéma", 1955); seine Filme zeigen psycholog. Milieuschilderungen, Landschaftsstudien, neue Techniken (Zeitlupe u. a.).

Epulis [griech.], Zahnfleischgeschwulst; Sammelbez. für Neubildungen, die vom Zahnfleisch ausgehen bzw. dem Zahnfleisch aufsitzen.

Epyllion (Mrz. Epyllien) [griech.], in der Antike kürzeres Epos meist in daktyl. Hexametern; auch allg. für Verserzählung.

Equilibrist, svw. ↑Äquilibrist.

Equipage [ek(v)i'paːʒə, frz. ekiˈpaːʒ], eleganter Kutschwagen.

Equipe [eˈkɪp; frz.], ausgewählte Mannschaft, bes. im Reitsport.

Equisetaceae [lat.], svw. ↑Schachtelhalmgewächse.

Equisetum [lat.], svw. ↑Schachtelhalm.

Equites (Einz. Eques) [lat.], der röm. Ritterstand, den es in Rom seit der Königszeit gab; wurde neben dem Senatorenstand der 2. Stand im Staate, der alle größeren Handels- und Kapitalgeschäfte in seiner Hand vereinigte und zum Kennzeichen des kaiserl. Dienstes wurde.

Equity [engl. 'ɛkwɪtɪ; zu lat. aequitas „Gleichheit"], im angloamerikan. Recht die Gesamtheit derjenigen Rechtsnormen, die durch die *Courts of E.* entwickelt worden sind; ergänzen und korrigieren das ↑Common Law.

Equuleus [lat.] ↑Sternbilder (Übersicht).

Er, chem. Symbol für ↑Erbium.

ER, Abk. für: ↑Europarat.

Erasistratos, *Julis (auf Kea) um 300, † in Kleinasien um 240, griech. Arzt. - Gilt als der Begründer der patholog. Anatomie; führte die meisten Krankheiten auf ein Übermaß unverdauter Nahrung, die zur venösen Blutüberfüllung (Plethora) führe, zurück.

Erasmus, männl. Vorname griech. Ursprungs, eigtl. „der Liebenswerte, Holde".

Erasmus von Rotterdam, seit 1496 Desiderius E., * Rotterdam 27. (28.?) Okt. 1469 (1466?, 1467?), † Basel 12. Juli 1536, niederl. Humanist und Theologe. - Bedeutendster Vertreter des europ. Humanismus; 1492 Priesterweihe; seit 1495 Studium an der Univ. Paris. 1499/1500 erstmals in England, 1505–09 Aufenthalt in Italien (1506 Promotion zum Doktor der Theologie); 1509–14 in England, 1514–21 in England, 1521–24 in den Niederlanden. - E. veröffentlichte die bed. Sprichwörtersammlung „Adagia" (1500), 1511 die berühmte Satire „Encomion Moriae" (Lob der Torheit), die in Form einer iron. Lobrede auf das Laster gegen die Rückständigkeit der Scholastik und die Verweltlichung der Kirche gerichtet ist. 1516 erschien die erste griech. Druckausgabe des N. T. mit einer Einleitung, der 1517–24 Paraphrasen zum gesamten N. T. (mit Ausnahme der Apokalypse des Johannes) folgten. Diese Ausgabe wurde zur Grundlage von Luthers Bibelübersetzung. Ging 1524 erneut nach Basel, 1529 nach Freiburg i. Br., 1535 zurück nach Basel. In dieser Zeit galt sein Bemühen der Abgrenzung zur Reformation, als deren Zeuge er vielfach gesehen wurde. In der Kontroverse mit Luther über den Willen („De libero arbitrio Diatribe...", 1524; dt. „Vom freien Willen"; Luthers Gegenschrift: „De servo arbitrio", 1525) wurde die bisherige Verbindung von Humanismus und Reformation gelöst. Gleichzeitig distanzierte sich E. von der symbol. Interpretation des Abendmahls. E. wirkte v. a. durch seine histor.-philolog. orientierte Schriftstellertätigkeit, mit der er im Namen der Selbständigkeit des Geistes die Grenzen autoritärer Traditionen überwand, weniger durch ein geschlossenes theolog. System. 3000 Briefe zeugen von seinen Beziehungen zur europ. Geisteswelt.

📖 *Gail, A.: E. v. R.* Rbk. 1974. - *Bainton,*

Sir Jacob Epstein, Porträtbüste Jacob Kramer (1921). London, Tate Gallery

Erasmus von Rotterdam. Kupferstich von Albrecht Dürer (Ausschnitt; 1526)

Erasmus-Preis

R. H.: E. Dt. Übers. Gött. 1972. - E. v. R. E.-Studien-Ausg. Lat. u. dt. Hg. v. W. Welzig Darmst. 1967–80. 8 Bde.

Erasmus-Preis ↑ Praemium Erasmianum.

Erastus (Erast), Thomas, eigtl. T. Liebler, Lieber oder Lüber, * Baden (Kt. Aargau) 7. Mai 1524 (?), † Basel 1. Jan. 1583, schweizer.-dt. Humanist und Mediziner. - Seit 1555 Prof. in Heidelberg; Zwinglianer; forderte gegen den Kalvinismus absolute Herrschaft des Staates über die Kirche.

Erato [eˈraːto, ˈeːrato; griech., zu eratós „geliebt"], eine der ↑ Musen.

Eratosthenes von Kyrene, * Kyrene (= Schahhat, Libyen) um 284 (oder 274), † Alexandria um 202 (oder um 194), griech. Gelehrter. - Prinzenerzieher und Leiter der Bibliothek von Alexandria; entwarf eine Erdkarte mit Hilfe eines Koordinatennetzes von Parallelkreisen und Meridianen, bestimmte den Erdumfang und erfand ein Verfahren zur Auffindung der Primzahlen („Sieb des E."); nur Fragmente erhalten.

Erb, Karl, * Ravensburg 13. Juli 1877, † ebd. 13. Juli 1958, dt. Sänger (Tenor). - 1921–32 ∞ mit Maria Ivogün; Autodidakt, 1913–25 an der Staatsoper in München, seit 1930 Lied- und Oratoriensänger.

E., Wilhelm Heinrich, * Winnweiler (Donnersbergkreis) 30. Nov. 1840, † Heidelberg 29. Okt. 1921, dt. Mediziner. - Prof. in Leipzig und Heidelberg; erarbeitete bed. neurolog. und patholog.-anatom. Erkenntnisse und beschrieb zahlr. Krankheitsbilder und Phänomene, die seinen Namen tragen.

Erbach, rheinfränk. Uradelsgeschlecht, 1148 erstmals erwähnt; die Herrschaft E. im Odenwald wurde 1532 zur Reichsgrafschaft erhoben und 1556 erweitert; seit 1748 geteilt unter den 3 noch heute existierenden Häusern E.-E., E.-Fürstenau und E.-Schönberg; fiel 1806 an Hessen-Darmstadt und bildete eine Standesherrschaft.

Erbach, Krst. in Hessen, 200–400 m ü. d. M., 10 700 E. Verwaltungssitz des Odenwaldkr.; Elfenbeinmuseum; Fachschule für Elfenbeinschnitzer; Schmuckwarenherstellung; Fremdenverkehr. - 1321 als Stadt bezeichnet, 1748 Residenz der Linie Erbach-Erbach; 1806 an Hessen. - Pfarrkirche (1747–50), Schloß (1736) an der Stelle einer ma. Wasserburg, Rathaus (1545) mit offener Erdgeschoßhalle (1593) und Obergeschoß aus Fachwerk (1754).

Erbämter ↑ Reichserbämter.

Erbänderung, svw. ↑ Mutation.

Erbanfall, der Erwerb der Erbschaft. Er vollzieht sich mit dem Tode des Erblassers von selbst (§ 1922 BGB). Durch Ausschlagung kann der Erbe den Erbanfall rückwirkend beseitigen. - Nach östr. Recht fällt die Erbschaft ebenfalls mit dem Tode des Erblassers an, doch erwirbt sie der Erbe erst durch Antretung (Erbserklärung) und Einantwortung durch das Verlassenschaftsgericht. Im schweizer. Recht gilt eine dem dt. Recht vergleichbare Regelung.

Erbanlage, (Anlage) die auf dem Genbestand bzw. den in ihm gespeicherten Informationen beruhende, der Vererbung zugrunde liegende „Potenz" eines Organismus, im Zusammenwirken mit den Umweltfaktoren die charakterist. Merkmale entstehen zu lassen. ◆ svw. ↑ Gen.

Erbärmdebild, Darstellung Christi als Schmerzensmann; Art des Andachtsbildes.

Erbauung, Begriff der christl. Frömmigkeit; in Anlehnung an das „Aufbauen" des Volkes Jahwes (A. T.), dann an die „Auferbauung" der christl. Gemeinde (N. T.), später zunehmend individuell verstanden als innere Stärkung des Glaubens. - Als **Erbauungsliteratur** i. w. S. wird jede Literatur bezeichnet, die religiöser E. dient, i. e. S. werden dazu Schriften gezählt, die ausdrückl. der Stärkung von Glauben und Frömmigkeit dienen sollen, auch als Anweisung für die häusl. Andacht; u. a. Andachtsbuch, Traktat, Predigtsammlung (Postille), Historienbibel, Trost- und Sterbebüchlein; oft wurden mehrere Arten zu sog. Spiegeln oder (seit der Reformation) in Hausbüchern vereinigt; seit dem Pietismus gibt es auch erbaul. Zeitschriften. Auch bed. Dichter und Theologen schrieben Erbauungsliteratur: M. Luther gab die „Theologia Deutsch" heraus (1516), im Barock gehören F. von Spees „Trutz-Nachtigall" (1649) und Angelus Silesius' „Cherubin. Wandersmann" (1675) zur E.literatur; bis ins 20. Jh. blieb im Gebrauch die „Nachfolge Christi" (1410/20; Thomas a Kempis zugeschrieben).

Erbbauer, bis zur Neuordnung der Agrarverhältnisse im 19. Jh. ein Bauer, der ein ↑ Erbe besitzt, d. h. 1. ein Bauer, der ein Gut von bestimmter Mindestgröße und dadurch im Dorf volles Gemeinderecht besitzt; 2. ein Bauer, der sein Gut zu ↑ Erbleihe besitzt.

Erbbaurecht, das veräußerl. und vererbl. dingl. Recht, auf oder unter der Oberfläche eines fremden Grundstücks ein Bauwerk zu haben; geregelt in der VO über das E. vom 15. 1. 1919. Es gewährt eigentümerähnl. Befugnisse und wird deshalb wie Grundstückseigentum behandelt. Für die Überlassung des E. übernimmt der Erbbaurechtige i. d. R. ein Entgelt in wiederkehrenden Leistungen (**Erbbauzins**). Das E. erlischt i. d. R. durch Ablauf der Zeit, für die es bestellt ist. Das Eigentum am Bauwerk geht dann auf den Grundstückseigentümer über, der jedoch zur Zahlung einer Entschädigung verpflichtet ist.

Erbbild, svw. ↑ Idiotyp.

Erbbiologie, svw. ↑ Genetik.

erbbiologisches Gutachten ↑ Vaterschaftsgutachten.

Erbe [zu althochdt. erbi, eigtl. „verwaister Besitz"], allg. svw. Erbschaft, Hinterlassen-

Erbenhaftung

schaft, Nachlaß; in der älteren dt. Rechtssprache das von den Vorfahren ererbte Gut, über das nicht frei verfügt werden durfte, das vielmehr der Familie erhalten bleiben sollte.
◆ die (jurist. oder natürl.) Person, auf die mit dem Tode eines Menschen dessen Vermögen als Ganzes (Nachlaß) übergeht; der E. tritt in die Rechtsstellung des Erblassers ein, während dem Vermächtnisnehmer (↑ Vermächtnis) sowie dem Pflichtteilsberechtigten (Pflichtteil) nur schuldrechtl. Ansprüche gegen den Nachlaß zustehen. Die Rechtsfähigkeit des E. muß im Zeitpunkt des Erbfalls gegeben sein; der beim Erbfall bereits gezeugte, aber noch nicht geborene Mensch (sog. *nasciturus*) gilt als vor dem Erbfall geboren (§ 1922 Abs. 2 BGB), vorausgesetzt, daß das Kind lebend zur Welt kommt. E. wird, wer auf Grund Erbeinsetzung oder kraft gesetzlicher Erbfolge als Rechtsnachfolger des Erblassers berufen ist. Der E. kann die Erbschaft ausschlagen (↑ Ausschlagung). Bis zur Annahme der Erbschaft, längstens bis zum Ablauf der Ausschlagungsfrist, ist der E. **vorläufiger Erbe**, der zur Verwaltung des Nachlasses berechtigt, aber nicht verpflichtet ist. Gegebenenfalls hat das Nachlaßgericht bis zur Annahme einen Nachlaßpfleger zu bestellen. Nach *östr. Recht* ist für die Erbeneigenschaft erforderl. ein Erbrechtstitel (Berufung kraft Testaments, Erbvertrags oder des Gesetzes) und persönl. Erbfähigkeit (Fähigkeit, Vermögen zu erwerben [fehlt z. B. bei Ordenspersonen]). Das *schweizer. Recht* folgt im wesentl. dem dt. Recht.

Erbeinsetzung, die Bestimmung einer oder mehrerer Personen zu Gesamtrechtsnachfolgern durch den Erblasser im Wege der letztwilligen Verfügung. Sie bedeutet die Zuwendung des ganzen Nachlasses oder eines Bruchteils davon. E. und Anordnung eines Vermächtnisses (↑ Vermächtnis) werden danach abgegrenzt, ob der Bedachte Gesamtrechtsnachfolger des Erblassers (Eintritt in dessen Rechtsstellung einschließlich der Haftung für Verbindlichkeiten - dann E.) werden oder nur einen einzelnen Nachlaßgegenstand erwerben soll (dann Vermächtnis). Soll eine Person allein Gesamtrechtsnachfolger werden, liegt Allein-E. vor, sollen es mehrere Personen sein, entsteht mit dem Erbfall eine Erbengemeinschaft; hat der Erblasser im letzten Falle die Bruchteile nicht bestimmt, so gelten die Personen als zu gleichen Teilen eingesetzt. Die E. kann unter einer Bedingung oder befristet erfolgen, dann liegt Nacherbfolge vor. Auch einen Ersatzerben kann der Erblasser einsetzen: **Ersatzerbe** ist, wer für den Fall eingesetzt ist, daß ein [in erster Linie] berufener anderer Erbe vor (z. B. durch Tod, Erbverzicht) oder nach dem Erbfall (z. B. durch Ausschlagung, Erbunwürdigkeit) wegfällt. Hat der Erblasser seine Kinder zu Erben bestimmt, so gelten im Zweifel die Kindeskinder (Enkel) als Ersatzerben (§ 2068 f. BGB). Auch nach *östr. Recht* (§§ 553 ff. ABGB) und nach *schweizer. Recht* ist E. zulässig, doch kann der Erblasser nach schweizer. Recht nur über die verfügbare Quote seines Vermögens letztwillig bestimmen.

Erben, Johannes, * Leipzig 12. Jan. 1925, dt. Germanist. - Mitarbeiter am Grimmschen Wörterbuch (1949–59), seit 1965 Prof. in Innsbruck; wichtige Arbeiten zum Frühneuhochdt. und zur dt. Gegenwartssprache. E. erhielt 1970 den Dudenpreis.

E., Karel Jaromír, * Miletín (Ostböhm. Gebiet) 7. Nov. 1811, † Prag 21. Nov. 1870, tschech. Dichter und Übersetzer. - Sammelte und übertrug im Geiste der Romantik Volkslieder, Märchen und Sagen.

Erbengemeinschaft, die Gemeinschaft der Miterben am Nachlaß. Sie tritt kraft Gesetzes mit dem Tode des Erblassers ein, der mehrere Erben hinterläßt. Jeder Miterbe ist am Nachlaß mit einer bestimmten Quote, seinem Erbteil, beteiligt. Über einzelne Nachlaßgegenstände können die Erben nur gemeinsam verfügen. Die Verwaltung des Nachlasses erfolgt durch die Miterben gemeinschaftl.; jeder ist zur Mitwirkung zu einer ordnungsgemäßen Verwaltung verpflichtet. Einigen sie sich nicht, entscheidet Stimmenmehrheit, berechnet nach der Quote der Erbteile. Zur Erhaltung des Nachlasses notwendige Maßnahmen (Auftrag für nicht aufschiebbare Reparatur) kann jeder Miterbe allein treffen, ebenso darf er vom Nachlaßschuldner Leistung an alle Miterben fordern. Die E. endet mit der ↑ Auseinandersetzung.
Im *östr. Recht* ist zur Verwaltung einer mehreren Erben zugefallenen Erbschaft der Erbe berufen, den das Gericht bei der Einantwortung der Erbschaft dazu bestimmt. Wie im dt. Recht endet die E. mit der Erbteilung. - Im *schweizer. Recht* gilt im wesentl. eine dem dt. Recht entsprechende Regelung.

Erbenhaftung, das Einstehenmüssen (Haftung) des (der) Erben für Nachlaßverbindlichkeiten. Sie kann sich auf den Nachlaß beschränken (**beschränkte Erbenhaftung**) oder diesen und das eigene Vermögen des Erben erfassen (**unbeschränkte Erbenhaftung**). Beschränkte Haftung tritt ein durch Nachlaßkonkurs, Nachlaßverwaltung, Nachlaßvergleichsverfahren (§ 1975 BGB). Ist eine die amtl. Kosten der Nachlaßabwicklung deckende Masse nicht vorhanden, kann der Erbe die Haftung auf den Nachlaß mittels der Dürftigkeitseinrede beschränken (§ 1990 BGB). Dasselbe Recht hat er gegenüber Vermächtnisnehmern und Auflagebegünstigten, wenn der Nachlaß auf Grund von Vermächtnissen und Auflagen überschuldet ist. Beschränkte Haftung besteht auch gegenüber Gläubigern, die ihre Forderung später als fünf Jahre nach dem Erbfall geltend machen (§ 1974 BGB). Unbeschränkt haftet der Erbe allen Nachlaß-

Erbersatzanspruch

gläubigern, wenn er die ihm vom Nachlaßgericht gesetzte Frist zur Errichtung eines Inventars (Erstellung eines Verzeichnisses der Aktiva und Passiva des Nachlasses unter Mitwirkung eines Notars oder zuständigen Beamten) versäumt oder das Inventar absichtlich falsch erstellt (Inventaruntreue). Bei mehreren Erben (Erbengemeinschaft) gilt ergänzend: Sie haften für die Nachlaßverbindlichkeiten als Gesamtschuldner. Nach der Teilung besteht grundsätzlich unbeschränkte Haftung der Erben.

Nach *österr. Recht* haftet der Erbe bei Abgabe einer unbedingten Erbserklärung für alle Verbindlichkeiten u. U. mit seinem Eigenvermögen, im Falle der bedingten Erbserklärung nur bis zur Höhe des tatsächlichen Nachlaßvermögens. – Im *schweizer. Recht* besteht unbeschränkte und solidar. Haftung der Erben, wenn sie die Erbschaft vorbehaltlos angenommen haben.

Erbersatzanspruch, nach §1934a BGB der bei der gesetzl. Erbfolge an die Stelle des gesetzl. Erbteils eines nichtehel. Verwandten tretende Geldanspruch gegen die Erben. Das nichtehel. Kind und sein Vater sind seit dem 1. 7. 1970 auch im Rechtssinne miteinander verwandt. Sie und ihre Verwandten gehören deshalb (grundsätzlich) zu den beiderseitigen Erben. Treffen jedoch bei einem Erbfall nichtehel. Verwandte mit Familienangehörigen des Erblassers zusammen, so schließt das Gesetz die nichtehel. Verwandten von der gesetzl. Erbfolge aus, damit keine Erbengemeinschaft zw. diesen und den Familienangehörigen entsteht. Dem nichtehel. Kind steht der E. zu, und zwar in Höhe des Werts, der seinem gesetzl. Erbteil entspräche, wenn es Erbe würde.

Erbeserbe, Bez. für den Erben eines Erben: er erwirbt mit dem Nachlaß seines Erblassers den darin enthaltenen Nachlaß oder Erbteil, den sein Erblasser geerbt hatte, und zwar einschließlich des noch nicht untergegangenen Rechts zur Ausschlagung.

Erbeskopf, mit 818 m höchste Erhebung des Hunsrücks.

Erbfaktor, theoret. Begriff für ein deutl. in Erscheinung tretendes erbl. Merkmal.

Erbfolge, im *Staatsrecht* die ↑Thronfolge, die allein auf Erbnachfolge beruht (im älteren Recht Erbteilung oder Regelung durch Hausgesetze, heute durch Verfassungsgesetze).

◆ im *bürgerl. Recht* die Gesamtnachfolge des (der) Erben in die vermögensrechtl. Stellung des Erblassers. Sie tritt mit dem Tode eines Menschen von selbst ein und umfaßt - abgesehen von Vermögensteilen, die einer Sondererbfolge unterliegen - das gesamte Vermögen des Erblassers einschließlich der Verbindlichkeiten. Die Erbfolge kann auf Erbeinsetzung durch den Erblasser (**gewillkürte Erbfolge**) oder auf gesetzlicher Regelung (gesetzl. Erbfolge) beruhen. Gesetzl. Erbfolge tritt ein, wenn eine [wirksame] Erbeinsetzung fehlt oder wenn der eingesetzte Erbe durch Ausschlagung der Erbschaft oder infolge Erbunwürdigkeit rückwirkend wegfällt und kein Ersatzerbe und keine ↑Anwachsung eintreten. **Gesetzliche Erben** sind: 1. die *Verwandten* des Erblassers in folgender Reihenfolge (§§ 1924–1930 BGB): in der *ersten Ordnung* die Abkömmlinge (Kinder, Kindeskinder); in der *zweiten Ordnung* die Eltern und ihre Abkömmlinge (Geschwister, Neffen, Nichten); in der *dritten Ordnung* die Großeltern und ihre Abkömmlinge; in der *vierten* und *folgenden Ordnungen* die entfernteren Vorfahren (Urgroßeltern und ihre Abkömmlinge, entferntere Voreltern). Ein beim Erbfall lebender Verwandter einer vorgehenden Ordnung schließt jeden Verwandten einer entfernteren Ordnung aus (**Parentelsystem**). Innerhalb derselben Ordnung gilt: In den ersten 3 Ordnungen verdrängen beim Erbfall lebende Abkömmlinge, Eltern und Großeltern des Erblassers ihre Abkömmlinge (**Repräsentationssystem**). Fällt jedoch ein Abkömmling, Eltern- oder Großelternteil vor dem Erbfall durch Tod, Enterbung oder Erbverzicht oder nach dem Erbfall durch Ausschlagung, Erbunwürdigkeit weg, so treten an seine Stelle die durch ihn mit dem Erblasser verwandten Abkömmlinge, die nach Stämmen erben. Geschwister, Eltern und Großeltern erben stets zu gleichen Teilen. Von der vierten Ordnung an aufwärts gilt die Berufung nach dem Verwandtschaftsgrad (**Gradualsystem**), gleichnahe Verwandte zu gleichen Teilen. - Nichtehel. Verwandte sind grundsätzlich zur gesetzl. Erbfolge berufen, haben aber u. U. nur einen Erbersatzanspruch. 2. Der *Ehegatte* des Erblassers (§§ 1931–1934 BGB): Neben Verwandten der ersten Ordnung erbt er grundsätzl. ein Viertel des Nachlasses, neben

Gesetzliche Erbfolge (Schema)

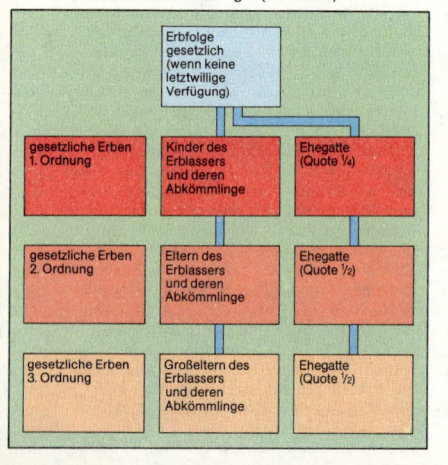

	Erbfolge gesetzlich (wenn keine letztwillige Verfügung)	
gesetzliche Erben 1. Ordnung	Kinder des Erblassers und deren Abkömmlinge	Ehegatte (Quote ¼)
gesetzliche Erben 2. Ordnung	Eltern des Erblassers und deren Abkömmlinge	Ehegatte (Quote ½)
gesetzliche Erben 3. Ordnung	Großeltern des Erblassers und deren Abkömmlinge	Ehegatte (Quote ½)

Erbgrind

Verwandten der zweiten Ordnung und neben Großeltern die Hälfte des Nachlasses (bei Wegfall eines Großelternteils zusätzlich den auf dessen Abkömmlinge entfallenden Anteil), neben allen übrigen Verwandten den gesamten Nachlaß. Bestand beim Erbfall Gütertrennung und sind als gesetzl. Erben der ersten Ordnung ein oder zwei Kinder berufen, so erben der Ehegatte und jedes Kind zu gleichen Teilen. Lebten die Ehegatten im gesetzl. Güterstand der Zugewinngemeinschaft, so erhöht sich der gesetzl. Erbteil des Ehegatten um ein Viertel, und zwar zum Ausgleich des Zugewinns. Neben Verwandten der zweiten Ordnung oder Großeltern steht dem Ehegatten der †Voraus zu. Der überlebende Ehegatte hat kein gesetzl. Erbrecht, wenn im Zeitpunkt des Todes des Erblassers die Voraussetzungen für die Scheidung der Ehe erfüllt waren und der Erblasser die Scheidung beantragt oder ihr zugestimmt hatte. 3. Der *Staat* (Fiskus), der als Erbe berufen ist, wenn kein Verwandter oder Ehegatten vorhanden ist (§ 1936 BGB; Feststellung durch Nachlaßgericht).
Das östr. Recht gliedert die gesetzl. Erbfolge ebenfalls nach Ordnungen: 1. Ordnung ist die unmittelbare Nachkommenschaft, Kinder erben zu gleichen Teilen, entferntere Abkömmlinge nach Stämmen (§§ 731–734 ABGB); 2. Ordnung Eltern und ihre Nachkommen (§§ 735–737 ABGB); 3. und folgende Ordnungen sind die Großeltern und die folgenden Vorfahren (§§ 738 ABGB). Erbrechte des Ehegatten: neben Erben der 1. Ordnung ein Drittel, bei kinderlosen Ehen steigt die Erbquote auf zwei Drittel des Nachlasses. Auch das *schweizer. Recht* (Art. 457 ff. ZGB) geht vom Parentelsystem aus, begrenzt aber das gesetzl. Erbrecht der Verwandten auf die ersten 3 Ordnungen (Abkömmlinge, Eltern und deren Abkömmlinge, Großeltern und ihre Abkömmlinge). Die erbrechtl. Stellung des Ehegatten (Art. 462–464 ZGB) weicht vom dt. Recht ab: er erhält die Erbschaft als Erbe oder zur Nutznießung, wenn er neben Nachkommen berufen ist.

Erbfolgekrieg (Sukzessionskrieg), krieger. Auseinandersetzung auf Grund von Thronfolgestreitigkeiten, z. B. Bayerischer Erbfolgekrieg, Österreichischer Erbfolgekrieg, Spanischer Erbfolgekrieg.

Erbgesundheitsgesetz, Kurzbez. für das nationalsozialist. Gesetz zur Verhütung erbkranken Nachwuchses vom 14. 7. 1933, das die freiwillige und zwangsweise Unfruchtbarmachung (Kastration oder Sterilisation) von Personen ermöglichte, die unter bestimmten Erbkrankheiten litten; teils durch die Länder, teils durch den Bund aufgehoben. In Österreich wurde das E. ebenfalls aufgehoben.

Erbgesundheitslehre, svw. †Eugenik.

Erbgrind (Grindpilzflechte, Pilzgrind, Kopfgrind, Wabengrind, Dermatomycosis favosa, Favus), ansteckende Erkrankung der Haare, Federn, Nägel bei Mensch und Haus-

Erbkrankheiten. Auswirkungen einer Erbkrankheit (hier der Bluterkrankheit) am Beispiel der Nachkommen der Königin Viktoria von Großbritannien und Irland

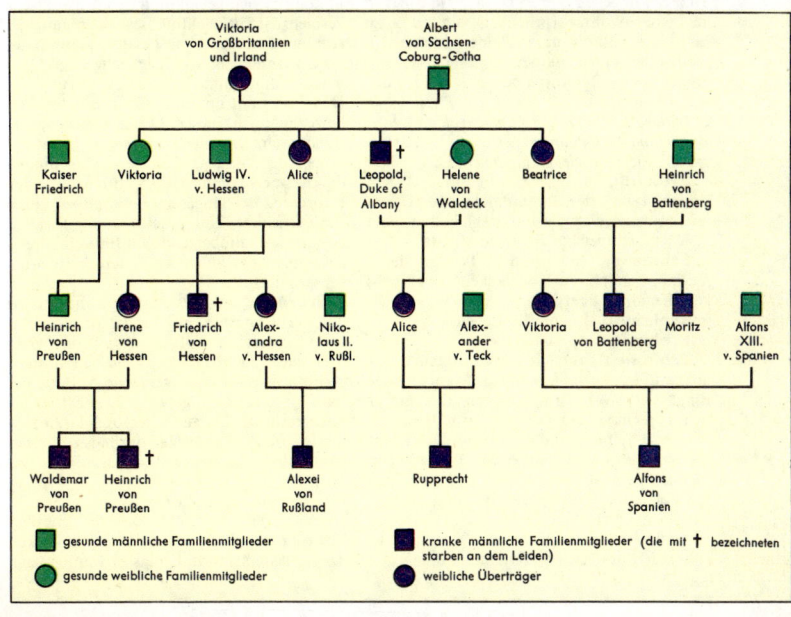

Erbgut

tieren, die durch Wucherung des Deuteromyzeten Achorion schoenleinii verursacht wird und meist auf die Epidermis übergreift.

Erbgut, svw. ↑ Idiotyp.

Erbisdorf ↑ Brand-Erbisdorf.

Erbium [nlat., nach einem Bestandteil des schwed. Ortsnamens Ytterby], chem. Symbol Er; Element aus der Reihe der Lanthanoide. Ordnungszahl 68; mittlere Atommasse 167,26 (natürl. Isotope: Er 162, 164, 166–168 und 170); Dichte 9,051 g/cm^3; Schmelzpunkt 1522°C; Siedepunkt 2510°C. In seinen rosafarbenen bis rötl. Verbindungen tritt das sehr seltene und schwer gewinnbare Metall dreiwertig auf. E. wurde 1843 von C. G. Mosander im Gadolinit entdeckt.

Erbkaiserliche Partei, kleindeutsche polit. Gruppierung der Frankfurter Nationalversammlung (1848/49); erstrebte als vorläufige Lösung einen Bundesstaat ohne Österreich mit dem preuß. König als Kaiser.

Erbkrankheiten (Heredopathien), durch Mutationen hervorgerufene Änderungen der Erbanlagen, die sich als Erkrankungen des Organismus auswirken. Die mutierten Gene werden nach den Mendelschen Gesetzen auf die Nachkommen vererbt. Rezessive krankhafte Anlagen werden erst offenbar, wenn sie, von beiden Eltern übernommen, homozygot, d. h. in beiden einander entsprechenden Chromosomen gleichermaßen vorhanden sind. Daher kann eine rezessive krankhafte Erbanlage auch mehrere Generationen überspringen, bevor sie sich wieder klinisch als Krankheit offenbart. Dominant vererbte krankhafte Anlagen dagegen führen bei den Betroffenen mit einer Wahrscheinlichkeit von 50 % zu einer Erkrankung ihrer Kinder. Manche E. sind geschlechtsgebunden, d. h., sie treten entweder nur bei Männern oder nur bei Frauen auf. - Abb. S. 197.

📖 *Witkowski, R./Prokop, O.:* Genetik erbl. Syndrome und Mißbildungen. Stg. ^{3}1983. - *Passarge, E.:* Elemente der klin. Genetik. Stg. 1979.

Erblande (Erbländer, Erbstaaten), seit dem MA Bez. der Stammlande einer Dynastie, in denen sich die Landesherrschaft dem Reich gegenüber auf Erbrecht stützte.

Erblasser, die (natürl.) Person, deren Vermögen mit ihrem Tode auf eine oder mehrere Personen übergeht.

Erblehen, ein vererbl. Lehen.

Erblehre, svw. ↑ Genetik.

Erbleihe (Erbpacht, Erbzinsrecht), aus spätantiken Vorbildern im MA entwickelte dingl. Leihe von Grundstücken. Der Leiher war berechtigt, ein fremdes Grundstück in Besitz zu nehmen und zu nutzen. Das Recht war vererbl. und veräußerlich. E. war beim ma. Landesausbau und der dt. Ostsiedlung das übl. bäuerl. Besitzrecht. Als ähnl. Institut war in den ma. Städten das sog. Zinseigen entwickelt worden. Die meisten E. verhältnisse wurden im Zug der Bauernbefreiung und Grundentlastung im 19. Jh. aufgehoben.

Erblichkeit (Heredität), die Übertragbarkeit bestimmter, nicht umweltbedingter elterl. Merkmale auf die Nachkommen.

Erbmasse, svw. ↑ Idiotyp.

Erbpacht (Erbbestand) ↑ Erbleihe.

Erbprinz, Titel des ältesten Sohnes und Thronfolgers eines regierenden wie auch eines mediatisierten Herzogs oder Fürsten; in Bayern auch Titel des ältesten Sohns des Kronprinzen.

Erbpsychologie, Teilgebiet der Psychologie, das die Erblichkeit bestimmter Eigenschaften (z. B. mit Hilfe familienstatist. Untersuchungen) erforscht. Auf dem Gebiet der Charakterkunde hat sich G. Pfahler bemüht, angeborene und umweltunabhängige Charaktereigenschaften zu ermitteln.

Erbrechen (Vomitus, Emesis), plötzl. schubweise Entleerung von Mageninhalt durch die Speiseröhre, den Schlund und den Mund nach außen. - E. wird vom Brechzentrum im Rautenhirn kontrolliert. Ausgelöst wird das E. durch Vorgänge im Gehirn (z. B. Erhöhung des Gehirndrucks bei verschiedenen Krankheiten), emotionale Faktoren sowie vasomotor. Vorgänge (z. B. bei der Migräne). Außerdem können Geruchseindrücke sowie mechan. Reizung des Rachenraums zu E. führen. Neben dem Brechzentrum ist die sog. Triggerzone, die bes. durch chem. Reize (Bakteriengifte, Schwangerschaftstoxine sowie bei Behandlung mit Röntgenstrahlen) erregt wird, für das E. verantwortl. Die Triggerzone empfängt die Reize auf dem Blutweg. - E. kündigt sich gewöhnl. durch Unwohlsein, vermehrten Speichelfluß, Beschleunigung der Atmung und des Herzschlags, Schweißausbruch, Gesichtsblässe, Schwäche oder Ohnmachtsgefühl und Pupillenerweiterung an. Das E. beginnt mit einer tiefen Einatmungsbewegung. Zu dieser Drucksteigerung im Bauchraum kommen rückläufige Kontraktionen des Magens, die den Mageninhalt durch die erschlaffte Speiseröhre nach außen befördern. Bei längerem E. kann es durch Verlust saurer Bestandteile (v. a. Salzsäure) zu einem Alkaliüberschuß im Blut und damit zusammenhängenden Krankheitserscheinungen kommen.

Erbrecht, im *objektiven Sinne* die Summe der Rechtsnormen, welche die privatrechtl., vermögensrechtl. Folgen des Todes eines Menschen regeln. Das E. ist ein Teil des bürgerl. Rechts und ist im wesentl. im 5. Buch des BGB (§§ 1922–2385) geregelt. Das Erbschaftsteuerrecht (↑ Erbschaftsteuer) und das Sozialversicherungs- und Versorgungsrecht der Hinterbliebenen gehören dagegen dem öffentl. Recht an.

Das Internat. E. regelt die Frage des jeweils anwendbaren Erbrechts. Das dt. Internat. Erbrecht knüpft an die Staatsangehörigkeit des Erblassers an: dt. Erblasser werden nach

dt. Erbrecht, ausländ. nach ihrem Heimatrecht, staatenlose nach dem Recht ihres gewöhnl. Aufenthalts beerbt. Das Heimatrecht des Erblassers (Erbstatut) ist grundsätzlich für die Vererbung des gesamten Nachlasses maßgebend.
Das E. ist neben dem Eigentum durch Art. 14 GG verfassungsrechtl. gewährleistet: Garantiert ist der Bestand der Erbrechtsnormen in ihrem Kernbereich (Institutsgarantie) wie auch das vom subjektiven Erbrecht umfaßte Vermögensrecht (Individualgarantie). Im *östr. Recht* ist E. 1. das ausschließl. dingl. Recht, die ganze Verlassenschaft oder einen Teil davon in Besitz zu nehmen (§ 532 ABGB); 2. die Gesamtheit der erbrechtl. Vorschriften (§§ 531–824 ABGB). Im *schweizer. Recht* gilt eine dem dt. Recht vergleichbare Regelung (Art. 457–640 ZGB) mit der Abweichung, daß im Internat. E. i. d. R. das Recht am letzten Wohnsitz des Erblassers maßgebend ist.
📖 *Bartholomeyczik, H.: E. Mchn. ¹¹1980.*

Erbreichsplan, 1196 von Heinrich VI. den dt. Fürsten vorgelegtes, von diesen abgelehntes Projekt; sah die Erblichkeit der Reichskrone vor und bot dafür die Erblichkeit der Reichslehen an.

Erbschäden, durch Mutationen verursachte Anomalie bei Lebewesen.

Erbschaft (Nachlaß), das Vermögen des Erblassers, das mit dessen Tod auf den oder die Erben übergeht (§ 1922 Abs. 1 BGB).

Erbschaftsteuer, eine öffentl. Abgabe, die unter bestimmten Voraussetzungen entrichten muß, wer einen Erwerb von Todes wegen erlangt (einschließl. einer Lebensversicherungssumme). Auszugehen ist von dem Wert des Erlangten nach Abzug der Verbindlichkeiten. Dem überlebenden Ehegatten steht ein allg. Freibetrag von DM 250 000,–, den Kindern allg. Freibeträge von DM 90 000,–, den Enkeln von DM 50 000,– zu. Von dem (nach Abzug von Freibeträgen errechneten) Wert ist ein bestimmter Prozentsatz als E. zu entrichten: In der 1. Steuerklasse (Ehegatte, Kinder) zwischen 3 % bis 35 %, in der 2. Steuerklasse und den folgenden bis zu 70 %.

Erbschein, ein auf Antrag durch das Nachlaßgericht erteiltes Zeugnis über die erbrechtl. Verhältnisse. Es gibt an, wer Erbe ist und wie groß (bei Erbenmehrheit) der Erbteil ist, außerdem, welchen erbrechtl. Beschränkungen der Erbe unterliegt. Der E. begründet die (widerlegbare) Vermutung, daß die in ihm genannten Personen im bezeichneten Umfang Erben geworden sind und keinen anderen als den angegebenen Beschränkungen unterliegen. Er genießt öffentlichen Glauben.
Das *östr. Recht* kennt als Legitimationsurkunde für den Erben die **Einantwortungsurkunde.** Im *schweizer. Recht* entspricht dem Erbschein die **Erbbescheinigung.**

Erbschleicher, jemand, der auf unmoral. Weise Einfluß auf einen vermutl. Erblasser nimmt; Erbschleicherei ist als solche kein Straftatbestand und selten anfechtbar.

Erbse (Pisum), Gatt. der Schmetterlingsblütler mit etwa 7 Arten, vom Mittelmeergebiet bis Vorderasien; einjährige, kletternde Pflanzen mit kantigem Stengel und paarig gefiederten Blättern, die in Ranken auslaufen. Die rötl., gelben, weißen oder grünl. Blüten stehen in Trauben; Frucht eine zweiklappige Hülse, in der die kugeligen oder würfelförmigen, grünen, gelben oder weißl. Samen zu 5–10 stehen. E.arten werden in verschiedenen Kulturformen angebaut, deren eiweiß- oder stärkereiche Samen *(Erbsen)* als Gemüse gegessen werden und deren Laub bzw. Stroh ein wertvolles Futtermittel ist. Eine bekannte Kulturpflanze ist die Saaterbse, aus der u. a. die Ackererbse und Gartenerbse hervorgegangen sind.

Erbsenbein, ↑ Handwurzel.

Erbsenmuscheln (Pisidium), in Süßgewässern mit über 100 Arten weltweit verbreitete Gatt. 2–10 mm langer Muscheln; in M-Europa etwa 20 Arten, darunter die 2 mm lange **Banderbsenmuschel** (Pisidium torquatum).

Erbsenstein, svw. ↑ Oolith. - ↑ auch Aragonit.

Erbstaaten ↑ Erblande.

Erbsünde (lat. Peccatum originale), Begriff der christl. Heilslehre: durch die Ursünde Adams und Evas von deren Erben, d. h. von allen Menschen ererbter Zustand der Ungnade vor Gott, der Sterblichkeit, Unwissenheit und Begierde zur Folge hat. Nach *kath.* Verständnis befreit die Taufe von dem Zustand der Ungnade, nicht jedoch von dessen Folgen (z. B. vom Hang zum Bösen und einzelnen sündigen Taten). Die Theologie der *ev. Kirchen* faßt E. als das grundsätzl. gestörte Verhältnis zw. Mensch und Gott, das nur durch göttl. Gnade überwunden werden kann. In allen theolog. Traditionen ist der Begriff E. umstritten, weil einerseits der durch Zeugung und Geburt vermittelte Vorgang des „Erbens" als ein unangemessenes Bild empfunden wird, andererseits die Gefahr besteht, daß durch den Begriff E. die persönl. Verantwortung auch für das Böse relativiert werden kann.

Erbteil, der Anteil des einzelnen Erben am Nachlaß, wenn mehrere Erben zur Erbfolge berufen sind. Der E. besteht in einer bestimmten Quote und ist übertragbar.

Erbtochter, Tochter, i. w. S. auch die nächste direkte Verwandte (Schwester, Nichte) des letzten Inhabers eines vorrangig im Mannesstamm erbl. Reiches, Landes, Erblehens, Allodial- oder Fideikommißgutes.

Erbuntertänigkeit (Gutshörigkeit, Schollenpflichtigkeit), in den Gebieten der dt. Ostsiedlung im 16. Jh. entstandenes Verhältnis der Bauern zu ihren adligen oder geistl. Grundherren: Die Bauern hatten Besitzrecht zu ungünstigen Bedingungen, waren in ihrer Freizügigkeit beschränkt, benötigten für Heiraten die Zustimmung der Herrschaft, ihre Kinder unterlagen dem Gesindezwang; in Preußen 1807 beseitigt, in Österreich (nach Milderungen 1781) erst 1848.

Erbunwürdigkeit, die Unwürdigkeit, Erbe, Vermächtnisnehmer oder Pflichtteilsberechtigter zu sein (§§ 2339 ff. BGB). Sie liegt u. a. vor bei folgenden schweren Verfehlungen: 1. vorsätzl. widerrechtl. (auch versuchte) Tötung des Erblassers; 2. vorsätzl. widerrechtl. Herbeiführung der Testierunfähigkeit des Erblassers; 3. Vereitelung der Errichtung oder Aufhebung einer Verfügung von Todes wegen; 4. Begehung eines Urkundendelikts (Urkundenfälschung) in bezug auf eine Verfügung von Todes wegen des Erblassers.

Erbverbrüderung (Konfraternität), das durch einen Erbvertrag zugesicherte wechselseitige Erbrecht zweier oder mehrerer regierender Häuser für den Fall ihres Aussterbens.

Erbvertrag, nach §§ 1941, 2274 ff. BGB eine Verfügung von Todes wegen, in der mindestens ein Vertragsteil als Erblasser eine ihn bindende Anordnung (vertragsmäßige Verfügung) für seinen Todesfall trifft (**einseitiger Erbvertrag**). Treffen beide Vertragsteile vertragsmäßige Verfügungen von Todes wegen (**zweiseitiger Erbvertrag**), sind also beide Erblasser, so sind die Verfügungen grundsätzlich wechselbezüglich. Der E. kann nur zur Niederschrift eines Notars bei gleichzeitiger Anwesenheit beider Vertragsteile geschlossen werden. Der E. hebt alle früheren Verfügungen von Todes wegen des Erblassers auf, soweit sie den durch eine vertragsmäßige Verfügung Bedachten beeinträchtigen. Rechtsgeschäfte des Erblassers unter Lebenden über sein Vermögen bleiben unberührt.

Nach *östr. Recht* ist der E. nur unter Ehegatten zulässig. Nach *schweizer. Recht* gilt als E. einmal der **Erbzuwendungsvertrag**, durch den Erbeinsetzungen und Vermächtnisanordnungen getroffen werden; er entspricht im wesentlichen dem E. im dt. Recht. Zum anderen gilt als E. auch der **Erbverzichtsvertrag**, durch den der Erbe auf seine künftigen Erbansprüche verzichtet.

Erbverzicht, der vor Eintritt des Erbfalls mit dem Erblasser vereinbarte vertragl. Verzicht des künftigen Erben auf sein Erbrecht. Der Vertrag bedarf der notariellen Beurkundung. Der Verzicht auf das gesetzl. Erbrecht erstreckt sich grundsätzl. auf die Abkömmlinge des Verzichtenden.

Erbzinsgüter, Güter, für die ein erbl. (ewiger) Zins zu zahlen ist.

Ercilla y Zúñiga, Alonso de [span. ɛrˈθiʎa i ˈθuɲiɣa], * Madrid 7. Aug. 1533, † ebd. 29. Nov. 1594, span. Dichter. - Sein bed., vom lat. Epos und von Ariosto beeinflußtes Epos in Stanzen, „Die Araucana" (1569–89), schildert in 37 Gesängen die Kämpfe zw. den span. Eroberern und den Indianern im heutigen Chile, an denen er teilnahm.

Erciyas dağı [türk. ˈɛrdʒijɑs dɑːˈi], mit 3916 m höchster Berg Inneranatoliens, bei Kayseri, erloschener Vulkan, z. T. vergletschert.

Erckmann-Chatrian [frz. ɛrkmanʃatriˈɑ̃], gemeinsamer Name für zwei frz. Schriftsteller: **Erckmann,** Émile, * Phalsbourg (Moselle) 20. Mai 1822, † Lunéville 14. März 1899; **Chatrian,** Alexandre, * Abreschviller 18. Dez. 1826, † Villemomble bei Paris 3. Sept. 1890. - Schrieben und veröffentlichten zus. erfolgreiche Romane aus der napoleon. Zeit mit z. T. elsäss. Lokalkolorit; u. a. „Freund Fritz" (1864), „Erlebnisse eines Conscribirten des Jahres 1813" (1865).

ERDA, Abk. für: Energy Research and Development Administration, Nachfolgeorganisation der ↑Atomic Energy Commission.

Erdachse ↑Erde.

Erdalkalien, unpräzise Bez. für die ↑Erdalkalimetalle.

Erdalkalimetalle, Sammelbez. für die Elemente der II. Hauptgruppe des Periodensystems der chem. Elemente: Beryllium, Magnesium, Calcium, Strontium, Barium, Radium. Die E. sind sehr reaktionsfähig und gehören, mit Ausnahme des Radiums, zu den Leichtmetallen.

Erdaltertum (Paläozoikum) ↑Geologie, Formationstabelle.

Erdapfel, landschaftl. für Kartoffel.

Erdbeben, Erschütterungen, die sich, von einem *E.herd* ausgehend, über einen großen Teil der Erdoberfläche und der Erdinnern oder die ganze Erde *(Weltbeben)* ausbreiten. Die eigentl. E. sind natürl. Ursprungs. Künstl. Großsprengungen und unterird. Kernexplosionen rufen physikal. ähnl. Wirkungen hervor. Die Registrierung von E. erfolgt mit Hilfe hochempfindl. Meßinstrumente, der ↑Seismographen. Sie messen die vom E.herd *(Hypozentrum)* ausgehenden E.wellen und zeichnen ihren Verlauf in einem *Seismogramm* auf. Aus den Einsätzen im Seismogramm können Richtung, Entfernung und Energie der E. abgeleitet werden. Die E.energie wird ausgedrückt durch die Magnitude *M.* Bei den energiereichsten Beben hat *M* Werte zw. 8,5 und 9. Die Magnitudenskala ist im Ggs. zu älteren E.skalen, die auf der zerstörenden Wirkung der E. beruhen, unabhängig von der Besiedelungsdichte über dem Herdgebiet. Im Durchschnitt ereignen sich jährl. auf der Erde etwa zwei Beben mit Magnituden zw. 8 und 9, 800 Beben zw. 5 und 6 und 50 000 Beben zw. 3 und 4. Die Verteilung der Epizentren zeigt Häufungen in den sog. Erdbebengebieten. Alle starken Beben sind entweder in T-förmig zusammenstoßende Bögen gruppiert. Ein Bogen umrandet den Pazif. Ozean *(zirkumpa-*

zif. *Zone*). Der zweite Bogen *(mittelmeer.-transasiat. Zone)* verläuft im wesentl. westöstl., von den Azoren durch das Mittelmeer, längs der zentralasiat. Hochgebirgsketten und trifft bei Sumatra auf die zirkumpazif. Zone. Über 90 % aller E. sind **tekton. Beben.** Sie stellen ruckartige Ausgleiche von Spannungen dar, die durch die gebirgsbildenden (tekton.) Kräfte entstanden sind. Gelegentl. erfolgt der Ausgleich nicht auf einmal, sondern in mehreren Stößen *(Bebenschwarm)*. **Einsturzbeben** bei Einbruch von Hohlräumen und vulkan. Beben als Folge vulkan. Tätigkeit sind viel seltener als tekton. Beben und nie sehr energiereich. Wegen ihrer Folgen können Beben unter dem Meeresgrund **(Seebeben)** bes. Bedeutung erlangen. Sie lösen seism. Meereswogen (Tsunamis) aus, die an Küsten weitab vom Bebenherd noch große Verwüstungen anrichten können.
⌑ *Bolt, B. A.: E. Eine Einf. Dt. Übers. Bln. u. a. 1984. - Steinert, H.: E. Ostfildern ²1980. - Schneider, G.: E. Stg. 1975.*

Erdbebenskala, zur Kennzeichnung der örtl. Stärke von Erdbeben verwendete Stufenskala.

Erdbebenwarten, wiss. Institute, in denen mit Seismometern bzw. Seismographen laufend die örtl. Bodenbewegungen bei Erdbeben, Kernexplosionen und bei mikroseism. Bodenunruhe aufgezeichnet und ausgewertet werden. Auf der Erde arbeiten etwa 500 E.

Erdbeerbaum (Arbutus), Gatt. der Heidekrautgewächse mit etwa 20 Arten im Mittelmeergebiet, auf den Kanar. Inseln und in N- und M-Amerika; immergrüne Sträucher oder Bäume mit kugeligen oder urnenförmigen Blüten in Rispen; Beerenfrüchte; nicht winterharte Zierpflanzen.

Erdbeere (Fragaria), Gatt. der Rosengewächse mit etwa 30 Arten in den gemäßigten und subtrop. Gebieten der Nordhalbkugel und in den Anden; Ausläufer treibende Stauden mit grundständiger, aus dreizählig gefiederten Blättern bestehender Blattrosette und weißen, meist zwittrigen Blüten. Die meist eßbaren Früchte **(Erdbeeren)** sind Sammelnußfrüchte († Fruchtformen), die aus der stark vergrößerten, fleischigen, meist roten Blütenachse und den ihr aufsitzenden, kleinen, braunen Nüßchen bestehen. - Die formenreiche **Walderdbeere** (Fragaria vesca) wächst im gemäßigten Eurasien häufig in Kahlschlägen, Gebüschen und an Waldrändern. Eine Kulturform, die **Monatserdbeere,** blüht und fruchtet mehrmals während einer Vegetationszeit. Die **Muskatellererdbeere** (Zimt-E., Fragaria moschata) wächst im wärmeren Europa; die eßbaren Früchte sind birnenförmig verdickt. Aus Kreuzungen verschiedener Erdbeerarten entstand die **Gartenerdbeere** (Ananas-E., Fragaria ananassa) mit großen, leuchtend roten Früchten, die in vielen Sorten angebaut wird.

Erdbeerfröschchen (Dendrobates typographicus), etwa 2 cm große, leuchtend rote baumbewohnende Art der † Färberfrösche in den trop. Regenwäldern M-Amerikas; stark giftige Hautausscheidungen; Terrarientier.

Erdbeerspinat, Bez. für zwei Arten der Gatt. Gänsefuß mit fleischigen, rötl., an Erdbeeren erinnernden Fruchtständen: der von S-Europa bis M-Asien verbreitete **Echte Erdbeerspinat** (Chenopodium foliosum) und der aus S-Europa stammende **Ährige Erdbeerspinat** (Chenopodium capitatum); beide Arten werden als Blattgemüse angebaut.

Erdbeerstengelstecher (Rhynchites germanicus), etwa 3 mm langer, dunkelblauer bis dunkelgrüner Rüsselkäfer, der an Erdbeeren schädlich wirkt.

Erdbeschleunigung, svw. Fallbeschleunigung († Fall).

Erdbestattung † Bestattung.

Erdbienen, svw. † Grabbienen.

Erdbildmessung † Photogrammetrie.

Erdbock (Grasbock, Dorcadion fuliginator), bis 15 mm langer, flugunfähiger Bockkäfer, v. a. in trockenwarmen Gegenden SW- und M-Europas; Körper schwarz, Flügeldecken meist dicht weißgrau oder gelbl. behaart.

Erddämme † Damm.

Erddruck, die vom Erdboden auf eine abstützende Wand ausgeübte Kraft. Der E. je Flächeneinheit wird in der Bautechnik als E.spannung bezeichnet.

Erde, der (von der Sonne gesehen) dritte Planet im Sonnensystem, Zeichen ♁.

Bahnbewegung der Erde: Die E. bewegt sich wie alle Planeten auf einer leicht ellipt. Bahn, in deren einem Brennpunkt die Sonne steht. Durch die Masseanziehung (Gravitation) der Sonne wird die E. auf ihrer Bahn gehalten. Ihr Umlauf um das Zentralgestirn erfolgt rechtsläufig, d. h., vom Nordpol der Erdbahnebene aus betrachtet, entgegen dem Uhrzeigersinn. Die numer. Exzentrizität, eines der die Bahn beschreibenden Bahnelemente, beträgt etwa 0,017, d. h., daß die Bahn nahezu kreisförmig ist. Die mittlere Entfernung der E. von der Sonne beträgt 149,60 Mill. km (= 1 astronom. Einheit = 1 AE). Im sonnennächsten Punkt ihrer Bahn *(Perihel)* ist die E. 147,0 Mill. km = 0,98 AE, im sonnenfernsten Punkt *(Aphel)* 152,0 Mill. km = 1,02 AE von der Sonne entfernt. Das Perihel wird Anfang Januar, das Aphel Anfang Juli durchlaufen. Der Umfang der Erdbahn beträgt 939,12 Mill. km, diese Strecke wird von der E. mit einer mittleren Geschwindigkeit von 29,8 km/s in einem Jahr zurückgelegt. Die Geschwindigkeit der E. ist in Sonnennähe größer, in Sonnenferne kleiner als die mittlere Geschwindigkeit. Je nach dem Bezugspunkt (Stern, Frühlingspunkt, Perihel) hat das Jahr eine unterschiedl. Länge. Die Bahnebene der E., genauer gesagt die durch den Mittelpunkt der Sonne und den Schwerpunkt des E.-Mond-Systems gehende Ebene, wird *Eklip-*

tikalebene genannt. Der Schnittpunkt dieser Ebene mit der Himmelskugel, ein Großkreis, ist die *Ekliptik;* sie ist der Grundkreis eines der astronom. Koordinatensysteme, des ekliptikalen Systems.

Drehbewegung der Erde: Neben der Bewegung in ihrer Bahn führt die E. eine Rotation um ihre eigene Achse *(Erdachse)* aus, deren gedachte Verlängerung zum Himmelspol (Polarstern) zeigt. Die Rotation erfolgt von West nach Ost, also im gleichen Drehsinn wie die Bewegung in ihrer Bahn. Diese Drehbewegung spiegelt sich in der scheinbaren Drehung des Himmelsgewölbes von Ost nach West wider. Die Rotationsdauer um die Erdachse (Drehung um 360°), gemessen an der Wiederkehr der Kulmination eines Sterns, beträgt 23 h 56 m 4 s *(Sterntag).* Wird die Rotationsdauer hingegen an der Wiederkehr der Kulmination der Sonne gemessen, so ist sie um 3 m 56 s länger und beträgt 24 h = ein mittlerer Sonnentag. Die Rotationsgeschwindigkeit der E. unterliegt unregelmäßigen sowie period. Veränderungen, für die vor allem drei Gründe erkannt wurden: die Gezeitenreibung, Verlagerungen im Erdinnern und jahreszeitliche, meteorologisch bedingte Verlagerungen auf der Erdoberfläche. Die Änderungen der Rotationszeit der E. sind nur über längere Zeiträume hinweg feststellbar; so beträgt die Vergrößerung der Tageslänge durch Gezeitenreibung in 100 Jahren 0,00164 s. Die Schwankungen in der Tageslänge, durch Fluktuationen verursacht, liegen bei 0,001 s. Über Jahrzehnte gehende Untersuchungen haben ergeben, daß auch die Erdpole nicht absolut festliegen, sondern ständig wandern. Entsprechend variiert auch die Lage des Erdäquators, die Grundebene einiger wichtiger astronom. Koordinatensysteme. Diese Polbewegung kann aufgespalten werden in säkulare Polwanderungen und in period. Polbewegungen. Die Erdrotation wird ferner noch durch Gravitationskräfte des Mondes, der Sonne und in gewissem Maße durch die Wirkungen der Planeten beeinflußt.

Solar-terrestrische Beziehungen: Die Stellung der E. im Kosmos, ihre Zugehörigkeit zum Sonnensystem, bedingt zahlr. Vorgänge in der Erdatmosphäre bzw. im erdnahen Bereich: Polarlichter und andere Leuchterscheinungen in der Hochatmosphäre, Schwankungen der Leitfähigkeit der Ionosphäre, magnet. Stürme, Änderungen der Intensitäten im Van-Allen-Gürtel sowie die auf der E. zu beobachtende Höhenstrahlung. Viele dieser Phänomene beruhen auf der Teilchen- und elektromagnet. Wellenstrahlung der Sonne.

Dimensionen der Erde: Die E. ist nahezu kugelförmig, genauer: sie hat die Gestalt eines abgeplatteten Rotationsellipsoids; in aller Strenge ist der Erdkörper jedoch nicht durch eine einfache geometr. Figur beschreibbar, denn neben geometr. müssen physikal. Messungen (Schweremessungen) treten, die dazu führen, von der Erdfigur als dem Geoid zu sprechen.

Die in jüngster Zeit betriebene Satellitengeodäsie hat neue Werte für die Abplattung der E. erbracht (1 : 298,85) und den Erdäquatorradius zu 6 378 160 m ermittelt. Ferner wurde festgestellt, daß das Rotationsellipsoid nur eine erste Näherung für das Geoid darstellt.

Oberfläche = 510,101 Mill. km^2
Volumen = 1 083 319,78 Mill. km^3
Masse = $(5{,}977 \pm 0{,}004) \cdot 10^{24}$ kg
mittlere Dichte = $5{,}517 \pm 0{,}004$ g/cm^3
Masse der Erdatmosphäre = $5{,}157 \cdot 10^{18}$ kg

Der Nordpol der E. steht etwa 40 m weiter vom Erdmittelpunkt ab als der Südpol, und der Erdäquator ist eine Ellipse mit der großen Achse in Richtung 15° westlicher Länge. Die große Achse dieser „Äquatorellipse" ist etwa 200 m länger als die kleine Achse.

Schwerefeld der Erde: Da die Materie im Erdinneren nachgiebig gegen langandauernde Kräfte ist, fällt die Erdfigur im Großen mit einer Äquipotentialfläche der Massenanziehung und der durch die Erdrotation hervorgerufenen Zentrifugalkraft zusammen. Diejenige Äquipotentialfläche, die durch das Meeresniveau (= Normal Null; Abk. NN) geht, heißt *Geoid.* Als Schwerkraft bezeichnet man die zusammengesetzte Wirkung von Massenanziehung und Zentrifugalkraft. Die durch sie hervorgerufene Schwerebeschleunigung g wird in der Geophysik in Galilei (Gal) gemessen: 1 Gal = 1 cm/s^2. Da sowohl die Massenanziehung als auch die Zentrifugalkraft von der geograph. Breite abhängen, gilt dies auch für die Schwerebeschleunigung; sie nimmt vom Äquator zu den Polen hin zu und beträgt im Meeresniveau am Äquator 978,049 Gal, in 45° geograph. Breite 980,629 Gal, an den Polen 983,221 Gal; die Schwerebeschleunigung nimmt mit der Höhe ab.

Aufbau der Erde: Da nur die obersten Teile der E. der direkten Beobachtung zugängl. sind, werden für die Erforschung des Erdinneren Untersuchungen über das Schwerefeld, das Magnetfeld und das Temperaturfeld der E. herangezogen sowie, bes. wichtig, die Auswertung von Seismogrammen. Daraus ergibt sich ein schalenförmiger Aufbau in Erdkruste, Erdmantel und Erdkern. Die einzelnen Schalen werden durch Unstetigkeitsflächen, Diskontinuitäten, an denen sich die Dichte sowie die Geschwindigkeit der Erdbebenwellen sprunghaft ändert, voneinander getrennt. Eine neuere Gliederung spricht von Zonen, wobei die Zone A der Kruste, die Zonen B–D dem Mantel und E–G dem Kern entsprechen. Die *Erdkruste* selbst wird in die granit. kontinentale Oberkruste u. die basalt. ozean. Unterkruste unterteilt. Das Material, aus

Erde

dem die Oberkruste zusammengesetzt ist, besteht v. a. aus Verbindungen von Silicium und Aluminium (69 % SiO_2, 14 % Al_2O_3), weshalb man auch von *Sial* spricht, einem Kurzwort aus den Anfangsbuchstaben beider Elemente. Die durchschnittl. Dichte beträgt 2,7 g/cm³. Bei der Zusammensetzung der Unterkruste sind v. a. Verbindungen von Silicium und Magnesium (48 % SiO_2, 9 % MgO) beteiligt, sie wird deshalb auch mit dem Kurzwort *Sima* bezeichnet. Die Dichte beträgt 2,9 g/cm³. In der Kruste nimmt die Temperatur im Mittel um 1 °C auf 30 m zu († geothermische Tiefenstufe). Die Kruste wird nach unten von der *Mohorovičić-Diskontinuität* begrenzt. Beim Material des folgenden *Erdmantels* spricht man von *Sifema*; dies Kurzwort ist zusammengesetzt aus den Anfangsbuchstaben von Silicium, Eisen (= Ferrum) und Magnesium, deren Verbindungen hier überwiegen (43 % SiO_2, 12 % Fe_2O_3 und FeO, 38 % MgO).

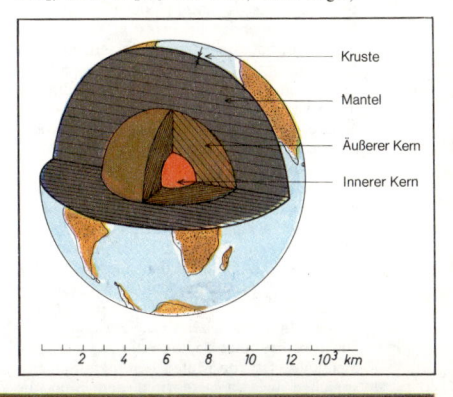

Erde. Die Tiefengliederung des Erdkörpers (rechts); Aufnahme von Apollo 11, die den größten Teil von Afrika, die Arabische Halbinsel sowie Südeuropa zeigt. Nur der westliche Teil wird von der Sonne beschienen, auf dem östlichen Teil ist Nacht (unten)

Erdefunkstelle

Die Erdkruste bildet mit den obersten Teilen des Erdmantels, die auch als *Peridotitschicht* oder *Ultrasima* bezeichnet werden, die Lithosphäre, darunter folgt eine fließfähigere Zone, die sog. Asthenosphäre mit verringerter Fortpflanzungsgeschwindigkeit der Erdbebenwellen und steigender Temperatur. Unter einer rd. 500 km mächtigen Übergangsschicht (Zone C) liegt der untere Erdmantel. Im oberen Mantel beträgt die Dichte 3,3 g/cm³, im unteren 4,3–5,5 g/cm³. Bei 2900 km liegt die Grenze Mantel/Erdkern (= *Wiechert-Gutenberg-Diskontinuität*). Die Dichte springt auf 10,0 g/cm³. Der Erdkern besteht wohl aus Nickel- und Eisenverbindungen, dem sog. *Nife* (8 % NiO, 90 % Fe₂O₃ und FeO). Den äußeren Kern, der bis 5154 km Tiefe reicht, stellt man sich quasiflüssig vor, da sich hier die Transversalwellen nicht fortpflanzen, den inneren Erdkern dagegen fest. Die Dichte steigt zum Erdmittelpunkt (6371 km) auf 13,6 g/cm³ an. Gestützt werden diese Schlüsse auf die Zusammensetzung des Erdinneren durch die vier vorkommenden Arten von Meteoriten: dem Sial entsprechen die Glasmeteoriten, dem Sima die Steinmeteoriten, dem Sifema die Eisensteinmeteoriten und dem Nife die Eisenmeteoriten. Nach anderer Ansicht könnte der innere Erdkern auch aus einer an Wasserstoff und Helium stark verarmten Sonnenmaterie bestehen, d. h. einem sehr heißen, unter hohem Druck stehenden, vollständig ionisierten Gas. Dieses verhält sich Erdbebenwellen gegenüber wie ein fester Körper.

Oberfläche der Erde: Sie gliedert sich in Land- (29 %) und Wasserfläche (71 %). Während auf der N-Halbkugel die Landfläche 39 % und die Wasserfläche 61 % ausmachen, betragen die Werte für die S-Halbkugel 19 % bzw. 81 %. Die höchste Erhebung ist der Mount Everest (8848 m ü. d. M.), die größte bekannte Tiefe liegt im Marianengraben (11022 m u. d. M.). Die mittlere Höhe der Erdteile beträgt 875 m ü. d. M., die mittlere Tiefe der Weltmeere 3800 m u. d. M.

Entwicklung der Erde: Allg. wird für die E. wie auch für die anderen Planeten ein Alter von 4,5–5 Mrd. Jahren angenommen. Aus der wasserdampf- und kohlendioxidreichen Uratmosphäre setzte die Bildung der ersten Ozeane ein, eine Reihe aktiver Phasen mit weltweiter Gebirgsbildung läßt sich nachweisen. Die Untersuchung der zeitl. und räuml. Entwicklung der E. ist Aufgabe der histor. Geologie. Die Zuordnung von Gesteinen und geolog. Vorgängen führte sowohl zur Aufstellung von Zeittafeln, die von den Anfängen bis zur Erdneuzeit reichen (↑Geologie, Tabelle; ↑geologische Uhr) als auch zur Anfertigung paläogeograph. Karten, die über die Verteilung von Land und Meer in den einzelnen Abschnitten der Erdgeschichte informieren. So zerfiel z. B. der große Südkontinent Gondwanaland im Erdmittelalter in einzelne Teile; seine Reste sind die Kontinentalkerne von Südamerika, Afrika, Vorderindien, Australien und Antarktika. Südamerika und Afrika rücken noch jetzt während eines Menschenalters (= 70 Jahre) um etwa 1,80 m auseinander. Die wichtigsten neueren geotekton. Hypothesen, die sich mit der Wanderung der Erdteile befassen, sind die von A. Wegener 1912 aufgestellte Theorie der ↑Kontinentalverschiebung und die 1962 von H. Hess auf Grund der Erforschung der Weltmeere formulierte Theorie der ↑Plattentektonik.

📖 *Clark, S.: Die Struktur der E. Dt. Übers. Stg. 1977. - Physik des Planeten E. Hg. v. R. Lauterbach. Stg. 1976. - Die Entwicklungsgesch. der E. Hanau 1974. - Cloos, W.: Lebensstufen der E. Stg. ²1970.*

Erdefunkstelle ↑Satellitenfunk.

erden, eine ↑Erdung vornehmen.

Erdfall ↑Doline.

Erdferkel (Orycteropus afer), einzige rezente Art der ↑Röhrenzähner, in Afrika südl. der Sahara; Körperlänge bis 1,4 m, mit etwa 60–70 cm langem, sehr dickem, nacktem Schwanz; Kopf unbehaart, langgestreckt, mit schweineartiger Schnauze; Rumpf und Beine mit schütterem, borstigem, dunkel bis gelbl. graubraunem Haarkleid; lebt in einem selbstgegrabenen Erdbau.

Erdfließen ↑Solifluktion.

Erdflöhe, svw. ↑Flohkäfer.

Erdfrüchte, Bez. für Früchte, die unter der Erde reifen (z. B. Erdnuß).

Erdfrühzeit, svw. ↑Proterozoikum.

Erdgas, Naturgas, vielfach mit ↑Erdöl zusammen in der Erdkruste vorkommend, jedoch auch allein in porösen Sanden. E. ist ein Gasgemisch, Hauptbestandteil ist Methan (80–95 %), daneben enthält es gesättigte Kohlenwasserstoffe (z. B. Äthan, Propan, Butan, Pentan), Kohlendioxid, Stickstoff, Schwefelwasserstoff, Wasser und Helium. Nasses E. hat einen größeren Gehalt an höheren Kohlenwasserstoffen. Die größten E.vorkommen liegen in den USA (Texas, Kansas, Oklahoma) und in der Usbek. SSR (Feld Gasli). Aus angebohrten Lagerstätten strömt E. durch Eigendruck aus. Nach Entfernen von Verunreinigungen durch Kühlen, Waschen und fraktionierte Destillation dient es als Stadt-, Heiz- und Treibgas sowie als wertvoller Rohstoff für die ↑Petrochemie.

In der BR Deutschland wurden 1984 rd. 16 Mrd. m³ gefördert (Energieinhalt 550 Petajoule, d. h. rd. 150 Mrd. kWh). Der Energieinhalt der jährl. Weltförderung beträgt rd. 60000 Petajoule.

📖 *Tb. E. Vorkommen, Gewinnung, Verwendung, Rechtsgrundll., Statistik. Hg. v. H. Laurien u. a. Mchn. ²1970.*

Erdgeister, die in der Erde beheimateten Dämonen, gehören zu den ↑chthonischen Mächten.

Erdglöckchen (Moosglöckchen, Linnaea), Gatt. der Geißblattgewächse mit der einzigen Art Linnaea borealis; in Nadelwäldern, Tundren und Hochgebirgen der Nordhalbkugel; Halbstrauch mit fadenförmigem, kriechendem Stengel, kleinen, ledrigen Blättchen und glockigen, weißen, innen rotgestreiften, wohlriechenden Blüten.

Erdgottheiten ↑chthonische Mächte.

Erdharz, svw. ↑Asphalt.

Erdhaus, überwiegend im arkt. Bereich Asiens und Nordamerikas anzutreffende unterird. Behausung.

Erdherr, religiöse Institution bei Ackervölkern des Sudan. Der E. gilt als der Landbesitzer und Landverteiler. Auf Grund der dadurch erhaltenen Machtfülle übt er priesterl. Funktionen aus.

Erdhörnchen (Marmotini), weit verbreitete Gattungsgruppe am Boden und in unterird. Höhlen lebender Hörnchen; z. B. Murmeltiere, Präriehunde, Ziesel, Chipmunks, Burunduk.

Erdhummel ↑Hummeln.

Erdhund, wm. Bez. für Rassen kleinerer Haushunde, die bei der Jagd zum Aufstöbern von Tieren in ihren Erdbauen (bes. von Fuchs und Dachs) verwendet werden.

Erdhündchen, svw. ↑Erdmännchen.

Erding [ˈeːrdɪŋ, ˈɛrdɪŋ], Krst. in Bayern, am S-Rand des **Erdinger Mooses,** eines kultivierten Niedermoorgebietes im NO der Münchner Ebene, 462 m ü. d. M., 24000 E. Feinmechan. Betriebe, Maschinenfabrik u. a. Ind. - Gegr. von Herzog Otto II. von Bayern, seit 1314 Stadt. - Pfarrkirche Sankt Johannes (14./15. Jh.), Wallfahrtskirche Hl. Blut (1675), spätgot. und Renaissancehäuser.

E., Landkr. in Bayern.

Erdkabel ↑Kabel.

Erdkastanie, volkstüml. Bez. für die Erdknolle und den Knolligen Kälberkropf.

Erdkirschen, Bez. für die eßbaren Beerenfrüchte einiger in den Subtropen und Tropen angebauter Arten der Gatt. Lampionblume, z. B. die **Ananaskirsche** (Physalis peruviana).

Erdknolle (Erdkastanie, Bunium), Gatt. der Doldengewächse mit etwa 30 Arten in Europa bis W-Asien; Stauden mit eßbaren Knollen.

Erdkröte (Bufo bufo), bis 20 cm große (in M-Europa deutl. kleinere) Krötenart, v. a. auf Feldern und in Gärten Eurasiens und NW-Afrikas; ♂ kleiner und schlanker als ♀.

Erdkruste ↑Erde.

Erdkunde ↑Geographie.

Erdkundeunterricht, in allen Schulstufen und -arten unterrichtetes Fach (als Wissenschaft: Geographie; heute oft im Rahmen des Sachunterrichts (Grundschule) und später der Sozialkunde.

Erdläufer (Geophilomorpha), mit über 1000 Arten nahezu weltweit verbreitete Ordnung der Hundertfüßer; etwa 1 cm bis über 20 cm lang, wurmförmig bis fadenartig dünn, meist hellbraun bis gelbl., mehr als 30 (maximal 173) Beinpaare, Augen fehlen.

erdmagnetischer Sturm, svw. magnetischer Sturm (↑Erdmagnetismus).

erdmagnetisches Verfahren ↑Paläomagnetismus.

Erdmagnetismus (Geomagnetismus), Bez. für die mit dem Magnetfeld der Erde zusammenhängenden Erscheinungen. Man kann das auf der Erdoberfläche gemessene Magnetfeld zerlegen in einen Anteil, dessen Ursache im Erdinnern liegt, und einen von außen stammenden Anteil. Der innere Anteil enthält v. a. das Permanentfeld und die Magnetfelder der im Erdinnern fließenden elektr. Ströme. Der äußere Anteil rührt von variablen elektr. Strömen in der Ionosphäre und der Magnetosphäre her.

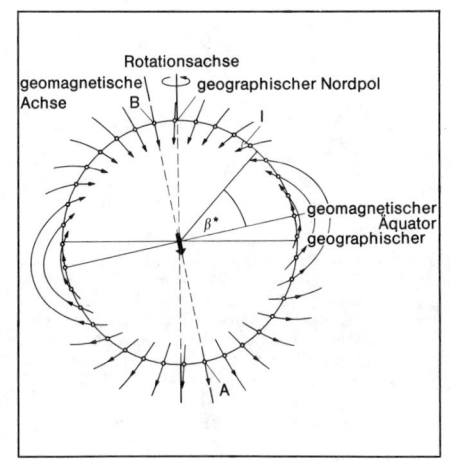

Erdmagnetismus. Dipolfeld der Erde in der durch die Rotations- und geomagnetische Achse $\overline{BA}$ festgelegten Ebene. I Inklination, β* geomagnetische Breite

Das erdmagnet. Feld gleicht annähernd dem Feld eines Dipols im Erdmittelpunkt, dessen (gegenüber der Rotationsachse wandernde) Achse die Erdoberfläche in den Punkten 77° 18′ n. Br., 101° 45′ w. L. (Arktis, 1980) und 65° 18′ s. Br., 140° 02′ ö. L. (Antarktis, 1986) durchstößt.

Wie man aus jahrhundertelangen Beobachtungen weiß, sind Richtung und Stärke des erdmagnet. Feldes veränderl.; sie unterliegen der sog. Säkularvariation. Diese zeigt sich u. a. in der zeitl. Änderung der Mißweisung am Kompaß. Außer der Säkularvariation zeigt das Magnetfeld der Erde noch weitere, meist örtl. begrenzte period. und unregelmä-

Erdmandel

ßige Schwankungen, die jedoch in der Regel unter 1 % der Feldstärke des Permanentfeldes bleiben.
Starke Schwankungen des erdmagnet. Feldes nennt man **magnet. Stürme.** Sie erfassen gewöhnl. die ganze Erde und sind unabhängig von meteorolog. Erscheinungen. Sie werden ausgelöst durch verstärkte Partikelstrahlung von der Sonne (solarer Wind) und hängen eng mit der Sonnenaktivität zusammen.

Erdmandel (Chufa), Bez. für die eßbaren, braunen, stärke-, öl- und zuckerreichen, nach Mandeln schmeckenden Ausläuferknollen des etwa 20–90 cm hohen Riedgrases **Erdmandelgras** (Cyperus esculentus), das an nassen Standorten im Mittelmeergebiet und im trop. Afrika, in Asien und Amerika kultiviert und als Kakao- und Kaffee-Ersatz verwendet wird.

Erdmann, Benno, * Guhrau bei Glogau 30. Mai 1851, † Berlin 7. Januar 1921, dt. Philosoph und Psychologe. - 1878 Prof. in Kiel, 1884 Breslau, 1890 Halle, 1898 Bonn, 1909 Berlin. Bed. Arbeiten zur Interpretation Kants, zur Denkpsychologie, Logik und Philosophiegeschichte. - *Werke:* Kants Kritizismus (1878), Logik (1892), Umrisse zur Psychologie des Denkens (1900).

E., Eduard, * Cēsis (Livland) 5. März 1896, † Hamburg 21. Juni 1958, dt. Pianist und Komponist. - Geschätzt v. a. als Interpret Schuberts sowie zeitgenöss. Werke.

E., Johann Eduard, * Wolmar (Livland) 13. Juni 1805, † Halle/Saale 12. Juni 1892, dt. Philosophiehistoriker und Religionsphilosoph. - Seit 1836 Prof. in Halle. Stand in der Nachfolge Hegels; Arbeiten v. a. zur Philosophiegeschichte, u. a. „Versuch einer wiss. Darstellung der Geschichte der neueren Philosophie" (1834–53; Neudr. 1932/33).

E., Karl Dietrich * Kölm 29. April 1910, dt. Historiker. - Seit 1953 Prof. in Kiel; 1966–70 Vors. des Dt. Bildungsrats; zahlr. Veröffentlichungen, u. a. „Die Zeit der Weltkriege" („Handbuch der dt. Geschichte", Bd. 4, ^{9}1976).

Erdmännchen (Erdhündchen, Scharrtier, Surikate, Suricata suricatta), bis 35 cm körperlange Schleichkatzenart in den Trockengebieten S-Afrikas; mit graubrauner bis gelbl. weißgrauer Oberseite, 8–10 dunkelbraunen Querstreifen auf dem Hinterrücken und etwa 25 cm langem, dünn behaartem Schwanz; v. a. die Vorderfüße mit auffallend langen, starken Krallen.

Erdmannsdörffer, Otto [Heinrich], * Heidelberg 11. März 1876, † ebd. 14. April 1955, dt. Mineraloge und Petrograph. - Seine Hauptarbeiten betrafen die petrograph. Probleme der Gesteine des dt. Mittelgebirge.

Erdmantel ↑Erde.

Erdmaus ↑Wühlmäuse.

Erdmessung ↑Geodäsie.

Erdmetalle, nicht nomenklaturgerechte Sammelbez. für folgende Metalle der III. Hauptgruppe des Periodensystems der chem. Elemente: Aluminium, Scandium, Yttrium und die Elemente der Lanthanreihe (Lanthan und Lanthanoide).

Erdmittelalter (Mesozoikum) ↑Geologie, Formationstabelle.

Erdmolche ↑Salamander.

Erdnaht ↑Lineament.

Erdneuzeit (Känozoikum, Neozoikum) ↑Geologie, Formationstabelle.

Erdnuß (Arachis hypogaea), einjähriger südamerikan. Schmetterlingsblütler; alte, in den Tropen und Subtropen in verschiedenen Sorten angebaute, etwa 15–70 cm hohe Kulturpflanze mit gefiederten Blättern; Blüten gelb, in wenigen Stunden abblühend. Nach der Befruchtung entwickelt sich ein bis 15 cm langer Fruchtstiel, der sich zur Erde krümmt und den Fruchtknoten 4–8 cm tief ins Erdreich drückt, wo dann die 2–6 cm lange, strohgelbe Frucht (**Erdnuß**) heranwächst. Diese hat eine zähfaserige, sich nicht öffnende Fruchtwand und meist zwei längl.-ovale, etwa 1–2,7 cm lange Samen, bestehend aus der papierartigen, rotbraunen Samenschale und dem wohlschmeckenden Keimling

Erdöllagerstätten im Schema. Die Bohrungen beim 3. und 6. Turm von links sind geschlossen

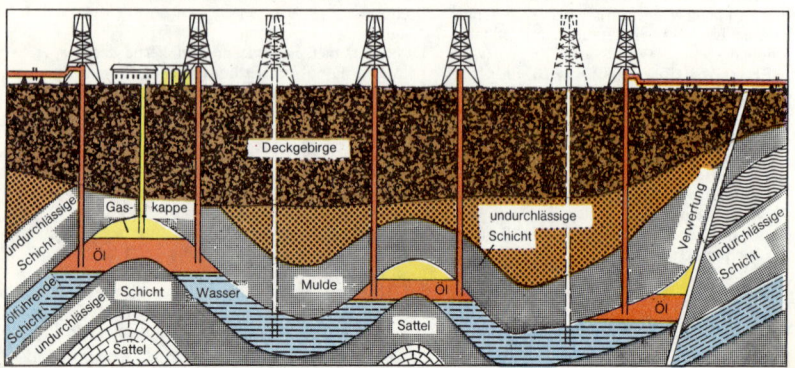

Erdöl

(enthält etwa 50 % Öl, 24–35 % Eiweiß, 3–8 % Kohlenhydrate, hoher Vitamin B- und Vitamin-E-Gehalt). - Die Erdnüsse werden geröstet, gesalzen oder gezuckert gegessen. Durch Pressen gewinnt man das fast geruch- und geschmacklose **Erdnußöl**, das als Speiseöl und bei der Margarineherstellung verwendet wird. Der Preßrückstand (E.preßkuchen) ist ein hochwertiges Viehfutter. Außerdem werden Erdnüsse zu Mehl (E.mehl) oder zu Erdnußmark („Erdnußbutter") verarbeitet.

Erdnußbutter, umgangssprachl. Bez. für Erdnußmark, eine aus gemahlenen Erdnüssen gewonnene, streichfähige Masse von hohem Fett- und Eiweißgehalt (Brotaufstrich oder Füllmasse).

Erdofen, eine Erdgrube, die schichtweise mit erhitzten Steinen, frischen grünen Blättern und den zu dünstenden Speisen gefüllt und mit Erde abgedeckt wird; hauptsächl. auf den Südseeinseln.

Erdöl (Petroleum), ein hauptsächl. aus verschiedenen Kohlenwasserstoffen bestehendes, helles bis schwarzgrünes, dünn- bis dickflüssiges öliges Gemenge, das als Rohstoff in natürl. Lagerung vorkommt (Rohöl). Die Analyse verschiedener E.sorten ergibt als Hauptbestandteile 80,4–87 % Kohlenstoff, 9,6–13,8 % Wasserstoff, 0–3 % Sauerstoff, 0–5 % Schwefel, 0–2 % Stickstoff sowie Spuren weiterer Elemente. Der Charakter (die Basis) des E. wird hauptsächl. durch die vorherrschende Kohlenwasserstoffgruppe (Paraffine, aromat. Verbindungen) bestimmt.
Mit größter Wahrscheinlichkeit ist E. aus tier. und pflanzl. Organismen entstanden, die bei der in Randmeeren oder Binnenseen herrschenden Sauerstoffarmut nicht verwesten, sondern Faulschlamm bildeten, der durch anaerobe Bakterien und Enzyme in die im heutigen E. vorhandenen Stoffe umgewandelt wurde. Durch den Druck des Deckgebirges wurde das E. aus dem *Muttergestein* herausgepreßt und sammelte sich in porösen Kalk- oder Sandsteinschichten *(Speichergestein)* an, wo es heute eingeschlossen zw. undurchlässigen Schichten in sog. „Ölfallen" erbohrt werden kann. Nach photogeolog. (v.a. in nicht geolog. kartierten Gegenden) und sprengseism. Untersuchung eines Gebiets wird durch Probebohrungen die Lagerstätte erforscht. - Die größten E.- und Erdgaslagerstätten der Erde liegen im Mittleren Osten (Iran, Saudi-Arabien) und im Mittelmeerraum (Libyen), in Venezuela, in den USA, in Rumänien und in der UdSSR.

Bohrverfahren: Häufigstes Verfahren nach E.-bzw. Erdgasvorkommen ist das Drehbohr- oder **Rotaryverfahren**; man erreicht Bohrtiefen bis 10 000 m.
Hauptbestandteile einer Bohranlage: 1. Hebeeinrichtung: Bohrturm, ein meist 40 m hohes Stahlgerüst mit Flaschenzug und Drehzapfen, an dem das gesamte Bohrgestänge hängt. 2. *Bohreinrichtung:* Drehtisch (rotary table) mit erforderl. Antriebsaggregaten (bis 5 000 PS) zum Antrieb der Mitnehmerstange, Spülkopf (zum Einleiten der Spülflüssigkeit ins Bohrloch) samt Spülungspumpe, Vierkantmitnehmerstange (kelly), Bohrgestänge (9 m lange Rohre mit Gewindeverschraubung), Schwerstange und daran befestigtem Bohrmeißel oder Bohrkrone. 3. *Sicherheitseinrichtungen:* Bohrlochverschlüsse (Blow-out-preventer).
Die Bohrung erfolgt stufenweise mit abnehmendem Durchmesser (30''–6'' oder 76–15 cm). Nach dem Herausziehen („Ziehen") des gesamten Bohrgestänges wird das Bohrloch mit Futterrohren (casings) ausgekleidet, der Ringraum auszementiert und mit der nächst kleineren Bohrkrone weitergebohrt. Am Bohrturm „hängt" das Gewicht des gesamten Gestänges; der Druck auf die Bohrkrone wird einzig von der Schwerstange ausgeübt. Die Spülflüssigkeit kühlt den Bohrkopf und transportiert das Bohrklein nach oben. Ist die Bohrung fündig (etwa jede 10. Bohrung), beginnt die Förderung. Man unterscheidet dabei: **Primärförderung** (das E. quillt infolge des hohen Lagerstättendrucks an die Erdoberfläche), 2. **Sekundärförderung** (Wasser wird durch geeignete Bohrlöcher eingepreßt und drückt das Öl nach oben), 3. **tertiäre Förderung** (eingeleiteter Heißdampf macht zähflüssiges E. so dünnflüssig, daß es nach oben gepumpt werden kann). - ↑auch Off-shore-Bohrung.

Verarbeitung: Sie dient der Gewinnung von Treibstoffen, Schmier- und Heizölen sowie in großem Umfang der Gewinnung von Rohstoffen für die chem. Ind. Die ersten Verarbeitungsschritte, denen das geförderte E. unterworfen wird, sind Reinigungsprozesse wie Abfiltrieren von Sand oder Schlamm, Entfernen von gelösten Gasen, Abtrennen von Wasser und gelösten Salzen. Danach gelangt das Rohöl zur Aufbereitung in die Raffinerie. Hier wird es allg. zunächst einer Destillation unter atmosphär. Druck, der sog. **Topdestillation,** unterworfen und dabei in Fraktionen unterschiedl. Siedebereiche zerlegt. Man erhitzt das Rohöl hierzu in Röhrenöfen auf etwa 370 °C und leitet die dabei entstehenden Dämpfe in eine Destillationskolonne, aus der dann die Fraktionen unterschiedl. Siedetemperatur in verschiedenen Höhen der Kolonne abgezogen werden. An der Spitze der Destillationskolonne entweichen die am leichtesten flüchtigen E.bestandteile als sog. **Topgase.** Danach folgt bei Temperaturen bis etwa 100 °C das **Leichtbenzin.** Als weitere Fraktionen der atmosphär. Destillation werden etwa zw. 100 und 180 °C das **Schwerbenzin,** zw. 180 und 250 °C das **Petroleum** und zw. 250 und 350 °C das **Gasöl** gewonnen, die die höheren Kohlenwasserstoffe enthalten und ihrerseits wieder in zahlr. Unterfraktionen zerlegt werden. Am Boden

Erdöl

der Destillationskolonne sammeln sich diejenigen Bestandteile des E. an, die erst oberhalb 350 °C sieden, sich jedoch bei diesen Temperaturen bereits z. T. zersetzen. Dieser Destillations- oder Toprückstand wird entweder direkt als **schweres Heizöl** verwendet oder durch eine weitere Destillation unter vermindertem Druck (Vakuumdestillation) zu weiteren Produkten, insbes. Schmierölen verarbeitet. Der hierbei verbleibende Rückstand kann je nach dem eingesetzten Rohöl als Bitumen oder als Zusatz zu schwerem Heizöl verwendet werden. Alle Destillate, einschl. der Topgase, müssen vor der Abgabe an den Verbraucher oder vor der weiteren Verarbeitung einer Nachbehandlung (Raffination) unterworfen werden, um sie den Marktanforderungen hinsichtl. Lagerstabilität, Geruch und Farbe anzupassen, z. T. auch um korrosiv wirkende Komponenten und Katalysatorgifte (v. a. Schwefelverbindungen) zu entfernen.

Da der Bedarf an Treibstoffen, insbes. hochwertigen Vergaserkraftstoffen (Motorenbenzinen) mit der immer stärker zunehmenden Motorisierung sprunghaft gestiegen ist und aus den bei der Topdestillation anfallenden Benzinfraktionen (den sog. *straight-run-Benzinen*) nicht mehr ausreichend gedeckt werden kann, während andere, insbes. höhersiedende E.fraktionen in größerer Menge als benötigt anfallen, wurden mehrere Verfahren entwickelt, durch die die Ausbeute an qualitativ hochwertigen Motorenbenzinen gesteigert wird. Eines dieser Verfahren ist das **Kracken**, d. h. das Spalten höhermolekularer E.-bestandteile in niedrigermolekulare. Als Ausgangsprodukte für die Krackprozesse eignen sich neben den höhersiedenden E.fraktionen (v. a. Gasöl) auch der Toprückstand der atmosphär. Destillation, sowie häufig auch unveränderte Rohöle. Das **thermische Kracken** ist für die Benzingewinnung unbedeutend, jedoch wichtig für die Verarbeitung von hochviskosen E.fraktionen (z. B. des Toprückstands), aus denen man auf diese Weise niederviskose, als leichte Heizöle geeignete Produkte erhält. Große Bed. für die Herstellung von Motorenbenzinen hat dagegen das **katalytische Kracken**; es wird meist bei niederen Drücken (etwa 2 bar) und Temperaturen von etwa 550 °C in der Dampfphase durchgeführt. Als Katalysatoren lassen sich aktivierte natürl. Tone, synthet., saure Aluminiumsilicate, Magnesium- und Molybdänsilicate verwenden. Die Reaktion wird meist im Wirbelschichtverfahren vorgenommen, wobei ein Teil des Katalysators ständig abgezogen und (durch Abbrennen des abgelagerten Kohlenstoffs) regeneriert wird. Das bei der Destillation der anfallenden Krackprodukte erhaltene **Krackbenzin** zeichnet sich durch eine hohe Oktanzahl aus; es enthält v. a. niedermolekulare aromat. Verbindungen und Isoparaffine, ferner Naphthene und in geringerem Maße auch Alkene. - Ein weiteres wichtiges Verfahren zur Gewinnung von hochwertigen Motorenbenzinen ist das **Reformieren**, bei dem wenig klopffeste Kohlenwasserstoffe (v. a. Paraffine und Naphthene) durch Isomerisierungs-, Cyclisierungs- und Aromatisierungsreaktionen in hochklopffeste Kohlenwasserstoffe (v. a. Isoparaffine, Aromaten und Alkene) umgewandelt werden. Durch dieses „Umformen" gelingt es z. B., aus E. mit einem hohen Gehalt an Naphthenen und aus der als Motorenbenzin nicht verwendbaren Schwerbenzinfraktion aromatenreiche wertvolle Flug- und Motorenbenzine *(Reformate, Reformatbenzine)* mit Oktanzahlen zw. 90 und 100 zu gewinnen. Als Nebenprodukte treten wasserstoffreiche, zu Synthesen geeignete Spaltgase auf. Das früher häufig angewandte therm. Reformieren spielt heute nur noch eine untergeordnete

Erdöl. Bohranlage nach dem Rotary-Verfahren

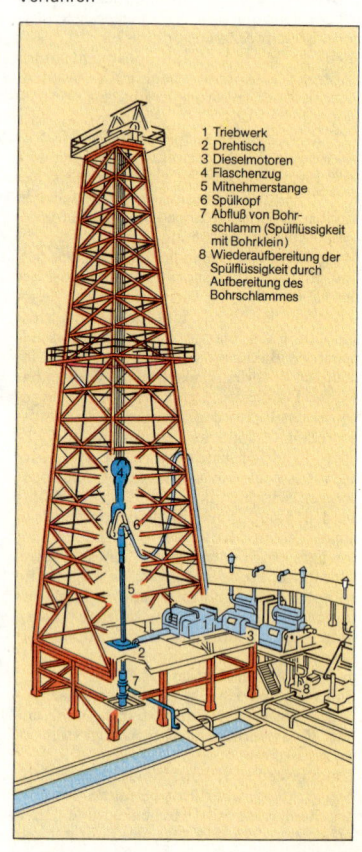

1 Triebwerk
2 Drehtisch
3 Dieselmotoren
4 Flaschenzug
5 Mitnehmerstange
6 Spülkopf
7 Abfluß von Bohrschlamm (Spülflüssigkeit mit Bohrklein)
8 Wiederaufbereitung der Spülflüssigkeit durch Aufbereitung des Bohrschlammes

Erdstrahlen

Rolle. Die meisten Verfahren verlaufen heute katalyt., dabei lassen sich 2 Verfahren unterscheiden: Beim **Reformieren nach dem Festbettverfahren** wird ein feinkörniger, fest im Reaktor auf Trägermaterial angebrachter Platinkatalysator verwendet *(Platforming)*, beim **Reformieren nach dem Wirbelschichtverfahren** besteht der Katalysator aus feinkörnigen Molybdän- und Aluminiumoxidteilchen oder Gemischen aus Kobalt-, Molybdän- und Aluminiumoxid, die von unten her vom Einsatzgut durchströmt werden *(Hydroforming, Hyperforming)*. Die Reaktion vollzieht sich bei Drücken zw. 10 und 30 bar bei Temperaturen von mehr als 500 °C. - Eine Variante des Reformierens ist das **katalyt. Isomerisieren**, das v. a. dazu dient, die aus Leichtbenzin durch Feinfraktionierung isolierten n-Paraffine, die wegen ihrer niedrigen Oktanzahlen als Treibstoffe nicht geeignet sind, in Isoparaffine mit hoher Oktanzahl umzuwandeln. - Hochwertige Motorenbenzine können ferner aus den beim katalyt. Kracken als Nebenprodukte anfallenden olefinhaltigen Krackgasen durch katalyt. gesteuerte **Polymerisation** (Aufbau größerer Moleküle aus kleineren) zu sog. **Polymerbenzinen** bzw. durch Alkylierung zu sog. **Alkylatbenzinen** (enthält v. a. Isooctan) hergestellt werden.

Wirtschaft: Die wirtsch. Ausbeute von E. setzte zwar erst in der 2. Hälfte des 18.Jh. ein, doch wurde E. rasch zum wichtigsten Primärenergieträger in den meisten Ind.ländern, wobei die Bed. des E. auch durch den zunehmenden Einsatz von Benzinmotoren schnell stieg. Die E.unternehmen entwickelten sich entsprechend zu großen Konzernen, die auch polit. Einfluß durch Einsatz ihrer wirtsch. Macht erlangten. So spielte beim Sturz des iran. Min.präs. Mossadegh 1953 eine große Rolle, daß die von ihm betriebene Nationalisierung der iran. Ölquellen durch die E.konzerne mit Boykottmaßnahmen beantwortet wurde. Die durch den steigenden Anteil des E. an der Energieversorgung mit verursachte Krise des Steinkohlenbergbaus ab Ende der 1950er Jahre erhöhte die Abhängigkeit vom E. noch mehr. Mit der Gründung der OPEC bzw. OAPEC versuchten die größten Förderländer - mit Ausnahme der USA und der UdSSR - ein Rohstoffkartell zu errichten, um Preiserhöhungen und auch Absprachen über die Fördermengen durchsetzen zu können. Bereits in den 1960er Jahren begann in vielen OPEC-Ländern die Nationalisierung der Ölquellen, wobei jedoch meist den E.konzernen weiter Verarbeitung und Vertrieb überlassen wurde. Während des 4. Israel.-Arab. Krieges wurde das E. als polit. Waffe eingesetzt, indem Lieferungen eingeschränkt und die Preise erhöht wurden; außerdem wurde die Verstaatlichungen forciert. Die steigenden Einnahmen der OPEC-Länder führten auf der Gegenseite zu verschärften Zahlungsbilanzproblemen vieler ölimportierender Länder († Recycling). In den folgenden Jahren wurde von den OPEC-Ländern versucht, ihre Überschüsse zur Industrialisierung zu nutzen, während die ölimportierenden Länder die Importmenge durch Sparmaßnahmen und Förderung anderer Energieträger († auch Energiepolitik) zu reduzieren suchten.
Die Welt-E.förderung betrug 1983 rd. 2,6 Mrd. t. In der BR Deutschland stehen der eigenen Förderung von nur 4,1 Mill. t Importe von 66,9 Mill. t (jeweils 1984) gegenüber. Es wurden gesetzl. Vorschriften erlassen und internat. Abkommen († Internationale Energie-Agentur) getroffen, um gegen kurzfristige Unterbrechungen der E.importe besser geschützt zu sein.

📖 *Das Buch vom E.* Hg. v. der Dt. BP AG. Hamb. ⁴1978. - *E. u. internat. Politik.* Hg. v. W. Hager. Mchn. 1975. - Kramer, K.: *E.-Lex.* Hdbg. u. a. ⁵1972. - *E. in der Energiewirtschaft.* Mchn. 1972.

Erdpech, svw. † Asphalt.

Erdpyramiden, säulen- bis pyramidenförmige, bis mehrere Meter hohe Abtragungsformen in Moränen und vulkan. Tuffen, oft von Decksteinen geschützt.

Erdrauch (Fumaria), Gatt. der Erdrauchgewächse mit etwa 50 Arten in M-Europa und vom Mittelmeergebiet bis Z-Asien; einjährige Kräuter mit gefiederten Blättern und kleinen Blüten in Trauben. - In M-Europa als Ackerunkraut v. a. der **Gemeine Erdrauch** (Fumaria officinalis) mit purpurroten, an der Spitze schwärzl., kleinen Blüten.

Erdrauchgewächse (Fumariaceae), Pflanzenfam. mit 5 Gatt. und etwa 400 Arten; Blüten abgeflacht, mit einem oder zwei gespornten oder ausgesackten Blumenkronblättern.

Erdrutsch (Bergrutsch, Bergschlipf), an steilen Hängen plötzl. abgehende stark durchnäßte Lockermassen.

Erdsalamander (Plethodon cinereus), bis etwa 12 cm lange Alligatorsalamanderart v. a. in Wäldern und Gärten des östl. N-Amerika; Körper sehr schlank, walzenförmig, mit kleinen Gliedmaßen.

Erdschatten, Schatten, den die von der Sonne beschienene Erde wirft (wird bei Mondfinsternissen sichtbar).

Erdschein (Erdlicht), indirekte Beleuchtung des Mondes durch Reflexion von Sonnenlicht an der Tagseite der Erde.

Erdschluß, durch einen Fehler entstandene leitende Verbindung eines Betriebsstromkreises mit Erde oder einem mit ihr in leitender Verbindung stehenden Gegenstand.

Erdstern (Geastrum), Gatt. der Bauchpilze, in M-Europa mit etwa 15 Arten, v. a. in Nadelwäldern; Fruchtkörperaußenhülle bei der Reife sternförmig aufspringend.

Erdstrahlen, Bez. für die Alpha-, Beta-

oder Gammastrahlen aus radioaktiven Bestandteilen des Bodens oder des Gesteins.
◆ Bez. für physikal. nicht nachweisbare „Strahlen", die Einflüsse auf Mensch und Tier ausüben sollen und angebl. von bestimmten Personen mit Hilfe von Wünschelruten oder Pendeln wahrgenommen werden.

Erdströme, elektr. Ströme in der Erdrinde, die durch Schwankungen des Erdmagnetfeldes induziert werden oder beim Ausgleich von Spannungen entstehen, die durch luftelektr. oder chem. Vorgänge erzeugt werden. Vagabundierende **Erdströme** werden durch elektr. Anlagen mit geerdetem Nulleiter und durch die Stromrückführung in den Schienen elektr. Bahnen verursacht. Die E. beeinflussen Fernmeldeanlagen, Gas- und Wasserleitungen durch Induktion und Korrosion.

Erdteil ↑ Kontinent.

Erdumlaufbahn ↑ Raumflugbahnen.

Erdung, Verbindung elektr. Geräte mit elektr. gut leitenden Erdschichten (z. B. Grundwasser), hauptsächl. zur Vermeidung von Unglücksfällen durch elektr. Schlag bei Defekten an elektr. Geräten.

Erdungsanlage ↑ Blitzschutz.

Erdwachs (Ozokerit, Bergwachs), Gemenge hochmolekularer fester Kohlenwasserstoffe (Alkane). E. entsteht durch teilweise Verharzung des Erdöls; gereinigtes E. wird als Ceresin (Zeresin) bezeichnet.

Erdwanzen (Grabwanzen, Cydnidae), mit vielen Arten nahezu weltweit verbreitete Fam. 3–15 mm großer Wanzen (in M-Europa etwa 15 Arten); saugen an Wurzeln; teilweise schädl. an Kulturpflanzen.

Erdwärme, Wärmeenergie aus dem Innern der Erde. - ↑ auch geothermische Tiefenstufe.

Erdwolf (Zibethyäne, Proteles cristatus), bis 80 cm körperlange Hyäne in den Steppen und Savannen O- und S-Afrikas; frißt vorwiegend Termiten; ähnelt äußerl. der Streifenhyäne.

Erdzeitalter, Ära der Erdgeschichte.

Erebus, Mount [engl. maʊnt 'ɛrɪbəs], tätiger Vulkan auf der Rossinsel, Antarktis, 3794 m hoch, z. T. vergletschert.

Erec, ma. Sagengestalt; Ritter der Artusrunde, der mit seiner Frau Enite zur Bewährung auf eine Aventiurefahrt auszieht. Nach breton. Quellen im 12. Jh. von Chrétien de Troyes und von Hartmann von Aue gestaltet.

Erechtheion, Tempel ion. Ordnung auf der Akropolis von Athen, errichtet zw. 421 und 406. Die unregelmäßige Anlage des Tempels resultiert aus der Absicht, verschiedene urtüml. Kultmale wie das Dreizackmal des Poseidon in der N-Halle und das Grab des Kekrops unter der SW-Ecke des Kernbaus und der Korenhalle (baldachinartiger Anbau am W-Ende der S-Mauer mit übergroßen Mädchenstatuen [Koren] statt Säulen) zu einer Einheit zusammenzufassen.

Erechtheus ↑ Erichthonios.

Erede, Alberto, * Genua 8. Nov. 1909, italien. Dirigent. - Schüler von F. Busch und F. Weingartner; v. a. bed. Verdi- und Puccini-Interpret.

Erektion [zu lat. erectio „Aufrichtung"], reflektor., durch Blutstauung bedingte Anschwellung, Versteifung und Aufrichtung von Organen, die mit Schwellkörpern versehen sind. Der Begriff bezieht sich in erster Linie auf die Versteifung des männl. Gliedes (Penis), aber auch auf die des Kitzlers (Klitoris) der Frau.

Erektometer, Gerät, das bei sexualpsycholog. Untersuchungen die durch Reaktion verursachten Veränderungen des Penis mißt († Phallometrie).

Eremit [griech., zu érēmos „einsam"] ↑ Einsiedler.

Eremitage (Ermitage) [eremi'taːʒə; griech.-frz. „Einsiedelei"], v. a. im Barock einsam gelegenes, kleines Land-/Gartenhaus.

Eremitage [eremi'taːʒə], bed. Museum in Leningrad, ben. nach dem 1764–67 für Katharina II. erbauten kleinen Schloß („Kleine E."); das Museum umfaßt heute darüber hinaus die Winterpalais (1754–63), die „Alte E." (1775–84) und die „Neue E." (von L. von Klenze, 1839–52).

Eren (Ern), landschaftl. für Hausflur, Hausgang.

Erenburg ↑ Ehrenburg.

Eresburg, größte der sog. altsächs. Volksburgen; von Karl d. Gr. mehrfach angegriffen und 772 erobert; lag wahrscheinl. im Gebiet der heutigen Stadt Marsberg (NRW).

Ereschkigal [„Herrin der großen Erde (d. h. der Unterwelt)"], sumer. Unterweltsgöttin, Schwester der Inanna, Gemahlin des Nergal.

Erethismus [griech.], krankhaft gesteigerte Erregbarkeit; **erethisch**, reizbar, unruhig.

Eretria, bed. antike Stadt auf Euböa; in ihrer Blütezeit im 8. Jh. v. Chr. Mutterstadt einer Reihe von Kolonien; 490 von den Persern verwüstet; nach 338 meist unter makedon. Herrschaft; 198 v. Chr. durch die Römer zerstört; u. a. Reste des Apollon-Daphnephoros-Tempels (6. Jh. v. Chr.), eines Theaters (4. Jh. v. Chr.) mit einem Dionysostempel.

Erfahrung, in der Philosophie ein Grundbegriff der Erkenntnistheorie; allg. die erworbene Fähigkeit sicherer Orientierungen, das Vertrautsein mit bestimmten Handlungs- und Sachzusammenhängen ohne Rückgriff auf ein hiervon unabhängiges theoret. Wissen. E. führt, sich auf endl. viele Beispiele und Gegenbeispiele „in der Anschauung" stützend, zu einem elementaren Wissen (**Empirie**), auf das auch jedes theoret. Wissen bezogen bleibt („phänomenaler" oder „Aristotel." E.begriff). Bei F. Bacon wird ein induktiver Begriff der E. zum erstenmal method. gegen deduktive Methodologien zur Gewinnung genereller Sätze herangezogen. E.urteile („empir. Erkenntnis") sind nach Kant im Ggs. zu sog. Wahrnehmungsurteilen, deren Geltung auf den Bereich beobachteter Fälle eingeschränkt ist, solche Urteile, die über den Bereich beobachteter Fälle in synthet. Verallgemeinerung hinausgehen. Im Ggs. zu diesem konstruktiven Begriff der E., aber auch zum urspr. phänomenalen Begriff der E., wird im Rahmen empirist. Positionen von Locke bis Carnap versucht, diese E.begriffe unter Hinweis auf ein „empirisch rein Gegebenes" auf einen sensualist. Begriff der E. als einer unmittelbaren Entsprechung von empir. Gegebenem und Begriff zurückzuführen.

Erfinderrecht, ein mit Vollendung einer Erfindung in der Person des Erfinders entstehendes absolutes, übertrag- und vererbbares Recht mit persönlichkeitsrechtl. und verwertungsrechtl. Komponenten (auch bei Arbeitnehmererfindungen). Inhalt des E.: im Patentrecht das Recht, als Erfinder benannt zu werden, im *Patent- und Gebrauchsmusterrecht* das Recht auf Anerkennung der Erfinderschaft, das Recht über die Erfindung zu bestimmen, insbes. zu entscheiden ob sie veröffentlicht oder geheimgehalten, als Patent oder Gebrauchsmuster angemeldet werden soll, und das Recht, die Erfindung zu verwerten.

Erfindung, im Sinne des Patent- und Gebrauchsmusterrechts die Ausnutzung naturgesetzl. Kräfte oder Vorgänge zur bewußten Herbeiführung eines techn. Erfolges (Definition umstritten). E. auf dem Gebiet des Geistes (Wiss., Literatur, Kunst u. a.) sind nicht schutzfähig. Voraussetzung für die Erteilung eines ↑Patents oder die Eintragung als ↑Gebrauchsmuster ist die gewerbl. Verwertbarkeit und die Neuheit der Erfindung.

Erfolg, allg. positives Ergebnis einer Bemühung.
♦ in der *Psychologie* das Erreichen eines Ziels. Das E.erlebnis hängt v. a. von der Übereinstimmung der Leistung mit den selbstgesetzten Erwartungen ab. Liegt die Leistung unter dem erwarteten Niveau, so wird dies als **Mißerfolg,** liegt sie darüber, wird dies als E. gewertet.
♦ Gewinn oder Verlust einer wirtsch. Tätigkeit.

Erfolgsbilanz, svw. Gewinn-und-Verlust-Rechnung.

Erfolgsdelikt ↑Delikt.

Erfolgsethik ↑Ethik.

Erfolgskonten, den Unternehmenserfolg (Gewinn oder Verlust) ausweisende Konten. - Ggs. ↑Bestandskonten.

Erfolgsrechnung, bei Unternehmen die Ermittlung des Unternehmenserfolgs als Differenz zw. dem in Geld bewerteten Ertrag und Einsatz der Produktionsfaktoren innerhalb eines bestimmten Zeitraums, insbes. als Jahres-E. für das Geschäftsjahr und als kurzfristige E. zur Betriebskontrolle und Gewinnung von Informationen als Entscheidungsgrundlage.

Erfrieren (Congelatio), allg. oder örtl. Schädigung des Organismus durch Kälteeinwirkung. Bei einem **allgemeinen Erfrieren** sinkt die Körpertemperatur (Bluttemperatur kann bis auf 27 °C, Rektaltemperatur noch einige Grade tiefer absinken) ab, und es kommt zu einer Unterkühlung des gesamten Organismus. Erste Anzeichen dafür, daß die Rektaltemperatur unter 22 °C abgesunken ist, sind Kälteschauer und starke Müdigkeit, die bald in unüberwindl. Schlafsucht übergeht. Durch die kältebedingte Stoffwechselsenkung der Gewebe, v. a. des Gehirns, kommt es zu zunehmender Verwirrtheit des Erfrierenden und schließl. zur Ohnmacht. In der Folge tritt eine nicht rückbildungsfähige Schädigung des Atemzentrums und dadurch der **Kältetod** ein. - *Behandlung:* warmes Vollbad, heiße Getränke, u. U. künstl. Beatmung.
Das **örtliche Erfrieren** betrifft v. a. Nase, Ohren, Wangen, Finger, Zehen. Hierbei unterscheidet man drei Schweregrade: 1. Grad: starke Rötung der Haut durch reaktive Mehrdurchblutung; 2. Grad: Blasen- und Ödembildung infolge erhöhter Durchlässigkeit der geschädigten Gewebe; 3. Grad: Nekrosebildung, d. h. völlige, nicht mehr rückbildungsfähige Schädigung der Gewebe mit nachfolgendem Absterben. - *Behandlung:* langsames Erwärmen; bei E. 1. und 2. Grades kann die Durchblutung des betroffenen Gebietes durch hautreizende Frostsalben gefördert werden.

Erft, linker Nebenfluß des Rheins, entspringt in der Eifel, mündet bei Neuss; 113 km lang.

Erftkreis, Kr. in Nordrhein-Westfalen.

Erftstadt, Stadt in NRW, am W-Rand der Ville, 90 m ü. d. M., 43 700 E. Wirtschaftsseminar; Maschinen-, Textil-, Nahrungsmittelind. - 1969 neugeschaffen durch Zusammenschluß der Ämter Lechenich, Liblar, Friesheim, Gymnich und der Gemeinde Wissersheim (heute zu Nörvenich).

Erfüllung, die Tilgung der Schuld durch Bewirken der geschuldeten ↑Leistung (§ 362 BGB), indem die Leistung, so wie geschuldet, erbracht wird. Von Ausnahmen abgesehen, können auch E.gehilfen des Schuldners oder Dritte die Schuld erfüllen. Geleistet werden muß grundsätzl. an den Gläubiger oder seinen Vertreter. Leistungen an Dritte befreien den Schuldner nur unter bes. zusätzl. Voraussetzungen. Über die erhaltene Leistung hat der Gläubiger auf Verlangen des Schuldners Quittung zu erteilen. Hat der Gläubiger eine Leistung vorbehaltlos angenommen, so trifft ihn die Beweislast, wenn er sie nicht als E. oder nur als mangelhafte E. gelten lassen will.

Erfüllungsgehilfe, derjenige, der mit Willen des Schuldners bei der ↑Erfüllung einer Verbindlichkeit tätig wird. Für ein schuldhaf-

Erfüllungsort

tes Verhalten des E. haftet der Schuldner gegenüber dem Gläubiger wie für eigenes Verschulden (§ 278 BGB). Die Haftung setzt voraus, daß der E. eine dem Schuldner obliegende Erfüllungshandlung vorgenommen hat.

Erfüllungsort ↑ Leistungsort.

Erfüllungspolitik, urspr. interne Sprachregelung im Auswärtigen Amt für eine mit dem Versailler Vertrag konforme Politik der Reichsregierungen, dann demagog. Schlagwort der Kritiker und Gegner der Weimarer Republik; war seit 1921 Richtschnur dt. Politik, mit dem Ziel verknüpft, die Nichterfüllbarkeit des Versailler Vertrags, speziell seiner wirtsch. Bestimmungen, nachzuweisen; bedeutete daher im Kern Revisionspolitik.

Erfurt, Hauptstadt des Bez. E., DDR, im südl. Teil des Thüringer Beckens, 200 m ü. d. M., 215 000 E. Verwaltungssitz des Landkr. E.; Sitz eines Weihbischofs von Fulda; pädagog. Inst., medizin. Akad.; Bibliotheken, Museen, u. a. für Naturkunde und Gartenbau; Stadttheater; Internat. Gartenbauausstellung, Zentrum eines hochentwickelten Erwerbsgartenbaus; u.a. Büromaschinen- und elektrotechn. Ind., Schwermaschinenbau, Schuhfabrik, opt. Werke; Verkehrsknotenpunkt, ✈. - An einer Furt über die Gera gegr.; 741 errichtete Bonifatius das Bistum E., das um 752 zugunsten des Erzbistums Mainz aufgehoben wurde. 852, 936 und 1181 fanden in E. wichtige Reichstage statt. Die 1392–1816 bestehende Univ. wurde eine Hochburg des dt. Humanismus. 1802/03 wurde E. an Preußen abgetreten, bildete aber 1806–13 eine Napoleon I. reservierte Domäne, der sich hier 1808 mit Zar Alexander I. von Rußland und den Fürsten des Rheinbundes traf, um Unterstützung und militär. Entlastung zu suchen (**Erfurter Fürstentag** bzw. **Erfurter Kongreß**). 1815–1944 gehörte E. zur preuß. Prov. Sachsen, kam dann an Thüringen und wurde 1952 Hauptstadt des gleichnamigen Bezirks. - Die Stadt wird überragt vom Dom (15. Jh.) und der dreitürmigen Severikirche (12.–14. Jh.); erhalten sind mehrere ma. Kirchen, u. a. Peterskirche (12.–14. Jh.), Klosterkirche der Ursulinerinnen (13. Jh.), Barfüßerkirche (14. Jh.). Der spätgot. Bau der Alten Univ. brannte 1945 aus; mit Häusern überbaut ist die Krämerbrücke (14. Jh.); in der Altstadt zahlr. Häuser aus der Gotik und Renaissance; am Stadtrand zwei Festungen.

E., Bez. im SW der DDR, 7 349 km², 1,24 Mill. E. (1984).

Der Bez. umfaßt den größten Teil des Thüringer Beckens und hat Anteil am Unterharz und am Thüringer Wald.

Das Thüringer Becken ist recht trocken und temperaturbegünstigt, die Randlandschaften sind kühler und niederschlagsreicher. Mittelpunkt des Ackerbaus ist das Thüringer Becken mit Anbau von Zuckerrüben, Weizen und Braugerste. Die Bezirkshauptstadt E. ist bekannt für ihre Blumen- und Samenzucht. In den Randlandschaften werden v. a. Roggen, Hafer und Kartoffeln angebaut. Im Unteren Eichsfeld und im Werragebiet sind Tabakkulturen verbreitet. Im Thüringer Wald spielt die Viehwirtschaft eine Rolle. Forstwirtsch. Nutzung erfolgt auf den randl. Höhenzügen. Die Kalilager am S-Rand des Harzes sowie im Werragebiet stellen den wichtigsten Bodenschatz des Bez. dar. In den Kr. Mühlhausen und Langensalza gewinnt die Erdgasförderung an Bed. Wichtig sind die Solquellen bei Stadtilm und Bad Sulza (Salinenbetrieb) und bei Buchenau (Sodawerk) sowie die schwefelhaltigen Heilquellen von Bad Langensalza und Bad Tennstedt. - Die größte Beschäftigtenzahl hat die elektrotechn. Ind., gefolgt von Textilind. und Fahrzeugbau. - Anziehungspunkte für den Fremdenverkehr sind neben den Badeorten die Städte Weimar, Erfurt und Eisenach sowie der Südharz und die im Bez. liegenden Teile des Thüringer Waldes.

Erfurter Fürstentag (Erfurter Kongreß) ↑ Erfurt (Geschichte).

Erfurter Programm, Programm der SPD von 1891, nach Fortfall des Sozialistengesetzes von 1878; ersetzte das Gothaer Programm von 1875 (↑ Sozialdemokratie).

Erfurter Unionsparlament, 1850 in Erfurt tagendes Parlament dt. Staaten, das im Rahmen der preuß. Unionspolitik (auf die Preußen in der Olmützer Punktation 1850 verzichtete) die Unionsverfassung von 1849 samt Additionalakte (1850) verabschieden sollte.

Erfurt. Rathaus

Erfurth, Hugo, * Halle/Saale 14. Okt. 1874, † Gaienhofen bei Radolfzell 14. Febr. 1948, dt. Photograph. - Bedeutendster Proträtphotograph der 20er Jahre. Schuf mit psycholog. Eindringlichkeit individuelle Bildnisse bed. Persönlichkeiten aus Wirtschaft, Wiss. und Kunst. Sein Dresdner Studio (seit 1905) war Treffpunkt der damaligen Künstlerwelt.

Erg [arab.], aus der nördl. Sahara stammende Bez. für Sandwüste.

Erg [Kw. aus griech. érgon „Werk, Arbeit"], Einheitenzeichen erg; Einheit der Energie bzw. Arbeit; Festlegung: 1 erg ist gleich der Arbeit, die verrichtet wird, wenn der Angriffspunkt der Kraft 1 dyn längs eines Weges von 1 cm wirkt: 1 erg = 1 dyn·cm. Mit dem ↑ Joule (J), der SI-Einheit von Arbeit, Energie und Wärmemenge hängt das Erg wie folgt zusammen: 1 erg = 10^{-7} J bzw. 1 J = 10^7 erg.

Ergänzungsfarben, svw. ↑ Komplementärfarben.

Ergänzungsschulen, Privatschulen, die das öffentl. Schulwesen, v. a. im berufbildenden Bereich, ergänzen und an denen die gesetzl. ↑ Schulpflicht i. d. R. nicht erfüllt werden kann.

Ergine, svw. ↑ Ergone.

ergo [lat.], also, folglich.

Ergologie [zu griech. érgon „Werk, Arbeit"], die Lehre von den materiellen und techn. Erzeugnissen menschl. Kultur. Forschungsgegenstand der E. sind im Zusammenhang mit der Herstellungstechnik Tracht, Nahrung, Obdach, Geräte und Verfahren, Verkehr, Waffen.

Ergometer [griech.], Gerät zur Messung der körperl. Leistungsfähigkeit, das eine dosierbare Belastung ermöglicht. Durch Bestimmung von Sauerstoffverbrauch, Stoffumsatz und Sauerstoffsättigung können unter Berücksichtigung von Kreislaufdaten (wie Puls und Blutdruck) nicht nur die Gesamtleistungsfähigkeit eines Organismus, sondern gleichzeitig auch die Belastungsreaktionen von Kreislauf und Atmung beurteilt werden. Am gebräuchlichsten ist das **Fahrradergometer** zur mechan. Leistungsprüfung, bei dem die mechan. Energie in eine registrierbare elektr. Energie umgewandelt wird. Das **Spiroergometer** wird zur Messung des Sauerstoffverbrauchs verwendet.

Ergone (Ergine) [griech.], Bez. für in kleinsten Mengen hochwirksame biolog. Wirkstoffe wie Vitamine, Hormone und Enzyme.

Ergonomie [griech.], Wiss. von der Anpassung der Arbeit[sbedingungen] an den Menschen.

Ergosterin [frz./griech.], weitverbreitetes, v. a. in Hefen, im Mutterkorn und im Hühnerei vorkommendes Mykosterin; Provitamin des Vitamins D_2, in das es bei Bestrahlung mit UV-Licht übergeht.

Ergotamin [Kw.] ↑ Mutterkornalkaloide.

Ergotherapie [griech.], Beschäftigungstherapie, die auch Teile der ↑ Arbeitstherapie umfaßt.

Ergotismus [frz.] ↑ Mutterkorn.

ergotrop [griech.], alle Energien des Organismus mobilisierend; speziell auf die Erregung des Sympathikus bezogen.

Ergußgesteine ↑ Gesteine.

Erhaltungssätze, grundlegende physikal. Gesetze, nach denen bestimmte physikal. Größen in abgeschlossenen Systemen bei jeder zeitl. Zustandsänderung ihren Wert beibehalten.

Satz von der Erhaltung der Energie (Energiesatz): Energie wird bei keinem physikal. Vorgang erzeugt oder vernichtet, sondern nur von einer Energieform in eine andere umgewandelt (↑ Energie).

Satz von der Erhaltung des Impulses (Impulssatz): Der Gesamtimpuls eines abgeschlossenen Systems, d. h. eines Systems, in dem nur innere Kräfte wirken, bleibt erhalten (↑ Impuls).

Satz von der Erhaltung des Schwerpunktes (Schwerpunktsatz): Der Schwerpunkt eines abgeschlossenen Systems kann durch innere Kräfte nicht verschoben werden (↑ Schwerpunkt).

Satz von der Erhaltung des Drehimpulses (Drehimpulssatz): Der Gesamtdrehimpuls eines abgeschlossenen Systems bleibt erhalten (↑ Drehimpuls).

Einer der ältesten E. ist der **Satz von der Erhaltung der Masse** (bzw. der Materie oder Stoffmenge), der von J. B. van Helmont aufgestellt und von A. L. Lavoisier präzisiert wurde. Er war vor allem für die Entwicklung der Chemie von Bedeutung (wegen der Äquivalenz von Masse und Energie wird er vom Energieerhaltungssatz abgedeckt, zugleich aber auch relativiert).

Neben diese klass. E. treten weitere E., u. a. für ↑ Spin und ↑ Parität sowie für die elektr. ↑ Ladung. Jedem Erhaltungssatz entspricht anscheinend eine Invarianzeigenschaft der physikal. Gesetze (↑ Invarianz).

Erhängen, Form der Selbsttötung, des Mordes oder der Todesstrafe durch Strangulation des Halses. Der Tod kann durch plötzl. Genickbruch mit Zerstörung des Atemzentrums oder durch die Drosselung der Halsschlagadern eintreten (die Unterbrechung der Blutzufuhr zum empfindl. Großhirn führt zum Bewußtseinsverlust, wodurch u. a. ein Sichbefreien aus der Schlinge unmögl. wird).

Erhard (Ehrhard), alter dt. männl. Vorname (althochdt. era „Ehre, Berühmtheit" und althochdt. harti, herti „hart").

Erhard, Ludwig, * Fürth 4. Febr. 1897, † Bonn 5. Mai 1977, dt. Politiker (CDU). - Kaufmänn. Lehre; nach Teilnahme am 1. Weltkrieg Studium der Volks- und Betriebs-

Erhart

wirtschaft; seit 1928 wiss. in Nürnberg tätig. 1945/46 bayer. Min. für Handel und Gewerbe. Seit März 1948 Direktor für Wirtschaft des Vereinigten Wirtschaftsgebiets, erklärte E. am Tage der von ihm mit vorbereiteten Währungsreform (20. Juni 1948) das Ende der Zwangswirtschaft und setzte in der Folgezeit das Konzept der sozialen Marktwirtschaft durch („Vater des dt. Wirtschaftswunders"). 1949–76 MdB, bis Okt. 1963 Wirtschaftsmin., bestimmte E. wesentl. den wirtsch. Wiederaufstieg der BR Deutschland; 1957–63 war er zugleich Vizekanzler. Gegen den Widerstand Adenauers wurde E. im Okt. 1963 dessen Nachfolger als Bundeskanzler, 1966/67 auch CDU-Vors. (danach Ehrenvors.). Die innerparteil. Kritik an E. wuchs verstärkt seit der Wahlniederlage der CDU in NRW im Juli 1966 und den Meinungsverschiedenheiten mit der FDP über die Sanierung des B.haushalts für 1967. Dem Austritt der FDP-Min. aus dem Kabinett im Okt. folgte E. Rücktritt als Bundeskanzler im Dez. 1966.

Ludwig Erhard (1963)

Erhart, Gregor, * Ulm um 1465/70, † Augsburg 1540, dt. Bildhauer. - Seit 1494 in Augsburg tätig. Stilist. entwickelte sich G. E. durch Anreicherung der Ulmer Spätgotik (bes. Multscher) mit dem heiteren Naturalismus und der Monumentalität der Renaissance; gesichertes Werk E. ist nur die Kaisheimer Schutzmantelmadonna (1502–04, in Berlin 1945 verbrannt); zugeschrieben wird ihm u. a. die Schutzmantelmadonna (um 1510; Frauenstein, Oberösterreich).

Erhebung, in der Statistik die Beschaffung des sog. Urmaterials für eine Auswertung. Als *Primär-E.* bezeichnet man die erstmalige Beschaffung von Material, i. d. R. durch Befragung. Die *Sekundär-E.* geht von bereits vorhandenem, sekundärstatist. Zahlenmaterial aus.

Erhöhungszeichen, in der musikal. Notation das Zeichen (♯ [Kreuz]), das die Erhöhung eines Tones um einen Halbton vorschreibt.

Erholung, Wiederherstellung der normalen Leistungsfähigkeit nach einer Ermüdung oder wieder aufhebbaren, krankhaften Schädigung; auf den gesamten Organismus oder auf einzelne Organe oder Gewebe bezogen.

Eria, Bez. für das nordatlant. Festland, das im älteren Paläozoikum existierte.

Eric ↑Erich.

Erica ['e:rika, e'ri:ka; griech.-lat.] ↑Glokkenheide.

Ericaceae [griech.-lat.], svw. ↑Heidekrautgewächse.

Erich, männl. Vorname nord. Ursprungs, eigtl. „der allein Mächtige"; schwed. und dän. Form: Erik, norweg. Form: Eirik, engl. Form: Eric.

Erich, Name von Herrschern:
Dänemark:
E. VII. (E. der Pommer), * um 1382, † Rügenwalde 3. Mai 1459, Herzog von Pommern-Stolp, König von Dänemark (1397/1412–39), als E. IV. König von Norwegen (1389/1412–41), als E. XIII. König von Schweden (1397/1412–39). - Großneffe Margaretes I. von Dänemark, die ihn zu ihrem Nachfolger aussersah; 1397 in Kalmar zum Unionskönig gekrönt; regierte seit Margaretes Tod (1412) selbständig; geriet wegen seiner Großmachtpolitik und Erbreichspläne in zunehmenden Gegensatz zur Ratsaristokratie der nord. Reiche; 1439 bzw. 1441 abgesetzt.
Norwegen:
E. IV. ↑Erich VII. von Dänemark.
Schweden:
E. IX., der Hl., * vermutl. 18. Mai 1159 oder 1160, Teilherrscher (seit 1158). - Regierte in polit. Gegensatz zum Sverkergeschlecht in Västergötland, bald von seinen Feinden ermordet; nach der Legende Vorkämpfer des Christentums.
E. XIII. ↑Erich VII. von Dänemark.
E. XIV., * Stockholm 13. Dez. 1533, † (möglicherweise vergiftet) Örbyhus bei Uppsala 26. Febr. 1577, König (1560–68). - Sohn Gustavs I. Wasa; erwarb Reval und Estland und führte den Dreikronenkrieg; nachdem sich Zeichen einer Geisteskrankheit gezeigt hatten, wurde er von seinen Brüdern abgesetzt und inhaftiert.

Erich der Rote, † um 1007, norweg. Wikinger. - Vater von Leif Eriksson; kam um 950 aus Norwegen nach Island, das er wegen Totschlags wieder verlassen mußte; erreichte 982 die O-Küste Grönlands, gründete 986 im S der Insel eine Siedlung, von der aus sein Sohn um 1000 die Küste Nordamerikas (Vinland) entdeckte.

Erichthonios (Erechtheus), Gestalt der griech. Mythologie; König von Athen, errichtete der Athena den ersten Tempel auf der Akropolis, an dessen Stelle später das bis heute teilweise erhaltene Erechtheion trat.

Eridanus [griech.] ↑Sternbilder (Übersicht).

Erkältung

Eridu, altoriental. Stadt (heute Ruinenhügel Abu Schahrain) in S-Irak, im Altertum an einer Lagune des Pers. Golfs gelegen. Prähistor. Schichten seit dem 6. Jt. v. Chr.; vor- und frühgeschichtl. Tempelanlage mit 18 Bauphasen. In histor. Zeit war E. noch wichtig als Hauptkultort des ↑Enki (urspr. Stadtgott von E.), dessen Tempel und Tempelturm bis ins 6. Jh. v. Chr. erneuert wurden.

Erie [engl. 'ıərı], Stadt in NW-Pennsylvania, Hafen am Eriesee, 119 000 E. Kath. Bischofssitz; Colleges. Umschlagplatz für Eisenerz, Kohle, Erdöl, Holz und Getreide, bed. Fischereihafen; Eisen- und Stahlindustrie.

Erie Canal [engl. 'ıərı kə'næl], 584 km lange Wasserstraße zw. Hudson River und Eriesee.

Eriesee [engl. 'ıərı], einer der Großen Seen N-Amerikas, USA/Kanada, 390 km lang, 90 km breit, 174 m ü. d. M., Zufluß aus dem Huronsee, Abfluß durch den Niagara River zum Ontariosee, Febr.–Dez. eisfrei.

Erigena, Johannes Scotus ↑Johannes Scotus Eriugena.

Erigeron [griech.], svw. ↑Berufkraut.

erigieren [lat.], anschwellen, sich aufrichten (↑Erektion).

Erik ↑Erich.

Erika, weibl. Form des männl. Vornamens Erich.

Erikagewächse, svw. ↑Heidekrautgewächse.

Eriksen, Erik [dän. 'e:regsən], * Brangstrup bei Ringe (Fünen) 20. Nov. 1902, † Esbjerg 7. Okt. 1972, dän. Politiker (Venstre-Partei). - 1950–53 Min.präs.; 1950–65 Parteipräs.; seit 1953 einer der einflußreichsten bürgerl. Oppositionsführer im Folketing; Präs. des Nord. Rates 1953/54, 1956/57, 1961/62.

Erikson, Erik [Homburger], * Frankfurt am Main 15. Juni 1902, dt.-amerikan. Psychologe. - Schüler von S. Freud; emigrierte 1933 in die USA; Prof. in Berkeley (Calif.), Pittsburgh (PA.) und an der Harvard University; führender Vertreter der Jugendpsychologie. - *Werke:* Kindheit und Gesellschaft (1950), Der junge Mann Luther (1958), Jugend und Krise (1963), Einsicht und Verantwortung (1964).

Erinnerung, in der *Psychologie* Bewußtwerden und insbes. aktives Insbewußtseinheben von im Gedächtnis gespeicherten Wahrnehmungen, Erlebnissen, Vorgängen und Bedeutungen.

♦ im *Recht* der ↑Rechtsbehelf gegen Entscheidungen der beauftragten oder ersuchten Richters oder der Urkundenbeamten, gegen Maßnahmen eines Vollstreckungsorgans (sog. Vollstreckungs-E.), gegen Entscheidungen des Rechtspflegers.

Erinnerungsposten (Erinnerungswert), Merkposten in der Bilanz (meistens in Höhe von 1.- DM) für bereits abgeschriebene, aber noch im Unternehmen vorhandene Vermögensgegenstände.

Erinnyen (Erinyen), Rachegöttinnen der griech. Mythologie, bei den Römern **Furiae** gen. Urspr. die racheheischenden Seelen der Ermordeten, dann als Töchter der Nyx (Nacht) oder der Gäa (Erde), die vom Blut des entmannten Uranos befruchtet worden ist, und oft als Dreizahl gedacht: *Allekto, Teisiphone* und *Megaira*. Sie verfolgten Frevler und straften sie mit Wahnsinn. Euphemistisch wurden sie auch **Eumeniden** (die Wohlgesinnten) oder **Semnai** (die Erhabenen) genannt.

Eris, bei den Griechen die Personifikation und Göttin der Zwietracht, Schwester des Ares und deshalb Begleiterin in der Schlacht. Zur Hochzeit des Peleus und der Thetis nicht geladen, wirft sie aus Rache einen goldenen Apfel mit der Aufschrift „Der Schönsten" unter die Göttinnen Aphrodite, Hera und Athena, veranlaßt so deren Streit, das Urteil des Paris und damit mittelbar den Trojan. Krieg.

erische Phase [nach Eria] ↑Faltungsphasen (Übersicht).

Eritrea, äthiop. Prov. am Roten Meer, 117 600 km², 2,43 Mill. E. (1980). An die niederschlagsarme, feuchtheiße Küstenebene schließen sich südl. die Danakilberge, nördl. das Abessin. Hochland an. Letzteres ist das Hauptsiedlungsgebiet, in dem auch die Hauptstadt Asmara liegt. - Mit Äthiopien seit ältesten Zeiten eng verbunden; Ende des 19. Jh. begannen Briten und Italiener sich an der Küste festzusetzen; 1890 proklamierte Italien die Kolonie E., die 1934/35 dem faschist. Italien als Basis für die Eroberung Äthiopiens diente; 1941 von brit. Truppen erobert, 1952 auf dem Wege einer Föderation mit Äthiopien zusammengeschlossen, 1962 als Prov. eingegliedert; seitdem Kampf der 1961 gebildeten Eritreischen Befreiungsfront (Eritrean Liberation Front, Abk. ELF) für ein unabhängiges Eritrea; auf Grund interner Auseinandersetzungen Spaltung der ELF 1970 und Bildung der marxist. Eritreischen Volksbefreiungsfront (Eritrean People's Liberation Front, Abk. EPLF); doch veranlaßte die sich verschärfende militär. Auseinandersetzung beide Bewegungen zu koordinierten Aktionen.

Eriugena (Erigena), Johannes Scotus ↑Johannes Scotus Eriugena.

Eriwan ↑Jerewan.

Erizzo, venezian. Adelsfamilie, aus Capodistria stammend, seit nach 805 oder 966 in Venedig ansässig, bed. im Levantehandel und im öffentl. Leben; u. a. **Francesco Erizzo** (* 1565, † 1646, Doge seit 1631); 1847 erloschen.

Erk, Ludwig, * Wetzlar 6. Jan. 1807, † Berlin 25. Nov. 1883, dt. Volksliedsammler. - Einer der bedeutendsten Volksliedsammler des 19. Jh., u. a.: „Die dt. Volkslieder mit ihren Singweisen" (1838–45, mit W. Irmer) und „Dt. Liederhort" (1856).

Erkältung, unkorrekte Sammelbez. für

Erkel

verschiedene infektionsbedingte Erkrankungen, v. a. der Luftwege, nach Kälteeinwirkung. Dieser kommt nur eine auslösende, die Abwehrkräfte des Körpers örtl. oder allg. vermindernde Funktion zu, wodurch vorher unschädl. Krankheitserreger in die Gewebe eindringen bzw. virulent werden können.

Erkel, Ferenc (Franz), * Gyula (Bezirk Békés) 7. Nov. 1810, † Budapest 15. Juni 1893, ungar. Komponist. - Komponierte 1844 die ungar. Nationalhymne, gilt mit seinen 8 Opern als Schöpfer der ungar. Nationaloper.

Erkelenz, Stadt in NRW, im N der Jülicher Börde, 95 m ü. d. M., 36 100 E. Bohrgeräteherstellung, Textil-, Möbel-, Nahrungsmittelind. - 966 erstmals gen.; 1326 Stadtrechte. - Im 2. Weltkrieg stark zerstört, wiederaufgebaut u. a. das Alte Rathaus (1541–46).

Erkennen, in der Buchführung die Entlastung eines Kontos durch Haben-Buchung.

Erkenntnis, begründetes Wissen eines Sachverhaltes. Die Tradition unterscheidet zw. *diskursiver* und *intuitiver* E., je nachdem, ob es sich um ein method. und begriffl. ausgebautes Wissen oder um ein in diesem Sinne unvermitteltes Wissen handelt.

Erkenntnistheorie, philosoph. Disziplin, deren Gegenstand die Frage nach den Bedingungen von Erkenntnis ist. Im modernen Sinne besteht E. aus den Teilbereichen Logik, Sprachphilosophie, Wissenschaftstheorie und Hermeneutik (als Theorie des Verstehens). Von der Entstehung der Erkenntnis handelt die Psychologie. Die klass. Frage nach dem Wesen der Erkenntnis ist auf eine Untersuchung ihrer method. Bedingungen reduziert. Die Frage nach den Grenzen der Erkenntnis wird wissenschaftstheoret. als Abgrenzungsproblem zw. wiss. und nichtwiss. Aussagen oder - wie bei Kant - als Kritik der „reinen Vernunft" behandelt. Als theoret. Fundamentaldisziplin tritt E. damit an die Stelle der Metaphysik. - In der transzendentalen E. Kants erfuhr die E. ihre entscheidende neuzeitl. Wende. Das †Subjekt-Objekt-Problem, das bereits die E. Descartes' bestimmte, führte, indem unter E. nicht mehr nur in erster Linie Methodologie naturwiss. Wissens verstanden wurde, zu der auch heute noch fundamentalen Unterscheidung zw. Realismus und Idealismus. Zugleich wurde die E. aus der Einsicht in die histor. Bedingtheit des Erkennens (†Historismus) durch die Hermeneutik ergänzt, d. h. wissenschaftstheoret. um die Unterscheidung von Verstehen und Erklärung. Die heute erkannte Bed. der Sprachphilosophie gilt angesichts der sprachl. Verfaßtheit aller Erkenntnis auch für die Begründung des wiss. exakten Wissens (Mathematik, Naturwissenschaft).

📖 *Rauschenbach, B.: Erkenntnis und Erfahrung.* Gießen 1983. - *Varga v. Kibéd, A.: Einf. in die Erkenntnislehre.* Basel ³1979. - *Schlick, M.: Allg. Erkenntnislehre.* Ffm. 1978. - *Cassirer, E.:*
Das Erkenntnisproblem in der Philosophie u. Wiss. der neueren Zeit. Bln.; Stg. ² ᵘ·³1922–57. 4 Bde. Neuaufl. Hildesheim 1971–73.

Erkenntnisverfahren (Entscheidungs-, Urteils-, Streitverfahren), das Verfahren des Zivilprozesses, in dem über den Streitgegenstand (meist durch Urteil) entschieden wird.

Erkennungsdienst, kriminalpolizeil. Dienststelle, die mit techn. und wiss. Methoden (Daktyloskopie, Photographie, Messungen, Spurenauswertung) der Identifizierung von Personen und Sachen im Rahmen des Strafverfahrens dient.

Erkennungsmarke, vorwiegend beim Militär gebräuchl. Metallmarke zur Identifizierung des Trägers, in die Personenkennziffer, Blutgruppe (mit Rhesusfaktor), Nationalität und Bekenntnis eingeprägt sind.

Erker, urspr. im Wehrbau verwendeter Vorbau, vielleicht islam., in Europa beliebt bei Bürgerhäusern seit der Spätgotik, an der Fassade oder Ecke, gestützt von Konsolen oder einem vorkragenden Balken, ein- oder mehrgeschossig; oft reich verziert; im Burgbau oft als Hauskapelle (**Chörlein**).

Erklärung, argumentative Rückführung auf bekannte bzw. anerkannte Sachverhalte; philosoph. wird der Begriff E. dem Begriff Verstehen gegenübergestellt. Verbreiteter Auffassung nach sind die sog. Geisteswiss. verstehende (hermeneut.) Wiss., während die Naturwiss. E. bereitstellen.

Erklärungsirrtum †Anfechtung.

Erl, östr. Gemeinde am Inn, Tirol, 475 m ü. d. M., 1 200 E. Sommerfrische; Passionsspiele seit 1610. - Passionstheater (1958).

Erlach, schweizer. Ritter- und Patriziergeschlecht; urspr. Ministerialen der Grafen von Neuenburg und Kastellane von E. am Bieler See; traten Ende 13. Jh. ins Berner Patriziat; stellten zahlr. Ratsherren, Schultheißen und militär. Führer, die die Geschichte der Republik Bern maßgebl. bestimmten.

Erlander, Tage, * Ransäter (Värmland) 13. Juni 1901, † Stockholm 21. Juni 1985, schwed. Politiker. - Lexikonredakteur; 1933–73 sozialdemokrat. Abg. im Reichstag; 1946–69 Min.präs. und zugleich Parteivors.; vertrat außenpolit. eine Politik der Bündnisfreiheit, verwirklichte innenpolit. weitgehend die Ideen eines sozialen Wohlfahrtsstaates.

Erlangen, Stadt in Bayern, an der Mündung der Schwabach in die Regnitz, 280 m ü. d. M., 101 700 E. Verwaltungssitz des Landkr. Erlangen-Höchstadt; Univ. E.-Nürnberg; Bayer. Landesanstalt für Bienenzucht E.; Stadtmuseum, Gemäldegalerie; Theater. Wichtigster Ind.zweig ist die Elektroind.; Hafen am Rhein-Main-Donau-Großschiffahrtsweg (seit 1970). - 1002 erstmals erwähnt; 1361 erwarb Kaiser Karl IV. die Siedlung; 1398 Stadtrechtsbestätigung. E. kam durch Kauf 1402 an die Burggrafen von Nürnberg; nach 1686 Ansiedlung von Hugenotten

Erlkönig

und Bau der rechtwinklig angelegten Neustadt; 1699 Gründung einer Ritterakademie, die in der 1743 von Bayreuth nach E. verlegten Univ. aufging. 1791 preuß., 1810 bayer. - Zahlr. Baudenkmäler, u. a. ev.-ref. Kirche (1686–92), Altstädter Dreifaltigkeitskirche (1706–21), Altstädter Rathaus (1733–36), Schloß (1700–1704), Orangerie (1705/06).

Erlangen-Höchstadt, Landkr. in Bayern.

Erlanger, Joseph [engl. 'ɔːlæŋə], *San Francisco 5. Jan. 1874, † Saint Louis 5. Dez. 1965, amerikan. Neurophysiologe. - Prof. in Wisconsin und Washington; entdeckte mit H. S. Gasser differenzierte Funktionen einzelner Nervenfasern und erhielt 1944 zus. mit ihm den Nobelpreis für Physiologie oder Medizin.

Erlaß, 1. im *öffentl. Recht* interne Weisung eines staatl. Exekutivorgans, die nur die Behörden, nicht aber den Bürger bindet, der aus ihnen auch keine Rechte herleiten kann. 2. im *Schuldrecht* der [vertragl.] Verzicht des Gläubigers auf die Forderung (Schuld-E.); 3. im *Steuerrecht* der unter bestimmten rechtl. Voraussetzungen durch den Steuergläubiger ausgesprochene Verzicht auf die Steuerschuld.

Erlaßjahr, svw. ↑ Jobeljahr.

Erlau, dt. Name der ungar. Stadt ↑ Eger.

Erlaubnis (Genehmigung), im Recht ein begünstigender, antragsgebundener Verwaltungsakt, der das gesetzl. Verbot einer bestimmten Betätigung (z. B. Bauen, Betreiben eines Gewerbes) nach Durchlaufen eines behördl. Kontrollverfahrens im Einzelfall aufhebt. Die E. kann, wenn das Gesetz dies vorsieht, mit Auflagen versehen werden.

Erlaucht, urspr. gleichwertig mit Durchlaucht; bis ins 17./18. Jh. Prädikat der regierenden Reichsgrafen; 1829 den Häuptern der mediatisierten gräfl. Häuser zuerkannt.

Erle (Eller, Alnus), Gatt. der Birkengewächse mit etwa 30 Arten in der nördl. gemäßigten Zone und in den Anden; Bäume oder Sträucher mit am Rande leicht gelappten oder gesägten Blättern; weibl. Blüten in Kätzchen, die zu mehreren unterhalb der der männl. Kätzchen stehen; rundl., verholzende Fruchtzapfen mit kleinen, rundl. bis fünfeckigen, schmal geflügelten Nußfrüchten; Wurzeln mit ↑ Wurzelknöllchen. - Wichtige Arten sind: **Schwarzerle** (Rot-E., Alnus glutinosa), ein bis 25 m hoher, oft mehrstämmiger Baum mit schwarzbrauner, rissiger Borke, rundl., bis 10 cm langen Blättern und kleinen, schwarzen Fruchtzapfen; **Grauerle** (Weiß-E., Alnus incana), ein bis 20 m hoher Baum mit heller, grauer Rinde und dunkelgrünen, unterseits graugrünen Blättern; **Grünerle** (Berg-E., Alnus viridis), ein 1–3 m hoher Strauch mit glatter, dunkelaschgrauer Rinde mit bräunl. Korkwülsten; Blätter beiderseits grün.

◆ Bez. für das Holz der Schwarz- und der Grauerle; ↑ Hölzer (Übersicht).

Erleben, jeder im Bewußtsein ablaufende Vorgang.

Erlebensfallversicherung ↑ Lebensversicherung.

Erlebnis, der Inhalt des Erlebens; i. e. S. jedes beeindruckende Geschehen.

erlebte Rede, ep. Stilmittel; Gedanken einer bestimmten Person werden statt im zu erwartenden Konjunktiv (↑ indirekte Rede) im Indikativ und meist im Präteritum ausgedrückt, z. B.: „Der Konsul ging ... umher ... *Er hatte keine Zeit. Er war bei Gott überhäuft. Sie sollte sich gedulden*" (T. Mann, „Buddenbrooks").

Erlenblattkäfer, (Melasoma aenea) 7–8 mm großer, längl.-ovaler, metallisch grüner, blauer oder golden-kupferroter Blattkäfer; schädl. an Erlen.

◆ (Agelastica alni) 5–7 mm großer, schwarzblauer Blattkäfer; wird durch Blattfraß schädl. an Erlen und Obstbäumen.

Erlenzeisig ↑ Zeisige.

Fritz Erler

Erler, Fritz, * Berlin 14. Juli 1913, † Pforzheim 22. Febr. 1967, dt. Politiker (SPD). - 1938 wegen illegaler sozialdemokrat. Aktivität verhaftet, 1939 zu 10 Jahren Zuchthaus verurteilt. 1945–49 Landrat (1946/47 von den Besatzungsbehörden vorübergehend interniert) und 1946 MdL von Württemberg-Hohenzollern; seit 1949 MdB; außen- und militärpolit. Sprecher seiner Partei; führend an der Durchsetzung des Reformkurses der SPD beteiligt; seit 1964 stellv. Vors. der SPD und Fraktionsvors. im Bundestag.

Erleuchtung, in der Religionsgeschichte v. a. die E. Buddhas (Sanskrit „Bodhi"), in den Mysterien die zweite Stufe der Einweihung, in der Mystik die zweite Stufe des myst. Lebens (lat. „via illuminativa"), seit dem christl. Philosophen Justinus Martyr auch Bez. für die Taufe.

Erlkönig, Bez. für ein noch geheimes Kfz.-Modell, das getarnt auf öffentl. Straßen in abgelegenen Gebieten bei „Nacht und Nebel" (deshalb „E.", nach Goethes Ballade [1782]) erprobt wird.

Erlös

Erlös, in der Betriebswirtschaftslehre der geldl. Gegenwert für die produzierten Güter und Leistungen einer Wirtschaftsperiode. Der E. ist zu unterscheiden von den Einnahmen, die alle eingehenden Zahlungen umfassen.

Erlöser ↑ Heiland.

Erlöserorden, griech. ↑ Orden.

Erlösung, im weitesten Sinne als Hilfe u. Heil verstanden, ein allen Religionen eigenes Anliegen. Als spezielle **Erlösungsreligionen** gelten das Christentum, die ind. Religionen und die Religionen der Spätantike. Während das christl. Heilsziel Befreiung von Schuld und Sünde sowie Vollendung im ewigen Leben ist, herrscht im Buddhismus und Hinduismus das Streben nach E. aus einer leidvollen Scheinwelt vor. Die gnost. Religionen der Spätantike, unter denen der Manichäismus die größte Bed. gewann, erstreben eine Befreiung von den Fesseln der Materie. Vermittelt wird die E. im Christentum durch die Heilstat Jesu Christi; im Judentum, dessen E.sehnsucht auf die Gesamtheit des jüd. Volkes gerichtet ist, hat der Messias als erwarteter, zukünftiger Erlöser vorrangige Bed. Der Hinduismus kennt neben der Selbst-E. durch Askese und myst. Erkenntnis das gläubige Vertrauen (Bhakti) zur erlösenden Gottheit. Auch der Buddhismus vertritt neben dem in ihm vorherrschenden Weg der Selbst-E. in zwei (der Überzeugung, daß der Glaube an die Gnade des Amida Buddha, des „Buddha des unendl. Lichtglanzes", zur E. führe.

📖 *Pröpper, T.: Erlösungsglaube und Freiheitsgeschichte. Mchn. 1985.*

Ermächtigung, die Befugnis, ein fremdes Vermögensrecht in eigenem Namen auszuüben; wird erteilt durch Einwilligung des Berechtigten, kann aber auch auf Gesetz oder Gerichtsbeschluß beruhen.

Ermächtigungsgesetz, Gesetz, mit dem die Legislative der Exekutive unter Durchbrechung des Prinzips der Gewaltentrennung die Befugnis zum Erlaß von Gesetzen oder gesetzesvertretenden Verordnungen einräumt, z. B. zur Bewältigung eines Ausnahmezustandes. - E. wurden seit dem 1. Weltkrieg zur Überwindung akuter polit. und wirtsch.-sozialer Notstände gebräuchl. Die Folgen der Inflation und der Ruhrbesetzung wurden in wesentl. überwunden durch Maßnahmen auf Grund der E. vom 13. 10. und 8. 12. 1923. Sie wurden, da die Weimarer Verfassung E. nicht ausdrückl. vorsah, auf Grund des parlamentar. Rechts zu verfassungsändernden Gesetzen mit ²/₃-Mehrheit vom Reichstag erlassen. Hitler legalisierte mit dem am 23. März 1933 gegen die Stimmen allein der SPD verabschiedeten (am 24. März verkündeten, 1937, 1939 und 1943 verlängerten) „Gesetz zur Behebung der Not von Volk und Reich" die nat.-soz. Herrschaft nach innen und außen. - In der BR Deutschland ist nach Art. 80 GG ein E. verboten. Nach östr. *Verfassungsrecht* wäre ein E. in Form eines Verfassungsgesetzes zulässig. E. vergleichbar sind in der *Schweiz* die **Vollmachtenbeschlüsse** während der beiden Weltkriege vom 3. 8. 1914 und 30. 8. 1939. Durch diese ermächtigte die Bundesversammlung den Bundesrat, die zur Behauptung der Sicherheit, Unabhängigkeit und Neutralität der Schweiz, zur Wahrung des Kredits und der wirtsch. Interessen des Landes und die zur Sicherung des Lebensunterhalts erforderl. Maßnahmen zu treffen.

Erman, Adolf, * Berlin 12. Mai 1806, † ebd. 12. Juli 1877, dt. Physiker. - Seit 1834 Prof. in Berlin; seine erdmagnet. Meßdaten bildeten die empir. Grundlage für die Theorie des Erdmagnetismus von C. F. Gauß.

E., Adolf, * Berlin 31. Okt. 1854, † ebd. 26. Juni 1937, dt. Ägyptologe. - Sohn von Adolf E.; 1892 Prof. in Berlin und Direktor des Ägypt. Museums, Begründer der modernen Philologie des alten Ägyptens. - *Werke:* Neuägypt. Grammatik (1880), Ägypten und ägypt. Leben (1886), Ägypt. Grammatik (1894), Die Literatur der Ägypter (1923), Wörterbuch der ägypt. Sprache (12 Bde., 1926 ff.).

Ermanarich ['ɛrmanarɪç, ɛr'maːnarɪç] (lat. Ermenricus, Hermanaricus; Ermenrich, Ermanrich), † nach 370, ostgot. König. - Tötete sich den Berichten nach im Alter von 100 Jahren selbst, da er sich außerstande sah, Hunneninvasion und Zerstörung seines Reiches (von der Ukraine bis zur Wolga und zur Ostsee) zu verhindern. - In der german. Heldensage mit der Gestalt Odoakers verschmolzen.

Ermatinger, Emil, * Schaffhausen 21. Mai 1873, † Zürich 17. Sept. 1953, schweizer. Literaturhistoriker. - Prof. in Zürich; einer der führenden Vertreter geistesgeschichtl. Literaturbetrachtung in der Nachfolge Diltheys. *Werke:* Das dichter. Kunstwerk (1921), Dichtung und Geistesleben der dt. Schweiz (1933), Dt. Dichtung 1700 bis 1900. Eine Geistesgeschichte in Lebensbildern (2 Bde., 1948-49).

Ermenrich (lat. Ermenricus) ↑ Ermanarich.

Ermessen, die einem Verwaltungsbeamten oder Richter durch Gesetz eingeräumte Befugnis, bei Vorliegen eines bestimmten Tatbestandes die Rechtsfolge im Rahmen einer pflichtgemäßen Wertung eigenständig zu bestimmen; bes. bedeutsam im Hinblick auf das den Verwaltungsbehörden eingeräumte sog. **Verwaltungsermessen.** Das E. kann sich darauf beziehen, ob die Verwaltung bei Vorliegen eines Tatbestandes überhaupt tätig werden soll (**Entschließungsermessen**) oder welche von mehreren gesetzlich zulässigen Entscheidungen sie treffen kann (**Auswahlermessen**). Die Verwaltung muß das ihr eingeräumte E. „pflichtgemäß" ausüben. Dazu gehört, daß sie die öffentl. Interessen und die Belange

Ernährung

des einzelnen billig und gerecht gegeneinander abwägt, nach sachl. Gesichtspunkten entscheidet und bei ihrer Entscheidung den ↑ Verhältnismäßigkeitsgrundsatz beachtet.
Im *Zivilprozeß* steht dem Richter bei der Schadensschätzung (§ 287 ZPO) ein **richterl. Ermessen** zu. Im *Strafprozeß* hat der Strafrichter bei der Strafzumessung ein E., das durch den Strafrahmen begrenzt ist.
Nach *östr. Recht* bedeutet E. die den Behörden, Gerichten oder dem Gesetzgeber eingeräumte Wahlmöglichkeit zw. zwei oder mehreren rechtl. gleichwertigen Lösungen. In der *Schweiz* gilt im wesentl. das gleiche wie im dt. Recht.

Erminonen ↑ Herminonen.

Ermittlungsrichter, Richter, der im Ermittlungsverfahren für alle Untersuchungshandlungen (z. B. für Durchsuchungen, Beschlagnahmen, Haftbefehle) zuständig ist, die das Gesetz dem Richter vorbehält.

Ermittlungsverfahren, im Strafverfahren das der öffentl. Klageerhebung bzw. der gerichtl. Voruntersuchung vorgeschaltete Verfahren. Sobald die Staatsanwaltschaft von dem Verdacht einer strafbaren Handlung Kenntnis erhält, hat sie im E. den Sachverhalt zu erforschen, um festzustellen, ob die Erhebung der öffentl. Klage geboten ist. Zur Durchführung des E. bedient sich die Staatsanwaltschaft der Hilfe der Polizei bzw. des Ermittlungsrichters. Nach Abschluß des E. erfolgt entweder die Einstellung des Strafverfahrens, oder es wird Anklage erhoben. Dem *östr. Recht* ist ein dem dt. Recht entsprechendes E. fremd. In der *Schweiz* wird das E. vorwiegend von der Kriminalpolizei zu Händen des Staatsanwalts oder des Untersuchungsrichters durchgeführt.

Ermland, histor. Landschaft im westl. Ostpreußen, Polen▾, umfaßt das Einzugsgebiet sowie das Land beiderseits der Passarge, erstreckt sich vom Frischen Haff bis auf die Höhen des Preuß. Landrückens; überwiegend landw. genutzt. - Seit der Mitte des 13. Jh. wurde der Pruzzengau **Warmien** v. a. von niederdt. und schles. Einwanderern besiedelt. 1466/79 kam das E. unter poln. Oberhoheit und blieb katholisch; es fiel 1772 an Preußen. - Die Diözese E., 1243 gegr., umfaßte im MA einen großen Teil des späteren Ostpreußen bis zum Pregel. Kathedralsitz war 1284–1945 Frauenburg, Bischofsresidenz Heilsberg; das Bistum Warmia ist seit 1972 Suffragan von Warschau.

Ermüdung, nach längerer Tätigkeit auftretende Abnahme der körperl. und geistigen Leistungsfähigkeit und -bereitschaft; psycholog. Anzeichen sind Reizbarkeit, Unlustgefühle, Verminderung der Konzentrations- und Denkfähigkeit sowie ein allg. „Müdigkeitsgefühl". Die E. kann rein körperl. Ursachen haben (Beeinträchtigung der physiolog. Funktionen durch zu starke Beanspruchung) oder auch vorwiegend psych. bedingt sein.
◆ (Materialermüdung) Bez. für die bei starker, wechselnder Dauerbeanspruchung eintretende Veränderung von Werkstoffen auf Grund geringfügiger plast. Verformungen in ihrem Innern.

Ermunduren ↑ Hermunduren.

Ermupolis, griech. Hafenstadt, Hauptort der Kykladeninsel Siros, an der O-Seite der Insel, 13 900 E. Orth. Bischofssitz; Museum; Reedereien, Werften, Fischerei.

Ern ↑ Eren.

Erna, Kurzform des weibl. Vornamens Ernesta (weibl. Form von Ernst); möglicherweise auch Kurzform von Namen, die mit „Arn-" („Ern-") gebildet sind.

Ernährung, die Aufnahme der Nahrungsstoffe für den Aufbau, die Erhaltung und Fortpflanzung eines Lebewesens. - Die **grünen Pflanzen** können die körpereigenen organ. Substanzen aus anorgan. Stoffen (CO_2, Wasser, Mineralsalze) aufbauen, sie sind ↑ autotroph. Ihre Energiequelle ist dabei die Sonne. Durch ihre ständige Synthesetätigkeit liefern die grünen Pflanzen allen heterotrophen, auf organ. Nährstoffe angewiesenen Organismen (Bakterien, Pilze, nichtgrüne höhere Pflanzen, Tiere, Mensch) die Existenzgrundlage. Wichtigster Ernährungsvorgang bei diesen Pflanzen ist die ↑ Photosynthese. - Die **nichtgrünen Pflanzen** (Saprophyten, Parasiten) decken ihren Energie- und Kohlenstoffbedarf aus lebender oder toter organ. Substanz. Im Ggs. zur E. der meisten Pflanzen ist die E. bei **Tieren** und beim **Menschen** durch die Notwendigkeit gekennzeichnet, organ. Verbindungen aufzunehmen. Die E. des Menschen entspricht derjenigen von tier. Allesfressern. Art, Menge, Zusammensetzung und Zubereitung der pflanzl. (Gemüse, Früchte, Getreide) und tier. Nahrungsmittel (Milch, Eier, Fleisch) hängen von biolog. und sozialen Gegebenheiten ab. Sie unterliegen außerdem in starkem Maße nat. und kulturellen Gepflogenheiten.
Die Nahrung soll sich aus den Grundnährstoffen Eiweiß, Kohlenhydrate und Fett im geeigneten Verhältnis zusammensetzen, genügend Mineralsalze, Vitamine, Spurenelemente sowie Ballaststoffe enthalten und durch sachgemäße Zubereitung für den Organismus gut aufschließbar und damit gut verwertbar sein. Die aufgenommenen Nährstoffe werden im Verdauungstrakt in eine lösl. und damit resorbierbare Form gebracht, mit dem Blut in die verschiedenen Gewebe transportiert und dort in den einzelnen Zellen mit Hilfe von Enzymen oxidiert. Dieser Vorgang ist einer Verbrennung vergleichbar, die einerseits Bewegungsenergie und andererseits Wärme liefert. Die Abfallprodukte dieser Verbrennung werden aus dem Körper v. a. durch die Atmung, den Harn und den Stuhl ausgeschieden.

Ernährung

ZUSAMMENSETZUNG UND NÄHRWERT VERSCHIEDENER NAHRUNGSMITTEL

In 100 g eßbarem Anteil sind enthalten:

Nahrungsmittel	Kohlenhydrate (g)	Fett (g)	Eiweiß (g) enthalten	Eiweiß (g) verwertbar	verwertbare Energie (kJ)	kcal
Butter	0,7	81	0,7	0,68	3 171	755
Buttermilch	4	0,5	3,5	3,4	151	35,9
Camembertkäse 45% Fett i. T.	1,85	22,8	18,7	18,1	1 264	301
Edamerkäse 45% Fett i. T.	3,91	28,3	24,8	24,1	1 621	386
Margarine	0,4	78,4	0,51	0,49	3 079	733
Speiseöl	Spuren	99,8	–	–	3 898	928
Speisequark mager	1,82	0,58	17,2	16,7	371	88,3
Vollmilch	4,8	3,7	3,1	3	284	67,7
Hühnerei	0,7	11,2	12,9	12,5	701	167
Hammelfleisch mager	–	12,5	18,2	17,7	836	199
Hirschfleisch	–	3,34	20,6	20	517	123
Kalbfleisch mager	–	5,4	20,5	19,9	596	142
Kalbfleisch fett	–	13,1	18,9	18,3	869	207
Rindfleisch mager	–	13,7	18,8	18,2	895	213
Rindfleisch fett	–	28,7	16,3	15,8	1 449	345
Schweinefleisch mager	–	35	14,1	13,7	1 659	395
Schweinefleisch fett	–	55	9,8	9,5	2 377	566
Brathuhn	–	5,6	20,6	20	605	144
Gans	–	31	15,7	15,2	1 529	364
Fleischwurst	–	27,1	13,2	12,8	1 323	315
Zervelatwurst	–	43,2	16,9	16,4	2 033	484
Aal	–	25,6	12,7	12,3	1 256	299
Brathering	3,8	15,2	16,8	16,3	983	234
Forelle	–	2,1	19,1	18,5	437	104
Hering	–	18,8	17,3	16,8	1 071	255
Kabeljau	–	0,3	17	16,5	326	77,7
Makrele geräuchert	–	15,5	20,7	20,1	1 000	238
Miesmuschel	3,92	1,34	9,84	9,55	302	72
Brötchen	57,5	0,5	6,8	6,1	1 168	278
Knäckebrot	77,2	1,4	10,1	6,77	1 609	383
Roggenvollkornbrot	46,4	1,2	7,3	5	1 004	239
Weißbrot	50,1	1,2	8,2	7,3	1 088	259
Nudeln, Makkaroni, Spaghetti	72,4	2,9	13	11,2	1 424	339
Reis poliert	78,7	0,62	7	5,9	1 546	368
Weizenmehl Type 405	74	0,98	10,6	9,43	1 546	368
Zwieback	75,6	4,3	9,9	8,8	1 693	
Blumenkohl	3,93	0,28	2,46	1,6	119	28,3
Bohnen grün	5	0,26	2,24	1,75	140	33,4
Karotten	7,27	0,2	1	0,74	146	34,8
Kartoffeln	18,9	0,15	2	1,5	357	85
Kohlrabi	4,45	0,1	1,94	1,26	109	26
Kopfsalat	1,66	0,25	1,56	1,01	63	15
Tomaten	3,28	0,21	0,95	0,81	79	18,8
Champignons in Dosen	3	0,5	2,25	2,25	105	25
Steinpilze frisch	4,84	0,4	2,77	2,77	142	33,9
Steinpilze getrocknet	43,6	3,2	19,7	19,7	1 189	283
Äpfel	12,1	0,3	0,3	0,26	220	52,4
Apfelsinen	9,14	0,26	0,96	0,82	228	54,4
Bananen	21	0,2	1,1	0,95	379	90,3
Erdbeeren	8	0,4	0,9	0,77	165	39,3
Pflaumen	12,3	0,1	0,7	0,6	222	52,9
Bohnen getrocknet	57,6	1,6	21,3	16,6	1 478	352
Erbsen getrocknet	60,7	1,4	22,9	17,9	1 554	370

Ernährung

ZUSAMMENSETZUNG UND NÄHRWERT VERSCHIEDENER NAHRUNGSMITTEL (Forts.)

In 100 g eßbarem Anteil sind enthalten:

Nahrungsmittel	Kohlenhydrate (g)	Fett (g)	Eiweiß (g) enthalten	Eiweiß (g) verwertbar	verwertbare Energie (kJ)	kcal
Linsen	6,2	1,4	3,5	18,3	1 487	354
Erdnüsse	19	6,6	26,5	21,1	2 650	631
Haselnüsse	12,6	61,8	13,9	10,8	2 898	690
Mandeln	16	54,1	18,3	14,3	2 734	651
Honig	80,8	–	0,38	0,32	1 281	305
Vollmilchschokolade	54,7	32,8	9,1	7,12	2 365	563
Zucker	99,8	–	–	–	1 655	394

VERWERTBARE ENERGIE VERSCHIEDENER GETRÄNKE

	kJ	kcal
Apfelwein 0,25 l	483	115
Bier hell 0,5 l	916	218
Kaffee	–	–
Orangensaft 0,1 l	210	50
Rotwein (dt.) 0,25 l	638	152
Tee schwarz	–	–
Weißwein (dt.) 0,25 l	638	152
Weinbrand 2 cl	185	44
Whisky 4 cl	483	115

Kohlenhydrate und Fette dienen hauptsächl. als Energiespender, während Eiweiße vorwiegend zum Aufbau und Ersatz von Zellen und zur Bildung von Enzymen und Hormonen benötigt werden. Bei einer richtig zusammengestellten Kost sollen etwa 55–60 % des Joulebedarfs (Kalorienbedarf) aus Kohlenhydraten, 25–30 % aus Fetten und 10–15 % aus Eiweißen gedeckt werden. Die Eiweißzufuhr sollte tägl. 1 g pro kg Körpergewicht betragen. Bei Jugendlichen und Schwangeren sowie während der Stillperiode erhöht sich der Eiweißbedarf auf 1,5 g pro kg Körpergewicht und Tag. Beim Erwachsenen sollten (nach einer Empfehlung der Dt. Gesellschaft für Ernährung) 0,4 g Eiweiß pro kg Körpergewicht, mindestens aber 20 g pro Tag tier. Herkunft sein. Die unterschiedl. biolog. Wertigkeit der Nahrungseiweiße hängt mit ihren unterschiedl. Anteilen an essentiellen Aminosäuren zusammen. – Das wichtigste Kohlenhydrat ist die Stärke, die u. a. in Getreideprodukten und Kartoffeln enthalten ist. Sie wird im Verdauungstrakt zu Traubenzucker abgebaut, der in der Leber wieder zu Glykogen aufgebaut und gespeichert wird. Glykogen kann je nach Bedarf wieder zu Traubenzucker abgebaut und als solcher verbrannt werden. Bei einem Überangebot an Nahrungsstoffen wird die nicht verbrauchte Menge in Form von Fett angelagert. Umgekehrt kann Fett im Bedarfsfall jederzeit abgebaut und verbrannt werden. Fett ist wegen seines hohen Joulegehaltes die wichtigste Energiereserve des Körpers. 1 g Kohlenhydrate und 1 g Eiweiß liefern jeweils 17,2 kJ (4,1 kcal); 1 g Fett dagegen 39 kJ (9,3 kcal). Einige lebenswichtige Fettsäuren wie Linolsäure und Linolensäure kann der Organismus nicht selbst aufbauen. Die Zufuhr dieser essentiellen Fettsäuren sollte tägl. etwa 4–6 g betragen (enthalten in 2 Teelöffeln Sonnenblumenöl oder 45 g Margarine bzw. 150 g Butter). Fette sind außerdem wichtig für die Resorption der fettlösl. Vitamine A, D und K, die nur zus. mit Fetten die Darmwand passieren können.

Der tägl. Energiebedarf eines gesunden Menschen ist v. a. von der körperl., weniger (und im wesentl. nur indirekt) von seiner geistigen Beanspruchung abhängig. Der Mehrbedarf durch körperl. Tätigkeit erhöht den Ruheumsatz von rd. 7 650 kJ (1 800 kcal) bei mäßiger Arbeit und sitzender Lebensweise auf etwa 9 660 bis 10 500 kJ (2 300–2 500 kcal), bei stärkerer körperl. Arbeit auf etwa 12 600 kJ (3 000 kcal), bei sehr schwerer Arbeit auf 16 800 kJ (4 000 kcal) und mehr in 24 Std. Für die einzelnen Mahlzeiten wird empfohlen: 1. Frühstück 2 814–3 276 kJ (670–780 kcal), 2. Frühstück 546–1 092 kJ (130–260 kcal), Mittagessen 3 276–3 288 kJ (780–910 kcal), Vesper 546–1 092 kJ (130–260 kcal), Abendessen 2 184–2 730 kJ (520–650 kcal). Bei falscher Zusammensetzung der Nahrung kommt es auch bei mengenmäßig ausreichender E. zu ↑ Vitaminmangelkrankheiten.

⊔ *Kleine Nährwerttab. der dt. Gesellschaft f. E. Hg. v. W. Wirths. Ffm. ³⁰1982. – Bäßler, K., u. a.:*

Ernährungsstörung

Grundbegriffe der E.lehre. Bln. u. a. ³1979. - Lang, K.: Biochemie der E. Darmst. ⁴1979.

Ernährungsstörung, die durch übermäßige, unzureichende oder fehlerhaft zusammengesetzte Ernährung bedingten Gesundheitsstörungen, bes. im Mineralhaushalt (↑ auch Vitaminmangelkrankheiten); auch bei Nichteinhalten einer Diät.

Ernährungstherapie, Maßnahme zur Behandlung von Krankheiten durch Änderung der Nahrungszusammensetzung oder Nahrungsmenge. E. mit veränderter Nahrungszusammensetzung wird v. a. angewandt, wenn die Ursache einer Krankheit in einer Störung der Aufnahme, des Abbaus oder der Ausscheidung bestimmter Nahrungsbestandteile oder ihrer Folgeprodukte zu sehen ist. Änderungen in der Nahrungsmenge bilden die Grundlage von Mastkuren, Abmagerungsdiäten und Fastenkuren. Eine qualitative Änderung der Nahrung ist u. a. erforderl. bei Diabetes, Leber- und Gallenerkrankungen. - Als E. bei Diabetes wird **kohlenhydratarme Kost** verordnet. Dabei sollen 25–50 % der gesamten Kohlenhydratmenge (die 40–45 % des tägl. Nährwertbedarfs betragen soll) aus Obst und Gemüse, der Rest aus Brot- u. Milchwerten bestritten werden. - **Eiweißarme Kost** ist erforderl., wenn z. B. bei Nierenerkrankungen die Eiweißabbauprodukte nicht mehr ganz mit dem Harn ausgeschieden werden. - **Fettarme Kost** wird bei der Leber- und Gallenerkrankungen gegeben, weil Fette dann u. a. nicht ausreichend verdaut und aufgenommen werden. - **Kochsalzarme** bzw. **kochsalzfreie Kost** wird bei der Behandlung des Bluthochdrucks, bei Herzinsuffizienz u. a. verordnet. Die Herabsetzung des Salzgehaltes zielt auf eine Verminderung des Wasserbindungsvermögens und damit auf eine geringere Kreislaufbelastung. - **Schlackenreiche Kost** soll die Darmmuskulatur durch vermehrte Dehnung zu gesteigerter Tätigkeit anregen (z. B. bei chron. Stuhlverstopfung). Hierzu werden v. a. Lebensmittel mit hohem Zellulosegehalt (Obst, Gemüse, Vollkornprodukte) gegeben. Da Zellulose für den menschl. Darm weitgehend unverdau. ist, bleibt sie bis zur Ausscheidung im Darm, dehnt ihn und verhindert durch Wasserbindung eine stärkere Eindickung des Stuhls. - **Schlackenarme Kost** soll den Darm bei Entzündungen schonen, deshalb werden häufiger kleinere Mengen leicht verdaul. Nahrung gegeben.

Ernährungswissenschaft, Teilgebiet der Physiologie, das sich mit den Fragen des quantitativen und qualitativen Nahrungsbedarfs unter verschiedenen Lebensbedingungen und in verschiedenen Lebensphasen sowie mit den Fragen des quantitativen Gehaltes und der qualitativen Zusammensetzung von Lebensmitteln im Hinblick auf den Bedarf des Organismus befaßt.

Ernennung, im Beamtenrecht ein Verwaltungsakt, durch den ein Beamtenverhältnis begründet oder umgewandelt oder durch den einem Beamten ein Amt oder (bei Amtsinhabern) ein anderes Amt verliehen wird.

Ernestinische Linie ↑ Wettiner.

Ernesto ↑ Ernst.

Erneuerungsknospen ↑ Knospe.

Erneuerungsschein (Talon, Zinsleiste), Teil eines Wertpapiers, der dem Bezug eines neuen Zins- oder Dividendenbogens nach Verbrauch der alten Zins- bzw. Dividendenscheine dient.

Erni, Hans, * Luzern, 21. Febr. 1909, schweizer. Maler und Graphiker. - Erhielt zahlr. öffentl. Aufträge („Die Schweiz, das Ferienland der Völker", Wandbild für die Schweizer. Landesausstellung in Zürich, 1939); Buchillustrationen, Plakate; seit 1979 H. E. Museum in Luzern. - Abb. S. 224.

Erniedrigungszeichen, in der musikal. Notation das Zeichen (♭[B]), das die Erniedrigung eines Tones um einen Halbton vorschreibt.

Ernst, alter dt. männl. Vorname, eigtl. „Ernst, Entschlossenheit, Beharrlichkeit". Italien. Form: **Ernesto,** frz. und engl. Form: **Ernest.**

Ernst, Name von Herrschern:

Braunschweig-Lüneburg:

E. August, Herzog, ↑ Ernst August I., Kurfürst von Hannover.

E. August, * Penzing (= Wien) 17. Nov. 1887, † Schloß Marienburg bei Hildesheim 30. Jan. 1953, Herzog (1913–18). - Sohn von Ernst August, Herzog von Cumberland und zu Braunschweig-Lüneburg, Enkel König Georgs V. von Hannover; seit 1913 ∞ mit Prinzessin Viktoria Luise von Preußen (Aussöhnung zw. Hohenzollern und Welfen).

E. August, Herzog von Cumberland und zu Braunschweig-Lüneburg, ↑ Cumberland, Ernst August Herzog von Cumberland und zu Braunschweig-Lüneburg.

Hannover:

E. August I., * Herzberg am Harz 30. Nov. 1629, † Herrenhausen (= Hannover) 2. Febr. 1698, Herzog von Braunschweig und Lüneburg, ev. Bischof von Osnabrück (seit 1660), Kurfürst von Hannover (seit 1692). - Regierte seit 1679 in Calenberg; setzte gegen den Widerstand seiner Familie 1682 die Primogenitur durch; erreichte 1692 für Hannover die Verleihung der neunten Kurwürde; sicherte seinem Haus durch seine Ehe mit der Stuartenkelin Sophie von der Pfalz die Anwartschaft auf die engl. Krone.

E. August II., * London 5. Juni 1771, † Hannover 18. Nov. 1851, Herzog von Braunschweig-Lüneburg, Herzog von Cumberland (seit 1799), König (seit 1837). - Sohn König Georgs III. von Großbrit.; hob 1837 das Staatsgrundgesetz von 1833 auf und enthob die protestierenden 7 Göttinger Prof. († Göttinger Sieben) ihres Amtes.

Hessen-Darmstadt:
E. Ludwig, * Darmstadt 25. Nov. 1868, † Schloß Wolfsgarten bei Langen 9. Okt. 1937, Großherzog von Hessen und bei Rhein (1892–1918). - Liberalkonstitutionell eingestellter Landesfürst; gründete als Förderer der Wiss. und insbes. der Kunst u. a. die Darmstädter Künstlerkolonie.

Mansfeld:
E. II. ↑Mansfeld (Grafengeschlecht).

Sachsen:
E., * Meißen 24. März 1441, † Colditz 26. Aug. 1486, Kurfürst (seit 1464). - Sohn des Kurfürsten Friedrich II. von Sachsen; regierte seit 1464 zus. mit seinem jüngeren Bruder Albrecht dem Beherzten; wurde mit der von ihm 1485 durchgeführten Teilung der wettin. Lande Begr. der Ernestin. Linie der ↑Wettiner.

Sachsen-Coburg und Gotha:
E. II., * Coburg 21. Juni 1818, † Schloß Reinhardsbrunn bei Friedrichroda 22. Aug. 1893, Herzog (seit 1844). - Optierte in der dt. Frage für Preußen und den kleindt. Nationalstaat.

Sachsen-Gotha-Altenburg:
E. I., der Fromme, * Altenburg 25. Dez. 1601, † Gotha 26. März 1675, Herzog. - Trat 1631 als Oberst in schwed. Kriegsdienst; baute eine vorbildl. landesbehördl. Verwaltung auf, betrieb eine rationale Wirtschaftspolitik und führte eine Landesordnung (1635–60), die Schulpflicht (1642) sowie eine Prozeßordnung (1670) ein.

Schwaben:
E. II., * um 1010, ✕ Burg Falkenstein im Schwarzwald 17. Aug. 1030, Herzog (seit 1015). - Stellte sich seit 1024 auf die Seite der Opposition gegen seinen Stiefvater Konrad II.; verfiel wegen seiner Weigerung, seinen geächteten Freund, Graf Werner von Kyburg, zu bekämpfen, der Reichsacht und dem Kirchenbann.

Ernst, Max, * Brühl bei Köln 2. April 1891, † Paris 1. April 1976, frz. Maler und Plastiker dt. Herkunft. - Rief 1919 den Kölner Dada (mit H. Arp) ins Leben; seit 1922 in Paris, wo er dem Kreis um Breton angehörte; emigrierte 1941 in die USA, lebte in New York und Sedona (Ariz.), kehrte 1953 nach Frankr. zurück. Bed. Vertreter des Surrealismus in der bildenden Kunst. Zus. mit P. Éluard verfertigte er 1922 den Collagenroman „Les malheurs des immortels" und malte für Éluard den Zyklus „L'histoire naturelle" (1923; Öl auf Leinwand); Ausgangspunkt der Bildfindung ist der 1925 oft automat. Techniken, u. a. entwickelte er die ↑Frottage und die ↑Grattage. Seinen Collagenromanen der 1930er Jahre legte er Drucke des 19. Jh. aus illustrierten Zeitschriften u. ä. zugrunde (fügte u. a. Tierköpfe ein). E. Plastik setzte 1928, verstärkt 1934 ein, eine v. a. figürl. Plastik von weitgehender Abstraktion; u. a. „Capricorne" (Bronzeguß 1964 [Original 1948]; Paris, Musée National d'Art Moderne), „Habakuk" (1928–30; Marl). Von seinen Schriften zur Kunst wurde v. a. „Au-delà de la peinture" (1936) bekannt.

Weitere Bilder: Die Windsbraut (1926/27; Karlsruhe, Staatl. Kunsthalle), Die ganze Stadt (1935/36; Kunsthaus Zürich), Der Cocktailtrinker (1945; Düsseldorf, Kunstsammlung NRW), Frühling in Paris (1950; Köln, Wallraf-Richartz-Museum), Mundus est fabula (1959; New York, The Museum of Modern Art). - Abb. S. 225 und Bd. 7, S. 283.

E., Otto, eigtl. O. E. Schmidt, * Ottensen (= Hamburg) 7. Okt. 1862, † Groß Flottbek (= Hamburg) 5. März 1926, dt. Schriftsteller. - Schrieb Komödien aus dem Leben des Kleinbürgers („Flachsmann als Erzieher", 1901) und Erzählungen aus dem Kinderleben („Appelschnut", 1907).

Paul Ernst

E., Paul, * Elbingerode/Harz 7. März 1866, † Sankt Georgen an der Stiefing (Steiermark) 13. Mai 1933, dt. Schriftsteller. - Einer der Hauptvertreter der Neuklassik. Auf der Grundlage seiner kunst- und kulturkrit. Theorien (u. a. „Der Weg zur Form", Essays, 1906) erneuerte er v. a. die Novelle nach dem Vorbild der formstrengen Renaissancenovelle (Verzicht auf psycholog. Begründung, konzentrierte Handlung, Geschlossenheit der Form); auch kurze Romane sowie Dramen.

Weitere Werke: Der Tod des Cosimo (Novellen, 1912), Komödiantengeschichten (1920), Der Schatz im Morgenbrotstal (R., 1926), Das Glück von Lautenthal (R., 1933).

Ernste Bibelforscher ↑Zeugen Jehovas.

Ernte, das Einbringen von Feld- und Gartenfrüchten, auch von anderen verwertbaren Pflanzenteilen (z. B. von Heu); dann auch Bez. für den Ertrag; in übertragener Bedeutung: erfolgreiches Ergebnis einer [anstrengenden] Arbeit.

Brauchtum: Die verschiedenen E.bräuche orientierten sich v. a. am Beginn und Ende der E.: Einbringen der ersten Fuhre durch

Hans Erni, Drei Athletinnen (1960). Privatbesitz

den Bauern selbst, Fest am Ende der E. mit E.kirmes und E.bier. Auf dem letzten Acker ließ man einige Ähren stehen, steckte einen buntgeschmückten Maibaum (E.maien) dazu, den man später bis zum Beginn der neuen Aussaat aufbewahrte. E.bräuche hatten bis zum Ende des 19. Jh. in der dörfl. Arbeitswelt bes. Bed., sind jedoch heute durch die Umstrukturierung der Landw. fast völlig geschwunden; eine Ausnahme bildet das Erntedankfest.

Ernteameisen, Bez. für subtrop. Knotenameisen, die Früchte und Pflanzensamen (als Vorräte) in ihre Nester eintragen.

Erntedankfest, kirchl. Feier beim Abschluß des Einbringens der Ernte, meist Anfang Okt. begangen. Zur Feier des Festes werden meist auf den Altären der Kirchen Feldfrüchte ausgebreitet, die anschließend verschenkt werden.

Erntemilbe (Trombicula autumnalis), bis etwa 2 mm große Milbe, deren 0,25 mm lange Larven Menschen und andere Warmblüter befallen, bei denen sie an dünnen Hautstellen Blut saugen.

Erntemonat, alter dt. Name (althochdt. aran-mānōd) für den Monat August.

Ernteversicherung, Versicherung gegen Ertragsausfälle durch Naturgefahren wie Hagel, Überschwemmungen, Sturm, Brand (Elementarschadenversicherung), abnorme Witterungseinflüsse wie Trockenheit, Nässe, Kälte, tier. und pflanzl. Schädlinge.

Eroberung, im Völkerrecht 1. die militär. Besitzergreifung eines fremden Territoriums im Krieg, 2. die gewaltsame Einverleibung fremden Staatsgebiets mit krieger. Mitteln (↑ Annexion).

erodieren [lat.], abtragen, auswaschen.

Eröffnung, Bez. für die erste Phase einer Schachpartie, in der die einleitenden Züge der Figuren erfolgen.

Eröffnungsbeschluß, im Strafverfahren der das Hauptverfahren einleitende („eröffnende") und damit zugleich das Eröffnungsverfahren abschließende Gerichtsbeschluß; er ergeht nur bei hinreichendem Tatverdacht.

Eröffnungsbilanz, Bilanz eines Unternehmens bei der Gründung oder zu Beginn eines neuen Geschäftsjahres.

Eröffnungsverfahren (Zwischenverfahren), im Strafprozeß das mit dem Eröffnungsbeschluß beendete Verfahren zw. Ermittlungsverfahren und Hauptverfahren, in dem das Gericht auf Grund der von der Staatsanwaltschaft eingereichten Anklageschrift prüft, ob die Anklage zur Hauptverhandlung zuzulassen ist.

erogene Zonen [griech.], Körperstellen, deren Berührung oder Reizung geschlechtl. Erregung auslöst; z. B. Geschlechtsteile und ihre Umgebung, Brustwarzen, Mund, Hals.

eroico [italien.], musikal. Vortragsbez.: held., heldenmäßig.

Erongoberge, Gebirge im westl. Namibia, im Bockberg 2350 m hoch; zahlreiche Felsbilder.

Erörterungstermin, Bestandteil des Genehmigungsverfahrens für die Errichtung von Kernkraftwerken; beim E. werden Einsprüche in Anwesenheit des Antragstellers (Energieversorgungsunternehmen und Reaktorindustrie), der Gutachter, der Einsprecher und der Genehmigungsbehörde öffentl. diskutiert.

Eros, griech. Gott der sinnl. Liebe, Sohn des Ares und der Aphrodite, dem bei den Römern Amor (oder Cupido) entspricht. Urspr. als ordnendes Urprinzip der Weltentstehung gedacht, wurde E. später als der geflügelte schöne, schalkhaft-grausame Knabe vorgestellt, als der er in Dichtung und bildender Kunst erscheint. Er wird häufig mit Pfeil und Bogen dargestellt, allein oder als Begleiter der Aphrodite bzw. Venus.

Eros [griech.], Planetoid (Durchmesser rd. 20 km), der wegen seiner außergewöhnl. Bahn zur Bestimmung der Sonnenparallaxe (Maß für die Entfernung Erde–Sonne) herangezogen wurde. Die mittlere Entfernung des E. von der Sonne beträgt 1,46 AE; seine Bahn verläuft zw. Erde und Mars. Wegen seiner beträchtl. Exzentrizität von 0,23 kann er der Erde bis auf 0,15 AE nahe kommen.

Eros-Center [griech./engl.], behördl. genehmigtes und kontrolliertes Haus, in dem

Prostitution betrieben wird. Sofern sich die Inhaber von E.-C. auf das bloße Gewähren von Wohnung, Unterkunft oder Aufenthalt beschränken, machen sie sich nach § 180a Nr. 2 nicht strafbar.

Erosion [lat., zu erodere „zerfressen"], i. w. S. Abtragung, d. h. die abtragende Tätigkeit des Eises (↑ Glazialerosion), des Meeres (↑ Abrasion), des Windes (↑ Deflation, die auch bei der ↑ Bodenerosion eine große Rolle spielt); i. e. S. die abtragende Tätigkeit der fließenden Gewässer (**fluviatile Erosion**). Sie ist abhängig von Wasserführung, Strömungsgeschwindigkeit, Turbulenz sowie Gesteinshärte, Gefälle und mitgeführter Schuttmenge. Die E. sucht das Gefälle auszugleichen. Bei steilem Gelände sowie bei sehr harten Gesteinen bilden sich Stromschnellen oder Wasserfälle, hier erhöhen sich Strömungsgeschwindigkeit und Turbulenz, die Steilstufe wird verstärkt erodiert, sie wandert stromaufwärts (**rückschreitende Erosion**). Durch Verringerung des Gefälles läßt die Tiefen-E. nach. Die Seiten-E. unterspült die Ufer. Das Niveau des Meeresspiegels ist die absolute **Erosionsbasis**, bis zu der die E. wirksam werden kann. Lokale E.basis kann ein See, eine Ebene sein, für einen Nebenfluß ist sie seine Mündung in den Hauptfluß. - Abb. S. 227.

◆ in der Medizin Bez. für eine ohne Narben verheilende oberflächl. Gewebsschädigung, bes. der Haut oder Schleimhaut.

Erostess [Kw. aus Eros und Hostess], euphemist. Bez. für Prostituierte.

Eroten [griech.], geflügelte Liebesgötter

Eros an einem Vasenhenkel (gefunden in Myrina; 2. Hälfte des 4. Jh. v. Chr.). Paris, Louvre

der hellenist. und röm. Kunst, meist in Kindergestalt (**Amoretten**). Die E. sind Vorläufer der Putten der Renaissance und des Barock.

Erotik [griech.], Lehre von der Liebe bzw. der Liebeskunst; im weitesten Sinne alle Formen der Liebe, einschließl. der gleichgeschlechtl. Beziehungen (Homoerotik) oder der Selbstliebe (Autoerotik). Im eingeengten Sinn wird E. auch synonym zu Sexualität gebraucht, bedeutet jedoch meistens das geistige und seel. Geschehen in der Liebe mit

Max Ernst, Die ganze Stadt (1935/36). Zürich, Kunsthaus

erotische Literatur

Ausdrucksformen auch außerhalb konkreter Beziehungen in Kunst und weiten Bereichen der Kommunikation.

erotische Literatur, Sammelbez. für literar. Werke aller Gattungen, in denen die sinnl. Komponente der Liebe bes. oder ausschließl. betont wird; nicht immer ist die Abgrenzung gegenüber einer das Gefühlhafte, den seel.-geistigen Bereich der Liebe artikulierenden Liebesdichtung, oder aber gegenüber pornograph. Literatur eindeutig zu ziehen. Nicht selten ist in e. L. Gesellschaftskritik enthalten. - Berühmte Beispiele früher e. L. stammen aus Indien aus den ersten nachchristl. Jh. („Kamasutra") sowie aus dem Orient (für „Tausendundeine Nacht" ist für das 10. Jh. schon eine Sammlung bezeugt). Das „Hohelied" des A. T. dürfte zum überwiegenden Teil nach dem Babylon. Exil entstanden sein (wohl 5. Jh. v. Chr.). China („Chin-p'ing-mei") und Japan (Ibara Saikaku „Yonosuke, der dreitausendfache Liebhaber") entfalten seit dem 16. bzw. 17. Jh. eine reiche e. L. In der europ. antiken Literatur wird die e. L. durch die „Miles. Geschichten" von Aristides von Milet um 100 v. Chr. eingeleitet, sie wirken noch auf röm. Schriftsteller wie Petronius und Apulejus. Zur e. L. der röm. Literatur tragen auch Lukian, Catull, Ovid und Martial bei. Viele ma. Schwänke tragen erot. Züge. Berühmt wurden die Renaissancedichter Italiens, Boccaccio, Aretino, M. Bandello, in England G. Chaucer, in Frankr. Margarete von Navarra, im 17. Jh. J. de La Fontaine, im galanten 18. Jh. Crébillon, Choderlos de Laclos, Restif de La Bretonne, de Sade, Voltaire, Mirabeau sowie der Italiener Casanova und der Engländer J. Cleland („Die Memoiren der Fanny Hill", 1748/49). Auch Goethe und Balzac trugen zur e. L. bei. In der Dekadenzdichtung wird die Erotik psychol. begründet: C. Baudelaire, P. Verlaine, A. Schnitzler, A. Sacher-Masoch. Mit A. Strindbergs „Okkultem Tagebuch" (hg. 1963) setzt eine sog. Selbstentblößungsliteratur ein (u. a. H. Miller). Teilweise oder ganz der e. L. zuzurechnen sind im 20. Jh. auch die Werke von J. Joyce, D. H. Lawrence, V. Nabokov, L. Durrell, J. Genet, C. Rochefort.

📖 *Englisch, P.: Gesch. der e. L. Stg. 1927–31. 2 Bde. Nachdr. 1963–65.*

Erotomanie [griech.], krankhaft übersteigertes sexuelles Verlangen.

ERP [engl. 'iːɑˈpiː], Abk. für engl.: European Recovery Program (↑ Marshallplanhilfe).

Erpel (Enterich), Bez. für das ♂ der Enten (mit Ausnahme der Halbgänse und Säger).

erpresserischer Menschenraub ↑ Menschenraub.

Erpressung, gemäß § 253 StGB begeht eine E., wer einen anderen rechtswidrig mit Gewalt oder durch Drohung mit einem empfindl. Übel zu einer Handlung, Duldung oder Unterlassung nötigt und dadurch dem Vermögen des Genötigten Nachteil zufügt, um sich oder einen Dritten zu Unrecht zu bereichern. Der Täter einer E. wird mit Freiheitsstrafe bis zu fünf Jahren oder mit Geldstrafe bestraft (↑ auch räuberische Erpressung).

Nach *östr. Recht* ist der Tatbestand der E. nur dann verwirklicht, wenn mit einer (rechtswidrigen) Verletzung an Körper, Freiheit, Ehre oder Eigentum gedroht wird.

Nach dem *schweizer. StGB* begeht darüber hinaus jemand eine E., wer jemanden durch die Ankündigung, er werde etwas bekanntmachen, anzeigen oder verraten, was ihm oder einer ihm nahestehenden Person nachteilig ist, veranlaßt, sein Schweigen durch Vermögensleistungen zu erkaufen.

errare humanum est [lat.], „irren ist menschlich", lat. Sprichwort (von Seneca d. Ä. zitiert, sinngemäß schon von Cicero gebraucht und auf griech. Dichter, u. a. Sophokles, Euripides, zurückgehend).

Errata [lat., „Irrtümer"], 1. svw. Druckfehler; 2. Verzeichnis von Druckfehlern.

erratische Blöcke [zu lat. erraticus „umherirrend"] ↑ Geschiebe.

Erregbarkeit (Reizbarkeit, Exzitabilität, Irritabilität), in der *Physiologie* die bes. Fähigkeit lebender Strukturen, auf Reize zu reagieren (↑ Erregung).

◆ im *psycholog.* Sinn die mehr oder minder große Ansprechbarkeit eines Individuums auf affektive, emotionale Reize.

Erregung, durch äußere Reize oder autonome Reizbildung hervorgerufene Zustandsänderung des ganzen Organismus oder einzelner seiner Teile (Nerven, Muskeln), die durch Verminderung des Membranpotentials gekennzeichnet ist.

◆ in der *Psychologie* ↑ Affekt.

Erregung öffentlichen Ärgernisses ↑ Ärgernis.

Er-Riad ↑ Rijad, Ar.

Error [lat.], svw. Irrtum, Fehler.

Ersatzansprüche, in der Sachversicherung alle Forderungen, die dem geschädigten Versicherungsnehmer gegen den Schädiger zustehen und auf den Versicherer nach dessen Leistung übergehen.

Ersatzbefriedigung ↑ Ersatzhandlung.

Ersatzdienst ↑ Zivildienst.

Ersatzempfänger, im Postwesen derjenige, an den eine Postsendung übergeben wird, wenn sie dem Empfänger nicht zugestellt werden kann.

Ersatzfreiheitsstrafe, [echte] Strafe, die gemäß § 43 StGB für den Fall der mißglückten Beitreibung einer Geldstrafe angedroht wird. Die Verbüßung der E. tilgt zugleich die Geldstrafe. Einem Tagessatz entspricht ein Tag Freiheitsstrafe.

Für das *östr. Strafprozeßrecht* gilt Entsprechendes. - In der *Schweiz* wird die E. **Umwandlungsstrafe** genannt.

Erschöpfung

Ersatzhandlung, bei Frustration (durch Verbot, Fehlen eines Objektes u. a.) an die Stelle der eigtl. angestrebten Handlung tretende Handlung (z. B. das Betrachten lexikal. Darstellungen anstelle sexueller Tätigkeit). Wenn die E. auf das Individuum triebbefriedigend wirkt, spricht man von **Ersatzbefriedigung.**

Ersatzkassen, neben den Allg. Ortskrankenkassen Träger der gesetzl. Krankenversicherung; seit 1937 Körperschaften des öffentl. Rechts. Die Mitgliedschaft bei E. berechtigt zur Befreiung von der Pflichtkrankenkasse. Man unterscheidet E. für Angestellte und Arbeiter; E. sind nicht zulässig für Seeleute, Hausgehilfinnen und für in landw. und knappschaftl. Betrieben Beschäftigte.

Ersatzknochen (primäre Knochen), Bez. für Knochen, die im Ggs. zu ↑Deckknochen durch Verknöcherung knorpelig vorgebildeter Skeletteile entstehen; z. B. fast alle Skelettknochen der Wirbeltiere (ausgenommen z. B. die Schädelkapsel).

Ersatzkönig, in der babylon.-assyr. und in der hethit. Religion mag. Brauch der Einsetzung eines Scheinregenten, der in Zeiten der Not und Gefahr den Zorn der Götter auf sich lenken sollte; wurde nachher wohl häufig hingerichtet.

Ersatzrevision, durch die StPO oder die Verwaltungsgerichtsordnung ausdrückl. zugelassene Revision gegen Gerichtsurteile, bei denen die eigtl. zulässige Berufung ausnahmsweise ausgeschlossen ist.

Ersatzvornahme ↑Zwangsmittel.

Ersatzwert, im Schadenfall vom Versicherer zu ersetzender Wert des versicherten ↑Interesses. Der E. ist in den einzelnen Versicherungszweigen verschieden geregelt.

Ersatzzeiten, in der sozialen Rentenversicherung für die Begründung und die Höhe eines Leistungsanspruchs anrechnungsfähige Versicherungszeiten, in denen keine Beiträge entrichtet werden, z. B. Zeiten des Militärdienstes auf Grund der Dienstpflicht oder während des Krieges, Verschleppung, Vertreibung, wenn zuvor oder danach ein Pflichtbeitrag entrichtet wurde oder Halbdeckung besteht.

Ersatzzwangshaft, Beugemittel im Verwaltungszwangsverfahren, das auf Antrag der Vollzugsbehörde nach Anhörung des Pflichtigen vom Verwaltungsgericht durch Beschluß für die Dauer von einem Tag bis zwei Wochen verhängt werden kann.

Erscheinung, seit Platon Bez. für den sinnl. wahrgenommenen Gegenstand (Kant: Objekt der sinnl. Anschauung). - ↑auch Phänomen.

Erscheinung des Herrn ↑Epiphanie.

Erscheinungen, ugs. Bez. für Trugwahrnehmungen (Halluzination), wie sie bei einigen Geisteskrankheiten auftreten.

Erscheinungsbild, svw. ↑Phänotyp.

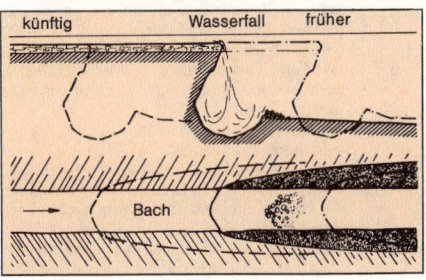

Durch Erosion und Denudation entstandene Schichtstufenlandschaft am Fish River in Namibia (oben); rückschreitende Erosion (schematisch). Verlagerung eines Wasserfalls entgegen der Strömungsrichtung (Pfeil)

Erschleichung, in der durch § 265a StGB gegebenen Bed. jedes ohne Täuschung eines anderen bewirkte unbefugte Erreichen entweder der Leistung eines Automaten oder eines Verkehrsmittels („Schwarzfahren") oder des Zutritts zu einer Veranstaltung (Theater) oder Einrichtung (Bad), mit Freiheitsstrafe oder Geldstrafe bedroht.

Erschließung (Baulanderschließung), die Maßnahmen, die die baul. Nutzung eines Grundstücks durch Herstellung von Straßen, Versorgungsleitungen usw. (**Erschließungsanlagen**) ermöglichen. Die E. gehört zu den Aufgaben der Gemeinde, ein Rechtsanspruch auf E. besteht jedoch nicht.

Erschließungsbeiträge ↑Anliegerbeiträge.

Erschöpfung, Zustand verminderter Leistungsfähigkeit nach Überbeanspru-

Erschütterungssinn

chung; auf den Gesamtorganismus oder einzelne Organe bezogen.

Erschütterungssinn ↑ Vibrationssinn.

Ersitzung, der kraft Gesetzes sich vollziehende Eigentumserwerb an einer *bewegl. Sache* durch fortgesetzten Eigenbesitz (§§ 937–945 BGB). Voraussetzungen: 1. 10jähriger ununterbrochener Besitz als Eigenbesitzer; 2. guter Glaube an das eigene Recht. Entsprechendes gilt auch für den gesetzl. Erwerb eines Nießbrauchrechtes durch fortgesetzten Besitz einer bewegl. Sache auf Grund Nießbrauchs (§ 1 033 BGB).

Nach *östr. Recht* liegt E. dann vor, wenn ein verjährtes Recht vermöge des gesetzl. Besitzes zugleich auf jemand anderen übertragen wird. Gegenstand des E. sind, anders als nach dt. Recht, auch unbewegl. Sachen und Rechte (z. B. ein Wegerecht).

Im *schweizer. Recht* gilt eine dem dt. Recht entsprechende Regelung.

Erskine, John [engl. 'ə:skɪn], * New York 5. Okt. 1879, † ebd. 2. Juni 1951, amerikan. Schriftsteller. - Neben autobiograph. Schriften und Essays über Musik und Literatur persiflierte er in Romanen Stoffe der Weltliteratur und Geschichte, u. a. „Das Privatleben der schönen Helena" (1925), „Odysseus ganz privat" (1928).

Ersoy, Mehmet Akif [türk. ɛr'sɔj], * Konstantinopel (= Istanbul) 1873, † ebd. 27. Dez. 1936, türk. Lyriker. - Anhänger panislam. Gedanken; schloß sich zunächst Kemal Atatürk an, entwickelte sich später zum Gegner der Republik und ging 1925 für 10 Jahre ins Exil nach Ägypten. Schrieb in den klass. Metren gestaltete Gedichte mit vorwiegend religiös-didakt. Thematik; verfaßte den Text zur türk. Nationalhymne.

Erstarrungsgesteine, svw. magmatische Gesteine, ↑ Gesteine.

Erstarrungspunkt, Temperatur, bei der ein flüssiger Stoff in den festen Aggregatzustand übergeht (Gleichgewichtszustand zw. fester und flüssiger Phase).

Erstaufführung ↑ Uraufführung.

Erstausgabe, erste selbständige Buchveröffentlichung eines literar. Werkes (dem ein Erstdruck vorausgegangen sein kann).

Erstdruck, der erste Korrekturabzug eines Werkes, Probedruck; nicht zu verwechseln mit der Erstausgabe.
♦ die erste Veröffentlichung in einer Zeitschrift (der eine Erstausgabe folgen kann).

Erste Donau-Dampfschiffahrts-Gesellschaft, Abk. DDSG, östr. Binnenschiffahrtsunternehmen, gegr. 1829, Sitz Wien.

Erste Hilfe ↑ Übersicht S. 229 ff.

Erste Internationale ↑ Internationale.

Erste Kammer ↑ Zweikammersystem.

erster Eindruck, das undifferenzierte Gesamtbild, das man nach einem ersten Kontakt von einer Person hat. Der erste E. liefert i. d. R. ein abgerundetes, in sich stimmiges Menschenbild. Es ist gekennzeichnet durch Hervorhebung eines zentral erscheinenden Charakterzuges, dem weitere, im Wertsystem des Beobachters ähnl. bewerteten Eigenschaften zugeordnet werden, ohne daß diesen Zuordnungen Beobachtungen zugrunde liegen. Darüber hinaus unterliegt der e. E. in bes. hohem Maße auch den entstellenden Einflüssen von Vorurteilen, Erwartungen, Wahrnehmungsselektivität usw.

Erste Republik (Première République), Name des durch den Konvent begründeten frz. Staates 1792–1804.

Erster Mai, Demonstrations- und Feiertag der internat. sozialist. Arbeiterbewegung; erstmals 1890 u. a. in Deutschland, Frankr., Italien, Österreich-Ungarn, Spanien und den USA als Massendemonstration, z. T. als Generalstreik für den Achtstundentag durchgeführt; wurde in vielen Ländern gesetzl. Feiertag, in Deutschland seit 1933 als „Feiertag der nat. Arbeit" unter Verfälschung seines urspr. Inhalts und verknüpft mit der Zerschlagung der dt. Gewerkschaften; nach dem 2. Weltkrieg wieder im urspr. Sinn begangen.

Erster Offizier (I. O.), nach dem Kommandanten dienstältester, für den inneren Dienst verantwortl. Offizier an Bord eines Schiffes.

Erster Orden, in großen kath. Ordensfamilien mit verschiedenen Zweigen (Männer, Frauen und Laien beiderlei Geschlechts) Bez. für den männl. Ordenszweig.

Erster Weltkrieg ↑ Weltkrieg.

Erstes Deutsches Fernsehen (bis 1. Okt. 1984: Deutsches Fernsehen), das von den in der ARD zusammengeschlossenen

Erste Hilfe. Druckpunkte zur Stillung einer Blutung

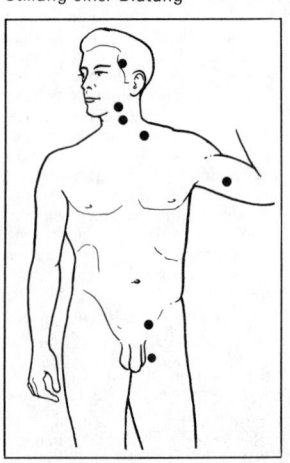

ERSTE HILFE

Als Erste Hilfe bezeichnet man die sofortige, vorläufige Hilfeleistung bei Unfällen oder plötzlich auftretenden Erkrankungen, bis in Arzt die weitere medizin. Versorgung übernimmt. Jedermann ist gesetzlich verpflichtet (§ 323c StGB), Erste Hilfe zu leisten. – Kurse zum prakt. Erlernen der Ersten Hilfe veranstalten in der BR Deutschland das Dt. Rote Kreuz, die Johanniter-Unfallhilfe, der Malteser-Hilfsdienst und der Arbeiter-Samariter-Bund.

Grundsätzlich beschränkt sich die Erste Hilfe an Unfallbetroffenen oder Erkrankten auf: Rettung aus unmittelbarer Gefahr; Versorgung und Lagerung bis zum Eintreffen des Rettungsdienstes oder Notarztes; Überwachung und Abwehr lebensbedrohl. Zustände (Ersticken, Atemstillstand, Verblutung, Schock). Bei der *Bergung eines Bewußtlosen* aus einem Unfallfahrzeug oder allgemein aus einer Gefahrenzone stellt sich der Helfer mit gespreizten Beinen hinter den Verletzten, den Oberkörper nach vorn gebeugt. Der Helfer greift dann von hinten mit beiden Armen unter den Achselhöhlen des Verletzten hindurch u. erfaßt mit beiden Händen einen rechtwinklig vor der Brust abgewinkelten Arm des Verletzten **(Rautek-Griff)**. Im Rückwärtsgehen zieht er den Verletzten aus der Gefahrenzone. Da Bewußtlosen Ersticken durch Verlegung der Atemwege mit Blut, Schleim oder Erbrochenem droht, müssen sie in eine Seitenlage gebracht werden, aus der sie nicht zurücksinken können und bei der das Gesicht so zur Erde gewendet ist, daß Blut und Schleim abfließen können, ohne daß die Atmung behindert ist. Um diese **stabile Seitenlage** (auch **stabile Seitenlagerung** oder **NATO-Lage** genannt) zu erreichen, wird der Verletzte in Hüfthöhe etwas angehoben und der dem Helfer naheliegende Arm des Betroffenen gestreckt unter das Gesäß geschoben. Das naheliegende Bein wird gebeugt. Der Helfer faßt an Schulter und Hüfte der fernen Seite und dreht den Verletzten zu sich herum. Der unter dem Körper liegende Arm wird am Ellenbogen etwas nach hinten gezogen. Der Kopf des Verletzten wird in den Nacken zurückgebeugt, das Gesicht erdwärts gewendet. Die Finger der obenliegenden Hand werden unter die Wange geschoben, Handfläche nach unten, damit der Kopf seine zurückgebeugte Lage behält.

Die Abwehr akuter Lebensgefahr und die Versorgung schwerer Verletzungen haben Vorrang vor der Behandlung leichterer bzw. nicht unmittelbar lebensbedrohl. Verletzungen. Alle weitergehenden Maßnahmen (Umlagerung, Transport, Knochenbruchbehandlung) sollten dem Notarzt und den Rettungssanitätern überlassen werden, da sie, von ungeübten Helfern durchgeführt, zusätzl. Schädigungen herbeiführen können.

Künstliche Beatmung: Freimachen der Atemwege; Schleim, Erbrochenes, Zahnprothesen oder andere Fremdkörper aus der Mundhöhle entfernen. Diese mit einem um zwei Finger gewickelten Taschentuch auswischen. Durch Krampf der Kiefermuskulatur fest verschlossenen Mund vorher durch **Kieferöffnungsgriff (Esmarch-Griff)** öffnen (Vorschieben des Unterkiefers durch Zufassen am senkrecht stehenden Unterkieferast). Da bei Bewußtlosen der Mund jetzt noch immer durch den zurückgesunkenen Zungengrund verschlossen ist, muß der Kopf nackenwärts überstreckt und gleichzeitig der Unterkiefer angehoben werden. Zum Freihalten der Atemwege sollte diese Lage beibehalten werden. Man kniet nun seitlich neben den Kopf des Verletzten, faßt mit einer Hand an dessen Stirn-Haar-Grenze und schiebt den Kopf weit zurück. Unterstützung dieser Lage durch die zweite Hand, die man unter den Unterkieferrand legt und diesen hochdrückt. Daumen dieser Hand bei **Mund-zu-Nase-Beatmung** längs über den Mund legen, um Wiederausströmen der Luft zu verhindern. Zur Beatmung wird die Luft im Rhythmus der Eigenatmung, d. h. beim Erwachsenen etwa 20mal pro Minute, eingeblasen. Bei der **Mund-zu-Mund-Beatmung** werden die Nasenlöcher mit den Fingern der Hand verschlossen, die den Kopf an der Stirn-Haar-Grenze nach hinten überstreicht, und die Atemluft wird in den geöffneten Mund geblasen. Zur Kontrolle wird der Brustkorb beobachtet, der sich nun heben und senken muß.

Die **äußere Herzmassage** darf nur von dazu bes. ausgebildeten Ersthelfern ausgeführt werden. Dabei wird die Herztätigkeit durch kräftiges Zusammenpressen (etwa 60mal pro Minute) des Herzens zwischen Brustbein und Wirbelsäule ersetzt. Dadurch wird das Blut aus den Herzhohlräumen ausgepreßt und eine künstl. Blutzirkulation hervorgerufen. Bei erfolgreicher Herzmassage läßt sich an der Handwurzel wieder ein Puls fühlen. Da bei minutenlangem Herzstillstand immer auch

Not-situation	Symptome	1. Maßnahmen
Atemstillstand, Atmungsversagen	flache, unregelmäßige Atmung bzw. keine Atembewegung feststellbar, blaue Verfärbung der Haut, erweiterte Pupillen, Bewußtlosigkeit	Freimachen bzw. Freihalten der Atemwege; bei Atemstillstand künstlich beatmen; bei wieder einsetzender Atmung in stabile Seitenlage bringen

Erste Hilfe

Notsituation	Symptome	1. Maßnahmen
Herzversagen, Herzstillstand	Bewußtlosigkeit, Pupillenerweiterung, Pulslosigkeit, Atemstillstand	äußere Herzmassage, Atemspende

das Zentralnervensystem und mit diesem die Atmung gelähmt wird, muß gleichzeitig bzw. abwechselnd mit der Herzmassage eine Atemspende erfolgen. Steht ein zweiter Helfer zur Verfügung, so führt einer die Herzmassage, der andere die Atemspende durch, am besten im 5:1-Rhythmus (auf fünf Herzkompressionen folgt ein Atemstoß). Ist nur ein Helfer da, so empfiehlt sich ein 15:2-Rhythmus.

Notsituation	Symptome	1. Maßnahmen
Kreislaufversagen, Schock	schwacher, beschleunigter Puls; feuchte, blasse, kalte Haut; Unruhe, Angst, Verwirrtheit	Hochlagerung der Beine (nicht bei Kopf- und Brustverletzungen sowie bei Knochenbruch der Beine), Schutz vor Unterkühlung, Beruhigung

Bei Bewußtlosigkeit und Atemstillstand ist sofort mit der Atemspende, bei Herzversagen mit der kombinierten Wiederbelebung zu beginnen.

Notsituation	Symptome	1. Maßnahmen
Bewußtlosigkeit	Erschlaffung der Muskulatur, Fehlen der Schutzreflexe	stabile Seitenlage, Überwachung von Atmung und Herztätigkeit

Im Notfall ist die Atemspende bzw. Herzmassage durchzuführen.

Notsituation	Symptome	1. Maßnahmen
Ohnmacht	plötzl. Zusammensinken, kurzdauernde Bewußtlosigkeit, feuchtkalter Schweiß, langsamer Puls	flache Rückenlage, Hochlagerung der Beine

Das Bewußtsein kehrt innerhalb weniger Sekunden (bis Minuten) wieder zurück.

Notsituation	Symptome	1. Maßnahmen
Schlagaderblutung	pulsierender Blutaustritt, hellrote Farbe des Blutes	Druckkompression im Wundbereich, Abdrücken der Schlagader von Hand

Der Druck hat fest, stetig und so zu erfolgen, daß die Blutung zum Stillstand kommt. Eine Abbindung an Arm oder Bein darf nur im äußersten Notfall angelegt werden (z. B. Abtrennung; große Fremdkörper in stark blutenden Wunden; großflächige, zerfetzte, stark blutende Wunden). In diesem Fall muß der Verletzte mit einem Zettel versehen werden, auf dem der Zeitpunkt der Abbindung vermerkt ist. Ärztl. Versorgung ist schnellstens notwendig.

Notsituation	Symptome	1. Maßnahmen
Herzinfarkt	Schmerzen in der Brust, „Vernichtungsangst", rote bis blaue Gesichtshaut, prall gefüllte Halsvenen, schnappende Atmung	halbsitzende Lagerung, eventuell Atemspende und Herzmassage
epilept. Krampfanfall	krampfartige Zuckungen der Gliedmaßen, röchelnde Atmung, Schaum vor dem Mund, anschließend schlafähnl. Zustand	Entfernung harter oder scharfkantiger Gegenstände aus der Umgebung des Betroffenen
Schlaganfall	meist Bewußtlosigkeit bei meist normaler Atmung und verlangsamtem bis normalem Puls, Lähmungserscheinungen im Bereich einer Körperhälfte	Hochlagerung des Kopfes
diabet. Koma	Müdigkeit, vertiefte Atmung, trockene, warme, meist leicht gerötete Haut, Ausatmungsluft riecht nach Aceton	Freihalten der Atemwege

Erste Hilfe

Schneller Transport in ein Krankenhaus. Bei hypoglykäm. Schock sollte, sofern der Betroffene bei Bewußtsein ist, Zucker oder Zuckerlösung gegeben werden.

Augenverletzungen

Bei *Verätzungen* Ober- und Unterlid auseinanderspreizen und mit Wasser (Borwasser) ausspülen; beide Augen verbinden und den Verletzten zum Arzt begleiten. Bei Fremdkörpern hinter dem Unterlid läßt man den Verletzten nach oben sehen, zieht das Unterlid nach unten und streicht mit einem sauberen Tuchzipfel den Fremdkörper in Richtung Nasenrücken heraus. Bei Fremdkörpern unter dem Oberlid läßt man den Verletzten nach unten sehen, klappt das Oberlid vorsichtig nach außen und wischt den Fremdkörper in Richtung Nasenrücken aus dem Bindehautsack heraus. *Offene Augenverletzungen* werden mit einem sterilen Verband abgedeckt, sofortiger Transport zum Arzt oder in eine Klinik.

Bauchverletzungen

Bei *stumpfen Bauchverletzungen* sollte der Verletzte mit erhöhtem Kopf, angewinkelten Knien und abgestützten Füßen gelagert werden, um die Bauchdecke zu entspannen. *Offene Bauchverletzungen* sind keimfrei abzudecken. Auf keinen Fall eventuell hervorquellende Darmteile zurückschieben oder eingedrungene Fremdkörper entfernen.

Blutungen

Kleinere Blutungen nach Verletzung der Haut kommen meist kurze Zeit nach Auflegen eines keimfreien Verbandes zum Stillstand. – *Nasenbluten* läßt sich durch festes Andrücken des Nasenflügels gegen die Nasenscheidewand stillen. Zur reflektor. Gefäßverengung kann man auch ein nasses, kaltes Tuch oder einen Eisbeutel auf Stirn und Nacken legen. – *Innere Blutungen* aus Lunge (Bluthusten), Magen (Bluterbrechen), Darm (schwarzer, flüssiger Stuhl), Niere oder Blase (blutiger Urin) müssen unverzüglich in einem Krankenhaus ärztlich versorgt werden.

Brustkorbverletzungen

Bei *stumpfen Brustkorbverletzungen* kann das Durchatmen sehr schmerzhaft sein (Rippenbruch). Bei Verletzungen des Lungengewebes durch gebrochene Rippen hustet der Verletzte schaumig durchmischtes Blut aus. Zunehmender Lufthunger kommt hinzu. Lagerung mit erhöhtem Oberkörper, beengende Kleidungsstücke öffnen (Unterkühlung vermeiden), schonenden Transport in eine Klinik veranlassen – Offene Brustkorbverletzungen müssen mit einem keimarmen Verband bedeckt werden. Der Verletzte wird mit erhöhtem Oberkörper auf der verletzten Seite gelagert und schnellstens in ein Krankenhaus gebracht. Eventuell eingedrungene Fremdkörper dürfen nicht entfernt werden.

Elektrische Verletzungen

Vor Berührung des Verletzten Stromzufuhr unterbrechen. Bei Herzversagen und Atemstillstand ist sofort mit der Wiederbelebung zu beginnen. Eventuelle Strommarken keimfrei abdecken. Sofortiger Transport in ein Krankenhaus ist notwendig.

Erfrierungen

Bei *Erfrierungen 1. Grades* (blasse, gefühllose Haut) Erwärmung durch Massage und aktive Bewegung der Gliedmaßen; wenn möglich Wechselbäder; anschließend Abdeckung der erfrorenen Körperteile mit einem Polsterverband. – Bei *Erfrierungen 2. Grades* (Blasenbildung) und *3. Grades* (Gewebstod mit blauschwarzer Verfärbung der Haut) einen Polsterverband anlegen; Wiedererwärmung nur unter Aufsicht des Arztes.

Ertrinken

Bei Atemstillstand sofort Atemspende; bei Herzstillstand gleichzeitig Herzmassage; unverzüglich in eine Klinik bringen.

Fremdkörper

Fremdkörper in der Nase können eventuell durch Zuhalten der nicht betroffenen Nasenteile und kräftiges Schneuzen entfernt werden. – Bei *Fremdkörpern im Gehörgang* Kopf zur betroffenen Seite neigen, dabei Hüpf- oder Springbewegungen ausführen lassen. – Bei *Fremdkörpern in der Luftröhre* Kopf vornüber neigen lassen, durch kräftige Schläge auf den Rücken den Betroffenen zum Husten bringen. Kleine Kinder hebt man an den Beinen hoch, so daß der Kopf nach unten hängt, und schüttelt sie kräftig ab oder schlägt ihnen mit der flachen Hand auf den Rücken. Hilft dies nicht, muß der Betroffene sofort ins Krankenhaus gebracht werden.

Hitzschlag

Den Betroffenen an einen kühlen, schattigen Ort bringen, bei blassem Gesicht flach, bei rotem Gesicht mit erhöhtem Kopf lagern; bei Bewußtlosigkeit Seitenlagerung, eventuell Atemspende, Kleider öffnen.

Insektenstiche

Den eventuell steckengebliebenen Stachel entfernen; bei stärkerer örtl. Rötung, Schwellung und Schmerzen Kühlung mit Wasser oder Eisstückchen. Insektenstiche im Mund-Rachen-Raum erfordern unverzügl. Transport in ein Krankenhaus (Erstickungsgefahr!).

231

Erste Hilfe

Knochenbrüche

Sie sind gewöhnlich an einer schmerzhaften Schwellung, der Gebrauchseinschränkung, der unnatürl. Form und einer abnormen Beweglichkeit des betroffenen Körperteils erkennbar. Ist durch den Bruch auch die Haut verletzt *(offener Bruch),* so wird zunächst ein keimfreier Verband über die Wunde und eventuell herausragende Knochensplitter gelegt. Sind größere Schlagadern verletzt, muß zunächst die Blutung durch Abdrücken oder Druckverband gestillt werden. Die Ruhigstellung der gebrochenen Gliedmaßen erfolgt bei Beinbrüchen mit Schienen, bei Armbrüchen mit Dreiecktüchern. Mit dem gebrochenen Knochen müssen gleichzeitig auch die benachbarten Gelenke ruhiggestellt werden. – *Verschobene Brüche* (kenntlich an der unnatürl. Form der Gliedmaßen) dürfen vom Helfer nicht eingerichtet werden; die Schiene soll der veränderten Form der Gliedmaßen angepaßt werden. – Bei *Schlüsselbeinbrüchen* wird der Arm mit einem Dreiecktuch ruhiggestellt. – Bei *Wirbelbrüchen* ist zunächst zu prüfen, ob Hände, Arme und Beine beweglich sind. Sind Hände und Arme unbeweglich, liegt wahrscheinlich eine Verletzung der Halswirbelsäule vor. Sind die Beine und Zehen gelähmt, so sind tiefere Wirbelsäulenabschnitte verletzt. Bei der Lagerung ist darauf zu achten, daß der Kopf immer stabil in einer waagerechten Linie mit dem Körper gehalten wird. – Bei *Beckenbrüchen* darf der Verletzte nur sehr vorsichtig und auf harter Unterlage (eventuell mit gebeugten Knien) transportiert werden.

Schädelverletzungen

Sie sind meist die Folge einer äußeren Gewalteinwirkung bei Unfällen, müssen jedoch nicht in jedem Fall äußerlich sichtbar sein. Charakterist., ein- oder beidseitig auftretende Blutungen aus Mund, Nase und Ohr sowie Brillenhämatom deuten auf einen *Schädelbasisbruch* hin. – Maßnahmen: Seitenlagerung; Freihalten der Atemwege, da Schädelverletzte zu Erbrechen neigen; prompter, schonender Transport ins Krankenhaus.

Schlangenbiß

Schlangenbisse sind an zwei kleinen, nebeneinanderliegenden, punktförmigen Stichen (fast immer am Fuß oder Knöchel) zu erkennen. Die betroffene Extremität schwillt an. Der Verletzte wird müde und benommen, später zeigen sich Herz- und Atemstörungen. – An dem betroffenen Glied wird körperwärts eine Stauung angelegt; der Verletzte ist unverzüglich in ein Krankenhaus zu bringen.

Verätzungen

Verätzungen der Haut mit Säuren oder Laugen werden sofort mit viel Wasser abgespült, Wunden werden keimfrei abgedeckt. – *Innerl. Verätzungen* sind je nach dem Grad der Schädigung mit heftigen Schmerzen im Mund, im Rachen und im Magen, ferner mit blutigem Erbrechen und schließlich mit Schock und Bewußtlosigkeit verbunden. Schneller Transport in ein Krankenhaus ist notwendig.

Verbrennungen (Verbrühungen)

Verbrennungen 1. Grades (schmerzhafte Rötung der Haut) werden zuerst mit kaltem Wasser behandelt, ebenso *Verbrennungen 2. Grades* (Rötung und Blasenbildung) an kleineren Hautflächen. Brandblasen dürfen nicht geöffnet werden. Bei *großflächigen Verbrennungen 3. Grades* (Hautverkohlung) werden die Wunden mit keimfreien Tüchern abgedeckt. – Bei Verbrühungen muß unbedingt die Kleidung entfernt werden.

Vergiftungen

Magenspülungen dürfen nur durchgeführt werden, wenn der Vergiftete nicht bewußtlos ist, die Giftaufnahme (nur durch den Mund) nicht länger als 3–4 Stunden zurückliegt und keine Vergiftung mit Säuren oder Laugen vorliegt. Zur *Magenspülung* läßt man Erwachsene ½ Liter warmes Salzwasser, Kinder reichl. Himbeersaft trinken und reizt danach die Rachenhinterwand mit dem Finger oder einem Löffelstiel, bis Erbrechen eintritt. Das wird wiederholt, bis der Vergiftete klare Flüssigkeit erbricht. Bei Bewußtlosigkeit u. U. Atemspende und äußere Herzmassage, stabile Seitenlage; sofortige ärztl. Hilfe in Anspruch nehmen bzw. Krankenhauseinweisung veranlassen. Bei Vergiftungen mit Pflanzenschutzmitteln (Kontaktgiften) nur mit Beatmungsgeräten beatmen.

Verrenkungen und Verzerrungen

Diese sind erkennbar an der raschen, schmerzhaften Schwellung und Beweglichkeitseinschränkung des betroffenen Gelenks. Das Gelenk wird ruhiggestellt; feuchtkühle Umschläge.

Wunden

Wunden werden mit einem keimfreien Verband abgedeckt, eingedrungene Fremdkörper dürfen nicht entfernt werden. Bei stärkeren Blutungen ist ein Druckverband anzulegen. Alle größeren Schnitt- und Schürfwunden sowie Stich-, Platz-, Quetsch-, Riß-, Schuß-, Kratz- und Bißwunden müssen einem Arzt gezeigt werden.

Ertrinken

Rundfunkanstalten gemeinsam betriebene Fernsehprogramm. - ↑ auch Fernsehen.

Erstgeborener Sohn der Kirche (Fils aîné de l'église), Ehrentitel des frz. Königs, 1495 vom Papst verliehen; trat in der Folge zurück gegenüber dem Epitheton ↑Allerchristlichster König.

Erstgeburt, bes. Stellung des Erstgeborenen bei zahlr. Völkern, bes. bei den Israeliten. Das Recht des Erstgeborenen gilt auch in der Erbfolge fürstl. Häuser (↑Primogenitur), auch im Anerben- und Majoratsrecht.

Ersticken, Tod infolge mangelnden Sauerstoffangebots an die lebenswichtigen Organe, v. a. an das Gehirn; entweder durch Behinderung der äußeren Atmung (**äußeres Ersticken**), z. B. bei Erwürgen, Erhängen, oder durch Behinderung der Zellatmung (**inneres Ersticken**), z. B. bei Vergiftung, Anämie.

Erstkommunion, in der kath. Kirche der erste Empfang der Eucharistie (zw. 7. und 10. Lebensjahr, als **Frühkommunion** auch im Vorschulalter).

Erstleseunterricht ↑ Leseunterricht.

Erstlingsopfer ↑ Opfer.

Erststimme ↑ Wahlsystem.

Ersttagsbrief (First-day cover), Brief oder auch Postkarte, die am ersten Tag der Gültigkeit (einer oder mehrerer Briefmarken) abgestempelt worden ist. In einigen Ländern wird ein **Ersttagssonderstempel** verwendet.

ersuchter Richter, auf Grund eines Ersuchens um Rechtshilfe tätig werdender Richter.

Erteböllekultur, nach Funden aus einem Muschelhaufen bei Erteb⌀lle am Limfjord ben. älteste neolith. Kulturgruppe Dänemarks (Anfang 4. Jt. v. Chr.); gekennzeichnet durch aus Feuerstein geschlagene Kern- und Scheibenbeile, große Klingen, Stichel, Kratzer, Messer, Bohrer, Sägen, Walzenbeile aus Felsgestein, Hirschgeweihbeile, Knochengeräte und Keramik (Kruken und Schalen); auch **Ellerbekkultur** genannt.

Ertl, Josef, * Oberschleißheim bei München 7. März 1925, dt. Politiker (FDP). - Diplomlandwirt; seit 1961 MdB; 1969-83 Bundesmin. für Ernährung, Landw. und Forsten.

Ertrag, in der Betriebswirtschaftslehre die Menge der produzierten Güter und Leistungen einer Periode (z. B. Monat, Jahr). Es werden unterschieden: *Betriebs-E.* und *betriebsfremder E.*, der mit dem Betriebszweck nicht in unmittelbarem Zusammenhang steht; in beiden Fällen kann es sich um periodenzugehörigen oder periodenfremden E. handeln. Periodenfremder Betriebsertrag und betriebsfremde Erträge bilden den **neutralen Ertrag.**

Ertragsgesetz, zuerst von J. Turgot als **Gesetz vom abnehmenden Ertragszuwachs** (Grenzertrag) in der Landwirtschaft formulierter Zusammenhang zw. Faktoreinsatz und Ertrag; besagt, daß der Mehreinsatz eines Produktionsfaktors bei konstantem Einsatz aller anderen Faktoren zunächst zu steigenden, dann zu sinkenden und schließl. sogar zu negativen Ertragszuwächsen führt.

Ertragsteuern, Abgaben, durch die Erträge aus Objekten besteuert werden ohne Rücksicht darauf, wem die Erträge zufließen. Die wichtigsten Ertragsteuern sind die Grundsteuer, die Gewerbesteuer, die Kapitalertragsteuer.

Ertragswert, Wert einer Unternehmung, einer Anlage oder einer Beteiligung, der sich ergibt aus der Kapitalisierung der erwarteten zukünftigen (geschätzten) Reinerträge. Im Steuerrecht wird der E. innerhalb der Einheitsbewertung bei der Bewertung der Ertragsfähigkeit der land- und forstwirtschaftl. Betriebe herangezogen.

Ertrinken, Tod durch die Aufnahme (Aspiration) von Wasser in die Lungenbläschen mit entsprechender Behinderung von Gasaustausch und Atmung, verschiedenen Blut- bzw. Kreislaufveränderungen und schließl. Ersticken. Der Tod durch E. kann patholog.-anatom. an der sog. Ertrinkungslunge, an den großen Flüssigkeitsmengen im Magen-Darm-Kanal, an typ. Wasserbestandteilen (z. B. Diatomeen) im Körperinnern und

Erster Mai. Frans Masereel, Maifestkarte. Holzschnitt

an typ. Hautveränderungen erkannt werden. - Beim inneren E. erfolgt die Füllung der Alveolen durch körpereigenes Sekret (↑Lungenödem).

ERTS [engl. 'i:a:ti:'ɛs], Abk. für: Earth Resources Technology Satellite, Bez. für amerikan. Forschungssatelliten, die zur genauen Kartierung der Erde, zur Kontrolle von landw. Anbauflächen u. a., Auffindung von Fischgründen, Meeresströmungen und für andere ozeanograph. und meteorolog. Aufgaben sowie zur Erkundung von mögl. Lagerstätten eingesetzt werden.

eruieren [lat.], herausfinden, ermitteln.
Eruler ↑Heruler.
Eruption [zu lat. eruptio „Ausbruch"], Sammelbez. für alle Arten vulkan. Ausbruchstätigkeit.
◆ Ausbruch eines Hautausschlags.

eruptiv [lat.], in der *Geologie:* durch vulkan. Ausbruchstätigkeit entstanden.
◆ in der *Medizin:* aus der Haut hervortretend.

Eruptivgesteine, svw. Ergußgesteine, ↑Gesteine.

Ervi, Aarne [finn. 'ɛrvi], *Tammela 19. Mai 1910, †Helsinki 26. Sept. 1977, finn. Architekt. - Führte neben A. Aalto und H. Ekelund den sozialen Wohnungsbau in Finnland auf ein bes. hohes Niveau. Seine Entwürfe für Einfamilienhäuser wie für Wohnsiedlungen (z. B. in Papiola 1959-62) sind in die landschaftl. Struktur eingebettet.

Erwachsenenbande ↑Bande.
Erwachsenenbildung, der institutionalisierte Prozeß des Einwirkens auf Erwachsene zur Erlangung größerer Befähigung und vielseitiger Informiertheit, getragen von gruppenungebundenen (Volkshochschulen) und gruppengebundenen Institutionen (konfessionelle, gewerkschaftl., parteipolit. Bildungsarbeit und E. der Wirtschaft). E. ist histor. verknüpft mit philosoph., polit. und gesellschaftl. Emanzipationsprozessen. In Deutschland sind ihre Begründungen v. a. in der preuß. Reformperiode, im Vormärz (Nationalerziehungspläne), am Beginn der Bismarck-Ära und in der Weimarer Republik vorgetragen worden. Heute steht der Gedanke berufl. Bildung und Weiterbildung stärker im Vordergrund, und es werden zahlr. systematisierte Kursprogramme mit Abschlüssen angeboten, womit sich die Volkshochschule zugleich als Teil des öffentl. Bildungswesens etabliert. In zunehmendem Maße wird der Begriff „Weiterbildung" dem Begriff E. vorgezogen.

Erwählter Römischer Kaiser (Electus Romanorum imperator), Titel des regierenden (dt.) Kaisers seit 1508.

Erwärmung, die Erhöhung des Wärmeenergieinhalts und der Temperatur eines Körpers durch Zuführung von Wärmeenergie, durch Absorption von Strahlung, durch die Stromwärme hindurchfließender elektr. Ströme (elektr. E. oder Elektrothermie), durch Einwirkung hochfrequenter elektr. oder magnet. Wechselfelder (dielektr. bzw. induktive E.) oder durch Reibung.

Erwartung, gedankl. Vorwegnahme zukünftiger Ereignisse. Die E. kann sowohl den Charakter eines diffusen „Angemutetwerdens" als auch den einer präzisen Vorstellung annehmen. Je nach der Art des erwarteten Ereignisses wird sie etwa von Hoffnung, Furcht oder Ungewißheit begleitet.

Erwartungswert ↑Wahrscheinlichkeitsrechnung.
◆ (quantenmechan. E.) ↑Quantenmechanik.

Erweckung, im religiösen Sprachgebrauch das spontane Erlebnis des Gewahrwerdens einer religiösen Orientierung und Motivation des gesamten eigenen Lebens. Wird die E. method. organisiert, entstehen E.bewegungen. Im ev. Bereich wird sie meistens als Bekehrung bezeichnet.

Erweichung (Malazie), in der Medizin mit größerer Weichheit, u. U. auch mit Verflüssigung verbundene krankhafte Gewebsveränderung (z. B. Gehirnerweichung, Knochenerweichung).

Erweichungspunkt, mehr oder weniger scharf begrenzter Bereich, der den Übergang vom festen zum flüssigen Aggregatzustand bei amorphen Stoffen (Gläser, Kunststoffe) umfaßt.

erweitern, Zähler und Nenner eines Bruches mit derselben Zahl multiplizieren; der Wert der dargestellten Bruchzahl bleibt dabei unverändert.

Erweiterte Oberschule, Abk.: EOS, ↑polytechnische Bildung.

Erwerbseinkünfte (öffentliche Erwerbseinkünfte), Einnahmen, die der öffentl. Hand aus der Teilnahme am wirtsch. Prozeß (v. a. aus öffentl. Unternehmungen, Anstalten, aus Grundbesitz und Vermögen) zufließen, ohne daß sie auf Grund von Hoheitsakten festgesetzt wurden.

Erwerbsfähige ↑Erwerbsquote.
Erwerbsintensität, Anteil der Erwerbstätigen an den Erwerbspersonen (volkswirtschaftl. Beschäftigungsgrad des Faktors Arbeit). Die E. gibt einen Überblick über das Arbeitskräftepotential und die effektive Beschäftigung aller Erwerbspersonen.

Erwerbspersonen, Begriff der amtl. Statistik; umfaßt in der BR Deutschland alle Personen mit Wohnsitz im Bundesgebiet, die eine unmittelbar oder mittelbar auf Erwerb gerichtete Tätigkeit auszuüben pflegen, unabhängig von der Bedeutung des Ertrags dieser Tätigkeit für ihren Lebensunterhalt. Die Gruppe der E. setzt sich zusammen aus den **Erwerbstätigen** (Selbständige und Abhängige, die einen Beruf zu Erwerbszwecken ausüben, sowie mithelfende Familienangehörige) und den **Erwerbslosen** (zeitweilig Arbeitslose und Schulabgänger, die noch keine Erwerbstätigkeit aufgenommen haben).

Erwerbsquote, volkswirtschaftl. Beschäftigungsgrad: in der Bevölkerungsstatistik der Anteil der **Erwerbsfähigen** (= alle Personen im Alter von 15 bis 65 Jahren) an der Gesamtbevölkerung; in der Berufsstatistik der Anteil der Erwerbspersonen an der Wohnbevölkerung.

Erwerbsunfähigkeit, in der sozialen Rentenversicherung die - bis 1957 **Invalidität** gen. - wegen Krankheit oder Schwäche der körperl. oder geistigen Kräfte auf nicht absehbare Zeit bestehende Unfähigkeit, eine Erwerbstätigkeit in gewisser Regelmäßigkeit auszuüben oder mehr als nur geringfügige Einkünfte durch die Erwerbstätigkeit zu erzielen; die E. ist eine der Voraussetzungen für die Gewährung einer **Erwerbsunfähigkeitsrente.** - ↑ auch Berufsunfähigkeit.

Erwerb von Todes wegen, Erwerb vermögenswerter Rechte infolge des Todes eines Menschen. Dazu zählen der Erwerb kraft Erbrechts, die auf den Todesfall abgestellte Schenkung, Zahlungen aus einer Lebensversicherung sowie der Erwerb kraft einer Sondererbfolge.

Erwin, alter dt. männl. Vorname.

Erwin von Steinbach, * um 1244, † Straßburg 17. Jan. 1318, dt. Baumeister. - Leiter der Straßburger Münsterbauhütte; sein Anteil an Entwurf (Aufriß B) und Ausführung der unteren Teile der Westfassade (1276 begonnen) ist umstritten; einflußreich v. a. in Schwaben und im Donaugebiet.

erworbene Rechte (lat. iura acquisita), 1. von den Naturrechtsdenkern (u. a. H. ↑ Grotius) entwickelte Kategorie: An den e. R. der Untertanen findet die Macht des Souveräns, des Staates, ihre Grenze; Eingriffe sind nur ausnahmsweise für Zwecke des Gemeinwohls und gegen Entschädigung zulässig. Die geschichtl. Bedeutung der Kategorie liegt darin, daß sie erstmals Hoheitsakte gerichtl. nachprüfbar und Enteignungen entschädigungspflichtig machte; 2. im *geltenden Recht* eine schutzwürdige Rechtsposition, die eine gesicherte Anwartschaft verleiht.

Erxleben, Dorothea [Christiane], geb. Leporin, * Quedlinburg 13. Nov. 1715, † ebd. 13. Juni 1762, dt. Ärztin. - Wurde am 12. Juni 1754 an der Univ. Halle als erste dt. Frau den Dr. med. promoviert.

Erythem (Erythema) [griech.], entzündungsbedingte Hautrötung infolge Mehrdurchblutung durch Gefäßerweiterung. Ein E. verschwindet im Ggs. zu andersartigen Hautrötungen auf Fingerdruck. - *Erythema solare,* svw. ↑ Sonnenbrand; *Erythema glaciale,* svw. ↑ Gletscherbrand.

Erythematodes [griech.] (Lupus erythematodes, Zehrrose, Schmetterlingsflechte), Hauterkrankung ungeklärter Ursache. **Erythematodes chronicus discoides** mit erhabenen nichtjuckenden Hautrötungen hauptsächl. im Gesicht. - **Erythematodes disseminatus acutus,** akute, schubweise verlaufende Form des E.; Hauptsymptome: starkes Krankheitsgefühl, Gewichtsabnahme, Fieber, Beschwerden rheumat. Art, geringe Hauterscheinungen (Rötung und Schwellung, v. a. im Gesicht).

Erythr... ↑ Erythro...

Erythrai ↑ Çeşme.

Erythrin [griech.] (Kobaltblüte), pfirsichblütenrotes Mineral, $Co_3(AsO_4)_2 \cdot 8 H_2O$; Dichte 3,0 g/cm³; Mohshärte 2,0 bis 2,5.

Erythrismus [griech.] (Rufinismus, Rubilismus), das Auftreten einer rötl. Haar-, Haut- bzw. Federfärbung bei sonst dunkler gefärbten Tieren, auch bei (dunkelhäutigen) Menschen.

erythro- [griech.], in der Stereochemie verwendete Vorsilbe zur Kennzeichnung der Konfigurationsgleichheit zweier benachbarter ↑ asymmetrischer Kohlenstoffatome (z. B. bei der Erythrose).

Erythro..., Erythr... [griech.], Vorsilbe mit der Bedeutung „rot, rotgefärbt, rötlich".

Erythroblasten [griech.], kernhaltige Bildungszellen der im fertigen Zustand kernlosen roten Blutkörperchen (Erythrozyten, ↑ Blut) der Säugetiere (einschließl. Mensch) sowie einiger Amphibien.

Erythroblastose [griech.], (fetale E.), Vermehrung unreifer, kernhaltiger Vorstufen der roten Blutkörperchen (Erythroblasten) beim Neugeborenen als Anzeichen gesteigerter Blutbildung nach Blutzerfall; v. a. bei hämolyt. Anämie des Neugeborenen, bedingt durch die Unverträglichkeit der mütterl. und kindl. Blutgruppenfaktoren.

Erythrolyse [griech.], svw. ↑ Hämolyse.

Erythromelie [griech.], mit Venererweiterung verbundene Hautentzündung im Bereich der Extremitäten bei chron. ↑ Akrodermatitis.

Erythromyzin [griech.] (Erythromycin, Erythrocin), $C_{37}H_{67}O_{13}N$, aus dem Strahlenpilz Streptomyces erythreus gewonnenes Antibiotikum; es wird v. a. bei Penicillinallergie und gegen penicillinresistente Staphylokokken- und Enterokokkenstämme gegeben.

Erythropathie [griech.], zusammenfassende Bez. für verschiedene hämolyt. Krankheitsbilder (z. B. ↑ Sichelzellenanämie), denen ein Enzymdefekt der Erythrozyten oder eine Störung im Aufbau des Hämoglobins zugrunde liegt.

Erythrophobie, krankhafte Angst vor roten Gegenständen.
♦ krankhafte Angst vor dem Erröten.

Erythropoese [griech.] (Erythrozytogenese, Erythrozytopoese, Erythrozytenreifung), Bildung der roten Blutkörperchen (Erythrozyten, ↑ Blut) über verschiedene kernhaltige Vorstufen im („roten") Knochenmark.

Erythropoetin [...po-e; griech.], die Neubildung roter Blutkörperchen im Knochenmark anregender hormonartiger Stoff, der bei chron. Sauerstoffmangel (z. B. Höhen-

Erythropsie

aufenthalt) v. a. in der Niere gebildet wird.
Erythropsie [griech.] (Rotsehen), nach Staroperation oder Blendung auftretende Sehstörung mit krankhafter Wahrnehmung roter Farbtöne; Form der ↑Chromatopsie.
Erythrose [griech.], $CH_2OH–CHOH–CHOH–CHO$, ein zu den in der Natur nicht vorkommenden Tetrosen gehörendes Monosaccharid.
Erythrosin [griech.], rotbrauner Farbstoff (zur Plasmafärbung in der mikroskop. Technik und als Indikator).
Erythrozyten [griech.], rote Blutkörperchen (↑Blut).
Eryx, Berg in NW-Sizilien (= Monte Erice) oberhalb des heutigen Trapani; im 1. Pun. Krieg wichtiger Stützpunkt des Hamilkar Barkas; berühmte Kultstätte einer Göttin wohl phönik. Ursprungs, griech. als Aphrodite, röm. als Venus verehrt.
Erz, Bez. für ein in der Natur vorkommendes Mineralgemenge. Bestandteile des E. sind neben Verbindungen der nutzbaren Metalle auch andere Minerale, wie Kalk, Dolomit, Quarz, Schwerspat, die man als **Gangart** oder **taubes Gestein** bezeichnet. Überwiegen die bas. Bestandteile (CaO, MgO), so handelt es sich um ein *basisches Erz*, überwiegt die Kieselsäure bzw. Siliciumdioxid (SiO_2), um ein *saures Erz*.
erz..., Erz... [zu griech. ↑archi...], Vorsilbe mit der Bed. „Ober-, Haupt-, Meister-"; z. B. Erzgauner, Erzbischof.
Erzählung, ep. Form, mündl. und schriftl. Darstellung von realen oder fiktiven Ereignisfolgen, meist in Prosa, aber auch in Versform. Als literar. Gattung ist die E. von Offenheit der Form und Vielseitigkeit der Möglichkeiten bestimmt; sie ist kürzer, weniger figurenreich und weniger komplex als der Roman; nicht so knapp wie Skizze und Anekdote; weniger um Überraschungsmomente zentriert als die Novelle; weniger konsequent auf den Schluß hin komponiert als die Kurzgeschichte; nicht wie Märchen und Legende auf Wunderbares und glückl. Wendung bezogen.
Erzämter, im Hl. Röm. Reich oberste Reichswürden und v. a. bei der Krönung geübte Ehrenämter; seit dem Interregnum mit den Kurwürden verbunden; entstanden aus den vier german.-fränk. Hausämtern: Truchseß, Marschall, Schenk und Kämmerer; wurden im 13. Jh. erbl. Reichslehen; **Erztruchseß:** Pfalzgraf bei Rhein, **Erzmarschall:** Herzog von Sachsen, **Erzkämmerer:** Markgraf von Brandenburg, **Erzschenk:** König von Böhmen, **Erzkanzler** (Archicancellarius), deren Amt 854 mit dem des **Erzkaplans** (Archicapellanus) vereinigt wurde: die drei rhein. Erzbischöfe (Mainz für das Reich, Köln für Italien, Trier für Gallien und Burgund); neue E. seit dem 17. Jh.: 1652 Amt des **Erzschatzmeisters,** bis 1777 für die restituierte Kurpfalz (8. Kur), seit 1778 für Hannover, dessen Kurfürst seit 1692/1708 (9. Kur) **Erzbannerherr** war; nicht mit der Kurwürde verbunden war das Amt des **Erzjägermeisters** der Markgrafen von Meißen.
Erzberg ↑Eisenerz (Österreich).
Erzberger, Matthias, * Buttenhausen (= Münsingen) 20. Sept. 1875, † bei Bad Griesbach (= Bad Peterstal-Griesbach) 26. Aug. 1921, dt. Politiker. - Seit 1903 MdR (Zentrum); rasch in führender Position innerhalb seiner Partei, stützte Flotten- und Heerespolitik, führte aber mit seinen Attacken gegen die dt. Kolonialverwaltung die Reichstagsauflösung 1906 mit herbei; nach 1914 bemühte sich E., die internat. kath. Beziehungen zugunsten der Mittelmächte einzusetzen; urspr. Anhänger eines Siegfriedens, beteiligte er sich 1917 im Sinne eines Verständigungsfriedens maßgebl. an der Friedensresolution des Reichstags. Seit Okt. 1918 Staatssekretär, unterzeichnete am 11. Nov. 1918 den Waffenstillstand, dessen Durchführung er leitete (Febr.-Juni 1919 Min. ohne Geschäftsbereich). Als Reichsfinanzmin. und Vizekanzler (Juni 1919–März 1920) initiierte er die **Erzbergersche Finanzreform,** die dem Reich eine eigene Finanzverwaltung und eigene Einnahme aus direkten Steuern gab. Auch mit der Übertragung der Eisenbahnen von den Ländern auf das Reich suchte er die Zentralgewalt zu stärken. Bei den nationalist. Rechten verhaßt, wurde E. von zwei ehem. Offizieren ermordet.
Erzbischof (Archiepiscopus), in der kath. Kirche Amtstitel des Leiters einer **Kirchenprovinz** oder ein Bischof, der einer **Erzdiözese** vorsteht; auch vom Papst verliehener Ehrentitel einzelner Bischöfe. - Auch die luth. Kirchen in Schweden und Finnland kennen den Titel E.; in der anglikanischen Kirche ist der Titel E. mit den beiden Bischofssitzen in Canterbury und York verbunden.
Erzengel, bes. hervortretende ↑Engel, v. a. Michael, Gabriel und Raphael.
Erzeugende, in der Geometrie eine gerade oder krumme Linie, bei deren Bewegung im Raum sich eine bestimmte Fläche ergibt. - ↑auch Rotationsfläche.
Erzgänge, Anreicherung von Erzen in Gesteinsspalten und -klüften durch aufsteigende heiße Wässer oder Gase.
Erzgebirge (tschech. Krušné hory), Teil der östl. dt. Mittelgebirgsschwelle, 150 km lang, bis 40 km breit, DDR und ČSSR. - Das *westl.* E. hat eine Kamm- und Gipfelflur mit 800 bis 1 000 m ü. d. M. mit den höchsten Erhebungen (Keilberg 1 244 m, Fichtelberg 1 214 m), ist mit stark von steilwandigen Tälern zerschnitten. Das *östl.* E. hat wenige, breite Sohlentäler, ist nur im O kuppiger und stärker zertalt und allg. niedriger (Kahler Berg 905 m). In den höheren Teilen kommen noch natürl. Waldgesellschaften vor; die Nie-

derschläge sind hoch; die Rodungsgrenze liegt bei 550–750 m ü. d. M., stellenweise bei 1100 m ü. d. M. - Mit der Ostkolonisation begann im 12.Jh. die Besiedlung. Seit Mitte des 12.Jh. erfolgte von Bergleuten aus dem Harz die bergmänn. Erschließung. Der Bergbau auf Silber- und Eisenerz hatte im 15./16.Jh. seine Blütezeit, verbunden mit Hammerwerken. Im 18.Jh. drang arbeitsorientierte Ind. ein (Papier- und Holzwarenherstellung, Glasind., Woll- und Leineweberei), mit einem starken Anteil von Heimarbeit. Mit der Entdeckung von Uranerz begann ab 1946 eine zweite kurzfristige bergbaul. Blüte. Von wirtsch. Bed. ist der Fremdenverkehr (Radiumbäder, Thermalquellen, Wintersport) sowie Spitzenklöppelei und Schnitzkunst.

erzgebirgische Phase ↑Faltungsphasen (Übersicht).

Erzherzog (Archidux), 1358/59 bzw. 1453 (anerkannt) bis 1918 Titel der Prinzen des Hauses Österreich.

Erziehung, E. (als Prozeß) bzw. Erziehen bezeichnet eine soziale Interaktion zw. Menschen, in der ein oder mehrere Erzieher im Idealfall planvoll und zielgerichtet (intentional) versuchen, bei dem zu Erziehenden unter Berücksichtigung seiner menschl. Eigenart ein erwünschtes Verhalten zu entfalten oder zu verstärken. Durch E. wird der zu Erziehende einerseits gezielt da und in seiner sozialen Umwelt als gültig anerkannten Normen angepaßt, andererseits, bei einer richtig verstandenen E., auch zu einer krit. Haltung gegenüber seiner Umwelt und ihren Normen ermutigt. Ihm werden die in dieser Umwelt als notwendig und normal erachteten Verhaltensformen als Werte vorgestellt; er soll die Verhaltenserwartungen (d. h. Normen oder E.ziele) seiner sozialen Umwelt kennen und beurteilen lernen und gegebenenfalls als begründet anerkennen und in bewußter Entscheidung erfüllen lernen. Die Verhaltenserwartungen betreffen alle Arten von Verhalten des Menschen. Die geplanten und gesteuerten E.prozesse sind einbezogen in die Gesamtheit weiterer Einflüsse der Umwelt auf den zu Erziehenden, die vom Erzieher nicht außer acht gelassen werden dürfen. E. erfordert Einfühlungsvermögen von seiten des Erziehenden. Erzwungene Anpassung bzw. Gehorsam führt nicht zu echter, freier Menschenbildung, sondern entweder zu Autoritätsgebundenheit oder zu einer blinden Protesthaltung. - ↑auch Sozialisation.

📖 Brezinka, W.: E. in einer wertunsicheren Gesellschaft. Mchn. 1985. - Sozialisation u. E. Hg. v. B. Götz u. J. Kaltschmid. Darmst. 1978. - Der E.- u. Bildungsbegriff im 20. Jh. Hg. v. E. Weber. Bad Heilbrunn ³1976.

Erziehungsbeistandschaft, Unterstützung des Personensorgeberechtigten (↑Personensorge) bei der Erziehung eines Minderjährigen durch einen **Erziehungsbeistand**, der auf Antrag des Personensorgeberechtigten oder auf Anordnung des Vormundschaftsgerichts vom Jugendamt oder im Jugendstrafverfahren durch das Jugendgericht als Erziehungsmaßregel bestellt wird, wenn die leibl., geistige oder seel. Entwicklung eines Minderjährigen gefährdet oder geschädigt ist und die Maßnahme zur Abwendung der Gefahr oder zur Beseitigung des Schadens als geboten und ausreichend erscheint.
Im östr. und *schweizer.* Recht ist die **Erziehungshilfe** ähnlich gestaltet.

Erziehungsberatung, in der BR Deutschland in vielen Mittel- und Großstädten angebotene Beratung für Eltern durch Psychologen und Ärzte an E.stellen, die von Jugendwohlfahrtsbehörden oder Wohlfahrtsverbänden getragen werden. Die Ursachenanalyse von Störungen der seel. und geistigen Entwicklung der Kinder führt in komplizierten Fällen zu einer Familientherapie.

Erziehungsberechtigte, diejenigen, denen die ↑Personensorge für einen Minderjährigen zusteht, i. d. R. die Eltern, ausnahmsweise der Vormund.

Erziehungsgeld ↑Mutterschutz.

Erziehungsmaßregeln, im Vormundschaftsrecht und im Jugendstrafrecht Erziehungsmittel, das vom Vormundschaftsrichter von Amts wegen angeordnet werden kann, wenn beide Eltern oder ein Elternteil schuldhaft entweder ihr Personensorgerecht (↑Personensorge) mißbrauchen oder das Kind vernachlässigen und infolgedessen eine begründete und gegenwärtige Besorgnis der Gefährdung des geistigen oder leibl. Kindeswohls besteht. An Maßnahmen kann insbesondere Unterbringung in einer geeigneten Familie oder in einer Erziehungsanstalt angeordnet werden.

Erziehungsroman, Bez. für Romane, in denen die Erziehung eines jungen Menschen, meist als bewußt geleiteter Prozeß oder auch durch die umgebende Kultur, gestaltet ist; oft synonym mit ↑Bildungsroman und ↑Entwicklungsroman gebraucht.

Erziehungswissenschaft, häufig ganz allg. für Pädagogik als Wiss., i. e. S. Teilbereich der Pädagogik: im Ggs. zu anderen pädag. Disziplinen wie z. B. „Philosophie der Erziehung", „Erziehungslehre", „Erziehungspolitik" eine Sozialwiss., die die Erziehungsprozesse empir. untersucht.

Erziehungsziele, die dem erzieher. Handeln zugrunde liegenden Vorstellungen von einer menschl. Haltung, die den Wertvorstellungen bzw. Normen einer Gesellschaft oder auch Gesellschaftsschicht entspricht.

Erziehungszoll, Instrument der Wirtschaftspolitik, um z. B. eine aufstrebende junge Ind. vorübergehend zur Konkurrenzfähigkeit gegenüber dem Ausland zu verhelfen und bis dahin vor Unterbietung zu schützen.

Erzincan [türk. ˈɛrzindʒan], Hauptstadt

Erzjägermeister

des türk. Verw.-Geb. E., 150 km wsw. von Erzurum, 1200 m ü. d. M., 71 000 E. Handelszentrum in einem Agrargebiet mit verarbeitenden Betrieben. - E. wurde 1071 seldschuk., 1243 mongol., 1402 turkmen. und 1514 osmanisch. - Nach Erdbeben 1939 Neubau nördl. der alten Stadt.

Erzjägermeister ↑ Erzämter.

Erzkämmerer ↑ Erzämter, ↑ Kämmerer.

Erzkanzler (archicancellarius), Leiter des königl. Kanzleiwesens; um 820 erstmals erwähnt, verdrängte der Titel seit dem 10. Jh. den des Erzkaplans; bald bloßer Ehrentitel. - ↑ auch Erzämter.

Erzkaplan (Archicapellanus), Haupt der Capella der fränk. Hofgeistlichkeit, dessen Amt 854 mit dem des Erzkanzlers vereinigt wurde.

Erzlagerstätten, natürl. Anhäufung von Erzen in der Erdrinde. Die Abbauwürdigkeit von Erzen ist abhängig vom Wert des betreffenden Metalls, vom Metallgehalt der Erze, von der Gewinnungsmethode, von der Verhüttbarkeit und von der verkehrsgeograph. Lage des Fundortes. Bei der Bildung und Umbildung der Gesteine wirken v. a. die magmat. Vorgänge, die Verwitterung, die Sedimentation und die Metamorphose. Hinsichtl. ihrer Entstehung unterscheidet man daher E. der magmat. und der sedimentären Folge sowie Verwitterungs- und Umwandlungslagerstätten (metamorphe Lagerstätten). *E. der magmat. Folge* bilden sich beim Abkühlen und Erstarren silicatschmelzflüssiger Massen in der Erdkruste im Gefolge der magmat. Differentiation und als Niederschlag aus heißen, wäßrigen Lösungen aus der Tiefe. *Lagerstätten der sedimentären Folge* entstehen durch Verwitterung von primären Erzvorkommen (Trümmer-, Ausscheidungslagerstätten). *Metamorphe E.* finden sich bei Gesteins- und Mineralumwandlungen durch Metamorphose. *Metasomat. E.* (Verdrängungslagerstätten) bilden sich bei Einwirkung von Metallösungen auf reaktionsfähiges Gestein; die Umwandlung von Kalk zu Erzen nennt man Verdrängung oder Metasomatose. Durch Eindringen von Lösungen in die Poren schwerlösl., aber durchlässiger Gesteine entstehen die *Imprägnationslagerstätten.* Bei Ausbrüchen am Meeresboden werden Schwermetallausscheidungen durch chem. Vorgänge wieder abgesetzt. Das Ergebnis sind *Exhalationslagerstätten.*

Erzlaute, Baßlaute mit je einem Wirbelkasten für die Griff- und die Bordunsaiten.

Erzmarschall ↑ Erzämter, ↑ Marschall.

Erzschatzmeister ↑ Erzämter.

Erzschenk ↑ Erzämter, ↑ Schenk.

Erzschleiche ↑ Walzenskinke.

Erzstift ↑ Stift.

Erztruchseß ↑ Erzämter, ↑ Truchseß.

Erzurum [türk. 'ɛrzurum], Hauptstadt des türk. Verw.-Geb. E., rd. 700 km östl. von Ankara, 1950 m ü. d. M., 190 000 E. Univ. (gegr. 1957), archäolog. Museum, Garnison; Verarbeitung der landw. Produkte der Umgebung, außerdem Zementfabrik; Verkehrsknotenpunkt; ⊠. - In der Antike **Theodosiopolis** bzw. **Arsani Rum** (Römisch-Arsan). E. fiel 1201 an die anatol. Seldschuken und wurde 1514 osmanisch. Am 23. Juli 1919 trat in E. der 1. türk. Nationalkongreß unter Kemal Atatürk zusammen.

Erzväter, im A. T. die Stammväter Israels, die ↑ Patriarchen.

Erzwespen (Zehrwespen, Chalcidoidea), mit etwa 30 000 Arten weltweit verbreitete Überfam. 0,2–16 mm langer Hautflügler, davon etwa 5 000 Arten in Europa; mit häufig metall. schillernder Färbung, kurzen, geknickten Fühlern und meist zieml. langem Legebohrer.

Erzwingungshaft, svw. Beugehaft.

Es, chem. Zeichen für ↑ Einsteinium.

Es, Tonname für das um einen chromat. Halbton erniedrigte E.

Es, in der Tiefenpsychologie (↑ Psychoanalyse) Bez. für das Unbewußte, den Bereich der Antriebe, der (unterschieden vom ↑ Ich) einer bewußten Kontrolle des Individuums entzogen ist.

ESA, Abk. für engl.: European Space Agency, am 31. Mai 1975 gegr. europ. Weltraumorganisation, die die zuvor von *ESRO (European Space Research Organization, Europ. Organisation zur Erforschung des Weltraums,* gegr. 1962) und *ELDO (European [Space Vehicle] Launcher Development Organization, Europ. Organisation für die Entwicklung von Trägerraketen;* gegr. 1964) wahrgenommenen Aufgaben der Entwicklung und des Baus von Satelliten bzw. Trägerraketen für friedl. Zwecke übernahm und eine Kooperation der europ. Staaten in der Weltraumforschung und Raumfahrttechnologie gewährleisten soll. Die ESA umfaßt neben dem Hauptquartier in Paris folgende Einrichtungen: das *European Space Research and Technology Centre* (**ESTEC,** Europ. Zentrum für Weltraumforschung und -technologie) in Noordwijk (Niederlande), das *European Space Operations Centre* (**ESOC,** Europ. Operationszentrum für Weltraumforschung) in Darmstadt, das *European Space Research Institute* (**ESRIN,** Institut für Weltraumforschung) in Frascati (Italien) und die *ESA Sounding Rocket Range* (**ESRANGE,** Startbasis für Höhenforschungsraketen) in Kiruna (Schweden).

Esaki, Leo, * Osaka 12. März 1925, jap. Physiker. - Er wies das Auftreten des Tunneleffekts beim Durchgang von Elektronen durch extrem dünne Sperrschichten zw. verschieden dotierten Halbleitern nach und entwickelte die nach ihm ben. Tunneldiode. Nobelpreis für Physik 1973 (gemeinsam mit I. Giaever und B. Josephson).

Eschatologie

Esau (Edom), bibl. Gestalt (1. Mos. 25, 25), Sohn Isaaks und Rebekkas, Zwillingsbruder Jakobs.

Esbjerg [dän. 'ɛsbjɛr'], dän. Hafenstadt an der W-Küste Jütlands, 80 000 E. Seemannsschule, Zentralbibliothek, Werft, Nahrungsmittel- und Maschinenind., Export- und Fischereihafen; Fährverbindungen nach England. - 1868 gegr., 1899 Stadt.

Escalopes [ɛska'lɔp; frz.], dünne, gebratene Fleisch-, Geflügel- oder Fischscheibchen.

Escapeklausel [engl. ɪs'kɛɪp „das Entrinnen"], Ausweichklausel im internat. Handel zw. freien Handelspartnern, die die beiderseitige Möglichkeit einer Zollerhöhung bzw. einer Einschränkung der Außenhandelskonzessionen vorsieht; soll inländ. Produzenten vor übermäßigen Importen schützen.

Esch, in NW-Deutschland und den östl. Niederlanden Bez. für einen alten, häufig in Langstreifen untergliederten Gemengeflurteil mit meist lockerer Gruppensiedlung, dem sog. **Drubbel.**

Esch an der Alzette (amtl. Esch-sur-Alzette), luxemburg. Stadt an der Alzette, 15 km sw. von Luxemburg, 290 m ü. d. M., 25 100 E. Hauptort des Kt. E. an d. A.; Eisen- und Stahlindustrie.

Eschatologie [ɛsça...; griech., zu éschata „letzte Dinge"], die Lehre von den letzten Dingen; Glaubensvorstellungen, die sowohl das Endschicksal des Einzelmenschen *(Individual-E.)* als auch eine universale Enderwartung *(Universal-E.)* betreffen. Innerhalb der *universaleschatolog.* Anschauungen ist zu unterscheiden zw. solchen, die auf der Grundlage eines zykl. Geschichtsdenkens einen period. wiederkehrenden Weltuntergang annehmen, und denen, die von der Einmaligkeit des Weltendes am Abschluß einer linear verlaufenden Geschichtsentwicklung ausgehen. - Für die Individual-E. der *ind. Religionen* ist die Lehre vom Kreislauf der Wiedergeburten (sog. Seelenwanderung), ferner im Brahmanismus der Eingang ins Brahman, im Buddhismus das völlige „Verwehen" (im Nirwana) charakteristisch. Die Idee von einem individualeschatolog. Endgericht ist v. a. in der ägypt. Religion (Totengericht) sowie im *Parsismus* und im *Islam* ausgebildet. Viele Religionen kennen bes. gedachte Totenreiche († Jenseits). - Die Universal-E. verbindet mit dem Weltende Geschehnisse, die teilweise zusammen auftreten können: Verfinsterung der Sonne, Götterdämmerung, Endkampf zwischen Göttern und Dämonen, Einsturz des Himmels, Herabfallen der Sterne, Versinken der Erde im Meer, vernichtende Kälte. - Im zykl. Geschichtsverständnis, das für das ind. Denken typisch ist, folgt auf den jeweiligen Untergang eine period. Welterneuerung. Für eine lineare Geschichtsauffassung, die ein einmaliges Ziel der Geschichte kennt (Teleologie), ist die Endzeit mit der Auferstehung der Toten und mit einem Weltgericht verbunden, auf die die Schöpfung einer neuen, „besseren" Welt folgt. Diese E. ist konsequent vom *Parsismus* ausgebildet worden und hat das *Judentum* zw. der Abfassung des A. T. und des N. T., das Christentum und den Islam beeinflußt. Die *christl.* E. hat zudem den in der Religion des A. T. entwickelten Gedanken eines Friedensreiches des Messias als universales Geschehen in ihre endzeitl. Vorstellungen aufgenommen, das mit der Erlösungstat Jesu Christi bereits begonnen hat, jedoch noch nicht vollendet ist. So steht die christl. Existenz in der ständigen eschatolog. Spannung zw. „Schon" und „Noch-nicht", die in fast allen tragenden Begriffen der Botschaft

El Escorial

Jesu (Reich Gottes, Heil, neue Gerechtigkeit, Parusie u. a.) zum Ausdruck kommt.
📖 *Nocke, F.:* E. Düss. ²1985. - *Bultmann, R.:* Gesch. u. E. Tüb. ³1979.

eschatologische Gemeinschaften [εsçа...], christl. Gemeinschaften mit Sonderlehren in der ↑Eschatologie, z. B. ↑Adventisten, ↑Zeugen Jehovas.

Esche (Fraxinus), Gatt. der Ölbaumgewächse mit etwa 65 Arten, v. a. in der nördl. gemäßigten Zone; Bäume mit gegenständigen, meist unpaarig gefiederten Blättern und unscheinbaren, vor dem Laub erscheinenden Blüten in Blütenständen; Früchte mit zungenförmigem Flügelfortsatz (Flügelnuß). - Bekannte Arten: **Gemeine Esche** (Fraxinus excelsior), bis 30 m hoch und 250 Jahre alt werdender Baum der Niederungen und Flußtäler; Rinde grünlichgrau, glatt, Borke später schwarzbraun, dichtrissig; Blüten dunkelpurpurfarben; ferner die 6–8 m hohe **Mannaesche** (Blumen-E., Fraxinus ornus) in S-Europa und Kleinasien und die bis 25 m hohe **Weißesche** (Fraxinus americana) im östl. N-Amerika.
◆ Bez. für das Holz der Gemeinen E.; ↑Hölzer (Übersicht).

Eschenahorn (Acer negundo), nordamerikan. Ahornart; bis 20 m hoch werdender, raschwüchsiger Baum mit eschenähnl. gefiederten Blättern; beliebter Park- und Gartenbaum.

Eschenbach, Wolfram von ↑Wolfram von Eschenbach.

Eschenburg, Johann Joachim, * Hamburg 7. Dez. 1743, † Braunschweig 29. Febr. 1820, dt. Literarhistoriker. - Schrieb Handbücher über Rhetorik und klass. Literatur; Verf. der ersten vollständigen Shakespeare-Übersetzung (1775–82).
E., Theodor, * Kiel 24. Okt. 1904, dt. Politikwissenschaftler und Publizist. - Seit 1952 Prof. in Tübingen; befaßte sich in seinem wiss. und publizist. Werk v. a. mit dem demokrat. System der BR Deutschland. - *Werke:* Das improvisierte Demokratie (1963), Zur polit. Praxis in der Bundesrepublik (1964–72), Matthias Erzberger (1973), Geschichte der BR Deutschland, Bd. 1: Jahre der Besatzung 1945–1949 (1983).

Escher, Züricher Ratsgeschlecht, das sich im ausgehenden 14. Jh. in die Zweige E. vom Glas und E. vom Luchs (seit 1433 zum Reichsadel) teilte, bed.:
E. vom Glas, Alfred, * Zürich 20. Febr. 1819, † ebd. 6. Dez. 1882, liberaler Politiker und Wirtschaftsführer. - 1847 Präs. des Großen Rats in Zürich, seit 1848 Reg.präs. und Nationalrat; Mitbegr. des Eidgenöss. Polytechnikums 1854 (spätere ETH Zürich); 1871–78 Präs. des Direktoriums der Gotthardbahn; schuf u. a. die Schweizer. Kreditanstalt (1856). Das „System E." stand in harten Auseinandersetzungen mit der demokrat. Volksbewegung, die ihn 1869 in Zürich stürzte.

Escher, Maurits Cornelis [niederl. 'ɛsər], * Leeuwarden 17. Juni 1898, † Hilversum 27. März 1972, niederl. Graphiker. - Spielt in „Gedankenbildern" mit perspektiv. „Fehlern". - Abb. S. 242.

Escherich, Georg, * Schwandorf i. Bay. 4. Jan. 1870, † Isen bei Erding 26. Aug. 1941, dt. Forstmann und Politiker. - Gründete 1919 gegen die Rätebewegung der bayr. Einwohnerwehr, die sich als „Organisation E." („Orgesch") über ganz Deutschland und Österreich ausbreitete (etwa 1 Mill. Mgl.) und sich 1921 auflösen mußte.
E., Theodor, * Ansbach 29. Nov. 1857, † Wien 15. Febr. 1911, dt. Mediziner. - Prof. in Graz und Wien; führte das Bakteriologie in die Kinderheilkunde ein.

Escherichia [nach T. Escherich], Gatt. der Bakterien mit 4 Arten; weltweit verbreitet, v. a. im Boden, im Wasser (Indiz für Wasserverunreinigung), in Fäkalien und im Darm der Wirbeltiere (einschließ. Mensch). - Bekannteste Art ist **Escherichia coli** in der Darmflora des Dickdarms; wichtiges Forschungsobjekt, v. a. der Biochemie, Genetik und Molekularbiologie.

Escher von der Linth, Arnold, * Zürich 8. Juni 1807, † ebd. 12. Juli 1872, schweizer. Geologe. - Prof. in Zürich. Gab 1835 zus. mit B. Studer die erste geolog. Karte der Schweiz heraus.

E-Schicht (E-Gebiet), stark ionisierte Luftschicht in der Ionosphäre.

Eschkol, Levi (urspr. russ. Scholnik, * Oratowo bei Kiew 25. Okt 1895, † Jerusalem 26. Febr. 1969, israel. Politiker. - Wanderte 1914 nach Palästina aus; nach Gründung der Arbeiterpartei (Mapai) eines ihrer führenden Mgl.; als Min.präs. (seit 1963, 1963–67 zugleich Verteidigungsmin.) bestrebt, den Konflikt mit den arab. Staaten durch Verhandlungen beizulegen.

Eschnunna ↑Tall Al Asmar.

Eschstruth, Nataly von ['ɛʃʃtruːt], * Hofgeismar 17. Mai 1860, † Schwerin 1. Dez. 1939, dt. Schriftstellerin. - Schrieb v. a. rührselige Unterhaltungsromane (u. a. „Gänseliesel", 2 Bde., 1886).

Eschwege, Wilhelm Ludwig von, * Aue bei Eschwege 10. Nov. 1777, † Kassel 1. Febr. 1855, dt. Geograph und Geologe. - Erforschte 1810–21 den brasilian. B.staat Minas Gerais; schrieb „Brasilien, die Neue Welt ..." (1824).

Eschwege, Krst. in Hessen, an der Werra, 165 m ü. d. M., 23 300 E. Verwaltungssitz des Werra-Meißner-Kr.; Heimatmuseum; u. a. Maschinen-, Textil- und Pharmaind. - 974 erwähnt; nach mehrfachem Besitzwechsel 1264 an die Landgrafen von Hessen. - Das Schloß, im 16. Jh. ausgebaut, ging aus einer Burg (1386–89) hervor; Dünzebacher Turm der ehem. Stadtbefestigung (1531); Fachwerkhäuser (17.–19. Jh.), u. a. Altes Rathaus (1660).

Eschweiler, Stadt am O-Rand des Aachener Ind.reviers, NRW, 120–260 m ü. d. M., 53 000 E. Eisen-, Kunststoffind., Maschinen- und Apparatebau. - 830 gen.; seit dem 14. Jh. Abbau von Steinkohle; 1858 Stadt.

Escorial, El [span. el esko'rjal „die Schlackenhalde"], span. Ort nw. von Madrid, 4 200 E. Die Klosteranlage San Lorenzo (im dt. Sprachgebrauch „Der E.") ist ein monumentaler Baukomplex; in seiner Mitte befindet sich die Kirche mit der Grablege der span. Könige; 1563 von Juan Bautista de Toledo begonnen und von Juan de Herrera 1567–84 vollendet; große Gemäldesammlung, Bibliothek. - Abb. S. 239.

Escudo [span. und portugies., zu lat. scutum „Schild"], 1. (E. d'oro) eine in der ersten Hälfte des 16. Jh. eingeführte span. Goldmünze, den doppelten E. nannte man **Dublone**, den halben **Escudillo**; 2. span. Silbermünze, Hauptmünze 1864–68; 3. portugies. Goldmünze bis 1854; 4. Währungseinheit in Portugal, Abk. Esc; 1 Esc = 100 Centavos (c, ctvs).

Escuintla, Hauptstadt des Dep. E. im südl. Guatemala, 350 m ü. d. M., 37 000 E. Handelszentrum eines Agrargebietes; Erdölraffinerie.

Esdras ↑ Esra.

Esel [zu lat. asinus (asellus) „Esel"], (Afrikan. Wildesel, Equus asinus) bis 1,4 m schulterhohe Art der Unpaarhufer (Fam. Pferde) in N-Afrika; mit großem Kopf, langen Ohren, kurzer, aufrechtstehender Nackenmähne, „Kastanien" († Hornwarzen) an den Vorderbeinen und langem Schwanz, der in eine Endquaste ausläuft; Grundfärbung gelbl.-graubraun bis grau mit dunklem Aalstrich, Bauch weißlich. - Von den drei Unterarten sind der **Nordafrikan. Wildesel** (Equus asinus atlanticus) und der **Nubische Wildesel** (Equus asinus africanus) wahrscheinl. ausgerottet. Vom **Somali-Wildesel** (Equus asinus somalicus) leben noch einige hundert Tiere in Äthiopien und Somalia; auffallend ist die schwarze Beinringelung. - Der **Nordafrikan. Wildesel** (v. a. die nub. Unterart) ist die Stammform des heute in vielen Rassen existierenden **Hausesels.** Dieser läßt sich mit dem Hauspferd kreuzen (Pferde-♂ x Esel-♀ = **Maulesel**; Esel-♂ x Pferde-♀ = **Maultier**), doch sind die Nachkommen fast stets unfruchtbar und müssen immer wieder neu gezüchtet werden. Die Domestikation des E. begann um 4000 v. Chr. im unteren Niltal. Der E. als Reittier ist in Ägypten seit 2500, in Syrien im 2. Jt. v. Chr. belegt. In Griechenland und Rom war der E. das Arbeitstier (in Mühlen und Wasserschöpfanlagen) der Handwerker und Kleinbauern. - In der christl. Kunst häufig dargestellt, insbes. mit dem Ochsen an der Krippe, als Reittier auf der Flucht nach Ägypten und beim Einzug Christi in Jerusalem. - Abb. S. 242.

♦ (Asiat. Wildesel) svw. ↑ Halbesel.

Eseler, Niklas, d. Ä., * Alzey, † Frankfurt am Main vor Mai 1482 (?), dt. Baumeister. - Nachweisbar zw. 1436 und 1482; 1442–61 Bauleiter an Sankt Georg in Nördlingen, 1444–61 an Sankt Georg in Dinkelsbühl (zwei der schönsten spätgot. Hallenkirchen), danach an Sankt Jakob in Rothenburg ob der Tauber (Westchor).

Eselsdistel (Onopordum), Gatt. der Korbblütler mit etwa 40 Arten in Europa, N-Afrika und W-Asien; distelartige Pflanzen mit flachem, fleischigem Köpfchenboden, in den wabenförmige Gruben oder Felder eingesenkt sind; Blätter fiederspaltig oder buchtig gezähnt, mit randständigen Stacheln; Blüten purpurfarben, violett oder weiß.

Eselsfeige, svw. ↑ Maulbeerfeigenbaum.

Eselsgurke, svw. ↑ Spritzgurke.

Eselsohr (Otidea onotica), rötl.-ockergelber, rosa- oder orangefarbener, eßbarer Schlauchpilz; mit kurzgestieltem, unterseits bereiftem, bis 8 cm hohem Fruchtkörper, der einseitig ohrförmig ausgezogen ist.

Esens, Stadt in Nds., 5 m ü. d. M., 6 000 E. Zentraler Ort des Harlinger Landes mit starker wirtsch. Verknüpfung zu den Sielhäfen der Küste. - In der 1. Hälfte des 16. Jh. Stadt. - Klassizist. Kirche 1848–54.

Eskadron [italien.-frz.], seit dem 18. Jh. kleinste takt. Einheit der Kavallerie, 4–5 E. bildeten ein Kavallerieregiment; 1935 in Deutschland durch „Schwadron" ersetzt.

Eskaladè [frz.], Erstürmung von Festungsmauern mit Hilfe von Sturmleitern; **Eskaladieren,** Überwinden einer Eskaladierwand mit voller Ausrüstung und Bewaffnung.

Eskalation [engl., zu lat. scala „Treppe"], polit. Schlagwort für die Ausweitung v. a. polit. Auseinandersetzungen und militär. Konflikte durch sich wechselseitig verschärfende Aktionen und Reaktionen.

♦ militärstrateg. Konzeption, die die Möglichkeit der stufenweisen Steigerung eines bewaffneten Konfliktes bis zum selektiven nuklearen Krieg vorsieht (kontrollierte E.).

Eskamotage [...'ta:ʒə; frz.], Taschenspielertrick, unbemerktes Verschwindenlassen von Gegenständen; **eskamotieren,** wegzaubern.

Eskapade [italien.-frz.], urspr. Seitensprung eines Schulpferdes; übertragen für: unüberlegter, mutwilliger Streich, Seitensprung.

Eskapismus [zu engl. to escape „entfliehen"], Flucht vor der Wirklichkeit in eine imaginäre Scheinwelt.

Eskariol [italien.-frz.] ↑ Endivie.

Esker [ir.] ↑ Os.

Eskil, * um 1100, † Clairvaux (Aube) 6. (7.?) Sept. 1181, Erzbischof von Lund (seit 1138). - Unterstützte die Orden der Zisterzienser und Prämonstratenser, führte die Reformideen Papst Gregors VII. in Dänemark durch; geriet dadurch in Gegensatz zu König Waldemar I., 1161–67 verbannt.

Eskilstuna

Esel. Sogenannte Nubische Wildesel, die wahrscheinlich Nachfahren aus Kreuzungen der Urform der Nubischen Wildesel mit Hauseseln sind

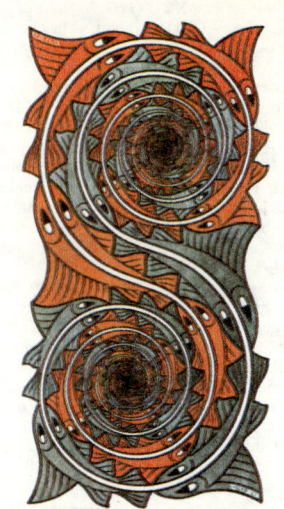

Maurits Cornelis Escher, Drehstrudel (1957). Holzschnitt

Eskilstuna, schwed. Stadt südl. des Mälarsees, Verwaltungssitz eines Kommunblocks von 1 099 km², mit 89 000 E. V. a. metallverarbeitende Ind. - Die Bed. der Stadt E. als Handelsplatz reicht bis ins 11. Jh. zurück, als dort der hl. Eskil (Grabkirche, vollendet vor 1185) wirkte.

Eskimo [indian., eigtl. „Rohfleischesser"] (Eigenbez. Inuit „Mensch"), mongolide Bev. der arkt. und subarkt. Zone (Sibirien, Aleuten, Alaska, N-Kanada, Grönland), mit einer dem arkt. Milieu angepaßten Kultur. Urspr. Jäger

Eskimo

und Fischer, doch ist das traditionelle Leben stark verändert worden durch die Kontakte mit den eindringenden Europäern (Walfänger, Händler, Missionare). Die Isolation der Arktis wurde während und nach dem 2. Weltkrieg durch Militärbasen, meteorolog. und Radiostationen, Prospektion und Ausbeutung von Bodenschätzen aufgebrochen. An Stelle von Kajak und Umiak trat z. T. das Motorboot, der bewährte Hundeschlitten wurde in manchen Gegenden vom Schneemobil abgelöst, es wird immer weniger mit Fallen, Harpunen, Pfeil und Bogen gejagt. Iglu und Zelt werden nur noch von nomadisierenden Gruppen bewohnt. Die Staaten, in denen die E. leben, gehen unterschiedl. Wege, um den E. in einer sich verändernden Umwelt neue Lebensgrundlagen zu verschaffen. Weitgehend christianisiert, kam auch im urspr. Glauben der E. ihre Abhängigkeit von der Natur zum Ausdruck: Tiergeister mußten wohlwollend gestimmt werden, bei Verletzung von Tabus wurde die Hilfe des Schamanen benötigt. Dasselbe galt bei Krankheit.

Eskimohund, svw. ↑Polarhund.

Eskimoisch, Sprache, die mit *Aleutisch* die *eskaleut. Sprachfamilie* bildet. Eine Verwandtschaft mit anderen Sprachen (Paläosibirisch?) ist umstritten. E. wird in der Gegend von Kap Deschnojow in Sibirien, in der nordamerikan. Arktis und in Grönland gesprochen. Das E. wird in zwei Sprachen eingeteilt: 1. **Yupik** (Sibirien und S-Alaska); 2. **Inupik** gliedert sich von N-Alaska bis nach

O-Grönland in verschiedene Dialekte. E. ist eine holophrastische Sprache (eine ganze Phrase [„Satz"] wird prakt. in einem Wort ausgedrückt). Einen grammat. Genusunterschied gibt es nicht, auch ein Tempussystem fehlt. Singular, Dual und Plural werden durch Affixe ausgedrückt. Es gibt eine Anzahl von Lehnwörtern, häufig internat. techn. Bezeichnungen, aber auch Entlehnungen aus Sprachen, mit denen die Eskimo Kontakt haben. - Die sibir. Eskimo erhielten in den 30er Jahren des 20. Jh. eine eigene Rechtschreibung. In S-Alaska wurden um 1900 lokale Schriftsysteme rings um die Missionsstationen entwickelt; in N-Alaska bildete sich die sog. Iñupiat-Rechtschreibung heraus (beide auf der Grundlage des lat. Alphabets). In Grönland entwickelte sich eine eskimoische (grönländ.) Literatur größeren Umfangs (Sagen, Lieder, Gedichtsammlungen, Romane, Sachprosa).

Eskimokajak, ein etwa 5 m langes und 80 cm breites, sehr wendiges Boot mit V-förmigem Boden; vollständig mit Tierhäuten gedeckt, nur Sitzluke offen; neben dem ↑ Kanadier Vorläufer der heutigen Sportboote.

Eskimorolle, im Kanusport Bez. für die Technik des *Eskimotierens;* nach Art der Eskimos im Kajak unter dem Wasser durchdrehen und in die aufrechte Lage zurückkehren, um dadurch das kenternde Boot wieder aufzurichten, ohne es zu verlassen.

Eskişehir [türk. ɛsˈkiʃɛˌhir], türk. Ind.-stadt im westl. Inneranatolien, 792 m ü. d. M., 309 000 E. Hauptstadt der Verw.-Geb. E.; nahebei Meerschaumvorkommen sowie 50 km südl. bed. Boraxabbau.

Eskola, Pentti, * Lellainen 8. Jan. 1883, † Helsinki 14. Dez. 1964, finn. Mineraloge. - Prof. in Helsinki, untersuchte v. a. die metamorphen Gesteinsarten Skandinaviens und entwickelte die „Fazieslehre" zur Einteilung metamorpher Gesteine auf Grund des jeweiligen chem. Gleichgewichtes.

Eskorte [italien.-frz.], Geleit für Personen und Sachen; heute Ehrengeleit für eine hochgestellte Persönlichkeit, meist durch motorisierte Polizei.

Esmarch, Johann Friedrich August von (seit 1887), * Tönning 9. Jan. 1823, † Kiel 23. Febr. 1908, dt. Chirurg. - Direktor der chirurg. Klinik in Kiel; bed. Arbeiten über Unfall- und Kriegschirurgie, v. a. Einführung der Methode des Abbindens von Extremitäten bei Blutungen und Operationen *(E.-Blutleere).*

Esmeraldas, Hauptstadt der ecuadorian. Prov. E., an der Mündung des Río E. in den Pazifik, 141 000 E. Handelszentrum eines Holzwirtschafts- und Agrargebiets; Hafen.
E., Prov. in N-Ecuador, am Pazifik und an der Grenze gegen Kolumbien, 14 978 km², 247 000 E (1982), E.; größtenteils Küstentiefland. Im Küstensaum werden Kokosnüsse und Bananen erzeugt; daneben Viehzucht, Fischfang und Nutzung des Mangrovewaldes. Der größte Teil des Innern wird von immerfeuchtem trop. Regenwald eingenommen.

ESO [engl. ˈiːsoʊ], Abk. für: European Southern Observatory (↑ Südsternwarte).
ESOC ↑ ESA.
esoterisch [zu griech. esóteros „innerer"], nur für einen ausgesuchten Kreis von Eingeweihten bestimmt. **Esoterische Literatur** verbindet meist unterschiedl. Elemente aus Astrologie, Okkultismus und Religion.

España [span. esˈpaɲa] ↑ Spanien.
Esparsette [frz.] (Onobrychis), Gatt. der Schmetterlingsblütler mit etwa 170 Arten in Europa, Asien und N-Afrika. In M-Europa auf trockenen Kalkböden, häufig als Kulturpflanze oder verwildert die **Futteresparsette** (Ewiger Klee, Hahnenkopf, Onobrychis viciifolia), Stengel bis 1 m hoch, Blätter unpaarig gefiedert, Blüten rosarot, in Trauben angeordnet; Futterpflanze, Bienenweide.

Espartero, Joaquín Baldomero Fernández Álvarez, Herzog von Victoria (seit 1839), Fürst von Vergara (seit 1870), * Granátula (Prov. Ciudad Real) 27. Febr. 1792 (?), † Logroño 9. oder 10. Jan. 1879, span. General und Politiker. - Entschied den 1. Karlistenkrieg zugunsten der Regentin Maria Christine; erzwang 1840 den Rücktritt der restaurativen Regentin; Min.präs., seit 1841 Regent und Vormund Isabellas II.; 1843 gestürzt, bis 1849 im brit. Exil; 1854-56 erneut Min.präs; lehnte 1868 die ihm angebotene Kandidatur für den span. Thron ab.

Espe, (Aspe, Zitterpappel, Populus tremula) Pappelart in Europa und Asien; bis 25 m hoher Baum mit gelblichgrau berindetem Stamm; Blätter eiförmig bis kreisrund, gezähnt, mit langem, seitl. zusammengedrücktem Stiel; Blüten zweihäusig, in bis 11 cm langen dicken, hängenden, pelzig behaarten Kätzchen.

Esperanto, von dem poln. Arzt L. Zamenhof entwickelte Welthilfssprache, ben. nach dem Pseud. „Dr. Esperanto" („der Hoffende"), unter dem Zamenhof 1887 den Plan zu einer künstl. geschaffenen Sprache vorlegte. E. hat 16 grammat. Grundregeln, einen kleinen Grundwortschatz (hauptsächl. auf den roman. Sprachen und den german. Sprachen aufbauend) sowie 10 Vorsilben und 25 Nachsilben zur Bildung neuer Wörter.

Espinel, Vicente, ≈ Ronda (Prov. Málaga) 28. Dez. 1550, † Madrid 4. Febr. 1624, span. Schriftsteller. - Verf. des Schelmenromans „Leben und Begebenheiten des Escudero Marcos de Obregón..." (1618), den Lesage als Vorlage für seinen „Gil Blas" verwendete.

Espírito Santo [brasilian. isˈpiritu ˈsɛntu], brasilian. Bundesstaat an der O-Küste, 45 597 km², 2,2 Mill. E (1984), Hauptstadt Vitória. Reicht von der lagunenreichen Küste über ein Hügelland bis zum stark zerschnittenen Randgebirge des Brasilian. Berglandes mit dem 2890 m hohen Pico da Bandeira. Hauptanbau- und Siedlungsgebiet sind die fruchtbaren Täler des Berglandes südl. des Rio Doce; im nördl. E. S. bed. Kakaoanbau.

Espiritu Santo [engl. ɛs'pɪrɪtu: 'sɑ:ntoʊ], größte Insel der Neuen Hebriden (↑ Vanuatu), 3850 km², bis 1888 m ü. d. M.

Esplanade [frz.; zu italien. spianare „ebnen"], großer, freier Platz.

espressivo [italien.], musikal. Vortragsbez.: ausdrucksvoll.

Espresso [lat.-italien., urspr. auf „ausdrückl." Wunsch eigens zubereiteter Kaffee], starker Kaffee aus dunkel gerösteten Kaffeebohnen, bei dessen Herstellung das Wasser unter hohem Druck durch das Kaffeesieb gepreßt wird.

Esprit [ɛs'pri; frz., zu lat. spiritus „Hauch"], Geist, Witz, Scharfsinn.

Espriu, Salvador [katalan. əs'priu], * Santa Coloma de Farnés (Gerona) 10. Juni 1913, † Barcelona 22. Febr. 1985, katalan. Schriftsteller. - Schrieb Dramen, Erzählungen und v. a. Lyrik.

Espronceda y Delgado, José Leonardo de [span. espronˈθeða i ðelˈyaðo], * zw. Villafranca de los Barros und Almendralejo (Prov. Badajoz) 25. März 1808, † Madrid 23. Mai 1842, span. Dichter. - Sein Leben, seine Taten und Dichtungen stehen ganz im Zeichen der europ. Romantik (Individualismus und Weltschmerz) und der zeitgenöss. Freiheitsbewegungen; schrieb Romane, Liebeslieder, Freiheitsgedichte und ein lyr. Versepos.

Esq., Abk. für: ↑ Esquire.

Esquilinischer Hügel (lat. urspr. Esquiliae, später Esquilinus mons; Esquilin), einer der sieben röm. Hügel.

Esquire [engl. ɪsˈkwaɪə; zu lat. scutarius „Schildträger"], urspr. svw. Knappe (bzw. Schildknappe); seit dem 16. Jh. engl. Titel für Angehörige des niederen Adels und wappenführende Bürger, dann für Inhaber höherer Staatsämter; seit dem 19. Jh. allg. in der Briefanschrift verwendet: abgekürzt (Esq.), ohne vorangestelltes Mr. und dem Namen nachgestellt.

Esquivel, Adolfo Perez ↑ Perez Esquivel, Adolfo.

Esra (Ezra), aus der Bibel übernommener männl. Vorname, eigtl. „Gott ist Hilfe".

Esra [hebr.] (griech. Esdras), 1. alttestamentl. Priester aus dem babylon. Judentum; 2. Name für mehrere in der Vulgata aufgenommene Schriften: a) das kanon. *Buch E.* (= 1. E.); b) das kanon. *Buch Nehemia* (= 2. E.); c) das *apokryphe Buch E.* (= 3. E.); d) die apokryphe *E.-Apokalypse* (= 4. E.); e) die sog. *Christl. Apokalypse des E.* (= 5. E.).

ESRIN ↑ ESA.
ESRO ↑ ESA.

Essad Pascha Toptani, * Tirana 1863 (um 1875?), † Paris 13. Juni 1920, alban. General und Politiker. - Leiter der Delegation, die Prinz Wilhelm zu Wied die alban. Krone antrug; arbeitete als Kriegs- und Innenmin. gegen ihn; 1914–16 Staatspräs. Albaniens; als Vertreter Albaniens auf der Pariser Friedenskonferenz von einem polit. Gegner erschossen.

Essäer ↑ Essener.

Essaouira [frz. ɛsawiˈra], marokkan. Stadt und Seebad am Atlantik. 42000 E. Fischereihafen; Kunsthandwerk. - Reste der portugies. Festungswerke, u. a. Skala du Port.

Essay [ˈɛse; engl. ˈɛseɪ; eigtl. „Versuch", zu lat. exagium „das Wägen"], Bez. für einen meist nicht sehr umfangreichen, stilist. anspruchsvollen Prosatext, in dem ein beliebiges Thema unsystemat., aspekthaft dargestellt ist; mit Prosaformen wie Bericht, Abhandlung, Traktat, Feuilleton verwandt. Neuere Ansätze einer Definition des E. gehen aus von allg. phänomenolog. Überlegungen (Lukács, Bense, Adorno) oder von konkreten Merkmalsammlungen (Friedrich, Traeger). Im E. wird Denken während des Schreibens als Prozeß, als Experiment entfaltet (Bense, Friedrich), wird zur „Möglichkeitserwägung" (Haas), zur unabgeschlossenen fragenden Wahrheitssuche, die das gedankl. Fazit dem Leser überläßt. Characterist. sind stilist. Eleganz und Geschliffenheit. Die Grenzen zum Feuilleton sind fließend. Die Geschichte des E. als eigenständige literar. Form beginnt mit M. E. de Montaigne („Les essais", 1580–95). 1597 übernahm F. Bacon die Bez. für seine Betrachtungen („Essayes"). Bes. im engl.sprachigen Bereich (T. Carlyle, T. Macauly, R. W. Emerson), aber auch in Frankr. (C. A. Sainte-Beuve, H. Taine, J. E. Renan) setzt sich Bacons traktatnahe Ausprägung des E. durch. Als E. werden häufig Abhandlungen J. G. Herders, Goethes oder Schillers in Anspruch genommen, allerdings war der Begriff in Deutschland nicht geläufig. F. Schlegel könnte als erster dt. Essayist gelten. Erst mit H. Grimm gewinnt die dt. Essayistik (über R. W. Emerson) den Anschluß an die europ. Tradition. Der E. wird von den unterschiedlichsten Autoren gepflegt, im dt.sprachigen Bereich sind u. a. zu nennen: Schopenhauer, Nietzsche, J. Burckhardt, K. Fischer, K. Hillebrand, J. P. Fallmerayer, V. Hehn, T. Fontane, S. Freud, H. und T. Mann, L. Curtius, A. Döblin, E. Bloch, G. Lukács, H. Broch, G. Benn, E. R. Curtius, W. Benjamin, M. Rychner, B. Brecht, M. Kommerell, T. Adorno.
 Haas, G.: *E.* Stg. 1969. - Berger, B.: *Der E.* Bern u. Mchn. 1964.

Esse, urspr. eine offene Feuerstelle mit Abzug (z. B. in einer Schmiede); heute landschaftl. svw. Schornstein.

Esseg ↑ Osijek.

Essen, Stadt im Ruhrgebiet, NRW, 36–202 m ü. d. M., 619000 E. Kath. Bischofssitz; Gesamthochschule (Univ. seit 1972), Folkwang-Hochschule, Verwaltungs- und Wirtschaftsakad., Landespolizeischule, Forschungsinst. für Luftreinhaltung, Landesanstalt für Immissions- und Bodennutzungsschutz; kath. und ev. Priesterseminare, Museen, u. a. Museum Folkwang, Dt. Plakatmuseum; Grugapark, städt. Vogelpark, botan. Garten; Wetteramt; Sitz zahlr. Wirtschaftsverbände. Der industrielle Schwerpunkt lag bis in die Mitte des 20. Jh. bei Stahl und Kohle, heute dominieren Handel, Dienstleistungsbetriebe, Verwaltung; internat. Fachmessen; Häfen am Rhein-Herne-Kanal. - Das Zentrum der Stadtagglomeration liegt in der Hellwegzone; im N, W und O liegen in der Emschertalung Zechen, Ind. und Arbeiterwohnsiedlungen, südl. des Ruhrschnellweges Wohngebiete, Parks, Wälder, Erholungs- und Sportanlagen.

Geschichte: Erstmals Mitte 9. Jh. anläßl. des Baus eines Stifts gen.; in dem seit dem 10./11. Jh. unter der Landeshoheit der Reichsabtei E. stehenden Gebiet bildeten sich in der Nähe des Stifts die Bauerschaft **Altenessen** und im 11. Jh. die Marktsiedlung E. (Stadterhebung nicht überliefert), die 1377 die Reichsunmittelbarkeit zugesichert bekam. Nach Aufhebung des Stifts gelangte E. 1803 und endgültig 1815 an Preußen. Seit Beginn 19. Jh. Ausbau des Kohlenabbaus, Verhüttung von Eisenerz in großem Maßstab im Raum E., Entwicklung der Eisenverarbeitung und Stahlerzeugung, die durch Krupp wichtigster Erwerbszweig wurde; schwere Zerstörungen im 2. Weltkrieg.

Bauten: Zahlr. Baudenkmäler, u. a. der W-Bau des spätotton. Münsters (1060–70), dessen Haupthaus 1276–1327 als got. Hallenkirche erweitert wurde; der Münsterschatz gehört zu den größten in Europa; moderne Auferstehungskirche (1929). Über dem Baldeneysee liegt die Villa Hügel der Familie Krupp (1870–72; Kunstausstellungen). Im Stadtteil Borbeck Schloß Borbeck (18. Jh.; urspr. Wasserburg). - Im Stadtteil **Werden** (799 erstmals erwähnt; zeitweilig reichsunmittelbares Kloster; 1857 Stadt; 1929 mit E. vereinigt) ehem. Abteikirche Sankt Liudger in strengem spätroman. Stil (1256–75) mit Hallenkrypta des 11. Jh. Im 1975 eingemeindeten **Kettwig** (1052 erstmals gen., 1857 Stadt) Schloß Hugenpoet (17. Jh.; heute Hotel), Wasseranlage in niederl. Stil.

E., Bistum, aus Teilen der Erzbistümer Köln und Paderborn und des Bistums Münster 1957 errichtete kath. Diözese. - ↑auch katholische Kirche (Übersicht).

Essener (Essäer), ordensähnl. jüd. Gemeinde, die im 2. Jh. v. Chr. entstand. Die E., deren Niederlassungen vornehml. in der Gegend des Toten Meeres lagen, waren durch strenge Gesetzesbefolgung und Reinigungsriten sowie Sabbatheiligung bekannt; sie lebten in Gütergemeinschaft, feierten ihre Mahlzeiten in sakramentaler Weise, forderten Askese und Ehelosigkeit. Die Gemeinde von ↑Kumran dürfte ihnen zumindest sehr nahe gestanden haben.

Essentia (Essenz) [lat.], Begriff in der röm., insbes. der scholast. Philosophie zur Bez. 1. für die Eigenschaften eines Gegenstandes, sein „Sosein", und 2. für sein „Wesen". E. als Sosein (lat. auch „quidditas") wird der **Existentia**, dem „Dasein", und als Wesen (v. a. in der thomist. Philosophie) dem Sein („esse") gegenübergestellt.

Essentialien [lat.], die Hauptpunkte bei Rechtsgeschäften im Ggs. zu den Akzidentalien.

Essentialismus [lat.] ↑Wesensphilosophie.

Essentials [engl. ɪˈsɛnʃls], 1. wesentl. Punkte, wesentl. Sachen; 2. unentbehrl., lebenswichtige Güter.

essentiell [lat.-frz.], in der *Medizin:* ohne erkennbare Ursache, z. B. **essentieller Bluthochdruck** ↑Blutdruck, **essentieller niedriger Blutdruck** ↑Blutdruck; in der *Physiologie:* unentbehrl., lebensnotwendig, z. B. e. Aminosäuren.

essentielle Aminosäuren ↑Aminosäuren.

essentielle Fettsäuren ↑Fettsäuren.

Essenz [lat.] ↑Essentia.

◆ konzentrierte, meist alkohol. Lösungen von äther. Ölen oder anderen, meist pflanzl. Stoffen, die zur Geschmacks- und Geruchsverbesserung von Nahrungsmitteln, Getränken, Genußmitteln verwendet werden.

◆ in der *Homöopathie:* nach Vorschriften des „Neuen Homöopathischen Arzneibuchs" aus frischen Pflanzen hergestellter Preßsaft.

Essequibo [engl. ɛsəˈkwɪboʊ], Fluß in Guyana, entspringt im Bergland von Guayana, mündet 20 km wnw. von Georgetown in den Atlantik, fast 1 000 km lang.

Esser, Josef, * Schwanheim (= Frankfurt am Main) 12. März 1910, dt. Jurist. - Prof. für bürgerl. Recht, Rechtsvergleichung, Zivilprozeßrecht in Greifswald, Innsbruck, Mainz und Tübingen (seit 1961). - *Werke:* Wert und Bed. der Rechtsfiktionen (1940), Lehrbuch des Schuldrechts (1949), Grundsatz und Norm in der richterl. Fortbildung des Privatrechts (1956).

Essex [engl. ˈɛsɪks], engl. Grafentitel, 1140 erstmals, 1540 an T. Cromwell verliehen, 1572–1646 im Besitz der Familie Devereux; bed.:

E., Robert Devereux, Earl of (seit 1576), * Netherwood (Hereford) 10. Nov. 1567, † London 25. Febr. 1601, engl. Befehlshaber. - Als Günstling Königin Elisabeths I. mit polit. Aufgaben betraut, denen seine Fähigkeiten nicht entsprachen; fiel in Ungnade und wurde nach einem von ihm angezettelten, aber mißlungenen Aufstand verhaftet und hingerichtet.

Essex [engl. ˈɛsɪks], Gft. in SO-England.

Essig [zu lat. acetum (mit gleicher Bed.)],

Essigälchen

sauer schmeckendes, flüssiges Würz- und Konservierungsmittel; eine verdünnte Lösung von Essigsäure [und Aromastoffen] in Wasser, die durch E.säuregärung aus alkoholhaltigen Flüssigkeiten (**Gärungsessig**) oder durch Verdünnen synthet. gewonnen wird. Der Essigsäure (**Essenzessig**) gewonnen wird. Der handelsübl. E. hat einen Gehalt von 5–15,5 g E.säure in 100 cm^3, und wird als *Speise-*, *Tafel-* oder *Einmach-E.* bezeichnet. Je nach verwendeten Rohstoffen unterscheidet man *Branntwein-E.* (in der BR Deutschland der größte Teil des Gärungs-E.), *Wein-E.*, *Malz-E.*, *Bier-E.*, *Kartoffel-E.*, *Obst-E.*, *Kräuter-E.* (*Gewürz-E.*). Letzteren erhält man durch Auslaugen von Gewürzkräutern in E. - Die Herstellung von Gärungs-E. erfolgt heute v. a. nach dem **Generatorverfahren** (**Rundpumpverfahren**), bei dem die alkoholhaltige Maische bei automat. geregelter Temperatur und Luftzufuhr mehrfach durch 4–5 m hohe, mit Holzspänen gefüllte Behälter (E.generatoren) gepumpt wird, bis der Alkohol durch ↑ Essigsäurebakterien in E.säure umgewandelt ist. Große Bed. haben auch mehrere **submerse Gärverfahren**, bei denen die alkoholhaltigen Lösungen durch frei schwimmende E.säurebakterien in einem Fermenter unter automat. geregelten Bedingungen in E. überführt werden.

Da die im E. enthaltene E.säure viele Metalle angreift und zur Bildung von z. T. gesundheitsschädl. Metallsalzen führt, darf E. nicht in Metallgefäßen hergestellt oder aufbewahrt werden.

Geschichte: Schon im Altertum war bekannt, daß alkoholhaltige Flüssigkeiten bei längerem Stehen zu E. werden. Außer zur Speisebereitung wurde bereits damals E. zur Konservierung von Fleisch und Gemüse und als Arzneimittel verwendet. Bis zur Entdeckung der Mineralsäuren war E. auch das einzige Mittel, Metalle zur Herstellung pharmazeut. Präparate in Lösung zu bringen. - E. in der Antike war ungereinigter Wein-E.; reinen E. gewannen erst die Alchimisten des MA durch Destillation.

Essigälchen (Anguillula aceti), Fadenwurm, der v. a. von Bakterien in Essig lebt.

Essigbakterien, svw. ↑ Essigsäurebakterien.

Essigbaum ↑Sumach.

Essigessenz, synthet. hergestellte Flüssigkeit mit hohem Essigsäuregehalt (70–80 %), aus der durch Verdünnen mit Wasser Essig gewonnen wird.

Essigester, Trivialbez. für ↑ Essigsäureäthylester.

Essigfliegen, svw. ↑Taufliegen.

Essigsäure (Äthansäure), CH$_3$–COOH, wichtige organ. Monocarbonsäure (Fettsäure); E., deren Salze und Ester als ↑Acetate bezeichnet werden, ist in der Natur sehr verbreitet; Grundbestandteil des Essigs; im menschl. und tier. Stoffwechsel spielt die sog. **aktivierte Essigsäure** eine Rolle (↑Enzyme). Sie wird techn. in großen Mengen aus Acetylen hergestellt und in wasserfreier Form **Eisessig** genannt, da sie bei 16,6 °C zu eisähnl. Kristallen erstarrt. Verwendet wird E. als Veresterungskomponente bei der Herstellung u. a. von Farbstoffen, Riechstoffen, Arzneimitteln, Acetaten (u. a. Vinylacetat), Aceton.

Essigsäureanhydrid, (CH$_3$CO)$_2$O, stechend riechende Flüssigkeit, die bei vielen techn. Synthesen eingesetzt wird (v. a. als Acetylierungsmittel).

Essigsäureäthylester (Äthylacetat, Essigäther, Essigester), CH$_3$COOC$_2$H$_5$, eine farblose, angenehm riechende Flüssigkeit; Lösungsmittel für Fette und Kunststoffe.

Essigsäurebakterien (Essigbakterien), eine (ökolog.) Gruppe von Bakterien, die zu den Gatt. **Acetobacter** und **Acetomonas** gehören; gramnegative, bewegl. oder unbewegl. Stäbchen, die hauptsächl. in freigesetzten Pflanzensäften leben. Charakterist. ist ihre Fähigkeit zu unvollständigen Oxidationen. Techn. werden E. verwendet zur Erzeugung von Sorbose aus Sorbit (bei der Vitamin-C-Synthese), von Gluconsäure aus Glucose und von Essigsäure (bzw. Essig) aus alkoholhaltigen Flüssigkeiten (bzw. Maischen).

essigsaure Tonerde, Lösung von Aluminiumacetat, dient als adstringierendes, entzündungshemmendes und keimtötendes Mittel.

Eßkastanie ↑Edelkastanie.

Eßkohle ↑Steinkohle.

Eßling ↑Aspern.

Esslingen, Landkr. in Bad.-Württ.

Esslingen am Neckar, Krst. in Bad.-Württ., 230–498 m ü. d. M., 88 000 E. Heimatmuseum, Stadttheater; bed. Ind.stadt am S-Rand des Großraums Stuttgart. - 777 erstmals urkundl. erwähnt; 1212 Stadtrecht (freie Reichsstadt) durch Friedrich II.; kam 1802 an Württemberg. - 1524 wurde in der Reichsmünzordnung von E. der Taler erstmals Reichsmünze. - Stadtkirche Sankt Dionys mit roman. O-Türmen (etwa 1220–30, Langhaus 13. Jh.); got. Frauenkirche (1340–1420), Dominikanerkirche Sankt Paul (1268 geweiht); Altes Rathaus (1430), Neues Rathaus (1842), zahlr. Bürgerhäuser (16.–18. Jh.).

Esso AG, phonet. gebildete Bez. (aus der Abk. S. O. für Standard Oil Co.) für ein Unternehmen der mineralölverarbeitenden Ind.; gegr. 1890; Sitz Hamburg. Das Aktienkapital der E. AG ist im Besitz der ↑Exxon Corp. Haupterzeugnisse sind Vergaser- und Dieselkraftstoffe, leichtes und schweres Heizöl und Bitumen; Raffinerien in Hamburg, Ingolstadt, Karlsruhe und Köln.

Essonne [frz. ɛˈsɔn], Dep. in Frankreich.

Eßstäbchen, im Fernen Osten übl. Eßwerkzeug: zwei Stäbchen aus Bambus, [Eben]holz oder Elfenbein, die in einer Hand gehalten werden.

Ester

Establishment [engl. ɪsˈtæblɪʃmənt „Einrichtung", zu lat. stabilire „befestigen"], heute polit. Begriff (auch polem. gebrauchtes Schlagwort) zur Kennzeichnung 1. der Oberschicht der polit., wirtsch. und gesellschaftl. einflußreichen Personen, 2. der etablierten bürgerl. Gesellschaft, die auf Erhaltung des Status quo bedacht ist.

Estampie [frz.] (italien. istampita, lat. stantipes), im 13./14. Jh. ein ein- oder mehrstimmiges, meist instrumentales Tanz- oder Vortragsstück, dessen formaler Aufbau ähnl. Sequenz und Leich auf fortschreitender Wiederholung beruht.

Estancia ↑ Estanzia.

Estang, Luc [frz. ɛsˈtã], eigtl. Lucien Bastard, * Paris 12. Nov. 1911, frz. Schriftsteller. - Lyriker und Erzähler des „Renouveau catholique"; anfangs von Péguy, Claudel und Bernanos beeinflußt, später eher ökumen. Zielsetzungen; schrieb u. a. die Romantrilogie „Gezeichnete", „Und suchet, wen er verschlinge", „Brunnen der Tiefe" (1949-54), außerdem „Le loup meurt en silence" (R., 1984).

Estanzia (Estancia) [span.], landw. Großbetrieb (v. a. Viehzucht) im span. Südamerika.

Estaunié, Édouard [frz. ɛstoˈnje], * Dijon 4. Febr. 1862, † Paris 2. April 1942, frz. Schriftsteller. - Schildert in psycholog. Romanen den Alltag und das dahinter verborgene wahre Leben seiner Gestalten (u. a. „Der Fall Clapain", 1932).

Este, italien. Adelsgeschlecht, hervorgegangen aus der karoling. Reichsaristokratie; ben. nach der Burg bei der gleichnamigen Stadt in der Prov. Padua; im 10./11. Jh. kaiserl. Pfalzgrafen, Inhaber mehrerer Gft. **Azzo II.** († 1097) war in 1. Ehe ∞ mit der Erbin der älteren Welfen, Kunigunde, Schwester des Herzogs von Kärnten und Markgrafen von Verona, Welf III. Seine Söhne, **Welf IV.** und **Fulco I.** (aus 2. Ehe) begründeten die beiden Zweige des Geschlechts: *Welf-Este*, die Linie der jüngeren Welfen, im Reich und *Fulc-Este* in Italien. Die italien. Linie erhielt unter Markgraf **Borso** (* 1413, † 1471) von Kaiser Friedrich III. 1452 die Hzgt. Modena und Reggio als Reichslehen, 1471 von Papst Paul II. das Hzgt. Ferrara. Borso folgte 1471 **Ercole I.** (* 1431, † 1505), der seinen Hof zum Mittelpunkt der Renaissancekultur machte und dessen Tochter **Isabella** (* 1474, † 1539), seit 1490 ∞ mit Francesco Gonzaga, Markgraf von Mantua, als Frauenideal der Renaissance gefeiert wurde. Ercole folgte 1505 **Alfons I.** (* 1476, † 1534), als großzügiger Mäzen u. a. von Ariosto gepriesen und seit 1502 ∞ mit Lucrezia Borgia. Unter ihrem Sohn **Ercole II.** (* 1508, † 1559), Herzog seit 1534, wurde der Hof von Ferrara Zentrum für die Verbreitung der reformierten Lehre in Italien. Mit **Alfons II.** (* 1533, † 1597), Herzog seit 1559, für den sein Onkel **Ippolito (II.)** (* 1509, † 1572) - italien. Kardinal seit 1538/39, mehrfach Kandidat bei Papstwahlen und Erbauer der Villa d'E. in Tivoli - 1566 die Regentschaft übernommen hatte und der Kandidat für den poln. Thron 1574 und Gönner Torquato Tassos war, starb die direkte Linie Fulc-E. aus. Ihr folgte mit **Cesare** (* 1552, † 1628) eine Bastardlinie, 1598 auf Modena und Reggio beschränkt, nachdem Ferrara als päpstl. Lehen eingezogen worden war. 1796 verlor das Haus E. auch diese Hzgt., wurde aber 1801 durch Breisgau und Ortenau entschädigt. 1803 erlosch das Haus E. im Mannesstamm. Die Erbtochter **Ercoles III.** (* 1727, † 1803), **Maria Beatrix** (* 1750, † 1829), war seit 1771 ∞ mit Erzherzog Ferdinand Karl, dem 3. Sohn Kaiser Franz' I. Stephan. **Franz IV.** (* 1779, † 1846; Haus *Österreich-Este*) verlor 1805 zwar Breisgau und Ortenau, erhielt aber 1814 Modena zurück. 1859 wurde der gesamte Besitz dem Einheitsstaat Italien eingegliedert. Der Name Österreich-E. ging von Herzog **Franz V.** von Modena (* 1819, † 1875) auf den Erzherzog **Franz Ferdinand** über, nach dessen Ermordung 1914 auf **Robert** (* 1915), den 2. Sohn des späteren Kaisers Karl von Österreich.

Este, italien. Stadt in Venetien, 25 km sw. von Padua, 15 m ü. d. M., 18 000 E. Museum im Palazzo Moncenigo; chem. Ind., Kunstgewerbe; Fremdenverkehr. - *Ateste* war Hauptsiedlung der Veneter und Zentrum der venet. Kultur (reiche Ausgrabungen). In röm. Zeit wurde es 49 v. Chr. Munizipium. Im 10. Jh. verlieh es Otto I. einer langobard. Familie, die sich nach ihrer hier erbauten Stammburg Este nannte; 1275 an Padua, 1405 an Venedig. - Von der Burg (1056 erbaut, 1338/39 wiederaufgebaut) stehen noch Mauern und Türme; Dom (1690-1722).

Este, Villa d' ↑ Villa d'Este.

Esteban Echeverría [span. esˈteβan etʃeˈβeˈrria], argentin. Stadtgemeinde im S von Groß-Buenos-Aires, 377 km², 111 000 E., mit dem internat. ✈ von Buenos Aires.

ESTEC ↑ ESA.

Estekultur, nach Funden aus großen Gräberfeldern in der Umgebung von Este ben. mehrphasige eisenzeitl. Kulturgruppe (8.-2. Jh.) in Venetien und Westslawonien.

Esten, überwiegend in der finn. SSR lebendes Volk der finn.-ugr. Sprachfamilie, 1,02 Mill. E (1979); Volkskunst und -bräuche haben sich in ländl. Gebieten erhalten.

Ester [Kw. aus **Essigäther**], chem. Klasse von organ. Verbindungen, die unter Wasserabspaltung aus organ. Säuren und Alkoholen entstehen:

$$R-COOH + R'OH \rightarrow RCOOR' + H_2O$$

(R, R' organ. Reste). Die langsam ablaufende Veresterung ist reversibel, die Rückreaktion heißt ↑ Verseifung. - E. werden wegen ihres angenehmen Geruchs für Parfüme und Fruchtessenzen sowie als Lösungsmittel,

Esterasen

Sprengstoffe und zur Kunststoffherstellung verwendet. Eine bes. wichtige Gruppe von E. sind die ↑ Fette und fetten Öle.

Esterasen [Kw.], Enzyme, die im menschl. und tier. Organismus Ester hydrolyt. spalten, z. B. die fettspaltenden Lipasen.

Estérel [frz. ɛste'rɛl], Bergland in der sö. Provence, Frankr.; im Mont Vinaigre 618 m hoch.

Esterházy von Galántha (ungar. Eszterházy [ungar. 'ɛsterhaːzi]), ungar. Magnatengeschlecht; urkundl. nachweisbar bis auf den ungar. König Salomon; dessen Söhne begr. 1238 die Linien Illésházy und Zerház (erwarb 1421 die ungar. Herrschaft Galántha im Komitat Preßburg [= Galanta/ČSSR]). 1594 entstanden die drei Linien Csesznek, Zólyom (Altsohl = Zvolen/ČSSR) und Forchtenstein (Frakno); 1687/1783 in den Reichsfürstenstand erhoben; begr. 1683 auch einen gräfl. Zweig); bis 1945 Eigentümer des größten ungar. Fideikommiß, noch heute liegen wesentl. Besitzungen der E. v. G. im Burgenland mit dem Zentrum Eisenstadt.

E. v. G., Nikolaus II. Fürst, * Wien 12. Dez. 1765, † Como 25. Nov. 1833, östr. Feldzeugmeister. - Lehnte Napoleons I. Angebot der ungar. Krone 1809 ab; begründete eine bed. Gemälde- und Kupferstichsammlung (jetzt Teil der ungar. Nationalgalerie).

E. v. G., Nikolaus Joseph Fürst, * 18. Dez. 1714, † Wien 28. Sept. 1790, östr. Feldmarschall. - Zeichnete sich bei Kolin (1757) im Siebenjährigen Krieg aus; errichtete 1766–69 mit Schloß Eszterháza (= Fertőd) südl. des Neusiedler Sees ein Zentrum für Kunst und Wiss. („ungar. Versailles"); seit 1761 Mäzen J. Haydns.

E. v. G., Paul Fürst, * Eisenstadt 7. Sept. 1635, † ebd. 26. März 1713, östr. Feldherr, Palatin von Ungarn (seit 1681). - Teilnahme an Türkenkriegen (u. a. 1683 Wien); Schriftsteller, Maler, Komponist und Kunstsammler.

E. v. G., Paul Anton Fürst, * 10. März 1786, † Regensburg 21. Mai 1866, östr. Diplomat. - Aus der Schule Metternichs; sehr erfolgreicher Botschafter in London (1815–42); versuchte als ungar. Außenmin. 1848 zw. Magyaren und Kroaten zu vermitteln.

Esther, aus der Bibel übernommener weibl. Vorname pers. Ursprungs, eigtl. „Stern".

Esther (Ester, Hadassa), bibl. Gestalt des A. T., Nichte und Pflegetochter des Mordechai, Heldin des Buches E.; von Xerxes I. zur Gemahlin erwählt, vereitelt sie die geplanten Judenverfolgungen des Haman. - Das **Buch Esther,** vermutl. zw. 300 und 80 v. Chr. entstanden, gibt eine Begründung für das vermutl. aus der pers. Diaspora stammende Purimfest.

Estienne [frz. e'tjɛn] (Étienne, latinisiert Stephanus), frz. Drucker- und Verlegerfamilie in Paris und Genf, tätig zw. 1502 und 1664; Signet: Ölbaum. - Bed. Vertreter:

E., Henri II, * Paris 1531, † Lyon 1598. - Sohn von Robert Ier E.; seit 1557 Drucker in Genf; verfaßte den „Thesaurus graecae linguae" (1572). Wurde u. a. von U. Fugger unterstützt.

E., Robert Ier, * Paris 1503, † Genf 7. Sept. 1559. - Wurde 1539 zum Imprimeur du roi für Hebräisch und Lateinisch, 1540 auch für Griechisch ernannt; auf ihn geht die heutige Einteilung der Bibel in Verse zurück. Verfaßte den „Thesaurus linguae latinae" (1531) u. a. grundlegende lexikolog. Werke. 1551 siedelte er wegen Häresieverdachtes (Anmerkungen seiner Bibelausgaben) nach Genf über.

Estland ↑ Estnische SSR.

estnische Literatur, die alte estn. Volksdichtung besteht im wesentl. aus ma. und frühneuzeitl. Liedgut (Themen: Liebe, Ehe, Mühsal, Abschied, kein ep. Heldensang). F. R. Kreutzwald formte, in romant. Geiste das finn. „Kalevala" nachahmend, aus alten und jungen Liedern, Sagen und seiner eigenen Phantasie das Epos „Kalevipoeg" (1857–61). Eine sich zu europ. Bewegungen in Beziehungen setzende Literatur entstand erst mit dem Realismus der Jh.wende (J. Liiv und E. Vilde) und mit den neuromant. Gruppen der ersten Hälfte des 20. Jh.; es traten u. a. der Lyriker G. Suits, die Erzähler F. Tuglas und A. H. Tammsaare sowie die Lyrikerin M. Under hervor. - Seit 1944 entwickelte sich eine sowjetestn. Literatur und eine estn. Emigrantenliteratur.

estnische Sprache, heute von rd. 1 Mill. Esten in der Estn. SSR (1975) und einem großen Teil der etwa 65 000 Emigranten der Jahre 1941–45 gesprochene Sprache, die als ostseefinn. Sprache in die Familie der finn.-ugr. Sprachen gehört. Der mehrtausendjährige Kontakt mit indogerman. (balt., german., slaw.) Sprachen, der polit. Zugehörigkeit zu Schweden (bis 1721) und die dt.-sprechende Oberschicht seit dem MA haben auch den Sprachtypus stark beeinflußt.

Estnische SSR (Estland; estn. Eesti), eine der drei balt. Republiken im NW der UdSSR, zw. dem Finn. Meerbusen im N, dem Rigaischen Meerbusen und der Lett. SSR im S und der RSFSR im O; 45 100 km^2, 1,52 Mill. E (1984), Hauptstadt Reval.

Landesnatur: Der festländ. Teil besteht aus Hügellandschaften, Ebenen und vermoorten Niederungen. Die 4 größten der etwa 800 estn. Inseln sind Ösel, Dagö, Moon und Worms (vor der W-Küste). - Atlant. Luftmassen mildern im Sommer und Winter die Lufttemperaturen; herrschen aber kontinentale Luftmassen vor, wird es im Sommer heiß und im Winter sehr kalt. - Auf sandigen Böden stehen meist Kiefern- und Fichtenwälder oder Gebüsch, sonst Mischwälder mit Birken; weit verbreitet sind Gehölzwiesen und Moore.

Estremadura

Bevölkerung, Wirtschaft, Verkehr: Rd. 67% der Bev. sind Esten (1979), 32% Russen, 1% Finnen. Vor dem Kriege gehörten rd. 75% der Bev. der ev.-luth., 20% der russ.-orth. Kirche an. Das Land verfügt über zahlr. Fach- u. sechs Hochschulen; die älteste Univ. (gegr. 1632) befindet sich in Dorpat. - Wichtigster Wirtschaftszweig ist die Landw. mit Anbau von Kartoffeln, Getreide, Flachs und bed. Milchproduktion. Der große Waldbestand der E. SSR, der etwa $1/3$ der Gesamtfläche einnimmt, ist bereits stark ausgeschlagen und wird wiederaufgeforstet. Die Fischereiflotte arbeitet auch im nördl. und südl. Atlantik. Die Fänge werden in Kombinaten verarbeitet, v. a. in Reval. Die Phosphorite bei Reval werden zur Herstellung von Düngemitteln abgebaut. V. a. dem Hausbrand dienen die Torflager. Im N wird Ölschiefer abgebaut; z. T. wird er zur Gewinnung elektr. Energie abgebrannt, z. T. bildet er die Grundlage großer chem. Kombinate. Aus den alten Textilmanufakturen entstand Baumwollind. - Das Eisenbahnnetz hat eine Länge von 1 010 km, das Straßennetz von 27 700 km. Von den 20 Häfen ist Reval der bedeutendste; auch wichtigster ⚓.

Geschichte: Anfang des 13. Jh. Unterwerfung und Christianisierung der Esten durch Deutsche und Dänen; seit 1346 unterstand Estland dem Dt. Orden. Städtegründungen (auch durch die Hanse) sowie der Ausbau der Verwaltung führten zu kulturellem Aufschwung. 1561 schwed.; vorübergehend russ. (bis auf Reval und die Inseln). 1584 wurden die 4 Landschaften Harrien, Wierland, Jerwen und Wiek zum Hzgt. „Esthen" erhoben. Die Herrschaft der Schweden wurde erst durch den Sieg Zar Peters I. über Karl XII. im 2. Nord. Krieg (1700–21) beendet. Seit dem Ende des 18. Jh. Schritte zur Einfügung in das russ. Reich, seit Mitte des 19. Jh. Maßnahmen zur Russifizierung. Nach der Februarrevolution 1917 wurde ein Estn. Nationalrat gebildet, der am 24. Febr. 1918 die Unabhängigkeit des von dt. Truppen besetzten Landes proklamierte (Anerkennung der Estn. Republik durch Sowjetrußland erst im russ.-estn. Friedensvertrag vom 2. Febr. 1920). Danach Blütezeit bis 1925, in der u. a. die Minderheitenfrage beispielhaft gelöst und die wirtsch. und soziale Basis des Volkes gefestigt wurde. Die Wirtschaftskrise 1929–32 mündete 1934 in einen faschist. Umsturz; K. Päts führte ein autoritäres Präsidialregime, unter ihm Annäherung (Dt.-Sowjet. Nichtangriffspakt vom Aug. 1939) bot der Sowjetunion freie Hand für ihre Politik gegenüber den Balt. Staaten. Auf Grund des Beistandspaktes vom 28. Sept. 1939 besetzten sowjet. Truppen 1940 die Estn. Republik. Umfangreiche sowjet. Deportationen 1941 und nach 1944 (1941–44 dt. Besetzung) trafen v. a. die estn. Intelligenz. Seit 1988 bemüht sich die E. SSR, den russ. Einfluß zurückzudrängen und dem Estnischen mehr Geltung zu verschaffen. Bes. umstritten ist das 1989 erlassene Wahlgesetz, das den im Land lebenden Russen eine Minderheitenposition zuweist.

Estomihi [lat. „sei mir"], in den ev. Kirchen der Sonntag vor Aschermittwoch (kath.: **Quinquagesima**), ben. nach den lat. Anfangsworten des Introitus des Sonntags (Ps. 31, 3 [Vulgata 30, 3]; auch auf Ps. 71, 3 [70, 3] bezogen).

Estoril [portugies. ıʃtuˈril], portugies. Seebad 20 km westl. von Lissabon; 15 500 E.

Estournelles, Paul Balluat Baron de Constant de Rebecque d' [frz. ɛsturˈnɛl], * La Flèche (Sarthe) 22. Nov. 1852, † Paris 15. Mai 1924, frz. Politiker. - Pazifist; 1904 Senator; erhielt 1909 zus. mit A. M. F. Beernaert den Friedensnobelpreis.

Estrada Cabrera, Manuel, * Quezaltenango 21. Nov. 1857, † Guatemala 24. Sept. 1924, guatemaltek. Politiker. - 1898–1920 Präs.; regierte diktator., wurde gestürzt und starb in Haft.

Estrada-Doktrin, vom mex. Außenmin. J. V. Estrada (* 1887, † 1937) 1930 abgegebene Erklärung zur Frage der Anerkennung ausländ. Reg.; ermöglicht die Aufnahme diplomat. Beziehungen usw. ohne Präjudiz für Recht- oder Verfassungsmäßigkeit der betreffenden Reg.; nicht vertragl. verankert.

Estrade [frz., zu lat. stratum „Fußboden"], podiumartig erhöhter Teil des Fußbodens, z. B. für ein Orchester.

Estragon [arab.-frz.] (Dragon, Dragun, Artemisia dracunculus), in Sibirien und N-Amerika heim. Beifußart; stark duftende, sehr vielseitig verwendete Gewürzpflanze.

Estrées [frz. eˈtre, ɛsˈtre], frz. Adelsgeschlecht seit Mitte des 15. Jh. (Stammsitz E.-Saint-Denis, Dep. Oise); bed. v. a.: **Gabrielle d'Estrées**, Marquise von Montceaux (seit 1595), Herzogin von Beaufort (seit 1597) (* um 1573, † 1599), Geliebte König Heinrichs IV. von Frankreich.

Estrêla, Serra da [portugies. ˈsɛrrɐ ðɐ ıʃˈtrelɐ] ↑ Portugiesisches Scheidegebirge.

Estremadura [portugies. ıʃtrəməˈðurɐ], histor. Prov. in Portugal, an der W-Küste südl. der Mondegomündung bis jenseits des Tejomündungsgebietes, einschließl. der Halbinsel von Setúbal. Das Klima ist mediterran. Angebaut werden v. a. Weizen, Kartoffeln, Reis, Zitrusfrüchte, Oliven, Ölbäume, Wein und Obst. Bed. Fischerei; herausragender Ind.raum ist Lissabon.

E. (span. Extremadura), histor. Prov. und Region in Spanien, an der Grenze gegen Portugal, reicht von Kastil. Scheidegebirge bis in die Sierra Morena und hat Anteil an Gebirgs- und Beckenlandschaften. Die Gebirgsräume lassen im allg. wegen hoher Niederschläge und extremer Temperaturverhältnisse nur extensive Viehwirtschaft zu; Stein- u. Kork-

Estrich

eichenwälder sind verbreitet. In den halbtrockenen Becken des Tajo und Guadiana werden bei künstl. Bewässerung Weizen, Tabak, Baumwolle, Wein, Melonen u. a. angebaut; Kork-, Textil-, Leder-, Nahrungsmittel- und etwas chem. Ind. - Der Name E. ist 1258 als der einer Prov. belegt. Später umfaßte E. den W-Teil des Kgr. Toledo; 1833 in 2 Prov. geteilt.

Estrich [zu mittellat. astracum „Pflaster"], fugenloser Bodenbelag, Unterboden aus einer schnell abbindenden Masse; je nach Art des Bindemittels Zement-E., Gips-E. usw. genannt. Wird der E. durch eine elast. Dämmschicht von der Rohdecke getrennt, so spricht man von **schwimmendem Estrich.**

Estrup, Jacob Brønnum Scavenius [dän. 'ɛsdrob], * Sorø 16. April 1825, † Skaføgård (in Djursland) 24. Dez. 1913, dän. Politiker. - 1865–69 Innenmin., prägte die Verfassung von 1866; 1875–94 Premier- und Finanzmin.

Esztergom [ungar. 'ɛstɛrgom] (dt. Gran), ungar. Stadt am rechten Ufer der Donau, an der Grenze zur ČSSR, 156 m ü. d. M., 31 000 E. Kath. Erzbischofssitz; Museen; Werkzeugmaschinenfabrik, Elektroind.; Mineralquellen. - In E. errichtete König Stephan I. Burg und Komitat und, kurz nach 1000, das Erzbistum seines Reiches; ausgenommen 1595–1605 war E. 1543–1683 unter osman. Herrschaft. - Klassizist. Dom (1822–69); ehem. Königl. Burg (1173–95) mit Burgkapelle (12. Jh.).

Eszterháza [ungar. 'ɛstɛrhaːzɔ] ↑ Fertőd.

Eta, siebter Buchstabe des griech. Alphabets (H, η).

ETA, Abk. für: Euzkadi ta Azkatasuna [bask. „Baskenland und Freiheit"], 1959 gegr. terrorist. bask. Untergrundorganisation; fordert einen selbständigen bask. Staat. Nach verschiedenen Absplitterungen und Ausschlüssen v. a. 1965–70 spaltete sich die ETA 1976 in eine parteiähnl. Organisation (ETA, polit.-militär. Zweig), die auf gewaltsame Aktionen verzichten wollte, und eine Guerillagruppierung (ETA, militär. Zweig), die die Politik der terrorist. Aktivitäten fortführen sollte. Doch kämpften beide Gruppen mit Attentaten, Entführungen und Bombenanschlägen, 1979 erstmals auch in Touristengebieten, für ein unabhängiges Baskenland.

etablieren [frz., zu lat. stabilire „befestigen"], [be]gründen, festsetzen; **sich etablieren,** sich niederlassen, selbständig machen.

Etablissement [etablɪs(ə)'mãː; lat.-frz.], Einrichtung, Betrieb; Gaststätte, Vergnügungslokal.

Etage [e'taːʒə; lat.-frz., urspr. „Aufenthalt, Rang"], Stockwerk, Gebäudegeschoß.

Etalon [eta'lõː; frz.], Eich- oder Normalmaß.

Étampes [frz. e'tãːp], frz. Stadt 50 km südl. von Paris, Dep. Essonne, 19 000 E. Marktort der Beauce, Fremdenverkehr. - Kirche Saint-Basile (12., 15./16. Jh.) mit roman. Portal, Kirche Notre-Dame-du-Fort (12. Jh.; Krypta 11. Jh.), Rathaus (16. Jh.).

Etana, sagenhafter König von Kisch aus der 1. Dyn. „nach der Sintflut", die im 27./26. Jh. herrschte. Nach akkad. Mythos stürzt er aus Furchtsamkeit bei seinem Flug auf einem Adler ab.

Etappe [frz., urspr. „Warenniederlage, Handelsplatz" (verwandt mit „Stapelplatz")], Teilstrecke, Abschnitt, Stufe.

♦ früher Bez. für das Versorgungsgebiet hinter der Front.

Etappenrennen, Einzel- oder Mannschaftsrennen im Rad- bzw. Motorsport über mehrere Teilstrecken, das an einem oder an mehreren Tagen ausgetragen wird.

Etat [e'taː; lat.-frz., eigtl. „Zustand, Beschaffenheit"] ↑ Haushalt.

État Français [frz. etafrã'sɛ], 1940–44 amtl. Bez. für Frankreich.

Etatismus [lat.-frz.], um 1880 in Frankr. aufgekommene Bez. für eine polit. Doktrin, die die Ausdehnung der Rolle und der Zuständigkeit des Staates auf alle Bereiche von Wirtsch. und Gesellschaft fordert.

États généraux [frz. etaʒene'ro] ↑ Generalstände.

Etazismus [nach dem griech. Buchstaben Eta], Bez. für die schriftgetreue Aussprache des Altgriech., am entschiedensten gefordert von Erasmus von Rotterdam. Diese „Erasmische Aussprache" betrifft nur eine der zahlr. unterschiedl. Ausspracheempfehlungen: griech. η (Eta) als [ɛː], nicht (wie beim ↑ Itazismus) zusammen mit ι, υ, ει, οι, als [i] („Ita") zu sprechen.

et cetera [lat. „und das übrige"], Abk. etc., „und so weiter"; **etc. pp.:** „etc. perge, perge": „usw. fahre fort, fahre fort".

Eteokles, Gestalt der griech. Mythologie. Sohn des Ödipus und der Epikaste (oder Iokaste), Bruder von Antigone, Ismene und Polyneikes (die Brüder töten sich gegenseitig im Zweikampf).

Eteokreter, nach der „Odyssee" (19, 176) einer der Stämme Kretas; nach moderner Auffassung Nachfahren der Träger der minoischen Kultur Kretas.

Eteokretisch, nichtgriech. Sprache von etwa 8 bruchstückhaften Inschriften in griech. Alphabet aus O-Kreta, den Eteokretern zugeschrieben und nach ihnen benannt.

Eteokyprisch, nichtgriech. (vorgriech.) Sprache, von der sich Reste auf der Insel Zypern bis etwa 300 v. Chr. lebendig erhalten haben; überliefert sind mehrere Inschriften.

etepetete [aus niederdt. öte „geziert" und frz. peut-être „vielleicht"], umgangssprachl. für geziert, zimperl., übertrieben empfindlich.

Etesien [griech.-lat., zu griech. étos „Jahr"], die mit großer Regelmäßigkeit Mai–Okt. über Griechenland, der Ägäis und dem

Ethik

östl. Mittelmeer wehenden N- bis NW-Winde.

Etesienklima (Winterregenklima), Bez. für das Mittelmeerklima, das durch heiße Sommer und milde Winter mit Niederschlägen gekennzeichnet ist.

Ethan, nach der neueren chem. Nomenklatur fachsprachl. Schreibweise für ↑ Äthan; entsprechend in Zusammensetzungen Ethan... für Äthan..., z. B. **Ethanol** für ↑ Äthanol.

Ethel [engl. 'εθəl], engl. weibl. Vorname; Kurzform von Namen, die mit Ethel- gebildet sind, wie Ethelred und Ethelinda.

Ether, nach der neueren chem. Nomenklatur fachsprachl. Schreibweise für ↑ Äther.

Etherege (Etheredge), Sir George [engl. 'εθərɪdʒ], * um 1635, † Paris 1691, engl. Dramatiker. - Mitbegr. des engl. Sittenstücks.

Ethik [griech.], philosoph. Disziplin, die Lehre von den Normen menschl. Handelns und deren Rechtfertigung. Das Fragwürdigwerden der gängigen Normen, der Sitten und Gebräuche, löst die Suche nach Rechtfertigung der einen und Begründung neuer sittl. Normen aus. Für Aristoteles gehören Ökonomie und Politik (Rechts-, Sozial- und Staatsphilosophie) zur E., gleichbedeutend mit prakt. Philosophie; später verengt sich die Bed. auf Moralphilosophie. Sokrates und Platon sehen die Möglichkeit des guten Lebens und der Wiederherstellung der polit. Normen an die philosoph. Einsicht in die reine Idee des Guten gebunden; ausgehend vom menschl. Begehren, Vermögen und Tätigsein sowie der bestehenden Ordnung sucht Aristoteles den Grund der Sittlichkeit im durch individuelles und gemeinschaftl. Handeln erreichbaren höchsten Gut. Plotin bereitet die enge Verbindung von E. und Theologie vor, indem er Glück und Tugend zum Gehalt des philosoph. Lebens im Göttlichen und Unsterblichen macht. Die christl. Ethiken gründen die eth. Erkenntnis, den Sittenkodex bzw. das -gesetz auf Offenbarung (↑ Moraltheologie, ↑ theologische Ethik). In der Neuzeit wird die Forderung erhoben, jede fakt. allg. befolgte sittl. Norm als vernünftige Vereinbarung zu begründen. T. Hobbes geht dabei aus von den Bedürfnissen der Menschen und deren Befriedigung, die möglichst friedl. erfolgen solle. Dieser Ansatz, der mit einer Bedürfniskritik verbunden ist, wird v. a. im Rahmen krit. Gesellschaftstheorien - klass. bei Hegel und Marx - weitergeführt. Für J. Bentham und J. S. Mill ist die oberste Maxime ihrer utilitarist. E. das größtmögl. Glück für die größtmögl. Zahl von Menschen. Kant stellt, indem er sowohl von Bedürfnissen wie den fakt. Zwecksetzungen absieht, seinen ↑ kategorischen Imperativ als allg. Begründungsregel auf. Wertungen werden unter Hinweis auf das moral. Gefühl (z. B. bei Shaftesbury), auf die guten Sitten (teils bei J. Locke), auf den Common sense (in der schott. Philosophie des 18. und 19. Jh.) oder die Intuition aufgestellt.

Je nach Erkenntnisinteresse sind heute 3 Formen der E. zu unterscheiden: Die Beschreibung und Erklärung der vielfältigen Ausprägungen von Moral und Sittlichkeit ist Sache der **deskriptiven** oder **empir. Ethik.** Die **normative Ethik** versucht, die jeweils herrschende Moral krit. zu überprüfen sowie Formen und Prinzipien rechten Handelns zu begründen. Die krit. Analyse sprachl. Elemente und Formen moral. Aussagen ist Aufgabe der **Metaethik,** die auch Methoden zu deren Rechtfertigung zu entwickeln versucht. Je nach Gegenstandsbereich der philosoph. Betrachtung sind verschiedene *E.konzeptionen* entwickelt: Mit der Gesinnung, dem Gewissen bzw. der Motivation einer Entschuldigung bzw. Handlung beschäftigt sich die **Gesinnungsethik**; im Gegensatz dazu steht die **Erfolgsethik,** die den sittl. Wert der Person und deren Handlungen nicht an einer bestimmten Qualität des subjektiven Willens, sondern an dem (erfolgreichen) Verfolgen von Zielen mißt. Ergänzend zu dieser **Individualethik,** welche die Pflichten des Individuums sich selbst und den Mitmenschen gegenüber untersucht und auf Eigenverantwortlichkeit und Selbstverwirklichung abhebt, wirkt die **Sozialethik**: Sie untersucht die Normen und Prinzipien menschl. Zusammenlebens, v. a. die Geordnetheit von Ehe und Familie, Eigentum, Wirtschaft, Staat. Die **Wertethik** ist eine in der Tradition der phänomenolog. Wertlehre stehende E., die den Anspruch erhebt, menschl. Handeln durch den Bezug auf eine Reihe von zeitlos geltenden, idealen Werten zu begründen. **Verantwortungsethik** wird nach M. Weber eine die ethisch. Persönlichkeit definierende Fähigkeit genannt, die im Durchsetzungsprozeß polit. Wollens zu treffenden Entscheidungen an den unmittelbaren Folgen für den Zweck realisierenden Handlungen zu orientieren. **Situationsethik** ist die v. a. im Umkreis des Existenzialismus ausgebildete Konzeption einer E., nach der einzig in der jeweiligen Situation zu beurteilen ist, ob etwas zu tun oder zu lassen sei. *Teilbereiche moralphilosoph. Theorien* sind: **Berufsethik,** die sich mit den Pflichten befaßt, die aus den spezif. Aufgaben einer arbeitsteiligen Gesellschaft erwachsen; **Standesethik** bestimmt die sittl. Pflichten der Menschen jeweils einer Gruppe, die v. a. durch gleiches Ansehen und Prestige verbunden sind, bei Berücksichtigung der sozialen Stellung, Funktionen und Leistungen; Gegenstandsbereich der **polit. Ethik** ist zum einen die Frage nach den Bedingungen der Legitimität und der Legitimation der Ausübung von polit. Macht, zum anderen die Entwicklung und Rekonstruktion von Normen[systemen] in der Politik. Handeln in der Politik zur Verwirklichung von Freiheit, Gerechtigkeit, Frieden, der Bürger- und Menschenrech-

ethische Indikation

te. V. a. mittels Beobachtung, Experimenten und begriffl. Analyse untersucht die **Wissenschaftsethik** Sinn und Verantwortung der Wissenschaft. Als Tugendlehre vom richtigen Wirtschaften umfaßt die **Wirtschaftsethik** die Gesamtheit jener Vorstellungen und Werthaltungen, die den Wirtschaftssubjekten (z. B. Unternehmer, Manager) eigen sind, um ihr wirtschaftl. Handeln zu legitimieren. *Methoden der E.:* Die **hermeneut. Ethik,** Hauptvertreter J. Ritter, H. G. Gadamer, postuliert den behaupteten Vorrang der histor. Erfahrung vor der abstrakten Deduktion: E. hat die sittl.-polit. Wirklichkeit in ihrer Geschichtlichkeit zu begreifen. Die **phänomenolog. Ethik** v. a. E. Husserls, M. Schelers, N. Hartmanns, D. von Hildebrands, A. Pfänders und H. Reiners, fordert ein unvoreingenommenes Aufzeigen und Beschreiben der Phänomene; sie analysiert die idealen materialen Werte und deren Träger, das sittl. Bewußtsein (materiale Wert-E.). Die **sprachanalyt. (linguist.) Ethik,** beeinflußt von G. E. Moore und L. Wittgenstein, beschreibt, erklärt und kommentiert, auf welche Weise moral. Ausdrücke verwendet werden und wie moral. argumentiert wird. Vertreter dieser als Meta-E. angewandten Methode ist u. a. G. Ryle. Ausgehend von sittl. Urteilen vernünftiger und lebenserfahrener Menschen sucht die **normative analyt. Ethik** diese Urteile in ein widerspruchsfreies System zu bringen; ausgehend von obersten sittl. Grundsätzen werden Überzeugungen erklärt und korrigiert. Die **konstruktive Ethik** der sog. Erlanger Schule (P. Lorenzen, O. Schwemmer, W. Kamlah) beschränkt sich auf Analyse und Begründung jener Regeln einer Beratung, die zu vernünftigem, gemeinsamen Handeln führen.

📖 *Roithinger, L.: E. und Anthropologie.* Wien 1985. - *Jodl, F.: Die Gesch. der E.* Essen 1983. - *Lorenzen, P./Schwemmer, O.: Konstruktive Logik, E. u. Wiss.theorie.* Mhm. ²1975.

ethische Indikation ↑Schwangerschaftsabbruch.

Ethnarch [griech.], Titel von Stammesfürsten in Gebieten unter röm. Oberhoheit; seit dem 2. Jh. v. Chr. auch Titel des Hohenpriesters in Jerusalem; später unter osman. Herrschaft Titel des Patriarchen von Konstantinopel bzw. des griech. Erzbischofs von Zypern.

Ethnie [griech.], Gruppe von Personen, die der gleichen Kultur angehören.

Ethniki Organosis Kiprion Agoniston [neugriech. εθνι'κι ɔr'γanosis ki'priɔn aγɔnis'tɔn „Nat. Vereinigung zypriot. Kämpfer"], Abk. EOKA, bewaffnete Widerstandsorganisation auf Zypern; 1955 von J. Griwas gegr.; erreichte 1959 die Umwandlung Zyperns in eine unabhängige Republik; betreibt seit 1963 den Anschluß („Enosis") Zyperns an Griechenland; 1974 verboten.

Ethnikon Apeleftherotikon Metopon [neugriech. εθni'kɔn apɛlɛfθɛrɔti'kɔn 'mɛtɔpɔn „Nat. Befreiungsfront"], Abk. EAM, griech. Widerstandsbewegung; 1941 gegr.; neben dem EDES (**Ethnikos Dimokratikos Ellinikos Sindesmos** „Nat. demokrat. griech. Vereinigung") wichtigste Widerstandsorganisation gegen die dt. und italien. Besatzung.

ethno..., Ethno... [griech.], Vorsilbe mit der Bedeutung „Völker, Volks...".

Ethnologie (Völkerkunde), die Wiss. von den Kulturen der schriftlosen, außereurop. Völker. Die beschreibende Völkerkunde (**Ethnographie**), die sich auf Beobachtung und Darstellung einzelner Kulturen beschränkt, wurde bereits in der Antike (Herodot u. a.) betrieben, v. a. in histor. Situationen, in denen Kontakte zu benachbarten Kulturen aufgenommen worden waren (z. B. Handelsbeziehungen, Kolonie- und Imperiengründungen). Sie lebte im Zeitalter der Entdeckungen wieder auf, als zahlr. Völkerbeschreibungen aus der Neuen in die Alte Welt gelangten. Erste werturteilsfreie Beobachtungen, die wieder das Bild vom „edlen Wilden" noch seine Verteufelung malten (letztere oft im Sinne einer Rechtfertigung der europ. Kolonisation), fallen inns 18. Jh.; Ansätze zu einer vergleichenden E. finden sich in frz. und engl. Werken der Aufklärung. Das starke Anwachsen des ethnograph. Materials durch die unter naturwiss. und handelspolit. Gesichtspunkten erfolgte Erschließung des pazif. Inselraums in der 2. Hälfte des 18. Jh. führte zu neuen Formen systemat. Verarbeitung, in denen phys. Anthropologie, Kultur- und Naturgeschichte als Einheit behandelt wurden. Mit der Konsolidierung der europ. Kolonialmächte ging die Herausbildung moderner Feldforschungstechnik einher (angewandte E.). Im 19. Jh. bildeten sich akadem. ethnolog. Gesellschaften, gleichzeitig wurden die ersten Völkerkundemuseen eingerichtet. Die E. wurde in der 2. Hälfte des 19. Jh. eine eigene Univ.disziplin. Es bildeten sich Schulen heraus, die sich in der E. unterschiedl. stark und nat. verschieden orientierte an Anthropologie, Geographie, Geschichte, Linguistik, Psychologie, Ökonomie und Soziologie. Die dt. Richtung versuchte, das Weltbild einzelner Kulturen zu erfassen. In England entwickelte sich, z. T. beeinflußt von Darwin, die Social Anthropology. Grundlage der nordamerikan. Cultural Anthropology wurde die Kooperation der E. mit Vorgeschichte, Archäologie, neuerdings mit verstärkter ökolog. Fragestellung. In der UdSSR steht die E. in enger Auseinandersetzung mit den Lehren von Marx und Engels. Ein neues Aufgabengebiet erwuchs der E. im 20. Jh. durch die Transformation vieler Stammeskulturen in moderne Industriegesellschaften, d. h. durch den damit verbundenen sozialen Wandel, wobei sie sich verstärkt an Soziologie und Ökonomie orientiert.

📖 *Weber-Kellermann, I./Bimmer, A. C.: Einf. i. d. Volkskunde/Europ. E. Stg.* ²*1985. - Lehrb. der Völkerkunde. Hg. v. H. Trimborn. Stg.* ⁴*1971.*

Ethnosoziologie, Zweig der Ethnologie, untersucht die kausalen Zusammenhänge des sozialen Geschehens in ethn. Gruppen.

Ethnozentrismus [griech.], soziolog., oft gesellschaftskrit. gebrauchter Begriff, der die Tendenz bezeichnet, die Eigengruppe (Volk, Religionsgemeinschaft, Rasse u. a.) zum Maßstab aller Bewertungen zu nehmen.

Ethologie [griech.], svw. ↑ Verhaltensforschung.

Ethos [griech. „Gewohnheit, Herkommen, Sitte"], sittl. Grundhaltung und Gesinnung, moral. Gesamthaltung eines einzelnen oder einer Gemeinschaft.

Ethyl-, nach der neueren chem. Nomenklatur fachsprachl. Schreibweise für ↑ Äthyl-; entsprechend **Ethylen, Ethylen-** für ↑ Äthylen, ↑ Äthylen-.

Étienne [frz. e'tjɛn], frz. Form des männl. Vornamens Stephan.

Étienne [frz. e'tjɛn], frz. Buchdruckerfamilie, ↑ Estienne.

Etikett [frz., eigtl. „Markierung an einem Pfahl"], Zettel (auch Stoffstück u. a.) an Waren; die E.aufschrift kann Material bzw. Inhalt, Herkunft, Hersteller, Preis, Pflegekennzeichen u. a. angeben.

Etikette [frz., eigtl. „Zettel mit Hinweisen auf das Zeremoniell" (zu ↑ Etikett]), die Gesamtheit der guten und angemessenen gesellschaftl. Umgangsformen und ihrer Regeln.

Etmal [niederdt.], Seemannssprache: die Zeit von Mittag bis Mittag und die in dieser Zeit von einem Schiff zurückgelegte Strecke.

Eton [engl. i:tn], engl. Schulstadt an der Themse, Gft. Berkshire, 5 000 E. Das **Eton College,** die berühmteste Schule Englands, wurde von Heinrich VI. 1440/41 gegr.

Etoschapfanne, ausgedehnte, flache Salztonpfanne im nördl. Namibia.

Etoschawildpark, größtes Wildschutzgebiet der Erde, im NW von Namibia, 95 895 km² (Löwen, Elefanten, Leoparden, Giraffen, Zebras, Springböcke, Gemsböcke, Kudus).

Etrurien (lat. Etruria, später Tuscia; heute Toskana), im Altertum nach den Etruskern ben. Landschaft im westl. Italien; im W vom Tyrrhen. im N von Arno und Apennin, im O und S vom Tiber begrenzt; bed. wegen seiner Fruchtbarkeit und seines Metallreichtums.

E., 1801–07/08 auf dem Gebiet des Großherzogtums ↑ Toskana gebildetes, vom Napoleon. Frankr. abhängiges Königreich.

Etrusker (lat. Etrusci, Tusci; etrusk. Rasna), eine nichtindogerman. Bev.schicht Italiens (Herkunft umstritten, Blütezeit 7.–4. Jh.), die als Kernland Etrurien beherrschte. Die E. sind v. a. durch die ihre Kunst bekannt. Sie bildeten Stadtstaaten, die bis gegen Ende des 6. Jh. v. Chr. unter Königen, seit dem 5. Jh. unter Oberbeamten standen. Die Stadtstaaten schlossen sich zu einem lockeren Zwölfstädtebund aus Caere (heute Cerveteri), Tarquinii (Tarquinia), Populonia, Rusellae (Roselle), Vetulonia, Volaterrae (Volterra), Arretium (Arezzo), Cortona, Perusia (Perugia), Clusium (Chiusi), Volsinii (Bolsena) und Veji (Ruinen von Veio) zusammen, der seinen kult. Mittelpunkt im Heiligtum des Voltumna (lat. Vertumnus) in Volsinii hatte. Als die E. im 6. Jh. in die Poebene und nach Kampanien ausgriffen, kam es hier zur Konstituierung entsprechender Bünde: im Pogebiet mit dem Vorort Felsina (Bologna) bzw. Mantua; in Kampanien mit dem Vorort Capua (Santa Maria Capua Vetere). Etwa 575–470 hatte das etrusk. Geschlecht der Tarquinier das Königtum in Rom inne und wurde zum Schöpfer des röm. Stadtstaates und der meisten seiner polit. und vieler seiner religiösen Einrichtungen. Rom konnte sich anscheinend durch den Seesieg des griech. Kyme über die E. (474/473) von deren Herrschaft befreien. 424 verdrängten die Samniten die E. aus Capua (Zusammenbruch des kampan. Städtebunds); um 400 fiel der Städtebund des Pogebiets den in Italien eingedrungenen Kelten zum Opfer. Im 4. Jh. führte Roms Aufstieg zum weiteren Niedergang der etrusk. Macht; 264 (Einnahme von Volsinii durch die Römer) wurde die Unterwerfung Etruriens im wesentl. vollendet.

📖 *Pfiffig, A. J.: Einf. in die Etruskologie. Darmst.* ²*1984. - Weeber, K.-W.: Gesch. der E. Stg. 1979. - Sprenger, M., u. a.: Die E. Mchn. 1977.*

etruskische Kunst, eine eigenständige, aber deutl. vom Orient und der archaischen griech. Kunst beeinflußte Kunst; die Beantwortung der Frage nach dem Beginn der e. K. hängt mit der Beurteilung der Villanovakultur zus.; nimmt man eine kontinuierl. Weiterentwicklung an, so ist der Beginn um 1 000, nimmt man einen Kulturbruch an, ist ihr Beginn um 700 v. Chr. anzusetzen (mit der orientalisierenden Phase).

Die e. K. ist aus **Grabanlagen** bekannt, die ein Bild vom tägl. Leben vornehmer Etrusker vermitteln. Im 7. Jh. entstanden in S-Etrurien die seit dem 6. Jh. auch in N-Etrurien vorherrschenden spitzbogenartig zulaufenden geräumigen Kammergräber aus Steinblöcken unter Erdhügeln. An die Stelle dieser Freilandanlagen (Caere [Cerveteri], Vulci, Vetulonia) traten in jüngerer Zeit Felsgräber (Norchia, San Giuliano, Orvieto). Die Grabkammern waren oft mit reicher Malerei, aus dem Fels geschlagenen Einrichtungsgegenständen und Totenbetten sowie Sarkophagen (mit gelagerten Figuren; seit dem 6. Jh.), Urnen, Schmuck, Waffen und Gerät als Grabbeigaben ausgestattet.

Die **Wandmalerei** gab im 6. und 5. Jh. sehr

Etruskischer Apennin

dekorativ landschaftl. Motive und Szenen aus dem tägl. wie festl. Leben, im 4. und 3. Jh. dagegen Todesdämonen und Unterweltsszenen wieder. Die **Kleinkunst** zeigte seit der orientalisierenden Phase in den einzelnen Städten unterschiedl. Züge. Ganze Kunstzweige waren örtl. begrenzt: die Silhouettengranulation blühte in Vetulonia, Treppensteine und † Kanopen wurden in Clusium (Chiusi) hergestellt, die Goldschmiedekunst erreichte bereits im 7. Jh. in Caere (Cerveteri) beachtl. Höhe. Im 6. und 5. Jh. waren etrusk. Bronzearbeiten gesuchte Artikel im Mittelmeerbereich (gravierte Spiegel). Seit dem 6. Jh. dominierte in der **Plastik** die Tonplastik (Terrakotta; Zentren: Caere, Vulci und Veji). Als eines ihrer bedeutendsten Zeugnisse gilt der „Apollo von Veji" (Rom, Museo Nazionale di Villa Giulia). Von den Bronzearbeiten ragen die † Kapitolinische Wölfin, „Chimära" aus Arezzo (5./4. Jh.; Florenz, Museo Archeologico) und der „Arringatore" (um 80 v. Chr.; ebd.) hervor. Die etrusk. **Tempel** standen auf hohem steinernen Sockel und waren aus Holz (Säulen, Gebälk) und Lehm errichtet und mit Tonplatten verkleidet. Von den **techn. Bauten** der Etrusker seien ihre Hafenanlagen (Tagliata Etrusca) bei Ansedonia südl. von Grosseto und ihre Wasserleitungen genannt.

Grant, M.: Rätselhafte Etrusker. Mchn. 1981. - Bloch, R.: Die Kunst der E. Stg. ³1977.

Etruskischer Apennin, Teil des nördl. Apennins, Italien, im Monte Cimone 2165 m hoch.

etruskische Religion, die e. R. war mit oriental. und griech. Elementen durchsetzt. Im Mittelpunkt standen offenbar Vorstellungen, die den Tod des Menschen und sein Leben nach dem Tode zum Inhalt hatten. Der **Glaube an Götter** war polytheistisch. Tinia galt als Himmelsherr; seine Gattin war Uni. Turan war eine Göttin der Liebe, die später der Aphrodite gleichgesetzt wurde. Dem etrusk. Satres entsprach der röm. Saturnus, dem Mari der Mars, der Menrva die Minerva. In dem bei Volsinii (Bolsena) gelegenen Zentralheiligtum Etruriens wurde wahrscheinl. zweigeschlechtl. Voltumna verehrt. Eine Gestalt des Schreckens war der mit dem Tod in Verbindung stehende Dämon Charun. Nicht allein röm. Gottheiten sind hinsichtl. ihrer Namen und Qualitäten teilweise von den etrusk. abhängig. Von den Etruskern übernahmen die Römer vielmehr

Etruskische Kunst.
Kopf einer Frau (Ausschnitt aus einer Grabmalerei; um 400 v. Chr.). Tarquinia, Grab des Menschenfressers (oben);
Sarkophag aus Caere (Terrakotta; um 510–500 v. Chr.). Paris, Louvre (unten)

Etymologie

in reicher Fülle auch Kenntnisse der **Weissagung** (Mantik), die die Etrusker v. a. an der Beobachtung des Vogelflugs und der Leberschau entwickelt hatten, ferner die Gladiatorenkämpfe, denen Riten des etrusk. Totenopfers zugrunde lagen. Die Hüter etrusk. Geheimwissens waren die als Lukumonen bekannten Priesterfürsten. Die Beziehungen der Menschen zu den Göttern wurden nach bestimmten Gesetzen geregelt, und der Wille der Götter nach bestimmten Regeln erforscht, die zusammen die Bez. **Disciplina Etrusca** tragen. Darin waren Vorschriften über die Beobachtung des Vogelfluges (Auguraldisziplin), des Blitzschlages (Fulguraldisziplin) und der Eingeweideschau von Opfertieren (Haruspizien) enthalten.
▭ *Thulin, C. O.: Die etrusk. Diszplin. Darmst. Nachdr. 1968.*

etruskische Schrift, die bei den Etruskern gebräuchl. Alphabetschrift ist abgeleitet aus einem westgriech. Alphabet (Übernahme der Schrift von den Griechen in der 2. Hälfte des 8. Jh. v. Chr.). Die ältesten etrusk. Alphabete enthalten 26 Zeichen. Im Gebrauchsalphabet, das bis ins 4. Jh. v. Chr. erhebl. lokale Unterschiede zeigt, ist als Charakteristikum am Ende ein Zeichen 8 = f angefügt. Die Schriftrichtung ist fast durchgehend linksläufig, nur gelegentl. rechtsläufig oder wechselnd rechts- und linksläufig. Eine Worttrennung kennen die archaischen Inschriften nicht, in jüngerer Zeit (einsetzend schon im 6. Jh. v. Chr.) kommen in dieser Funktion 3–4, später 1–2 übereinandergestellte Punkte vor. – ↑Schrift (Tafel).

etruskische Sprache, die Sprache der Etrusker ist nach heutiger Kenntnis mit keiner Sprache der Erde sicher verwandt und mit Sicherheit nicht indogermanisch. Sie ist nahezu ausschließl. auf Inschriften überliefert. Als indirekte Quellen kommen noch knapp 60 Glossen bei antiken Schriftstellern hinzu. An zweisprachigen Inschriften liegen nur etwa zwei Dutzend kurze lat.-etrusk. Grabinschriften vor, aus denen nicht viel mehr als einige Verwandtschaftsnamen zu erschließen sind. Obwohl die Texte ohne Schwierigkeiten lesbar sind, haben die langen und intensiven Bemühungen die Kenntnis der e. S. kaum vorangebracht: Nur etwa 50 Wörter sind völlig sicher bekannt; am weitaus besten bekannt ist der Bau des Personennamensystems, das enge Berührung mit dem röm. aufweist. – Die einzige Sprache, die der e. S. strukturell näher zu stehen scheint, ist die ebensowenig bekannte der ↑Stele von Lemnos. Folglich lassen sich durch Sprachvergleichung im Etrusk. nur Eigennamen und Lehnwörter (z. B. aus den anderen Sprachen Alt-Italiens) feststellen.

Etsch (italien. Adige), zweitgrößter Fluß Italiens, entspringt am Reschenpaß (Ostalpen), tritt nach der Veroneser Klause in die Poebene ein, mit dem Po durch Kanäle verbunden; mündet am N-Rand des Podeltas in das Adriat. Meer; 415 km lang. Ihr Tal ist als Verkehrsweg für Straße und Schiene zum Brenner- und Reschenpaß von großer Bed.; zahlr. Kraftwerke.

Etschmiadsin, sowjet. Stadt 15 km westl. von Jerewan, Armen. SSR, 37 000 E. Sitz des Katholikos der armen. Kirche; Kunststoffwerk, Weinkellerei. – Im 2. Jh. v. Chr. gegr., als **Wagarschapat** später Hauptstadt Armeniens. Das 303 errichtete Kloster ist seit 1441 Sitz des Katholikos der armen. Kirche. – Kathedrale (1. Bau aus dem 4. Jh.; neu erbaut 495/496, im 7. Jh. wiederhergestellt mit Glockenturm [18. Jh.] und Fresken [1720]).

Ett, Caspar, * Eresing (Landkr. Landsberg a. Lech) 5. Jan. 1788, † München 16. Mai 1847, dt. Komponist. – Bed. für die Erneuerung der kath. Kirchenmusik aus dem Geiste der klass. Vokalpolyphonie des 16./17. Jh.

Etta, weibl. Vorname, 1. Nebenform zu Edda, 2. Kurzform zu Henrietta.

Ettal, Gemeinde in Bayern, im Ammergebirge, 878 m ü. d. M., 974 E.; Fremdenverkehr. – 1330 gegr. Benediktinerkloster, hochgot. Klosterkirche (seit 1710 barock umgebaut; Kuppel nach einem Brand [1744] 1745–52 von F. Schmuzer; Stukkaturen von J. B. Zimmermann). – Schloß **Linderhof,** 1874–78 im frz. Rokokostil von G. von Dollmann für König Ludwig II. von Bayern errichtet.

Etter, Philipp, * Menzingen (Kt. Zug) 21. Dez. 1891, † Bern 23. Dez. 1977, schweizer. Politiker. – Mgl. der Konservativ-christlichsozialen Volkspartei; 1927/28 Landammann des Kt. Zug; 1934–59 Bundesrat (Chef des Departements des Innern); 1939, 1942, 1947 und 1953 Bundespräsident.

Ettlingen, Krst. in Bad.-Württ., am Austritt der Alb in die Rheinebene, 136 m ü. d. M., 37 200 E. Heimatmuseum; Papier-, Textil-, Pharma-, Nahrungsmittelind. – Seit der Römerzeit besiedelt; um 1227 Stadtrecht, 1234 an Baden. – Das Stadtbild prägen Wohnhäuser des 18. Jh.; Barockschloß (1725–33), Rathaus (1737/38).

Etüde [lat.-frz., eigtl. „Studium"], in der Musik ein Instrumentalstück zum Studium bestimmter spieltechn. oder Vortragsprobleme. Neben dem reinen Unterrichtsstück entwickelte sich die virtuose **Konzertetüde** für Klavier und Violine.

Etui [ɛtˈviː; frz.], Futteral, Hülle, flacher Behälter.

Etymologie [zu griech. *etymología* „Lehre von der wahren Bed. (eines Wortes)"], Forschungsrichtung der histor.-vergleichenden Sprachwissenschaft, die sich mit dem Ursprung und der Geschichte der Wörter befaßt. Obwohl die E. seit den griech. Grammatikern der Frühzeit Bestandteil der Grammatik war, wurde sie erst im 19. Jh. von A. F. ↑Pott auf wiss. Grundlagen gestellt. Die etymolog. For-

etymologische Schreibung

schung nach Pott begnügte sich nicht mehr damit, den Ausgangspunkt und die Entsprechungen der Wörter in verwandten Sprachen aufzuzeigen und den lautl. Veränderungen der Wörter nachzugehen, sie suchte die Verbindung mit Sachforschung, mit der Volkskunde, Kultur- und Geistesgeschichte. Im 20. Jh. rückten immer stärker die Veränderungen der Bed. der Wörter in den Vordergrund.

etymologische Schreibung ↑Rechtschreibung.

etymologisches Wörterbuch ↑Wörterbuch.

Etzel, mittelhochdt. Form des Namens des Hunnenkönigs ↑Attila; edler, ritterl. Heidenkönig der mittelhochdt. Heldenepik (im „Nibelungenlied" als Gemahl Kriemhilds). Bed. aktiver ist die Gestalt (als Atli) in der altnord. Literatur.

Etzel, Carl von (seit 1853), * Heilbronn 6. Jan. 1812, † Kemmelbach (Niederösterreich) 2. Mai 1865, dt. Eisenbahningenieur. - E. entwarf ein Eisenbahnnetz für Württemberg; 1852 übernahm er die Bauleitung der schweizer. Zentralbahn. Die Fertigstellung seines größten Werkes, der Brennerbahn (1864-67), erlebte er nicht mehr.

E., Franz, * Wesel 12. Aug. 1902, † Wittlar (Niederrhein) 9. Mai 1970, dt. Politiker (CDU). - MdB 1949-52 und 1957-65; 1957-1961 Bundesmin. der Finanzen.

Etzlaub, Erhard, * um 1460, † 1532, dt. Kartograph. - Stellte u. a. eine Umgebungskarte von Nürnberg und eine Landstraßenkarte von Mitteleuropa für Rompilger her.

Eu, chem. Symbol für ↑Europium.

eu..., Eu... [griech.], Vorsilbe mit der Bed. „gut, schön".

Eubakterie (Eubiose), das natürl. Gleichgewicht zw. symbiont. lebenden Mikroorganismen; hauptsächl. im Sinne einer ausgewogenen mikrobiellen Besiedlung des Darmtraktes. - Ggs. ↑Dysbakterie.

Euböa, zweitgrößte griech. Insel, parallel der O-Küste M-Griechenlands, von der sie durch den **Golf von Euböa** (eine Brücke und Fähren) getrennt ist; etwa 170 km lang und zw. 5,5 und 50 km breit, im Dirfis 1 743 m hoch. Der gebirgige Kern mit in Hügelland über, dem Schwemmlandebenen vorgelagert sind. Anbau von Wein, Oliven, Getreide, Zitrusfrüchten, Kartoffeln, Hülsenfrüchte, Melonen. Abgebaut werden Braunkohle, Magnesit, Blei- und Eisenerze.
Geschichte: Von Ioniern bewohnt. Im Lelant. Krieg etwa 700-650 v. Chr.) gelang es Chalkis (neben Eretria bedeutendste Stadt), die Hegemonie auf E. zu erringen. Im 5. Jh. unterstand E. Athen; konnte 411 die Unabhängigkeit gewinnen; stand im 4. Jh. meist unter wechselnder Fremdherrschaft: 196 von Rom für frei erklärt, 146 v. Chr. unter röm. Herrschaft; kam 1204 an latein. Feudalherren, als **Negroponte** 1366 an Venedig; 1470 von den Osmanen erobert, im griech. Freiheitskampf bis 1830 zw. Türken und Griechen hart umkämpft.

Euböischer Bund, Vereinigung der Städte Euböas um 411 v. Chr.; 341 durch Athen, 196 durch Rom neu gegr.; 146 v. Chr. aufgelöst.

Eucalyptol [griech./lat.] (Cineol), ein intramolekularer Äther; stark antisept. wirkend, wird in der Medizin bei Entzündungen und Katarrhen der oberen Luftwege inhaliert (schleimlösend).

Eucalyptus ↑Eukalyptus.

Eucharistie [ɔyça...; griech.-lat.], seit Ausgang des 1. Jh. Begriff für das christl. ↑Abendmahl, in der frühen christl. Kirche zunächst Bez. für das Dankgebet, das bei der Abendmahlsfeier vor der Weihe (Konsekration) von Brot und Wein gesprochen wurde.

Eucharistischer Kongreß [ɔyça...], kath. internat. Tagung zur Feier und Verehrung der Eucharistie in Verbindung mit Konferenzen und Seminaren. Der erste E. K. fand 1881 in Lille statt. Daneben wird in einigen Ländern regelmäßig ein nat. E. K. abgehalten.

Euchologion [griech. „Buch der Gebete"], liturg. Buch der orth. Kirchen; enthält die Gebete für den Gottesdienst und die Spendung der Sakramente und Sakramentalien, dazu bibl. Texte für die gottesdienstl. Lesung.

Euchromatin, Bez. für diejenigen Chromosomenabschnitte, die sich (im Ggs. zum sog. *Heterochromatin*) im Interphasenkern nur sehr schwach, während der Zellteilung (Ruhekern) jedoch gut anfärben lassen.

Eucken, Rudolf, * Aurich (Ostfriesland) 5. Jan. 1846, † Jena 14. Sept. 1926, dt. Philosoph. - 1871 Prof. in Basel, 1874 in Jena; 1908 Nobelpreis für Literatur. E. beschäftigte sich zunächst mit Aristoteles, später war er Vertreter und erfolgreicher Lehrer einer neuidealist. Philosophie des „schöpfer. Aktivismus".
Werke: Geschichte und Kritik der Grundbegriffe der Gegenwart (1878; ab 3. Aufl. u. d. T. Geistige Strömungen der Gegenwart), Geschichte der philosoph. Terminologie (1879), Die Einheit des Geisteslebens in Bewußtsein und Tat der Menschheit (1888), Die Lebensanschauungen der großen Denker (1890), Der Sinn und Wert des Lebens (1908), Erkennen und Leben (1912), Mensch und Welt (1918), Lebenserinnerungen (1921).

E., Walter, * Jena 17. Jan. 1891, † London 20. März 1950, dt. Nationalökonom. - Sohn von Rudolf E.; seine Hauptarbeitsgebiete waren methodolog. Fragen der Nationalökonomie und wirtschaftspolit. Probleme. E. verfocht die Idee der Marktwirtschaft, deren Funktionsfähigkeit allerdings durch ordnungspolit. Maßnahmen gewährleistet werden müsse. Er begründete die neoliberale ↑Freiburger Schule.

Eudämonie [zu griech. eudaimonía „Glückseligkeit"], philosoph. Begriff für

Glück als Zustand sowie als oberste Norm und Ziel menschl. Handelns.

Eudämonismus [griech.], philosoph. Lehre und Form einer Ethik des Glücks, nach der das höchste Gut in der Erreichung des privaten Glücks des einzelnen besteht. - Unterschieden werden *hedonist. E.* (Glück in der Lust), *aretolog. E.* (in der Tugend), *ontolog. E.* (in der Aufhebung menschl. Unvollkommenheit), *voluntarist. E.* (in der Erfüllung menschl. Willens).

Eudemos von Rhodos, griech. Philosoph des 4. Jh. v. Chr. - Schüler des Aristoteles, dessen Lehren er fortführte, systematisierte und erläuterte.

Eudokia ↑Eudoxia.

Eudokia ↑Athenais.

Eudoxia (Aelia E., Eudokia), † 6. Okt. 404 n. Chr., oström. Kaiserin. - Tochter des Franken Bauto; seit 395 Gattin des Kaisers Arcadius; Mutter Theodosius' II.; nahm nachhaltigen Einfluß auf die Politik des Reiches.

Eudoxos von Knidos, * Knidos 408, † Athen 355 (?), griech. Mathematiker, Naturforscher und Philosoph. - Mgl. und Vorsteher der Akademie Platons. Zu seinen größten Leistungen gehört die Schaffung einer Proportionen- und Ähnlichkeitslehre sowie seine in Teilen von Euklid übernommene Lehre von den Kegelschnitten. Sein mathemat.-kinet. System der ↑homozentrischen Sphären beherrschte über die Einbettung in die Ätherphysik des Aristoteles die kosmolog. Vorstellungen bis ins 16. Jh.; beschrieb die drei „Erdteile" Europa, Asien, Afrika. Von E. stammen auch empir. Argumente für die Kugelgestalt der Erde.

Euergie [griech.], die normale, unverminderte Leistungsfähigkeit und Widerstandskraft des Organismus.

Euganeen, vulkan. Bergland in der Poebene, etwa 18 km lang, im Monte Venda 602 m hoch, mit bekannten Thermalbadeorten, u. a. Abano Terme.

Eugen, männl. Vorname griech. Ursprungs, eigtl. „der Wohlgeborene".

Eugen, Name von Päpsten:
E. II., † Rom 27. (?) Aug. 827, Papst (seit 5. [?] Juni 824). - Mit fränk. Hilfe gewählt, stellte seine Regierung einen Höhepunkt fränk.-kaiserl. Einflusses dar, denn die mit päpstl. Zustimmung erlassene „Constitutio Romana" verpflichtete jeden neugewählten Papst zum Treueid auf den Kaiser.
E. IV., * Venedig um 1383, † Rom 23. Febr. 1447, vorher Gabriele Condulmer, Papst (seit 3. März 1431). - Das von ihm eröffnete Basler Konzil (1431) mußte er nach gescheitertem Auflösungsversuch anerkennen; gegen den Willen der Mehrheit verlegte er es 1438 nach Ferrara, 1439 nach Florenz (Union mit den Griechen). Die Basler Restsynode erhob Felix V. als Gegenpapst.

Eugen, Prinz von Savoyen-Carignan, * Paris 18. Okt. 1663, † Wien 21. April 1736, östr. Feldherr und Staatsmann. - Als Sohn eines frz. Prinzen von Geblüt für die geistl. Laufbahn bestimmt, floh E. 1683 nach Wien. Im kaiserl. Heer nahm er am Großen Türkenkrieg (1683–99; seit 1697 als Oberbefehlshaber) teil: Erfolgreiche Beteiligung an der Schlacht am Kahlenberg (1683), der Einnahme Budas (= Budapest; 1686) und der Schlacht bei Zenta (= Senta; 1697). Weitere Erfolge im Span. Erbfolgekrieg (1701–13/14; z. T. mit dem Hzg. von Marlborough): Siege von Carpi und Chiari (1701), bei Höchstädt a. d. Donau (1704), Turin (1706), Oudenaarde (1708) und Malplaquet (1709). Seit 1707 Reichsfeldmarschall, kaiserl. Bevollmächtigter bei den Friedensverhandlungen. Im Türkenkrieg von 1714/16–18 belagerte er die Festung Belgrad, wo er am 16. Aug. 1717 ein gewaltiges Entsatzheer schlug und mit der Einnahme Belgrads den Krieg entschied. E. gilt als fähigster Feldherr seiner Zeit und als weitschauender Politiker, der die Idee der Staatsräson an die Stelle dynast. Überlegungen setzte.

Eugénie [frz. øʒe'ni], * Granada 5. Mai 1826, † Madrid 11. Juli 1920, Kaiserin der Franzosen. - Tochter des span. Grafen von Montijo; seit 1853 ∞ mit Napoleon III., spielte eine glanzvolle und v. a. in der 2. Hälfte seiner Herrschaft polit. bedeutsame Rolle;

Eugénie (um 1860)

schloß sich 1870 der Kriegspartei an, 1870 (wie 1859 und 1865) Regentin, mußte nach der militär. Niederlage und der Proklamation der 3. Republik aus Paris fliehen.

Eugenik [griech.] (Erbhygiene, Erbgesundheitslehre), Teilgebiet der Humangenetik, dessen Ziel es ist, einerseits die Ausbreitung von Genen mit ungünstigen Wirkungen in menschl. Populationen möglichst einzuschränken *(negative E., präventive E.),* andererseits erwünschte Genkonstellationen zu erhalten oder sogar zu vermehren *(positive E., progressive E.).* Zur präventiven E. gehören z. B. allgemeine Mutationsprophylaxe, genet.

eugenische Indikation

Eheberatung, Eheverbot (z. B. in Schweden seit 1757 bei Epilepsie), freiwillige oder auch gesetzl. festgelegte Sterilisation (einige Staaten der USA). Maßnahmen der progressiven E. reichen von Einwanderungsquoten für bestimmte Rassen (z. B. in Australien, USA) über wirtsch. Förderung junger Ehepaare bis zur künstl. Befruchtung.
Das nationalsozialist. Regime hatte unter Berufung auf angebl. genet. Erkenntnisse eine polit. Irrlehre über die E. verbreitet und eine willkürl. Selektion betrieben.
📖 *P. Weingart u. a.: Rasse, Blut u. Gene. Ffm. 1988.*

eugenische Indikation ↑Schwangerschaftsabbruch.

Euglena [griech.] (Schönauge), Gatt. mikroskopisch kleiner, freischwimmender, einzelliger Geißelalgen (↑Flagellaten) mit etwa 150 Arten, v. a. in nährstoffreichen Süßgewässern. - Abb. Bd. 1, S. 219.

Euhemerismus, nach Euhemeros von Messene ben. religionskrit. Theorie zur Entstehung des Mythos, derzufolge die myth. Inhalte urspr. histor. Geschehen gewesen und später in den Rang des Mythos erhoben seien.

Euhemeros, * um 340, † um 260, griech. Philosoph und Schriftsteller aus Messene. - Verfaßte um 300 die nur fragmentar. erhaltene „Heilige Aufzeichnung", eine Art utop. Reiseroman. E. berichtet darin, daß auf Inschriften die ehemalige irdischen. Existenz von Göttern bewiesen sei, insofern sie als Könige der Vorzeit gepriesen werden.

Eukalyptus [griech. „der Wohlverhüllte" (nach dem haubenartig geschlossenen Blütenkelch)], (Eucalyptus) Gatt. der Myrtengewächse mit etwa 600 Arten, v. a. in Australien und Tasmanien; bis 150 m hohe, immergrüne Bäume und Sträucher mit einfachen, ganzrandigen Blättern. Die vier Blumenkronblätter der achselständigen Blüten sind zu einer deckelartigen, zur Blütezeit abfallenden Mütze verwachsen. Die zahlr., langgestielten, weißgelben oder roten Staubblätter stehen am Rande des krugförmigen Blütenbodens. Die Frucht ist eine holzige Kapsel. Von manchen Arten werden die Rinde, das Harz und die Blätter wirtsch. genutzt.
◆ Bez. für das Holz von verschiedenen Eukalyptusarten (z. B. Jarrah, Karri).

Eukalyptusöl, aus Blättern und Holz einiger Eukalyptusarten gewonnenes äther. Öl; Mittel zum Inhalieren und Einreiben bei Krankheiten der Atmungsorgane.

Eukaryonten (Eukaryoten) [griech.], zusammenfassende Bez. für alle Organismen, deren Zellen durch einen Zellkern charakterisiert sind. - Ggs. ↑Prokaryonten.

Euklid, Mathematiker um 300 v. Chr. (früher gelegentl. fälschl. mit Eukleides von Megara identifiziert). - Sein Handbuch „Elemente" war über 2 000 Jahre lang Grundlage für den Geometrieunterricht. Das darin enthaltene Axiomensystem erwies sich als in sich geschlossen; erst die vergebl. Versuche, das ↑Parallelenaxiom zu beweisen, führten im 19. Jh. zum Aufstellen nichteuklid. Geometrien. Weitere Werke E. befassen sich mit geometr. Optik, mit den Kegelschnitten, mit Musiktheorie und mit astronom. Problemen.

Euklidischer Lehrsatz (Kathetensatz), Satz über das rechtwinklige Dreieck: Das Quadrat über einer Kathete ist flächengleich dem Rechteck aus der Hypotenuse und der Projektion der Kathete auf die Hypotenuse. - Abb. S. 260.

Eukrasie [griech.], ausgewogene Mischung der Körpersäfte; Ggs. ↑Dyskrasie. - ↑auch Humoralpathologie.

Eulalia, weibl. Vorname griech. Ursprungs, eigtl. etwa „die Wohlredende".

Eulaliasequenz, ältestes erhaltene frz. Gedicht, vermutl. um 880; behandelt den Märtyrertod der hl. Eulalia zur Zeit des röm. Kaisers Maximian.

Eulen ↑Eulenvögel.
◆ svw. ↑Eulenfalter.

Eulenburg, dt. Uradelsgeschlecht, erstmals 1170 erwähnt; 1709 in den preuß. Freiherrenstand, 1786 in den preuß. Grafenstand erhoben. Das Geschlecht spaltete sich in die Zweige Gallingen, Wicken und Prassen; der Zweig Prassen-Liebenberg wurde 1900 gefürstet.

E., Botho Graf zu, * Wicken bei Bartenstein (Ostpr.) 31. Juli 1831, † Berlin 5. Nov. 1912, preuß. Politiker. - Vetter von Philipp Fürst zu E. und Hertefeld; 1878-81 preuß. Innenmin., 1892-94 preuß. Min.präs. und Innenmin.

E., Friedrich Albrecht Graf zu, * Königsberg (Pr) 29. Juni 1815, † Berlin 2. April 1881, preuß. Politiker. - Onkel von Botho Graf zu E. und Philipp Fürst zu E. und Hertefeld; 1862-78 preuß. Innenmin., unterstützte Bismarck im preuß. Verfassungskonflikt und in der Reformpolitik.

E., Philipp Fürst (seit 1900) zu E. und Hertefeld, Graf von Sandels, * Königsberg (Pr) 12. Febr. 1847, † Schloß Liebenberg bei Templin 17. Sept. 1921, dt. Politiker und Diplomat. - Geriet als engster persönl. Vertrauter Wilhelms II. (seit 1886) in eine polit. Schlüsselrolle, die seiner amtl. Stellung (1894-1903 Botschafter in Wien) nicht entsprach und ihn überforderte; wurde nach Ausscheiden aus dem Dienst (1903) zur Zentralfigur einer Affäre; die Vorwürfe (Homosexualität und Meineid) wurden nicht geklärt, die Affäre fügte aber dem Ansehen der Monarchie schweren Schaden zu.

Eulenfalter (Eulen, Noctuidae), mit über 25 000 Arten umfangreichste, weltweit verbreitete Fam. 0,5-32 cm spannender Schmetterlinge; meist dicht behaart und unscheinbar dunkel gefärbt; Vorderflügel mit einem einheitl. Zeichnungsmuster („Eulenzeichnung")

Eulenvögel

mit zwei Querbinden und drei hellen, ringförmigen Zeichnungen; Nachtfalter. - Zu den E. gehört der größte rezente Schmetterling (**Thysania agrippina**, im trop. S-Amerika; Flügelspannweite 32 cm). - Die meist nackten Raupen sind in Land- und Forstwirtschaft gefürchtete Schädlinge (z. B. die Saateule, Kiefernsaateule, Gemüseeule, Weizeneule, Hausmutter, Gammaeule). - Die Gatt. Ordensbänder (Catocala) kommt mit sieben Arten in Deutschland vor; Vorderflügel rindenfarbig, bedecken in Ruhestellung (an Baumstämmen) die leuchtend roten, gelben, blauen oder weißen, schwarz gebänderten Hinterflügel; u. a. **Blaues Ordensband** (Catocala fraxini; Flügelspannweite etwa 9 cm); **Rotes Ordensband** (Bachweideneule, Catocala nupta; Flügelspannweite etwa 6 cm, mit roten, breit schwarz gesäumten Hinterflügeln mit schwarzer Mittelbinde); **Weidenkarmin** (Catocala electa; bis fast 7 cm spannend; Hinterflügel rosenrot, mit schwarzer, kurzer, gewinkelter Mittelbinde). - Alljährl. wandert über die Alpen nach M-Europa die **Ypsiloneule** (Agrotis ypsilon) ein; knapp 4 cm spannend, Vorderflügel braun, mit dunkler y-förmiger Zeichnung, Hinterflügel weißlich.

Eulengebirge, Gebirge der Mittelsudeten, zw. Waldenburger Bergland und Reichensteiner Gebirge, Polen▼; etwa 40 km lang, 4–12 km breit, in der Hohen Eule 1 014 m hoch.

Eulen nach Athen tragen, sprichwörtl. für: etwas Überflüssiges tun. Die Herkunft ist unklar: Entweder gab es im antiken Athen viele Eulen, so daß das Herbeibringen jeder weiteren Eule überflüssig war, oder es handelt sich um die Münzen in den Silberschätzen Athens, die das Bild einer Eule trugen.

Eulenspiegel, Till oder Tile (niederdt. Ulenspegel, vermutl. von ülen „fegen" und weidmänn. Spiegel „Hinterteil"), Schalk aus Norddeutschland; Held eines Schwankromans. Histor. Zeugnisse fehlen, doch dürfte E. in Kneitlingen (19 km sö. von Braunschweig) geboren und 1350 in Mölln gestorben und dort begraben worden sein (seinen Tod verzeichnet gegen Ende des 15. Jh. M. Bote in einer Weltchronik). Die erste Fassung des **Eulenspiegelbuches** ist verloren, die erste hochdt. (Straßburg 1515) erhalten; E. erscheint als bäuerl. Schelm, dessen Streiche die städt. Bürger, aber auch weltl. und geistl. Herren treffen. Oft beruht der Witz der Schwänke auf dem Wörtlichnehmen einer bildhaften Aussage. Ausstrahlung auf fast alle europ. Literaturen; Neubearbeitungen und Nachdichtungen u. a. von H. Sachs, J. Nestroy, C. de Coster, F. Wedekind und G. Hauptmann; sinfon. Dichtung von R. Strauss.

Eulenspinner (Cymatophoridae, Thyatiridae), Fam. der Nachtfalter mit über 100, hauptsächl. eurasiat. Arten; in Deutschland mit 9 Arten, darunter die **Roseneule** (Thyatira batis), etwa 3,5 cm spannend, Vorderflügel olivbraun, mit fünf großen, rosaroten bis weißl. Flecken, Hinterflügel braungrau.

Eulenvögel (Strigiformes), mit etwa 140 Arten weltweit verbreitete Ordnung 15–80 cm langer, meist in der Dämmerung oder nachts jagender Vögel; mit großem, rund um 180° drehbarem Kopf, nach vorn gerichteten, unbewegl. Augen und deutl. abgesetztem Gesichtsfeld; Augen von einem Federkranz umsäumt (Gesichtsschleier); Gefieder weich, Flug geräuschlos, sehr gutes Gehör; Hakenschnabel, Greiffüße. - Unverdaul. Beutereste werden als Gewölle ausgewürgt, das im Ggs. zu dem der Greifvögel auch Knöchelchen enthält. Man unterscheidet die beiden Fam. **Schleiereulen** (Tytonidae) und **Eulen** (Echte Eulen, Strigidae). Von den zehn Arten der Schleiereulen kommt in M-Europa nur die etwa 35 cm lange (bis knapp 1 m spannende) **Schleiereule** (Tyto alba) vor; oberseits bräunl., unterseits bräunlichgelb oder weiß. - Bei den etwa 130 Arten der Eulen sind beide Geschlechter gleich gefärbt. Die wichtigste einheim. Art der zehn Arten umfassenden Gatt. Bubo (Uhus) ist der **Eurasiat. Uhu** (Bubo bubo); etwa 70 cm lang, mit gelbbraunem, dunkelbraun längsgeflecktem oder gestricheltem Gefieder, langen Ohrfedern am dicken, runden Kopf und großen, orangeroten Augen. - In Wäldern Europas, NW-Afrikas sowie der gemäßigten Regionen Asiens und N-Amerikas kommt die etwa 35 cm lange **Waldohreule** (Asio otus) vor; mit langen, spitzen Ohrfedern, orangefarbenen Augen und weißl. bis rostfarbenem Schleier. Die etwa starengroße **Zwergohreule** (Otus scops) kommt im südl. M-Europa, S-Europa, Afrika und in den gemäßigten Regionen Asiens vor; mit dunklen Längsflecken auf der bräunlich-grauen Ober- und hellbräunl. Unterseite; Ohrfedern klein, nur bei bedrohten Tieren sichtbar. - V. a. in Sümpfen und Mooren der nördl. und gemäßigten Regionen Eurasiens, N- und S-Amerikas lebt die etwa 40 cm lange, ober- und unterseits dunkel längsgestrichelte bis gestreifte **Sumpfohreule** (Asio flammeus). Etwa uhugroß und überwiegend schneeweiß ist die **Schnee-Eule** (Nyctea scandiaca), die v. a. in den Tundren N-Eurasiens und des nördl. N-Amerika lebt; mit brauner Fleckenzeichnung auf der Oberseite und brauner Querbänderung an Brust und Bauch. - Keine Ohrfedern haben: **Sperlingskauz** (Glaucidium passerinum), etwa 16 cm lang, oberseits auf braunem Grund hell getupft, unterseits weißl., in N-, M- und S-Europa sowie der nördl. gemäßigten Regionen Asiens; **Habichtskauz** (Uralkauz, Strix uralensis), etwa 60 cm lang, Gefieder oberseits grau, unterseits weißl. mit dunklen Längsflecken, im gemäßigten N-Eurasien; **Rauhfußkauz** (Aegolius funereus), etwa 25 cm lang, unterscheidet sich vom Steinkauz durch großen, weißen Schleier und dicht weißbefie-

Euler

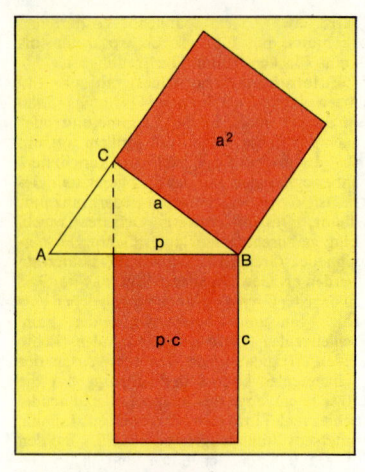

Euklidischer Lehrsatz ($a^2 = p \cdot c$)

derte Beine, in den nördl. und gemäßigten Regionen Eurasiens und N-Amerikas; **Steinkauz** (Athene noctua), kaum amselgroß, in felsigen Gegenden N-Afrikas, Europas und der gemäßigten Regionen Asiens; **Waldkauz** (Strix aluco), etwa 40 cm lang, auf gelbbraunem bis grauem Grund dunkel längsgestreift oder gefleckt, Kopf auffallend groß und rund, in Europa, S-Asien und NW-Afrika. - Alle Eulen stehen unter Naturschutz.

Geschichte: In der ägypt. Bilderschrift wurde das Bild der Eule als Hieroglyphe für den Buchstaben m verwendet. Seit alters galt die Eule als Symbol der Wiss. und Weisheit (hl. Tier der Athena), doch werden Eulen und der Eulenruf auch in Zusammenhang mit Tod und Unglück gebracht.

Euler, August, * Oelde 20. Nov. 1868, † Feldberg (Schwarzwald) 1. Juli 1957, dt. Flugpionier. - Begründer einer Flugzeugfabrik in Frankfurt am Main; erwarb 1909 den ersten dt. Flugzeugführerschein; 1918 Leiter des neugegr. Reichsluftamtes.

E., [Carl] Friedrich, * Sulzbach/Saar 20. Okt. 1823, † Kaiserslautern 27. März 1891, dt. Ingenieur. - Mitbegründer des akadem. Vereins „Hütte" (1846), der ab 1857 das gleichnamige Ingenieurtaschenbuch herausgab, und erster Vorsitzender des 1856 gegr. „Vereins Deutscher Ingenieure".

E., Leonhard, * Basel 15. April 1707, † Petersburg 18. Sept. 1783, schweizer. Mathematiker. - Schüler von J. Bernoulli; Direktor der mathemat. Klasse der Akademie der Wissenschaften in Berlin und der Petersburger Akademie. E. baute die schon von R. Descartes geforderte analyt. Methode aus und wandte sie nicht nur auf die Geometrie, sondern auch auf mechan. Probleme an. Er förderte dadurch die Arithmetisierung und Formalisierung der Naturwissenschaft. E. war einer der Begründer der Hydrodynamik bzw. der Strömungslehre und stellte die nach ihm ben. Gleichungen für die Kreiselbewegung auf. Er formulierte als erster exakt das von P. L. M. de Maupertuis aufgestellte Prinzip der kleinsten Wirkung, begründete die mathemat. Teilgebiete der Variationsrechnung und lieferte bedeutende Beiträge zur Zahlentheorie, Geometrie, Reihenlehre und zur Theorie der Differentialgleichungen, die zum größten Teil von seinen Nachfolgern bestätigt wurden.

Euler, Sprung beim Eiskunstlauf, ↑Thorén.

Euler-Chelpin, Hans von ['kɛlpɪːn], * Augsburg 15. Febr. 1873, † Stockholm 6. Nov. 1964, schwed. Chemiker dt. Herkunft. - Prof. in Stockholm; untersuchte v. a. Struktur und Wirkungsweise der Enzyme, bes. der Koenzyme (u. a. 1935 Isolierung und Aufklärung der Struktur von NAD); erhielt 1929 mit A. Harden den Nobelpreis für Chemie.

E.-C., Ulf Svante von, * Stockholm 7. Febr. 1905, † ebd. 10. März 1983, schwed. Physiologe. - Sohn von Hans von E.-C.; entdeckte u. a. die Prostaglandine und deren Fettsäurecharakter, ferner die Funktion des Noradrenalins als Informationsübermittler im Nervensystem, wofür er 1970 (mit B. Katz und J. Axelrod) den Nobelpreis für Physiologie oder Medizin erhielt.

Eulersche Diagramme [nach L. Euler], graph. Darstellungen, in denen die Umfangsverhältnisse von Begriffen oder von Mengen durch topolog. Beziehungen (Umschließung, Ausschließung, Schnitt) geschlossener Kurven veranschaulicht werden.

Eulersche Gerade [nach L. Euler], Gerade durch Schwerpunkt (Schnittpunkt der Seitenhalbierenden), Höhenschnittpunkt und Umkreismittelpunkt eines Dreiecks. - Abb. Bd. 5, S. 322.

Eulerscher Polyedersatz [nach L. Euler], geometr. Lehrsatz: Für ein konvexes Polyeder mit e Ecken, k Kanten und f Flächen gilt die Beziehung: $e + f = k + 2$.

Eumaios, in der „Odyssee" der treue Schweinehirt des Odysseus, dem sich dieser nach seiner Heimkehr als erstem zu erkennen gibt.

Eumenes, Name hellenist. Herrscher von Pergamon aus der Dynastie der Attaliden; bed.:

E. II. Soter, * vor 221, † 159, König (seit 197). - Sohn Attalos' I.; erhielt als treuer Bundesgenosse Roms im Krieg gegen Antiochos III. 189 und 188 große Teile Kleinasiens bis zum Taurus; Pergamon wurde unter ihm zum Kulturmittelpunkt der hellenist. Welt (u. a. Bau des Pergamonaltares).

Eumenes von Kardia, † in der Gabiene (Persien) 316, Kanzler Alexanders d. Gr., Feldherr und Diadoche. - Übernahm nach

Alexanders Tod Kappadokien; trat für die Erhaltung der Reichseinheit in den Diadochenkämpfen ein; deshalb bekriegt, zuletzt verraten und gegen den Willen des Antigonos Monophthalmos hingerichtet.

Eumeniden [griech. Eumenídes „die Wohlwollenden, Gnädiggesinnten"], euphemist. Name der ↑ Erinnyen.

Eunice [griech.], Gatt. der Vielborster, darunter der Palolowurm.

Eunomia [griech. „Wohlgesetzlichkeit"], in der griech. Antike als Göttin personifizierte Vorstellung von einer gerechten staatl. Ordnung mit Friede, Wohlstand, Zufriedenheit.

Eunuch [zu griech. eunūchos „Kämmerer", eigtl. „Betthüter"], der durch Kastration zeugungsunfähig gemachte Mann; Kastrat. Im Altertum wurden Sklaven für bestimmte Aufgaben kastriert, bes. bekannt ihre Verwendung als Sängerknaben und Haremswächter; einige gelangten zu polit. Einfluß (etwa in China, unter einigen röm. Kaisern, im Byzantin. Reich und bei islam. Herrschern).

Eunuchismus [griech.] ↑ Kastration.

Eupatoria ↑ Jewpatorija.

Eupatriden [griech.], Bez. für den obersten Stand der antik angebl. von Theseus geschaffenen att. Stände, d. h. für den auf Macht und Ansehen beruhenden grundbesitzenden Geburtsadel.

Eupen, belg. Gemeinde östl. von Lüttich, 17 000 E. Wollind., Herstellung von Nadeln, zentraler Ort im dt.-sprachigen Belgien; traditionelle Nahrungs- und Genußmittelindustrie. - 1808 Stadtrecht, 1814 preußisch; 1919 kam es zus. mit Malmedy an Belgien.

Eupen-Malmedy [...di], belg. Grenzgebiet zw. der niederl. S-Grenze (westl. von Aachen), der luxemburg. N-Grenze und der dt. Grenze im O, Teil der Prov. Lüttich (Kantone Eupen, Malmedy und Saint-Vith, sog. Ostkantone); rd. 1 036 km^2; gehörte seit dem Wiener Kongreß zu Preußen; auf Grund einer 1920 (anstelle einer Volksabstimmung) unter dem Druck der belg. Besatzungsmacht durchgeführten öffentl. „consultation" („Meinungsäußerung"), die eine probelg. Majorität der überwiegend deutschsprachigen Bev. brachte, bestätigte der Völkerbund die Abtretung durch den Versailler Vertrag; 1925 der Prov. Lüttich eingegliedert; 1940–45 durch das Dt. Reich annektiert; endgültige Grenzziehung 1956 durch ein Abkommen zw. der BR Deutschland und Belgien.

Euphemismus [zu griech. euphēmeîn „Unangenehmes" mit angenehmen Worten sagen"] (Hüllwort), beschönigende Umschreibung von Unangenehmen, Unheildrohendem, moral. oder gesellschaftl. Anstößigem, von Tabus, z. B. griech. „Eumeniden" („Wohlwollende") für Erinnyen („Furien").

Euphonie [griech.], Wohlklang, Wohllaut, Harmonie der Töne oder Worte. - Ggs. ↑ Kakophonie.

Euphorbia [griech.-lat.], svw. ↑ Wolfsmilch.

Euphorie [zu griech. eúphoros „leicht tragend", „geduldig"], dem unbeteiligten Betrachter objektiv unbegründet erscheinende, subjektiv heitere Gemütsverfassung mit allgemeiner Hochstimmung, gesteigertem Lebensgefühl, optimist. Zukunftserwartung und verminderten Hemmungen. E. kommt u. a. nach der Einnahme von Genußmitteln (z. B. Kaffee, Alkohol) und bes. von Rauschgiften und bestimmten Medikamenten, aber auch bei Hirnerkrankungen vor.

Euphorion, Gestalt der griech. Mythologie; Sohn des Achilleus und der Helena. Der schöne, geflügelte Knabe weist die Liebe des Zeus zurück, der ihn mit einem Blitz erschlägt.

euphotisch [griech.] (polyphotisch), der vollen Sonnenenergie ausgesetzt und damit optimale Bedingungen für eine reichl. Entfaltung des Phytoplanktons bietend; auf die obersten Wasserschichten der Süß- und Meeresgewässer bezogen. - Ggs. ↑ aphotisch.

Euphranor, griech. Maler und Bildhauer vom Isthmus von Korinth in der 1. Hälfte des 4. Jh. v. Chr. - Erhalten ist das Fragment eines überlebensgroßen marmornen Kultbilds des Apollon Patroos (Athen, Agoramuseum).

Euphrasia [griech.], svw. ↑ Augentrost.

Euphrat, Strom in Vorderasien, entsteht bei Keban, Türkei (zwei Quellflüsse), durchfließt später das Tafelland NO-Syriens und das irak. Tiefland, vereinigt sich bei Al Kurna, Irak, mit dem Tigris zum Schatt Al Arab, der in den Pers. Golf mündet; etwa 2 700 km lang. Der E. nähert sich nahe Bagdad auf etwa 30 km dem Tigris, mehrere Seitenarme, die hier abzweigen, münden in den Tigris; bei Al Hindijja teilt sich der E. in zwei Arme, die sich unterhalb von As Samawa wieder vereinigen. Das Wasser des E. ist Lebensgrundlage für die von ihm durchflossenen Gebiete (Bewässerungsfeldbau); der E. ist mehrfach gestaut (Kraftwerke).

Euphronios, att. Töpfer und Vasenmaler Ende des 6. Jh. v. Chr. - Einer der Hauptmeister der frührotfigurigen att. Vasenmalerei; bemalte u. a. große Gefäße (Krater, Pelike, Stamnos u. a.) mit monumentalen Bildkompositionen; u. a. Schale mit Leagros zu Pferd (um 510 v. Chr.; München, Staatl. Antikensammlungen).

Euphrosyne, eine der ↑ Chariten.

Euphuismus, engl. literar. Ausprägung des Manierismus; namengebend der Roman „Euphues" (1578–80) von J. Lyly.

Eupnoe [griech.], regelmäßige, unbehinderte, ruhige Atmung; beim Erwachsenen mit einer Frequenz von 12–16 Atemzügen pro Minute und einem Atemzugvolumen von 500–600 cm^3.

Eupolis, * Athen um 446, † nach 412, griech. Komödiendichter. - Freund, später Ri-

Eupraxia

vale des Aristophanes; Vertreter der alten att. Komödie, mit polit. Tendenz.

Eupraxia [ɔγpraˈksiːa, ɔγˈpraksia] (Praxedis, Adelheid), * um 1070, † Kiew 10. Juli 1109, Röm. Kaiserin. - In 2. Ehe seit 1089 ∞ mit Kaiser Heinrich IV.; stellte sich 1094 auf die Seite seiner Gegner.

Eurasien, zusammenfassende Bez. für Europa und Asien.

Eurasier, Mensch, dessen einer Elternteil Europäer, der andere Asiate ist.

Eurasier (Wolf-Chow), spitzartige Hunderasse mit kräftigem Körperbau, keilförmigem Wolfsschädel, kleinen Stehohren und buschiger Ringelrute; Schulterhöhe bis 60 cm; Fell mittellang, dicht, mit reichl. Unterwolle, rot, cremefarben, grau, schwarz.

Eurasischer Braunbär (Ursus arctos arctos), mit 1,7–2,2 m Körperlänge kleinste Unterart des Braunbärs in Eurasien.

EURATOM, Kurzbez. für: Europ. Atomgemeinschaft, vertragl. Zusammenschluß der EG-Mitgliedsländer zum Zweck der Bildung und Entwicklung von Kernindustrien vom 25. März 1957, Sitz Brüssel. Der Vertrag trat zus. mit dem über die Europäische Wirtschaftsgemeinschaft am 1. Januar 1958 in Kraft. Organe der E. sind die Versammlung, die aus Vertretern der Mitgliedsstaaten besteht und Beratungs- und Kontrollbefugnisse ausübt; der aus Reg.vertretern der Mitgliedsstaaten bestehende Rat, der Rechtssetzungs- und Entscheidungsbefugnisse hat und die Tätigkeit der Mitgliedsstaaten und der E. miteinander abzustimmen hat; die Kommission als oberstes Verwaltungsorgan, die aus unabhängigen Experten, die Staatsangehörige der Mitgliedsstaaten sind, besteht; der Gerichtshof, der die Wahrung des Rechts bei der Auslegung und Anwendung des Vertrages zu sichern hat. Die Verordnungen und Richtlinien der E. sind in allen ihren Teilen verbindlich.
Eine bes. Agentur, die mit eigener Rechtspersönlichkeit und finanzieller Autonomie ausgestattet ist, hat die Aufgabe der Versorgung der E. mit Erzen, Ausgangsstoffen und spaltbarem Material. Zu diesem Zweck hat die Agentur ein Bezugsrecht auf die entsprechenden Stoffe, die Eigentum der Gemeinschaft sind.

Eure [frz. œːr], Dep. in Frankreich.

E., linker Nebenfluß der Seine, entspringt bei Marchainville, mündet bei Pont-de-l'Arche, 225 km lang.

Eure-et-Loir [frz. œreˈlwaːr], Dep. in Frankreich.

Euregio (Abk. für: **Eu**ropäische **Regio**n), Gebiet zw. Rhein, Ems, Ijssel und Vechte, in dem seit 1965 Gemeinden und Städte über die Grenzen hinweg auf wirtschaftl., sozialen und kulturellem Gebiet zusammenarbeiten. Im April 1978 trat in Gronau als erste parlamentar. Versammlung dieser Art in Europa der Euregio-Rat, das erste gemeinsame dt.-niederl. Regionalparlament mit je 25 Mgl. von beiden Seiten, zusammen.

EUREKA, Abk. [z. T. eingedeutscht] für engl.: **Eu**ropean **Re**search Coordination **A**gency, zunächst als Agentur geplante (west-)europ. Forschungskoordination im zivilen Technologiebereich; gegr. 1985.

Eurhythmie [zu griech. eũ „gut" und rhythmós „Rhythmus"], in der Medizin normale, regelmäßige Herz- und Pulsfolge.
♦ in der (tänzer.) Gymnastik und Heilgymnastik Ausgeglichenheit, Harmonie der Bewegung; i. e. S. die anthroposoph. ↑ Eurythmie.

Eurich (Euricus), † 484, westgot. König (seit 466). - Sohn Theoderichs I.; erweiterte in verschiedenen Kriegen sein Reich, das sich schließl. von Loire und Rhone bis über fast ganz Spanien erstreckt; Arianer; ließ den **Codex Euricianus** (um 475) als erste Kodifikation german. Rechts schaffen.

Euripides, * auf Salamis 485/484 oder 480, † vermutl. am Hof von König Archelaos in Pella (Makedonien) 407/406, griech. Tragiker. - Integrierte seinem dramat. Werk die Ideen der zeitgenöss. griech. Aufklärung (Sophistik), wodurch er insbes. auch auf Ablehnung des auf Restauration bedachten Aristophanes stieß. E. erzielte (bei 82 ihm zugeschriebenen Dramen) mit nur 4 Tetralogien je einen Sieg im Leben. Dichterwettstreit einen fünften gewann er postum. Außer zahlr. Fragmenten (der „Rhesos" gilt als unecht) sind das Satyrspiel „Kyklops" und 17 Tragödien erhalten: „Alkestis" (438), „Medea" (431), „Herakliden" (um 430), „Andromache" (wohl um 429), „Hippolytos" (428), „Hekabe" (wohl um 425), „Hiketiden" (wohl nach 424), „Elektra" (nach 423, vor 412), „Helena" (412), „Iphigenie bei den Taurern" (um 412), „Ion" (um 412), „Phönikierinnen" (nach 412, vor 408), „Orest" (408), „Iphigenie in Aulis" (nach 407/406), „Bakchen" (nach 407/406). - Die mytholog. Stoffe der Tragödie werden dem menschl. Erfahrungsbereich eingefügt, der Mythos verliert seine Unantastbarkeit und seine trag. Erhabenheit. Wenn E. dennoch oft durch das dramat. Mittel des Deus ex machina den Handlungsablauf scheinbar in Übereinstimmung mit dem Mythos abschließt, so verdeutlicht die harmon. Scheinlösung den Widerspruch zw. menschl. Konflikten und myth.-heroischer Problembewältigung nur um so schärfer.

Eurobonds (Euroanleihen), Anleihen, die von internat. Bankenkonsortien gleichzeitig in mehreren (europ.) Ländern aufgelegt werden.

eurocheque (Euroscheck) [ʃɛk; zu engl. cheque „Scheck"], Scheck, dessen Einlösung (auch bei Nichtdeckung) bis zu einem Betrag von 400 DM auf Grund einer Garantieverpflichtung der Banken erfolgt.

EUROCONTROL, Kurzbez. für engl.:

European Organization for the Safety of Air Navigation, Europ. Organisation zur Sicherung der Luftfahrt. Gegr. 1960; Mitgliedstaaten: Belgien, BR Deutschland, Frankreich, Großbritannien, Irland, Luxemburg, Niederlande. Aufgabe: Koordination der nationalen Luftverkehrssicherungsdienste.

Eurodollar, Guthaben in Dollar, aber auch anderen Währungen, die bei nichtamerikan. Banken bzw. bei Banken außerhalb des Währungsgebietes gehalten und befristet ausgeliehen werden.

Eurogeldmarkt, Markt, der den Inhabern von Dollarbeträgen die Möglichkeit bietet, diese kurzfristig anzulegen. Der Markt wird v. a. von europ. Geschäftsbanken und Niederlassungen von US-Banken in Europa betrieben. Charakterist. ist, daß diese Geschäfte nicht in der Landeswährung, sondern in Dollar abgewickelt werden.

EUROGROUP [...gru:p], Kurzbez. für European Group („Europ. Gruppe"), Konsultations- und Koordinationsorgan zur innereurop. Zusammenarbeit in der ↑NATO.

Eurokommunismus, Bez. für den von westeurop. kommunist. Parteien, v. a. Italiens, Frankr. und Spaniens eingeschlagenen autonomist. Weg; erstrebt unter Berücksichtigung des Schutzes der bürgerl. Freiheiten, des demokrat. Wechsels der Regierungen und in Zusammenarbeit mit anderen polit. Kräften unter Respektierung bestehender militär. wie wirtsch. Bündnis- und Vertragsbindungen eine Regierungsbeteiligung (z. B. in Italien „histor. Kompromiß" der KPI mit der DC). - ↑auch Reformkommunismus.

Euronet-DIANE [Kw.], ein europ. Datenbanken-Verbundsystem für wiss.-techn. Information. Es besteht im wesentlichen aus zwei Komponenten, einem Verbundsystem der von den Informationsanbietern (**Hosts**) betriebenen Datenbanken (**DIANE,** Abk. für engl. Direct Information Access Network for Europe) und einem neuen Fernmeldenetz für Datenübertragung, das Hosts und Benutzer im Bereich der EG miteinander verbindet (**Euronet**).

Europa, Gestalt der griech. Mythologie. Tochter des Phönix und der Perimede (oder des phönik. Königs Agenor und der Telephassa [Argiope]); sie wird beim Spielen am Strand von Zeus (in Gestalt eines Stiers) geraubt und über das Meer nach Kreta entführt, wo sie ihm Minos, Rhadamanthys und Sarpedon gebiert. - Der „Raub der E." ist ein in der bildenden Kunst häufig dargestelltes Motiv schon in griech.-spätarchaischer Zeit, dann in der Renaissance und im Barock als Thema wieder aufgenommen.

Europa, tief gegliederte westl. Halbinsel Asiens, die jedoch auf Grund ihrer histor. Rolle als selbständiger Kontinent betrachtet wird; einschließl. der europ. Teile der UdSSR und der Türkei 10,531 Mill. km². Konventionell wird E. seit dem 18. Jh. durch den Ge-

Europa und der Stier. Attische Vasendarstellung (um 490 v. Chr.). Tarquinia, Museo Nazionale

birgszug des Ural und seine nördl. Fortsetzung sowie den Fluß Ural, das Kasp. Meer, die Manytschniederung und das Schwarze Meer gegen Asien abgegrenzt. Im W bilden der Atlantik, im N seine Neben- bzw. Randmeere, im S das Mittelmeer die Grenzen.

Gliederung: E. zeigt in Umriß und Reliefgliederung ein komplizierteres Bild als die anderen Kontinente. Die Landmasse ist stark aufgelöst in Halbinseln; neben zahlr. kleineren, meist küstennahen Inseln und Inselgruppen gehören zu E. die Brit. Inseln, die Färöer, Island, Spitzbergen, Gotland, Kreta, Korsika, Sardinien, Sizilien und die Maltes. Inseln. Die Gliederung spiegelt die geolog. Vergangenheit wieder: An den Fennosarmat. Schild (Ureuropa) wurde durch die kaledon. Gebirgsbildung N- und NW-Europa angeschweißt, durch die varisk. Gebirgsbildung W- u. M-Europa. Durch die jüngste, die alpid. Gebirgsbildung, wurde die südl. E. geformt. Fennoskandia war nach seiner Faltung fast immer Festland, also Abtragungsgebiet; das skandinav. Hochgebirge sowie Bergländer und Rumpfflächen in verschiedenen Höhenlagen, von der pleistozänen Eiszeit und ihren Rückzugsstadien überformt, beherrschen hier das Landschaftsbild. Auf den Brit. Inseln überwiegen zertalte, wellige Rumpfflächen in unterschiedl. Höhenlage, im O und SO Englands ist ein großzügig angelegtes Schichtstufenrelief entwickelt. Südl. der Nord- und Ostseeküste, im S klar durch den Mittelgebirgsrand begrenzt, erstreckt sich der mitteleurop. Tieflandsaum von der Nordsee bis in die russ. Ebenen hinein. Grundmoränengebiete wechseln ab mit Endmoränenrücken und diesen

Europa

vorgelagerten Sanderflächen, die in den Urstromtälern auslaufen. Zum frz.-mitteleurop. Rumpfschollen- und Stufenland gehören das Pariser und das Aquitan. Becken, die Rumpfflächen der Bretagne und Normandie sowie das Bergland des Zentralmassivs; stärker gekammert ist diese Zone in Mittel-E.: Mittelgebirge (Frz. Zentralmassiv, Vogesen, Schwarzwald, Böhmerwald, Harz) trugen Lokalvergletscherungen. Im periglazialen Bereich entstanden Hangschuttdecken und Blockmeere. Weit verbreitet ist der Löß in mehr oder weniger mächtiger Auflage. Das Relief des Erdteils kulminiert in den Kettengebirgen, die den Atlas mit den Gebirgen Vorderasiens verbinden und den N-Saum des Mittelmeerraums bilden. Neben steilen Hochgebirgsformen sind auch Mittelgebirgsformen verbreitet, z. B. in den Ostkarpaten und im Dinar. Gebirge. Große Becken werden von diesen alpid. Gebirgen eingeschlossen bzw. sind ihnen vorgelagert. Auf der Iber. Halbinsel bestimmt Schollenbau die Grundzüge des Reliefs: Im Innern liegen Hochländer (die span. Meseta), getrennt und umrahmt von Gebirgen. Das Falten- und Bruchfaltengebirge des Apennins, das sich von den Meeralpen bis zur S-Spitze Kalabriens erstreckt, bildet das Rückgrat der Apenninenhalbinsel. Die Balkanhalbinsel zeichnet sich durch bes. starke Kammerung aus.

Klima: Durch seine Ausdehnung von rd. 71°– 35° n. Br. liegt E. überwiegend im Westwindgürtel der gemäßigten Breiten. Drei umfangreiche Luftdrucksysteme steuern das Klima: das Islandtief, das Azorenhoch und das jahreszeitl. wechselnde Druckgebiet über Asien (im Sommer ein Wärmetief, im Winter ein ausgedehntes Kältehoch); letzteres ist von grundlegender Bed. als Klimascheide zw. dem Klima Mittel- und Nord-E. und dem Mittelmeerklima. Reliefunterschiede beeinflussen in hohem Maße die regionale und lokale Niederschlagsverteilung. Schon geringfügige Erhebungen bewirken ein örtl. Ansteigen der Niederschläge im Stau und Niederschlagsarmut auf der Leeseite. Man unterscheidet im wesentl. vier Hauptklimagebiete: 1. Das maritime west- u. nordwesteurop. Klimagebiet mit kühlen Sommern u. relativ milden Wintern; es umfaßt den Küstenbereich bis Nordspanien. Meist stark bewölkt, hohe Windgeschwindigkeiten; 2. das mitteleurop. Übergangsklima mit kühlen Wintern und warmen Sommern reicht von Südschweden und Südnorwegen bis zur Weichsel im O und zum Schwarzen Meer; Niederschläge zu allen Jahreszeiten, Maximum im Sommer; 3. kontinentales nord- und osteurop. Klimagebiet; kühle bis sehr heiße Sommer, Niederschlagsmaximum im Sommer (Nordskandinavien, Ostpolen und europ. Sowjetunion); 4. Mittelmeerklima mit trockenen Sommern, Winterregen, im N Frühjahrs- und Herbstregenmaxima;

sehr milde Winter und heiße Sommer, reichl. Sonnenschein.

Vegetation: Entsprechend dem Klima unterscheidet man mehrere Zonen: Das nordeurop. Tundrengebiet ist der westl. Ausläufer des großen eurasiat. Tundrengürtels. Die nördl. Waldgrenze verläuft im europ. Rußland knapp nördl. des Polarkreises, in Lappland erreicht die Waldgrenze 70° n. Br. Nach S folgt der Nadelwaldgürtel; hier wachsen Kiefern-, Fichten- und Birkenarten, Zwergsträucher, Moose und Flechten. Der Nadelwaldgürtel geht über in den mitteleurop. Gürtel der temperierten sommergrünen Laubwälder. Dieser ist der einzige unter den großen Vegetationsgürteln des Erdteils, der in seinem Charakter rein europ. und in seiner Ausdehnung fast ganz auf E. beschränkt ist. Die Alpen bilden eine Klimascheide zw. Mittel- und Südeuropa. Sie sind zugleich ein eigener Lebensraum mit spezif. alpinen Pflanzengemeinschaften. Nach einem Übergangsgürtel folgt das Gebiet der mediterranen Hartlaubvegetation, nach S und SO verzahnt mit Vegetationseinheiten der subtrop. Trockengebiete, nach O mit Trockenwäldern und -steppen des anatol. Hochlandes. Sowohl in Mittelals auch in Südeuropa ist die urspr. Bewaldung durch Rodung und Raubbau stark dezimiert.

Tierwelt: Sie ist außerordentl. artenarm; geht kontinuierl. in die asiat. Tierwelt über. Die Mittelmeerländer haben v. a. im W auch afrikan. Faunenelemente. Bes. starke Einbußen hat die Tierwelt durch die frühe, intensive und dichte Besiedlung durch den Menschen erfahren. Weitgehend ausgerottet sind v. a. Wolf, Braunbär, Fischotter, Nerz und Lachs. Auf den N beschränkt sind Elch und Ren; die Hochgebirge stellen für zahlr. Tierarten Rückzugsgebiete dar.

Bevölkerung: Mit einer mittleren Bev.dichte von 99 E/km^2 steht E. an der Spitze aller Erdteile, doch ist die Bev. sehr ungleich verteilt, z. B. 2,2 E/km^2 auf Island, 353 E/km^2 in den Niederlanden. Bes. dünn besiedelt sind Gebiete, in denen keine oder nur wenig Ind. vorhanden ist, im Ggs. zu den industriellen Ballungsräumen, deren Anziehungskraft (bessere Arbeitsbedingungen, höhere Verdienstmöglichkeiten, kulturelles Angebot) ständig steigt. Ein relativ hoher Prozentsatz der Bev. wohnt in Städten; dabei liegen Belgien, die DDR, Schweden, Dänemark, die BR Deutschland, die Niederlande und Großbrit. mit 65 bis über 80 % städt. Bev. an der Spitze, während Albanien, Portugal, Rumänien, Bulgarien und Irland mit 35–46 % am Ende stehen. - In E. werden heute über 60 überwiegend indogerman. Sprachen gesprochen; rd. 35 % der Europäer sprechen slaw. Sprachen; ihr derzeit Verbreitungsgebiet liegt in der östl. Mitteleuropa, in Osteuropa und Südosteuropa. Slaw. Minderheiten leben u. a. in der DDR (Sorben),

Europa

Italien (Friaul), Ungarn und Österreich (Slowenen). Rd. 30 % sprechen german. Sprachen, deren Verbreitungsgebiet sich von Skandinavien und den Inseln im Nordatlantik über die Niederlande, Belgien und Deutschland bis in den Alpenraum erstreckt, einschließl. der NO-Schweiz, Österreich und Südtirol. Dt. Sprachinseln gibt es in Rumänien (Siebenbürgen, Banat), in der ČSSR, in Schlesien, Ungarn und in der Sowjetunion. An dritter Stelle mit rd. 27 % folgen die roman. Sprachen; sie werden in Frankr., Belgien (z. T.), Spanien, Portugal, Italien, Rumänien und in Teilen der Schweiz gesprochen. Zu ethn. Minderheiten gehören u. a. die Basken mit einer vorindogerman. Sprache. Die kelt. Sprachen (Bretonisch, Irisch, Schottisch-Gälisch und Walisisch) wurden nach W abgedrängt. Balt. Sprachen werden in der Lett. und Litauischen SSR gesprochen. Selbständige Zweige des Indogermanischen sind Neugriechisch und Albanisch. Die ural. Sprachfamilie ist mit dem Finnischen, Lappischen und Ungarischen vertreten. Das Maltesische gehört zur semit. Sprachfamilie. Turksprachen werden im SO gesprochen. Über weite Teile des Kontinents verbreitet sind das das Jiddische und das Zigeunerische.

Vorgeschichte und Altertum: Die *Iber. Halbinsel* war seit dem Altpaläolithikum besiedelt; aus dem Mittelpaläolithikum stammen u. a. die Skelettreste des Neandertalers von Gibraltar, aus dem Jungpaläolithikum die Malereien und Zeichnungen von Altamira. Montserrat- und Fossakultur markieren das Neolithikum. Die Iber. Halbinsel war ein Schwerpunkt der Megalithkulturen (z. B. Almería-kultur). Die weitverbreitete Glockenbecherkultur leitete zur frühbronzezeitl. El-Argar-Kultur über. Breite Beziehungen zu M-E. wies bereits die Mesetakultur auf.

Auch *Italien* war seit dem Altpaläolithikum besiedelt. Neandertalerfunde gehören ins Moustérien. Im Jungpaläolithikum sind neben Werkzeugen des Aurignacien und Gravettien auch Kunstwerke bekannt. Das Neolithikum wird durch Cardiumkeramik, Regionalkulturen, Diana- und Lagozzakultur gekennzeichnet. Felskammer- und Megalithgräber sowie kupferführende Kulturen leiten zur Bronzezeit (u. a. apennin. Kultur), in oberitalien. Uferrandsiedlungen und Terramaren zur früheisenzeitl. Protovillanovakultur und zur Villanovakultur über, die sich zur etrusk. Kultur gestaltete.

Die vorgeschichtl. Bed. *Südosteuropas* liegt in der Mittlerstellung zw. dem östl. Mittelmeerraum und M-E. Bed. Fundstellen des Paläolithikums liegen in Ungarn, Jugoslawien und Rumänien. Die Starčevokultur gehört ins Neolithikum, in dessen Spätphase die erste Kupfermetallurgie auftrat. Für M-E. wurde die Vučedolkultur bedeutsam. Die bronzezeitl. Entwicklung (ab 2. Jt.) wurde aus dem myken. Bereich beeinflußt. In der Eisenzeit (ab 8. Jh.) bestanden Beziehungen des übrigen Balkan zum klass. Griechenland.

In *Osteuropa* sind aus dem Altpaläolithikum Abschläge und Faustkeile bekannt. Die Funde des Mittel- und Jungpaläolithikums stammen v. a. aus Höhlen und Freilandstationen. Im Mesolithikum war das Tardenoisien in Polen, im Baltikum, in Westrußland und der nw. Ukraine verbreitet, nördl. davon die Kundakultur. Die neolith. Kulturen im westl. O-E. basieren auf donauländ.-balkan. Kulturen, während in S-Polen und im anschließenden Rußland die bandkeram. Kultur vertreten ist. Erste Kupfererzeugnisse kennt die spätneolith. Tripoljekultur. Im O schloß sich die Dnjepr-Donez-Gruppe an, weiter östl. die endneolith. Ockergrabkultur, im N-Kaukasus die Kubankultur, im Bereich der oberen Wolga die Fatjanowokultur und nördl. davon Gruppen der kammkeram. Kultur. Von den zahlr. bronzezeitl. Gruppen sind die Andronowo-, Poltawka-, Trzciniec- und Lausitzer Kultur zu nennen. In der Eisenzeit geriet O-E. unter den Einfluß der Skythen, die mit den antiken Hochkulturen in Kontakt standen.

In *Mitteleuropa* wird das erste Auftreten von Menschen durch Skelettfunde der Homoerectus-Gruppe und durch die ältesten altpaläolith. Steinwerkzeuge belegt. Im mittelpaläolith. Funde stammen aus Höhlen und Abris. Neu im Jungpaläolithikum sind eine seßhaftere Lebensweise und bessere Jagdtechniken. Als älteste neolith. Kultur hat sich die bandkeram. Kultur weit über den Bereich des südl. M-E. hinaus verbreitet. Später zerfiel sie in regionale Kulturgruppen: im östl. M-E. die Stichbandkeramik, im westl. M-E. die Hinkelsteingruppe, in M- und N-Deutschland die Trichterbecherkultur. Im westl. M-E. ist in dieser Zeit außerdem dem Michelsberger Kultur verbreitet. Die Glockenbecherkultur leitete über zur Bronzezeit. V. a. im südl. M-E. war die sich anschließende Hallstattkultur verbreitet, in deren Schlußphase sich der Kontakt zur klass. Mittelmeerwelt verstärkte, der in der frühen La-Tène-Zeit seinen Höhepunkt erreichte.

Die ältesten Funde *Westeuropas* sind aus S-Frankr. bekannt; dort und bei London wurden auch menschl. Überreste aus dem Altpaläolithikum gefunden. Im Jungpaläolithikum erreichte die jäger. Lebensweise ihren Höhepunkt. Das nacheiszeitl. Mesolithikum ist durch das Sauveterrien und das Tardenoisien bestimmt, in NO-England durch die Maglemosekultur. Das Neolithikum wurde von mitteleurop. und mediterranen Einflüssen geprägt (Cardiumkeramik, bandkeram. und Rössener Kultur); die Chasseykultur war in S-, M- und M-Frankr. verbreitet. Um 3000 v. Chr. setzten die Megalithkulturen (Windmill-Hill-, Carlingford-, Boyne-, Seine-Oise-Marne-Kultur) mit ihren Großsteinanlagen

265

Europa

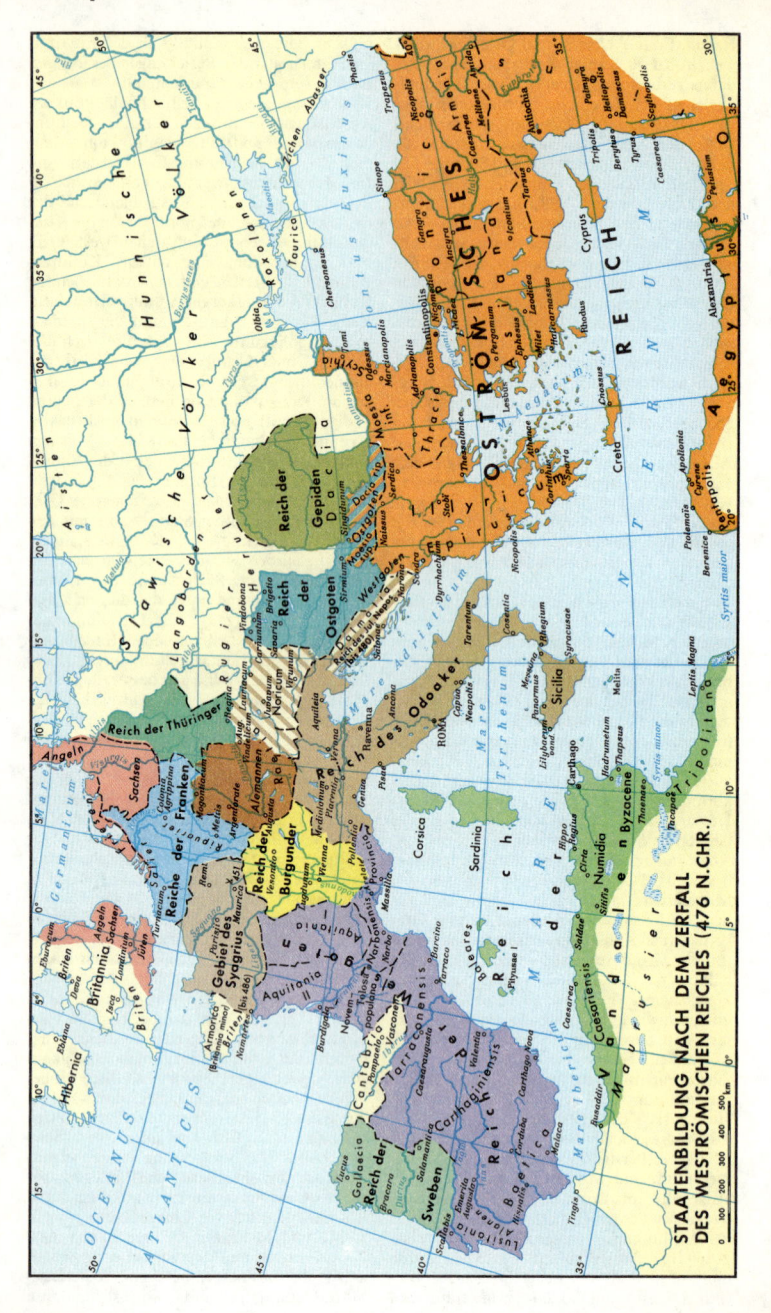

STAATENBILDUNG NACH DEM ZERFALL DES WESTRÖMISCHEN REICHES (476 N.CHR.)

(Avebury, Stonehenge, Carnac) ein, die um 2000 u. a. von der Glockenbecherkultur abgelöst wurden. Die mittlere und späte Bronzezeit war von den Hügelgräber- und Urnenfelderkulturen beeinflußt. Von der jüngeren Eisenzeit an (etwa ab 500 v. Chr.) war der größte Teil W-E. keltisch.
Die eigtl. Besiedlung *Nordeuropas* erfolgte erst mit dem vollständigen Rückzug des Eises. Ins ausgehende Jungpaläolithikum gehören die Hamburger Gruppe und die Brommekultur, die in die Lyngbykultur überging. Weite Verbreitung in Dänemark sowie S- und W-Schweden weist die mesolith. Maglemosekultur auf, die der frühneolith. Ertebøllekultur vorausging. Mit dieser zugleich sind Gruppen von Fischern und Jägern in S-Norwegen (Fosnakultur), N-Norwegen (Komsakultur), Finnland und im Baltikum (Askola-, Suomusjärvi- und Kundakultur) verbreitet. Die jungneolith. Trichterbecherkultur im südl. N-E. wurde durch die Bootaxtkultur und die Einzelgrabkultur abgelöst. Im nördl. N-E. war während des Jungneolithikums die kammkeram. Kultur verbreitet. In der Bronzezeit bestanden Kontakte mit M-E., die erst in der röm. Kaiserzeit wieder aufgenommen wurden.
Der Raum, in dem sich die Geschichte der *Antike* vollzog, war nicht der europ. Kontinent, sondern der Umkreis des Mittelmeeres, also 3 Erdteilen zugehörig. Die Bed. der Antike für E. liegt in der Herausbildung der griech. Kultur, die von den Römern übernommen und umgeformt, in Verbindung mit dem Christentum konstitutiv und prägend für die europ. Kultur wurde.
Mittelalter: Durch Germanen und Araber wurde die Kultureinheit der antiken Welt zerbrochen. Die 3 Halbinseln S-E. blieben freil. kulturell durch das Christentum, polit. zeitweise durch die byzantin. Oberhoheit verbunden. In Italien traten zunehmend die röm. Päpste hervor, die sich jedoch erst im 8. Jh. polit. von Byzanz dem westl., german. bestimmten E. zuwandten. In der Völkerwanderung gerieten die Ostgermanen in den Einflußbereich der röm.-antiken Kulturwelt. Im westgot. Reich finden sich Frühformen der für das MA charakterist. Verbindung von Antike, Germanentum und Christentum, doch wurde durch den Arabereinbruch 711 der Großteil der Iber. Halbinsel für E. fremd. Eigtl. Wegbereiter des abendländ. MA wurden die westgerman. Franken, die im 5./6. Jh. das röm. Gallien unterwarfen und auch nach dem german. M-E. ausgriffen, so daß sich ein Miteinander von Romanen und Germanen entfalten konnte. 754 ging das Fränk. Reich jenes enge Bündnis mit der Röm. Kirche ein, das mit der Kaiserkrönung Karls d. Gr. 800 für das ma. Reich bestimmend wurde.
Das Reich Karls d. G. umfaßte als große polit. Einheit mit Hegemonialstellung das langobard. Italien, M-E. und dessen Vorfeld sowie Spaniens bis zum Ebro. Seine polit., sozialen und kulturellen Strukturen (Lehnswesen, Grundherrschaft, Kirchen- und Verwaltungssystem, karoling. Schrift) wirkten sich ebenfalls in den christl. Klein-Kgr. des nördl. Spanien, in England und in Dänemark aus. Auch nach den Teilungen des Fränk. Reiches 843–880 blieben die Nachfolgestaaten noch lange einander zugeordnet, und die einheitl., von Romanen, Germanen, Westslawen mitbestimmte abendländ. Kultur in der karoling. Renaissance überdauerte. In der hier begr. Spannung zw. Einheitlichkeit und Differenzierung wurzelt die Dynamik der europ. Geschichte. Durch die Verbindung der Röm. Kaiserwürde mit dem dt. Regnum 962 leitete Otto I., d. Gr., für mehrere Jh. die polit. Vormachtstellung des Hl. Röm. Reiches in E. ein. Doch gab es neben dem Byzantin. Reich bis dahin noch ein 3., das heidn. E. Im späten 9. Jh. brachen die Magyaren über die Karpaten in den Donau-Theiß-Raum ein und durchstreiften M-E. bis zur Schlacht auf dem Lechfeld 955, ehe sie ein einheitl. (christl.) Staatsgebilde aufbauten. Von N her plünderten die Normannen Küsten und Flußlandschaften. Kennzeichnend für die bis zum 11. Jh. an vielen Stellen E. seßhaft - und christl. - gewordenen Normannen war ihre staatsbildende Kraft, die bes. in England und auf Sizilien Vorbilder für die Staaten des Spät-MA schuf.
Die Spannungen zw. der östl. und westl. Kirche führten 1054 zum Morgenländ. Schisma. Byzanz hatte im Zeitalter der Kreuzzüge neue Kontakte mit dem W. Doch der 4. Kreuzzug wandte sich gegen das Byzantin. Reich und führte 1204 zu seiner Zerstörung und zur Errichtung des Latein. Kaiserreichs von Konstantinopel bzw. der „fränk." Kreuzfahrerstaaten in Griechenland. Im W wurde im Verlauf der Kirchenreform das die kaiserl. Herrschaft stützende Reichskirchensystem erschüttert. Der offene Kampf zw. Kaiser und Papst (Investiturstreit) endete zugunsten der letzteren und mit der Erschütterung des universalen Anspruchs des Kaisertums.
Kennzeichen des 12. Jh. ist neben der polit. Auswirkungen der Kreuzzüge das kulturelle Vorrücken der Romanen. Neue Formen des Fernhandels und des städt. Lebens waren in Italien und Frankr. am ausgeprägtesten, von wo auch die Klosterreformen des 11./12. Jh. ausgingen. In Frankr. entwickelte das Rittertum sein Selbstbewußtsein, und die philosoph.-theolog. Erschütterungen des geschlossenen Weltbilds nahmen vom roman. Reich ihren Ausgang.
Beide führenden und verbindenden abendländ. Autoritäten überschritten im frühen 13. Jh. ihren Gipfelpunkt. Das Papsttum, unter Innozenz III. auch polit. führend, geriet

Europa

Europa

nach 1250 unter frz. Einfluß und schließl. in die völlige Abhängigkeit im Avignonischen Exil (1305/09–76). Das Kaisertum war seit dem Ende der Staufer (1254/68) durch Wahlkönigtum und Erstarken der Territorialfürsten polit. geschwächt. In Frankr. und England vollzogen sich umfassende Strukturwandlungen: Zerfall des Feudalismus, beginnende Ausformung des neuzeitl. Staates, Zusammenschluß der polit. Stände. Mit den portugies. und span. Entdeckungsfahrten des 15. Jh. wurde das Ausgreifen E. nach Übersee eingeleitet. In Frankr. und Italien entwickelten sich die Univ. In Italien erwuchs seit dem 14. Jh. der Frühhumanismus. Zunehmend trat das Bürgertum hervor. Alte und zahlr. neue Städte wurden Zentren der Kultur, v. a. aber der Wirtsch., die im 15. Jh. auch Züge des Frühkapitalismus annahm. All diese Merkmale galten nicht für das östl. E., das sich nun schwersten Bedrohungen ausgesetzt sah, v. a. durch die Goldene Horde und die Osmanen. Mit der Eroberung Konstantinopels durch die Osmanen 1453 endete die tausendjährige Geschichte des Byzantin. Reiches. Die griech. Flüchtlinge bereicherten den italien. Humanismus um Kenntnis und Wertschätzung der griech. Antike.

Neuzeit: In der italien. Staatenwelt hatte sich seit etwa 1450 mit europ. Ausstrahlung die Renaissance entfaltet. Die Auseinandersetzungen der europ. Großmächte um die Vorherrschaft in Italien bestimmten dessen Geschichte bis ins 19. Jh. Damit verbunden war der Machtkampf zw. Frankr. und dem zur europ. Großmacht aufsteigenden Haus Österreich, den Kaiser Karl V. bis 1544 für sich entscheiden konnte. Er herrschte über einen halb E. umfassenden Machtblock mit Besitzrecht in der Neuen Welt. Nach der Teilung des Hauses Österreich 1556 blieb die europ. Hegemoniestellung Spaniens. Doch Karl V. scheiterte in seinem universalist. Anspruch auf die Führung der Christenheit sowohl bei der Abwehr der (mit Frankr. verbündeten) Osmanen als auch beim Versuch, gemeinsam mit dem Papst die Kirche in der aufbrechenden, M-, N- und W-E. erfassenden Reformation wiederherzustellen. Die frz. Hugenottenkriege (1562–98) mündeten in die europ. Kriegsepoche bis 1659/60, deren Entscheidungen in M-E. fielen und erst seit 1620 vom Kriegsgeschehen im N und NO tangiert wurden, während SO-E. infolge von innenpolit. Spannungen im Osman. Reich passiv blieb. Die Niederlage der Armada 1588 signalisierte den Niedergang der europ. Hegemonie Spaniens und den beginnenden Aufstieg Englands als Seemacht. Frankr. hatte gegen die E. beherrschenden Machtblock des Hauses Österreich Erfolg, noch ehe es 1635 in den Dreißigjährigen Krieg eintrat. Dieser hatte als dt. Religionskrieg begonnen, war längst zum europ. Machtkampf geworden, bis ihn Frankr. 1648 (Westfäl. Friede) mit der Aufrichtung eines europ. Staatensystems entschied. Die Interessenverbindung der Gesamthauses Österreich (d. h. der östr. und der span. Länderkomplexe) wurde 1648/59 zerschlagen. Der europ. Mächteordnung mußte sich auch die neue europ. Großmacht Schweden eingliedern, das freil. nach dem 1. Nord. Krieg 1660 auf seine kontinentale Vormachtposition im O verzichten mußte. Frankr. schuf den modernen Machtstaat des Absolutismus. Die neuen Herrschaftsmittel (Bürokratie, stehendes Heer), der Merkantilismus, der Abbau der altständ. Gesellschaft bei Aufstieg des Bürgertums und die Disziplinierung der Gesellschaft lösten eine Dynamik aus, die für das kontinentale E. Vorbild wurde, sich jedoch bei der Tragfähigkeit des Ständewesens nur tendenziell auswirkte. Das Frankr. Ludwigs XIV. eröffnete auch den Kampf um die europ. Hegemonie, einmal gegen die entstehende Großmacht Österreich, die seit 1683 die offensive Phase der Türkenkriege einleitete, zum anderen gegen Holland, das 1688 richtungweisend zum Konstitutionalismus übergegangen war. Das im Span. Erbfolgekrieg 1713/14 von Großbrit. durchgesetzte Prinzip des Gleichgewichts der europ. Mächte verhinderte bis zu Napoleon I. jeden Versuch, E. imperial zu beherrschen. Dazu trug auch der gleichzeitige Aufstieg Rußlands zur europ. Großmacht bei. Der Siebenjährige Krieg (1756–63), in dem Preußen gegen Österreich seine europ. Großmachtposition und Großbrit. gegen den frz. Rivalen seine Weltmachtstellung erkämpfte, war ein Doppelkrieg mit weltweiter Dimension. Die Frz. Revolution, die im Erbe der Aufklärung die Proklamation universaler Menschenrechte, die Entstehung von Nationalismus, Liberalismus und Demokratie brachte, erschütterte E. fundamental. Der Napoleon. Versuch der Beherrschung E., bei dem das europ. Staatensystem unterging, scheiterte am Widerstand der europ. Hauptmächte und der erwachenden nat. Kräfte. Die Restauration des Mächtegleichgewichts und des Legitimitätsprinzips und mit dem Wiener Kongreß 1814/15 blieb unbefriedigend. Metternichs antirevolutionär-sozialkonservative Sicherheitspolitik trug den Dynamik der bürgerl. Konstitutions- und Nationalbewegung nicht Rechnung. Die frz. Julirevolution 1830 wurde von W-E. bis Skandinavien Anstoß für die Errichtung moderner Verfassungsstaaten. Die europ. Revolutionsbewegung 1848 endete in konstitutionellen Kompromissen mit den alten Fürstenstaaten bzw. in neoabsolutist. Ansätzen.

Die Spannung zw. Staat und Gesellschaft blieb im Bereich M-E. ungelöst. Seitdem stand die Industrialisierung im Vordergrund. Noch blieb Großbrit. hier wie im Handel führend in der Welt, doch gewann Preußen

269

Europa

STAATLICHE GLIEDERUNG
(ohne den europ. Teil der Türkei [23 623 km²])

Land	km²	E in 1 000 (Schätzung 1983/84)	E/km²	Hauptstadt
Albanien	28 748	2 841	99	Tirana
Andorra	453	40	88	Andorra la Vella
Belgien	30 513	9 849	323	Brüssel
Bulgarien	110 912	8 969	81	Sofia
BR Deutschland	248 706	61 181	246	Bonn
Dänemark	43 069	5 111	119	Kopenhagen
DDR	108 333	16 718	154	Berlin (Ost)
Finnland	337 032	4 882	14	Helsinki
Frankreich	547 026	54 659	100	Paris
Griechenland	131 944	9 949	75	Athen
Großbritannien und Nordirland	244 046	56 199	230	London
Irland	70 283	3 533	50	Dublin
Island	103 000	239	2	Reykjavik
Italien	301 225	56 969	189	Rom
Jugoslawien	255 804	22 997	90	Belgrad
Liechtenstein	157	26	166	Vaduz
Luxemburg	2 586	365	141	Luxemburg
Malta	316	377	1 193	Valletta
Monaco	1,49	27	18 121	Monaco
Niederlande	40 844	14 426	353	Amsterdam/Den Haag
Norwegen	386 641	4 141	13	Oslo
Österreich	83 849	7 552	90	Wien
Polen	312 677	36 826	118	Warschau
Portugal	92 082	10 045	109	Lissabon
Rumänien	237 500	22 683	96	Bukarest
San Marino	60,57	22	361	San Marino
Schweden	449 964	8 339	19	Stockholm
Schweiz	41 288	6 531	158	Bern
Sowjetunion	22 402 200	275 093	12	Moskau
davon in Europa	5 571 000			
Spanien	504 782	38 435	76	Madrid
Tschechoslowakei	127 869	15 455	121	Prag
Ungarn	93 033	10 672	115	Budapest
Vatikanstadt	0,44	1	2 273	
abhängige Gebiete				
von Dänemark				
Faröer	1 399	45	32	Tórshavn
von Großbrit.				
Gibraltar	5,8	30	5 000	–
Kanalinseln	195	130	667	Saint Hélier bzw. Saint Peter Port
Man	588	65	111	Douglas

mit dem Dt. Zollverein an wirtsch. Potential und veränderte das seit 1848 labile europ. Gleichgewicht. Das sprunghafte Bev.wachstum der 1. Jh.hälfte hielt in E. an. Die landlose Unterschicht ging im Industrialisierungsprozeß in den Arbeitermassen auf, die sich allmähl. organisierten. Der Ggs. von agrar.-konservativen und bürgerl.-liberalen Kräften wurde nun durch den Antagonismus von Besitzenden und Nichtbesitzenden überlagert. Ideolog. Hauptnenner des industriewirtsch. Umbruchs wurden soziale Emanzipation und Nationalismus. Das neue europ. Mächtegleichgewicht (nach 1870 bei dt. Vormachtstellung) wurde zunehmend belastet durch nat. Autonomiebewegungen v. a. in Ostmittel-E., in der Donaumonarchie und in Rußland; insgesamt war es durch den Niedergang des Osman. Reiches bedroht und wurde durch den Berliner Kongreß 1878 nur vorübergehend gesichert. Bis 1914 wuchs in SO-E. das Konfliktpotential so an, daß es von den europ.

Europäische Demokratische Union

Mächten nicht mehr friedl. bewältigt werden konnte. Grundmuster europ. Politik bis 1914 wurde der Imperialismus. Der 1. Weltkrieg brachte in W- und M-E. die Intensivierung des wirtsch. Konzentrationsprozesses und des Staatsinterventionismus sowie weitgehend den Zusammenbruch der überkommenen sozialen und kulturellen Normen. Die überall praktizierte Wirtschaftsplanung und Notstandsdiktatur hatte v. a. in Rußland und bei den Mittelmächten die Monarchie ausgehöhlt und nach der Niederlage zur Revolution beigetragen. Die weltgeschichtl. Bed. des Jahres 1917 beruht auf der Wirkung der russ. Revolution sowie auf dem Kriegsbeitritt der USA, wodurch sich der Übergang vom europ. bestimmten zu einem globalen Staatensystem anbahnte. Die Zwischenkriegszeit war geprägt von dem Versuch der Siegermächte, durch Selbstbestimmungsrecht der Völker, Völkerbund und ergänzende polit.-militär. Allianzen die europ. Sicherheit zu gewährleisten.

Auf nationalist., rass. bzw. antisemit. Ideologien basierend, konnten sich in der Zwischenzeit auf dem Hintergrund der wirtsch. Dauerkrise in einigen europ. Ländern autoritäre bzw. faschist. Herrschaftssysteme etablieren; in Italien übernahm 1922 der Faschismus die Macht, 1933 in Deutschland der NS, dessen außenpolit. Ziel eine auf Raumgewinn (v. a. in O-E.) und Autarkie beruhende Weltmachtstellung war. Die daraus folgende aggressive Expansion führte zum 2. Weltkrieg; an seinem Ende stand zwar die Zerschlagung der faschist. Systeme in Deutschland und Italien, jedoch auch die fakt. Teilung E. (Eiserner Vorhang) in eine der überwiegend an der UdSSR ausgerichteten osteurop. sozialist.-kommunist. Staatenwelt (Ostblock) mit eigenen militär. und wirtsch. Zusammenschlüssen (Warschauer Pakt, COMECON) und in die überwiegend an den USA orientierten westeurop., kapitalist. Ind.staaten (NATO-Staaten). Im Zuge der Europ. Bewegung und Aktualisierung des E.gedankens fanden diese ebenfalls Formen wirtsch. Zusammenschlüsse (EWG, EFTA) und polit. Kooperationen (E.rat, Europ. Parlament), die ihnen im Ost-West-Konflikt (kalter Krieg) in der Folge zunehmendes Gewicht verliehen. Die seit den 1960er Jahren in Gang gekommene Entspannungspolitik, die u. a. in den sog. Ostverträgen deutlich wurde, schien durch den sowjet. Einmarsch in Afghanistan (1979) und die dadurch bedingte Abkühlung im Ost-West-Verhältnis gefährdet. Der Wechsel an der Spitze der Sowjetunion führte zu einem grundlegenden Wandel. Unter den Schlagworten †Glasnost und †Perestroika betreibt die sowjet. Führung eine Öffnung nach innen, die auch auf die Nachbarländer ausstrahlt. In Polen konnte sich im Aug. 1979 die erste nicht kommunist. geführte Reg. seit 1948 etablieren. In der DDR, der ČSSR, Ungarn, Bulgarien und Rumänien mußten die kommunist. geführten Reg. zurücktreten, z. T. verzichteten die kommunist. Parteien auf ihren verfassungsrechtl. abgesicherten Vorrang (DDR, Ungarn). Die Öffnung der dt.-dt. Grenze und der Abbau der Grenzbefestigungen in der ČSSR und Ungarn eröffnen Aussichten für ein wirtsch. und polit. Zusammenwachsen Europas.

⊞ *Die Zukunft Europas. Hg. v. D. Senghaas. Ffm. 1985. - Craig, G. A.: Gesch. Europas 1815–1980. Mchn. 1984. - Hillgruber, A.: E. in der Weltpolitik der Nachkriegszeit 1945–1963. Mchn. ²1981. - Polit. Lex. E. Hg. v. R. R. Furtak. Mchn. 1981. 2 Bde. - Der Aufbau Europas. Pläne u. Dokumente 1945–80. Hg. v. J. Schwarz. Bonn 1980. - Brunner, O.: Sozialgesch. Europas im MA. Gött. 1978. - Europ. Wirtschaftsgesch. Hg. von C. M. Cipolla u. K. Borchardt. Bd. 1 MA. Stg. u. New York 1978. - Handb. der europ. Gesch. Hg. v. T. Schieder. Stg. 1968 ff. 7 Bde.*

Europa [griech.], einer der Monde des Planeten Jupiter; mittlere Entfernung 671 000 km, Umlaufzeit 3,551 Tage, Durchmesser 3 126 km.

Europabrücke †Brücken (Übersicht).

Europadörfer, 1950 gegr. „Hilfe für heimatlose Ausländer", Sitz Huy (Belgien); in der BR Deutschland (u. a. Aachen, Augsburg), in Österreich, Belgien und Norwegen.

Europaerreben, die aus europ. und vorderasiat. Wildrassen der Echten Weinrebe hervorgegangenen Kultursorten der Weinrebe. - †auch Amerikanerreben.

Europaflagge, Bez. für die Flagge 1. der Europ. Bewegung seit 1949; 2. des Europarats seit 1955. - Abb. S. 275.

Europahymne, 1972 von der Beratenden Versammlung des Europarates zur europ. Hymne erklärte „Hymne an die Freude" aus der 9. Sinfonie Beethovens.

Europäische Atomgemeinschaft †EURATOM.

Europäische Bewegung, aus internat. Verbänden und nat. Räten zusammengesetzte Organisation mit Sitz in Brüssel. Delegierte der Mitgliedsverbände bilden den Internat. Rat, der die Richtlinien der Politik der E. B. festlegt und die Exekutive wählt. 1948 offiziell als gemeinsame Organisation gegr.; seitdem konstituierten sich „Nat. Räte der E. B." in den westeurop. Staaten, in der BR Deutschland 1949. Ziel ist die Schaffung der Vereinigten Staaten von Europa. Polit. hat die E. B. in den Anfangsjahren der europ. Einigung nach dem 2. Weltkrieg v. a. zur Gründung des Europarats und der europ. Gemeinschaften (Montanunion, EWG, EURATOM) beigetragen.

Europäische Demokratische Union, Abk. EDU, im April 1978 gegr. Vereinigung von 18 christl.-demokrat. bzw. anderen konservativen Parteien, die sich nicht nur auf den Raum der EG beschränkt.

Europa

DIE EUROPÄISCHEN GROSSMÄCHTE 1789

Europa

Grenze des Deutschen Reiches
Polen vor den Polnischen Teilungen

- Spanische Bourbonen
- Österreichische Habsburger
- Sardinische Monarchie

Polnische Teilungen
1. Teilung 1772	2. Teilung 1793	3. Teilung 1795	
			an Rußland
			an Preußen
			an Österreich

273

Europäische Freihandelsassoziation

Europäische Freihandelsassoziation, Abk. EFTA (für engl. European Free Trade Association; auch Europ. Freihandelszone gen.), am 4. Jan. 1960 in Stockholm gegr. handelspolit. Zusammenschluß mehrerer europ. Staaten, dem Island, Finnland, Norwegen, Österreich, Portugal, Schweden und die Schweiz angehören. Die früheren Mgl. Dänemark, Irland und Großbrit. wurden mit Wirkung vom 11. Jan. 1973 Vollmitglieder der EWG. Der geplante Beitritt Norwegens scheiterte am Ergebnis einer Volksabstimmung.

Das im EFTA-Vertrag enthaltene Ziel des Abbaues der Handelsschranken wurde - wie vorgesehen - mit der völligen Abschaffung der Zölle auf Ind.erzeugnisse bis Ende 1969 erreicht. Allerdings sind Agrarprodukte von der Liberalisierung des Warenverkehrs ausdrückl. ausgeschlossen. Bis 1977 erreichte die EFTA auch ihr Ziel der Ausweitung des Freihandels mit Ind.erzeugnissen auf die Mgl.staaten der EG. Weitergehende Ziele, etwa eine gemeinsame Wirtschaftspolitik, wie sie die EWG anstrebt, verfolgt die EFTA nicht.

Wichtigstes Organ der EFTA ist der EFTA-Rat, der aus mit gleichem Stimmrecht versehenen Reg.vertretern der Mgl.staaten zusammengesetzt ist und für die Herbeiführung von Beschlüssen i. d. R. Einstimmigkeit erzielen muß. Der EFTA-Rat hat die Aufgabe, die Anwendung und Durchführung des EFTA-Vertrags zu überwachen und Streitfälle zu entscheiden; Beschlüsse oder Empfehlungen des Rats sind rechtl. nicht verbindl. Die Hauptaufgabe des EFTA-Sekretariats liegt in der Beratung und Koordinierung der vom Rat gebildeten Spezialausschüsse. Außerdem bestehen mehrere ständige Ausschüsse und Arbeitsgruppen, die sich mit Sonderfragen beschäftigen.

Europäische Gemeindekonferenz (engl. European Conference of Local Authorities, frz. Conférence européenne des pouvoirs locaux), vom Ministerkomitee des Europarats errichtete Konferenz mit der Aufgabe, die Teilnahme der Gemeinden und Kreise an der Verwirklichung der Ziele des Europarats zu gewährleisten; sie umfaßt 140 Vertreter der nat. Gemeindevereinigungen und tritt alle 2 Jahre zusammen.

Europäische Gemeinschaften (Europäische Gemeinschaft), Abk. EG, Sammelbez. für die ↑Europäische Wirtschaftsgemeinschaft (EWG), die Europ. Atomgemeinschaft (↑EURATOM) und die ↑Europäische Gemeinschaft für Kohle und Stahl (EGKS).

Europäische Gemeinschaft für Kohle und Stahl (Montanunion), Abk. EGKS, europ. gemeinsamer Markt für Kohle und Stahl, der auf Grundlage des Vertrags vom 18. 4. 1951 gebildet wurde. Gründungsmitglieder waren Belgien, die BR Deutschland, Frankr., Italien, Luxemburg und die Niederlande. Heute hat die Montanunion dieselben Mgl. wie die EWG. Die urspr. Organe der Montanunion sind weitgehend in den gemeinsamen Organen der EG aufgegangen.

Europäische Investitionsbank, Abk. EIB, auf Grund der EWG-Verträge 1958 gegr., rechtl. selbständige Bank, Sitz Luxemburg. Die Aufgabe der EIB besteht in der Gewährung von Darlehen und Bürgschaften, v. a. für die wirtsch. Erschließung wenig entwickelter Gebiete und für die Modernisierung oder Umstellung von Unternehmen in EG-Ländern sowie für Vorhaben von gemeinsamem Interesse für mehrere Mgl.staaten. Zwischen 1958 und 1984 wurden 34,1 Mrd. Europ. Währungseinheiten (ECU) ausgeliehen. Davon flossen in einigen Fällen auch Darlehen in Nicht-EWG-Länder.

Europäische Kernenergie-Agentur ↑Nuclear Energy Agency.

Europäische Kommission ↑Europäische Wirtschaftsgemeinschaft.

Europäische Kommission für Menschenrechte ↑Europäischer Gerichtshof für Menschenrechte.

EUROPÄISCHE GEMEINSCHAFTEN
Anteile der heutigen EG-Mitgliedsländer 1984 (* 1983) in %

	Fläche	Bevölkerung	Bruttosozialprodukt*	Export
BR Deutschland	11,0	19,1	26,0	28,2
Belgien	1,4	3,1	3,4	8,4
Dänemark	1,9	1,6	2,2	2,6
Frankreich	24,2	17,0	21,1	15,3
Griechenland	5,9	3,1	1,5	0,8
Großbritannien	10,8	17,6	18,8	15,5
Irland	3,1	1,1	0,6	1,6
Italien	13,3	17,7	13,3	12,1
Luxemburg	0,1	0,1	0,2	.
Niederlande	1,8	4,5	5,3	10,8
Portugal	4,1	3,1	0,8	0,9
Spanien	22,4	12,0	6,8	3,8

europäische Schulen

Europaflagge. Flagge der Europäischen Bewegung

Europaflagge. Flagge des Europarats

Europäische Organisation für die Entwicklung von Trägerraketen ↑ESA.

Europäische Organisation für Kernforschung ↑CERN.

Europäische Organisation zur Erforschung des Weltraums ↑ESA.

Europäische Organisation zur Sicherung der Luftfahrt ↑EUROCONTROL.

Europäische Parlamentarier-Union, Zusammenschluß europ. Parlamentarier zur Förderung der europ. Einigung; 1947 gegr.; schloß sich 1952 mit der Parlamentar. Gruppe der Europ. Bewegung zum **Parlamentar. Rat der Europ. Bewegung** zusammen.

Europäische Politische Zusammenarbeit (Abk. EPZ), die institutionalisierte Zusammenarbeit der Außenmin. und auswärtigen Dienste der Mitgliedsstaaten der Europ. Gemeinschaften (EG). Ihr Ziel ist, daß Europa auch auf außenpolit. Gebiet den Grad an Handlungsfähigkeit erreicht, den der gegenwärtige Stand der europ. Einigung erfordert. Die EPZ in ihrer heutigen Form entstand im Zusammenhang mit den Bemühungen der beiden europ. Gipfelkonferenzen von Den Haag (1969) und Paris (1972), bei Eintritt in die Endphase des Gemeinsamen Marktes und vor der ersten Erweiterung der EG. Seit Mitte der 1970er Jahre ist die EPZ zu einem wesentl. Instrument der Europapolitik geworden.

Europäischer Aal, svw. Flußaal (↑Aale).

Europäischer Bitterling ↑Bitterling.

Europäischer Blattfingergecko ↑Blattfingergeckos.

Europäischer Gerichtshof (amtl. Gerichtshof der Europ. Gemeinschaften; frz. Cour de Justice des Communautés européennes, engl. Court of Justice of the European Communities), einheitl. Gericht der drei Europ. Gemeinschaften, Sitz Luxemburg. Der mit 9 hauptberufl. Richtern und 4 Generalanwälten besetzte Gerichtshof fungiert als Staaten-, Verwaltungs- und Zivilgericht. Er ist zuständig für die Auslegung der Gründungsverträge und des aus ihnen abgeleiteten sekundären Gemeinschaftsrechts. Er überwacht die Rechtmäßigkeit des Handelns von Rat und Kommission der Europ. Gemeinschaften. Im Wege der Vorabentscheidung befindet der Gerichtshof, wenn ein nat. Gericht ihm eine Frage des Gemeinschaftsrechts vorlegt.

Europäischer Gerichtshof für Menschenrechte (frz. Cour européenne des Droits de l'homme, engl. European Court of Human Rights), gemäß der Europ. Menschenrechtskonvention errichtetes internat. Gericht, das als oberstes Organ über die Einhaltung der in jener Konvention garantierten ↑Menschenrechte wacht. Die (nebenberufl.) Richter werden auf Vorschlag der Mgl.staaten des Europarats von der Beratenden Versammlung gewählt. Das Gericht kann nur von den Mgl.staaten oder der **Europ. Kommission für Menschenrechte** (an diese können sich Privatpersonen wenden) mit einem Fall befaßt werden.

Europäischer Gewerkschaftsbund, Abk. EGB, Spitzenorganisation von 34 nat. Arbeitnehmerorganisationen aus 20 europ. Staaten (Belgien, BR Deutschland, Dänemark, Finnland, Frankr., Griechenland, Großbrit., Irland, Island, Italien, Luxemburg, Malta, Niederlande, Norwegen, Österreich, Portugal, Schweden, Schweiz, Spanien, Zypern); 1973 gegr.; Sitz Brüssel.

Europäischer Hummer ↑Hummer.

Europäischer Sozialfonds, Fonds, der einer europ. Beschäftigungspolitik dienen soll. Er wurde errichtet, um die berufl. Verwendbarkeit und die örtl. und berufl. Freizügigkeit der Arbeitnehmer innerhalb der Gemeinschaft zu fördern.

Europäische Rundfunk-Union ↑Union der Europäischen Rundfunkorganisationen.

Europäisches Alpenveilchen ↑Alpenveilchen.

Europäisches Atomforum (frz. Forum Atomique Européen), Abk. FORATOM, gemeinnützige Vereinigung, zu der sich die Atomforen (↑auch Deutsches Atomforum e. V.) oder vergleichbare Organisationen aus 14 Ländern zusammengeschlossen haben. FORATOM wurde am 12. Juli 1960 in Paris von 6 nat. Atomforen gegr.; Sitz London. Zweck der Vereinigung ist die Förderung der friedl. Nutzung der Kernenergie.

europäische Schulen, in Städten, die

europäische Sicherheit

Sitz der EG sind, eingerichtete mehrsprachige Schulen vom Kindergarten über 5 Jahre Primar- und 7 Jahre Sekundarschule bis zur sog. **europäischen Reifeprüfung**, die in den Mgl.ländern der EG sowie in Östr., der Schweiz und den USA anerkannt wird.

europäische Sicherheit, die Erhaltung des Kräftegleichgewichts und Vermeidung militär. Konflikte in Europa. Nach dem 1. Weltkrieg war e. S. nicht mehr allein im europ. Rahmen erreichbar. Die Widersprüchlichkeit der 3 bestimmenden Grundsätze - kollektive Sicherheit durch den Völkerbund, Verhinderung erneuter dt. Hegemoniebestrebungen, Abwehr des (sowjet.) Kommunismus - verhinderte vor dem 2. Weltkrieg die Verwirklichung einer e. S. Nach 1945 zunächst im Rahmen der UN angestrebt, wurde e. S. während des kalten Krieges auf westl. wie östl. Seite in militär. Bündnissen (NATO, Warschauer Pakt) und wirtsch. Integration (EWG, COMECON) gesucht. Seit Beginn der 1970er Jahre wurden im Rahmen der Entspannungspolitik verstärkt Versuche unternommen, die e. S. durch Übereinkommen zw. Ost und West (und Neutralen) abzustützen (KSZE 1975/77, MBFR seit 1973).

Europäische Sicherheitskonferenz ↑ Konferenz über Sicherheit und Zusammenarbeit in Europa.

Europäisches Laboratorium für Molekularbiologie (EMBL), 1974 gegr. multinationales Forschungszentrum für Molekularbiologie; Sitz Heidelberg.

Europäisches Konzert ↑ Konzert der europäischen Mächte.

Europäisches Nordmeer, Nebenmeer des nördl. Atlantik, zw. Grönland und Island im W, Spitzbergen im NO und der Skand. Halbinsel im SO; der nördlichste Teil wird als **Grönlandsee**, der SO-Teil vor der mittelnorweg. Küste als **Norwegensee** bezeichnet.

Europäische Sozialcharta, im Rahmen des Europarates geschlossener völkerrechtl. Vertrag über soziale Rechte; am 18. Okt. 1961 von den meisten Mgl.staaten des Europarates in Turin unterzeichnet; für die BR Deutschland am 26. Febr. 1965 in Kraft getreten. Von den in der E. S. genannten insgesamt 19 sozialen Rechten sind 7 bindende „Kernrechte": das Recht auf Arbeit, das Vereinigungsrecht, das Recht auf Kollektivverhandlungen, das Recht auf soziale Sicherheit, das Recht auf Fürsorge, das Recht der Familie auf sozialen, gesetzl. und wirtsch. Schutz, das Recht der Wanderarbeitnehmer und ihrer Familien auf Schutz und Beistand.

Europäisches Parlament (frz. Parlement européen, engl. European Parliament), Versammlung der EG; Verwaltungssitz Luxemburg; konstituierte sich 1958 in Straßburg, zunächst provisor. Sitz des E. P. und im Wechsel mit Luxemburg Tagungsort. Seit 1986 zählt das E. P. 518 Mgl., die aus allg., unmittelbaren Wahlen hervorgehen (nach einem von jedem Mgl.staat bestimmten Verfahren): je 81 aus Großbrit., Frankr., Italien, der Bundesrepublik Deutschland, 60 aus Spanien, 25 aus den Niederlanden, je 24 aus Belgien und Portugal 16 aus Dänemark, 15 aus Irland und 6 aus Luxemburg. Die Abg. dürfen weder der Reg. eines Mitgliedstaates noch einem leitenden Verwaltungs- oder Gerichtsorgan noch einer Institution der Gemeinschaften angehören. Die parteipolit. gebildeten Fraktionen des E. P. sind teils übernat., teils nat.; das E. P. besitzt nur kontrollierende und beratende, keine legislativen Befugnisse, hat das Recht, an Kommission und Ministerrat der EG Fragen zu stellen, die diese schriftl. oder mündl. zu beantworten haben, sowie den eigenen Haushalt zu beschließen (seit 1973) und kann nach Art. 144 EWG-Vertrag mit Zweidrittelmehrheit der Kommission das Mißtrauen aussprechen und sie zum Rücktritt zwingen.

Nach Fraktionen setzt sich das E. P. nach den Direktwahlen von 1989 folgendermaßen zusammen: Sozialisten 180 Sitze, Christl. Demokraten 121, Europ. Demokraten 34, Vereinigte Linke (Eurokommunisten) 28, Liberale 49, orth. Kommunisten 14, Grüne 30, Neogaullisten 20, Europäische Rechte 17, Regionalisten 13 und 12 Fraktionslose.

Europäisches Patentamt, auf Grundlage des am 7. Okt. 1977 in Kraft getretenen europ. Patentübereinkommens eingerichtete Behörde, Sitz München. Das vom E. P. zu vergebende Europa-Patent gewährt Patentschutz für die 16 Signatarstaaten des entsprechenden Übereinkommens. Mit der Errichtung des E. P. soll ein einfacheres Patentverfahren für den westeurop. Wirtschaftsraum erreicht werden.

Europäisches Währungsabkommen, Abk. EWA, am 27. 12. 1958 in Kraft getretenes Abkommen, das die Durchführung der Handelspolitik und die Liberalisierung des Waren-, Dienstleistungs- und Kapitalverkehrs erleichtern sollte; das EWA trat Ende 1972 außer Kraft.

Europäisches Währungssystem, Abk. EWS, am 13. 3. 1979 in Kraft getretenes Abkommen zw. den Mgl.staaten der EG mit Ausnahme Großbritanniens mit dem Ziel, eine stabile Währungszone in Europa zu schaffen. Kernstück des EWS bildet die *Europ. Währungseinheit* (European Currency Unit, Abk. ECU), die innerhalb des EWS als Rechengröße, als Bezugsgröße der Wechselkurse sowie als Zahlungsmittel und Reservewährung der Zentralbanken verwendet wird. Die nationalen Währungen haben auf den ECU bezogene Leitkurse, die zur Festlegung eines Gitters bilateraler Wechselkurse mit einer Bandbreite von ± 2,25% dienen (Ausnahme Italien [bis 1989] und Spanien mit einer Bandbreite von ± 6%).

Europäische Wirtschaftsgemeinschaft

Europäisches Wiederaufbauprogramm ↑ Marshallplanhilfe.

Europäische Verteidigungsgemeinschaft, Abk. EVG, 1952 in Paris abgeschlossener Vertrag, der die Verschmelzung der nat. Streitkräfte Frankr., Italiens, Belgiens, der Niederlande, Luxemburgs und der BR Deutschland unter einem gemeinsamen Oberbefehl vorsah; Status, Ausrüstung, Ausbildung und Dienstzeit der Soldaten sollten gleich sein; das um je 3 Vertreter Frankr., Italiens und der BR Deutschland verstärkte Parlament der Montanunion sollte die Versammlung der EVG bilden, die Leitung war einem Ausschuß von 9 Mgl. und einem Min.-rat zugedacht; scheiterte in der Pariser Nationalversammlung 1954 an den frz. Bedenken gegen einen Souveränitätsverzicht; die militärpolit. Konsequenzen wurden durch die Aufnahme der BR Deutschland in die Westeuropäische Union und die NATO aufgefangen.

Europäische Volkspartei, Abk. EVP, 1976 gegr. Föderation der christl.-demokrat. Parteien in den EG, die der Europ. Union Christl. Demokraten (EUCD) und der christl.-demokrat. Fraktion des Europ. Parlaments angehören; Sitz Brüssel; Vors. L. Tindemans.

Europäische Weltraumorganisation ↑ ESA.

Europäische Wirtschaftsgemeinschaft (frz. Communauté Économique Européenne, Abk. CEE; engl. European Economic Community, Abk. EEC), Abk. EWG, vertragl. Zusammenschluß auf unbegrenzte Zeit zum Zweck der wirtsch. Integration. Gründungsmgl.: Belgien, BR Deutschland, Frankr., Italien, Luxemburg, Niederlande; vom 1. Jan. 1973 an erweitert um die Staaten Dänemark, Großbrit. und Irland, seit 1. 1. 1981 um Griechenland, seit 1. 1. 1986 um Spanien und Portugal. Die Unterzeichnung des Vertrags erfolgte am 25. März 1957 in Rom (daher auch **Röm. Verträge**); seit 1. Jan. 1958 in Kraft. Als vorläufiger Sitz wurden Brüssel und Luxemburg vereinbart.

Organe der EWG sind: 1. Die *Versammlung* (Europ. Parlament) mit Beratungs- und Kontrollfunktionen. 2. Der *Rat*, bestehend aus je 1 Reg.vertreter der Mgl.staaten, wobei es sich je nach dem Gegenstand der Beratung um die jeweilige Fachmin. oder ihre Stellvertreter handelt. 3. Die *Kommission* (Europ. Kommission), die aus von den Reg. der Mgl.staaten für 4 Jahre ernannten Mgl. besteht; sie hat für die Durchführung des Vertrags, insbes. für die Beschlüsse des Rates, Sorge zu tragen und hat eine Art „Vorschlags- oder Initiativmonopol" inne. Sie ist verpflichtet, jährl. einen Gesamtbericht über die Tätigkeit der Gemeinschaft zu veröffentlichen. 4. Der *Gerichtshof* (Europ. Gerichtshof) nimmt überwachende Funktionen wahr. 5. Der *Wirtschafts- und Sozialausschuß* hat beratende Aufgaben; er umfaßt die im EWG-Vertrag vorgeschenen fachl. Gruppen für Landw. und Verkehr sowie Unterausschüsse. Die Mgl. sind Vertreter der verschiedenen Gruppen des wirtsch. und sozialen Lebens aus den Mgl.staaten.

Die zum Zwecke der wirtsch. Integration der Gemeinschaft vorgesehene Errichtung eines **gemeinsamen Marktes** umfaßt alle Maßnahmen, die einen freien Waren-, Dienstleistungs-, Personen- und Kapitalverkehr gewährleisten, die Freizügigkeit der Arbeitnehmer innerhalb der Gemeinschaft sichern und zur Vereinheitlichung des Wirtschaftsrechts beitragen.

Bes. wichtig für die Errichtung eines freien Warenverkehrs innerhalb der Gemeinschaft war die Bildung einer **Zollunion.** Diese sieht den Abbau der Ein- und Ausfuhrzölle aller Waren und das Verbot mengenmäßiger Einfuhrbeschränkungen der Mgl.staaten untereinander vor. Dazu gehören ferner Bestimmungen über einheitl. Zolltarife im Warenaustausch mit Drittländern (Außenzölle). Die Einbeziehung der Erzeugung von und des Handels mit landw. Produkten (**Agrarmarkt**) in den Integrationsprozeß des gemeinsamen Marktes hat auf Grund der unterschiedl. Strukturen und Organisationen der einzelstaatl. Märkte eine Anzahl bes. Probleme mit sich gebracht, die nicht mit den Mitteln zur Herstellung eines allg., freien Warenverkehrs gelöst werden konnten. Um die vertragl. Zielsetzungen der Gemeinschaft auf landw. Gebiet erreichen zu können, einigten sich die Mgl.staaten auf die Grundlinien einer gemeinsamen Agrarpolitik, die die simultane Errichtung europ. Marktorganisationen („Marktordnungen"), den Abbau der innergemeinschaftl. Handelsbeschränkungen und die Herstellung gleicher Bedingungen im Warenaustausch mit Drittländern sicherstellen sollte. Daneben erließ die EWG eine Anzahl von Verordnungen zur Errichtung gemeinsamer Marktorganisationen. Durch garantierte Mindestpreise sollen die Erzeuger bei Überproduktion vor den Folgen mögl. Preissenkungen geschützt werden. Drohen die Preise unter die Interventionspreise zu sinken, so werden die Produkte mit öffentl. Mitteln aufgekauft und eingelagert. Zur Finanzierung der gemeinsamen Agrarpolitik wurde der **Europ. Ausrichtungs- und Garantiefonds für die Landwirtschaft** (EAGFL) gegr. 1971 hat der Rat eine Entschließung verabschiedet, die auf ein Memorandum über die Neuordnung der Landw. in der EWG bereits 1980 zurückgeht (**Mansholt-Plan**). Darin sind Maßnahmen vorgesehen, die sowohl die Beschäftigtenstruktur als auch die Betriebsgrößenstruktur des Agrarbereichs betreffen.

Im Sinne einer größeren Freizügigkeit im **Personenverkehr** und **Niederlassungsrecht** ver-

Europäische Zahlungsunion

pflichten sich die Mgl.staaten nach den Vorschriften des EWG-Vertrags, alle rechtl. Bestimmungen zu beseitigen, durch die Personen und Gesellschaften aus Mgl.ländern an der Ausübung ihrer wirtsch. Tätigkeiten gehindert werden. Konkrete Maßnahmen betreffen die gegenseitige Anerkennung von Prüfungszeugnissen, die Aufhebung von Aufenthaltsbeschränkungen, die Vereinheitlichung der Richtlinien für die Tätigkeit von Geldinstituten und Versicherungen sowie die Erarbeitung eines gemeinschaftl. Gesellschaftsrechts. Zur Herstellung der Freizügigkeit gehört auch die Verwirklichung jener Bedingungen, die es den Arbeitnehmern innerhalb der EWG ermöglichen, ungeachtet ihrer Staatszugehörigkeit unter gleichen Voraussetzungen hinsichtl. Beschäftigung, Entlohnung und soziale Sicherheit ihren Arbeitsplatz zu wählen.

Im Sinn der vertragl. Vereinbarungen gehören zu den Aufgabengebieten der gemeinschaftl. **Wettbewerbspolitik** Maßnahmen gegen die mißbräuchl. Ausnutzung marktbeherrschender Positionen und das Verbot von Preis- und Absatzkartellen, soweit diese die Funktionsfähigkeit des gemeinsamen Marktes beeinträchtigen.

Die Harmonisierung der **Steuerpolitik** soll eine gleichmäßige steuerl. Belastung der in der Gemeinschaft hergestellten Güter gewährleisten und so zu einer weiteren Förderung des Warenaustausches beitragen.

Durch die Maßnahmen der gemeinsamen **Sozialpolitik** sollen insbes. die sozialen Voraussetzungen für die Freizügigkeit der Arbeitnehmer in der Gemeinschaft geschaffen werden. Hierzu gehören neben der Vollbeschäftigungspolitik die Angleichung der rechtl. und sozialen Lebens- und Arbeitsbedingungen, die Harmonisierung der Vorschriften für Arbeitshygiene und Betriebssicherheit in den Mgl.staaten sowie Maßnahmen zur Bewältigung von Ausbildungs- und Umschulungsproblemen. Zu den bes. wichtigen, umfangreichen Aufgaben gehören die soziale Sicherung und Unterbringung in anderen Berufen für die aus der Landw. und dem Bergbau ausscheidenden Beschäftigten. Die Finanzierung erfolgt seit 1961 über den Europ. Sozialfonds.

Ein weiteres Betätigungsfeld der EWG ist die **Regionalpolitik.** Um der angestrebten gleichmäßigen Verbesserung des Lebensstandards aller Bewohner gerecht zu werden, müssen regionale Benachteiligungen einzelner Gebiete beseitigt und die wirtsch. Entwicklung aller Regionen der Gemeinschaft gefördert werden. Die von den einzelnen Mgl.staaten zu erstellenden Entwicklungspläne zeigen die Probleme der wirtsch. Entwicklung in Gebieten mit überwiegend landw. Produktion, der erforderl. Strukturwandlungen in einzelnen Wirtschaftsbereichen, der Grenzlagen und der strukturellen Arbeitslosigkeit. Der Europ. Investitionsbank fällt dabei u. a. die Aufgabe zu, durch Darlehen und Bürgschaften die Durchführung von Projekten zum Zwecke der Beseitigung regionaler Nachteile zu unterstützen.

Die **Außenhandelspolitik** enthält als ein wesentl. Element die Bestimmung eines gemeinsamen Zolltarifsystems gegenüber Drittländern, das durch den Rat festgelegt wird und an das die Mgl.staaten ihre Tarifsysteme so anpassen, daß sie den Warenaustausch mit Drittländern unter gleichen Bedingungen durchführen. Dadurch soll verhindert werden, daß durch den Außenhandel einzelner Mgl.staaten der Gemeinschaft die Entwicklung des innergemeinschaftl. Marktes beeinträchtigt wird. Ein weiteres bed. Element der gemeinsamen Außenhandelspolitik ist die schrittweise Abtretung einzelstaatl. Rechte an die Kommission, Handelsabkommen mit Drittländern zu vereinbaren. Mit zahlr. Ländern im Mittelmeerraum und mit nicht beitrittswilligen EFTA-Mgl. sind entsprechende Abkommen abgeschlossen worden. Staaten, die intensivere wirtsch. Beziehungen zur Gemeinschaft pflegen wollen, als das durch Handelsabkommen erreichbar ist, wird von der EWG die Möglichkeit der Assoziierung eingeräumt. Davon betroffen sind in erster Linie ehem. Kolonialgebiete der Mgl.staaten, aber auch europ. Länder, die an bes. engen wirtsch. Kontakten mit der EWG interessiert sind, jedoch aus polit. Gründen den Beitritt als Voll-Mgl. ablehnen. Zur Finanzierung sozialer Einrichtungen und zur Förderung der Investitionstätigkeit in den assoziierten Ländern wurde ein Europ. Entwicklungsfonds (EEF) eingerichtet.

📖 *Beutler, B., u.a.: Die Europ. Gemeinschaft. Baden-Baden* ²*1982. - Möglichkeiten u. Grenzen einer Europ. Union. Hg. v. H. v. der Groeben u. Hans Möller. Baden-Baden 1976–79. 5 Bde. u. 1 Sonderbd. - Elsner, W.: Die EWG. Köln 1974.*

Europäische Zahlungsunion, Abk. EZU, 1950 gegr. Institution, die nach dem 2. Weltkrieg die Rückkehr zur vollen Multilateralität des Handels erleichtern und zur Wiedereinführung der allg. Konvertibilität der Währungen aller Mgl.länder der OEEC (jetzt OECD) beitragen sollte. Die techn. Arbeiten wurden durch die Bank für Internat. Zahlungsausgleich (BIZ) ausgeführt. Das Abkommen über die EZU wurde 1958 durch das ↑Europäische Währungsabkommen ersetzt.

Europäisierung, weltweite Ausbreitung der vom 17. Jh. an in W- und M-Europa sich ausbildenden wiss.-techn. Zivilisation, die v. a. in Asien und Afrika zu tiefen sozialen und kulturellen Spannungen zw. traditionalist. und westl.-modernist. Elementen des Gesellschafts- und Wertgefüges führte.

Europakanal, Teil des Rhein-Main-Donau-Großschiffahrtswegs.

Europamarken, Bez. für die seit dem 15. Sept. 1956 alljährl. verausgabten, meist bildgleichen Briefmarken westeurop. Staaten.

Europaparlament ↑ Europäisches Parlament.

Europapläne, Konzeptionen, die auf Einigung bzw. Zusammenschluß der europ. Staaten hinzielen. Nach Ansätzen im MA begleiteten sie das nach 1648 entstandene europ. Staatensystem, so z. B. W. Penns Vorschlag der Friedenssicherung durch ein europ. Parlament (1693). C. Mackays Idee der „Vereinigten Staaten von Europa" (1848) fand in der Publizistik großen Beifall. Erst nach dem 1. Weltkrieg begann die Entwicklung konkreter E. Doch die Ansätze der Paneuropa-Bewegung wie auch A. Briands Vorschlag eines europ. Bundes souveräner Staaten (1930) wurden von der Hoffnung auf die Bewährung des umfassenderen Völkerbundes überlagert. Die E. nach dem 2. Weltkrieg standen bald im Zeichen des Ost-West-Konflikts und beschränkten sich meist auf W-Europa. Doch auch nach dem Scheitern der EVG 1954 gelang es der Europ. Bewegung nicht, die Bildung eines europ. Bundesstaates einzuleiten. In den europ. Zusammenschlüssen steht bis heute das Beharren auf eigenstaatl. Souveränität der polit. Integration entgegen.

Europapokal (Europacup), Pokalwettbewerb für Sportmannschaften der europ. Länder; im Fußball seit 1955 E. der Landesmeister, seit 1960 E. der Pokalsieger, seit 1971 UEFA-Pokal.

Europarakete, Name der von der European Space Vehicle Launcher Development Organization (ELDO) entwickelten Trägerrakete. - ↑ auch ESA.

Europarat, 1949 geschaffene internat. Organisation von europ. Staaten (derzeit 21 Mgl.) mit der Aufgabe, eine engere Verbindung zw. seinen Mgl. zum Schutze und zur Förderung ihrer gemeinsamen Ideale und Grundsätze herzustellen und ihren wirtsch. und sozialen Fortschritt zu fördern. Dies soll erfolgen durch gemeinsame Beratungen, durch Abkommen (bisher wichtigstes: Europ. Menschenrechtskonvention) und durch gemeinsames Vorgehen auf wirtsch., sozialem, kulturellem und wiss. Gebiet sowie auf den Gebieten des Rechts und der Verwaltung; weiter durch die Garantie und die Fortentwicklung der Menschenrechte und Grundfreiheiten. **Organe:** das Ministerkomitee (die Außenmin. aller Mgl.staaten), die Beratende Versammlung (die entsprechend der Größe der einzelnen Staaten von den nat. Parlamenten entsandten Abg.), das [General]sekretariat. **Sitz:** Straßburg.

Europarecht (europ. Recht, frz. droit européen, engl. European law), das Recht der zwischenstaatl. Integration Europas; im wesentl. seit dem Ende des 2. Weltkrieges sich entwickelndes Rechtsgebiet. Das E. umfaßt zwei große miteinander verbundene Bereiche: 1. das Recht der Errichtung und des Funktionierens der europ. Organisationen (Primärrecht); 2. das im Rahmen dieser Organisationen gesetzte Recht sowie das zu seiner Durchführung im innerstaatl. Bereich erlassene Recht (Sekundärrecht). E. wird häufig auch als Synonym für das Recht der Europ. Gemeinschaften (Gemeinschaftsrecht) verwendet.

Europaschiff, Schiffstyp der europ. Binnenschiffahrt; Länge 85 m, Breite 9,5 m, Tiefgang 2,5 m, Tragfähigkeit 1 350 t.

Europaschulen, svw. ↑ europäische Schulen.

Europastraßen, Straßen des internat. Verkehrs, die durch Verkehrsschilder (weißes E auf grünem Grund) gekennzeichnet sind. Nach der Genfer Erklärung vom 16. 9. 1950 über den Bau internat. Hauptverkehrsstraßen werden Hauptverkehrsstraßen E 1 bis E 27 sowie Zubringer- und Verbindungsstraßen E 30 bis E 126 unterschieden. Weiterhin werden die E. bezüglich des Straßenquerschnittes in Straßen der Kategorie I (eine Fahrbahn mit zwei Fahrspuren von je mindestens 3,50 m Breite), II (mit mehr als zwei Fahrspuren) und Autobahnen eingeteilt.

Europawahlen, Bez. für die Wahlen zum Europ. Parlament.

European Economic Community [engl. jʊərə'piːən iːkə'nɒmɪk kəm'juːnɪtɪ], Abk. EEC, engl. Bez. für die Europ. Wirtschaftsgemeinschaft.

European Free Trade Association [engl. jʊərə'piːən 'friː 'treɪd əsoʊsɪ'eɪʃən], Abk. EFTA, engl. Bez. für die Europ. Freihandelsassoziation.

European Nuclear Energy Agency [engl. jʊərə'piːən 'njuːklɪə 'enədʒɪ 'eɪdʒənsɪ], Abk. ENEA, Europ. Kernenergie-Agentur, ↑ Nuclear Energy Agency.

European Space Research Organization [engl. jʊərə'piːən 'speɪs rɪ'sɜːtʃ ɔːgənaɪ'zeɪʃən], Abk. ESRO, ↑ ESA.

Europide [griech.] (europider Rassenkreis), Bez. für die sog. weiße Rasse als eine der drei menschl. Großrassen. Die E., deren Verbreitungsgebiet weit über den europ. Kontinent hinausreicht, lassen sich in vier Gruppen zu je zwei einander stammesgeschichtl. nahestehenden Rassen untergliedern: 1. ↑ Nordide und ↑ Fälide bzw. Dalonordide; 2. Alpide (↑ alpine Rasse) und ↑ Osteuropide; 3. Dinaride (↑ dinarische Rasse) und Anatolide (↑ vorderasiatische Rasse); 4. ↑ Mediterranide und ↑ Orientalide. - ↑ auch Menschenrassen.

Europium [nach dem Erdteil Europa], chem. Symbol Eu, Element aus der Reihe der Lanthanoide im Periodensystem der chem. Elemente; Ordnungszahl 63; mittlere Atommasse 151,96; Schmelzpunkt 822 °C; Siedepunkt 1 597 °C. E. ist das seltenste Element unter den Lanthanoiden. Das graue,

Europa, politische Karte

Europa, politische Karte

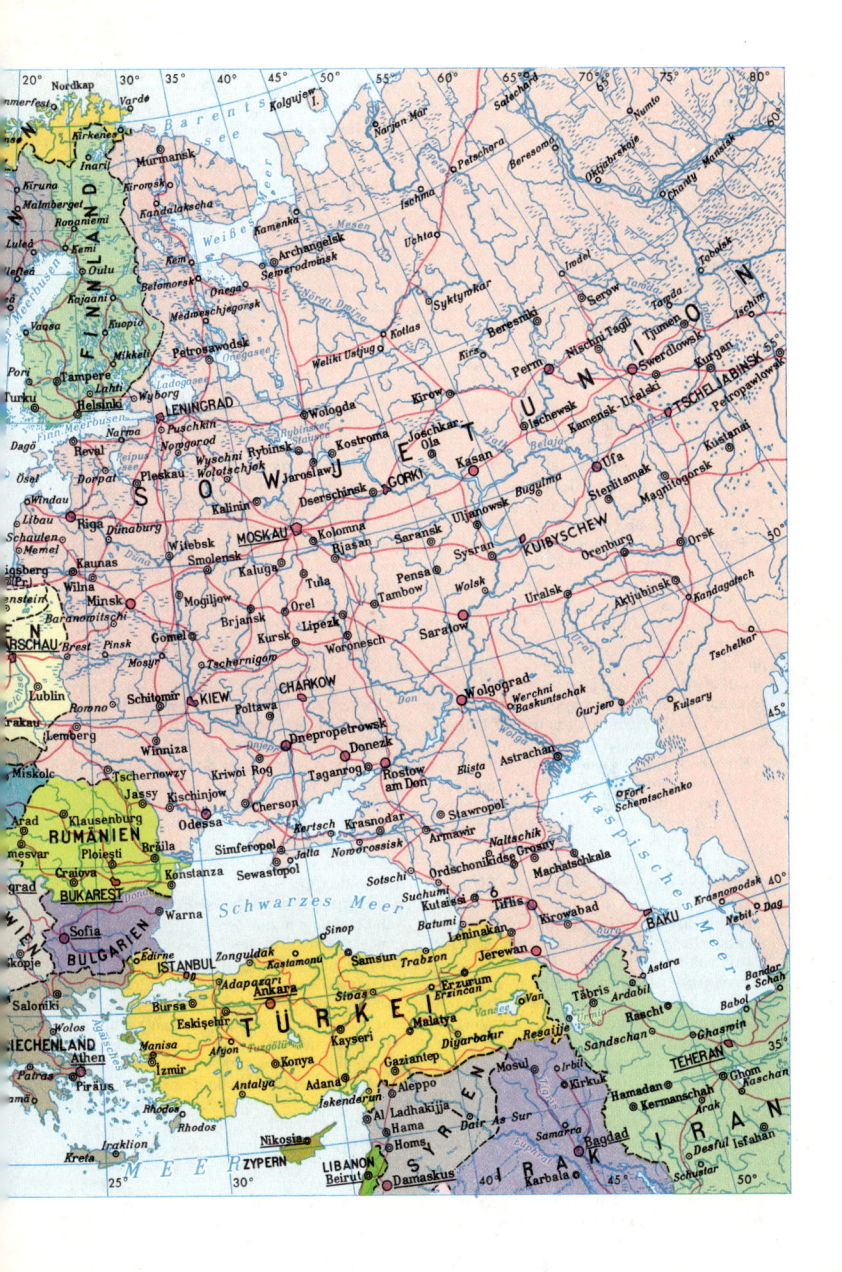

281

gut verformbare Metall tritt in seinen Verbindungen zwei- (weiß) oder dreiwertig (rosafarben) auf; dient u. a. zur Herstellung spezieller Leuchtmassen.

Europoort [niederl. 'ø:ro:po:rt], Hafengebiet von Rotterdam, Niederlande.

Euroscheck ↑eurocheque.

Eurosignal ↑Funkrufdienst.

EUROSPACE [engl. 'juərəspɛɪs], Abk. für engl.: **Eur**opean Industrial Group for **Spa**ce Studies (frz. Groupement Industriel Européen d'Études Spatiales, dt. Europ. Industriegruppe für Raumfahrtstudien), Verband europ. Raumfahrtunternehmen, gegr. 1961, Sitz Paris. Aufgabe: Untersuchung techn., wirtsch. und jurist. Probleme hinsichtl. der Raumfahrt.

Eurovision [Kw. aus **euro**päisch und Television], Sammelbez. für einen Teil des Programmaustausches zw. den Mgl. der Union der Europ. Rundfunkorganisationen, die durch ständige Bildleitungen miteinander verbunden sind; Zentrum des Leitungsnetzes ist Brüssel; über Fernsehsatelliten ist der Programmaustausch mit nord- und südamerikan. Rundfunkanstalten mögl., über die ↑Intervision mit Osteuropa und der UdSSR.

Eurybiades, spartan. Feldherr im Perserkrieg 480 v. Chr. - Kommandant der griech. Flotte bei Artemision und Salamis; ließ sich durch Themistokles zur Entscheidungsschlacht von Salamis bewegen.

Eurydike [ɔy'ry:dike, ɔyry'di:ke] ↑Orpheus.

euryhalin [griech.], unempfindlich gegen Schwankungen des Salzgehaltes im Boden oder in Gewässern, auf Organismen bezogen (z. B. Aale, Lachse).

Eurymedon ↑Aspendos.

euryök [griech.] (euryözisch, eurytop), anpassungsfähig; von Tier- und Pflanzenarten gesagt, die in sehr unterschiedl. Biotopen leben können (z. B. Aale, viele Gräser).

euryphag [griech.], nicht auf eine bestimmte Nahrung spezialisiert; auf Tiere bezogen.

euryphot [griech.], unempfindlich gegen Veränderlichkeit der Lichtintensität; von Tieren und Pflanzen gesagt.

Eurypontiden, neben den Agiaden das zweite spartan. Königsgeschlecht (benannt nach dem sagenhaften König Eurypon), zu dem u. a. Agesilaos II., Agis II., Agis IV., Archidamos II., Archidamos III., Leotychidas II. gehörten.

eurytherm [griech.], unempfindlich gegenüber unterschiedl. bzw. schwankenden Temperaturen des umgebenden Mediums; auf Tiere und Pflanzen bezogen.

Eurythmie [Schreibweise R. Steiners; ↑Eurhythmie], von den Anthroposophen gepflegte Bewegungskunst und -therapie, bei der Laute, Wörter oder Gedichte, Vokal- und Instrumentalmusik in raumgreifende Ausdrucksbewegungen umgesetzt werden.

Eusebios von Caesarea, *zw. 260 und 265, † im Mai 339, griech. Kirchenschriftsteller. - Neben Bibelkommentaren und theolog. Werken verfaßte er die erste Kirchengeschichte („Vater der Kirchengeschichte").

Eusebius, männl. Vorname griech. Ursprungs, eigtl. „der Fromme, der Gottsuchende"; weibl. Form **Eusebia.**

Euskirchen, Krst. in NRW, im S der Zülpicher Börde, 170 m ü. d. M., 45 000 E. Garnison. U. a. Textil-, Leder-, Glas-, Verpakkungsind. - Stadtrecht seit 1302; kam 1355 an Jülich, 1614/66 an Pfalz-Neuburg. - Die Pfarrkirche (12.–15. Jh.) bildet mit dem sog. Dicken Turm der Stadtbefestigung (14. Jh.) eine architekton. Einheit.

E., Kreis in NRW.

Eustachi, Bartolomeo [italien. eus'ta:ki] (Eustachio), * San Severino Marche im März 1520, † auf einer Reise nach Fossombrone im Aug. 1574, italien. Anatom. - Nach ihm benannt wurde die **Eustachi-Röhre** (Ohrtrompete, Tuba Eustachii, ↑Gehörorgan) und die **Eustachi-Klappe,** die beim Embryo an der Einmündung der unteren Hohlvene in den rechten Vorhof des Herzens liegt, und das aus der Hohlvene kommende Blut über das, noch offene Foramen ovale der linken Herzkammer zuführt.

Eustachius (Eustach), männl. Vorname griech. Ursprungs, eigtl. „der Fruchtbare".

Eustachius (Eustasius), hl., legendärer Märtyrer. Soll röm. Offizier gewesen sein und unter Kaiser Hadrian (117–138) den Märtyrertod erlitten haben. Seit dem MA wird E. zu den 14 Nothelfern gezählt.

Eustathios von Thessalonike, *wahrscheinl. Konstantinopel zw. 1108 und 1115, † Thessalonike 1195 oder 1196, byzantin. Gelehrter und Metropolit von Thessalonike (seit etwa 1174). - Kommentare zu Ilias und Odyssee, zu Dionysios dem Periegeten und zu Pindar; zahlr. reformer. Schriften, auch histor. Abhandlungen.

eustatische Schwankungen, weltweite Hebungen und Senkungen des Meeresspiegels, verursacht durch Veränderungen des Wasserhaushalts, bes. bei Eiszeiten.

Eutektikum [griech.], feinkristallines Gemenge, das zwei oder mehrere Stoffe (z. B. Metalle in einer Legierung) in dem Verhältnis enthält, das den niedrigsten Erstarrungspunkt aller denkbaren Mischungen dieser Stoffe hat (**eutekt. Temperatur, eutekt. Punkt**). Beim Abkühlen seiner Schmelze oder Lösung erstarrt es deshalb einheitlich.

Euter, Bez. für den in der Leistengegend gelegenen, in Stützgewebe eingebetteten und von einer bindegewebigen Kapsel umgebenen Milchdrüsenkomplex bei Unpaarhufern, Kamelen und Wiederkäuern; mit je zwei (bei Pferden, Kamelen, Ziegen, Schafen) bzw. vier (bei Rindern) unabhängig voneinander arbeitenden Drüsensystemen, deren milchausführende Gänge in Zisternen münden, an die die **Zitzen (Striche)** anschließen.

Euterentzündung (Mastitis), bes. bei Hausrindern und Hausschafen auftretende, durch Infektion mit Strepto- oder Staphylokokken hervorgerufene ansteckende Erkrankung des Euters; bei Rindern der † gelbe Galt.

Euterpe [zu griech. euterpḗs „wohl erfreuend"], eine der Musen.

Euthanasie [zu griech. euthanasía „schöner Tod"], Sterbehilfe für unheilbar Kranke und Schwerstverletzte mit dem Zweck, ihnen ein qualvolles Ende zu ersparen (z. B. durch Abschalten der sog. Herz-Lungen-Maschine). Im Recht sind zu unterscheiden: *E. ohne Lebensverkürzung* (echte † Sterbehilfe). Sie beschränkt sich auf die Verabreichung schmerzstillender und/oder betäubender Mittel und ist rechtl. unproblematisch; *E. mit Lebensverkürzung* (Sterbenachhilfe): Verzicht auf vielleicht mögl. kurzfristige („künstl.") Lebensverlängerung. Es ist streitig, ob dies rechtl. als Totschlag durch Unterlassen zu werten ist; *indirekte E.*, bei der die Lebensverkürzung als unerwünschte Nebenfolge der Sterbehilfe objektiv eintreten kann oder [mit Sicherheit] eintreten wird. Sofern der Täter (je nach Fallgestaltung) mit diesem Ergebnis einverstanden ist (Eventualvorsatz) bzw. hofft, daß es nicht eintreten werde, muß ein Tötungsdelikt angenommen werden; *direkte E.*, bei der der Täter das Leben des Sterbenden bewußt verkürzt, um dessen Qualen zu beenden. Hier liegt unbestritten ein Tötungsdelikt vor († auch Tötung auf Verlangen). Nicht zur E. gehört die Vernichtung sog. „lebensunwerten Lebens". Es handelt sich dabei um die bewußte Tötung (Mord) mißgebildeter, geistig oder physisch kranker sowie sozial unproduktiver Menschen. Dies war das Ziel des nat.-soz. (zu Unrecht so genannten) † Euthanasieprogramms.

Der Begriff E. findet sich bereits in der griech.-röm. Antike; gemeint ist damit ein „guter", d. h. schneller und leichter und schmerzloser Tod, manchmal auch der ehrenvolle Tod eines Kriegers im Kampf. Immer jedoch bedeutet E. hier nur die bestimmte Todesart, nie geht es um das Eingreifen eines Arztes oder eines anderen Menschen in den Sterbeverlauf. In der ev. Ethik und kath. Moraltheologie wird die sog. E. unter schöpfungstheolog. und naturrechtl. Gesichtspunkten übereinstimmend als Mord beurteilt und verworfen. Gegen die verantwortungsvolle Handhabung einer medizin. Hilfe beim Sterben ohne angestrebte Lebensverkürzung werden im allg. keine eth. Bedenken geltend gemacht.

📖 *Baer, L. S.: Der Patient soll entscheiden. Dt. Übers. Düss. 1980. – Nowak, K.: „E." u. Sterilisierung im „Dritten Reich". Gött. ²1980.*

Euthanasieprogramm, nat.-soz. Programm zur Vernichtung sog. „lebensunwerten Lebens". Es begann 1939 auf Befehl Hitlers. Bis Aug. 1941 wurden in speziellen „Tötungsanstalten" schätzungsweise 60 000–80 000 Menschen getötet. Proteste v. a. von kirchl. Seite führten zur Einstellung der Massenmorde; Einzeltötungen („wilde Euthanasie"), Kindereuthanasie und die Ermordung sog. „lebensunwerter" KZ-Häftlinge wurden jedoch fortgesetzt.

Euthymides, att. Vasenmaler an der Wende des 6. zum 5. Jh. - Einer der führenden Meister der att. rotfigurigen Vasenmalerei.

Eutin, Krst. in Schl.-H., zw. Großem und Kleinem Eutiner See, 43 m ü. d. M., 16 400 E. Verwaltungssitz des Landkr. Ostholstein; Landespolizeischule, Museen, Freilichtbühne; Fremdenverkehr. - 1143 gegr. und mit Holländern besiedelt; seit 1257 Stadt. - Michaelskirche (13. Jh.), Schloß (17./18. Jh., auf Resten älterer Vorgängerbauten).

Eutonie [griech.], normaler Spannungszustand (Tonus) der Muskeln; Ggs. † Dystonie.

eutroph [griech.], nährstoffreich; auf Gewässer bezogen, die reich an Nährstoffen sind.

Eutrophie [griech.], in der Medizin: 1. normaler, ausgewogener Ernährungszustand des Organismus, bes. von Säuglingen (Ggs. † Dystrophie); 2. regelmäßige und ausreichende Versorgung eines Organs mit Nährstoffen.

Eutrophierung [griech.], die unerwünschte Zunahme eines Gewässers an Nährstoffen (z. B. durch Einleitung ungeklärter Abwässer, Stickstoffauswaschungen aus dem Boden in landw. intensiv genutzten Gebieten) und das damit verbundene schädl. Wachstum von Pflanzen (v. a. Algen) und tier. Plankton (erhebl. Verminderung des Sauerstoffgehaltes des Wassers).

Eutropius, röm. Geschichtsschreiber des 4. Jh. - Verfaßte in offiziellem Auftrag 10 Bücher röm. Geschichte bis zum Jahre 364 („Breviarium ab urbe condita"); fortgesetzt in 6 Büchern (bis 553) durch Paulus Diaconus, in 8 Büchern (bis 820) durch Landolfus Sagax; im MA wichtiges Lehrbuch.

Euwe, Machgielis (Max) [niederl. 'ø:wə], * Watergrafsmeer (= Amsterdam) 20. Mai 1901, † Amsterdam 26. Nov. 1981, niederl. Schachspieler. - 1935–37 Weltmeister; ein Schachtheoretiker und -systematiker.

ev., Abk. für: **evangelisch**.

eV, Einheitenzeichen für † Elektronenvolt.

e. V., Abk. für: eingetragener Verein († Verein).

Ev, Kurzform des weibl. Vornamens Eva.

Ev., Abk. für: Evangelium.

Eva, aus der Bibel übernommener weibl. Vorname; frz. Form: Ève, engl. Form: Eve.

Eva ['e:va, 'e:fa; zu hebr. Chawwa, eigtl. „das Leben"], bibl. Gestalt, Name des ersten weibl. Menschen (1. Mos. 3, 20 und 4, 1), der ebenso wie Adam kollektiv gemeint ist.

EVA, Abk. für: Europäische Verlagsanstalt († Verlage, Übersicht).

Evangelische Kirche in Deutschland

DIE EVANGELISCHE KIRCHE IN DEUTSCHLAND
(Stand Jan. 1986)

Gliedkirche	Mitglieder	Kirchengemeinden (Kreise, Dekanate, u.a.)	Theologen (davon Theologinnen)	Leitung*
1. *lutherische Gliedkirchen*				
Ev. Landeskirche in Württemberg	2 400 000	1 395 (51)	2 002 (215)	LB Hans von Keler
Ev.-Luth. Kirche in Bayern	2 561 000	1 516 (73)	2 159 (125)	LB Johannes Hanselmann
Ev.-luth. Kirche in Oldenburg	511 000	119 (13)	243 (17)	B Wilhelm Sievers
Ev.-luth. Landeskirche Hannovers	3 516 000	1 547 (76)	1 953 (180)	LB Eduard Lohse
Ev.-luth. Landeskirche in Braunschweig	519 000	385 (13)	298 (10)	LB Gerhard Müller
Ev.-Luth. Landeskirche Schaumburg-Lippe	70 000	23 (3)	43 (0)	LB Joachim Heubach
Nordelb. ev.-luth. Kirche	2 734 000	676 (27)	1 433 (153)	B Karlheinz Stoll[2] (Sprengel Schleswig) B Ulrich Wilckens (Sprengel Holstein-Lübeck) B Peter Krusche (Sprengel Alt-Hamburg)
2. *unierte Gliedkirchen*				
Bremische Ev. Kirche	348 000	69 (0)	154 (12)	P Eckart Ranft
Ev. Kirche im Rheinland	3 258 000	830 (46)	2 093 (254)	Pr Gerhard Brandt
Ev. Kirche in Berlin-Brandenburg (Berlin-West)	901 000	172 (14)	556 (89)	B Martin Kruse[1]
Ev. Kirche in Hessen und Nassau	2 079 000	1 199 (60)	1 561 (212)	KP Helmut Spengler
Ev. Kirche von Kurhessen-Waldeck	1 046 000	949 (27)	766 (98)	B Hans-Gernot Jung
Ev. Kirche von Westfalen	2 965 000	646 (33)	1 851 (189)	Pr Hans-Martin Linnemann
Ev. Landeskirche in Baden	1 335 000	544 (30)	1 184 (169)	LB Klaus Engelhardt
Vereinigte Prot.-Ev.-Christl. Kirche der Pfalz	646 000	428 (20)	475 (52)	KP Heinrich Kron
3. *reformierte Gliedkirchen*				
Ev.-ref. Kirche in Nordwestdeutschland	195 000	128 (10)	144 (11)	Landeskirchenvorsteher Hinnerk Schröder
Lippische Landeskirche	232 000	68 (6)	125 (9)	LS Ako Haarbeck
gesamt	25 316 000	10 694 (502)	17 102 (1 798)	

* B Bischof; LB Landesbischof; KP Kirchenpräsident; LS Landessuperintendent; P Pastor; Pr Präses

[1] gleichzeitig Vorsitzender des Rates der EKD
[2] gleichzeitig Vorsitzender der Kirchenleitung

Evangelische Kirche in Deutschland

Evakuation [lat.], künstl. Entleerung von Hohlorganen (z. B. der Harnblase von Steintrümmern).

evakuieren [lat., zu vacuus „leer"], eine Wohnung, Stadt oder ein Gebiet aus militär. oder Sicherheitsgründen ganz oder teilweise - insbes. von der Zivilbevölkerung - räumen. ♦ ein Gas (speziell Luft) aus physikal.-techn. Apparaturen entfernen, ein Vakuum herstellen.

Evaluation [engl.; zu lat. valere „stark sein"], Bewertung, Bestimmung des Wertes. ♦ Beurteilung insbes. von Lehrplänen oder Unterrichtsprogrammen.

Evangeliar (Evangeliarium) [griech.-mittellat.], urspr. Bez. für das liturg. Buch mit dem vollständigen Text der vier Evangelien, später auch für das Perikopenbuch. Bes. aus dem frühen MA sind eine Reihe prachtvoll geschmückter E. erhalten.

Evangelien (Einz. Evangelium) [griech.], zusammenfassende Bez. für die vier ersten Schriften des N. T.: Matthäus-E., Markus-E., Lukas-E., Johannes-E.; ferner für einige apokryphe, nicht in den Kanon der Bibel aufgenommene Texte über das Leben Jesu.

Evangelienharmonie, seit A. Osiander Bez. für den Versuch, aus dem Wortlaut der vier Evangelien einen einheitl. Bericht vom Leben und Wirken Jesu zusammenzustellen. Die erste bekannte E. schuf im 2. Jh. der Syrer Tatian in seinem „Diatessaron". Eine Harmonisierung, d. h. Glättung der unterschiedl. oder widersprüchl. Aussagen in den Evangelien ist nach dem heutigen Stand der Bibelkritik deshalb nicht möglich, weil die Evangelien nicht histor. Texte sind und sein wollen, sondern in unterschiedl. Weise ein christl. Bekenntnis ablegen wollen.

evangelikal [griech.-mittellat.], im Protestantismus, v. a. in der anglikan. Kirche, Bez. für eine theolog. Richtung, die die unbedingte Autorität des N. T. im Sinne des Fundamentalismus vertritt.

Evangelisation [griech.-mittellat.], Verkündigung des Evangeliums auch über den kirchl. Bereich hinaus.

evangelisch, ein Begriff, mit dem zunächst alles bezeichnet werden kann, was mit dem christl. Evangelium zusammenhängt. In der konfessionellen Abgrenzung gegenüber der kath. Kirche allg. Kennzeichnung der Kirchen, die aus der Reformation hervorgegangen sind, d. h. der Gesamtheit des †Protestantismus.

Evangelische Akademien, seit 1945 entstandene Einrichtungen der ev. Kirchen zur Diskussion von Fragen der Zeit im Lichte des Evangeliums, zur Zusammenarbeit von Laien und Theologen auf Tagungen und in Vorträgen. Die erste Tagung einer E. A. fand 1945 in Bad Boll statt. Nach dem Vorbild dieser Akademie wurden von anderen Kirchen weitere E. A. gegründet, u. a. in Arnoldshain, Berlin (West), Hamburg, Hofgeismar, Iserlohn, Karlsruhe, Loccum, Mülheim a. d. Ruhr, Oldenburg, Schleswig, Bad Segeberg, Speyer, Tutzing. Ähnlich entstanden E. A. in der DDR (Berlin [Ost], Erfurt, Magdeburg, Meißen) und u. a. in Österreich, Südafrika, Japan. Die Leitungen der E. A. sind zusammengeschlossen im „Leiterkreis der E. A. in Deutschland e. V." (Sitz Bad Boll).

Evangelische Allianz, unter dem Einfluß der Erweckungsbewegung 1846 in England entstandener Zusammenschluß ev. Christen aus Landes- und Freikirchen mit dem Ziel der Vereinigung der ev. Christenheit. In Deutschland seit 1857 der „Dt. Zweig der E. A." (heute BR Deutschland) und die „Blankenburger Allianz" (heute DDR).

Evangelische Arbeitervereine ↑ Arbeitervereine.

Evangelische Brüderkirche ↑ Brüdergemeine.

evangelische Bruderschaften ↑ Kommunitäten.

Evangelische Gemeinschaft, aus der Erweckungsbewegung hervorgegangene, von J. ↑Albrecht 1800 gegr. ev. Freikirche (bis 1816: „Albrechts Leute"), dem Methodismus nahestehend, Tochterkirche der Evangelical United Brethren Church; dringt v. a. auf prakt. Lebensheiligung ihrer Mgl. und unterhält ausgedehnte Evangelisationsarbeit. Predigerseminar in Reutlingen.

Evangelische Kirche der Union, Abk. EKU, hervorgegangen aus der „Ev. Kirche der altpreuß. Union", der Vereinigung der luth. und ref. Kirchen in Preußen (1817). Die EKU versteht sich als Union selbständiger Landeskirchen: Ev. Kirche Anhalts, Ev. Kirche in Berlin-Brandenburg, Ev. Kirche des Görlitzer Kirchengebiets, Ev. Kirche Greifswald, Ev. Kirche im Rheinland, Ev. Kirche der Kirchenprovinz Sachsen, Ev. Kirche von Westfalen. 1972 erfolgte die Aufgliederung in die Bereiche DDR, BR Deutschland und Berlin (West). Mit dem Westbereich ist die EKU Gliedkirche der EKD, im Ostbereich gehören ihre Gliedkirchen zugleich zum Bund der Ev. Kirchen in der DDR. Organe und Dienststellen sind in jedem Bereich: Synode, Rat, Kirchenkanzlei; Sitz in beiden Teilen Berlins.

Evangelische Kirche in Deutschland, Abk. EKD, rechtl. Überbau, zu dem sich 21 luth., ref. und unierte Kirchen (einschließl. der Ev. Kirche der Union) in der BR Deutschland und Berlin (West) zusammengeschlossen haben. Die EKD ist ein Kirchenbund und umfaßt mit 29,7 Mill. den größten Teil der ev. Christen in der BR Deutschland und in Berlin (West).

Die **Gliedkirchen** der EKD lassen sich in drei Gruppen zusammenfassen: *Luth. Gliedkirchen:* Ev.-Luth. Kirche in Bayern, Ev.-luth. Landeskirche in Braunschweig, Ev.-Luth. Landeskirche Eutin (bis 1977), Ev.-luth.

285

che im Hamburgischen Staate (bis 1977), Ev.-luth. Landeskirche Hannovers, Ev.-luth. Kirche in Lübeck (bis 1977), Ev.-Luth. Landeskirche Schaumburg-Lippe, Ev.-Luth. Landeskirche Schleswig-Holsteins (bis 1977; diese 8 Kirchen sind zusammengeschlossen in der **Vereinigten Ev.-Luth. Kirche Deutschlands** [VELKD]), Ev.-luth. Kirche in Oldenburg, Ev. Landeskirche in Württemberg. - Seit 1977 sind die ehemaligen Landeskirchen Eutins, Hamburgs, Lübecks und Schleswig-Holsteins in der Nordelbischen ev.-luth. Kirche aufgegangen.
Unierte Gliedkirchen: Ev. Kirche in Berlin-Brandenburg (seit 1973 Zusatz: Berlin-West), Ev. Kirche im Rheinland, Ev. Kirche von Westfalen (diese 3 Kirchen gehören zur **Ev. Kirche der Union** [EKU]), Ev. Landeskirche in Baden, Brem. Ev. Kirche, Ev. Kirche in Hessen und Nassau, Ev. Kirche von Kurhessen-Waldeck, Vereinigte Prot.-Ev.-Christl. Kirche der Pfalz. - *Reformierte Gliedkirchen:* Lippische Landeskirche (mit einer luth. „Klasse", d. h. einem luth. Anteil), Ev.-ref. Kirche in Nordwestdeutschland.

Die EKD und ihre Gliedkirchen verstehen sich als Volkskirche, d. h. als Kirche, in der die Bev. zum überwiegenden Teil nach Herkommen und Gewohnheit der Kirche angehört und sich die Arbeit der Kirche auf eben diesen Großteil der Bev. richtet. Die EKD ist im Verhältnis zu ihren Gliedkirchen mit relativ geringen Kompetenzen ausgestattet, insbes. sind alle Glaubens- und Bekenntnisfragen den Gliedkirchen vorbehalten. Hauptaufgabe der EKD ist es, die Gemeinschaft unter den Gliedkirchen zu fördern. Sie vertritt die gesamtkirchl. Anliegen gegenüber allen Inhabern öffentl. Gewalt und arbeitet in der Ökumene mit. Gesetzl. Bestimmungen mit Wirkung für die Gliedkirchen kann die EKD nur mit deren Zustimmung erlassen. **Organe:** Die *Synode* der EKD, bestehend aus 100 von den Synoden der Gliedkirchen gewählten und 20 vom Rat der EKD berufenen Mgl. Sie hat die Aufgabe, kirchl. Gesetze zu beschließen und Stellungnahmen zu kirchl. und gesellschaftl. Fragen abzugeben. Sie tritt i. d. R. einmal jährl. zu einer ordentl. Tagung zusammen. Ihre Legislaturperiode dauert sechs Jahre. Die *Kirchenkonferenz* wird von den Kirchenleitungen der Gliedkirchen gebildet. Jede Gliedkirche ist mit einer Stimme vertreten. Die Kirchenkonferenz hat die Aufgabe, die Arbeit der EKD und die gemeinsamen Anliegen der Gliedkirchen zu beraten und Vorlagen oder Anregungen an die Synode und den Rat zu geben. Sie wirkt bei der Wahl des Rates und bei der Gesetzgebung mit. Der *Rat* der EKD übt die Leitung und Verwaltung der EKD aus und vertritt sie nach außen. Er hält i. d. R. einmal monatl. eine zweitätige Sitzung. Seine 15 Mgl. werden von der Synode und der Kirchenkonferenz auf sechs Jahre gewählt. Er bedient sich der Beratung durch *Kammern* und *Kommissionen,* die aus sachverständigen kirchl. Persönlichkeiten gebildet werden. - In Bonn ist der Rat der EKD durch einen Bevollmächtigten vertreten. **Amtsstellen** der EKD sind die Kirchenkanzlei der EKD in Hannover (mit Außenstellen in Bonn und Berlin [West]) und das Kirchl. Außenamt in Frankfurt am Main. **Geschichte:** Die Bemühungen um einen engeren Zusammenschluß der in der Reformation entstandenen Landeskirchen führten nach verschiedenen Versuchen im 19. Jh. erst 1933 mit der Gründung der „Dt. Ev. Kirche" zum Ziel. Kurz darauf griff jedoch das nationalsozialist. System in das innere Leben der Kirche ein, um aus der „Dt. Ev. Kirche" eine dem nationalsozialist. Regime willfährige Staatskirche zu machen († Deutsche Christen). - Als Gegenbewegung gegen die damit verbundenen Versuche der Verfälschung von Lehre und Verkündigung entstand die † Bekennende Kirche († auch Kirchenkampf). Die Neuordnung der Gesamtkirche wurde nach dem Zusammenbruch 1945 unter dem Namen EKD verwirklicht. - Die 8 Landeskirchen auf dem Gebiet der DDR gehörten zunächst zur EKD; 1969 bildeten sie einen eigenen Zusammenschluß, den Bund der Ev. Kirchen in der DDR. 19 weitere dt. Landeskirchen, Provinzialkirchen bzw. Kirchen dt. Sprache in Ost- und Südosteuropa sind als Folge des 2. Weltkrieges untergegangen oder haben große Verluste erlitten.

Kirchenmitgliedschaft: Der einzelne ev. Christ ist Mgl. seiner Gemeinde und seiner Landeskirche (Mgl. der EKD sind allein die Gliedkirchen). Die Mitgliedschaft ist an Taufe und Wohnsitz geknüpft: Wer in einer ev. Kirche die Taufe empfangen und seinen Wohnsitz im Bereich einer EKD-Gliedkirche hat, ist damit Mgl. dieser Kirche. Verlegt er seinen Wohnsitz in das Gebiet einer anderen EKD-Gliedkirche, so wird er dort Kirchenmitglied. ⚄ *Leiser, W.:* Die Regionalgliederung der ev. *Landeskirchen in der BR Deutschland.* Hann. u. a. 1979. - *Brunotte, H.:* Die Grundordnung *der E. K. in D.* Hamb. - *Schmidt, Martin:* Ev. *Kirchengesch. Deutschlands v. der Reformation bis zur Gegenwart.* Bln. 1956.

evangelische Presse, sie hat eine doppelte Aufgabe: Aktualisierung und Verkündigung der christl. Botschaft, innerkirchl. Kommunikation. Nach einzelnen Vorläufern im 18. Jh. seit Mitte 19. Jh. stärker verbreitet, erreichte vor 1933 einen Höhepunkt. Heute erscheinen in der BR Deutschland im Rahmen der e. P. Publikationen mit einer Jahresgesamtauflage von rd. 170 Mill. Exemplaren. Typen der e. P. sind u. a.: offizielle Organe der EKD, Mitteilungen kirchl. Verbände, theolog.-wiss. Zeitschriften, Gemeindeblätter, volksmissionar. Blätter, Kinder- und Jugendzeitschriften, ökumen. Zeitschriften, Wochenzeitungen wie das „Dt. Allg. Sonntagsblatt".

Evangelische Räte (Consilia evangelica), in der kath. Kirche Bez. für Empfehlungen des Evangeliums, die für das christl. Leben nicht unbedingt geboten sind: Ehelosigkeit, Armut und Gehorsam.

Evangelischer Bund, Vereinigung innerhalb der Ev. Kirche in Deutschland, 1886 von W. Beyschlag u. a. gegründet. Nach heutigem Verständnis will der E. B. die Botschaft der Reformation in den konfessionellen, weltanschaul. und gesellschaftl. Verhältnissen der Gegenwart vermitteln. Dieser Arbeit dient v. a. das 1947 gegr. Konfessionskundl. Institut in Bensheim.

Evangelischer Kirchentag ↑Deutscher Evangelischer Kirchentag.

Evangelischer Pressedienst ↑Nachrichtenagenturen (Übersicht).

evangelische Soziallehre↑Sozialethik.

Evangelische Studentengemeinde ↑Studentengemeinde.

Evangelische Volkspartei, schweizer. polit. Partei, 1917 als konfessionell orientierte christl. Partei gegr.; auch Bundespartei (E. V. der Schweiz); 3 Mandate im Nationalrat (1979), Aktionszentrum blieb aber der Kt. Zürich.

Evangelische Zentralstelle für Weltanschauungsfragen, Abk. EZW, 1960 gegr. Einrichtung der EKD mit Sitz in Stuttgart. Sie hat die Aufgabe, die religiösen und weltanschaul. Strömungen der Zeit zu beobachten und die geistige Auseinandersetzung der Kirche mit der Zeit zu fördern. Vorläufer war 1919–35 die „Apologet. Centrale".

Evangelisch-Johannische Kirche nach der Offenbarung St. Johannis, eschatolog. christl. Glaubensgemeinschaft, 1926 gegr. von J. ↑Weißenberg; er verband die christl. Lehre mit gnost.-dualist. und spiritist. Ideen und bezeichnete sich selbst als letzte und höchste Gottesoffenbarung.

evangelisch-lutherisch, Abk. ev.-luth., einem prot. Bekenntnis angehörend, das sich ausdrückl. an Luther und seiner Theologie orientiert.

evangelisch-reformiert, einem prot. Bekenntnis angehörend, das v. a. auf die Reformatoren Zwingli und Calvin zurückgeht.

Evangelisch-sozialer Kongreß, Abk. ESK, unter dem Einfluß der christl.-sozialen Bewegung des 19. Jh. von dt. Theologen, Nationalökonomen und Soziologen (A. Stoecker, A. Wagner, L. Weber) 1890 gegr. Verein, der sich aus christl. Geist um Beseitigung soz. Mißstände und Lösung soz. Probleme bemühte; unter A. Stoecker 1897 Abspaltung der Rechten in die „Kirchl.-soziale Konferenz" (später als „Kirchl.-sozialer Bund" fortgeführt); 1933 verboten.

Evangelist [griech.], in der christl. Urgemeinde Bez. für Mitarbeiter, Gehilfen der Apostel; seit dem 3. Jh. Bez. für die mutmaßl. Verfasser der vier Evangelien: Matthäus, Markus, Lukas, Johannes; im heutigen Sprachgebrauch Bez. für den Prediger, v. a. in Freikirchen.

Evangelistar [griech.-mittellat.], liturg. Buch, das die Abschnitte aus den Evangelien, die bei der Messe verlesen werden, enthält.

Evangelistensymbole, die den Darstellungen der Evangelisten seit dem 5. Jh. beigegebenen Symbole (nach Ezech. 1, 10; Apk. 4, 7), vier geflügelte Wesen: Mensch oder Engel für Matthäus, Löwe für Markus, Stier für Lukas und Adler für Johannes.

Evangelisti, Franco [italien. evandʒe'listi], * Rom 21. Jan. 1926, † ebd. 28. April 1980, italien. Komponist. - Gründete 1961 in Rom das Ensemble „Nuova Consonanza" und lehrt elektron. Musik an der Accademia di Santa Cecilia in Rom; elektron. Musik sowie Musik für herkömml. Instrumentarium.

Evangelium [zu griech. euangélion „frohe Kunde, Heilsbotschaft"], die Botschaft Jesu vom Kommen des Gottesreiches, ferner die Überlieferung von Leben und Wirken Jesu, bes. deren schriftl. Festlegung in den entsprechenden neutestamentlichen Texten, den Evangelisten.

Evans [engl. 'ɛvənz], Sir (seit 1911) Arthur John, * Nash Mills (Hertfordshire) 8. Juli 1851, † bei Oxford 11. Juli 1941, brit. Archäologe. - Prof. in Oxford; Erforscher der minoischen Kultur (seit 1900 Ausgrabung von Knossos).

E., Gil, eigtl. Ian Ernest Gilmore Green, * Toronto 13. Mai 1912, amerikan. Jazzmusiker (Arrangeur, Komponist und Pianist). - 1958–61 Zusammenarbeit mit Miles Davis; gilt als der einflußreichste Arrangeur des modernen Jazz. - † 20. März 1988.

E., Herbert McLean, * Modeste (Calif.) 23. Sept. 1882, † Berkeley (Calif.) 6. März 1971,

Mount Everest. Südwestwand

amerikan. Endokrinologe und Anatom. - Prof. in Baltimore und Berkeley; entdeckte 1922 das Vitamin E.

E., Mary Ann, engl. Schriftstellerin, † Eliot, George.

Evans-Pritchard, Sir Edward Evan [engl. 'ɛvənz 'prɪtʃəd], *Crowborough 21. Sept. 1902, † Oxford 11. Sept. 1973, brit. Ethnologe. - Prof. in Oxford; bed. Feldforschungen in Afrika. Schrieb u. a. „The Nuer" (1940), „Social anthropology" (1951).

Evaporation [lat.], Verdunstung von einer freien Wasseroberfläche oder von der vegetationsfreien Erdoberfläche.

Evaporite [lat.], in abgeschnürten Meeresbecken und festländ. Salzpfannen durch † Evaporation entstandene Sedimente.

Eve [engl. i:v], engl. Form von Eva.

Evelyn ['ɛ:vəlɪn] (Eveline), aus dem Engl. übernommener weibl. Vorname, wahrscheinl. eine Weiterbildung von Eva.

Even, Johannes, *Essen 10. Dez. 1903, † Köln 24. Nov. 1964, dt. Gewerkschafter und Politiker. - 1945 Mitbegr. der CDU (MdB seit 1949) und der Einheitsgewerkschaft; 1955 Mitbegr. der Christl. Gewerkschaftsbewegung Deutschlands, deren Präs. 1956-59.

Eventualantrag [lat./dt.] (Hilfsantrag), im Zivilprozeß ein Klageantrag, den der Kläger hilfsweise zumeist für denjenigen Fall stellt, daß er mit dem Hauptantrag nicht durchdringt.

Eventualhaushalt [lat./dt.] (Eventualbudget), Leertitel im Bundeshaushaltsplan, aus dem nach §8 StabilitätsG (Gesetz zur Förderung der Stabilität und des Wachstums der Wirtschaft) im Falle einer Abschwächung der allg. Wirtschaftstätigkeit Ausgaben geleistet werden können. Der E. darf jedoch nur mit Zustimmung des Bundestages und nur insoweit in Anspruch genommen werden, als Einnahmen aus der Konjunkturausgleichsrücklage und aus Krediten vorhanden sind.

eventuell [lat.-frz.], möglicherweise; gegebenenfalls, unter Umständen, vielleicht.

Everding, August, *Bottrop 31. Okt. 1928, dt. Regisseur und Intendant. - 1963 Intendant der Münchner Kammerspiele, 1973 der Hamburgischen Staatsoper, 1977-82 der Bayer. Staatsoper, seitdem Generalintendant der Bayer. Staatstheater. Bed. Inszenierungen an der Metropolitan Opera (1971 „Tristan und Isolde", 1976 „Lohengrin").

Everdingen, Allaert van, ≈ Alkmaar 18. Juni 1621, ▢ Amsterdam 8. Nov. 1675, niederl. Maler. - Entdeckte die nord. Gebirgslandschaft als Motiv und beeinflußte damit Jacob von Ruisdael und die dt. Romantiker.

Everest, Sir (seit 1861) **George** [engl. 'ɛvərɪst], *Gwernvale (Brecknockshire) 4. Juli 1790, † London 1. Dez. 1866, brit. Ingenieur und Geodät. - Leitete 1823-43 die Vermessung Indiens. Nach ihm wurde der Mount E. benannt.

Everest, Mount [engl. 'maʊnt 'ɛvərɪst] (tibetan. Chomolungma), höchstes Bergmassiv im Himalaja, an der tibet.-nepales. Grenze, zugleich höchster Berg der Erde, nach offiziellen Angaben 8 848 m hoch (nach anderen Angaben 8 882 m). Das ganzjährig schneebedeckte Massiv (Schneegrenze bei rd. 5 800 m Höhe) ist Nährgebiet für vier bed. Gletscher. Die Erstbesteigung glückte am 29. Mai 1953 dem Neuseeländer E. P. Hillary und dem Sherpa Tenzing Norgay, die Besteigung ohne Sauerstoffgeräte am 8. Mai 1978 R. Messner und P. Habeler. - Abb. S. 287.

Everglades [engl. 'ɛvəɡleɪdz], Sumpfgebiet im südlichsten Florida, USA, z. T. Nationalpark, mit Seggen und Riedgräsern bestanden, auf erhöhten Stellen von Waldinseln durchsetzt; randtrop. Klima, bed. Fremdenverkehr.

Evergreen [engl. 'ɛvəɡri:n „immergrün"], ein Schlager oder eine eingängige Melodie, die lange Zeit beliebt ist und immer wieder neu interpretiert wird.

Everly Brothers, The [engl. ði 'ɛvəlɪ 'brʌðəs], amerikan. Rockmusikduo 1956-73, bestand aus den Brüdern Don (*1937) und Phil Everly (*1939), beide Gitarristen und Sänger; hatten mit ihren von Country 'n' Western geprägten Songs zahlr. Millionenhits.

Evertebrata [lat.], svw. † Wirbellose.

EVG, Abk. für: Europäische Verteidigungsgemeinschaft.

Évian-les-Bains [frz. evjɑ̃le'bɛ̃], frz. Heilbad und Klimakurort am S-Ufer des Genfer Sees, Dep. Haute-Savoie, 410 m ü. d. M., 6 000 E. Alkal. Quellen (Nieren-, Gefäßerkrankungen, Gelenkentzündungen), Flaschenabfüllung als Tafelwasser; Kongreßstadt, Festspielhaus. - Am 18. März 1962 wurde in É.-l.-B. (nach dem Waffenstillstandsabkommen vom 21. Febr.) das Abkommen zw. Frankr. und der alger. Befreiungsfront (FLN) unterzeichnet, das Algerien Frieden und Unabhängigkeit brachte.

Evidenz [lat.], Augenscheinlichkeit, Deutlichkeit, Gewißheit; eine Einsicht, die ohne method. Vermittlungen geltend gemacht wird, insbes. für die Legitimation unbeweisbarer oder unbewiesener Sätze.

Evidenzbüro, in Österreich zur Registrierung und Erfassung der Entscheidungen eines Höchstgerichtes errichtete Einrichtung (derzeit beim Verwaltungsgerichtshof und beim Obersten Gerichtshof).

Evidenzzentrale, Stelle bei der Dt. Bundesbank, an die Kreditinstitute zweimonatl. diejenigen Kreditnehmer melden müssen, deren Gesamtverschuldung im Berichtszeitraum 1 Mill. DM überschritten hat; Gesellschaften des gleichen Konzerns gelten als ein Kreditnehmer.

Evokation [lat., zu evocare „hervorrufen"], das Herausrufen einer Gottheit aus einer feindl. Stadt, ein vornehml. für die röm.

Ewald

Religion bezeugter Brauch, der dem Zweck diente, der fremden Stadt den Schutz der Gottheit zu entziehen und selbst deren Macht zu gewinnen.

◆ Abforderung eines rechtshängigen Prozesses durch ein anderes, höheres Gericht; nach dem Reichsrecht des MA konnte der König als oberster Richter jede noch nicht rechtskräftig entschiedene Rechtssache an sich ziehen (Prozesse abfordern) und zur Entscheidung vor das Reichshofgericht (später Reichsgerichte) ziehen (Jus evocandi, E.recht). In der Goldenen Bulle (1356) Verzicht des Königs auf E. gegenüber den Kurfürsten.

Im heutigen Recht hat der Generalbundesanwalt gemäß § 74 a Abs. 1 Gerichtsverfassungs G ein E.recht in Staatsschutzsachen.

evolut [lat.], aneinanderliegend gewunden; von Schneckengehäusen, deren Windungen eng ineinanderliegen (bei den meisten Schnecken), im Ggs. zu den **devoluten Gehäusen,** bei denen sich die Windungen nicht berühren, sondern eine lose Spirale bilden (z. B. bei Wurmschnecken).

Evolute [lat.], der geometr. Ort der Krümmungsmittelpunkte einer ebenen Kurve. Die Ausgangskurve selbst ist eine ↑ Evolvente ihrer Evolute.

Evolution [lat., zu evolvere „herauswickeln"], Bez. für die friedl. Entwicklung der menschl. Gesellschaft im Ggs. zur gewaltsamen Änderung, der Revolution.

◆ in der *Biologie* die stammesgeschichtl. Entwicklung (Phylogenie) der Lebewesen von einfachen, urtüml. Formen zu hochentwickelten (↑ Evolutionstheorie).

Evolutionismus [lat.], eine sich am Darwinismus orientierende Lehre von der Entwicklung nicht nur biolog., sondern u. a. auch psycholog., noolog., soziolog. und ethnolog. Verhältnisse aus einfachen Anfängen zu immer komplexeren Formen.

◆ in der *Religionswissenschaft* der heute als überwunden anzusehende Versuch, eine „Entwicklung" der Religion aus primitiven Vorstufen zu höheren Glaubensformen zu konstruieren. Dieser Versuch, der unter dem Einfluß der positivist. Religionskritik von A. Comte stand, fußte methodisch auf der unreflektierten Annahme, in der Religion neuzeitl. Primitivvölker könne die Urreligion der Menschheit erblickt werden.

Evolutionsrate, das Maß für die Geschwindigkeit, mit der sich die Evolution einer systemat. Einheit vollzieht. Die E. läßt sich für ein bestimmtes Merkmal mathemat. formulieren. So nahm z. B. die Höhe eines Höckers der Backenzähne bei fossilen Eohippusarten bis zu denen von Mesohippus, d. h. in einem Zeitraum von etwa 1 Mill. Jahren, um 3,5 % zu.

Evolutionstheorie, Theorie in der Biologie, die besagt, daß die heute existierenden Lebewesen einer Evolution unterworfen waren bzw. sich aus sich selbst heraus entwickelt haben (↑ Deszendenztheorie).

Evolvente [lat.], eine ebene Kurve, die man erhält, wenn man in sämtl. Punkten einer gegebenen Kurve die Tangenten konstruiert und auf ihnen die Länge des Bogens vom Berührungspunkt A bis zu einem bestimmten festen Punkt der Kurve (Ausgangspunkt der E.) abträgt. Auf Kreis-E. bewegen sich z. B. alle Punkte eines Fadens, den man straff gespannt von einer Kreisscheibe abwickelt. - Abb. S. 290.

Evora [portugies. 'ɛvurɐ], portugies. Stadt im Alentejo, 34 100 E. Verwaltungssitz des Distrikts É.; kath. Erzbischofssitz (seit 1540); Museum; landw. Markt- und Handelszentrum. - In röm. und westgot. Zeit **Liberalitas Julia**; ab 1279 häufig Residenz und Tagungsort der Cortes. - Reste des röm. Dianatempels (2. oder 3. Jh.).

Evorsion [lat.], aushöhlende Wirkung von wirbelndem Wasser.

evozieren [lat.], Vorstellungen, Erinnerungen erwecken.

Evren, Kenan, * Alaşehir (Manisa) 1. Jan. 1918, türk. General (seit 1964). - Artillerieoffizier; seit 1978 Generalstabschef der türk. Armee, nach seinem Putsch im Sept. 1980 bis Nov. 1989 Staatspräsident.

Évreux [frz. e'vrø], frz. Stadt 50 km südl. von Rouen, 46 000 E. Verwaltungssitz des Dep. Eure; kath. Bischofssitz; archäolog. Museum; bed. Marktzentrum mit wachsender Ind.aktivität. - Als **Mediolanum Aulercorum** Hauptstadt der kelt. Aulerker-Eburoviker; 52 v. Chr. röm., eine der blühendsten Städte Galliens, wurde im Ende des 4. Jh. Bischofssitz. 911 kam É. zum Hzgt. Normandie und 1200 zur frz. Krondomäne. Seit 1790 Hauptstadt des Dep. Eure. - Kathedrale Notre-Dame (12./13. Jh.) mit bed. Glasfenstern (14. Jh.), ehem. Bischofspalast (15. Jh.), Uhrturm (15. Jh.).

Évry [frz. e'vri], frz. Stadt 25 km südl. von Paris, 29 500 E. Verwaltungssitz des Dep. Essonne, Ausbau zur Neuen Stadt; staatl. Ausbildungsinst. von Führungskräften des Post- und Fernmeldewesens. Seinehafen.

EVSt, Abk. für: Einfuhr- und Vorratsstellen.

evtl., Abk. für: **eventuell.**

Ew., Abk. für die Anrede für „Euer" (frühneuhochdt. „Ewer") in Titeln, z. B. Ew. Majestät, Ew. Gnaden.

Ewald, alter dt. männl. Vorname, eigtl. etwa „der nach dem Gesetz Herrschende".

Ewald, Johannes, * Kopenhagen 18. Nov. 1743, † ebd. 17. März 1781, dän. Dichter. - Wählte (beeinflußt von Klopstock) die nord. Sagensstoffe (nach Saxo Grammaticus) als Vorlagen für seine Tragödien und legte damit (sog. nord. Renaissance) den Grund für die dän. Romantik. Dem Singspiel „Die Fischer" (1779) entstammt die dän. Nationalhymne.

Ewe

Ewe, sudanides Volk in O-Ghana, S-Togo und S-Benin; zahlr. Stämme, überwiegend Ackerbauern, auch Jäger, Fischer, Handwerker und Händler. Ihre Sprache, das Ewe, gehört zur Gruppe der Kwasprachen. Unter der dt. Kolonialverwaltung wurde sie zu Missions- und Schulzwecken gefördert; reiches Schrifttum.

Ewenken (Tungusen), eine mandschutungus. Sprache (Ewenkisch) sprechendes Volk in Sibirien, östl. des Jenissei bis zum Ochotsk. Meer; 25 000 E.; Renzüchter, Jäger, Fischer, heute auch geringer Ackerbau.

Ewenken, Nationaler Kreis der, sowjet. nat. Kreis innerhalb der Region Krasnojarsk, RSFSR, im Mittelsibir. Bergland, 767 600 km², 19 000 E (1984; Ewenken, Jakuten, Russen), Verwaltungssitz Tura. Wirtsch. Grundlage sind v. a. Pelzgewerbe, Renzucht, Fischerei, Graphitbergbau. - Errichtet 1930.

Ewer [niederdt., zu fläm. envare „Schiff, das nur ein Mann führt"], ein- bis zweimastiger Küstensegler mit flachem Boden.

Ewers, Hanns Heinz, *Düsseldorf 3. Nov. 1871, † Berlin 12. Juni 1943, dt. Schriftsteller. - Schrieb an E. T. A. Hoffmann und E. A. Poe orientierte phantast. Erzählungen und Romane, in denen er routiniert erot., sadist. und okkultist. Motive verwendet, u. a. „Alraune" (R., 1911), „Vampir" (R., 1921); auch Lyriker, Dramatiker und Essayist.

EWG, Abk. für: ↑Europäische Wirtschaftsgemeinschaft.

Ewige Anbetung (Vierzigstündiges Gebet, Ewiges Gebet), in der kath. Kirche die auf ein 40stündiges Fasten in der Karwoche zu Ehren der Grabesruhe Jesu zurückgehende liturg. Verehrung des ausgesetzten Allerheiligsten, die in kontinuierl. Folge in Klöstern und Kirchen stattfindet; seit dem 2. Vatikan. Konzil in ihrer Bed. zurückgegangen.

ewige Anleihe, Sonderform der Anleihe; der Schuldner ist nur zur Zinszahlung, nicht zur Tilgung verpflichtet; e. A. sind entweder unkündbar oder der Schuldner behält sich das Recht der Tilgung vor, wobei der Tilgungszeitpunkt jedoch unbekannt bleibt.

ewige Gefrornis. ↑Dauerfrostboden.

Ewige Lampe ↑Ewiges Licht.

ewiger Friede, die immerwährende, allumfassende Beseitigung aller inneren und äußeren Friedensstörungen in einem offenen Frieden (gegenüber der nur vertragl. vereinbarten geschlossenen Friedensordnung); als spätantikes Erbe v. a. im MA in eschatolog. und chiliast. Endzeiterwartungen lebendig; nach der Frz. Revolution wurden Projekte eines e. F. von Plänen der Friedenssicherung abgelöst bzw. in Systeme geschichtsphilosoph.-wiss. Prognose verwiesen.

Ewige Richtung, 1474 in Konstanz geschlossener Vertrag zw. Herzog Sigmund von Tirol und der Schweizer. Eidgenossenschaft; beendete durch den endgültigen Verzicht auf die ehemals östr. Gebiete den eidgenöss. Kampf mit dem Haus Österreich.

Ewiger Jude, der zu ewiger Wanderung verurteilte Jude **Ahasverus.** Verschmolzen sind in dieser Gestalt die Legende des Kriegsknechtes Malchus (Joh. 18, 4–10), seit dem 6. Jh. bekannt, mit der Vorstellung, daß Johannes nicht stirbt, bis Jesus wiedererscheint (Joh. 21, 20–23). In einer italien. Quelle findet sich 1223 die Mitteilung, christl. Pilger hätten in Armenien einen Juden gesehen, der einst den kreuztragenden Christus angetrieben und von Christus die Antwort erhalten habe: „Ich werde gehen, aber du wirst auf mich warten, bis ich zurückkomme". Andere Quellen nennen den Torhüter des Pilatus, Joseph Cartaphilus, oder einen Buttadeus. 1602 erschien die „Kurtze Beschreibung und Erzehlung von einem Juden mit Namen Ahasverus", nach der Bischof Paulus von Eitzen 1542 einen Juden Ahasverus getroffen habe. In ein Büßergewand gehüllt, etwa 50 Jahre alt, Schuhmacher, irre er ruhelos unter dem Fluch Christi von Land zu Land. Seit Ende des 18. Jh. - bes. in der Romantik - wird der Volksbuchstoff literar. bearbeitet, u. a. von Goethe (1774), Schubart (1787), W. Wordsworth (1800), A. W. Schlegel (1801), P. B. Shelley (1810), A. von Arnim (1811), C. Brentano (1830), E. Sue (1844/45). Seit der Mitte des 19. Jh. wird das Motiv auch mit dem Schicksal des jüd. Volkes identifiziert. Insbes. im antisemit. Schrifttum erscheint der E. J. als Sinnbild des jüd. Volkes.

Ewiger Landfriede, Kernstück der Gesetzgebung des Wormser Reichstags 1495 zur ständ. Reichsreform und Grundgesetz des Hl. Röm. Reiches; verbot die Fehde als Rechtsmittel vollständig und drohte dem Friedens-

---

Evolvente. Der Punkt *P* beschreibt eine Kreisevolvente, wenn die Gerade *g* auf dem Kreis abrollt (*A* Berührungspunkt)

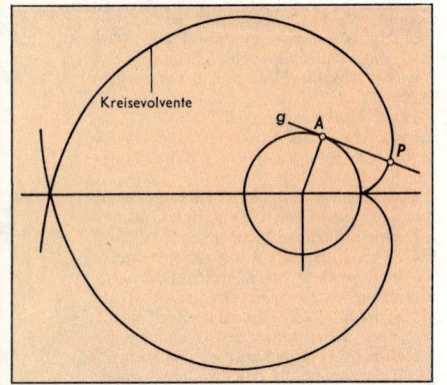

brecher mit der Reichsacht; seine Wahrung wurde dem neugeschaffenen Reichskammergericht als oberster Reichsinstanz übertragen; 1555 auch auf Religionssachen ausgedehnt.
ewiges Leben ↑ Ewigkeit.

Ewiges Licht (Ewige Lampe), ununterbrochen brennende Lampe (Öl, Bienenwachs) in kath., z. T. auch anglikan. Kirchen in der Nähe des Tabernakels als Zeichen der Gegenwart Christi in der Eucharistie. Im Judentum ↑ Ner tamid.

Ewige Stadt, Beiname der Stadt Rom.

Ewigkeit, in der Religionsgeschichte eine Kategorie, die sehr oft, jedoch nicht unbedingt, primär der Existenz der Götter zugeordnet ist. Für die Menschen verbindet sich mit dem Begriff E. der Glaube an Auferstehung und jenseitiges Leben (**ewiges Leben**). Religiöse Werte und Manifestationen besitzen, wenn ihnen E. zugesprochen wird, absolute, „ewige" Gültigkeit. Dies betrifft religiöse Wahrheiten und ihre Offenbarung, den Mythos, hl. Texte (bes. den „Koran"), eth. Normen, oft auch kult. Handlungen.

Ewigkeitssonntag, neuere Bez. in den dt. ev. Kirchen für den letzten Sonntag im Kirchenjahr (früher Totensonntag).

Ewzonen (neugriech. Ewsoni; Evzonen, Euzonen), im 19. Jh. Bez. für die griech. Soldaten der leichten Infanterie, heute für die ehem. königl. griech. Leibgarde in Nationaltracht.

ex..., Ex... [lat.], Vorsilbe mit der Bed. „aus, weg, zu Ende, aus... heraus, ehemalig".

Exa, Vorsatzzeichen E, Vorsatz vor physikal. Einheiten zur Bez. des 10^{18}fachen der betreffenden Einheit.

exakt [lat.], genau, sorgfältig, pünktlich.

exakte Wissenschaften, Wissenschaften, deren Ergebnisse auf log. oder mathemat. Beweisen oder auf genauen Messungen (Experiment) beruhen, insbes. Mathematik, Physik und Logik. Der Begriff e. W. ist wissenschaftstheoret. umstritten.

Exaltation [lat.], Überschwenglichkeit, u. U. krankhaft gehobene Allgemeinstimmung mit Selbstüberschätzung und leidenschaftl. Erregtheit.

Examen [lat.], svw. Prüfung, insbes. als Studienabschluß, Prüfling; **Examinand, Examinator,** Prüfer; **examinieren,** prüfen, ausforschen, ausfragen.

Exanthem [griech.], endogen bedingter, rasch entstehender Hautausschlag bei Infektionskrankheiten (z. B. Masern, Scharlach, Röteln) und Allergie.

Exarch [griech.], in *frühbyzantin. Zeit* (ab Ende 6. Jh.) Titel der Statthalter der afrikan. und italien. Besitzungen des Byzantin. Reiches (Exarchate von Karthago bis 697 und Ravenna bis 751).
◆ im *byzantin. kirchl. Bereich* bezeichnet E. in der orthodoxen Kirche des MA den Vertreter des Patriarchen (von Konstantinopel bzw. Alexandria, Antiochia, Jerusalem). Seit dem 7. Jh. wird der Titel zunehmend ein ständiges Attribut der angeseheneren Metropoliten der Orthodoxie. Auch Bez. für den gleichnamigen Patriarchalbeamten, dem die Visitation in der Provinz oblag.

Exarchat [griech.], Amt und Amtsbereich eines Exarchen.

Exaudi [lat. „erhöre!"] im Sprachgebrauch der ev. Kirchen der Sonntag nach dem Fest Christi Himmelfahrt; so genannt nach den lat. Anfangsworten des Introitus des Sonntags (Ps. 27, 7 [Vulgata 26, 7]).

ex cathedra ↑ Cathedra.

Exceptio [lat. „Ausnahme"], Rechtsfigur aus dem antiken röm. Formularprozeß für Ausnahmen einer Verurteilung des Beklagten bei Vorliegen bestimmter Umstände. - Zum geltenden Recht ↑ Einrede.

Exceptio doli [lat.], die insbes. aus dem Grundsatz von Treu und Glauben abgeleitete sog. **Arglisteinrede,** die in allen jenen Fällen eingreift, in denen ein Recht in einer rechtsethisch verwerfl. Weise geltend gemacht wird, und nach heutiger Rechtsprechung nicht mehr nur auf Einrede einer Prozeßpartei, sondern als Einwendung von Amts wegen zu beachten ist.

Exchequer [engl. ɪksˈtʃɛkə; mittellat.-frz.-engl.], Schatzamt, Bez. für die seit spätestens 1118 bestehende, oberste und zentrale Finanzbehörde Englands (↑ auch Chancellor of the Exchequer). In Kanada ist der E. Court die oberste Berufungsinstanz in Urheber- und Patentstreitigkeiten sowie für Seerechts- und Dienstaufsichtsklagen.

excudit [lat. „er hat (es) verlegt"], Abk. exc., bei (älteren) Graphikblättern Vermerk hinter dem Namen des Verlegers.

excusez! [frz. ɛkskyˈze], frz. für: entschuldigen Sie!, Verzeihung!

Exedra [griech.], in der Antike nischenartiger offener oder überdachter Raum als Erweiterung eines größeren; bevorzugt als Sitzrunde.

Exegese [zu griech. exḗgēsis „das Erklären"], Interpretation von Texten, i. e. S. Auslegung der bibl. Schriften. Sie zielt darauf, die Bed. und den Sinn der in den bibl. Texten Gemeinten zu verdeutlichen. Hauptprobleme dieser Bemühung sind zum einen der überlieferte normative Charakter der bibl. Schriften als hl. Schrift (die Texte gelten als Offenbarung und sprechen damit für sich selbst, bedürfen also von diesem Anspruch her keiner Auslegung), zum anderen die hermeneut. Problematik, daß die Texte Zeugnis für eine bestimmte geschichtl. Situation sind, gleichwohl für allgemeingültig gehalten werden, d. h. auch für alle Zeiten in gleicher Weise verbindl. (↑ auch Hermeneutik). Diese Spannungen wurden u. a. durch die allegor. Schriftdeutung (↑ Allegorese) gelöst, die hinter dem wörtl. einen tieferen Sinn zu erforschen versuchte. In der Neuzeit setzte sich die histor.-krit. Metho-

Exekias

de durch, mit der die histor. Bedingtheit aller Texte anhand der Erforschung von deren allg. histor., geistesgeschichtl. und sozialgeschichtl. Entstehungsbedingungen herausgearbeitet wird.

Exekias, att. Töpfer und Vasenmaler der 2. Hälfte des 6. Jh. v. Chr. - Bedeutendster Meister und Vollender der spätarchaischen schwarzfigurigen Vasenmalerei, schuf u. a. die Bauchamphora mit Ajax und Achilleus beim Brettspiel/Heimkehr der Dioskuren (nach 530 v. Chr.; Vatikan. Sammlungen).

Exekution [zu lat. exsecutio „Ausführung"], allgemein svw. Hinrichtung. - Im *östr. Recht* die staatl. Durchsetzung eines vollstreckbaren Anspruchs, der einer Person gegenüber einer anderen Person zusteht (↑ auch Zwangsvollstreckung).

Exekutionsordnung, gesetzl. Regelung der Vollstreckung von reichsgerichtl. Urteilen und zur Sicherung des Landfriedens im Hl. Röm. Reich (↑ Reichsexekutionsordnung); E. im Dt. Bund ↑ Bundesexekution; E. im Dt. Reich (ab 1871) ↑ Reichsexekution; in der BR Deutschland ↑ Bundeszwang.

exekutiv [lat.], ausführend, vollstreckend.

Exekutive [lat.], svw. ↑ vollziehende Gewalt.

Exempel [lat.], allg. [abschreckendes] Beispiel, Muster, Lehre; **ein Exempel statuieren,** eine warnende und beispielhafte Strafe vollziehen.
Bes. beliebt war das E. im MA als der Veranschaulichung dienende lehrhafte Einfügung in didakt., aber auch ep. Werken und v. a. in Predigten (**Predigtmärlein**). Es wurden aus allen Wissensbereichen kurze Erzählformen herangezogen wie Anekdote, Fabel, Parabel, oft mit ausdrückl. Nutzanwendung am Schluß. V. a. im 14. Jh. sind zahlr. E.sammlungen angelegt worden.

exemplarisch [lat.], beispiel-, musterhaft; positiv und negativ herausragend.

exemplarischer Unterricht (exemplar. Lehren), didakt. Prinzip, ein Fach in der [höheren] Schule durch Schwerpunktbildungen beispielhaft zu erschließen. Charakter, Methodik und Problemstellung des Faches sollen auf diese Weise erschlossen werden.

Exemtion [lat.], im *alten dt. Recht* Ausgliederung einzelner Reichsteile aus der Hof- bzw. Reichsgerichtsbarkeit; auch Erlangung eximierten Gerichtsstandes seitens des hohen Adels.
◆ im *kath. Kirchenrecht* die Befreiung natürl. und jurist. Personen und kirchl. Verwaltungseinheiten von der Jurisdiktion der für sich für sie zuständigen kirchl. Amtsträger und die Unterstellung unter die nächsthöhere kirchl. Instanz.

Exequatur [lat. „er vollziehe"], 1. im *Prozeßrecht* der gerichtl. Ausspruch darüber, daß ein ausländ. Urteil im Inland vollstreckbar ist; 2. im *Völkerrecht* die vom Empfangsstaat einem Konsul erteilte förml. Erlaubnis, seine Befugnisse auszuüben; 3. im *Staatskirchenrecht* das ↑ Plazet als Erlaubnis zur Publikation kirchl. Akte.

Exequien [lat., zu ex(s)equi „(einer Leiche) nachfolgen"], in der kath. Liturgie die Riten, mit denen ein Verstorbener zum Grab begleitet wird (Requiem, Prozession zum Grab, Begräbnis).

Exergie [griech.] (techn. Arbeitsfähigkeit), Bez. für denjenigen Anteil der einer Anlage zur Energieumwandlung zugeführten Energie, der in die wirtsch. verwertbare Form (z. B. elektr. Energie) umgewandelt wird. Der verlorengehende wertlose Anteil (z. B. dabei entstehende Wärme) heißt **Anergie.**

Exerzieren [lat.], das Einüben von Tätigkeiten im Rahmen der militär. Ausbildung.

Exerzierknochen, Verknöcherung von Muskelgewebe durch mechan. Überbeanspruchung oder wiederholte Verletzungen.

Exerzitien [lat.] (Exercitia spiritualia), in der kath. Kirche Zeiträume, in denen sich einzelne Gläubige auf die Grundlagen des christl. Lebens besinnen, sowie die zu dieser Besinnung erforderl. Praktiken (Meditation, Vorträge), die meist in Abgeschiedenheit unter Anleitung eines E.meisters durchgeführt werden. Ihre klass. Form erhielten die E. durch das „Exerzitienbüchlein" des Ignatius von Loyola (1547).

Exeter [engl. 'ɛksɪtə], engl. Stadt 60 km nö. von Plymouth, 95 600 E. Verwaltungssitz der Gft. Devon; Sitz eines anglikan. Bischofs; Univ. (gegr. 1955), Museum, Kunstgalerie, Bibliotheken. Markt- und Handelszentrum, Fremdenverkehr. Fertigung von Flugzeug- und Autoteilen, Landmaschinenbau, Druckereien u. a.; ✈. - Hauptstadt der kelt. Dumnonier; im 7. Jh. zu Wessex, 1050 Bischofssitz (seit 1560 anglikanisch); 1537 selbständige Grafschaft. - Die Kathedrale Saint Peter ist ein Hauptwerk des „Decorated style" (13./14. Jh.) mit turmloser dreitoriger W-Fassade; Guildhall (14. Jh.), Tucker's Hall (1471).

Exhalation [lat.], Ausströmen von Gasen und Dämpfen aus Vulkanen, Lavaströmen, Spalten.
◆ Abgabe von Wasserdampf, Kohlendioxid u. a. durch Lunge und Haut (↑ Ausdünstung).

Exhalationslagerstätten ↑ Erzlagerstätten.

Exhaustion (Exhaustio) [lat.], allg. Erschöpfung oder Erschöpfung einer Organfunktion.

Exhaustionsmethode, ein bereits in der Antike entwickeltes Verfahren zur Bestimmung von Flächen- bzw. Rauminhalten gekrümmter Figuren und Körper.

exhaustiv [lat.], vollständig, alle Möglichkeiten berücksichtigend.

Exhibitionismus [zu lat. exhibere

Exilliteratur

„(vor)zeigen"], bes. bei Männern vorkommende, abartige, auf sexuellen Lustgewinn gerichtete Neigung zur Entblößung der Geschlechtsteile in Gegenwart anderer Personen; u. a. bei Schwachsinnigen, Zerebralsklerotikern und Epileptikern, auch als neurot. Fehlentwicklung ohne geistige Störung bzw. organ. Erkrankung des Gehirns. Nach § 183 StGB wird ein Mann, der eine andere Person durch exhibitionist. Handlungen belästigt, mit Freiheitsstrafe bis zu einem Jahr oder mit Geldstrafe bestraft.

Exhumierung [lat.], Ausgrabung von Leichen oder Leichenteilen; nach der StPO zulässig, wenn im Rahmen der Ermittlung einer strafbaren Handlung die Leiche besichtigt oder geöffnet werden muß.

Exil [zu lat. exsilium „Verbannung"], Bez. für den meist durch polit. Gründe bedingten Aufenthalt im Ausland nach Verbannung, Ausbürgerung, Flucht, Emigration.

Exilliteratur (Emigrantenliteratur), Sammelbez. für literar. Produktionen, die während eines (meist aus polit. oder religiösen Gründen) erzwungenen oder freiwilligen Exils entstanden. E. in diesem Sinne gibt es seit frühesten Zeiten, wenn staatl. Unterdrückung, Zensur, Schreibverbot oder Verbannung Schriftsteller u. a. zur Emigration zwangen (z. B. Hipponax, Ovid, Dante u. a.). Bed. moderne E. ist ein großer Teil der Werke G. Büchners, H. Heines und die polit.-publizist. Tätigkeit L. Börnes, durch die bes. die Zeitschrift zum wichtigen Organ der E. wurde, ebenso Werke des poln. Dichters A. Mickiewicz (Emigration nach den Polenaufständen 1830/31) u. die Werke der während oder nach der russ. Oktoberrevolution 1917 emigrierten russ. Dichter D. S. Mereschkowski, A. M. Remisow, V. Nabokov u. a. Es gibt ferner eine italien. E. (Emigration wegen des Faschismus, z. B. I. Silone), eine umfangreiche span. E. (seit dem Span. Bürgerkrieg 1936–39) sowie seit der Zeit des 2. Weltkriegs E. all der Länder, in denen literar. Werke einer mehr oder weniger offenen Zensur unterliegen.

Die größte Gruppe in der Geschichte der E. bildet die literar. Produktion der während des Nationalsozialismus aus rass. oder polit. Gründen im Exil lebenden v. a. dt. und östr. Schriftsteller, Wissenschaftler, Politiker. In den Zentren Paris, Amsterdam, Stockholm, Zürich, Prag und Moskau (nach Ausbruch des Krieges in den USA, Mexiko, Argentinien und Palästina) entstanden neue Verlage (z. T. aus Deutschland umgesiedelt), Emigrantenvereinigungen (z. B. die „Dt. Freiheitspartei", gegr. Paris/London 1936/37) und v. a. Emigrantenzeitungen und -zeitschriften; wichtige Zeitschriften waren: die Tageszeitung „Pariser Tageblatt" (Paris 1933–40; ab 1936 u. d. T. „Pariser Tageszeitung"), die weitverbreitete Wochenschrift „Der Aufbau"

Exekias, Augenschale mit Meerfahrt des Dionysos (um 530 v. Chr.). München, Staatliche Antikensammlung

(New York 1934 ff.), das sozialdemokrat. Wochenblatt „Neuer Vorwärts" (Karlsbad bzw. Paris 1933–40), die kommunist. Monatsschrift „Unsere Zeit" (Paris, Basel 1933–35), die überparteil. Zeitschrift „Das wahre Deutschland" (London 1938–40) und v. a. die literar. und kulturkrit. Zeitschriften, an denen die bedeutendsten Schriftsteller der Zeit mitarbeiteten, z. B. „Das neue Tagebuch" (Paris, Amsterdam 1933–40), „Die Sammlung" (Amsterdam 1933–35), „Maß und Wert" (Zürich 1937–40), „Die neue Weltbühne" (Zürich, Paris 1933–39), „Das Wort" (Moskau 1936–39), „Internat. Literatur. Dt. Blätter" (Moskau 1933–45). Die hier und in Einzelausgaben veröffentlichte E. ist künstler., inhaltl. und formal uneinheitl.; gemeinsam sind ihr die Idee der Humanität und die entschiedene Opposition gegen den Nationalsozialismus.

E. umfaßt polit. Literatur (etwa T. Manns Aufsätze zur Zeit, „Achtung Europa!", 1938), wiss. Werke (z. B. E. Bloch, „Erbschaft dieser Zeit", 1935), Autobiographien (E. Toller, „Eine Jugend in Deutschland", 1933) und dichter. Werke, in denen, bes. seit Kriegsausbruch, vielfältig die persönl. Erfahrungen gestaltet werden (z. B. B. Brecht, J. R. Becher, P. Zech, E. Lasker-Schüler, F. Werfel, M. Herrmann-Neiße, E. Weinert, W. Mehring, H. Adler, N. Sachs u. a.), aber auch im Roman (z. B. A. Seghers, „Das Siebte Kreuz", 1946) und im Drama (B. Brecht, „Furcht und Elend des 3. Reiches", 1945; C. Zuckmayer, „Des Teufels General", 1946). Daneben zählen zur dt. E. bed. Werke ohne unmittelbaren Bezug zur Zeitsituation. - Die E. galt als die repräsentative dt. Literatur dieser Zeit; die nat.-soz. Lite-

293

ratur wurde nicht anerkannt, die Werke der „inneren Emigration" (Bez. geprägt von F. Thiess, 1933, für oppositionelle Schriftsteller, die in Deutschland blieben, z. B. E. Wiechert, R. Schneider, W. Bergengruen, E. Kästner) wurden meist nicht gedruckt und werden allg. nicht zur E. gezählt. Der E. ist es zu verdanken, daß Deutschland mit der Rückwanderung vieler emigrierter Schriftsteller seit etwa 1947/48 wieder den Anschluß an die internat. künstler. Strömungen fand.

📖 *Strelka, J.: E.: Grundprobleme der Theorie, Aspekte der Gesch. u. Kritik. Bern 1983.*

Exilregierung, nach dem Völkerrecht ein außerhalb des eigenen Staatsgebiets tätig werdendes Organ, das für sich in Anspruch nimmt, die höchsten staatl. Funktionen im eigenen Staatsgebiet auszuüben und diesen Anspruch auch mit Zustimmung oder Mitwirkung des Aufenthaltsstaates verwirklicht oder zu verwirklichen versucht. Der E. stehen alle Rechte zu, die ihr bei einer Tätigkeit auf eigenem Staatsgebiet zukämen. Begibt sich die legitime Regierung eines Staates ins Ausland, so bedarf es keiner förmlichen Anerkennung, die jedoch dann notwendig ist, wenn die E. erst im Aufenthaltsstaat gebildet wird.

existent [lat.], wirklich, vorhanden.

Existentia [lat., zu exsistere „zum Vorschein kommen"] ↑Essentia.

Existentialismus [lat.] ↑Existenzphilosophie.

Existenz [zu lat. exsistere „heraus-, hervortreten, vorhanden sein"], Dasein, Leben, Vorhandensein, Wirklichkeit (↑auch Existenzphilosophie); auch: materielle Lebensgrundlage, Auskommen, Unterhalt. *Abwertend für:* Mensch, dessen Lebensumstände undurchsichtig sind.

Existenzanalyse, von V. E. Frankl begründete psychoanalyt. Methode, bei der die Geschichte eines Individuums unter dem Gesichtspunkt von Sinn- und Wertbezügen durchforscht wird. Dabei liegt der Gedanke zugrunde, daß neben einem Willen zur Lust (S. Freud) und einem Willen zur Macht (A. Adler) ein Wille zum Sinn das Verhalten des einzelnen weitgehend beeinflußt. Wenn dieses Sinngebungsbedürfnis unerfüllt bleibt (**existentielle Frustration**), entstehen nach dieser Theorie Neurosen.

Existenzaussage (Existentialaussage), eine Aussage, in der behauptet wird, daß es mindestens einen Gegenstand gibt, dem ein bestimmter (d. h. ein in der Aussage ausdrückl. genannter) Prädikator zukommt, z. B. „es gibt Berge, die höher sind als 6 000 m".

Existenzminimum, das zur Erhaltung des Lebens unabdingbar erforderl. Versorgungsniveau, meist als Geldeinkommen ausgedrückt, mit dem die erforderl. Gütermengen gekauft werden. Neben diesem sog. **phys. Existenzminimum** spricht man auch von **kulturellem Existenzminimum,** das auch den Lebensstandard des einzelnen berücksichtigt. - ↑auch Armut, ↑Sozialhilfe.

Existenzphilosophie, die wesentl. Richtungen der E., repräsentiert durch ihre Hauptvertreter K. Jaspers, M. Heidegger, J.-P. Sartre und die frz. Existentialisten, bauen (in Anknüpfung an S. ↑Kierkegaard) auf einem subjektivist., individualist. Begriff der menschl. Existenz auf; des weiteren orientieren sie sich an der ↑Lebensphilosophie des 19. Jh. (F. Nietzsche, H. Bergson, W. Dilthey). Die Existenz wird erfahren in der „Grunderfahrung" oder in dem „existentiellen Erlebnis": bei Kierkegaard der Angst, bei Heidegger des Todes, bei Sartre des „Ekels" bzw. bei Jaspers in den „Grenzsituationen" des Scheiterns (Leid, Schuld, Tod) des Menschen. - Heidegger bemühte sich bes. um Klärung des „Existentialen", das „Seinkönnen" erst ermöglicht. „Dasein" und „Existenz" ist immer als Dasein und Existenz des Menschen gemeint, ohne daß die gesellschaftl. Problematik thematisiert wird. Jaspers dagegen versteht wie Kierkegaard die Existenz, die immer nur mögl., niemals notwendig ist, als den „Entwurf" des Individuums. Diesen Entwurf, mit dem der Mensch zur „Eigentlichkeit" seiner Existenz gelangen kann, leistet die Philosophie als sog. „Existenzerhellung". Die frz. Variante der E., meist Existentialismus genannt, findet sich von Anfang an über die Philosophie hinaus in Literatur, Kunst und Film und hatte umfassenden, z. T. modeartigen Einfluß bis hin zur äußeren Lebensgestaltung ihrer Anhänger. Sartre sieht in betont atheist. Wendung den Menschen als zur Freiheit verurteilt, der sich in unüberwindbarer Subjektivität den Sinn seiner Existenz selbst geben muß. Die einzige Möglichkeit einer Sinngebung bietet sich im totalen Engagement, das - zunächst ohne inhaltl. Bestimmung - von Sartre später auch inhaltl. gefüllt wird (z. B. durch Parteinahme für die Weltfriedensbewegung). Weitere Vertreter des Existentialismus sind: S. de Beauvoir, M. Merleau-Ponty, A. Camus und G. Marcel. Einflüsse des frz. Existentialismus sind in der italien. E. u. a. bei N. Abbagnano, E. Grassi greifbar. - Die E. beeinflußte die ev. Theologie bei K. Barth und R. Bultmann, die kath. Theologie bei K. Rahner, die Psychologie und Psychopathologie bei L. Binswanger, H. Kunz, P. Lersch, A. Wellek und W. Keller.

📖 *Zimmermann, F.: Einf. in die E. Darmst. 1977. - Jaspers, K.: E. Bln. ⁴1974.*

Exite [griech.] ↑Spaltfuß.

Exitus [lat.] (E. letalis), in der Medizin svw. tödl. Ausgang, Tod.

Exkavation (Excavatio) [lat.], in der Anatomie svw. Aushöhlung, Ausbuchtung.

Exklaustrierung (Exklaustration) [lat.], Entbindung von Ordensleuten vom Leben in der klösterl. Gemeinschaft.

Exklave [Analogiebildung zu ↑Enklave], zum *Völkerrecht* ↑Enklaven.
◆ in der *Biologie* kleineres, vom Hauptverbreitungsgebiet isoliertes Areal einer Tier- oder Pflanzenart.

exklusiv [lat.], ausschließend; nur wenigen zugängl., abgesondert; **Exklusivität**, Ausschließlichkeit, [gesellschaftl.] Abgeschlossenheit; **exklusive**, ausschließl., mit Ausschluß von.

Exkommunikation, in der kath. Kirche der strafweise Ausschluß eines Kirchenangehörigen aus der Gemeinschaft der Kirche (Bann, Kirchenbann) mit gesetzl. im einzelnen festgelegten Wirkungen, z. B. Ausschluß vom Gottesdienst und von den Sakramenten. Die E. ist immer einstweilig, da der Exkommunizierte nach Aufgabe seiner „verstockten" Haltung einen Rechtsanspruch auf Lossprechung von der E. hat.

Exkoriation [zu lat. excoriare „abhäuten"], oberflächl. Hautabschürfung (bis zur Lederhaut).

Exkrement [lat.], svw. ↑Kot.

Exkrete [lat.], die über Exkretionsorgane ausgeschiedenen (↑Exkretion) oder an bestimmten Stellen im Körper abgelagerten, für den pflanzl., tier. oder menschl. Organismus nicht weiter verwertbaren Stoffwechselendprodukte der Körperzellen, auch vom Körper aufgenommene, mehr oder weniger unverändert gebliebene Substanzen. E. der Pflanzen sind z. B. äther. Öle, Gerbstoffe, Harze, Wachse, Alkaloide, Kieselsäure- und Oxalsäurekristalle. E. der Tiere sind Harnstoff (auch beim Menschen), Harnsäure und Guanin, Wasser. - ↑auch Sekrete.

Exkretion [lat.] (Ausscheidung, Absonderung), die Ausscheidung wertloser oder schädl. Stoffe (↑Exkrete) aus dem Organismus über ↑Exkretionsorgane, auch die Ablagerung von Exkreten im Körper.

Exkretionsgewebe ↑Absonderungsgewebe.

Exkretionsorgane (Ausscheidungsorgane), bei fast allen Tieren und beim Menschen ausgebildete, der Exkretion dienende Organe. Bei den wirbellosen Tieren sind dies die ↑Nephridien, bei den Insekten die ↑Malphigi-Gefäße, bei den Wirbeltieren und beim Menschen die ↑Niere und Schweißdrüsen. Den E. der Mehrzeller entsprechen bei den Einzellern (als Exkretionsorganellen) die pulsierenden Vakuolen. Bei Pflanzen kommen neben bes. Exkretionsgeweben auch einzelne Exkretzellen vor (↑Absonderungsgewebe).

Exkurs [lat.], bewußte Abschweifung vom eigtl. Thema, in sich geschlossene Behandlung eines Nebenthemas; bei Vorträgen, in wiss. oder in ep. Werken, als Einschub in den Text oder als Anhang.

Exkursion [lat.], Studienfahrt; wiss. Ausflug; Besichtigungsfahrt oder -reise.

Exlibris [lat. „aus den Büchern"], meist auf der Innenseite des Vorderdeckels eines Buches eingeklebtes Bucheignerzeichen, das mit den Wörtern „ex libris" beginnt, Namen, Monogramm oder Wappen des Eigentümers enthält oder auch mit seinem Porträt, allegor. und symbol. Darstellungen geschmückt ist (meist Holzschnitt oder Kupferstich); das **Supralibros** ist außen auf den Buchdeckel gepreßt, das **Donatoren-Exlibris** bezeichnet den Schenker (Geschenk an eine Bibliothek oder ein Kloster).

Hans Thoma, Exlibris Johanna Rettich (um 1910). Lithographie

Exmatrikulation [lat.], Streichung eines Studenten aus der ↑Matrikel einer Hochschule bei Beendigung des Studiums oder beim Wechsel der Hochschule.

exmittieren [lat.], hinausbefördern, hinauswerfen, ausweisen.

Exner von Ewarten, Felix Maria Ritter, * Wien 23. Aug. 1876, † ebd. 7. Febr. 1930, östr. Meteorologe und Physiker. - Direktor der Zentralanstalt für Meteorologie und Geodynamik in Wien; Arbeiten über atmosphär. Optik und Bewegungsformen der festen Erdoberfläche.

ex nihilo nihil fit [lat. „aus nichts entsteht nichts"], Grundsatz der griech. Philosophie; dient als Begründung der Schöpfung oder der Ewigkeit der Welt.

exo..., Exo... [griech.], Vorsilbe mit der Bed. „außerhalb", „von außen".

Exobiologie (Ektobiologie), Wiss. vom Leben außerhalb unseres Planeten.

Exodermis [griech.], bei Pflanzenwurzeln das ein- oder mehrschichtige, lebende, sekundäre Abschlußgewebe, das sich nach

Exodus

Zugrundegehen der dünnen Epidermis (Rhizodermis) durch Verkorken der Zellwände vom Rindengewebe bildet.

Exodus [griech.-lat.], Auszug der Israeliten aus Ägypten um 1200 v. Chr.; auch Name des 2. Buch Mose, das hiervon berichtet; danach allg. Bez. für Auszug.

ex officio [lat.], Abk. e. o., von Amts wegen, amtlich, kraft Amtes.

Exogamie [griech.], in der Völkerkunde Bez. für eine Heiratsordnung, die verbietet, den Ehepartner aus der Gruppe zu wählen, der man selbst angehört. - Ggs. ↑Endogamie.

exogen, in der *Medizin* von Stoffen, Krankheitserregern oder Krankheiten gesagt, die außerhalb des Organismus entstehen; von außen her in den Organismus eindringend.

◆ in der *Psychologie:* umweltbedingt.

◆ in der *Botanik:* außen entstehend (bes. von Blattanlagen und Seitenknospen).

◆ in der *Geologie:* von Kräften ableitbar, die auf die Erdoberfläche einwirken, wie Wasser, Atmosphäre, Organismen u. ä., ↑Geologie.

Exokarp [griech.] (Epikarp) ↑Fruchtwand.

exokrin [griech.], das Sekret nach außen bzw. in Körperhohlräume ausscheidend; **exokrine Drüsen** ↑Drüsen.

Exophthalmus [griech.] (Glotzauge, Exophthalmie), Hervortreten des Augapfels aus der Augenhöhle, u. a. bei Tumoren und v. a. bei der Basedow-Krankheit.

exorbitant [lat.], übertrieben, außerordentlich, gewaltig.

ex oriente lux [lat.], „aus dem Osten (kommt) das Licht" (zunächst auf die Sonne bezogen, dann übertragen auf Christentum und Kultur).

Exorzismus [zu griech. exorkízein „beschwören"], in allen Religionen bekanntes Verfahren, die Dämonen auszutreiben. Grundlage der E. ist der Glaube an Geister und den Willen des Menschen, auf diese einen Zwang auszuüben. Der **Exorzist** sucht, durch mag. oder kult. Handlungen (Gebet, Handauflegen, Salben u. a.) böse Mächte oder Geister zu vertreiben. Im Christentum ist der E. ein an den Dämon (Teufel) im Namen Jesu (oder Gottes) und der Kirche gerichteter Befehl, Menschen oder Sachen zu verlassen. Bedeutung kommt heute noch dem E. bei der Taufe zu (↑Abschwörung). Die kath. Kirche hat einen differenzierten Katalog von Exorzismen. Der „Exorcismus solemnis" („feierl. E.") darf nur mit bischöfl. Erlaubnis von einem Priester vollzogen werden. Grundsätzl. hängt die Frage nach dem E. mit der Frage nach der Möglichkeit von Besessenheit zusammen. Wo diese als mögl. angenommen wird, wird in der kath. Kirche auch heute noch der E. als Befreiung von dämon. Einflüssen angewandt.

Exoskelett, svw. ↑Ektoskelett.

Exosphäre ↑Atmosphäre.

Exosporen (Ektosporen), Sporen, die im Ggs. zu den ↑Endosporen nicht in bes. Sporenbehältern entstehen, sondern durch Abschnürung gebildet werden; z. B. die Basidiosporen vieler Pilze.

Exostose [griech.], knöcherner Auswuchs; von der Knochenoberfläche ausgehende, durch entzündl. oder mechan. Reize entstehende, u. U. auch selbständige, geschwulstartig wachsende Knochenmißbildung.

Exote [griech.], veraltet für: Angehöriger ferner Länder, bes. trop. oder fernöstl. Gebiete; auch Bez. für Tiere, Pflanzen u. a. aus fernen Ländern.

exoterisch [griech.], für Außenstehende, allg. verständlich.

exotherm [griech.], wärmeabgebend; **exotherme Prozesse** sind Vorgänge, bei denen Energie als Wärmeenergie frei wird, z. B. Verbrennen von Heizöl.

Exotik [griech.], fremdartiges Wesen; Anziehungskraft, die von allem Fremdartigen ausgeht; **exotisch,** fremdartig, fremdländ., ungewöhnlich.

Exotoxine (Ektotoxine), von (meist grampositiven) Bakterien ausgeschiedene Gifte (im Ggs. zu den ↑Endotoxinen).

Expander [engl., zu lat. expandere „ausdehnen"], Sportgerät zur Kräftigung der Arm- und Oberkörpermuskulatur; aus Metallspiralen oder Gummizügen mit Handgriffen.

Expansion [lat.], Volumenvergrößerung eines Körpers oder physikal. Systems, speziell die eines ↑Gases.

◆ Bez. für die Ausdehnung des Einfluß- und/oder Herrschaftsbereichs eines Staates unter Einsatz ökonom., polit. und militär. Mittel.

◆ Aufschwungsphase im Konjunkturzyklus.

◆ (E. des Weltalls) ↑Ausdehnung.

Expedient [lat.], Stelleninhaber innerhalb der Versandabteilung eines Betriebes (Expedition), der mit der Abfertigung von Versandgütern und der Auswahl der Beförderungsmittel und -wege betraut ist.

Expedition [zu lat. expeditio „Erledigung", „Feldzug"], Bez. für eine Forschungsreise (z. B. Polar-E.), ein Erkundungsvorhaben, im krieger. Unternehmen; auch Bez. für die Gesamtheit der Teilnehmer eines solchen Unternehmens.

◆ Versandabteilung eines Unternehmens.

◆ aktenkundl.: die Gesamttätigkeit der Abfertigung und Beförderung eines Schriftstücks.

Expektoranzien (Expektorantia) [lat.], auswurffördernde Arzneimittel, die bes. bei chron. Bronchitis, Bronchiektasen und Bronchialasthma verwendet werden.

Experiment [zu lat. experimentum „Versuch", „Erfahrung"], method.-planmäßige Herbeiführung von meist variablen Umstän-

Exponentialfunktion

den zum Zwecke wiss. Beobachtung; wichtigstes Hilfsmittel aller Erfahrungswissenschaften, v. a. Physik, Chemie, bei denen sich Experimentierbedingungen künstl. herbeiführen bzw. reproduzieren lassen; mit spezif. Einschränkungen in der Durchführbarkeit für Disziplinen wie etwa Astronomie, Archäologie, Psychologie, Soziologie. - Galilei und F. Bacon entwickelten mit ihren Ansichten über das Zusammenwirken von Natur und menschl. Kunst im E. die ersten theoret. Ansätze. Heute ist ein grundsätzl. neues Verständnis des E. erforderl., da sich viele Beobachtungen nur statist. durchführen lassen und oft eine Wechselwirkung zw. Beobachtetem und Beobachtendem stattfindet. So glaubt man etwa in der Psychologie oder Pharmakologie die Einflüsse der Experimentiersituation auf das Ergebnis beseitigen oder doch berücksichtigen zu können; in der Mikrophysik jedoch stellt die Beobachtung in Form des E. einen derart schweren Eingriff in das beobachtete System dar, daß ein wichtiges Charakteristikum des klass. E., die prinzipielle Wiederholbarkeit (am selben Objekt), aufgegeben werden mußte.
Bei *sozialpsycholog. E.* wird oft die *Experimentiergruppe* einer bes. Behandlung unterworfen (Manipulation der Variablen X), welche den ausschließl. Unterschied zur *Kontrollgruppe* darstellen muß, damit später auftretende Unterschiede darauf zurückgeführt werden können; unter künstl. Bedingungen: **Laboratoriumsexperiment;** unter natürl. Bedingungen: **Feldexperiment.** Das **Ex-post-facto-Experiment** ist eine method. Konstruktion im nachhinein.

Schneider, Hansjörg: Hypothese - E. - Theorie. Bln. 1978. - König, R.: Beobachtung u. E. in der Sozialforschung. Wsb. ⁸*1972.*

Experimentalfilm ↑ Undergroundfilm.
Experimentalphysik [lat./griech.] ↑ Physik.
experimentell (experimental) [lat.], auf Experimenten beruhend.
experimentelle Psychologie, Forschungsrichtung in der Psychologie, bei der das Experiment im Vordergrund steht. Die von G. T. Fechner (1860) begründete e. P. wurde von W. Wundt weitergeführt. Gegenwärtig ist das Experiment eine bevorzugte Erkenntnismethode der Psychologie. Auf Grund der Charakteristiken des Experiments haben experimentell erarbeitete Ergebnisse gegenüber den mit anderen Methoden gewonnenen Resultaten den Vorteil der leichteren Überprüfbarkeit, der klareren Definition von Umständen, unter denen sie ermittelt wurden, sowie der größeren Genauigkeit. Im angewandten Bereich werden Experimente v. a. in der Arbeitspsychologie, der betriebl. Sozialpsychologie, der Verkehrspsychologie und der klin. Psychologie sowie im Markt- und Werbeforschung durchgeführt.

Experte [frz.; lat. expertus „erprobt"], Sachverständiger, Kenner, Fachmann.
Expertise [lat.-frz.], fachmänn. Begutachtung, Untersuchung.
Explantat [lat.], zur Weiterzüchtung oder Transplantation entnommenes Gewebe oder Organstück.
Explantation [zu lat. explantare „ein Gewächs ausreißen"] (Auspflanzung), Entnahme von Zellen, Geweben oder Organen aus dem lebenden bzw. lebendfrischen Organismus. E. werden entweder für Transplantationszwecke oder für Gewebezüchtungen durchgeführt.
Explikation [lat.], Darlegung, Erklärung, Erläuterung; **explizieren,** erklären, darlegen.
explizit [lat.], erklärt, ausdrückl., ausführl. dargestellt (Ggs. ↑ implizit).
Exploitation [...ploa...; frz.] ↑ Ausbeutung.
Exploration [lat.], in der *Medizin* Befragung eines Patienten zur Aufstellung einer ↑ Anamnese; sie ist in der *Psychotherapie* integrierender Teil der Behandlung. Der Psychotherapeut versucht dabei, den Betroffenen zu ungehemmten Äußerungen zu bewegen.
◆ in der *Geophysik* das Aufsuchen und die Erforschung von Lagerstätten.
Explorationsstudie ↑ Leitstudie.
Explorer [engl. ɪksˈplɔːrə „Kundschafter", zu lat. explorare „erforschen"], Name einer Reihe amerikan. Satelliten zur Erforschung des erdnahen Raumes. Messungen von E. 1 (erster Satellit der USA, gestartet am 1. Febr. 1958) führten zur Entdeckung des Van-Allen-Gürtels.
Explosion [zu lat. explodere „klatschend heraustreiben"], plötzl. Volumenvergrößerung eines Stoffes durch sich ausdehnende Gase und Dämpfe, die z. B. infolge sehr rasch verlaufender chem. Reaktionen entstehen. E. sind mit beträchtl. mechan. und akust. Wirkungen verbunden.
explosiv [lat.], in der Phonetik ↑ Verschlußlaut.
Explosivausbruch, explosionsartiger Vulkanausbruch.
Explosivstoffe, chem. Verbindungen oder Gemenge, die zur plötzl. chem. Umwandlung bei starker Gas- und Wärmeentwicklung geeignet sind; werden als Spreng-, Zünd- oder Treib-(Schieß-)Mittel verwendet (↑ Sprengstoffe).
Exponat [lat.-russ.], Ausstellungs-, Museumsstück.
Exponent [lat.], herausgehobener Vertreter, z. B. einer Richtung oder einer Partei.
◆ (Hochzahl) Bez. für die hochgesetzte Zahl bei ↑ Potenzen und ↑ Wurzeln.
Exponentialfunktion [lat.], Funktion, bei der die unabhängige Veränderliche x im Exponenten einer Potenz auftritt, z. B. $y = a^x$ oder $y = a^{\sqrt{x}}$ (a konstant). Wählt man als Basis $a = e$ (↑ e), die Basis der natürl. Log-

Exponentialgleichung

arithmen, so erhält man die spezielle E. *(e-Funktion)* $y = \exp x = e^x$.

Exponentialgleichung [lat./dt.], Gleichung, bei der die Unbekannte im Exponenten einer Potenz vorkommt, z. B.
$$7^{x+1} = 3^{2x-1} + 3^{2x+1}.$$

exponentiell [lat.], gemäß einer ↑ Exponentialfunktion verlaufend, z. B. e. Abfall einer physikal. Größe (↑ Abklingen).

exponieren [lat.], hervorheben; einer Gefahr, Kritik, Angriffen aussetzen.
◆ svw. belichten (Photographie).

Export [engl., zu lat. exportare „hinaustragen"] (Ausfuhr), Warenlieferungen ins Ausland und Dienstleistungen für Ausländer; Ggs. Import (Einfuhr). - Zur wirtsch. Bed. ↑ Welthandel.

Exporteur [...'tø:r] (Ausführer), jemand, der Waren ins Ausland verbringt oder verbringen läßt. Nicht als E. gelten die dabei tätigen Spediteure und Frachtführer.

Exportfinanzierung (Ausfuhrfinanzierung), die Beschaffung von Kreditmitteln seitens der Exporteure zur Finanzierung ihrer Ausfuhrgeschäfte. Kurzfristige E. erfolgt v. a. durch Wechselkredite und Auslandsakzepte; langfristige Kredite gewähren bes. Außenhandelsbanken.

Exportförderung, Maßnahmen zur Steigerung des Umfangs und Werts der Exporte, v. a. durch Senkung der Exportpreise und/oder der Produktionskosten, z. B. um ein Leistungsbilanzdefizit zu beseitigen, mangelnde Binnennachfrage auszugleichen oder im Inland die Beschäftigung zu erhöhen.

Exportgarantien, staatl. Maßnahmen der Exportförderung durch Übernahme von Bürgschaften zur Erleichterung der Exportfinanzierung.

Exportprämie (Exportsubvention, Ausfuhrprämie), Prämie für die Ausfuhr bestimmter Waren, als offene (z. B. durch die Zollpolitik) oder versteckte E. (z. B. durch Zollrückvergütungen und Steuererleichterungen).

Exportquote, Verhältnis zw. dem Wert der Exporte und dem Sozialprodukt, bzw. der Gesamterzeugung bei einzelnen Gütern oder dem Gesamtumsatz in einzelnen Unternehmen und Wirtschaftszweigen.

Exportrestriktionen, Beschränkungen der Ausfuhr durch Zölle, Kontingente, Ausfuhrverbote; angeordnet v. a. aus polit. Gründen und bei Rohstoffmangel.

Exportrisiko, die Gefahr von Verlusten für den Käufer und/oder Verkäufer beim Export durch nicht vorhersehbare bzw. nicht exakt voraus zu kalkulierende Ereignisse, die polit. (z. B. Ausbruch eines Krieges) oder wirtschaftl. Natur (z. B. Zahlungsunfähigkeit des Käufers) sein können.

Exportüberschuß, ein Übersteigen des Wertes der Importe einer Volkswirtschaft durch den Wert der Exporte in der gleichen Periode; führt zu einem Aktivsaldo der Handelsbilanz.

Exportverbot, staatl. Verbot des Exports bestimmter Waren in bestimmte Länder, z. B. von Waffen in Kriegsgebiete; in der BR Deutschland rechtl. mögl. auf Grundlage des Außenwirtschaftsgesetzes.

Exposé [εkspo'ze:; frz., zu lat. exponere „auseinandersetzen"], [Rechenschafts]bericht, Darlegung eines Sachverhalts in Grundzügen, erläuternde Entwicklung eines Gedankenganges, Entwurf für eine literar. Arbeit oder eine größere Abhandlung; Handlungsskizze, insbes. als Vorstufe eines ↑ Drehbuchs.

Exposition [lat., zu exponere „auseinandersetzen"], erster Teil eines Dramas, in dem die Verhältnisse und Zustände samt Vorgeschichte, denen der dramat. Konflikt entspringt, dargelegt werden.
◆ in der *Musik* die Themenaufstellung in der ↑ Sonatensatzform sowie das erste Auftreten des Themas in der ↑ Fuge.

ex post (ex post facto) [lat.], nach geschehener Tat, hinterher.

Express, L' [frz. lεks'prεs], frz. Nachrichtenmagazin (seit 1964), 1953 als polit. Wochenblatt gegr.; Organ der linken Bürgertums.

Expressen, schwed. Zeitung, ↑ Zeitungen (Übersicht).

Expreßgut [lat./dt.], gemäß bes. E.tarif zu beförderndes [Stück]gut. E. wird an Personenbahnhöfen angenommen und gelangt mit dem nächsten Zug zur Beförderung.

Expressionismus [zu lat. expressio „Ausdruck"], eine alle Künste erfassende Stilrichtung des frühen 20. Jh., v. a. in Deutschland.

Bildende Kunst: i. w. S. auch Bez. für jede Kunstrichtung, die eine spezif. subjektive Ausdruckssteigerung mit bildner. Mitteln zu erreichen sucht; i. e. S. Stilbez. für eine im Jahrzehnt vor dem 1. Weltkrieg v. a. in der dt. Kunst einsetzende Bewegung. Den Begriff E. prägte H. Walden 1911 in seiner Zeitschrift „Der Sturm" ganz allg. für die (antirealist.) gesamteurop. Kunsttendenzen der Zeit. Die Mittel des E. sind vereinfachende Zeichnung einschließl. der Deformation, Flächigkeit, starke Farbkontraste und eine nicht an das Naturvorbild gebundene Farbgebung. Vorläufer des dt. E. waren V. van Gogh, P. Gauguin, H. de Toulouse-Lautrec, J. Ensor und E. Munch. Der Beginn liegt im Jahre 1905 mit der Gründung der Dresdner Malervereinigung „Die ↑ Brücke". Auch frühe Werke von Künstlern des Blauen Reiters zählen zum E. (W. Kandinsky, G. Münter, A. Jawlensky, F. Marc) und schließl. werden die Österreicher O. Kokoschka und A. Kubin sowie M. Beckmann zum E. gezählt. Innerhalb der Plastik zeigen die Werke von E. Barlach und K. Kollwitz expressionist. Züge. Verwandte Erscheinungen zeigen sich in Belgien (C. Per-

Expressionismus

meke, G. de Smet) und Frankr. (G. Rouault, C. Soutine). Mit Einschränkung ist im frz. Fauvismus eine Paralelle zu sehen.

Literatur: Von der bildenden Kunst wurde die Bez. E. für eine Phase (etwa 1910–25) innerhalb einer sogenannten Literaturrevolution übertragen, wobei der 1. Weltkrieg eine deutl. gesetzte Zäsur bildet. Der Begriff wurde von K. Hiller im Juli 1911 geprägt. Vorbilder waren A. Strindbergs Mysterien-, Traum- und Visionsspiele („Nach Damaskus"), die Langverse W. Whitmans und Themen der Gedichte C. Baudelaires und des frz. Symbolismus. Literaturgeschichtl. stellt der E. einen radikalen Gegenschlag gegen Naturalismus, Impressionismus, Jugendstil, Neuromantik und Neuklassizismus dar. Literatursoziolog. gesehen war der E. Protest der jungen Generation gegen eine allg. Selbstentfremdung, gegen Geringschätzung und Unterdrückung des Menschen und seiner humanen Bedürfnisse im Maschinenzeitalter, verschärft durch die autoritären Strukturen des Wilhelmin. Bürgertums. Der E. stellte das innere Erlebnis über das äußere Leben, seine Dichter wollten Künder sein, sie bedienten sich einer oft die grammatikal., syntakt., ästhet., selbst sprachlog. Gefüge sprengenden Sprache. Trotz verbindender Elemente ist die Literatur des E. nicht einheitlich. Zu den Frühexpressionisten gehören v.a. Lyriker, G. Trakl, G. Heym, E. Stadler, A. Stramm und R.J. Sorge, die auch Dramatiker waren, sowie T. Däubler, E. Lasker-Schüler und H. Lersch. Die nachfolgende Phase war von polit.-sozialer Dichtung bestimmt, ihre wesentl. Leistung war das Drama (G. Kaiser, E. Toller, W. Hasenclever, R. Schickele, F. Werfel, C. Sternheim). E. Barlachs existentielle Dramen entstehen bis in die Spätphase des Expressionismus. Die Figuren als Ideenträger im Drama sind typisiert, (abstraktes) Bühnenbild, (isolierende) Beleuchtungstechnik, pantomim. Gebärde, Musik und Geräuschkulisse mittragende Elemente der Handlung. Um den expressionist. Inszenierungsstil machte sich bes. Max Reinhardt verdient. Neben Lyrik und Drama sind auch die ep. Formen vertreten, die kürzere erzählende Prosa und der Roman (A. Döblin, L. Frank, M. Brod, G. Benn, F. Werfel und K. Edschmid).

Musik: Der E. ist hier eine in Reaktion auf den Impressionismus zu Beginn des 20. Jh. entstandene Kunstrichtung, die nicht mehr vom Objekt-Eindruck, sondern vom Subjekt-Ausdruck getragen ist. Entsprechend treten alle musikal. Elemente in einer bisher nicht gekannten Loslösung von überkommenen

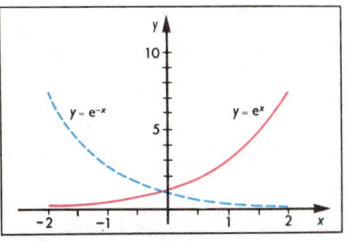

Exponentialfunktion e^x und e^{-x}

Expressionismus. Ernst Ludwig Kirchner, Fünf Frauen auf der Straße (1913). Köln, Wallraf-Richartz-Museum (oben); Karl Schmidt-Rottluff, In der Dämmerung (1912). Privatbesitz

expressis verbis

Bindungen auf. Rhythmik und Dynamik lassen extrem gesteigerte Bewegungskräfte hervortreten, Melodik und Harmonik lösen sich endgültig von der Tonalität, Form wird zum jeweils individuellen Gestaltungsproblem, neuartige Instrumentation führt zu erregenden Klangfarben. Insgesamt ist der E. keine einheitl. Stilphase. Schönberg und seine Schüler, Strawinski, Hindemith, Bartók, die sie durchliefen, gelangten zu jeweils verschiedenen kompositor. Ergebnissen.

Film: Der film. E. entstand als Protest gegen die vordergründigen und klischeehaften Ausstattungs- und Kostümfilme der Zeit sowie gegen die beschwerl. Produktionsbedingungen der jungen Regisseure wie R. Wiene, P. Wegener, P. Leni, F. W. Murnau, F. Lang. Das graph. gestaltete expressionist. Filmbild, gemalte Kulissen, gezeichnete Perspektiven sowie die effektvolle Lichtregie mit genau konzipiertem Helldunkel sollten eine rigorose Künstlichkeit und Verzerrung der äußeren Welt schaffen als Entsprechung des psych. Zustands der dargestellten Menschen. Zeitpessimismus und gesellschaftl. Morbidität werden thematisiert im Aufweis der Zwiespältigkeit der menschl. Natur, ihrer Unterwerfung unter die Gewalt eines (unabwendbaren) Schicksals und der Anziehungskraft monströser, dämon. oder somnambuler Wesen. - ↑ auch Film (Geschichte).

📖 Raabe, P.: Die Autoren und Bücher des literar. E. Stg. 1985. - Vogt, P.: Dt. Malerei des E. 1905 bis 1920. Köln 1978. - Rothe, W.: Der E. Ffm. 1977. - Wörner, K. H.: Die Musik in der Geistesgesch. Bonn 1970.

expressis verbis [lat. „mit ausdrückl. Worten"], ausdrückl., deutlich.

expressiv [lat.], ausdrucksstark, betont ausgedrückt.

Expressivität [lat.], in der Genetik Ausprägungsgrad eines Merkmals im Erscheinungsbild.

Expropriation [lat.], marxist. Begriff für Enteignung von Eigentümern (auch Ausbeutung).

exquisit [lat.], ausgesucht, erlesen, hervorragend.

Exsikkator [lat.], Gerät zum Trocknen oder zum trockenen Aufbewahren von Chemikalien.

Exsikkose [lat.], Austrocknung des Körpers bei starkem Flüssigkeitsverlust (z. B. bei Erbrechen und Durchfall).

Exspiration [lat.], svw. Ausatmung (↑ Atmung).

Exstirpation [lat.], vollständige operative Entfernung eines verletzten bzw. erkrankten Organs oder einer in sich abgeschlossenen Geschwulst.

Exsudat [lat.], bei entzündl. Vorgängen aus den Blut- und Lymphgefäßen abgesonderte Blutflüssigkeit. - Ggs. ↑ Transsudat.

Exsudation [lat.], Verdunstung der Bodenfeuchtigkeit durch die Sonneneinstrahlung in Trockengebieten sowie die Ausscheidung von Mineralstoffen.
◆ (Ausschwitzung) in der *Medizin* der Austritt von ↑ Exsudat auf Grund von Entzündungen, v. a. der Brust- und Bauchorgane.

Exsultet [lat. „es jauchze..."], Lobgesang auf die brennende Osterkerze in der kath. Osternachtsfeier, ben. nach den Anfangsworten.

Extemporale [lat.], eine unvorbereitet anzufertigende schriftl. Klassenarbeit.

ex tempore [lat.], unvorbereitet, aus dem Stegreif; **extemporieren**, etwas aus dem Stegreif tun.

Extension [zu lat. extensio „Ausdehnung"], in der *Medizin* mechan. Streckung eines gebrochenen, verrenkten oder operierten Gliedes zur Wiederherstellung der Ausgangslage.
◆ (Draper-E.) ↑ Draper-Katalog.

Extensionsverband (Streckverband, Zugverband), Spezialverband v. a. bei Knochenbrüchen (zur Ruhigstellung, Dehnung der Weichteile und richtigen Einstellung der Bruchenden).

Extensität (Extensivität) [lat.], Ausdehnung, Umfang; **extensiv**, ausgedehnt, umfassend; räumlich; nach außen wirkend; erweiternd.

Extensoren [lat.], svw. ↑ Streckmuskeln.

extern [lat.], auswärtig, draußen, fremd, von außen.

Externe [lat.], Schüler, die nicht im Internat der von ihnen besuchten Schule wohnen.
◆ Schüler, die eine Abschlußprüfung an einer Schule ablegen, die sie vorher nicht besucht haben.

externe Belege ↑ Belege.

Externsteine, in einzelne Felstürme (bis fast 40 m Höhe) aufgelöste Schichttrippe im Teutoburger Wald, unweit von Horn-Bad Meinberg; urspr. wohl german. Kultstätte, 1093 vom Paderborner Benediktinerkloster Abdinghof erworben; Felsenkapelle (1115), in den Fels gehauenes Relief mit der Kreuzabnahme (um 1130). - Abb. S. 302.

Exterorezeptoren (Exterozeptoren) [lat.], Sinnesorgane bzw. Sinneszellen, die von außerhalb des Organismus kommende Reize aufnehmen (z. B. Augen, Ohren). - Ggs. ↑ Propriorezeptoren.

exterritorial, außerhalb der Geltung der innerstaatl. Rechtsordnung.

Exterritorialität [lat.], im Völkerrecht die vollständige oder teilweise Unanwendbarkeit der innerstaatl. Rechtsordnung auf bestimmte Personen oder Sachen. Der Umfang der E. richtet sich teils nach Völkergewohnheitsrecht, teils nach bes. internat. Vereinbarungen. E. genießen im einzelnen: 1. Staaten: Für Hoheitsakte der diplomat. Vertretungen besteht vollständige E.; 2. Staatsoberhäupter: Sie sind bei Reisen in das Ausland unverletz-

Extremalprinzipien

lich; 3. fremde Truppenabteilungen bei erlaubtem Durchzug durch fremdes Staatsgebiet und eingeschränkt bei einer vertragl. geregelten Stationierung; 4. Kriegsschiffe; 5. der Papst; 6. diplomat. Vertreter für ihre amtl. wie auch für ihre privaten Handlungen. Eine Verletzung der Rechtsordnung durch einen diplomat. Vertreter ist rechtswidrig und ermöglicht es, seine Abberufung vom Sendestaat zu verlangen; 7. Gebäude der diplomat. Vertretung. Sie dürfen in bes. Fällen jedoch ohne Zustimmung betreten werden, z. B. um einen flüchtigen [Kriminal]verbrecher zu verfolgen oder einen Brand zu löschen; 8. internat. Organisationen.

Extinktion [lat.], allgemein die Schwächung einer Strahlung beim Durchgang durch ein Medium infolge von Absorption und Streuung; speziell in der *Astronomie* die Schwächung von Lichtstrahlen beim Durchgang durch die Erdatmosphäre.

extra [lat.], eigens, bes., zusätzl., außergewöhnlich.

Extra..., extra... [lat.] Bestimmungswort in Zusammensetzungen mit der Bed. „außerhalb, außerdem, bes.", z. B. Extrablatt.

extra dry [engl. 'ɛkstrə 'draɪ „extra trocken"], bezeichnet alkohol. Getränke, die nur eine äußerst geringe Süße aufweisen.

extra ecclesiam nulla salus (extra ecclesiam non [est] salus) [lat. „außerhalb der Kirche ist kein Heil"], Grundsatz der kath. Kirche, ↑alleinseligmachend zu sein; umgekehrt formuliert: wo Heil ist, ist die Kirche.

extragalaktisch (anagalaktisch), außerhalb der Milchstraße (Galaxis) liegend; Ggs. galaktisch.

extrahieren [lat.], einen ↑Extrakt herstellen (↑auch Extraktion).
♦ in der *Medizin*: 1. etwas durch einen operativen Eingriff entfernen (↑Extraktion); 2. ein Kind aus dem Mutterleib durch geburtshilfl. Eingriffe herausziehen.

Extrakt [zu lat. extractum, eigtl. „Herausgezogenes"], allg.: Auszug (z. B. aus Büchern), Hauptinhalt, Kern.
♦ in der *Pharmazie* und *Lebensmitteltechnologie* eingedickter Auszug aus tier., pflanzl. und techn. Stoffen.

Extraktion [lat.], (Auslaugung, Auswaschung) Trennverfahren, bei dem durch geeignete Lösungsmittel aus festen oder flüssigen Stoffgemischen selektiv bestimmte Bestandteile herausgelöst werden.
♦ in der *Medizin*: operatives Herausziehen (Herauslösen) eines Körperteils, bes. eines Zahns, oder eines Fremdkörpers.

Extraktivstoffe [lat./dt.], in Pflanzen oder Tieren vorkommende Stoffe, die durch Lösungsmittel extrahiert werden können und dann z. B. als Würz- oder Arzneimittel Verwendung finden.

extramundan [lat.], außerweltl., ↑transzendent.

extra muros [lat.], außerhalb der Mauern, d. h. außerhalb der Stadt.

extraordinär, außergewöhnl., außerordentlich.

Extraordinariat, der außerordentl., planmäßige Lehrstuhl eines Extraordinarius (↑Professor); wird nicht mehr eingerichtet.

Extrapolation [lat.], näherungsweise Bestimmung von Funktionswerten außerhalb eines Intervalls auf Grund der Kenntnis von Funktionswerten innerhalb dieses Intervalls.

extrapyramidales System (extrapyramidales Nervensystem), Teil des Zentralnervensystems (Zellansammlungen im Zwischen- und Mittelhirn), der für die unwillkürl. Bewegungen der Gliedmaßen, den Ruhetonus der Muskulatur und die unwillkürl. Körperhaltung verantwortl. ist.

Extrasystole, innerhalb der normalen rhythm. Herzschlagfolge durch anomale Erregungsbildung ausgelöste, vorzeitige Herzkontraktion.

extraterrestrisch, außerhalb der Erde auftretend, außerird. Vorgänge betreffend; z. B. e. Leben, e. Forschung.

extrauterin [...a-u...], außerhalb der Gebärmutter gelegen bzw. lokalisiert.

Extrauterinschwangerschaft [...a-u...] (Extrauteringravidität, Graviditas extra uterina), Schwangerschaft, bei der sich das befruchtete Ei außerhalb der Gebärmutter (↑Eileiterschwangerschaft, ↑Bauchhöhlenschwangerschaft) einnistet und entwickelt. - Abb. S. 302.

extravagant [mittellat.-frz.], überspannt, übertrieben, ausgefallen, ungewöhnlich; **Extravaganz,** Überspanntheit.

Extraversion [lat.], von C. G. Jung eingeführte Bez. zur Charakterisierung der Grundeinstellung von Menschen, die sich stärker als andere an ihrer Umwelt orientieren (Ggs. Introversion). Der **extravertierte Typ** ist aufgeschlossen, kontaktfreudig und vertrauensvoll. Er ist in der Lage, leicht abzuschätzen, welches Verhalten in einer gegebenen Situation erwartet wird, und ist bereit, sich dementsprechend zu verhalten.

extrem [lat.], äußerst, übertrieben, radikal; **Extrem,** höchster Grad, Übertreibung, äußerster Standpunkt; **Extreme,** einander entgegengesetzte Dinge oder Meinungen.

Extremadura [span. estremaˈðura] ↑Estremadura (Spanien).

Extremale [lat.], die bei Variationsproblemen gesuchte Funktion (↑Variationsrechnung).

Extremalprinzipien, vorwiegend die Mechanik betreffende Aussagen über das Verhalten von physikal. Systemen, wobei eine bestimmte Größe bei der Bewegung einen Extremwert, in der Regel ein Minimum, annimmt. Je nach dem mathemat. Formulierung unterscheidet man **Differentialprinzipien** und **Integral-** oder **Variationsprinzipien.** Bei erste-

extremarid

ren werden benachbarte Systemzustände verglichen, bei letzteren wird die Gesamtbewegung im Vergleich zu ähnl. Bewegungen zw. gleichen Anfangszuständen und Endzuständen betrachtet. Zu den E. gehören u. a. das d'Alembertsche Prinzip (↑Alembert) und das ↑Le Chatelier-Braunsche Prinzip.

extremarid ↑arid.

Extremismus [lat.] ↑Radikalismus.

Extremistenbeschluß (auch: Radikalenerlaß), Bez. für den Beschluß des Bundeskanzlers und der Regierungschefs der Länder in der Frage der Überprüfung von Bewerbern für den öffentl. Dienst und zur Mitgliedschaft von Beamten in extremist. Organisationen vom 28. Jan. 1972. Auf Grund der Verpflichtung von Beamten, Angestellten und Arbeitern des öffentl. Dienstes nach dem Beamtenrecht (bzw. entsprechenden Bestimmungen für Angestellte und Arbeiter), sich positiv zum GG zu bekennen und für die freiheitl. demokrat. Grundordnung jederzeit einzutreten, entscheidet der Dienstherr bei Pflichtverstoß über Maßnahmen im Einzelfall. Dementsprechend rechtfertigen begründete Zweifel an der Verfassungstreue eines Bewerbers für den öffentl. Dienst i. d. R. eine Ablehnung. Die Anwendung des Beschlusses blieb bisher umstritten, das Verfahren wird in den einzelnen Bundesländern unterschiedl. gehandhabt (z. B. Routineüberprüfung durch den Verfassungsschutz). Die Kritik (auch aus dem Ausland) an den Überprüfungsverfahren nach dem E. richtet sich einerseits v. a. auf eine mögl. Überschreitung rechtsstaatl. Grenzen (z. B. bei Ablehnung wegen der Mitgliedschaft in einer als verfassungsfeindl. bezeichneten, aber nicht verbotenen Organisation) und die Einführung eines nach Art. 12 GG unzulässigen Berufsverbots, andererseits auf polit. Folgen des E. wie Einschränkung der Freiheitsrechte, Anpassung und polit. Konformität. Nach dem Scheitern einer gesetzl. Regelung dieses Fragenkreises in einem Rahmengesetz („Extremistenvorlage") im Bundesrat an der CDU/CSU-Mehrheit wird der E. nur noch in den von der CDU/CSU regierten Ländern praktiziert, während die anderen Länder und der Bund nach der gescheiterten Vorlage vorgehen.

Nach breiter Diskussion innerhalb der SPD und der FDP über die Folgen des E. (v. a. der Überprüfungspraxis durch die Verfassungsschutzämter) sind einzelne Länder seit 1978 dazu übergegangen, bei der Einstellung in den öffentl. Dienst (mit Ausnahme des sog. sicherheitsempfindl. Bereichs, z. B. Polizei) auf die Überprüfung der Bewerber zu verzichten, behalten sich aber bei tatsächl. verfassungsfeindl. Verhalten die Möglichkeit der Entlassung aus dem öffentl. Dienst nach dem Disziplinarrecht vor. Die Bundesdisziplinaranwaltschaft hat (bei polit. Verantwortung der Bundesreg.) entsprechende Disziplinarverfahren

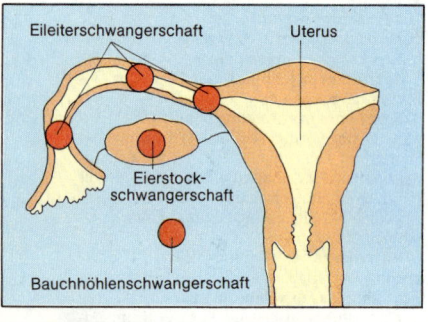

Extrauterinschwangerschaft, Mögliche Einnistungsstellen des befruchteten Eies

Externsteine (unten)

gegen Beamte bei Bahn und Post eröffnet. Um eine Vereinheitlichung der bisher widersprüchl. Rechtsprechung zu erreichen, fand 1980 ein Gespräch zw. Vertretern des Bundesverwaltungs- und des Bundesarbeitsgerichts statt. Im Saarland wurde der E. im Juli 1985 aufgehoben.

📖 *Küchenhoff, E., u.a.: Der Abschied vom E. Bonn 1979. - Frisch, P.: E. Leverkusen* ⁴*1977.*

Extremitäten [lat.], svw. ↑Gliedmaßen.

Extremwert (Extremum), Wert einer Funktion, in dessen Umgebung alle benachbarten Funktionswerte entweder kleiner (Maximum) oder größer (Minimum) sind.

Extruder [lat.-engl.], Maschine zur kontinuierl. Verarbeitung von plast. Kunststoffen. Der als Pulver, Agglomerat oder Granulat aufgegebene Rohstoff wird kontinuierl. geschmolzen, gemischt und zur Formgebung durch eine in der Form veränderl. Düse gedrückt.

Extrusion [lat.], Bez. für den Ausfluß von Lava auf die Erdoberfläche.

ex tunc [lat. „von damals an"], rückwirkend, mit Rückwirkung: Das Rechtsgeschäft wirkt [kraft Vereinbarung oder kraft Gesetzes] auf einen früheren Zeitpunkt zurück.

Exulanten [zu lat. exsul „Verbannter"], Bez. für die im 16. und 17. Jh. aus den Ländern der habsburg. Monarchie, im 18. Jh aus dem Erzstift Salzburg ausgewiesenen Protestanten.

Exulzeration [lat.], svw. ↑Geschwürbildung.

ex voto [lat.], auf Grund eines Gelübdes (Inschrift auf Votivgaben).

Exxon Corp. [engl. 'ɛksɔn kɔːpəˈreɪʃən], seit 1. Nov. 1972 neue Firma (Umbenennung) der Standard Oil Co.; größte Mineralölfirma der Welt; Sitz New York; Muttergesellschaft der **Esso AG.** Hauptätigkeitsgebiete: Förderung, Verarbeitung und Vertrieb von Mineralöl und Erdgas.

exzellent [lat.], hervorragend, ausgezeichnet, vortrefflich.

Exzellenz [lat.-frz.], Hoheitstitel, vom Früh-MA bis Mitte 17. Jh. fürstl. Titel, dann für hohe Militär- und Zivilpersonen (auch schon in röm.-byzantin. Zeit); nach dem 1. Weltkrieg in Deutschland und in Österreich abgeschafft. Die kath. Kirche führte den Titel Hochwürdigste E. zeitweilig für alle Bischöfe und einige andere Prälaten. Der Titel steht als Anrede den Botschaftern zu und ist auch für Gesandte üblich.

Exzenter [griech.] (Exzenterscheibe), scheibenförmiges Antriebselement, das, außermittig (**exzentrisch**) auf einer Welle befestigt, bei deren Drehung an einer mit dem E. gekoppelten Stange (**Exzenterstange**) eine hin- und hergehende Bewegung erzeugt.

Exzentertheorie, von Hipparchos von Nizäa entwickelte Theorie der vorkeplerschen Astronomie zur Deutung der ungleichförmigen Bewegungen der Sonne und der Planeten innerhalb der sider. Periode mittels gleichförmiger Kreisbewegungen.

exzentrisch, außerhalb des Mittelpunktes liegend, nicht den gleichen Mittelpunkt besitzend (Geometrie).

◆ verschroben, überspannt.

Exzentrizität [griech.], in der Mathematik Bez. für zwei zur Charakterisierung eines ↑Kegelschnitts verwendete Größen: *lineare E.*, der Abstand *e* der Brennpunkte eines Mittelpunktskegelschnittes vom Mittelpunkt; *numerische E.*, das Verhältnis der linearen E. zur halben Hauptachse, $\varepsilon = e/a$, bzw. das Verhältnis des Abstandes Kegelschnittpunkt-Brennpunkt zum Abstand Kegelschnittpunkt-Leitlinie.

Exzerpt [zu lat. excerptum, eigtl. „Herausgepflücktes"], knappe Zusammenstellung der für den jeweiligen Benutzer oder einen bestimmten Leserkreis wichtigen Gesichtspunkte eines Buches oder einer Abhandlung; **exzerpieren,** ein E. anfertigen.

Exzeß [lat., zu excedere „(ein bestimmtes Maß) überschreiten"], Ausschweifung, Unmäßigkeit, Überschreitung sittl. oder gesetzl. Grenzen; **exzessiv,** maßlos ausschweifend.

◆ (sphär. Exzeß) der Betrag, um den die Winkelsumme in einem sphär. Dreieck 180° übersteigt.

Exzision [lat.] (Ausschneidung), operatives Herausschneiden eines Organ- oder Gewebsbezirks, auch einer Geschwulst. - Die **Probeexzision** mit anschließender mikroskop. bzw. histolog. Untersuchung dient diagnost. Zwecken.

Eyadema, Étienne Gnassingbe [frz. ejadeˈma], * Pya (Bezirk Lama-Kara) 26. Dez. 1937, togoles. Politiker. - 1963 einer der Führer des Putsches gegen Präs. S. Olympio, 1965–67 Stabschef der togoles. Streitkräfte, seit dem Putsch von 1967 Staatspräs. von Togo und Verteidigungsmin.; seit 1969 Vors. der Einheitspartei Rassemblement du Peuple Togolais (RPT).

Eyasi, Lake [engl. 'eɪk ɛɪˈjɑːsiː], Salzsee in N-Tansania, südl. der Serengeti, 1 030 m ü. d. M., 72 km lang, 16 km breit; prähistor. Funde (Njarasamensch).

Eyb, Albrecht von ↑Albrecht von Eyb.

Eyck, Erich [aɪk], * Berlin 7. Dez. 1878, † London 23. Juni 1964, dt. Historiker. - Zunächst Rechtsanwalt und Publizist in Berlin, wurde in der Emigration (seit 1937 in Großbrit.) zum bed. liberalen Historiker; wichtig seine Studie über Bismarck (1941–44).

E., Hubert van [niederl. ɛjk], * Maaseik (?) um 1370 (?), † Gent 18. Sept. 1426 (?), niederl. Maler. - Bruder von Jan van E.; sein Anteil an den 12 Tafeln des Genter Altars ist ebenso schwer bestimmbar wie an den Miniaturen des sog. „Turin-Mailänder Stundenbuchs" (vor 1417 bis 1424; erhalten der Mailänder Teil; Turin, Museo Civico d'Arte Antica).

303

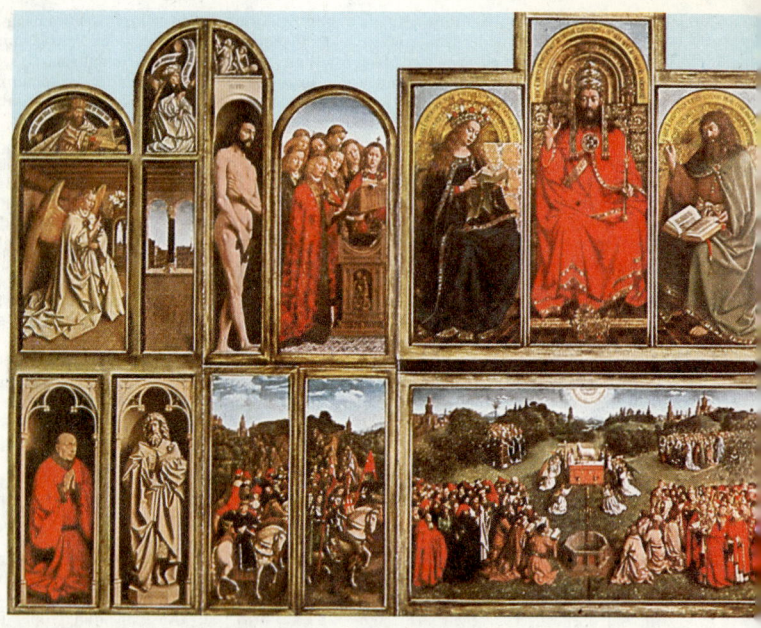

Jan van Eyck und Hubert van Eyck, Genter Altar (vollendet 1432). Gent, Sint-Baafs

E., Jan van [niederl. ɛik], * Maaseik (?) um 1390, ⌐ Brügge 9. Juli 1441, niederl. Maler. - Seit 1424 für Herzog Philipp den Guten von Burgund tätig. Seit etwa 1430 lebte er als Hof- und Stadtmaler in Brügge. Sein Werk war auf den wichtigsten Gebieten maler. Schaffens (Menschenbild, Innenraum und Landschaft) für die Entwicklung des Realismus in spätma. Zeit von entscheidender Bedeutung. Es öffnet den Blick für das Individuelle der menschl. Erscheinung, für den alltägl. Innenraum (Perspektive, stillebenhafte Gegenständlichkeit) und die Landschaft in ihren Details. Sein Sinn für die Natur führte den Maler nicht nur zur sorgfältigen Beobachtung der Pflanzenwelt, sondern machte ihn auch zu einem Wegbereiter auf dem Gebiet der Aktdarstellung. Vermutl. von der Miniaturmalerei zur Tafelmalerei übergehend, hat van E. die Technik der Ölmalerei zwar nicht erfunden, aber in ihren Möglichkeiten doch wesentl. erweitert (Farbskala und Lichtbehandlung). 1432 vollendete van E. den Genter Altar (Gent, Sint-Baafs).
Weitere Werke: Madonna des Kanzlers Nicholas Rolin (1425, Louvre), Kardinal Nicholaes Albergati (1431, Wien, Kunsthistor. Museum), Giovanni Arnolfini und seine Frau (1434, London, National Gallery), Madonna des Kanonikus Georg van der Paele (1436, Brügge, Stedelijk Museum voor Schone Kunsten), Marienaltar (1437, Dresden, Gemäldegalerie).

E., Peter van, * Steinwehr (Pommern) 16. Juli 1913, † Zürich 15. Juli 1969, dt.-amerikan. Filmschauspieler. - Spielte in zahlr. Filmen (in Hollywood, seit 1948 auch in Frankr., Italien und Deutschland), u. a. in „Lohn der Angst" (1953) und „Shalako" (1968).

Eyke von Repgow †Eike von Repgow.

Eyrehalbinsel [engl. ɛə], Halbinsel in Südaustralien, zw. Großer Austral. Bucht und Spencergolf. Südlichster Punkt ist **Kap Catastrophe.**

Eyresee [engl. ɛə], 8 500–13 000 km² große, selten mit Wasser gefüllte Salzpfanne im sö. Südaustralien, tiefste Stelle des austral. Kontinents, bis 12 m u. d. M.

Eysenck, Hans Jürgen [engl. 'aisɛŋk], * Berlin 4. März 1916, brit. Psychologe dt. Herkunft. - Emigrierte 1934 nach Großbritannien; seit 1955 Prof. in London, war E. maßgebl. an der Entwicklung der modernen Persönlichkeitsforschung („The scientific study of personality", 1952) und Verhaltenstherapie („Experiments in behavior therapy", 1964) beteiligt. - *Weitere Werke:* Wege und Abwege der Psychologie (1953), Neurosen - Ursachen und Heilmethoden (1967; mit S. Rachman), Die Zukunft der Psychologie (1977).

Eyskens, Gaston [niederl. 'ɛjskəns], * Lier 1. April 1905, belg. Politiker (christl.-sozial). - Staats- und Wirtschaftswissenschaft-

Ezzolied

Eysturoy [färöisch ˈɛstʊrɔːj], eine der Hauptinseln der ↑ Färöer.

Eyth, Max von (seit 1896), * Kirchheim unter Teck 6. Mai 1836, † Ulm 25. Aug. 1906, dt. Schriftsteller. - 1861–82 arbeitete er bei J. Fowler in Leeds, dessen Dampfpflug er in vielen Ländern heimisch machte; 1885 Initiator der Dt. Landwirtschafts-Gesellschaft; schrieb Erzählwerke aus der Welt der Technik und die populäre Autobiographie „Hinter Pflug und Schraubstock" (1899).

Ezechiel [eˈtseːçiɛl] (Hesekiel), Prophet im Babylon. Exil; zunächst Priester in Jerusalem, bei der ersten Deportation (597) nach Babylonien geführt, dort zum Propheten berufen und bis 571 tätig. Das **Buch Ezechiel** enthält überwiegend auf E. selbst zurückgehende Worte und Berichte. Die jetzige Komposition stammt mit Sicherheit von späteren Redaktoren.

Ezinge [niederl. ˈeːzɪŋə], vorgeschichtl. Wurt nw. von Groningen (Niederlande), deren systemat. Ausgrabung die Kenntnis des Siedlungsablaufes von der vorröm. Eisenzeit bis zum Ende des frühen MA sicherte.

EZU, Abk. für: ↑ Europäische Zahlungsunion.

Ezzelino III. da Romano, * Onara (= Tombolo-Onara) bei Padua 25. April 1194, † Soncino 27. Sept. 1259, Ghibellinenführer. - Stadtherr von Verona, Vicenza, Padua und Treviso; heiratete 1238 Kaiser Friedrichs II. natürl. Tochter Selvaggia und schloß sich noch enger den Staufern an; 1259 bei Soncino von den Guelfen besiegt und erlag dort in der Gefangenschaft seinen Verwundungen.

Ezzolied, von Ezzo, einem Bamberger Chorherrn, um 1060 verfaßtes, ältestes frühmittelhochdt. Gedicht. Thema ist die Heilsgeschichte nach dem Johannes-Evangelium. - Ein Scholastikus Ezzo ist auch als Teilnehmer am Pilgerzug des Bischofs Gunther von Bamberg nach Jerusalem (1064/65) bezeugt.

ler; seit 1939 Abg. im belg. Parlament; 1945 und 1947–49 Finanz- (erneut 1965/66) sowie 1950 Wirtschaftsmin.; 1947–49 und 1965/66 Gouverneur der Weltbank; 1949/50, 1958, 1958–61 und 1968–72 Ministerpräsident. - † 3. Jan. 1988.

Eysler, Edmund, eigtl. E. Eisler, * Wien 12. März 1874, † ebd. 4. Okt. 1949, östr. Komponist. - Komponierte etwa 60 Operetten (u. a. „Die gold'ne Meisterin", 1927; „Wiener Musik", 1947) im überlieferten Stil der Wiener Liedoperette.

F

F, der sechste Buchstabe des lat. und dt. Alphabets, im Griech. ⲡ (nach seiner Form ↑Digamma, ursprüngl. wohl Vau, genannt), im Nordwestsemit. (Phönik.) Ⲩ teils ⲁ (Waw; diese Bez. für den Buchstaben ist jedoch erst aus den Hebr. überliefert). Die Ableitung des griech. Zeichens (auf Kreta ⲁ) von dem phönik. Waw (in Samaria ⲁ) darf heute als gesichert gelten.
◆ (f) in der *Musik* die Bez. für die 4. Stufe der Grundtonleiter C-Dur, durch ♯ (Kreuz) erhöht zu *fis*, durch ♭-(b-)Vorzeichnung erniedrigt zu *fes*.
◆ (Münzbuchstabe) ↑Münzstätten.
◆ chem. Symbol für ↑Fluor.
F, Einheitenzeichen: für Fahrenheit bei Temperaturangaben in Grad Fahrenheit (↑Fahrenheit-Skala).
◆ für die Kapazitätseinheit ↑Farad.
F (F), Formelzeichen: für die ↑Kraft.
◆ für die ↑Faraday-Konstante.
f, Abk. für: ↑forte.
f, Vorsatzzeichen für ↑Femto...
f (f), Formelzeichen: für die ↑Frequenz.
◆ für die Brennweite (z. B. von Linsen).
f., Abk.:
◆ für: Femininum.
◆ für: folgende Seite.
◆ für: Forma (↑Form [Biologie]).

Fa, die vierte der Solmisationssilben (↑Solmisation); in den roman. Sprachen Bez. für den Ton F.

Faaker See, See in Kärnten, Österreich 8 km sö. von Villach, 560 m ü. d. M., 2,2 km², bis 30 m tief; Badesee (bis 27 °C warm).

Fabbri, Diego, * Forlì 2. Juli 1911, † Riccione 14. Aug. 1980, italien. Dramatiker. - Von L. Pirandello und U. Betti beeinflußte Dramen mit christl. Grundhaltung, u. a. „Prozeß Jesu" (1955). Auch Drehbuchautor.

Fabel [zu lat. fabula „Erzählung, Sage"], 1. das Handlungsgerüst eines literar. Werks, heute oft ersetzt durch das engl. „story". 2. i. e. S. alte ep. Kleinform, in der in Vers oder Prosa ein Beispiel typ. menschl. Verhaltens vorgestellt wird, dessen eth. Konsequenzen den Leser zu sittl. Verhalten auffordern sollen. Bes. aus der Übertragung menschl. Eigenschaften auf nichtmenschl. Figuren (Tiere, Pflanzen, Dinge) zieht die F. ihre satir. oder moral. belehrenden Effekte, die die weitere Erläuterung in einer nachgestellten Abschlußlehre (Epimythion) meist überflüssig erscheinen lassen. - F. finden sich im volkstüml. Erzählgut vieler Völker. Als Vater der europ. F. gilt Äsop. Als ma. Schullektüre wurden die lat. Sammlungen des Phädrus (1. Jh.), des Avianus (um 400) und die Prosasammlung „Romulus" in ganz Europa verbreitet, bearbeitet, erweitert, übersetzt. Nach großer Beliebtheit in Humanismus und Reformation (H. Steinhöwel, B. Waldis, H. Sachs) wurde die dt. F. erst im 18. Jh. wieder bevorzugt, während J. de La Fontaine im Jh. davor die französischen F. zum Höhepunkt der literar. Kleinkunst entwickelte. An die Stelle der moral. Belehrung trat nun die Betonung bürgerl. Lebensklugheit. Als dt. Fabeldichter ragen hervor F. von Hagedorn, C. F. Gellert und J. W. L. Gleim. Der auf die äsop. Tradition zurückgreifende G. E. Lessing beschloß zugleich die Entwicklung der dt. Fabel.
 F.forschung. Hg. v. P. Hasubek. Darmst. 1983. - Dithmar, R.: *Die F. Gesch., Struktur, Didaktik.* Paderborn ³1977.

Fabeltiere, Tiere, die in der Wirklichkeit nicht existieren, an deren Existenz aber vielfach geglaubt wurde, von phantast. Gestalt wie Drache, Einhorn, Greif, Phönix, auch Mischwesen aus Mensch und Tier wie Kentauren, Meerfrauen, Sirenen, Sphinx. F. haben im Volksglauben noch heute Bedeutung; in der religiösen Kunst finden sie sich häufig als Symbole.

Faber, Jacobus, gen. Stapulensis. eigtl. Jacques Lefèvre d'Estaples [frz. ʒakləfɛvrəˈtapl], * Étaples um 1450 oder 1455, † Nérac 1536 oder 1537, frz. Humanist und Theologe. - Lehrer in Paris und in Meaux. Nach Indizierung seiner Schriften und Flucht 1526 Prinzenerzieher in Blois. - Editionen und Kommentare zu Aristoteles, Dionysios Areopagita, Johannes von Damaskus, Richard von Sankt Viktor und Raimundus Lullus; Gesamtausgabe der Werke seines Lehrers Nikolaus von Kues (1514). Ohne mit dem Katholizismus zu brechen, beeinflußte F. den frz. und schweizer. Protestantismus und die reformator. Bibelexegese.

Faber von Creuznach, Conrad, früher Meister der Holzhausen-Bildnisse genannt, * Bad Kreuznach (?) um 1500, † Frankfurt am Main 1552/53, dt. Maler und Zeichner. - Bed. Porträtmaler v. a. Frankfurter Patrizier und Ratsherren; u. a. Doppelbildnis des Justinian von

Holzhausen und seiner Gattin mit Amor (1536; Frankfurt, Städel), Belagerungsplan des spätma. Frankfurt.

Faber & Faber Ltd. [engl. 'fɛɪbə ənd 'fɛɪbə 'lɪmɪtɪd] ↑ Verlage (Übersicht).

Fabian, männl. Vorname lat. Ursprungs; Weiterbildung von Fabius.

Fabian Society [engl. 'fɛɪbjən sə'saɪətɪ], 1883/84 durch führende linksliberale Intellektuelle Londons (v. a. G. B. Shaw, S. und B. Webb) gegr. Gesellschaft brit. Sozialisten, die Wirtschaftsdemokratie und Gesellschaftsreform anstrebte; Namensgebung nach dem röm. Feldherrn Quintus Fabius Maximus Verrucosus, gen. Cunctator; lehnte revolutionäre Mittel ab und orientierte sich mehr an J. S. Mill als am Marxismus; unterstützte 1893 die Gründung des Independent Labour Party bzw. 1900 das Labour Representation Committee († Labour Party); von der F. S. ging die Gründung der London School of Economics and Political Science aus; 1938 als intellektueller Arbeitskreis innerhalb der Labour Party erneuert.

Fabier, röm. Patriziergeschlecht, ↑ Fabius.

Fabiola, geb. de Mora y Aragón, * Madrid 11. Juni 1928, Königin der Belgier. - Seit 1960 ∞ mit König ↑ Baudouin I.

Fabius, männl. Vorname lat. Ursprungs, eigtl. „der aus dem Geschlecht der Fabier" (F. als Geschlechtername „Bohnenpflanzer").

Fabius, altröm. Patriziergeschlecht (Fabier); gehörte seit dem 5. Jh. v. Chr. zu den bed. Familien Roms; war im 4. und 3. Jh. maßgebl. am Aufstieg Roms beteiligt; bed.:
F., Quintus F. Maximus Rullianus, röm. Konsul (322, 310, 308, 297, 295), Diktator (315, 313) und Zensor (304). - Erfocht im großen Samnitenkrieg (326–304) mehrere Siege; errang 295 mit Publius Decius Mus den entscheidenden Sieg über Etrusker, Samniten, Umbrer und Kelten bei Sentinum.
F., Quintus F. Maximus Verrucosus, gen. Cunctator („der Zauderer"), * um 280, † 203, röm. Konsul (233, 228, 215, 214, 209), Diktator (221, 217) und Zensor (230). - Im 2. Pun. Krieg nach der für Rom verlustreichen Schlacht am Trasimen. See (217) zum Diktator ernannt, verhinderte F. durch seine Hinhaltetaktik weitere Niederlagen gegen Hannibal und schuf damit die Voraussetzung für Erfolge auf anderen Kriegsschauplätzen.

Fabliau [fabli'o:; frz., zu ↑ Fabel], Bez. (seit dem 16. Jh.) für die altfrz. Schwankerzählung in 8silbigen Reimpaaren (meist etwa 300 Verse, aber auch länger) auf Grund der Beliebtheit dieser Gattung im Pikardischen (wo diese ep. Kleinform schon seit Bestehen F. hieß). Bezeugt sind sie seit der Mitte des 12. Jh.; Blütezeit im 13. Jh.; überliefert sind 147 Fabliaux. Wichtige Quelle für Boccaccio.

Fabricius, Gajus F. Luscinus, Konsul (282 und 278) und Zensor (275). - Aus plebej. Geschlecht; suchte 284 das Abfallen der südital. Bundesgenossen Roms zu verhindern; erreichte 280 die Auslösung der röm. Kriegsgefangenen von Pyrrhus; maßgebl. an dessen Abzug aus Italien beteiligt; gilt in der Überlieferung als Beispiel röm. Tugenden.

Fabricius, Ernst, * Darmstadt 6. Sept. 1857, † Freiburg im Breisgau 22. Mai 1942, dt. Althistoriker. - 1888–1926 Prof. in Freiburg im Breisgau, seit 1902 als Leiter der Reichslimeskommission Hg. des Werkes „Der obergerman.-raet. Limes des Römerreiches" (1894–1938).
F., Johan, * Bandung (Java) 24. Aug. 1899, † Glimmen (Prov. Groningen) 21. Juni 1981, niederl. Schriftsteller. - Spannend geschriebene Abenteuerromane, Dramen und Jugendbücher, u. a. „Kapitän Bontekoes Schiffsjungen" (E., 1924), „Halbblut" (R., 1946).

Fabricius Hildanus, Wilhelm, eigtl. W. Fabry von Hilden, * Hilden 25. Juni 1560, † Bern 14. Febr. 1634, dt. Chirurg. - Seit 1615 Stadtarzt von Bern; verbesserte verschiedene Operationstechniken

Fabrik [frz., zu lat. fabrica „Werkstätte"], vorherrschende Form des Industriebetriebes, die durch die Be- und Verarbeitung von Werkstoffen unter Einsatz mechan. und maschineller Hilfsmittel bei räuml. Zentralisation der Arbeitsplätze jedoch hohe Arbeitsteilung innerhalb einer Fertigungsstätte (im Gegensatz etwa zur Heimarbeit) gekennzeichnet ist. Weitere Merkmale der F. sind der Einsatz spezialisierter, aber auch an- und ungelernter Arbeitskräfte, die Produktion großer Stückzahlen, der relativ hohe Kapitaleinsatz und die nichthandwerksmäßige Erzeugungstechnik. Das F.system ist historisch aus dem *Verlagssystem* hervorgegangen.

Fabrikhandel, Form des direkten Vertriebs; der Absatzweg verläuft direkt vom Hersteller zum Verwender bzw. Verbraucher ohne Einschaltung von Handelsunternehmen (z. B. mit Hilfe von Reisenden).

Fabrikmarke, dem Warenzeichen entsprechendes, einer Fabrik eigenes Emblem aus Schrift- oder Bildzeichen oder kombiniert aus beiden; sichert dem Konsumenten Echtheit und gleichbleibende Qualität des Produktes zu.

Fabrikschulen ↑ Industrieschulen.

Fabritius, Carel [niederl. fa:'bri:tsi:ys], ≈ Midden-Beemster 27. Febr. 1622, † Delft 12. Okt. 1654, niederl. Maler. - 1640–43 Schüler von Rembrandt, der seine Frühwerke („Auferweckung des Lazarus", Warschau, Museum Narodowe; „Selbstbildnis", 1643; Rotterdam, Museum Boymans-van Beuningen) stark beeinflußte. Seit 1650 war F. in Delft tätig. Perspektiv. Durchblicke, lichte Gründe (wie beim „Distelfink"; 1654; Den Haag, Mauritshuis) und stille Einzelfiguren in gemeinhaften Landschaften wirkten auf P. de Hooch und v. a. auf J. Vermeer van Delft. - Abb. S. 308.

Fabry, Charles [frz. fa'bri], * Marseille 11. Juni 1867, † Paris 11. Dez. 1945, frz. Physiker. - Konstruierte mit A. Pérot das Fabry-Pérot-Interferometer; führte die Definition des Meters auf opt. Wellenlängenmessungen zurück; entdeckte das Ozon in der Atmosphäre.

Fabry-Pérot-Interferometer [frz. fabripe'ro], ein von C. Fabry und dem frz. Physiker A. Pérot (* 1863, † 1925) 1899 entwickeltes, auf dem Prinzip der Mehrfachstrahlinterferenz beruhendes Interferenzspektroskop, dessen Auflösungsvermögen bis zu 4 000 000 beträgt. Das F.-P.-I. gestattet die absolute Messung einzelner Wellenlängen und wird vorwiegend zur Feinzerlegung und zur Messung der Linienbreite und der Intensitätsverteilung von Spektrallinien verwendet.

Fabula [lat.], Bez. für das röm. Drama.

fabula docet [lat. „die Fabel lehrt"], die Moral von der Geschichte ist ..., diese Lehre soll man aus einer Geschichte ziehen.

fabulieren [lat.], erfundene Geschichten phantasievoll ausgeschmückt erzählen; lügen; plaudern.

Fabulit, Handelsname für synthet. hergestelltes, farbloses Strontiumtitanat, $SrTiO_3$, das kubisch kristallisiert und eine fünfmal so große Dispersion wie Diamant besitzt, so daß Schmucksteine aus F. ein bes. wirkungsvolles Feuer zeigen.

fac [lat.], Anweisung auf Rezepten: mache.

Facelifting [engl. 'feɪs,lɪftɪŋ] (Face-Lift, Gesichtsraffung), Gesichtsplastik, bei der altersbedingte Hautfalten im Gesicht hauptsächl. durch Herausschneiden von Hautstreifen operativ beseitigt werden.

Carel Fabritius, Die Torwache (1654). Schwerin, Staatliches Museum

Faces, The [ðə 'feɪsɪz; engl. „die Gesichter"], brit. Rockmusikgruppe, 1965 gegr., bis 1969 „The Small Faces"; präsentierten harten Rock mit Bühnenshows und trugen ihre Songs im Londoner Vorstadt-Slang vor; 1970 schloß sich der Rocksänger Rod Stewart den „Faces" an.

Facette [fa'sɛtə; frz., zu lat. facies „Gestalt, Gesicht"], die kleine Fläche, die durch das Schleifen (**Facettieren**) eines Edelsteines oder eines Gegenstands aus Glas oder Metall entsteht.

Facettenauge [fa'sɛtən] (Komplexauge, Netzauge, zusammengesetztes Auge), hochentwickeltes, paariges, mehr oder weniger kugeliges bis flachgewölbtes, von Epidermiszellen ableitbares Lichtsinnesorgan der Gliederfüßer (mit Ausnahme der Spinnentiere und der meisten Tausendfüßer). F. bestehen aus zahlr. einzelnen Richtungsaugen, den **Ommatidien**, von denen 700 (Laufkäfer) bis 10 000 (Libellen) zu einem F. zusammengefaßt sind. Jedes Ommatidium besitzt außen eine Kornealinse, die von der Kutikula gebildet wird. Darunter liegt der *Kristallkegel*, der von vier Zellen abgeschieden wird. Sein Brechungsindex nimmt in Richtung der opt. Achse zu. Er wirkt dadurch lichtsammelnd. Unter der Linse befinden sich 8–9 langgestreckte Sehzellen. Sie sind strahlenförmig um die opt. Achse angeordnet. Die dieser Achse zugewandte Seite trägt einen feinen, lichtempfindl. Stäbchensaum. Die einzelnen Stäbchensäume bilden zusammen das **Rhabdomer**. Die Lichtstrahlen werden von Linse und Kegel auf das Rhabdomer gelenkt.

Beim **Appositionsauge** sind die einzelnen Ommatidien durch Pigmentzellen optisch voneinander getrennt. Ihre Sehfelder überdecken sich nur wenig. Die Einzelaugen rastern das Bild sehr stark. Je mehr ein F. davon besitzt, umso größer wird das Auflösungsvermögen. Appositionsaugen sind relativ lichtschwach. Im **Superpositionsauge** liegen die Sehzellen etwas tiefer und sind bei Dunkelanpassung nicht durch Pigmente vom nächsten Einzelauge getrennt. So können Lichtstrahlen, die von einem Punkt ausgehen, von mehreren Kristallkegeln auf einen Punkt gelenkt werden. Dadurch erhöht sich die Lichtempfindlichkeit sehr stark. Bei Hellanpassung wandert Pigment in die Ommatidiengrenzen. Dann wird das Superpositionsauge zum Appositionsauge.

Während der Mensch nur rd. 16 Lichtreize pro Sekunde auflösen kann, liegt diese Grenze bei schnell fliegenden Insekten bei 200–300 Reizen pro Sekunde. Das menschl. Auge kann zwei Punkte voneinander trennen, wenn sie mit dem Auge einen Winkel von 50″ einschließen, bei der Taufliege (Drosophila) mit 700 Ommatidien beträgt dieser Winkel 4,6°.

Fach, abgeteilter Raum in einem Behältnis (z. B. Schrank).

Fächer

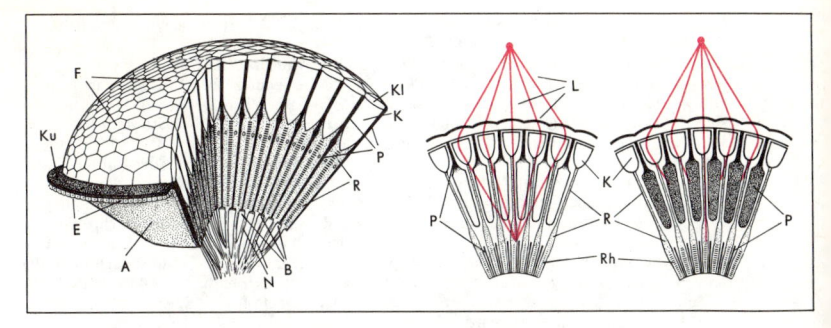

Facettenauge. Links: Appositionsauge; rechts: Superpositionsauge bei Dämmerung (links) und bei Helligkeit. A Augenkapsel, B Basalmembran, E Epidermis, F Facetten der Einzelaugen, K Kristallkegel, Kl Kornealinse des dioptrischen Apparats, Ku Kutikula der Kopfkapsel (mit Epithelschicht), L Lichtstrahlenverlauf, N Nervenfasern, P Pigment der Pigmentzellen, R Retinula (Sehzellen mit Rhabdom), Rh Rhabdom

◆ Raum zw. den Stäben eines Fachwerks oder zw. tragenden Zwischenwänden, Pfeilern.
◆ (Webfach) Zwischenraum, durch den der Webschützen geschossen wird (Schußeintrag) und der durch Heben und Senken der Kettfäden in der Webmaschine oder im Webstuhl gebildet wird.
◆ Untergliederungseinheit im Bereich des Wissens, der Forschung und Lehre, des schul. Unterrichts, die sich in Relation zur Entwicklung der Wissenschaften unter theoret. und prakt. Gesichtspunkten herausbildet. Fortschreitende Differenzierung oder Schwerpunktverlagerung der Forschung führt zur Ausbildung neuer Fachbereiche und Fächer.

Fachakademie, bayr. Schulform; Voraussetzung: Realschulabschluß und berufl. Ausbildung und/oder Berufstätigkeit. Nach Abschluß kann in einer Ergänzungsprüfung die Fachhochschulreife oder fachgebundene Hochschulreife erworben werden.

Facharbeiter, Arbeiter, der nach meist dreijähriger Ausbildung (auch nach mehrjähriger Tätigkeit in dem Beruf) in einem staatl. anerkannten Ausbildungsberuf die F.prüfung bestanden und den F.brief ausgestellt bekommen hat. Die F.prüfung findet vor einem Prüfungsausschuß der Industrie- und Handelskammer statt.

Facharzt (Spezialarzt, Spezialist), Arzt, der sich nach der Approbation durch mehrjährige Weiterbildung eingehende Kenntnisse und Erfahrungen auf einem Spezialgebiet der Medizin erworben hat. Die Weiterbildung dauert je nach Fachgebiet 3 bis 5 Jahre. Sie erfolgt in Kliniken und Krankenhäusern, z. T. auch in der freien Praxis unter der Leitung eines anerkannten F. Die Landesärztekammern erteilen auf Antrag die Anerkennung als F. auf folgenden Gebieten: Allgemeinmedizin (Bez.: Arzt für Allgemeinmedizin), Anästhesie, Augenheilkunde, Chirurgie (mit den Teilgebieten Kinderchirurgie und Unfallchirurgie), Frauenheilkunde, Hals-Nasen-Ohren-Heilkunde, Haut- und Geschlechtskrankheiten, innere Medizin (mit den Teilgebieten Gastroenterologie, Kardiologie, Lungen- und Bronchialheilkunde), Kinderheilkunde, Kinder- und Jugendpsychiatrie, Labormedizin, Lungenheilkunde, Mund- und Kieferchirurgie, Neurologie und/oder Psychiatrie, Neurochirurgie, Orthopädie, Pathologie, Pharmakologie, Radiologie, Urologie. - In *Österreich* wird die F.anerkennung durch die Ärztekammer erteilt. Zusätzl. Fachgebiete sind: physikal. Medizin, Zahnheilkunde. - In der *Schweiz* kann nach mehrjähriger Weiterbildungszeit die Qualifikation zum Spezialarzt FMH erworben werden. Die F.anerkennung erteilt hier die Foederatio Medicorum Helveticorum (FMH). Zusätzl. Fachgebiete sind: physikal. Medizin, Tropenmedizin, Zahnheilkunde.

Fachaufsicht ↑ Aufsicht.
Fachausbildung ↑ Grundausbildung.
Fachbereich, organisator. Zusammenfassung von wenigen, wissenschafts- oder ausbildungssystemat. zusammengehörenden Fächern als Untergliederung oder an Stelle einer Fakultät an wiss. Hochschulen.

Fachbuch, Buch in Form eines Lehrbuchs, einer wiss. Abhandlung usw., das ein bestimmtes Fachgebiet oder Teilgebiet desselben behandelt.

Fächel ↑ Blütenstand.
Fächer [wohl zu frühneuhochdt. focher „Blasebalg" (zu mittellat. focarius „Heizer")], Wedel, mit dem ein leichter Luftzug erzeugt wird. Auf langem Stiel mit Straußenfedern, Palmblättern u. a. spielte er im alten Orient

Fächerflügler

im Zeremoniell eine Rolle. Spätantike und MA benutzten v. a. den *Fahnen-* oder *Rad-F.* mit Geflecht, Stoff- oder Pergamentfahne oder -rad (im liturg. Gebrauch als *Flabellum* zur Vertreibung der Insekten). In Ostasien sind der *Klapp-* und der *Falt-F.* beheimatet. Letzterer gelangte aus China nach Europa, wo er v. a. im 17. und 18. Jh. und bis ins 19./20. Jh. Mode war. Selbst Watteau bemalte Deckblätter. Daneben gab es auch den *Klapp-F.* japan. Herkunft aus auffächerbaren Stäbchen (Elfenbein, Perlmutt u. a.).

Fächerflügler (Kolbenflügler, Strepsiptera), Insektenordnung mit etwa 300, meist 1–5 mm großen Arten, v. a. in den gemäßigten und kalten Gebieten der Nordhalbkugel; schmarotzen zeitweilig oder dauernd in anderen Insekten; ♂♂ geflügelt und freilebend, ihre Vorderflügel sind zu Schwingkölbchen umgebildet, Hinterflügel fächerartig einfaltbar; ♀♀ flügellos, madenförmig, die meisten bleiben zeitlebens im Wirtskörper innerhalb ihrer Puppenhülle.

Fächergewölbe ↑ Gewölbe.

Fächerkäfer (Rhipiphoridae), Fam. meist unter 1 cm langer, häufig bunter Käfer mit über 400 Arten, v. a. in den Tropen und Subtropen (in M-Europa nur drei Arten); ♂ mit fächerartig gekämmten Fühlern; Larven parasitieren in anderen Insekten.

Fächerlungen, svw. ↑ Fächertracheen.

Fächertracheen (Fächerlungen, Tracheenlungen), v. a. bei Spinnentieren vorkommende Atmungsorgane; dünne, dicht aneinanderliegende Einfaltungen der Außenhaut, die paarig an den Hinterleibssegmenten angeordnet sind. Die Luft gelangt durch eine Atemöffnung in eine größere Einstülpung, von dieser in die Einfaltungen, wo der Gasaustausch über das Blut erfolgt.

fachgebundene Hochschulreife, Abschluß der techn. Oberschule (Bad.-Württ.) sowie der bayr. Berufsoberschule und (als Ergänzungsprüfung) der Fachakademie.

Fachgymnasium, Schulform in Schl.-H.; vermittelt die Fachhochschulreife.

Fachgeschäft, Betriebsform des Einzelhandels (Ggs. Gemischtwarengeschäft); durch Verringerung der Sortimentsbreite bei gleichzeitiger Sortimentsvertiefung versuchen die F., den Verbrauchern einen möglichst vollständigen Überblick über das Warenangebot eines bestimmten Bereichs zu geben.

Fachhochschulen, Hochschulform, die mindestens die Ausbildung in einer Fachrichtung anbietet (Technik, Wirtschaft, Landw., Verwaltung, Sozialwesen, Gestaltung). Zulassung nach mindestens 12jähriger Schulbildung (Fachhochschulreife), Studiendauer 6 Semester, z. T. ergänzt durch 2 Praxissemester, Übergang zu Universität bzw. wiss. Hochschulen unter Anrechnung einer bestimmten Anzahl von Semestern. Verliehen wird der Diplom-Grad (wie an allen Hochschulen), in Bayern, Bad.-Württ. und Rhld.-Pf. mit dem Zusatz (FH).

Fachhochschulreife, die i. d. R. an Fachoberschulen (berufl. oder Fachgymnasien in Bad.-Württ. bzw. Schl.-H.) vermittelte Voraussetzung für das Studium an einer Fachhochschule.

Fachlehrer, Lehrer, der durch staatl. Prüfung im allg. die Lehrbefähigung für zwei, auch drei Fächer erworben hat. Er übernimmt i. d. R. den Unterricht seiner Fachgebiete an einer Schulform, in mehreren Klassen auf allen Stufen. Für die Hauptschule wird der **Fachgruppenlehrer** mit meist 4 Fächern ausgebildet, wobei oft eine Spezialisierung auf bestimmte Stufen (z. B. 5.–10. Schuljahr) erfolgt. - ↑ auch Stufenlehrer.

Fachoberschulen, umfassen die Klassen 11 und 12, bieten theoret. Unterricht und fachprakt. Ausbildung; Voraussetzung ist ein Realschulabschluß; die 11. Klasse erübrigt sich bei Nachweis einer Lehre. F. gibt es z. Z. für die Bereiche Wirtschaft, Technik, Hauswirtschaft, Gestaltung und Erziehung. Sie vermitteln Berufsabschlüsse (z. B. Erzieherin) sowie die Fachhochschulreife. - In Östr. berechtigen die berufsbildenden höheren Schulen (höhere Lehranstalten und Handelsakademien) zum Besuch einer Hochschule gleicher oder verwandter Fachrichtung. Sie werden nach der 8. Klasse besucht (5 Jahre), für Berufstätige und Abiturienten kürzer.

Fạchr Ad Dịn, * 1572, † Konstantinopel 13. April 1635, Drusenfürst. - Gilt als Begr. des Libanon; vereinigte zw. 1598 und 1624 die Stammesgebiete der Drusen und der christl. Maroniten; dehnte 1633 sein Herrschaftsgebiet bis Damaskus und Aleppo aus; später auf Befehl des Sultans gefangengenommen und hingerichtet.

Fachschaft, Zusammenschluß der Studierenden einer Fachrichtung oder eines Fachbereichs an einer Hochschule mit gewählten Interessenvertretern.

Fachschule, berufsbildende Tages- oder Abendschulen, die nach Berufsausbildung in einem staatl. anerkannten Ausbildungsberuf und einigen Jahren Berufspraxis (oder nach Besuch einer Berufsaufbauschule) besucht werden können. Abschluß: Meisterprüfung, staatl. geprüfter Techniker, Fachwirt u. a. Schulträger sind außer den Ländern und Gemeinden v. a. die öffentl.-rechtl. Körperschaften, wie die Industrie- und Handelskammern, Handwerkskammern, Landwirtschaftskammern, Gewerkschaften u. a.

Fachschulreife, Abschlußzeugnis, das in den Berufsaufbauschulen und z. T. Berufsfachschulen erworben werden kann; berechtigt zum Besuch einer Fachschule oder der Oberstufe (Klasse 12) der Fachoberschulen.

Fachsprachen, Verständigungssysteme („Sondersprachen"), die für bestimmte Fachgebiete gelten und eine genaue Verständigung

Fachwerkbau

und exakte Bezeichnungen auf einem bestimmten Gebiet ermöglichen. Sofern sich ein Fachgebiet mit einem Berufsbereich deckt, berühren sich die F. mit den Berufssprachen; eng berühren sich auch die fachbezogenen F. mit den sozialgebundenen Gruppensprachen (Jargon). Die F. sind strenggenommen keine „Sprachen", sondern der „Fachwortschatz" eines Bereichs mit den syntakt. und morpholog. Gesetzen der Gemeinsprache. Nur einige extreme Bereiche (z. B. Mathematik, Logistik, Linguistik) verlassen mit ihren formalisierten Zeichen und Operationsregeln die Gesetze der Gemeinsprache.

Fachverband, in der Wirtschaft freiwilliger Zusammenschluß von Unternehmen nach fachl. Kriterien zur koordinierten Erfüllung gemeinsam interessierender Aufgaben.

Fachwerkbau, eine Holzbauweise, bei der ein Rahmenwerk errichtet wird, dessen offene Gefache nach dem Abbund mit einer über Zweige oder Latten geworfenen Lehmschicht oder [Back]steinen ausgefüllt werden. Das Rahmenwerk ergibt sich aus dem Gefüge von waagrechten Schwellen (die im frühen F. auch fehlen können), senkrechten Ständern (oder Stielen) und abbindenden Rähmen (oder Rahmen). Dazu treten die verschiedensten Verstrebungen, z. B. Riegel zw. den Ständern (in halber Höhe), Fuß- oder Kopfbänder (Dreiecksverbindungen). Die Rähme tragen die querlaufenden Deckbalken, die das Dachgestühl oder das nächste Stockwerk tragen. Sicherung durch Zapfen bzw. Zapflöcher oder durch Blattung (d. h. die Balken werden in ein angepaßtes Bett gelegt, „angeblattet").

Der F. ist für den Mittelmeerraum bereits im 7. Jh. v. Chr. belegt. Die ältesten noch stehenden Häuser in F. gehören dem 15. Jh. an (Bauern- und Bürgerhäuser, Zunft- und Rathäuser). Als durchgängige Einheit des F. gilt das Überhängen (Vorkragen) der oberen Stockwerke über die unteren.

In Deutschland unterscheidet man: den *alemann. F.* mit weit voneinander gestellten Stielen (was aber auch im norddt. F. des 16. und 17. Jh. zu finden ist), dazu enggereihte Balkenköpfe (Altes Rathaus in Esslingen am Neckar, 1430); den *fränk. F.* mit engerer Ständerstellung, Zapfung statt Blattung, gegen Ende des 16. Jh. reichverzierte Verstrebungen und „fränk. Fenstererker" („Deutsches Haus" in Dinkelsbühl); den *niedersächs. F.* mit engen

Fächertracheen. Schemazeichnung eines Querschnitts: A Atemtaschen (mit Chitinauskleidung) im Blutraum der Trachee (die Chitinsäulchen in den Taschen verhindern ein Zusammenfallen des lufterfüllten Lumens; B ventraler (sauerstoffarmer) Blutsinus, der in die Trachee überleitet; L Lungensinus (zum Herzen beziehungsweise Perikardialsinus überleitender sauerstoffreicher Blutsinus; Sp Spaltöffnungen zwischen dem Atemvorhof und den Atemtaschen; St schlitzförmiges Stigma als Öffnung des Atemvorhofs nach außen

Fachwerkbau. Südgiebel des Alten Rathauses in Esslingen am Neckar

Fachwerkträger

Ständern. Die Balkenköpfe der Obergeschosse werden von reich profilierten und figürl. gezierten Konsolen oder Knaggen unterstützt. Zierverstrebungen bleiben unterhalb der Riegel (Goslar, Braunschweig und Celle). An der Niederelbe und in *Schleswig-Holstein* liegt der Akzent auf den Zierverbänden in den Backsteinfüllungen der Felder. Der *ostdt. F.* beschränkt sich auf die Wirkung des Gefüges der Ständer, Riegel und der sich verkreuzenden Streben.

📖 *Binding, G.: Kleine Kunstgesch. des dt. F. Darmst. ³1984. - Klöckner, K.: Alte Fachwerkhäuser, Mchn. ²1981.*

Fachwerkträger, fachwerkartig konstruiertes Tragwerk, bei dem gerade Stäbe im Dreiecksverband miteinander verbunden sind (v. a. für freitragende Konstruktionen).

Fachwirt, svw. Fachschulkaufmann, zunehmend auftretende, nach Fachrichtung bzw. Branche differenzierte Berufsbez., die einen Fachschulbesuch voraussetzt; z. B. Industrie-F., Wirtschafts-F., Handels-F., Versicherungs-F., Bank-F., Rechnungswesen-F.

Fachzeitschrift, period. erscheinende Publikation, deren Inhalt der Orientierung und Weiterbildung innerhalb einer beruft. Sparte dient oder einem Wissenschaftsbereich gewidmet ist.

Facies ['fa:tsiɛs; lat. „Gesicht"], in der *Anatomie:* 1. svw. Gesicht; 2. [Außen]fläche an Organen oder Knochen; z. B. *F. articularis,* Gelenkfläche.
♦ in der *Medizin* für bestimmte Krankheiten bezeichnender Gesichtsausdruck; z. B. *F. gastrica,* typ. Gesichtsausdruck Magenkranker mit starker Ausprägung der Nasen-Lippen-Falten.

Fachwerkbau. 1 Schwelle, 2 Ständer, 3 Deckenbalken, 4 Rahmen, 5 Riegel, 6 Fußband, 7 Kopfband

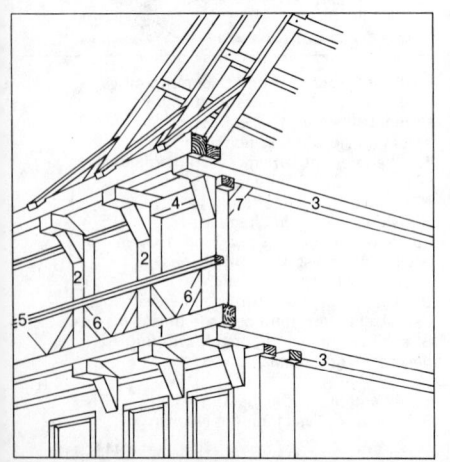

♦ in der *Geologie* ↑ Fazies.

Fackel [zu lat. facula „kleine Fackel"], zum Leuchten dienender Stab mit frei brennender Flamme, entweder harzige Kiefern- oder Fichtenspäne oder am oberen Ende mit leicht und hell brennenden Stoffen (Teerprodukten, Harz, Wachs) versehener Holzstab (seltener auch getränkte Wolle oder ähnliches). In der Antike im kult. Bereich u. a. bei den Eleusin. Mysterien, beim Kult des Dionysos, der Hekate und Artemis und bei Hochzeits- und Begräbniskulten verwendet, was auf die symbol. bes. apotropäische Deutung des Feuers hinweist. In der Neuzeit v. a. Freiheitssymbol.

Fackel, Die, 1899–1936 von K. Kraus in Wien (922 Nummern) hg. satir.-krit. Zeitschrift; von 1912 an enthielt die Zeitschrift nur noch Beiträge von K. Kraus.

Fackelfelder, Aktivitätszonen auf der Sonne, meist in der Nähe von Sonnenflecken.

Fackellilie (Kniphofia), Gatt. der Liliengewächse in S-Afrika und auf Madagaskar mit über 70 Arten; Stauden mit langen, schmalen, grundständigen Blättern; Blüten in dichten Trauben oder Ähren am Ende eines bis 1,2 m langen, unverzweigten Stengels. Mehrere Arten und Sorten sind als Schnittblumen und Gartenpflanzen in Kultur. Die bekannteste Art ist **Kniphofia uvaria,** eine über 1 m hohe Pflanze mit anfangs korallenroten, später orangeroten (verblüht grünlichgelben) Blüten.

Fackeltanz, zunächst urgemeinschaftl. mag. Tanz mit brennenden Fackeln zur Verhütung bzw. Heilung von Krankheiten; im antiken Griechenland Ehren- oder Hochzeitstanz; im Feudalismus höf. Hochzeitstanz.

Faction-Prosa [engl. 'fækʃən „Partei(nahme)"] (auch Factography), Bez. für Dokumentarliteratur in der amerikan. Literatur (seit Mitte der 60er Jahre).

Factoring [engl. 'fæktərɪŋ, zu lat.-engl. factor „Vertreter"], Methode der Absatzfinanzierung. Eine Hersteller- bzw. Händlerfirma verkauft ihre Forderungen aus Warenlieferungen an ein Finanzierungsinstitut, den sog. Factor (Buchforderungsankauf). Für das liefernde Unternehmen entsteht so ein Liquiditätszuwachs. Außer der Finanzierungsfunktion übernimmt die F.gesellschaft oft auch das volle Kreditrisiko sowie Servicefunktionen. Neben den Zinsen erhält der Factor eine Vergütung für die Risikoübernahme und den geleisteten Service.

Fadejew, Alexandr Alexandrowitsch, * Kimry bei Kalinin 24. Dez. 1901, † Peredelkino bei Moskau 13. Mai 1956 (Selbstmord), russ.-sowjet. Schriftsteller. - Beeinflußt von Tolstois psycholog. Menschendarstellung; bis zum Tode Stalins entscheidender Einfluß auf die sowjet. Literatur; die Romane „Die Neunzehn" (1927) und „Die junge Garde" (1946, umgearbeitete Auflage 1951) gelten als Musterbeispiele für den sozialist. Realismus. Im

Ggs. zu dem knappen Erzählstil dieser Werke steht der vierbändige Roman „Der letzte Udehe" (1929–36). Sein Bericht über Leningrad in den Tagen der Blockade (1944) ist ein Dokumentarwerk.

Faden, Bez. für ein in bestimmter Feinheit vorliegendes, meist aus miteinander verdrillten (versponnenen) Natur- oder Kunstfasern bestehendes dünnes, langes Gebilde; F. und Garn werden häufig synonym verwendet.
◆ Längenmaß in der Schiffahrt; 1 F. = 6 engl. Fuß = 1,829 m.
◆ (Heraldik) ↑ Wappenkunde.

Fadenfische, (Polynemidae) Fam. der Barschartigen mit etwa 85 Arten, v. a. in den Flußmündungen der trop. Meeresküsten; bis 40 cm lange, seitl. abgeflachte Fische mit auffallend großen Augen, vorderer und hinterer Rückenflosse und zweigeteilten Brustflossen, von denen der vordere Teil in 4–9 dünne Fäden ausgezogen ist, die der Wahrnehmung von Tast- und Geschmacksreizen dienen.
◆ (Guramis, Trichogasterinae) Unterfam. der Labyrinthfische mit etwa 20 Arten in den Süßgewässern S- und SO-Asiens; etwa 4–50 cm lang, Körper seitl. oft stark abgeplattet, häufig sehr bunt; Bauchflossen mit einem einzigen Strahl oder wenigen Strahlen, von denen einer sehr stark fadenförmig verlängert ist und Sinneszellen trägt.

Fadenglas (Petinetglas), eine im 16. Jh. entwickelte Technik der venezian. Glasbläserei; die Gefäße werden aus Glasstäbchen, die mit einer Glasblase verschmolzen werden, hergestellt. Die Stäbe ihrerseits sind aus Milchglas- und farblosen Glasfäden zusammengeschmolzen und spiralig gedreht. Das Netzglas entsteht aus zwei Glasblasen (mit eingeschmolzenen Stäben). - Abb. S. 314.

Fadenkiemen ↑ Kiemen.

Fadenkiemer (Filibranchia), Ordnung meist mit Fadenkiemen ausgestatteter Weichtiere mit den beiden Unterordnungen *Taxodonta* (*Reihenzähnige Muscheln;* etwa 400 Arten mit gleichen Schalenklappen, meist zahlr. Schloßzähnen und zwei Schließmuskeln) und *Leptodonta* (*Schwachzähnige Muscheln;* etwa 1 800 Arten).

Fadenkraut, svw. ↑ Filzkraut.

Fadenwürmer. Organisationsschema eines männlichen (oben) und eines weiblichen Madenwurms

Fadenkreuz, eine in der Dingbrennebene des Okulars eines Fernrohrs oder Mikroskops angebrachte Markierung in Form zweier senkrecht aufeinanderstehender Fäden oder in eine Glasplatte eingeätzter dünner Striche.

Fadenmolch (Triturus helveticus), bis etwa 9 cm langer Wassermolch, v. a. in W-Europa und großen Teilen der BR Deutschland; Oberseite olivbraun bis olivgrünlich, häufig mit dunklen Flecken, Unterseite gelblich.

Fadenschnecken (Aeolidoidei), artenreiche Unterordnung 5–40 mm langer, meerbewohnender Schnecken; Körper ohne Gehäuse, mit zahlr. finger- bis fadenförmigen Rückenanhängen.

Fadenwürmer (Nematoden, Nematodes), mit fast 15 000 Arten weltweit verbreitete Klasse etwa 0,1 mm–1 m langer Schlauchwürmer; Körper wurmförmig, fadenartig dünn, mit fester Kutikula (die im Laufe des Lebens viermal gehäutet wird) und einheitlich nur aus Längsmuskelzellen bestehendem Hautmuskelschlauch. Die F. sind fast stets getrenntgeschlechtlich. F. kommen frei im Boden, in Süß- oder Meereswasser vor oder parasitieren in pflanzl. und tier. Organismen (einschließl. Mensch). Viele weit verbreitete und z. T. gefährl. Schmarotzer sind Älchen, Trichine, Spulwürmer, Madenwürmer und Hakenwürmer.

Fading ['fe:dɪŋ, engl. 'feɪdɪŋ „Schwund"], Nachlassen der Bremswirkung v. a. einer Trommelbremse infolge schlechter Wärmeabfuhr.
◆ in der Funktechnik ↑ Schwund.

Fadinger, Stephan, † vor Linz 5. Juli 1626, oberöstr. Bauernführer. - Initiator des oberöstr. Bauernaufstandes 1625/26 gegen die bayr. Pfandschaftsbesatzung und ihre gegenreformator. Maßnahmen und Anführer der Bauern im Hausruck- und Traunviertel.

Fadrus, Victor, * Wien 20. Juli 1884, † Villach 23. Juni 1968, östr. Pädagoge und Schulreformer. - 1945–49 mit dem Wiederaufbau des östr. Schulwesens betraut.

Faeces ['fɛ:tsɛs; lat.] (Fäzes), svw. ↑ Kot.

Faenza, italien. Stadt in der Emilia-Romagna, 50 km sö. von Bologna, 55 000 E. Bischofssitz; Fachschule für Keramik, Museum (Keramiken), Gemäldegalerie, Bibliothek; Herstellung von berühmten Majoliken nach arab. und span. Vorbildern seit dem 15. Jh. -

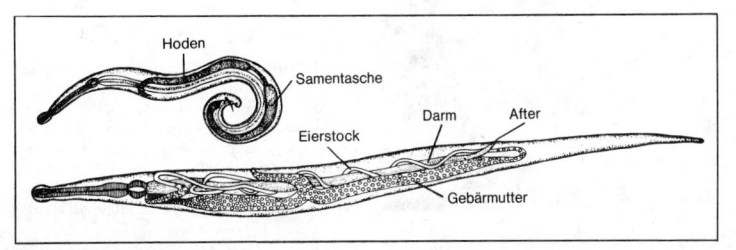

F. geht zurück auf das 82 v. Chr. erstmals erwähnte röm. **Faventia**, berühmt wegen seines Weinbaus. Im Früh-MA von Goten und Langobarden erobert, im 11. Jh. Kommune; 1509 fiel F. an den Kirchenstaat, bei dem es bis 1860 (ausgenommen 1797–1814) verblieb. - Die Stadtmitte wird beherrscht vom Dom (1774), vom Palazzo des Podestà (12. Jh.) und vom Palazzo del Municipio (13.–15. Jh.).

Fafner (Fafnir), nord. Sagengestalt; wird in einen Drachen verwandelt und hütet einen Goldhort, wird von Sigurd getötet, der den Schatz gewinnt. Das Motiv wurde von R. Wagner im „Ring des Nibelungen" verwendet.

Fagaceae [lat.], svw. ↑Buchengewächse.

Făgăraș [rumän. fəgəˈraʃ] (dt. Fogarasch), rumän. Stadt 55 km wnw. von Kronstadt, 34 000 E. Histor. und ethnograph. Museum; chem. Kombinat. - Bereits im 12. Jh. Marktort; vom 14. bis zum 17. Jh. gehörte es zum Besitz der Herrscher der Walachei. - Burg (16. Jh.), Kirche des hl. Nikolaus (1697).

Fagerholm, Karl-August, * Siuntio 31. Dez. 1901, † Helsinki 22. Mai 1984, finn. Politiker und Gewerkschaftsführer. - Seit 1920 Mgl. der sozialdemokrat. Partei, 1930–66 Abg.; 1937–43 und 1944 Sozialmin. 1945–66 wiederholt Reichstagspräs.; 1948–50, 1956/57 und 1958/59 Min.präs.

Fagopyrum [lat./griech.], svw. ↑Buchweizen.

Fagott [italien.] (italien. Fagotto; frz. Basson; engl. Bassoon; im 17. Jh. auch Dulzian), Holzblasinstrument mit sehr langer (etwa 260 cm), geknickter Röhre und S-förmigem Metallansatzröhrchen, dem ein Doppelrohrblatt aufgesteckt wird. Die nebeneinanderliegenden, verschieden langen Teile der Röhre sind durch ein U-förmig gebohrtes Unterstück verbunden. Die Bohrung ist eng und schwach konisch. Das F. ist mit einigen Grifflöchern und einem komplizierten Klappenmechanismus versehen. Der Tonumfang beträgt $_1$B–es^2. - Das F. entstand im 16. Jh. und bestand zunächst aus einem einzigen Holzstück mit zweifacher Bohrung; im 17. Jh. setzte sich die Knickung durch. Es war zunächst Generalbaßinstrument, übernahm ab der 2. Hälfte des 18. Jh. im Orchester die Baßlage der Holzbläser. Seine heutige Form erhielt das F. im 19. Jahrhundert.

Fagus [lat.], svw. ↑Buche.

Fahd, Ibn Abd Al Asis [arab. faxt], * Ar Rijad 1920, König von Saudi-Arabien (seit Juni 1982). - Jüngerer Bruder König Faisals; seit 1962 Innenmin. und seit 1964 zugleich 2. stellv. Min.präs.; von König Chalid 1975 zum Kronprinzen und 1. stellv. Min.präs. ernannt, übte er die eigtl. Regierungsgewalt aus.

Fähe (Fähin, Fehe, Föhe), wm. Bez. für die weibl. Tiere bei Fuchs, Dachs und Marder.

Fähigkeit, Gesamtheit der zum Erbringen einer Leistung notwendigen Bedingungen. Im Ggs. zum Begriff der Begabung, die sich auf die angeborenen Bedingungen zur Ausführung von Leistungen bezieht, schließt der F.begriff auch solche Bedingungen ein, die durch Lernprozesse (Ausbildung) erworben worden sind.

Fähin, svw. ↑Fähe.

Fahlberg, Constantin, * Tambow 22. Dez. 1850, † Nassau 5. Aug. 1910, dt. Chemiker. - Entdecker des Süßstoffs Saccharin.

Fahlcrantz, Carl Johan, * Stora Tuna (Dalarna) 29. Nov. 1774, † Stockholm 9. Jan. 1861, schwed. Maler. - Vertreter der romant. Landschaftsmalerei.

Fahlerze (Fahle), kubisch-hexakistetraedrisch kristallisierende, oft metall. glänzende, in ihren physikal. Eigenschaften sich ähnelnde Kupfersulfidminerale mit wechselnden Anteilen von Antimon- und Arsensulfid, die außerdem in größeren Mengen Ag, Zn, Fe oder Hg enthalten; Mohshärte 3 bis 4; Bruch muschelig, spröd.

Fahmi, Ismail [arab. 'faxmi], * 2. Okt. 1922, ägypt. Politiker. - 1973 Min. für Tourismus, amtierte während des Oktoberkriegs anstelle des abwesenden Außenmin.; als Außenmin. (1973–77) Leiter der ägypt. Delegation bei den Genfer Nahostfriedensverhandlungen.

Fahndung, alle Maßnahmen im Rahmen eines Strafverfahrens zur Ermittlung gesuchter Personen (**Personenfahndung**), die als Täter, Verdächtige, Zeugen, Vermißte oder Flüchtige gesucht werden, oder von Gegenständen (**Sachfahndung**), die für ein Strafverfahren von Bedeutung sind oder ihrem rechtmäßigen Eigentümer durch eine strafbare

Fadenglas. Schale von Paolo Venini (1952). München, Staatliche Antikensammlungen

Fähre

Handlung abhanden gekommen sind. Eine F. wird regelmäßig durch die Kriminalpolizei durchgeführt, kann aber auch z. B. durch Bahnpolizei, Zoll- und Steuerbehörden durchgeführt werden. Globale F. erfolgt durch ↑ Interpol. - ↑ auch Rasterfahndung.

Fahne [eigtl. „Tuch" (gekürzt aus althochdt. gundfano „Kampftuch")], ein nur einseitig und direkt an einer Stange (**Fahnenstange**) befestigtes Tuch, das ein- oder mehrfarbig ist und auch mit Bildern bzw. herald. Figuren versehen sein kann. Die F. als Kampf- und Siegeszeichen und als Herrschaftssymbol war schon den altorientalischen Völkern, den Römern (Feldzeichen), Germanen und Arabern bekannt. Seit dem 10. Jh. wurden F. auch in der Kirche zu liturg. Zwecken verwendet (Kirchenfahnen) und mit den Kreuzzügen als krieger. Feldzeichen in Gebrauch genommen. Im Hl. Röm. Reich wurde die F. im 12. Jh. Belehnungssymbol (Fahnlehen). Mit der Herrschaftssymbolik verwandt ist die F. als Hoheitssymbol, als eines der Wahrzeichen der Gerichtsbarkeit, v. a. des Blutbanns (Blutfahne). V. a. aber war die F. bis zur Einführung der modernen Kriegstechnik ein militär.-takt. Richtungs- und Sammelzeichen für die Mannschaften. Die heutigen Bataillons-F. der Bundeswehr (seit 1965) haben ledigl. die Funktion eines Identifikationssymbols.

◆ wm. und kynolog. Bez. für die lange Schwanzbehaarung bei Hunden.

◆ (Federfahne) ↑ Vogelfeder.

◆ (Vexillum) das größte Blütenblatt bei Schmetterlingsblüten.

◆ im *graph. Gewerbe* Abzug von dem nicht zu Buchseiten „umbrochenen" Satz (ohne Abbildungen). Auf der F. können meist noch umfänglichere Korrekturen angebracht werden.

Fahneneid, Treue- und Gehorsamseid des Soldaten. Seit Beginn der Neuzeit leistete der einzelne Söldner einen Eid, zuerst (nach Verlesung der Kriegsartikel) nur in Gegenwart, seit dem 17. Jh. unter körperl. Berührung der Fahne („auf die Fahne", teils auch auf die Standarte, das Geschütz, den Offiziersdegen), daß er bei der Fahne bleiben und seinen Vorgesetzten gehorchen werde. Nach 1871 war der F. ein reiner Gehorsamseid auf den Kaiser als obersten Kriegsherrn sowie auf die Bundesfürsten als Kontingentsherren, wurde 1919 geteilt in einen Verfassungs- und einen militär. Gehorsamseid, war 1933–45 ein militär. Gehorsamseid. In der Bundeswehr trat an die Stelle des F. für Berufssoldaten und Soldaten auf Zeit der Diensteid, der wörtl. dem feierl. Gelöbnis der Wehrpflichtigen entspricht. Seit Einführung der Truppenfahnen in die Bundeswehr 1965 werden Diensteid und Gelöbnis symbol. auf diese abgelegt.

Fahnenflucht (Desertion), militär. Straftat nach § 16 WehrstrafG. Hiernach wird mit Freiheitsstrafe bis zu fünf Jahren bestraft, wer eigenmächtig seine Truppe oder Dienststelle verläßt oder ihr fernbleibt in der Absicht, sich der Verpflichtung zum Wehrdienst dauernd oder für die Zeit eines bewaffneten Einsatzes zu entziehen oder die Beendigung des Wehrdienstverhältnisses zu erreichen. Fehlt diese Absicht, liegt **eigenmächtige Abwesenheit** vor. Der Versuch ist strafbar. Bei tätiger Reue nach der Tat (innerhalb eines Monats) ist Strafmilderung möglich. - Bei anerkannten Kriegsdienstverweigerern liegt im entsprechenden Fall **Dienstflucht** vor.

Fahnenjunker ↑ Offizieranwärter.

Fahnenschwingen (Fahnenschlagen, Fahnenschwenken), Brauch bei feierl. Aufzügen und Handwerkerfesten. Dabei werden Fahnen kunstvoll geschwungen, hochgeworfen und wieder aufgefangen.

Fahnenwuchs, einseitige Kronenentwicklung bei Bäumen, die unter dauerndem Windeinfluß stehen und sich deshalb nur nach der Leeseite verzweigen.

Fahnlehen ↑ Lehnswesen.

Fähnlein, Truppeneinheit im 16./17. Jh. (durchschnittl. 300 Mann stark).

Fähnrich, urspr. der Fahnenträger; zur Bundeswehr ↑ Offizieranwärter.

Fahrbahn, in erster Linie für den Kraftfahrzeugverkehr bestimmter Teil einer befestigten Straße (oder Straßenbrücke), einschließl. der befahrbaren Seitenstreifen. Die F. besteht in jeder Richtung aus einem oder mehreren Fahrstreifen (Fahrspuren), die zur Verbesserung der Verkehrsführung F. markierungen erhalten, z. B. Leit- oder Trennlinien, markierte Sperrflächen sowie Pfeile u. Schriftzeichen in weißer oder gelber Farbe. In der BR Deutschland hat Gelb vorübergehenden Charakter und Vorrang vor Weiß. Die F.breite liegt bei Landstraßen im allg. zw. 7,5 und 15 m; bei Autobahnen $2 \times 7,5$ m. Die durchlaufenden Fahrspuren werden als **Hauptfahrspuren,** die seitl. angrenzenden, z. T. schmaleren Stand-, Kriech-, Beschleunigungs- oder Verzögerungsspuren als **Nebenfahrspuren** bezeichnet.

Fahrdienstvorschriften, Abk. FV, Dienstvorschriften der Dt. Bundesbahn für den Eisenbahnbetriebsdienst mit Vorschriften über die Handhabung insbes. der Eisenbahn-Bau- und Betriebsordnung und der Eisenbahn-Signalordnung.

Fahrdynamik, Teilgebiet der Fahrzeugmechanik, das sich mit der Wirkung von Antriebs- und Bremskräften, mit dem Verhalten des Fahrzeugs in der Kurve, bei Seitenwind und bei Straßenunebenheiten, sowie mit dem Einfluß der Reifen- und Wagenfederung auf das Schwingungsverhalten befaßt.

Fähre, Wasserfahrzeug zum Transport von Personen, Vieh, Gütern, Fahrzeugen auf Binnengewässern oder im küstennahen Bereich. Man unterscheidet v. a. Personen-, Auto- und Eisenbahn-F., wobei Landungsstellen oder -brücken (bei Eisenbahn-F. mit Gleisanschlüssen) den Übergang vom Land zur F. und umgekehrt erlauben. Nach der Betriebsart unterscheidet man: 1. F. ohne Eigenantrieb, die durch die Wasserströmung mitgenommen werden (sog. *Strom- oder Gier-F.*); 2. durch Menschenkraft angetriebene F.: *Ruder- und Stak-F. (Fährkähne);* 3. durch Maschinenkraft angetriebene F.: *Motor-F.* und *Fährschiffe.* Sonderformen sind die *Eisenbahnfährschiffe (Trajekte),* die einen D-Zug oder 35–40 Güterwagen aufnehmen können, und das *Autofährschiff* mit 1–3 Wagendecks zum Transport von 100–300 Kraftfahrzeugen. - Vielfach werden auch Tragflügelboote und Luftkissenfahrzeuge als F. eingesetzt.

Fahrende (fahrende Leute), im MA dt. Bez. für Nichtseßhafte aller Bildungsstufen, die bei Hof und auf Märkten ihre Dienste und Künste u. a. als Gaukler, Bärenführer, Spaßmacher, Musikanten, Sänger, Dichter anboten; eingeschlossen sind auch Quacksalber und Händler sowie Studenten. - Das fahrende Volk wurde bis in die Neuzeit als unehrl. Gewerbe eingestuft (außerhalb der Stände stehend). Die ältesten literar. Zeugnisse für das Auftreten von „varnden" finden sich im 12. Jh. in dem sog. Spielmannsepos „Orendel".

Fahrenheit, Daniel Gabriel, * Danzig 24. Mai 1686, † Den Haag 16. Sept. 1736, dt. Physiker und Instrumentenbauer. - Begründete die wiss. Thermometrie durch Konstruktion seiner Thermometer mit 3-Punkte-Eichung († Fahrenheit-Skala).

Fahrenheit-Skala, in Großbrit. und den USA verwendete, von D. G. Fahrenheit 1714 eingeführte Temperaturskala, bei der der Abstand zw. dem Gefrierpunkt (Eispunkt) und dem Siedepunkt (Dampfpunkt) des Wassers bei Normaldruck in 180 gleiche Teile unterteilt ist. Die Temperatur des Eispunktes wurde auf 32° F (Grad Fahrenheit) festgelegt, die des Dampfpunktes auf 212° F. Ist F der Zahlenwert der Temperatur in der F.-S., so ergibt sich der Zahlenwert C derselben Temperatur in der Celsius-Skala nach der Umrechnungsformel $C = (F - 32)^5/_9$.

Fahren ohne Fahrerlaubnis, Führen eines Kfz., ohne die dafür erforderl. Fahrerlaubnis zu besitzen; mit Freiheitsstrafe bis zu einem Jahr oder Geldstrafe bedroht (§ 21 StraßenverkehrsG); die gleiche Strafdrohung gilt bei Zuwiderhandlung gegen ein Fahrverbot. Strafbar ist auch der Halter, der die Fahrt duldet oder anordnet. Auch die fahrlässige Begehung ist strafbar.

Fahren ohne Führerschein, das Führen eines Kfz. auf öffentl. Straßen ohne Mitführung der amtl. Bescheinigung über die Erteilung der Fahrerlaubnis (= Führerschein); als Ordnungswidrigkeit mit Geldbuße bedroht (oder Verwarnung).

Fahrerflucht † Unfallflucht.

Fahrerlaubnis, verwaltungsbehördl. Erlaubnis, auf öffentl. Straßen ein Kfz. mit einer durch die Bauart bestimmten Höchstgeschwindigkeit von mehr als 6 km/h zu führen (Ausnahmen: Krankenfahrstühle bis 10 km/h und Fahrräder mit Hilfsmotor [Mofa] bis 25 km/h). Die F. ist durch amtl. Bescheinigung (**Führerschein**) nachzuweisen. Es besteht Rechtsanspruch auf Erteilung der F. unter der Voraussetzung, daß keine Tatsachen vorliegen, die den Bewerber zum Führen eines Kfz. als ungeeignet erscheinen lassen (insbes. geistige und körperl. Mängel), daß das erforderl. Mindestalter erfüllt und eine Fahrprüfung bestanden ist. Die F. der Klassen 1 bis 3 setzt eine Fahrprüfung voraus. Bewerber für die F. der Klasse 2 müssen ferner eine Ausbildung in Erster Hilfe nachweisen, Bewerber für die übrigen Klassen eine Unterweisung in Sofortmaßnahmen am Unfallort. Die F. kann entzogen werden (**Führerscheinentzug**), wenn der Inhaber sich als ungeeignet zum Führen von Kfz. erwiesen hat. Die dauernde oder befristete Entziehung kann erfolgen entweder durch strafgerichtl. Entscheidung oder durch Verwaltungsakt der zuständigen Behörde. Nach Ablauf der festgesetzten Sperrfrist kann eine neue F. beantragt werden. Gericht und Verwaltungsbehörde können u. U. bei Straftaten geringerer Schwere bzw. Ordnungswidrigkeiten auch ein sog. **Fahrverbot** von 1 bis 3 Monaten Dauer verhängen. Ab dem 1. 11. 1986 wird die neuerworbene F. auf Probe (2 Jahre) erteilt. Nach *östr. Recht* entspricht der F. die **Lenkerberechtigung** (Berechtigung zum Lenken eines Kfz. auf Straßen mit öffentl. Verkehr). In der *Schweiz* braucht, wer ein Motorfahrzeug führt, den **Führerausweis,** wer Lernfahrten unternimmt, den **Lernfahrausweis.** Für die Erteilung der F. und ihrer Entziehung gelten dt. Recht entsprechende Regelungen.

Fahrgastschiff (Passagierschiff), Schiff zur Beförderung von Fahrgästen. Man unterscheidet: Fracht-und-Fahrgast-Schiff mit Einrichtungen für Fahrgäste und mit Laderäumen, Fährschiffe, meist ohne Kabinen, jedoch mit Gesellschaftsräumen, Cafeterias und offenen Deckspromenaden für Fahrgäste und, je nach Fahrtbereich, mit Autodecks, Waggondecks, Post-, Gepäck- und kleinen Laderäumen, reine Fahrgastschiffe, im Liniendienst oder für Kreuzfahrten. Als F. gelten nach der SchiffssicherheitsVO vom 9. 10. 1972 nur Schiffe mit mehr als 12 Passagieren; ein Schiffsarzt ist vorgeschrieben.

Fahrgestell, svw. † Fahrwerk.

Fahrlässigkeit, allg.: Mangel an gebotener Aufmerksamkeit.
Im *Zivilrecht:* Form des Verschuldens neben † Vorsatz. Fahrlässig handelt, wer die im Verkehr erforderl. Sorgfalt außer acht läßt (§ 276 BGB). Welche Sorgfalt erforderl. ist, bestimmt

Fahrrad

sich nach der konkreten Situation und nach den objektiven Fähigkeiten der jeweiligen Berufs-, Alters- oder Bildungsgruppe des Handelnden. Das Gesetz unterscheidet: **leichte (normale) Fahrlässigkeit, grobe Fahrlässigkeit** (ungewöhnl. grobe Sorgfaltspflichtverletzung), **konkrete Fahrlässigkeit** (Haftung in eigenen Angelegenheiten). Im allg. haftet der Schuldner sowohl für leichte wie für grobe F. Im *Strafrecht:* bes. Form der Schuld oder [nach anderer Ansicht] bes. Typus der strafbaren Handlung. Man unterscheidet: **unbewußte Fahrlässigkeit** (negligentia), wenn der Täter ungewollt eine Sorgfaltspflicht verletzt und dies nicht erkennt, obwohl er dazu objektiv und persönl. in der Lage gewesen wäre, **bewußte Fahrlässigkeit** (luxuria), wenn der Täter die Verletzung des Tatbestandes zwar für mögl. hält, aber pflichtwidrig darauf vertraut, daß ein rechtswidriger Erfolg nicht eintreten werde.

Fahrleistung, bei einem Fahrzeug an den Antriebsrädern zum Vortrieb effektiv zur Verfügung stehende Leistung. Die vom Motor am Schwungrad abgegebene Leistung (**Schwungradleistung, Motornutzleistung**) wird durch Reibungsverlust in Kupplung, Getriebe, Kardanwelle, Achsgetriebe und Gelenkwellen vermindert.

Fahrnis [zu fahren] (Mobilien), nach geltendem dt. Recht körperl. Gegenstände (bewegl. Sachen), die weder Grundstücke noch Grundstücksbestandteile sind.

Fahrplan, Aufstellung der Abfahrts-, Ankunfts- und Streckenfahrzeiten von Verkehrsmitteln, mit der der Betriebsablauf im voraus festgelegt wird; von bes. Bedeutung im Eisenbahnwesen. Grundlage aller F. der Eisenbahn ist der **Bildfahrplan:** In einem rechtwinkligen Koordinatensystem ist die Zeit bzw. der Weg aufgetragen. In diesem Weg-Zeit-Diagramm sind die Entfernungen zw. den Bahnhöfen und Zugfolgestellen maßstäbl. dargestellt (Abstand der senkrechten Linien). Waagerechte Linien entsprechen Zeitabschnitten von 10 Minuten. Im Bild-F. wird eine Zeitspanne von 24 Stunden dargestellt. Der für den Dienstgebrauch bestimmte **Buchfahrplan** bringt nach Strecken geordnet eine tabellar. Zusammenstellung von F. eines bestimmten Bereiches mit für den Zugbetrieb wichtigen Angaben (z. B. Höchstgeschwindigkeit). Zur Information der Reisenden dienen **amtl. Taschenfahrpläne** und **Kursbücher** sowie die auf allen Bahnhöfen aushängenden F. mit Ankunfts- und Abfahrtszeiten der Reisezüge. Das **Güterkursbuch** und das **internat. Güterkursbuch** unterrichten über den Güterzugverkehr.

Fahrrad (von oben). Hochrad (England; 1882); Niederrad (1879); modernes Sportrad mit dreistufiger Nabenschaltung

Fahrrad, zweirädriges, über Tretkurbel angetriebenes Fahrzeug. Bauformen: u. a. Tandem (zweisitzig), Damenrad (das obere Rohr des Dreieckrahmens ist nach unten gebogen), Kinderrad, Klapprad, Rennrad (bes. leichte Bauweise), Kunst-F. (mit ungekröpfter Vorderradgabel). Wesentl. für die Stabilisierung des F. ist die Kreiselwirkung der Räder, die durch die Konstruktion der Lenksäule und die Kröpfung der Vorderradgabel (bewirkt Nachlauf) verstärkt wird. Die Antriebskraft wird über eine Kette auf einen Zahnkranz an der Hinterachse übertragen (Übersetzung 1:2 bis 1:4); Gangschaltungen, die als Kettenschaltung mit unterschiedl. Zahnkränzen oder als Nabenschaltungen mit mehreren Planetenradsätzen arbeiten, erlauben eine Abstufung der Übersetzungsverhältnisse. Ein (meist mit einer Rücktrittbremse kombinierter) Freilauf erlaubt antriebsloses Rollen. Frühester Vorläufer des heutigen Fahrrads ist die ↑ Draisine; eine Weiterentwicklung war das Veloziped (mit Pedalen und Bremse) des Franzosen E. Michaux (1867). Das zeitweilig v. a. in Großbrit. sehr verbreitete Hochrad wurde um 1880 vom sog. Niederrad abgelöst; seit 1888 wurden Luftreifen verwendet, seit 1898 der Freilauf.

Fahrrinne, für die Schiffahrt bestimmtes Gebiet in einem Fluß und vor der Küste; Kennzeichnung durch Betonnung und Seezeichen für die Tagfahrt und durch Leuchtbojen, Leuchtfeuer und Radarreflektoren bzw. -baken für die Nachtfahrt.

Fahrschule, Betrieb zur geschäftsmäßigen theoret. und prakt. Ausbildung von Personen, die eine Erlaubnis zum Führen von Kraftfahrzeugen der Klassen 1 bis 3 erwerben wollen. Der Inhaber *(Fahrlehrer)* bedarf einer bes. Fahrschulerlaubnis (§ 10 FahrlehrerG vom 25. 8. 1969).

Fahrstraße, Bez. für den durch Weichen- und Signalstellung gesicherten Weg eines Zuges.

Fahrstuhl, Kabine zur Personenbeförderung bei einem Aufzug, vielfach auch Bez. für Personenaufzug.
◆ ↑ Krankenfahrstuhl.

Fahrt, Geschwindigkeit eines [Luft]fahrzeuges in bezug auf die umgebende Luft.
◆ Geschwindigkeit eines Schiffes in Knoten, d. h. Seemeilen pro Stunde.

Fahrtbereich, Bereich, innerhalb dessen ein Schiff eingesetzt werden darf. Schiffe ohne Begrenzung der F. haben **Große Fahrt**, d. h. sie können alle Meere befahren.

Fährte, wm. Bez. für (im Boden oder Schnee hinterlassene) aufeinanderfolgende Fußabdrücke (↑ Trittsiegel) von Schalenwild, Bär, Wolf, Luchs, Otter, Großtrappe und Auerwild. In einer F. sind die schwächeren Trittsiegel die der Hinterfüße. Die Abdrücke des Federwilds heißen **Geläuf**; die des Niederwilds (ohne Reh- und Federwild) und des Haarraubwilds (Hase, Dachs, Fuchs, Marder) **Spur**.

Fahrtenbuch (Fahrtennachweis), Mittel zum Nachweis darüber, wer in bestimmte Fahrzeug im Straßenverkehr jeweils geführt hat. Ein F. ist bes. für den gewerbl. Kraftverkehr und zur Überwachung der Arbeitszeit von Berufskraftfahrern zwingend erforderlich (sog. **persönl. Kontrollbuch**).

Fahrtrichtungsanzeiger ↑ Kraftfahrzeugbeleuchtung.

Fahrtschreiber (Tachograph), selbstschreibender Geschwindigkeitsmesser, mit dem nach der StVZO in der BR Deutschland alle Kfz. ab 7,5 t Gesamtgewicht, ferner Zugmaschinen ab 55 PS (40 kW) sowie zur Beförderung von Personen bestimmte Kfz. mit mehr als 8 Fahrgastplätzen ausgerüstet sein müssen. Auf einem scheibenförmigen Schaublatt (Laufzeit 24 Stunden) wird der gesamte Fahrtverlauf (Geschwindigkeit, Fahrt- bzw. Haltezeiten, Wegstrecke) aufgezeichnet.

Fahruntüchtigkeit (Fahruntauglichkeit), die Unfähigkeit, ein Fahrzeug im Verkehr sicher zu führen. Die F. kann auf körperl. oder geistigen Mängeln oder auf dem Genuß alkohol. Getränke oder anderer berauschender Mittel beruhen. Fahren trotz F. wird als Ordnungswidrigkeit oder Vergehen geahndet.

Fahrverbot ↑ Fahrerlaubnis.

Fahrwasser, Bereiche eines Gewässers außerhalb der Fahrrinne, die von Wasserfahrzeugen bis zu einem bestimmten maximalen Tiefgang befahren werden können.

Fahrwerk (Fahrgestell), Gesamtheit aller Baugruppen eines Kfz., die der Fahrtüchtigkeit dienen, bestehend aus Rahmen oder dem ihn ersetzenden Teil (z. B. Rahmenbodenanlage einer selbsttragenden Karosserie), Federung mit Stoßdämpfern, Vorder- und Hinterachse, Lenkung, Bremsen und Rädern mit Bereifung. Die richtige Abstimmung dieser einzelnen Konstruktionselemente ist maßgebend für gute Fahreigenschaften. Als Zwischengestell für die Aufnahme der Antriebsaggregate (Motor, Getriebe usw.) und der Vorder- oder Hinterachse wird ein **Fahrschemel** verwendet, der über Gummielemente (Metallgummi, Silentblock) mit dem F. verbunden ist; dadurch bessere Isolation gegen Geräusche und Vibrationen. Die **Achsen** dienen zur Aufhängung der Räder. Je nach Erfordernis sowie Art der Federung und des Radantriebs werden verschiedene Achskonstruktionen und Radaufhängungen verwendet. Die älteste - in Nutzfahrzeugen heute noch gebräuchlichste Form - ist die **Starrachse**, wobei die beiden Räder einer Achse starr miteinander verbunden sind. Beim Überfahren eines Hindernisses wird die ganze Achse schräggestellt. Zur Aufnahme von auftretenden Querkräften (in Kurven) wird zuweilen zw. Fahrgestell und Achse eine parallel zur Achse liegende, bewegl. Verbindungsstange (**Panhardstab**) eingebaut. Bei Verwendung der Starrachse als Lenkachse wird das Ende als Faust oder Gabel ausgebildet, d. h. es liegt entweder eine **Faustachse** oder eine **Gabelachse** vor. In dem faust- oder gabelförmigen Ende wird der **Achsschenkelbolzen** zur drehbaren Aufnahme des **Achsschenkels** gehalten, auf dem das gelenkte Rad befestigt ist. Bei Personenwagen herrscht die *Einzelradaufhängung* vor. Dabei ist von we-

Fahrwerk

sentl. Vorteil, daß das Gewicht der ungefederten Teile sehr gering gehalten werden kann. Beim Überrollen eines Hindernisses wird das andere Rad nicht beeinflußt. Durch Einzelfederung der Räder wird eine bes. weiche Gesamtfederung mit besserer Bodenhaftung erreicht, verbunden mit guter Straßenlage. Zur Vermeidung einer zu großen Neigung des Fahrzeugaufbaus bei Kurvenfahrt und zur weiteren Anlenkung der Radaufhängung wird häufig ein *Drehstab-Stabilisator* verwendet, der in der übl. Ausführung an beiden abgewinkelten Enden mit den Radanlenkungen und am senkrecht zur Fahrzeuglängsachse verlaufenden Teil mit dem Fahrgestell befestigt ist. Die heute im Automobilbau wichtigsten Arten von Einzelaufhängungen sind: **Längslenkerachsen** (auch **Kurbelachsen** genannt), wobei die Lenker parallel zur Fahrzeuglängsachse schwingen. Die Radaufhängungen an Einfachlängslenkerachsen und Doppellängslenkerachsen sind bei Personenwagen sehr verbreitet, wobei als Federelemente häufig Drehstäbe verwendet werden; bei Einfederung bleiben Spurweite und Sturz unverändert. Die Doppellängslenkerachse wird oft als [lenkbare] Vorderachse verwendet. **Pendelachse (Schwingachse):** Hierbei können die beiden Achshälften um ein am Fahrgestell befestigtes Gelenk schwingen, wobei sich Sturz und Spurweite während des Federungsvorgangs ändern; Pendelachse als Vorderachse ungeeignet. Bei der **Eingelenk-Pendelachse** schwingt das Ausgleichsgetriebe (Differential) mit der einen Achshälfte mit. Die **Zweigelenkpendelachse** stellt eine Weiterentwicklung dar, wobei das Ausgleichsgetriebe fest mit dem Fahrgestell verbunden ist und beidseits Pendelgelenke aufweist. Dadurch wird eine noch geringere ungefederte Masse erreicht. **Querlenkerachse:** Einzelradaufhängung mittels quer zur Fahrtrichtung liegendem Lenker. Im Kfz.-Bau ist diese Art als vordere Radaufhängung in Form der **Doppelquerlenkerachse** weit verbreitet; Abfederung meist durch Schraubenfedern. Auch findet man häufig die *Einfachquerlenkerachse mit Blattfeder* (an Querlenker- und Blattfederenden sind mittels dazwischenliegenden Achsschenkeln die beiden Räder aufgehängt) oder die *Einfachquerlenkerachse mit McPherson-Federbein (Achsschenkelfederbein)*, welches das Federungselement, den Stoßdämpfer und Lenkungsteile in einer Einheit zusammenfaßt. **Schräglenkerachse:** Eine gegenüber der Pendelachse immer mehr an Bedeutung gewinnende Hinterachsbauart. Hier liegt die Drehachse der Lenker horizontal oder leicht geneigt (schräg). Durch geeignete Abstimmung der Schräge wird eine geringe Spurveränderung beim Einfedern erreicht. Wegen der bei dieser Konstruktion häufig auftretenden größeren Kräfte ist in den meisten Fällen ein Fahrschemel oder eine Verstärkung am Rahmen erforderlich. Eine wegen des zu großen Aufwandes wenig verbreitete hintere Radaufhängung stellt die **De-Dion-Achse** dar. Die Anlenkung der Räder wird durch Schubstreben in Längsrichtung u. ein Achsrohr quer zur Fahrtrichtung erreicht. Die Seitenkräfte werden von einem Lenker übertragen. Vom Prinzip her liegt eine Starrachse vor (Sturz und Spurweite bleiben konstant); das Ausgleichsgetriebe wird zur Verringerung der ungefederten Massen am Fahrgestell oder an einem Fahrschemel befestigt.

Wichtige Begriffe bezügl. der *Radstellung:*
Nachlauf, Neigungswinkel des Achsschenkelbolzens in der Fahrzeuglängsebene gegenüber der Senkrechten durch den Radmittelpunkt. Das Rad läuft nach, es wird gezogen und hat das Bestreben, sich selbst in gerade Fahrtrichtung zu stellen. Vorteil: Verringerung der Flatterneigung. **Spreizung:** Neigungswinkel

Fährten von Rothirsch und Reh

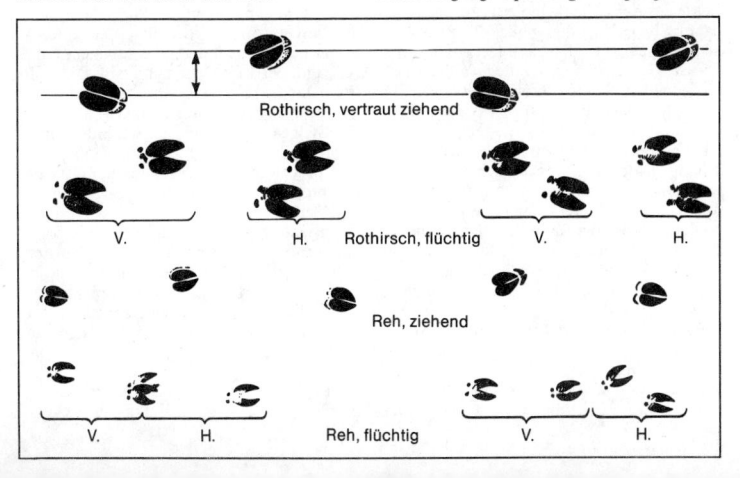

Fahrwiderstand

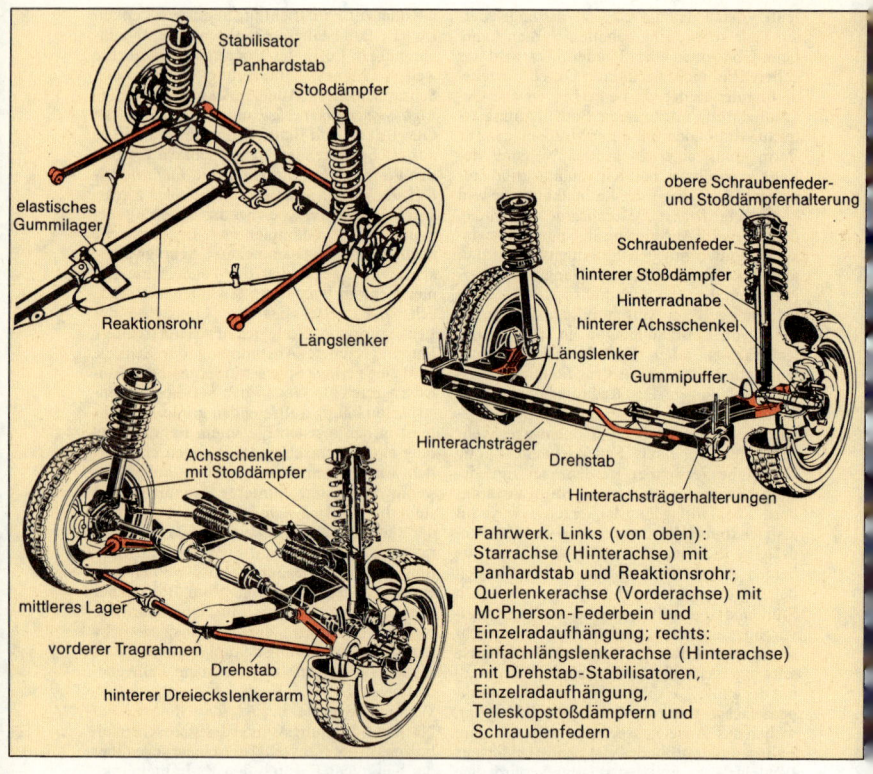

Fahrwerk. Links (von oben): Starrachse (Hinterachse) mit Panhardstab und Reaktionsrohr; Querlenkerachse (Vorderachse) mit McPherson-Federbein und Einzelradaufhängung; rechts: Einfachlängslenkerachse (Hinterachse) mit Drehstab-Stabilisatoren, Einzelradaufhängung, Teleskopstoßdämpfern und Schraubenfedern

des Achsschenkelbolzens in der Fahrzeugquerebene durch Verringerung des *Lenkrollhalbmessers* (= Abstand zw. Mittelpunkt der Reifenaufstandsfläche und Schnittpunkt der Achse des Achsschenkelbolzens auf der Fahrbahn). **Sturz:** Neigungswinkel des Rades zur Senkrechten in der Fahrzeugquerebene. Durch Verkleinerung des Lenkrollhalbmessers auch hier Verminderung der Lenkkräfte. Außerdem drückt der Sturz das Rad gegen den Lagerbund, womit das Lagerspiel ausgeschaltet wird. Häufig ist ein positiver Sturz, d. h. die Räder stehen oben nach außen. **Vorspur:** Differenz (Angabe in mm) zw. den Abständen der vorderen und hinteren Felgenränder, in Höhe der Radmitten gemessen; dadurch Verringerung der Flatterneigung, jedoch Erhöhung des Rollwiderstandes.

📖 *Reimpell, J.: Fahrwerktechnik. Würzburg* $^{2-5}$*1975–82. 2 Bde.*

Fahrwiderstand, Summe aller an einem Fahrzeug bei der Fortbewegung angreifenden und die Hauptbewegung bremsenden Kräfte; setzt sich zusammen aus Roll-, Luft-, Steigungs- und Beschleunigungswiderstand. Der **Rollwiderstand** ist abhängig von der Beschaffenheit der Fahrbahn, Art und Durchmesser der Bereifung, Reifenluftdruck, Fahrgeschwindigkeit und Radlast. Der **Luftwiderstand** ist abhängig von der Projektionsfläche des Fahrzeugs in Fahrtrichtung, der Luftdichte, der Luftgeschwindigkeit relativ zum Fahrzeug und der Luftwiderstandszahl. Die Luftwiderstandszahl ist sehr stark von der Form des Fahrzeugs (Windschnittigkeit) abhängig. Der **Steigungswiderstand** ist vom Fahrzeuggewicht und dem Steigungswinkel abhängig. Der **Beschleunigungswiderstand** hängt in der Hauptsache vom Gesamtgewicht des Fahrzeugs ab.

Fahrzeug, Transportmittel für Personen und Lasten mit Eigen- oder Fremdantrieb; Bauarten hpts. abhängig vom zurückzulegenden Verkehrsweg, der gewünschten Geschwindigkeit und Ladefähigkeit, der geforderten Bequemlichkeit sowie vom Ladegut; Einteilung in Land-, Wasser-, Luft- und Raumfahrzeuge.

Faial, portugis. Insel der Azoren, 20 km lang, bis 13 km breit, im Vulkan Pico Gordo

1 043 m hoch; üppige Vegetation; Hauptort ist Horta.

Faible [frz. fɛbl, eigtl. „schwach" (zu lat. flebilis „beweinenswert")], Vorliebe, Schwäche, Neigung.

Faijum, Al, Gouvernementshauptstadt in Ägypten, 90 km sw. von Kairo, 167 000 E. Baumwoll- und Wollverarbeitung, Zigarettenherstellung, Färbereien; Eisenbahnanschluß. - Al F. liegt an der Stelle einer seit dem 3. Jt. v. Chr. belegten altägypt. Stadt und des antiken **Crocodilopolis** und späteren **Arsinoe.** In Crocodilopolis wurde der Wassergott Sobek (als Mensch mit Krokodilkopf dargestellt) verehrt.

Faijum, Becken von Al, Depressionsgebiet in Ägypten, 1 800 km² groß, im NW vom 233 km² großen Karunsee (45 m u. d. M.) eingenommen. Fruchtbare Beckenlandschaft, deren Bewässerung durch den sich hier verzweigenden Josefkanal erfolgt. - Das ehemalige Sumpfgebiet wurde von den Pharaonen der 12. Dynastie kultiviert. Ruinen zahlr. Städte, Pyramiden und Grabanlagen (berühmte Mumienporträts).

Faijumkultur, nach Fundstellen im Becken von Al Faijum benannte älteste vollneolith. Fundgruppe in Unterägypten; auch Faijum „A" und Faijum-Merimde-Kultur genannt (2. Hälfte 5. und Anfang 4. Jt. v. Chr.); kennzeichnend u. a.: unverzierte Tongefäße, kleine Walzenbeile.

Fail-Safe-Prinzip [engl. 'feɪl'seɪf], Konstruktionsprinzip im Luftfahrzeugbau; die kraftübertragenden Bauelemente werden so dimensioniert, daß nach Ausfall eines Elementes die restl. Elemente noch eine Tragfähigkeit von etwa 60 % der ursprüngl. Gesamttragfähigkeit besitzen.

Fairbanks, Douglas [engl. 'fɛəbæŋks], eigtl. D. Elton Thomas Ulman, * Denver (Colo.) 23. Mai 1883, † Santa Monica (Calif.) 12. Dez. 1939, amerikan. Filmschauspieler. - Darsteller von Abenteuer- und Liebhaberrollen, Idol des amerikan. Stummfilmpublikums, u. a. in „Das Zeichen des Zorro" (1920), „Die drei Musketiere" (1921), „Robin Hood" (1922), „Der Dieb von Bagdad" (1924), „Der schwarze Pirat" (1926). Mit seiner Frau M. Pickford, C. Chaplin und D. W. Griffith Begründer der United Artists Corporation Inc. - Sein Sohn *Douglas F. jr.* (* 1909) ist ebenfalls Filmschauspieler, auch Produzent. War u. a. aktiv in der Marshallplanhilfe.

Fairbanks [engl. 'fɛəbæŋks], Stadt in Alaska, USA, am Chena River, 15 000 E. Metropolitan Area 65 000 E. Sitz eines kath. und eines anglikan. Bischofs; Univ. (seit 1935) mit Museum; Theater, Freilichtmuseum Alaskaland; Handels- und Versorgungszentrum für Z-Alaska; internat. ✈. - Gegr. 1901 als Handelsposten; rascher Aufschwung nach Goldfunden (Höhepunkt 1906 mit 18 000 Prospektoren).

Fair Deal [engl. 'fɛə 'diːl „gerechte Verteilung"], Schlagwort zur Bez. eines umfassenden wirtschafts- und sozialpolit. Programms des amerikan. Präs. Truman, der 1949 in 21 Punkten die schon 1945 und im Wahlkampf 1948 vertretenen Reformideen formulierte, nach denen in Anknüpfung an Roosevelts New Deal der einzelne einen gerechten Anteil am volkswirtsch. Gesamtertrag erhalten sollte. Das in ein weltweites Freihandels- und Entwicklungshilfekonzept (GATT) eingebettete innenpolit. Programm, das nur z. T. durchgesetzt wurde, verlor wegen der außenpolit. Verwicklungen im Koreakrieg an Aktualität.

Fairfax, Thomas [engl. 'fɛəfæks], Baron (seit 1640) F. of Cameron, * Denton (Yorkshire) 17. Jan. 1612, † Nunappleton (Yorkshire) 12. Nov. 1671, engl. General. - Führte als Oberbefehlshaber 1645-50 das Parlamentsheer bei Naseby und Langport (1645) zum Sieg über die Royalisten; wirkte seit 1659 für die Restauration des Königtums.

Fairneß ['fɛːrnɛs; engl.], ehrenhaftes, anständiges Verhalten; urspr. von weiterer Bedeutung, wurde der Begriff, bes. als **Fair play,** ganz auf den Sport eingeengt, später jedoch auf weitere Bereiche des Verhaltens im tägl. Leben ausgedehnt.

Fairport Convention [engl. 'fɛəpɔːt kənˈvɛntʃən], brit. Folk-Rockmusikgruppe; 1966 in London gegr.; verband Elemente von brit. Folkmusic und amerikan. Country und Western.

Faisal (Feisal), Name arab. Herrscher:

Irak:

F. I., * At Taif 20. Mai 1883, † Bern 8. Sept. 1933, König. - Sohn des Scherifen von Mekka, Husain Ibn Ali, aus der Familie der Haschimiden; maßgebl. am Aufstand der Araber gegen die Türken im 1. Weltkrieg beteiligt; befehligte die 1918 auf brit. Seite kämpfenden arab. Truppen; 1920 zum König eines großsyr. Reichs proklamiert, mußte er der frz. Armee weichen; wurde mit brit. Hilfe 1921 König des Irak.

F. II., * Bagdad 2. Mai 1935, † ebd. 14. Juli 1958, König. - Sohn und Nachfolger von König Ghasi (1939); bis 1953 unter der Regentschaft seines Onkels Abd Allah; wenige Monate nach Bildung der Arab. Föderation, die die Herrschaft der Haschimiden stärken sollte, beim Putsch unter Führung General Kasims ermordet.

Saudi-Arabien:

F. Ibn Abd Al Asis Ibn Saud, * Ar Rijad 1906, † ebd. 24. März 1975 (ermordet), König. - Bruder König Sauds; 1926 Vizekönig des Hedschas; 1953 Außenmin. und Min.präs.; bewirkte 1964 die Absetzung Sauds und übernahm als König die volle Regierungsgewalt; verfolgte an wahhabit. Grundsätzen festhaltende Reformpolitik und Anlehnung an den Westen.

Faistauer, Anton, * Sankt Martin (Salzburg) 14. Febr. 1887, † Wien 13. Febr. 1930, östr. Maler. - Von Cézanne ausgehend gelangte F. zu einem freien Kolorismus; u. a. Dekorationen im Festspielhaus Salzburg (1926).

Faistenberger, aus Tirol stammende Künstlerfamilie der Barockzeit:
F., Andreas, ≈ Kitzbühel 29. Nov. 1647, † München 8. Dez. 1736, Bildhauer. - Hofbildhauer in München. Schuf u. a. die Kanzel (1686) und das „Opfer Abrahams" (1691) für die Theatinerkirche.
F., Simon Benedikt, ≈ Kitzbühel 27. Okt. 1695, † ebd. 22. April 1759, Maler. - Eigenwillige Altarbilder, Decken- und Wandmalereien in Tirol (in Reit, Oberndorf, Kitzbühel); beeinflußt von Rottmayr.

fait accompli [frz. fɛtakõ'pli], vollendeter Tatbestand, Tatsache.

Faith and Order ['feiθ ənd 'ɔːdə; engl. „Glauben und Kirchenverfassung"], Bez. für eine urspr. selbständige, seit der Gründung des ↑Ökumenischen Rates der Kirchen (1948) mit ständigem Sekretariat in Genf etablierte Einigungsbewegung, deren Ziel es ist, die Trennung der Christenheit dogmat. und rechtl. zu überwinden. - Der Schwerpunkt gegenwärtiger Arbeit liegt in der Erörterung der für alle Konfessionen wichtigen „nichttheolog." Faktoren der Trennung (u. a. Rassismus, Nationalismus, Armut und Generationskonflikte).

Faizabad, ind. Stadt im Bundesstaat Uttar Pradesh, im Gangestiefland, 142 000 E. Hauptstadt eines Distrikts; Veterinär-College; Marktzentrum für landw. Produkte des Umlands. - Als Hauptstadt des muslim. Staates Oudh 1719/20 von Saada Khan gegr.

Faizabad, Stadt im NO Afghanistans, 1 200 m ü. d. M., 9 100 E. Hauptstadt der Prov. Badakhshan; Handelszentrum; Straße von Kunduz, ≈; Ausgangsort für Expeditionen in den Wakhan.

Fajans, Kasimir, * Warschau 27. Mai 1887, † Ann Arbor 18. Mai 1975, amerikan. Physikochemiker poln. Herkunft. - Prof. in München und Ann Arbor (Mich.). F. stellte 1912 die nach ihm und F. Soddy benannten Fajans-Soddysche Verschiebungssätze (↑Radioaktivität) auf; wichtige Arbeiten über Probleme der chem. Bindung.

Fäkalien [zu lat. faex „Bodensatz", „Hefe"], die durch den Darm ausgeschiedenen tier. und menschl. Exkremente.

Fakir [arab. „Armer"], frommer Asket und Bettler in islam. Ländern; urspr. nur Muslime. Später übertrug man in Indien die Bez. F. auf alle bettelnd umherziehenden, auch nichtmuslim. Asketen. Als Bez. für die mit „Kunststücken" hervortretenden Asketen (z. B. Liegen auf Nagelbrettern) wurde die Bez. F. über das Engl. in Europa bekannt.

Fako ↑Kamerunberg.

Faksimile [engl., zu lat. fac simile „mach ähnlich!"], die mit einem Original in Größe und Ausführung genau übereinstimmende Nachbildung, Wiedergabe, bes. als photograph. Reproduktion, früher als Faksimileschnitt (als Holzschnitt, Kupferstich usw.).

Faktion (lat. factio), im antiken Rom urspr. Renngesellschaft, die Pferde, Ausrüstung und Wagen stellte, dann polit. Parteiung, z. B. Patrizier–Plebejer.
♦ ehem. allg. übl. Bez. für bes. aktive und radikale Parteigruppen; heute kaum noch verwendet.

faktische Vertragsverhältnisse [lat./dt.], Rechtsverhältnisse, die vertragl. Rechte und Pflichten erzeugen, jedoch nicht durch einen [wirksamen] Vertrag, sondern durch ein tatsächl. Verhalten begründet werden (z. B. Benutzung der Straßenbahn).

Faktitiv [lat.], abgeleitetes Verb, das ausdrückt, daß bei einem Objekt die im Adjektiv ausgedrückte Eigenschaft bewirkt wird, z. B. schärfen (scharf machen), bessern (besser machen).

Faktor [zu lat. factor „Macher"], wichtiger Gesichtspunkt, maßgebl. Umstand (Bestandteil).
♦ Zahl oder Größe, mit der eine andere multipliziert wird (Faktor × Faktor = Produkt).
♦ techn. Leiter einer Setzerei, auch einer Buchdruckerei oder Buchbinderei.

Faktorei [lat.], Bez. für eine größere Handelsniederlassung, bes. europ. Kaufleute in Übersee. Vorläufer waren die Niederlassungen der italien. Städte, v. a. in der Levante. Die Kontore im ham. Bereich entsprachen etwa diesen mediterranen Niederlassungen. Oberdt. Firmen, v. a. die Fugger und Welser, hatten F. an verschiedenen Plätzen Europas, die Welser auch außer Hispaniola und in Venezuela. Mit dem Aufkommen der Überseegesellschaften knüpfte sich der Begriff der F. bes. an den Stützpunkte außerhalb Europas. Im 19. Jh. setzte sich für die überseeische Niederlassung die Bez. Agentur durch.

Faktorenanalyse, statist. Forschungsmethode zur Ermittlung der einer Mannigfaltigkeit verschiedener Eigenschaften gemeinsam zugrunde liegenden Faktoren. Die F. gewann außer in der Psychologie (v. a. der Testpsychologie) auch in der Morphologie (z. B. der Wachstumsanalyse) größere Bedeutung.

Faktorenaustausch (Genaustausch, Segmentaustausch, Crossing-over, Crossover), wechselseitiger, im Prophasestadium der ersten meiot. Teilung stattfindender Stückaustausch zw. homologen Chromatidenpartnern bei der Chromosomenpaarung; vor dem eigtl. Austausch treten Brüche in den Chromatiden auf, es kommt über eine Chiasmabildung (↑Chiasma) zur Wiedervereinigung der Bruchenden in neuer Ordnung (↑Rekombination).

Faktorenkopplung (Genkopplung), die

Bindung von (im gleichen Chromosom lokalisierten) Erbfaktoren bzw. Genen an ein und dasselbe Chromosom, wodurch sich diese bei der Meiose nicht unabhängig voneinander weitervererben, d. h. keine freie Rekombination zeigen.

Faktorkosten, in der Kostentheorie das Produkt aus Preis und Einsatzmenge eines Produktionsfaktors. - ↑auch Sozialprodukt.

Faktotum [zu lat. fac totum „mach alles!"], Bez. für jemanden, der alles besorgt, zu allem zu gebrauchen ist.

Faktum [zu lat. factum, eigtl. „das Getane"], unabänderl. Tatsache; Ereignis, mit dem man sich abfinden muß.

Faktura [lat.-italien.], svw. Rechnung.

Fakturiermaschine [lat.-italien./dt.], Büromaschine, bestehend aus einem mechan. oder elektr. Schreibwerk (Volltexteinrichtung) und einem [elektro]mechan. oder elektron. Rechenwerk zum Addieren, Subtrahieren und Multiplizieren, bei Vierspezies-F. auch zum Dividieren (mit automat. Abrundung). Rechnungen können in einem Arbeitsgang ausgefertigt werden.

Fakultas [lat.], Lehrbefähigung.

Fakultät [zu lat. facultas „Möglichkeit", „Wissens-, Forschungsgebiet"], traditionelle Gliedkörperschaft der Univ. (heute vielfach abgelöst durch Fachbereiche oder Abteilungen), urspr. vier, eine theolog., jurist., medizin. und philosoph. F., von letzterer hat sich später die naturwiss. F. abgespalten. Der F. als Selbstverwaltungsorgan gehören insbes. die ordentl. Professoren an, auch alle habilitierten und die diesen gleichgestellten Hochschullehrer sowie (heute) gewählte Vertreter der übrigen Dozenten, der Assistenten und der Studenten. Die F. ist in der Hauptsache für Lehre und Forschung, für Berufungen und akadem. Prüfungen zuständig. Die Leitung einer F. liegt beim Dekan.

♦ in der *Mathematik* Bez. für ein endl. Produkt der natürl. Zahlen (Formelzeichen: !; lies: Fakultät): $n! = 1 \cdot 2 \cdot 3 \cdots (n-1) \cdot n$, wobei $0! = 1$ definiert ist.

Fakultäten (Facultates) [lat.], im kath. Kirchenrecht die von einer oberen Instanz einer unteren delegierten Rechte.

fakultativ [lat.], nach eigenem Ermessen, nach eigener Wahl, freigestellt.

Falaises [frz. fa'lɛːz „Klippen"], Bez. für die Kliffs der Steilküste der Normandie und Picardie.

Falange Española Tradicionalista y de las J.O.N.S. (J.O.N.S., Abk. für Juntas de Ofensiva Nacional-Sindicalista) [span. fa-'laŋxe espa'ɲola traðiθjona'lista i ðe las 'xuntaθ ðe ofen'siβa naθjo'nalsindika'lista], Kurzform: Falange [eigtl. „Stoßtrupp" (zu Phalanx)], ehem. span. Staatspartei; dem Selbstverständnis nach nat. Bewegung (Movimiento Nacional), entstand 1934 durch Zusammenschluß der von J. A. Primo de Rivera y Saenz de Heredia 1933 begr. Falange Española mit den 1931 geschaffenen J.O.N.S. (nationalsyndikalist. Angriffsgruppen); 1936 als Partei faschist. Typs verboten, unter General Franco Bahamonde 1937 mit anderen Parteien und Gruppierungen, insbes. den traditionalist. Karlisten, zur Einheitspartei als „Sammelbekken aller patriot. Kräfte" vereinigt, wurde die urspr. Falange zunehmend polit. einflußlos, 1976/77 aufgelöst.

Falange-Partei (Libanon) ↑Phalange-Partei.

Falascha, äthiopider Stamm, nö. des Tanasees; Pflanzer und Viehzüchter; sprechen Amharisch, Tigrinja, vereinzelt Agauidialekte. Die F., die sich selbst „Haus Israel" nennen, verstehen sich als Juden, obwohl ihnen nachbibl. Traditionen und die hebr. Sprache fremd sind. Möglicherweise zeigen sich bei ihnen Reste einer vorchristl.-äthiop., durch jüd. Mission beeinflußten Kultur. Ein Großteil von ihnen wurde Mitte der 1980er Jahre in Israel aufgenommen.

falb, gelblich, graugelb, grau.

Falbe, fahlgelbes bis graugelbes Pferd mit schwarzer Mähne, schwarzem Schweif und schwarzen Hufen und Aalstrich auf dem Rükken.

Falbel [frz.], dicht gefältelter oder gereihter Besatzstreifen aus leichtem Stoff oder Spitze, v. a. in der Mode des Rokokos.

Falbkatze (Afrikan. Wildkatze), Sammelbez. für eine Gruppe etwa 45–70 cm körperlanger Unterarten der Wildkatze, v. a. in den Steppen und Savannen Afrikas und der Arab. Halbinsel; Körper schlank, gelblichgrau bis rötlichbraun mit meist dunkler Querstreifung oder Fleckung und 25–35 cm langem Schwanz; Ohren ziemlich groß. Zu den F. gehört die **Nub. Falbkatze** (Felis silvestris libyca; gilt als Stammform der Hauskatze).

Falckenberg, Otto, * Koblenz 5. Okt. 1873, † München 25. Dez. 1947, dt. Regisseur. - Der Durchbruch gelang F. mit der Uraufführung von Strindbergs „Gespenstersonate" (1915) an den Münchner Kammerspielen, die er 1917–44 leitete. Neben zahlr. Uraufführungen expressionist. Dramen (G. Kaiser, E. Barlach) stilbildende Shakespeare-Inszenierungen („Wie es euch gefällt", 1917; „Troilus und Cressida", 1925; „Cymbeline", 1926). Bed. Schauspielerlehrer.

Falco [lat.], nahezu weltweit verbreitete Gatt. der Falken mit 35 Arten; in Europa 10 Arten, die meist unter Naturschutz stehen.

Falcón, Staat in Venezuela, am Karib. Meer, 24 800 km², 504 000 E (1981), Hauptstadt Coro.

Falcone, Aniello, * Neapel 1607, † ebd. 1656, italien. Maler. - Von Caravaggio und Domenichino beeinflußte Fresken sowie Schlachtenbilder und Bambocciaden.

Falconet, Étienne [Maurice] [frz. falkɔ'nɛ], * Paris 1. Dez. 1716, † ebd. 24. Jan.

Falconieri

1791, frz. Bildhauer. - Bed. Vertreter der frz. Rokokoplastik, der klass. Formenstrenge mit Anmut und Eleganz verbindet. 1757–66 künstler. Leiter der Porzellanmanufaktur in Sèvres; anschließend bis 1780 in Petersburg. Auch Kunstschriftsteller. - *Werke:* La Baigneuse (Die Badende, 1757; Louvre), Pygmaliongruppe (1763; Marmor, Eremitage), Reiterdenkmal Peters d. Gr. in Leningrad (1766–1782).

Falconieri, florentin. Patrizierfam. (Tuchhändler und Bankiers), stellte Ratsmitglieder in Florenz, finanzierte im 13. Jh. die päpstl. Politik.

Falcon Island [engl. 'fɔːlkən 'aɪlənd], submariner Vulkan im Bereich der Tongainseln im S-Pazifik; nach Eruptionen wird verschiedentl. eine Insel aufgebaut, die einige Jahre bestehen kann, so z. B. 1955–67.

Falerner [nach dem von den Römern Falernus ager genannten Gebiet im N Kampaniens], in röm. Zeit berühmter Wein aus Kampanien; heute Bez. für trockene (nicht selten) weiße und rote Tischweine aus der Gegend um Formia.

Fälide (fälische Rasse), Bez. für eine Unterform der Europiden; gekennzeichnet durch deutl. stammesgeschichtl. Züge des Cromagnontypus; Haar- und Augenfarben sind weitgehend aufgehellt. Die F. sind v. a. in Westfalen und Nordhessen verbreitet.

Faliero, Marino, *1274, †Venedig 17. April 1355 (hingerichtet), Doge von Venedig. -

Étienne Falconet, Pygmalion und Galatea (Biskuitporzellan; 1763). Paris, Musée des Arts décoratifs

1354 zum Dogen gewählt; sein Versuch, 1355 durch Staatsstreich die Adelsrepublik in eine erbl. Signoria umzuwandeln, wurde verraten und schlug fehl.

Falisker (lat. Falisci), im Altertum ein ital. Volksstamm zw. den Monti Cimini und dem Tiber, Hauptort: Falerii Veteres (= Civita Castellana); beteiligten sich auf seiten von Fidenae und Veji am Krieg gegen Rom, 293 unterworfen, 241 nach Falerii Novi umgesiedelt.

Faliskisch, die indogerman., zur Gruppe des Italischen gehörende Sprache der südetrusk. Stadt Falerii († Falisker); in verschiedener Hinsicht dem Lat. sehr nahe verwandt, jedoch im ganzen archaischer; bekannt aus knapp 300 Inschriften (vom Ende des 7. Jh. bis ins 1. Jh. v. Chr.).

Falk, Nebenform des männl. Vornamens Falko.

Falk, Adalbert, *Metschkau (Kr. Neumarkt [in Niederschlesien]) 10. Aug. 1827, †Hamm 7. Juli 1900, preuß. Jurist und Politiker. - Führte als preuß. Kultusmin. (1872–79) in Bismarcks Auftrag den Kulturkampf; erwarb sich bleibende Verdienste durch Verbesserung der Ausbildung der Lehrer und Hebung ihrer beamten- und besoldungsrechtl. Stellung.

F., Johannes Daniel, Pseud. Johannes von der Ostsee, *Danzig 28. Okt. 1768, †Weimar 14. Febr. 1826, dt. Schriftsteller und Pädagoge. - U. a. Verf. von „O du fröhliche". Nahm sich seit 1813 verwahrloster Jugendlicher an, erzog im Sinne Pestalozzis für eine Berufstätigkeit. Seine Goethe-Erinnerungen erschienen 1832.

Falkberget, Johan Petter [norweg. 'falkbærgə], eigtl. J. P. Lillebakken, *Rugeldalen bei Røros 30. Sept. 1879, †Tyvoll bei Røros 5. April 1967, norweg. Schriftsteller. - Schrieb in bilderreichem Stil v. a. histor., religiös-sozial geprägte Romane über das Leben der Bergarbeiter. Sein Hauptwerk ist die Trilogie „Im Zeichen des Hammers" (1927–35). - *Weitere Werke:* Brandopfer (1918), Die vierte Nachtwache (1923), der Romanzyklus: Nattensbrød (1940–59; dt. 4 Bde.: Brot der Nacht, 1953; Die Pflugschar, 1955; Johannes, 1957; Wege der Liebe, 1962).

Falke, Otto von, *Wien 29. April 1862, †Schwäbisch Hall 15. Aug. 1942, dt. Kunsthistoriker. - 1895–1908 Direktor des Kölner, seit 1908 Direktor des Berliner Kunstgewerbemuseums, 1920–27 Generaldirektor der Berliner Museen. Einflußreiche Arbeiten über fast alle Gebiete des Kunstgewerbes; 1927–41 Hg. des „Pantheon".

Falke (Falkaune, Falkone, Falkonett[e]), im 16. und 17. Jh. übl., kleinkalibriges Feldgeschütz (Kugelgewicht 1,5–3 kg), das in einem Gabelfuhrwerk untergebracht war.

Falken (Falconidae), weltweit verbreitete, etwa 60 Arten umfassende (davon 10 in Euro-

Falkland Islands and Dependencies

pa) Fam. der Greifvögel mit schlankem, etwa 10–35 cm langem Körper (mit Schwanz 15–60 cm lang), schmalen, spitz zulaufenden Flügeln und langem Schwanz; Schnabel hakig gebogen, mit 1 Paar Hornzähnen am Oberschnabel (**Falkenzahn**); Zehen mit kräftigen Krallen. - F. töten ihre Beute durch Schnabelbiß in die Halswirbel. Die meisten Arten sind oberseits dunkel gefärbt, unterseits heller, häufig mit dunkler Fleckung oder Bänderung. Nach ihrer Jagdweise unterscheidet man: 1. *Flugjäger*, die sich im Sturzflug auf fliegende Vögel stürzen (Wanderfalke, Baumfalke). Die Flugjäger wurden früher wie die Jagdfalken zur Beizjagd verwendet. 2. *Rütteljäger*, die ihre Beute (v. a. Mäuse) im Rüttelflug (Standrütteln) am Boden erspähen (Turmfalke). - Zu den 4 Unterfam. der F. gehören u. a. die ↑ Geierfalken und ↑ Zwergfalken.

Falkenzahn

Falken (eigtl. Sozialist. Jugend Deutschlands „Die Falken"), der SPD zugeordnete polit. Jugendorganisation, in die Jugendliche ab 14 Jahren aufgenommen werden; 1946 [wieder]gegr.; Sitz Frankfurt am Main.

Falken, während des Vietnamkrieges entstandenes polit. Schlagwort zur Bez. der Befürworter einer unnachgiebigen Vietnampolitik in den USA; dann allg. Bez. für die Vertreter einer militanten Außenpolitik; Ggs. Tauben.

Falkenauge, Varietät des Quarzes, Schmuckstein; feinfaseriger Quarz ist mit feinen dunkelblauen bis grünen Hornblendenasbestfasern verwachsen; seidiger Glanz der geschliffenen Steine.

Falkenbeize ↑ Beizjagd.

Falkenberg [schwed. ‚falkənbærj], schwed. Großgemeinde am Kattegat, 1 107 km², 33 000 E. Im Zentralort F. (13 000 E) Holzverarbeitung, Waggonfabrik, Werft. - F. war schon im MA eine bed. Handelsstadt (1256 erstmals erwähnt, 1525 erstes Stadtrecht). - Kirche (12. Jh.; Malereien 17. Jh.), ma. Zollbrücke.

Falkenhausen, Alexander Ernst von, * Gut Blumenthal bei Neisse 29. Okt. 1878, † Nassau 31. Juli 1966, dt. General. - 1934–39 Chef der Militärmission bei Chiang Kai-shek; 1940 Militärbefehlshaber in den Niederlanden, 1940–44 in Belgien und N-Frankr.; seit 1939 Kontakte mit dem Widerstand; 1944/45 im KZ; 1951 in Belgien zu 12 Jahren Zwangsarbeit verurteilt, 1951 freigelassen.

Falkenhayn, Erich von, * Burg Belchau bei Graudenz 11. April 1861, † Schloß Lindstedt bei Potsdam 8. April 1922, dt. General. - 1913–15 preuß. Kriegsmin.; 1914–16 Chef des Generalstabs des Feldheeres, übernahm damit prakt. die Führung der dt. Landstreitkräfte; seiner Kriegführung fehlte jedoch eine polit.-strateg. Gesamtkonzeption; seine Strategie, im W eine „Ausblutung" Frankr. und (im Unterschied zu Hindenburg und Ludendorff) die Kriegsentscheidung zu erreichen, schlug 1916 fehl; danach Oberbefehlshaber der 9. Armee gegen Rumänien, 1917/18 der Heeresgruppe F. (Syrien, Mesopotamien).

Falkenzahn ↑ Falken.

Falkirk [engl. 'fɔːlkəːk], schott. Ind.stadt im zentralen schott. Kohlenrevier, Central Region, 37 000 E. Bergbauschule, Steinkohlenbergbau, Eisenerzverhüttung, Aluminiumwalzwerk; Whiskybrennereien; Marktzentrum. - Die namengebende Kirche entstand im 11. Jh.

Falklandinseln (Malvinen), Inselgruppe im südl. Atlantik, 500 km östl. der Magalhaesstraße, besteht aus den Hauptinseln West- und Ostfalkland und über 200 kleinen Inseln, 11 961 km² (nach argentin. Angaben 11 718 km²). - Karte S. 326.

Falkland Islands and Dependencies [engl. 'fɔːklənd 'aɪləndz ənd dɪ'pɛndənsiz], brit. Kronkolonie im Südatlantik, 16 442 km², umfaßt die **Falklandinseln** sowie als zugehörige abhängige Gebiete **Südgeorgien** und die **Süd-Sandwich-Inseln,** Hauptort Stanley (auf Ostfalkland; 1813 E (1980). - West- u. Ostfalkland zeigen gerundete Oberflächenformen (bis 698 m ü. d. M.), die Küsten sind stark gegliedert. Südgeorgien erreicht 2 804 m ü. d. M. und ist im Innern vergletschert, die vulkan. Süd-Sandwich-Inseln sind ebenfalls vergletschert, bis 1 372 m hoch. - Das Klima ist hochozean. und nebelreich. - Die natürl. Vegetation der Falklandinseln ist durch Schafweidewirtschaft stark verändert. An den Küsten Südgeorgiens wachsen Moose, Flechten, Gras und einige Blütenpflanzen; die Süd-Sandwich-Inseln sind fast vegetationslos. - Die Bev. ist überwiegend brit. Abstammung. Auf Südgeorgien ist nur eine brit. Forschungsstation ständig bewohnt. - Die Wirtschaft wird von der Schafzucht auf den Falklandinseln bestimmt; exportiert werden Wolle und Häute.

Geschichte und *polit. Verhältnisse:* 1592 entdeckt; 1764 ließen sich Franzosen auf Ostfalkland nieder, 1765 Briten auf Westfalkland; beide wurden kurz darauf von Spanien vertrieben, das auf die Inseln Ansprüche erhob und sie mit wenigen Siedlern besetzte; 1820

Falklandstrom

nahm die La-Plata-Konföderation (Argentinien) die 1811 von den Spaniern aufgegebenen Falklandinseln in Besitz; 1831 wurde die gesamte Bev. nach dem Festland deportiert; 1833 nahm Großbrit. die Falklandinseln wegen ihrer strateg. Bed. in Besitz und räumte sie trotz der Proteste Argentiniens, das weiterhin Ansprüche auf die F. I. a. D. erhebt, nicht wieder. Der daraus mit Großbrit. entstandene Streit verschärfte sich seit dem Bekanntwerden von Erdölvorkommen bei den Inseln und steigerte sich zum friedensbedrohenden Konflikt, als Argentinien im April 1982 die Falklandinseln militärisch besetzte, Großbrit. daraufhin eine 200-Meilen-Zone rund um die Inseln zum militär. Sperrgebiet erklärte. Im Mai begannen brit. Truppen mit der Rückeroberung der Inseln. Die argentin. Truppen kapitulierten am 14. Juni. Im Okt. 1986 richtete Großbrit. eine Fischereizone von 150 Meilen und eine zusätzl. Schutzzone von 50 Meilen um die Inseln ein, um die Fischbestände zu schützen. - In der **Seeschlacht** bei den Falklandinseln 1914 wurde das dt. Kreuzergeschwader von überlegenen brit. Seestreitkräften vernichtend geschlagen.

Die F. I. a. D. werden von einem Gouverneur verwaltet, dem ein Exekutivrat und ein Legislativrat zur Seite stehen.

Falklandstrom, kühle Meeresströmung vor der Küste Argentiniens, driftet nach N bis etwa vor der La-Plata-Mündung.

Falknerei, wm. Bez. für die Kunst, Greifvögel für die Beizjagd abzurichten und mit ihnen zu jagen.
◆ (Falkenhof) Anlage, in der Jagdfalken gehalten werden.

Fall, Leo, * Olmütz 2. Febr. 1873, † Wien 16. Sept. 1925, östr. Komponist. - Komponierte v. a. Operetten, darunter „Der fidele Bauer" (1907), „Die Dollarprinzessin" (1907), „Der liebe Augustin" (1912), „Die Rose von Stambul" (1916), „Madame Pompadour" (1922).

Fall, die im allg. beschleunigt erfolgende Bewegung eines Körpers in einem Schwerefeld, speziell im Schwerefeld der Erde. Wirkt außer der Schwerkraft keine zusätzl. Kraft auf den Körper ein, ist also z. B. kein Luftwiderstand vorhanden, so spricht man vom **freien Fall.** Er kann realisiert werden, indem man einen Körper in einer weitgehend luftleeren Röhre (**Fallröhre**) fallen läßt. Dabei zeigt sich, daß alle Körper unabhängig von Gestalt, Stoffzusammensetzung und Masse gleichschnell fallen. Der freie F. ist - sofern es sich um geringe F.höhen handelt - eine gleichmäßig beschleunigte Bewegung; die **Fallbeschleunigung** (*Gravitations-* oder *Schwere-B.*) hat in der Nähe der Erdoberfläche den Wert $g = 9,80665$ m/s² (**Erdbeschleunigung**). Ist h der vom fallenden Körper in der Zeit t zurückgelegte Weg und v die Geschwindigkeit des Körpers, so gelten die Beziehungen (**Fallgesetze**)

$$h = \tfrac{1}{2} g \cdot t^2, \ v = g \cdot t \text{ bzw. } v = \sqrt{2 g \cdot h}.$$

Beim freien F. aus großer Höhe muß berücksichtigt werden, daß die Fallbeschleunigung mit wachsender Entfernung von der Erdoberfläche abnimmt. Ist der fallende Körper dem Luftwiderstand ausgesetzt, so strebt seine Geschwindigkeit nach anfängl. beschleunigter Bewegung einem Grenzwert zu.
◆ in der *Sprachwiss.* ↑ Kasus.
◆ *seemänn. Bez.* 1. für ein Tau, das zum Vorheißen und Fieren eines Segels oder einer Rah dient; 2. für die Neigung der Masten u. a. eines Schiffes.

Falla, Manuel de [span. 'faʎa], eigtl. M. Maria de F. y Matheu, * Cádiz 23. Nov. 1876, † Alta Gracia (Argentinien) 14. Nov. 1946, span. Komponist. - Lebte seit 1907 in Paris, seit 1914 in Granada, seit 1939 in Argentinien. Sein Werk erwuchs im wesentl. aus dem Geist der span. Volksmusik. Zu seinen bekanntesten Werken zählen die Oper „La vida breve" (1905), das Ballett „Der Dreispitz" (1919) und „Nächte in span. Gärten" (1911-15) für Klavier und Orchester.

Fallada, Hans, eigtl. Rudolf Ditzen, * Greifswald 21. Juli 1893, † Berlin 5. Febr. 1947, dt. Schriftsteller. - Schilderte in den sozialkrit. Romanen „Kleiner Mann - was nun?" (1932) und „Wer einmal aus dem Blechnapf frißt" (1934) im Zuge der Neuen Sachlichkeit mit präziser Beobachtungsgabe die „kleinen Leute" in ihrer tägl. Not.
Weitere Werke: Bauern, Bonzen und Bomben (R., 1931), Wolf unter Wölfen (R., 1937).

Fallbeil, einer der ↑ Guillotine ähnl. Hinrichtungsmaschine.

Fallbö, kräftige, abwärts gerichtete, räuml. begrenzte Luftströmung.

Fälldin, Thorbjörn, * Högsjö (Gemeinde Ramvik, Ångermanland) 24. April 1926, schwed. Politiker. - 1958-85 (mit Unterbrechung) Parlamentsabg.; 1971-85 Vors. des Zentrums; 1976-78 und Okt. 1979 bis Okt. 1982 Min.präsident.

Falle, Vorrichtung zum Fang von Tieren; zugelassen sind in der BR Deutschland nach dem Bundesjagdgesetz nur Fallen, die entweder lebend fangen oder sofort töten.
◆ beim Türschloß der durch Niederdrücken der Klinke bewegte, in die Öffnung des an der Türzarge (Türrahmen) angebrachten Schließbleches einrastende Riegel (schließende F.).

Fallen, in der Geologie der Neigungswinkel einer Schichtfläche gegen die Horizontale.

Fallersleben ↑ Wolfsburg.

Fallgitter (Fallgatter), hochziehbares Gitter aus meist unten zugespitzten Balken oder Stäben zum Sperren von Stadt-, Burg- oder Festungstoren.

Fallhammer, mechan. betätigter [Gesenkschmiede]hammer, dessen Schlagenergie nur von der Masse (bis 3 t) des Fallgewichts, des sog. Bären, und der Fallhöhe (bis 3 m) abhängt.

Fallhöhe ↑ Drama.

Fallières, Armand [frz. fa'ljɛ:r], * Mézin (Lot-et-Garonne) 6. Nov. 1841, † ebd. 21. Juni 1931, frz. Politiker. - Gehörte als Vizepräs. der Republikan. Linken 1882–92 den meisten Kabinetten an; 1883 Min.präs.; 1899–1906 Senatspräs.; 1906–13 Präs. der Republik.

Fallingbostel, Krst. in Nds., in der Lüneburger Heide, 10 600 E. Verwaltungssitz des Landkr. Soltau-F.; Luftkurort u. Kneippheilbad; Nahrungsmittelind. - Um 990 zuerst erwähnt; 1949 Stadt.

Fall Line [engl. 'fɔ:l 'laɪn], Grenzzone zw. Piedmont Plateau und Atlant. Küstenebene in den USA, erstreckt sich von New Jersey bis Alabama; nur z. T. als Geländestufe ausgebildet.

Fallmerayer, Jakob Philipp, * Tschötsch bei Brixen 10. Dez. 1790, † München 25. oder 26. April 1861, östr. Schriftsteller und Historiker. - 1848 Prof. in München, als Demokrat und Mgl. der Frankfurter Nationalversammlung entlassen; Hauptforschungsgebiet die ma. Geschichte Griechenlands (u. a. „Geschichte des Kaiserthums von Trapezunt", 1827).

Fallmethode (Case-method), eine spezielle Ausbildungsmethode auf dem Gebiet der Betriebswirtschaftslehre: In Arbeitsgruppen versucht man durch Diskussion wirkl. oder gestellte Probleme aus der betriebl. Praxis gemeinsam zu lösen.

Fallot-Kardiopathien [frz. fa'lo; nach dem frz. Arzt E. L. A. Fallot, * 1850, † 1911], Sammelbez. für die in verschiedenen Krankheitsbildern zusammengefaßten angeborenen Herzfehler. **Fallot-Trilogie** (Fallot III) bezeichnet die durch Einengung der Lungenschlagader (Pulmonalstenose), Defekt der Vorhofscheidewand und Vergrößerung (Hypertrophie) des rechten Herzens als Folge von Überlastung charakterisierte angeborene Herzmißbildung. Durch die Einengung der Lungenarterie kommt es zur Druckerhöhung in der rechten Herzkammer und im rechten Vorhof, der Scheidewanddefekt läßt venöses Blut aus dem rechten Vorhof in den linken übertreten, das, ohne die Lunge passiert zu haben, in die linke Herzkammer und den großen Kreislauf gelangt. - Charakterist. für die **Fallot-Tetralogie** (Fallot IV) ist neben dem Kammerscheidewanddefekt, der Pulmonalstenose und der Hypertrophie des rechten Herzens eine Rechtsverlagerung der Aorta (sog. *reitende Aorta*). Bei dieser Mißbildung, die in etwa 25 % aller angeborenen Herzfehler vorliegt, sind nur die Verengung der Lungenarterie und der Defekt im oberen, membranösen Teil der Kammerscheidewand primär angelegt, die Überlastung der rechten Herzkammer durch Pulmonalstenose führt jedoch zu einer rechtsseitigen Herzhypertrophie und zur Verlagerung der Aorta nach rechts. Durch den Kammerscheidewanddefekt gelangt venöses, sauerstoffarmes Blut in den großen Kreislauf. - Die **Fallot-Pentalogie** (Fallot V) zeigt außer den Merkmalen der Fallot-Tetralogie zusätzl. einen Defekt der Vorhofscheidewand.

Fallout [engl. 'fɔ:laʊt; zu to fall out „herausfallen"], in Niederschlägen (Regen, Schnee, Staub) enthaltene radioaktive Stoffe, die durch Explosion von Kernwaffen oder durch Betriebsunfälle in Kernkraftwerken in die freie Atmosphäre gelangt sind.

Fallrecht, Recht, das nicht in Gesetzen gefaßt ist, sondern in vorbildl. Streitentscheidungen († Case Law).

Fallreep, an der Bordwand angebrachte Außentreppe zum Betreten eines Schiffes von dem Pier (Landungsbrücke) oder von einem längsseits liegenden Boot aus.

Fallschirm, schirmartige Vorrichtung, mit deren Hilfe Menschen oder Lasten von Flugzeugen mit Sinkgeschwindigkeiten von etwa 3–7 m/s zum Erdboden gebracht werden können. Standardform ist der nahezu halbkugelförmige **Rundkappen-F.** mit einer rd. 30 cm großen Öffnung im Scheitelpunkt (z. T. auch mit Steuerschlitzen). Im F.sport wird v. a. der rechteckige **Gleit-F.** verwendet, der bei Sinkgeschwindigkeiten von 4 bis 5 m/s einen steuerbaren Gleitflug mit Horizontalgeschwindigkeiten von 9 bis 13 m/s ermöglicht. - Abb. S. 329.

Fallschirmjäger, zu Sprungeinsatz und Luftlandung speziell ausgerüsteter und ausgebildeter Soldat. Die F. zählen in der Bundeswehr zu den Kampftruppen.

Fallschirmsport ↑ Luftsport.

Fallstreifen, dünne Wolken aus Eis- oder Wasserteilchen, die in streifiger, haarähnl. Form vertikal aus darüberliegenden Wolken heraushängen. F. sind Niederschlag, der verdunstet, bevor er den Erdboden erreicht.

Fallstudie (Case-study, Einzelfallstudie),

Fallsucht

sozialwiss. Verfahrensweise; bezeichnet ein Auswahlverfahren, das durch subjektive „Schauweise" gekennzeichnet ist, sich bewußt auf die Beschreibung von Einzelfällen konzentriert und den Verzicht auf Verallgemeinerung und Erklärung komplexer Tatbestände einschließt.

Fallsucht, svw. ↑Epilepsie.

Fällungsanalyse, Methode zur maßanalyt. Bestimmung von Stoffen durch quantitatives Ausfällen in Form einer wohldefinierten chem. Verbindung, die anschließend getrocknet und gewogen wird.

Fällungsreaktionen, qualitative Nachweisreaktionen für Elemente oder chem. Gruppen, bei denen ein in den Eigenschaften charakterist. Niederschlag entsteht.

Fallwind, auf der Leeseite von Gebirgen mit großer Geschwindigkeit absteigende Luftmassen; zu den F. gehört u. a. der ↑Föhn.

Falschaussage ↑falsche uneidliche Aussage.

Falschbeurkundung, Herstellen einer echten, aber inhaltl. falschen Urkunde (**intellektuelle Urkundenfälschung**). Strafrechtl. geschützt wird nur die inhaltl. Beweiskraft öffentl. Urkunden. Wer als Privatmann eine schriftl. Lüge verfaßt, ohne über den Urheber zu täuschen (sonst Urkundenfälschung), macht sich nicht strafbar. - Strafrechtl. relevant ist die F. als **Falschbeurkundung im Amt** durch einen Amtsträger (§ 348 StGB), Freiheitsstrafe bis zu 5 Jahren oder Geldstrafe; als **mittelbare Falschbeurkundung:** nach § 271 StGB wird mit Freiheitsstrafe bis zu einem Jahr oder mit Geldstrafe bestraft, wer bewirkt, daß Erklärungen, Verhandlungen oder Tatsachen, die für Rechte von Erheblichkeit sind, in öffentl. Urkunden als abgegeben oder geschehen beurkundet werden, während sie überhaupt nicht oder in anderer Weise oder von einer Person in einer ihr nicht zustehenden Eigenschaft oder von einer anderen Person abgegeben oder geschehen sind. Wird die Tat in der Absicht begangen, sich oder einem anderen einen Vermögensvorteil zu verschaffen, so tritt gemäß § 272 StGB Strafschärfung ein.

Falsche Akazie ↑Robinie.

falsche Anschuldigung, svw. ↑falsche Verdächtigung.

Falscheid (fahrlässiger F., eidl. Falschaussage), objektiv falsche eidl. Aussage, die der Schwörende - im Gegensatz zum Meineid - für wahr hält; mit Freiheitsstrafe bis zu einem Jahr oder mit Geldstrafe bedroht.

Falscher Hase ↑Hackbraten.

Falscher Hederich, svw. ↑Ackersenf.

Falscher Jasmin ↑Pfeifenstrauch.

falsche uneidliche Aussage (uneidl. Falschaussage, Falschaussage), Grunddelikt der Eidesdelikte. Nach § 153 StGB wird mit einer Freiheitsstrafe bis zu fünf Jahren bestraft, wer vor Gericht oder einer anderen zur eidl. Vernehmung von Zeugen oder Sachverständigen zuständigen Stelle (z. B. parlamentar. Untersuchungsausschuß, nicht Polizei) als Zeuge oder Sachverständiger uneidl. vorsätzl. falsch aussagt. - Die *fahrlässige uneidl. Falschaussage* ist im Unterschied zum Falscheid straflos. Strafmilderung oder Absehen von Strafe ist mögl., wenn ein noch nicht Eidesmündiger falsch ausgesagt hat, wenn der Täter die Unwahrheit gesagt hat, um von einem Angehörigen oder von sich selbst die Gefahr einer gerichtl. Bestrafung abzuwenden (§ 157 StGB [**Aussagenotstand**]), oder bei rechtzeitiger Berichtigung der f. u. A. (§ 158 StGB). Wegen der bes. Gefährlichkeit der Anstiftung zu den Aussagedelikten ist nach § 159 StGB auch die erfolglose Anstiftung zur f. u. A. unter Strafe gestellt.
Entsprechende Strafandrohungen enthält das *östr.* und *schweizer. StGB.*

falsche Verdächtigung (falsche Anschuldigung), nach § 164 StGB wird mit Freiheitsstrafe bis zu fünf Jahren oder mit Geldstrafe bestraft, wer einen anderen bei einer Behörde oder öffentl. wider besseres Wissen einer rechtswidrigen Tat oder der Verletzung einer Amts- und Dienstpflicht in der Absicht verdächtigt, ein behördl. Verfahren gegen ihn herbeizuführen oder fortdauern zu lassen. Die Verdächtigung kann auch durch die Aufstellung tatsächl. Behauptungen erfolgen, z. B. durch die Schaffung einer falschen Beweislage.

falsche Versicherung an Eides Statt ↑eidesstattliche Versicherung.

Falschfarbenfilm, svw. ↑Infrarotfarbfilm.

Falschgeld, nachgeahmte oder verfälschte Banknoten oder Münzen (↑Geld- und Wertzeichenfälschung).

Falschmünzerei ↑Geld- und Wertzeichenfälschung.

Fälschung, allg.: das Herstellen eines unechten Gegenstandes oder das Verändern eines echten Gegenstandes zur Täuschung im Rechtsverkehr. - ↑dagegen Imitation.
Das *Strafrecht* enthält u. a. folgende F.tatbestände: landesverräter. F., Geld- und Wertzeichenfälschung, F. techn. Aufzeichnungen, Wahlfälschung, Wertpapierfälschung, Urkundenfälschung, Telegrammfälschung, Lebensmittelfälschung, Steuerzeichenfälschung.
Im Bereich der **Geschichtsquellen und literar. Erzeugnisse** lassen sich zwei Kategorien von F. unterscheiden: 1. F. zur Durchsetzung jurist. oder polit. Ziele. Sie betreffen zumeist Urkunden. Neben reinen Fiktionen (z. B. ↑Konstantinische Schenkung) stehen verschiedene F.- und Verfälschungsmethoden, die bestehende Rechtsverhältnisse zugrunde legen. Entweder werden vorhandene Urkunden umgearbeitet, oder es werden für tatsächl. vorhandene Rechtszustände die erforderl.

schriftl. Beweisstücke geschaffen (formale F.). 2. F. von Quellen aus Gelehrtenehrgeiz (oft zugleich zur Förderung polit. Ziele). Häufig ist die Fiktion von Gewährsleuten (z. B. der Chronisten Meginfried und Hunibald durch den Abt Trithemius), aber auch die F. von Geschichtswerken und Reihen von Urkunden bes. zu Beginn der modernen Geschichtsforschung, z. B. durch den Mainzer Prof. F.J. Bodmann (*1754, †1820), der in seinen „Rheingauischen Altertümern" Texte fälschte und Quellen erfand.

Berühmteste **literar. Fälschung** ist das angebl. Werk Ossians (J. Macphersons „Fragments of ancient poetry, collected in the highlands of Scotland", 1760), das bed. Wirkung auf den Sturm und Drang ausübte. Wurde hier der Glanz der Frühzeit genutzt, so verhalf z. B. in den angebl. Briefen der Heloise an Abälard oder der portug. Nonne M. Alcoforado eine interessante Biographie dem Werk zum Erfolg.

In der **bildenden Kunst** entstehen F. durch die Anfertigung eines Kunstwerkes im Stil einer vergangenen Epoche (mit oder ohne Anbringung einer fremden Signatur), wobei es sich um Kopien, um „Vervollständigungen" von Fragmenten oder um freie Erfindungen handeln kann. Ziel ist es, ein höheres Alter und einen größeren Kunstwert vorzutäuschen. Nachahmungen wie eindeutige F. sind bereits aus der Antike bekannt. In der Renaissance wurden Antiken gefälscht oder auch bed. Zeitgenossen (z. B. Dürers Graphik). Als die größten Fälscher der Neuzeit wurden H. van Meegeren mit F. Vermeers und van Delfts und L. Malskat mit got. Wandmalereien im Dom zu Lübeck bekannt. Bei der Untersuchung der Echtheit von Kunstwerken werden Farben, Leinwände u. a. geprüft, ob sie aus der vorgegebenen Zeit stammen oder dem angebl. Künstler auch benutzt wurden, Alterssprünge können von künstl. Brüchen unterschieden werden, andere Malereireste, urspr. Signaturen kommen zum Vorschein (Infrarot-, Ultraviolett-, Röntgenaufnahmen), typ. Malweise (Strichführung) wird in der Vergrößerung sichtbar. Außerdem werden moderne Methoden der Altersbestimmung herangezogen.

📖 *F. u. Forschung*. Bearb. v. K. Ertz. Bln. ²1979.

Fälschung technischer Aufzeichnungen, Straftatbestand gemäß § 268 StGB; *techn. Aufzeichnungen* sind Darstellungen von Daten, Meß- oder Rechenwerten, Zuständen oder Geschehensabläufen, die durch ein techn. Gerät ganz oder z. T. selbsttätig bewirkt werden, den Gegenstand der Aufzeichnung allg. oder für Eingeweihte erkennen lassen und zum Beweis einer rechtlich erhebl. Tatsache bestimmt sind (z. B. Aufzeichnungen durch Fahrtschreiber, Strom- und Gasuhren, datenverarbeitende Maschinen). Mit Frei-

Fallschirm. Gleitfallschirm

heitsstrafe bis zu fünf Jahren oder mit Geldstrafe wird bestraft, wer zur Täuschung im Rechtsverkehr eine unechte techn. Aufzeichnung herstellt oder eine techn. Aufzeichnung verfälscht oder eine unechte oder verfälschte techn. Aufzeichnung gebraucht oder durch störende Einwirkung auf den Aufzeichnungsvorgang das Ergebnis der Aufzeichnung beeinflußt.

Falschwerbung ↑unlauterer Wettbewerb.

False Bay [engl. 'fɔːls 'beɪ], Bucht des Atlantiks östl. des Kaps der Guten Hoffnung (Südafrika).

Falsętt [lat.-italien.], männl., mit Brustresonanz verstärkte Kopfstimme. - **Falsettisten** (italien. alti naturali) sangen bis ins 17. Jh. die Altpartien v. a. in der geistl. Chormusik, gelegentl. aber auch die üblicherweise mit Knabenstimmen besetzten Sopranpartien.

Falsifikat [lat.], Fälschung, gefälschter Gegenstand.

Falsifikation [lat.], allg. Widerlegung einer wiss. Aussage durch ein Gegenbeispiel; **falsifizieren,** eine Hypothese durch Überprüfung als falsch erweisen. - Ggs. ↑Verifikation.

Falstaff, Sir John ['falstaf, engl. 'fɔːlstɑːf], kom. Dramenfigur Shakespeares („Heinrich IV.", „Die lustigen Weiber von Windsor").

Falster, dän. Ostseeinsel, von hügeligem, Moränengelände eingenommen; die Bev. lebt überwiegend von der Landw.; südl. von

Faltboot

Gedser (Fährhafen) liegt Kap Gedser Odde, der südlichste Punkt Dänemarks.

Faltboot, zerlegbares Paddelboot aus leichtem Holz- oder Metallgerüst mit einer Haut aus starker, gummierter Leinwand.

Faltbuch, in Ostasien gebräuchl. Buchform; die nur einseitig beschriebenen oder bedruckten Blätter werden aneinandergeklebt und gefaltet.

Faltdipol, Antenne aus zwei parallel verlaufenden, an den Enden miteinander verbundenen elektr. Leitern.

Falte, Struktur, die durch bruchlose Verformung von Sedimentgesteinen bei seitl. Einengung von Erdkrustenteilen entsteht. Jede F. besteht aus zwei Schenkeln und der Umbiegung (Scharnier). Bei einer **Mulde** (Synklinale) fallen die Schenkel aufeinander zu, bei einem **Sattel** (Antiklinale) weisen sie voneinander weg. Nach der Lage unterscheidet man stehende, schiefe, überkippte und liegende Falten. Bei einer liegenden F. können die Schichten an der Stelle der größten Ausdünnung völlig abreißen, aus der F. wird eine Überschiebungsdecke. - Abb. S. 332.

Faltengebirge ↑ Gebirge (Geologie).

Faltenlilie (Lloydia), Gatt. der Liliengewächse mit etwa 18 Arten in den höheren Gebirgen der nördl. Erdhalbkugel; in M-Europa nur die **Späte Faltenlilie** (Lloydia serotina) auf Felsen und Matten der Alpen; mit bis 1,5 cm breiten, innen meist rötl. gestreiften Blüten.

Faltenmücken (Ptychopteridae, Liriopeidae), Fam. etwa 8–10 mm langer nichtstechender Mücken mit etwa 40 Arten, v. a. in Gewässernähe Eurasiens und N-Amerikas; die Larven leben im Bodenschlamm.

Faltenwespen (Vespidae), mit über 300 Arten weltweit verbreitete Fam. 7–40 mm großer stechender Insekten, davon etwa 50 Arten in M-Europa; man unterscheidet 11 Unter-

FALTUNGSPHASEN (Übersicht)

Alpidische Faltungsära

Quartär		pasadenisch	Andauern der tekton. Bewegungen, Hebung der Gebirge
Tertiär	Pliozän	wallachisch	anhaltende Gebirgsbildung im mediterranen Faltengebirgsgürtel
		rhodanisch	
		attisch	
	Miozän	steirisch	
		savisch	
	Oligozän		
		pyrenäisch	Höhepunkt der alpid. Gebirgsbildung
	Eozän		
	Paleozän		
		laramisch	
Kreide	Ober-	subherzynisch	
		austrisch	Einsetzen der alpid. Gebirgsbildung
	Unter-		
		jungkimmerisch	
Jura			Eintiefen der alpid. Geosynklinalen
Trias		altkimmerisch labinisch	Entstehung der alpid. Geosynklinalen

FALTUNGSPHASEN (Forts.)

Variskische Faltungsära

Periode	Phase	Ereignis
	pfälzisch	
Perm		Abklingen der varisk. Gebirgsbildung
	saalisch	
Karbon	asturisch erzgebirgisch sudetisch	Höhepunkt der varisk. Gebirgsbildung
Devon	bretonisch	Einsetzen der varisk. Gebirgsbildung Entstehung der varisk. Geosynklinalen

Kaledonische Faltungsära

Periode	Phase	Ereignis
		Abklingen der kaledon. Gebirgsbildung
	erisch ardennisch	
Silur		Höhepunkt der kaledon. Gebirgsbildung
	takonisch	
Ordovizium		Einsetzen der kaledon. Gebirgsbildung
	sardisch	
Kambrium		Entstehung der kaledon. Geosynklinalen

Assyntische Faltungsära

Präkambrium	Gebirgsbildungen verschweißen die einzelnen Schilde zu Kontinentalblöcken

fam., darunter die Echten Wespen († Wespen).

Falter, svw. † Schmetterlinge.

Faltstuhl (Klappstuhl), in seiner Grundform auf das 2. Jt. v. Chr. zurückgehendes Möbel aus zwei scherenförmig verbundenen Teilen, bei deren Auseinanderklappen Leder oder Stoff als Sitzfläche gespannt wird.

Faltungsphasen, Zeiten verstärkter gebirgsbildender Aktivität der Erde.

Faltversuch, Materialprüfverfahren zur Bestimmung der Kaltformbarkeit von Blechen unter 3 mm Stärke. Die Probe wird gefaltet und flach zusammengedrückt; auf der Zugseite (Falzlinie) dürfen keine Risse sichtbar werden.

Falun, Hauptstadt des schwed. Verw.-Geb. Kopparberg, 51 200 E. Lehrerhochschule, Bergbaumuseum, Garnison, Sitz eines der größten schwed. Bergbaukonzerne (Förderung v. a. von Schwefelkies, Blei- und Zinkerz). Der frühere Tagebau v. a. auf Kupfer, durch Bergstürze behindert, wurde vom Untertageabbau abgelöst. - F. entstand im 13. Jh.; 1608/24 Stadtrechte; bis zum großen Bergsturz von 1687 war es die zweitgrößte Stadt Schwedens.

Falzen, allg. Umbiegen von blattförmigem Material entlang einer Linie (Falzlinie), so daß Fläche auf Fläche zu liegen kommt.
◆ ein- oder mehrmaliges Falten des Druckbogens oder der Materialbahn; die Knickstelle wird als *Falz, Bruch* oder *Falzbruch* bezeichnet.
◆ Verfahren zum Verbinden von Blechen, bes. für Dachdeckungen aus Kupfer-, Zink- oder Bleiblechen. - Abb. S. 332.

Fama, in der röm. Dichtung die Personifikation des Gerüchts.

Famagusta, Hafenstadt und Badeort auf Zypern, an der O-Küste, 39 500 E. Fahrzeugmontagewerk, Kunststoffabrik. - Die Stadt, ursprüngl. **Arsinoe,** hieß nach Verlegung der Ansiedlung an die Küste **Ammochostos** („Sandküste"; durch Verballhornung zu Famagusta); 58 v. Chr. röm., 395–1184 oström. bzw. byzantin.; 1191 von Richard I. Löwenherz erobert, seit 1489 in venezian. Besitz, seit 1571 osmanisch, 1914–60 britisch. - Ummauerte Altstadt mit drei Stadttoren, Kastell (v. a. 15. Jh.), Moschee (got., ehem. Kathedrale, 14. Jh.), ehem. Zwillingskirche der Ordensritter (wohl 14. Jh.) u. a.

Fames, in der röm. Dichtung die Personifikation des Hungers.

Familia [lat.], im antiken Rom die durch patriarchal. Ordnung entstandene Lebensgemeinschaft, zu der außer dem Familienvater (Paterfamilias), der Frau und den Kindern auch alle zum Hause gehörenden Freien und Sklaven, das lebende Vieh, der gesamte Besitz einer Person sowie das Vermögen verstorbener Ahnen gehörten.

familiär [lat.], die Familie angehend; vertraut, verbunden; zwanglos; aufdringl. vertraulich.

Familie [zu ↑Familia], bes. bed. Form der sozialen Gruppe, die in der heutigen Ind.gesellschaft i. d. R. aus den in einem Eheverhältnis lebenden Eltern und ihren (unselbständigen) Kindern besteht (**Kernfamilie** oder **Kleinfamilie**). Im allg. Sprachgebrauch wird oft auch die Verwandtschaft, v. a. deren Teile, mit denen man häufig verkehrt, als F. bezeichnet; zur besseren Abgrenzung des Begriffes ist in der F.soziologie deshalb der gemeinsame Haushalt für eine F. konstitutiv. Beschränkt sich die F. allein auf die Ehepartner (auch wenn die [erwachsenen] Kinder das Haus verlassen haben), spricht man von **Gattenfamilie,** fehlt ein Elternteil, von **unvollständiger Familie,** leben über die Kern-F. hinaus noch (verwandte) Personen im Haushalt, von **erweiterter Familie.** - Die F.formen sind abhängig von der jeweiligen Wirtschafts- und Sozialstruktur. In der Agrargesellschaft waren v. a. Formen der erweiterten F. vorherrschend: 1. die **generationale Familie,** in der Söhne mit Frauen und Kindern unter der Herrschaft des Vaters verblieben und 2. Gemeinschaft mehrerer Kern-F., die **Großfamilie,** die dadurch entstand, daß die Söhne nach dem Tod des Vaters nicht auseinandergingen, sondern mit ihren Frauen und Kindern gemeinsam Grund und Boden des Vaters bewirtschafteten. - Der Begriff F. hat sich im Deutschen erst im 18. Jh. mit der Entwicklung der Klein-F. eingebürgert, zuvor wurden die Umschreibungen „mit Weib und Kind" oder „Haus" verwendet. V. a. mit zunehmender Arbeitsteilung in der Ind.gesellschaft hat sich die Form der Kern-F. durchgesetzt, in der eine familiale Arbeits- und Rollenverteilung übl. war, nach der der Vater außer Haus die für den Lebensunterhalt der F. notwendigen finanziellen Mittel erarbeitete und die Mutter den Haushalt betreute und für die Erziehung der Kinder verantwortl. war. Neben der Regelung der Geschlechtsbeziehung ist daher die primäre Sozialisation der Kinder die wichtigste soziale Funktion der modernen F., wohingegen in früheren Gesellschaften die F. zusätzl. häufig Kultfunktionen (z. B. Ahnenkult), Gerichtsfunktionen (z. B. Blutrache), Schutzfunktionen (auch Altersversorgung durch hohe Kinderzahl) und wirtsch. Funktionen hatte. Auf Grund zunehmender berufl. Tätigkeit der Frau wird heute immer mehr die strikte Arbeitsteilung durch partnerschaftl. Lösung sich stellender Aufgaben ersetzt (**Gefährtenfamilie**).

Im *Recht* 1. als *Groß-F.* (Sippe, Stamm) der Kreis der durch Ehe, Verwandtschaft und Schwägerschaft miteinander verbundenen Menschen. Rechtl. Bed. kommt ihr heute im wesentl. bei der gesetzl. Erbfolge und Unterhaltspflicht der Verwandten zu. - 2. als *Klein-F.* die aus den Ehegatten und den im Haushalt lebenden (minderjährigen und erwachsenen) Kindern bestehende Gemeinschaft. Sie ist eine natürl. Gemeinschaft, aber keine Rechtsgemeinschaft. Die Mgl. der F. stehen vielmehr untereinander und zu Dritten in grundsätzl. selbständigen Rechtsbeziehungen. Das Gesetz greift nur ein, wenn die Ordnung in der F. gestört (z. B. bei Mißbrauch der elterl. Gewalt) oder zerfallen ist (z. B. bei Eherzerrüttung).

📖 *Rosenbaum, H.:* Formen der F. Ffm. 1981. - Sozialgesch. der F. in der Neuzeit Europas. Hg. v. *W. Conze.* Stg. 1976. - *Schwägler, G./Mühlmann, W. E. v.:* Soziologie der F. Tübingen ²1975.

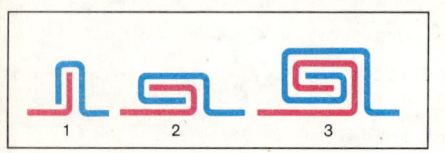

Falzen. 1 stehender Falz, 2 liegender Falz, 3 doppelter Falz

Falte. Aufbau einer Gesteinsfalte mit Sattel (links) und Mulde (rechts). SA Sattelachse, MA Muldenachse, AE Achsenebene, SCH Faltenschenkel

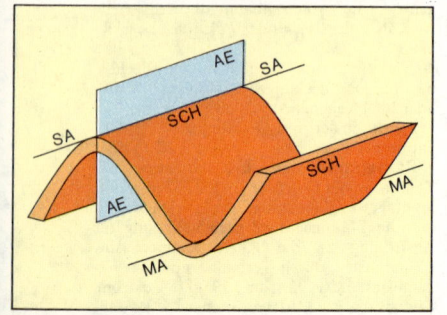

Familienrecht

♦ (Familia) in der *Biologie* systemat. Kategorie, in der näher miteinander verwandte Gatt. zusammengefaßt werden. F. haben bei der wiss. Benennung die Endung *-aceae* (in der Botanik) bzw. *-idae* (in der Zoologie).

Familienausgleichskassen (Ausgleichskassen), soziale Einrichtung zur Unterstützung kinderreicher Familien. Die erste F. wurde 1918 in Frankr. eingerichtet; durch das 1. KindergeldG vom 13. 11. 1954 wurden F. als Körperschaften des öffentl. Rechts bei den Berufsgenossenschaften errichtet, jedoch durch das BundeskindergeldG vom 14. 4. 1964 wieder aufgelöst († Kindergeld).

Familienberatung, Beratung von Familien v. a. in pädagog., wirtsch. und rechtl. Fragen sowie in Fragen der Sexualität und der Familienplanung; Einrichtungen der F. sind öffentl. (Sozialämter usw.) oder privater Art, gehören zum großen Teil den freien Wohlfahrtsverbänden (insbes. „Pro familia, Dt. Gesellschaft für Sexualberatung und Familienplanung e. V.", Sitz Frankfurt am Main), v. a. den konfessionellen, an: Das „Ev. Zentralinstitut für F. GmbH", Sitz Stuttgart, betreibt Forschungsarbeit auf dem Gebiet der F. und bildet Berater und Dozenten für F. aus; die kath. F. ist seit 1952 zusammengeschlossen im „Kath. Zentralinstitut für Ehe- und Familienfragen e. V.", Sitz Köln.

Familienbuch † Personenstandsbücher.

Familiengericht, ein bes. Gericht für ehebezogene Verfahren; es ist beim Amtsgericht als eigene Abteilung eingerichtet und mit einem Richter, dem **Familienrichter,** besetzt; zuständig für die Entscheidung in Familiensachen. Über Rechtsmittel gegen Entscheidungen (Urteile, Beschlüsse) des Amtsgerichts als F. entscheidet (abweichend von der sonstigen Regelung) das Oberlandesgericht, gegen dessen Entscheidungen grundsätzl. Rechtsmittel zum Bundesgerichtshof eingelegt werden können.

Familiengesellschaft (Familienunternehmen), Gesellschaftsform, bei der zw. den Gesellschaftern verwandtschaftl. Beziehungen bestehen. Bei den F. unterscheidet man *Familienpersonengesellschaften* und *Familienkapitalgesellschaften.*

Familienhaupt, im schweizer. Recht die Person, die nach gesetzl. Vorschrift, nach Vereinbarung oder Herkommen die Hausgewalt über die im gemeinschaftl. Haushalt lebenden Personen ausübt.

Familienheim, gemäß § 7 WohnungbauG i. d. F. vom 1. 9. 1965 Bez. für Eigenheime, Kaufeigenheime und Kleinsiedlungen, die dem Eigentümer und seiner Familie oder einem Angehörigen und dessen Familie als Heim dienen.

Familienhilfe, Leistungen der gesetzl. Krankenversicherung an den Versicherten für dessen unterhaltsberechtigte Familienangehörige (Familienkrankenpflege, Familienmutterschaftshilfe und Familiensterbegeld).

Familienlastenausgleich † Kindergeld.

Familienname, der Name einer Person, der im Gegensatz zum Vornamen die Zugehörigkeit zu einer Familie kundgibt. Der F. wird bei Ehegatten auch als Ehename bezeichnet. Das ehel. Kind erhält als Familiennamen den Ehenamen seiner Eltern, das nichtehel. Kind den F., den die Mutter zur Zeit der Geburt des Kindes führt. Heiratet die Mutter, so können sie und ihr Ehemann dem (nichtehel.) Kind ihren Ehenamen erteilen (**Einbenennung).** Auch der Vater des nichtehel. Kindes kann diesem (mit dessen und der Mutter Zustimmung) seinen F. erteilen. Das adoptierte Kind erhält als Geburtsnamen den F. des (der) Annehmenden.

Im *östr.* und *schweizer. Recht* gilt Entsprechendes.

Familienplanung, Gesamtheit der Bestrebungen, durch Maßnahmen der † Geburtenregelung die Anzahl der Kinder den wirtsch. und sozialen Verhältnissen der Eltern entsprechend zu planen, um eine gewissenhafte und materiell gesicherte Erziehung und Ausbildung der Kinder zu gewährleisten; gilt heute v. a. als ein Problem in Entwicklungsländern, allg. in überbevölkerten Gebieten der Erde.

Familienpolitik, Bez. für die Gesamtheit der Maßnahmen, mit denen der Staat Einfluß auf die Gestaltung und Größe der Familie zu nehmen sucht; in der BR Deutschland (koordiniert vom Bundesministerium für Jugend, Familie, Frauen und Gesundheit) v. a. Familienlastenausgleich, die Schaffung familiengerechten Wohnraums mit nahegelegenen Kinderspielplätzen, steuerl. Entlastung sowie Ausbildungsbeihilfen für die Kinder; in den Entwicklungsländern häufig als Bevölkerungspolitik betrieben.

Familienrecht, umfaßt das *Eherecht*, das *Recht der Verwandten* (Eltern-Kind-Verhältnis) und das *Vormundschaftsrecht*. Es ist im wesentl. im 4. Buch des BGB geregelt. Entsprechend dem individualrechtl. Aufbau der Familie stellt das F. ein „System der individuellen Beziehungen zw. den Familienmitgliedern" (Dölle) dar; eine echte Familienverfassung fehlt dem BGB. Seine erste Aufgabe besteht für das F. darin, den † Personenstand zu bestimmen, mithin festzulegen, welche Menschen zueinander in familienrechtl. Beziehung stehen. Hierzu regelt es die Abstammung, durch die das ehel. Kind seinen Eltern, das nichtehel. Kind zunächst nur der Mutter und erst nach Feststellung der Vaterschaft auch seinem Vater zugeordnet wird. Es regelt auch die durch Staatsakt erfolgende Begründung eines Eltern-Kind-Verhältnisses (Annahme als Kind) sowie das Verlöbnis, die Eheschließung und die Eheauflösung durch Ehescheidung und Eheaufhebung. Außerdem

Familiensachen

behandelt das F. den Inhalt der einzelnen F.verhältnisse. Dabei geht es von dem verfassungsrechtl. Grundsatz der Gleichberechtigung von Mann und Frau für das Rechtsverhältnis der Ehegatten untereinander aus; für das Rechtsverhältnis zw. Eltern und Kind gilt der Grundsatz der Gleichstellung nichtehel. mit ehel. Kindern. Für das eigtl. Familienleben stellt es nur allg. Regeln auf, z. B. für das Eherecht die Pflicht zur ehel. Lebensgemeinschaft († auch elterliche Gewalt). Im übrigen beschränkt sich das F. auf die vermögensrechtl. Wirkungen der familienrechtl. Beziehung († Unterhaltspflicht) und auf Vorschriften für den Fall der Störung innerhalb der Familie († Ehescheidung). Neben den durch Eheschließung, Geburt oder Staatsakt begr. F.verhältnissen regelt das F. auch die Rechtsbeziehungen zw. Vormund (Pfleger) und seinem Mündel († Vormundschaftsrecht).

Wegen der sozialen Bed. der Familie wird das F. von *Typenzwang* und *Formstrenge* beherrscht: Andere als die im Gesetz vorgesehenen familienrechtl. Verhältnisse gibt es nicht; die sie regelnden Vorschriften sind grundsätzl. zwingend.

Dem *östr*. ABGB ist der Begriff F. fremd; die das F. im Sinne der Lehre betreffenden Rechtsvorschriften sind teils im Personenrecht, teils im Sachenrecht enthalten. Im *schweizer. Recht* gilt eine dem dt. Recht entsprechende Regelung. Hauptquelle des F. ist der zweite Teil des ZGB, dessen Tit. „Adoption" und „Kindesrecht" neu gefaßt wurden.
📖 *Beitzke, G.*: F. Mchn. ²⁴1985. - *Finger, P.*: F. Königstein/Ts. 1979.

Familiensachen, ehebezogene Streitigkeiten, für die das Familiengericht zuständig ist. Sie umfassen Ehesachen und andere F. Zu den anderen F. gehören: 1. Regelung der elterl. Gewalt über ein ehel. Kind bei Getrenntleben (Nichtbestehen einer häusl. Gemeinschaft) oder nach Auflösung der Ehe. 2. Regelung des persönl. Verkehrs (Besuchsrecht) des nicht sorgeberechtigten Elternteils mit dem Kinde. 3. Entscheidung über die Pflicht zur Herausgabe eines Kindes an den anderen Elternteil. 4. Regelung der gesetzl. Unterhaltspflicht gegenüber einem ehel. Kinde und zw. den Ehegatten, auch nach Auflösung der Ehe. 5. Entscheidungen über den † Versorgungsausgleich. 6. Verteilung des Hausrats (einschl. Wohnungseinrichtung) und Zuweisung der Ehewohnung bei Getrenntleben der Ehegatten oder nach Auflösung der Ehe. 7. Ansprüche aus dem ehel. Güterrecht.

Im Falle der Ehescheidung sind die anderen F. zugleich Folgesachen: Das Gericht darf die Scheidung grundsätzl. erst dann aussprechen, wenn es gleichzeitig (also mit dem Scheidungsurteil) eine Entscheidung über die Folgesachen trifft (Verbundentscheidung).

Familienstand † Personenstand.

Familienverbände, Organisationen, die die Förderung der Familie zum Ziel haben. Erster der dt. F. war der 1918 entstandene „Bund der Kinderreichen". - In der BR Deutschland bilden die „Ev. Aktionsgemeinschaft für Familienfragen" (1953 gegr.; Sitz Bonn) und der „Familienbund der Dt. Katholiken" (1953 gegr., Sitz München) gemeinsam die „Arbeitsgemeinschaft der Dt. Familienorganisationen" (gegr. 1969, Sitz München). - Internat. Familienverband, dem etwa 150 F. aus rd. 30 Ländern angeschlossen sind, ist die „Union Internationale des Organismes Familiaux" (gegr. 1947 in Paris), die u. a. der UNESCO angehört. - † Familienberatung.

Familienwappen † Wappenkunde.

Familienzuschlag, Betrag, um den sich der Hauptbetrag des Arbeitslosengeldes oder der Arbeitslosenhilfe im Hinblick auf unterhaltsberechtigte Familienmitglieder erhöht.

Famille jaune [frz. famij'ʒo:n „gelbe Famille"], chin. Porzellangruppe der K'ang-Hsi-Periode (1662–1723) mit gelbem Fond; nicht glasiert.

Famille noire [frz. famij'nwa:r „schwarze Famille"], chin. Porzellangruppe der K'ang-Hsi-Periode (1662–1723) mit schwarzgrün schimmerndem Fond; nicht glasiert.

Famille rose [frz. famij'ro:z „rosa Famille"], chin. Porzellangruppe der Perioden K'ang-Hsi (1662–1723), Yung Cheng (1723–36) und Ch'ien Lung (1736–96), bei der in der über der Glasur aufgetragenen Malerei rubin- bis rosarote Töne überwiegen.

Famille verte [frz. famij'vɛrt „grüne Famille"], chin. Porzellangruppe der K'ang-Hsi-Periode (1662–1723), sowohl unglasiert mit grünem Grund als auch in Überglasurmalerei (mit Schmelzfarben) mit meist grünen Tönen.

Family of Love [ˈfæmɪlɪ əv ˈlʌv, engl. „Familie der Liebe"], bis 1978 Children of God (Kinder Gottes), 1968 aus der Jesus-People-Bewegung in den USA entstandene Gemeinschaft, die seitdem von ihrem Gründer „Moses" D. Berg (* 1919) geleitet wird. Sie bereitet sich in hierarchisch geordneten Wohngemeinschaften auf das (nach ihrer Meinung) nahe Weltende vor. Kritik haben der Bruch der meist jungen Mgl. mit Familie und Beruf und bes. die Gewinnung von Außenstehenden durch sexuelle Methoden (engl. flirty fishing) hervorgerufen.

famos [zu lat. famosus „viel besprochen" (zu fama „Gerede")], umgangssprachl. für großartig, herrl., ausgezeichnet.

Famulus [lat. „Diener", „Gehilfe"], früher allg. ein Student, der einem Hochschullehrer assistierte, heute gelegentl. Bez. für einen Medizinstudenten, der sein Praktikum im Krankenhaus ableistet (**Famulatur**).

Fan [fɛn; Kw. von engl. fanatic „Fanatiker"], begeisterter Anhänger, überschwengl. Verehrer (z. B. von Sportlern, Filmstars, Popmusikern usw.).

Fangedamm

Fana, südl. Nachbargemeinde von Bergen, Norwegen; forstl. Versuchsanstalt für Westnorwegen, Textil- und Farbenind. ⚔ von Bergen. - Stabkirche Fantoft (um 1150) und Troldhaugen, die Villa E. Griegs (Museum; im Sommer Konzerte).

Fanal [frz., zu griech. phanós „Fackel"], Feuer-, Flammenzeichen; eine Tat oder ein Ereignis, das den Aufbruch zu etwas Neuem bzw. einen Umbruch ankündigt.

Fanarioten ↑Phanarioten.

Fanatiker [lat.], Eiferer, rücksichtsloser Verfechter eines Glaubens oder einer Idee; **fanatisch,** sich ereifernd, sich übertrieben und rücksichtslos einsetzend.

Fanatismus [zu lat. fanaticus „von einer Gottheit in Entzücken versetzt" (zu fanum „Tempel")], psychopath. Verhaltensform, die der leidenschaftl. und oft kompromißlosen Durchsetzung eines Vorstellungskomplexes (meist einer fixen Idee) zugeordnet ist. Während der *persönl. Fanatiker* (wie der Querulant) für sein eigenes vermeintl. Recht kämpft, setzt sich der *Ideenfanatiker*, häufig sogar unter Mißachtung seines eigenen Lebens oder des Lebens seiner Mitmenschen, für ein ideelles Ziel ein. Die Ursachen des F. liegen entweder in sozialen Beeinflussungsprozessen (z. B. Propaganda) oder in individuellen Verhaltensanomalitäten.

Fancy ['fɛnsi; engl.], dicker, beidseitig aufgerauhter Flanell, dessen Haardecke die Bindung verdeckt; rechts- und linksseitig verschiedenfarbig.

Fandango [span.], span. Volkstanz, in lokalen Abwandlungen auch **Rondeña, Malagueña, Granadina** oder **Murciana** gen.; begleitet von Gitarre und Kastagnetten in mäßig bis lebhaftem Dreiertakt und scharf akzentuiertem Rhythmus.

Fanfani, Amintore [italien. fam'faːni], * Pieve Santo Stefano (Arezzo) 6. Febr. 1908, italien. Politiker. - Seit 1936 Prof. für Wirtschaftsgeschichte in Mailand, 1938–43 zugleich in Venedig; 1946 Abg. der Verfassunggebenden Versammlung, 1948–68 Parlamentsabg.; seit 1968 Senator (seit 1972 auf Lebenszeit); 1947–50 Arbeits-, 1951–53 Landw.-, 1953/54 Innenmin.; 1954, 1958/59 und 1960–63 Min.präs.; 1954–59 und 1973–75 Generalsekretär der DC; 1965 und 1966–68 Außenmin.; 1965/66 Präs. der UN-Vollversammlung; 1968–73 und 1976–82 Präs. des Senats; Dez. 1982 bis April 1983 und April bis Juni 1987 erneut Ministerpräsident.

Fanfare [frz.], 1. lange, gerade Trompete ohne Ventile; 2. das Trompetensignal (auf Töne des Dreiklangs); 3. kurzes Musikstück, meist für Trompeten und Pauken in der Militär- und Kunstmusik.

Fanganlage (Fangvorrichtung), Seile und Netze (Fangnetze), mit deren Hilfe beim Fehlstart oder bei der Landung zu weit rollende Flugzeuge (z. B. auf Flugzeugträgern) zum Stillstand gebracht werden.

Fangarme ↑Tentakeln.

Fangedamm (Fangdamm), zur Abdichtung von Baugruben im und am Wasser aufgeschütteter Erddamm.

Henri Fantin-Latour, Blumenstilleben (1904). London, Victoria and Albert Museum

Famille rose. Dekor auf einer Kurzhalsflasche (um 1730). London, University

Fangeisen

Fangeisen (Schlageisen), wm. Bez. für eiserne Fanggeräte (z. B. Schwanenhals, Tellereisen [nach dem Bundesjagdgesetz verboten]).

Fangfäden ↑ Tentakeln.

Fangfrage, im engeren, philosoph. Sinn eine Frage, deren Formulierung eine sinnvolle Antwort ausschließt; im weiteren, alltäglicheren Sinn eine listige Frage, die eine bestimmte Antwort suggeriert bzw. mit der erreicht werden soll, daß der Befragte ungewollt etwas preisgibt.

Fanghaken, am Heck von Flugzeugen, die von Flugzeugträgern aus operieren, angebrachter herabhängender Haken, der nach dem Aufsetzen auf dem Flugdeck ein quer zur Landerichtung ausgelegtes Bremsseil ergreift, wodurch das Flugzeug auf kurzem Weg abgebremst wird.

Fangheuschrecken (Fangschrecken, Gottesanbeterinnen, Mantodea), Insektenordnung mit etwa 2 000, hauptsächl. trop. und subtrop., 1–16 cm langen Arten; Vorderbeine zu Fangbeinen umgebildet; beide Flügelpaare in Ruhe flach auf dem Rücken zusammengelegt; Kopf mit langen Fühlern und weit voneinander getrennten Augen; lauern regungslos mit erhobenen, zusammengelegten Fangbeinen (daher „Gottesanbeterinnen") auf Insektenbeute. Die 4–6 cm (♂) bzw. 4–8 cm (♀) lange, grüne **Gottesanbeterin** (Mantis religiosa) kommt in der BR Deutschland nur noch am Kaiserstuhl (Baden) und Hammelsberg (Saarland) vor; Kopf dreieckig, mit breiter Stirn.

Fangio, Juan Manuel [span. 'faŋxjo], * Balcarce 24. Juni 1911, argentin. Automobilrennfahrer. - Weltmeister 1951 und 1954–57.

Fangleine, an Bord eines Schiffes befestigte Leine, die zum Festmachen zugeworfen wird; bei größeren Schiffen werden mit ihr nur die zum Festmachen dienenden Taue oder Trossen übergeben.

Fanglomerat [zu engl. fan „Fächer"; Analogiebildung zu ↑ Agglomerat], Sediment mit v. a. eckigen Gesteinsbruchstücken.

Fango [italien.], vulkan. Mineralschlamm, der bei der Schlammbtherapie in feinpulverisierter Form zus. mit Wasser als Heilschlamm kalt, körperwarm oder heiß zu *F.bädern* oder *F.packungen* u. a. bei chron. Gelenkerkrankungen verwendet wird.

Fangschnur, aus Metallgespinst bestehendes Uniformstück (Zierschnur), das aus einer vor Verlust der Kopfbedeckung der Kavalleristen schützenden Sicherungsschnur entstand.

Fangschrecken, svw. ↑ Fangheuschrecken.

Fangschuß, wm. Bez. für einen (meist aus naher Entfernung) auf angeschossenes oder krankes Wild abgegebenen, tödl. Schuß.

Fangzähne, die Eckzähne der Raubtiere.

Fanni, Kurzform der weibl. Vornamen Stephanie und Franziska.

Fano, italien. Hafenstadt und Seebad in den Marken, 12 km sö. von Pesaro, 14 m ü. d. M., 52 100 E. Bischofssitz; Seiden- und Nahrungsmittelind., Fischfang; Fremdenverkehr. - F. ist das antike **Fanum Fortunae**, das unter Augustus als **Julia Fanestris** Veteranenkolonie wurde; 538 von den Ostgoten zerstört; durch Pippin und Karl d. Gr. dem Papst geschenkt, blieb jedoch fakt. unabhängig; 1463–1860 zum Kirchenstaat. - In der Altstadt röm. Augustusbogen, roman.-got. Dom (1113–40), Kirchen und Paläste (13.–15. Jh.).

Fanø [dän. 'faːnøː], dän. Nordseeinsel sw. der Hafenstadt Esbjerg, 56 km^2; im W Dünenküste mit sehr breitem Sandstrand, auf der O-Seite Marsch und Waldanpflanzungen. Fischerei und Fremdenverkehr.

Fanon, Frantz [fa'nõ], * Fort-de-France (Martinique) 20. Juli 1925, † New York 3. Dez. 1961, afro-amerikan. Schriftsteller. - Enge Beziehungen zu J.-P. Sartre, der auch das Vorwort zu seinem berühmten Buch „Die Verdammten der Erde" (1961) schrieb. F. verfocht die Notwendigkeit gewaltsamer Revolutionen zur Beseitigung des Kolonialismus. Ging 1956 nach Tunis, wo er sich der alger. Unabhängigkeitsbewegung (FLN) anschloß. Von F. stammen die Parolen „Black power" und „Black America".

Fan Si Pan, Berg im NW von Vietnam, mit 3 142 m die höchste Erhebung Vietnams.

Fant [niederdt.], unreifer, eitler, stutzerhafter junger Mann.

Fantasia, [griech.-italien.] italien. Bez. für Fantasie.

♦ [griech.-span.] Reiterspiele nordafrikan. Araber und Berber sowie innerasiat. Völker.

Fantasie [griech.-italien.], in der Musik Bez. für ein Instrumentalstück mit freier, häufig improvisationsähnl. Gestaltung ohne feststehende formale Bindung. Seit dem 16. Jh. gebräuchl., war die F. noch bis zum Beginn des 18. Jh. mit Formen wie Ricercar, Präludium, Tokkata oder Capriccio weitgehend ident. Das expressive Element der „Chromat. F. und Fuge" von J. S. Bach erscheint auch in den rhapsod. gehaltenen F. seines Sohnes C. P. E. Bach. Die formale Straffung der F. in der Klassik (Haydn, Mozart) weicht in der Romantik (Mendelssohn-Bartholdy, R. Schumann) einer mehr stimmungshaften, liedartigen Gestaltung. Als Opern-, Walzer-, Marsch-F. u. ä. bezeichnete man seit dem 19. Jh. potpourriartige Bearbeitungen entsprechender Werke.

Fantin-Latour, Henri [frz. fɑ̃tɛ̃la'tuːr], * Grenoble 14. Jan. 1836, † Buré (Orne) 25. Aug. 1904, frz. Maler und Graphiker. - Er wurde bekannt durch Gruppenporträts mit Lebenden und Verstorbenen („Hommage à Delacroix", 1864; Louvre, Paris; „Atelier des Batignolles" [= Manet und Freunde], 1870; ebd.); seine „peinture mélomane" will musi-

Farbband

kal. Eindrücke wiedergeben (Wagner, Berlioz); heute wird er wegen seiner subtilen Blumenstilleben geschätzt. - Abb. S. 335.

FAO [ɛfˈaːˈoː; engl. ˈɛfɛiˈou], Abk. für: ↑Food and Agriculture Organization of the United Nations.

Fara, Tall ↑Schuruppak.

Farabi, Al, Abu Nasr Muhammad (Alfarabi, Avennasar, lat. Alpharabius), *Wasidsch (Farab, Turkestan) um 873, † bei Damaskus um 950, arab. Philosoph, Mathematiker und Musiktheoretiker türk. Herkunft. - Einer der bedeutendsten Philosophen des Islams; lehrte in Bagdad, Aleppo und Damaskus; übersetzte Werke Platons und Aristoteles' ins Arab. und kommentierte sie. Seine Philosophie ist beeinflußt von der christl. Platon- und Aristotelesrezeption. Auf dem Gebiet der polit. Theorie entwarf er in Orientierung an Platons Staatslehre einen Idealstaat. Als Musiktheoretiker versuchte er vergebl., das griech. Tonsystem einzuführen. Er befaßte sich außerdem mit Physik, Mathematik und Astronomie. Seine Wirkung erstreckte sich u. a. auf Avicenna, Dominicus Gundissalinus und Albertus Magnus.

Farad [faˈraːt, ˈfarat; nach M. Faraday], Einheitenzeichen F, gesetzl. Einheit der Kapazität. Ein Kondensator hat die Kapazität 1 F, wenn eine Ladung von 1 Coulomb eine Spannung von 1 Volt an ihm erzeugt, 1 F = 1 C/V. In der Praxis (z. B. bei elektron. Bauteilen) treten häufig folgende kleinere Einheiten auf: **Mikrofarad** ($1 \mu F = 10^{-6}$ F), **Nanofarad** ($1 nF = 10^{-9}$ F), **Pikofarad** ($1 pF = 10^{-12}$ F).

Faraday, Michael [engl. ˈfærədɪ], *Newington (= London) 22. Sept. 1791, † Hampton Court (= London) 25. Aug. 1867, brit. Physiker und Chemiker. - Seit 1813 Laborgehilfe von H. Davy an der Royal Institution, seit 1825 deren Direktor, seit 1827 auch Prof. der Chemie. F. schrieb zahlr. bed. Werke, bes. „Experimental-Untersuchungen über Elektrizität" (1839–55); arbeitete über Gasdiffusion und Gasverflüssigung und entdeckte Chlor-Kohlenstoff-Verbindungen sowie 1825 das Benzol; 1831 gelang ihm die wohl bedeutungsvollste Entdeckung: der Nachweis der elektromagnet. ↑Induktion (Aufstellung der allg. Induktionsgesetze) und die Konstruktion des ersten Dynamo; grundlegende Arbeiten zur Elektrolyse, zur elektr. Elementarladung, zur Kristalloptik, zum Diamagnetismus. F. prägte viele Grundbegriffe der Physik, z. B. Elektrolyse, Elektrolyt, Elektrode, Kathode, Anode, Anion und Kation.

Faraday-Effekt [engl. ˈfærədɪ; nach M. Faraday] ↑magnetooptische Effekte.

Faraday-Käfig [engl. ˈfærədɪ; nach M. Faraday], metall. Umhüllung (Bleche, Metallgitter oder Drahtgeflechte, meistens geerdet) zur Abschirmung eines begrenzten Raumes gegen äußere elektr. Felder; z. B. als Schutz empfindl. [Meß]geräte gegen elektr. Störungen verwendet (elektrostat. Schutz).

Faraday-Konstante [engl. ˈfærədɪ; nach M. Faraday] (spezif. Ionenladung), Formelzeichen F, die Ladungsmenge (96 487 C, **Faraday-Ladung**), die erforderl. ist, um 1 Mol eines chem. einwertigen Stoffes, d. h. 1 Val, elektrolyt. abzuscheiden; man schreibt daher auch [genauer]: $F = 96\,487$ C/val; entspricht dem Produkt aus Avogadro-Konstante N_A und elektr. Elementarladung $(e): F = N_A \cdot e$.

Faradaysche Gesetze [engl. ˈfærədɪ], von M. Faraday aufgefundene Gesetzmäßigkeiten bei der Elektrolyse, **1. Faradaysches Gesetz:** Die beim Stromdurchgang durch einen Elektrolyten abgeschiedenen Stoffmengen sind der Stromstärke und der Zeit proportional. **2. Faradaysches Gesetz** (*Äquivalentgesetz*): Die durch gleiche Elektrizitätsmengen aus verschiedenen Elektrolyten abgeschiedenen Stoffmengen sind den Äquivalentmassen proportional.

Faradisation [nach M. Faraday] ↑Elektrotherapie.

Farah, Stadt in SW-Afghanistan, 220 km südl. von Herat, 900 m ü. d. M., 18 800 E.

Farah [ˈfaːra, pers. fæˈræh] (Farah Diba), *im iran. Aserbaidschan 15. Okt. 1938, Kaiserin des Irans 1967–79. - Seit 1959 ∞ mit Schah Mohammad Resa Pahlawi († 1980).

Farah Rud, Fluß in SW-Afghanistan, entspringt im nördl. Hazarajat, versiegt im Sistanbecken oder mündet in den Endsee Hamun in Helmand.

Farandole [frz.] (provenzal. Farandoulo), provenzal. Volkstanz, bei dem ein Anführer eine lange Kette von Paaren in Schlangen- und Spiralfiguren durch die Straßen leitet.

Farandschijja, Sulaiman [faranˈdʒiːja] (Frandschijja, Frandschijah, Frangieh, Frangijeh), *Sgharta (Nordlibanon) 14. Juni 1910, libanes. Politiker. - Seit 1960 Mgl. des Parlaments; 1960/61 Min. für das Post- und Telegrafenwesen, zugleich Agrarmin.; 1968/69 Innen-, 1969/70 Wirtschaftsmin.; 1970–76 Präs. des Libanon.

Farasaninseln, Inselgruppe im Roten Meer vor Kisan, Saudi-Arabien; Erdölvorkommen.

Farbart, gemeinsame Eigenschaft von Farben, die sich nur durch ihre Helligkeit voneinander unterscheiden; Übereinstimmung in Farbton und Sättigung.

Farbatlas, svw. ↑Farbenkarte.

Farbaufnahmefilter ↑Filter.

Farbauszug, in der *Drucktechnik* eine photograph. Aufnahme einer farbigen Vorlage, die durch Verwendung eines Filters nur eine Farbe wiedergibt bzw. „auszieht". Zur Herstellung der Druckplatten für den Vierfarbdruck sind Gelb-, Purpur-, Cyan- sowie Schwarzauszüge notwendig; sie geben übereinandergedruckt die Originalfarben.

Farbband, farbgetränktes (z. B. mit Me-

Farbbücher

thylviolett) Baumwoll- oder Seidenband oder einseitig beschichtetes Kunststoffband; dient als Farbträger v. a. für Schreibmaschinen.

Farbbücher (Buntbücher), im diplomat. Sprachgebrauch von der Farbe des Bucheinbands hergeleitete Bez. für amtl. Dokumentensammlungen, die die Außenministerien der Öffentlichkeit aus Anlaß bestimmter außenpolit. Ereignisse unterbreiten. Großbrit. veröffentlichte zuerst **Blaubücher**, das Dt. Reich seit 1879 **Weißbücher**, Österreich-Ungarn und die USA bedienten sich des **Rotbuches**, das zarist. Rußland des **Orangebuchs**, Frankr. des **Gelbbuchs**. Heute werden F. auch von anderen Reg.stellen, sog. F. auch von nichtamtl. Stellen herausgegeben.

Farbdiapositiv (Farbdia), nach einem farbphotograph. Verfahren (↑ Photographie) hergestelltes Diapositiv.

Farbdruck ↑ Drucken.

Farbe ↑ Farblehre.
♦ (Farbmittel) allg.sprachl. Bez. für Stoffe, die den Farbeindruck von Gegenständen verändern (z. B. Anstrich-, Druck-, Öl-F.), insbes. aber für einen Farbstoff oder ein Pigment.
♦ durch die gleichen Zeichen gekennzeichnete Serie von Spielkarten eines Kartenspiels.

Farbechtheit, Widerstandsfähigkeit von Färbungen gegen Einwirkungen, denen sie bei der Fabrikation (z. B. Säuren, Alkalien) und im Gebrauch (z. B. Licht, Wasser) ausgesetzt sind.

Färbeindex, Abk. FI, Verhältniszahl aus der Menge des roten Blutfarbstoffs und der Anzahl der roten Blutkörperchen; Maß für die Farbstoffbeladung der einzelnen roten Blutkörperchen; wichtig für die Diagnose einer Anämie. Als Normalwert gilt ein FI von 0,9–1,15.

Färbekoeffizient, zahlenmäßige Angabe über den durchschnittl. Hämoglobingehalt eines einzelnen roten Blutkörperchens (Normalwert: 30–34 Picogramm).

Farbempfindung, die subjektive, von einem ↑ Farbreiz ausgelöste und von physiolog. und psycholog. Faktoren beeinflußte Elementarempfindung des Gesichtssinns. - ↑ auch Farbensehen.

Farbenfehlsichtigkeit.
Pseudoisochromatische Testtafeln zur Erkennung von Farbenfehlsichtigkeit

Farben, ↑ Farbe (Farbmittel), ↑ Farblehre.
♦ (herald. F.) ↑ Wappenkunde.

Färben, techn. Vorgang zum Einfärben von Textilien in der *Färberei*; die heiße *Farbflotte* oder *Färbeflotte* (wäßrige Lösung oder Aufschlämmung von Farbstoffen oder farberzeugenden Komponenten) wird mit dem Färbegut in innige Berührung gebracht (durchgepumpt, gerührt, vibriert, geschwenkt). Dabei „ziehen" die Farbstoffe auf das Färbegut. Um ein gleichmäßiges Anfärben des Färbegutes zu erreichen, werden Hilfsstoffe, sog. **Egalisiermittel**, verwendet (z. B. Retarder, die die Aufziehgeschwindigkeit vermindern). Gegebenenfalls müssen die Färbestoffe durch eine Nachbehandlung (z. B. durch Hitze) fixiert werden. In verschiedenen Fällen werden die Farbstoffe erst während des Färbevorganges auf der Faser erzeugt (Entwicklungsfarbstoffe, Eisfarben, Küpenfarbstoffe).

Farbenanomalien ↑ Farbenfehlsichtigkeit.

Farbenaphasie ↑ Farbenschwäche.

Farbenasthenopie ↑ Farbenfehlsichtigkeit.

Farbenblindheit, volkstüml. Bez. für ↑ Farbenfehlsichtigkeit.
♦ (totale F., Achromatopsie) totaler Ausfall der Farbensehfunktion der Netzhautzapfen; Form der Farbenanomalie (↑ Farbenfehlsichtigkeit).

Farben dünner Blättchen, eine beim Einfall weißen Lichtes auf dünne Schichten (Ölfilm auf Wasser, Seifenblase, Oxidschicht auf Metallen) zu beobachtende, durch Interferenz verursachte Farberscheinung. Die an der Vorder- und Rückseite der Schicht reflektierten Wellen löschen sich für bestimmte, von der Blickrichtung abhängige Bereiche des Spektrums aus. Der verbleibende Rest des urspr. weißen Lichts erscheint farbig.

Farbenfabriken Bayer AG ↑ Bayer AG.

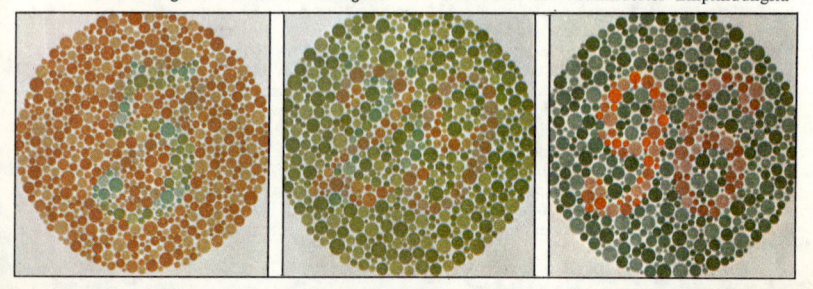

Farbenfehlsichtigkeit (Farbensehstörung, Farbensinnstörung, Dyschromasie), meist angeborene Abweichung vom normalen Farbenempfinden bzw. Farbenunterscheidungsvermögen. Man unterscheidet: **Farbenasthenopie**, schnelle Ermüdbarkeit des (sonst normalen) Farbensehens; **Farbenamblyopie**, selektiv herabgesetztes Farbenunterscheidungsvermögen; **Farbenanomalie**, als F. i. e. S. entweder mit verminderter Empfindungsfähigkeit für eine bestimmte Farbe (anomale Trichromasie), vollständig fehlender Empfindungsfähigkeit für eine Farbe (Dichromasie) oder aber mit dem völligen Verlust des Unterscheidungsvermögens, für Farben überhaupt durch Ausfall der Farbensehfunktion der Netzhautzapfen (Monochromasie, Achromatopsie, totale Farbenblindheit).

Nach der Young-Helmholtz-Theorie des ↑Farbensehens, die in der Netzhaut drei Zapfentypen annimmt, von denen je einer auf rotes, grünes oder blaues Licht anspricht, kann die F. i. e. S. so erklärt werden, daß jeweils einer, zwei oder drei dieser Grundtypen von Sinneszellen teilweise oder vollständig funktionsuntüchtig sind. Die **anomale Trichromasie** beruht demnach gewöhnl. auf einer verminderten Empfindungsfähigkeit der rot- oder grünempfindl. Elemente (Protanomalie = Rotschwäche; Deuteranomalie = Grünschwäche), wesentl. seltener der blauempfindl. (Tritanomalie = Blauschwäche). Bei der **Dichromasie** ist ein Zapfentyp vollständig ausgefallen (Protanopie = Rotblindheit, Deuteranopie = Grünblindheit, Tritanopie = Blaublindheit). Bei der **Monochromasie** sind die Zapfen entweder nur farb- oder völlig sehuntüchtig.

Die **angeborenen Farbensinnstörungen** werden geschlechtsgebunden rezessiv vererbt und kommen bei Männern wesentl. häufiger vor als bei Frauen. - Prakt. Bed. hat die F. v. a. bei der Berufswahl und bei Gelegenheiten, die ein funktionstüchtiges Farbenunterscheidungsvermögen, speziell für Rot und Grün, verlangen (u. U. mangelnde Eignung, bes. von Dichromaten zum Führen von Straßenbahnen, Taxis, Omnibussen, Lokomotiven, Schiffen und Flugzeugen sowie für die Berufsausübung als Färber, Anstreicher).

Farben-Helligkeits-Diagramm ↑Hertzsprung-Russell-Diagramm.

Farbenhören, svw. ↑Audition colorée.

Farbenindex, Maß für die spektrale Intensitätsverteilung in der Strahlung von Himmelskörpern; durch Bestimmung der Helligkeitsdifferenz in 2 verschiedenen spektralen Bereichen (Farben) gewonnen; dient der Klassifikation von Sternen. - ↑auch Spektralklassen.

Farbenkarte (Farbatlas), Zusammenstellung von Farbmustern, die eine zufällige oder systemat. Auswahl aus der Gesamtheit der *Körperfarben* darstellen, z. B. DIN-Farbenkarte DIN 6164, „The Munsell book of colors" (1929 ff.).

Farbenkonstanz, angenähertes Gleichbleiben der Körperfarben bei Änderung der Beleuchtung; wird durch die Farbumstimmung des Auges auf die jeweilige Lichtart bewirkt.

Farbenkreisel, Farbenmischapparat, bei dem auf einer Scheibe in verschiedenen Sektoren mehrere Farben aufgetragen sind, die bei Rotation jenseits der Flimmerfrequenz (mindestens 48 Hz) dem Auge nach dem Gesetz der additiven Farbmischung einen neuen Farbeindruck vermittelt.

Farbenlehre, svw. ↑Farblehre.

Farbenmusik (Farblichtmusik, Farbe-Ton-Kunst), Bez. für die künstler. Verbindung von Farblicht und Musik; sie basierte zunächst auf theoret. Spekulationen über die auf Zahlen gegr. Entsprechung von Farben und Konsonanzen in der Musik und führte zur Idee einer Farbenharmonie bei A. Kircher und I. Newton. Davon ausgehend versuchte der frz. Mathematiker und Jesuit L.-B. Castel (*1688, †1757) die Konstruktion eines „Clavecin oculaire", dem im 20. Jh. Versuche mit Farbenklavieren von A. N. Skrjabin und A. László folgten. Eine weniger starre, aber theoret. fundierte Verbindung von Ton und Farbe versuchte W. Kandinsky mit seiner Bühnenkomposition „Der Gelbe Klang" (1912). In der Nachfolge Kandinskys und Skrjabins stehen nicht nur die „abstrakte Oper", sondern auch zahlr. Versuche der letzten Jahre: J. A. Riedels audiovisuelle Elektronik, D. Schönbachs Environments und Multimedia-Opern, P. Sedgleys Light-Sound-Demonstrationen u. ä.

Farbenperspektive, durch Farbwahl bewirkter Tiefeneffekt bei der Bildgestaltung, indem man für die Nähe aggressive Farben (Rot und Gelb), für das Entfernte regressive Farben (blaue Töne) bevorzugt.

Farbenphotographie ↑Photographie.

Farbenringe ↑Newtonsche Ringe.

Farbenschwäche (Farbenasthenopie) vermindertes Unterscheidungsvermögen für Farben (z. B. bei Überanstrengung der Augen).

◆ (Farbenagnosie, Farbennamenamnesie, Farbenaphasie) hirnschadenbedingte (psych.) Unfähigkeit, wahrgenommene Farben zu benennen.

Farbensehen, die bes. beim Menschen und bei Wirbeltieren, jedoch auch bei vielen Wirbellosen (v. a. Insekten) vorhandene Fähigkeit ihres Sehapparats, elektromagnet. Strahlung mit einer in gewissen Bereich fallenden Wellenlänge λ unabhängig von der Intensität der Strahlung bzw. der Leuchtdichte des Lichtreizes selektiv nach der Energie der Photonen zu bewerten, d. h., Licht unterschiedl. Wellenlänge bzw. Frequenz als „verschiedenfarbig" bzw. zu unterschiedl. „Farben" gehörig zu unterscheiden. Träger dieser Funktion sind die für das Tagessehen bestimmten Zapfen in der Netzhaut des Auges, die den spektralen ↑Hellempfindlichkeitsgrad besitzen (↑auch Auge).

Das **menschl. Auge** kann innerhalb eines bestimmten Frequenzbereiches ($8 \cdot 10^{14}$ Hz bis $4 \cdot 10^{14}$ Hz) bzw. Wellenlängenbereichs (400 nm bis 780 nm) der elektromagnet. Strahlung (sichtbarer Spektralbereich) etwa 160 reine

Farbensehstörung

Farbtöne und 600 000 Farbnuancen unterscheiden. Eine Farbempfindung kommt nur zustande, wenn bestimmte Bedingungen erfüllt sind: 1. Der Reiz muß eine Mindestintensität besitzen. Unter dieser Schwelle gibt es nur farblose Helligkeitsempfindung, d. h., es können unterhalb einer bestimmten Lichtintensität nur die Stäbchen (↑ Auge) gereizt werden (**Farbschwelle**). 2. Der zur Farbempfindung führende Lichtreiz muß eine Mindestzeit andauern (**Farbenzeitschwelle**). 3. Das auf die Netzhaut fallende Licht muß zur Reizauslösung eine bestimmte Netzhautfläche treffen (**Farbenfeldschwelle**). - Die *Farblehre* brachte bezügl. der additiven Farbenmischung folgende Ergebnisse: Die verschiedenen Farbempfindungen können durch Mischung der drei Grundfarben Rot, Grün und Blauviolett hervorgerufen werden. Wenn für alle drei Grundfarben ein bestimmtes Mischungsverhältnis gegeben ist, wird Weiß empfunden.

Über das Zustandekommen der *Farbempfindung* gibt es bis heute noch keine in allen Einzelheiten befriedigende Erklärung. T. Young stellte 1801 die Hypothese auf, daß das Auge drei verschiedene Typen von Rezeptoren besitze, von denen jeder auf eine der drei Grundfarben Blauviolett, Grün und Rot reagiere (**Trichromasie**), und daß die übrigen Farbqualitäten durch additive Mischung unterschiedl. Grundfarben erzeugt werde. Diese Hypothese wurde von H. von Helmholtz physiolog. untermauert und zur **Dreikomponententheorie** (**Dreifarbentheorie, Young-Helmholtz-Theorie**) ausgebaut. Helmholtz stellte die für jeden Zapfentyp charakterist. Spektralwertfunktionen auf, deren Maxima jeweils in einem bestimmten Spektralbereich liegen. E. F. MacNichol jr. wies durch Lichtabsorptionsmessungen an isolierten Zapfen die von der Young-Helmholtz-Theorie postulierten drei Rezeptorentypen nach. W. A. H. Rushton fand Zapfenpigmente, deren chem. Struktur mit der des ↑ Rhodopsins verwandt ist. Somit ist für das Wirbeltierauge, das des Menschen eingeschlossen, die Existenz eines Dreikomponentenmechanismus gesichert. Von psycholog. Aspekten der Farbwahrnehmung ausgehend, v. a. von der Tatsache, daß Gelb, nach der Dreifarbentheorie eine Mischfarbe aus Grün und Rot, sich in vielen Experimenten (z. B. bei Farbzeitschwellenuntersuchungen) ebenfalls wie eine Primärfarbe (Urfarbe) verhält, stellte E. Hering eine **Vierfarbentheorie** (**Gegenfarbentheorie**) auf, derzufolge die anatom. gleichartigen Zapfen einheitl. nur Licht absorbieren sollten, das dann in den Sehsubstanzen stoffwechselartige Vorgänge aktiviert, die je nach dem Spektralbereich des absorbierten Lichts in assimilator. oder dissimilator. Richtung ablaufen und dadurch jeweils eine von miteinander gekoppelten Gegenfarben (Rot-Grün, Blau-Gelb, Weiß-Schwarz) als Farbreizempfindung dem Gehirn auf neurophysiolog. Wege übermitteln. Teilaspekte der Heringschen Theorie wurden vor einigen Jahren experimentell bestätigt, u. a. durch L. Hurvich, der die feste Zuordnung von Gegenfarben in umfangreichen psycholog. Untersuchungen erhärtete.

Für die Weiterverarbeitung der primären Erregung müssen Verschlüsselungen über einen Codiermechanismus (mit eigenem Neuronensystem für die Schwarz-Weiß-Information) angenommen werden, dessen Funktionsprinzip den Vorstellungen der Heringschen Gegenfarbentheorie nahekommt (**Stufentheorie** oder **Zonentheorie**, u. a. von J. von Kries). Die Verschlüsselungen sind entweder in den Zapfengruppierungen selbst oder in den ihnen nachgeschalteten bipolaren Nervenzellen zu lokalisieren.

Bei **tagaktiven Säugetieren** entspricht der mit dem Sehorgan wahrnehmbare Spektralbereich etwa dem des Menschen; bei manchen Vögeln ist er zu Rot hin verschoben, bei Fischen zu Blau und Ultraviolett. Die Augen von **Nachttieren** und **Dämmerungstieren** enthalten wenige oder gar keine Netzhautzapfen, so daß sie zum F. nicht befähigt sind. Auch zumindest für einige Insekten (z. B. Bienen) kann die Dreifarbentheorie als nachgewiesen gelten. Bei insektenblütigen Pflanzen enthalten die roten Blütenfarben i. d. R. einen UV-Anteil, der dem Insektenauge ein Differenzierungsmuster bietet.

📖 Marre, M./Marre, E.: *Erworbene Störungen des Farbensehens. Diagnostik.* Stg. 1986.

Farbensehstörung, svw. ↑ Farbenfehlsichtigkeit.

Farbensymbolik, vornehml. in Kult und Brauchtum lebendige Bed. der Farben, heute meist nur noch sinnbildl. verstanden. Die Sinngebung der Farben ist uneinheitl. in den verschiedenen Kulturen, z. T. auch innerhalb derselben (den Teufel stellt man sich *schwarz* oder auch *rot* vor). Kosm. Bed. erlangte die F. in Kulturen, die sie zu den Himmelsrichtungen in Verbindung setzten. In China wurde zusätzl. eine Verbindung zu den Jahreszeiten vollzogen. Dort war *Blau* die Farbe des O und des Frühlings, *Rot* symbolisierte den S und den Sommer, *Weiß* den W und den Herbst, *Schwarz* den N und den Winter; *Gelb* galt als Farbe der Mitte. - Gelegentl. sind Farben zum Symbol bestimmter Religionen geworden. So charakterisiert *Grün* im Islam. *Gelb,* seit alters die Farbe der ind. Asketengewänder, wurde vom Buddhismus übernommen und kennzeichnet mit der Bez. „Gelbe Kirche" den Lamaismus. Im Parsismus ist *Weiß* als Farbe des Lichtes, der Heiligkeit und Reinheit vorherrschend. - Die christl. Orthodoxie des Ostens kennt als Festfarbe das *Weiß*, als Bußfarbe das *Violett* und als Trauerfarbe das *Schwarz*. Im westl. Christentum hat sich im wesentl. der folgende liturg.

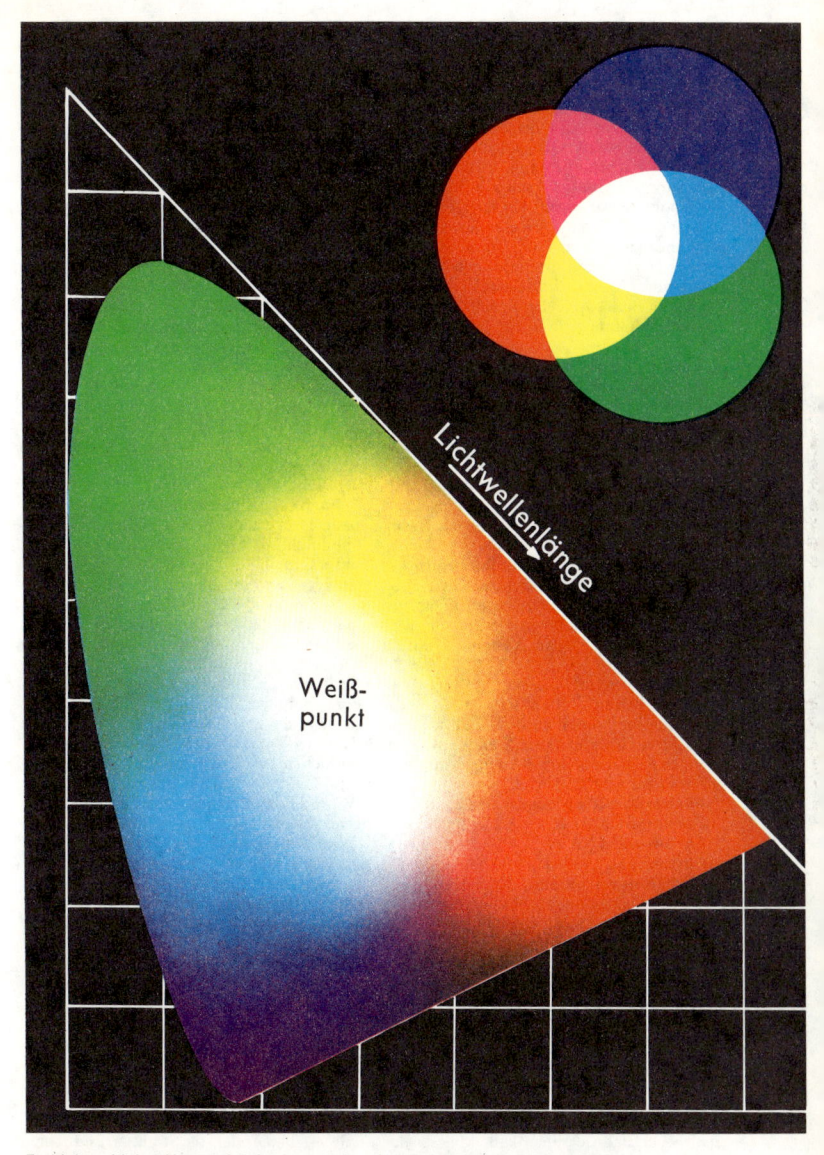

Farblehre

Farblehre. Links: Normtafel der internationalen Beleuchtungskommission. Mit dieser Anordnung kann jeder Farbe nach Farbton und Sättigung ein bestimmter Punkt im Koordinatensystem zugeordnet werden. Oben: Additive Farbmischung. Die additive Farbmischung kann durch Übereinanderprojektion verschiedenfarbiger Lichter auf eine Tafel am einfachsten demonstriert werden. So entsteht zum Beispiel aus Rot und Grün in der additiven Farbmischung Gelb, aus bunten Farben kann Weiß oder Grau entstehen.

Farbentherapie

Gebrauch der Farben herausgebildet: *Weiß* für Herren-, Marien- und Heiligenfeste, *Rot* für Pfingsten und die Tage der Apostel und Märtyrer, *Violett* für Advent und Fastenzeit, *Schwarz* für Karfreitag und Trauertage; *Grün* ist die liturg. Farbe für Zeiten ohne Festcharakter. - Auf staatl. Gebiet tritt die symbol. Bed. von Farben vorrangig in den Fahnen der Nationen zutage. Auch zur Kennzeichnung polit. Bewegungen: *Rot* für Kommunismus und Sozialismus, *Schwarz* für Anarchismus und den italien. Faschismus, *Blau* z. B. für die span. Falange, *Braun* für den NS, *Grün* für landw. oder Umweltorganisationen. - Auch zur Bez. psych. Befindlichkeiten: z. B. *Grün* für Hoffnung, *Gelb* für Neid, *Schwarz* für Trauer.

Farbentherapie ↑Farbklima.
Farbentwickler ↑Photographie.
Färberei ↑Färben.
Färberfrösche (Farbfrösche, Baumsteigerfrösche, Dendrobatinae), Unterfam. meist etwa 2 cm großer, schlanker, im allg. leuchtend bunt gezeichneter Frösche in den trop. Urwäldern M- und S-Amerikas. Von den 4 Gatt. sind am bekanntesten die **Baumsteigerfrösche** (Dendrobates) mit beliebten Terrarientieren: z. B. **Erdbeerfröschchen** (Dendrobates typographicus), leuchtend rot, und **Färberfrosch** (Dendrobates tinctorius) mit großen, metall. blauen Flecken auf glänzend schwarzem oder kastanienbraunem Grund.

Färberginster ↑Ginster.
Färberhülse (Baptisia), Gatt. der Schmetterlingsblütler im östl. und südl. N-Amerika mit über 30 Arten; Stauden mit dreizähligen Blättern und end- oder seitenständigen Blütentrauben.
Färberkamille ↑Hundskamille.
Färberröte ↑Röte.
Färberwaid ↑Waid.
Färberwau ↑Reseda.
Farbfehler (chromat. Abbildungsfehler, chromat. Aberrationen), bei der Abbildung eines Gegenstandes durch ein opt. System (z. B. durch eine Linse) auftretende Fehler, die ihre Ursache in der Abhängigkeit des Brechungsindex von der Wellenlänge haben (↑Brechung, ↑Dispersion). Die F. bewirken Unschärfe bzw. Farbränder beim Bild. Sie lassen sich durch Verwendung von Linsen- bzw. Prismenkombinationen mit unterschiedl. Abbesscher Zahl korrigieren.
Farbfeldmalerei (Color-field-painting), eine auf den abstrakten Expressionismus folgende Richtung der amerikan. Malerei der 1960er Jahre. Bei den großflächigen Farbkompositionen in dünnem Farbauftrag sind die einzelnen Farbflächen homogen gehalten. Vertreter u. a. H. Frankenthaler, B. Newman, Ad Reinhardt.
Farbfernsehen ↑Fernsehen.
Farbfilm ↑Film, ↑Photographie.

Farbfilter ↑Filter.
Farbflechten, Bez. für einige Arten der Flechten, die Farbstoffe liefern; z. B. Rocella fucoides und Rocella tinctoria, aus denen die Farbstoffe Lackmus und Orseille (Orcein) gewonnen werden.
Farbflotte ↑Färben.
Farbfotografie ↑Photographie.
Farbfrösche, svw. ↑Färberfrösche.
Farbgläser, techn. Flachglasprodukte, deren Farbe durch Zugabe färbender Oxide, Sulfide oder Selenide entsteht, z. B. Blaufärbung durch Kobalt, gelb, rot bis orange durch Cadmiumselenid und Cadmiumsulfid, rosa bis purpur durch Gold.
Farbgold, Goldlegierungen für Schmuckstücke, denen verschiedene Metalle zur Färbung zulegiert werden (Rotgold mit Kupfer, Grüngold mit Silber, Weißgold mit Nickel oder Palladium).
Farbhölzer, Bez. für auffällig gefärbte Hölzer, deren meist in den Kernholzzellen eingelagerte Farbstoffe früher zum Färben verwendet wurden.
Farbkernhölzer, Bez. für Kernholzbäume, bei denen der innere, verkernte Holzteil durch Färbung (Farbkern) deutlich vom unverkernten Holzteil abgesetzt ist; z. B. bei der Eiche und der Akazie.
Farbklima, Sammelbez. für die psycholog. Wirkung der Farbgestaltung eines Orts auf Stimmung und Leistungsfähigkeit von Menschen.
Bestrebungen, bestimmte Farben und Farbkombinationen in Arbeits-, Wohn- und sonstigen Räumen, aber auch zu therapeut. Zwecken (**Farbentherapie**) zu verwenden, stützen sich auf die Erscheinung, daß „kalte Farben" (Violett, Blau, Grün) beruhigend und „warme Farben" (Rot, Orange, Gelb) anregend wirken.

Farbkomponenten ↑Photographie.
Farbkreis (Farbtonkreis), Folge von Farbtönen, die kreisförmig in sich zurückläuft (unter Einfügung von Purpur zw. Rot und Violett); gegenüberliegende Farbtöne ergeben als Mischfarbe Weiß.
Farbkuppler ↑Photographie.
Farblacke, Bez. für schwer- bis unlösl. Salze oder Komplexverbindungen wasserlösl. Farbstoffe.
Farblehre, Wiss. von der Farbe 1. als opt. Erscheinung (Gesichtsempfindung), 2. als farbgebende Substanz (Anstrichfarbe, Farbstoff, Pigment), 3. als Buntheit (im Ggs. zu unbunt = weiß, grau, schwarz), 4. als Strahlungsart (blaue oder rote Strahlung statt kurz- oder langwellige Strahlung). Eine Farbempfindung wird im allg. durch Einwirkung von sichtbarem Licht (Wellenlänge 400–780 nm) auf die farbempfindl. Organe des Auges (Zäpfchen in der Netzhaut) hervorgerufen. Nach der Erscheinungsweise der Farben unterscheidet man zw. *freien Farben* (strukturlos

Farblehre

in unbestimmter Entfernung) und *gebundenen Farben*. Die Erscheinungsform der Farben ist die des farbigen Lichts (Selbstleuchter) und der Körperfarben (Nichtselbstleuchter). Den *unbunten Farben* (Weiß, Grau, Schwarz) fehlt der **Farbton**, der Merkmal aller bunten Farben ist; das mehr oder weniger starke Hervortreten des Farbtons in einer bunten Farbe bestimmt die **Sättigung**. Jeder Farbe kommt eine **Helligkeit** zu; mit Hilfe dieser 3 Merkmale läßt sich jede einzelne Farbe eindeutig beschreiben *(Dreidimensionalität der Farben)*. Die **Farbmetrik** ist die Lehre von den Maßbeziehungen der Farben untereinander. Sie wird nach E. Schrödinger eingeteilt in die *niedere* oder *Farbvalenzmetrik* und in die *höhere* oder *Farbempfindungsmetrik*. Während in der Farbvalenzmetrik als Kriterium nur das Gleichheitsurteil des Auges gilt, werden in der Farbempfindungsmetrik darüber hinaus Urteile über Ähnlichkeit, Farbabstand usw. gefällt. Die *Farbvalenz* ist erfahrungsgemäß durch drei Maßzahlen darzustellen; sie ist Gegenstand der Farbmessung. Die Gesetze der Farbvalenzmetrik sind im *farbmetr. Grundgesetz* zusammengefaßt: Die drei Zapfentypen des Auges bewerten das einfallende Licht nach drei voneinander unabhängigen, spektral verschiedenen Wirkungsfunktionen linear und stetig, wobei sich die Einzelwirkungen zu einer Gesamtwirkung zusammensetzen, die **Farbvalenz** genannt wird. Dieses Gesetz bezieht sich nur auf die *additive Farbmischung* im Sinne der Mischung opt. Eindrücke: als Überlagerung von Farbvalenzen (z. B. durch Übereinanderprojektion verschiedenfarbiger Lichter), in schneller Folge dargebotene Farbvalenzen (Darbietungsfrequenz mindestens 48 Hz, d. h. oberhalb der Flimmergrenze des Auges) oder durch in einem Winkelabstand unterhalb des räuml. Auflösungsvermögens des Auges dargebotene Farbvalenzen. Die *subtraktive* oder *multiplikative Farbmischung* ist keine Farbmischung im eigtl. Sinn, sondern eine multiplikative Beeinflussung der spektralen Durchlässigkeit von Filterkombinationen.
Farbsysteme: In einem Farbsystem wird aus der Gesamtheit aller mögl. Farben eine gesetzmäßige Auswahl getroffen, so daß diese Farben, die durch Farbmaßzahlen festgelegt sind, empfindungsgemäß gleichabständig sind. Das System der *DIN-Farbenkarte* (DIN 6164) benutzt zur Kennzeichnung der Farben drei Merkmale: *Farbton (T), Sättigungsstufe (S)* und *Dunkelstufe (D)*. Hierbei liegen die Farben gleichen Farbtons auf geraden Linien durch den Unbuntpunkt. Farben verschiedenen Farbtons, aber gleicher Sättigungsstufe sind durch Sättigungslinien verbunden, so daß durch Farbton und Sättigungsstufe die *Farbart* und damit der Farbort in der Normfarbtafel festgelegt ist. Die Helligkeitskennzeichnung erfolgt durch die Dunkelstufe. Dem idealen Weiß wurde die Dunkelstufe $D = 0$, dem idealen Schwarz $D = 10$ zugeordnet. Umrechnung von Normfarbmaßzahlen in Maßzahlen des *DIN-Farbsystems* mit Hilfe von Diagrammen. Im DIN-System wird eine Farbe durch das Farbzeichen $T:S:D$ (z. B. 3:6:2) gekennzeichnet.
Die **Farbmessung** dient der Ermittlung der drei *Farbmaßzahlen*, die eine *Farbvalenz* kennzeichnen. Die unterschiedl. Beschaffenheit der Probenoberflächen (Struktur, Glanz) erfordert bestimmte Meßgeometrien. Übl. ist die Messung unter einem Lichteinfallswinkel von 45° bei senkrechter Beobachtung und unter einem Lichteinfallwinkel von nahe 0°. Die Farbmaßzahlen werden allg. auf genormtes Tages- oder Glühlampenlicht, d. h. auf bestimmte Farbtemperaturen bezogen. Bestimmung u. a. nach folgenden Verfahren: **Gleichheitsverfahren:** Zu der zu messenden Farbvalenz wird eine genau gleich aussehende aus einer Farbenkarte ausgesucht. **Spektralverfahren:** Beruht auf der spektralphotometer. Untersuchung des ausgesandten bzw. reflektierten Lichts. **Dreibereichsverfahren:** Die Wirkung der zu messenden Farbvalenz auf drei Photoempfängern (für verschiedene Wellenlängenbereiche) festgestellt, wobei diese an die spektrale Empfindlichkeit der im Auge befindl. Rezeptoren angeglichen sein müssen. Das Dreibereichsverfahren ist wegen der Schnelligkeit der Farbmessung bes. für Farbdifferenzmessungen geeignet.
Methoden der Farbmessung sind von großer prakt. Bed. in der Beleuchtungstechnik, Farbenind. (Färberezepturen) u. a.
Geschichte: Ansätze für eine F. reichen bis in die Antike zurück und finden sich zahlr. in den Anfängen der neuzeitl. Naturwiss. (R. Descartes, F. M. Grimaldi, R. Boyle, R. Hooke u. a.). I. Newton versuchte auf physikal. Grundlage das Phänomen der Farbe in allen seinen Erscheinungsformen zu erfassen (1704). Gegen diese Überbetonung der physikal. Seite der F. wandte sich J. W. von Goethe in seiner Schrift „Zur Farbenlehre" (1810). Goethe lenkte die Aufmerksamkeit mehr auf die physiolog. Seite der Farbeindrücke. - Der eigtl. Begründer der modernen F. ist H. von Helmholtz, der, an die Untersuchungen von T. Young über die Grundfarben (Farbdreieck) anknüpfend, bis 1867 eine Theorie der Farbempfindungen unter Berücksichtigung physikal. und physiolog. Gesichtspunkte entwickelte (Young-Helmholtz-Theorie). Von W. Ostwald stammen eine Systematik der Körperfarben, Prinzipien und Verfahren zur Farbmessung und Teile einer Farbmetrik, die durch Arbeiten v. a. von E. Schrödinger (1920) und R. Luther (1927) vorangetrieben wurden. - Abb. S. 341.
📖 *Frieling, H.: Gesetz der Farbe.* Gött. ²1979. - *Schultze, Werner: Farbenlehre u. Farbenmessung.* Bln. u. a. ³1975.

Farblichtmusik ↑Farbenmusik.
Farbmessung ↑Farblehre.
Farbmetrik ↑Farblehre.
Farbmischung ↑Farblehre.
Farbnegativfilm, svw. Negativfarbfilm (↑Photographie).
Farbphotographie ↑Photographie.
Farbreiz, eine durch elektromagnet. Strahlung des sichtbaren Wellenlängenbereichs bewirkte unmittelbare Reizung der funktionsfähigen Netzhaut, die eine primäre Farbempfindung (Farbvalenz) hervorrufen kann.

Farbsatz, Gesamtheit der von einer farbigen Vorlage gewonnenen Farbauszüge für den Mehrfarbendruck (↑Drucken).

Farbskala, die Gesamtheit der in Farbtönung, Farbsättigung und Druckreihenfolge abgestimmten Druckfarben für den Mehrfarbendruck.

Farbstich, in der Farbphotographie Abweichung der Farbwiedergabe von den [subjektiv beurteilten] Objektfarben; i. e. S. (einheitl.) Farbfehler eines Films oder Bildes infolge Emulsions- oder Entwicklungsmängel, fehlender Anpassung des Aufnahmematerials an die Farbtemperatur der Aufnahmebeleuchtung, Kopierfehler oder ↑Schwarzschildeffekts.

Farbstift, Schreib- bzw. Zeichenstift, dessen Mine feingemahlene Teer- und Mineralfarbstoffe enthält.

Farbstoffe, meist organ. Verbindungen, die andere Stoffe mehr oder weniger waschecht färben können. Man unterscheidet zw. *natürl. F. (Natur-F.),* z. B. Karmin, Purpur, Indigo, Alizarin, u. a. sowie *künstl. (synthet.) F.,* die im wesentl. aus aromat. und heterocycl. Verbindungen hergestellt werden, die früher v. a. aus den Teeren der Steinkohle- und Braunkohleveredlung stammten und deshalb auch Teerfarben genannt wurden. Farbige Substanzen absorbieren aus dem sichtbaren Teil des Spektrums (380 bis 780 nm) gewisse Wellenlängen, deren Komplementärfarbe die erscheinende Farbe ist. Die für die Farbe verantwortl. Gruppen in ihren Molekülen, etwa $-N=N-$ (Azo−) und $-N=O$ (Nitrosogruppe), werden als *chromophore Gruppen* (Chromophore) bezeichnet; durch sie werden farblose Verbindungen zu F. (Chromogenen); Gruppen mit bas. oder saurem Charakter, wie $-NH_2$ bzw. $-OH$ haben farbverstärkende Wirkung (sie werden als *auxochrome Gruppen* oder Auxochrome bezeichnet). Nach dem färberischen Verhalten unterscheidet man *substantive F.,* die selbständig aus wäßriger Lösung aufziehen, *Entwicklungs-F.,* die aus lösl. Komponenten auf der Faser erzeugt werden, sehr wasch- und lichtechte, wasserunlösl. *Küpen-F.,* die nur in reduzierter Form auf die Faser aufziehen und durch Luftoxidation in den Farbstoff zurückverwandelt werden und *Beizen-F.,* die mit Hilfe von Metallkomplexen auf der Faser haften; *Reaktiv-F.* bilden mit funktionellen Gruppen der Faser selbst Hauptvalenzbindungen aus. Nach der chem. Struktur unterscheidet man *Azofarbstoffe* mit der Azogruppe $-N=N-$ als charakterist. Merkmal, z. B. Alizaringelb 2 G, Naphthol-AS-F., Siriusschwarz, Siriuslichtgelb 5 G u. a., *Anthrachinon-F.* die auf fast allen Faserarten Färbungen höchster Echtheit ergeben, z. B. Alizarin und Indanthrenblau RS, die bes. zur Wollfärbung geeigneten *Indigo-F.* (↑Indigo); die *Di-* und *Triphenylmethan-F.* (Auramin, Fuchsin, Malachitgrün) sind wenig lichtecht und dienen bes. als Druck- und Stempelfarben. Das zu den *Phthalsäure-F.* zählende Phenolphthalein ist ein wichtiger Indikator; die sehr licht-, säure- und alkalibeständigen *Phthalocyanin-F.* dienen als wichtige Pigmentfarbstoffe in der Kunststoffindustrie.

⌑ *Kratzert, W./Peichert, R.: F. Hdbg. 1981. - Wittke, G.: Farbstoffchemie. Ffm. u. a.; Aarau u. a. 1979.*

Farbstoffträger, svw. ↑Chromatophoren.

Farbtafel, ebene graph. Darstellung der Mischungsbeziehungen der Farbarten, bei der jeder Farbart ein Punkt *(Farbort)* in der Farbtafel eindeutig zugeordnet ist. Die F. ist eine perspektiv. Abbildung des (dreidimensionalen) Farbenraums, bei der die Helligkeit nicht dargestellt wird.

Farbtemperatur, die in Kelvin (K) angegebene Temperatur eines ↑schwarzen Strahlers, bei der dieser Licht gleicher Wellenlänge, also gleicher Farbe aussendet, wie der zu kennzeichnende Strahler.

Farbton ↑Farblehre.

Farbtonungsverfahren, svw. ↑Tonungsverfahren.

Farbumkehrfilm ↑Photographie.

Färbung, bes. in der mikroskop. Technik die Durchtränkung von histolog. Objekten (meist Schnitten) oder von Mikroorganismen mit organ. Farbstoffen zur Hervorhebung und Unterscheidung verschiedener Strukturen. Folgende Färbemethoden werden bei abgetöteten, fixierten (↑Fixierung) Geweben benutzt: 1. **Progressive Färbung:** Die Farbstofflösung läßt man solange auf das Objekt einwirken, bis die Struktur die gewünschte Farbintensität hat. 2. **Regressive Färbung:** Das Objekt wird einheitl. angefärbt. Dann kommt es in eine andere Lösung (Säure, Base, Alkohol), die aus bestimmten Strukturen die Farbe wieder herauslöst (Differenzierung). 3. **Einfachfärbung:** Das Objekt wird nur mit einer Farbstofflösung angefärbt. 4. **Mehrfachfärbung:** Das Objekt wird mit zwei oder mehreren Farbstofflösungen angefärbt. Die Farbstoffe kann man in derselben Lösung (simultane F.) wirken lassen oder in getrennten Lösungen (sukzedane F.). - Die Anfärbung lebenden unfixierten Gewebes bezeichnet man als **Vitalfärbung.**

Farbvalenz, primäre Wirkung eines Farbreizes im menschl. Auge, die sein Verhalten in der additiven Farbmischung beschreibt; alleiniger Gegenstand der Farbmessung.

Farbvalenzmetrik ↑ Farblehre.

Farbwechsel, Änderung der Körperfärbung bei Tieren. Man unterscheidet zwei Formen: 1. den langsam ablaufenden **morpholog. Farbwechsel,** bei dem es durch Veränderung der Chromatophorenzahl (bzw. Pigmentmenge) oder durch Einlagerung neuer, anderer Pigmente (wie bei der Mauser) zu einem relativ lange andauernden Zustand kommt, und 2. den **physiolog. Farbwechsel,** der auf einer Wanderung schon vorhandener Pigmente in den Chromatophoren beruht. Dieser F. erfolgt relativ schnell und sich rasch wieder umkehren. Physiolog. F. zeigen viele wirbellose Tiere und einige kaltblütige Wirbeltiere. Beide Formen des F. dienen der Tarnung durch farbl. Anpassung an die wechselnde Umgebung.

Farbwerk, der aus einem Farbbehälter und mehreren Farbübergabewalzen (Duktor, Heberwalze, Verreibungswalzen, Ulmern, Farbzylindern und Auftragwalzen) bestehende Teil einer Druckmaschine; dient der Einfärbung der Druckform.

Farbwerke Hoechst AG [hø:çst], dt. Unternehmen der chem. Ind., gegr. 1863 als Meister, Lucius & Co.; Sitz Frankfurt am Main-Höchst. Die F. H. AG schlossen sich 1925 mit 5 anderen Chemieunternehmen zur I. G. Farbenindustrie AG zusammen, die nach dem 2. Weltkrieg wieder durch Entflechtung aufgelöst wurde. Hoechst ist einer der umsatzstärksten Chemiekonzerne der Welt. Hauptproduktionssparten: Pharmazeutika, Fasern und Faservorprodukte, Kunstharze und Lakke, Farbstoffe, Kunststoffe, Folien, Anlagenbau, Düngemittel und Pflanzenschutz.

Farce ['farsə; frz.; eigtl. „Füllsel" (zu lat. farcire „hineinstopfen")], derb-kom. Lustspiel. Die Bez. ist in Frankr. seit dem Ende des 14. Jh. belegt, urspr. für volkstüml. Einlagen in geistl. Mysterien- und Mirakelspielen. In Deutschland setzte sich die Bez. F. erst im 18. Jh. durch. Heute wird F. oft gleichbedeutend mit Posse verwendet, sie kann auch in die Nähe der Groteske oder Satire rücken.
♦ Masse zum Füllen (*Farcieren*) von Fleisch- oder Fischspeisen.

Far East [engl. 'fɑː 'iːst] ↑ Ferner Osten.

Fareghan (Ferraghan) ↑ Orientteppiche (Übersicht).

Farel, Guillaume [frz. fa'rɛl], * Les Fareaux bei Gap (Hautes-Alpes) 1489, † Neuenburg 13. Sept. 1565, schweizer. Reformator. - Führte 1534/35 in Genf die Reformation ein, veranlaßte 1536 Calvin, in Genf zu bleiben, geriet jedoch mit ihm in Streit. Seit 1538 lebte F. in Neuenburg, von wo aus er die Reformation der frz. Schweiz und der benachbarten frz. Gebiete durchführte. Schuf die erste frz. ref. Liturgie, verfaßte die erste frz. prot. Dogmatik, „Le Sommaire ..." (1525).

farewell [engl. 'fɛə'wɛl], Abschiedsgruß: Lebwohl, auf Wiedersehen.

Farewell, Kap [engl. 'fɛəwəl], nördlichster Punkt der Südinsel von Neuseeland.

Farghani, Al, latinisiert Alfraganus (Abul Abbas Ahmed Ibn Muhammad Ibn Kathir Al F.), aus Fergana, † nach 861, arab. Astronom. - Lebte und wirkte am Hofe des abbasid. Kalifen Al Mamun in Bagdad; er verbesserte verschiedene astronom. Berechnungen des C. Ptolemäus, bestimmte den Durchmesser der Erde und die Entfernung der Planeten neu und nahm auch für die Planeten eine Präzessionsbewegung an. Seine „Elemente der Astronomie" wurden u. a. im 12. Jh. von Johannes Hispalensis und Gerhard von Cremona ins Lat. übersetzt und von J. Regiomontanus bearbeitet und bis ins 17. Jh. (u. a. von N. Kopernikus) viel benutzt.

Fargo [engl. 'fɑːgoʊ], Stadt in N-Dak., USA, 300 km östl. von Bismarck, 62 000 E. Sitz eines kath. und eines anglikan. Bischofs; Univ. (gegr. 1890), Handelszentrum eines Getreide- und Kartoffelanbau- sowie Viehzuchtgebiets; Flußhafen, Bahnknotenpunkt, ✈. - 1871 gegründet.

Fargue, Léon-Paul [frz. farg], * Paris 4. März 1876, † ebd. 24. Nov. 1947, frz. Dichter. - Lyriker im Umkreis von Mallarmé, Valéry und Larbaud; in dt. Übers.: „Unter der Lampe" (1930), „Der Wanderer durch Paris" (1939).

Faridabad, ind. Stadt im Bundesstaat Haryana, 30 km südl. von Delhi, 327 000 E. Als F. New Township planmäßig angelegte Stadt für pakistan. Flüchtlinge. - 1607 gegründet.

Farin [zu lat. farina „Mehl"] (Farinzukker), gelbl.-brauner, nicht vollständig gereinigter Zucker; fälschl. Bez. für Puderzukker.

Farinacci, Roberto [italien. fari'nattʃi], * Isernia (Prov. Campobasso) 16. Okt. 1892, † Vimercate (Prov. Mailand) 28. April 1945, italien. Rechtsanwalt und Politiker. - Zunächst Reformsozialist, 1914/15 Interventionist; 1919 Mitbegr. der „Fasci di combattimento", organisierte 1919–22 die Partito Nazionale Fascista (PNF) und dessen Kampforganisationen in Cremona und Umgebung; Generalsekretär des PNF 1925/26, 1928 Staatsmin., 1935 Mgl. des Faschist. Großrats, 1935/36 Teilnahme am Abessinienkrieg. Befürworter einer engen Zusammenarbeit mit Deutschland und einer faschist. Rassenpolitik; 1943 polit. weitgehend kaltgestellt; auf der Flucht von Partisanen erschossen.

färingische Sprache ↑ färöische Sprache.

Farini, Luigi Carlo, * Russi (Prov. Ravenna) 22. Okt. 1812, † Quarto dei Mille (= Genua) 1. Aug. 1866, italien. Politiker. - Abg.

Farlow

im piemontes. bzw. italien. Parlament (1849–65), Mitarbeiter Cavours; zeitweilig Unterrichtsmin., 1860 Innenmin., 1860/61 Statthalter in Neapel, 1862/63 italien. Min.präs.

Farlow, Tal [engl. ˈfɑːloʊ], eigtl. Talmadge Holt F., * Greensboro (N. C.) 7. Juni 1929, amerikan. Jazzmusiker (Gitarrist). - Seit den 1950er Jahren einer der bedeutendsten Gitarristen des Modern Jazz.

Farm [engl., zu lat.-frz. ferme „Pachthof"], in angelsächs. Ländern Bez. für einen größeren landw. Betrieb.
◆ in Deutschland Bez. für einen Hof mit Geflügel- oder Pelztierzucht.

Farmerlunge, svw. ↑Drescherkrankheit.

Farne (Filicatae, Filicopsida), Klasse der Farnpflanzen mit rd. 10 000 Arten; meist krautige Pflanzen mit großen, meist gestielten und gefiederten Blättern (Farnwedel). Auf der Unterseite der (in der Jugend stark eingerollten) Blätter befinden sich in kleinen Häufchen (Sorus) oder größeren Gruppen die Sporenbehälter (Sporangien). - Charakterist. für die F. ist der Wechsel von 2 Generationen. Beide Generationen, *Gametophyt* und *Sporophyt* (die eigtl. Farnpflanze), leben selbständig. Aus einer Spore entwickelt sich ein Gametophyt (Prothallium); auf ihm bilden sich die männl. und weibl. Geschlechtsorgane. Die Befruchtung der Spermatozoid- und Eizellen ist nur in Wasser (feuchter Untergrund, Tautropfen) möglich. Aus der befruchteten Eizelle entsteht der ungeschlechtl. Sporophyt. Aus seinen Sporangien lösen sich die Sporen, die wieder zu Gametophyten auswachsen. Nach dem Bau der Sporangien unterscheidet man *Eusporangiate* F. mit mehrschichtigen Sporangienwänden (z. B. Natternzunge, Mondraute) und *Leptosporangiate* F. mit einschichtigen Sporangienwänden (z. B. Wurm-, Adler- und Tüpfelfarn, Wasserfarne).

Farnese, italien. Adelsgeschlecht und Dynastie, die ihren Namen nach Ort und Schloß F. bei Orvieto trägt; seit dem 12. Jh. nachweisbar; *Orazio* F. († 1553) erhielt Castro und Ronciglione, *Pier Luigi* F. (* 1503, † 1547) Gonfaloniere della chiesa, 1545 Parma zu erbl. Hzgt.; nach Erlöschen der F. im Mannesstamm 1547 wurden die Hzgt. von Kaiser Karl V. eingezogen und erst 1552/56 seinem Schwiegersohn *Ottavio* F. (* 1524, † 1586) übertragen; sie fielen nach dem Tod von *Antonio* F. (1731) an Don Carlos, Sohn König Philipps V. von Spanien und der Elisabeth F., bed.:

F., Alessandro d. Ä. ↑Paul III., Papst.

F., Alessandro d. J., * Valento 10. Okt. 1520, † Rom 4. März 1589, Kardinal. - Leitete seit 1538 die päpstl. Staatsgeschäfte, führte 1546 das päpstl. Hilfskorps in den Schmalkald. Krieg. 1555 entschied er die Wahl Papst Pauls IV. Bed. als Kunstmäzen, ließ in Rom die Kirche Il Gesù erbauen und den Palazzo F. vollenden.

F., Alessandro ↑Alexander, Herzog von Parma und Piacenza.

F., Ottavio ↑Ottavio, Herzog von Parma und Piacenza.

Farnesischer Stier, Bez. für eine 1547 bei den Ausgrabungen der Farnese in den Caracallathermen in Rom gefundene erweiterte röm. Nachbildung eines um 50 v. Chr. für Rhodos gearbeiteten Werkes der Bildhauer Apollonios und Tauriskos von Tralleis. Stellt die Bestrafung der Dirke durch Amphion und Zethos dar. Teil der **Farnesischen Sammlungen,** die sich heute im Museo Nazionale in Neapel befinden.

Farnpflanzen (Pteridophyta), Abteilung der Pflanzen mit vier Klassen: ↑Urfarne, ↑Bärlappe, ↑Schachtelhalme, ↑Farne. Gemeinsames Merkmal der F. ist ein Generationswechsel zw. einem einfach gestalteten, haploiden Gametophyten und einem in einen echten Stamm mit Blättern und echten Wurzeln gegliederten, diploiden Sporophyten.

Faro [portugies. ˈfaru], portugies. Stadt an der Algarveküste, 28 200 E. Bischofssitz; Museen. Fischereihafen; Korkverarbeitung, Marktzentrum der östl. Niederalgarve; Fremdenverkehr.

Faro, Kartenglücksspiel, ↑Pharao.

Fårö [schwed. ˈfoːrø], schwed. Ostseeinsel, von Gotland durch den nur 1,5 km breiten **Fårösund** getrennt, 20 km lang, 2–8 km breit; flache Heidelandschaft mit kiefernwaldbestandenen Flugsandfeldern, magere Schafweiden; Fremdenverkehr; nur etwa 1 000 ständige Bewohner.

Färöer [fɛˈrøːər, ˈfɛːrøər], dän. Inselgruppe im Europ. Nordmeer, rd. 475 km sö. von Island, 1 399 km², 44 800 E (1984). Die Hauptinseln sind Streymoy, Eysturoy, Suðuroy, Sandoy und Vágar. Hauptort ist Tórshavn auf Streymoy. Die vulkan. F. sind glazial überformt, die Küsten steil und unzugänglich, durch tiefe Fjorde gegliedert, von zahlr. Vogelfelsen begleitet. Schmale Küstenebenen werden für Siedlung und Landw. genutzt. Das Klima ist hochozeanisch mit kühlen Sommern und relativ milden Wintern, mit hohen Niederschlägen, Stürmen und Nebeln. Es begünstigt den Graswuchs, auf dem eine umfangreiche Schafzucht basiert. Die Bev. ist überwiegend in der Fischerei beschäftigt.

Die F., seit dem 7. Jh. von Kelten besiedelt, wurden im 8./9. Jh. von norweg. Wikingern erobert und gehörten bis ins 19. Jh. zu Norwegen. Bei der Lösung Norwegens von Dänemark 1814 verblieben die F. bei Dänemark. Seit 1948 haben die F. weitgehende innere Selbstverwaltung mit eigenem Parlament und eigener Flagge.

färöische Sprache (färingische Sprache), zur Gruppe der nordgerman. Sprachen gehörend, von etwa 39 000 Menschen auf Färöer gesprochen; urspr. von norweg. Mundarten ausgehend, stellt die f. S. heute ein eigenes System dar. Neben Dänisch ist sie öffentl. gebrauchte Landessprache. Im 19. Jh. begann mit der Tätigkeit von V. U. Hammershaimb die Grundlegung einer nat. färöischen Schriftsprache, deren Orthographie noch heute weitgehend gilt.

Farrell, James Thomas [engl. ˈfærəl], *Chicago 27. Febr. 1904, † New York 22. Aug. 1979, amerikan. Schriftsteller. - Seine naturalist. Romane stellen eine düstere, quälende und kalte Welt dar. In dem stark autobiograph. Hauptwerk, der Trilogie „Studs Lonigan" (1932–35), schildert er den Untergang eines ir. Einwanderers in einer amerikan. Großstadt; auch literaturkrit. Essays. In dt. Übers. „Kein Stern geht verloren" (R., 1938).

Farrère, Claude [frz. faˈrɛːr], eigtl. Frédéric Charles Bargone, *Lyon 27. April 1876, † Paris 21. Juni 1957, frz. Schriftsteller. - Schrieb in der Nachfolge Lotis zahlr. exotfarbige Romane, deren Handlung meist vor dem Hintergrund gegensätzl. europ. und oriental. Zivilisationen spielt, u. a. „Opium" (R., 1904), „Kulturmenschen" (R., 1906), „Die Schlacht" (R., 1909).

Farrukhabad (amtl. F.-cum-Fatehgarh Town Group), Stadt im ind. Bundesstaat Uttar Pradesh, im Gangestiefland, 161 000 E. Agrarhandelszentrum, Textil- und Nahrungsmittelind. - 1714 gegründet.

Fars, Verw.-Geb. in S-Iran, in den südl. Ketten des Sagrosgebirges, etwa 133 000 km², 2,04 Mill. E (1976); Hauptstadt Schiras. Das Gebiet von F. war nach pers. Besiedlung im 8. Jh. v. Chr. der Kernraum des pers. Reiches (**Persis**).

Färse [niederl.] (Sterke), Bez. für ein geschlechtsreifes weibl. Rind vor dem ersten Kalben bis zum Ende der nach dem ersten Kalben folgenden Laktationsperiode.

Farthing [engl. ˈfɑːðɪŋ „vierter Teil"], Münze der Brit. Inseln; 1 F. = ¼ Penny; zuerst in Silber, seit dem 17. Jh. in Kupfer (zuletzt 1956).

Faruk I., *Kairo 11. Febr. 1920, † Rom 18. März 1965, König von Ägypten (1937–52). - Nachfolger seines Vaters Fuad I.; 1952 nach einem Militärputsch des Generals Nagib gestürzt; nach Ausweisung aus Ägypten in der Emigration; ab 1959 naturalisierter Monegasse.

Farvel, Kap, der südlichste Punkt Grönlands, auf der der Hauptinsel im S vorgelagerten Eggersinsel.

Fas [lat.], Bez. für alles, was nach röm. Vorstellung gegenüber der Gottheit Rechtens und durch göttl. Gebot erlaubt ist (Ggs.: Nefas).

Fasanen (Phasianinae) [griech.-lat., eigtl. „am Phasis (einem Schwarzmeerzufluß, heute Rioni) lebende Vögel"], Unterfam. der Fasanenartigen mit etwa 30 in Asien beheimateten Arten; farbenprächtige Bodenvögel mit meist langem Schwanz, häufig unbefiederten, leb-

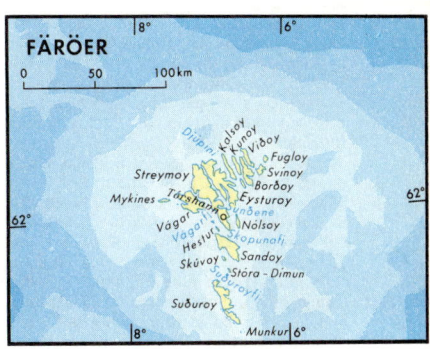

Fasanen

FÄRÖER

haft gefärbten Stellen am Kopf und kräftigen Läufen, die im ♂ Geschlecht Sporen aufweisen. - Bekannte Arten oder Gruppen **Edelfasan** (Jagdfasan, Phasianus colchicus), urspr. im mittleren Asien heim.; ♂ etwa 85 cm lang, Gefieder metall. schillernd; mit Schwellkörpern, die sich während der Balzzeit erhebl. vergrößern; Hinterkopfseiten mit jederseits einem Büschel verlängerter, aufrichtbarer Ohrfedern; Schwanz lang, schmal, hinten stark zugespitzt; ♀ rebhuhnbraun. Zur Gatt. **Kragenfasanen** (Chrysolophus) gehören der in M-China vorkommende **Goldfasan** (Chrysolophus pictus) und der in SW-China und Birma vorkommende **Diamantfasan** (Amherstfasan, Chrysolophus amherstiae). Das Goldfasan-♂ ist bis 1 m lang, farbenprächtig, mit goldgelbem Federschopf und abspreizbarem, rotgelb und schwarz gebändertem Halskragen; ♀ etwa 70 cm lang, unauffällig braun gescheckt. Der Diamantfasan ist mit Schwanz bis 1,7 m lang; ♂ prächtig bunt gefärbt; ♀ unscheinbar braun gesprenkelt, wie das ♂ mit nacktem hellblauem Augenring. In Hinterindien und O-Asien lebt der bis 1 m lange **Silberfasan** (Gennaeus nycthemerus); ♂ oberseits weiß mit feiner, schwarzer Zeichnung; Schwanz lang und ebenso gefärbt; Unterseite und Schopf blauschwarz; Gesicht nackt und rot; ♀ unscheinbar braun. Der bis 85 cm lange **Kupferfasan** (Syrmaticus soemmeringii) kommt in Japan vor; ♂ hellbraun und kupferrot; mit roter Gesichtsmaske und langem, gebändertem Schwanz. In SO-China verbreitet ist der **Elliotfasan** (Syrmaticus elliotii); ♂ (mit Schwanz) etwa 80 cm lang. Die Gatt. **Ohrfasanen** (Crossoptilon) hat drei Arten in Z-Asien; mit weißen Ohrfedern u. nackten, roten Hautstellen um die Augen. Im Himalaja und angrenzenden Gebirgen kommen die drei Arten der Gatt. **Glanzfasanen** (Monals, Lophophorus) vor; etwa 70 cm lang, kurzschwänzig; ♂ oberseits rot, gold, grün und blau schillernd, unterseits samtschwarz; ♀ unscheinbar braun. Am bekanntesten ist der **Himalajaglanzfasan** (Lophophorus impejanus), dessen ♂ ähnl. wie der Pfau balzt

347

Fasanenartige

und pfauenartige Kopfschmuckfedern hat. Die Gattungsgruppe **Hühnerfasanen** (Fasanenhühner) umfaßt rd. 10 Arten in Z- und S-Asien; u. a. **Edwardsfasan** (Hierophasis edwardsi), etwa 65 cm lang, ♂ schwarz mit bläul. oder grünl. Schimmer; ♀ ohne Schopf, rötlichbraun. Zu den F. gehören außerdem die ↑ Kammhühner. Der **Rotrückenfasan** (Lophura ignata) lebt in SO-Asien; fast 70 cm lang; ♂ (mit Ausnahme des rotbraunen Hinterrückens) dunkelblau gefärbt; ♀ rotbraun.

Fasanenartige (Phasianidae), mit über 200 Arten fast weltweit verbreitete Fam. 0,12–1,3 m langer Hühnervögel; ♂♂ häufig auffallend gefärbt, mit großen Schmuckfedern und bunten Schwellkörpern an Kopf und Hals. Zu den F. gehören: ↑ Rauhfußhühner, ↑ Feldhühner, ↑ Truthühner, ↑ Satyrhühner, ↑ Fasanen, ↑ Pfaufasanen, ↑ Pfau, ↑ Kongopfau, ↑ Perlhühner.

Fasanerie [griech.-lat.-frz.], meist großes, unterholzreiches Gehege, das zur Aufzucht von Jagdfasanen dient.

Fasano, italien. Stadt, 50 km nw. von Brindisi, Apulien, 35 800 E. Zentrum eines Wein- und Olivenanbaugebiets. 5 km nördl. liegen die Ruinen der antiken Hafenstadt **Egnatia.** - F. war Feudalbesitz des Johanniterordens von Rhodos. - Palast (1509).

Fasces ['fastses] ↑ Faszes.

Fasch, Christian Friedrich Carl (Carl Friedrich), * Zerbst 18. Nov. 1736, † Berlin 3. Aug. 1800, dt. Komponist. - Sohn von Johann Friedrich F.; Cembalist am Hof Friedrichs II. in Berlin, 1791 Gründer der Berliner Singakademie.

F., Johann Friedrich, * Buttelstedt bei Weimar 15. April 1688, † Zerbst 5. Dez. 1758, dt. Komponist. - 1722 Hofkapellmeister in Zerbst. Seine Werke stehen am Übergang vom Barock zur Frühklassik (Ouvertüren, Sinfonien, Konzerte, Triosonaten, Kantaten, Messen).

Faschinen [frz., zu lat. fascis „Rutenbündel"], durch Draht fest zusammengeschnürte Bündel aus Reisig, die - oft mit Steinen beschwert - zur Böschungssicherung dienen.

Fasching [zu mittelhochdt. vas(t)schanc „Ausschenken des Fastentrunks"], bayr.-östr. Bez. für die Wochen, die der Fastenzeit vorangehen. - ↑ auch Fastnacht.

Faschir, Al, Hauptstadt der Prov. Darfur, Rep. Sudan, 30 000 E. Straßenknotenpunkt; ✈. - Residenz der Sultane von Darfur 1787–1916.

Faschismus [italien., zu fascio „Rutenbündel" (von ↑ Faszes)], 1. das von B. Mussolini geführte Herrschaftssystem in Italien (1922–45); 2. i. w. S. Bez. für extrem nationalist., nach dem Führerprinzip organisierte antiliberale und antimarxist. Bewegungen und Herrschaftssysteme in verschiedenen Ländern Europas nach dem 1. Weltkrieg; 3. nach marxist. Auffassung eine in kapitalist. Industriegesellschaften bei sozialer, wirtsch. und polit. Krisenlage angewandte Form bürgerl. Herrschaft. - Mit ↑ Neofaschismus bezeichnet man Strömungen und Parteien, die nach 1945 an die Tradition des F. anknüpften. Heute wird „faschist." häufig unreflektiert auf Phänomene angewandt, auf die diese Bez. gar nicht oder nur tendenziell zutrifft.

Der Faschismus in Italien: In der 1919 von Mussolini als „Fasci di combattimento" begr. Bewegung von Syndikalisten, Frontkämpfern und Interventisten verband sich militanter Nationalismus mit einem lautstarken polit.-sozialen Erneuerungswillen. Gefordert wurden u. a. progressive Erbschafts- und Vermögenssteuern, Achtstundentag, Arbeitermitverwaltung. Trotz des Einsatzes von Gewalt als polit. Mittel von Anbeginn blieb der F. zuerst - auch bei Wahlen - ohne Erfolg. Doch als die Nachkriegskrise Italiens (Unzufriedenheit des Bürgertums mit den Ergebnissen des Krieges, mangelnde Koalitionsbereitschaft zw. Liberalen, Kath. Volkspartei und Sozialisten, soziale Auseinandersetzungen) im Sept. 1920 in mehrwöchigen Fabrikbesetzungen einen Höhepunkt erreichte, fand die militante, antisozialist. Taktik des F. die Unterstützung von Ind., Grundbesitz, Kirche, Bürokratie und liberaler Presse. Anfangs eine kleinbürgerl. Protestbewegung, griff der F. nun auf die Gebiete des sozialist. ländl. Genossenschaftswesens in N-Italien über. Bewaffnete Kampfgruppen führten einen Vernichtungskampf gegen die organisierte Linke, oft mit Duldung, z. T. mit offener Unterstützung staatl. Stellen. Bei den Wahlen vom April 1921 erhielt der F. innerhalb des gegen Sozialisten und Volkspartei (Popolari) gerichteten „Nat. Blocks" eine erste parlamentar. Vertretung (35 Abg. von insgesamt 535). Um die regionalen Gruppen im F. besser beherrschen zu können, formte Mussolini die Bewegung im Nov. 1921 zum **Partito Nazionale Fascista** (PNF) um (Mgl. Ende 1920: 21 000; Ende 1921: 218 000; Ende Mai 1922: 322 000). Loyalitätserklärungen gegenüber der kath. Kirche und der Monarchie sowie ein liberalist. Wirtschaftsprogramm erhöhten die Koalitionsfähigkeit gegenüber den bürgerl. Parteien. Im vorhandenen Machtvakuum vermochte der F. sich als einzige polit. Alternative zum zerbrechenden liberalen System zu etablieren. Ende Okt. 1922 bahnte sich Mussolini mit Gewalt, Erpressung und Überredung den Weg zur Macht (**Marsch auf Rom** 27./28. Okt. 1922). Am 30. Okt. ernannte Viktor Emanuel III. Mussolini zum Min.präs. eines Kabinetts aus 4 Faschisten und insgesamt 10 Nationalisten, Liberalen, Demokraten und Popolari. Das wenig umrissene Programm des F. beruhte größtenteils auf Ressentiments und Negationen (Antimarxismus, Antiliberalismus usw.). Mussolini war v. a. von F. Nietzsche, G. Sorel und V. Pareto beeinflußt. Auf die Lehre des

Faschismus

F. wirkten neben dem Futurismus und dem Aktionismus D'Annunzios v. a. der revolutionäre Syndikalismus (im linken Flügel des F.) und der Nationalismus ein. Die nationalist. Partei wurde 1923 mit dem F. verschmolzen. Die faschist. Idee des „stato totalitario" bedeutete Unterordnung des einzelnen unter die Zwecke des Staates zur machtpolit. Entfaltung der Nation.

Auch wenn Mussolini anfangs nicht den totalitären Einparteienstaat anstrebte, hatte er doch den festen Willen, die Macht zu behalten, notfalls mit Gewalt und Terror. Ein auf ein Jahr befristetes Ermächtigungsgesetz (3. 12. 1922) gab der Reg. weitgehende Vollmachten. Mit der Gründung des Faschist. Großrats (15. Dez. 1922) und der Institutionalisierung der faschist. Kampfgruppen in einer parastaatl. Parteiarmee begann die Umwandlung des liberalen Systems. Kapitalfreundl. Maßnahmen sicherten das Wohlwollen der besitzenden Schichten. Ein neues Wahlgesetz gab der PNF und ihren rechtsliberalen Listenverbündeten in den Wahlen vom April 1924 eine Zweidrittelmehrheit. Das durch die Ermordung des Sozialisten G. Matteotti (10. Juni 1924) signalisierte Drängen des radikalen Flügels des F. nach der Parteidiktatur führte zu einer tiefen Krise des F. (auch zur Formierung einer ersten, streng legalen, antifaschist. Oppositionsbewegung), die Mussolini mit dem Übergang zum Einparteienstaat beantwortete. 1925/26 wurden die individuellen Grundrechtsgarantien und die Gewaltenteilung beseitigt, die nichtfaschist. Parteien verboten, Verwaltung und Justiz gleichgeschaltet und die Pressefreiheit aufgehoben. Mussolini erhielt prakt. unumschränkte Vollmachten. Die Errichtung eines polit. Sondergerichts und einer Geheimpolizei institutionalisierte die terrorist. Seite des Systems. Ein Netz von Berufs-, Frauen-, Jugend-, Freizeitorganisationen u. a. sollte alle Altersstufen und Lebensbereiche erfassen. Das Führerprinzip wurde auf allen polit. und sozialen Ebenen durchgesetzt. Doch kannte die Wirklichkeit des totalitären Staates dank der unangetasteten Existenz von Kirche (Lateranverträge 1929), Monarchie und Heer eine Reihe von Freiräumen.

Mit der Ausschaltung der kath., sozialist. und kommunist. Gewerkschaften und der Errichtung des Korporationensystems erhob der F. den Anspruch, eine transkapitalist. Wirtschaftsordnung geschaffen zu haben. Fakt. kam jedoch die Neuregelung mit der Aufhebung des Achtstundentages, der Betriebsvertretungen und mehrfachen Lohnsenkungen weitgehend der Arbeitgeberseite zugute. Die Reallöhne der Ind.arbeiter erreichten erst 1948 wieder das Niveau von 1921. Beim Aufbau der PNF verließ man schon bald das Konzept einer Eliten- zugunsten einer Massenpartei (1943: 4,75 Mill. Mgl.).

Außenpolit. ordnete sich das faschist. Italien anfangs in die von Frankr. und Großbrit. bestimmte europ. Nachkriegsordnung ein. Die Hinwendung zum nat.-soz. Deutschland (gemeinsame Intervention im Span. Bürgerkrieg) gipfelte im Kriegseintritt Italiens (Juni 1940) auf dt. Seite. Nach den raschen militär. Niederlagen 1940–43 schritt der konservativmonarchist. Flügel des F. zum Mißtrauensvotum im Faschist. Großrat (24./25. Juli 1943), das dem König Entlassung und Verhaftung Mussolinis ermöglichte. Nach seiner Befreiung durch die Deutschen inszenierte Mussolini in Oberitalien das kurzlebige Experiment der Republik von Salò.

Die faschistischen Bewegungen: In fast allen Staaten Europas gab es in den 1920er und 1930er Jahren faschist. Bewegungen: *Deutschland:* Nationalsozialismus, *Spanien:* Falange Española Tradicionalista y de las J. O. N. S., *Großbritannien:* British Union of Fascists, *Frankreich:* Francismus, Parti Populaire Français, *Niederlande:* Nationaal-socialistische Bewging, *Belgien:* Rexbewegung, *Norwegen:* Nasjonal Samling, *Schweiz:* Frontismus, *Österreich:* Heimwehren, *Ungarn:* Pfeilkreuzler, *Rumänien:* Eiserne Garde, *Slowakei:* Hlinka-Garde, *Kroatien:* Ustascha. Auslöser waren die sozialen und polit. Veränderungen nach dem 1. Weltkrieg und die Furcht vor der seit der russ. Oktoberrevolution 1917 offenen Möglichkeit einer sozialen Revolution. Die Anhänger des F. stammten aus dem alten und neuen Mittelstand (Handwerker, Kaufleute, Bauern, Angestellte, Beamte), die sich durch das Anwachsen der Arbeiterbewegung wie durch die fortschreitende Industrialisierung in ihrer materiellen Existenz und in ihrem Status bedroht fühlten. In ihrem Ansatz waren die faschist. Bewegungen sowohl antimarxist. wie antikapitalist., gingen jedoch auf dem Weg zur Macht, unter Ausschaltung der linken Flügel, vielfache Kompromisse mit vorhandenen Machtträgern (rechtsbürgerl. Parteien, Heer, Bürokratie, Großindustrie, Kirchen usw.) ein. Die Ideologie war gekennzeichnet durch Antimarxismus, Antiliberalismus, Militarismus und übersteigerten Nationalismus. Mit Volksgemeinschaftsparolen versuchte man, die Klassengegensätze zu überwinden und die sozialen Spannungen - unter Verfolgung polit., religiöser und rass. Minderheiten - auf Randgruppen abzulenken. Als Organisationsform wurde ein hierarch. aufgebautes, von einem „Führer" geleitetes Einparteiensystem proklamiert. Im Kampfstil verbanden sich Propaganda und Terror, ausgeübt durch paramilitär. Verbände und Geheimpolizei.

Faschismus als „Form bürgerlicher Herrschaft": Während in der bürgerl.-liberalen F.theorie F. und Kommunismus wesentl. Gemeinsamkeiten aufweisen (Totalitarismus), bildet der F. nach marxist. Auffassung eine in bürgerl. Demokratien in ökonom. oder polit. Krisenlage angewandte neuartige Formen polit. Herrschaft. Der F. ermöglicht die Zerschlagung der Arbeiterparteien und der Gewerkschaften, Senkung der Lohnkosten und Erhöhung der Rentabilität. Seine Funktion ist, auch in einer Krisenlage die bestehenden Eigentums- und Privilegienverhältnisse unter Preisgabe der polit., aber Beibehaltung der sozialen Herrschaft aufrechtzuerhalten.

📖 *Die Nationalsozialisten. Analysen faschist. Bewegungen.* Hg. v. R. Mann. Stg. 1980. - Kühnl, R.: *F.theorien. Texte zur F.diskussion II.* Rbk. 1979. - *Theorien über den F.* Hg. v. E. Nolte. Königstein/Ts. ²1979. - Thamer, H. U./Wippermann, W.: *Faschist. u. neofaschist. Bewegungen.* Darmst. 1977. - DeFelice, R.: *Der F.* Dt. Übers. Stg. 1977.

Faschodakrise, brit.-frz. Kolonialkonflikt um die Herrschaft über den Sudan 1898/99; entstand, als brit. Kolonialtruppen den Oberlauf des Nils unter brit. Herrschaft zu bringen suchten und 1898 bei Faschoda (= Kodok) auf frz. Truppen stießen. Die internat. isolierte frz. Reg. ließ das Niltal bedingungslos räumen. Das Abkommen von 1899 regelte die Besitzverhältnisse am oberen Nil, sicherte Frankr. das Tschadseebecken und erleichterte schließl. die Bildung der Entente cordiale.

Fasci di combattimento [italien. ˈfaʃʃi di kombattiˈmento] ↑Faschismus.

Fasciola [lat.] (Distomum), weit verbreitete Gatt. der Saugwürmer mit einigen in Säugetieren parasitierenden Arten, z. B. Großer Leberegel.

Fase, durch Bearbeiten einer Kante entstandene, abgeschrägte Fläche.

Faser ↑Fasern.

Faserbanane ↑Bananenstaude.

Faserdämmstoffe, Baustoffe zur Wärme- und Schallisolierung in Form von Bahnen oder Platten. Man unterscheidet: *mineral. F.* (Glasfasern, Steinfasern, Schlackenfasern) und *pflanzl. F.* (Kokosfasern, Seegras, Holzfasern, Torffasern).

Fasergeschwulst, svw. ↑Fibrom.

Faserhanf (Kulturhanf, Cannabis sativa ssp. sativa), aus Asien stammende Kulturform des Hanfs, angebaut in Asien, Europa, N-Afrika, N-Amerika, Chile und Australien; wird bei weitem Pflanzabstand bis 3 m hoch und großfaserig (**Riesenhanf, Schließhanf, Seilerhanf**), bei dichter Aussat niedrig und feinfaserig (**Spinnhanf**); Fasergewinnung ähnlich wie beim Gespinstlein. Die Fasern sind für Segeltuche, Netze und Seile geeignet. Die Samen liefern ein grünl. Öl und werden als Vogelfutter angeboten.

Faserknorpel ↑Knorpel.

Faserkrebs (Szirrhus), harter Drüsenepithelkrebs mit reichl. Entwicklung von derbem, schrumpfendem Bindegewebe (Stroma), v. a. bei Brustdrüsen- und Magenkrebs.

Faserkristall ↑Haarkristall.

Faserlein, svw. Gespinstlein (↑Flachs).

Fasern, mehr oder weniger langgestreckte Strukturen im pflanzl. und tier. Organismus, als einzelne Zellen, Zellstränge, Zellstrangbündel oder auch als Zellanteile (z. B. Nerven-F., Muskel-F.).

♦ (Textilfasern) in der *Textiltechnik* Bez. für lange, feine Gebilde, die zu Garnen versponnen werden können. Man unterscheidet zw. Naturfasern (z. B. Baumwolle, Flachs, Wolle, Seide) und Chemiefasern. - Übersicht S. 352f.

Fasernessel, Zuchtform der Großen Brennessel, die zur gewerbl. Gewinnung von Nesselfasern für Nesseltuch und Garne angebaut wird.

Faserpflanzen, Bez. für Pflanzen, die Rohstoffe für die Spinnerei und Seilerind. zur Herstellung von Polstern, Geflechten, Besen, Pinseln liefern. Größere wirtschaftl. Bedeutung haben nur Baumwolle, Faserhanf, Kapok, Sisal und Flachs.

Faserplatten ↑Holzfaserplatten.

Faserstoffe, Stoffe mit einer ausgeprägten Faserstruktur; sie zeichnen sich durch eine parallele Anordnung aller an ihrem Aufbau beteiligten Moleküle oder kleinen Kristallbereiche aus.

Faservlies, Faserverbundstoff, dessen Zusammenhalt durch eine den Fasern eigene oder durch Präparation erzielte Haftung bewirkt wird. Verwendung als Einlagestoffe für Bekleidungsstücke, als Füllmaterial für Steppartikel und als Filtermatten.

Fashion [engl. ˈfæʃən; zu frz. façon (↑Fasson)], Mode, Vornehmheit, gepflegter Lebensstil.

fashionable [engl. ˈfæʃənəbl], modisch, elegant, vornehm.

Fasnacht ↑Fastnacht.

Fasolt, german. Sagengestalt, ↑Eckenlied.

Faß, früher meist aus Eichenholzdauben gefertigter Behälter für die Bereitung, Lagerung und den Transport u. a. von Wein, Branntwein und Bier. An die Stelle der traditionellen Fässer sind heute weitgehend säurefeste Metallfässer, Kunststoffbehälter, zur Lagerung oder als Gärbehälter auch Stahltanks oder mit Glas ausgekleidete Betonräume getreten. - Der F.inhalt läßt sich berechnen nach der Näherungsformel

$$V = \frac{\pi \cdot h}{12}(2D^2 + d^2)$$

(*h* Höhe des Fasses, *d* Durchmesser der Endflächen, *D* Durchmesser der Faßmitte, $\pi = 3{,}14159...$).

Fassade [frz., zu lat. facies „Aussehen"], zur Straße bzw. zu einem Platz hin oder sonst richtungsorientierte Schauseite eines Gebäudes, meist die Haupteingangsseite; gelegentl. auch zum Garten (Barockschlösser) oder fernsichtorientierte Fassaden; bei modernen Bauten auch svw. Hauswand (Fensterwand).

Fassatal, italien. Hochgebirgstalllandschaft des oberen Avisio im Trentino-Tiroler Etschland; Fremdenverkehr, Wald- und Weidewirtschaft.

Faßbender, Joseph, * Köln 14. April 1903, † ebd. 5. Jan. 1974, dt. Maler und Graphiker. - Steht im Übergang zw. zeichenhafter Abstraktion und reinen Farb-Form-Werten.

Fassbinder, Rainer Werner, * Bad Wörishofen 31. Mai 1945, † München 10. Juni 1982, dt. Regisseur und Filmproduzent. - Leitete Theaterkommunen in München und Frankfurt am Main. In eigenen Stücken und Filmen stellt er Menschen in ihrer oft verständnislosen und feindl. Umwelt dar. - *Filme:* Katzelmacher (1969), Warum läuft Herr R. Amok? (1970), Warnung vor einer hl. Nutte (1971), Händler der vier Jahreszeiten (1972), Die bitteren Tränen der Petra von Kant (1972), Martha (1972), Angst essen Seele auf (1974), Fontane Effi Briest (1974), Satansbraten (1977), Deutschland im Herbst (mit anderen, 1977), Die Ehe der Maria Braun (1978), Berlin Alexanderplatz (1980; Fernsehserie in 14 Folgen), Lili Marleen (1980), Lola (1981), Die Sehnsucht der Veronika Voss (1982), Querelle (1982).

Faßbinder, ehem. Handwerk; der F. band die Faßdauben mit halbierten Weidenruten.

Faßgeschmack, brennender oder muffiger Geschmack bei Weinen, der von Berührung mit schimmligen Kellergeräten oder schlecht gereinigten Fässern herrührt.

Fasson (Façon) [fa'sõː; frz., zu lat. factio „das Machen"], Art, Muster, Form; Schnitt (bei Kleidungsstücken); Haltung (die F. bewahren).

Faßschnecke (Tonnenschnecke, Tonna galea), räuberisch lebende Meeresschnecke mit bis 25 cm langer, bräunl., eiförmiger Schale mit spiraligen Leisten und erweiterter Mündung.

Faßtechnik, in der neueren techn. Fachliteratur Bez. für Geräte und Anlagen zur Handhabung von Fässern sowie zur Behandlung von Stoffen in Fässern. Die F. tangiert verschiedenartige Fachbereiche, u. a. Fördertechnik sowie Teile der Verfahrens- und Wärmetechnik.

Fassung, genormte Vorrichtung zum Einsetzen von elektr. Glühlampen und Elektronenröhren bei gleichzeitigem Herstellen des elektr. Kontaktes. Bei **Schraubfassungen** ist v. a. die *Edison-F.* (Kurzzeichen E) mit einzuschraubendem Edison-Sockel gebräuchlich (z. B. E 14, E 27; die Zahl gibt den Gewindedurchmesser in mm an). Auf dem Prinzip des Bajonettverschlusses beruht die **Bajonettfassung,** die wegen des festeren Sitzes v. a. in Fahrzeugen verwendet wird.

♦ die farbige Bemalung der Bildwerke aus Stein und Holz, im Altertum wie im MA weitgehend üblich. Zur F. gehören bei der Holzfigur meist mehrere Anstriche mit Kreide, Gips, bei Fugen über einer Leinwandgrundierung, auf die die Temperafarben bzw. die Vergoldung (als Folien) aufgetragen wurden. Seit dem 15. Jh. wurden Holzbildwerke auch mit Ölfarben gefaßt. Die F. führte der **Faßmaler,** nicht der Schnitzer aus. Für das Barock gewinnt noch einmal die polychrome F. der Bildwerke an Bedeutung.

♦ die einem literar. Text vom Autor gegebene Form bzw. Formen (Umarbeitungen); bei älterer Literatur die verschiedenen Aufbereitungen eines Stoffes oder Werkes in den verschiedenen Handschriften.

Fast, Howard, Pseud. Walter Ericson, * New York 11. Nov. 1914, amerikan. Schriftsteller. - Schrieb sozial engagierte (bis 1957 KP-Mitglied) histor. Romane u. a. - *Werke:* Die letzte Grenze (R., 1941), Bürger Tom Paine (biograph. R., 1943), Spartacus (R., 1952), Versuchung der Macht (1962), The Jews (1968), Der Außenseiter (1984).

fast alle, in der Mathematik svw. „alle mit Ausnahme von höchstens endlich vielen".

Fastback [engl. 'fɑːstbæk], 1. im Automobilbau Bez. für Fließheck; 2. Filmtrick, mit dem ein eben gezeigter Vorgang [sehr schnell] rückwärts ablaufend vorgeführt werden kann.

Fastebene (engl. Peneplain), in der Geomorphologie eine Verebnungsfläche, Endstadium der Abtragung, die in sehr langen Zeiträumen wirksam war.

Fasten [eigtl. „an den (Fasten)geboten festhalten" (verwandt mit fest)], in der Religionsgeschichte die weit verbreitete, individuell oder gemeinschaftl. vollzogene Abstinenz von bestimmten Nahrungsmitteln und Getränken, z. T. auch totale Enthaltung von Nahrungsaufnahme, die zu bestimmten F.zeiten oder - wie gelegentl. im Dschainismus - dauernd geübt wird. Ihr Ziel kann in der Abwehr schädl. Kräfte, in eigener Kraftgewinnung oder ekstat. Steigerung bestehen. In einigen Religionen dient das F. der Buße und Heiligung, der Freiheit zum Gebet, der Vision und Erleuchtung, der Vorbereitung auf kult. Handlungen, insbes. auf den Genuß hl. Speisen. - So gibt es in der *kath. Kirche* zwei Fastenzeiten jeweils vor den Hochfesten (Ostern und Weihnachten). Gebotene **Fasttage** sind (seit 1966) nur noch Aschermittwoch und Karfreitag, die zugleich **Abstinenztage** sind (Verbot des Genusses vom Fleisch warmblütiger Tiere). Zum F. verpflichtet sind alle Kirchenangehörigen, die das 21. Lebensjahr vollendet und das 60. noch nicht begonnen haben. - In den *Ostkirchen* gibt es mehrere F. zeiten (vor höheren Festen) und Fasttage. Das F. besteht in der Abstinenz von Fleisch, Eiern, Milch (auch Butter, Käse usw.), Fisch, Öl und Wein. Beschränkung in der Quantität der erlaubten Speisen gibt es nicht. - In den

Fastenkur

Alemannische Fastnachtsmasken

ev. Kirchen wurde v. a. die Ansicht bekämpft, F. sei als gutes Werk verdienstvoll. - In der *Medizin* ↑Ernährungstherapie.

Fastenkur ↑Ernährungstherapie.
Fastenmonat ↑Ramadan.
Fasti [lat. „Tage des Rechtsprechens" (zu fari „sprechen")], die Werktage des röm. Kalenders, lat. Dies fasti; Ggs.: Dies nefasti.
◆ der röm. Kalender, d. h. Listen aller Tage des Jahres mit Angabe ihres jeweiligen Rechtscharakters und weiteren Kommentaren.
◆ Namenslisten der höchsten Jahresbeamten (F. consulares, F. magistratuum), der Priester (F. sacerdotales) und Verzeichnis der röm. Siegesfeiern (F. triumphales); führte zur Entwicklung der Annalen.

Fastnacht (Fasnacht), urspr. der Abend vor der Fastenzeit, später v. a. die letzten drei Tage, auch die vorhergehende Woche, seit dem 19. Jh. meist die Zeit vom Dreikönigstag bis Aschermittwoch. Während die prot. Länder eine eigtl. F.feier heute kaum mehr kennen, begeht das Rheinland den **Karneval**, Mainz und Umgebung **Fastnacht**, das schwäb.-alemann. Gebiet die **Fasnet**, Franken die **Fosnat**, der bayr.-öst. Raum den **Fasching**. - Das Wort „F." ist seit etwa 1200 in verschiedenen mittelhochdt. Lautformen belegt. Nachrichten über F.bräuche bleiben zunächst spärlich; im 13. und 14. Jh. wird v. a. von Gastmählern und Trinkgelagen berichtet, auch von Tanzereien, ferner über Stech- und Turnierspiele, im Spät-MA darüber hinaus dann von Maskenaufzügen. Grundlegendes Motiv der verschiedenen F.bräuche dürften die bevorstehenden, zur Enthaltsamkeit mahnenden Fasten- und Bußwochen sein. Die weitgehende Zurückführung der F. auf Fruchtbarkeitskulte in german. Zeit oder auf Einflüsse der röm. Saturnalien scheint heute zweifelhaft. - Die **Fastnachtsbräuche** des MA sind bes. gut in den Städten faßbar und hier wesentl. von Erscheinungsformen des öffentl. Festwesens geprägt. Bis ins 14. Jh. dominieren zur F. Reiterspiele der Patrizier, dann entwickelt sich ein vielgestaltiges Maskenbrauchtum. Den vielfach groben und exzessiven Brauchhandlungen des Spät-MA folgen im 16. Jh. neue Schau- und Vorführbräuche der Handwerker. In der Barockzeit blüht die F. als prunkvolles Kostümfest an den Fürstenhöfen und beeinflußt mit ihren motiv. Ausformungen, z. B. in mytholog. und allegor. Figuren, die bürgerl. F. der Städte bis ins 19. Jh. Wichtige Einflüsse auf die künstler. Ausgestaltung kamen seit etwa 1700 aus Italien (v. a. Venedig).
Öffentl. Feiern mit Tanz, Spiel, Umzügen, Heischebräuchen und mannigfachen Formen der Verkleidung charakterisieren die F. als Zeit, in der die gewohnte Ordnung außer Kraft gesetzt ist und im Gewand des Narren verspottet wird (z. B. Etablierung einer „Gegenregierung" [Elferrat], Übergabe des Rathausschlüssels an die Narren), und es dem einzelnen gestattet ist, gegen tradierte Verhaltensnormen zu verstoßen. Vielfach wurde in der Geschichte diese „Ventilfunktion" der F. bedeutsam, etwa als satir. gewendeten Widerstand gegen kirchl. Institutionen seit dem 15. Jh., oder gegen die frz. Besatzung im W Deutschlands im 19. Jh., wovon sich v. a. in Rosenmontagsumzügen zeitkrit. Elemente mit zumeist reaktionärer Tendenz erhalten haben.

FASERN (Auswahl)

Name	Vorkommen und Gewinnung bzw. Herstellung	Verwendung
Pflanzenfasern		
Baumwolle	Samenhaare von Arten der Baumwollpflanze	Textilfaser
Flachs (Lein)	Bastfasern aus den Stengeln von Echtem Lein	Textilfaser
Hanf	Bastfasern aus den Stengeln von Faserhanf	Segeltuche, Netze, Seile
Jute	Bastfasern aus den Stengeln verschiedener Jutearten	Verpackungsgewebe, Bespannstoffe, Gurte, Läufer
Kokos	Hartfasern aus der faserigen Schicht der Fruchthülle der Kokospalmenfrüchte	Seile, Netze, Matten, Polstermaterial, Säcke

FASERN (Forts.)

Name	Vorkommen und Gewinnung bzw. Herstellung	Verwendung
Manilafaser (Abakafaser)	Hartfasern aus den Blattscheiden des Stamms der Faserbanane und verwandter Arten	Seile, Taue, Netze, Säcke
Ramie	Bastfasern aus den Blattstengeln von Boehmeriaarten	Nähzwirne, Fallschirmstoffe, Schlauchgewebe
Sisal	Bastfasern aus den Blättern der Sisalagaven	Garne für Schnüre, Seile, Taue, Läufer, Teppiche

Tierfasern

Name	Vorkommen und Gewinnung bzw. Herstellung	Verwendung
Alpakawolle	Woll- und Deckhaare vom Alpaka	Textilfaser
Angorawolle	Haare der Angorakaninchen	Textilfaser, bes. leicht und fein, meist zus. mit Schafwolle verwendet
Kamelwolle (Kamelhaar)	Woll- und Deckhaare des Kamels	Textilfaser; Wollhaare v. a. für Decken und Mantelstoffe, Deckhaare für Teppiche
Kaschmirwolle	Woll- und Deckhaare der Kaschmirziege	Textilfaser für bes. feine, dichte Wollgewebe
Mohair[wolle]	Haare der Angoraziege	Textilfaser, bes. stark glänzend, wenig filzend, für Gewebe, Strick- und Wirkwaren
Roßhaar	Schweif- und Mähnenhaare des Pferdes	Polstermaterial
Schafwolle (Wolle)	Wollhaare der Merino-, Lincoln- und Crossbredschafe	Textilfaser für Wollgewebe aller Art
Vikunjawolle	Wollhaare des Vikunja	Textilfaser für bes. feine und leichte Wollgewebe
Seide	Kokonfasern der Seidenspinner, insbes. des Maulbeerseidenspinners	Textilfaser, bes. für Stoffe, Nähgarne, Stickgarne

Mineralfasern

Name	Vorkommen und Gewinnung bzw. Herstellung	Verwendung
Asbest	Hornblende oder Serpentin	Isoliermaterial, Asbestzement

Chemiefasern

Name	Vorkommen und Gewinnung bzw. Herstellung	Verwendung
Acetat[faser]	Acetylierung von Zellulose	Textilfaser für Stoffe, Futterstoffe, Stickgarn
Cupro	Kupferoxid-Ammoniak-Verfahren	Textilfaser für Stoffe und Futterstoffe
Viskose (früher: Reyon)	Viskoseverfahren	Textilfaser, ähnl. wie Baumwolle für Stoffe; ferner für Autoreifeneinlagen (Kord)
Polyacryl[faser]	Polymerisation von Acrylnitril; Verspinnen im Trocken- oder Naßspinnverfahren	Textilfaser, bes. Strick- und Wirkwaren
Polyamid[faser]	Polykondensation von Dicarbonsäuren mit Diaminen, von ω-Aminocarbonsäuren oder von Lactamen; Verspinnen im Trockenspinnverfahren	Textilfaser für Stoffe, Seile
Polyester[faser]	Polykondensation von Terephthalsäure und einem zweiwertigen Alkohol (Diol)	Textilfaser, bes. für Oberbekleidungsstoffe
Polyurethan[faser]	Polyaddition von zweiwertigen Isocyanaten (Diisocyanate) und zweiwertigen Alkoholen (Diolen)	Textilfaser, bes. für elast. Gewebe

Anorganische Fasern

Name	Vorkommen und Gewinnung bzw. Herstellung	Verwendung
Glasfasern	Schmelzen von Quarzsand mit Zuschlägen	Isoliermaterial, Verstärkungsmaterial für Kunststoffe
Kohlenstoffasern	Verkohlung von organ. Fasern (v. a. Polyacryl und Viskose)	Verstärkungsmaterial für Kunststoffe und Gläser
Metallfasern	Ziehen der Metalle, Drahtziehverfahren	Dekorationsstoffe, Verstärkungsmaterial für Kunststoffe, Kabelherstellung

Fastnachtsspiel

⊞ *Rhein. Jb. f. Volkskunde.* Hg. v. K. Meisen. Jg. 23: Matter, M.: Rhein. Karneval. Bonn 1978. - Kutter, W.: Schwäb.-alemann. Fasnacht. Würzburg 1976.

Fastnachtsspiel, Bez. für den ältesten gattungsmäßig ausgebildeten Typ des weltl. Dramas in dt. Sprache, v. a. in Nürnberg entwickelt im Rahmen städt. Fastnachtsfeiern, d. h. vermummter Fastengesellschaften; literar. greifbar etwa zw. 1430 und 1600; gelegentl. Bez. für das deutschsprachige weltl. Drama des Spät-MA und des 16. Jh. überhaupt. - Ausgangspunkt für die Entwicklung des *Nürnberger F.* ist der Einzelvortrag derbkom. Sprüche, die Einzelvorträge wurden dann gereiht. Mit der Übernahme der Vorträge durch eine „Spielgruppe" ist das *Reihenspiel* gegeben. Aus dem Reihenspiel entwickelt sich das *Handlungsspiel,* das sich stoffl. meist an die spätma. Schwankdichtungen anschließt. H. Rosenplüt († nach 1460) verwendet ausschließlich die Form des Reihenspiels; von dem jüngeren H. Folz sind dagegen fast nur Handlungsspiele überliefert. Die Tradition des Nürnberger F. greift im 16. Jh. H. Sachs auf. Außerdem gab es F. in Sterzing, Lübeck, in der Schweiz und im Elsaß; sie waren nicht in dem Maße reines Unterhaltungsgenre, wie es in Nürnberg der Fall war (Einfluß der Reformation).

Fastnet Rock [engl. 'fɑs(t)nɪt 'rɔk], südlichster Punkt Irlands, auf der Insel Clear Island vor der ir. SW-Küste.

Fasttage ↑Fasten.

Faszes (Fasces) [lat.], sehr wahrscheinl. aus Etrurien stammendes, in Rom von den Liktoren getragenes Rutenbündel mit Beil, Symbol der Amtsgewalt der röm. Magistrate (imperium) und des damit verbundenen Rechts, zu züchtigen und die Todesstrafe zu verhängen; seit der Frz. Revolution mit der Jakobinermütze Sinnbild des Republikanismus; im italien. Faschismus Sinnbild für Diktatur, Einheit, Wille, Kraft und Gerechtigkeit; seit 1926 offizielles Staatssymbol.

Fasziation [lat.], svw. ↑Verbänderung.

Faszie (Fascia) [lat.], Bindegewebshülle um Muskeln oder Muskelgruppen; geht in eine Sehne über und grenzt die Muskeln verschiebbar vom umliegenden Gewebe ab.

Faszikel [lat.], Aktenbündel, Heft.

Faszination [zu lat. fascinatio „Beschreiung, Behexung"], Bezauberung, Berückung, Bann (von einer Person oder einer Sache ausgehend).

Fasziolose [lat.] (Fasciolosis, Leberegelkrankheit), in S-Amerika, Algerien und Frankr. auftretende, durch starken Befall mit Leberegeln (Fasciola hepatica) hervorgerufene Erkrankung des Menschen; Entzündungen und Wucherungen des Gallengangepithels und Verkalkung der Gallengänge mit Gelbsuchtanfällen, Leberschwellung und Fieber; Übertragung durch den Genuß von Leber und rohem Obst und Gemüse.

Fatah, Al (arab. Al Fath), militante palästinens. Kampforganisation; spielte, seit Jan. 1965 tätig, unter der Leitung von J. Arafat nach dem Sechstagekrieg 1967 die führende Rolle unter den Exilorganisationen der Palästinenser. Ihre „Al Asifa" („Sturm") gen. Partisanengruppen führten Terroraktionen v. a. im israel. besetzten Gebiet aus; bei Zusammenstößen mit der jordan. Armee 1971 fast vollständig zerschlagen; wirkte dann hauptsächl. vom Libanon aus.

fatal [lat. (zu ↑Fatum)], verhängnisvoll; widerwärtig, peinl., unangenehm.

Fatalismus [lat. (zu ↑Fatum)], eine Haltung, in der die Annahme einer von den Zwecksetzungen des Menschen unabhängigen „blinden" Notwendigkeit allen Geschehens das Handeln bestimmt.

Fata Morgana [italien. „Fee Morgana" (auf der der Volksglaube die in der Straße von Messina häufige Erscheinung zurückführte)], Luftspiegelung, die in Wüstengebieten Wasserflächen vorgaukelt und entfernte Teile einer Landschaft näherrückt.

Fatehpur-Sikri, ind. Stadt im Bundesstaat Uttar Pradesh, 18 000 E. - Von Akbar ab 1569 erbaut, 1574-86 Hauptstadt des Mogulreiches. - Vollständig erhaltene Mogulstadt mit Stadtmauer, Palast, Moschee u. a. (alle 16. Jh.).

Fatigatio [lat.], svw. ↑Ermüdung.

Fatiha [arab. „die Eröffnende"], die erste Sure (d. h. Abschnitt) des Korans, Grundgebet des Islams.

Fatima, * Mekka um 606, † Medina 632, Tochter Mohammeds aus seiner Ehe mit Chadidscha. - ∞ mit dem Vetter Mohammeds, dem späteren Kalifen Ali Ibn Abi Talib; von ihr stammen die einzigen männl. Nachkommen des Propheten ab (Fatimiden). Von Schiiten wird sie deshalb wie eine Heilige verehrt.

Fátima, portugies. Wallfahrtsort 20 km sö. von Leiria, 800 m ü. d. M., 6 400 E. Drei Kinder hatten hier 1917 jeweils am 13. der Monate Mai-Okt. Erscheinungen Marias, 1930 von der kath. Kirche für glaubwürdig erklärt. Am Ort der ersten Erscheinung entstand ein großer Versammlungsplatz mit Basilika, Klosterbauten und Unterkünften.

Fatimiden, von ↑Fatima abstammende islam. Dynastie schiit. Richtung (909-1171); unterwarfen nach Sturz der Aghlabiden 909 und Annahme des Kalifentitels ganz Nordafrika und Sizilien, 969 Eroberung Ägyptens (Verlegung der Residenz in das neugegr. Kairo 973); bei Ausdehnung der F.herrschaft vom Atlantik bis über Syrien und Teile Arabiens begann das westl. Nordafrika wieder selbständig zu werden; ab Anfang 11. Jh. Niedergang; Übergang der Macht an Generäle und Wesire; Eroberung Syriens und Palästinas durch Seldschuken und Kreuzfahrer; 1171 übernahm Saladin, der die Dyn. der Aijubiden

Faultiere

begr., nach dem Tode des letzten F. die Herrschaft in Ägypten.

Fatjanowokultur, nach einem Gräberfeld bei dem russ. Dorf Fatjanowo in der Nähe von Jaroslawl ben. endneolith. Kulturgruppe, in die Zeit um 2 000 v. Chr. zu datieren; Kennzeichen: u. a. schnur-, strich- und stempelverzierte Gefäße, Streitäxte aus Felsgestein und Kupfer, kupferne Ringe und Perlen, Knochenschmuck.

Fatum [lat.], bei den Römern das dem Menschen bestimmte Schicksal.

Fatzke, umgangssprachl. für: arroganter, eitler Mensch.

Faubourg [frz. foˈbuːr; zu lat. foris „draußen"], Bez. für eine Vorstadt in Frankr., die außerhalb der Befestigungsanlagen erbaut und nach deren Beseitigung in die Stadt integriert wurde.

Faulbaum, Bez. für zwei Arten der Kreuzdorngewächse; **Gemeiner Faulbaum** (Rhamnus frangula), bis 5 m hoher Strauch oder kleiner Baum in feuchten Wäldern Europas und NW-Asiens; Blätter bis 7 cm lang, breitelliptisch, ganzrandig; Blüten klein, grünlichweiß, sternförmig; Steinfrüchte erbsengroß, erst grün, dann rot, zuletzt schwarz, ungenießbar. Aus dem Holz wird heute Zeichenkohle hergestellt. **Amerikan. Faulbaum** (Rhamnus purshianus), im westl. N-Amerika, dem Gemeinen F. ähnlich, jedoch mit größeren Blättern; liefert ↑Cascararinde.

Faulbaumgewächse, svw. ↑Kreuzdorngewächse.

Faulbehälter (Faulkammer) ↑Kläranlage.

Faulbrut, durch Bakterienbefall hervorgerufene, seuchenartig auftretende, anzeigepflichtige Krankheit der Honigbienenbrut; gekennzeichnet durch schleimige Zersetzung der Larven in ihren Waben.

Faulenbach, Bad, Ortsteil von ↑Füssen.

Faulgas (Biogas), bei der bakteriellen Zersetzung organ. Stoffe (z. B. Stallmist) sich entwickelndes Gas. In speziellen Anlagen wird F. in der Landw. zur Erzeugung von Energie gewonnen.

Faulgrube, in mehrere Kammern unterteilter Abwasserfaulraum.

Faulhaber, Michael von (seit 1913), * Heidenfeld bei Schweinfurt 5. März 1869, † München 12. Juni 1952, dt. kath. Theologe. - 1892 Priester, 1903–10 Prof. für A. T. in Straßburg, 1911–17 Bischof von Speyer; seit 1917 Erzbischof von München und Freising, 1921 Kardinal. Stellte sich entschieden gegen Rassismus (Verteidigung des A. T.) und Kirchenfeindlichkeit des NS.

Faulkner, William [engl. ˈfɔːknə], * New Albany (Miss.) 25. Sept. 1897, † Oxford (Miss.) 6. Juli 1962, amerikan. Schriftsteller. - Stammte aus einer Pflanzerfamilie der Südstaaten, studierte Literatur, war Pilot der kanad. Luftwaffe und lebte seit 1926 als Farmer in Oxford (Miss.). Nach erfolglosen ersten Versuchen in Lyrik und Prosa gelang ihm mit „Sartoris" (1929) der erste seiner großen Romane, die die Schicksale einer Reihe von aristokrat. Südstaatenfamilien zw. Pionierzeit und Niedergang im Bürgerkrieg bis zur Gegenwart verfolgen; sie spielen im imaginären Yoknapatawpha County des nördl. Mississippi. F. verwendet eine verrätselnde Erzähltechnik, bes. bedient er sich der Fiktion mehrerer Erzähler und gibt innere Monologe wieder. Dem anfängl. Fatalismus folgte ein durch Resignation nuancierter Optimismus („Eine Legende", 1954; „Requiem für eine Nonne", szen. R., 1951), wobei F. Auflehnung und Ergebung in das menschl. Schicksal darstellt. F. erhielt 1949 den Nobelpreis für Literatur.

Weitere Werke: Schall und Wahn (R., 1929), Als ich im Sterben lag (R., 1930), Licht im August (R., 1932), Absalom, Absalom! (R., 1936), Wilde Palmen (R., 1939), Das Dorf (R., 1940), Das verworfene Erbe (E., 1942), Griff in den Staub (R., 1948), Die Stadt (R., 1957), Das Haus (R., 1959), Die Spitzbuben (R., 1962).

Fäulnis, die Zersetzung von stickstoffhaltigem pflanzl. oder tier. Material (bes. Eiweiße) durch Mikroorganismen (hauptsächl. Bakterien) bei Sauerstoffmangel, wobei ein unangenehmer Geruch auftritt. Dieser Geruch wird durch die entstehenden Abbauprodukte wie Ammoniak, Schwefelwasserstoff, Amine und organ. Säuren verursacht.

Fäulnisbewohner, svw. ↑Saprobionten.

Faulschlamm (Sapropel), schwarzer Schlamm am Boden nährstoffreicher (eutropher) Gewässer, bes. solcher, die stark abwasserbelastet sind. Das Überangebot an organ. Stoffen führt zu starker Sauerstoffzehrung und zur Ausbildung anaerober Zonen, wo anaerobe Bakterien (hauptsächl. Denitrifikanten und Desulfurikanten) sind unter Bildung giftiger Gase (v. a. Schwefelwasserstoff, ferner Methan, Stickstoff, Kohlensäure, Wasserstoff) abbauen; führt zum Absterben vieler Mikroorganismen und Fische; aus dem Boden können feste organ. Sedimente entstehen (Beginn der Erdölbildung).

Faultiere (Bradypodidae), Fam. der Säugetiere mit etwa 5 Arten in den Wäldern S- und M-Amerikas; Körperlänge etwa 50–65 cm, Schwanz bis wenig über 5 cm oder fehlend; Kopf rundlich, sehr weit drehbar, mit sehr kleinen, runden Ohren; Zehen mit stets 3, Finger mit 2 oder 3 langen, sichelförmigen, als Klammerhaken dienenden Krallen, Arme deutl. länger als Beine; Fell dicht, aus langen, harten Haaren bestehend, einheitlich blaß- bis dunkelbraun oder mit heller und dunkler Zeichnung, Haarstrich „verkehrt" von der Bauch- zur Rückenmitte verlaufend. Das Fell ist oft von Blaualgen besiedelt, die den Tieren eine hervorragende Tarnung bieten; die beiden Gatt. sind ↑Ai und ↑Unau.

Faun ↑ Faunus.

Fauna [nach der röm. Göttin Fauna, der Gemahlin des Faunus], die Tierwelt eines bestimmten, begrenzten Gebietes.
◆ systemat. Zusammenstellung der in einem bestimmten Gebiet vorkommenden Tierarten (in erster Linie zu deren Bestimmung).

Faunenreich ↑ Tierreich.

Faunenregionen, svw. ↑ tiergeographische Regionen.

Faunus, röm. Wald-, Flur- und Herdengott. Sohn des Picus, Enkel des Saturnus, Gemahl der Fauna (bzw. Fatua, Luperca, die mit ↑ Bona Dea identifiziert wurde), zeugt mit der Nymphe Marica den Latinus. Von ambivalentem Charakter; wie der ihm gleichgesetzte Pan (und wie dieser bocksgestaltig und in der Vielzahl gedacht) äfft er den Wanderer und quält die Menschen als Alp im Traum. Der **Faun** symbolisiert in Kunst und Literatur starke, ungehemmte sexuelle Triebhaftigkeit.

Faure [frz. fɔːr], Edgar, * Béziers (Hérault) 18. Aug. 1908, frz. Jurist und Politiker. - Schloß sich nach 1940 der Widerstandsbewegung an; 1943/44 Mgl. des Nat. Befreiungskomitees in Algier; 1945/46 einer der frz. Anklagevertreter im 1. Nürnberger Kriegsverbrecherprozeß; 1946–58, 1967, 1968, 1969–72 und ab 1973 Abg. der Nat.versammlung; 1959–66 Senator; zw. 1950 und 1958 Haushalts-, Finanz-, Wirtschafts-, Justiz- und Außenmin.; 1952 und 1955/56 Min.präs.; aus der Radikalsozialist. Partei ausgeschlossen, blieb Chef des Rassemblement du Gauches Républicaines; 1966–68 Landw.-, 1968/69 Unterrichtsmin.; 1972/73 Staatsmin. für Soziales; 1973–78 Präs. der frz. Nat.versammlung; 1962–66 Prof. in Dijon, ab 1970 Forschungsdirektor an der jurist. Fakultät der Univ. Besançon; seit 1979 Mgl. des Europ. Parlaments. - †30. März 1988.

F., Félix, * Paris 30. Jan. 1841, † ebd. 16. Febr. 1899, frz. Politiker. - Gemäßigter Republikaner; seit 1881 Abg., dreimal Staatssekretär für die Kolonien, 1894/95 Marinemin.; 1895 als Kandidat der Rechten zum Präs. der Republik gewählt.

F., Maurice, * Azerat (Dordogne) 2. Jan. 1922, frz. Politiker (Radikalsozialist). - Seit 1951 Abg.; 1953–55 Generalsekretär, 1961–65 und 1969–71 Präs. bzw. Leiter seiner Partei; 1961–68 Präs. der Europ. Bewegung; 1959–67 und seit 1973 Mgl. des Europ. Parlaments, seit 1983 des Senats.

Fauré, Gabriel [Urbain] [frz. fɔ're], * Pamiers (Ariège) 12. Mai 1845, † Paris 4. Nov. 1924, frz. Komponist. - Organist, Kapellmeister und Musikpädagoge (seit 1896 Lehrer am Conservatoire, 1905–20 dessen Leiter). Seine Werke zeigen bei deutl. klassizist. Tendenzen eine lyr. fließende, geschmeidige Harmonik, deren Klänge dem Impressionismus den Weg bereiteten, u. a. Opern „Prométhée" (1900) und „Pénélope" (1913), Bühnenmusiken (u. a. „Pelléas et Mélisande", 1898), Kammermusik, Lieder.

Fausi, Mahmud, * Schubra Buchum 19. Sept. 1900, † Kairo 12. Juni 1981, ägypt. Politiker. - Seit 1926 im auswärtigen Dienst; 1952–64 Außenmin., 1964–67 stellv. Min.präs. für auswärtige Angelegenheiten, dann außenpolit. Berater Nassers im Min.rang; 1970–72 Min.präs. 1972–74 1. Vizepräs. und polit. Berater von Staatspräs. Sadat.

Faust, Johannes, wahrscheinl. eigtl. Georg F., * Knittlingen (Württ.) um 1480, † Staufen (Breisgau) 1536 oder kurz vor 1540, dt. Arzt, Astrologe und Schwarzkünstler. - Nach 1507 wohl Theologiestudium in Heidelberg. War u. a. 1513 in Erfurt, 1520 in Bamberg, 1528 in Ingolstadt, 1532 in Nürnberg. F. stand in Verbindung mit humanist. Gelehrtenkreisen und hatte anscheinend Kenntnisse auf dem Gebiet der Naturphilosophie („magia naturalis") der Renaissance. Schon zu Lebzeiten F. setzte die Sagenbildung ein, bes. durch Übertragung von Zaubersagen auf ihn, in denen er v. a. als Totenbeschwörer auftritt. Sein plötzl. (gewaltsamer?) Tod gab Anstoß zur Sage, der Teufel habe ihn geholt. - Diese Stoffe wurden Grundlage eines Volksbuches, das erste F.buch erschien 1587 bei J. Spies in Frankfurt am Main. Mit einer um 1575 niedergeschriebenen Wolfenbüttler Handschrift des F.buches geht diese Fassung auf eine gemeinsame, nicht erhaltene Vorlage zurück. Das Spiessche F.buch wird 1599 neu bearbeitet von G. Widmann in Hamburg, dessen Fassung wird von J. N. Pfitzer gekürzt (1674). Das älteste überlieferte F.drama ist „The tragical history of Doctor Faustus" (1604, entstanden wohl vor 1589) von C. Marlowe; es schließt sich eng an das (Spiessche) F.buch an. Den Anfang bildet der F.monolog, ein nächtl. Selbstgespräch F., in dem dieser die

Faustkeile aus dem Abbevillien

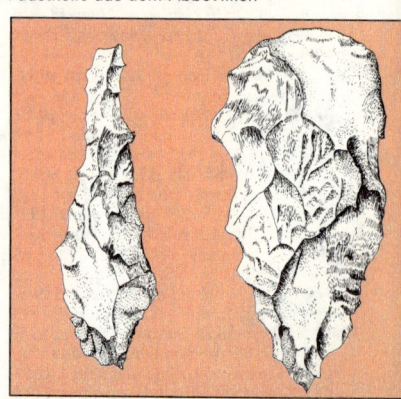

einzelnen Universitätswiss. einschließl. der Theologie gegeneinander abwägt, sie alle verwirft und sich der Magie verschreibt. Dieser F.monolog wurde ein festes Bauelement fast aller späteren F.dramen. F.spiele waren bei den engl. Komödianten in Deutschland (zuerst 1608 in Graz bezeugt) und später den dt. Wandertruppen beliebt, worauf dann das Puppenspiel vom Doktor F., das seit 1746 bezeugt ist, fußt. G. E. Lessing konzipierte ein F.drama in ganz neuem Verständnis. Dem Dichter der Aufklärung bedeutete F. Streben nach Wissen nicht Vermessenheit und Aufbegehren gegen Gott. Nach ihm wurde der Stoff von Dichtern des Sturm und Drang aufgegriffen, F. wird als titan. Persönlichkeit aufgefaßt (Maler Müller, F. M. Klinger, der sog. „Urfaust" des jungen Goethe [entstanden 1772–75, erhalten in einer Abschrift des Fräuleins von Göchhausen; erschienen 1887]). In einer stark veränderten und von Goethe 1790 veröffentlichten Fassung ist die Goethesche Konzeption, in der das F.drama zum Menschheitsdrama wird, bereits angelegt, wie sie in der Endfassung des Werkes (Teil I, 1808; Teil II, 1832) verwirklicht ist. Den Rahmen bildet eine doppelte Wette Mephistopheles' mit dem „Herrn" und mit F., in der es um das Streben des Menschen nach Selbstverwirklichung geht, das für den Nihilisten Mephistopheles nur Selbsttäuschung ist und daher in dumpfem Genuß enden muß. Im 19. Jh. bearbeiteten C. D. Grabbe und Lenau, im 20. Jh. P. Valéry und T. Mann den Stoff. - Unter den musikal. Bearbeitungen zu Goethes „Faust" sind neben Bühnenmusiken und Ouvertüren (R. Wagner) C. Gounods Oper „F." (1859; auch als „Margarete" bekannt), die „F.-Sinfonie" von F. Liszt (1857), die dramat. Legende „F. Verdamnis" von H. Berlioz (1846) sowie Chorwerke, Lieder, Ballette und Operetten zu nennen. Die Opern „F." von L. Spohr (1816) und „Doktor F." von F. Busoni (1925) knüpfen direkt an die Volkssage an. - Verfilmungen von Goethes „F." erfolgten durch F. Murnau (1926) und G. Gründgens (1960). ⌑ *Conradt, M./Huby, F.: Die Gesch. vom Doktor F.* Mchn. 1980. - *Hartmann, H.: F.gestalt, F.sage, F.* Bln. 1979.

Faust (geballte F.), aus einer kommunist. Grußform hervorgegangenes visuelles Klassenkampfsymbol, speziell als Sinnbild der Diktatur des Proletariats; hat innerhalb militanter afroamerikan. Organisationen emblemat. Funktionen im sozialen Rassenkampf.

Fausta (Flavia Maxima F.), * wohl 298, † Trier 326, röm. Kaiserin. - Als Tochter Maximians 307 mit Konstantin d. Gr. vermählt; vielleicht wegen eines Liebesverhältnisses mit ihrem Stiefsohn Crispus auf Befehl ihres Gatten getötet.

Faustball, ↑Rückschlagspiel zw. zwei Mannschaften zu je fünf Spielern auf einem 50 m langen und 20 m breiten Spielfeld, das durch eine 3–5 mm starke Leine (2 m über der Mittellinie an 2 Pfosten befestigt) in zwei gleiche Hälften geteilt ist. Ziel ist es, den Lederhohlball (Umfang 62–68 cm, Gewicht 320–380 g) mit der Faust oder dem Unterarm so in das gegner. Feld zu schlagen, daß dem Gegner ein Rückschlag unmögl. ist. Der Ball darf nur einmal auf den Boden aufspringen und nur von 3 Spielern der gleichen Mannschaft hintereinander berührt werden. Die Wertung des Spiels (2 × 15 Min.) erfolgt nach Punkten.

Fäustel, 1 bis 10 kg schwerer Hammer; quaderförmig mit zwei quadrat. Schlagflächen. Verwendung beim Meißeln.
♦ kleiner ↑Faustkeil.

Faustfeuerwaffe, leichte Schußwaffe für Einhandbedienung, Kaliber 5,6–12,4 mm, bestimmt zum Einsatz auf kurze Entfernungen. Man unterscheidet Pistolen und Revolver. **Pistolen** haben eine Patronenkammer im Lauf, in die bei modernen **Selbstladepistolen** (meist mit Stangenmagazin im Pistolengriff) nach jedem Schuß automat. eine neue Patrone eingeführt wird. **Revolver** sind mehrschüssige F. mit sich selbsttätig drehenden Walzen (Trommeln) als Patronenmagazin (vom Lauf getrennt; für mindestens 5 Patronen).

Faustkampf ↑Boxen.

Faustkeil (Fäustel; engl. hand axe, frz. coup de poing), kennzeichendes Steinwerkzeug vieler Gruppen des Alt- und Mittelpaläolithikums (↑Faustkeilkultur); kennzeichend die beidflächige Bearbeitung (daher gelegentl. auch *biface* gen.).

Faustkeilkultur, nach dem kennzeichnenden Werkzeugtypus ben. Komplex alt- und z.T. mittelpaläolith. Kulturen; *ältere Phase:* Abbevillien, Acheuléen mit der Hauptverbreitung in Afrika, Westeuropa, Vorderasien und Indien; *jüngere Phase:* Spät- bzw. Jungacheuléen, Micoquien, Fauresmithkultur und Sangoankultur; faustkeilfreie Gruppen v. a. im NW (Clactonien) und NO (Chopper) des Verbreitungsgebietes der Faustkeilkultur.

Faustpfandrecht ↑Pfandrecht.

Faustrecht, in der älteren Rechtssprache (16. Jh.) Bez. für tätl. Streitigkeiten und die darauf gesetzte Strafe; seit dem 19. Jh. in der Umgangssprache Synonym für Fehde und für (unzulässige) Selbsthilfe.

Faustulus, nach der röm. Sage der Hirte, der ↑Romulus und Remus fand.

Faustus, männl. Vorname lat. Ursprungs, eigtl. „der Glückbringende".

faute de mieux [frz. fotdəˈmjø], in Ermangelung eines Besseren; im Notfall.

Fauteuil [foˈtœj; frz., zu altfrz. faldestoel „Faltstuhl"], seit dem 18. Jh. geläufige Bez. für einen vollständig gepolsterten Sessel (Arm-, Lehnstuhl) mit Arm- und Rückenlehne.

Fautfracht [frz.] ↑Fehlfracht.

Fauth, Johann Philipp Heinrich, * Bad Dürkheim 19. März 1867, † Grünwald bei München 4. Jan. 1941, dt. Amateurastronom. - Verfertigte einen Mondatlas und eine ausgezeichnete Mondkarte (1 : 1 000 000) und entdeckte (1932) den nach ihm benannten Mondkrater.

Fautrier, Jean [frz. fotri'e], * Paris 16. Mai 1898, † Châtenay-Malabry bei Paris 21. Juli 1964, frz. Maler und Graphiker. - Vertreter der informellen frz. Malerei. Zyklus „Otages" (Geiseln; 1943–45).

Fauvismus [fo...; frz.], Stilrichtung der frz. Malerei Anfang des 20. Jh. Der impressionist. Farbzergliederung und -differenzierung setzen die fauvist. Maler Bildkompositionen in reinen Farben entgegen, dem impressionist. Illusionismus die dekorative Flächigkeit. Anläßl. des Herbstsalons 1905 in Paris wurde eine dort vertretene lose Gruppe von Malern wegen dieser als grell empfundenen Farbgebung in der Presse als die **„Fauves"** („wilde Tiere") bezeichnet, heute ist ihre Verwurzelung in der frz. Farbkultur deutlicher. Wichtigster Vertreter war H. Matisse, der starken Einfluß auf A. Marquet, C. Camoin und H. Manguin ausübte. Von der expressiven Malerei van Goghs gingen A. Derain und M. de Vlaminck aus. Außerdem gehörten der fauvist. Bewegung Maler wie O. Friesz, R. Dufy, G. Braque und K. van Dongen an. Ab 1907, zum Zeitpunkt des einsetzenden Kubismus, begann die Gruppe zu zerfallen.

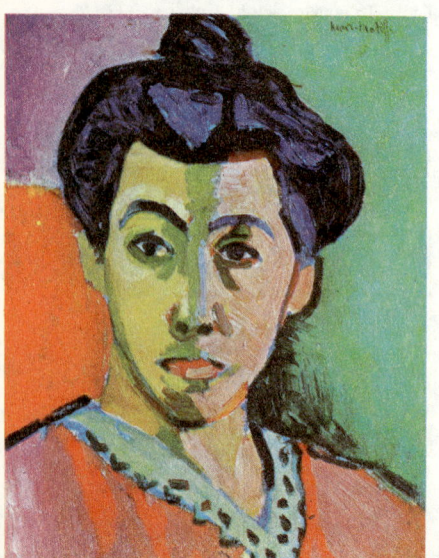

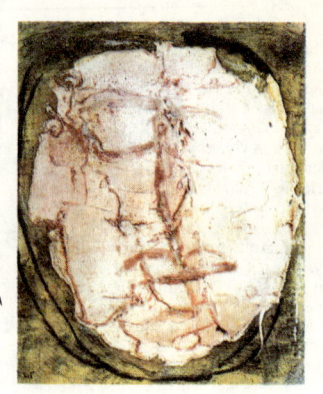

Jean Fautrier, Geisel (1945). Privatbesitz

Fauvismus. Henri Matisse, Madame Matisse (1905). Kopenhagen, Statens Museum for Kunst

Fauxbourdon [foburˈdõː; frz.], in der frz. Musik des 15. Jh. eine Aufführungsanweisung, durch die zwei in Oktaven und Sexten verlaufende Stimmen durch eine in parallelen Quarten zur Oberstimme verlaufende Mittelstimme klangl. ergänzt wurden.

Fauxpas [frz. foˈpa „Fehltritt"], bildungssprachlich für: Taktlosigkeit, gesellschaftlicher Verstoß.

Favart, Charles Simon [frz. faˈvaːr], * Paris 13. Nov. 1710, † ebd. 12. Mai 1792, frz. Dramatiker. - Einer der Schöpfer des frz. Singspiels; schrieb etwa 150 Vaudevilles und Operetten, u. a. „Bastien und Bastienne" (1753).

Favelas [portugies.], Bez. für die Elendsquartiere in südamerikan. Großstädten.

Faventia, antike Stadt, † Faenza.

Favoris [favoˈriː; lat.-frz.], im Biedermeier aufgekommener Backenbart, der knapp bis zum Kinn reicht.

favorisieren [lat.-frz.], begünstigen, bevorzugen.

Favorit [lat.-frz.], bevorzugter Günstling, Liebling; als Sieger zu erwartender Teilnehmer eines sportl. Wettkampfes; in übertragener Bedeutung: jemand, der die größten Chancen hat, etwas zu erringen; **Favoritin,** weibl. Entsprechung zu F.; unter mehreren die bevorzugte Geliebte.

Favosites [lat.], ausgestorbene Gatt. der Korallen; Leitfossil des oberen Silur; teils verzweigte Kolonien, teils massige Stöcke.

Favre [frz. faːvr], Jules, * Lyon 21. März 1809, † Versailles 19. Jan. 1880, frz. Politiker. - Hervorragender Vertreter der gemäßigten Republikaner; führte 1870 die republikan. Bewegung; handelte als Außenmin. der „Regierung der nat. Verteidigung" den Waffenstillstand von 1871 aus und unterzeichnete den Frankfurter Frieden.

F., Louis, * Chêne-Bourg bei Genf 26. Jan.

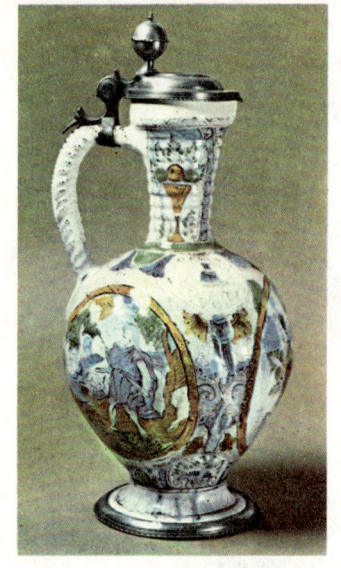

Fayence

Fayence. Links (von oben): Schale aus einer spanischen Manufaktur (Ende des 15. Jh.); Enghalskrug aus Nürnberg (1729); rechts: Deckelschüssel (Mitte des 18. Jh.)

1826, † im Sankt-Gotthard-Tunnel bei Göschenen (Schlaganfall) 19. Juli 1879, schweizer. Ingenieur. - Erbaute den Mont-Cenis-Tunnel; begann 1872 den Bau des Sankt-Gotthard-Tunnels.

F., Pierre (Lefèvre), latinisiert Petrus Faber, sel., * Villaret (Savoie) 13. April 1506, † Rom 1. Aug. 1546, frz. Theologe, Mitbegr. des Jesuitenordens. - Legte als erster Priester der Jesuiten 1534 mit Ignatius und fünf Gefährten die Ordensgelübde ab; gründete 1544 die erste dt. Ordensniederlassung in Köln.

Faw, Al, irak. Erdölexporthafen am inneren Ende des Pers. Golfes, ständig versandend; der Endpunkt der Pipeline aus den südirak. Feldern liegt deshalb heute 30 km vor der Küste auf einer künstl. Insel.

Fawkes, Guy [engl. fɔːks], ≈ York 18. April 1570, † London 31. Jan. 1606, engl. Verschwörer. - Als militär. Fachmann nach vorzeitiger Entdeckung der † Pulververschwörung verurteilt und hingerichtet. Der Tag des mißlungenen Anschlags (5. Nov.) wird bis heute als **Guy Fawkes Day** mit Feuerwerk gefeiert.

Faxabucht, Bucht an der W-Küste Islands, ein großer, randl. Einbruch, begrenzt durch die Halbinseln **Snæfellsnes** (rd. 100 km lang) und **Reykjanes** (65 km lang). An der S-Küste liegt Reykjavík.

Faydherbe (Faidherbe), Lucas [frz. fɛˈdɛrb], ≈ Mecheln 19. Jan. 1617, † ebd. 31. Dez. 1697, fläm. Bildhauer und Baumeister. - Gründer der Mechelner Bildhauerschule, die die Rubenstradition bis ins 18. Jh. bewahrte; zahlr. Elfenbeinarbeiten, v. a. aber Skulpturen und Terrakottareliefs. Auch Bauaufträge (Frauenkirche in Mecheln, 1663–81).

Faye, Jean-Pierre [frz. faj], * Paris 19. Juli 1925, frz. Schriftsteller. - Experimentelle Gedichte, Dramen, Essays und Romane.
Werke: Pulsschläge (R., 1962), Die Schleuse (Berlin-R., 1974), Inferno (R., 1975), Verres (Ged., 1977), Dictionnaire politique portatif en cinq mots (1982).

Fayence [faˈjãːs; frz.], weißglasierte, bemalte Irdenware, benannt nach Faenza, einem Haupttort der italien. F.produktion (**Majolika** bezeichnet technisch dasselbe; von dem Haupthandelsplatz der span. F.erzeugung, der Insel Mallorca, abgeleitet; heute einengend verwendet für die italien. zinnglasierte Töpferware). Werkstücke aus feingeschlämmten Tonsorten werden an der Luft getrocknet, darauf in Öfen bei 800 bis 900 °C verfestigt, dann in ein mit Zinnoxid angereichertes Glasurbad getaucht und noch feucht blau, grün, mangan, gelb und rot bemalt. In einem zweiten Brand verschmelzen bei hoher Temperatur (bis etwa 1 100 °C) die weißdeckende Glasur und die sich in ihr einbettenden Scharffeuerfarben zu einem glänzenden Überzug. ↑ Muffelfarben ergeben eine breitere Farbpalette, sind aber nicht festhaftend und ohne große Leuchtkraft.

Geschichte: Schon das Ägypten des 4. Jt. v. Chr. kannte Farbglasuren. Die Zinnglasur, F. im engeren Sinne, stammt aus Mesopotamien (glasierte Ziegel an Bauwerken), wurde unabhängig davon aber auch in China und im Indusgebiet erfunden. Im 2. Jt. v. Chr. war F. im ganzen Vorderen Orient verbreitet (Fliesen). Die islam. Kunst, ausgehend von Persien, brachte mit der metallisch glänzenden Glasur (Lüster) eine neue Blüte der F. Im 14./15. Jh. kamen von den span. Mauren zumeist in Valencia hergestellte, mit Goldlüsterdekor verzierte Gefäße nach Italien, wohin auch über andere Wege (z. B. türk. F. über den Levantehandel) die Kenntnis der F.herstellung gelangte, die bald für eigene Produktionsstätten vorbildlich wurde. Zentren sind im Quattrocento (15. Jh.) Faenza und Florenz, im 16. Jh. u. a. Siena, Deruta, Gubbio, Castel Durante, Urbino, Venedig. Über die angewandte Kunst hinaus gingen z. T. die Arbeiten der Familie Della Robbia. In Frankr. entfalteten sich im 16.–18. Jh. eigene Formen und Dekors in den Manufakturen von Nevers, Rouen, Moustiers-Sainte-Marie und Marseille. Im 17. Jh. nahm die F.kunst in den Niederlanden einen bed. Aufschwung (↑ Delfter Fayencen). Dt. Manufakturen bestanden in Hanau 1661 – Anfang 19. Jh., Frankfurt am Main 1662–1772, Berlin 1678–1786, Kassel 1680 bis um 1780, Braunschweig 1707–1807, Straßburg 1709–81, Ansbach 1710–1804, Nürnberg 1712–1840, Bayreuth 1714–1835, Erfurt 1716–92, Durlach 1723–1840, Fulda 1741–58, Künersberg 1745–68, Höchst 1746–60, Schrezheim 1752–1865, Stralsund um 1750–90, Flörsheim 1765–1914. Gegen das seit dem Ende des 18. Jh. von England den Kontinent überflutende Steingut konnte sich die F. nicht halten, mit dem Jugendstil hat sie jedoch wieder an Bedeutung gewonnen.

📖 *Klein, A.: F. Europas. Mchn. 1980. - Nagel, G.: Fayencen. Mchn. 1977. - Hüseler, K.: Dt. Fayencen. Stg. 1956–58. 3 Bde.*

FAZ, Abk. für: Frankfurter Allgemeine [Zeitung für Deutschland] ↑ Zeitungen (Übersicht).

Fazenda [fa'zɛnda; portugies.], landw. Großbetrieb mit Dauerkulturanbau oder Viehwirtschaft in Brasilien.

Fäzes [lat.], svw. ↑ Kot.

Fazetie [zu lat. facetia „Witz, Scherz"], pointierte Kurzerzählung in lat. Prosa, von dem Humanisten F. G. ↑ Poggio Bracciolini eingeführt. In Deutschland sind H. Bebel (*1472, †1518) („Libri facetiarum iucundissimi", 3 Bde. 1509–14) und J. Wickram („Rollwagenbüchlin", 1555) zu nennen.

Fazialis [lat.], svw. Gesichtsnerv (↑ Gehirn).

Fazialisparese, svw. ↑ Gesichtslähmung.

Fazies [...tsi-ɛs; lat.] (Facies), in der *Geologie* Bez. für die unterschiedl. (petrograph. und/oder paläontolog.) Merkmale gleichzeitig entstandener Gesteine.

◆ in der *Medizin* und *Anatomie* ↑ Facies.

Fazilettlein (Fazelet) [lat.-italien.], Bez. für das Taschentuch als Ziertuch im 15./16. Jh.

Fazilität [zu lat. facilitas „Leichtigkeit"], die Gesamtheit der (von einer Bank einem Kunden eingeräumten) Kreditmöglichkeiten, die bei Bedarf in Anspruch genommen werden können; nach der Ölkrise von 1973 war die Einräumung bes. F. für von der Ölpreiserhöhung stark betroffenen Länder (Erdöl-F.) bei internat. Banken (z. B. der Bank für Internat. Zahlungsausgleich) von großer Bedeutung.

Fazit [zu lat. facit „(es) macht"], Ergebnis; Resultat, Schlußfolgerung; Quintessenz.

F. B. A. [engl. 'ɛfbi:'ɛɪ], Abk. für engl.: Fellow of the British Academy („Mgl. der brit. Akad.").

FBI [engl. 'ɛfbi:'aɪ], Abk. für engl.: ↑ Federal Bureau of Investigation.

F'Derik, Ort in NW-Mauretanien, 4 700 E. Bahnstation, an der Fernstraße Dakar-Marokko, ⌘; Abbau der Eisenerze des Bergmassivs **Kédia d'Idjil,** an dessen W-Seite F'D. liegt.

FDGB, Abk. für: ↑ Freier Deutscher Gewerkschaftsbund.

FDJ, Abk. für: ↑ Freie Deutsche Jugend.

FdP, übl., jedoch nicht parteioffizielle Abk. für: ↑ Freisinnig-demokratische Partei der Schweiz.

FDP (F. D. P.), Abk. für: ↑ Freie Demokratische Partei.